Vom Faustkeil zum Laserstrahl

Sonderausgabe der bei Verlag Das Beste GmbH
erschienenen Originalausgabe gleichen Titels.

Printed in Italy
ISBN 3 870703962

Vom Faustkeil zum Laserstrahl

Die Erfindungen der Menschheit von A–Z

Mitarbeiter

Correlli Barnett
David Brown
Alan Burkitt
Christopher Cooper
Angela Croome
Barry Fox
Donald Gould
David de Haan
Nigel Hawkes
Christopher Headington
Hans-Ulrich Keller
Robin Kerrod
Patrick Robertson
Aaron Scharf
Tony Smith
Gordon Rattray Taylor
Neil Upton
Elaine Williams

Aus dem Englischen übertragen von
Hans A. Werner, Monika Curths, Heinz von Sauter

Inhalt

Das Geheimnis der Erfindung

Der gewaltige Unterschied zwischen der Lebensweise des Menschen und derjenigen des Tieres rührt vom menschlichen Erfindungsgeist her. Wer sind die begabten Leute, die unsere Zivilisation ermöglicht haben? Von den vielen Milliarden Männern und Frauen, die die Erde bevölkerten, besaßen nur wenige Tausend – etwa 0,00001 Prozent – die schöpferische Gabe, etwas Neues und Nützliches zu ersinnen. Ihre Einfälle haben uns mehr als nur einen höheren Lebensstandard gebracht. Sie haben den Umfang und die Verteilung der Weltbevölkerung beeinflußt, die Machtverhältnisse auf der Erde verschoben, neue Klassensysteme geschaffen, das Bildungswesen umgestaltet und die Welt in einer Weise verändert, wie es uns heute kaum noch bewußt ist.

Wer sind denn nun diese Erfinder? Was haben sie anderen voraus? Was treibt sie an? Das sind Fragen von mehr als allgemeinem Interesse. Man könnte meinen, daß Regierungen große Anstrengungen machen würden, um solche Talente zu finden und ihnen das Leben zu erleichtern. Aber oft genug war das Gegenteil der Fall. Seit jeher mußten Erfinder um Anerkennung kämpfen; sie blieben oft lange unbeachtet oder wurden sogar verlacht.

Vertieft man sich in die Lebensläufe von Erfindern, so sieht man, daß die meisten von ihnen mehrere Charaktereigenschaften besaßen, die verhältnismäßig selten zusammentreffen: ausgeprägte Beharrlichkeit, Optimismus, Eigenständigkeit im Anpacken von Problemen und eine intuitive Überzeugung, daß man alles, was getan wird, noch besser machen kann. Dazu kommt ein Bedürfnis nach absoluter Unabhängigkeit.

Der Amerikaner S. G. Brown, Inhaber von 235 Patenten im Bereich der Telegrafie, des Funks und des Kreiselkompasses, sagte einmal: „Wenn jemand mich und meine Arbeit auch nur im geringsten gängeln würde, so würden die Einfälle aufhören." Ein anderer bedeutender Erfinder auf dem Gebiet des Radios, der Amerikaner Lee de Forest, äußerte, daß er es schwierig finde, „unter Bedingungen zu arbeiten, die nicht völlige Unabhängigkeit gewährleisten".

Selbst in jüngster Zeit, wo so vieles in großen Firmenlabors gemacht wird, stammt die Mehrzahl der Erfindungen vor allem von unabhängigen Erfindern.

In seiner Autobiographie schrieb de Forest: „Die Isolation und der Mangel an Gelegenheit ... zu Experimenten in diesen frühen Entwicklungsjahren ... zwangen meinen Geist, sich eigene Methoden des Fragens, Betrachtens und Vorstellens zu schaffen; ich war gezwungen, in mir selbst eine Findigkeit, einen Einfallsreichtum zu entdecken, um aus fast nichts soviel wie möglich herauszuholen. Das befähigte mich später, große, wirkliche Schwierigkeiten zu überwinden."

Fragen, Betrachten, Vorstellungskraft – sind das die Wurzeln der Erfindung? Offensichtlich werden Erfinder im allgemeinen weniger von dem Wunsch getrieben, Geld zu verdienen, sondern vielmehr durch die Herausforderung eines geistigen Problems angezogen oder durch ein besonderes Gespür für eine elegantere und wirtschaftliche Lösung motiviert.

Viele Erfinder blieben arm

Eine Minderheit von Erfindern ist reich geworden, viele aber sind arm geblieben und mußten erleben, daß andere ihre Ideen verwerteten. Sogar Thomas Alva Edison berichtete: „Ich habe aus meinen Erfindungen sehr wenig materiellen Nutzen gezogen ... Ich habe Geld verdient, indem ich meine Erzeugnisse als Hersteller bekannt gemacht und auf den Markt gebracht habe, nicht aber als Erfinder." Seine Hunderte von Erfindungen, so sagte er, hätten ihn mehr gekostet, als ihm dann die Lizenzen einbrachten. Bitter beklagte er sich darüber, daß viele Erfinder arm bleiben, während jene, die ihre Ideen auswerten, reich werden. Und der Schotte John Logie Baird, ein Pionier des Fernsehens, schreibt in seinen Memoiren: „Wenn ein Erfinder diese Zeilen liest, möge er den dringenden Rat annehmen, zu handeln wie Graham Bell, der Erfinder des Telefons, und seine Schöpfung für bares Geld verkaufen."

Unbestreitbar ist, daß sich die Welt nicht an der Tür desjenigen drängt, der eine bessere Mausefalle erfindet. Es gibt viele Beispiele dafür, daß Branchenfachleute sich einfach nicht vorstellen konnten, wie wertvoll etwas Neues war. Ende der 20er Jahre waren viele Experten in den Studios von Hollywood überzeugt, daß der Tonfilm bestenfalls eine vorübergehende Liebhaberei sei, und sie lehnten mehr als ein Jahr lang das erfolgreiche Vitaphon-Tonsystem ab. In den 30er Jahren war die Elektroindustrie an den Möglichkeiten des Fernsehens durchaus nicht interessiert. Die Flugzeugbauer hielten zunächst nichts vom Raketenantrieb und dem einzieh-

baren Fahrwerk. Selbst Henry Ford lehnte den Thermostat am Autokühler und hydraulische Bremsen ab.

Noch seltsamer ist wohl die Tatsache, daß selbst Erfinder oft zunächst die Möglichkeiten von Erfindungen kaum erkennen, die sie nicht selbst gemacht haben. Von James Watt, der Richard Trevithicks Hochdruckdampfmaschine heftig bekämpfte, bis zu Marconi, der an Baird schrieb, er sei am Fernsehen nicht interessiert, und der früher schon für einen Funksprechverkehr nichts übrig hatte, gibt es eine lange Liste einschlägiger Beispiele. Baird seinerseits versprach sich nichts von der Kathodenstrahlröhre des Physikers Karl Ferdinand Braun, die zu einem Grundpfeiler der Fernsehtechnik wurde.

Der größte Vorzug eines Erfinders besteht oft darin, daß er nicht in herkömmlichen Gedankengängen befangen ist. Sicherlich haben deshalb so viele Erfinder ihren Beitrag auf einem Gebiet geleistet, das nicht zu ihrer Alltagsarbeit gehörte. So wurde der Kodachrome-Farbfilm von den Musikern Leopold D. Mannes und Leopold Godowsky erfunden, während George Eastman, der fotografische Platten, den Rollfilm und eine Kamera entwickelte, ursprünglich als Buchhalter in einer Bank arbeitete. Ladislaus Biro, der Erfinder des Kugelschreibers, war nacheinander Bildhauer, Maler und Journalist. King Camp Gillette reiste als Vertreter für Flaschenverschlüsse, ehe er die Rasierklinge und den Rasierapparat erfand. John Boyd Dunlop war Tierarzt und konstruierte nebenbei den pneumatischen Gummireifen. Die Idee des Luftkissenfahrzeugs stammt von dem Rundfunkingenieur Christopher Cockerell und die des Fotokopiergeräts von dem Patentbearbeiter Chester Carlson.

Möglicherweise spielt neben einer unkonventionellen Denkart auch eine Unkenntnis der zu erwartenden Schwierigkeiten eine Rolle. „Wenn die mir klar gewesen wären, hätte ich die Sache nie angefangen", stöhnen zahlreiche Erfinder.

Neues wird auf neuen Gebieten geschaffen

In der Vergangenheit kümmerte sich die Gesellschaft nicht nur wenig um einen Erfinder, sie war auch gegenüber den möglichen Auswirkungen seiner Tätigkeit gleichgültig. Heute ist das etwas anders. Westliche Regierungen sind bestrebt, die Entwicklung der Siliziumchip-Industrie zu fördern, machen sich aber gleichzeitig Sorge, daß dadurch die Arbeitslosigkeit anwachsen könnte.

Arbeitslosigkeit ist nur eine der möglichen Folgen von Neuerungen und manchmal auch nur eine vorübergehende, da Erfindungen auf anderen Gebieten zusätzliche Arbeitsplätze schaffen. So behauptete man etwa, daß der telefonische Selbstwählverkehr Arbeitslosigkeit bei den Telefonistinnen hervorrufen würde – während tatsächlich der Bedarf an Arbeitskräften im Fernsprechwesen stieg. Natürlich ist die Art der Arbeit dann nicht unbedingt die gleiche wie zuvor. Das Auto hat Kutscher und Stallknechte stellungslos gemacht, dafür aber Arbeit für Mechaniker, Fabrikarbeiter und Verkehrspolizisten geschaffen.

Die sozialen Auswirkungen von Erfindungen können viel weiter reichend und beständiger sein als eine strukturelle Arbeitslosigkeit; sie können einen ganzen Lebensstil ändern – oft in einer Weise, die zunächst kaum vorauszusehen ist. So haben beispielsweise der Verbrennungsmotor und das Auto den Pendler mit hervorgebracht. In der Folge entwickelten sich die Vorstädte; und daraus wiederum entstanden Verkehrsprobleme und das Phänomen der Zersiedelung der Landschaft – was dann zu regionalen Bebauungsplänen führte. In entsprechender Weise hat das Flugzeug abgelegenen Inseln Probleme gebracht. Dort überfordert das Anwachsen des Tourismus allmählich die örtlichen Gegebenheiten und drängt die Bewohner in das Dienstleistungsgewerbe.

Vom Fernsehen wiederum sagt man, es halte die Familie im Heim beisammen, während das Kino sie früher von zu Hause fortgelockt habe.

Maschinen verändern die Zivilisation

Die Erfindung der Dampfmaschine – die es zweckdienlich erscheinen ließ, eine ganze Reihe von Maschinen an einer Stelle zu konzentrieren – förderte die Abwanderung von Menschen aus ländlichen Gebieten: Es entstanden die düsteren Industriestädte des 19. Jh.

Lange vor der Dampfmaschine hatten schon Windmühlen und Wasserräder die Energieerzeugung revolutioniert. Man weiß heute kaum noch, wie stark einst die Wasserkraft ausgenutzt wurde. Im Jahr 1086 gab es beispielsweise in England südlich des Flusses Trent nicht weniger als 5624 Wasserräder – zu einer Zeit, als die Bevölkerung nur etwa ein Fünfzigstel der heutigen betrug.

Ursprünglich dienten Wasserräder zum Mahlen von Getreide, aber sie mechanisierten bald auch andere Produktionszweige: Es gab Sägegatter, Erzmühlen, metallbearbeitende Maschinen, Antriebe für Blasebälge und schließlich Pumpen für Bewässerungsanlagen in der Landwirtschaft und für die Versorgung der Städte.

Die zusätzliche Energie von Wasserrädern und Windmühlen trug wesentlich dazu bei, daß die Allgemeinheit Leute mit ernähren konnte, die keine

Landwirtschaft betrieben. So wurde eine Zivilisation möglich, die nicht auf Sklavenarbeit beruhte.

Während die Windmühlen das wirtschaftliche Gefüge veränderten, beeinflußte die Erfindung des Steigbügels die politische Szene. Inwiefern? Im frühen Mittelalter waren die flinken, beweglichen Reiterhorden der östlichen Steppenvölker den schwerfälligen europäischen Heeren überlegen. Die zahllosen Einfälle der Hunnen und Magyaren verwüsteten das Abendland und wurden als Geißel Gottes empfunden. Mit der Erfindung des Steigbügels aber änderte sich die militärische Technik, da es nun auch schwergepanzerten Rittern möglich wurde, auf Pferden zu kämpfen. Und dieser wuchtigen Phalanx hatten die bügellos reitenden Steppenbewohner nicht viel entgegenzusetzen. Die neue Kriegführung war mit ein Grund dafür, daß Otto I. die Ungarn 955 auf dem Lechfeld bei Augsburg vernichtend schlagen konnte. Dieser Sieg ebnete den aufstrebenden Völkern Europas den Weg zur Eigenständigkeit, die schließlich in der Gründung der verschiedenen Nationalstaaten gipfelte. In übertragenem Sinn kann man dennoch sagen, daß an der Schwelle des modernen Europas die Erfindung des Steigbügels stand. Der Steigbügel machte den Reiter seinem unberittenen Gegner überlegen, und die Berittenen bildeten in den verschiedenen Ländern eine besondere Klasse, das Rittertum, das eine eigene ritterliche Kultur entwickelte.

Der Pflug verwandelt die Erde

Eine der wichtigsten Erfindungen, die der Mensch je gemacht hat, ist der Pflug. Überall dort, wo der Mensch die Landschaft urbar machte, setzte er dieses Gerät ein.

Im 7. Jh. änderte die Einführung eines verbesserten, schweren Pfluges in Europa die sozialen Verhältnisse. Der Pflug lockerte den Boden besser auf, so daß die Pflanzen kräftigere Wurzeln entwickelten. Dieser Pflug wurde von Ochsen gezogen, und um das schwierige Wenden am Ende des Feldes einzuschränken, vergrößerte man die Felder.

Futter für ein Gespann von vier oder sogar acht Ochsen zu beschaffen überstieg damals die Möglichkeiten einer einzelnen Familie. Oft hatte sie auch nicht genug Arbeit für ein solches Gespann. Daher entstanden Gemeinschaften, die sich ein Gespann hielten. Überdies erforderte die veränderte Feldform eine Dorfverwaltung, um das Land entsprechend zu verteilen.

Mit einem Gespann von acht Ochsen konnte man auch schwere Schwemmböden pflügen, die eine ertragreichere Ernte gaben. Die Bevölkerung wuchs – und wurde von einem Partner der Natur zu ihrem Ausbeuter. Dies galt erst recht, als das Pferd als Zugtier neben den Ochsen trat. Eine Schlüsselrolle spielte hier das Kummet, mit dem das Pferd vier- bis fünfmal mehr ziehen konnte als vorher. Zwar frißt ein Pferd mehr als ein Ochse, doch arbeitet es auch rascher. So stellte man ein Pferd zwei Ochsen gleich. Aber das Pferd hat eine Schwäche: Seine Hufe rutschen auf weichem Grund leicht aus und nutzen sich ab. Erst die Erfindung des Hufeisens ermöglichte es dem Menschen, das Pferd als Zugtier voll einzusetzen.

Die bedeutsamste landwirtschaftliche Neuerung aber war die Dreifelderwirtschaft, die die Nahrungsmittelversorgung wesentlich verbesserte und dazu beitrug, daß sich die Zivilisation immer weiter nach Norden ausbreiten konnte. Dieser Zug führte dann zur Erfindung des Kamins, der die nördlichen Winter erträglich machte. Heute begünstigen die Klimaanlagen ein Vordringen in tropische Zonen, besonders in Amerika.

So haben einige wenige Erfindungen in Zeiten, die man zu Unrecht als finsteres Mittelalter bezeichnet, die menschliche Gesellschaft erheblich gewandelt. Entsprechendes könnte man vom Kompaß und Chronometer berichten – zwei Geräten, welche die Hochseeschiffahrt ermöglichten und eine Welle von Entdeckungsfahrten zur Folge hatten, die den Europäern ferne Länder erschlossen.

Die Erfindungen haben nicht nur das menschliche Leben leichter gemacht, sondern auch soziale Wandlungen hervorgerufen, die niemand voraussehen konnte. Heute stecken wir in Problemen, die etwa durch die Computer oder die Atombombe hervorgerufen wurden. Dennoch wird der Mensch fortfahren, neue Dinge zu ersinnen. Erfindungen entspringen einer Unzufriedenheit mit Bestehendem und der Überzeugung, daß es möglich sein müsse, es besser zu machen.

Gordon Rattray Taylor

Die Erfindungen von A–Z

Der Aufstieg des Menschen von der Steinzeit bis zum Zeitalter der Elektronik und der Raumfahrt ist durch einige hundert bahnbrechende Erfindungen gekennzeichnet. Dieses Buch stellt die wesentlichsten von ihnen in alphabetischer Reihenfolge vor. Auch einige unscheinbare Dinge sind darunter, die aber doch dem Menschen unentbehrlich geworden sind – etwa die Nadel, der Spiegel oder die Schere. Die einzelnen Texte stellen dar, worin die Erfindungen bestanden, wie sie funktionierten oder funktionieren, wie sie sich weiterentwickelten und wie manche von ihnen die Gesellschaft verändert haben. Die Fülle der Erfindungen, die in diesem Buch behandelt werden, ist so groß, daß nicht jede von ihnen ein besonderes Stichwort erhalten konnte. In einigen Fällen sind mehrere von ihnen unter einem übergeordneten Stichwort zusammengefaßt worden. So findet man etwa das Elektronenmikroskop beim Mikroskop; der Ottomotor ist mit dem Diesel- und dem Wankelmotor unter dem Oberbegriff „Verbrennungsmotoren“ vereinigt. Und unter dem Stichwort „Teleskop“ sind das Spiegelteleskop, das Fernrohr und der Feldstecher zusammengefaßt. Erfindungen, die kein eigenes Stichwort haben, kann man im Register am Schluß des Buches finden.

A

Algebra

Algebraische Methoden sind in ägyptischen Handschriften aus der Zeit um 1700 v. Chr. erklärt

In dem ägyptischen Rhindpapyrus aus der Zeit um 1700 v. Chr. stellt dessen Verfasser Ahmes folgende Aufgabe: „Ein Haufen (das heißt, eine Anzahl von Gegenständen) zusammen mit einem Siebtel seiner selbst ergibt 19; wie groß ist der ursprüngliche Haufen?" In der Algebra werden derartige Aufgaben gelöst, indem man Worte oder Symbole benutzt, die →Zahlen und andere Größen darstellen. Ahmes löste seine Aufgabe durch Probieren, mit Worten, nicht mit Symbolen, wie wir es heute tun.

In der Schule lernen die Kinder, eine solche Aufgabe mit Hilfe von Buchstaben auszudrücken:

$$x + \tfrac{1}{7}x = 19$$

Dabei steht x für die unbekannte Zahl. Diese Gleichung ist eine Kurzform des Satzes: x plus ein Siebtel von x ist gleich 19. Die Buchstaben kennzeichnen das Wesentliche der Aufgabe.

Gelöst wird sie durch einen systematischen Rechenvorgang. Die beiden Seiten einer Gleichung verändern sich nicht, wenn man sie in gleicher Weise behandelt – in diesem Fall mit sieben multipliziert, um anstelle des Bruches eine ganze Zahl zu bekommen. Die Gleichung lautet dann:

$$7x + x = 133$$

Die linke Seite – siebenmal x plus x – ergibt acht x. Dividiert man beide Seiten durch acht, so sieht die Gleichung folgendermaßen aus:

$$x = 16\tfrac{5}{8}$$

Eine algebraische Aufgabe ist gelöst, wenn auf einer Seite der Gleichung die Unbekannte, auf der anderen nur bekannte Zahlen stehen.

Symbole sind in der Algebra erst allmählich eingeführt worden. Im 13. Jh. bezeichnete der deutsche Dominikanermönch Jordanus Nemorarius, der die arabische Mathematik studierte, als einer der ersten Zahlen und andere Größen mit Buchstaben. Im 16. Jh. benutzte der französische Mathematiker François Viète (Vieta) Vokale für unbekannte und Konsonanten für bekannte Größen. Im nächsten Jahrhundert führte sein Landsmann René Descartes zahlreiche Regeln ein, um die Symbole verständlicher zu machen, und er benutzte einheitlich den Buchstaben x für eine unbekannte Größe.

Einen besonderen Beitrag leistete Descartes auch zur →Geometrie, indem er zeigte, wie sie sich in Zahlen ausdrücken läßt. Dadurch war es möglich, algebraische Aufgaben durch geometrische Figuren zu lösen. Noch wichtiger war die Möglichkeit, geometrische Aufgaben algebraisch zu formulieren und zu lösen. Diese Erkenntnisse (der analytischen Geometrie) spielten eine besonders wichtige Rolle für jene Gebiete der Wissenschaft und Technik, die ohne Geometrie nicht auskommen, beispielsweise die Architektur und das Geschützwesen.

Im Jahr 1854 setzte der englische Mathematiker George Boole logische Überlegungen in algebraische Formeln um. Nun können logische Verknüpfungen mit Hilfe einer „Algebra der Logik" dargestellt werden – ähnlich wie eine Berechnung nach den Regeln der herkömmlichen Algebra. Genauso „denken" auch die modernen →Computer.

Alkohol

Vermutlich schon im 11. Jh. in Italien destilliert

Der Alkohol ist eines der ältesten und gebräuchlichsten Arznei- und Genußmittel. Er wurde wahrscheinlich schon in frühgeschichtlicher Zeit vom Menschen entdeckt – vielleicht als er die alkoholische Flüssigkeit kostete, die bei der natürlichen Gärung von pflanzlichen Stoffen, etwa wildwachsenden Früchten oder Beeren, entsteht.

Allerdings wußten die Menschen zunächst noch nicht, welcher Stoff es denn eigentlich war, der die alkoholischen Getränke und Heilmittel so wirksam und berauschend machte. Erst im 11. Jh. n. Chr. wurde wahrscheinlich in Italien Alkohol aus →Wein oder →Bier destilliert. Man erhitzt dabei ein alkoholisches Gemisch auf eine Temperatur, die zwischen den Siedepunkten des Alkohols und des Wassers liegt, so daß der Alkohol verdampft. In einem anderen Gefäß wird er dann kondensiert.

Mit der Entdeckung des Alkohols stand dem Menschen ein Produkt zur Verfügung, das später eine wichtige Rolle in der Medizin, Industrie und Wissenschaft sowie bei geselligen Veranstaltungen und verschiedenen religiösen Riten spielte.

Bier wurde bereits in der Zeit von 8000 bis 6000 v. Chr. in Mesopotamien hergestellt, als man Getreide, zum Beispiel Gerste, keimen und gären ließ. Der Ansatz wurde mit heißem Wasser vermischt.

Der Wein ist ebenfalls ein Getränk des Altertums. Er entsteht auf noch einfachere Weise, indem man Trauben auspreßt oder lediglich in einem Behälter sammelt, wobei der natürliche Hefeüberzug der Schalen auf den Fruchtzukker einwirkt und ihn in Alkohol umwandelt.

Das Wort Alkohol ist aus dem arabischen *al-kohl* abgeleitet. Ursprünglich war damit Bleiglanz gemeint, ein in der Kosmetik verwendetes, bleihaltiges Mineral. Später galt diese Bezeichnung für destillierte Flüssigkeiten (Weingeist).

Bis zum Jahr 1500 n. Chr. wurde die Destillation in Asien und Westeuropa

Die Kunst des Destillierens *Im Mittelalter wurden Destillierblasen wie diese deutsche gelegentlich auf gemauerten Öfen in eine Wanne mit heißem Wasser gestellt. Im Wasserbad konnte der Alkohol in der Blase behutsam und gleichmäßig zum Sieden gebracht werden.*

verbessert. In Schottland stellt man Whisky aus angekeimter oder gemälzter Gerste her. Die Forschung wurde vor allem in Holland vorangetrieben; sie galt in erster Linie der Entdeckung neuer Arzneimittel. Der erste Gin wurde dem Vernehmen nach um die Mitte des 16. Jh. in der Universität von Leiden destilliert.

Die Destillierblase, eine Erfindung des Schotten Robert Stein aus dem frühen 19. Jh., ermöglichte die Herstellung von großen Mengen hochprozentigen Alkohols.

Seit der Entdeckung des Alkohols war sein Mißbrauch ein soziales Problem. Doch kann Alkohol auch von Nutzen sein. Man verwendet ihn in der Medizin, als Lösungsmittel, für Farbstoffe und für Kunstharze. Überdies dient er als Raketentreibstoff: Ohne Alkohol wäre der Mensch nicht auf dem Mond gelandet. In Brasilien läuft ein Versuch, durch Alkohol Benzin einzusparen. Aus Zuckerrohr destilliert man hochprozentigen Alkohol, der dann mit herkömmlichem Treibstoff gemischt wird.

Aluminium-Schmelzelektrolyse

Das Verfahren wurde 1886 in Europa und den USA entwickelt

Hinsichtlich der produzierten Menge und der Vielzahl von Verwendungsmöglichkeiten nimmt das Aluminium unter den wichtigsten Metallen der Welt nach dem Eisen den zweiten Platz ein. Die Industrie braucht jährlich mehr als 11 Mio. t dieses festen, leichten und korrosionsbeständigen Metalls und stellt daraus alle möglichen Produkte – von Verschlüssen für Milchflaschen über Kochtöpfe bis zu Stromkabeln und Flugzeugrümpfen – her.

Obwohl Aluminium in der Erdkruste reichlich vorhanden ist, läßt es sich schwer gewinnen. Als Rohstoff ist nur der Bauxit verwendbar, ein Erz, das Aluminiumoxid (Tonerde) enthält. Der Bauxit verdankt seinen Namen der südfranzösischen Stadt Les Baux, in deren Nähe er 1821 entdeckt wurde.

Aluminium ist ein verhältnismäßig neues Metall, das erstmals 1825 in reiner Form hergestellt wurde, als der dänische Chemiker Hans Christian Ørsted einige Körnchen gewinnen konnte, indem er Aluminiumchlorid mit Kalium erhitzte. 30 Jahre später gelang dem französischen Chemiker Henri E. Sainte-Claire Deville die technische Herstellung von Aluminium. Er verwendete dafür statt Kalium das billigere Natrium.

Zahlreiche Chemiker suchten nach einem noch wirtschaftlicheren Prozeß zur Gewinnung von Aluminium, doch erst 1886 zeichnete sich ein Erfolg ab. In diesem Jahr entwickelten der Amerikaner Charles M. Hall und der Franzose Paul Louis Héroult unabhängig voneinander ein sehr ähnliches Verfahren. Sie bedienten sich der →Elektrolyse, um geschmolzene Tonerde in ihre Grundbestandteile – Aluminium und Sauerstoff – zu zerlegen. Um den Schmelzpunkt der Tonerde herabzusetzen, lösten sie diese in Kryolith auf, einem Mineral, das man in größeren Mengen nur in Grönland findet. Im Jahr 1889 wurde der Gewinnungsprozeß durch eine Erfindung des deutschen Chemikers Karl Joseph Bayer verbessert. Er entwickelte das jetzt nach ihm benannte Verfahren, um aus Bauxit Tonerde herauszulösen.

Ammoniaksynthese

Großtechnische Herstellung in Deutschland Anfang des 20. Jh.

Zu Beginn des 20. Jh. wurden natürliche Stickstoffdünger wie Chilesalpeter in der Welt knapp. Dieser Engpaß veranlaßte den deutschen Chemiker Fritz Haber, Untersuchungen anzustellen, wie man den Stickstoff der Luft mit Wasserstoffgas verbinden und auf diese Weise Ammoniak gewinnen könne, der einen brauchbaren Ausgangsstoff für die Herstellung von →Düngemitteln darstellt.

Im Jahr 1909 hatte Haber dann die Bedingungen ermittelt, unter denen Stickstoff und Wasserstoff eine Verbindung eingehen: mittlere Temperaturen, sehr hoher Druck und die Verwendung eines Katalysators. Die Habersynthese wurde dann von einem anderen deutschen Chemiker, Carl Bosch, zur großtechnischen Reife entwickelt.

Der für die Ammoniaksynthese benötigte Wasserstoff wird in einem Wassergasgenerator gewonnen – auch eine Erfindung von Bosch. Dabei wird Wasserdampf durch eine Schicht von rotglühendem Koks geblasen und so in Wasserstoff und Sauerstoff aufgespalten. Den Stickstoff gewinnt man durch Destillation von flüssiger Luft. Diese ist eine hellblaue Flüssigkeit, die vor allem aus Sauerstoff und Stickstoff besteht und durch Abkühlen und Komprimieren von Luft hergestellt wird.

Bei der Ammoniakproduktion werden Wasserstoff und Stickstoff im Volumenverhältnis von 3 : 1 gemischt und unter einem Druck von 200 Atm. verdichtet. Das Gasgemisch wird durch eine Kammer mit einer gleichmäßigen Temperatur von 500° geleitet und kommt dort mit dem Eisenkatalysator in Berührung. Dabei verbindet sich ein Teil des Stickstoffs und Wasserstoffs zu Ammoniak, der durch Abkühlung der austretenden Gase abgeschieden wird.

Verwendung für Sprengstoffe und Raketentreibstoff

Große Mengen von Ammoniak werden zu Salpetersäure weiterverarbeitet, aus der man unter anderem auch →Sprengstoffe – beispielsweise TNT – und Nitroglyzerin herstellt. Im flüssigen Zustand wird Ammoniak als Kühlmittel in Klimaanlagen und Kühlhäusern verwendet. Es dient auch zur Herstellung des Raketentreibstoffs Hydrazin und spielte eine wichtige Rolle im Solvayverfahren zur →Sodaherstellung.

Amniozentese (Fruchtwasserentnahme)

Erstmals 1956 in Manchester durchgeführt

Bei der Amniozentese wird eine Probe des Fruchtwassers, von dem das ungeborene Kind im Mutterleib umgeben ist, mit einer langen Nadel durch die Bauchdecke entnommen. Wenn ein erfahrener Arzt diesen Eingriff durchführt, ist er verhältnismäßig harmlos, denn man kann durch verschiedene Methoden, beispielsweise Ultraschall, die Lage des Kindes im Mutterleib und somit die günstigste Einstichstelle bestimmen. Die Probe wird dann chemisch untersucht. Zum Beispiel läßt sich ein Eiweißüberschuß feststellen, der auf einen Wirbelspalt (Spina bifida) beim ungeborenen Kind hinweist. Das Fruchtwasser enthält auch vom Fötus abgeschiedene Zellen, die man unter dem →Mikroskop untersuchen kann, um Abnormitäten, wie Mongolismus, festzustellen.

Die Amniozentese wurde erstmals 1956 routinemäßig im St. Mary's Hospital in Manchester durchgeführt, um bei Kindern im Mutterleib eine bestimmte Art der Gelbsucht zu diagnostizieren.

Die Methode ermöglicht es einer Schwangeren, sich bei bedenklichen Entwicklungsschäden des Kindes rechtzeitig für einen Schwangerschaftsabbruch zu entscheiden. In Zukunft wird es aber vielleicht sogar möglich sein, anomale Babys bereits im Mutterleib zu behandeln.

Anästhesie

Experimentell 1799 in England angewendet

Anästhetika und Antiseptika gelten als Grundpfeiler der modernen Chirurgie. Die euphorisierende und schmerzstillende Wirkung von Stickoxidul (Lachgas) wurde erstmals 1799 von dem englischen Chemiker Humphry Davy im Selbstversuch festgestellt. 45 Jahre später verwendete der amerikanische Zahnarzt Horace Wells das Gas, wenn er Zähne zog – was allerdings offenbar doch nicht ganz schmerzlos war.

Zwei Jahre später setzte ein anderer Zahnarzt, William T. Green Morton, im General Hospital von Massachusetts den Äther als stärkeres Narkosemittel bei einem Patienten ein, dem dadurch ein Geschwür am Kieferknochen schmerzlos entfernt wurde. 1847 wandte dann Sir James Simpson, ein Geburtshelfer in Edinburg, erstmals die wirkungsvollere Chloroformnarkose zur Linderung der Geburtsschmerzen an.

Einige Geistliche hielten die Narkose für widernatürlich. Die Kritik verstummte aber, als selbst Königin Victoria sich Chloroform geben ließ, als sie 1853 den Prinzen Leopold zur Welt brachte. Bis zu dieser Zeit waren chirurgische Eingriffe auf lebensrettende Operationen, wie die Amputation brandiger Gliedmaßen, beschränkt. Während solcher Eingriffe, die drei bis fünf Minuten dauerten, waren die unglücklichen Patienten bei vollem Bewußtsein. Sie wurden angeschnallt und von kräftigen Assistenten festgehalten. Die Anästhetika eröffneten Möglichkeiten für eine Vielzahl neuer Operationen, die wegen ihrer Art und Dauer sonst nicht hätten durchgeführt werden können, beispielsweise die Entfernung erkrankter Organe.

Der moderne Anästhesist ist ein Facharzt, und es stehen ihm zahlreiche Narkosemittel zur Verfügung. Er verabreicht nicht nur die schmerzbetäubende Narkose, sondern überwacht und reguliert auch die Atmung, den Blutdruck, die Herztätigkeit und andere lebenswichtige Funktionen des Patienten während der Operation.

Viele Eingriffe und einige größere Operationen (auch in der Gehirnchirurgie) werden oft unter Lokalanästhesie vorgenommen, also bei Bewußtsein des Patienten. Blockiert werden dabei lediglich die Schmerzbahnen, indem man Narkotika in bestimmte Nerven, Hautpartien oder in das Rückenmark einspritzt.

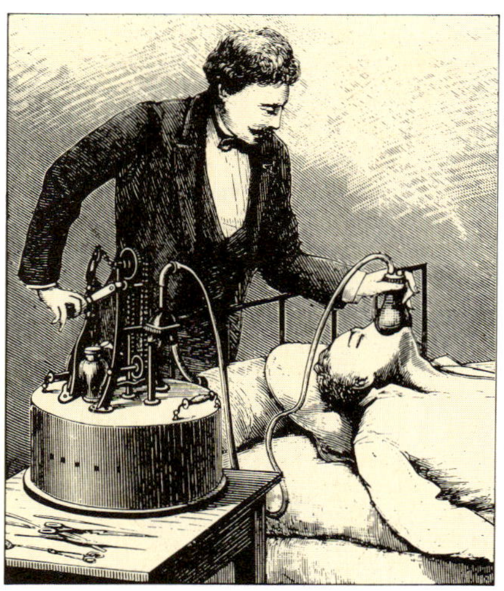

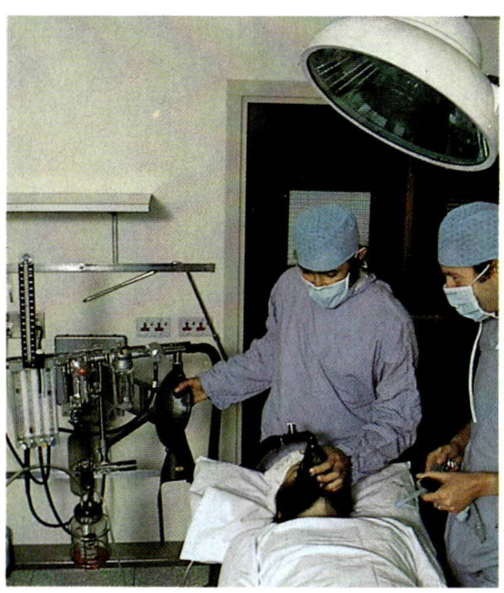

Die Narkose im Wandel der Zeit *Vor 100 Jahren wurde Chloroform noch vom Arzt im Straßenanzug verabreicht. Heute ist der Anästhesist ein Facharzt, der unter vielen Narkotika wählen kann.*

Antibiotika

Das Penicillin wurde 1928 in London entdeckt

Antibiotika sind von lebenden Organismen – meist von Schimmelpilzen – gebildete Stoffe, die Bakterien vernichten können. Als erstes Antibiotikum wurde Penicillin zur Behandlung von Krankheiten in der Humanmedizin verwendet.

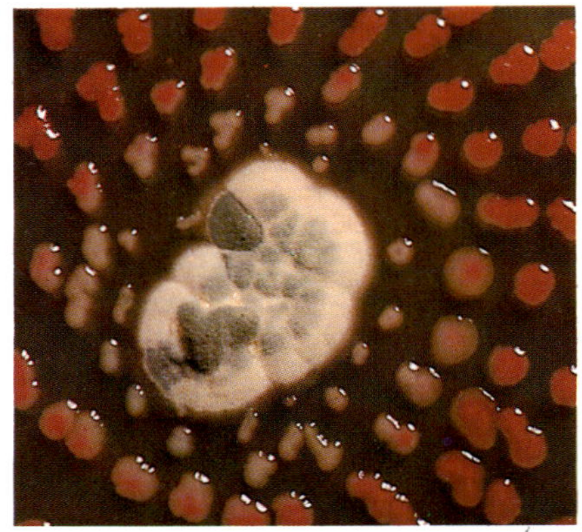

Vernichtung von Bakterien *Lebende Bakterien in größerer Entfernung vom Penicillinschimmel (Mitte) sind groß und kräftig rot gefärbt. Näher bei der Schimmelkultur sind sie kleiner und heller. Die allernächsten sind am kleinsten und sehr hell: Sie sind vernichtet.*

Das Penicillin wurde 1928 von Prof. Alexander Fleming, einem schottischen Bakteriologen am Londoner St. Mary's Hospital, entdeckt. Es stellte sich ihm in der Form eines Schimmelpilzes der Gattung Penicillium dar, der eine antibiotische Substanz lieferte. Fleming konnte diesen Stoff, dessen antibakterielle Wirkung nur wenige Tage anhält, jedoch nicht isolieren. Erst 1939 gelang es dem in Australien geborenen Pathologen Howard Florey und dem aus Deutschland stammenden Biochemiker Ernst Chain, das Antibiotikum rein darzustellen.

Das Penicillin erwies sich als Wundermittel. Es wirkte gegen eine Reihe ernster Krankheiten – von der Hirnhautentzündung über die Lungenentzündung und Bauchfellentzündung bis zur Syphilis. Zugleich war es für gesundes Gewebe praktisch unschädlich. Im Jahr 1945 bekamen Fleming, Florey und Chain gemeinsam den Nobelpreis für Medizin.

Zu den modernen Antibiotika gehören Streptomycin (wirksam gegen Tuberkulose), Chloromycetin (wirksam gegen Typhus) und Terramycin (wirksam gegen mehrere Krankheiten).

Verschiedene Bakterien und verschiedene Stämme gleicher Bakterien besitzen gegen ein bestimmtes Mittel eine natürliche oder mit der Zeit ausgebildete Widerstandsfähigkeit. Deshalb ist ein breites Spektrum an Antibiotika vorteilhaft; der Arzt kann dann auf andere Antibiotika ausweichen, wenn bestimmte Bakterien gegen ein Mittel resistent sind, dieses also wirkungslos bleibt.

Antisepsis

Antiseptika wurden in der Chirurgie erstmals 1865 von Joseph Lister in Glasgow mit Erfolg verwendet

Bevor Joseph Lister die Methode der Antisepsis im Operationssaal einführte, waren chirurgische Eingriffe für den Patienten äußerst gefährlich. Die Kunst des Chirurgen war stark eingeschränkt, denn Infektionen der Operationswunde hatten meist tödliche Folgen. Die chirurgische Behandlung beschränkte sich auf wenige, lebensrettende Operationen, wie das Aufschneiden von Abszessen und die Amputation schwer verletzter oder infizierter Gliedmaßen. Die Öffnung einer Körperhöhle wurde nur selten einmal von einem verantwortungslosen Quacksalber versucht.

Durch die Einführung der Antisepsis und kurz darauf auch der Asepsis – gemeinsam mit der Anwendung der →Anästhesie – wurden Eingriffe in die Körperhöhlen möglich. In Listers eigener Krankenhausabteilung in Glasgow gingen Todesfälle bei Patienten nach größeren Operationen von 45 Prozent in den Jahren 1864–1866 auf 15 Prozent in den Jahren 1867–1869 zurück.

1872 entfernte Theodor Billroth, ein Pionier auf dem Gebiet der Bauchhöhlenchirurgie, als erster einen von Krebs befallenen Kehlkopf und führte wenige Jahre später regelmäßig Resektionen des Magens und Darms durch.

In Glasgow wurde Listers Schüler William Macewen zum Begründer der Gehirnchirurgie. 1879 entfernte er erfolgreich ein schmerzhaftes Blutgerinnsel aus dem Gehirn eines Patienten; im selben Jahr operierte er auch einen Gehirntumor.

Bei diesen Operationen mußte die Gehirnhaut durchtrennt werden – ein Eingriff, der unmöglich gewesen wäre, hätte man nicht Krankheitserreger von der Wunde fernhalten können. Macewen öffnete auch den Brustkorb, um einen Lungenabszeß trockenzulegen, und richtete durch Rachitis deformierte Knochen wieder ein. Er deckte die Wunden mit Gazekompressen ab, die vorher ausgekocht worden waren.

Im Jahr 1892 öffnete der deutsche Chirurg Ludwig Heusner in Barmen erfolgreich die Bauchhöhle, um ein durchgebrochenes Magengeschwür zu verkleben, das ohne Behandlung in der Regel eine Bauchfellentzündung mit tödlichem Ausgang zur Folge hat. Er konstruierte auch einen Sterilisator, mit dem die In-

Wie die Ansteckungsgefahr in Krankenhäusern erkannt und gebannt wurde

1847: Die Gefahr der Ansteckung wird erkannt
Ein bedeutungsvoller Augenblick in der Geschichte der Medizin kam im Jahr 1847, als Ignaz Philipp Semmelweis am Allgemeinen Krankenhaus in Wien eine neue Regel einführte: Er verlangte von allen Medizinstudenten und Ärzten, sich nach jeder Autopsie die Hände zu waschen, bevor sie sich wieder den Frauen in der Entbindungsstation zuwandten.

Semmelweis kannte zwar nicht die Zusammenhänge zwischen Krankheiten und ihren Erregern, er hatte aber den Verdacht, daß von den Medizinern ein „giftiger Stoff" von den Toten auf die Lebenden übertragen werde. Dieses Leichengift war die Ursache des Kindbettfiebers, an dem in europäischen Krankenhäusern durchschnittlich jede fünfte Mutter nach der Entbindung starb.

Semmelweis forderte von seinen Studenten, auf peinliche Sauberkeit zu achten und ihre Hände und Instrumente mit einer Chlorkalklösung abzuspülen, bevor sie bei einer Geburt assistierten. Daraufhin sank die Müttersterblichkeit in seiner Abteilung auf nur ein Prozent. Es dauerte aber lange, bis die neue Methode sich allgemein durchgesetzt hatte.

1865: Louis Pasteur veröffentlicht seine Theorie der Infektionskrankheiten
Der französische Chemiker Louis Pasteur erkannte, daß Keime eine Hauptursache für Erkrankungen und Todesfälle sind. Seine Entdeckung bildete im 19. Jh. die Grundlage für die antiseptische und aseptische Behandlung. Unter Antisepsis versteht man die Abtötung bereits vorhandener Krankheitserreger, also eine Desinfektion, unter Asepsis vorbeugende Maßnahmen, die Keime von Operationswunden sowie von anderen Stellen und vom klinischen Material fernhalten sollen.

Vor der Zeit Pasteurs glaubte man, Krankheiten würden durch giftige Gase verbreitet, die Menschen und Tiere angreifen. Pasteur konnte nachweisen, daß Infektionen auf Kleinstlebewesen zurückzuführen sind. Außerdem zeigte er, daß Hefen, die eine Gärung verursachen, und Mikroben, die für die Milchgerinnung verantwortlich sind, durch wiederholtes mäßiges Erhitzen abgetötet werden können. Dieses Verfahren wurde nach ihm Pasteurisieren genannt.

Später wies er gleichzeitig mit dem deutschen Bakteriologen Robert Koch nach, daß Bakterien die Ursache zahlreicher Krankheitserscheinungen beim Menschen sind.

1865: Lister verwendet erstmals eine Karbolsäurekompresse
Als Professor der Chirurgie an der Universität von Glasgow führte Joseph Lister ein Experiment durch, das im Operationssaal Geschichte machte. Auf den Stationen der Glasgow Royal Infirmary starb, wie in jedem anderen Krankenhaus, nach größeren Operationen rund die Hälfte aller Patienten an der sogenannten Hospitalkrankheit. Dabei handelte es sich um eine Infektion der Operationswunde durch Keime, die in großer Zahl im Krankenhausgebäude, an den nicht ganz sauberen Instrumenten und an blutbefleckten und schmutzigen Kitteln vorhanden waren, welche die Chirurgen für die Operation anzogen.

Obwohl Keime als Erreger der Hospitalkrankheit nicht bekannt waren, hatte man dennoch den Verdacht, daß eine in der Luft enthaltene Substanz den Wundbrand verursache. Während die meisten Mediziner sich dabei eine Art von Gas vorstellten, dachte Lister eher an einen feinen, staubförmigen Stoff. Eines Tages teilte er diese Idee dem Chemieprofessor Thomas Anderson in Glasgow mit, der ihm die Lektüre der kürzlich von Pasteur veröffentlichten Arbeit empfahl. Lister erkannte sofort, daß die Theorie einer Infektionskrankheit auf den Wundbrand nach Operationen wie auch auf komplizierte Brüche zutraf, bei denen die Haut vom gebrochenen Knochen durchstoßen wird.

Die Frage war nun, wie man Krankheitserreger, die sich an frischen Operations- oder Fleischwunden befanden, abtöten solle, da in diesem Fall ein Erhitzen ja nicht in Frage kam.

Lister kam schließlich auf die Karbolsäure (Phenol), die wegen ihres starken Geruchs bereits in der Antisepsis verwendet wurde. Damals wußte man allerdings noch nicht, welche Rolle Krankheitserreger bei der Infektion spielen, sondern die Ärzte meinten, eine übelriechende Sache müsse mit einem ebenfalls stark riechenden Mittel bekämpft werden. Aus diesem Grund wurden 1864 große Mengen von Karbolsäure in die übelriechenden Abwässerkanäle der Stadt Carlisle gegossen. Man vermutete in diesen Kanälen die Ursache für die immer wieder auftretenden Typhus- und

strumente und das Verbandmaterial keimfrei gemacht werden konnten.

Die Blinddarmentzündung, bis Mitte des 19. Jh. nicht als Krankheit erkannt, verursachte gleichfalls häufig eine tödliche Bauchfellentzündung. Die erste erfolgreiche Blinddarmoperation wurde 1887 von Thomas Morton in Philadelphia durchgeführt.

Alle diese Erfolge stellten sich innerhalb eines Jahrzehnts nach Listers Einführung der Antisepsis im Operationssaal ein. Seitdem wurden Eingriffe auf immer neuen Gebieten – von der Entfernung der Augenlinse bei grauem Star bis zum Einsetzen künstlicher Herzklappen – durchgeführt, und die Chirurgie rettete auf diese Weise Millionen von Patienten das Leben.

Der Antisepsis und Asepsis ist es überdies mit zu verdanken, daß die Müttersterblichkeit drastisch zurückgegangen ist. Ein Pionier auf diesem Gebiet war der Wiener Arzt Ignaz Philipp Semmelweis, der 1847 seine Erkenntnis veröffentlichte, daß das Wochenbettfieber durch eine Kontaktinfektion verursacht wird. Er gab auch gleich ein Gegenmittel an: peinliche Sauberkeit und Desinfektion. Von seinen Zeitgenossen wurde er wegen dieser Ansicht lange verlacht, sogar zur Verzweiflung getrieben.

Die Methode, Krankheitserreger vom gefährdeten Gewebe fernzuhalten, ermöglichte auch eine erfolgreiche Behandlung bestimmter Krebserkrankungen, darunter einige Formen der Leukämie. Dabei verwendet man Heilmittel, die Krebszellen angreifen, gleichzeitig allerdings auch die Widerstandsfähigkeit des Körpers gegen Infektionen schwächen.

Diphtherieepidemien. Tatsächlich machte die Karbolsäure nicht nur dem Gestank, sondern auch den Epidemien ein Ende.

Lister behandelte deshalb im Jahr 1865 den komplizierten Beinbruch eines elfjährigen Jungen mit Karbolkompressen. Er reinigte die Fleischwunde und tupfte sie gründlich mit einem in Karbolsäure getränkten Tuch ab. Dann deckte er sie mit Kompressen zu, die er ebenfalls mit dem Antiseptikum benetzt hatte, schiente das Bein und ließ es heilen. Sechs Wochen danach konnte der Junge das Krankenhaus verlassen, und die Wunde wie auch der Bruch waren ohne Anzeichen einer Infektion geheilt.

Weitere komplizierte Brüche wurden in gleicher Weise behandelt. Überdies verwendete man Karbolsäure zur Desinfektion der Haut und zum Ausspülen der Wunden bei anderen chirurgischen Eingriffen. 1867 veröffentlichte Lister seine ersten Ergebnisse. Die antiseptische Behandlung fand schnell allgemeine Anerkennung, und im Gegensatz zu Semmelweis starb Lister als ein in aller Welt geachteter Mann. Er wurde 1897 in den Adelsstand erhoben.

Entwicklung aseptischer Maßnahmen

Die antiseptische Methode (Desinfektion) war jedoch erst der Anfang des „sauberen" Operationssaals. In den folgenden 20 Jahren wurden an verschiedenen Kliniken in Deutschland und England aseptische Behandlungsweisen entwickelt. Bei der Asepsis wird an der Operationsstelle die Haut vor dem Eingriff sterilisiert und der Patient in keimfreie Tücher gehüllt. Der Chirurg und seine Assistenten tragen sterile Kleidung und Handschuhe sowie Gesichtsmasken, damit keimbeladene Tröpfchen aus Nase und Mund nicht die Luft verunreinigen. Instrumente, Nadel und Faden, Tupfer, Verbandmaterial usw. werden vor Gebrauch entweder durch Erhitzen oder durch chemische Mittel keimfrei gemacht. Operationsräume besitzen eine besondere Ventilation, die verhindert, daß von außen Krankheitskeime angesaugt werden oder eindringen können. Neben diesen Vorkehrungen erhält der Patient meist vorbeugend ein Antibiotikum, damit Infektionskeime, die trotz aller Vorsicht zu ihm vorgedrungen sind, vernichtet werden. Die Asepsis wird auch bei der Herstellung von Arzneimitteln, Infusionsflüssigkeiten und Blutkonserven angewendet.

Zelte und Räume mit Überdruck

Besonders infektionsanfällige Patienten werden unter aseptischen Bedingungen betreut. In manchen Fällen legt man sie in Zelte oder Räume, in denen ein höherer Druck herrscht, so daß keine Außenluft eintritt und Krankheitskeime ferngehalten werden. Diese Patienten werden von Ärzten und Schwestern versorgt, die in gleicher Weise wie das Operationspersonal gekleidet sind und ebenfalls keimfrei gehalten werden.

In der Asepsis gibt es verschiedene Methoden, um die Kleidung und chirurgischen Instrumente steril oder keimfrei zu machen. Das klinische Material kann durch Erhitzen, chemische Desinfektionsmittel, ultraviolettes Licht, Gammabestrahlung und sogar durch Ultraschall – der die Bakterienzellen zerstört – sterilisiert werden.

Aseptische Behandlungsmethoden sind heute sehr wirkungsvoll, erfordern aber strenge Disziplin und umfangreiche Vorkehrungen.

Aquädukt

Im Orient bereits vor 700 v. Chr. bekannt

Ein Aquädukt ist eine Wasserleitung mit einem System von →Brücken, Tunnel und Kanälen. Er versorgt Städte, deren eigene Reserven nicht mehr ausreichen, aus entfernten Quellen mit Wasser.

Die ersten Aquädukte wurden um 700 v. Chr. im Orient gebaut. Im Jahr 690 v. Chr. befahl der assyrische König Sanherib den Bau eines 48 km langen Aquädukts für die zusätzliche Versorgung seiner Hauptstadt Ninive. Diese Wasserleitung überquerte ein Tal bei Jerwan auf einem 262 m langen, 21 m breiten und 9 m hohen Steindamm. Für den Bau dieses Dammes wurden mehr als zwei Millionen Steinquader verwendet, und fünf kleine →Bogen überbrückten einen kleinen Fluß.

Etwa zur gleichen Zeit benötigte man in Jerusalem eine Wasserversorgung, die vor den Angriffen der Perser geschützt war. Man schlug einen 2 m hohen und 335 m langen Tunnel durch den Fels, der Wasser aus einer entfernten Quelle heranführen sollte. Dieser Aquädukt wurde gleichzeitig von beiden Enden vorangetrieben. Die Richtung und Lage des Tunnels legte man dadurch fest, daß jede der beiden Arbeitsgruppen sich nach den Geräuschen der anderen orientierte. Überdies wurden in bestimmten Abständen Schächte nach außen getrieben. Eine Inschrift berichtet über die Freude der Arbeiter, als sie sich tatsächlich trafen.

Beim Bau der Wasserleitung nach Vathy auf der Insel Samos im 6. Jh. v. Chr. hatte man weniger Glück. In dem über 900 m langen Tunnel verpaßten sich die Arbeiter um knapp 5 m, so daß man zur Verbindung eine S-förmige Kurve in den Tunnel einbauen mußte.

Auch in Griechenland besaßen einige Städte eigene Aquädukte. Den größten Wert auf eine gute Wasserversorgung legten aber die Römer. Der erste Aquädukt zur Versorgung von Rom war die Aqua Appia aus dem Jahr 312 v. Chr., der letzte die Alexandrina aus dem Jahr 226 n. Chr. Am längsten und eindrucksvollsten war die 144 v. Chr. gebaute Aqua Marcia. Obwohl die Quelle nur 32 km von Rom entfernt war, hatte dieser Aquädukt eine Länge von rund 90 km; 11 km davon waren über Arkaden geführt. Wie bei allen römischen Aquädukten floß das Wasser infolge seiner eigenen Schwerkraft. Die Leitung

WASSERVERSORGUNG EINER RÖMISCHEN STADT DURCH EINEN AQUÄDUKT

Der Aquädukt von Nîmes *Der 275 m lange Pont du Gard mit seinen drei übereinanderliegenden Arkaden wurde von den Römern 23 n. Chr. für die Wasserversorgung der Stadt Nîmes in Südfrankreich gebaut.*

Wasserversorgung zur Römerzeit *Von seinem Ursprung bis zum Stadtzentrum (rechts oben) floß das Wasser mit leichtem Gefälle in einem Aquädukt. Arkaden glichen Höhenunterschiede des Geländes aus.*

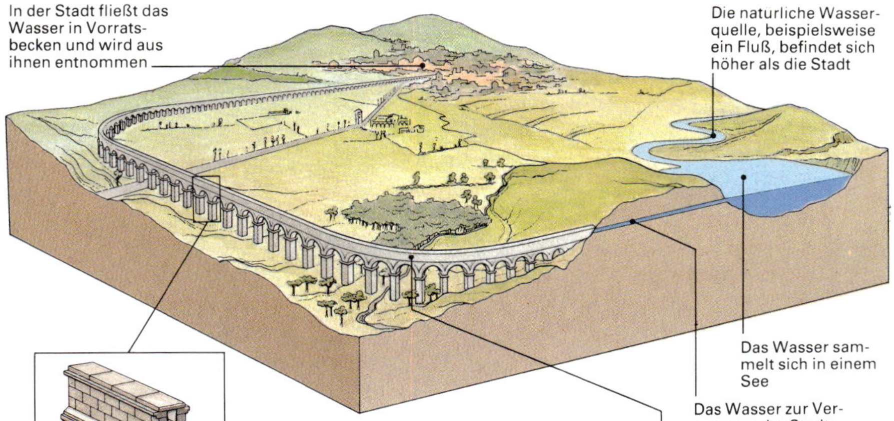

Oft wurden mehrere Kanäle übereinander angelegt, damit eine Stadt aus mehreren Quellen versorgt werden konnte. Die Qualität des Wassers war je nach der Quelle unterschiedlich. Den größten Teil der Strecke leitete man das Wasser durch unterirdische Kanäle, die mit einem speziellen hydraulischen Zement ausgekleidet waren.

mußte also ein stetiges Gefälle einhalten und dabei dem natürlichen Verlauf der Landschaft folgen. Über 80 km lief das Wasser in einem abgedeckten Kanal oder, bei Bodenerhebungen, durch kurze Tunnel. Die letzten 10 km vor Rom wurden über Arkaden geführt.

Im alten Rom entsprach die Wasserversorgung pro Einwohner etwa derjenigen in einer heutigen Stadt. Die Gefälleleitung konnte jedoch nicht abgedreht werden. Das Wasser floß in 590 Brunnen und 700 Becken, aus denen die Einwohner sich Wasser holten. Mit dem Überschuß wurde die Kanalisation durchgespült. Mindestens 40 römische Städte besaßen eine ähnliche Wasserversorgung, die von insgesamt 200 größeren Aquädukten sichergestellt wurde.

Dieser sehr hohe Stand verfiel vom frühen Mittelalter an zusehends, was zu hygienischen Mißständen führte. Die Folge waren verheerende Seuchen in Europa. Eine Wasserversorgung von vergleichbarer Qualität wurde erst zu Beginn des 20. Jh. wieder erreicht.

Archimedische Schraube

Die alten Griechen verwendeten sie, um Wasser zu heben

Archimedes von Syrakus (um 285–212 v. Chr.) soll die archimedische Schraube erfunden haben, um aus einem vollgelaufenen → Schiff Wasser herauszupumpen. Durch die Drehbewegung der Schraube beziehungsweise Förderschnecke in einem langen Holzzylinder wurde das Wasser hochgezogen, so daß es am oberen Ende des Zylinders abfließen konnte. In der arabischen Welt wird die archimedische Schraube noch heute zur Bewässerung verwendet; auch der Mähdrescher und der Fleischwolf arbeiten nach diesem Prinzip.

Arithmetik

Die Sumerer benutzten schon um 2000 v. Chr. Tabellen

Arithmetik ist die Lehre von den Zahlen und die Kunst, mit ihnen zu rechnen. Einige primitive Völker haben fast keine arithmetischen Kenntnisse, so daß sie alle Zahlenprobleme durch einfaches Zählen lösen müssen. Um zum Beispiel festzustellen, wie viele Rinder ein Dorf besitzt, können sie nicht einfach die Zahlen der Rinder der einzelnen Familien addieren, sondern müssen für jedes Tier ein Zeichen malen, um dann sämtliche Zeichen zu zählen. Wollen sie eine Herde Rinder durch drei teilen, müssen sie mehrfach ein paar Tiere abzählen und sie jeweils auf drei Pferche verteilen. Wer addieren, subtrahieren, multiplizieren und dividieren kann, erspart sich dieses mühsame Verfahren.

Die Weiterentwicklung der Arithmetik verlangte eine brauchbare Zahlenschreibweise. Die Sumerer, die das südliche Babylonien (heute Irak) bewohnten, besaßen im Jahr 2000 v. Chr. oder schon vorher eine solche Zahlenschrift. Sie beruhte nicht auf der Zahl zehn wie unser System, sondern auf der Zahl 60. Man hat Tontafeln gefunden, auf denen Tabellen stehen, mit deren Hilfe sich der Rechenvorgang beschleunigen läßt. Darunter befinden sich auch Tabellen mit Quadrat- und Kubikzahlen.

Auf einer ägyptischen Papyrusschriftrolle, die aus der Zeit um 1900 v. Chr. stammt (heute in Moskau), stehen mathematische Anweisungen. Fast ebenso alt ist der sogenannte Rhindpapyrus im Britischen Museum, der von einem Schreiber namens Ahmes aufgezeichnet wurde. Er beginnt mit einer Tabelle von Brüchen und zeigt, wie diese in einfache Brüche zerlegt werden können. So wird etwa dargestellt: $\frac{3}{4} = \frac{1}{2} + \frac{1}{4}$. Brüche, die so geschrieben werden, lassen sich hinsichtlich ihrer Größe leichter vergleichen: Während man auf den ersten Blick schwer erkennt, daß $\frac{5}{6}$ größer ist als $\frac{7}{10}$, fällt diese Tatsache bei der Schreibweise $\frac{1}{2} + \frac{1}{3}$ und $\frac{1}{2} + \frac{1}{5}$ sofort ins Auge.

Einige Aufgabenbeispiele behandeln die Verteilung von Brot an eine bestimmte Zahl von Menschen. Oder es wird erklärt, wie man das Fassungsvermögen eines Kornspeichers aufgrund seiner Höhe und seines Durchmessers berechnet oder das Volumen einer Pyramide mit bekannten Maßen herausfindet.

In einer Kultur, die ihren Wohlstand am Korn maß, mit dem die Bauern ihre Steuern zahlten, und die große Pyramiden als Grabmale für ihre Könige baute, waren das wichtige Probleme.

Die Griechen und Römer erweiterten das Gebiet der Arithmetik nicht wesentlich. Nach dem Untergang des Römischen Reiches war die Mathematik in Indien und in der arabischen Welt am besten entwickelt.

Das Zahlensystem der Inder war schon weitgehend dasjenige, welches wir heute benutzen. Über die Araber gelangte es ins Abendland, wo sich der italienische Mathematiker Leonardo Fibonacci 1202 in seinem *Liber abaci (Buch des Abacus)* als erster dafür einsetzte. Allmählich verdrängte dieses System die römischen Zahlen, die damals in Europa noch allgemein verbreitet waren. Schriftliche Berechnungen konnte man mit den neuen Zahlzeichen wesentlich leichter durchführen.

Der deutsche Rechenmeister Adam Ries oder Riese (1492–1559) verfaßte mehrere Lehrbücher des praktischen Rechnens, die weite Verbreitung fanden. In ihnen wurde sowohl das Rechnen mit dem →Rechenbrett wie auch das neue schriftliche Rechnen mit verschiedenen Kniffen behandelt.

Im Lauf der Jahrhunderte wurden leistungsfähigere Berechnungsmethoden entwickelt. Simon Stevin, ein flämischer Ingenieur, führte 1585 die Dezimalbrüche ein. Er benutzte allerdings noch keine Dezimalstelle, sondern gab den Stellenwert jeder Zahl hinter dem Komma eigens an: Statt 0,438 schrieb er beispielsweise 4 (1) 3 (2) 8 (3).

Zu dieser Zeit waren sich die Mathematiker noch nicht über die Bedeutung der negativen Zahlen einig; viele hielten sie sogar für bedeutungslos. Allmählich freundete man sich aber mit ihnen an und benutzte sie auch in der Praxis. Positive Zahlen können den Betrag eines Guthabens auf einem Bankkonto angeben, oder sie können in einem Wasserreservoir anzeigen, daß der Wasserstand die Normalhöhe überschritten hat. Negative Zahlen hingegen lassen erkennen, um wieviel ein Konto überzogen ist oder der Wasserstand unter der Normalhöhe liegt. Auch in anderen Sparten der Arithmetik haben negative Zahlen ihren Platz gefunden.

Armbrust

Erstmals im 10. Jh. in Europa verwendet

Die Ursprünge der Armbrust liegen im dunkeln. In China verwendete man bereits um 200 v. Chr. gut ausgearbeitete Modelle, während in Europa die Armbrust erst im 10. Jh. in Italien auftauchte.

Sie wurde im Kampf und bei der Jagd verwendet. Ihr Bolzen hatte eine so starke Durchschlagskraft, daß er noch auf eine Entfernung von 300 m ein Kettenhemd durchdrang. Der Schütze feuerte sie im Liegen, im Stehen oder auf dem Pferd sitzend ab. Das Laden erforderte einige Zeit, was die Einsatzfähigkeit dieser vielseitig verwendbaren Waffe wieder etwas einschränkte.

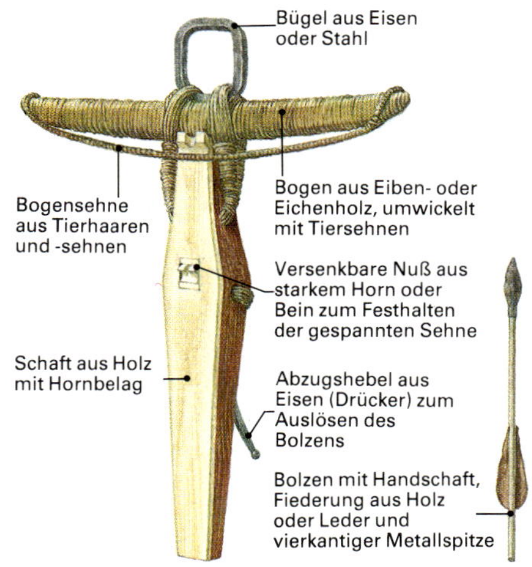

Armbrust aus dem 12. Jh. *Um diese Armbrust zu spannen, stellte der Schütze einen Fuß in den Bügel und zog die Sehne mit einem Haken hoch.*

RECHENAUFGABEN AUF EINEM PAPYRUS

ÜBERSETZUNG DES RHINDPAPYRUS

Beispiel für die Berechnung eines abgeschnittenen Dreiecks. Wenn man dir sagt: Ein Stück Land hat die Form eines abgeschnittenen Dreiecks mit den Seiten khet 20, der Grundlinie khet 6, der Schnittlinie khet 4 – wie groß ist seine Fläche? Addiere die Schnittlinie zur Grundlinie; das ergibt 10. Nimm die Hälfte von 10, nämlich 5, für die Seiten des Rechtecks. Multipliziere: 20 × 5. Das Ergebnis ist 100 Quadrat-khet.

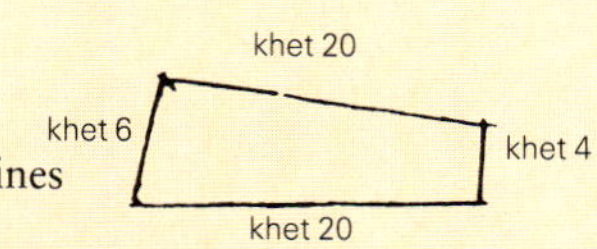

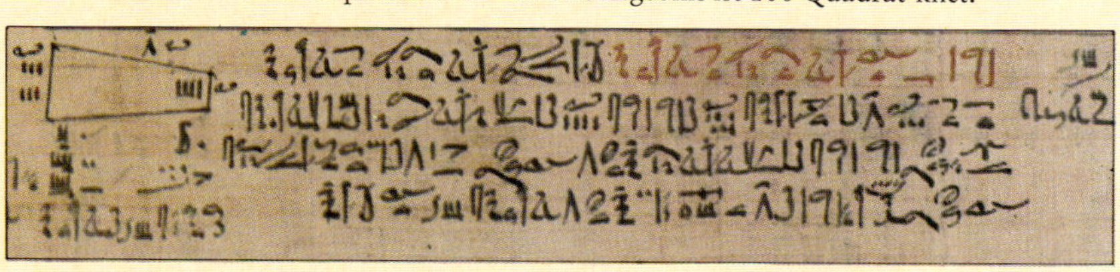

Rechenaufgabe auf einem Papyrus *Der schottische Antiquitätenhändler Alexander Henry Rhind kaufte 1858 den nach ihm benannten Rhindpapyrus in Luxor. Er enthält mehrere mathematische Tabellen und Aufgaben, die von dem Schreiber Ahmes um 1700 v. Chr. aufgezeichnet wurden, und liefert wertvolle Informationen über das ägyptische Zahlensystem. Heute befindet er sich im Britischen Museum in London.*

Aroma, künstliches

Im 19. Jh. in Deutschland erstmals hergestellt

Das erste künstliche Nahrungsmittelaroma war Vanille. Der wichtigste Bestandteil der Vanilleschote, Vanillin, wurde 1874 von den Chemikern Dr. William Haarmann und Prof. Ferdinand Tiemann synthetisch hergestellt. Zwei Jahre später arbeitete Haarmann mit dem Chemiker Karl Reimer zusammen, und gemeinsam entdeckten sie die übrigen Bestandteile, die zusammen mit dem Vanillin erst das volle Aroma der Vanille ergaben.

Ihre Vanilleessenz wurde zunächst von deutschen Schokoladeherstellern benutzt, die keine natürliche Vanille bekommen konnten. Bald darauf verwendete man künstliche Fruchtaromen für Bonbons.

Heute lassen sich Tausende von Geschmackstoffen chemisch herstellen, egal ob nun Obst oder Fisch, Geflügel oder Fleisch gefragt ist.

Asphalt

Zuerst um 2500 v. Chr. in Asien verwendet

Asphalt (Bitumen mit Mineralstoffen, Erdpech) bleibt übrig, wenn die ätherischen Bestandteile des Rohöls verdampft sind. Es ist eine sehr zähflüssige Substanz, die in kaltem Zustand erstarrt und von 100° an gießfähig wird.

Heute stammen 95 Prozent unseres Asphalts aus den Ölraffinerien, aber er kommt an vielen Orten auch in der Natur vor – beispielsweise auf Trinidad, wo in einem See 10–15 Millionen Tonnen lagern.

Seine Verwendung geht bis in die Zeit um 2500 v. Chr. zurück. Damals versiegelte man in Mohendscho-Daro im heutigen Pakistan die Backsteinmauern eines für rituelle Zwecke angelegten Bades mit Asphalt. Und in Mesopotamien befestigte man damit um 600 v. Chr. die Pflastersteine der Prozessionsstraßen.

Teermakadam, eine Mischung aus Teer und Steinen, wurde zum erstenmal 1845 in Nottinghamshire für Straßen verwendet. Die Nachfrage nach Asphaltstraßen stieg in den 20er Jahren dieses Jahrhunderts sprunghaft an, weil die Luftreifen der →Automobile die alten, wassergebundenen Makadamstraßendecken zerstörten.

Aspirin

Ende des 19. Jh. in Deutschland entwickelt

Der deutsche Chemiker Felix Hoffmann erfand 1897 das Aspirin, als er nach einem Mittel suchte, das die Rheumaschmerzen seines Vaters lindern konnte. Er stellte es aus Salizylsäure her, die ursprünglich aus Weidenrinde gewonnen wurde.

Die synthetische Herstellung von Aspirin für den Handel übernahm 1899 Hoffmanns Arbeitgeber, die Farbenfabriken F. Bayer & Co. Heute werden allein in den USA täglich 4 t Aspirin gegen Kopfschmerzen und Erkältungskrankheiten geschluckt.

Am bekanntesten ist dieses Mittel wegen seiner schmerzlindernden Eigenschaft, aber es wirkt auch fiebersenkend und hat sich bei der Behandlung rheumatischer Krankheiten bewährt.

Atombombe

siehe Seite 18

Atomenergie

siehe Seite 20

Aufzug

Den ersten Personenaufzug gab es 1857 in einem New Yorker Geschäftshaus

Vorrichtungen, mit denen man Lasten oder Personen in vertikaler Richtung befördern konnte, waren schon in der Antike bekannt. Bereits Herodot berichtet im 5. Jh. v. Chr., daß beim Pyramidenbau in Ägypten um 2000 v. Chr. Steine mit Hilfe von einfachen Maschinen emporgehoben wurden. Im griechischen Theater verwendete man um 400 v. Chr. Hebemaschinen, mit denen Schauspieler auf die Bühne herabgelassen werden konnten (Deus ex machina). Sicher waren solche aufzugähnlichen Maschinen auch Archimedes (um 285–212 v. Chr.) in Syrakus bekannt; doch kann man weder ihm noch anderen griechischen Gelehrten die Erfindung des Aufzugs zuschreiben.

Weitere Vorläufer des Aufzugs, etwa die Handwinde und den Roßgöpel (ein großes, waagrechtes Seilrad, das von Pferden gedreht wurde), verwendete man seit dem Altertum bis ins 19. Jh., um Bergarbeiter sowie Kohle und Erz in Schächten auf und ab zu befördern. Etwa von 1800 an wurden die Aufzüge in den Bergwerken mit Dampfmaschinen betrieben. Wenn jedoch ein Seil riß, stürzten die Bergleute tief hinab.

Ein Aufzug mit Sicherheitsvorrichtung wurde 1852 von Elisha Graves Otis erfunden. Er war Maschinenmeister in einer New Yorker Fabrik für Bettgestelle. Dort mußten schwere Maschinenteile in höhere Stockwerke gehievt werden. Um der Gefahr eines Seilrisses mit katastrophalen Folgen zu begegnen, brachte Otis im Aufzugschacht Laufschienen mit einem Zahnprofil an und befestigte das Zugseil an einer bogenförmigen Feder oben am Fahrkorb. Durch das Gewicht des Fahrkorbs bog sich die Feder so weit durch, daß sie die Zahnstangen nicht berührte. Wenn das Seil aber riß, streckte sie sich, griff mit ihren Enden in die Zähne ein und hielt so den Korb fest.

Im Jahr 1857 baute die von Otis gegründete Otis Steam Elevator Company im fünfstöckigen Gebäude des Porzellanwarengeschäfts E. V. Haughwout & Co. am Broadway den ersten Personenaufzug der Welt ein. Er beförderte fünf oder sechs Personen mit einer Geschwindigkeit von 12 m in der Minute. Die Silhouette der großen Städte veränderte sich nun verhältnismäßig schnell. Hohe Häuserblocks schossen dort empor, wo bis dahin die Häuser weniger als sechs Stockwerke hatten – weil die Menschen nicht höher Treppen steigen wollten.

Im Jahr 1878 wurde der Lift mit hydraulischem Antrieb eingeführt und die Fördergeschwindigkeit auf 240 m pro Minute erhöht. Aber schon 1867 war auf der Weltausstellung in Paris ein hydraulischer Aufzug gezeigt worden: der Ascenseur mécanique des Ingenieurs Léon E. Doux. 1880 baute der Deutsche Werner von Siemens den ersten elektrischen Aufzug.

Heute können Aufzüge eine große Geschwindigkeit erreichen, wie man sie für →Wolkenkratzer braucht – beispielsweise 550 m in der Minute im hundertstöckigen Hancock Building in Chicago.

Augenspiegel

Von einem deutschen Physiker 1850 erfunden

Im Jahr 1850 stellte der Berliner Physiker Hermann von Helmholtz fest, daß er mit einem Lichtstrahl, den er in die Pupille eines Menschen richtete, das Innere des Auges untersuchen konnte.

Der von Helmholtz erfundene Augenspiegel besteht aus einer Lichtquelle, einem Hohlspiegel mit einem Loch in der Mitte und einer Vergrößerungslinse. Der Arzt kann damit das Auge, insbesondere die Netzhaut am Augenhintergrund, untersuchen.

Die Arterien und Venen an der Oberfläche der Netzhaut sind die einzigen Blutgefäße des Körpers, die man direkt betrachten kann. Die Augenspiegelung ist heute ein wichtiges Hilfsmittel der Diagnostik.

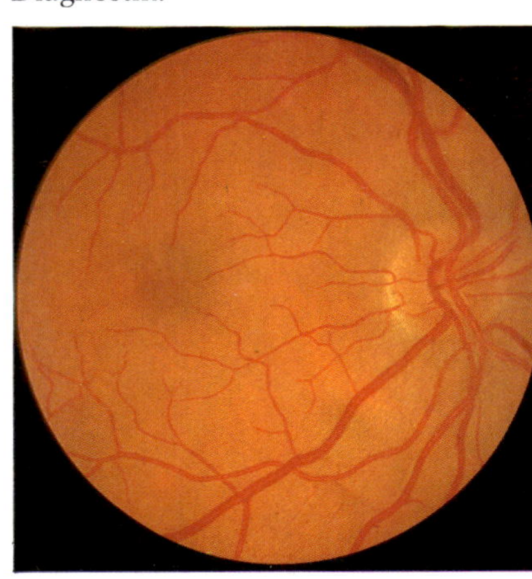

Das Auge eines Diabetikers *Mit dem Augenspiegel erkennt man geschädigte Blutgefäße in der Netzhaut eines Diabetikers. Sie zeigen an, daß der Patient in Gefahr ist zu erblinden.*

Atombombe

Die erste Atombombe explodierte am 16. Juli 1945 in New Mexico, USA

Im Jahr 1940 war einigen Wissenschaftlern der Alliierten bekannt, daß eine selbständig ablaufende Kettenreaktion der Kernspaltung einsetzt, wenn man Atome des Elements Uran 235 mit Neutronen bombardiert, und daß bei dieser Kettenreaktion eine Energie freigesetzt wird, die millionenmal größer ist als diejenige, die beim Verbrennen einer gleichgroßen Kohlenmenge entsteht. Unter der Leitung von Prof. J. R. Oppenheimer wurde in Los Alamos in der Nähe von Santa Fe, New Mexico, ein Laboratorium eingerichtet, in dem man die Möglichkeit erforschen wollte, eine Atombombe herzustellen. Im Frühjahr 1945 war man für die erste Versuchsexplosion bereit. Sie fand am 16. Juli 1945 bei Alamogordo in New Mexico, USA, statt.

Bei der Explosion einer Atombombe wird durch eine Kettenreaktion, bei der sich immer mehr Atome spalten, eine ungeheure Energiemenge freigesetzt. Eingeleitet wird die Reaktion, wenn sich ein Atom von U 235 oder Plutonium (einem radioaktiven Nebenprodukt der Kernspaltung) unter dem Aufprall eines einzigen Neutrons spaltet. Dabei entstehen nicht nur zwei Bruchstücke, sondern das Atom sendet gleichzeitig auch weitere Neutronen aus, die weitere Atome spalten. Eine fortlaufende Reaktion kommt in Gang. Damit sie aber überhaupt einsetzen kann, muß eine bestimmte Menge – die sogenannte kritische Masse – an U 235 oder Plutonium vorhanden sein. Sie beträgt rund 5 kg. Bei kleineren Mengen entweichen mehr Neutronen an der Oberfläche, als in der Mitte erzeugt werden, und die Kettenreaktion ist nicht möglich.

Damit die Kettenreaktion nicht schon vorzeitig beginnt, wird das spaltbare

Zeichen der Explosion *Die Atombombe von Nagasaki versengte den Zaun (rechts) und hinterließ auf ihm ein „Negativ" des Gatters, das am Baum lehnt.*

Material der Bombe zunächst in zwei „unterkritischen Massen" getrennt aufbewahrt, die man erst kurz vor der Detonation zusammenbringt. Bei der Atombombe von Hiroschima wurde mit einer

Die Entwicklung der Kernwaffen

1945: Explosion der ersten Atombombe
Bei Ausbruch des Zweiten Weltkriegs überlegten die Wissenschaftler in mehreren Ländern, ob man die gewaltigen Kräfte der Atomenergie in Form einer →Bombe einsetzen könne. Zwei nach England emigrierte deutsche Wissenschaftler, Prof. Rudolf Peierls und Dr. Otto Frisch, die an der Universität von Birmingham tätig waren, legten im Frühjahr 1940 in einer wissenschaftlichen Abhandlung von historischer Bedeutung den „Bauplan" für eine Atombombe vor. Der britische Premierminister Winston Churchill gab dem Projekt Vorrang, ließ aber wegen der Gefahr eines Luftangriffs die Anlage für die Herstellung der Bombe in Kanada errichten.

In den USA wurde die Forschung parallel vorangetrieben, und nach dem Kriegseintritt des Landes im Jahr 1941 legte man die beiden Programme zusammen. Britische und amerikanische Wissenschaftler arbeiteten nun gemeinsam am Projekt *Manhattan,* und die Bombe wurde in Amerika gebaut.

Die erste Atomexplosion fand am 16. Juli 1945 um 5.30 Uhr über der Wüste von New Mexico in den USA statt. Obwohl Japan bereits zu Friedensverhandlungen bereit war, beschloß Präsident Truman im Einverständnis mit Winston Churchill, die beiden einzigen bis dahin gebauten Atombomben doch noch einzusetzen, um die bedingungslose Kapitulation Japans zu beschleunigen. Durch den Einsatz der Bomben sollten vor allem schwere Verluste der Alliierten bei der Invasion der japanischen Inseln verhindert werden.

Am 6. August 1945 wurde die Stadt Hiroschima das erste Ziel eines Atomangriffs. Die Bombe mit einer Sprengkraft von 20 000 t TNT (Trinitrotoluol), einem der stärksten konventionellen Sprengstoffe, explodierte in einer Höhe von 560 m, verwüstete ein Gebiet von mehr als 10 km^2, tötete 80 000 Menschen sofort und verwundete oder schädigte weitere 40 000. Nahezu 70 Prozent aller Bauten der Stadt wurden zerstört oder schwer beschädigt.

Am 9. August wurde die zweite Bombe über Nagasaki ausgelöst. Sie tötete 40 000 Menschen und verletzte 25 000. Am 10. August kapitulierte Japan bedingungslos. Im August 1949 unternahmen die Russen ihren ersten Atombombenversuch, und 1952 folgte Großbritannien.

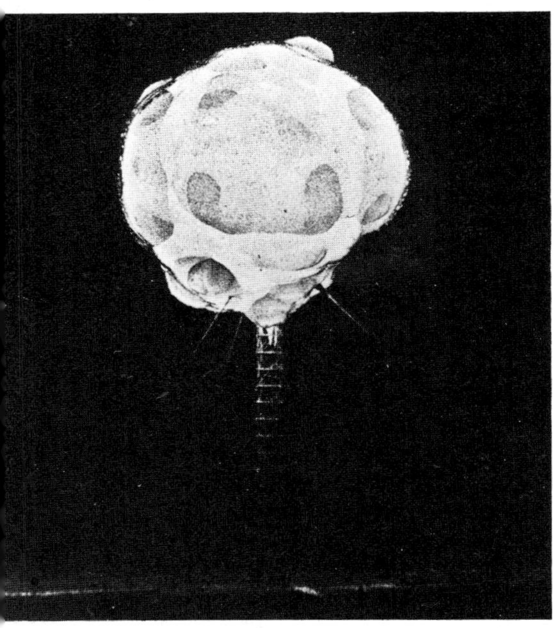

Atomarer Feuerball *Eine Atombombe detoniert in der Wüste von Nevada. Eine millionstel Sekunde später wird das Stahlgerüst, auf dem sie gezündet wurde, verdampft sein.*

1952: Die Entwicklung der Wasserstoffbombe
Im Oktober 1949 trafen sich führende amerikanische Wissenschaftler, um darüber zu beraten, ob man eine thermonukleare Bombe auf der Grundlage der Kernverschmelzung, die Wasserstoffbombe, bauen solle, die eine wesentlich größere zerstörende Wirkung hätte als die Atombombe. Die Wissenschaftler berichteten, daß die technische Möglichkeit dazu bestehe, daß man aber hoffe, den Bau dieser Bombe durch eine politische Absprache mit den Russen zu vermeiden.

Am 31. Januar 1950 beschloß Präsident Truman, das Projekt durchzuführen, und im Frühjahr 1951 hatte eine Gruppe von Wissenschaftlern unter der Führung von Edward Teller das Problem gelöst, wie man eine Kettenreaktion zur Kernverschmelzung einleitet.

Am 1. November 1952 zündeten die Amerikaner die erste Wasserstoffbombe auf dem Eniwetokatoll im Pazifik. Mit einer Sprengkraft von 10 Mt (1 Megatonne entspricht 1 Mio. t TNT) hatte sie die 500fache Wirkung der Bombe von Hiroschima. Die Explosion ließ das Atoll verschwinden.

Treibladung ein Keil aus U 235 durch ein Rohr im Innern der Bombe in eine größere Kugel aus U 235 hineingeschossen. Bei der Bombe von Nagasaki bestand das Plutonium aus einer Hohlkugel rund um einen Kern aus Beryllium, das Neutronen aussandte. Die Größe der Kugel war so gewählt, daß an ihrer Oberfläche genügend Neutronen entwichen, damit nicht das Plutonium und das Beryllium vorzeitig „kritisch" wurden und die Kettenreaktion begann. Als die Bombe gezündet wurde, drückte man die Hohlkugel mit Hilfe von üblichem Sprengstoff auf das Beryllium hin zusammen.

Die gewaltige Energiemenge der Atombombe, die praktisch in einem einzigen Augenblick freigesetzt wird, erzeugt eine Welle von sehr hohem Druck, die sich mit Schallgeschwindigkeit ausbreitet. Bei einer Bombe mit einer Sprengkraft von 20000 t TNT, wie sie über Japan abgeworfen wurde, werden von dieser Druckwelle alle Gebäude in einem Umkreis von 1,5 km völlig zerstört. Bei der Explosion entstehen überdies Temperaturen bis zu einigen Millionen Grad.

Eine Atombombe sendet auch radioaktive Strahlung in Form von elektrisch neutralen Kernteilchen, sogenannten Neutronen, und von Gammastrahlen aus, die dicke Betonwände durchdringen können. In Hiroschima hatte die Strahlung in einer Entfernung von 2,5 km vom „Bombennullpunkt" noch die sechsfache tödliche Dosis. Diese Strahlung ist zwar nur kurzlebig, doch halten sich radioaktive Spaltprodukte, die durch die Explosion hochgewirbelt wurden, noch monatelang in der Atmosphäre und fallen als Niederschlag (*Fallout*) auf die Erde zurück.

Die Wasserstoffbombe, die erstmals 1952 getestet wurde, verdankt ihre Explosionskraft nicht der Spaltung der Atome, sondern der Verschmelzung der Atomkerne von zwei Wasserstoffisotopen, dem Deuterium und dem Tritium. In einem ähnlichen Prozeß erzeugt auch die Sonne ihre Energie. Damit eine Kernfusion einsetzt, müssen kurzfristig auch ähnliche Temperaturen erzeugt werden, wie sie auf der Sonne herrschen. Das geschieht durch die Explosion einer Atombombe innerhalb des Mantels der Wasserstoffbombe.

Die Kernverschmelzung verursacht nicht nur eine gewaltige Explosion, sondern sendet auch Neutronen in eine Uranschicht, wo sie die Atomkerne spalten. Dabei entstehen außer weiterer Energie große Mengen radioaktiver Spaltprodukte, die sich in den höheren Schichten der Atmosphäre um die ganze Erde ausbreiten und jahrelang als radioaktiver Niederschlag zu ihr zurückkehren. Bestimmte radioaktive Elemente, wie das Strontium 90, gelangen auf diese Weise in die Nahrungskette und können beim Menschen Krebs erregen.

FÜNF STADIEN DER EXPLOSION EINER WASSERSTOFFBOMBE

1. Die erste Wasserstoffbombe der Welt wird 1952 auf einem flachen Boot in den Gewässern des Eniwetokatolls im Pazifik gezündet.

2. Während sich der Feuerball in den ersten hundertstel Sekunden ausbreitet, ist er von Lichtblitzen umgeben.

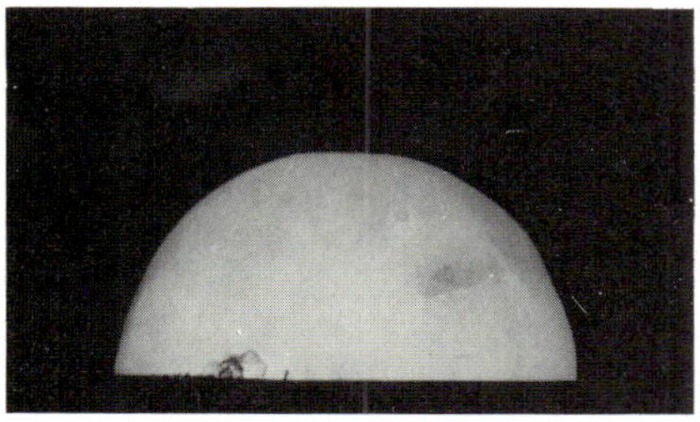

3. Die heiße Luft vor der Druckwelle, die hell leuchtet, kühlt sich ab, und der Lichtschein wird schwächer.

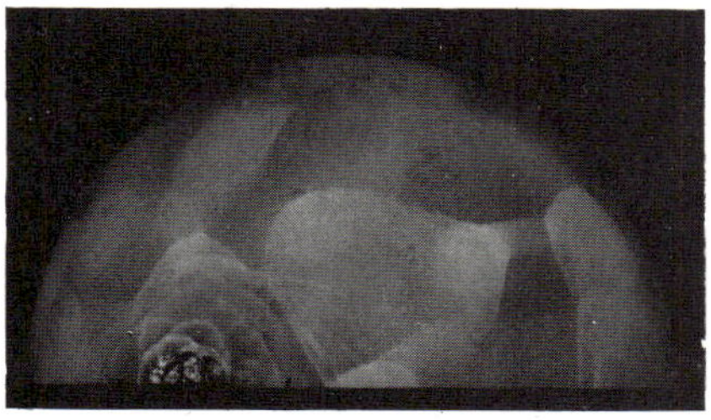

4. Etwa sieben hundertstel Sekunden nach der Explosion verdampft ein Unterstand mit Instrumenten (links).

5. In einem späteren Stadium der Explosion steigt die heiße Gasblase wie ein riesiger, sich drehender Autoreifen empor.

Knapp ein Jahr später testeten auch die Russen die Wasserstoffbombe; die Briten folgten im Mai 1956. In den 50er Jahren begann der Wettlauf der Atomrüstung, als die UdSSR, die USA, Großbritannien und Frankreich immer stärkere Bomben erprobten – die Russen zündeten 1962 eine Bombe von 62 Mt – und sich gegenseitig in der Entwicklung von Trägersystemen, einschließlich Bombern (→ Kriegsflugzeuge) und → Raketen, zu übertreffen versuchten.

In der Zeit von Oktober 1958 bis September 1961 vereinbarten die UdSSR, die USA und Großbritannien (nicht jedoch Frankreich) die Einstellung von Kernwaffenversuchen in der Atmosphäre. 1963 wurde dann ein Atomwaffensperrvertrag abgeschlossen, durch den sich die Unterzeichner verpflichteten, nur noch unterirdische Kernversuche durchzuführen. Frankreich und China unterzeichneten den Vertrag nicht.

Zu den Staaten, die heute über thermonukleare Waffen verfügen, gehören die USA, die UdSSR, Großbritannien, Frankreich und China.

1977: Die Neutronenwaffe

Im Jahr 1977 hatten die USA die Neutronenbombe entwickelt. Es handelt sich um eine kleine Wasserstoffbombe, deren Explosionswirkung, also die Druckwelle, so weit herabgesetzt ist, daß sie massive Gebäude nicht zerstört. Dafür strahlt sie enorme Mengen radioaktiver Neutronen aus, die in einem großen Umkreis tödlich wirken. Die Waffe würde einen nuklearen Angriff gegen feindliche Truppen ermöglichen, ohne größeren Schaden an Städten anzurichten.

Atomenergie

Die Atomenergie wurde erstmals 1942 von Enrico Fermi an der Universität von Chicago nutzbar gemacht

Viele Physiker, die an der ersten Atombombe mitgearbeitet hatten, wurden von Schuldgefühlen geplagt, als sie die verheerende Wirkung der von ihr freigesetzten Kräfte sahen. Nach dem Zweiten Weltkrieg widmeten sie sich mit Erleichterung der Aufgabe, die Atomenergie für friedliche Zwecke nutzbar zu machen. Fortschritte wurden aber nicht so schnell erzielt wie erwartet. Obwohl man in den Vereinigten Staaten bereits 1942 Atomenergie erzeugt hat, decken die führenden Industrienationen heute, Jahrzehnte später, insgesamt kaum zehn Prozent ihres Energiebedarfs durch Atomkraftwerke.

In den ersten Jahren wurde über die Atomkraft kaum diskutiert. Selbst als 1957 ein englischer Reaktor zur Plutoniumgewinnung in Windscale Feuer fing, viele Stunden lang brannte und die Umgebung radioaktiv verseuchte, verstummte die Kritik schnell. Als sich aber 1979 im Three-Mile-Island-Atomkraftwerk bei Harrisburg (USA) ein eher weniger ernster Unfall ereignete, waren

Atommüll soll sicher werden *In Versuchen wird nachgebildeter Atommüll mit Glassubstanzen in runde Blöcke verschmolzen. Diese könnten in den Stollen aufgelassener Bergwerke gelagert werden.*

Wie die unheimliche Kraft in den Atomen freigesetzt und unter Kontrolle gebracht wurde

1939: Eine wichtige Entdeckung
Die Entdeckung, die sowohl die kontrollierte Freisetzung von Atomenergie als auch die → Atombombe ermöglichte, wurde 1939 von den deutschen Chemikern Otto Hahn und Fritz Straßmann sowie der österreichischen Physikerin Lise Meitner bekanntgegeben. Die drei hatten in Berlin Experimente durchgeführt, bei denen das Element Uran mit Elementarteilchen, sogenannten Neutronen, bombardiert wurde. Anfang der 30er Jahre hatte bereits der italienische Physiker Enrico Fermi die gleichen Experimente durchzuführen versucht, hatte jedoch verwirrende Ergebnisse erhalten. Hahn erkannte, daß der Atomkern des Urans in zwei Teile gespalten worden sein mußte.

Die Kernspaltung war in zweierlei Hinsicht eine Entdeckung von größter Tragweite. Zunächst fanden Irène Curie und Frédéric Joliot noch 1939 in Paris heraus, daß die Reaktion sich selbsttätig fortsetzt. Wenn ein Urankern sich spaltet, werden mehrere Neutronen freigesetzt, die ihrerseits weitere Kerne spalten, so daß noch mehr Neutronen entstehen usw. Bei einer ausreichenden Uranmenge würde es also zu einer beschleunigten Kettenreaktion kommen.

Die zweite wichtige Begleiterscheinung der Spaltreaktion war, daß sie ungeheure Energiemengen freisetzt. Man stellte fest, daß bei der Spaltung eines schweren Urankerns in zwei leichtere Kerne deren gemeinsame Masse etwas geringer ist als die des ursprünglichen Urankerns. Wird hier also Masse einfach vernichtet? Da dies den physikalischen Gesetzen zufolge unmöglich ist, muß Masse in Energie umgewandelt worden sein – nach der Gleichung, die Albert Einstein 34 Jahre zuvor aufgestellt hatte: $E = mc^2$, wobei E für die Energie, m für die Masse und c für die Lichtgeschwindigkeit – also eine ungeheuer große Zahl – steht. Eine geringe Masse, so behauptet Einstein, entspricht einer gewaltigen Energiemenge. Die Kernspaltung gab ihm recht.

Im Jahr 1939 stand der Krieg vor der Tür, und die Wissenschaftler erkannten schnell, daß die Atomspaltung den Bau von Bomben mit ungeheurer Zerstörungskraft ermöglichte.

Doch so ohne weiteres ging das nicht. Beim Uran, wie es in der Natur vorkommt, ist nur ein kleiner Prozentsatz – etwa 0,7 Prozent – spaltbar. Die übrigen 99 Prozent bestehen aus U 238, einem Isotop des Elements, das diesem in vieler Hinsicht gleicht, aber eine andere Masse besitzt. Das U 238 ist verhältnismäßig stabil. Eine Spaltung der Atome tritt nur ein, wenn man den Anteil des spaltbaren Isotops U 235 erhöht – dieses Verfahren nennt man Anreicherung – oder wenn man die Neutronen im natürlichen Uran ausnützt, indem man ihre Geschwindigkeit abbremst. Die Neutronen, die bei der Kernspaltung entstehen, sind sehr energiereich; sie bewegen sich sehr schnell und entweichen deshalb, bevor es zu weiteren Spaltreaktionen kommt. Wenn man sie aber abbremst, besteht eine größere Möglichkeit, daß sie auf andere Urankerne auftreffen und diese spalten. Ein schnelles Neutron kann abgebremst werden, indem man es an den Atomen eines leichteren Elements – eines sogenannten Moderators – mehrmals abprallen läßt. Als erster Moderator wurde Kohlenstoff erprobt.

1942: Anbruch des Atomzeitalters
In einer Sporthalle der Universität von Chicago errichtete Enrico Fermi – der aus Italien nach den USA emigriert war – einen „Meiler" aus Graphitblöcken mit dazwischen eingelagertem Uran und Uranoxid. Das Uran 235 gab spontan Neutronen ab. In dem Meiler befanden sich Löcher, in die man Stäbe aus Kadmium eingeschoben hatte – einem Metall, das Neutronen absorbiert. Als der Meiler fertig war, zog Fermi nacheinander die Kadmiumstäbe heraus, so daß immer weniger Neutronen absorbiert wurden und immer mehr für eine Spaltreaktion zur Verfügung standen. Am 2. Dezember 1942 um 15.45 Uhr war es soweit: Die Kettenreaktion setzte sich selbständig fort. Fermi brach die Freisetzung von Energie ab, indem er die Kadmiumstäbe wieder hineinschob.

Fermis Entdeckung eröffnete zwei

ANREICHERUNG VON URAN

Eine Anreicherung des Brennstoffs – die Erhöhung des Anteils der spaltbaren Isotope 235 im Uran – ist auf zweierlei Weise möglich. Das natürliche Uran besteht nur zu 0,7 Prozent aus dem spaltbaren Uran. Dieses muß für den Betrieb von Reaktoren auf rund drei Prozent angereichert werden. Als erstes Verfahren wurde dafür die Gasdiffusion entwickelt. Hierbei wird das Uran als gasförmiges Uranhexafluorid durch verschiedene Filter geschickt, die das U 235 von dem schwereren, nicht spaltbaren U 238 trennen. Die Gasdiffusion ist jedoch ein schwieriges und teures Verfahren.

Eine Anreicherung auf wirtschaftlicherem Weg ermöglicht die Gaszentrifuge. In einer solchen Zentrifuge werden bei hohen Umdrehungszahlen Elemente durch unterschiedliche Fliehkräfte voneinander getrennt. So scheidet sich das U 235 allmählich vom U 238 ab. Sobald das Uranhexafluorid einen genügend hohen Anteil an U 235 enthält, wird es zunächst in pulverförmiges Uranoxid umgewandelt und dann zu kleinen Kugeln gepreßt. Diesen Brennstoff füllt man in hohle Stäbe, die in den Reaktor eingeschoben werden.

monatelange Auseinandersetzungen in der Öffentlichkeit die Folge, und das Werk wurde vorübergehend geschlossen. Innerhalb von 20 Jahren hatte sich die Atomkraft für manche Menschen von einer hoffnungsvollen Einrichtung zu einer drohenden Gefahr gewandelt. Atomkraftgegner meinen, diese Energieform sei teuer und unsicher und könne möglicherweise die Umwelt vergiften. Selbst wenn strenge Sicherheitsmaßnahmen eingehalten würden und die Wahrscheinlichkeit einer Katastrophe an sich gering sei, werde die Gefahr dennoch groß, sobald in der Welt einmal Tausende von Atomreaktoren in Betrieb seien.

Zur Zeit werden flüssige radioaktive Abfälle in doppelwandigen Fässern aus Edelstahl gelagert und durch eingebaute Wasserschlangen gekühlt. Diese Fässer haben aber nur eine Lebensdauer von höchstens 50 Jahren, so daß man unbedingt eine bessere Aufbewahrungsmöglichkeit finden muß.

Weiterhin wird gegen die Atomkraft die Verbreitung der Atomwaffen ins Feld geführt. Jeder Atomreaktor liefert auch Material für Atombomben. Auf dem Weg der Wiederaufbereitung kann man Plutonium gewinnen, das sich zur Herstellung von Bomben eignet. Wenn auf der ganzen Welt Atomkraftwerke errichtet werden, so sagen die Kritiker, wird es vielen Staaten und selbst Terroristen möglich sein, sich Plutonium für Atomwaffen zu beschaffen. Die USA wollten deshalb auf eine Wiederaufbereitung verzichten, weil das Plutonium ein zu gefährliches Produkt sei, als daß man es in den Handel bringen könne. Ohne eine Wiederaufbereitung ist jedoch der Reaktortyp des schnellen Brüters nicht möglich, und ohne schnelle Brüter wiederum hätte die Atomkraft kaum Zukunftschancen, denn die Uranvorräte der Welt reichen wohl nicht aus, um konventionelle Reaktoren auf längere Sicht mit Brennstoff zu versorgen.

DER ERSTE KERNREAKTOR LEITET EIN NEUES ZEITALTER EIN

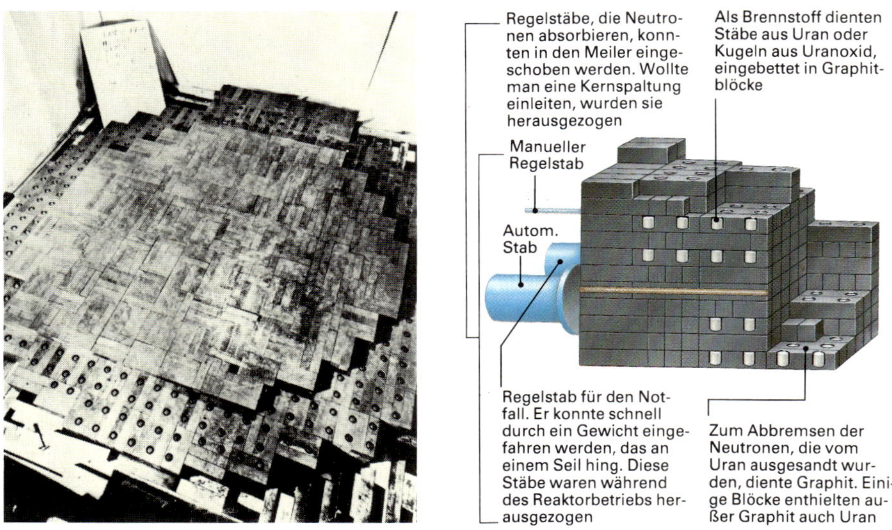

Im Jahr 1942 baute der italienische Physiker Enrico Fermi an der Universität von Chicago den ersten Atommeiler (links). Im Innern dieses Meilers (Abbildung rechts) befanden sich Blöcke aus reinem Graphit und dazwischen Graphitblöcke mit eingelagertem Uran. Das spaltbare Isotop U 235 im Uran setzte Neutronen frei und leitete die Kettenreaktion ein.

Möglichkeiten. Erstens konnte ein größerer Atommeiler gebaut werden, der mehr Energie produzierte und Wasser in Dampf verwandelte, so daß man in einem → Elektrizitätswerk Strom herstellen konnte. Die zweite Möglichkeit ergab sich aus einer Veränderung des nicht spaltbaren U 238 im Meiler: Die Neutronen, die bei der Spaltung von U 235 freigesetzt wurden, bombardierten das U 238 und wandelten es in ein neues, künstliches Element um, das Plutonium 239. Dieses Pu 239 ist seinerseits spaltbar, und es kann zur Herstellung von Bomben verwendet werden.

Zur Atombombe führten wiederum zwei Wege: die Anreicherung von Uran, aus dem sich das Isotop U 235 gewinnen ließ; und die Herstellung von künstlichem Pu 239 in einem Meiler, aus dem das Plutonium dann auf chemischem Weg herausgezogen wurde. Nach dem ersten Verfahren stellte man die Atombombe von Hiroschima her, nach dem zweiten die über Nagasaki abgeworfene Bombe.

1954: Atomkraft für die Stromerzeugung
Erst nach dem Zweiten Weltkrieg widmete man sich der Stromerzeugung durch Atomkraft, der anderen Möglichkeit, die der Kernreaktor von Fermi bot. Der erste Reaktor – wie man die Meiler jetzt nannte – wurde in der UdSSR bei Obninsk, etwa 80 km von Moskau entfernt, gebaut und begann im Juni 1954 mit der Stromerzeugung. Als Moderator diente Graphit. Dieser Reaktor hatte eine bescheidene Leistung von 5 MW. Die im Reaktorkern erzeugte Wärme wurde durch Kühlwasser abgeführt, das unter hohem Druck stand und deshalb nicht siedete. Es strömte durch Wärmeaustauscher und erhitzte dort das Wasser in einem Sekundärkreislauf, so daß es verdampfte. Der Dampf trieb einen Dynamo an.

1956: Reaktor mit Gaskühlung
Nach dem kleinen Reaktor von Obninsk nahm im August 1956 das erste große Kernkraftwerk den Betrieb auf: das von Calder Hall in der englischen Grafschaft Cumbria. Der Reaktor arbeitete mit Graphit als Moderator, wurde aber nicht durch Wasser gekühlt, sondern durch Kohlendioxidgas, das unter hohem Druck stand. Als Brennstoff diente natürliches (nicht angereichertes) Uran, das sich in langen Rohren befand. Das Kühlgas strömte an ihnen vorbei, nahm die Hitze auf, die bei der Kernspaltung entstand, wurde dann in den Dampferzeuger geleitet, und der Dampf trieb den Generator an.

Die Engländer wählten die Gaskühlung, weil gegen den wassergekühlten Reaktor damals Bedenken bestanden, die auch heute noch nicht ganz ausgeräumt sind. Wenn das Wasser im Primärkreislauf des Reaktors wider Erwarten doch einmal siedet und verdampft, werden die Brennstoffelemente nicht mehr ausreichend gekühlt. Sie überhitzen sich dann und schmelzen, wobei nicht nur der Reaktor völlig zerstört wird, sondern auch eine gefährliche Strahlung austreten könnte.

Bei Gas kann es zu einem solchen Unfall nicht kommen, weil es auch bei steigender Temperatur seinen physikalischen Zustand nicht ändert. Die gleichen Überlegungen stellte man in Frankreich an und baute dort zunächst gasgekühlte und graphitmoderierte Reaktoren.

1957: Der Druckwasserreaktor
Auf dem Weltmarkt setzte sich aber ein anderer, in Amerika entworfener Reaktortyp durch. Bei ihm werden Brennstoffelemente aus angereichertem Uran ver-

wendet, die in Wasser eintauchen; es dient gleichzeitig als Moderator und als Kühlmittel und steht unter enorm hohem Druck.

Wie beim ersten sowjetischen Reaktor kommt das Druckwasser nicht zum Sieden, sondern zirkuliert durch einen Wärmeaustauscher und erzeugt dort Dampf. Dieser „Druckwasserreaktor" gewinnt nach einem einfachen Prinzip viel Energie. Er ist überdies verhältnismäßig klein und deshalb billig zu bauen. Der erste Druckwasserreaktor für die Stromerzeugung wurde 1957 in Shippingport in Pennsylvania gebaut. Seitdem wird dieser Typ in vielen Teilen der Welt in Lizenz hergestellt.

Der Druckwasserreaktor erfordert allerdings umfangreiche Vorrichtungen für eine Notkühlung, falls der Hauptkühlkreislauf ausfällt. Die Sicherheitsmaßnahmen für die Notkühlung des Reaktorkerns haben Anlaß zu langen und heftigen Auseinandersetzungen gegeben.

Ab 1959: Der schnelle Brüter
Bei allen Reaktoren entsteht während des normalen Betriebs das spaltbare Plutoniumisotop 239. Bei einem Reaktor, der ein Gemisch aus Plutonium und Uran als Brennstoff verwendet, wird das Plutonium gespalten. Es setzt dabei Neutronen frei, die das U 238 bombardieren und daraus mehr Plutonium erzeugen. Dieser Reaktortyp verbraucht also Plutonium und stellt es gleichzeitig auch her. Bei geeigneter Bauweise kann er sogar mehr Brennstoff erzeugen, als er verbraucht; deshalb nennt man ihn Brutreaktor oder Brüter.

Um die Spaltreaktion aufrechtzuerhalten und das U 238 in Pu 239 umzuwandeln, braucht man sehr viele Neutronen.

WIEDERAUFBEREITUNG VON KERNBRENNSTOFF

Wenn Uran sich eine Weile in einem Atomreaktor befunden hat, spaltet es sich in verschiedene leichtere Atome auf. Diese absorbieren Neutronen und verringern dadurch die Leistung des Reaktors. Lange bevor aller nutzbare Brennstoff – das spaltbare Isotop Uran 235 – verbraucht ist, zieht man die Brennstäbe heraus und bringt sie in eine Wiederaufbereitungsanlage.

Dort wird der Brennstoff auf chemischem Weg in drei Teile getrennt. Zwei davon sind erneut nutzbar: intaktes Uran 235, das sich für neue Brennstäbe verwenden läßt, und Plutonium 239, ein spaltbares Isotop, das bei dem Kernspaltungsprozeß im Reaktor künstlich entstanden ist. Dieses Element kann man für eine künftige Verwendung als Brennstoff in einem schnellen Brüter aufbewahren. Der dritte Teil besteht aus Abfallprodukten, die eine gefährliche Strahlung aussenden. Man muß sie an einem sicheren Ort lagern, bis die Strahlung sich wesentlich vermindert hat.

STROMERZEUGUNG MIT EINEM DRUCKWASSERREAKTOR

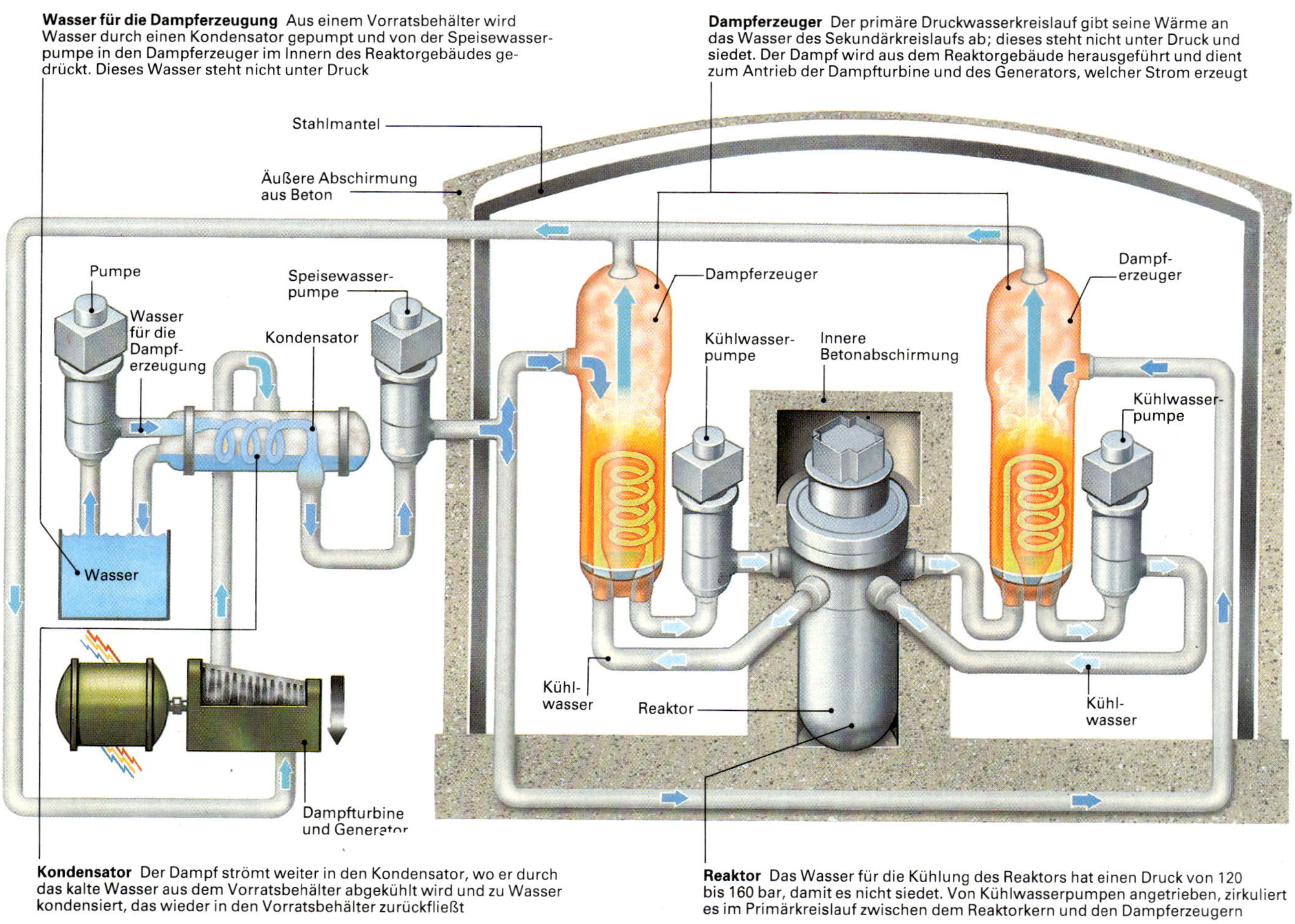

Im Druckwasserreaktor wird das Kühlwasser, während es im Reaktorkern Wärme aufnimmt, unter hohem Druck gehalten, damit es nicht siedet. Im Wärmeaustauscher überträgt es seine Wärme auf das Wasser des Sekundärkreislaufs, das nicht unter Druck steht und deshalb verdampft. Der Dampf treibt eine Dampfturbine und diese wiederum einen Elektromotor an. Das Kühlwasser dient gleichzeitig als Moderator und bremst die Neutronen ab, damit sie auf eine größere Anzahl von Uranatomen auftreffen und diese wiederum spalten. Der kompakte, verhältnismäßig einfache und billige Druckwasserreaktor wurde in Amerika entworfen und wird in der ganzen Welt am meisten gebaut.

Deshalb benutzt man bei diesem Reaktor sogenannte schnelle Neutronen, die nicht durch einen Moderator abgebremst werden, denn diese erzeugen bei einer Spaltreaktion – im Gegensatz zu den abgebremsten Neutronen – mehr neue, für die nächste Spaltreaktion verfügbare Neutronen.

Der erste schnelle Brüter, der erfolgreich Strom erzeugte, wurde 1959 in Dounreay an der Küste von Schottland in Betrieb genommen. Ihm folgte ein größerer Prototyp, der 250 MW liefert.

Etwa die gleiche Leistung – die zur Stromversorgung einer Stadt von 300 000 Einwohnern ausreicht – hat auch der französische Prototyp *Phénix* in Marcoule an der Rhone.

Die schnellen Brüter wandeln U 238, das ansonsten ein Abfallprodukt ist, in kürzester Zeit in spaltbares Pu 239 um, so daß man aus den Uranvorräten der Welt die etwa 50- bis 60fache Energiemenge gewinnen könnte.

KERNFUSION – KRAFTQUELLE DER ZUKUNFT?

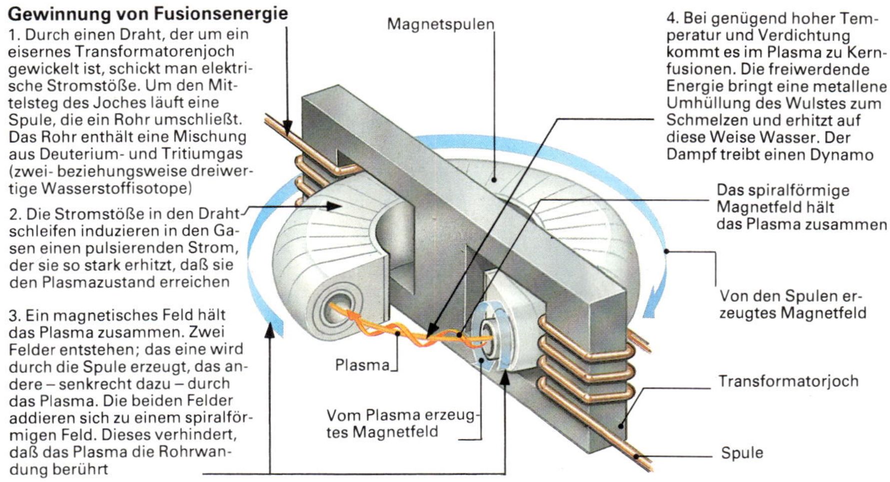

Die stärkste bekannte Energiequelle ist die Kernverschmelzung oder Kernfusion. Sie tritt ein, wenn die Kerne von zwei leichten Atomen mit einer derart hohen Geschwindigkeit zusammenstoßen, daß sie ein neues Atom bilden. Die Brennstoffe für das Modell eines solchen Kernfusionsreaktors (oben) wären Deuterium und Tritium, zwei Wasserstoffisotope.

ERZEUGUNG VON ENERGIE IM KERN EINES DRUCKWASSERREAKTORS

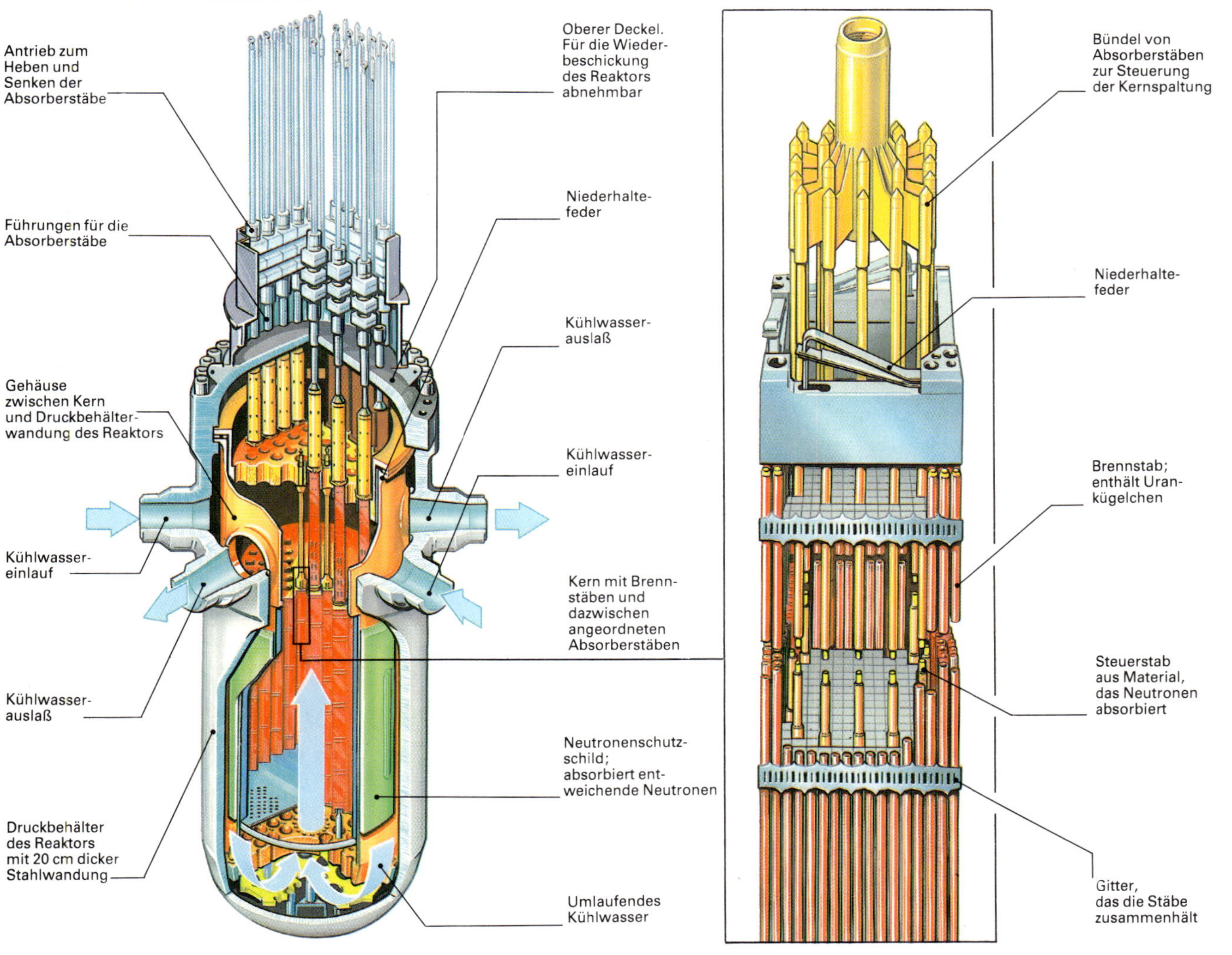

Im 12 m hohen Reaktorgefäß (links) befinden sich bis zu 200 Brennstoffelemente mit 100 t Uran- oder Plutoniumbrennstoff, die den Reaktorkern bilden. Die Regelstäbe für die Spaltreaktion werden von oben in den Reaktor eingeschoben. Sie führen durch die einzelnen Brennstoffelemente (rechts) hindurch. Diese bestehen aus 3,5 m langen Brennstäben, von denen jeder den Brennstoff in Form von Kugeln enthält.

Auto

Die ersten brauchbaren Automobile wurden 1885/86 von Daimler und Benz in Deutschland gebaut

Das Automobil hat eine Revolution im Transportwesen gebracht und die Lebensgewohnheiten des Menschen mehr verändert als irgendeine andere Erfindung. Die Automobilindustrie ist so groß geworden, daß sich ihre Konjunkturlage sogar auf Regierungen auswirken kann.

In der Frühzeit des Automobils war man sich noch nicht sicher, welche Form es haben sollte. Zunächst war es kaum mehr als eine Idee auf Rädern. Die beiden ersten wirklich brauchbaren Autos wurden von den deutschen Ingenieuren Gottlieb Daimler und Carl Benz konstruiert.

Luxusklasse *Im Jahr 1909 galt der* Silver Ghost *von Rolls-Royce als luxuriösester Wagen der Welt. Die Laufruhe und Elastizität des Sechszylindermotors war damals unübertroffen.*

Leichtgewicht *Der 1902–1905 gebaute Einzylinderwagen von De Dion-Bouton hatte 6 PS und war einfach zu steuern.*

Benz baute zunächst in seiner Mannheimer Werkstatt einen eigenen Zweitakt-Gasmotor, dann, 1885, einen Einzylinder-Viertakt-Benzinmotor. 1886 fuhr der erste Wagen von Benz auf die Straße. Er hatte drei Räder, leistete 0,88 PS und erreichte 12 km/h.

Völlig unabhängig von Benz verbesserte Gottlieb Daimler zusammen mit Wilhelm Maybach 1883–1885 zunächst den Ottomotor: Er machte ihn leistungsfähiger und leichter. Einen solchen Motor baute er in seiner Firma, der Daimler-Motoren-Gesellschaft in Bad Cannstatt, in ein Fahrzeug ein. Sein Automobil hatte Erfolg. 1901 erschien dann der erste *Mercedes*. Er besaß vier Zylinder und brachte es auf eine Geschwindigkeit von 72 km/h.

Lange behielten die Firmen von Daimler und Benz ihre Selbständigkeit. Erst 1926 vereinigten sie sich zur Daimler-Benz AG.

Kleine, aber leistungsfähige Benzinmotoren baute auch die französische Firma De Dion-Bouton. In den 90er Jahren des 19. Jh. wurden sie zum Antrieb von Dreirädern erprobt, danach auch in leichten Automobilen, die einen Rahmen aus Rohren – wie der eines Fahrrads – und Räder mit Drahtspeichen besaßen.

Bei einem anderen französischen Automodell, dem Panhard-Levassor aus dem Jahr 1891, befand sich der Motor erstmals vor dem Fahrer – eine Bauweise, der man von da an den Vorzug gab.

Mit dem Anbruch des 20. Jh. kam dann auch das Verlangen nach eleganteren Karosserien. Die noble Reiselimousine – ein geschlossener Wagen für lange Strecken – wurde manchmal üppig ausgestattet. Ein Amerikaner ließ sich in seinen *Charron* ein Spülklosett einbauen, während der Comte Boni de Castellane

Der ***Doktorwagen*** *Wer um 1909 beruflich unterwegs sein mußte, stieg vom Pferdewagen auf das Auto um, beispielsweise auf den* Doktorwagen *von Opel.*

Familienauto *Der Morris* Oxford *(oben) kam 1913 auf den Markt. Es war das erste Modell in einer Serie billiger, in Massen hergestellter Morrisfamilienautos, die in den 20er Jahren verkauft wurden.*

in seinem Wagen fließendes kaltes und warmes Wasser mit einem Waschbecken aus Silber, einen Weinschrank und Lehnstühle mit Brokatbespannung hatte.

Ein Jahr, nachdem 1907 die britische Firma Rolls-Royce ihren hochluxuriösen *Silver Ghost* gebaut hatte, lief in Amerika das einfache Fordmodell *T* vom Fließband – ein Auto für den kleinen Mann. Bis 1927 wurden 15 Millionen Wagen dieses Typs produziert. Damit war die *Tin Lizzie* das meistgebaute Automobil jener Zeit. Die enorme Stückzahl wurde erst Anfang der 70er Jahre vom deutschen Volkswagen, dem *Käfer*, übertroffen.

europäischen Autofabriken die amerikanischen Methoden nachahmen. In der Zeit zwischen den beiden Weltkriegen rückte England als Autohersteller und motorisierte Nation auf den zweiten Platz nach den Vereinigten Staaten. Mitte der 30er Jahre gab es einen *Morris 8* oder *Austin 10* bereits für wöchentliche Raten von zwei Pfund.

Nach dem Zweiten Weltkrieg stieg die Nachfrage nach Autos fast explosionsartig. In Nordamerika sind drei bis vier oder sogar fünf Autos pro Familie keine Seltenheit. In den 70er Jahren wurden auf der Erde jährlich rund 30 Millionen Autos hergestellt. Gegen Ende des Jahrzehnts waren, einschließlich der Lastwagen und Autobusse, 243 Millionen Kraftfahrzeuge auf den Straßen in aller Welt unterwegs.

Der Volkswagen *Vom Volkswagen, der wegen seiner Form später als „Käfer“ bezeichnet wurde, sind weltweit 20 Millionen Stück verkauft worden.*

Vierradantrieb *Der amerikanische* Willys Jeep *war im Zweiten Weltkrieg ein vielseitiges und robustes Geländefahrzeug, das die Alliierten an der vordersten Front auch für Verwundetentransporte einsetzten. Nach dem Jeep wurden Fahrzeuge mit Vierradantrieb auch für zivile Zwecke gebaut. Hierzu gehören der englische* Landrover *und der japanische* Land Cruiser *von Toyota. Deutsche Fahrzeuge mit Allradantrieb sind zum Beispiel der* Unimog *und der Mercedesgeländewagen.*

Dementsprechend stiegen auch die Unfälle. Im August 1970 begruben Umweltschützer in den USA das Auto symbolisch als Inbegriff der Energieverschwendung und der Luftverschmutzung. Gleichzeitig demonstrierten sie damit gegen die erschreckende Zahl von Toten auf den Straßen. In den 70er Jahren erließ die Regierung der USA Vorschriften für sicherere und umweltfreundlichere Autos. Sie forderten Knautschzonen in der Karosserie, nachgebende Lenksäulen und Sicherheitsgurte. Als diese Vorschriften auch auf importierte Autos angewandt wurden, unterwarfen sich ihnen die Automobilhersteller in aller Welt.

Der amerikanische Käufer verlangte einen Wagen, in dem er bequem und vor der Witterung geschützt saß und der einfach zu fahren war. So gab es Ende der 20er Jahre mehr geschlossene Limousinen als offene Sportwagen. Bereits 1912 baute die Firma Cadillac in den USA als erster großer Autohersteller in ihre Wagen serienmäßig einen elektrischen Anlasser ein, der dem Fahrer das mühsame Anwerfen des Motors mit der Handkurbel ersparte.

Die erste Autofabrik, die 1924 ihre Modelle grundsätzlich mit den besser federnden Niederdruckreifen ausstattete, war Chrysler. Die General-Motors-Werke führten 1929 als erste das Synchrongetriebe ein, 1940 dann das automatische Getriebe.

Die große Kapazität der amerikanischen Automobilindustrie und ihre kostengünstigen Produktionsmethoden führten dazu, daß amerikanische Autos in die ganze Welt exportiert wurden. Um wettbewerbsfähig zu sein, mußten die

Crash Test *Um den amerikanischen Sicherheitsbestimmungen zu genügen, muß der in England hergestellte* Ford Fiesta *(links) einem seitlichen Stoß von 2 t mit einer Geschwindigkeit von 45 km/h standhalten. Kameras (eine davon im Vordergrund) halten das Ergebnis fest.*

Größere Fahrsicherheit *Beim Citroën* CX 2400 Pallas *von 1979 war die Lenkung (rechts) so konstruiert, daß die Säule nachgab, wenn der Körper des Fahrers auf sie aufprallte. Das gepolsterte Armaturenbrett war matt gehalten, und auch die zurückgesetzten Instrumente blendeten nicht.*

Die 100jährige Entwicklung des „Wagens ohne Pferde"

1883: Der Benzinmotor von Daimler
Ein Wagen, der durch eine Maschine angetrieben wird, war ein langgehegter Traum des Menschen. Schon 1769 baute der Franzose Nicolas Joseph Cugnot einen Dampfwagen. Doch der war schwer, schwierig zu steuern, und bereits nach einer knappen Viertelstunde ging ihm die Puste aus. 1801 erreichte ein Dampfwagen des Engländers Richard Trevithick eine Geschwindigkeit von 14 km/h. Andere Konstruktionen wurden ausprobiert; die Nachteile blieben. Erst mit der Einführung des funktionsfähigen Benzinmotors (→ Verbrennungsmotor) in den 80er Jahren des 19. Jh. ging dieser Traum in Erfüllung.

Dampf auf der Straße *Der Franzose Nicolas Joseph Cugnot konstruierte 1769 einen dreirädrigen Dampfwagen, der eine Geschwindigkeit von etwa 5 km/h erreichte.*

Die Geschichte des eigentlichen Automobils beginnt mit dem französischen Ingenieur Jean Joseph Étienne Lenoir. 1860 erhielt er ein Patent auf einen Verbrennungsmotor, der mit Leuchtgas betrieben wurde. Ein verbessertes Modell baute er 1863 in einen Wagen ein. Im Jahr 1860 besuchte der Deutsche Gottlieb Daimler die Pariser Fabrik, in der Lenoir seine Motoren für den Antrieb stationärer Maschinen herstellte. Für Transportzwecke waren sie nach Daimlers Ansicht im Betrieb zu teuer, und sie mußten ja außerdem an eine Gasleitung angeschlossen werden. Zwei Jahre später, 1862, baute Lenoir einen Wagen, der von einem auf Benzin umgestellten Gasmotor angetrieben wurde. Dieser war jedoch sehr schwer und hatte eine zu geringe Leistung, so daß er bald in Vergessenheit geriet.

Im Jahr 1872 wurde Daimler in Deutz technischer Direktor des Gasmotorenwerks von Nikolaus Otto. Vier Jahre später brachte Otto einen Viertakt-Gasmotor heraus, der stärker und wirtschaftlicher war als seine Vorgänger. Otto beauftragte Daimler und seinen Chefkonstrukteur, Wilhelm Maybach, mit der Entwicklung eines Motors, der anstelle von Gas Benzin als Treibstoff verbrennen sollte. 1882 verließen Daimler und Maybach die Fabrik und gründeten in Daimlers Heimatstadt Bad Cannstatt bei Stuttgart ein eigenes Unternehmen, in dem sie den Benzinmotor entwickelten. Im nächsten Jahr war bereits der erste Motor fertiggestellt. Er drehte sich wesentlich schneller als der Gasmotor und hatte im Vergleich zu seiner Größe eine höhere Leistung. Dieser Umstand machte ihn zum Antrieb von Fahrzeugen geeignet.

1885–1888: Die ersten Motoren auf Rädern
Im Herbst des Jahres 1885 wurde der erste Versuch mit einem Benzinmotor auf Rädern unternommen, einem massiven, von Daimler selbst gebauten → Fahrrad.

Unabhängig von Daimler arbeitete in Mannheim der Ingenieur Carl Benz auf diesem Gebiet. Im November 1885 stellte er das erste, entwicklungsfähige Straßenfahrzeug der Welt mit Benzinmotor vor. Dieser Motor hatte bereits eine elektrische Zündung mit einer → Batterie, einer Zündspule und Zündkerzen. Diese elektrische Zündung war zwar recht fortschrittlich, arbeitete aber nicht sehr zuverlässig. Die Kraft des Motors wurde durch Treibriemen auf die Räder übertragen. Man konnte verschiedene Geschwindigkeiten erreichen, indem man die Riemen auf Riemenscheiben von unterschiedlicher Größe verschob. Der Benz besaß auch als erster Motorwagen ein Differentialgetriebe mit kegelförmigen → Zahnrädern, welche die unterschiedliche Umdrehungsgeschwindigkeit der beiden angetriebenen Räder beim Kurvenfahren ausglichen. Vom Fahrradbau wurden der Rahmen aus Stahlrohr und die Räder mit Drahtspeichen übernommen.

Im Jahr 1888 hatte auch Siegfried Marcus, ein gebürtiger Mecklenburger, in Wien einen eigenen Motorwagen fertiggestellt, der sich aber nicht durchsetzte.

Der Wagen von Benz besaß drei Räder – vorn nur eins, wodurch bestimmte Schwierigkeiten mit der Lenkung umgangen wurden: Beim bis dahin vorhandenen Pferdewagen war die Vorderachse mit den Rädern auf einem Zapfen in der Mitte drehbar gelagert. Diese nicht sehr sichere „Drehschemellenkung" konnte von einem Pferd leicht, von einem Menschen aber nur schwer eingeschlagen werden.

Wagen ohne Pferde *Im Gegensatz zum Benz des Jahres 1885 war das von Gottlieb Daimler 1886 gebaute Fahrzeug ein „Wagen ohne Pferde": eine → Kutsche mit eingebautem Motor.*

Ein sichereres Lenksystem, das auch einen kleineren Wenderadius ermöglichte, führte 1818 der deutsch-englische Industrielle und Buchhändler Rudolf Ackermann in England ein. Diese „Achsschenkellenkung" wurde zunächst ebenfalls beim Pferdewagen verwendet. Dabei sitzen die Räder an kurzen Achsschenkeln, die sich an den Enden der starren Achse befinden, und werden durch eine verbindende Stange gemeinsam geschwenkt. Der erste Motorwagen mit einer Lenkvorrichtung von Ackermann war gleichzeitig der erste Benzinwagen Englands. Gebaut hatte ihn 1888 der Londoner Ingenieur Edward Butler.

Der erste Motorwagen *Der Benz von 1885 war der erste Wagen, der nicht mehr nach dem Vorbild einer Pferdekutsche konzipiert worden war, sondern eigenen Gesetzen folgte.*

Der Wagen von Benz von 1885 war von Grund auf als neues Fahrzeug konzipiert. Daimler schlug einen anderen Weg ein; er sah seine Motoren als reine Antriebsmittel an, die sich für Straßenwagen, Schienenfahrzeuge, Boote und → Luftschiffe ebenso eigneten wie für Arbeitsmaschinen. Im Jahr 1886 bestellte Daimler bei einem Kutschenbauer einen offenen Wagen, der „elegant, aber sehr solid gebaut" sein sollte. In der Maschinenfabrik Esslingen ließ er in der Mitte dieses Wagens einen Motor einbauen. Bei Probefahrten auf den Straßen rund um Bad Cannstatt bewährte sich das Fahrzeug recht gut.

Die ersten Daimlerwagen waren gewissermaßen fahrbare Prüfstände, und Daimler betrachtete sich in erster Linie als Lieferant von Motoren, die andere dann einbauten, nicht als Automobilhersteller. Erst 1895 begann er selbst, Automobile herzustellen und zu verkaufen.

Die beste Maschine für die ersten pferdelosen Wagen war Daimlers 3,5-PS-

Zweizylindermotor aus dem Jahr 1889. Er machte etwa 800 Umdrehungen pro Minute – zweimal soviel wie das Aggregat von Benz – und war damals der Motor mit dem günstigsten Leistungsgewicht. Mit ihm wurde auch ein neuer Versuchswagen von Daimler und Wilhelm Maybach angetrieben, der erstmals eine Kraftübertragung moderner Bauart mit einer Reibungskupplung und einem schaltbaren Zahnradgetriebe zum Wechseln der Vorwärtsgänge besaß. Auf der vom Motor angetriebenen Welle wurden Zahnräder verschoben. Sie griffen in andere Zahnräder von unterschiedlicher Größe ein, so daß sich das Übersetzungsverhältnis änderte. Die Zahnräder und die Reibungskupplung konnten stärkere Kräfte übertragen als der Treibriemen. Außerdem hatte das Fahrzeug ein Ausgleichsgetriebe und eine Achsschenkellenkung.

1888: Die Produktion läuft an
Carl Benz war fest davon überzeugt, daß der Benzinmotor das Pferd ablösen und den Straßenverkehr revolutionieren werde. Seine Teilhaber aber wollten lieber mit Motoren für die Industrie Geld verdienen. Benz hielt jedoch an seiner Idee fest. Im Jahr 1888 baute er eine stabilere Version seines dreirädrigen Motorwagens und bot sie zum Kauf an. Dieses Fahrzeug fand zwar Interesse, aber nur wenige vertrauensvolle Käufer.

1893 baute Benz seinen ersten vierrädrigen Wagen. Im Jahr darauf folgte eine leichtere Version unter der Bezeichnung *Velo.* Die Fabrik in Mannheim stellte 1895 insgesamt 135 Wagen dieser beiden Typen her. Sie waren zwar recht primitiv und noch etwas schwach, dafür aber einfach zu fahren.

1891–1898: Die klassische Form entsteht
Der Wagen von Daimler, der auf der Weltausstellung von 1889 gezeigt wurde, brachte zwei französische Hersteller von Werkzeugmaschinen, René Panhard und Émile Levassor, auf den Gedanken, ebenfalls einen pferdelosen Wagen mit

Das Serienauto *1893 baute Benz Autos in Serie, darunter auch das große vierrädrige Modell* Victoria *mit 3 PS.*

Daimlermotor zu bauen. Die Panhard-Levassor-Motorkutsche des Jahres 1890 entsprach jedoch nicht den Erwartungen. Eine Neukonstruktion erbrachte dann die klassische Form des Automobils: Der Panhard-Levassor von 1891 besaß einen Zweizylindermotor, der sich vorn befand. Er gewährleistete eine günstigere Gewichtsverteilung als ein Motor im Heck oder in der Mitte und bewirkte gleichzeitig eine bessere Bodenhaftung der gelenkten Räder. Der Motor hatte eine Reibungskupplung mit schaltbarem Zahnradgetriebe; die Hinterräder wurden durch eine Kette angetrieben.

Die Achsschenkellenkung wurde noch mit einem → Hebel betätigt. Als der Panhard 1895 aber eine Höchstgeschwindigkeit von 30 km/h erreichte, brauchte der Fahrer eine bessere Lenkung. Deshalb bekam der Panhard im Jahr 1898 ein Lenkrad auf schräger Säule.

Der Kettenantrieb war dank seiner stärkeren Kraftübertragung dem Riemenantrieb überlegen. 1898 kam jedoch der erste Renault heraus; der besaß einen noch zuverlässigeren Antrieb über Gelenkwellen, und dieser wurde bald bei Automobilen aller Größen eingeführt.

Wie die meisten Automobile bis in die 30er Jahre besaß auch der Panhard eine Radaufhängung mit elliptischen Blattfedern. Die Einzelradaufhängung – eine weitere Neuerung des Jahres 1898 – besaß als erster Serienwagen der französische Decauville. Bei dieser Aufhängung sind die Vorderräder nicht mehr durch eine gemeinsame Achse verbunden, sondern einzeln abgefedert, so daß sie unabhängig voneinander nach oben und unten ausschwingen können. Diese Federung war bequemer und gleichzeitig stabiler.

1891 hatte der Panhard noch Holzräder mit Eisenreifen wie ein Pferdewagen; bald danach wurde jedoch auch die Vollgummibereifung angeboten. Der erste Wagen mit Luftbereifung war ein französischer Peugeot, der im Juni 1895 am Autorennen von Paris nach Bordeaux teilnahm.

Zukunftweisende Technik *In Daimlers Versuchswagen von 1889 wurde eine moderne Kraftübertragung erprobt: die Reibungskupplung und das Getriebe mit verschiebbaren Zahnrädern zum Wechseln der Vorwärtsgänge. Dieses System und Daimlers Motor wurden von anderen Automobilherstellern übernommen.*

1896: Erfolgreiche Erprobung des Lanchester
In England widmete sich der Ingenieur Frederick Lanchester dem Automobilbau. Der Lanchester von 1896 besaß ein Planetengetriebe zum Wechseln der Vorwärtsgänge. Es ließ sich viel einfacher schalten als das Wechselgetriebe von Panhard mit seinen Schieberädern, und man konnte die einzelnen Gänge vorwählen. Dieses System wurde der Vorläufer des modernen automatischen Getriebes. Ein weiterer Fortschritt beim Lanchester war der selbsttragende Aufbau von Karosserie und Rahmen, der eine zusätzliche Verstärkung brachte.

Moderne Bauweise *Nach einigen Versuchen verlegte die Firma Panhard-Levassor den Motor, der sich bis dahin hinten oder in der Mitte befunden hatte, nach vorn.*

1901: Ein moderner Typ im Straßenbild
Bis zum Jahr 1900 waren alle wichtigen Konstruktionsteile eines Automobils entwickelt, und im Jahr darauf wurden sie erstmals in einem Fahrzeug vereinigt: im *Mercedes.* Der österreichische Konsul in Nizza, Emil Jellinek, eröffnete eine Daimlervertretung und fand viele reiche Kunden für das Werk in Bad Cannstatt. Er schuf den Markt für große, starke und sehr teure Luxusautos. Das erste Modell dieser Reihe war ein neuer Daimler von 1901, der nach Jellineks Tochter *Mercedes* benannt wurde. Dieser Wagen wies alle fortschrittlichen Konstruktionsmerkmale auf und war eine Sensation des modernen

Automobilbaus. Er zeichnete sich durch einen großen Vierzylindermotor aus, der 35 PS leistete und von einem verwindungsfreien Chassis aus Stahl getragen wurde. Außerdem besaß der Wagen einen wirkungsvollen Kühler mit wabenartigen „Lamellen", wie er heute allgemein verwendet wird. Auch die Gangschaltung ist uns heute noch vertraut: Der Hebel wurde in einer „Kulisse" geschaltet, so daß man einen beliebigen Gang einlegen konnte, ohne zuerst die niedrigeren Gänge benutzen zu müssen.

Mit seiner langen, niedrigen Linienführung war der *Mercedes* damals das erste Automobil, das schon eine unverkennbare Ähnlichkeit mit seinen modernen Nachfolgern besaß.

Das Auto des Sultans *Im Jahr 1892 bauten die französischen Peugeotwerke ein reich verziertes Auto für den Sultan von Marokko (links). Die ersten Peugeots waren leichte Fahrzeuge, die einen Rahmen aus Rohren sowie Speichenräder besaßen. Einen Kühler gab es nicht; das Wasser kreiste, um abzukühlen, durch den hohlen Rahmen. Der Motor befand sich hinten und verlieh dem Wagen eine Geschwindigkeit von 32 km/h. Bei Peugeot begann 1891/92 die Produktion. Ein Peugeot, der 1891 beim Radrennen Paris – Brest – Paris mitfuhr, war 139 Stunden unterwegs und hatte nicht die kleinste Panne.*

1902–1914: Bessere Bremsen und Stahlkarosserien

Um die Jahrhundertwende waren die meisten Bremsen sogenannte Bandbremsen – Vorrichtungen, bei denen ein Stahlband mit gerundeten Backen daran durch einen Hebel fest um die Radnabe angezogen wurde. Diese Bremsvorrichtung wurde leicht naß, verschmutzte schnell und konnte dann nicht mehr richtig greifen. Im Jahr 1902 führte deshalb Renault in Frankreich die moderne Trommelbremse ein, bei der sich die gerundeten Backen innerhalb einer Metalltrommel befinden, die sich mit dem Rad dreht. Beim Bremsen werden die Backen nach außen gegen die Innenwände dieser Trommel gedrückt. Im gleichen Jahr experimentierte Frederick Lanchester mit der noch wirkungsvolleren Scheibenbremse.

Ein bemerkenswertes Automobil brachte 1903 die niederländische Firma Spyker heraus. Bei diesem Wagen wirkte die Bremse auf alle vier Räder, während bis in die 20er Jahre bei den meisten Fahrzeugen nur die Hinterräder eine Bremse hatten. Außerdem besaß der Spyker einen kräftigen Sechszylindermotor, der, zu einer Zeit, als die meisten Fahrzeuge nur Hinterradantrieb hatten, alle vier Räder antrieb.

Vor dem Ersten Weltkrieg wurden die Autokarosserien zeitraubend und teuer von Hand gefertigt; sie bestanden aus einem Holzgerippe mit Blechummantelung. Im Jahr 1914 lieferte die amerikanische Budd Company in Philadelphia ihren *Dodge* aus, dessen Karosserie ganz aus Blech bestand. Dadurch wurde sie leichter, billiger und auch stabiler.

1908: Das Modell *T* für viele

Während in Europa das Automobil noch ein Luxus war, den sich nur wenige leisten konnten, stieg in den USA die Motorisierung von einem Wagen pro 1,5 Millionen Einwohner im Jahr 1902 auf einen Wagen pro 800 Einwohner im Jahr 1907. Dabei waren die Autos in Amerika mit einem Durchschnittspreis von 1000 Dollar verhältnismäßig teuer.

Seit 1903 baute auch Henry Ford in Detroit Automobile. Im Oktober 1908 brachte er sein Modell *T* heraus, die berühmte *Tin Lizzie*, die sich fast jeder leisten konnte. Das Auto war einfach und praktisch, dabei aber aus bestem Material, leicht und zugleich robust. Ford hatte es eigens so gebaut, daß auch ungeübte Fahrer und schlechte Straßen ihm nichts anhaben konnten, und das Planetengetriebe, das mit einem Fußhebel betätigt wurde, ließ sich problemlos schalten. Der Preis für das Modell *T* sank dank der Nachfrage bald von 850 auf 260 Dollar.

Ebenso revolutionierend wie der Wagen selbst war die Produktionsweise; sie brachte die ersten Erfahrungen mit der → Massenproduktion in der Automobilindustrie. Genormte Einzelteile wurden schnell zusammenmontiert, und nach der

Ein Niederländer *Abgesehen von seinem runden Kühler war der Spyker von 1904 ein Wagen in herkömmlicher Bauweise. Im Jahr 1903 hatte die Firma Spyker in geringer Stückzahl einen fortschrittlichen Sechszylinderwagen herausgebracht, bei dem alle vier Räder angetrieben und gebremst wurden. Damals hatten die Autos fast durchweg nur einen, zwei oder vier Zylinder sowie Hinterradantrieb und Bremsvorrichtungen nur an den hinteren Rädern.*

Die klassische Form Der Mercedes *von 1901 hatte als erster die moderne, langgestreckte und niedrige Linienführung. Später waren beim* Mercedes *alle Räder gleich groß.*

Einführung des Fließbands im Jahr 1913 konnte die Montagezeit für die Karosserie eines Wagens von 12 auf 1,5 Stunden verkürzt werden.

1918–1980: Streben nach Sicherheit und Bequemlichkeit

Die wichtigsten Teile eines modernen Autos sind alle schon vor dem Ersten Weltkrieg erfunden worden. Danach gab es nur noch kleine Veränderungen im einzelnen, die in erster Linie das Autofahren sicherer und bequemer machten. Die Ganzstahlkarosserie setzte sich allgemein durch, nachdem sie 1923 in Amerika von Studebaker und 1925 in Frankreich von Citroën übernommen worden war. Hydraulische Bremsen, die bei geringerem Kraftaufwand eine größere Bremswirkung als mechanische Systeme haben, waren erstmals 1921 am amerikanischen Duesenberg zu finden. Vierradbremsen setzten sich erst durch, als sie in Amerika 1923/24 beim Chrysler, Buick und Packard zur Serienausstattung gehörten. Die Scheibenbremse tauchte 1956 wieder bei einigen Modellen von Citroën, Triumph und Jensen auf.

Sicherheitsreifen wurden 1972 von Dunlop in England eingeführt. Sie sind schlauchlos, und bei einer Reifenpanne wird durch die Hitze im Innern des Mantels eine flüssige Dichtungsmasse freigesetzt, die das Loch im Reifen sofort verschließt.

1934–1980: Technische Fortschritte

Das erste Serienfahrzeug mit selbsttragendem Aufbau – bei dem Karosserie und Chassis eine Einheit bilden – war der Citroën von 1934. Dieser Wagen besaß auch als erster einen Frontantrieb und – ebenso wie der Buick aus dem gleichen Jahr – einzeln aufgehängte Vorderräder.

Beim Morris und Austin *Mini* wurde 1959 die Einzelradaufhängung mit einer Torsionsgummifederung versehen, bei der die Stöße durch die Drehung von Gummielementen und nicht durch Federblätter abgefangen wurden. Einige Modelle von British Leyland und Citroën wurden mit einer hydraulischen oder hydropneumatischen Federung ausgestattet. Dabei sind die Federkissen an den Vorder- und Hinterrädern durch Rohrleitungen miteinander verbunden. In den Rohren befindet sich ein Gemisch von Flüssigkeit und Gas, das unter Druck steht. Wenn ein Rad über eine Unebenheit rollt, bewirkt der Druckanstieg oder -abfall in den Rohrleitungen, daß sich die übrigen Räder ihrerseits senken oder heben und den Stoß dadurch ausgleichen.

Ein berühmtes Modell *Das einfache, zuverlässige und leicht zu fahrende Modell T von Ford – hier ein Wagen von 1912 – war bereits 1908/09, im Jahr seiner Einführung, in Amerika ein Verkaufsschlager. Sein Anteil an der gesamten Autoproduktion betrug zehn Prozent.*

Mit neuer Karosserie *Im Jahr 1919 gab es das Modell T von Ford (links) als Coupé, und ein schwarzer Kühler trat an die Stelle des Messinggrills. Die Tagesproduktion stieg auf 3000 Wagen. 1927, als das Modell T auslief, waren davon auf der ganzen Welt 15 Millionen Stück hergestellt worden.*

Ein Elektroauto *In der Zeit von 1966 bis 1970 entwickelte die Ford Motor Company den elektrischen Versuchswagen* Commuta. *Dieses Auto konnte mit einer Batterieladung 65 km weit fahren.*

Das Auto der Zukunft?

Die Ölkrise von 1973/74 hat die Autohersteller veranlaßt, benzinsparende Modelle zu entwickeln. Im Jahr 1980 stattete die Firma General Motors einige Fahrzeugtypen mit einem → Computer aus, der zwei oder vier Zylinder eines Achtzylindermotors abschaltet, wenn die volle Leistung nicht benötigt wird.

In Zukunft könnte das Benzin durch andere Treibstoffe ersetzt werden. Ein umgebauter Benzinmotor kann mit → Alkohol betrieben werden, den man aus pflanzlichen Ölen gewinnt.

Die Hersteller befassen sich auch mit den Möglichkeiten des Elektroautos, das verhältnismäßig umweltfreundlich und benzinunabhängig wäre. Zunächst müssen jedoch langlebige, leichte und preiswerte Akkumulatoren entwickelt werden. Die amerikanische Forschung hat vielversprechende Ergebnisse mit einer Zink-Chlor-Batterie erzielt, die nicht mehr kostet als ein herkömmlicher Bleiakkumulator, jedoch nur ein Drittel seines Gewichts hat und dem Auto bis zum Nachladen einen Aktionsradius von 250 km verleihen würde.

Moderne Linie *Einer der beliebtesten Kleinwagen von 1980 war der Ford* Escort. *Das Modell* XR3 *erreichte 180 km/h.*

Automat

Ein Münzautomat wurde im 1. Jh. n. Chr. von dem Griechen Heron beschrieben

Der griechische Mechaniker Heron von Alexandria (1. J. n. Chr.) hat vermutlich den ersten Automaten mit Münzeinwurf erfunden. In seinem Buch *Pneumatika* beschreibt er ein solches Gerät, das geweihtes Wasser spendete und vielleicht am Eingang zu einem Tempel aufgestellt werden sollte. Offenbar ist es allerdings nie angefertigt worden.

Im 17. Jh. kamen in englischen Gasthöfen Tabakautomaten in Gebrauch. Sie blieben aber nach Einwurf einer Münze offen. Der erste diebstahlsichere Automat wurde 1883 von Percival Everitt in London zum Verkauf von Postkarten gebaut.

Schlitze für den Geldeinwurf gab es in Europa und den USA seit 1880 an →Telefonen, bald darauf auch an Stromzählern und Gasuhren. 1895 führte Charles Fey in San Francisco den ersten Spielautomaten ein. Vorrichtungen, welche Münzen prüfen und auf falsche Münzen nicht reagieren, wurden erstmals 1931 in Verkehrsautomaten eingebaut.

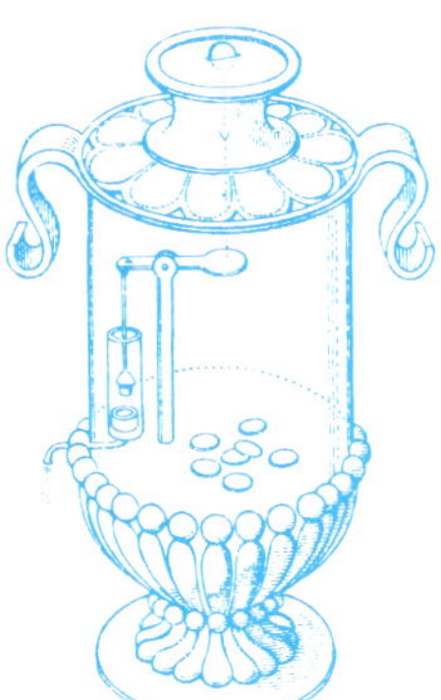

Antiker Münzautomat *Diesen Weihwasserspender für Tempel erfand der Physiker Heron von Alexandria im 1. Jh. n. Chr. In das Gefäß warf man oben eine Münze ein. Sie fiel auf einen Hebel, der daraufhin einen Stöpsel anhob und so geweihtes Wasser ausfließen ließ.*

Selbsttätiger Gigant *Auch Rohre mit beträchtlichem Querschnitt kann man heute weitgehend automatisch fertigen. Hier eine Anlage zur Herstellung von großen Rohren in einer Eisenhütte. Links vorn der Kontrollstand.*

Automatisierung

Der Begriff kam 1946 in den USA auf

Bei einer automatisierten Industrieproduktion führen die Maschinen nicht nur Arbeitsgänge aus, sondern sie regeln sich auch weitgehend selbst. Dies geschieht mit Hilfe des „Feedbacks" (Rückinformation), das heißt, eine Information über das Geschehen beim Arbeitsgang wird in die Kontrollmechanismen zurückgeleitet. Bei bestimmten Herstellungsverfahren regelt sich die Übergabe einzelner Teile von einer →Werkzeugmaschine zur anderen automatisch.

Das Wort Automatisierung als Beschreibung für den Einsatz automatischer Übergabemaschinen wurde 1946 von dem Ingenieur Delmar S. Harder bei General Motors geprägt.

Die sogenannte Rückinformation ist der springende Punkt bei jedem automatisierten System. Sie wurde zum erstenmal bei dem thermostatisch geregelten Schmelzofen angewendet, den der niederländische Ingenieur Cornelius Drebbel Anfang des 17. Jh. baute. Der Kontrollmechanismus bestand aus einer Quecksilbersäule, die ein Ventil öffnete und schloß, so daß zur richtigen Zeit Luft in den Hochofen strömen konnte. Stieg die Temperatur, dehnte sich das Quecksilber aus und schloß das Ventil. Bei geringerer Luftzufuhr entwickelte das Feuer weniger Hitze, das Quecksilber fiel, und das Ventil öffnete sich wieder (→Brutapparat).

Beim Fliehkraftregler, der 1788 von dem schottischen Ingenieur James Watt für die →Dampfmaschine erfunden wurde, hoben sich zwei von der Maschine angetriebene Kugeln durch die Fliehkraft und schlossen das Dampfeinlaßventil, sobald die Maschine die normale Drehzahl überschritt. Sank die Maschinengeschwindigkeit, öffnete sich das Ventil, so daß die Maschine erneut die richtige Drehzahl erreichte.

Der französische Erfinder Joseph Jacquard führte 1805 gestanzte Karten zur mechanischen Steuerung von Webstühlen ein. Damit kündigten sich bereits die Lochkarten- und Lochstreifenapparate an, die heute überall zur Dateneingabe und Steuerung von →Computern verwendet werden.

Die Computer

Der Computer spielt heute eine wesentliche Rolle bei der Automatisierung. Ist er einmal mit Arbeitsanweisungen programmiert, kann er sie schneller, ausdauernder und genauer ausführen als der Mensch.

In einer automatisierten Ölraffinerie zum Beispiel geben Sensoren, die überall in der Anlage angebracht sind, Informationen über Flüssigkeitsmengen, Temperaturen und Druckverhältnisse an den Computer. Dieser gibt daraufhin bestimmten Stellen der Anlage Kommandos, die Heizgeräte anschalten, Ventile öffnen oder Pumpen anstellen, wo es nötig ist, so daß die Anlage stets mit Höchstleistung arbeitet.

Heute sind Werkzeugmaschinen, die sich selbst regeln, schon weit verbreitet. Sie werden durch Magnetbänder gesteuert, die ein Computer herstellt. So sind die Signalanlagen und die Steuerung moderner U-Bahn-Systeme ebenso automatisiert wie Raumschiffe. →Siliziumchips werden die Automation noch weiter verbreiten, weil sich mit diesen Speicherplättchen so kleine Computer bauen lassen, daß sie praktisch in jede Maschine hineinpassen.

B

Baden im Altertum *Die minoische Badewanne aus Ton (links) befindet sich in dem Baderaum, der zu den einstigen Gemächern der Königin im Palast von Knossos auf Kreta gehört. Sie ist mehr als 3500 Jahre alt und weist noch Reste der einstigen Bemalung auf. – Die altrömischen Badeanstalten (Thermen) wurden großenteils durch Hypokausten beheizt. Hierbei handelte es sich um ein System, das die Heizgase von einer zentralen Feuerstelle aus unter den Fußboden des Bades leitete. Das rechte Bild zeigt die Ruinen einer solchen Anlage.*

Bad

Badewannen gab es bereits im alten Griechenland

Schon die alten Griechen kannten das Wannenbad, und auch die Römer hatten private Bäder. Berühmt wurden aber ihre Thermen, große öffentliche Anlagen mit Fußbodenheizung (Hypokaustum) und verschiedenen Abteilungen: dem Raum für heiße Bäder (Kaldarium), dem lauwarmen Baderaum (Tepidarium) und dem Raum mit einem ausgedehnten Kaltwasserbecken (Frigidarium). Die Thermen des Kaisers Diokletian umfaßten überdies zahlreiche Alabasterwannen für Einzelbäder.

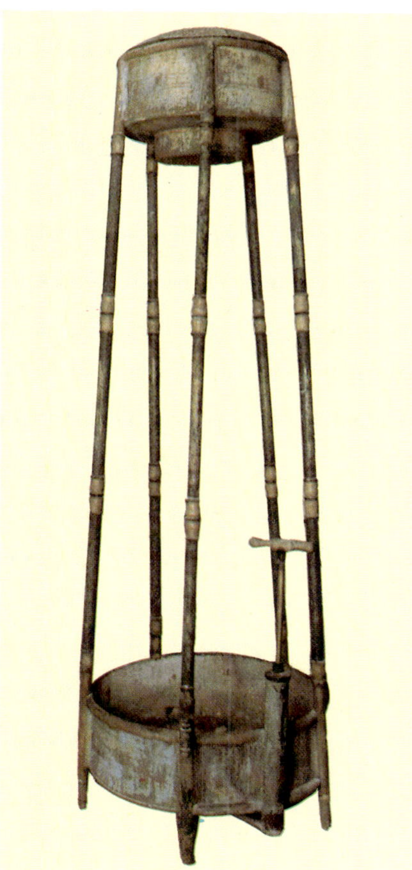

Vornehmes Brausebad *Eines der ersten Brausebäder befand sich um 1840 in Chatsworth, Derbyshire, im Haus des Herzogs von Devonshire. Das Wasser wurde aus der Fußwanne von Hand durch das hohle Rohrgestell in den Brausekopf gepumpt. Dann rieselte es auf den Badenden herab.*

Mit dem Verfall des Römischen Reiches ging es damit jedoch bergab, und man nahm seltener ein Bad. Im Mittelalter kamen die öffentlichen Badestuben auf. Zu Hause badete man in einer hölzernen Wanne, der Bütte.

Lange Zeit war in vielen Häusern kein Badezimmer vorhanden. Noch als Königin Victoria 1837 den Thron bestieg, gab es im Buckingham-Palast kein Bad, und selbst in der zweiten Hälfte des 19. Jh. waren solche Räume noch eine Seltenheit. Der deutsche Kaiser Wilhelm I. hatte bis 1888 in seinem Berliner Palais Unter den Linden keine Badewanne. Wollte er einmal baden, so ließ er aus einem nahe gelegenen Hotel eine hölzerne Wanne herbeischaffen.

Andererseits besaßen einige hochgestellte Persönlichkeiten bereits um die Mitte des 16. Jh. Badewannen, die ganz aus Metall bestanden oder mit Zinn ausgeschlagen waren.

Bis ins 19. Jh. badeten manche Menschen nur kalt, weil sie sich abhärten wollten, vor allem aber, weil es schwierig war, eine größere Wassermenge auf dem →Küchenherd zu erhitzen. Da man das Wasser zur Wanne bringen und nachher wieder ausschöpfen mußte, waren die alten Zuber klein und flach. Es gab auch Badeeinrichtungen aus verzinktem und lackiertem Blech in verschiedenen Ausführungen. Zwei davon, das Brausebad und das Sitzbad, waren am verbreitetsten. Das Brausebad bestand aus einer etwa 15 cm hohen Fußwanne mit einem Durchmesser von rund 1 m, überragt von einem Rohrgestell mit dem Brausekopf. Beim Brausen wurde das Wasser von Hand aus der Fußwanne zum Brausekopf hinaufgepumpt. Das Sitzbad bot nur wenig Platz, so daß man die Beine über den Rand hinaushängen lassen oder die Knie bis ans Kinn anziehen mußte.

Vollbäder mit fließendem kaltem und warmem Wasser wurden bald nach 1880 möglich, als die →Massenproduktion von gußeisernen Badewannen in Körpergröße eingeführt wurde. Warmes Wasser lieferten Badeöfen, Gasboiler, die oberhalb der Wanne montiert waren, oder ein Boiler am Küchenherd.

Das türkische Bad wurde um die Jahrhundertwende beliebt. Der Badegast begann mit einem Dampfbad, wusch sich dann, ließ sich massieren und tauchte zuletzt noch kurz in kaltem Wasser unter. Er konnte auch ein Heißluft- oder Dampfbad nehmen, indem er sich in einen Holzkasten setzte, aus dem nur der Kopf oben durch die Öffnung herausragte. Beheizt wurde der Kasten durch einen kleinen Spiritusofen. Solche Vorrichtungen waren um 1890 weit verbreitet, und man konnte sie auch zu Hause aufstellen. Sie wurden von einer zweiten Person von außen geöffnet und geschlossen.

Das moderne Gegenstück zu diesem Bad ist die finnische Sauna. Bei ihr ist der Schwitzkasten zu einem Raum erweitert, in dem mehrere Personen Platz haben.

Ball und Ballspiel

Ballspiele gab es schon um 2000 v. Chr. in Ägypten und Persien

Altägyptische Wandmalereien zeigen Ballspiele, bei denen ein Spieler versucht, einen Ball, den zwei andere Spieler sich zuwerfen, zu erhaschen. Keulen oder Stöcke, mit denen der Ball geschlagen wird, sind ebenso alt: In Persien wurde um 2000 v. Chr. ein Spiel gespielt, das mit unserem Rasenhockey vergleichbar ist. Ein ähnliches Spiel mit Schlägern, die mit Netzen versehen waren, spielten die Irokesen, schon bevor die Weißen nach Nordamerika kamen. Es hieß *baggataway*; die französischen Siedler tauften es dann um in *Lacrosse*.

Eine Art Fußball war in China bereits um 500 v. Chr. bekannt, in Europa seit dem 4. Jh. v. Chr.: Die Griechen und Römer spielten ein Spiel, bei dem der

Ägyptisches Ballspiel *Diese altägyptische Grabmalerei aus der Zeit um 2000 v. Chr. stellt ein Ballspiel für vier Personen dar. Womit die Spieler werfen, läßt sich nicht genau erkennen; vermutlich benutzten sie Steine, Holzkugeln oder getrocknete Früchte, die gut in der Hand lagen.*

Verschiedenartige Bälle für Sport und Spiel

2000 v. Chr.: Steinkugeln
Ein Spiel, das dem Kegeln ähnelt, war vor 4000 Jahren in Ägypten bekannt. Es wurde mit Steinkugeln gespielt. Im südlichen Europa kannte man es seit dem 3. Jh. v. Chr. Die Römer nannten es *iactu lapidum* – Steine werfen.

Im 16. Jh. kamen Holzkugeln aus Eiben-, Buchsbaum- oder Eichenholz mit einer leichten Abplattung auf, die der Kugel einen Drall gab, so daß sie sich auf einer gekrümmten Bahn bewegte.

2. Jh. n. Chr.: Die luftgefüllte Blase
Im 2. Jh. wurden in Griechenland luftgefüllte Schweinsblasen als Bälle benutzt. Eine aufgeblasene Schweinsblase hat eine annähernd ovale Form, die im Rugbyball wiederzufinden ist. So alt wie die ersten Spiele dieser Art ist eine griechische Methode, die Schweinsblase rund zu machen: Bestimmte Teile davon werden über glühende Kohle gehalten, so daß sich die Blase an dieser Stelle stärker weitet als an den anderen.

Ovale Bälle mit einer Außenhaut aus Leder und einer luftgefüllten Blase im Innern kennt man seit dem 16. Jh. Das Rugbyspiel erhielt seinen Namen von der englischen Stadt Rugby, in der es in der ersten Hälfte des 19. Jh. erfunden wurde.

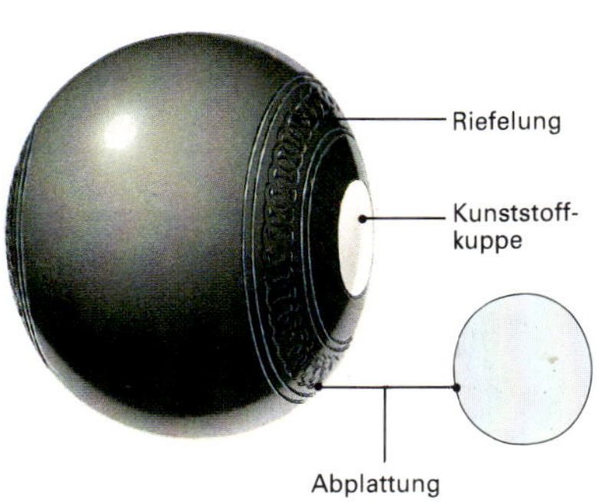

Die moderne Bowlingkugel *Sie besteht aus Kunststoff. Eine Abplattung verleiht der Kugel einen Drall. Die Riefen lassen die Kugel besser rollen, und die Kunststoffkuppe trägt den Namen des Besitzers.*

700 n. Chr.: Der Gummiball
Bälle aus Naturkautschuk mit einer Füllung aus Hanf oder Sisal hatten die Maya in Mittelamerika. Der Ball wurde nur unter Einsatz von Knien, Schenkeln und Hüften durch Steinringe geschlagen, die an den Enden der Spielfelder standen.

12. Jh.: Der Fußball aus Schweinsleder
Im Mittelalter wurden in England zwischen den Bewohnern benachbarter Dörfer ziemlich rüde Fußballspiele ausgetragen. Gespielt wurde mit einem Schweinslederball, der mit Federn, Blättern oder Haar ausgestopft war. Gewonnen hatte, wer damit als erster das Kirchenportal des gegnerischen Dorfes „erobern" konnte.

1618: Federgefüllte Golfbälle
Um die heimische Produktion von Golfbällen zu fördern, verbot Jakob I. von England die Einfuhr solcher Bälle aus Holland, woher das Spiel anscheinend stammt. Es wurde mit einem Lederball gespielt, der mit Federn gefüllt war.

1848: Der Guttapercha-Golfball
Das Guttapercha wird von den im Malaiischen Archipel beheimateten Guttaperchabäumen gewonnen. Es ist dem Kautschuk sehr ähnlich und wurde 1843 in Singapur entdeckt. Schon fünf Jahre später produzierte der britische Gummiwarenfabrikant Thomas Hancock daraus Vollgummi-Golfbälle und andere Bälle.

1869: Die Billardkugel aus Kunststoff
Ursprünglich wurden Billardkugeln nur aus Elfenbein hergestellt. Weniger kostspielige Kugeln brachte 1869 der New Yorker John Wesley Hyatt auf den Markt: Es waren Billardkugeln aus → Zelluloid. Dieser erste Kunststoff enthielt Nitrozellulose, sogenannte Schießbaumwolle – kein Wunder, daß Hyatts Billardkugeln bei einem kräftigen Stoß explodierten. So kehrten die Hersteller zum Elfenbein

Der Fußball *Das gängigste Modell ist aus fünf- und sechseckigen Lederstücken zusammengesetzt. In der Hülle befindet sich eine Gummiblase mit einem Hohlnadelventil.*

Ball sowohl getragen als auch getreten werden durfte.

Diese Regel blieb bis in die zweite Hälfte des 19. Jh. ein wichtiger Teil des Spiels. Dann wurde der endgültige Trennungsstrich gezogen: hier Fußball, dort Rugby (und das amerikanische Football), bei dem der Ball getragen werden darf. Beim Fußball war es nach der Gründung der Football Association in England im Jahr 1863 zunächst noch erlaubt, den Ball zu tragen und den Gegner zu treten; erst 1871 wurde beides offiziell verboten.

Tennis war der Geistlichkeit und dem Hochadel vorbehalten. Die Kreuzfahrer hatten das Spiel aus dem Heiligen Land mitgebracht, wo sie es bei den Sarazenen gesehen hatten. Im 12. Jh. wurde es von französischen Mönchen weiterentwikkelt, und bis 1370 hatte es sich in Italien und England durchgesetzt. „Royal"-Tennis wurde drinnen oder im Freien gespielt, wobei die Spieler den Ball mit der Handfläche über ein Seil schlugen, das über die Mitte des Feldes gespannt war. In Frankreich hieß es *jeu de paume* (Handflächenspiel). Der Tennisschläger kam im 16. Jh. auf.

Nachdem ein Major namens Walter Wingfield 1874 ein Patent für Rasentennis erhalten und die Regeln veröffentlicht hatte, entwickelte sich Tennis zu einem volkstümlichen Sport.

Golf war im 15. Jh. in Holland und Schottland schon verbreitet. In beiden Ländern wurde es hauptsächlich in den Dünen gespielt – eine landschaftliche Besonderheit, die auf modernen Golfplätzen durch sogenannte sandgefüllte Bunker künstlich nachgebildet wird. Der erste Golfclub der Welt entstand im Jahr 1754.

Der persische Dichter Omar-i Chajjam (12. Jh. n. Chr.) erwähnte schon ein Korbballspiel (nicht zu verwechseln mit dem deutschen Korbball, einem reinen Frauen- und Mädchenspiel mit ganz anderen Regeln, das inzwischen aus der Mode gekommen ist); aber der eigentliche Beginn des heutigen Basketballspiels datiert aus dem Jahr 1892. Damals dachte sich der kanadische Sportlehrer James Naismith in Springfield Basketball als ein Mannschaftshallenspiel für das Training seiner Studenten während der Wintermonate aus.

Kricket kannte man in England schon zur Zeit der Königin Elisabeth I. Feste Regeln für den britischen Nationalsport gibt es aber erst seit 1727.

Baseball entwickelte sich aus einem alten englischen Schlagballspiel, das zunächst Stadtball hieß, als es Anfang des 19. Jh. in Neuengland gespielt wurde. Der Siegeszug des Baseballspiels begann im amerikanischen Bürgerkrieg. In den USA ist es heute so beliebt wie in Deutschland der Fußball.

---

zurück. Heute werden diese Kugeln aus Kunststoff gemacht.

1873: Der Tennisball aus Gummi
Der erste Rasentennisball war ein mit Flanell überzogener Gummiball. Zwei britische Erfinder, Ralph Rosenfeld und Fred Roberts, entwickelten 1914 eine Maschine, die zwei hohle Gummiballhälften miteinander verband. Anschließend wurden sie mit einem Wollstoff überklebt.

1898: Der Golfball aus Gummi
Der moderne Golfball stammt im wesentlichen aus dem Jahr 1898. Der von dem Amerikaner Bertram Work erfundene Ball besteht aus einem weichen Kautschukkern (heute Kunstharz), um den ein Gummifaden gewickelt ist. Die Außenhaut war zunächst aus dünnem Guttapercha; heute besteht sie aus Preßstoff oder Plastik.

1898: Der Tischtennisball aus Zelluloid
Der englische Ingenieur James Gibb erfand im Jahr 1898 das Tischtennisspiel mit hohlen Zelluloidbällen.

EINIGE BEISPIELE DAFÜR, WIE BÄLLE GEMACHT WERDEN

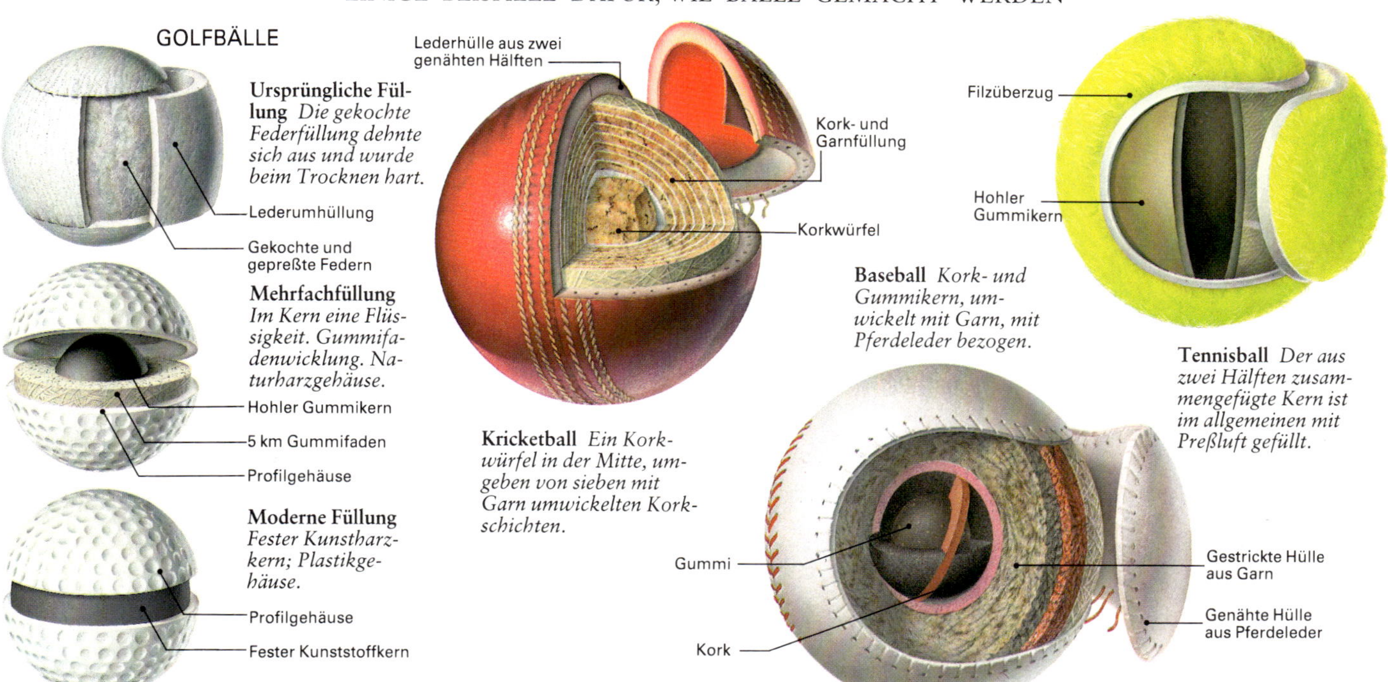

Ursprüngliche Füllung *Die gekochte Federfüllung dehnte sich aus und wurde beim Trocknen hart.*

Mehrfachfüllung *Im Kern eine Flüssigkeit. Gummifadenwicklung. Naturharzgehäuse.*

Moderne Füllung *Fester Kunstharzkern; Plastikgehäuse.*

Kricketball *Ein Korkwürfel in der Mitte, umgeben von sieben mit Garn umwickelten Korkschichten.*

Baseball *Kork- und Gummikern, umwickelt mit Garn, mit Pferdeleder bezogen.*

Tennisball *Der aus zwei Hälften zusammengefügte Kern ist im allgemeinen mit Preßluft gefüllt.*

Ballon

Der erste Flug eines bemannten Ballons fand 1709 in Portugal statt

Bereits am 8. August 1709 stieg, einem zeitgenössischen Bericht zufolge, der gebürtige Brasilianer Bartholomeu Lourenço de Gusmão im Schloß des Königs Johann V. von Portugal mit einem Heißluftballon auf. Unter einer Art Papiersack befanden sich Kupferplatten, an denen eine Gondel hing. Vor den Augen des Königs und seines Gefolges entzündete Gusmão im großen Saal des Schlosses unter dem Papiersack ein Feuer und stieg dann in der Gondel langsam zur Decke empor. Dort fing die Hülle Feuer; das luftige Gefährt sank herab – worauf der Brand bald gelöscht wurde.

Im Jahr 1782 ließen zwei Brüder, die französischen Papierfabrikanten Michel-Joseph und Étienne-Jacques de Montgolfier, einen mit Warmluft gefüllten Ballon in einem Zimmer aufsteigen. Die Ballonhülle mit einem Fassungsvermögen von 1 m^3 hatte unten eine Öffnung. Wenn man unter dieser Öffnung Papier verbrannte, blähte sich die Hülle auf und stieg zur Decke hoch.

Im Juni 1783 wiederholten die Brüder Montgolfier ihren Versuch in größerem Maßstab im Freien. Ihr mit Stoff überzogener Papierballon mit einem Fassungsvermögen von 620 m^3 erreichte eine Höhe von 1830 m. Die Heißluft dafür lieferte glühende Holzkohle in einem Becken, das unter der Ballonöffnung hing.

Im selben Jahr stieg in Paris ein mit 30 m^3 Wasserstoff gefüllter Ballon auf, den der französische Physiker Jacques Alexandre César Charles mit Hilfe zweier Handwerker, der Brüder Robert, gebaut hatte. In einer Entfernung von 22 km schwebte der Ballon aus den Wolken wieder zu Boden und versetzte dort die Dorfbewohner in Schrecken. Mit Mistgabeln gingen sie auf das „Ungeheuer“ los. Es gab nun zwei Ballontypen, die *Charlière* und die *Montgolfière*; Wasserstoff und Heißluft als Füllgas standen seither in Konkurrenz.

Mit der *Montgolfière* gelang der erste freie Flug eines Menschen: Am 21. November 1783 stiegen der Physiker Jean-François Pilâtre de Rozier und der Marquis d'Arlandes im Bois de Boulogne bei Paris in einer Montgolfière mit einem Volumen von 2200 m^3 auf. 26 Minuten später landeten sie in einer Entfernung von 8 km.

Einer der ersten bemannten Heißluftballons
Dieses Prachtstück in Blau und Gold wurde im November 1783 im Bois de Boulogne bei Paris gestartet. Seine Erbauer waren die Brüder Montgolfier; als Fahrgäste hatten sich der Physiker Jean-François Pilâtre de Rozier und der Marquis d'Arlandes freiwillig gemeldet.

Bereits am 1. Dezember desselben Jahres wurde diese Leistung mit einer *Charlière* von 8,2 m Durchmesser übertroffen: Professor Charles und Marie-Noël Robert stiegen zu ihrer Ballonfahrt in den Tuilerien auf, wo sich 400 000 Menschen versammelt hatten, und legten in zwei Stunden eine Strecke von 40 km zurück. Dann unternahm Charles einen zweiten Flug, diesmal allein, und erreichte für kurze Zeit eine Höhe von mehr als 3000 m.

Die Ballonfliegerei galt sogleich als große Sensation; sie wurde aber bald zu einem zweitrangigen Ereignis. Ein Jahrhundert lang konnte man Ballonaufstiege und Kunststücke mit Ballons auf Jahrmärkten und anderen Veranstaltungen bestaunen. Trotz der erstaunlichen Leistungen und des Wagemuts der französischen Pioniere – von denen manche, auch Rozier, dabei ihr Leben ließen – ist der große Ballon ein abenteuerliches, schwer berechenbares Gefährt geblieben.

Auch in den Dienst der Wissenschaft hat man ihn gestellt. Mit Hilfe von Ballons, die mit Sendeanlagen ausgestattet sind, wird schon seit geraumer Zeit das Wetter in großen Höhen systematisch beobachtet.

In letzter Zeit hat die Ballonfliegerei im sportlichen Bereich wieder an Bedeutung zugenommen. Dies ist zum Teil auf die Verwendung von Helium anstelle des leicht brennbaren Wasserstoffs und auf die verbesserte Regulierung der Lufterhitzung zurückzuführen.

Barometer

Das Prinzip des Quecksilberbarometers wurde 1644 in Italien entdeckt

Im Jahr 1644 führte der italienische Physiker Evangelista Torricelli einen Versuch durch, der auf Gedanken von Galileo Galilei beruhte. Bergarbeiter hatten festgestellt, daß mit einer → Pumpe allein Wasser nur bis zu einer Höhe von gut 9 m hochgepumpt werden konnte, und Galilei sagte voraus, daß eine dichtere Flüssigkeit, beispielsweise Quecksilber, in einer Röhre nur eine entsprechend geringere Säulenhöhe erreichen würde.

Um dies zu überprüfen, füllte Torricelli zusammen mit seinem Kollegen Vincenzo Viviani eine 1 m lange und an einem Ende zugeschmolzene Glasröhre mit Quecksilber. Er hielt die Röhrenöffnung mit dem Finger verschlossen, tauchte sie in eine Schale mit Quecksilber und stellte die Röhre aufrecht. Als er den Finger wegnahm, sank das Quecksilber in der Röhre – jedoch nur ein Stück, so daß eine rund 76 cm lange Quecksilbersäule stehenblieb.

Das Quecksilber mußte also durch irgendeine Kraft in dieser Höhe gehalten werden. Torricelli schrieb diese Kraft dem Luftdruck zu, der auf dem Quecksilber in der Schale lastete und es in der Röhre hochdrückte. So konnte man an der Säulenhöhe diesen Druck ablesen. Damit hatte Torricelli die erste Vorrichtung zur Messung des Luftdrucks, das Barometer, erfunden.

Torricelli und Viviani bemerkten auch geringe tägliche Schwankungen in der Höhe der Quecksilbersäule und stellten bald fest, daß ein Absinken des Luftdrucks oft ein Anzeichen für unbeständiges, stürmisches Wetter war. Bereits 1649 wurde in mehreren Ländern das Wetter systematisch beobachtet. Luftdruckmessungen mit dem Barometer spielten dabei eine wichtige Rolle.

Das erste Barometer ohne Quecksilbersäule wurde 1843 von Lucien Vidie in Frankreich gebaut. In seiner modernen Ausführung besitzt dieses Aneroidbarometer eine flache Metalldose, aus der die Luft herausgepumpt wurde.

Batterie

1800 von dem Physiker Alessandro Volta in Italien erfunden

Die ersten elektrischen Versuche wurden mit statischer Elektrizität durchgeführt, die man durch Reibung erzeugte. Außerhalb der Laboratorien des 18. Jh. hatten solche Experimente keine Bedeutung. Anwendungsmöglichkeiten für die Elektrizität ergaben sich erst, als der Italiener Alessandro Volta im Jahr 1800 die Batterie erfand. Volta stellte fest, daß zwischen zwei Platten aus verschiedenen Metallen, die in eine Lösung von Säuren, Alkalien oder Salzen eingetaucht sind, ein elektrischer Strom fließt, wenn man diese Platten durch einen Draht verbindet. Er legte eine Reihe von Zink- und Silberplatten paarweise flach übereinander und steckte zwischen jedes Plattenpaar ein Stück Stoff oder Papier, das mit Salzlösung getränkt war. Diese „Voltasche Säule" bestand also aus einer Reihe von Zellen, die so miteinander verbunden waren, daß sich ihre Spannung zu einer höheren Spannung addierte.

Diese Batterie hatte aber auch Nachteile: Die Zinkplatten lösten sich auf, selbst wenn der Batterie kein Strom entnommen wurde. Außerdem ließ die Spannung nach, weil sich an den Platten Bläschen von Wasserstoff absetzten, der während der chemischen Reaktion entstand. Eine wesentliche Verbesserung brachte 1866 der französische Eisenbahningenieur Georges Leclanché: Er verwendete eine Zelle mit Platten oder Elektroden aus Kohlenstoff und Zink, die in eine Salmiaklösung (Ammoniumchlorid) eingetaucht waren, und setzte überdies Braunstein (Mangandioxid) zu, um den Wasserstoff zu binden. Auf diesem Prinzip beruht die heute verwendete Trockenbatterie.

Eine weitere, wichtige Verbesserung führte der Franzose R. G. L. Planté in den 60er Jahren des 19. Jh. ein. Die Volta- und die Leclanché-Elemente wandelten chemische Energie in Elektrizität durch einen Prozeß um, der nicht mehr rückgängig gemacht werden konnte. Die Zelle von Planté hingegen läßt sich wieder aufladen, indem man sie an eine andere Stromquelle anschließt. Sie besitzt große Bleiplatten – von denen eine beim Laden mit Bleidioxid beschichtet wird – und Schwefelsäure als Elektrolyt. Solche Akkumulatoren sind die heute allgemein verwendeten Autobatterien.

EINIGE HEUTE GEBRÄUCHLICHE BATTERIEN

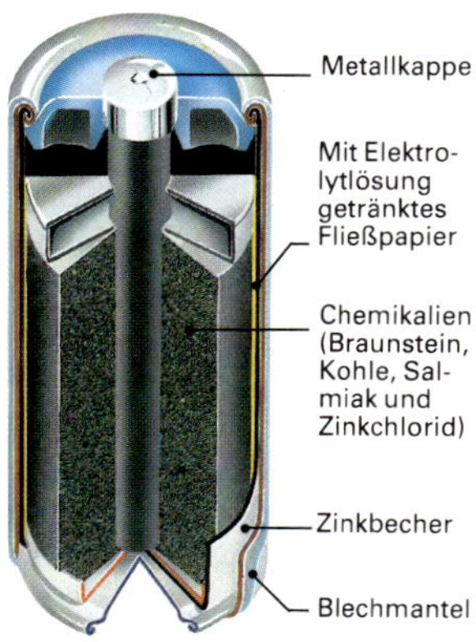

Trockenbatterie *Der Strom wird durch eine Reaktion zwischen dem Zinkbecher, den darin befindlichen Chemikalien und dem Elektrolyten erzeugt.*

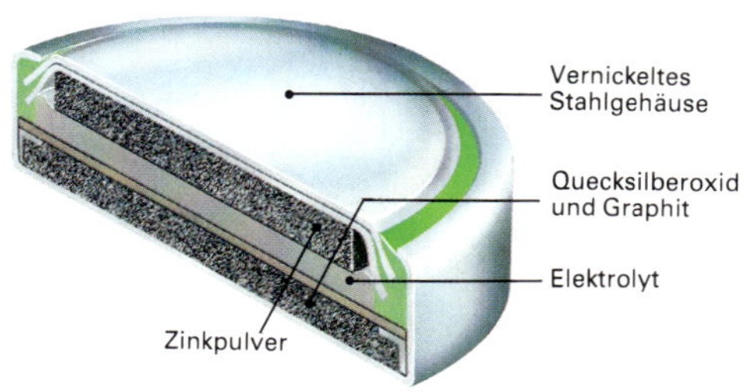

Knopfzelle *Diese Quecksilberbatterie liefert Strom mit Hilfe von zwei Elektroden – die eine aus Quecksilberoxid mit Graphit, die andere aus Zinkpulver – und einer starken Alkalilösung als Elektrolyt.*

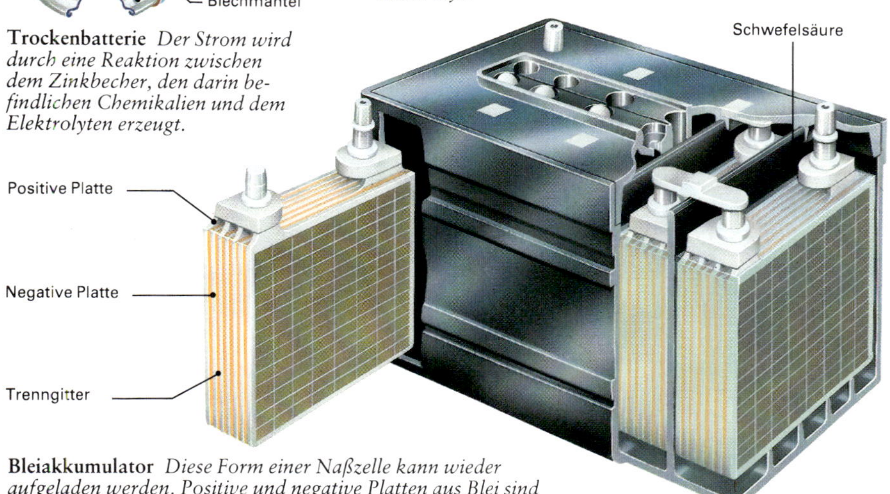

Bleiakkumulator *Diese Form einer Naßzelle kann wieder aufgeladen werden. Positive und negative Platten aus Blei sind durch Kunststoffgitter voneinander getrennt und tauchen in Schwefelsäure ein. Die Säure reagiert mit den Platten und liefert elektrischen Strom.*

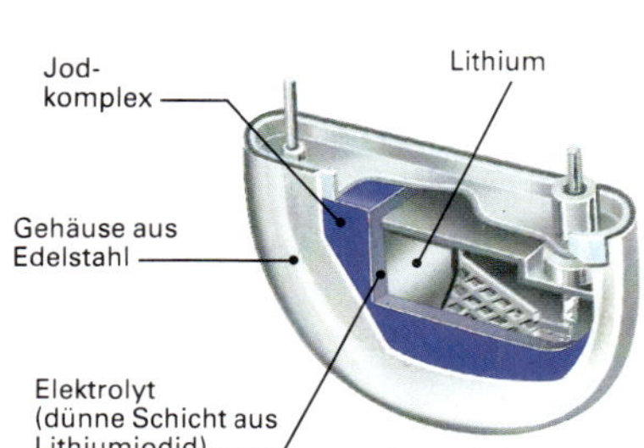

Lithiumbatterie *In der besonders leichten Lithiumbatterie reagiert ein Jodkomplex mit Lithium und einem Elektrolyten – einer dünnen Schicht aus Lithiumjodid. Manche Herzschrittmacher sind mit solchen Batterien ausgestattet.*

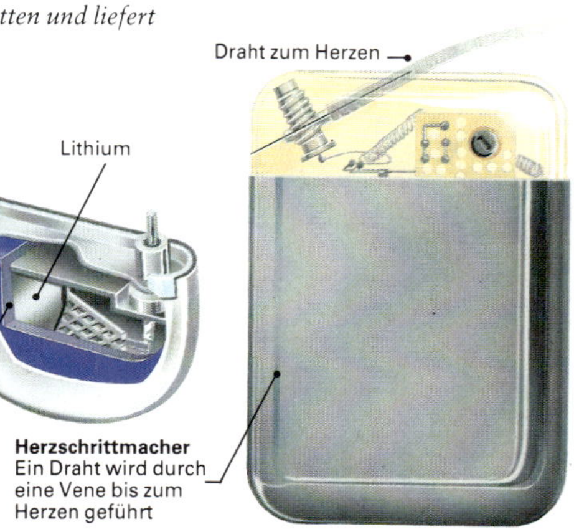

Herzschrittmacher Ein Draht wird durch eine Vene bis zum Herzen geführt

Beil

Vor etwa 40 000 Jahren erstmals benutzt

Vor rund 100 000 Jahren machte sich der Vorfahr des modernen Menschen, der *Homo erectus*, in Afrika, Asien und Europa Faustkeile, Vorläufer des Beiles. Diese Werkzeuge aus Feuerstein hatten noch keinen Stiel: Sie waren sorgfältig zu einem großen Dreieck behauen, das man gut in der Hand halten konnte. Faustkeile haben scharfe Ränder und eine Spitze. Sie dienten als Allzweckwerkzeuge zum Abschaben von Häuten, zum Schneiden von Holz und wohl auch zum Graben. Mit großer Sicherheit wurden sie auch als Waffe benutzt.

Vor ungefähr 40 000 Jahren stellte man Beile her, die auch einen Stiel besaßen. Damit waren wesentlich kräftigere Schläge möglich. Als der Mensch vor etwa 9000 Jahren mit dem Ackerbau begann, wurden diese Geräte bei der Rodung von Waldland verwendet.

Beton

Schon römische Aquädukte und das Kolosseum wurden damit gebaut

Die Römer verwendeten als erste eine Art Beton zum Bauen. Sie benutzten Gußmauerwerk als Material für ihre → Aquädukte und öffentlichen Bauten, unter anderem auch für das Kolosseum. Es handelte sich dabei um ein Gemisch aus Kalk, Sand, Ton und Steinmergel, das naß angerührt und meist in Hohlräume zwischen zwei dünne Mauern aus Ziegeln oder Natursteinen gegossen wurde. Vitruv berichtet schon im Jahr 23 v. Chr. darüber.

Im Mittelalter oder zur Renaissancezeit hingegen gab es diese Bauweise kaum noch. Das Bauen mit dem, was wir heute Beton nennen, begann Mitte des 19. Jh., nachdem der künstliche Zement entdeckt worden war.

In Frankreich baute der Ingenieur François Hennebique im Jahr 1899 den *Pont de Châtellerault* aus Beton. Diese Brücke gilt als Wegbereiter der modernen Stahlbetonkonstruktion.

Anmut der Linie *Dieser Kuppelbau aus Stahlbeton birgt die Sporthalle einer englischen Mädchenschule. Seine Linienführung paßt sich der Landschaft an: den bewaldeten Kuppen der Malvern Hills im Westen Englands. Die Kuppel aus 300 t Beton wurde 1978 fertiggestellt.*

Der Einfallsreichtum des Menschen bei der Verwendung von Beton veränderte das Bild der Welt

Vor 200 v. Chr.: Beton in der Antike
Beton besteht aus Zement, Wasser, Sand und gebrochenen Steinen. Der Zement und das Wasser reagieren chemisch miteinander und schaffen eine feste Verbindung zwischen Sand und Steinen. Der Zement besteht im wesentlichen aus gebranntem, ungelöschtem Kalk (Kalziumoxid) und wird durch Brennen von Kalkstein gewonnen.

Brennöfen für Kalk gab es schon vor 2500 v. Chr.; der älteste abgebundene Beton wurde jedoch, soweit bekannt, um 700 v. Chr. verlegt. Es handelt sich um die 40 cm starke Auskleidung des Wasserkanals auf dem 280 m langen → Aquädukt von Dscherwan im Irak. Dieser Beton mußte mit einer Schicht → Asphalt abgedichtet werden, denn der bloße Kalkzement ist nicht wasserfest und bröckelt auseinander, sobald er naß wird.

200 v. Chr.–400 n. Chr.: Beton zur Römerzeit
Die Römer entdeckten, daß man durch einen geringen Zusatz von vulkanischer Asche zum Kalk einen sehr haltbaren Beton herstellen konnte. Dieser war nicht nur wasserfest, sondern band auch unter Wasser ab, das heißt, er wurde fest. Man nannte ihn Pozzuolana, denn die Asche dazu stammte aus der Stadt Pozzuoli in der Nähe des Vesuvs. Sie enthält Aluminium-, Silizium- und Eisenoxide und hat praktisch die gleiche chemische Zusammensetzung wie der moderne Portlandzement. Mit diesem Material baute man in Rom unter anderem die große Kuppel des Pantheons und die Gewölbe der Thermen des Diokletians, ferner Abwasserkanäle, Aquädukte und Wohnhäuser.

400–1750 n. Chr.: Mittelalter und Renaissance
Die Kunst der Römer, hydraulischen Zement herzustellen, der auch unter Wasser härtet oder abbindet, geriet mit dem Zerfall des Römischen Reichs im 5. Jh. n. Chr. in Vergessenheit. Die bis zu 3,5 m dicken Mauern der mittelalterlichen Burgen und Kirchen wurden meist als doppelschaliges Mauerwerk ausgeführt; den Zwischenraum füllte man mit Schotter oder gestampftem Lehm. Manchmal goß man Kalkmörtel über den Schotter, und es bildete sich dann ein mageres betonartiges Gemenge.

Vulkanasche als Betonzusatz *Beim Bau des Pantheons in Rom wurde ein besonders hochwertiger Zement verwendet. Er enthielt vulkanische Asche vom Vesuv, die, mit Kalk gemischt, die Haltbarkeit wesentlich erhöhte. Aus diesem Beton besteht die reich verzierte Kassettenkuppel mit einem Durchmesser von 43,4 m. Sie wurde zwischen 120 und 125 n. Chr. unter Kaiser Hadrian anstelle eines holzgedeckten Vorgängerbaus von Marcus Vipsanius Agrippa aus dem Jahr 27 v. Chr. errichtet.*

Ab 1756: Hydraulischer Zement
Der englische Ingenieur John Smeaton brauchte einen zuverlässigen hydraulischen Zement, als er 1756 den vierten → Leuchtturm von Eddystone baute. Er entdeckte, daß der Zement seine hydraulischen Eigenschaften – das heißt die Fähigkeit, sich unter Wasser zu einer steinharten Masse zu verbinden – einer bestimmten Tonerde verdankt, die in natürlichem, noch ungebranntem Kalkgestein enthalten ist. Seine Untersuchungen wurden von Louis Joseph Vicat fortgeführt. Auf dem gleichen Gebiet arbeitete in Deutschland Johann Friedrich John. Diese Männer fanden ein Kalkgestein, das direkt zu hydraulischem Zement verarbeitet werden kann.

Der erste künstliche hydraulische Zement wurde von Joseph Aspdin in England hergestellt und 1824 als Portlandzement patentiert, weil er nach dem Abbinden eine ähnliche Farbe hatte wie der als Baumaterial beliebte Portlandstein. Aspdin brannte ein genau dosiertes Gemisch aus reinem Kalkstein (Kreide) und ausgesuchtem Tonmergel. Der Londoner Baumeister Isaac Johnson entwickelte dann 1844 den endgültigen Prozeß zur Herstellung des modernen Portlandzements, indem er die Temperatur im Brennofen erhöhte, bis die Zusätze schmolzen. Die dabei entstandene Schlacke wurde dann zu einem Pulver zermahlen.

1840–1940: Stahlbeton
Beton besitzt praktisch keine Zugfestigkeit, so daß er leicht reißt, wenn man ihn auf Biegung beansprucht. Deshalb kann er allein nicht für Tragbalken verwendet werden, denn beim Durchbiegen wird die äußere Wölbung durch Zugkräfte beansprucht.

Bettet man jedoch an den beanspruch-

Zehn Jahre später nahmen die Behörden von Wayne County in Michigan/USA den Ausbau des ersten Straßennetzes der Welt mit einer Betonfahrbahn in Angriff. Von 1909 bis 1914 entstanden dort 2800 km Betonstraßen. Die 1913 mit Beton gebaute Avus in Berlin wurde zum Vorbild für das gesamte deutsche Autobahnnetz. Um die gleiche Zeit errichtete man auch die ersten Fabriken aus Beton.

Der Schweizer Architekt und Ingenieur Robert Maillart entwarf besonders elegante Betonkonstruktionen. Er verstand sich auf die werkstoffgerechte Verarbeitung des Betons und baute zwischen 1920 und 1940 einige ebenso schöne wie richtungweisende Brücken.

In den Jahren 1922/1923 schufen die deutschen Ingenieure Walther Bauersfeld und Franz Dischinger die ersten Stahlbetonschalenkonstruktionen, die ein Meilenstein in der Entwicklung des Betonbaus waren. Der italienische Architekt Pier Luigi Nervi arbeitete ähnlich; er verwendete einfache Linien und ließ den Beton als eigenen Werkstoff wirken. Ein bekanntes Beispiel dafür sind die Sportpaläste, die für die Olympischen Spiele 1960 in Rom erbaut wurden.

Beton hat nicht nur das Bild der Architektur verändert, sondern auch der Wirtschaft wichtige Dienste beim Bau von Dämmen für Bewässerungsanlagen und Wasserkraftwerke geleistet.

Die Betonbauten unserer Zeit gehen auf die Baumeister in spätrömischer Zeit zurück. Tatsächlich unterscheidet sich moderner Beton in seiner Zusammensetzung kaum von dem Material, das schon die Römer verwendeten.

---

ten Stellen Stahlstäbe im Beton ein, halten diese der Zugbelastung stand und verhindern Risse im Beton. Die Grundlage für die Entwicklung von Stahlbeton lieferte Joseph Monier, ein französischer Gärtner, der 1849 bei der Herstellung von Wasserbecken und Blumenkübeln ein Drahtnetz verwendete, das in den Zement eingebettet wurde. Er stellte bald fest, daß sich dieser „armierte Beton" auch für Balken, Fußböden, Rohre und Brücken eignete, und er bekam ein weiteres Patent für die Armierung, bei der Eisenstäbe kreuzweise in den Beton einzementiert wurden. Dabei nahmen die „Moniereisen" die Zugspannung und der Beton die Druckspannungen auf, das heißt die Kompression, die von den Enden des Blocks ausgeht. Die im Beton eingebetteten Eisen konnten nicht rosten.

Ab 1904: Spannbeton
Der deutsche Baumeister W. Döhring erfand 1886 den vorgespannten Beton, die entscheidende Entwicklungsarbeit aber leistete von 1904 an der französische Bauingenieur Eugène Freyssinet. Er verfolgte den Gedanken, die Armierungseisen „vorzuspannen", nämlich straff anzuspannen, solange der Beton noch frisch war, und die Spannvorrichtung erst zu lösen, wenn er abgebunden hatte. Die Vorspannung zog den Beton dort zusammen, wo er einer Belastung ausgesetzt wurde. Solange die Vorspannung stärker war als die Spannungen aus dieser Belastung, wirkte sich nur die Vorspannung (Kompression) auf den Beton aus.

Bei einem derart vorgespannten Betonbalken konnte man gegenüber einem gewöhnlichen Balken aus Eisenbeton 70 Prozent Stahl und rund 40 Prozent Beton einsparen.

Die gleiche Wirkung kann auch dadurch erreicht werden, daß man in vorgefertigten Betonteilen Kanäle offenläßt und in sie nachträglich Stahlseile einzieht, die angespannt und einbetoniert werden. So kann man mehrere Brückenelemente nach der Montage gemeinsam vorspannen.

DIE VERWENDUNG VON STAHLBETON IM BAUWESEN

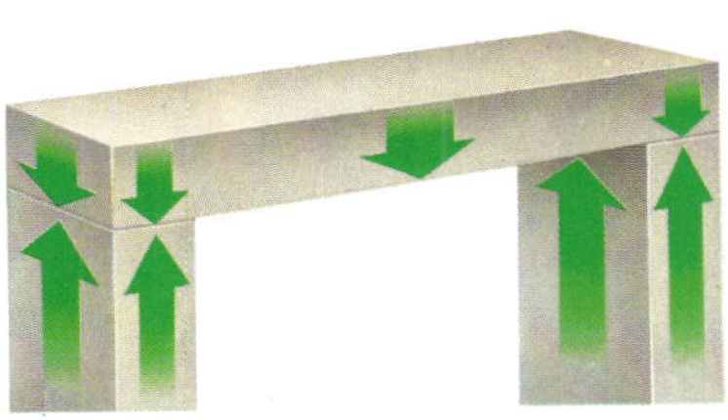

Frei aufliegender Balken *Der Balken biegt sich unter seinem eigenen Gewicht durch, weil er nur an den Enden gestützt wird. Von der Mitte des 19. Jh. an machten sich die Fachleute darüber Gedanken, wie man die Biegefestigkeit solcher Balken erhöhen könne.*

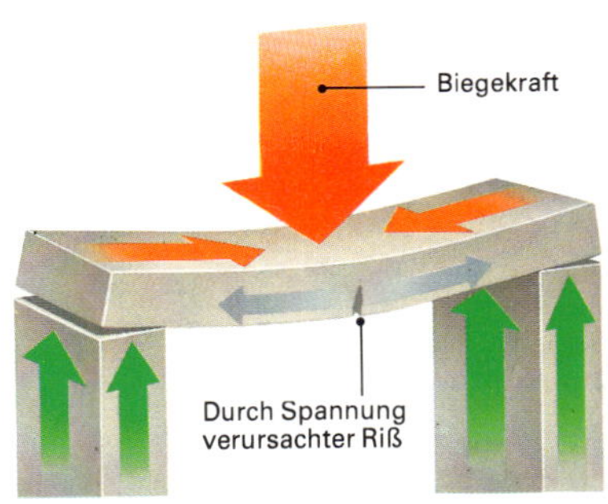

Zusätzliche Belastung *Wird der Balken zusätzlich belastet, biegt er sich stärker durch. In ihm treten dann oben Druckspannungen und unten Zugspannungen auf. Da der Beton nur eine geringe Zugfestigkeit besitzt, bekommt er an der Unterseite in der Mitte einen Riß.*

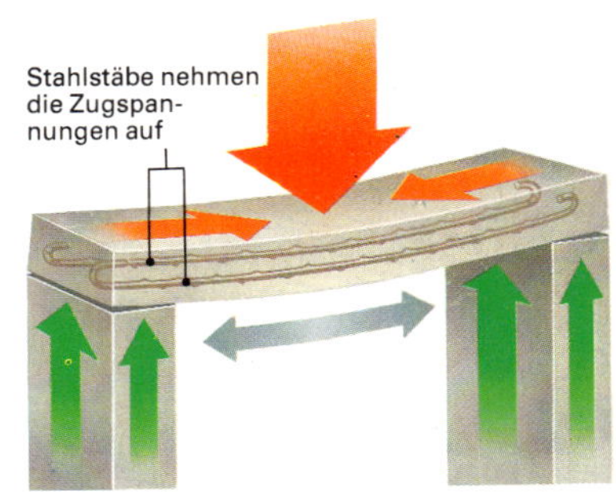

Mehr Stabilität durch eine Armierung *Im unteren Bereich der Platte werden Stahlstäbe eingebettet, um den Beton zu verstärken. An den Enden können die Stäbe umgebogen oder aufgerauht werden, damit sie im Beton besser haften.*

DIE VERSTÄRKUNG VON BETON DURCH VORSPANNEN

Einziehen von Seilen in die Verschalung *Stahlseile werden an zwei Metallplatten angehängt und durch die leere Verschalung für den Beton geführt.*

Anlegen der Vorspannung *Die Stahlseile werden straff gespannt, indem man die Platten auseinandertreibt. Dann wird der Zement in die Verschalung gegossen.*

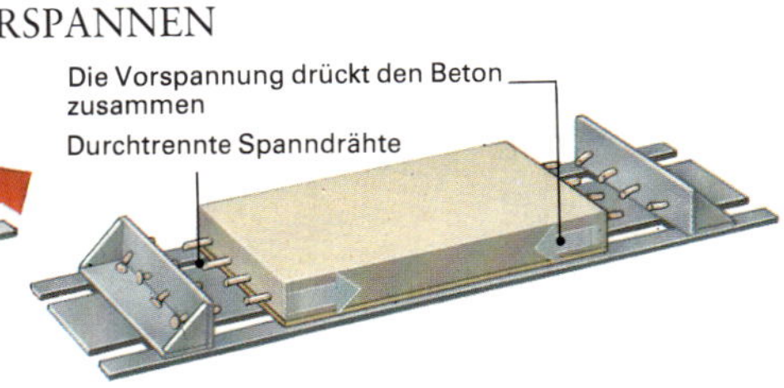

Fertiges Betonelement *Wenn der Beton hart ist, werden die Drähte durchtrennt. Ihre Vorspannung drückt die Betonplatte zusammen und wirkt späteren Zugkräften entgegen.*

Bett

Die ersten Betten wurden von den alten Ägyptern verwendet

Bereits um 2500 v. Chr. gab es in Ägypten couchartige Betten. Auch die alten Griechen und Römer benutzten solche Ruhestätten, um sich bei den Mahlzeiten und des Nachts hinzulegen. Bis ins 17. Jh. war das Bett ein Statussymbol, das sich nur reiche und mächtige Leute leisten konnten.

Im 12. Jh. gab es in Westeuropa große, holzgeschnitzte Betten, die von Vorhängen umgeben waren, welche von der Decke herabhingen. 300 Jahre später wurde in ganz Europa das Bett mit vier Pfosten eingeführt, das einen Baldachin und Vorhänge besaß.

Schon die Römer fertigten Luftmatratzen aus Leder an. Ähnliche Ausführungen waren bald nach 1500 auch in Deutschland anzutreffen.

Im Jahr 1826 wurden Spiralfedern, die man gelegentlich im Wagenbau verwendet hatte, zur Herstellung von Sprungfedermatratzen herangezogen. Ein entsprechendes Patent erhielt Samuel Pratt in London, der diese Federn einzeln in Polstermöbel und reihenweise in Bettgestelle einarbeitete.

Das eiserne Bettgestell wurde 1831 in Großbritannien in Krankenhäusern eingeführt. Auf einer großen Messe in London stellten 1851 Fabrikanten aus England, Frankreich, Spanien und Italien Betten aus Gußeisen und Messing mit Sprungfedermatratzen aus, die für private Wohnungen bestimmt waren.

Im Jahr 1871 verband man dann in Amerika Federn und Polsterauflage zur Federkernmatratze.

Bewässerungsanlagen

Von den alten Ägyptern eingeführt

Die künstliche Bewässerung von Feldern und Kulturland kannten die Ägypter schon um 5000 v. Chr. Später gruben sie Kanäle, die manchmal bis zu 20 km lang waren, um mit dem Wasser des Nils Felder zu versorgen, die sonst nur spärlich getragen oder brachgelegen hätten. Wenn der Wasserstand im Hauptkanal zu stark abgesunken war, schöpften die Bauern das Wasser mit großen Kellen in Seitenkanäle, die zu den Feldern führten.

Das alte Babylon verdankte seinen Reichtum zum Großteil den ertragreichen Ernten von künstlich bewässerten Feldern. Die Vorteile der Bewässerung erkannte man auch in China und der Neuen Welt. Nach dem Jahr 1000 legten die peruanischen Indianer Bewässerungskanäle für ihre Felder an.

Um 400 v. Chr. hatten die Ägypter das Problem des niedrigen Wasserstands in künstlichen Seen und Kanälen dadurch gelöst, daß sie das Wasser mit Eimern, die an langen Ziehstangen mit einem Gegengewicht hingen, auf die Felder schöpften. Diese Vorrichtung nennt man Schaduf; sie wird noch heute im Orient und in Asien verwendet.

Etwa 250 v. Chr. wurde zum Hochpumpen von Wasser auch die →archimedische Schraube erfunden. In der Zeit um 200 v. Chr. bauten die Chinesen den Damm von Tukiang, mit dessen Hilfe man mehr als 200000 ha Reiskulturen und andere Felder bewässerte.

Schöpfeimer *Im alten Ägypten schöpfte man das Wasser mit dem Schaduf, um bei niedrigem Wasserstand Felder und Gärten zu bewässern. Die Vorrichtung besteht aus einem Eimer, der an einer langen, schwenkbaren Ziehstange aufgehängt ist. Am anderen Ende befindet sich ein Gegengewicht. Schadufs sind heute noch verbreitet.*

Berieselungsanlagen *Zu den modernen Methoden der Bewässerung gehören Berieselungsanlagen (rechts), wie hier auf einem Kartoffelfeld in den USA. Berieselungsanlagen für landwirtschaftliche Zwecke können das Wasser fein versprühen oder in starkem Strahl verspritzen. Sie dienen auch zum Verteilen von Dünger und Pflanzenschutzmitteln.*

Durch →Pumpen, die zunächst mit Dampf, später mit Benzin- oder Dieselmotoren betrieben wurden, konnten im 19. und 20 Jh. kleinere Bewässerungsanlagen gebaut werden, für die man keine langen und teuren Kanäle mehr brauchte. Das Wasser dafür stammte aus tiefen Brunnen.

In Afrika, Ägypten, Israel, Spanien und Amerika sind auf diese Weise dürre Steppen- und Wüstengebiete in blühende Gärten umgewandelt worden. Heute werden in 120 Ländern der ganzen Welt über 200 Mio. ha Land bewässert. Gut zwei Drittel dieser Fläche entfallen auf Asien.

Bier

Das erste Bier wurde wohl schon vor 6000 v. Chr. aus Getreide gebraut

Irgendwann in der Zeit zwischen 8000 und 6000 v. Chr. wurde in Mesopotamien schon Bier gebraut. Zu diesem Zweck grub man feuchte Gerste in Tongefäßen in der Erde ein und ließ sie keimen. Später wurde sie an der Sonne getrocknet. Dies war eine einfache Form des Mälzens, wobei die Stärke des Getreides in Zucker umgewandelt wurde. Der Zucker wurde dann zu Alkohol vergoren, indem man dem gemälzten Korn Wasser zusetzte und auf das Gemisch die natürlichen Hefepilze aus der Luft einwirken ließ.

Seit dem 8. Jh. setzt man in Westeuropa dem Bier die Fruchtzapfen des Hopfens, einer Kletterpflanze, zu. Ein im Hopfen enthaltenes Harz gibt dem Bier einen besseren, bitteren Geschmack. Die Braukunst wurde von den Mönchen des Mittelalters verfeinert, und sie bauten in den klostereigenen Gütern auch bessere Gerstensorten an.

Im Mittelalter wurde in Norddeutschland mehr Bier gebraut als in Süddeutschland. Dafür wurde 1516 in Bayern ein „Reinheitsgebot" erlassen, das noch heute gilt. Danach darf zur Bierherstellung lediglich Gerste, Hopfen und Wasser verwendet werden.

Das schäumende Flaschenbier soll 1563 von Alexander Nowell, dem Dekan von St. Paul in London, entdeckt worden sein, als er beim Angeln eine Bierflasche in der Sonne stehen ließ. Das Bier reifte, und es entstanden Blasen von Kohlendioxid.

Heute werden in der Welt jährlich mehr als 600 Mio. hl Bier erzeugt.

Bildplatte

1970 gleichzeitig in der Bundesrepublik Deutschland und in Großbritannien angekündigt

Bildplatten sind die Fernsehversion von normalen Schallplatten. Wird eine solche Bildplatte auf einem besonderen Gerät abgespielt, das über den Antennen- oder speziellen Videoanschluß mit einem gewöhnlichen Fernseher verbunden ist, so kann man auf dem Bildschirm das aufgezeichnete Programm betrachten.

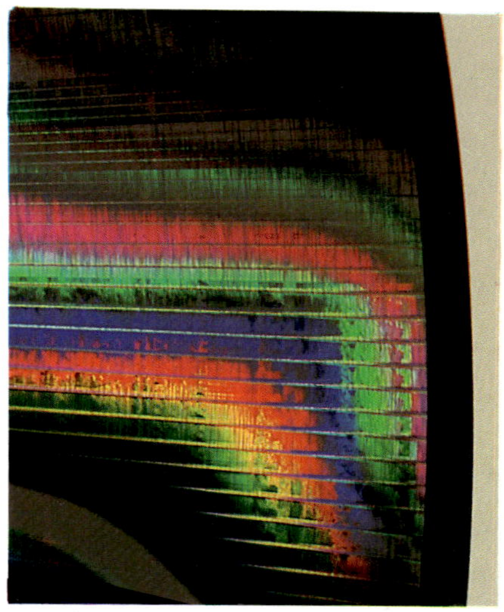

Regenbogenmuster *Die Oberfläche einer Bildplatte von Philips ist glatt, aber unterhalb der Oberfläche sind winzige Vertiefungen, die das Licht brechen und so die Regenbogeneffekte hervorrufen.*

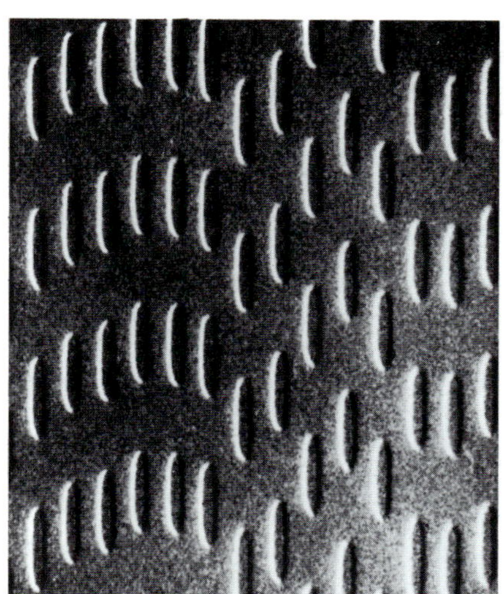

Was der Laserstrahl liest *Die Vertiefungen (4000fach vergrößert) werden von einem Laserstrahl auf eine Plattenmatrize eingraviert. Die gepreßte Kopie für den Käufer wird dann wiederum von einem Laser abgelesen. Da man Bildplatten in Massen herstellen kann, werden sie vielleicht einmal billiger sein als das nur komplizierter zu kopierende Videoband.*

Im Jahr 1970 wurde ein Schwarzweißgerät vorgestellt, das die Firmen AEG-Telefunken in der Bundesrepublik Deutschland und Decca in England (Teldec) gemeinsam entwickelt hatten. Die Platten waren bei diesem System dünn und biegsam, wurden mechanisch abgetastet und hatten zwölfmal so viele Rillen wie eine herkömmliche Schallplatte. Diese große Rillenzahl wird heute mit Laserstrahlen geschnitten, da normale Plattenschneidesysteme so kleine Rillen nicht genau genug schneiden können. Die Platte schwebte auf einem Luftkissen und drehte sich 45mal schneller als ein Plattenteller.

Manche Gesellschaften, wie Philips in den Niederlanden und Sony in Japan, haben für Bildplatten ein optisches System gewählt. In die Platte werden Vertiefungen eingepreßt, deren Länge die Bildsignale vermittelt. Ein Laserstrahl liest die Signale unterhalb der Plattenoberfläche ab, so daß Kratzer oder Staub auf der Oberfläche die Bildqualität nicht beeinträchtigen. Weil der Laserstrahl die Platte nicht berührt, wird sie auch nicht abgenutzt.

Bildplatten können nicht nur als „Fernsehkonserven" hergestellt werden, sondern auch in Form von audiovisuellen Langspielplatten mit ausgezeichnetem Stereoklang. Die ersten Aufnahmen dieser Art wurden 1980 von der Plattenfirma Chrysalis geliefert.

Blasinstrumente

Flöten schon 2650 v. Chr. auf Vasen abgebildet

Der Bilderschmuck einer alten mesopotamischen Vase (um 2650 v. Chr.) zeigt flötespielende Männer. Blasinstrumente gab es also schon vor Jahrtausenden. Schalmeienklänge sind aus dem Alten Testament überliefert, und bei den berühmten „Posaunen von Jericho" dürfte es sich um Trompeten gehandelt haben.

Mit all diesen Instrumenten werden Töne erzeugt, indem man eine Luftsäule in Schwingung versetzt. Dazu bläst der Spieler in ein Rohr. Die Länge der Luftsäule kann durch Löcher verändert werden, die man mit Fingern oder Klappen verschließt und öffnet. Je länger die Säule ist, um so tiefer der Ton. Im weiteren Sinne gehört auch die → Orgel zu den Blasinstrumenten. Sie ist eine technische Fortentwicklung der Panflöte, die man seit der Antike kennt.

Heute sind Block- und Querflöte, Oboe, Klarinette und Fagott die häufigsten Holzblasinstrumente. Bei der Flöte wird die Luftsäule im Rohr in Schwingung versetzt, indem der Spieler gegen eine Kante bläst. Die Querflöte aus Holz oder Metall verfügt über ein ausgeklügeltes System von Klappen, das von dem Münchner Theobald Böhm 1830 erdacht wurde und ein tonreines Spiel ermöglicht. Oboe und Fagott haben ein Mundstück mit doppeltem Rohrblatt, das beim Hineinblasen vibriert und so den Ton erzeugt. Das Fagott entstand im 16. Jh. aus Vorläufern wie der mittelalterlichen Baßschalmei. Die Klarinette mit ihrem einfachen Rohrblatt erfand zwischen 1690 und 1700 der Sachse Johann Christoph Denner in Nürnberg.

Das Saxophon mit seinem einfachen Rohrblatt wurde 1846 von dem belgischen Musikinstrumentenbauer Adolphe Sax in Paris als Instrument für das Militär entwickelt, aber bald verwendete man es nur für Tanz- und Jazzmusik. Es ist ein Blechblasinstrument und gehört zur Klarinettenfamilie.

Bei Blechblasinstrumenten werden die Töne nur mit den Lippen erzeugt. Ihre Hauptvertreter sind heute Trompete, Posaune, Waldhorn und Tuba. Das moderne Horn entstand gegen Ende des 17. Jh. aus dem Jagdhorn, das ursprünglich aus einem Tierhorn gemacht war. Um 1815 erfand Gottfried Heinrich Stölzel aus dem Erzgebirge dazu ein Ventilsystem.

Die Trompete wurde bis zum Mittelalter nur zu Signalen bei Zeremonien benutzt. Geschickte Instrumentenbauer verschafften ihr aber im Lauf des 15. Jh. einen Platz in Orchestern. 1801 erhielt sie Klappen und 1816 Ventile; so wurde sie zu einem vielseitigen, modernen Instrument.

Die Posaune – mit dem ausziehbaren Rohr anstelle von Klappen – entwickelte sich im 15. Jh. aus der Trompete. Die Tuba besteht aus Messing und ist dem Horn verwandt; sie kam erst im 19. Jh. auf, als es schon die Klappenmechanik gab.

Bleistift

Um 1790 in Österreich und Frankreich erfunden

Den Bleistift von heute erfanden um 1790 unabhängig voneinander Nicolas-Jacques Conté in Frankreich und Joseph Hardtmuth in Österreich. Die Mine aus einem Gemisch aus Graphit und Ton, die in die beiden Hälften des Holzstiftes eingeklebt wird, ist billig und kann in verschiedenen Härtegraden hergestellt werden. Außerdem läßt sich der Bleistift leicht spitzen; er eignet sich gut zum Schreiben und Zeichnen – und das Ergebnis kann man ausradieren.

Blindenschrift

1825–1828 in Frankreich entwickelt

Die Blindenschrift wurde 1825–1828 von dem französischen Lehrer Louis Braille entwickelt, der selbst als Kind erblindet war. Braille schuf seine Schriftzeichen, die aus einem System von maximal sechs erhabenen Punkten in verschiedener Anordnung bestehen und mit den Fingerspitzen ertastet werden, schon im Alter von 16–19 Jahren. Er verbesserte damit eine Schrift, die der französische Hauptmann Charles Barbier 1819 für Soldaten zum Gebrauch bei Nacht erfunden hatte und die auf einem System von zwölf Punkten beruhte. Die sogenannte Brailleschrift ist heute das am weitesten verbreitete Blindenschriftsystem.

Bereits 1786 hatte der Franzose Valentin Hany Buchstaben für Blinde entwickelt; aber die Braillepunkte waren, hatte man sie einmal erlernt, wesentlich schneller und leichter zu lesen.

Blitzableiter

Erstmals 1752 von Benjamin Franklin installiert

Der Blitzableiter, ohne den ein hohes Gebäude längst kaum noch denkbar ist, wurde von dem amerikanischen Wissenschaftler und Staatsmann Benjamin Franklin erfunden. Seine Theorie, daß es sich bei einem Blitz um eine elektrische Entladung handle, wurde 1752 bestätigt, als er während eines Gewitters einen Drachen steigen ließ: Aus einem Schlüssel, der an der feuchten Drachenschnur angebunden war, traten Funken aus, sobald er in die Nähe der Erde kam.

Franklin hatte Glück, daß er dabei nicht getötet wurde, denn die Stromstärke von Blitzen beträgt bis zu 100000 Ampere bei Spannungen von mehreren Millionen Volt und Temperaturen von rund 30000°. Zahlreiche Materialien, die als Isolatoren gelten, leiten Elektrizität, wenn die Spannung nur hoch genug ist. Durch ihren Widerstand entwickelt sich eine gewaltige Hitze, die Schaden verursacht.

Franklin führte außen an dem Haus, in dem er in Philadelphia wohnte, Drähte vom Dach in die Erde. Wenn ein Blitz einschlug, nahm die Elektrizität den Weg des geringsten Widerstands zur Erde, also durch die Drähte und nicht durch das Gebäude.

Blutdruckmeßgerät

1896 in Italien erfunden

Das Quecksilbermanometer zur Überprüfung des Blutdrucks wurde 1896 in Italien von dem Kinderarzt Scipione Riva-Rocci erfunden. Eine aufblasbare Manschette drückt auf eine Arterie und staut den Blutfluß. Läßt man nun den Druck in der Manschette unter den Blutdruck sinken, treibt jeder Pulsschlag einen Blutstrahl durch die noch teilweise zusammengepreßte Ader und erzeugt dabei hörbare Klopftöne.

Bluttransfusion

Zum erstenmal 1825 in England durchgeführt

Die erste erfolgreiche Blutübertragung von einem Menschen auf einen anderen wurde von Dr. James Blundell 1825 in London durchgeführt. Sie war jedoch nur ein Zufallserfolg, denn daß verschiedene menschliche Blutgruppen unvereinbar sind, weiß man erst seit 1901, nachdem der Österreicher Karl Landsteiner die vier unterschiedlichen Blutgruppen beim Menschen entdeckt hatte. Nun konnten Spender und Empfänger passend ausgewählt werden.

Bogenkonstruktion

siehe Seite 42

Bogenlampe

1808 in England erfunden

Elektrisches Licht wurde erstmals 1808 von dem Engländer Humphry Davy erzeugt, der später auch die Sicherheitslampe für Grubenarbeiter erfand. Er befestigte zwei Kohlenstäbe so an den Polen einer → Batterie, daß sich ihre Enden fast berührten. Der elektrische Strom überbrückte den Spalt zwischen den Kohlenstäben, und die dabei entstandene hohe Temperatur brachte die Kohle zum Glühen. Die Erfindung von Davy konnte jedoch nicht ausgewertet werden, da die Kohlenstäbe oder Elektroden schnell abbrannten und der Lichtbogen abriß.

Der englische Ingenieur W. E. Staite erfand 1846 eine Methode, den Lichtbogen aufrechtzuerhalten. Er konstruierte einen Mechanismus für den automatischen Vorschub der abbrennenden Kohlenelektroden. Dieser Mechanismus beruhte auf der Tatsache, daß beim Abbrand der Elektroden die Temperatur des Lichtbogens steigt. Durch den Temperaturanstieg dehnte sich ein Kupferdraht aus und beeinflußte damit eine Vorrichtung, welche die Elektroden wieder näher zusammenführte. Eine so gebaute Bogenlampe wurde erstmals 1848 in London vorgeführt.

Vorrichtungen zur Aufrechterhaltung eines gleichmäßigen Lichtbogens waren teuer, bis 1876 der in Rußland geborene Physiker Pawel Nikolajewitsch Jablotschkow seine „elektrische Kerze" erfand. Bei ihr standen die beiden Elektroden nicht mit den Enden gegeneinander, sondern sie lagen parallel und waren durch eine Isolierschicht aus Kaolin voneinander getrennt. Der Lichtbogen wurde oben an den Elektroden gezündet, und diese brannten langsam nach unten ab.

Die Lampe war sofort ein Erfolg. Im Dezember des nächsten Jahres wurde das Victoria Embankment in London mit Hilfe Jablotschkowscher Kerzen die erste Straße Englands mit elektrischer Dauerbeleuchtung. Das erste Wohngebäude mit ausschließlich elektrischer Beleuchtung gehörte dem Ingenieur R. E. B. Crompton, der sein Haus in London im Dezember 1879 mit Bogenlampen ausstattete.

Das Licht der Bogenlampe war zwar hell, gleichzeitig aber sehr grell; deshalb wurde es vorwiegend zur Beleuchtung von Straßen und öffentlichen Gebäuden verwendet. Doch bahnte die Jablotschkowsche Kerze den Weg zur allgemeinen Einführung des elektrischen Lichts.

Boje

Als Navigationshilfe seit 500 Jahren in europäischen Gewässern verbreitet

Bojen sind verankerte Schwimmkörper, die einen sicheren Schiffahrtsweg auf Meeren, Seen oder Flüssen kennzeichnen. Schon um 1500 waren solche Zeichen in den europäischen Gewässern weit verbreitet. Sie nutzten nur bei Tag etwas, bis sie im 19. Jh. mit Gaslampen beleuchtet wurden.

Die Form der Navigationsboje ist ebenso wichtig wie ihre Farbe. Es gibt kugel-, kegel-, spieren- oder tonnenförmige Seezeichen mit bestimmten geometrischen Figuren an der Spitze sowie verschiedenen Farben: Rot, Grün, Gelb und Schwarz, gelegentlich auch Blau. Bis 1975 gab es über 30 verschiedene Systeme, die weltweit verwendet wurden, einige mit einander widersprechenden Bedeutungen. Inzwischen bemüht man sich um einheitliche Verkehrszeichen für Schiffe.

Heute sind Bojen manchmal sehr groß, etwa die *Lanby* (Large Automatic Navigational Buoy), die ursprünglich für die amerikanische Küstenwache erfunden wurde und als Ersatz für bemannte Feuerschiffe dient. Rings um Großbritannien sind etliche *Lanbys* verankert. Jede hat einen Durchmesser von 13 m, wiegt ungefähr 100 t und ist mit einem Leuchtfeuer versehen, das von eigenen Dynamos gespeist wird. Die *Lanbys* werden von der Küste aus überwacht und können sechs Monate ohne Wartung in Betrieb sein.

EINE SCHWIMMENDE ERDÖLINSEL IN DER NORDSEE

Tankboje *Die Ölgesellschaft Esso benutzt eine riesige Boje als Vorratsbehälter für Öl aus der Nordsee. Hier begann die Ölförderung bereits, bevor eine Unterwasser-Rohrleitung zum Festland gelegt war. Die Boje bei den Bohrtürmen speichert das Öl, bevor es von den Tankern übernommen wird. Das schwimmende Zwischenlager wiegt 66 000 t und ist an sechs 1200 t schweren Betonblöcken im Meeresboden verankert. Rechts: So wird das Öl von der Boje aus der Bohranlage aufgenommen.*

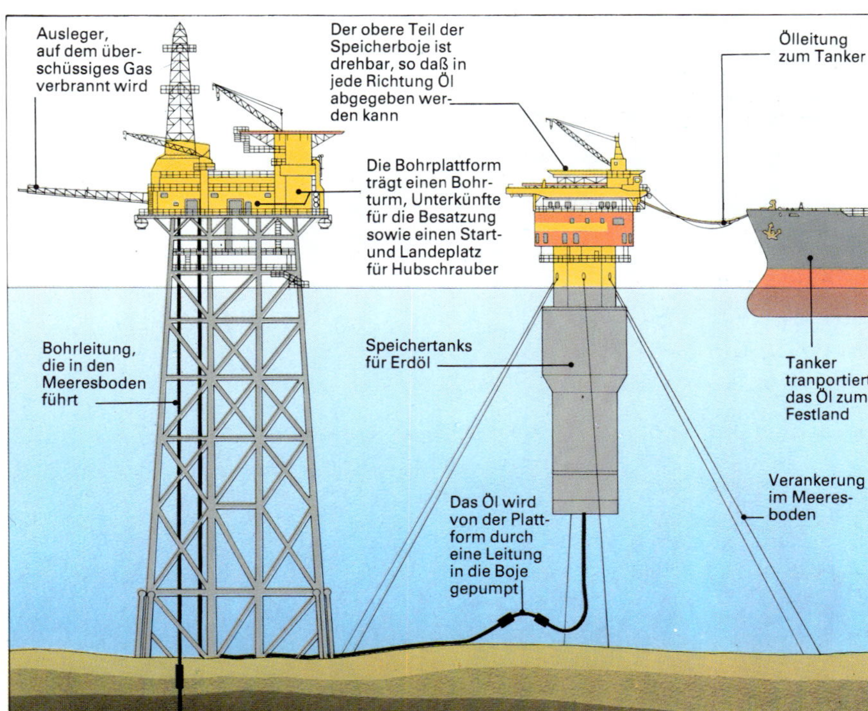

Bogenkonstruktion

Eine frühe Form des Bogens findet sich schon bei den alten Ägyptern

Bei den frühen Steingebäuden wurden Stützpfosten und Querbalken als Konstruktionselemente verwendet. Mit einem Balken oder Sturz aus Stein konnte man jedoch nur kurze Strecken überbrücken. Türen und Fenster waren deshalb schmal, und im Innern der Räume befanden sich zahlreiche Stützen, die das Dach trugen. Aus diesem Grunde waren ägyptische und griechische Gebäude im Innern eng und dunkel.

Ihre ästhetische Vollendung erreichte die Bauweise mit Stützen und Querbalken bei den griechischen Tempelbauten, etwa dem Parthenon (447–432 v. Chr.). Für die Dachbalken mußten die Griechen jedoch Holz verwenden, das nicht besonders dauerhaft ist.

Die Architektur wandelte sich stark, als die Römer die Bogenkonstruktion verwendeten. Ihre Gebäude sahen anders aus und waren zweckmäßiger. Ihre großen öffentlichen Bauten erreichten eine Höhe von mehreren Stockwerken und besaßen praktische Innenräume.

Über → Aquädukte führten die Römer sauberes Wasser heran und schützten so die Bewohner vor Krankheiten. Dabei überbrückten sie Täler durch große, bis zu 40 m hohe Bogen, und auf den letzten Kilometern vor der Stadt führten sie die

Die Entwicklung des architektonischen Bogens von frühgeschichtlicher Zeit bis zu den Konstruktionen unserer Tage

4000–300 v. Chr.: Bogen im Mittleren Orient
Etwa um 4000 v. Chr. hat der Mensch die ersten Bogen gebaut. Während des Baus sind die Steine vielleicht durch einen Steinhaufen abgestützt worden. Die Ägypter wiederum mauerten die Innenwölbung ihrer Bogen mit Lehmziegeln aus, die im Winkel von etwa 45° an eine provisorische Stützmauer angelehnt wurden. Um 3000 v. Chr. wurden bei Mohendscho-Daro in Pakistan Bogen zur Überbrückung kleinerer Be- und Entwässerungskanäle verwendet. Den größten Bogen der vorrömischen Zeit mit einer Spannweite von 4 m bauten um 1400 v. Chr. die Ägypter in einem Getreidespeicher von Theben.

300 v. Chr.–400 n. Chr.: Der römische Bogen
Ein gemauerter Bogen besteht aus leicht keilförmigen Gewölbesteinen, die aneinandergesetzt und dann durch den gegenseitigen Druck zusammengehalten werden. Früher wurde meist kein Mörtel verwendet. Während des Baus muß jeder Stein an seinem Platz abgestützt werden, bis als letzter der Schlußstein am Scheitel des Bogens eingesetzt ist. Abgestützt werden die Steine meist durch ein Holzgestell, das Lehrgerüst, das die Römer einführten. Nun konnte die Festigkeit der Steine – oder der Ziegel oder des Betons – voll ausgenutzt werden. Durch die neue Bauweise mit Lehrgerüsten wurden die Spannweiten um das Zehnfache auf rund 50 m vergrößert.

Die Römer erkannten auch, daß die Enden eines Bogens sowohl waagrecht als auch senkrecht abgestützt werden müssen, denn außer dem nach unten drückenden Eigengewicht treten auch seitlich gerichtete Schubkräfte auf. Werden diese nicht abgefangen, drängen sie die Bogenenden auseinander, und die Konstruktion bricht zusammen.

Dank der Bogenkonstruktion konnten die römischen Architekten Gebäude mit großen Innenräumen planen, denn die Dächer hatten nun größere Spannweiten. Auch die Wände konnten viel höher errichtet werden, weil größere Öffnungen im Mauerwerk das Gewicht wesentlich verringerten. Die Basilika von Maxentius und Konstantin in Rom hatte ein gewölbtes (von Bogen überspanntes) Mittelschiff von 25 m Breite, gestützt durch seitliche Gewölbe mit einer Spannweite von jeweils 21 m, und das Kolosseum in Rom hat mit seinen vier Geschossen eine Höhe von 48,5 m.

200–1200 n. Chr.: Die Araber und der Spitzbogen
Der Spitzbogen besteht aus zwei Bogen, die sich im Scheitel schneiden. Er war in Mesopotamien seit dem Altertum bekannt; praktische Bedeutung erlangte er jedoch erst, als die Araber die römische Bauweise mit einem Lehrgerüst kennenlernten. Ein frühes Beispiel dieses Zusammenwirkens von Ost und West ist der Schuschtardamm mit Brücke über den Karun, einen Fluß im Iran. Um 260 n. Chr.

DIE ENTWICKLUNG DES BOGENS

Seit sich der Mensch mit dem Bau von Bogen befaßt, suchten die Baumeister nach immer besseren Vorrichtungen, um das Gefüge bis zur Fertigstellung abzustützen. Die einzelnen Kulturvölker entwickelten für verschiedene Zwecke unterschiedliche Bogenformen.

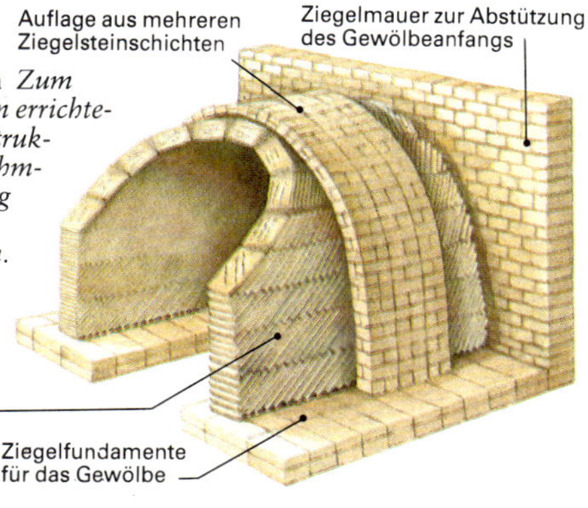

Der ägyptische Bogen *Zum Abstützen ihrer Bogen errichteten die Ägypter Konstruktionen aus flachen Lehmziegeln, die sich schräg an eine provisorische Stützmauer anlehnten.*

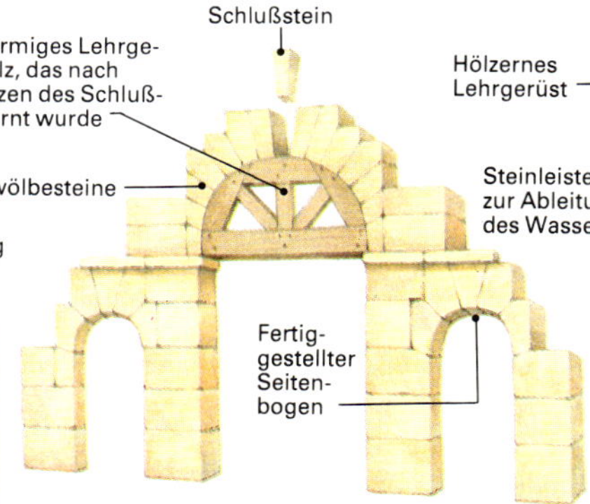

Der römische Bogen *Die Römer verwendeten beim Bau von Bogen ein hölzernes Lehrgerüst. Dieses war zuverlässiger als die Hilfskonstruktion der Ägypter, und mit ihm konnten größere Bogen gebaut werden. Damit ließ sich der Rundbogen auch für den Brückenbau verwenden. Die ersten stabilen Straßenbrücken entstanden.*

Der gotische Bogen *Im Mittelalter entwickelte man den Spitzbogen, um Maueröffnungen von gleicher Breite in unterschiedlicher Höhe überbrücken zu können. Diese Bogenform übt geringere seitliche Schubkräfte aus.*

Wasserleitung über hochgelegene Arkaden, um sicherzustellen, daß in allen Stadtteilen ein ausreichender Wasserdruck herrschte.

Die römischen Baumeister verwendeten die Bogenkonstruktion auch bei ihren → Brücken. Zuvor waren die Brükken klein und primitiv gewesen und hatten höchstens örtliche Bedeutung gehabt. Die Bogenbrücken mit großen Spannweiten ermöglichten es, im ganzen Imperium ein Straßennetz auszubauen, das dem Handel und Verkehr diente. Ohne die 80000 km Hauptstraßen und das Fünffache an Nebenstraßen wäre das Römische Reich nicht zu verwalten gewesen. Die größte noch erhaltene Römerbrücke befindet sich in Alcantara in Spanien. Sie ist 188 m lang und besitzt sechs Bogen mit Spannweiten bis zu 30 m.

Die Römer haben als erste die großen bautechnischen Möglichkeiten der Bogenkonstruktion erkannt und verwirklicht. Der Bogen wurde dabei zu einem Kennzeichen des römischen Imperiums mit seinen öffentlichen Gebäuden und Brücken, die für Straßen und Aquädukte unentbehrlich waren. Von Anfang an hat dieses schwungvolle Formelement mit seiner schlichten Schönheit die abendländische Architektur beeinflußt – über die romanischen Kathedralen und die Brücken der Renaissance bis hin zu den gewaltigen Bogenkonstruktionen aus Stahl und → Beton in unseren Tagen.

---

ließ der Perserkönig Schapur I. von römischen Gefangenen auf der Krone eines niedrigen Dammes einen 516 m langen Viadukt aus 42 kleinen Bogen bauen, die zum Teil Spitzbogen sind.

Danach wurde der Spitzbogen von der islamischen Architektur übernommen. Man bevorzugte ihn, weil er als dekorativer galt und mehr Gestaltungsmöglichkeiten bot als der in seiner Form festgelegte Rundbogen. Nach Europa kam der Spitzbogen über Spanien mit dem Einfall der Mauren im Jahr 711 n. Chr.

Eine Verschmelzung von islamischer und christlicher Architektur ist bei der Giralda (Glockenturm der Kathedrale) von Sevilla zu erkennen. Dieser ursprünglich 70 m hohe Turm gehörte zunächst zu der Moschee, die früher an der Stelle der heutigen christlichen Kathedrale stand. 1568 erhielt er einen Renaissanceaufbau.

1100–1500: Die gotischen Kathedralen

Zu Beginn des 12. Jh. entwickelte sich in Frankreich der Baustil, der später als gotisch bezeichnet wurde. Steil aufragende Linien, hohe Gewölbe und große Fensterflächen sind seine Merkmale. Baumeister aus Burgund erkannten als erste, daß sich dieses Bauideal am besten mit Hilfe des Spitzbogens verwirklichen ließ. Sie entdeckten, daß eine Bogenkonstruktion um so geringere seitliche Schubkräfte auf das Fundament ausübt, je höher ihr Stich (die Höhe des Scheitels) im Verhältnis zu ihrer Spannweite ist. Das Mauerwerk konnte so auf ein statisch notwendiges Mindestmaß verringert werden.

1450–1700: Brücken der Renaissance

Für den Brückenbau ist der Spitzbogen ungeeignet, denn er ist im Verhältnis zu seiner Spannweite allzu hoch. Die Baumeister der Renaissance bauten Brücken mit Flachbogen (in Form von Segmenten eines Kreises) oder Ellipsenbogen (in Form von Halbovalen). Diese Bogenformen überbrücken bei geringerer Höhe größere Spannweiten. Als Nachteil mußte man einen größeren seitlichen Schub in Kauf nehmen. Er wirkte sich jedoch nicht allzu stark aus, denn die Brückenkonstruktion war nun niedriger und hatte weniger Mauerwerk zwischen Bogen und Fahrbahn, so daß sie auch leichter war. Das typische Beispiel einer solchen Renaissancebrücke ist der 1345 erbaute Ponte Vecchio in Florenz, der drei langgestreckte Flachbogen aufweist.

1700 bis zur Gegenwart: Neue Materialien

Die Einführung neuer Baumaterialien – Gußeisen, Stahl und Eisenbeton – hat die Grundprinzipien der Bogenkonstruktion unberührt gelassen, die Bauweise im 20. Jh. jedoch erheblich beeinflußt. Teile eines Bogens – sofern es die Größe zuläßt, auch ganze Bauwerke – können vorgefertigt und an Ort und Stelle zusammengesetzt werden. Bogen aus Stahl sind auch ohne Lehrgerüst möglich, denn die Bogenhälften können von den Seiten her freitragend vorgebaut werden, bis sie sich in der Mitte treffen.

Die größte nach diesem Prinzip erbaute Brücke ist die 1932 fertiggestellte Brücke über die Hafenbucht von Sydney. Sie hat eine Bogenspannweite von 503 m.

Das größte Monument der Welt ist ein parabolischer Bogen aus Edelstahl, das „Tor zum Westen". Es steht in St. Louis, Missouri, und hat eine Spannweite und eine Höhe von 192 m. Entworfen wurde es 1948 von dem in Finnland geborenen Architekten Eero Saarinen.

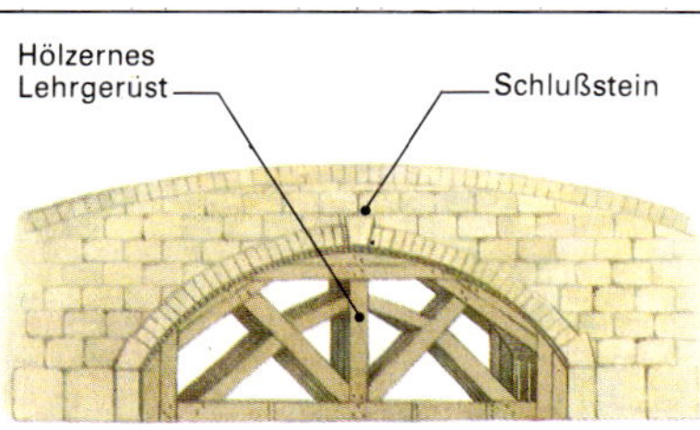

Der Segmentbogen *Im 15. und 16. Jh. war der Flachbogen – ein Kreissegment – in ganz Europa verbreitet.*

Der Ellipsenbogen *In der Renaissance wurde auch der nahezu ovale Ellipsenbogen entwickelt. Wie der Flachbogen besaß er eine geringe Stichhöhe und eignete sich zum Bau kurzer Brücken.*

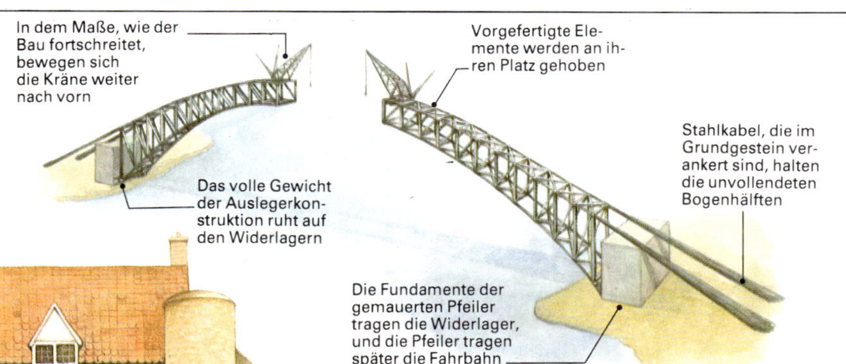

Der Stahlbogen *Gelegentlich soll mit einem großen Stahlbogen ein Wasserlauf überbrückt werden, der für den Schiffsverkehr offen bleiben muß, so daß die übliche Bauweise mit einem Lehrgerüst nicht in Frage kommt. Eine Möglichkeit bietet die freitragende Bauweise in Form von zwei Auslegern, die sich in der Mitte treffen. Nach diesem Verfahren wurde die 50000 t schwere Bogenbrücke im Hafen von Sydney gebaut.*

Bombe

Die ersten Bomben wurden 1849 aus österreichischen Ballons auf Venedig geworfen

Die ersten aus der Luft abgeworfenen Bomben fielen 1849 aus unbemannten österreichischen Ballons auf die aufständische Stadt Venedig, die damals zum österreichischen Kaiserreich gehörte.

Regelrechte Fliegerbomben, nämlich mit Nitroglyzerin gefüllte Dosen, verwendeten die Italiener schon 1912 während ihres Feldzugs gegen Tripolitanien (heute ein Teil Libyens).

Im Ersten Weltkrieg warfen die Flieger zunächst spitze, scharfkantige Stahlsplitter auf die Gegner hinab, doch schon 1915 war der grundlegende Entwurf für die moderne Fliegerbombe vorhanden. Sie hatte einen →Zünder in der Spitze, einen mit Sprengstoff gefüllten Stahlkörper und Stabilisierungsflossen.

Die Bomben des Zweiten Weltkriegs waren wesentlich größer und vielfältiger. Zu den größten Bomben, die bei den Luftangriffen der Alliierten auf Deutschland niedergingen, gehörten die 5450 kg schweren britischen *Tallboys* und die 9000 kg schweren *Grand Slams*. Diese waren – von dem englischen Ingenieur Barnes Neville Wallis – so konstruiert worden, daß sie tief in die Erde eindrangen, bevor sie explodierten, und dann künstliche Erdbeben verursachten, die Gebäude zum Einsturz brachten. Luftminen dagegen sollten möglichst starke Druckwellen über der Erde auslösen.

Für den Einsatz gegen gepanzerte Kriegsschiffe wurden Bomben mit besonderer Durchschlagskraft entwickelt. →Unterseeboote bekämpfte man mit Wasserbomben, deren Druck- oder Zeitzünder auf verschiedene Tiefen eingestellt werden konnten. Brandbomben fielen bei Luftangriffen auf Großstädte. Sie wogen nur knapp 2 kg und verspritzten brennende Substanzen, die oftmals wahre Feuerstürme entfachten.

Im Zweiten Weltkrieg begann auch die Geschichte der Flugbomben, nach heutigem Sprachgebrauch Marschflugkörper. Die deutsche *V2*, mit der London gegen Kriegsende beschossen wurde, hatte einen Raketenantrieb und enthielt konventionellen →Sprengstoff. Moderne Typen, etwa die amerikanische *Cruise missile*, können Atomsprengköpfe tragen und finden ihr Ziel mit Hilfe einer elektronischen Fernsteuerung.

„GRAND SLAM" GEGEN STÄDTE

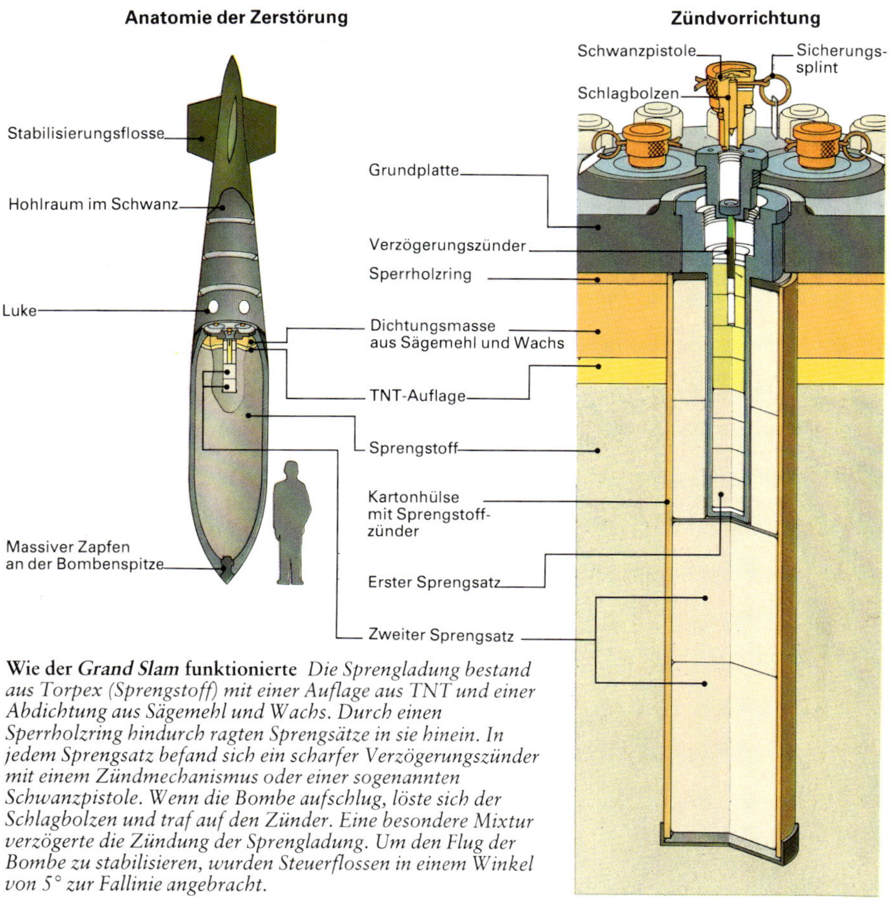

Wie der *Grand Slam* funktionierte *Die Sprengladung bestand aus Torpex (Sprengstoff) mit einer Auflage aus TNT und einer Abdichtung aus Sägemehl und Wachs. Durch einen Sperrholzring hindurch ragten Sprengsätze in sie hinein. In jedem Sprengsatz befand sich ein scharfer Verzögerungszünder mit einem Zündmechanismus oder einer sogenannten Schwanzpistole. Wenn die Bombe aufschlug, löste sich der Schlagbolzen und traf auf den Zünder. Eine besondere Mixtur verzögerte die Zündung der Sprengladung. Um den Flug der Bombe zu stabilisieren, wurden Steuerflossen in einem Winkel von 5° zur Fallinie angebracht.*

Das Erdbeben von Menschenhand *Die Bielefelder Eisenbahnbrücke, hier von den Kratern erfolgloser früherer Bombenangriffe umgeben, wurde schließlich von einer* Grand-Slam-*Bombe zerstört. Die über 9 t schwere und 7,5 m lange Bombe schlug fast mit Schallgeschwindigkeit auf und konnte 30 m tief in die Erde eindringen, bevor sie explodierte. Die unterirdischen Druckwellen, die sie hervorrief, brachten die Bauwerke in der Nähe zum Einsturz.*

Bratpfanne, spezialbeschichtet

Von einem französischen Ingenieur 1958 eingeführt

Im Jahr 1938 entdeckte Roy Plunket, ein amerikanischer Industriechemiker, ein weißes, festes Kunststoffmaterial mit bemerkenswerten Eigenschaften: Polytetrafluoräthylen. Es wurde von Chemikalien, Feuchtigkeit, Sonne oder Temperaturen zwischen −260° und 330° nicht angegriffen. Es besaß auch praktisch keine Reibung; nicht einmal Kaugummi blieb daran kleben.

Zunächst verwendete man diesen Kunststoff zum Transport von ätzenden Chemikalien und später als Hitzeschild bei Raketen und Geschossen. Die Eigenschaft, daß auf diesem Material nichts haften bleibt, machte sich der Pariser Ingenieur Marc Grégoire zunutze: Er begann 1958 mit der Herstellung von Bratpfannen, die mit Polytetrafluoräthylen – Handelsbezeichnung *Teflon* – beschichtet waren.

Brennstoffzelle

1839 in England erfunden

Eine Brennstoffzelle ist eine kompakte, allseitig geschlossene Stromquelle, in der die Energie einer chemischen Reaktion in elektrische Energie umgewandelt wird. Die Chemikalien werden der Zelle in Form von Gasen, Flüssigkeiten oder Feststoffen kontinuierlich zugeführt und reagieren mit Hilfe eines Katalysators – eines Stoffes, der die chemische Reaktion beschleunigt. Diese Reaktion erzeugt einen elektrischen Strom.

Im Jahr 1839 baute der englische Wissenschaftler William Grove das sogenannte Knallgaselement, eine Brennstoffzelle, die heute noch in Gebrauch ist. In ihr reagiert Wasserstoff mit Sauerstoff, wobei reines Wasser entsteht.

Wasserstoff ist jedoch ein teurer Energiespender. Man verwendet Knallgaselemente deshalb nur dort, wo die Kosten im Vergleich zum Nutzen eine untergeordnete Rolle spielen, zum Beispiel in der bemannten Raumfahrt. Hier dienen sie dem Antrieb von Motoren und der Gewinnung von Trinkwasser.

Brettspiele

Seit mindestens 5000 Jahren in Asien bekannt

Es gibt etwa 270 Brettspiele, die mit bunten Steinen oder Figuren auf meist quadratischen Brettern mit Markierungen gespielt werden. Alle gehen sie auf rund 50 Grundformen zurück, die meist aus dem Orient oder Ostasien stammen. In Mesopotamien hat man Spiele gefunden, die über 5000 Jahre alt sind; die Spielregeln allerdings sind verlorengegangen.

Um das Jahr 200 v. Chr. wurde in China das Gospiel erfunden; es entwickelte sich später zum Nationalspiel der Japaner und ist heute in aller Welt bekannt. Auch Halma und Mühle spielte man schon im Altertum; als Erfinder, dem auch der Würfel zu verdanken sein soll, gilt ein Grieche aus Kleinasien namens Palmedes. Die Römer hatten ähnliche Brettspiele: Salta und Alea.

Schach spielte man seit dem 6. Jh. n. Chr. in Indien; das Spiel kam ungefähr 400 Jahre später über Persien und Spanien nach Europa. Die Spielzüge ähneln taktischen Operationen auf einem ritterlichen Schlachtfeld. Der Ausdruck schachmatt leitet sich her von *shah mat* – der König ist tot.

Ein weiteres beliebtes Spiel mit Tradition ist Dame. In Deutschland wurde es zuerst 1616 von Gustavus Selenus erwähnt.

Im 20. Jh. wurden aus den alten Grundformen zahlreiche neue Brettspiele entwickelt und häufig mit Spielwürfeln kombiniert. So entwarf der Deutsche J. F. Schmidt im Jahr 1911 das berühmte Mensch-ärgere-dich-nicht, das auf die Grundidee des altindischen Pachisi zurückgeht.

Briefmarke

1653 in Frankreich erfunden

Kuriere, die schriftliche Nachrichten beförderten, gab es bereits unter dem Perserkönig Kyros um 550 v. Chr. Im Habsburgerreich wurde ein derartiges zentral organisiertes Postsystem unter Maximilian I. durch Franz von Taxis ab 1489 eingerichtet. Die Gebühr für die Beförderung eines Briefes kassierte der Bote dabei je nach Entfernung beim Empfänger.

Die erste zum Aufkleben *Die legendäre schwarze 1-Penny-Marke mit dem Kopf der Königin Victoria wurde 1840 in Großbritannien herausgegeben. Sie war die erste aufklebbare Marke der Welt und erzielt heute Höchstpreise.*

1653 kam der Pächter der Pariser Stadtpost, De Velayer, auf die Idee, Leuten, die einen Brief im voraus bezahlen wollten, einen besonderen Papierstreifen zu verkaufen, der dann am Brief befestigt wurde.

Im Mai 1840 führte die britische Postverwaltung die erste Briefmarke zum Aufkleben ein: die schwarze *1 Penny* mit dem Kopf der Königin Victoria. Die Idee stammte von dem schottischen Buchhändler James Chalmers; in die Tat umgesetzt wurde sie von dem Sozial- und Verwaltungsreformer Sir Rowland Hill. Für einen Penny konnte man einen 14 g schweren Brief an einen beliebigen Ort in ganz Großbritannien versenden.

Die erste deutsche Briefmarke wurde dann 1849 von der bayerischen Postverwaltung herausgegeben.

Brille

Die ersten Lesebrillen entstanden wohl im 13. Jh. in Italien

Zu modischen und magischen Zwecken trug man in China schon vor 2000 Jahren Brillen; die optische Korrektur der Augen durch geschliffene Glaslinsen gelang aber wahrscheinlich erstmals gegen Ende des 13. Jh. in Italien. Um 1270 benutzte man geschliffene Bergkristalle und Berylle, von denen sich der Name Brille herleitet.

Die vielleicht älteste bildliche Darstellung (ein lesender Mönch mit Brille) zeigt ein Fresko von Tommaso da Modena in der Kirche von San Nicolò in Treviso. Es wird auf 1352 datiert. Auch das Pfingstbild auf dem Wildunger Altar (1404) des Malers Konrad von Soest zeigt eine Brille: Der Künstler liest mit Hilfe zweier Gläser, die in einem hölzernen Gestell sitzen.

Zweigläser in den verschiedensten Fassungen wurden jahrhundertelang beim Lesen mit der Hand an Stielen vor die Augen gehalten oder mit Klemmen, Reifen oder Bändern befestigt. Das heutige Brillengestell bildete sich erst langsam heraus.

Die modernen Kontaktlinsen aus Glas oder Kunststoff werden die Brille wohl nicht ganz ersetzen, weil nicht jedes Auge sie verträgt.

Konrad von Soest mit Brille *Dieses Selbstbildnis aus dem Jahr 1404 befindet sich an einem Altar in der Stadtkirche von Bad Wildungen. Der Künstler bedient sich hier einer frühen Brille. Die Gläser des Geräts sind zwischen zwei dünnen, miteinander verleimten Holzschichten angebracht.*

Erfindungen, die den Zweifler beschämten

Jahrhundertelang haben Menschen die Erfinder und ihre „neumodischen" Geräte belächelt. Sie zweifelten nicht nur daran, daß diese Dinge funktionieren würden, sondern sie hielten sie rundweg für unmöglich. Später mußten die Zweifler oft einsehen, wie sehr sie sich geirrt hatten.

„Sehr klug – aber sie werden niemals das Pferd ersetzen", sagten Kritiker, als sie die ersten Automobile sahen.

Während zahlreiche Erfindungen freudig begrüßt wurden, stießen andere auf Mißtrauen, Kritik und Ablehnung und konnten sich nur schwer durchsetzen. Zunächst behaupten die Kritiker oft, eine Erfindung könne nicht funktionieren. Wenn sie doch funktioniert, wird ihr nachgesagt, sie sei nicht wirtschaftlich.

Der amerikanische Astronom William Pickering, der die Existenz des Planeten Pluto vorausgesagt hatte, warnte in den frühen Tagen der Luftfahrt die Öffentlichkeit: „Der Laie stellt sich häufig gewaltige Flugmaschinen vor, die mit großer Geschwindigkeit den Atlantik überqueren und zahllose Passagiere transportieren, ähnlich wie unsere modernen Dampfschiffe... Man kann aber getrost behaupten, daß solche Vorstellungen reine Phantasie sind; und selbst wenn ein Flugzeug mit ein oder zwei Passagieren die Strecke zurücklegen würde, wären die Kosten untragbar." Drei Jahrzehnte später, im Juni 1939, wurden von der Pan American die ersten Transatlantikflüge aufgenommen, und das Flugboot *Yankee Clipper* beförderte 19 Fluggäste zu einem annehmbaren Preis.

Noch früher, im Oktober 1903, hielt der amerikanische Astronom Simon Newcomb die Idee vom Fliegen für lächerlich und bezeichnete sie als „völlig ausgeschlossen". Genau 56 Tage später erhob sich Orville Wright bei Kittyhawk, North Carolina, in seinem Motorflugzeug in die Luft. Der Deutschamerikaner Gustav Weißkopf aber war bereits zwei Jahre zuvor geflogen.

„Alberne Idee"

Im Jahr 1926 behauptete der englische Astronom Bickerton: „Die alberne Idee, auf den Mond zu schießen, ist ein Beispiel für die absurden Vorstellungen, zu denen die schädliche Spezialisierung die Wissenschaftler treibt, wenn sie bloß engstirnig auf ihrem Fachgebiet arbeiten... Der Plan erscheint von Grund auf unmöglich." 43 Jahre später betrat Neil Armstrong, der Kommandant des amerikanischen Raumschiffs *Apollo XI*, als erster Mensch den Mond.

1936 erschien in dem englischen Wissenschaftsmagazin *Nature* die Besprechung eines Buches über den Raketenflug. Darin hieß es: „Das ganze in diesem Buch umrissene Vorhaben ist mit so gewichtigen Schwierigkeiten behaftet, daß wir die Idee als ganz und gar untunlich fallenlassen müssen." Sechs Jahre später – nachdem Mitte der 30er Jahre der Physiker Robert Hutchins Goddard in Amerika Raketenflüge durchgeführt hatte – wurden die *V-2*-Raketen des Deutschen Wernher von Braun auf London abgefeuert.

Wenn aber die „unmöglichen Erfindungen" offensichtlich funktionierten, behaupteten die Besserwisser, sie seien unnötig. So lehnte die britische Admiralität 1897 ein von Charles Parsons entworfenes Boot mit Turbinenantrieb ab und behauptete, es wäre nicht zu manövrieren. Schon nach wenigen Jahren jedoch wurden die Schiffe der britischen Marine auf Turbinenantrieb umgestellt.

„Völlig idiotisch"

Als Sir William Preece, der technische Leiter des British Post Office nach 1870 von Thomas Alva Edisons Erfindung des elektrischen Lichts hörte, bezeichnete er die Idee als völlig idiotisch.

Es war auch das British Post Office, welches 1876 das Telefon mit der Begründung ablehnte, daß die Amerikaner ja vielleicht so ein Ding brauchen könnten, die Engländer aber genügend kleine Jungen hätten, um schriftliche Mitteilungen zu überbringen. Drei Jahre später wurde in London die erste Telefonvermittlung Englands eingerichtet.

Aber auch die Wissenschaftler besitzen manchmal kein sehr großes Vorstellungsvermögen. Als junger Mann wandte sich der in Neuseeland geborene Physiker Ernest Rutherford um Rat an Lord Kelvin, der auf den Gebieten der Elektrizitätslehre und der Thermodynamik Bedeutendes geleistet hatte und gegen Ende des 19. Jh. der führende Wissenschaftler Englands war. Er fragte den berühmten Mann, wie er seine Fähigkeiten am besten einsetzen könne, und wollte wissen, ob er die Hertzschen Wellen studieren solle, welche die Grundlage für Rundfunkübertragungen bilden. Aber Kelvin riet ihm davon ab, denn er sah für diese Wellen keine praktische Verwendungsmöglichkeit – allenfalls könne man mit ihnen eine Verbindung zu Feuerschiffen herstellen.

Eine ähnliche Erfahrung machte Guglielmo Marconi, als er in den 90er Jahren des 19. Jh. seine ersten Versuche mit Funktelegrafie durchführte. Der deutsche Physiker Heinrich Hertz, der Entdecker der Radiowellen, warnte ihn: Seine Experimente würden fehlschlagen, und er verschwende nur seine Zeit. Schon 1895 aber übermittelte Marconi seine ersten drahtlosen Signale.

Eine solche Kurzsichtigkeit ist oft auch in Kreisen der Marine und des Heeres anzutreffen. „Die (Atom-)Bombe wird nie explodieren, und ich sage das als Fachmann für Sprengstoffe." Diese Behauptung bekam der amerikanische Präsident Harry S. Truman von seinem persönlichen Stabschef, Admiral William D. Leahy, zu hören – wenige Monate bevor im Juli 1945 die Atombombe erstmals erfolgreich in Alamogordo, New Mexico, getestet wurde.

Die britische Marine lehnte Entwürfe für gepanzerte Kettenfahrzeuge oder Panzerwagen ab, die 1903 von einem französischen und 1908 nochmals von einem englischen Ingenieur vorgelegt wurden. Im Jahr 1915 aber setzte die Panzerdivision der Fliegertruppe innerhalb der Royal Navy gepanzerte Kettenfahrzeuge ein.

Sturheit auf höchster Ebene reicht weit in die Geschichte zurück. Im 1. Jh. n. Chr. schrieb Sextus Julius Frontinus, ein führender römischer Militärfachmann: „Ich werde keinerlei Vorschlägen für neue Befestigungsanlagen und Kriegsmaschinen Beachtung schenken, denn derartige Erfindungen haben ihre Grenzen erreicht, und ich habe keine Hoffnung auf künftige Verbesserungen."

Später spottete Dionysius Lardner, ein irischer Wissenschaftler des 19. Jh., über das Dampfschiff; er schrieb: „Der Mensch könnte ebenso erwarten, auf dem Mond spazierenzugehen, wie mit einem dieser Dampfschiffe den Ozean zu überqueren." Doch bald darauf, im Jahr 1838, fuhr das englische Schiff *Sirius*, ausschließlich mit Dampf betrieben, von Irland nach New York über den Atlantik.

Kaum viel wert

1829 beschwerte sich der Gouverneur des amerikanischen Bundesstaates New York bei dem Präsidenten Andrew Jackson über die Eisenbahn: „Wie Sie wissen, Herr Präsident", schrieb er, „werden die Wagen der Eisenbahn mit der rasenden Geschwindigkeit von 15 Meilen pro Stunde von einer Maschine gezogen, die nicht nur eine Gefahr für Leib und Leben der Passagiere darstellt, sondern darüber hinaus auch röhrend und schnaubend durch das Land stampft, die Felder in Brand setzt, das Vieh verscheucht und Frauen und Kinder in Schrekken versetzt. Der Allmächtige hat sicher nicht vorgesehen, daß der Mensch sich mit solch halsbrecherischer Geschwindigkeit fortbewegt."

Auch die Erfinder selbst irren sich bisweilen. Der englische Elektroingenieur Alan Archibald Campbell Swinton, einer der Pioniere der Kathodenstrahlröhre, sprach 1924 im britischen Rundfunk über das Thema Fernsehen. Er sagte damals: „Die Sache dürfte kaum wert sein, daß man sie weiterverfolgt." Vier Jahre später wurde im amerikanischen Bundesstaat New York von der General Electric Company der erste Fernsehsender der Welt in Betrieb genommen.

Ablehnung und Erfolg eines elektrischen Telegrafen

Die britische Admiralität lehnte 1816 einen von Francis Ronalds erfundenen elektrischen Telegrafen mit der Begründung ab, das bestehende optische Signalsystem sei ausreichend. Trotz dieses mangelnden Interesses der Admiralität entwickelte der englische Physiker Charles Wheatstone 1837 den Telegrafen erfolgreich weiter.

Ronalds' Zeigertelegraf *Auf einer Scheibe mit einem vereinfachten Alphabet konnten mit Hilfe eines Uhrwerks 20 Buchstaben gewählt werden. Entsprechende Signale wurden dann elektrisch zum Empfänger übermittelt. Der Zeigertelegraf war zwar praktisch, im Vergleich zum optischen Telegrafen aber langsam.*

Empfang der Signale *Auf der Empfängerseite wurden die übermittelten Buchstaben oder Zahlen angezeigt. Der Admiralität dauerte die Übermittlung einer umfangreichen Nachricht Buchstabe für Buchstabe zu lange – Ronalds kehrte später der Elektrizität den Rücken zu.*

Eine offizielle Ablehnung *John Barrow, Sektretär der Admiralität, lehnte Ronalds' Erfindung ab. Der Brief (rechts) wurde vom Ersten Lord der Admiralität veranlaßt, der den Telegrafen in Friedenszeiten für unnötig hielt.*

Der Brief lautet:
Mr. Barrow entbietet Mr. Ronalds seine Grüße und teilt ihm in bezug auf sein Schreiben vom 3. d. M. mit, daß Telegrafen jeglicher Art jetzt völlig überflüssig sind und daß kein anderes Gerät als das jetzt verwendete zum Einsatz kommen wird.
Admiralty Office 5. August
Upper Mall
Hammersmith

Ein Experiment im Garten *Auf dem Grundstück seines Hauses in Hammersmith verlegte Francis Ronalds mehr als 10 km stromführende Drähte auf zwei Holzgerüsten mit Querlatten. Damit konnte er Nachrichten aussenden und empfangen, und er erklärte, daß der elektrische Telegraf auch über eine Entfernung von 800 km funktionieren würde. Zwar fand er damals keine Anerkennung, doch wurde er 1871 für seine Erfindung nachträglich in den Adelsstand erhoben.*

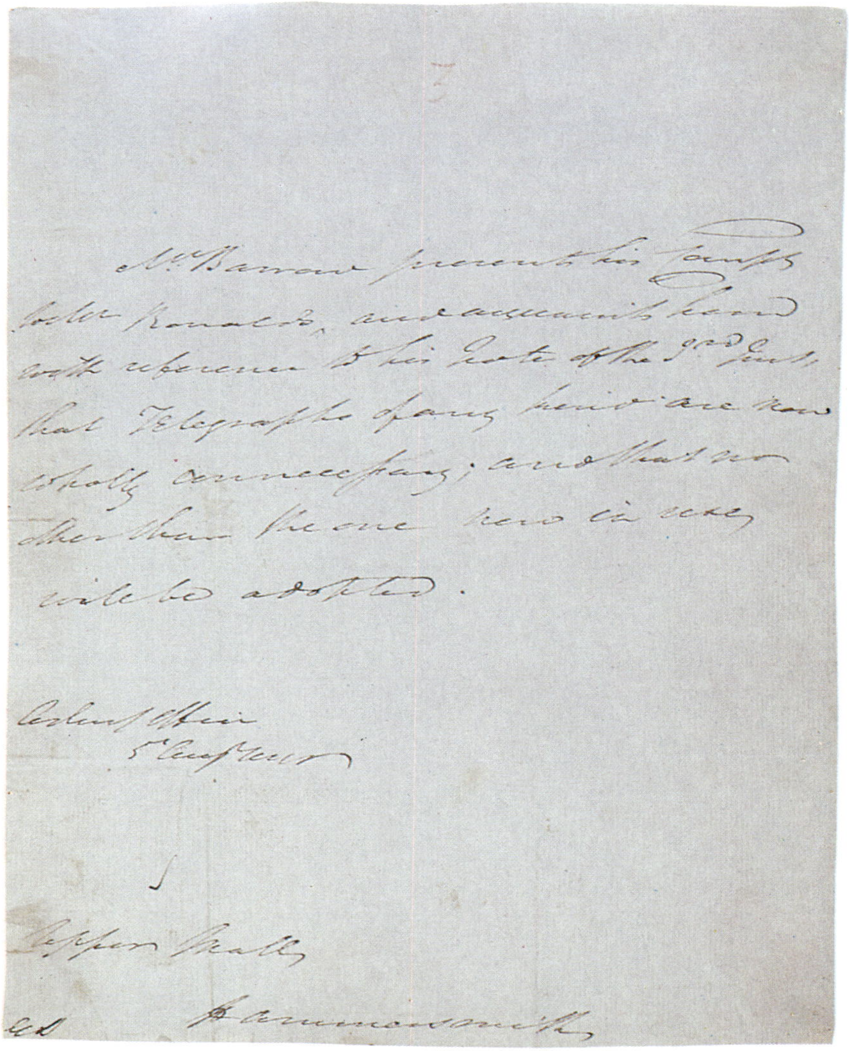
Mr Barrow presents his Compts to Mr Ronalds, and acquaints him with reference to his note of the 3rd Inst. that Telegraphs of any kind are now wholly unnecessary; and that no other than the one now in use will be adopted.

Admlty Office
5 August

Upper Mall
Hammersmith

Bronzeschwerter *In der Bronzezeit wurden viele Gegenstände – Waffen, Gefäße, Schmuck – aus Bronze hergestellt, einer Legierung aus Kupfer und Zinn. Hier einige Schwerter aus der späten Bronzezeit (um 1000 v. Chr.).*

Bronze

Sie wurde um 3500 v. Chr. entdeckt

Bronze ist eine Legierung aus Kupfer und Zinn, die sich gut gießen läßt und nicht rostet.

Die Metallverarbeitung begann bereits um 8000 v. Chr. mit dem Hämmern gediegenen Kupfers im östlichen Mittelmeerraum und in Mesopotamien. Einige Zeit nach 5000 v. Chr. entdeckte man, daß Kupfer aus bestimmten „Erden“ oder Erzen gewonnen werden konnte, wenn man diese bei großer Hitze brannte oder schmolz. Um 3500 v. Chr. ergab eine zufällige Verhüttung von gemischten Kupfer- und Zinnerzen die Bronze.

Das gemischte Erz ließ sich leichter schmelzen als Kupfererz allein, und das ausgeschmolzene Metall konnte leicht in Form gegossen werden. Im festen Zustand war Bronze dann wesentlich härter als Kupfer.

Die Technik der Bronzeherstellung breitete sich vom Vorderen Orient aus und hatte bis 1800 v. Chr. fast alle Teile Europas erreicht. Ungefähr um 1000 v. Chr. wich das Bronzezeitalter der Eisenzeit, als sich, wieder vom östlichen Mittelmeerraum ausgehend, die Kunst der → Eisenverhüttung durchsetzte.

Brot

Es wurde zuerst um 7000 v. Chr. in Mesopotamien hergestellt

Seit Jahrtausenden gehört das Brot zu den wichtigsten Grundnahrungsmitteln des Menschen. Ursprüngliche Weizenformen wie Emmer (Spelzweizen) und Einkorn wurden schon vor 9000 Jahren in Mesopotamien angebaut. Ungefähr um die gleiche Zeit zerkleinerten die Indianer im heutigen Kalifornien Eicheln und andere Samen, um daraus Mehl für ein derbes Brot zu machen.

Zunächst zerrieb man das Getreide zwischen zwei flachen Steinen; das grobe Mehl wurde mit Wasser vermischt und normalerweise auf einem heißen, flachen Stein auf offenem Feuer zu Fladen gebacken.

Mehl wurde aus Weizen, Gerste, Roggen, Hafer, Hirse und Linsen gewonnen. Auf altägyptischen Wandmalereien sieht man Frauen, die Getreide mit steinernen Rollen mahlen. Das Brot war zäh, aber die flachen Laibe konnte man bei Feldzügen und Jagden leicht transportieren und lagern.

Die ersten Brotsorten enthielten keine Treibmittel wie Sauerteig oder Hefe, die im Teig Lufttaschen bilden und ihn aufgehen lassen. Man darf annehmen, daß um 2000 v. Chr. ein ägyptischer Bäcker zufällig das gesäuerte Brot entdeckte, als er den Teig in der Sonne stehenließ. Gärstoffe aus der Luft drangen in den Teig ein, machten ihn durch den Gärungsprozeß sauer, und das Brot ging auf, als es erhitzt wurde.

Im 1. Jh. v. Chr. bauten die Griechen die erste → Wassermühle. Mehl konnte nun kommerziell hergestellt werden. Bereits 700 n. Chr. erfanden die Araber auch die → Windmühle.

Weißbrot aus feingemahlenem Mehl war ein Luxus, der für das gewöhnliche Volk unerschwinglich blieb, bis solches Mehl im großen Stil hergestellt werden konnte. Das gelang erst im 19. Jh. Dabei wurden schon beim Mahlen Kleie und Weizenkeime entfernt, welche die dunkle Farbe des Brotes verursachen.

Heute wird das meiste Brot in Fabriken hergestellt, wo der Teig mechanisch gemischt, geformt und in automatischen Öfen gebacken wird. Das fertige Brot rollt auf Fließbändern in Schneidemaschinen mit rasiermesserscharfen Stahlklingen, die 1500 Laibe pro Stunde in Scheiben schneiden, und anschließend in Verpackungsanlagen. In jüngster Zeit hat aber das natürliche Brot, das Kleie und Weizenkeime enthält, wieder sehr an Beliebtheit gewonnen.

Brückenbau

siehe Seite 50

Brutkasten

Der erste Brutkasten mit einem Thermostat wurde im 17. Jh. von dem Holländer Cornelius Drebbel gebaut

Den ersten Brutkasten zum Ausbrüten von Vogeleiern, der einen → Thermostat hatte, baute 1609 der holländische Physiker Cornelius Drebbel. Seine Erfin-

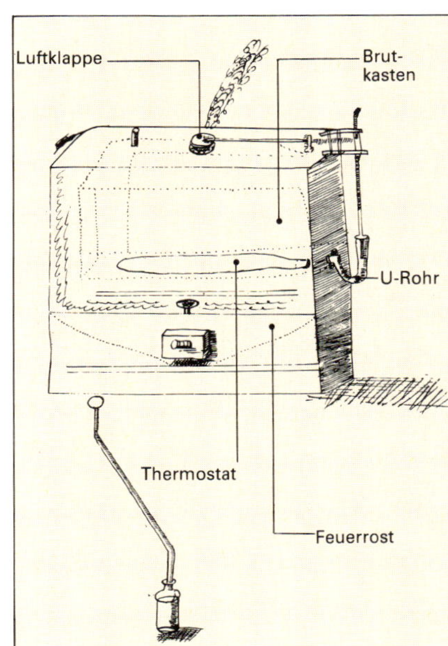

Kohlenbeheizter Brutkasten *Drebbels Originalzeichnung zeigt seinen Brutkasten mit Alkoholthermostat, der mit einem quecksilbergefüllten, U-förmigen Rohr verbunden ist. Das Quecksilber steigt, wenn sich der Alkohol ausdehnt, und schließt die Luftklappe. Wenn die Temperatur stärker abfällt, wird die Klappe geöffnet.*

dung geht zum Teil auf die beheizten Kammern zurück, in denen die alten Ägypter und Chinesen Eier künstlich ausbrüten ließen.

Drebbels Brutkasten war ein kohlenbeheizter Behälter, in dem heiße Luft um einen inneren Kasten mit den Eiern strömte. Dieser Kasten war durch einen Wassermantel geschützt, in dem eine mit Alkohol gefüllte Thermostatröhre steckte. Wenn sich der Alkohol durch die Wärme ausdehnte, drückte er auf eine Quecksilbersäule in einem U-förmigen Rohr, die wiederum einen Metallstab bewegte. Dieser Stab war mit Hebeln verbunden, die eine Luftklappe zur Regulierung des Feuers auf einem Rost unterhalb des Kastens öffneten oder schlossen. So konnte die Temperatur im Brutkasten verhältnismäßig konstant gehalten werden.

Im Jahr 1750 erfand der französische Naturwissenschaftler René-Antoine Ferchault de Réaumur einen einfacheren, jedoch weniger zuverlässigen Brutkasten. Er bestand aus einem runden Ofen und war von einer beheizten Platte umgeben, auf welche die Eier zum Ausbrüten gelegt wurden. In den modernen Brutkästen für die Hühnerzucht werden mehrere übereinanderliegende flache Schalen auf 31–37° erwärmt. Der Luftfeuchtigkeitsgehalt wird auf 61–80 Prozent gehalten, damit die Eier nicht austrocknen. Diese Geräte haben im 20. Jh. die Geflügelproduktion in der Welt gewaltig gesteigert.

Dr. Alexandre Lion in Nizza verwendete als erster das Prinzip von Drebbels Brutkästen auch für die intensive Pflege frühgeborener Babys.

Moderne elektrische Brutkästen oder Inkubatoren sind der Erfindung von Dr. Lion ähnlich, bieten aber zusätzlich die Möglichkeit, den Herzschlag und die Atmung zu messen. Sie gehören zur Standardausrüstung vieler Krankenhäuser und haben schon Millionen von Frühgeborenen das Leben gerettet, weil sie die gleiche Temperatur und Feuchtigkeit aufrechterhalten, wie sie im Mutterleib vorhanden sind.

Bügeleisen

Bereits im 8. Jh. in China verwendet

Erwärmte Eisen zum Bügeln von Kleidungsstücken wurden erst im 18. Jh. allgemein üblich, als es immer mehr Baumwollstoffe gab, die geplättet werden mußten. Bereits im 8. Jh. aber bügelten die Chinesen ihre Seidenstoffe mit Eisen, die einer kleinen Bratpfanne mit langem Stiel glichen. Sie wurden mit glühender Holzkohle gefüllt.

Seit etwa 1600 benutzten die Schneider in Holland große, hohle „Bolzeneisen", in die durch eine rückwärtige Schiebeklappe ein rotglühender Eisenbolzen eingeführt wurde.

Am weitesten verbreitet waren im 18. Jh. schwere gußeiserne Bügeleisen. Man verwendete sie stets paarweise: Während eines auf der Herdplatte erhitzt wurde, bügelte man mit dem anderen. Ein weiteres Modell glich einem aus Messing oder Eisen gefertigten und mit einem kleinen Kamin versehenen Ofen, in dem sich glühende Holzkohle befand.

Wesentliche Verbesserungen
Das massive Bügeleisen wurde 1867 bis 1871 durch Mary Florence Potts in Iowa wesentlich verbessert. Sie erfand ein Eisen, das an beiden Enden spitz zulief und einen aufsteckbaren Handgriff aus Holz hatte. Gebügelt wurde mit drei Eisen, wobei man den Holzgriff jeweils umwechselte. Gasbügeleisen waren seit der Mitte des 19. Jh. bekannt; sie wurden kurz vor der Jahrhundertwende allmählich vom elektrischen Bügeleisen verdrängt. Das erste Bügeleisen dieser Art – mit einem offenen Lichtbogen – erfand 1882 Henry Seely in New Jersey. 1889 folgte das elektrisch beheizte Eisen mit einer Heizspirale, das von Charles Carpenter, einem Kellner in Minneapolis, erfunden wurde.

Das Dampfbügeleisen für den Haushalt, das vor dem Bügeln den Stoff anfeuchtet und erwärmt, wurde erstmals 1926 von der chemischen Reinigung Eldec Company in New York hergestellt, die das Haushaltgerät dem gewerblichen Dampfbügeleisen nachbaute. Das erste zuverlässige Dampfbügeleisen mit Temperaturregelung für den Haushalt wurde 1938 von Edmund Schreyer in Connecticut konstruiert.

Bunsenbrenner

1855 in Deutschland erfunden

Der deutsche Chemiker Robert Wilhelm Bunsen (1811–1899) führte den nach ihm benannten Brenner 1855 ein. Seitdem dient er vor allem in chemischen Laboratorien als Heizquelle. Das Prinzip wird auch bei Gasherden verwendet.

Es handelt sich dabei um eine einfache Vorrichtung, die Gas mit Luft vermischt, bevor es verbrennt. Dadurch entsteht eine wesentlich heißere Flamme. Der einfachste Brenner besteht aus einem vertikalen Rohr mit einem Luftloch am unteren Ende. Über dem Luftloch ist eine verschiebbare Manschette angebracht, mit deren Hilfe man die Luftzufuhr regulieren kann.

Büroklammer

Deutsches Patent aus dem Jahr 1900

Vor der Erfindung der Büroklammer mußten lose Papierblätter mit einer Nadel zusammengesteckt oder an den Ecken umgefaltet werden, wenn man sie zusammenhalten wollte. Die einfache Büroklammer tut das, ohne das Papier zu beschädigen. Sie ist eine Erfindung des Norwegers Johann Vaaler, der sie sich im Jahr 1900 in Deutschland patentieren ließ.

Büstenhalter

Der moderne BH wurde 1912 in Deutschland erfunden

Obwohl es in Sizilien ein Mosaik gibt, das eine Römerin aus dem 3. Jh. n. Chr. in einem Bikini zeigt, verlangte die Mode der Vergangenheit im allgemeinen weniger luftige Unterwäsche.

Das Patent für einen nahtlosen Büstenhalter erhielt 1903 Kate Morgan in London; es war ein abgewandeltes Korsett mit einem weichen Oberteil.

Sechs Jahre später machte die amerikanische Ausgabe der Zeitschrift *Vogue* Reklame für einen Büstenhalter modernen Typs. Der wurde aber immer noch über dem Hemd getragen. Die Erfindung des ersten „hautnahen Brusthalters" machte im Jahr 1912 der Stuttgarter Sigmund Lindauer. Sein Patent bekam er 1913.

Der Büstenhalter wurde in breiteren Kreisen bekannt, nachdem sich eine Dame aus der besseren amerikanischen Gesellschaft, Mary Phelps Jacob, später als Caresse Crosby bekannt, 1914 erstmals selbst einen Büstenhalter angefertigt hatte. Er bestand aus zwei Taschentüchern, die sie in der Mitte zusammennähte, raffte und auf dem Rücken mit Bändern schloß. Sie erhielt dafür ein Patent, das ihr 15 000 Dollar einbrachte.

Brückenbau

Die ersten wichtigen Brücken wurden von den Römern als Teil des Straßennetzes in ihrem Imperium gebaut

In der Altsteinzeit zogen die Menschen als Jäger umher und benutzten allenfalls einmal eine natürliche Brücke, etwa einen Baum, der über einen Fluß gefallen war. Sobald der Mensch als Bauer seßhaft wurde, brauchte er zuverlässige Handels- und Verkehrswege – und damit Brücken. Die ersten Erfolge hatte er mit dem Bau von Balken- und Hängebrücken. Später wagte er sich auch an die Konstruktion von Auslegerbrücken, die schwieriger zu bauen waren, denn dabei benötigte man zwei freitragende Holzarme mit Gegengewichten; doch konnte man mit diesem Typ größere Spannweiten erzielen. Bogenkonstruktionen vermochte der Mensch damals noch nicht zu meistern.

Steine als Baumaterial
Als Baumaterial für Brücken wurden damals stets Holzbalken und Seile verwendet, weil sie leicht zu beschaffen und zu verarbeiten waren. Später benutzte der Mensch für den Brückenbau Steine, denn die Holzkonstruktionen hielten nicht lange und mußten oft ausgebessert werden. Doch blieb man zunächst bei der alten Bauweise: Die Holzkonstruktionen wurden in Stein ausgeführt. Sie erwiesen sich aber nicht immer als pas-

Balken- und Auslegerbrücken

Alte Steinbrücke *Diese mittelalterliche Granitbrücke, eine Postbrücke im Dartmoor, Devon, ist ein frühes Beispiel für eine Balkenbrücke.*

Die ersten Balken- und Auslegerbrücken und ihre Entwicklung im Lauf der Zeit

10 000 v. Chr.: Primitive Brücken
Die einfachste Brückenkonstruktion ist eine Balkenbrücke. Sie besteht aus einem waagrechten Bauteil (Träger), der an beiden Enden abgestützt ist. Auch der primitive Mensch konnte diesen Typ in einfacher Weise herstellen, indem er einen Baumstamm über einen Wasserlauf legte.

Der griechische Geschichtsschreiber Herodot, der im 5. Jh. v. Chr. lebte, beschreibt eine mehrteilige Balkenbrücke von Babylon. Sie besaß 100 Steinpfeiler, auf denen Holzbalken ruhten. Die freie Spannweite zwischen den Pfeilern betrug gut 1,5 m.

Der Ausleger einer Auslegerbrücke ist ein freitragender Balken, den man an einem Ende mit einem Gewicht beschwert. Die Chinesen bauen Auslegerbrücken, indem sie immer längere Holzbalken waagrecht in gemauerte Türme einlassen, die an den beiden Ufern stehen. Die längsten Balken der obersten Lage stoßen in der Mitte des Flusses zusammen oder werden durch einen einzelnen Holzbalken verbunden. Solche Brücken können eine Spannweite bis zu 50 m haben.

Für den Bau von Balkenbrücken war Holz das beste Material, bis dann im 19. Jh. Gußeisen zur Verfügung stand. Weil Holz verwittert, sind keine Balken- und Auslegerbrücken aus alter Zeit erhalten geblieben.

Als dauerhafteres Baumaterial wurde Stein verwendet. Wegen seiner Brüchigkeit hatten diese massiven Brücken aber nur kurze Spannweiten. Ein Beispiel dafür ist die Postbrücke über den East Dart in Devon, die dreimal 1,5 m überspannt. Sie dürfte in späterer Zeit gebaut worden sein, stellt aber den Typ einer jungsteinzeitlichen Brücke dar.

Die Römer bauten auf ihren Eroberungszügen einige Brücken mit hölzernen Balken und Stützen. Julius Cäsar errichtete 55 v. Chr. eine 550 m lange Holzbrücke mit 50 Stützen über den Rhein.

1570: Fachwerkbrücken in Europa
Der Fachwerkträger ist ein Gerippe aus kleineren Streben, die ursprünglich nur aus Holz bestanden. Er ist billiger und leichter und fast ebenso stabil wie ein massiver Vollwandträger.

Als erster hat der italienische Architekt Andrea Palladio im Jahr 1569 Brücken mit Fachwerkträgern entworfen. Eine seiner Holzbrücken mit 30 m langem Fachwerkträger überspannte den Fluß Cismon. Seit der Renaissance wurden viele kleine Fachwerkbrücken gebaut; für größere Projekte bevorzugte man aber die Bogenkonstruktion aus Stein.

1820: Fachwerkbrücken in den USA
Der moderne Fachwerkträger ist von amerikanischen Ingenieuren entwickelt worden. Er spielte eine wichtige Rolle, als das Eisenbahnnetz der USA weiter nach Westen in Gebiete ausgedehnt wurde, in denen reichlich Bauholz zur Verfügung stand.

Im Jahr 1820 ließ sich der Ingenieur Ithiel Town einen Fachwerkträger patentieren, dessen Verstrebungen sich schräg kreuzten und ein Gitterwerk bildeten. Dieser Brückenträger bewährte sich für den leichten Straßenverkehr. Bei der Belastung durch die schweren Lokomotiven mußte ein Fachwerkträger jedoch aus ineinandergreifenden Dreiecken bestehen; denn ein Dreieck behält seine Form – solange es nicht bricht.

Eine solche Form hatten die hölzernen Fachwerkträger, die 1840 von William Howe und 1844 von Caleb und Thomas Pratt konstruiert wurden. Den ersten Fachwerkträger aus Eisen stellte Squire Whipple 1847 her. Sein Konstruktionsprinzip wurde auch im 20. Jh. noch verwendet. Whipple beschrieb überdies, wie man die Belastung der einzelnen Elemente berechnet, so daß der Brückenbauer jetzt seine Entwürfe auf konkrete Zahlen – und nicht nur auf Annahmen und Erfahrungswerte – stützen konnte.

1849: Der eingespannte Bogenträger
In England entwickelte der Eisenbahningenieur Robert Stephenson aus dem Fachwerkträger von Squire Whipple den eingespannten Bogen. Hierbei handelt es sich um einen bogenförmigen Träger mit einem waagrechten Zugband, das verhindert, daß die Bogenenden auseinanderweichen. Dieser Träger wird wie ein Balken mit den Enden aufgelegt. (Ein echter Fachwerkbogen wie bei der Brücke im Hafen von Sydney sieht ähnlich aus, ist aber wesentlich größer, und die seitlichen Schubkräfte an den Bogenenden müssen von massiven Betonfundamenten aufgefangen werden.)

Stephenson konstruierte den eingespannten Bogenträger für seine Hochdeckbrücke in Newcastle upon Tyne, die 1849 fertiggestellt wurde. Sie besitzt sechs Felder mit einer Spannweite von je 38 m.

send; Stein ist brüchig und läßt sich nicht biegen. Als aufliegender Balken ist er weniger geeignet und läßt dann nur geringe Spannweiten zu. Einige Brücken im Südwesten Englands, die aus flachen, auf Pfeilern ruhenden Steinplatten bestehen, stammen noch aus der Jungsteinzeit.

Für die richtige Verwendung von Stein als Baumaterial bedurfte es der Bogenkonstruktion. Bis man aber soweit war und kleinere Torbogen bauen oder um 3000 v. Chr. in Mesopotamien die 60 cm breiten Abwasserkanäle überbrücken konnte, hatte das Gesellschaftsgefüge bereits so feste Formen angenommen, daß sich neue Ideen oft nur schwer durchsetzen konnten.

Den Griechen wäre der Durchbruch mit der Bogenkonstruktion wohl möglich gewesen; als seefahrendes Volk hatten sie aber nur wenig Bedarf an langen Brücken. Die Römer waren praktisch veranlagt, und sie benötigten zudem große, feste Brücken für ihr ausgedehntes Straßennetz. Ihr weitgespanntes Imperium wäre ohne diese Verbindungs- und Handelswege nicht möglich gewesen.

Der Brückenbau im großen Stil beruhte auf vier wichtigen Voraussetzungen: Geld, Fachwissen, Macht (auf politischem und organisatorischem Gebiet) und Bedarf. Das alles war in ausreichendem Maße erstmals bei den Römern gegeben. Es fehlte fast gänzlich im frühen Mittelalter (400–1000), trat dann zur

1850: Der erste Kastenträger
Ein Jahr später vollendete Stephenson eine weitere wichtige Brücke: Die Britanniabrücke, die dem Eisenbahnverkehr über die Menai Strait in Nordwales diente. Bei dieser Brücke bestanden die Balken aus großen, rechteckigen Röhren, in deren Innerem die Züge fuhren. Die Spannweite betrug bei den beiden Hauptöffnungen in der Mitte je 140 m. Die Röhren wurden durch die Türme geführt und zu zwei 460 m langen, durchgehenden Balken miteinander verbunden. Diese Konstruktion war stabiler als eine Reihe einfacher Balken, denn ein Teil bildete in Form eines Auslegers das Gegengewicht für den andern.

Die Brücke wurde 1970 durch ein Feuer zerstört. Sie besaß den ersten großen, durchgehenden Balken und war die Vorläuferin der Kastenträgerbrücke.

1867: Die Auslegerbrücke
Die freitragende Auslegerbrücke ist eine Konstruktion mit zwei Armen, die beiderseits über einen Mittelpfeiler hinausragen und sich wie bei einer Wippe die Waage halten. Die erste moderne Brücke dieser Art wurde 1867 von Heinrich Gerber bei Haßfurt über den Main gebaut. Die mittlere ihrer drei Öffnungen hatte eine Spannweite von 38 m.

Die erste ganz große Auslegerkonstruktion war die 3 km lange Eisenbahnbrücke über den Firth of Forth in Schottland. Ihre beiden Hauptöffnungen mit einer Spannweite von je 520 m gehörten damals zu den größten der Welt. Die Brücke wurde 1890 nach Entwürfen von Benjamin Baker gebaut. Man benötigte dafür 50000 t Stahl.

1879: Die Eisengitterbrücke
Die 1879 gebaute Eisenbahnbrücke über den Firth of Tay war mit mehr als 3 km damals die längste Brücke der Welt. Ihr Konstrukteur, Sir Thomas Bouch, entwarf sie mit 85 Gitterträgern, die auf schlanken, gußeisernen Pfeilern ruhten. Doch war sie nicht stabil genug und stürzte noch im selben Jahr ein, als ein Zug darüberfuhr.

1948: Die Kastenträgerbrücke
Der moderne Kastenträger ist eine Röhre mit rechteckigem Querschnitt, so daß er aneinandergereihten Kästen ähnelt. Er ist durch Innenwände versteift, hat in der Regel aber eine Breite von 3 m. Eine Brücke kann Kastenträger an beiden Seiten der Fahrbahn haben oder nur einen Träger in der Mitte besitzen, über den dann die aufgesetzte Fahrbahn beiderseits herausragt. Meist bestehen die Träger aus dünnem Stahl; sie werden heute aber auch aus Stahlbeton oder Spannbeton hergestellt. Die zahllosen Kastenbrücken, die in der ganzen Welt errichtet werden, dienen fast ausschließlich dem Ausbau des Straßen- und Autobahnnetzes.

Der leichte Kastenträger *Die sechs Stützweiten der Europabrücke bei Innsbruck werden von einem durchgehenden Kastenträger überspannt. Diese Bauweise ist typisch für Brücken mit mittlerer Spannweite, die nach dem Ende des Zweiten Weltkriegs in Deutschland und Österreich gebaut wurden. Die Europabrücke hat eine Hauptspannweite von 184 m, und das Straßendeck liegt 190 m über dem Talgrund. Die einfache, klare Linienführung kennzeichnet die Kastenträgerkonstruktion, die aus sehr dünnen und leichten Stahlelementen besteht – und deshalb äußerst erfolgreich ist. Der Kastenträger wird heute vorwiegend für Autobahnbrücken verwendet.*

Zugverkehr in geschlossenen Röhren *Im Jahr 1850 vollendete Robert Stephenson den Vorläufer einer Kastenträgerbrücke: die Britanniabrükke über die Menai Strait. Die Züge verkehrten in Röhren, die zwei durchgehende Balken bildeten.*

Zeit der italienischen Renaissance im 15. Jh. wieder auf und kam nach der industriellen Revolution im 19. und 20. Jh. am stärksten zur Geltung.

Das Weströmische Reich wurde im 5. Jh. von Volksstämmen übernommen, die im Vergleich zu ihren Vorgängern Barbaren waren und als kleine Splittergruppen miteinander im Streit lagen. Am Brückenbau bestand praktisch kein Interesse mehr: Einerseits eröffneten Brükken dem Feind einen Zugang; andererseits hatten die Menschen kein Bedürfnis zu reisen, da sie meistens in kleinen und einigermaßen autarken Gebieten ihr Leben fristen konnten.

Die einzige zentrale Organisation mit Vermögen und weiterreichenden Interessen war die christliche Kirche, und von ihr wurde der Brückenbau um 1000 n. Chr. auch wieder aufgenommen. Daneben wurden in Europa zur Zeit der Gotik auch von mächtigen Fürsten und Königen einige Brücken errichtet.

Alle mittelalterlichen Brücken besaßen in der Regel mehrere kleine Bogen von unterschiedlicher Spannweite mit allzu vielen, massiven Pfeilern, die nach Meinung der unerfahrenen Konstrukteure die Stabilität erhöhen sollten. Das Gegenteil war jedoch der Fall, und immer wieder stürzten im Lauf der Zeit Brücken ein, wenn Eis und Geröll oder auch nur die Wassermassen sich aufstauten und die Brücken eindrückten, nachdem der reißende Strom zwischen den

Hängebrücke

Talüberquerung *Seit Jahrhunderten überqueren die Bewohner des Zanskartals im Himalajagebiet von Kaschmir die Flußläufe auf Hängebrücken dieser Art.*

Die Hängebrücke – von der Steinzeit bis zum 20. Jahrhundert

10000 v. Chr.: Hängebrücken der Jungsteinzeit
Bei einer Hängebrücke treten fast nur Zugspannungen auf. Bauteile, die auf Zug beansprucht sind, können schwächer sein als solche, die unter Druck stehen, denn sie werden nicht zusammengestaucht. Deshalb sind Hängebrücken leichter und lassen größere Spannweiten zu als alle anderen Brückenkonstruktionen. Bei Belastung biegen sie sich etwas durch und verteilen die Last auf eine größere Fläche.

Einfache Hängebrücken kennt man seit der Steinzeit. Ihr Steg hängt meist genausoweit durch wie ihr Tragwerk. In ihrer einfachsten Form bestehen sie aus zwei begehbaren Holzbohlen, die an zwei parallelen Seilen befestigt sind. Die ältesten Hängebrücken findet man in China, beispielsweise in der Provinz Jünnan eine aus dem Jahr 1470 mit einer Spannweite von 68 m. Ihr Hängewerk besteht aus handgeschmiedeten Ketten.

In Europa wurden bis ins 19. Jh. Hängekonstruktionen nur als ziemlich provisorische Brücken für Fußgänger errichtet. Es gab damals noch kein witterungsbeständiges Material, das der Zugspannung hätte standhalten können.

1801: Die erste moderne Hängebrücke
Die Hängebrücke einfachster Bauart war für Fahrzeuge ungeeignet, weil sie zu stark schwankte. Um diesen Nachteil zu beseitigen, hängte man bei der modernen Hängebrücke am Tragwerk mit Drahtseilen eine versteifte Fahrbahn an. Die Trossen des Tragwerks führen über zwei hohe Pfeiler und sind an den Enden im gewachsenen Fels verankert oder an mächtigen Gewichten befestigt.

Der erste abendländische Entwurf einer Hängebrücke mit horizontaler Fahrbahn wurde 1595 in einem Buch des österreichischen Bischofs Fausto Veranzio veröffentlicht. Die Ketten ihres Tragwerks bestanden aus Eisenstäben, die miteinander verbunden waren. Die erste Brücke dieser Art wurde 1801 in Amerika von James Finlay gebaut; sie überspannte den Jacob's Creek in Pennsylvania und hatte eine Länge von 21,5 m.

Die erste größere und verkehrsgerechte Hängebrücke baute Thomas Telford über die Menai Shait in Nordwales. Zunächst legte er mit Hilfe von Senkkästen im Caissonverfahren (→ Senkkasten) die Fundamente für die Pfeiler. Im Jahr 1824 waren die Pfeiler in ihrer endgültigen Höhe von 46,5 m aufgemauert. Die Ketten für die

Erste Hängebrücke mit Stahlkabeln *Bei ihrer Eröffnung im Jahr 1883 war die Brooklynbrücke mit einer Spannweite von 486 m die längste Hängebrücke der Welt. Sie war auch die erste Brücke mit Stahlkabelaufhängung. Die Kabel bestanden aus nahezu 2000 km Draht.*

breiten Pfeilern die Fundamente unterspült hatte.

Brückenbau zur Zeit der Renaissance
In der Renaissance entdeckte man die Regeln neu, die der Kunst des Brückenbaus zugrunde liegen. Die Mauerteile zwischen den Bogen und der Fahrbahn einer Brücke nennt man Bogenzwickel. Beim romanischen Rundbogen und gotischen Spitzbogen mußten diese Zwickel groß und schwer sein. Um das Gewicht zu verringern, entwarfen die Brückenbauer der Renaissance niedrigere und flachere Wölbungen. Ihre segmentförmigen, halbelliptischen Bogen verbesserten die Konstruktion, und auch die Architektur nahm sich jetzt des Brückenbaus an. Im Zusammenwirken von Technik und Baukunst hat der Brückenbau gegen Ende des 18. Jh. in Frankreich seinen höchsten Stand erreicht.

Im Jahr 1709 schmolz der englische Eisenfabrikant Abraham Darby erstmals Eisen mit Hilfe von Koks und goß es in Formen; und gegen Ende des Jahrhunderts errichtete man immer mehr Bogenbrücken aus Gußeisen. Der Zusammenhang zwischen industrieller Revolution und dem Bau von eisernen, später stählernen Brücken ist mit demjenigen zwischen dem Römischen Imperium und der steinernen Bogenbrücke zu vergleichen. Eines war nicht die Folge des anderen, sondern beides entwickelte sich parallel.

beiden seitlichen Brückenbogen wurden mit Gerüsten montiert; die Kette für den mittleren Bogen legte man auf einem 137 m langen Floß aus und hievte sie dann mit Winden hoch. An die Tragketten hängte man in Abständen von 1,5 m Eisenstäbe an, welche die 9 m breite und 176 m lange hölzerne Fahrbahn trugen.

1825–1860: Brücken mit Stahlkabeln
Thomas Telford machte auch Versuche mit Drahtseilen. Damals stand jedoch Draht noch nicht in ausreichenden Mengen zur Verfügung. Solche Seile besitzen gegenüber Ketten gewisse Vorteile: Sie sind in ihrer gesamten Länge biegsam und dabei fester.

Pionierarbeit auf dem Gebiet der Hängekonstruktion mit Stahlseilen leisteten um 1830 in Frankreich Marc Séguin, der mehrere Brücken mit Spannweiten von knapp 100 m baute, und M. Vicat, der ein Verfahren ausarbeitete, mit dem man die schweren Stahlkabel direkt an der Brückenbaustelle aus Drähten herstellte, so daß sie nicht mehr umständlich von der Fabrik herantransportiert werden mußten. Diese Stahlkabel für Hängebrücken werden nicht verdrillt wie übliche Seile, sondern man legt Drähte parallel nebeneinander und umwickelt sie außen. Die moderne Brücke an Stahlkabeln ist jedoch vor allem dem deutschen Ingenieur Johann August Röbling zu verdanken, der 1831 in die Vereinigten Staaten auswanderte. Er baute 1855 die Hängebrücke über die Niagaraschlucht und 1867 eine weitere in Cincinnati über den Ohio. Diese hat eine Spannweite von 322 m.

1883: Die Brooklynbrücke
Die Brooklynbrücke in New York war Johann Röblings Meisterwerk. Mit einer Spannweite von 486 m war sie um die Hälfte länger als jede Brücke zuvor, und sie wurde als erste von Stahlkabeln getragen. Die Arbeiten begannen 1869. Kurz danach starb Röbling.

Sein Sohn, Washington A. Roebling, führte das Projekt weiter. Die Fundamente für die Pfeiler wurden im Caissonverfahren bis 14 und 24 m unter die Hochwassermarke in das Flußbett abgesenkt.

Die 88 m hohen Pfeiler waren 1876 aufgemauert, und man begann mit dem Wickeln der Stahlkabel. Für die vier Kabel, die einen Durchmesser von 40 cm hatten, benötigte Roebling fast 2000 km Draht.

Da kein gewachsener Fels für Verankerungsschächte vorhanden war, wie Telford sie für die Menaibrücke zur Verfügung hatte, mußten als Gegengewicht an jedem Ende der Brücke 44 000 t Mauerwerk errichtet werden. Dann erst wurde die Fahrbahn angehängt, und 1883 übergab man die Brücke dem Verkehr.

1940: Die Konstruktion, die zu kühn war
Nach der Brooklynbrücke wurden weitere Hängebrücken gebaut, immer längere und schlankere – bis man in Amerika schließlich die Grenzen des Möglichen überschritt: 1940 wurde eine Hängebrücke, die Tacoma-Narrows-Brücke über den Pugetsund im Bundesstaat Washington, durch Wind in Schwingungen versetzt. Diese schaukelten sich so auf, daß die Brücke einstürzte.

Nach diesem Unglück kehrte man in Amerika zum bewährten Prinzip zurück. Die Fahrbahnen bekamen einen dicken Betonbelag, und an den Seiten wurden starke Versteifungsträger angebracht. Eine konstruktive Verbesserung kam erst mit der Hängebrücke über den Severn.

1966: Severnhängebrücke
Für die Überquerung des Severn war eine konventionelle Hängebrücke von steifer und schwerer Bauart mit einem 990 m langen Mittelteil geplant. Die Bauarbeiten hatten bereits begonnen, als der Chefkonstrukteur, Gilbert Roberts, im Windkanal Versuche mit flossenförmigen Hohlprofilen für die Fahrbahn durchführte. Die Tests verliefen so erfolgreich, daß man von der geplanten Fahrbahn mit seitlichen Versteifungsträgern abging.

Die aerodynamisch geformte Fahrbahn stellte eine revolutionierende Neuerung im Bau von Hängebrücken dar und brachte eine 30prozentige Einsparung des Stahlbedarfs für die Fahrbahn mit sich.

Stromlinienform *Die moderne Brücke über den Humber im Norden Englands wurde aus Einzelelementen hängend zusammengesetzt. Miteinander verschweißt, ergaben diese Teile einen durchgehenden Kastenträger, der nur 4,5 m hoch ist. Die Spannweite der Mittelöffnung ist mit 1410 m die größte der Welt. Die Fahrbahn ist mit Drahtseilen an die Kabelgurte angehängt. Diese laufen schräg – im Gegensatz zur amerikanischen Bauweise mit ihren senkrechten Tragseilen. Die schräggespannten Seile verhindern Fahrbahnschwankungen bei Wind. Man nimmt an, daß noch Hängebrücken mit der doppelten Spannweite der Humberbrücke technisch möglich sind.*

Ein leistungsfähiges Transportsystem war zur Zeit der industriellen Revolution äußerst wichtig. Eine Zeitlang reichten die Schiffahrtskanäle aus; die Eisenbahn war aber schneller und konnte mehr Güter transportieren. Der Schienenweg machte Eisen- und Stahlbrücken erforderlich; denn für eine möglichst geradlinige Streckenführung mit geringen Steigungen braucht man zahlreiche Brücken mit größeren Spannweiten. Eisen und Stahl eröffneten den Brückenbauern ein neues Betätigungsfeld, und sie nutzten es sichtlich aus.

Ein heldenhafter Kampf

Die Ingenieure konstruierten große Brücken, welche die Menschen näher zusammenbrachten. Daß die Brücken manchmal einstürzten, betrachtete man als Begleiterscheinung eines heldenhaften industriellen Kampfes, dessen Ziel es war, den einfachen Mann aus dem Mittelalter heraus in eine moderne Welt zu führen und seinen Lebensstandard anzuheben.

Die Reisezeiten verkürzten sich drastisch. Um 1800 benötigte man mit der Postkutsche für eine Strecke von 600 km noch etwa zehn Tage. Im Zug dauerte die Reise nicht einmal ebenso viele Stunden.

Mit ihm stellte sich aber auch eine neue Auffassung ein. Man hielt die Technik für selbstverständlich und traute den Ingenieuren zu, daß sie alles zu-

Bogenbrücke

Fest gegründet *Breite Pfeiler sind ein typisches Merkmal römischer Brücken wie dieser hier in Syrien.*

Die Römer bauten Bogenbrücken aus Stein – heute verwendet man Stahlbeton

200 v. Chr.–400 n. Chr.: Römische Brücken

Die Römer bauten als erste große Brücken, die überdies lange Bestand hatten. Sie wurden aus Stein in Form einer Bogenkonstruktion ausgeführt. Die älteste Römerbrücke ist der Ponte Rotto in Rom, der im Jahr 179 v. Chr. errichtet wurde. Ein typisches Beispiel für die älteren Brücken der Römerzeit stellt auch der 14–21 n. Chr. errichtete Ponte d'Augusto (Ponte di Tiberio) in Rimini über den Marecchia dar. Seine fünf Rundbogen ruhen auf klobigen Pfeilern.

Später erreichten die Römer beim Aquädukt eine wesentlich schlankere Pfeilerform, indem sie die Bogen, die auf den Pfeilern ruhten, gegeneinander abstützten. Zu diesem Zweck mußte für jeden Bogen ein eigenes Lehrgerüst errichtet werden, das erst entfernt wurde, wenn die ganze Brücke fertig war.

500–1500 n. Chr.: Brücken des Mittelalters

Die Bogenbrücken des Mittelalters konnten sich in keiner Weise mit denen der Römerzeit messen. Ein typisches Beispiel hierfür ist die alte London Bridge, die sich bei einer Gesamtlänge von 276 m aus 20 kleinen Bogen von unterschiedlicher Form und Größe, mit Spannweiten von 7,5 bis 10,5 m zusammensetzte. Nach 30jähriger Bauzeit wurde sie 1209 vollendet. Die Pfeiler blockierten drei Viertel des Flußlaufs der Themse. Dadurch wurden die Wassermassen derartig aufgestaut, daß der Wasserstand stromaufwärts im Durchschnitt 1,5 m höher war als auf der anderen Seite. Schließlich stürzte die Brücke ein.

Die mittelalterlichen Brückenbauer führten aber auch Neuerungen ein. Von den gotischen Gewölben übernahmen sie den Rippenbogen, der einfacher zu bauen war als der glatte Bogen und weniger Material erforderte. Überdies ließen sie ihre Brückenpfeiler stromaufwärts und stromabwärts bugartig zulaufen, um den Druck der Wasserströmung zu verringern.

Von 1500 an: Brücken der Renaissance

Der gotische Spitzbogen in einer Brücke übte zwar geringere seitliche Schubkräfte auf den stützenden Pfeiler aus, erforderte wegen seiner großen Stichhöhe aber mehr Material zwischen dem eigentlichen Bogen und der Fahrbahn. Um diese Schwierigkeit auszuschalten, entwickelte man flachere Bogenformen.

Ein hübsches architektonisches Beispiel für eine flache Renaissancebrücke ist die Rialtobrücke in Venedig, die 1592 nach vierjähriger Bauzeit vollendet wurde.

Die letzte Errungenschaft der Renaissance war der gemauerte Flachbogen auf schmalen Pfeilern. Diese Bauweise verwendete Jean R. Perronet für seinen Pont St-Maxence, dessen Stichhöhe nur ein Elftel der Spannweite betrug und dessen Pfeiler nur ein Zwölftel der Flußbreite einnahm. Die Brücke hatte drei

Flachbogenbrücke *Die Rialtobrücke in Venedig stammt aus dem 16. Jh. Sie besitzt einen eleganten Flachbogen mit einer Spannweite von 28 m und einer Scheitelhöhe von 7,5 m. Der Flachbogen ermöglicht eine geringe Steigung der Fahrbahn, übt aber wesentlich größere seitliche Schubkräfte auf die Fundamente aus.*

stande brächten. Der Brückenbau wurde raffinierter, und man brauchte dazu eine ganze Gruppe von Fachleuten. Die Brükken des 20. Jh. tragen den Stempel solcher namenloser Arbeitsgemeinschaften. Sie sind zwar immer noch schön, aber auch kalt und nüchtern und nicht mehr so persönlich gestaltet wie früher.

Wie sieht die Zukunft aus? Eine Brükke über den Ärmelkanal, die mehr als 30 km lang wäre, können wir uns heute noch nicht vorstellen. Aber die Brückenbauer der Römerzeit hätten auch die Brooklynbrücke für unmöglich gehalten. Bald wird es immerhin eine Brücke mit einer freien Spannweite von mehr als eindreiviertel Kilometern geben: Japanische Ingenieure haben bereits die Pläne für eine Brücke zwischen den Inseln Honschu und Schikoku entworfen, die mit einer freien Weite von 1780 m die Meerenge von Akaschi überspannen soll. Auch Brücken mit der dreifachen Spannweite wären heute schon technisch möglich. Man wird überdies neue Baumaterialien erproben. Einige Brücken sind bereits aus Aluminiumlegierungen gefertigt, die ebenso fest wie Stahl, aber wesentlich leichter sind.

Zudem wird man neue konstruktive Lösungen finden. Die nach aerodynamischen Gesichtspunkten entworfene Fahrbahn einer Hängebrücke, wie sie bei der Brücke über den Severn verwirklicht wurde, wird wohl kaum die Endstufe der Entwicklung bleiben.

Konstruktion aus Gußeisen *Gegen Ende des 18. Jh. wurden Brücken auch aus Eisen konstruiert. Die erste Eisenbrücke der Welt befindet sich bei Coalbrookdale in der englischen Grafschaft Shropshire. Sie besitzt eine Spannweite von 30 m.*

gleich große Bogen mit einer Spannweite von 22 m und überquerte die Oise bei Paris. Sie steht nicht mehr, aber ein weiteres Werk von Perronet, der 1791 fertiggestellte Pont de la Concorde, ist erhalten geblieben.

1770–1870: Eisenbrücken

Etwa zur gleichen Zeit, als der Pont St-Maxence gebaut wurde, konstruierte Abraham Darby die erste Eisenbrücke der Welt. Sie überspannte bei Coalbrookdale in Shropshire den Severn. Diese 1779 fertiggestellte, äußerst stabil gebaute Brücke bestand aus fünf gußeisernen Rippen, die einen einzigen Rundbogen mit einer Spannweite von 30 m bildeten. Bei der Brücke, die Thomas Telford 1796 in Buildwas über denselben Fluß baute und die einen 40 m langen Flachbogen hatte, wurde nur die Hälfte an Eisen verbraucht. Dieser wirtschaftliche Typ setzte sich im 19. Jh. bei der Konstruktion von Tausenden von Eisenbrücken durch.
Deren Gußteile sind oft sehr kunstvoll ausgeführt.

1874: Stahlbrücken

Die erste bedeutende Stahlbrücke wurde 1874 von James Eads in St. Louis erbaut. Sie besitzt drei Flachbogen mit einer Spannweite von je 152 m. Die Fahrbahn befindet sich auf dem oberen Deck, der Schienenstrang auf dem unteren. James Ead mußte → Senkkästen mit Druckluft verwenden, um seine gemauerten Fundamente 41 m unterhalb der Hochwassermarke auf das Grundgestein des Flußbetts zu setzen.

Mit einer Bogenkonstruktion wie der im Hafen von Sydney mit einer Spannweite von 503 m hätte man den Mississippi bei St. Louis ohne Pfeiler überbrücken können; doch eine solche Leistung war erst nach 58jähriger Entwicklungszeit möglich. In St. Louis wird die Fahrbahn über Bogen geführt, während im Hafen von Sydney die Fahrbahn wegen des hohen Stichs der Brücke am Bogen aufgehängt ist.

1900: Eisenbetonbrücken

Heute ist Beton das im Brückenbau am häufigsten verwendete Material. Wegen seiner Druckfestigkeit eignet er sich besonders gut für Bogenkonstruktionen. Mit Eisen armiert, kann er sich als Balken oder Ausleger auch durchbiegen. Nach dem Abbinden braucht der Beton allerdings noch bis zu einem Jahr, um vollständig auszutrocknen. In dieser Zeit schrumpft er und bekommt Risse, wenn die Brücke nicht richtig konstruiert ist. Bogenkonstruktionen aus Stahl sind gewöhnlich in ihrer ganzen Länge starr und ruhen an ihren Enden mit Gelenken, sogenannten Kämpfergelenken, an den Widerlagern.

Um der Schrumpfung des Betons Rechnung zu tragen, kann ein drittes Gelenk am Scheitel des Bogens angebracht werden, so daß die Brücke eine gewisse Bewegungsfreiheit hat und keine Risse bekommt.

Der Schweizer Ingenieur Robert Maillart erkannte als erster die Vorteile des Scheitelgelenks in vollem Umfang. Seine erste Konstruktion mit drei Gelenken war ein schlanker Bogen aus Eisenbeton den er im Jahr 1901 über den Inn bei Zuoz in der Schweiz baute.

1945: Spannbetonbrücken

Der Franzose Eugène Freyssinet stellte bereits 1904 Versuche mit vorgespanntem → Beton an; für den Brückenbau konnte er dieses Material aber erst verwenden, als nach dem Zweiten Weltkrieg Stahldrähte mit hoher Zugfestigkeit entwickelt worden waren.

Zwischen 1948 und 1950 entwarf Freyssinet dann in Frankreich fünf Brücken über die Marne bei Esbly, Annet, Tribardos, Changis und Ussey. Es handelte sich um Flachbogen von gleicher Bauart – wesentlich flacher, als es zuvor möglich gewesen war.

Eleganz im Gebirge *Robert Maillart verschönerte 40 Jahre lang die Landschaft der Schweizer Alpen mit Bogenbrücken aus Eisenbeton. Zu seinen Meisterwerken gehört die 1930 fertiggestellte Salginotobelbrücke bei Schiers (Graubünden). Das Scheitelgelenk – in der Mitte sichtbar – verhinderte eine Rißbildung beim Abbinden des Betons. Die Salginotobelbrücke ist mit 132 m die längste Brücke von Maillart. Seine Werke vereinigen wirtschaftliche Bauweise mit ästhetischer Schönheit.*

C

Chemotherapie

In Deutschland 1907 eingeführte Behandlungsmethode der Medizin

Die Bezeichnung Chemotherapie wurde erstmals 1907 für eine Behandlungsmethode verwendet, bei der bestimmte Krankheitserreger durch Chemikalien bekämpft werden. Diese Methode wurde von dem deutschen Chemiker Paul Ehrlich eingeführt, der ein rein chemisches Medikament, Salvarsan 606, zur Behandlung der Syphilis entdeckte. Dieses Heilmittel galt damals als Wunderwaffe.

Im Jahr 1935 synthetisierte ein anderer Deutscher, der Bakteriologe Gerhard Domagk, das Prontosil. Das ist ein Farbstoff, der sich als wirksames Mittel gegen Streptokokken erwies, das heißt gegen Krankheitserreger, die gefährliche Infektionskrankheiten wie Scharlach und einige Arten der Lungenentzündung hervorrufen. 1939 erhielt Domagk den Nobelpreis für Medizin.

Das Prontosil war ein Vorläufer der sogenannten Sulfonamide, die völlig neue Möglichkeiten bei der Behandlung von Infektionskrankheiten eröffneten. Mit diesen Mitteln können oft innerhalb weniger Tage Krankheiten geheilt werden, die früher tödlich verliefen, wie Hirnhautentzündung oder Bauchfellentzündung. Zusammen mit den →Antibiotika haben die Sulfonamide Infektionskrankheiten Einhalt geboten, an denen früher viele Menschen starben.

Chiffriermaschine

1919 in den Niederlanden erfunden, 1923 in Deutschland gebaut

Das Prinzip einer elektromechanischen Chiffriermaschine beruht auf einem Patent des Niederländers Hugo Koch aus dem Jahr 1919. Es wurde aber erst von dem Berliner Ingenieur Dr. Arthur Scherbius praktisch ausgewertet. 1923 kam in Deutschland eine Maschine auf den Markt, der Scherbius den Namen *Enigma* gab. Aus ihr wurden die wesentlich komplizierteren Geräte entwickelt, mit denen die Gegner im Zweiten Weltkrieg ihre geheimen Funksprüche verschlüsselten.

Bei diesen Chiffriermaschinen waren zwei Schreibmaschinentastaturen nach einem auswechselbaren Schlüssel so miteinander gekoppelt, daß man auf der ersten normal schrieb und die zweite Tastatur immer andere Buchstaben in der Geheimschrift anschlug. Der Empfänger konnte mit dem gleichen Gerät und dem gleichen Schlüssel die Botschaft wieder in Klartext verwandeln.

Vor dem Krieg wurde die *Enigma* frei verkauft; so kam man um 1930 in Polen in den Besitz des Konstruktionsprinzips. 1939 gelangten zwei nachgebaute *Enigma*-Geräte von dort nach Frankreich und England. Sie waren für den Geheimdienst dort von unschätzbarem Wert. Von entscheidender Bedeutung war aber der Schlüssel.

Im April 1940 fanden die Alliierten dafür die erste brauchbare Dechiffriermethode, und kurz darauf konnte man die Nachrichten der deutschen Luftwaffe und des Heeres über die *Enigma* im Klartext empfangen. Diese Informationsquelle leistete einen wesentlichen Beitrag zum Kampf der Alliierten im Zweiten Weltkrieg.

Seitdem wurden die Chiffrier- und Dechiffriermaschinen ständig weiterentwickelt. Durch elektronische Neuheiten hat die geheime Nachrichtenübermittlung heute einen Grad von Sicherheit erreicht, der vor unbefugter Neugier nahezu vollständig schützt.

Chromatographie

In Rußland zu Beginn des 20. Jh. entwickelt

Komplizierte chemische Gemische können mit Hilfe der Chromatographie innerhalb von Minuten oder Sekunden auf Hunderte von Einzelbestandteilen untersucht werden. Diese moderne Analysemethode geht auf ein Verfahren zurück, das der russische Botaniker Michael Tswett Anfang des 20. Jh. erfunden und zur Isolierung des Blattfarbstoffs Chlorophyll verwendet hat.

Er löste Pigmentgemisch in Petroläther und goß die Lösung in ein senkrechtes Glasrohr – eine „Säule" –, das mit zerkleinerter Tonerde angefüllt war. Dann ließ er reinen Petroläther in gleichmäßigem Strom von oben zufließen. Die Farbstoffe wanderten mit unterschiedlicher Geschwindigkeit nach unten, und das Gemisch bildete mehrere farbige Zonen, die getrennt untersucht werden konnten. Tswett führte für sein Verfahren die Bezeichnung Chromatographie ein, was soviel bedeutet wie „mit Farben schreiben". Diese Methode eröffnete der analytischen Chemie neue Möglichkeiten, die im vollen Umfang erst erkannt wurden, als zwei englische Biochemiker, Archer John Porter Martin und Richard Laurence M. Synge, die Chromatographie in den 40er Jahren weiterentwickelten. Sie erfanden auch die Papierchromatographie, bei der Filterpapier anstelle eines Glasröhrchens benutzt wird.

Zu Beginn der 50er Jahre führten dann Martin und einer seiner Kollegen, A. T. James, die Gaschromatographie ein. Dieses Verfahren arbeitet ebenfalls mit einer Glassäule, die mit einem pulverförmigen Trägermaterial angefüllt ist, oder mit einem sehr dünnen Rohr, das eine Lösungsflüssigkeit enthält.

Das zu analysierende Gemisch und das Träger- oder Transportelement sind jedoch bei dieser Methode gasförmig.

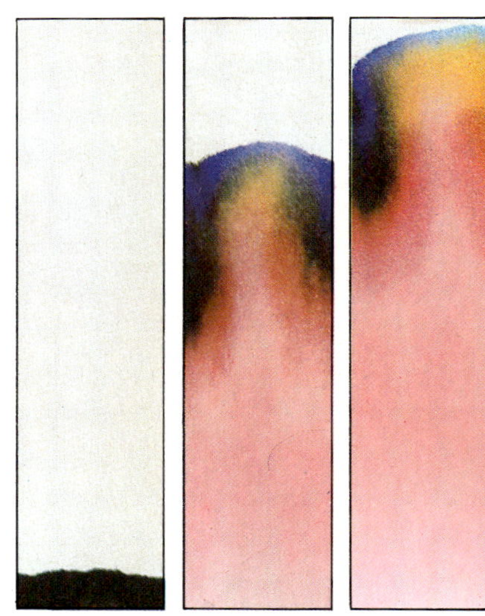

Verborgene Farben *Schwarze Tinte ist ein Gemisch aus verschiedenen Farbstoffen. Um sie sichtbar zu machen, hängt man einen saugfähigen, präparierten Papierstreifen so auf, daß er bis knapp an den Boden einer flachen Schale reicht. Dann setzt man einen Tropfen Tinte unten auf den Papierstreifen und füllt die Schale langsam mit Wasser. Das Wasser steigt im Papierstreifen nach oben und erreicht den Tintenfleck. Nun transportiert es die verschiedenen Bestandteile der Tinte unterschiedlich schnell in die Höhe, und so wird der Fleck in drei Farben getrennt: Violett, Gelb und Grün.*

Berühmte erste Worte in der Geschichte der Erfindungen

Einige der wichtigsten Erfindungen wurden auf dem Gebiet der Nachrichtenübermittlung gemacht. Die ersten Worte, welche die Erfinder jeweils übertrugen, sind in die Geschichte eingegangen.

„Mary hatte ein kleines Lamm, sein Fell war weiß wie Schnee ..." Die schwache, hohe Stimme, die diesen Kindervers aufsagte, gehörte Thomas Alva Edison und kam 1877 von der ersten öffentlich abgespielten Phonographenwalze. Den Mitarbeitern in Edisons Laboratorium in Menlo Park, New Jersey, blieb die Luft weg, als sie dieses Wunder hörten.

„Mr. Watson, kommen Sie her!"

In großem Gegensatz zu Edisons Kindervers steht der spontane Ausruf seines Erfinderkollegen Alexander Graham Bell, als dessen Telefon erstmals funktionierte. An einem Märztag des Jahres 1876 sprach Bell in Boston, Massachusetts, in seine „elektrische Sprechmaschine". Doch sein Assistent, Thomas Watson, konnte im Nebenraum nur ein undeutliches Murmeln empfangen. Schließlich soll Bell verzweifelt die Hände in die Luft geworfen und dabei versehentlich eine Flasche mit Säure umgestoßen haben. Die ätzende Chemikalie brannte ihm Löcher in Weste und Hose, und erschreckt soll er ausgerufen haben: „Mr. Watson, kommen Sie her, ich brauche Sie!" Watson stürzte hinüber und rief begeistert: „Ich habe Sie in Ihrem Apparat gehört! Er funktioniert, Mr. Bell, er funktioniert!"

„Mikkelmann kömmt"

Von ähnlich alltäglicher Schlichtheit waren die ersten Worte gewesen, die 1833 über die Leitung des elektromagnetischen Telegrafen von Carl Friedrich Gauß und Wilhelm Weber in Göttingen übermittelt wurden. Die Sende- und Empfangsstationen der beiden deutschen Wissenschaftler befanden sich im „physikalischen Kabinett" der Universität und in der Sternwarte. Während die Anlage aufgebaut wurde, hielt das Institutsfaktotum Mikkelmann die Verbindung aufrecht.

Als nun alles bereit war, marschierte der Bote gerade wieder einmal von der Sternwarte zum physikalischen Institut hinüber. Dementsprechend lautet, der Überlieferung nach, auch die erste Botschaft, die damals an den lauschenden Kollegen abging: „Mikkelmann kömmt."

Im Mai 1844 war es dann an Samuel Morse, die ersten Worte zu wählen, die über die rund 65 km lange Telegrafenleitung von Baltimore nach Washington gesendet werden sollten. Er entschied sich für einen Bibeltext aus dem 4. Buch Mose: „Wie Großes hat Gott getan."

Fernsehgespräch *Im Jahr 1930 gab die Schauspielerin Peggy O'Neil das erste Fernsehinterview. Sie nannte es ein „recht hübsches Erlebnis!"*

Der Buchstabe S überquert den Atlantik

Nur einen einzigen Buchstaben, ein S, ließ Guglielmo Marconi als erstes drahtloses Zeichen über den Atlantik funken. In der Empfangsstation von St. John's in Neufundland wartete er auf die Übertragung. Eine Station in Poldhu in der englischen Grafschaft Cornwall sendete an zwei Tagen je drei Stunden lang das Morsezeichen, drei Punkte, aus, das Marconi dann tatsächlich am 12. Dezember 1901 schwach über Kopfhörer empfing. Er notierte später in sein Tagebuch: „Empfang von Signalen um 12.30, 1.10 und 2.20 Uhr."

Der Schauplatz, an dem die nächsten berühmten ersten Worte ertönten, war das Warner Theater in New York. Am 6. Oktober 1927 hatte sich hier ein Publikum eingefunden, das den ersten abendfüllenden Tonfilm sehen wollte, *The Jazz Singer* (Der Jazzsänger), mit Al Jolson in der Hauptrolle. Rund 30 Minuten lang lief der Film als Stummfilm mit Hintergrundmusik; dann plötzlich rief Jolson: „Moment mal, Moment mal. Bis jetzt ham Se noch nix gehört. Wolln Se *Toot, Toot, Tootsie* hörn? Gut, dann hörn Se weiter."

Die erste Rundfunksendung

Die erste Radiosendung der Welt, am 24. Dezember 1906 von einer Funkstation in Massachusetts ausgestrahlt, wurde von dem Erfinder und Rundfunkpionier Reginald Aubrey Fessenden selbst gestaltet. Während des 30minütigen Programms spielte er Geige, las aus dem Lukasevangelium und wünschte schließlich allen Zuhörern fröhliche Weihnachten.

Die Geburt des Tonfilms *Al Jolson, Hauptdarsteller des ersten erfolgreichen Tonfilms,* The Jazz Singer *(Der Jazzsänger), machte 1927 Kinogeschichte. Von der Leinwand herab sprach er als Neger geschminkt das erstaunte Publikum an: „Bis jetzt ham Se noch nix gehört." Dann spielte er eine Sprechrolle (oben).*

Computer

Den Anfang machten 1834 Zeichnungen des Engländers Charles Babbage für einen „analytischen Apparat"

Im 19. Jh. wurde schnelles Rechnen immer wichtiger. Die Regierungen hatten größere Bevölkerungen denn je zu erfassen, zu besteuern und zu verwalten. Handel und Industrie wuchsen sprunghaft und damit auch die Geldgeschäfte.

Heerscharen von Bürokräften waren nötig, um die zahllosen Transaktionen von Geschäftshäusern, Banken und Versicherungen zu bearbeiten. Wissenschaftler und Techniker verlangten immer ausführlichere Zahlentabellen. Um diesen Anforderungen zu entsprechen, wurden neue Rechenmaschinen erfunden.

Im Jahr 1834 kam der Engländer Charles Babbage auf die Idee, einen „analytischen Apparat" zu bauen, der bereits alle grundlegenden Eigenschaften eines Computers hatte – auf dem Papier. Diese Maschine sollte bedeutend mehr können als addieren und subtrahieren, multiplizieren und dividieren. Eine mechanische Rechenmaschine für diese vier Grundrechenarten hatte der deutsche Orientalist und Mathematiker Wilhelm Schickard schon 1623 ersonnen. Und zunächst blieb es bei der Vervollkommnung solcher alten Rechner. Denn Babbages Traum von einem Mechanismus mit Tausenden von Zahnrädern überstieg die technischen Möglichkeiten der damaligen Zeit; seine Maschine wurde nie vollendet.

Seit Beginn des 20. Jh. arbeiteten viele Rechenautomaten elektrisch. Die erste vollelektronische digitale Rechenanlage der Welt war ENIAC (Electronic Numerical Integrator and Calculator). Das metallene Monstrum wurde 1945 an der Universität von Pennsylvania fertiggestellt; es arbeitete mit über 18000 Radioröhren, wog 30 t und benötigte eine Stellfläche von 140 m². Von da an war die Entwicklung des Computers nicht mehr zu bremsen. Das binäre Zahlensystem und die Informationsspeicher machten die neuen Rechenmaschinen immer leistungsfähiger; für die ganz Großen wurden die Begriffe „Elektronengehirn" und „Datenbank" geprägt. Anfangs speicherte man die Zahlen auf Lochstreifen oder Lochkarten; später benutzte man dafür Magnetbänder und -platten.

Zeit ist Geld

Daß man mit Computern Geld verdienen kann, merkten zuerst die Banken. Aber bald ließen auch große Wirtschaftsunternehmen zum Beispiel ihre Lohnabrechnungen von Computern durchführen. Computer schreiben heute Rechnungen, kontrollieren Lagerbestände, werten Verkaufsstatistiken aus, buchen Plätze in Zügen und → Flugzeugen, überwachen Experimente und lenken den Verkehr in Großstädten. Inzwischen werden sogar komplizierte industrielle Prozesse wie die Erdölaufbereitung und das Walzen von Stahl durch Computer gesteuert.

Die ersten serienmäßigen Elektronenrechner stellte der amerikanische Kon-

Wie die Träume früher Mathematiker durch die Elektronik des 20. Jh. verwirklicht wurden

1623: Die Rechenmaschine von Schickard
Der deutsche Orientalist und Mathematiker Wilhelm Schickard erfand 1630 eine mechanische Rechenmaschine für alle vier Grundrechenarten. 1641 ersann der französische Philosoph und Mathematiker Blaise Pascal unabhängig davon ein Gerät, das allerdings nur addieren konnte. Der deutsche Philosoph und Mathematiker Gottfried Wilhelm Leibniz machte diese Maschine auch für die anderen Rechenarten tauglich.

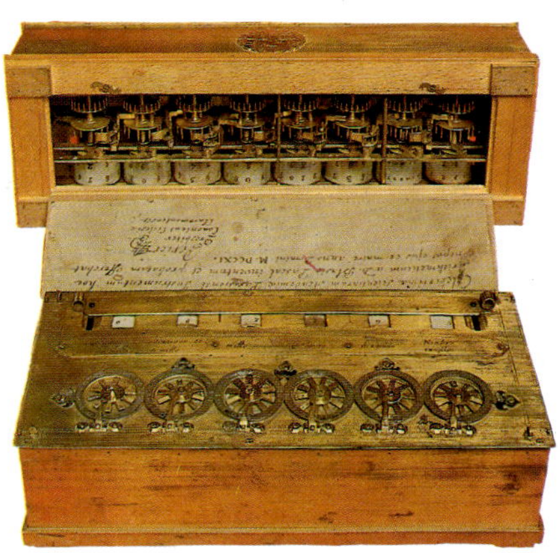

Addiermaschine *Der Franzose Blaise Pascal war 19 Jahre alt, als er seine Addiermaschine erfand. Für eine Massenproduktion war sie einfach noch zu kostspielig.*

1834: Der erste programmierbare Digitalrechner
Im Jahr 1834 fertigte Charles Babbage, ein englischer Naturwissenschaftler und Erfinder, die ersten Zeichnungen für eine leistungsfähige analytische Maschine an, die imstande war, die verschiedenartigsten Rechnungen auszuführen – mit anderen Worten, für einen Computer. Aber erst 100 Jahre später konnte sein wissenschaftliches Erbe ausgewertet werden; zu seinen Lebzeiten war man noch nicht in der Lage, die feinen Teile für Babbages Maschine herzustellen.

1850: Erste Addiermaschine mit Tastatur
Die erste Rechenmaschine mit Tastatur wurde 1850 in Amerika erfunden. Eine Ziffernfolge konnte addiert werden, wenn man die Tasten in der entsprechenden Reihenfolge drückte. Jede Taste hob einen vertikalen Stab um ein bestimmtes Stück in die Höhe, und die Summe wurde von der endgültigen Höhe angezeigt.

1890: Maschinen für die Statistik
Der deutsch-amerikanische Ingenieur Hermann Hollerith nahm die Daten der amerikanischen Volkszählung von 1890 auf Lochkarten auf, die dann von „Fühlern" in seiner Tabuliermaschine gelesen wurden. Die Fühler reagierten auf jedes Loch und setzten es in ein entsprechendes elektrisches Signal um. Die Daten wurden auf elektrischem Wege in Tabellen geordnet. Obwohl die Zählung eine Bevölkerung von 62 Millionen Menschen ergab – 1880 waren es noch 50 Millionen gewesen –, war die Arbeit dreimal so schnell wie bisher getan.

Im Jahr 1896 gründete Hollerith die Tabulating Machine Company. 28 Jahre später bildete sie einen Teil des Grundstocks von IBM (International Business Machines Corporation).

1930: Der erste große Analogrechner
Um 1930 entwickelte eine Arbeitsgruppe am Massachusetts Institute of Technology unter der Leitung von Vannevar Bush einen großen Rechner, der elektromechanisch arbeitete; das heißt, er enthielt elektrische Stromkreise und außerdem bewegliche mechanische Teile. Das Gerät war ein Analogrechner, der im wesentlichen einen Ablauf oder das Verhalten eines Objekts, zum Beispiel eines Artilleriegeschosses im Flug, nachvollzog und dazu spezielle Angaben machte.

1937: Der *Z 1* von Konrad Zuse
Der deutsche Ingenieur Konrad Zuse konstruierte 1937 den ersten automatischen elektromechanischen Ziffernrechner der Welt. Dieser *Z 1* arbeitete schon mit Binärzahlen und hatte einen mechanischen Speicher. Ein Nachfolger, der *Z 3*, hatte bereits 1941 eine Programmsteue-

zern IBM (International Business Machines Corporation) in den 50er Jahren her. Um 1960 erschien bereits die zweite Computergeneration. Diese neuen Rechner arbeiteten mit →Transistoren statt mit Röhren. Sie waren leistungsfähiger als ihre Vorgänger, dabei kleiner und zuverlässiger. Sie brauchten weniger Strom und kamen ohne →Klimaanlage aus. Die Computer der dritten Generation wurden rasend schnell kleiner und billiger. Dieses technische Wunder vollbrachten von 1965 an die sogenannten →Siliziumchips. Elektronische Bauelemente wie Transistoren konnten nun in großer Anzahl auf einem dünnen Siliziumrechteck von 0,6 cm^2 (Typenmaß: ½ Quadratzoll) untergebracht werden. Der erste Mikroprozessor erschien 1971 in Amerika. Er ist das Herz des Computers, der Teil, der die eigentliche Rechenarbeit ausführt – und dies oft auf einem einzigen Plättchen. Andere Plättchen (Chips) können als Informationsspeicher dienen.

Fügt man Ein- und Ausgabegeräte hinzu, zum Beispiel eine →Schreibmaschine und einen Drucker, so erhält man ein vollständiges Datenverarbeitungssystem, das auf einem Schreibtisch Platz hat. Eine solche Einheit kann ungefähr 2,5 Millionen Zeichen – Buchstaben oder Ziffern – speichern. Die Rechnungen werden innerhalb von Sekunden ausgeführt, und pro Sekunde werden 80–120 Zeichen ausgedruckt.

Fragen und Antworten

Texte, die auf einer Tastatur eingegeben werden, können auf einem Bildschirm sichtbar gemacht werden. Überdies ist es möglich, dem Computer Anweisungen zu geben, Fragen zu stellen und von ihm Antworten zu erhalten.

Der Computer wurde immer leichter und preiswerter; er zog ins Büro ein, in die Fabrikhalle und in die Wohnung. Inzwischen ergeben sich über das Kabelfernsehen zahllose neue Möglichkeiten, Computer auch privat zu nutzen. Sie reichen von Videotextangeboten bis zur Kontoführung per Bildschirm. Durch →Mikrofone, →Kameras, →Laserstrahlen und andere technische Mittel lernen die Geräte „hören" und „sehen". Kaufhäuser bieten schon elektronische Spielkameraden an: Videospiele für den Fernseher zu Hause; Schach- und Damecomputer, die manchmal ihre Züge sogar ansagen. Die Allgegenwart des Computers hat das tägliche Leben stark beeinflußt. Wettervorhersagen vom Computer sind genauer und reichen über einen größeren Zeitraum als früher. Es gibt sogar →Autos, die mit einem Mikrocomputer ausgestattet sind.

Die Verteidigungsnetze der Großmächte werden von Computern koordiniert. Wie gefährlich es allerdings sein kann, sich bedingungslos darauf zu verlassen, zeigte sich, als im Juni 1980 ein einziger Mikrochip im nordamerikanischen Luftverteidigungskommando defekt war: Zweimal innerhalb von drei Tagen gab es Falschmeldungen über einen angeblichen gegnerischen Angriff mit Atomraketen. Beide Male war die amerikanische Kriegsmaschinerie drei Minuten lang in voller Alarmbereitschaft.

Die Arbeitsplätze vieler Fachkräfte

---

rung und Relais. Sie durch Röhren zu ersetzen, war dem Konstrukteur nicht mehr vergönnt. Das gelang 1942 John N. Atanasoff und Clifford Berry an der Iowa State University in den USA.

1944: Der Digitalrechner der Harvarduniversität

Howard H. Aiken von der Harvarduniversität arbeitete mit der Firma IBM zusammen, um *Mark I* zu konstruieren, einen programmgesteuerten elektromechanischen Rechenautomaten mit Röhren, der 1944 in Betrieb genommen wurde. Die Anlage arbeitete zwar noch teilweise mechanisch, war aber andererseits schon der Vorläufer der späteren Elektronengehirne.

1945: Der erste vollelektronische Computer

Der Electronic Numerical Integrator and Calculator (ENIAC) wurde von John Prosper Eckert und John W. Mauchly an der Universität von Pennsylvania gebaut und 1945 in Dienst genommen. Im allgemeinen gilt er als der erste echte Computer, obwohl die Kabel noch von Hand gestöpselt werden mußten. Er konnte 5000 Additionen oder Subtraktionen in der Sekunde durchführen.

1946: Das gespeicherte Programm

Der aus Österreich stammende Amerikaner John von Neumann leitete am Institute of Advanced Study in Princeton/USA den Bau eines Computers, der seine Anweisungen in Form von Zahlen erhielt. Zusammen mit Daten wurden sie in der Maschine gespeichert. Neumanns Computer verwendete ebenfalls das Binärsystem.

Auch Wörter, Buchstaben und alle anderen Zeichen werden heute dem Computer in einer Codeschrift eingegeben, die aus Ketten von Einsen und Nullen besteht. Anfangs mußte der Programmierer noch selbst codieren. Doch inzwischen kann er die Programme mit Worten und Symbolen schreiben, die denen der normalen Sprache gleichen. Der Computer übersetzt sie dann in den Code.

1950: Der erste Computer vom Fließband

Der *Univac I* (Universal Automatic Computer) wurde in Philadelphia entworfen und von den ENIAC-Konstrukteuren gebaut. Der erste *Univac* verließ 1950 das Fließband der Eckert and Mauchly Computer Company. Das Modell erwies

DIE UMSTELLUNG VON DEZIMAL- AUF BINÄRSYSTEM

Dezimalsystem

100	10	1
1	8	7

Beim Dezimalsystem wird eine Zahl durch eine Ziffernfolge dargestellt: z. B.: 7 Einer + 8 Zehner + 1 Hunderter = 187.

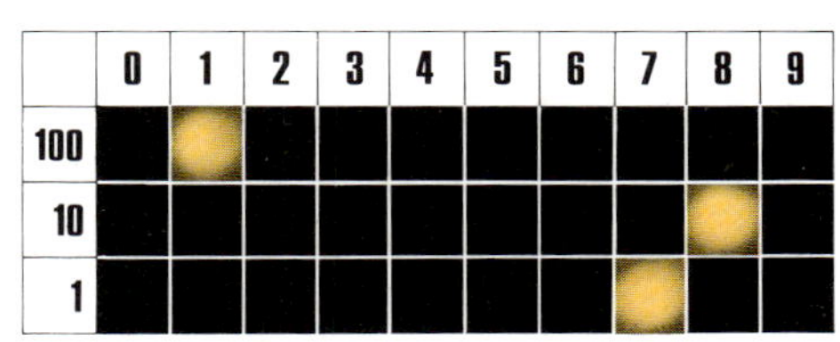

Frühe Computer mit Dezimalsystem brauchten viele Bauteile. Hier sind 30 Lämpchen nötig, um die Zahlen von 0 bis 999 darzustellen. Die brennenden Lämpchen zeigen die Zahl 187 an.

Binärsystem

512	256	128	64	32	16	8	4	2	1
0	0	1	0	1	1	1	0	1	1

Beim Binärsystem wird die Zahl 187 durch die Reihe 10111011 dargestellt, d. h. 128 + 32 + 16 + 8 + 2 + 1. Von rechts gelesen hat jede Stelle in der Reihe den doppelten Wert wie die der vorausgegangenen Stelle.

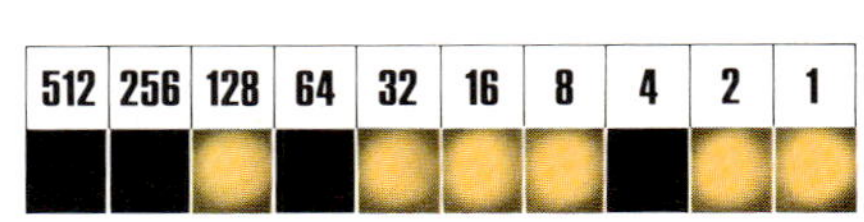

Wenn alle Lämpchen brennen, stellen sie die Summe 512 + 256 + 128 + 64 + 32 + 16 + 8 + 4 + 2 + 1 dar. Man braucht also nur zehn Birnen für alle Zahlen von 0 bis 1023 im Binärsystem. Die brennenden Lämpchen zeigen die Zahl 187.

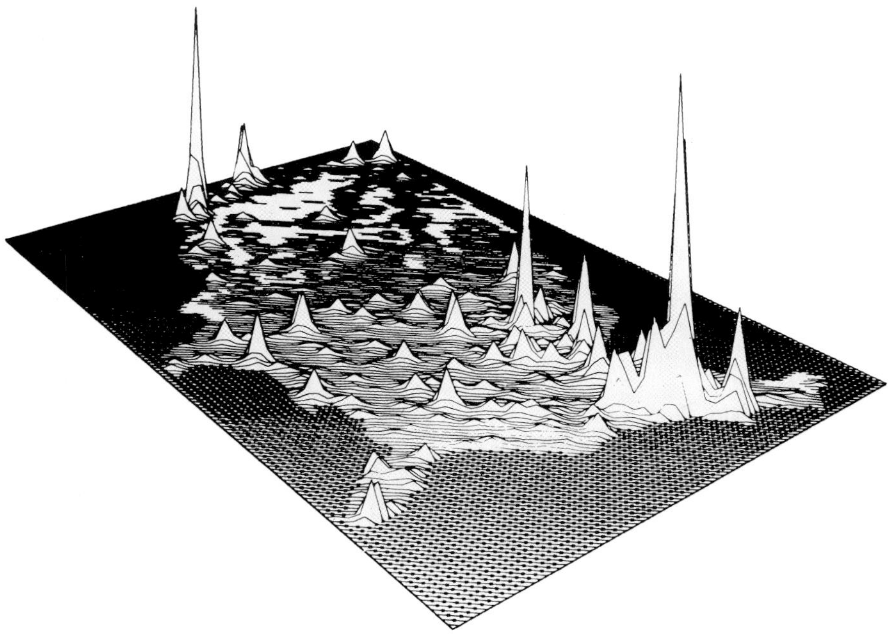

Ein Diagramm der Bevölkerungsdichte *Computer haben eine unvergleichliche Fähigkeit, Informationen schnell zu verarbeiten und sie anschaulich darzustellen. Dieses Beispiel zeigt das Ergebnis einer Untersuchung über die Bevölkerungsdichte in den USA. Aufgrund der Zahlen aus der Volkszählung von 1970 zeigt die Darstellung, wie sich die Einwohner über das Land verteilen: Die „Berge" sind dicht besiedelt, die „Täler" dünn.*

sind vom Computer bedroht. Zum Beispiel: Ein Zeichner entwirft eine grobe Skizze und läßt sie auf einem Bildschirm erscheinen, der an einen Computer angeschlossen ist. Der Computer begradigt die Linien, glättet die Kurven, ändert die Zeichnung, um verschiedene Perspektiven des Bauelements darzustellen, und verbessert sie nach den Anweisungen des Zeichners. Ist die Zeichnung fertig, speichert der Computer alle Werte auf einem Magnetband, das dann eine →Werkzeugmaschine steuert. Auf diese Weise wird das Bauteil wesentlich genauer geformt, als ein Mensch es kann.

Nachschlagebibliotheken werden heutzutage immer häufiger durch eine elektronische Variante ersetzt: Man nennt sie Datenbänke. Eine einzige Magnetplatte kann eine Million Wörter speichern – das entspricht zehn langen Romanen.

Die Weitergabe von Daten aus Datenbänken bedroht oft das Recht des einzelnen Menschen auf den Schutz seines persönlichen Bereichs. Bestimmte Gesellschaften handeln mit Informationen

sich als sehr erfolgreich. Die Firma wurde dann von IBM gekauft. Der erste Computer für kommerzielle Zwecke von IBM war der *701*, der mit Röhren arbeitete. Die *650*-Reihe hatte bereits magnetische Trommelspeicher.

1960: Die Transistoren kommen
Der Transistor verbraucht weniger Energie, ist wesentlich kleiner, entwickelt weniger Hitze und arbeitet zuverlässiger als eine Röhre. Er ist das Kennzeichen der zweiten Computergeneration. Der *PDP-1* der Digital Equipment Corporation war mit dieser Neuheit ausgestattet und wurde 1960 in Amerika eingeführt. Er paßte in vier 1,80 m hohe Schränke und war angeblich der erste Computer, der weniger als eine Million Dollar kostete.

1965: Die dritte Computergeneration
Integrierte elektronische Schaltkreise, die aus bis zu 20 Transistoren und anderen elektronischen Bauteilen bestanden und auf einem einzigen Siliziumchip untergebracht waren, entstanden Anfang der 60er Jahre. Der IBM-Computer *System 360* war typisch für die Computer der dritten Generation im Jahr 1965. Die Zahl der Bauteile, die auf einen Chip gepackt werden konnten, nahm dann ständig zu; ebenso die Auswertgeschwindigkeit.

1971: Taschenrechner
Mit einem einzigen Chip mit einem Durchmesser von nur 5 mm, der Tausende von Funktionen in sich vereinte, begann die Geschichte der Taschenrechner. Sie werden immer kleiner und immer billiger. Die meisten Taschenrechner beherrschen heute außer den vier Grundrechenarten noch weitere, zum Teil erheblich kompliziertere Funktionen.

1971: Mikroprozessoren
Einen vollständigen Computerprozessor (eine arithmetisch-logische Einheit) auf einem einzigen Siliziumchip hatte sich 1971 die American Intel Corporation patentieren lassen; sie nannte ihn Mikroprozessor. Ein-Chip- und Multi-Chip-Mikroprozessoren werden sehr vielseitig verwendet: in wissenschaftlichen Meßinstrumenten, in Waagen und Kassen von Supermärkten, Hi-Fi-Ausrüstungen, Telespielen und in der Flugelektronik.

1979: Eine Million *bits* Information
Die Binärziffern oder *bits* – so nennt man die aus Nullen und Einsen zusammengesetzten Speichereinheiten –, aus denen die Informationen in einem Computerspeicher bestehen, wurden auf verschiedenen Typen von Chips immer dichter zusammengedrängt. In einem Magnetspeicher stellt der winzige magnetisierte Bereich in einem Material wie dem Halbedelstein Granat, den man Magnetblase nennt, die 1 dar, während das Fehlen der Blase die 0 ausdrückt.

Eine Million *bits* – das entspricht 40 Buchseiten – könnten damit auf einem Granatchip mit einer Fläche von nur 2,15 cm^2 gespeichert werden.

1980: Computer für weniger als 500 DM
Der britische Hauscomputer *Sinclair ZX-80* kam 1980 auf den Markt; er kostet fertig aufgestellt etwas unter 500 DM, als Bausatz sogar noch weniger. Er beruht auf einem der leistungsfähigsten Mikroprozessoren, dem *Zilog Z 80 A.* Das Tastenfeld ist auf BASIC aufgebaut, der Programmiersprache, die bei Computerliebhabern am meisten geschätzt wird. Daten, Programme und Ausgaben erscheinen auf einem normalen Fernsehbildschirm und können auf Magnetband gespeichert werden.
Ein solcher Heimcomputer kann etwa wie eine Hi-Fi-Anlage im Bücherregal aufgebaut werden oder seinen Platz am Schreibtisch haben. Man wird bald in der Lage sein, alle elektronischen Geräte im Haushalt mit ihm zu verbinden, beispielsweise das →Telefon: Vom automatischen Anrufbeantworter bis zur Programmwahl beim Bildschirmtext-Angebot (→Videotext) oder einem kleinen Textverarbeitungssystem (→Schreibmaschine), das sogar elektronische Briefwechsel ermöglicht (→Telegraf), faßt er zahlreiche Vorgänge in einem Gerät zusammen. Natürlich kann er auch ein Programm mit Telespielen enthalten, mit einer elektronischen Uhr den Mikrowellenherd in der Küche automatisch ein- und ausschalten, so daß das Essen fertig ist, wenn man von der Arbeit nach Hause kommt – und vieles mehr.

Je vielseitiger und leichter zu handhaben der Heimcomputer wird, desto eher wird er sich durchsetzen.

über die Kreditwürdigkeit von Bürgern, die bei Banken Schulden haben. Auch Krankenhäuser und Großunternehmen haben elektronische Personalakten. Ein Großteil der Bevölkerung wird in mindestens einer solchen Datenbank geführt, meist ohne es zu wissen. Falsche Informationen oder Mißbrauch können schlimme Folgen haben – vom unrechtmäßig verweigerten Kredit über den Verlust des Arbeitsplatzes bis zu polizeilicher Verfolgung. Denn auch zur Verbrechensbekämpfung wird der Computer immer häufiger eingesetzt.

Datenschutzgesetze geben daher in der Bundesrepublik Deutschland jedem Bürger das Recht zu erfahren, was wo über ihn gespeichert ist. Er kann verlangen, daß falsche Daten und unzulässigerweise gesammelte persönliche Informationen gelöscht werden. Datenschutzbeauftragte in Bund, Ländern und vielen Betrieben wachen über die Einhaltung dieser Gesetze. Österreich hat übrigens eine ähnliche Regelung getroffen, und in der Schweiz wird schon lange darüber diskutiert.

Computer verstärken Bilder *Beobachtungssatelliten senden Daten über die geologischen Verhältnisse auf der Erde an Bodenstationen. Diese Daten werden in Bilder umgesetzt und durch einen Computer verstärkt, so daß sie noch mehr Einzelheiten zeigen. Bei dem verstärkten Bild (oben) von einem Gebiet des amerikanischen Bundesstaates Utah wurden mit Hilfe von Kontrastfarben Oberflächenbodenschätze hervorgehoben. Die goldenen Streifen zeigen wertvolle uranhaltige Schichten. Dieselben Schichten sind auch auf dem Normalfoto (unten) sichtbar, aber längst nicht so deutlich.*

WIE EIN COMPUTERSYSTEM FUNKTIONIERT

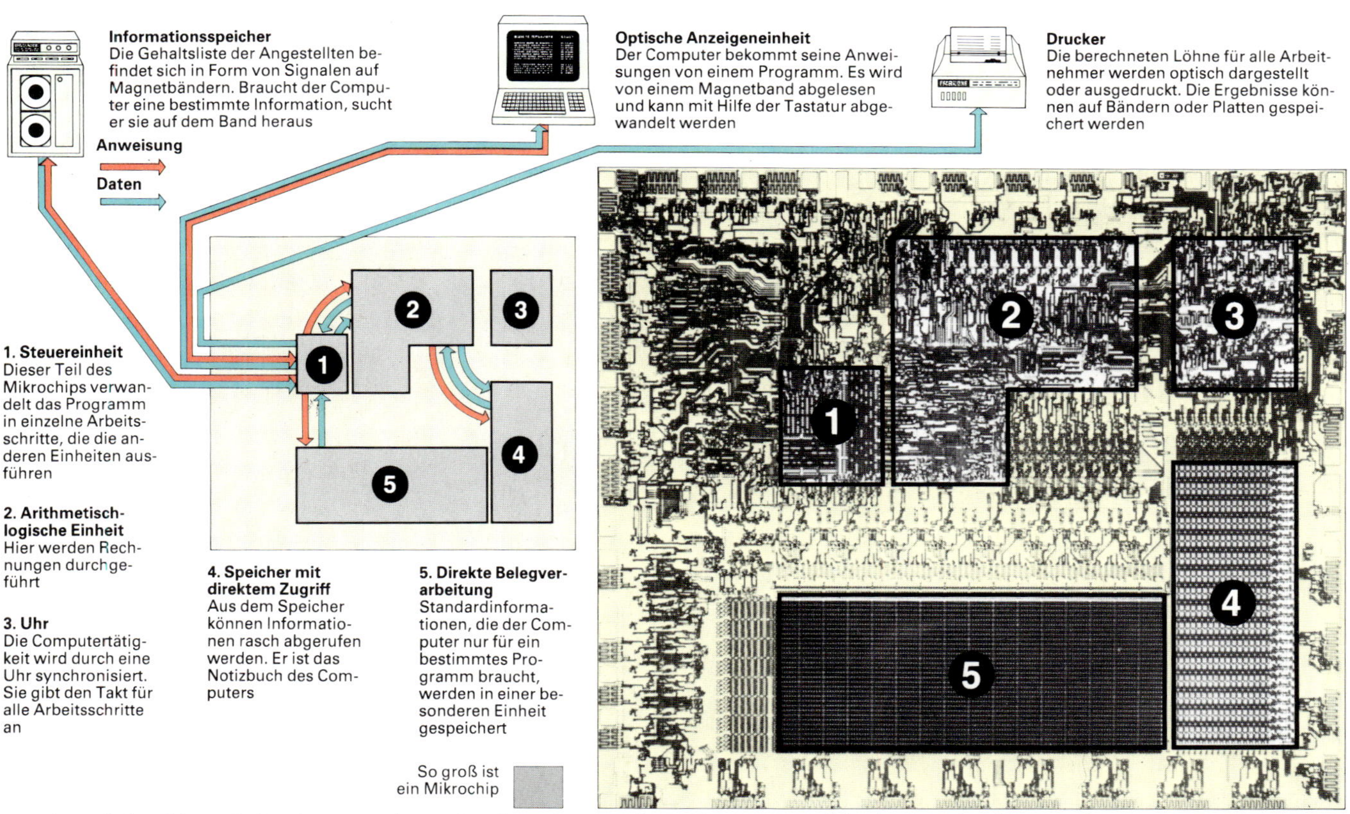

Wunderwerk der Elektronik *Ein Computer, der aus Speichereinheiten und einer Prozessoreneinheit besteht, paßt auf einen einzigen Mikrochip. Bei diesem ist der Chip in einer optischen Anzeigeeinheit untergebracht. Das Programm wird durch Magnetbänder eingegeben. Der Computer ist mit einem Drucker verbunden. Er kann sowohl Berechnungen anstellen als auch Namen und Zahlen in jeder beliebigen Reihenfolge auflisten.*

D

Dachziegel

Von den Griechen im 7. Jh. v. Chr. benutzt

Die ältesten bekannten Dachziegel hat man in den Ruinen des Heratempels gefunden, der um 640 v. Chr. in Olympia erbaut wurde. Die Griechen verwendeten für das Dach Trauf-, First- und Stirnziegel aus gebranntem Ton. Diese Formen wurden von den Römern und Asiaten übernommen. Vorher hatten die Römer Platten aus Sandstein oder Marmor sowie die billigeren Schieferplatten benutzt.

Im nördlichen Europa, wo es genügend Holz gab, deckte man die Dächer mit Schindeln. In Deutschland wurden gebrannte Dachziegel (abgesehen von römischen Bauten) erstmals im frühen 11. Jh. benutzt. Statt der aus Ton gebrannten Dachziegel werden heute vielfach solche aus Zement verwendet, weil sie billiger und haltbarer sind.

Dampfmaschine

siehe Seite 64

Dezimalsystem

Nach dem Zehnersystem rechneten schon vorgeschichtliche Menschen

In vorgeschichtlicher Zeit, als der Mensch begann, sich Herden zu halten, brauchte er ein Verfahren, um sein Vieh zu zählen. Da dies am einfachsten mit den Fingern war, rechneten viele damals wohl nach dem Dezimalsystem.

Zu den ältesten geschriebenen Ziffern gehören keilschriftähnliche Zeichen, die in Mesopotamien vor etwa 5000 Jahren in Tontafeln gedrückt wurden.

Manche Völker, zum Beispiel die Semiten, Griechen und Römer, benutzten Buchstaben als Zahlen. Bei den Römern gab es die einfachen Ziffern I = 1, V = 5, X = 10, L = 50, C = 100, D = 500, M = 1000. Andere Zahlenwerte wurden durch Addition oder Subtraktion ausgedrückt. So bedeutete DCCLXVI: 500 + 100 + 100 + 50 +10 + 5 + 1 = 766. Die Zahl 90 beispielsweise schrieb man hingegen so: XC. Die kleinere Zahl 10 wurde der größeren Zahl 100 vorangesetzt; das bedeutete: Sie sollte von ihr abgezogen werden.

Die arabischen Ziffern, die heute in den meisten Kulturstaaten gebräuchlich sind, waren erst im 9. Jh. voll ausgereift. Der Ausdruck „arabische" Ziffern ist übrigens nicht ganz gerechtfertigt, denn der Ursprung unseres sogenannten Stellenwertsystems liegt in Indien; die Araber waren lediglich die Mittler. Das Stellenwertsystem ist einfacher als das additive römische, weil es mit weniger Ziffern auskommt und weil man damit auch besser rechnen kann. Der Wert der Ziffer wird hier von ihrer Stellung bestimmt. So werden etwa bei der Zahl 234 die Ziffern 2, 3 und 4 nicht mehr addiert; vielmehr bedeutet die letzte Ziffer die Einer, diejenige links daneben die Zehner und die Ziffer links vom Zehner die Hunderter.

Dieses Positionssystem also geht auf die Inder zurück. Die rechneten einst mit einem Rechenbrett, und zwar schrieb man die Ziffern von rechts nach links in Spalten, die der Rechnende sich zuvor aufgezeichnet hatte. Im Jahr 683 kam dann ein unbekannter Mann in Hinterindien auf den Gedanken, bei einer Null nicht mehr wie bis dahin einfach eine Spalte frei zu lassen, sondern diese Spalte mit einem Punkt zu bezeichnen. Der Punkt weitete sich später zu einem Kreis aus, und damit war die Null geboren – ohne die es eine moderne Mathematik nicht gäbe.

Dialyseapparat

1943 erfand der Niederländer W. J. Kolff die künstliche Niere

Der amerikanische Arzt William J. Kolff, ein gebürtiger Niederländer, baute 1943 die erste künstliche Niere. Zum erstenmal ersetzte eine Maschine ein wichtiges Körperorgan. Der Apparat leitete das Blut des Patienten durch eine Waschlösung und einen Filter aus Pergament. Dieser ließ die Giftstoffe durch, hielt aber die Blutkörperchen und das Plasma zurück. Der Dialyseapparat von Kolff ermöglichte nur eine kurzfristige Behandlung einer erkrankten Niere.

Eine regelmäßige, langfristige Filterung oder Dialyse wurde erst 1960 möglich. Der amerikanische Chirurg Bolding H. Scribner erfand eine Kanüle aus Kunststoff, die eine ständige Verbindung zwischen einer Arterie und einer Vene im Unterarm des Patienten herstellte. An diese Kanüle konnte nun die künstliche Niere leicht angeschlossen werden, ohne daß man ein Blutgefäß öffnen mußte. Seither kann man Tausenden von Patienten das Leben erhalten, indem man sie dreimal in der Woche für 10–12 Stunden an einen Dialyseapparat anschließt.

Drachen

In China bereits vor 3000 Jahren bekannt

Der Flugdrachen ist erstmals in China im 5. Jh. v. Chr. belegt. Im Fernen Osten kannte man etwa seit dem Jahr 1000 Drachen, die so groß waren, daß sie einen Menschen in die Luft heben konnten. Häufig wurden Wettbewerbe im Drachensteigen veranstaltet; doch der Drachen fand auch praktische Verwendung, zum Beispiel beim Transport von →Dachziegeln zum Dachdecker oder beim Angeln, wobei ein Haken am Drachenschwanz befestigt wurde.

Um 1600 brachten die Holländer den rautenförmigen Drachen aus dem Orient nach Europa, wo er im 18. Jh. zu einem beliebten Spielzeug wurde. Zu Beginn des 19. Jh. baute George Pocock, ein Schullehrer in Bristol, einen leichten Wagen, den zwei hintereinanderfliegende Drachen zogen. Er wurde mit vier Schnüren gelenkt und konnte vier bis fünf Fahrgäste mit einer Geschwindigkeit von 30 km/h befördern.

Seit Beginn des 19. Jh. haben Menschen immer wieder versucht, mit einem Drachen zu fliegen. Einer der bekanntesten war 1812 Ludwig Berblinger, der Schneider von Ulm. Doch sein Flugapparat ähnelte schon mehr einem Gleitflugzeug.

1893 erfand der Australier Lawrence Hargrave den Kastendrachen. Die Veröffentlichung seiner Entdeckung gab den Flugversuchen neuen Antrieb. Ein Drachen steigt nur dann, wenn er in einem bestimmten Winkel zur Luftströmung steht. Der Kastendrachen bekommt

Drachenflieger *Die modernen Drachenflugzeuge sehen einfach aus, sind aber gut durchkonstruiert. Die dreieckige Form der Flügel (Deltaflügel) ermöglicht es dem Piloten, die Aufwinde an Hügeln oder Felswänden optimal zu nutzen. Im Jahr 1980 war ein solcher Flugdrachen bereits 25 Stunden in der Luft.*

nicht nur an einer waagrechten Fläche, sondern an zweien Auftrieb; deshalb hat er bessere Flugeigenschaften. Die senkrechten Flächen des Kastens dienen gleichzeitig als Leitwerk.

Der texanische Schausteller S. F. Cody bot dem englischen Kriegsministerium im Jahr 1901 einen Kastendrachen an, der einen Mann tragen konnte. Er selbst überquerte 1903 in einem Faltboot, das von einem Drachen gezogen wurde, erstmals den Kanal.

Die Drachenfliegerei als Sport für Erwachsene kam in den 70er Jahren des 20. Jh. auf, als neue Tragflügelformen für das amerikanische Raumfahrtprogramm entwickelt wurden. Die flexible Tragfläche des Ingenieurs Francis Rogallo sollte ursprünglich die Astronauten der *Mercury*-Kapsel weich landen lassen, wurde dann aber durch Fallschirme ersetzt. Verwendung fand sie jedoch als Tragfläche des modernen Drachens.

Draht

In Ägypten bereits 130 v. Chr. hergestellt

Schon im Buch Exodus (2. Buch Mose 39, 3) wird die Herstellung von Golddrähten beschrieben: „Sie hämmerten Gold zu breiten Blechen und schnitten sie dann in dünne Fäden." Demnach muß diese Methode, nach der bis ins Mittelalter Drähte aus Eisen, Kupfer und anderen Metallen gefertigt wurden, bereits um 1300 v. Chr. in Ägypten bekannt gewesen sein.

Vermutlich schon vor dem Jahr 1000 ging man dazu über, Draht zu ziehen. Die wichtigsten deutschen Werkstätten hierfür lagen im ausgehenden Mittelalter in Augsburg und Nürnberg. Man hämmerte einen dünnen Stab spitz zu und zog ihn dann durch eine Bohrung in einem Gußstück, dem sogenannten Zieheisen. Diese Methode, die viel Kraft und Geschicklichkeit erforderte, blieb Handarbeit, bis man dafür Anfang des 15. Jh. Wasserkraftmaschinen einsetzte. 1592 erzeugte der Nürnberger Friedrich Hagelsheimer feinen Gold- und Silberdraht zum Weben und Sticken. Um diese Zeit wurde nach dem gleichen Verfahren auch schon Eisendraht hergestellt.

1827 verwendete der Oberbergrat Albert in der Grube bei Clausthal im Harz erstmals Seile, die aus mehreren Drähten zusammengedreht waren.

Seit Beginn des 20. Jh. wird stärkerer Draht auch durch Walzen erzeugt. Feinere Drähte fertigt man heute auf Ziehmaschinen, wo sie mit hoher Geschwindigkeit durch eine Reihe von Zieheisen mit immer kleineren Bohrungen laufen.

Drehbank

Im Mittleren Orient bereits vor 3000 v. Chr. verwendet

Die Drehbank geht auf den Fiedelbohrer zurück: Man wickelte die Bogensehne um ein Holzstück, das geformt werden sollte, und der Bogen wurde hin und her bewegt. Dadurch versetzte man das Werkstück in eine vor- und rückwärtslaufende Drehbewegung. Gleichzeitig hielt man ein scharfes Werkzeug dagegen, um es zu formen. Die Bewohner des Mittleren Orients verwendeten diese „Fiedeldrehbank" schon um 3000 v. Chr.; die älteste Darstellung befindet sich auf einem ägyptischen Grabrelief aus dem 3. Jh. v. Chr. In einigen Gebieten Europas wurde die Drehbank mit Fiedelantrieb bis ins 19. Jh. benutzt.

Um 500 v. Chr. bearbeiteten griechische Tischler Holz auf einer Drechselbank. Als Antrieb diente ihnen eine Art Wippe. Von einer oben angebrachten Querstange führte ein →Seil, das um ein Werkzeug gewickelt war, nach unten zu einem Fußhebel. Die Querstange war an einem Pfosten befestigt und wurde vom Tischler durch einen Fußhebel heruntergezogen. Losgelassen, federte sie wieder nach oben und zog das Seil mitsamt dem Fußhebel hoch. Diese Wippe wurde im 14. Jh. durch einen Radantrieb ersetzt. Das Werkstück konnte nun gleichmäßig in einer Richtung gedreht werden. Um dieselbe Zeit machte die Herstellung mechanischer Uhren bessere Drehbänke für eine genauere Bearbeitung des Metalls erforderlich. Sie wurden den Drechselbänken nachgebaut, doch um 1700 gab es schon Uhrmacher-Drehbänke aus Metall.

Die industrielle Revolution im 18. und 19. Jh. begünstigte die Weiterentwicklung der Drehbank. Die Ansprüche an die Genauigkeit und Komplexität der Arbeitsgänge wuchsen. Für die Bearbeitung von Metall mußten neue →Werkzeugmaschinen gebaut werden. Eine der ersten war die Drehbank zum Schneiden von Gewinden, die der englische Ingenieur Henry Maudslay 1797 konstruierte. Sie war die direkte Vorgängerin der modernen Drehbank.

Druckknopf

1885 in Pforzheim erfunden

Auf der Suche nach einem verdeckten, rasch zu schließenden Knopf erfand der Pforzheimer Heribert Bauer 1885 den Druckknopf. 1901 wurde er von dem Pariser Fabrikanten Georges Abraham verbessert. Der Druckknopf besteht aus einem Plättchen mit einer Kugel, die in ein anderes Plättchen hineingedrückt und dort von einer Feder festgehalten wird. Früher wurde er aus rostfreiem Eisen gefertigt, heute stellt man ihn aus →Kunststoff her.

Dampfmaschine

1712 erste brauchbare Dampfmaschine in England

Die Dampfmaschine war eine der treibenden Kräfte in der gewaltigen wirtschaftlichen und sozialen Umwälzung, die als industrielle Revolution bezeichnet wird. Sie begann Mitte des 18. Jh. in England. Die bäuerliche Landbevölkerung wandelte sich nach und nach in eine städtische Arbeiterklasse um. Bereits 1811, nur 30 Jahre nach der Einführung der Dampfmaschine, arbeiteten mehr Menschen in Fabriken, Werkstätten und im Handel als in der Landwirtschaft. Die gleiche Entwicklung zeigte sich in Frankreich und später auch in Deutschland und den USA. Nach dem Zweiten Weltkrieg folgten Japan, die Sowjetunion sowie andere europäische und außereuropäische Länder.

Ihre erste Verwendung fand die Dampfmaschine in den Webereien Nordenglands. Das Zentrum der Textilindustrie war die Stadt Manchester, und das rasche Ansteigen ihrer Bevölkerung von 25000 Einwohnern im Jahr 1772 auf 455000 im Jahr 1851 läßt eine weitere Folge der industriellen Revolution erkennen: das Anschwellen der Städte und die Entstehung industrieller Ballungsgebiete.

Um 1835 wurden Dampfmaschinen bei der Förderung von Kohle, in Eisenhütten und Stahlverarbeitungsbetrieben sowie in Druckereien eingesetzt. Schon 1820 entstanden die ersten →Eisenbahnen und breiteten sich rasch aus.

Als die mit Dampfkraft betriebenen Fabriken immer größer wurden und die sogenannte industrielle Reservearmee durch die abwandernde Landbevölkerung anwuchs, wurden die Arbeiter immer mehr ausgebeutet.

Gewerkschaften entstanden – anfangs illegal, bis die britische Regierung 1824 das Verbot aufhob. Die scharfe Trennung zwischen besitzenden und arbeitenden Menschen, zu der die industrielle Revolution beitrug, veranlaßte Karl Marx zur Ausarbeitung der Theorie des Kommunismus, die im 20. Jh. tiefgreifende sozialpolitische Veränderungen in der Welt bewirkte.

Die Dampfkraft spielt in den heutigen Industrieländern immer noch eine bedeutende Rolle. Ein Großteil der →Elektrizitätswerke wird mit Dampf betrieben, doch wurden die Dampfmaschinen weitgehend durch →Turbinen ersetzt.

Der Dampf als treibende Kraft der industriellen Revolution

Um 100 n. Chr.: Erster Dampfapparat
Den ersten Apparat, der von Wasserdampf in eine Drehbewegung versetzt wurde, konstruierte Heron von Alexandria etwa um 100 n. Chr. Er bestand aus einem Topf, in dem man Wasser zum Kochen brachte. Der dabei entstehende Dampf strömte aus zwei gekrümmten Rohren aus und ließ den Topf um seine Achse rotieren.

1654: Die Kraft atmosphärischen Drucks
Im 17. Jh. bewies der Magdeburger Physiker Otto von Guericke durch Experimente die große Kraft des Luftdrucks. Im Jahr 1654 baute er einen Kolben in einen Zylinder von 50 cm Durchmesser ein und pumpte ihn luftleer. Der Kolben wurde dadurch in den Zylinder hineingezogen, obgleich 50 Männer versuchten, ihn an einem Seil festzuhalten.

1690: Die atmosphärische Dampfmaschine
Der französische Physiker Denis Papin – Erfinder des Dampfkessels und Dampfkochtopfs – konstruierte 1690 einen Messingzylinder mit einem Kolben. In den Zylinder tat er etwas Wasser und erhitzte ihn. Der entstehende Wasserdampf trieb den Kolben nach oben bis zu einer Sperre. Wurde die Wärmequelle entfernt, kondensierte der Dampf und erzeugte im Zylinder einen Unterdruck. Löste man dann die Sperre, trieb der atmosphärische Druck den Kolben mit solcher Kraft in den Zylinder zurück, daß man damit ein Gewicht von 27 kg heben konnte. 1707 trieb Papin damit ein Schaufelradboot an, das auf der Fulda von Kassel bis Minden fuhr.

1698: Saverys Dampfpumpe für Bergwerke
Der englische Ingenieur Thomas Savery erfand eine Vorrichtung, welche die Kraft des Dampfes nutzte, um Wasser aus überfluteten Bergwerken hochzupumpen. Er füllte einen Behälter mit Dampf, sperrte dann die Zuleitung und ließ den Dampf durch Einspritzen von Wasser kondensieren, wodurch ein Unterdruck entstand. Daher und infolge des äußeren Luftdrucks wurde das Grubenwasser durch ein Rohr in den Behälter gesaugt. Dann öffnete man das →Ventil der Zuleitung, und der Dampfdruck trieb das angesaugte Wasser zur Erdoberfläche.

1712: Die atmosphärische Dampfmaschine
Anfang des 18. Jh. erfand der Schmied Thomas Newcomen in Devon, zusammen mit seinem Partner John Calley, eine Dampfmaschine mit gesondertem Dampfkessel und baute 1712 seine erste Pumpe. Ihr Kolben war durch eine Stange mit einem Waagebalken (dem Balancier) verbunden. Leitete man Dampf in den Zylinder, so zog das am anderen Ende des Balanciers hängende Pumpengestänge den Kolben hoch. Durch Einspritzen von Wasser brachte man den Dampf zum Kondensieren, wodurch ein Unterdruck entstand. Durch den atmosphärischen Luftdruck wurde der Kolben nach unten gestoßen und das Pumpengestänge hochgezogen.

Das Dampfventil und der Wassereinspritzhahn wurden von der Maschine selbst gesteuert, die es auf 12 Hübe in der Minute brachte. Jeder Hub förderte 45 l Wasser und entwickelte dabei eine Leistung von 4 kW. Newcomens Maschine arbeitete mit Niederdruck; die eigentliche Arbeit leistete der atmosphärische Druck. Ihr Wirkungsgrad betrug allerdings nur etwa ein Prozent der aufgewendeten Heizleistung.

1765: Die erste wirkliche Dampfmaschine
Der schottische Apparatebauer James Watt tat den nächsten Schritt, indem er den Kondensator vom Zylinder trennte. Dadurch mußte der Zylinder nicht immer wieder gekühlt werden, und so reduzierte Watt den Kohleverbrauch der Newcomenschen Maschine auf ein Viertel. Überdies isolierte er den Zylinder, um ihn heiß zu halten, und ersetzte den Luftdruck als Antrieb des Kolbens durch Dampf, den er auch oberhalb des Kolbens in den Zylinder leitete. Damit hatte er die erste doppeltwirkende Niederdruckmaschine geschaffen. 1780 führte er eine Kurbel und ein Schwungrad ein, welche die auf- und abgehende Bewegung in eine Drehbewegung umsetzten. Schon 1787 wurden diese Maschinen in Spinnereien eingeführt, und noch im selben Jahr regte Friedrich der Große ihren Bau in Preußen an. Sie wurden vor allem von August F. W. Holtzhausen konstruiert.

1801: Die Dampfmaschine auf Rädern
Um 1800 konstruierte der Ingenieur Richard Trevithick für ein Bergwerk in Cornwall eine doppeltwirkende Hochdruckmaschine und baute sie ein Jahr später in ein Fahrzeug ein, das mehrere Personen mit einer Geschwindigkeit von 15 km/h befördern konnte. Trevithicks Maschinen arbeiteten mit einem Druck von 3,5 bar (Watt hatte die Grenze bei 0,7 bar gezogen) und hatten statt des Waagebalkens eine Kurbelwelle, die durch eine Pleuelstange angetrieben wurde. Sie waren wesentlich kleiner als die von Watt und erbrachten eine wesentlich größere Leistung. 1803 baute Trevithick die erste Dampflokomotive (→Eisenbahn).

1810–1820: Weiterentwicklung des Dampfantriebs
Nach Trevithicks Erfindung wurde die Dampfmaschine weiterentwickelt. Die riesigen Maschinen mit Waagebalken für

Zechen und Wasserwerke bestanden noch etwa ein Jahrhundert lang. Daneben konstruierte John Hornblower die Mehrfachexpansionsmaschine. 1853 erfand der Schweizer Johann Sulzer die Maschine mit Ventilsteuerung; 1892 baute Wilhelm Schmidt in Deutschland die Heißdampfmaschine. Und schon im Jahr 1883 erfand der Schwede Gustaf de Laval die Dampfturbine (→ Turbine), die heute die Dampfmaschine weitgehend abgelöst hat.

DIE DAMPFMASCHINE ZUM ANTRIEB VON WEBSTÜHLEN

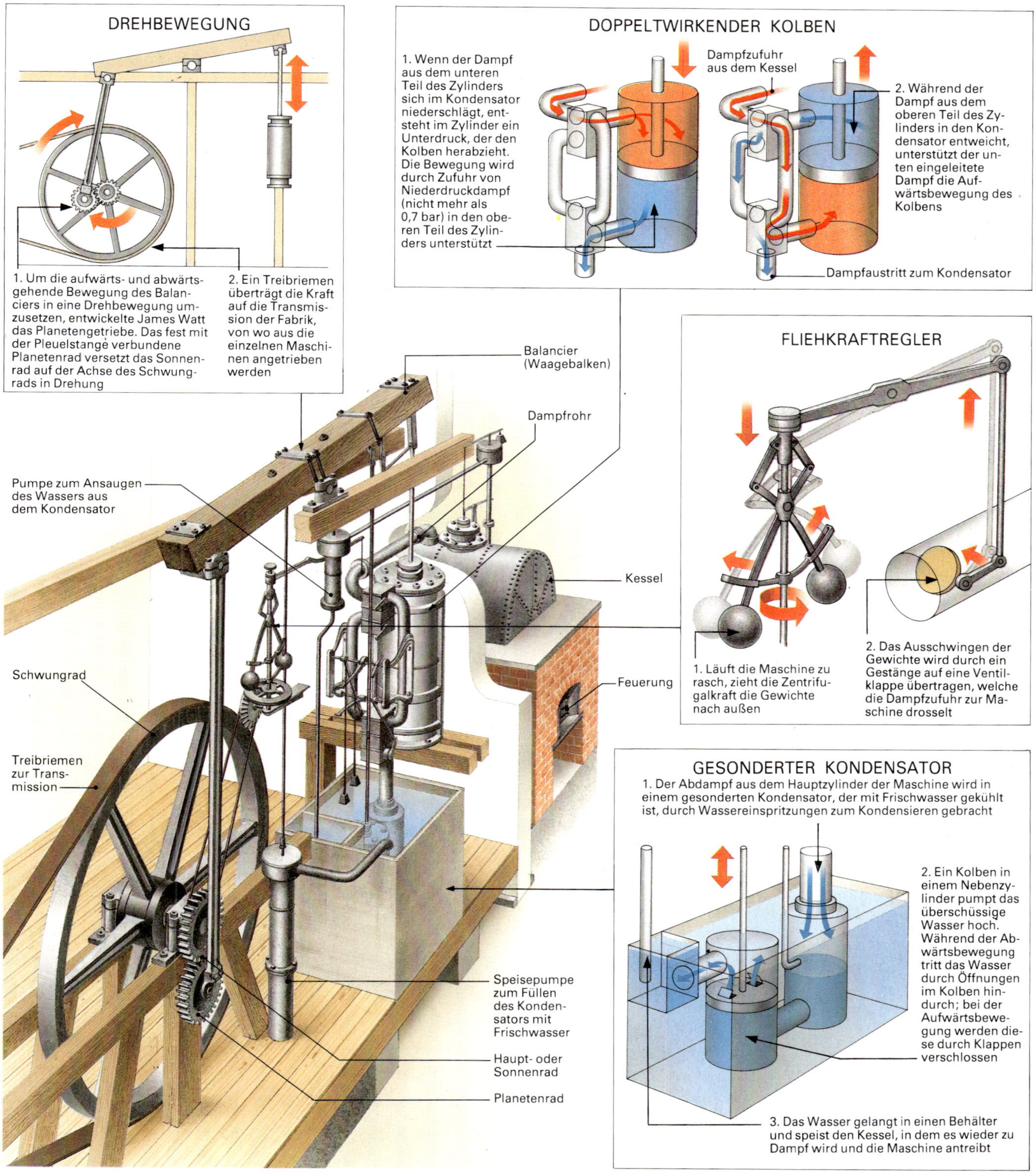

Dampfkraft in der Fabrik *James Watts Dampfmaschine mit rotierender Antriebswelle wurde Ende der 80er Jahre des 18. Jh. zur wichtigsten Kraftquelle der britischen Textilindustrie. Die Erfindung des getrennten Kondensators und des doppeltwirkenden Kolbens führte zu größerer Leistung bei wesentlich geringerem Brennstoffverbrauch als vorher. Watts Fliehkraftregler war ein frühes Beispiel für die Selbststeuerung einer Maschine.*

Druckverfahren

Hölzerne Druckstempel für Amtssiegel waren schon 1324 v. Chr. in China bekannt

Die Erfindung des Buchdrucks war der erste Schritt auf dem Weg zu den modernen Massenkommunikationsmitteln, die sich des geschriebenen Wortes bedienen. Der Druckstempel aus Holz wurde vor über 3000 Jahren in China erfunden, das → Papier um 100 n. Chr., aber eigentlich stand doch Europa an der Wiege der Schwarzen Kunst. Als hier um 1450 Johannes Gutenberg sein System der beweglichen Lettern einführte, löste er eine der größten Umwälzungen in der Menschheitsgeschichte aus.

Die Geisteswelt der Antike und das Schrifttum des christlichen Abendlandes breiteten sich von da an explosionsartig aus. Bücher brachten neue Ideen unter die Leute, und weder der Humanismus der Renaissance noch die Reformation Martin Luthers wäre ohne sie so recht möglich gewesen.

Früher war die Weitergabe von allgemeinen Informationen auf öffentliche Ausrufe und Anschläge beschränkt – oder auf die Fähigkeit von Schreibern, die Schriftstücke mühsam mit der Hand kopierten. Ein Schreiber arbeitete oft monate-, manchmal jahrelang an einer einzigen Abschrift. Weil Bücher so teuer waren, mußten sich viele Wissenschaftler selbst Kopien von den Werken anfertigen, die sie für ihre Arbeit brauchten. Bibliotheken waren im mittelalterlichen Europa selten und enthielten kaum jemals mehr als 500 Bände – die man oft mit → Ketten an den Regalen befestigte, um sie vor Diebstahl zu schützen.

Rasche Ausbreitung

Nach 1450 verbreitete sich der Buchdruck sehr rasch von Land zu Land, meistens durch Deutsche, die mit Gutenberg zusammengearbeitet oder bei ihm und seinen früheren Partnern in Mainz gelernt hatten. Literatur, die seit Jahrhunderten verschollen war, erwachte zu neuem Leben, als die Drucker auf der Suche nach Material die Bibliotheken durchstöberten. Da Bücher nun in relativ großer Zahl hergestellt werden konnten, wurden sie auch wesentlich billiger.

Das erste – und einzig bekannte – größere Werk Gutenbergs war der Druck der lateinischen Bibel. Dafür hatte Gutenberg Geld aufnehmen müssen – und bald war er wegen seiner Schulden gezwungen, seinen Geschäftsanteil an der Mainzer Druckerei aufzugeben, gerade als er dabei war, seine Erfindung zu vervollkommnen. Andere entwickelten seine Kunst weiter.

Das tägliche Brot der frühen Drucker waren die Bibel und die lateinischen Klassiker. Auch andere religiöse Werke wurden veröffentlicht, etwa von Thomas von Aquin. Dabei ahmten die Drukker zunächst die handgeschriebenen Bücher nach, um Anerkennung zu finden, denn die alte Schreibkunst war zu hoher Vollkommenheit gelangt.

Förderung der Volkssprache

Das Bestreben der Drucker, eine möglichst breite Leserschicht anzusprechen, gab den Volkssprachen gegenüber dem Latein außerordentlichen Auftrieb. Sie wurden jetzt beinahe zum erstenmal schriftlich niedergelegt.

Bevor es die Möglichkeit von Massenveröffentlichungen gab, unterschieden sich die Sprachen, die in einem Land gesprochen wurden, beträchtlich – nicht nur in der Aussprache, sondern auch im Wortschatz und in der Grammatik. Sprachen, die bisher kaum mehr als Dialekte waren, galten nun, nachdem sie von den Druckern übernommen waren, als eigene Sprachen. Die Drucker spielten überdies eine wichtige Rolle bei der Bildung einer einheitlichen Volkssprache. So entstand beispielsweise die deutsche Hochsprache nicht zuletzt aufgrund von Luthers Bibelübersetzung.

Ein deutscher Dialekt, der in den Niederlanden gesprochen und von den Druckern in Amsterdam anerkannt wur-

Das erste gedruckte Buch
Die Abbildung zeigt eine Szene aus dem Leben Buddhas mit einem Textstück aus der Diamantsutra. Diese Schriftrolle wurde im ausgehenden 9. Jh. n. Chr. von Holzplatten gedruckt und ist das älteste bekannte gedruckte „Buch". Der noch erhaltene Teil hat eine Länge von knapp 5 m; die Druckstücke maßen 75 × 30 cm. Aus jedem Block wurden spiegelverkehrte, vollständige Texte geschnitzt. Dabei stellen die Schriftzeichen jeweils ganze Wörter dar. Sie blieben als Relief stehen, während das Holz ringsherum weggeschnitten wurde. Man färbte erhabene Flächen ein und preßte das Papier darauf. Das Drucken von erhabenen Schriftzeichen – der Hochdruck – blieb lange die allgemein übliche Methode, bis sie in jüngster Zeit vom Offsetdruck – ein Flachdruckverfahren – verdrängt wurde.

Incipit epistola sancti ieronimi ad paulinum presbiterum de omnibus divine historie libris. Capitulum primum.
Frater ambrosius tua michi munuscula perferens detulit simul et suavissimas litteras: que a principio amicitiarum fidem probate iam fidei et veteris amicitie preferebant. Vera enim illa necessitudo est et xpi glutino copulata: quam non utilitas rei familiaris non presentia tantum corporum non subdola et palpans adulatio: sed dei timor et divinarum scripturarum studia conciliant. Legimus in veteribus historiis quosdam lustrasse provincias novos adiisse populos maria transisse: ut eos quos ex libris noverant: coram quoque viderent. Sic pitagoras memphiticos vates, sic plato egiptum et archytam tarentinum eamque oram ytalie que quondam magna grecia dicebatur: laboriosissime peragravit: et ut qui athenis magister erat et potens cuiusque doctrinas achademie gignasia personabant fieret peregrinus atque discipulus: malens a-
ingressi: aliud extra urbem quererent. Appollonius sive ille magus ut vulgus loquitur sive phylosophus ut pitagorici tradunt intravit persas pertransivit caucasum albanos scithas massagetas opulentissima indie regna penetravit: et ad extremum latissimo physon amne transmisso pervenit ad bragmanas: ut hyarcam in throno sedentem aureo et de tantali fonte potantem inter paucos discipulos de natura de moribus ac de cursu dierum et siderum audiret docentem. Inde per elamitas babilonios chaldeos medos assirios parthos syros phenices arabes palestinos reversus ad alexandriam perrexit ad ethiopiam: ut gignosophistas et famosissimam solis mensam videret in sabulo. Invenit ille vir ubique quod disceret: et semper proficiens semper se melior fieret. Scripsit super hoc plenissime octo voluminibus phylostratus. II
Quid loquar de seculi hominibus: cum apostolus paulus vas electionis et magister gentium qui de conscientia tanti in se hospitis loquebatur dicens. An experimentum que-

Die Gutenbergbibel *Ein Ausschnitt aus der 42zeiligen Bibel, die zwischen 1452 und 1455 von Johannes Gutenberg und seinen Partnern Johann Fust und Peter Schöffer gedruckt wurde: Sie heißt so, weil jede Spalte 42 Zeilen enthält. Farbe und Ausschmückung wurden noch von Hand hinzugefügt.*

de, entwickelte sich zur niederländischen Sprache. In Italien, das nach Deutschland im Buchdruck führend war, wurde zum Beispiel der Dialekt der Toskana zum klassischen Italienisch.

Die Führer von Kirche und Staat in Europa sahen im Buchdruck jedoch auch eine mögliche Bedrohung ihrer Autorität. Tatsächlich veröffentlichten manche Drucker Werke, in denen die bestehenden Machtverhältnisse angegrif-

Taschenbuch *Als 1935 in Großbritannien die ersten Penguintaschenbücher erschienen, bahnte sich eine Revolution im Druck- und Verlagsgewerbe wie auch in den Lesegewohnheiten an. Das Taschenbuch wurde zum billigen Massenartikel für breite Schichten.*

fen wurden, zum Beispiel während der Reformation und in den Bauernkriegen. Klosterschreiber hätten niemals eine Streitschrift, ein sogenanntes Pamphlet, verbreitet; Druckereien aber machten es im Bedarfsfall jedermann schnell zugänglich. Dafür mußten sie oft mit harten Strafen rechnen.

Allgegenwärtiges gedrucktes Wort

Die Drucker der westlichen Welt spielten eine wichtige politische Rolle, indem sie →Zeitungen, Broschüren und Flugblätter mit unterschiedlichen, häufig radikalen Ansichten veröffentlichten. Nicht umsonst war eine wesentliche Forderung der Französischen Revolution und auch der deutschen Revolution von 1848 die „Preßfreiheit".

Die Verbreitung der allgemeinen Schulbildung im 19. Jh. gab dem Buchdruck einen gewaltigen Aufschwung. Schon seit Gutenbergs 24 Ausgaben der berühmten lateinischen Grammatik von Aelius Donatus (4. Jh.) waren Schulbücher ein einträgliches Geschäft. Bildung hatte dann wiederum eine größere Nachfrage nach Büchern und Zeitungen im Gefolge.

Im 19. Jh. machte sich auch der Handel die Druckerpresse dienstbar: Eine Fülle von Plakaten und Anschlagzetteln warb schon damals für so ungeistige Dinge wie Marmelade, Stierkämpfe oder Ausflüge mit der Eisenbahn.

Als im 19. und 20. Jh. die Druckkosten durch technische Neuerungen geringer wurden, konnten sich noch mehr Menschen noch mehr Bücher leisten. Im 20. Jh. erhielt diese Entwicklung durch das billige Taschenbuch noch einmal einen neuen Anstoß. Mit der Gründung von Penguin Books in England wurde es 1935 zum Massenartikel. Heute ist der größte Teil der Weltliteratur in dieser Form erhältlich.

Mit Hilfe neuer Drucktechniken produziert man inzwischen nicht nur Bücher und Zeitungen, sondern auch Landkarten und Kalender, Telefonbücher und Fahrpläne, Banknoten und →Briefmarken, Fahrkarten und Verpackungen. Das gedruckte Wort ist allgegenwärtig.

Entwicklung und Verbreitung der „Schwarzen Kunst" im Lauf der Jahrhunderte

1324 v. Chr.: Hölzerne Druckstempel
Die Chinesen benutzten seit 1324 v. Chr. Stempel mit Namen oder Siegeln für Dokumente. Die geschnitzten Schriftzeichen wurden geschwärzt und auf Pergament o. ä. gedrückt. Stempel aus Speckstein, Jade, Elfenbein oder Bambus sind noch heute in China üblich.

868 n. Chr.: Der Tafel- oder Blockdruck
Das Drucken von Büchern mit Druckstöcken hat sich aus dem Drucken mit Namensstempeln in China entwickelt. Aus einem Holzblock schnitzte man schließlich einen vollständigen Text heraus, so daß die Worte in Spiegelschrift erhaben standen. Dann bestrich man das Holz mit Farbe und preßte das Papier darauf. Das Drucken mit erhabenen Buchstaben nennt man Hochdruck.

Das früheste gedruckte „Buch", das bekannt ist, eine etwa 5 m lange fortlaufende Rolle, wurde nach diesem Verfahren mit 75 × 30 cm großen Druckstöcken hergestellt. Es handelt sich um die sogenannte Diamantsutra aus dem Jahr 868.

1040–1050: Bewegliche Lettern
Die beweglichen Lettern wurden in China zwischen 1040 und 1050 n. Chr. von dem Alchimisten Pi Sheng erfunden. Pi brannte aus Lehm einzelne Schriftzeichen, von denen jedes ein Wort darstellte. Diese Zeichen wurden in Sätze geordnet, in einen Eisenrahmen gelegt und mit einer klebrigen Masse zusammengehalten.

1403: Die erste Schriftgießerei
Die erste Gießerei für Metalltypen wurde wohl 1403 in Korea von König T'ai Tsung eingerichtet. Die Metalltypen hielten länger als die aus Ton, aber da jede Type ein ganzes Wort darstellte, benötigte man sehr viele.

Ungefähr 30 Jahre später wurde in Korea ein phonetisches Alphabet entwikkelt. Nun konnte man alle Wörter aus wenigen Buchstaben bilden wie bei den modernen westlichen Sprachen.

1436: Gutenbergs Erfindung
Zwischen 1436 und 1445 entwickelte Johannes Gensfleisch zur Laden, genannt Gutenberg, in Mainz ein Handgießinstrument, mit dem sich für die einzelnen Buchstaben des Alphabets Metalltypen gießen ließen. Dabei machte Gutenberg sich alle bisherigen Erfindungen auf diesem Gebiet zunutze. Jede Buchstabentype mußte in beträchtlicher Zahl hergestellt werden, damit die Texte vollständig gesetzt werden konnten. Bei diesem Verfahren, das bis ins 19. Jh. nahezu unverändert blieb, schnitt man für

jeden Buchstaben einen Stempel aus Hartmetall. Dieser Stempel wurde auf weiches Kupfer geschlagen, wo er einen vertieften Abdruck hinterließ. Die so erhaltene Gußform paßte Gutenberg in einen verstellbaren Rahmen ein, der die Breite der Type festlegte und für eine einheitliche Höhe sorgte.

1450–1455: Gutenberg druckt die ersten Bücher
Um 1450 begann Gutenberg, seine Erfindung wirtschaftlich zu nutzen. Zu seinen ersten Werken zählten die lateinische Grammatik von Aelius Donatus, die 1451 gedruckt wurde, sowie seine 42zeilige Bibel in lateinischer Sprache, die Gutenberg 1452 zu drucken begann.

Gutenbergs Druckerpresse war eine Abwandlung der alten Weinpresse. Die ungleich breiten Lettern wurden zu gleichlangen Zeilen zusammengestellt, die man dann zu einer Druckform zusammenfügte. Die Form wurde auf das Fundament der Presse gelegt und die Druckfläche mit Druckerschwärze eingefärbt. Darauf kam das Papier, das man dann mit einer Platte, dem Drucktiegel, und einer Schraube auf die Druckform preßte.

1457: Drucken mit Farben
Die ersten Farbdrucke machten Johann Fust und Peter Schöffer in Mainz, zwei ehemalige Partner von Gutenberg. Sie färbten verschiedene Teile der Druckform getrennt mit einer zweiten Farbe ein.

1461: Das erste illustrierte Buch
Im Jahr 1461 kombinierte man in Bamberg zum erstenmal Holzschnitte und bewegliche Lettern, um ein Buch mit Illustrationen zu schaffen. Es handelte sich dabei um ein Legendenbuch in deutscher Sprache. Der Drucker hieß Albrecht Pfister.

1470: Römische Schrift
Die römische Druckschrift (Antiqua) wurde zuerst 1470 von dem Franzosen Nicolas Jenson für Druckarbeiten in Venedig verwendet. Jensons Schrift ergänzte die Großbuchstaben, die auf den in Stein gemeißelten Inschriften der alten Römer beruhten (die sogenannte *Capitalis quadrata*), durch Kleinbuchstaben nach Art der karolingischen Minuskeln. Manche Drucker verwendeten allerdings noch viele Jahre danach Schriftbilder, die den Manuskripten der Klöster ähnelten.

1477: Das Tiefdruckverfahren
Das erste bekannte Buch mit gedruckten Landkarten, die *Cosmographica* von Claudius Ptolemäus, wurde 1477 veröffentlicht. Es entstand mit Hilfe eines Gravierverfahrens, dem Tiefdruck. Bei dieser Methode wird das Bild in eine Kupfer- oder Stahlplatte geritzt – daher die Bezeichnungen Kupferstich und Stahlstich Die Oberfläche der Platte wird mit Druckerschwärze bestrichen und dann

VIER GRUNDLEGENDE TECHNIKEN

HOCHDRUCK

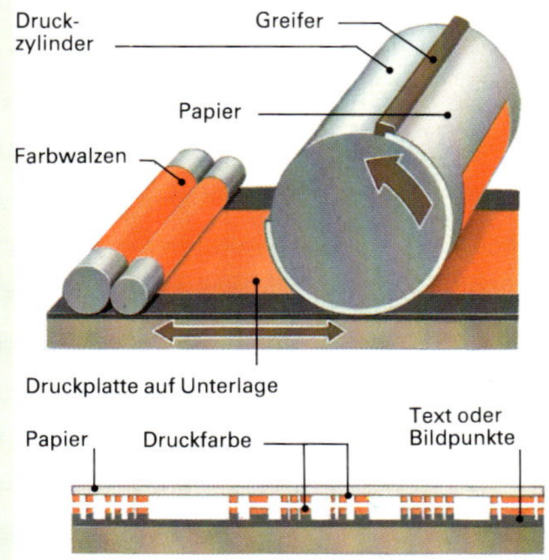

Verfahren *Bei diesem Druckverfahren ragen die Teile, die das Bild wiedergeben sollen, über die Fläche hinaus, die unbedruckt bleiben soll. Die Platte weist also das erhaben stehende Bild der Buchstaben oder der Illustration auf. Sie wird mit Farbwalzen eingefärbt. Das Papier wird von einem Greifer auf dem Druckzylinder gehalten und darübergerollt. Rotationspressen arbeiten im Hochgeschwindigkeitsdruck von Zeitungen mit gebogenen Metalldruckplatten.*

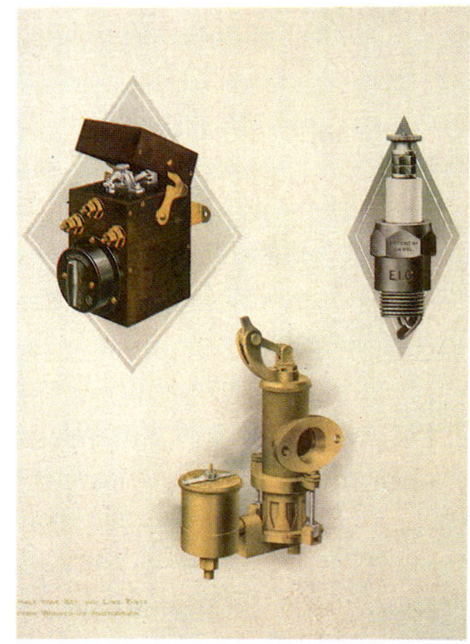

Kataloganzeige *Frühes Autozubehör, im Hochdruckverfahren mit Halbtonklischees wiedergegeben, die nach retuschierten Fotos hergestellt wurden. Die dunklen Bildflächen auf den Blöcken setzen sich aus Tausenden winziger, erhabener schwarzer Punkte von unterschiedlicher Größe zusammen.*

FLACHDRUCK

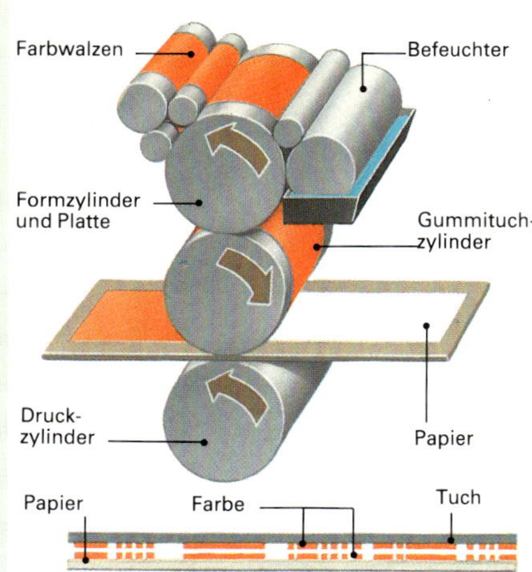

Offsetdruck *Die Flächen, die das Bild ergeben, werden fotografisch auf die Platte übertragen. Chemikalien auf der Bildfläche nehmen Farbe an und stoßen Wasser ab; die leeren Flächen stoßen Farbe ab und nehmen Wasser an. Die Platte wird zuerst angefeuchtet, dann eingefärbt. Das Bild wird auf ein Gummituch übertragen und anschließend auf Papier gedruckt. Für Kunstdrucke überträgt man das Bild von einem Stein oder einer Platte auf das Papier.*

Die Farblithographie *Dieses Verfahren war im 19. Jh. für den Druck bunter Plakate sehr beliebt. Man brauchte für jede Farbe einen Stein und druckte die Farben getrennt übereinander. Es kam vor, daß für einen einzigen Druck bis zu 30 Steine nötig waren. Berühmte Künstler wie Toulouse-Lautrec, Gauguin, Bonnard und Munch schufen zahlreiche Farblithographien.*

FÜR DAS DRUCKEN AUF PAPIER

TIEFDRUCK

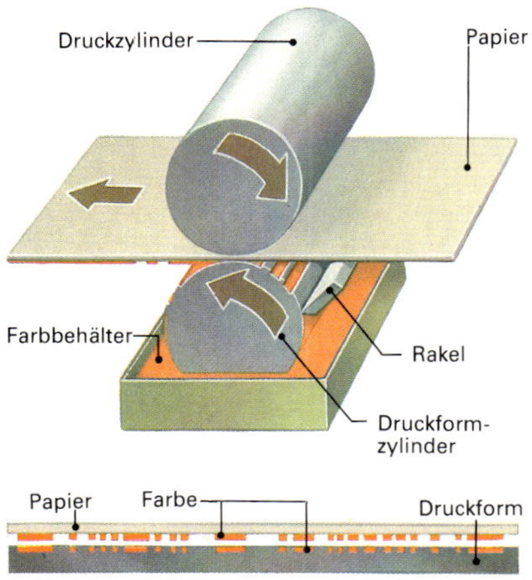

Verfahren *Bei der Heliogravüre oder dem Rotationstiefdruck wird das Bild fotografisch auf die Druckplatte gebracht und in Form von Zellen (Näpfchen) eingeätzt oder graviert. Das geschieht galvanisch und direkt am Druckzylinder, der dann eingefärbt wird. Von den freien Flächen wird die Farbe durch einen Abstreicher, die sogenannte Rakel, abgewischt. Die tieferen, mit Farbe gefüllten Zellen drucken. Für farbige Bilder verwendet man vier getrennte Druckformen.*

Druck einer Zeitschrift *Eine Seite aus der* Illustrated London News *von 1913 zeigt – im Rotationstiefdruck – ihre eigene Herstellung. Diese Maschine konnte 6000 Bogen pro Stunde drucken. Die Heliogravüre reproduziert Illustrationen sehr genau.*

SIEBDRUCK

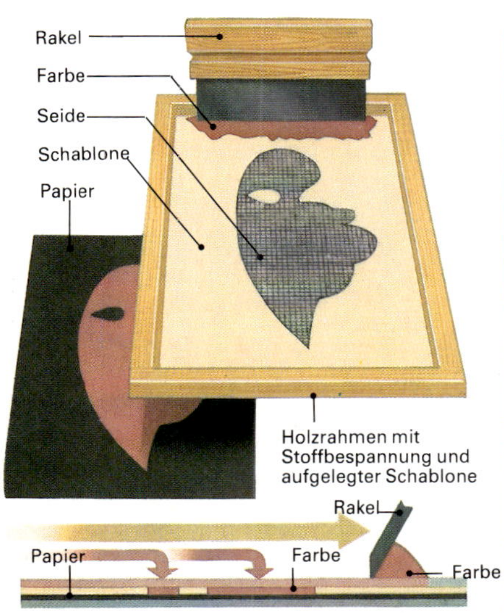

Verfahren *Für jede Farbe, die gedruckt werden soll, wird eine Schablone hergestellt. Dann spannt man einen engmaschigen Stoff oder ein feines Metallgitter in einen Rahmen und legt die Schablone darüber. Mit einer Rakel drückt man die Farbe durch das Sieb auf das Papier.*

Ein buntes Bild aus drei Farben *Transparente Druckfarben in den drei Grundtönen (Magenta, Gelb und das grünblaue Zyan) können nacheinander auf dieselbe Fläche aufgetragen werden. Dadurch erreicht man beliebige Zwischenfarben oder -töne.*

abgewischt, so daß die Farbe nur in den eingeritzten Vertiefungen zurückbleibt. Dann preßt man weiches Papier auf die Platte, das in die Vertiefungen eindringt und die Farbe aufsaugt.

1501: Kursivschrift
Francesco Griffo aus Bologna in Italien erfand 1501 die erste Kursivschrift – eine „laufende", nach rechts geneigte Druckschrift – für eine Klassikerreihe in lateinischer und italienischer Sprache.

1620: Schnellere und einfachere Druckverfahren
Die erste wesentliche Änderung der Gutenbergschen Druckerpresse nahm um 1620 der Niederländer Willem Janszoon Blaeu in Amsterdam vor. Blaeu ergänzte die Presse durch ein Gegengewicht, das den schweren Drucktiegel nach dem Druckvorgang automatisch hob. Nun konnte wesentlich schneller gedruckt werden.

1642: Die Schabkunst
Der Deutsche Ludwig von Siegen erfand 1642 die Schabkunst oder das Mezzotinto (italienisch: Halbfarbe) für den Druck von Bildern – ein besonderes Kupferstich- oder Stahlstichverfahren. Das Bild wird dafür in eine Kupfer- oder Stahlplatte eingraviert, die besonders aufgerauht ist, damit sie die Farbe aufnehmen kann. Bevor der Graveur Farbe aufträgt, glättet er die Flächen, die auf dem fertigen Bild grau oder weiß erscheinen sollen. Dann wird die Platte abgewischt, wobei auf den angerauhten Flächen etwas Farbe zurückbleibt, und erst dann wird gedruckt. Diese Technik diente von Anfang an vor allem zur Reproduktion von Gemälden.

1710: Der Beginn des Vierfarbendrucks
Ein Vierfarbendruckverfahren nach dem Prinzip der Schabkunst erfand 1710 der Frankfurter Jakob Christof Le Blon. Er machte sich dabei die Tatsache zunutze, daß sich jede Farbe aus drei Grundfarben, wenn man sie im richtigen Verhältnis mischt, erzielen läßt. Le Blon verwendete Rot, Gelb, Blau und die Hilfsfarbe Schwarz. Jede Farbe wurde getrennt auf das Papier gedruckt – von einer eigenen Mezzotintoplatte, die so präpariert war, daß sich die drei Bilder auf dem Papier genau deckten. Le Blons erste Veröffentlichung im Jahr 1725 war das *Coloritto oder die Harmonie der Farben in der Malerei.*

1725: Die Stereotypie
William Ged, ein Goldschmied aus Edinburg, erfand 1725 die Stereotypie, die die Massenproduktion von Druck-Erzeugnissen möglich machte. Bei dieser Technik wurden mit Hilfe einer Form aus Gips oder Ton Metallabgüsse von einer Seite gemacht. Vor Geds Erfindung mußten gleiche Seiten jeweils neu gesetzt werden, wenn man sie auf mehr als einer Presse oder in Neuauflagen drucken wollte.

Von 1829 an wurden die Formen aus Pappmaché gemacht, und diese Pappmachématrizen, sogenannte Matern, spielen beim Rotationsdruck eine große Rolle, weil sie biegsam sind und in Rundformen nachgegossen werden können.

1775: Normung der Typengröße
Der Franzose François-Ambroise Didot, der aus einer bekannten Druckerfamilie stammte, führte 1775 als Maßeinheit für Druckbuchstaben den typographischen Punkt ein. Er entspricht 0,3759 mm und gilt, bis auf die englischsprachigen Länder, in fast allen Teilen der Welt.

1798: Die Erfindung der Lithographie
Der Österreicher Alois Senefelder erfand zwischen 1796 und 1798 in München die Lithographie oder den Steindruck. Bei dieser Technik wird von einer glatten Fläche gedruckt (Flachdruck). Ursprünglich verwendete man sie nur für Illustrationen. Das Verfahren beruht auf der Tatsache, daß Fett Wasser abstößt. Das Bild wird spiegelverkehrt mit Fettstift auf eine polierte Kalksteinplatte gezeichnet. Dann feuchtet man den Stein an, wobei nur die fettlosen Stellen Wasser annehmen. Anschließend trägt man wieder Fettfarbe auf. Sie bleibt nur auf den Stellen haften, die vorher mit dem Fettstift aufgezeichnet wurden. Wird dann Papier auf den Stein gepreßt, nimmt es das Bild ab.

Von dieser Erfindung lebt der ganze Offsetdruck; dabei verwendet man statt einer Steinplatte eine Metallplatte, und die Druckform entsteht fotografisch. Damit auf unterschiedliche Materialien gedruckt werden kann, wird sie vorher auf ein biegsames Gummituch übertragen oder „abgesetzt" (offset), das man auf Walzen montiert.

1810: Die Dampfpresse
Der deutsche Buchdrucker Friedrich Gottlob König erhielt 1810 in London das Patent für eine dampfgetriebene eiserne Presse. Seine Konstruktion war im wesentlichen eine mechanisierte Handpresse. Sie brachte aber außer der Verwendung einer → Dampfmaschine eine wichtige Neuerung: Zwei Walzen trugen die Farbe auf die Druckform auf, die sich anschließend automatisch in die richtige Stellung schob, so daß das Papier darauf gepreßt werden konnte. Diese Maschine druckte 400 Bogen in der Stunde – fast doppelt soviel wie eine Handpresse.

Im Jahr 1812 verbesserte König in Zusammenarbeit mit seinem deutschen Kollegen André Frederic Bauer diese Dampfpresse. Die beiden gingen vom flachen Drucktiegel ab, der das Papier auf die Druckform preßte. Statt dessen befestigten sie eine Walze auf dem Maschinenrahmen. Die Druckform bewegte sich pendelnd unter der Walze, die das Papier auf die Drucktypen preßte, hin und her. Ein Greifer nahm das unbedruckte Papier auf und legte es um die Walze; anschließend transportierte er den

DER VIERFARBENDRUCK

Schritt für Schritt *Mit dem Vierfarbendruckverfahren kann man Bilder mit all ihren Farben und Nuancen drucken. Das Original wird viermal durch einen Halbtonraster und verschiedene farbige Filter fotografiert. Jeder Filter holt eine Grundfarbe sowie Schwarz aus den übrigen Farben heraus. Alle vier Farbauszüge werden dann mit transparenten Farben übereinander gedruckt. Das Ergebnis ist ein Gemisch aus vielen winzigen Farbpunkten.*

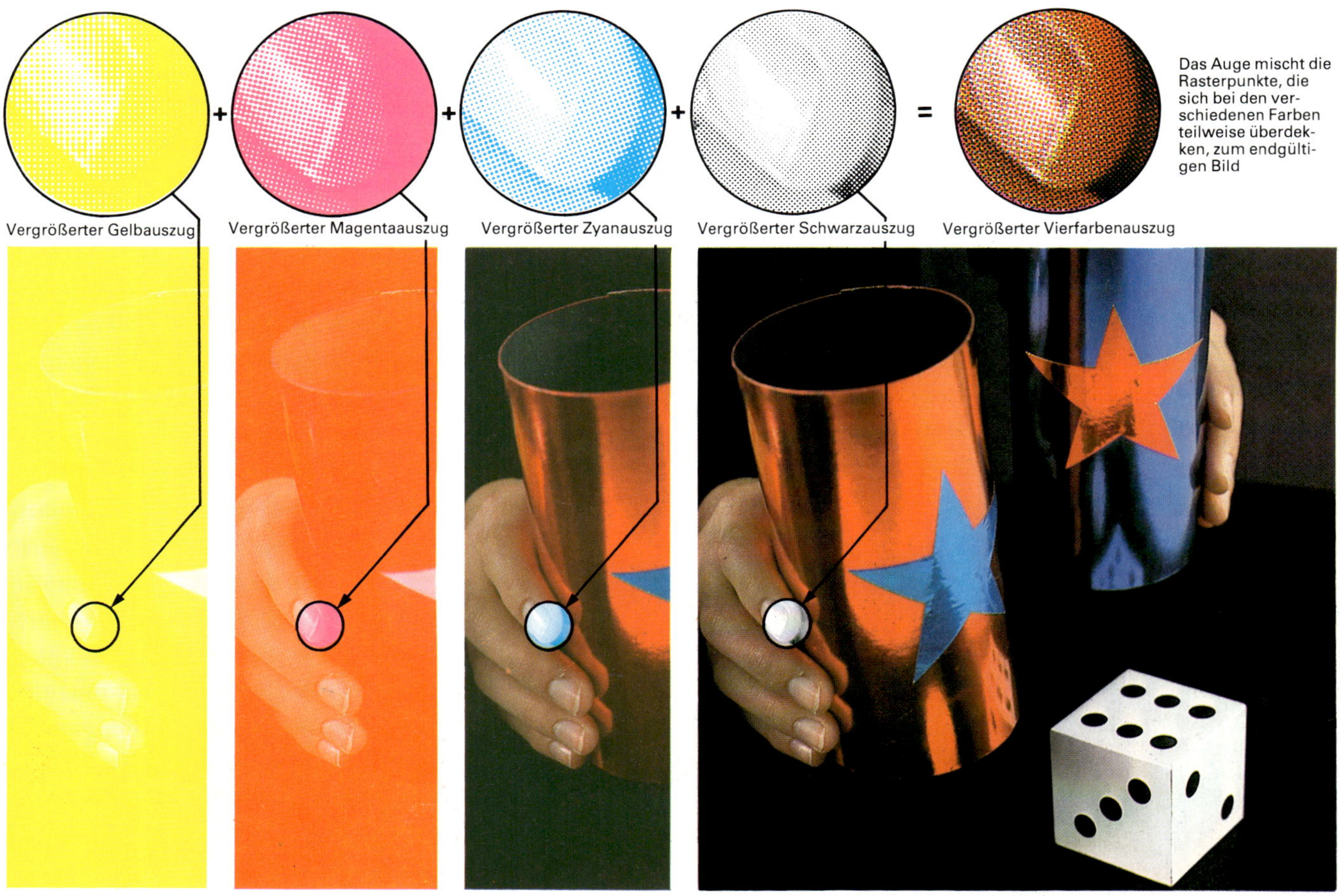

Gelbdruck *Gelb wird gewöhnlich zuletzt gedruckt. Bei Probedrukken ist es aber meist umgekehrt, wie hier.*

Rotdruck *Die zweite Druckplatte ist mit Magenta gefärbt. Rot mischt sich mit Gelb. Der Kontrast wächst.*

Blaudruck *Durch Hinzufügen von Blau – eigentlich Zyan – entsteht eine fast originalgetreue Farbe.*

Schwarzdruck *Schwarz verleiht dem in drei Farben gedruckten Bild Schärfe, Tiefe und Kontrast. Die feine Halbtonrasterung veranlaßt das bloße Auge, die Grundfarben so zu mischen, daß es alle Farbnuancen des Originals sieht. Damit die Rasterung weniger auffällt, werden die verschiedenfarbigen Punkte leicht versetzt übereinander gedruckt.*

bedruckten Bogen zur Papierauslage. Die *Times* in London stellte 1814 die erste dieser Schnellpressen auf.

1840: Einführung der Galvanoplastik
Die Galvanoplastik ist ein Verfahren der elektrolytischen Oberflächenbehandlung zur Herstellung metallener Kopien von Druckvorlagen. Bei dieser Technik stellte 1840 der Brite J. Murray von Holzschnittdruckformen Metallkopien her. Solche Kopien *(Galvanos)*, von denen man beliebig viele machen konnte, hielten dem starken Druck der Dampfpresse besser stand und ergaben bessere Reproduktionen als die Stereotypieplatten. Für die Herstellung eines Galvanos wurde auf einen Wachs- oder Gummiabdruck des Originals ein Kupferfilm gelegt, den man dann von der Form abnahm und mit einer geschmolzenen Metallegierung ausgoß. Das Ergebnis war eine kräftige Ganzmetalldruckplatte.

1845: Die Rotationspresse
Der Amerikaner Richard Hoe erhielt 1845 ein Patent auf die erste Rotationspresse im heutigen Sinn. Die Buchstabenkolumnen wurden dabei noch mit Keilen, die als Richtmaß für die Kolumnen dienten, an einem großen Zylinder angebracht.

Die *Times* in London stellte 1848 die erste derartige Rotationspresse auf. Sie war von zwei Ingenieuren der Zeitung, Augustus Applegarth und Edward Cooper, konstruiert worden und konnte 8000 Bogen pro Stunde drucken.

1852: Das Prinzip der Halbtonätzung
Der englische Naturwissenschaftler William Henry Fox leistete 1852 mit seiner Erfindung des Prinzips der Halbtonätzung den ersten Beitrag zur Reproduktion von Fotografien im Zeitungsdruck. Bei der Halbtontechnik läßt sich mit Hilfe winziger, verschieden großer schwarzer Punkte jeder Grauton des Originalfotos nachbilden. Dieses Foto wird durch ein feines Liniengitternetz, einen Raster, auf eine lichtempfindliche Metallplatte aufgenommen. Auf der Platte erscheinen die Lücken im Raster als Punkte von unterschiedlicher Größe. Die Platte wird dann mit Säure behandelt, die das Metall rings um die Punkte wegätzt. Die Druckform – das Klischee – ist fertig. Die nun erhabenen Punkte nehmen die Farbe auf.

1884: Die Linotype, eine automatische Zeilensetzmaschine
Die erste brauchbare Maschine, die Buchstaben automatisch setzen konnte, erfand 1884 der Deutschamerikaner Ottmar Mergenthaler. Seine Linotype wurde 1888 patentiert. Sie gießt vollständige Schriftzeilen aus Metallmatrizen, die der Setzer mit Hilfe einer schreibmaschinenähnlichen Tastatur aneinanderreiht, mit geschmolzenem Blei aus. Mit dem Serienmodell der Linotype, das zwei Jahre später entworfen wurde, kann man je nach Schriftgröße 5000–7000 Buchstaben in der Stunde setzen.

1887: Die Monotype
Eine Maschine, die Einzelbuchstaben setzte, die Monotype, wurde 1887 von dem amerikanischen Erfinder Tolbert Lanston zum erstenmal vorgeführt. Lanston trennte den Setzvorgang vom Gießvorgang. Der Setzer schrieb zuerst den Text auf einen Lochstreifen und gab diesen dann in einen Gießapparat ein. Die Monotype setzt über 8000 einzelne Buchstaben in der Stunde, aber die Arbeitsweise in zwei Phasen brachte beim Zeitungsdruck eine zu große Verzögerung mit sich. Wegen der hohen Qualität des Endprodukts wurde diese Maschine jedoch für den Buchdruck gern verwendet.

1878: Die Heliogravüre
Das Prinzip des Kupferstichs war schon seit mindestens 1477 bekannt. Der Österreicher Karl Klietsch wendete es 1878 leicht abgewandelt auf die Reproduktion von Fotografien an. Er nannte sein neues Verfahren Heliogravüre oder Zylindertiefdruck. Dabei kopiert man ein Diapositiv auf chromiertes Gelatinepigmentpapier. Die Pigmentkopie wiederum wird fotografisch auf eine Kupferplatte übertragen. Nach dem Pigmenttransfer werden in die Platte kleine Zellen oder Furchen geätzt, die dann die Druckfarbe wie Näpfchen aufnehmen. Die hellen Bildflächen werden nur schwach geätzt, so daß flache Näpfchen entstehen, die wenig Farbe aufnehmen, während die dunklen Flächen durch tiefgeätzte Zellen entstehen. Hier dient der Druckzylinder selbst als Druckstock.

Heute ist dieser vierfarbige Kupfertiefdruck sehr weit entwickelt. Dabei werden die Zellen mit einem automatischen Stift oder Schneidkopf eingraviert, den ein → Scanner führt, der die Tonabstufungen des Bildes abtastet. Die Heliogravüre liefert sehr genaue Wiedergaben von Illustrationen. Für den Druck von farbigen Bildern in Heliogravüre werden vier getrennte Druckzylinder verwendet, für jede Farbe einer.

1939: Die erste Fotosetzmaschine
Das Jahr 1939 brachte eine Revolution für das Setzer- und Druckergewerbe: William C. Huebner erfand in den USA eine Lichtsetzmaschine. Schon vorher hatten verschiedene Schriftsetzer, zum Beispiel 1930 der Ungar Edmund Uher, mit fotografischen Rastertechniken auch für die Reproduktion von Texten experimentiert. Bei Huebners Erfindung werden die Buchstaben auf lichtempfindliches Papier übertragen, das man anschließend entwickelt. Dieser Fotosatz läßt sich auf eine Musterseite kleben. Das Bild der Montage überträgt man dann fotografisch auf eine Metallplatte, die mit einer lichtempfindlichen Schicht versehen ist. Durch Säureätzung erhält diese Platte dieselben Eigenschaften wie der lithographische Stein: Die Farbe haftet nur auf denjenigen Teilen der Platte, auf denen Bild oder Text steht. Brauchbare Lichtsatzgeräte kamen nach 1945 auf den Markt.

1965: Fotoelektronischer Lichtsatz
Der computergesteuerte Satz begann sich 1965 mit der Erfindung des *Digisetsystems* durch den Kieler Rudolf Hell durchzusetzen. Hier sind die Buchstaben in Form elektrischer Impulse in einem Elektronengehirn gespeichert. Mit Hilfe einer Schreibmaschinentastatur werden sie durch eine → Kathodenstrahlröhre auf einem Bildschirm dargestellt. Die Röhre projiziert die Buchstaben auf fotografisches Papier, aus dem man nach der Entwicklung wieder eine Druckvorlage zusammenstellen kann. Inzwischen haben sich verschiedene Licht- beziehungsweise Fotosatzmethoden stark entwickelt und immer enger mit der Elektronik verbündet. Auf dem Bildschirm eines → Computers kann man ganze Seiten zusammenstellen. Wenn eine Seite fertig ist, wird sie vom Computer gespeichert: Text, Überschriften und Abbildungen. Dann fährt ein computergesteuerter → Laserstrahl in Zeilen über einen Bogen Fotopapier und baut dort die Seiten erneut auf. Diese werden schließlich fotografisch auf eine Druckvorlage übertragen.

Halbton *Das erste Halbtonfoto, das in einer Zeitung veröffentlicht wurde, zeigte eine Szene in einer New Yorker Armenvorstadt. Es erschien am 4. März 1880 in der New Yorker* Daily Graphic. *Bei diesem Verfahren entstehen Schwarz oder die verschiedenen Grautöne durch viele verschieden große schwarze Flächen. Bei diesem Bild bestehen die schwarzen Flächen aus parallelen Linien von verschiedener Stärke. Dazu wurde das Originalfoto durch ein Gitter aus parallel gespannten Drähten fotografiert.*

Düngemittel

Der erste Kunstdünger für den Handel wurde 1843 von Sir John Bennet Lawes in England hergestellt

Zur Düngung und Verbesserung des Bodens verwendete der Mensch seit etwa 900 v. Chr. tierischen Dung. Die Griechen legten Misthaufen zur Düngung ihrer Weingärten an. Der griechische Geschichtsschreiber Xenophon berichtet im 4. Jh. v. Chr. von einem Weingut, „das brach dalag, weil jemand nicht gewußt hatte, wie gut es für den Boden ist, wenn man ihn düngt". Die Abwässer von Athen wurden zur Düngung von Olivenhainen verwendet.

Jahrhundertelang war Stallmist, vor allem der Dung von Pferden, Rindern und Schafen, das wichtigste Düngemittel der zivilisierten Welt. Im 16. Jh. befaßten sich Wissenschaftler in Europa näher mit dem Wachstum und Stoffwechsel der Pflanzen. Einige Chemiker glaubten, die Pflanzen bezögen ihre Nährstoffe vor allem aus dem Wasser. Um 1700 führte der englische Geologe und Arzt John Woodward Versuche mit der Grünen Minze durch. Er stellte fest, daß tierische und pflanzliche Abfallstoffe im Wasser das Wachstum der Minze beschleunigten.

Im 18. Jh. wurde klar, daß man für eine weitere Steigerung der Ernteerträge bessere Düngemittel brauchte. Es war die Zeit der industriellen und landwirtschaftlichen Revolution im Nordwesten Europas. Tausende zogen in die Städte und suchten Arbeit in den Fabriken; die auf dem Land arbeitende Bevölkerung nahm ständig ab. Außerdem nahm die Bevölkerung aufgrund der besseren medizinischen Versorgung insgesamt zu; es war also ein steigender Bedarf an Nahrungsmitteln zu decken.

Es war der deutsche Chemiker Justus von Liebig, der in der Zeit von 1824 bis 1873 als erster die Chemie des Bodens im Hinblick auf die Ernährung der Pflanzen und Tiere wissenschaftlich untersuchte. Im Zusammenhang damit trat er für eine künstliche Mineraldüngung ein. Seine Arbeiten hatten großen Einfluß auf die landwirtschaftlichen Erträge. In England erzielten Sir John Bennet Lawes und Joseph H. Gilbert auf diesem Gebiet weitere Fortschritte.

Im Jahr 1880 war die Bevölkerung der Welt auf rund eine Milliarde gestiegen. Dabei lagen die Erträge von Weizen, Gerste und anderem Getreide oft bei weniger als 0,5 t pro Hektar. Durch den Einsatz von Düngemitteln konnten bis 1930 die Erträge in der Welt um rund 30 Prozent gesteigert werden.

Im Jahr 1977 lagen die Getreideerträge in Neuseeland – wo auf einen Hektar 1,25 t Düngemittel ausgestreut werden – bei 3,5 t pro Hektar und gehörten damit zu den höchsten in der Welt. In Afrika und Teilen Osteuropas, wo die Mechanisierung der Landwirtschaft und die Entwicklung von Düngemitteln noch keine solchen Fortschritte gemacht haben, sind die Erträge an Getreide und Kartoffeln niedrig, während in Westeuropa und Nordamerika, wo modernste chemische Düngemittel angewandt werden, die Ernteerträge seit dem Zweiten Weltkrieg verdoppelt wurden.

Allerdings mußte dafür ein hoher Preis gezahlt werden. Alljährlich werden Fische, Vögel und andere Lebewesen von den konzentrierten Düngemitteln, vor allem Nitraten, vergiftet, die der Regen aus dem Boden in die Bäche und Flüsse schwemmt. Darüber hinaus haben die Düngemittel es dem Menschen ermöglicht, zusätzliches Land zu kultivieren, wodurch manche natürlichen Lebensräume verlorengegangen sind.

Liebigs Labor
Diese aquarellierte Zeichnung aus dem Jahr 1840 zeigt Justus von Liebigs chemisches Laboratorium auf dem Seltersberg in Gießen. Im selben Jahr suchte Liebig erstmals die Mineralstoffe, welche die Pflanzen dem Boden entnehmen, auf chemischem Wege wieder zu ersetzen. Liebigs Theorien waren wegweisend für die Herstellung künstlicher Düngemittel.

Versuche von 1824 an bildeten die Grundlage der heutigen Düngemittelindustrie

1840: Justus von Liebig schafft die Voraussetzungen für die Herstellung von Düngemitteln
Der deutsche Chemiker Justus von Liebig führte in der Zeit zwischen 1824 und 1873 genaue Analysen von Pflanzen und Bodenproben durch, um festzustellen, welche Chemikalien eine Pflanze für ihre Ernährung braucht. Bis zu dieser Zeit bestanden Düngemittelgemische aus natürlichen Stoffen wie Tierdung, Blutmehl, Kalk, Holzasche und Knochen sowie aus Kot von Seevögeln, der aus Südamerika importiert wurde.

Liebig stellte die Theorie auf, daß die Pflanzen ihre Nährstoffe sowohl aus der Luft als auch in Form von Mineralien aus dem Boden aufnehmen und daß die Landwirte im Boden diejenigen Mineralstoffe ersetzen müssen, die in einer Pflanze nachgewiesen werden können. Im Jahr 1840 stellte er konzentrierten phosphorsauren Kalk her, indem er Knochenmehl mit Schwefelsäure behandelte; doch dieses Konzentrat wurde von den Pflanzen nicht aufgenommen. Seinen Gedankengang verfolgten aber andere Wissenschaftler erfolgreich weiter und entwickelten wirksame Düngemittel.

Man entdeckte, daß Stickstoff ein wichtiger Bestandteil der Eiweißstoffe ist, die in jedem lebenden Gewebe vorhanden sind. Bei Stickstoffmangel wird das Wachstum aller Pflanzen stark gehemmt.

Phosphor, der in den Düngemitteln in Form von Phosphat enthalten ist, regt die Pflanzen zur Produktion von Zucker und wichtigen Kohlenhydraten an. Er ist in den frühen Wachstumsstadien besonders wichtig, denn er fördert die Ausbildung der ersten Wurzeln, so daß die Pflanze sich schnell entwickelt.

Das Kalium in den Kalidüngern reguliert den Wasserhaushalt der Pflanzen und begrenzt die Verdunstungsverluste durch die Blätter. Es ist lebenswichtig für zahlreiche Gemüsesorten, beispielsweise Bohnen, die größere Wassermengen speichern. Das Kalium macht sie widerstandsfähig gegen Krankheiten und Trockenheit; es ist ein wichtiger Nährstoff für Tomaten, Kartoffeln, Zuckerrüben und Obstbäume oder -sträucher.

Magnesium fördert die Verteilung anderer Nährstoffe – besonders des Phosphats – innerhalb der Pflanze. Ein Magnesiummangel schadet nicht nur den Pflanzen, sondern führt auch zu Mangelerscheinungen bei Rindern oder Schafen, die diese Pflanzen fressen.

1843: Herstellung künstlicher Phosphate
Der Engländer Sir John Bennet Lawes gründete 1843 in Deptford bei London eine Fabrik zur Herstellung von Phosphaten.

Stickstoffmangel *Der Weihnachtsstern oben rechts wächst kümmerlich und hat kleine, blasse Blätter, die einen Mangel an Stickstoff – einem wesentlichen Baustein der Eiweißstoffe im lebenden Gewebe – erkennen lassen. Die linke, mit Stickstoff gedüngte Pflanze wächst kräftiger und hat größere, grünere Blätter.*

Phosphatmangel *Der Blattsalat rechts ist durch Phosphatmangel in seinem Wachstum stark gehemmt. Um neue Blätter ernähren zu können, entzieht er das Phosphat den älteren Blättern, und diese sterben ab. Die linke, mit Phosphaten gedüngte Pflanze besitzt gut entwickelte Wurzeln und konnte Zucker und andere Kohlenhydrate herstellen, die sie braucht.*

Um Phosphat zu gewinnen, löste er Koprolith, die versteinerten Exkremente fossiler Tiere, in Schwefelsäure auf. Dieser Koprolith wurde viele Jahre lang im Südosten Englands als Rohmaterial abgebaut. Das von Lawes hergestellte „Superphosphat" war der Vorläufer vieler ähnlicher Düngemittel, mit denen die Fruchtbarkeit des Bodens und die Ernteerträge gesteigert werden konnten. 1843 gründete Edward Packard in Suffolk eine Fabrik für Superphosphat. Sein Verfahren beruhte auf der Auflösung von Knochen in Schwefelsäure.

Der englische Chemiker Sidney Gilchrist Thomas entdeckte 1878, daß bei der Stahlerzeugung Phosphor freigesetzt wird. Es sammelt sich in der geschmolzenen Schlacke an, die als Abfallprodukt bei der Stahlproduktion anfällt. Diese Schlacke wurde gekühlt und fein gemahlen. Unter der Handelsbezeichnung *Thomasmehl* wird sie heute noch als Düngemittel verwendet.

1899: Deutsche Chemiker stellen künstlichen Stickstoffdünger her

Die deutschen Wissenschaftler Adolf Frank und Heinrich Caro entwickelten 1899 ein Verfahren zur Herstellung von künstlichem Stickstoffdünger: Gasförmiger Stickstoff reagiert bei hohen Temperaturen mit Kalziumkarbid. Dadurch entsteht Kalkstickstoff, der sich mit Feuchtigkeit zu Ammoniak verbindet.

Weitere Forschungen des deutschen

Kalimangel *Die braune Verfärbung oder Fusariumwelke der Blätter ist ein Zeichen für Kalimangel. An der Chrysantheme oben werden die unteren, am Rand braunen Blätter frühzeitig absterben. Kalimangel hindert die Pflanzen auch am Blühen und schwächt ihre Widerstandskraft gegen Trockenheit, Frost und Pilzerkrankungen. Das Kali reguliert den Wasserhaushalt der Pflanze und ist deshalb besonders wichtig für Gemüsesorten, die größere Wassermengen speichern.*

Chemikers Fritz Haber und technische Entwicklungsarbeiten von Carl Bosch erbrachten im Jahr 1910 ein Verfahren zur Herstellung von synthetischem Ammoniak aus Stickstoff und Wasserstoff. Heute werden die meisten Stickstoffdünger aus synthetischem Ammoniak gewonnen.

Seit etwa 1914 werden Doppel- und Dreifachsuperphosphate mit höheren Phosphatkonzentrationen in größeren Mengen verwendet. Während des Zweiten Weltkriegs trieb man auch in den Vereinigten Staaten die Kunstdüngererzeugung voran. Dort war bis dahin hauptsächlich Naturdünger tierischen und pflanzlichen Ursprungs benutzt worden.

1960: Angereicherte Stickstoffdünger

In den 60er Jahren war in Europa und Amerika der Ammonsalpeter (Ammoniumnitrat) eingeführt. Mit 34,5 Prozent Stickstoff war er stickstoffreicher als die früheren Produkte.

Ein Düngemittel mit einem noch höheren Stickstoffgehalt wird seit den 60er Jahren aus Ammoniak hergestellt und nach einer völlig neuen Methode angewandt. Es enthält 82 Prozent Stickstoff und wird mit Spezialsonden direkt in den Boden eingespritzt. Der Vorrat befindet sich in einem Druckbehälter am Anhänger des → Traktors. Dieser Flüssigdünger wird vom Boden und von den Pflanzen schneller aufgenommen als herkömmlicher Streudünger.

Dynamo

Erstmals 1832 in Frankreich vorgeführt

Im Jahr 1831 machte der englische Wissenschaftler Michael Faraday seine wichtigste Entdeckung: Er wies nach, daß in einem Leiter ein elektrischer Strom „induziert" wird, wenn man ihn in bestimmter Weise in einem Magnetfeld bewegt, daß man also durch Magnetismus Elektrizität erzeugen kann. Auf dieser Entdeckung beruhen bis heute alle Maschinen zur Stromerzeugung.

Die ersten Versuche, das Faradaysche Prinzip für einen Stromgenerator (Dynamo) zu nutzen, unternahm 1832 der Franzose Hippolyte Pixii, der Mechaniker von André-Marie Ampère. In seinem Laboratorium brachte er einen Hufeisenmagneten so an, daß er von Hand auf einer Achse gedreht werden konnte und seine beiden Pole dicht an zwei Drahtspulen vorbeiliefen, die um einen weichen Eisenkern gewickelt waren. Dieses handbetriebene Modell lieferte Wechselstrom, dessen Richtung sich bei jeder halben Umdrehung des Magneten änderte. Im nächsten Jahr baute Pixii sein Versuchsmodell auf Gleichstrom um, der nur in einer Richtung fließt.

Zwanzig Jahre später erkannten die Elektrotechniker, unter ihnen der Däne Hjorth, daß sich Strom mit Hilfe von → Elektromagneten besser erzeugen läßt als mit den bisher verwendeten Dauermagneten und daß man die Elektrizität, die zur „Erregung" dieser Magneten notwendig ist, dem Stromgenerator selbst entnehmen kann. Aber Hjorth ging immer noch davon aus, daß man zum Anlassen des Generators kleine Dauermagneten brauche.

1856 entwickelte Werner von Siemens den Doppel-T-Anker. Und in den Jahren 1866/67 erkannten er sowie Alfred Varley und Charles Wheatstone in England unabhängig voneinander, daß der Dauermagnet zum Anlassen entbehrlich ist, weil der Restmagnetismus, der im Kern eines Elektromagneten stets vorhanden ist, dafür ausreicht. Das Problem der Überhitzung – zu der es bei den ersten Stromgeneratoren häufig kam – konnte großenteils durch eine Erfindung des Belgiers Zénobe Théophile Gramme gelöst werden. Dieser erfand 1869 auch den Ringanker, mit dessen Hilfe ein kontinuierlicher Gleichstrom erzeugt werden kann. Den noch heute verwendeten Trommelanker konstruierte Friedrich von Hefner-Alteneck.

E

Echolot

Die ersten Versuche wurden um 1912 in Amerika nach dem Untergang des Passagierdampfers Titanic *unternommen*

Der Versuch festzustellen, was sich im Meer befindet, ist einst von dem Schweizer Tiefseeforscher Jacques Piccard mit dem Bemühen eines Blinden verglichen worden, der auf der Erde Schmetterlinge fangen will. Das Echolot hat dann diesen Blick in die Meerestiefe ermöglicht.

Als im Jahr 1912 das Passagierschiff *Titanic* mit einem Eisberg zusammenstieß und unterging, wobei 1513 Menschen ihr Leben verloren, wandte man erstmals der Ortung von Objekten unter Wasser größere Aufmerksamkeit zu. Der englische Physiker Lewis Fry Richardson schlug vor, schwimmende Eisberge durch das Echo aufzuspüren, das sie zurückwerfen. Und amerikanische Radiotechniker unternahmen noch vor dem Ersten Weltkrieg erfolgreiche Versuche in dieser Richtung. Noch im Jahr 1912 entwickelte der deutsche Physiker Alexander K. F. F. Behm das Echolot, das vom Schiff aus Schallwellen senkrecht nach unten aussendet, die zurückgeworfenen Echos auffängt und aus der gesamten Laufzeit die zurückgelegte Strecke und damit die Tiefe errechnet.

Nach dem Ersten Weltkrieg brachten solche Geräte für die Schiffahrt einen wesentlichen Fortschritt. Sie ersetzten die uralte Methode der Tiefenlotung mit dem →Senkblei. Nach dem Zweiten Weltkrieg, etwa von 1960 an, wurden die meisten Hochseejachten mit Echoloten ausgestattet, deren Meßgenauigkeit bei etwa 30 cm lag. Heute werden die Echos durch →Computer ausgewertet, die von den Verhältnissen unter dem Kiel sofort ein Bild mit einer Genauigkeit von Millimetern liefern. Solche Geräte können unter anderem auch dazu dienen, Tankschiffe mit einem Tiefgang von 27 m sicher in den Hafen zu bringen.

Das Echolot ist zu einem vielseitig verwendbaren und unentbehrlichen Gerät geworden. Mit ihm kann man auch Hindernisse im Wasser orten und ihre Größe und Tiefe bestimmen, Fischschwärme ausmachen, Pipelines auf dem Meeresgrund überprüfen und die Bewegung von Sandbänken verfolgen, die diesen Leitungen schaden könnten. Archäologen suchen mit dem Echolot immer wieder erfolgreich nach Schiffswracks aus alter Zeit.

ZWEI MÖGLICHKEITEN DER UNTERWASSERORTUNG MIT DEM ECHOLOT

Unterwasseraufklärung *Auf dem Bildschirm des Echolots (unten) ist ein Unterseeboot zu erkennen. Das linke Bild zeigt das U-Boot auf dem Meeresgrund. Auf dem rechten Bild ist vergrößert der Kommandoturm mit dem Periskop zu sehen.*

Fischlupe *Ein spezielles, in Japan entwickeltes Echolot, die „Fischlupe", wird hauptsächlich dazu verwendet, Fischschwärme zu orten. Auf dem Schirm (unten) erscheinen farbige Punkte, deren Tönung von Weiß über Gelb bis Rot reicht. Je intensiver der Farbton, um so dichter ist das geortete Objekt. Auf dem oberen Bild erkennt der Fachmann, daß die roten und gelben Felsnadeln mit Meeresalgen bedeckt sind. Der kleinere, weiße Fleck rechts zeigt einen Fischschwarm an. Ausschnitte können vergrößert werden (unteres Bild).*

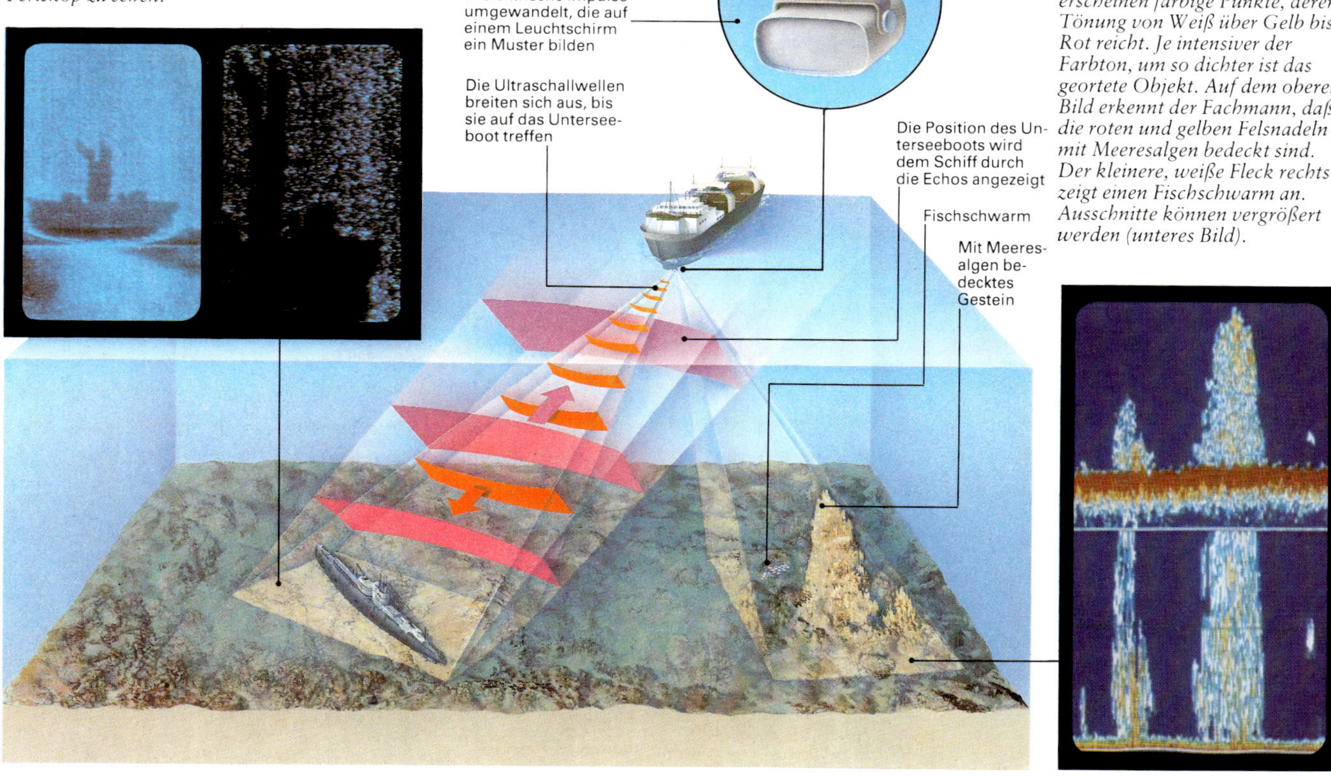

Elektronisches Auge *Mit Hilfe des Echolots lassen sich Objekte erkennen, die tief unter Wasser liegen oder in einiger Entfernung vom Schiff unter Wasser schwimmen. Auf diese Weise entdeckt man nicht nur alte Schiffswracks, sondern auch Fische. Auch Eisberge und verborgene Riffe kann man mit dem Echolot orten; deshalb ist es ein unentbehrliches Gerät für die Sicherheit der Seefahrt, insbesondere bei Nebel.*

Eisenbahn

Die erste Dampflokomotive wurde 1803 in England gebaut

Im Jahr 1803 baute der englische Ingenieur Richard Trevithick die erste brauchbare Dampflokomotive. Sie wurde zum Ausgangspunkt einer weltweiten sozialen und wirtschaftlichen Umwälzung. Die Dampfeisenbahn änderte in weitem Maße die Lebens- und Arbeitsweise der Menschen und damit auch ihr Verhältnis zueinander. Um die Mitte des 18. Jh. brauchte man für eine Reise von einer Stadt in eine andere Tage oder sogar Wochen. Man fuhr in rumpelnden Postwagen, die an einem Tag 30–50 km zurücklegten, oder man wanderte zu Fuß. Ein Jahrhundert später beförderten die Eisenbahnen Millionen Menschen. Die Beweglichkeit des einzelnen war durch die Eisenbahn um ein Vielfaches größer geworden.

Der Finanzdirektor der frühen Eisenbahn Liverpool–Manchester schrieb damals: „Die eindrucksvollste Wirkung der Eisenbahn ist der jähe und erstaunliche Wandel unseres Raum- und Zeitgefühls. Was schnell war, ist nun langsam, was fern war, ist nun nah; und dieser Wandel durchzieht das ganze Gesellschaftsgefüge."

Das Ursprungsland des Eisenbahnzeitalters ist England. 1850 verfügte Großbritannien bereits über ein Netz von 10653 km, Deutschland folgte mit 6044 km. Von Berlin aus führten Schienenwege bis ins Baltikum, zu den schlesischen Bergwerken und zu den wachsenden Industrien im Ruhrgebiet. Auch in den USA wuchs das Eisenbahnnetz

Eröffnung *Die erste Dampfeisenbahn von Stockton nach Darlington wurde 1825 eröffnet.*

Wettfahrt *Stephensons Lokomotive* Rocket *1829 bei der Wettfahrt in Rainhill vor den Konkurrenten.*

Von Grubenloren mit Pferden davor bis zu den modernen Fernzügen

14.–18. Jh.: Von Pferden gezogene Wagen

Gleise sind viel älter als Lokomotiven. Holzschienen, auf denen von Pferden gezogene Wagen liefen, gab es in den europäischen Bergwerken schon seit dem 14. Jh. Die ersten Eisenschienen wurden vermutlich 1728 in der englischen Grafschaft Cumberland verlegt.

Bis 1803 waren alle Bahnen reine Werksbahnen. Dann wurde südlich von London, zwischen Wandsworth und Croydon, eine 15 km lange Schienenstrecke eingerichtet, auf der man in Wagen, die von Pferden gezogen wurden, allgemeines Frachtgut beförderte. Als erste Bahn für den Personenverkehr fuhr von 1806 an die Oystermouth Railway bei Swansea in Wales – ebenfalls eine Pferdebahn.

Der Adler *Als erste Eisenbahnlinie in Deutschland wurde 1835 die Strecke Nürnberg–Fürth eröffnet. Die Lokomotive hieß* Adler. *Das Bild zeigt ein Modell dieser Maschine, das im Verkehrsmuseum in Nürnberg steht.*

1803: Die erste Dampflokomotive

Die erste einsatzfähige Dampflokomotive wurde 1803 von dem englischen Ingenieur Richard Trevithick gebaut. Im Februar 1804 setzte man sie in den Pen-y-Darren-Eisenwerken in Südwales ein. Es erwies sich, daß sie einen Zug von fünf Wagen, der 10 t wog und mit 70 Personen besetzt war, mit einer Geschwindigkeit von 8 km/h ziehen konnte.

Diese Lokomotive war eine Hochdruckdampfmaschine. Der Abdampf wurde durch den Schornstein geblasen, was den Zug für die Feuerung und damit die Dampferzeugung verbesserte. Besondere Probleme verursachte aber die 14,5 km lange Gleisstrecke. Sie hielt das Gewicht der 8 t schweren Lokomotive nicht aus, und die Versuche wurden schließlich aufgegeben.

Locomotion *Stephensons Lokomotive von 1825 beförderte Züge auf der Strecke Stockton –Darlington mit einer Geschwindigkeit von gut 20 km/h. Das Bild zeigt einen modernen Nachbau.*

1812–1814: Bahnbrechende Grubenlokomotiven

Die erste Lokomotive, die tatsächlich regelmäßig zum Einsatz kam, baute 1812 der Bergwerksingenieur John Blenkinsop für die Middletongrube in Yorkshire. Sie besaß ein Zahnrad, das in eine Zahnstange neben einer der beiden Schienen eingriff, denn Blenkinsop meinte, daß glatte Räder auf glatten Schienen rutschen würden. Trevithick hatte auf ebenen Strecken das Gegenteil bewiesen, aber Blenkinsops Maschine mußte auch Höhenunterschiede überwinden. Sie war der Vorläufer aller Zahnradbahnen in der Welt.

1825: Die erste Dampfeisenbahn

In der Killingworthgrube, in Northumberland, baute 1814 George Stephenson seine erste Lokomotive. Als er 1823 bei der Stockton and Darlington Railway als Ingenieur angestellt wurde, war dies ein

rasch; 1850 hatte es schon eine Gesamtlänge von 14 515 km erreicht. Frankreich besaß 3083 km Gleisstrecken, Österreich-Ungarn 1579 km. Von den kleineren Staaten war Belgien mit 854 km am fortschrittlichsten; dort bestanden bereits Verbindungen zwischen allen größeren Städten.

Auch bevor es Eisenbahnen gab, war die ländliche Bevölkerung in die Stadt geströmt, angelockt durch die Arbeit in den rasch wachsenden Fabriken. Die Möglichkeit, mit der Eisenbahn schnell und verhältnismäßig billig zu reisen, trug dann zusätzlich zur Vermehrung der städtischen Bevölkerung auf Kosten der ländlichen bei. In England lebte 1851 noch die Hälfte der Staatsbürger auf dem Land, 40 Jahre später nur noch etwa ein Viertel.

Auf die Eisenbahn gehen auch die modernen Vororte zurück. Dank den Nahverkehrszügen brauchten Angestellte und Direktoren nicht mehr in der Nähe ihres Betriebes zu wohnen. Sie konnten sich am Stadtrand ansiedeln, wodurch dort eine neue Vorortgesellschaft und Lebensweise entstand. Langsam änderte sich auch die Freizeitgestaltung. Im 18. Jh. war es nur wenigen begüterten Menschen möglich gewesen, Feiertage fern von zu Hause zu verbringen. Nun wurde es breiteren Schichten in den rauchigen Industriestädten möglich, am Wochenende oder im Sommer aufs Land zu fahren. Thomas Cook bot 1841 als erster eine Gesellschaftsfahrt mit der Bahn an: eine Rückfahrkarte für die 39 km lange Strecke von Leicester nach Loughborough, einschließlich Tee, Schinkenbroten, Tanz und Spiel, alles für einen Shilling.

Früher Amerikaner *Bei diesem Typ waren die Laufräder in einem drehbaren Gestell gelagert, so daß die Maschine enge Kurven gut durchfahren konnte.*

Big Boy *Die größte je gebaute Lokomotive war der 540 t schwere* Big Boy *der Union Pacific Railroad, der in den 30er und 40er Jahren in den USA fuhr.*

Wendepunkt in der Geschichte der Eisenbahn. Auf seiner Lokomotive, die man auf den Namen *Locomotion No 1* getauft hatte, eröffnete Stephenson mit seinem Sohn Robert am 27. September 1825 die erste öffentliche Dampfeisenbahnlinie der Welt. Es war die 16 km lange Strecke zwischen einem Bergwerk bei Darlington in der Grafschaft Durham und dem Flußhafen Stockton-on-Tees. Stephensons Zug hatte 28 Wagen und erreichte 25 km/h.

1829–1830: Die *Rocket*

Die größten Gewinne versprachen schnellfahrende Personenzüge. Die Liverpool and Manchester Railway Company veranstaltete deshalb 1829 bei Rainhill eine Wettfahrt, um die beste Lokomotive zu finden. Die Stephensons meldeten dazu einen neuen Typ an, die *Rocket.* Die Maschine besaß einen verbesserten Kessel mit innenliegenden Rohren, durch welche die Abgase der Feuerung zogen. Sie erhitzten das Wasser und verwandelten es in Dampf. Der Abdampf der Zylinder wurde durch den Schornstein geleitet und vergrößerte so den Zug der Feuerung. Die *Rocket* siegte bei dieser Wettfahrt; sie konnte einen 14 t schweren Zug mit einer Geschwindigkeit von 46 km/h ziehen – fast doppelt so schnell wie die Konkurrenten.

Im September 1830 wurde auf der Hauptlinie Liverpool–Manchester ein Eisenbahn-Schnellverkehr eingerichtet. Die *Rocket* leitete das Zeitalter der Personenbeförderung ein. Man fuhr nun rascher, bequemer und billiger als in den von Pferden gezogenen Wagen. Binnen kurzem waren diese in ganz Europa auf den großen Strecken durch Dampfzüge ersetzt.

Garrat-Typ *Diese Lokomotive hatte zwei unabhängig voneinander arbeitende Triebwerke, zwischen denen der Kessel und der Führerstand angeordnet waren.*

1835: Erste deutsche Eisenbahn: Nürnberg–Fürth

Von 1835 an wurden auch in Deutschland in rascher Folge Eisenbahnlinien eröffnet: am 7. Dezember 1835 die erste zwischen Nürnberg und Fürth mit der von Stephenson gebauten Lokomotive *Adler.* 1837 folgte die Linie Leipzig–Althen, 1838 die Strecken Braunschweig–Wolfenbüttel und Potsdam–Zehlendorf.

In Belgien fuhr 1835 die erste kontinentaleuropäische Bahn überhaupt: von Brüssel nach Mecheln. Österreich-Ungarn und Frankreich hatten 1837 ihre erste Dampfeisenbahn. Rußland folgte 1838, die Niederlande und Italien 1839.

1859–1877: Sicherheitssysteme

Die USA waren führend bei der Entwicklung von Systemen, die der Sicherheit der Züge dienten. 1869 wurde die Druckluftbremse des Amerikaners

Pioniere *Eine Gleisbaukolonne verlegte 1885 einen neuen Schienenstrang im Nordwesten der USA. Der kegelförmige Schornsteinaufsatz der Lokomotive diente als Funkenfänger.*

Daneben brachte die Eisenbahn auch weitreichende wirtschaftliche Neuerungen: Kohle, Eisen und andere Güter konnten von den Bergwerken und Häfen rascher und in größeren Mengen zu den Fabriken transportiert werden als über das vorhandene Kanalnetz. Andererseits strömten industrielle Erzeugnisse und Nahrungsmittel in die Städte, um den ständig zunehmenden Bedarf einer wachsenden Bevölkerung zu befriedigen.

In den USA erreichten die Investitionen der Eisenbahngesellschaften einen Wert von 1,1 Milliarden Dollar – eine

Von Küste zu Küste *1869 trafen sich bei Promontory in Utah (USA) die Linien der Union Pacific Railroad und der Central Pacific Railroad. Die Verbindung quer durch die USA war geschaffen.*

Dampfveteran *Personenzüge, die von der klassischen Dampflokomotive aus der Zeit nach der Jahrhundertwende gezogen werden, kann man immer noch in Entwicklungsländern wie Pakistan sehen, wo sich Strom- und Dieselantrieb langsamer durchsetzen als anderswo. Manche Lokomotiven wurden für Ölfeuerung umgebaut; dann stoßen sie dichten, schwarzen Rauch aus.*

George Westinghouse patentiert. Bei ihr wird von einer → Pumpe an der Lokomotive Druckluft erzeugt und durch Rohre und Schläuche zu den Wagen weitergeleitet. Über Zylinder wirkt sie auf Bremsbacken, die an den Rädern angreifen.

1876–1898: Verbundmaschinen und überhitzter Dampf

Die Dampflokomotiven erreichten einen weiteren Höhepunkt in ihrer Entwicklung mit Maschinen, die den verfügbaren Brennstoff und Dampf besser nutzen konnten. 1873 baute der Schweizer Ingenieur Anatole Mallet erstmals eine Lokomotive mit doppelter Dampfdehnung. Bei ihr wurde der Dampf zweimal

Triebwerk *In den Zylindern einer Lokomotive befinden sich Kolben, die die Kraft über Kolbenstangen auf die Treibstangen übertragen, von denen die Räder angetrieben werden. Über dem Zylinder befindet sich der Schieber, der den Dampfzutritt steuert.*

ausgenutzt, zuerst durch einen kleinen Hochdruckzylinder und dann in einem größeren mit niedrigerem Druck. 1898 wurde durch den Kasseler Ingenieur Wilhelm Schmidt Dampf erstmals überhitzt und dadurch zusätzlich Leistung gewonnen.

1879–1897: Elektrizität als Antriebskraft

Sobald es brauchbare → Elektromotoren gab und überall → Elektrizitätswerke entstanden, wurde die Elektrizität bei der Eisenbahn zum Rivalen des Dampfes. Dafür mußte aber eine zufriedenstellende Methode gefunden werden, den Strom der Lokomotive zuzuleiten.

Die erste brauchbare elektrische Lokomotive wurde 1879 von Werner von Siemens in Berlin vorgestellt. Sie bezog die Energie aus einer stromführenden Schiene. 1890 wurde in London die erste, 10 km lange elektrische Untergrundbahn dem Verkehr übergeben. Die erste deutsche elektrifizierte Strecke wurde 1903 zwischen Marienfelde und Zossen eröffnet.

1897 erdachte der Amerikaner Frank Sprague einen Zug, bei dem die Wagen selbst einen elektrischen Antrieb hatten, so daß man keine Lokomotive mehr benötigte. An beiden Enden des Zuges befanden sich Führerstände.

1897: Neue Konkurrenz durch Dieselmotor

1894 wurde in England ein Verbrennungsmotor in eine Lokomotive eingebaut, doch war er nicht so stark, daß er es mit den Dampfmaschinen hätte aufnehmen können.

Zugeinheit *Die amerikanische Gesellschaft Illinois Central Railroad verwendet Elektrozüge, die aus zwei Doppeldeckerwagen mit Führerständen an beiden Enden bestehen.*

Erst der 1897 von Rudolf Diesel entwickelte Dieselmotor wurde zu einer ernsthaften Konkurrenz. 1912 nahm die Preußisch-Hessische Staatsbahn die erste Diesellokomotive in Betrieb.

1955–1981: Geschwindigkeitsrekorde

Versuchsfahrten in Frankreich bewiesen 1955, daß ein elektrischer Zug Geschwindigkeiten von 320 km/h erreichen kann. Ein historisches Ereignis war acht Jahre später die Eröffnung der 515 km langen japani-

Expreßzüge *Dieselgetriebene Züge wie der dänische* Lyntog *(Blitzzug) ersparen die teure Elektrifizierung.*

Summe, die das Vermögen jeder anderen Aktiengesellschaft überstieg.

Das Schienennetz wurde auch ein gewichtiger Faktor für den Kriegsfall. Eine Nation, die Soldaten, Ausrüstung und Nachschub mit einer gutentwickelten Eisenbahn rasch zusammenziehen konnte, hatte einen entscheidenden Vorteil gegenüber einem weniger gut ausgestatteten Gegner.

Von 1860 bis zum Beginn des 20. Jh. wurden weite, bis dahin unerschlossene Gebiete – der Westen Nordamerikas, Australien, Südafrika, Sibirien und Südamerika – durch Eisenbahnen zugänglich gemacht und erschlossen. Das Vordringen des Schienenstranges im amerikanischen Westen hatte einen wesentlichen Einfluß auf die Entwicklung der USA. Im Umkreis der jeweiligen Endstationen siedelten sich Farmer an, weil durch die Bahn Fleisch, Getreide und Bodenschätze in die Städte befördert werden konnten. Die einzelnen Stationen wurden mit der Zeit selbst zu Städten, welche die Menschen von den hergebrachten Ansiedlungen an der Atlantikküste abzogen. Von 1830 bis 1860 verdreifachte sich etwa die Einwohnerzahl Chicagos, und jeden Tag liefen dort auf 11 verschiedenen Linien 70 Züge ein und aus.

Für eine Nation, die in ihrer Entwicklung durch die Eisenbahn so weitgehend gefördert wurde, ist es angemessen, daß auf ihrem Schienennetz der längste und schwerste Güterzug fuhr, den es je gegeben hat: Er lief 1967 zwischen Iager (Virginia) und Portsmouth (Ohio), bestand aus 500 Kohlenwaggons mit einem Gesamtgewicht von 43000 t und war knapp 6,5 km lang.

Pfeil auf Rädern *Vor dem Fudschijama ein Zug der Tokaidolinie Tokio–Osaka. Die Hochgeschwindigkeitszüge auf dieser 515 km langen Strecke waren jahrelang die schnellsten der Welt.*

Elektrischer Versuchszug *Der moderne englische* Advanced Passenger Train *ist für eine Geschwindigkeit von 250 km/h entworfen worden. Eine andere Version legt sich in einer Kurve sogar nach innen.*

schen Tokaidolinie zwischen der Hauptstadt Tokio und der Stadt Osaka. Die Züge auf dieser Strecke erreichten als erste auf einer Reisestrecke eine Geschwindigkeit von 210 km/h.

Blick in die Zukunft: Moderne Technik

Man hat mit verschiedenen Schienensystemen Versuche angestellt. Bei der Einschienenbahn hängen die Wagen an einer einzigen festen Schiene. In Westdeutschland, Japan und den USA gibt es kurze Einschienenbahnen, aber ihr Bau ist teuer und schwierig und beansprucht viel mehr Zeit und Material als die herkömmliche Bauweise. Sie haben sich daher nicht durchgesetzt.

Mehrere europäische Länder haben mit schwebenden Zügen experimentiert, die von einem Luftkissen getragen wurden. Noch revolutionärer ist der Gedanke, einen Zug durch die elektromagnetische Abstoßung gleichnamiger Pole schweben zu lassen. In der Bundesrepublik Deutschland wird mit der Magnetschwebebahn *Transrapid* experimentiert, die hohe Geschwindigkeiten und Transportleistungen bei geringer Umweltbelastung ermöglichen soll.

Am meisten verspricht man sich zur Zeit aber doch von schnell fahrenden elektrischen Zügen. So verkehrt in Frankreich seit dem 27. September 1981 zwischen Paris und Lyon der TGV (Train à grande vitesse) mit einer Geschwindigkeit bis zu 260 km/h – nachdem er im Februar 1981 sogar 380 km/h erreicht und damit einen Weltrekord für Schienenfahrzeuge aufgestellt hatte. Solche Züge sind allerdings nur in überwiegend flachen und dünn besiedelten Gegenden möglich.

Tempo 260 *Seit 1981 verkehren in Frankreich zwischen Paris und Lyon modernste Hochgeschwindigkeitszüge (TGV), denen jeweils zwei 6295 kW starke Motoren eine Geschwindigkeit bis zu 260 km/h verleihen. Über eine Seitenlinie verbindet dieser schnellste Zug der Welt Paris auch mit Genf, so daß die Schweiz ebenfalls an das TGV-Netz angeschlossen ist. Der Zeitgewinn für diese Strecke beträgt nicht weniger als 2½ Stunden. Weiterreichende Pläne sehen zusätzliche Verbindungen, ja schließlich ein europäisches TGV-Netz vor.*

Einschienenbahn *Sie wurde 1900 in Wuppertal erbaut und befährt immer noch eine 13,3 km lange Strecke in 12 m Höhe über Kanäle, Straßen und Häuser hinweg.*

Eisenverhüttung

Um 1500 v. Chr. erfanden die Hethiter ein Verfahren zum Erschmelzen von Eisen aus Erz

Reines Eisen fand der Mensch der Frühgeschichte nur in Form von Meteoriten, die jedoch selten waren. So hatte das Eisen lange Zeit praktisch keinen Einfluß auf die Geschichte der Menschheit – bis die Hethiter in Anatolien um 1500 v. Chr. die Eisengewinnung erfanden.

Um 1200 v. Chr. war die Technik der Verhüttung und Bearbeitung von Eisen bereits so fortgeschritten, daß man den Beginn der Eisenzeit in Griechenland und im Mittleren Orient auf diesen Zeitpunkt festgesetzt hat. In China und in Westeuropa begann die jüngere Eisenzeit um 500 v. Chr.

Verwendung fand das neue Metall, das der → Bronze überlegen war, bei der Herstellung von Werkzeugen, Waffen und Schmuck. Ursprünglich wurde hauptsächlich Schmiedeeisen hergestellt. In heißem Zustand ließ es sich durch Hämmern leicht formen, für Waffen mußte es jedoch gehärtet werden. Dies geschah, indem man das schmiedbare Eisen in einem Holzkohlenfeuer erhitzte. Aus dem gehärteten Eisen ließen sich schärfere und schlagfestere Schneiden herstellen als aus Bronze; so wurde es bald für Schwerter und Speerspitzen verwendet. Eisenerze kamen auch viel häufiger vor als diejenigen, aus denen man Bronze gewann. Eiserne Waffen und kriegerisches Geschick machten die Überlegenheit der Hethiter und später der Assyrer im Kampf aus. Aber auch Ackerbau und Handwerk profitierten von der Eisengewinnung.

Mit eisernen Geräten und Waffen konnte sich der Mensch in seiner Um-

Vom Holzfeuer zum modernen Hochofen

4000–3000 v. Chr.: Eisen von Meteoriten
Einige Schmuckstücke aus alten ägyptischen Gräbern bestehen aus Eisen, das von Meteoriten stammt. Dieses Meteoreisen wurde erhitzt und durch Hämmern geformt. Der älteste bekannte Eisenschmuck datiert aus der Zeit um 3000 v. Chr.

Um 1500 v. Chr.: Die Anfänge der Eisenverhüttung
Um 1500 v. Chr. begannen die Hethiter in Anatolien (Türkei) mit der Verhüttung von Eisen. Anfangs haben sie wahrscheinlich Holzfeuer an erzhaltigen Berghängen angelegt. Später bauten sie einfache Öfen – flache, muldenförmige, lehmverkleidete Herde – und erhitzten das Eisenerz durch ein Holzfeuer. Das Holz verbrannte zu Holzkohle, und der darin enthaltene Kohlenstoff verband sich mit dem Eisen zu einer teigigen Masse, in der sich Schlackenteile befanden. Diese wurden durch wiederholtes Hämmern größtenteils entfernt. So gewann man Schmiedeeisen.

Um 600 v. Chr.: Herstellung von Gußeisen in China
Die Chinesen begannen mit der Eisenverhüttung erst um 600 v. Chr., stellten aber fast von Anfang an Gußeisen her. Das von ihnen verarbeitete Erz hatte einen hohen Phosphorgehalt und schmolz deshalb schon bei verhältnismäßig niedrigen Temperaturen. Außerdem bauten die Chinesen bessere Öfen, sogenannte Stücköfen, in denen sie das Erz vollständig schmelzen konnten.

Um 700 n. Chr.: Der Katalanische Schmelzofen
In Europa wurde das Eisen bis zum Beginn des Mittelalters in flachen Öfen erschmolzen. Man legte das Eisenerz auf glühende Holzkohle und erhitzte es durch Windzug oder mit einem Gebläse.

In Katalonien, im Nordosten Spaniens,

Römisches Eisenschwert *Dieses römische Schwert aus dem 1. Jh. n. Chr. wurde bei London in der Themse gefunden. Es handelt sich um das breite Kurzschwert eines Legionärs. Die römischen Soldaten mußten einen Großteil ihrer Ausrüstung selbst kaufen, und so muß der Besitzer dieses kostbaren Schwerts reicher gewesen sein als viele seiner Kameraden. Es besteht aus einem einzigen Stück Schmiedeeisen, das durch Hämmern geformt wurde. Die Scheide war mit getriebenen Platten aus Gußbronze geschmückt. Eine solche Waffe hatte scharfe Schneiden und war dauerhaft.*

wurde um 700 n. Chr. ein neuer, heute als Katalanischer Schmelzofen bekannter Ofentyp eingeführt. Er bestand aus einem kurzen, aus Steinen gemauerten Schacht, in den erst Holzkohle und dann Eisenerz eingefüllt wurde. In die Holzkohlenschicht wurde von unten mit einem Blasebalg durch eine Düse Luft eingeblasen. Dadurch erhöhte sich die Temperatur, und es konnten größere Erzmengen auf einmal verhüttet werden. Die Temperatur war aber immer noch zu niedrig, als daß man flüssiges Eisen hätte erschmelzen können.

14. Jh.: Erstes Gußeisen in Europa
Um 1300 wiesen die in Europa verwendeten Schmelzöfen erstmals eine gewisse Ähnlichkeit mit dem modernen Hochofen auf. Sie hatten nun hohe Seitenwände und ein wesentlich größeres Fassungsvermögen als früher. → Wasserräder trieben die Blasebälge an und versorgten die Öfen durch Düsen mit einem kräftigen und gleichmäßigen Luftstrom. In diesen Schachtöfen blieb das Eisenerz wesentlich länger mit der Holzkohle in Berührung als in einem offenen Ofen. Deshalb nahm das Eisen mehr Kohlenstoff auf, und sein Schmelzpunkt sank unter die Ofentemperatur. Das geschmolzene Eisen tropfte auf den Schachtboden. Es konnte nochmals geschmolzen und danach in Formen gegossen werden. Die ersten Hochöfen dieser Art wurden im Rheintal gefunden.

1709: Koksbeheizte Öfen
Als die Holzkohle knapp wurde, suchten die englischen Eisenhersteller nach einem anderen kohlenstoffreichen Brennstoff. Da Holzkohle durch unvollständige Verbrennung von Holz entsteht, wendete der englische Ingenieur Abraham Darby im Jahr 1709 das gleiche Verfahren auf Kohle an: Er erhitzte sie in einer geschlossenen Kammer, in der für eine vollständige Verbrennung nicht genügend Luft vorhanden war. Auf diese Weise stellte er zum erstenmal Koks her, einen kohlenstoffreicheren Brennstoff als Holzkohle. Darby begann nun größere Öfen zu bauen, da der Koks eine höhere Erzschicht tragen konnte als die etwas weichere Holzkohle.

1784: Das Puddelverfahren von Cort
Roheisen schmilzt bei einer niedrigeren Temperatur als Schmiedeeisen, weil es Kohlenstoff enthält. Es läßt sich deshalb zwar leicht in komplizierte Formen gießen, ist jedoch für viele Zwecke zu spröde. Ein Großteil des Roheisens wurde deshalb in besser verwendbares Schmiedeeisen verwandelt, indem man es auf einem Holzkohlenbett langsam wieder einschmolz und ihm dann mit Hilfe von eingeblasener Luft den Kohlenstoff durch Oxidation entzog.

Im Jahr 1784 erfand der Engländer Henry Cort eine wesentlich schnellere Methode der Entkohlung: das Puddelverfahren. Dabei wurde das im Hochofen gewonnene Roheisen in einem Flammofen wieder eingeschmolzen. Die Hitze entstand in einer gesonderten Kammer und wurde

welt besser behaupten. Dies führte einerseits zur Entstehung höherer Gesellschaftsformen und größerer fester Siedlungen; andererseits war diese Entwicklung aber auch mit ein Grund für die Völkerwanderungen, weil es innerhalb der Siedlungsräume zu Kriegen kam.

Die Chinesen begannen erst um 600 v. Chr. mit der Verhüttung von Eisen, waren aber wegen ihres besonderen Erzes und ihrer besseren Öfen von Anfang an in der Lage, flüssiges Roheisen herzustellen. Sie gossen es in Sandformen und stellten so Waffen, Geräte, Gefäße, Wagenbeschläge und sogar kleine Skulpturen her. Im Schmelzen von Eisen waren die Chinesen der übrigen Welt um 2000 Jahre voraus. Denn erst im 14. Jh. gab es in Europa Brennöfen, in denen Eisen geschmolzen werden konnte.

Um die Mitte des 17. Jh. war England einer der größten Eisenproduzenten der Welt und besaß Hochöfen mit einer Tagesleistung bis zu 3 t. Um genügend Holzkohle für diese Öfen zu bekommen, wurden die Wälder in England fast ganz abgeholzt, und die Eisenproduktion ging zurück, bis Abraham Darby Anfang des 18. Jh. Koks als Brennstoff für die Hochöfen einführte. Die Öfen wurden größer, und bald benötigte man →Dampfmaschinen für den Betrieb der Blasebälge, mit denen Luft in die Öfen gedrückt wurde, um die Hitze zu steigern.

Im Jahr 1860 war der Bessemerprozeß zur Herstellung von billigem Stahl durch die Entkohlung des Roheisens in ganz England und bald darauf auch in Deutschland verbreitet. Der dabei gewonnene härtere Flußstahl verdrängte das Schmiedeeisen. Gußeisen wird jedoch immer noch in großen Mengen erzeugt. Es gibt kein billigeres Material, das sich so einfach gießen läßt und ebenso stabil und stoßfest ist.

von der Decke des Ofens auf das Roheisen gestrahlt, so daß dieses mit dem Brennstoff nicht in Berührung kam. Durch die heiße Luft verbrannte der Kohlenstoff im Eisen. Andere Verunreinigungen verbrannten mit oder wurden zu Schlacke. Der Prozeß wurde durch das Puddeln, das heißt Verteilen der Schmelzmasse mit Hilfe von Stangen, unterstützt. Dann wurde der Ofen abgekühlt, und Eisen und Schlacke bildeten eine zähe Masse. Anschließend hämmerte man die Schlacke aus dem Eisen heraus.

1860: Der Winderhitzer
1828 führte der Schotte James B. Neilson die Vorwärmung des Blaswindes durch ein gasbeheiztes Eisenrohr ein. Dadurch ließ sich der Brennstoffbedarf wesentlich senken, und man konnte auch minderwertiges Erz verhütten.

Im Jahr 1860 erfand der Engländer Edward A. Cowper einen wirtschaftlichen Ofen zur Vorwärmung des Blaswindes, den sogenannten Cowperapparat, der dem modernen Winderhitzer bereits sehr nahekam. Dieser besteht aus einer zylindrischen Kammer, in der sich ein Gitterwerk aus feuerfesten Ziegeln befindet. Das Gitter wird durch die Verbrennung der Hochofengase, des Gichtgases, erhitzt, worauf kalte Luft durch das Gitterwerk gepumpt und von ihm vorgewärmt wird, ehe sie in den Hochofen eintritt.

1851 erfand der deutsche Metallurg Jacob Mayer den Stahlformguß; Friedrich Siemens entwickelte die Regenerativfeuerung zum Vorwärmen von Gas und Luft durch die Abgaswärme. Sein Bruder Wilhelm und die französischen Brüder Émile und Pierre Martin stellten erstmals flüssigen Stahl in einem Puddelofen her. Anfang des 20. Jh. wurde schließlich der Elektrohochofen entwickelt.

Der moderne Hochofen
Der heutige Hochofen besteht aus einem 20–40 m hohen Stahlturm, der mit feuerfesten Schamottesteinen ausgemauert ist. Eisenerz, Koks und Kalkstein werden aus Bunkeranlagen in Kippwagen über eine Rampe oder einen Schrägaufzug zur oberen Öffnung des Hochofens (Gicht) transportiert und in den Schacht eingefüllt. Ein doppelter Gichtverschluß verhindert das Entweichen der heißen Ofengase. Aus den Winderhitzern wird heiße Luft durch Düsen (Blasformen) in den unteren Teil des Ofens geblasen. Sie bewirkt, daß der Koks heftig brennt und Temperaturen bis zu 1600° erzeugt. Der brennende Koks entzieht dem Eisenerz den Sauerstoff (Reduktion) und erzeugt Roheisen. Verunreinigungen verbinden sich mit dem Kalkstein zu Schlacke. Das flüssige Roheisen setzt sich im Gestell ab und wird bei Temperaturen von 1250 bis 1450° „abgestochen".

Die Gase, die beim Hochofenprozeß entstehen, werden an der Gicht abgezogen, entstaubt und in den Winderhitzern zum Vorwärmen des Blaswindes verbrannt. Wegen des periodischen Arbeitsablaufs braucht jeder Hochofen zwei oder mehr Winderhitzer.

Zu Anfang des 19. Jh. lieferte ein Hochofen etwa 1000 t Eisen pro Jahr. Heute sind es bis zu 8000 t in 24 Stunden.

Abstich eines modernen Hochofens *Das geschmolzene Eisen wird aus dem Gestell des Hochofens in fahrbare Pfannen abgestochen und flüssig zum Stahlofen transportiert. Ein geringer Teil wird zu Blöcken (Masseln) vergossen und später für den Formguß wieder eingeschmolzen.*

Eiserne Lunge

1929 in Amerika entwickelt

Eine langdauernde künstliche Beatmung stellt oft die einzige Überlebenschance für völlig gelähmte Patienten dar. Bereits 1929 hatte der amerikanische Ingenieur Philip Drinker ein Beatmungsgerät, die eiserne Lunge, erfunden. Sie bestand aus einer luftdichten Metallkammer, die den Körper des Patienten bis zum Hals einschloß. Durch den rhythmischen Wechsel von Über- und Unterdruck, entsprechend dem Aus- und Einatmen, wurde der Gelähmte künstlich beatmet.

Ende der 50er Jahre wurde die eiserne Lunge aus hygienischen Gründen (Waschen des Patienten usw.) durch Positivbeatmungsgeräte, die sogenannten Respiratoren, ersetzt. Diese pumpen durch einen Schlauch, der in die Luftröhre eingeführt wird, im normalen Atemrhythmus Luft in die Lunge.

Bei den heutigen Modellen kann sich die Lunge zwischen den Atemzügen entspannen, und die Luft wird angewärmt und befeuchtet, bevor sie in die Lunge eindringt. Mit diesen Geräten können Kranke viele Wochen lang am Leben erhalten werden.

Elektrische Bohrmaschine

Der elektrische Handbohrer wurde erstmals 1895 in Deutschland hergestellt

Der elektrischen Bohrmaschine gingen in frühgeschichtlicher Zeit die Fiedelbohrer, im 15. Jh. die Bohrwinden und nach 1860 die spiralförmigen Bohreinsätze voraus. Die erste elektrische Handbohrmaschine wurde 1895 von Wilhelm Fein in Stuttgart erfunden. Zehn Jahre später stellte die Duke Electric Company in Amerika tragbare Bohrmaschinen her.

Im Jahr 1917 erhielt die Firma Black & Decker in Amerika einige Patente für Verbesserungen. Sie stattete ihre Bohrmaschinen mit einem Universalmotor aus, der mit Wechsel- oder Gleichstrom betrieben werden konnte. Der Motor trieb über ein Getriebe das Bohrfutter an, in das man die Bohrer einsetzte. Ventilatorflügel auf der Antriebswelle bliesen dem Motor Kühlluft zu.

Heute besitzen alle Bohrmaschinen einen Handgriff ähnlich dem einer Pistole. Bei den elektronisch geregelten Modellen kann man mit einem Druckschalter die Stromzufuhr zum Motor regulieren. Diese Vorrichtung ermöglicht es, die Bohrgeschwindigkeit im Bereich von 10–1000 Umdrehungen pro Minute zu verändern.

Elektrischer Kochtopf

Der erste praktische Elektrotopf stammt aus dem Jahr 1923

Auf der Weltausstellung in Chicago wurde 1893 in einer elektrischen Modellküche neben anderen Geräten auch ein elektrischer Kochtopf gezeigt. Das Heizelement – Drähte, die in Email eingebettet waren – hatte Ähnlichkeit mit demjenigen, das Rookes Evelyn Bell Crompton 1892 für den →elektrischen Ofen erfunden hatte. Es war aber an den Boden des Topfes angeschweißt. Ein verbessertes Element wurde 1911 in Großbritannien erfunden; es strahlte aber immer noch einen großen Teil der Wärme nach unten ab.

Ein entscheidender Fortschritt wurde 1923 erzielt, als Arthur Leslie Large in Birmingham im Innern eines Topfes ein Heizelement anbrachte, das ganz ins Wasser eintauchte. Es verkürzte die Kochzeiten auf etwa ein Drittel. Bei diesem Element waren die Heizdrähte um einen Glimmerstreifen gewickelt und von einem flachen Kupferrohr umgeben, das sich unten im Topf befand.

Sicherheitsschalter, die den elektrischen Kontakt unterbrachen, wurden in der Zeit zwischen 1898 und 1927 eingeführt.

Elektrischer Ofen

1892 in London patentiert

Im Jahr 1892 erhielten Rookes Evelyn Bell Crompton, ein pensionierter Oberst, der zur Elektrotechnik übergewechselt war, und sein Partner Herbert John Dowsing in London das Patent für einen elektrischen Heizofen. Sie kombinierten ein Heizelement aus Eisendraht mit einer gußeisernen Platte und überzogen die Heizdrähte mit Email, um sie vor Schaden und Korrosion zu schützen. Im Jahr 1897 nahmen sie mehrere solcher Heizkörper in ihren Verkaufskatalog für Elektrogeräte auf. Dowsing erfand auch einen Heizstrahler in Form einer übergroßen, außen mattierten Glühbirne.

Elektrischer Ofen für die Wohnung *Den ersten zuverlässigen elektrischen Ofen erfand 1912 der Elektroingenieur Charles Reginald Belling. Er baute diesen Zimmerofen mit sechs Heizspiralen und Knöpfen für die Temperaturregelung in seinem Gartenhaus in Südengland.*

Dahinter war ein kupferner Reflektor angebracht, der die abgegebene Wärmestrahlung bündelte und verstärkte.

Ein wichtiger Fortschritt wurde 1906 erzielt, als der Amerikaner Albert Marsh in Lake Country, Illinois, das Nickelchrom erfand. Diese →Legierung ließ sich bis zur Rotglut erhitzen, ohne Schaden zu nehmen, und brauchte deshalb keinen Schutzüberzug aus Email, was sie für Heizelemente besonders geeignet machte.

Der Elektrotechniker Charles Reginald Belling aus Enfield bei London erfand 1912 einen Rahmen aus feuerfestem Ton, um den man Nickelchromdrähte wickelte, und baute daraus einen eigenen Ofentyp.

Im Jahr 1937 kamen in Amerika die ersten Ventilatoren mit Heizspiralen auf den Markt. Sie waren eine Weiterentwicklung der Ventilatoren, die 1889 in den USA konstruiert und mit einem →Elektromotor von Nicola Jesta ausgestattet worden waren. Nach 1958 wurde der Luftstrom über Heizspiralen geführt, die – vom Ventilator gekühlt – für eine höhere Wattzahl ausgelegt werden konnten und nun größere Räume beheizten. Anstelle des früher verwendeten Flügelrades besaßen die Geräte eine Fächerwalze, die sich wesentlich schneller drehte.

Elektrisches Licht

Die Erfindung machten Ende der 70er Jahre des vorigen Jahrhunderts Joseph Swan in England und Thomas Alva Edison in den USA

Das elektrische Licht schloß eine Beleuchtungsrevolution ab, die mit dem Gaslicht begonnen hatte. Im Haushalt wie auch am Arbeitsplatz verlängerte es den Tag und machte überdies die Straßen sicherer. Im Theater eröffnete es ungeahnte Möglichkeiten; es löste die Talg- und Gaslichter an den Rampen ab und ermöglichte ferner abendliche Sportveranstaltungen bei Flutlicht. Neonlicht und Leuchtstoffröhren verwandelten die nächtlichen Städte in eine Welt aus bunter Reklame.

Trotz seiner Vorteile gegenüber dem Gaslicht setzte sich das elektrische Licht nur langsam durch. Zunächst mußten Leitungen verlegt, →Elektrizitätswerke gebaut und Verteilernetze eingerichtet werden. Erst zwischen 1920 und 1930 begann der Siegeszug der Glühbirne.

Möglich wurde diese Entwicklung nicht zuletzt durch ein Bündnis der beiden Erfinder Joseph Swan und Thomas Alva Edison. Sie hatten unabhängig voneinander die Glühlampe entwickelt und schlossen sich 1883 zusammen.

Die Erfindungen, die uns ein elektrisches Licht aufgehen ließen

1835: Wer war der erste?
Der genaue Zeitpunkt, zu dem das elektrische Licht erfunden wurde, ist stark umstritten. Schon die ersten elektrischen Versuche hatten gezeigt, daß ein genügend starker Strom einen Draht bis zur Rotglut erhitzen kann. Auf diesem Prinzip beruht die Glühfadenlampe – die normale elektrische Glühbirne.

Bereits 1835 behauptete der schottische Lehrer James Bowman Lindsay, er habe Licht erzeugt; doch seine Beschreibungen sind nur fragmentarisch erhalten und liefern dafür keinen schlüssigen Beweis.

1845: Patentierung der Glühlampe
In einem Patent für eine Glühlampe, das der Amerikaner J. W. Starr 1845 einreichte, wird die Verwendung von Kohlefäden (die ein ausgezeichneter Wärmestrahler sind) in einem Glaskolben beschrieben, aus dem die Luft herausgepumpt wurde. Der Engländer Joseph Swan nahm diesen Gedanken auf und stellte einige kurzlebige Lampen her, deren Glühfäden aus einem mit Kohlenstoff beschichteten Papier bestanden. Er kam jedoch 1860 zu der Erkenntnis, daß solche Lampen keine Zukunft hätten.

Die erste brauchbare Glühbirne stellte der deutsche Mechaniker Heinrich Goebel her und beleuchtete damit 1854 seine Werkstatt. Als Leuchtkörper diente ihm eine verkohlte Bambusfaser in einer luftleeren Glasglocke. Goebels Erfindung setzte sich vor allem deshalb nicht durch, weil es noch an zuverlässigen Stromquellen fehlte, mit denen er sie hätte betreiben können.

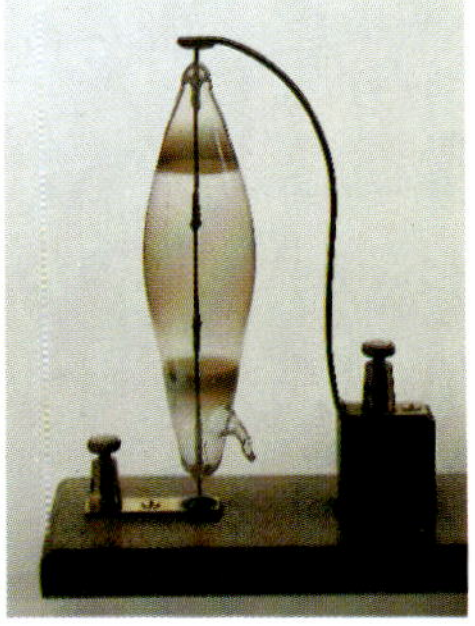

Die Vakuumlampe von Swan *Im Januar 1879 führte Joseph Swan seine neue Glühbirne vor, aus der die Luft mit einer Vakuumpumpe entfernt worden war. Dadurch brannte der Glühfaden länger und heller, und die Lampe war billiger.*

1878: Swans erster Erfolg
Als der deutsche Chemiker Hermann Sprengel 1865 die Quecksilber-Vakuumpumpe erfunden hatte, befaßte sich Swan wieder mit der Glühlampe. Doch erst im Dezember 1878 zeigte er bei einer Versammlung der Chemischen Gesellschaft von Newcastle sein Modell.
In der Zwischenzeit hatte Thomas Edison in Amerika auf dem gleichen Gebiet gearbeitet und stand kurz vor dem Erfolg.

1879: Edisons Lampe brennt 13½ Stunden lang
Als Swan seine Lampe vorführte, war Edison, der im September 1878 mit der Arbeit begonnen hatte, noch zehn Monate von seinem Erfolg entfernt. Der stellte sich erst am 21. Oktober 1879 ein, als eine seiner Lampen 13½ Stunden lang brannte.

Die Vakuumlampe von Edison *In Amerika experimentierte Thomas Alva Edison ebenfalls mit einer Vakuumlampe. Er gab seine Ergebnisse im Oktober 1879 bekannt – zehn Monate nachdem Swan seinen Erfolg veröffentlicht hatte. Zu Beginn benutzte Edison als Glühfaden verkohltes Nähgarn.*

Als Glühfaden verwendete er Nähgarn, das er durch Erhitzen in Kohlenstoff umwandelte. Im nächsten Jahr benutzte er verkohlte Papierfäden. Zusammen mit anderen Wissenschaftlern eröffnete Edison am 1. Oktober 1880 seine Lampenfabrik in den USA. Swan gründete Anfang 1881 in England eine eigene Fabrik. So schritt die Entwicklung der elektrischen Lampe nahezu gleichzeitig auf zwei Kontinenten fort.

Wenn sich zwei Erfinder so nahekommen, sind Patentstreitigkeiten nahezu unvermeidlich. In Amerika gilt üblicherweise Edison als der Erfinder, in Großbritannien Swan.

Swan hatte sich seine erste primitive Glühlampe 1860 nicht patentieren lassen. Doch 1880 hatte er aus den Erfahrungen gelernt und beantragte ein Patent für seine Methode, den Glaskolben ganz leer zu pumpen.

Im Jahr 1883 erhielt er auch das Patent für seine verbesserte Methode zur Herstellung von Glühfäden, bei der man in Essigsäure gelöste Nitrozellulose durch feine Düsen preßte. Im selben Jahr, nachdem Edison einen erfolglosen Prozeß gegen Swan wegen Verletzung seines Patents geführt hatte, schlossen die beiden Männer einen Geschäftsvertrag und gründeten die *Edison & Swan Electric Light Company* und die *Deutsche Edison-Gesellschaft,* später AEG.

1908: Glühfäden aus Wolframdraht
Im Jahr 1902 führte der Österreicher Carl Auer von Welsbach (→ Kohlengas) Glühfäden aus dem Metall Osmium ein. Als

Die Glühlampe von Edison und Swan *Schon 1884, ein Jahr nach Gründung der gemeinsamen Firma, verkauften die beiden Erfinder Tausende ihrer Kohlefadenlampen. Sie wurden auf die gleichen Wandarme wie ein Gaslicht montiert.*

Das Neonlicht wurde von seinem Erfinder Georges Claude zuerst 1910 auf dem Pariser Autosalon vorgestellt. Claude hatte seine neuen Leuchtröhren ursprünglich für die normale Beleuchtung vorgesehen; sie strahlten aber ein rotes Licht aus, und der Werbefachmann Jacques Fonseque konnte ihn davon überzeugen, daß es für Reklamezwecke besser geeignet sei, zumal sich die Röhren beliebig biegen ließen. Fonseques Agentur *Paz et Silva* erwarb 1912 die Patentrechte und brachte die erste Neonreklame mit der Inschrift *Le Palace Coiffure* an einem Friseurladen am Boulevard Montmartre an. Noch im selben Jahr warb die Getränkefirma Cinzano mit einer Neonreklame am Boulevard Haussmann für ihre Produkte. Claude entwickelte auch Leuchtröhren in anderen Farbtönen, indem er den Glasröhren Farbstoffe zusetzte.

Nächtliche Sportveranstaltung *Nach der Einführung des elektrischen Lichtes wurde es auch möglich, Fußballspiele und andere Sportveranstaltungen bei Flutlicht abzuhalten.*

ideales Material für Glühfäden erwies sich aber Wolfram, das einen wesentlich höheren Schmelzpunkt besitzt.

Die Schwierigkeiten, aus dem harten, brüchigen Wolfram einen feinen Draht herzustellen, wurden erst 1908 überwunden, als der amerikanische Erfinder William D. Coolidge zeigte, daß sich Wolfram bearbeiten läßt, wenn man aus dem pulverförmigen Metall zunächst Stäbe preßt. Diese Stäbe werden erhitzt und geschmiedet, und dann kann man aus ihnen feine Drähte ziehen.

Bei der hohen Temperatur in einer Glühlampe verdampfen die Atome des Drahtes und schlagen sich an der kälteren Innenwand der Birne nieder, wo sie das Glas schwärzen und die Lichtausbeute herabsetzen. Durch die schnelle Verdampfung wird der Draht außerdem dünner, und die Lampe brennt schnell durch. Eine Lösung für dieses Problem fand 1913 der amerikanische Chemiker Irving Langmuir, indem er die Birnen mit einem Gemisch der Gase Stickstoff und Argon füllte, um die Verdampfung zu verlangsamen. Im selben Jahr führte Langmuir auch die Lampe mit einem gewendelten Glühdraht ein, bei dem der Wolframdraht zu einer dichten Spirale gewickelt war. Diese Wendelung verringerte die Verluste durch Wärme und Verdampfung und verbesserte die Qualität der Glühlampen. Im Jahr 1934 wurde die doppelt gewendelte Glühbirne eingeführt, deren gewendelter Glühdraht nochmals spiralförmig gerollt war.

1910: Das Neonlicht kommt

In der Zwischenzeit experimentierte der französische Chemiker Georges Claude mit einer wesentlich wirkungsvolleren Art von elektrischem Licht, das keiner Glühdrähte bedarf. Im Jahr 1910 ließ er Strom durch eine Röhre fließen, die mit dem Edelgas Neon gefüllt war; bei der elektrischen Entladung begann das Gas hellrot zu leuchten. Da Neonröhren keine Glühdrähte besitzen, konnte man sie in beliebige Form biegen und auch Buchstaben daraus bilden.

Andere Gase strahlen Licht in anderen Farben aus. Quecksilberdampflampen liefern ein bläuliches Licht mit einem hohen Ultraviolettanteil, so daß man sie auch als Höhensonne benutzen kann. Lampen mit Natriumdampf von niedrigem Druck ergeben ein kaltes gelbes Licht, das häufig für die Straßenbeleuchtung verwendet wird, während die moderneren Hochdruck-Natriumdampflampen gelblich bis lachsrosa leuchten.

Die Doppelwendellampe *Die moderne Lampe mit doppelt gewendeltem Glühfaden beruht auf einer Erfindung des amerikanischen Physikers Irving Langmuir. Sie kam der Lebensdauer und der Lichtausbeute der Glühlampen zugute.*

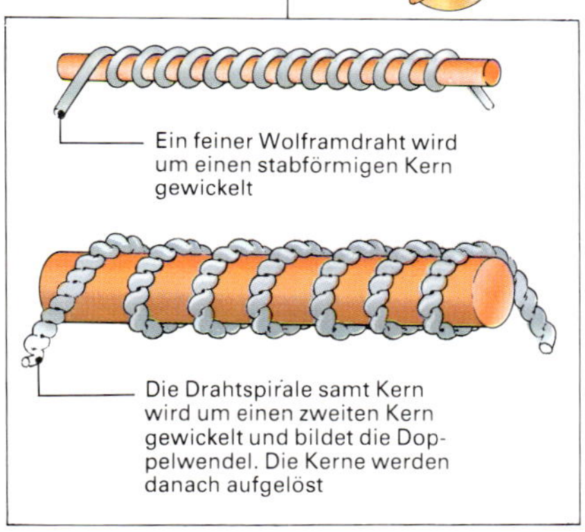

1939: Fluoreszenzlichtröhren

Wenn man die Innenwände einer Quecksilberdampflampe mit Phosphor bestreicht, beginnt dieser unter dem Einfluß des unsichtbaren ultravioletten Lichts selbst zu leuchten; er strahlt im sichtbaren Bereich ein Licht aus, dessen Farbe von der Art des Phosphors abhängt. Solche Leuchtstoffröhren wurden erstmals auf der New Yorker Weltausstellung von 1939 gezeigt. Sie liefern eine Lichtausbeute, die rund viermal so groß ist wie bei einer Glühlampe.

WIE EINE LEUCHTSTOFFRÖHRE FUNKTIONIERT

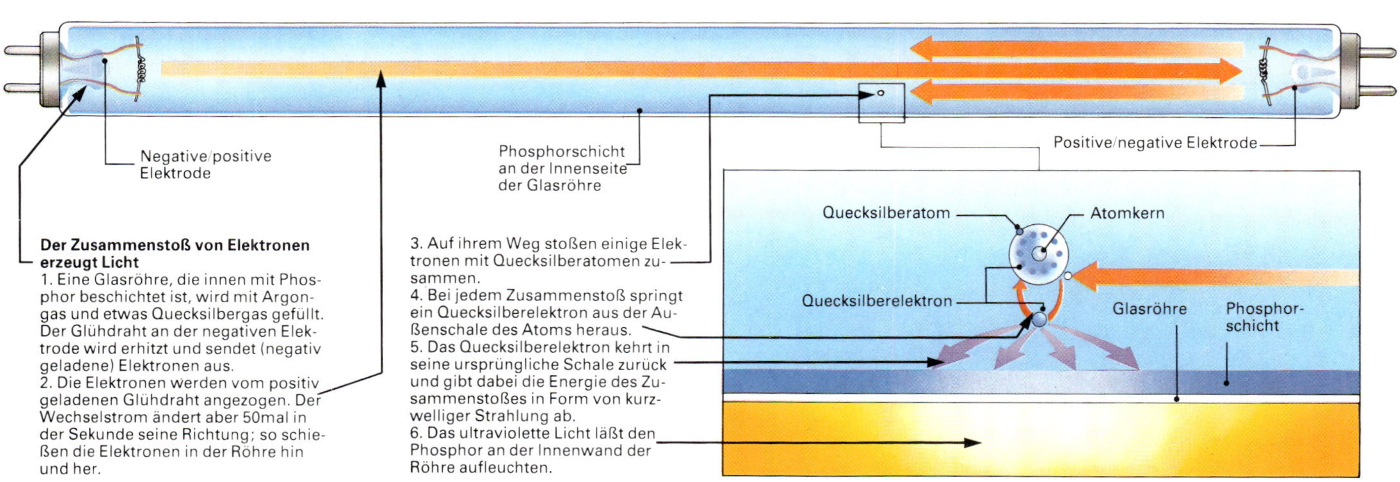

Elektrizitätswerk

Das englische Städtchen Godalming besaß 1881 das erste Elektrizitätswerk der Welt

„Der Tag muß kommen, an dem die Elektrizität für jeden da ist, ebenso wie das Wasser der Flüsse und der Wind des Himmels. Sie darf nicht nur geliefert werden, sondern muß im Überfluß vorhanden sein, damit die Menschen frei über sie verfügen können wie über die Luft zum Atmen", schrieb 1901 der französische Schriftsteller Émile Zola.

Das 20. Jh. hat sich tatsächlich als das Zeitalter der Elektrizität erwiesen. Kaum etwas hat das Leben der Menschen seit 1881 stärker beeinflußt als sie. Der elektrische Strom ist eine saubere und bequeme Energiequelle, die auf einen Knopfdruck hin zur Verfügung steht.

Den Anstoß zur Einführung der Elektrizität in Häusern und Geschäftsräumen gab das →elektrische Licht. Doch damit allein konnte man Elektrizitätswerke nicht wirtschaftlich auslasten. Die Elektrizität muß grundsätzlich sofort verbraucht werden; sie läßt sich nur

Im Lauf einer hundertjährigen Entwicklung wird die Leistung des Elektrizitätswerks auf 1 Million Kilowatt gesteigert.

1881: Das erste Elektrizitätswerk
Das erste Elektrizitätswerk der Welt war eine kleine private Anlage, die zu Pullmans Lederfabrik in Godalming in der englischen Grafschaft Surrey gehörte. Der Besitzer nutzte die Wasserkraft des Flusses Wey aus und verkaufte den erzeugten Strom zum größten Teil an die Stadtverwaltung von Godalming. Ab 1881 lieferte das Werk den Strom für die →Straßenbeleuchtung und bot auch Anschlußmöglichkeiten für private Haushalte an. Elektrisches Licht war damals aber teurer als Gas, und die Glühlampen hatten nur eine kurze Lebensdauer. Schließlich erwies sich das Unternehmen als unwirtschaftlich, und 1884 wurde das Elektrizitätswerk stillgelegt.

1882: Die ersten öffentlichen Elektrizitätswerke
Zwei Elektrizitätswerke, die etwas länger in Betrieb blieben, wurden 1882 eröffnet. Im Januar nahm die Edison Company in London die Stromerzeugung auf. Sie versorgte das Postamt von St. Martin le Grand, eine Kirche und ein Wirtshaus mit elektrischer Beleuchtung. Die maschinelle Einrichtung der Gesellschaft bestand aus einem →Dynamo, der von einer →Dampfmaschine angetrieben wurde und genug Strom von 110 V lieferte, um 1000 Edisonglühlampen zu speisen. Die gleiche Grundausstattung besaß auch das erste Elektrizitätswerk in Amerika, das die Edison Company im selben Jahr in New York in Betrieb nahm. Dieses Werk war aber schon mit sechs Generatoren ausgerüstet. Es lieferte Strom für 6000 Edisonglühlampen und bewies damit, daß eine zentrale Stromversorgung wirtschaftlich sein konnte. Die erste deutsche Elektrizitätszentrale wurde im Jahr 1885 in Berlin eingerichtet.

Um 1890: Gleichstrom in Konkurrenz mit Wechselstrom
In den ersten Jahren der Stromerzeugung kam es zu einem Streit zwischen den Befürwortern des Gleichstroms und solchen, die dem Wechselstrom den Vorzug gaben. Bei der Erzeugung von Gleichstrom konnten Akkumulatoren, wiederaufladbare →Batterien, verwendet werden, um eine Stromversorgung auch dann zu gewährleisten, wenn ein Generator ausfiel. Außerdem war in dichtbesiedelten Städten die Versorgung mit Gleichstrom billiger. Andererseits lassen sich Verluste, die bei längeren Freileitungen auftreten, vermindern, indem man die Spannung des Stromes erhöht und vor der Verteilung in die Privathaushalte wieder heruntertransformiert, und Gleichstromtransformatoren sind komplizierte Geräte. Hier ist wiederum der Wechselstrom im Vorteil, denn Transformatoren für diese Stromart besitzen keine beweglichen Teile und können viel einfacher gebaut werden.

Heute gibt es nur wenige Hochspannungsleitungen, die Gleichstrom führen (etwa für Straßenbahnen), während sich der Wechselstrom fast überall durchsetzen konnte.

Um 1900: Die Turbinen kommen
Zunächst wurden die →Dynamos in den Dampfkraftwerken von Kolbenmaschinen angetrieben; die Zukunft gehörte jedoch der dampfbetriebenen →Turbine, die 1883 der schwedische Ingenieur Gustav Patrik de Laval erfand. Sie hatte keine Teile, die sich hin- und herbewegten, und lief deshalb wesentlich ruhiger, schneller und verschleißfreier als die herkömmliche Dampfmaschine. Man konnte sie auch direkt mit dem Dynamo kuppeln, ohne ein →Zahnradgetriebe dazwischenzuschalten. Schon 1888 wurde eine kleine Dampfturbine erfolgreich im Elektrizitätswerk von Forth Banks in Newcastle verwendet. Sie lief mit 4800 U/min und lieferte 75 kW. 1900 wurde dann in Deutschland eine Turbine mit 1000 kW installiert, und im 20. Jh. setzten sich diese Maschinen überall durch.

Heute: Immer größer, immer besser
Die Generatoren von heute sind 24 Stunden am Tag und 7 Tage in der Woche in Betrieb; sie werden nur einmal im Jahr für Wartungsarbeiten angehalten. Viele Dynamos haben so 20 Jahre hindurch und länger ihren Dienst verrichtet, bis sie – immer noch in einwandfreiem Zustand – ausgetauscht wurden, weil neue, größere Maschinen wirtschaftlicher arbeiten. Die besten Dynamos leisten über eine Million kW. Die Turbinen werden durch Wasser angetrieben – oder in Wärmekraftwerken durch Dampf.

Das Elektrizitätswerk an der Pearl Street *Das erste Elektrizitätswerk in New York hatte sechs Generatoren und lieferte den Strom für 6000 Edisonglühlampen. In der Anfangszeit waren gewaltige Anstrengungen notwendig, um den Betrieb aufrechtzuerhalten, denn fast jeden Tag fiel ein Generator aus.*

schwer speichern. Strom für Glühbirnen und Leuchtstoffröhren wird vorwiegend abends und nachts gebraucht; am Tag produzierten die teuren Anlagen der Elektrizitätswerke daher einst großenteils ins Leere. Erst elektrische Straßenbahnen, →Eisenbahnen, Industriemaschinen und Dinge wie →Telefon und →Radio, Lifts, →Klimaanlagen und dergleichen schufen hier einen gewissen Ausgleich. Immer noch müssen aber einige Kraftwerke allein wegen des Spitzenbedarfs an wenigen Tagen des Jahres unterhalten werden. Deshalb sind in Europa die Kraftwerke zu großen Verbundnetzen zusammengeschlossen. So kann die Versorgung dem schwankenden Bedarf angepaßt werden, indem man einzelne Elektrizitätswerke dem Netz zu- oder abschaltet.

In den fortschrittlichen Ländern gibt es nur wenige Haushalte, die nicht an das öffentliche Stromnetz angeschlossen sind. Fast überall werden zahlreiche elektrische Geräte benutzt, Beleuchtungskörper, →Bügeleisen, →Staubsauger, →Waschmaschinen, Kühlschränke, Gefriertruhen, Herde, Küchenmixer, Heizöfen, Boiler, Haartrockner und viele andere Dinge.

IM INNERN EINES KOHLEKRAFTWERKS

Die rohe Industriekohle (stündlicher Bedarf: rund 200 t) wird auf Drehscheiben geschüttet und mit schweren Stahlkugeln pulverisiert. Diesen **Kohlenstaub** vermischt man mit heißer Luft, damit er besser verbrennt

Das **Kohlenstaub-Luft-Gemisch** wird durch ein Rohr in den **Ofen** eingeblasen, wo es unter hoher Temperatur verbrennt und die verschiedenen Abteilungen des Werks mit Wärme versorgt

Der Ofen beheizt den **Dampferzeuger**, in dem **gereinigtes Wasser** verdampft wird

Der Dampf strömt durch ein Rohr in den **Überhitzer.** Der überhitzte Dampf treibt die Turbine besser an; er kann eine Temperatur bis zu 566° erreichen, bei der die Rohre bereits dunkelrot glühen. Durch Ventile kann man die Strömungsgeschwindigkeit des Dampfes regulieren und im Notfall die Zufuhr ganz absperren

Der Dampf strömt zunächst in den **Hochdruckzylinder**, trifft dort auf die schräg gestellten Schaufeln der **Turbine** und versetzt sie in Drehung – wie der Luftstrom ein Windrad. Dann wird der Dampf in einen **Wiedererhitzer** geleitet, bevor er mit nachlassender Kraft in einen **Mitteldruck**- und einen **Niederdruckzylinder** strömt. Die Welle der Turbine macht 50 Umdrehungen in der Sekunde

Der **Abdampf** wird im **Kondensator** an Kühlrohren vorbeigeleitet; er kondensiert zu Wasser und kehrt wieder in den Dampferzeuger zurück. Das Wasser des Kühlkreislaufs wird vom Kondensator zu **Kühltürmen** und wieder zurückgepumpt

Der Generator wird direkt von der Turbine angetrieben und erzeugt Strom von **25 000 V**

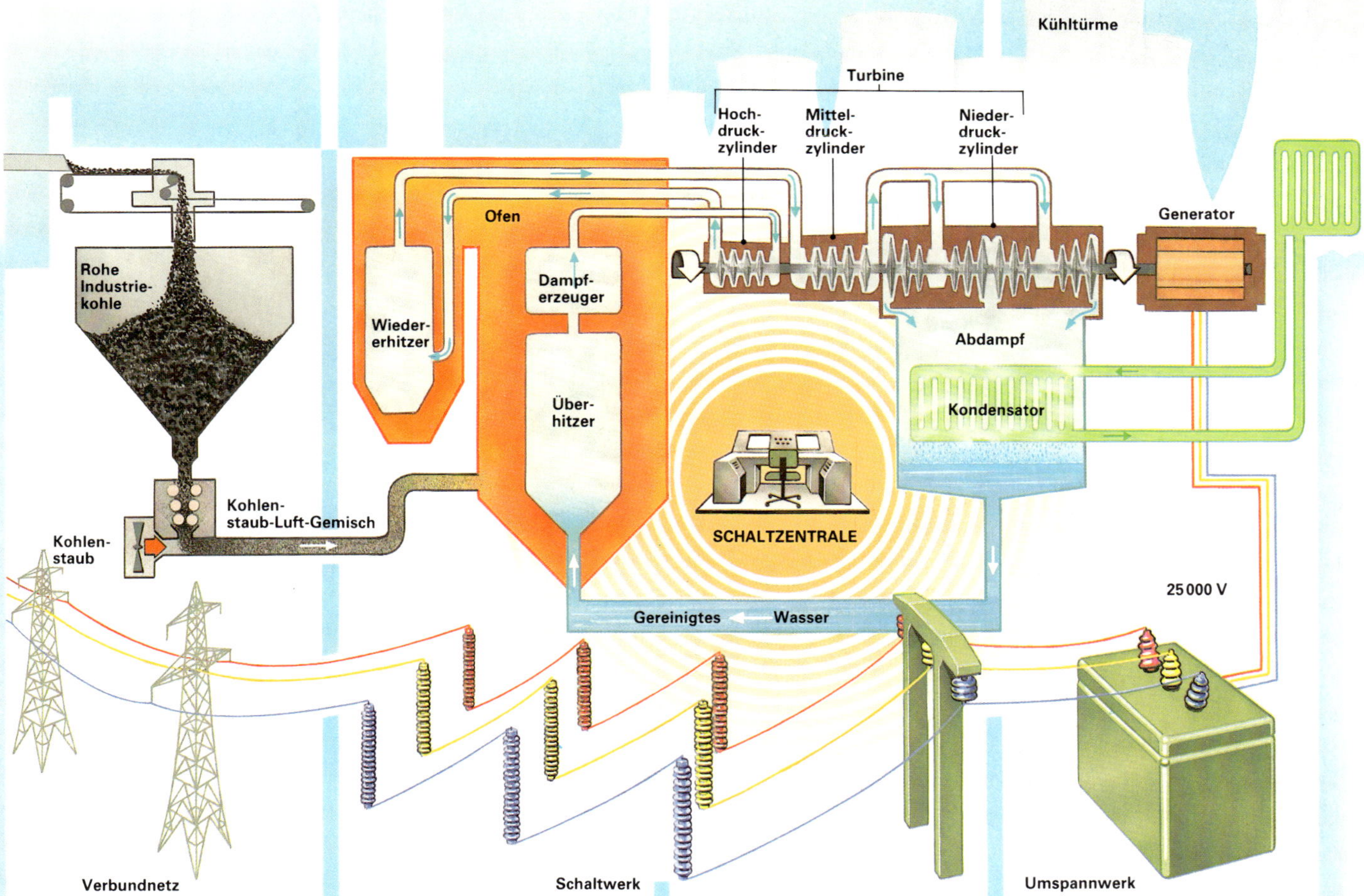

Der Strom wird vom Kraftwerk zur weiteren Verteilung an das **Verbundnetz** geliefert. In Transformatorenstationen kann je nach Bedarf die Stromspannung in gewissen Grenzen erhöht oder verringert werden

Das Schaltwerk hängt mit dem Umspannwerk zusammen und steuert die Spannung. Es dient auch der Sicherheit des Betriebs und hat Schutzschalter mit ähnlicher Funktion wie die Sicherungen in einem Haushalt

Das Kraftwerk wird von der **Schaltzentrale** aus kontrolliert und gesteuert. Hier zeigen Instrumente die Betriebsbedingungen in jedem Teil des Werkes an. Ingenieure überwachen die Anlage und leiten den Strom ins Netz

Das Umspannwerk transformiert die Spannung von 25 000 V auf 275 000 V. Die hohen Übertragungsspannungen sind wegen der Verluste, die beim Stromtransport auftreten, wirtschaftlicher

Heute *Die Einrichtung eines modernen Kraftwerks unterscheidet sich wesentlich von den unzuverlässigen Maschinen der ersten Stunde. Die gewaltigen dampfbetriebenen Generatoren sind die stärksten Maschinen, die der Mensch je gebaut hat, und dabei besonders zuverlässig und wirtschaftlich.*

Elektrokardiogramm

Von einem Niederländer 1903 erfunden

Der Herzschlag wird durch Stromstöße in den Fasern des Herzmuskels angeregt. Diese Aktionsströme kann man mit einem Voltmeter messen, das an zwei Stellen des Körpers an die Haut angeschlossen wird. Sie wurden erstmals im Jahr 1900 von dem niederländischen Physiologen Willem Einthoven an der Universität von Leiden mit einem Saitengalvanometer gemessen.

Trotz zahlreicher Abwandlungen ist das Elektrokardiogramm (EKG) bis heute im Prinzip gleich geblieben. Die Stromstöße werden von einem Schreiber auf einem Papierstreifen registriert oder fotografisch festgehalten oder auf dem Schirm einer Kathodenstrahlröhre sichtbar gemacht.

Einem EKG kann der Herzspezialist entnehmen, ob das Herz regelmäßig schlägt, ob alle vier Kammern in Ordnung sind und ob Brustbeschwerden auf eine Erkrankung des Herzens oder auf andere Ursachen zurückzuführen sind. Bei der Intensivbehandlung schwerkranker Patienten wird heute das EKG als Überwachungsinstrument eingesetzt.

Elektrolyse

Von dem Engländer Humphry Davy 1807 durchgeführt

Bei Experimenten mit der elektrischen →Batterie erkannte der englische Chemiker Humphry Davy, daß chemische Verbindungen offensichtlich durch elektrische Anziehungskräfte zusammengehalten werden. Er stellte daraufhin die Theorie auf, daß die Verbindungen durch elektrischen Strom auch in ihre Bestandteile zerlegt werden könnten. Im Jahr 1807 ließ er durch eine Schmelze von Ätznatron und Ätzkali den Strom einer starken Batterie fließen. Die Verbindungen wurden zerlegt, und Davy hatte Natrium und Kalium isoliert.

Davy schuf die theoretische Grundlage für die Elektrolyse – die Zersetzung bestimmter leitender Verbindungen durch elektrischen Strom. Heute benutzt man dieses Verfahren häufig, um reine Metalle zu erhalten.

Auf diesem Wege wird etwa Aluminium aus Bauxit gewonnen, und in der →Galvanotechnik stellt man so metallene Überzüge her.

Elektromagnet

Von dem Engländer Sturgeon 1823 erfunden

Im Jahr 1820 stellte der dänische Physiker Hans Christian Ørsted fest, daß elektrischer Strom, der durch einen Draht fließt, eine Magnetnadel ablenkt. Damit hatte er die Wechselbeziehung zwischen Elektrizität und Magnetismus entdeckt. Unter den zahlreichen Wissenschaftlern, die sich für Ørsteds Entdekkung interessierten, befand sich auch der englische Physiker William Sturgeon. Er ließ elektrischen Strom durch einen Draht fließen, den er um einen hufeisenförmigen Eisenstab gewickelt hatte, und erhielt so einen Elektromagneten, der das 20fache seines Gewichts heben konnte.

Diesen Elektromagneten von Sturgeon verbesserte 1831 der amerikanische Physiker Joseph Henry: Er verwendete Kupferdraht, den er mit Seide – aus dem Unterrock seiner Frau – isolierte und in mehreren Lagen um den Eisenkern wickelte. Die von Henry gebauten Elektromagneten waren wesentlich kräftiger. Mit einer kleinen →Batterie konnte der Physiker in einem Fall fast 1000 kg anheben.

Der Elektromagnet wurde später zum wichtigsten Bestandteil elektrischer Maschinen und Geräte: des →Elektromotors, →Dynamos, →Transformators, →Telefons und des elektrischen →Telegrafen – bis hin zu großen →Kranen zum Verladen von Schrott.

Elektromotor

siehe Seite 88

Elektronenröhre

Die Diode wurde 1904 in England patentiert

Bis zur Erfindung des →Transistors im Jahre 1948 beherrschte die Elektronenröhre die Radiotechnik. Sie ermöglichte die Entwicklung des Rundfunks, des →Fernsehens, des interkontinentalen Fernsprechdienstes und der ersten →Computer.

Im Jahr 1880 hatte Thomas A. Edison beobachtet, daß sich das Glas seiner elektrischen Kohlefadenlampen allmählich schwärzte. Drei Jahre später brachte er einen zweiten Draht als Elektrode im Glaskolben an und stellte fest, daß der Strom von der Kathode zur Anode nur dann floß, wenn die Elektroden mit einem positiven Pol verbunden waren. Dieser Vorgang wird Edisoneffekt oder Glühemission genannt.

1897 konnte der englische Physiker Joseph J. Thomson erstmals nachweisen, daß die Elektronen eigenständige, negativ geladene Elementarteilchen sind. Er bewies, daß es sich beim Edisoneffekt um Elektronenströme handelt, die bei hoher Temperatur aus dem Glühfaden oder einer anderen erhitzten Kathode austreten. Da die Elektronen negativ geladen sind, muß die Auffangelektrode (Anode) positiv geladen sein.

Elektronenröhre aus der Frühzeit des Radios
Dieses frühe Beispiel einer Triode wurde um 1915 beim Radiobau verwendet. Schwache elektrische Impulse – wie sie beispielsweise entstehen, wenn man in ein Mikrofon spricht – wurden von der Triode verstärkt und von Radiowellen zu einem entfernten Empfänger transportiert. Dort wurden die Signale von einer Antenne empfangen. Mehrere Röhren verstärkten sie und wandelten sie in Impulse um, die ihrerseits durch den Lautsprecher in Schallwellen umgesetzt wurden.

Die von Edison gebaute Lampe mit einem zweiten Pol war praktisch eine Elektronenröhre, und zwar eine sogenannte Diode. Mit ihrer Hilfe konnte man einen Wechselstrom gleichrichten. Ihren praktischen Nutzen erkannte als erster der englische Physiker John Ambrose Fleming: 1904 ließ er sich die Diode patentieren und verwendete sie für den Empfang von elektrischen Wellen.

1906 setzte der amerikanische Ingenieur Lee de Forest zwischen die beiden Elektroden der Diode eine dritte Elektrode ein, das Gitter. So entstand die Triode, eine Dreielektrodenröhre. Das Gitter, das unter schwacher Gleichspannung stand, steuerte und verstärkte den Elektronenstrom. Unabhängig von de Forest konstruierte der Österreicher Robert von Lieben im selben Jahr eine Triode als Verstärker, die sogenannte Liebenröhre.

Die Triode ermöglichte die drahtlose Übertragung von Tönen, steigerte die Empfindlichkeit der Empfänger und vergrößerte dadurch die Reichweite des Funks beträchtlich. Vor der Erfindung der Triode war die Übertragung des gesprochenen Wortes problematisch und die Verständigung schlecht. Ausgestattet mit Elektronenröhren, gaben Radioempfänger die in ein Mikrofon gesprochenen Worte jedoch recht getreu wieder.

Mit Trioden ausgerüstete →Telefonapparate verbesserten auch den Fernsprechverkehr. Sie verstärkten die schwachen elektromagnetischen Impulse und korrigierten die Verzerrungen, die durch die Leitungskabel bewirkt wurden.

Elementbauweise

siehe Seite 90

Empfängnisverhütungsmittel

In ägyptischen Schriften um 1500 v. Chr. erwähnt

Methoden zur Empfängnisverhütung waren bereits im Altertum bekannt. In größerem Umfang sind entsprechende Mittel aber erst im 20. Jh. in den fortschrittlichen Ländern verfügbar geworden. In diesen Gebieten haben sie das Bild der Familie und die Stellung der Frau in der Gesellschaft verändert.

Das Kondom oder Präservativ, das aus präpariertem Leinen oder Tierdarm zusammengenäht und über das männliche Glied gezogen wurde, war in Europa bereits im 16. Jh. bekannt, fand aber erst nach der Erfindung des vulkanisierten Gummis 1844 größere Verbreitung.

Sogenannte Pessare, die über den Muttermund gestülpt werden, führte 1823 der deutsche Gynäkologe F. A. Wilde ein. Sie bestanden zuerst aus Metall, später aus Gummi. Professor W. P. J. Mensinga verwendete 1880 in Deutschland erstmals sogenannte Okklusivpessare aus dünnem Gummi mit einem federnden Stahlring; sie verschlossen den oberen Teil der Scheide.

Intrauterinpessare, die in die Gebärmutter eingesetzt werden, damit sich die befruchtete Eizelle dort nicht festsetzt, haben eine lange Geschichte. In größerem Umfang wurden sie seit dem Ende der 50er Jahre des 20. Jh. in Form von Plastikspiralen angewendet.

Die erste Antibabypille hieß *Enavid*; sie wurde 1956 von dem amerikanischen Biologen Gregory Pincus entwickelt. Bei regelmäßiger Einnahme verhindert sie den Eisprung (Ovulationshemmer). Noch in Entwicklung ist die „Pille danach“, die erst nach dem Verkehr eingenommen wird und die Implantation der befruchteten Eizelle verhindert.

Endoskop

Der Pole von Mikulicz-Radecki entwikkelte 1881 das erste brauchbare Gerät

Die ersten Untersuchungen des Körperinnern ohne chirurgischen Eingriff wurden im 18. Jh. durchgeführt. Es handelte

Der Kopf eines Endoskops *Mit dem Endoskop kann man wichtige Wege im Körper teilweise ohne chirurgischen Eingriff untersuchen. Das Gerät hat einen Durchmesser von nur 6 mm. Lichtleiter aus dünnen Glasfasern (helle Scheiben) dienen der Beleuchtung des Körperinnern, während das Bild durch eine Lupe (im dunklen Kreis) betrachtet wird.*

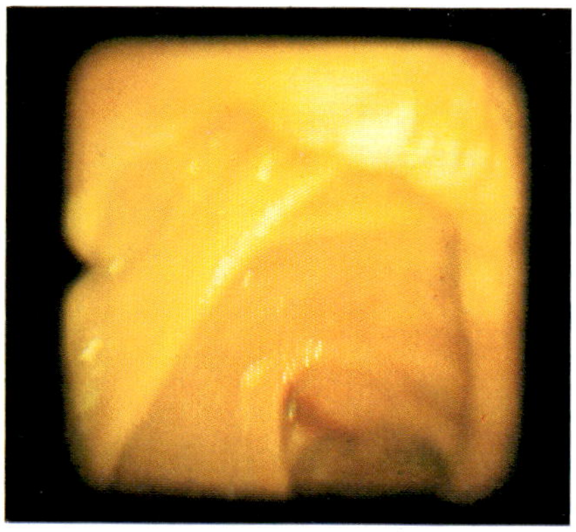

Im Innern der Speiseröhre *Das in die Speiseröhre eingeführte Endoskop zeigt eine leichte Blutung in der Nähe des Mageneingangs (unten rechts), die auf ein beginnendes Magengeschwür hindeutet.*

sich um Besichtigungen des Mastdarms mit Hilfe eines Rohres und einer Kerze. Im Jahr 1868 führte der deutsche Arzt Adolf Kußmaul in den Magen eines Schwertschluckers ein starres Rohr ein, hatte aber noch keine ausreichende Beleuchtungseinrichtung.

Der polnische Chirurg Johann von Mikulicz-Radecki entwickelte 1881 das erste Endoskop mit gut beleuchteter Röhre und einer →Linse für Magenspiegelungen. Diesem Gerät folgten Instrumente zur Spiegelung des Mastdarms und der Blase. Später waren die Rohre auch biegsam, doch erst die Faseroptik machte das völlig flexible Endoskop möglich. Das erste Gerät dieser Art verwendete 1958 der Chirurg Basil Hirschowitz in Michigan.

Enzyklopädie

Von Plinius 77 n. Chr. in Rom erfunden

Der römische Gelehrte Plinius der Ältere wollte 77 n. Chr. in seiner *Naturalis historia* den damaligen Stand des Wissens zusammenfassen. Die erste bekannte alphabetische Enzyklopädie wurde um 1000 von dem griechischen Lexikographen Suidas zusammengestellt. Heute sind die Brockhaus-Enzyklopädie mit 23 Bänden und Meyers Enzyklopädisches Lexikon mit 28 Bänden die größten vollständigen Enzyklopädien in deutscher Sprache. Unvollendet blieb das bisher umfangreichste europäische Lexikon, die *Allgemeine Enzyclopädie der Wissenschaften und Künste* von J. S. Ersch und J. G. Gruber. Der erste Band erschien 1818 in Halle an der Saale; inzwischen sind es über 300.

Elektromotor

Den ersten Elektromotor baute 1834 Moritz Hermann von Jacobi

Der Elektromotor brachte der Industrie, dem Verkehrswesen und privaten Haushalten eine Welle des Fortschritts. Er stellte eine völlig neue Antriebskraft dar, die von einem Stahlwalzwerk ebenso genutzt werden konnte wie von einer Lokomotive oder einem → Rasierapparat.

Dem Gebrauch des Elektromotors in Fabriken stand zunächst der Mangel an einer geeigneten und zuverlässigen Stromversorgung im Wege. Zu Beginn des 20. Jh. war jedoch erwiesen, daß sich der Einsatz von Elektromotoren auch wirtschaftlich lohnt. Nun setzte sich der Elektromotor schnell als wichtigste Antriebsquelle in der Industrie durch. Denn die neue Antriebsweise war sauber, sofort verfügbar und leicht zu steuern. Man verwendet sie für alle möglichen Maschinen – wie → Drehbänke, Fräsen, Schleifmaschinen, Pressen, Bohrmaschinen und Walzwerke –, aber auch zum Antrieb von → Kranen sowie Transportbändern und → Fließbändern bei der industriellen → Massenproduktion.

Auch im Verkehrswesen sorgte der Elektromotor für zahlreiche Neuheiten. Als Anlasser wurde er bereits 1896 in die Automobile *Arnold Sociable* (gebaut von W. Arnold and Son in Kent) und 1902 in Werkstattfahrzeuge der belgischen Firma Deschamps eingebaut. Die ersten elektrischen Scheibenwischer wurden 1923 in Amerika hergestellt. Von Elektromotoren angetriebene Wagen waren bereits 1895 auf der Straße zu sehen; bis heute sind aber die → Batterien, die man für diesen Zweck braucht, zu groß und zu schwer.

Besonders erfolgreich war die Einführung des Elektromotors bei der Straßenbahn und der elektrischen → Eisenbahn. Der deutsche Ingenieur Werner von Siemens führte anläßlich der Berliner Gewerbemesse des Jahres 1879 auf einer 300 m langen Versuchsstrecke die erste elektrische Eisenbahn der Welt vor.

Besonders stark hat sich der Elektromotor auch im Haushalt ausgewirkt. Dort hielten die arbeitssparenden Maschinen in der Zeit von 1910 bis 1920 mit dem → Staubsauger ihren Einzug, und zwischen 1930 und 1960 folgten → Waschmaschinen, Geschirrspüler, Küchenmixer und viele andere Geräte. Von großer Bedeutung sind mittlerweile auch Geräte aus der Unterhaltungselektronik.

Stationen des Elektromotors auf dem Weg zum Erfolg

1834: Der erste brauchbare Elektromotor
Im Jahr 1821 führte der englische Wissenschaftler Michael Faraday erstmals vor, wie man Elektrizität zur Erzeugung einer Drehbewegung benutzen kann. Seine Vorrichtung hatte aber nicht mehr praktischen Wert als ein Spielzeug. Den ersten Elektromotor, auf dessen Prinzip alle späteren Motoren beruhen, baute 1834 der Deutsche Moritz Hermann von Jacobi.

Jacobi erzeugte mit Hilfe eines → Elektromagneten ein starkes magnetisches Feld. Ebenso wie ein herkömmlicher (permanenter) Magnet hat auch der Elektromagnet einen Nord- und einen Südpol; im Gegensatz zum üblichen Magneten kann er jedoch umgepolt werden, indem man die Stromrichtung umkehrt. Der Nordpol wird dann zum Südpol und der Südpol zum Nordpol. Eine Magnetnadel, die zwischen diesen Polen angebracht ist, stellt sich zunächst in die eine Richtung ein und dreht sich dann um 180°, wenn die Stromrichtung umgekehrt wird. Ein einfacher Elektromotor kann somit auf einer Vorrichtung beruhen, die bei jeder halben Umdrehung der Magnetnadel die Stromrichtung im Elektromagneten umkehrt. Dann bleibt die Nadel nicht mehr stehen, sondern dreht sich beständig im Kreis.

Der Motor von Jacobi funktionierte, konnte aber noch nicht kommerziell genutzt werden. Mit der → Batterie als einziger Stromquelle war der Betrieb von Motoren dieser Bauart viel zu teuer.

1873: Der erste Stromgenerator
Die allgemeine Verwendung des Elektromotors setzte die Erfindung eines → Dynamos voraus, der sich in großem Stil einsetzen ließ. Einen solchen Stromgenerator schuf 1873 der in Belgien geborene Ingenieur Zénobe Théophile Gramme.

Ein Generator wandelt mechanische Energie – von einer → Dampfmaschine, einer → Turbine oder einem → Wasserrad – in elektrischen Strom um. Ein Elektromotor tut das Gegenteil: Er verwandelt elektrischen Strom in mechanische Energie. In der Konstruktion sind deshalb ein Generator und ein Elektromotor sehr ähnlich. 1873 wies Gramme nach, daß ein Stromgenerator auch als Elektromotor funktioniert, wenn man ihm Strom zuführt. Noch im selben Jahr wertete er seine Erfindung in seiner eigenen Fabrik in Paris aus.

Der Motor von Gramme arbeitet mit zwei Elektromagneten. Der eine besteht aus einer Spule, die an der Laufachse angebracht ist und über Schleifkontakte an der Achse mit Strom gespeist wird. Diese Spule dreht sich zwischen den Polen einer feststehenden Spule. Wenn man durch die beiden Spulen Strom fließen läßt, wirken sie als Magneten, und die innere Spule – der Anker – dreht sich um ihre Achse, um ihren Nordpol dem Südpol der feststehenden Spule soweit wie möglich zu nähern. Damit sich die innere Spule stetig drehen kann, muß die Richtung des Stromflusses ständig gewechselt werden.

Dies geschieht durch eine Vorrichtung, die man Kollektor nennt. Sie besteht aus einem kupfernen Schleifring an der Achse des Ankers und setzt sich aus mehreren, voneinander isolierten Segmenten zusammen. Auf diesem Ring schleifen sogenannte Bürsten aus geflochtenem Kupferdraht, die der Läuferspule den Strom zuführen. Wenn sich der Anker dreht, stellen die Bürsten – heute bestehen sie aus Kohle – einen Kontakt mit einem Segment des Schleifrings her, dann mit dem nächsten und so fort, und jedesmal kehren sie die Stromrichtung in den Wicklungen um – so wie es für eine gleichmäßige Drehung notwendig ist.

Der Motor von Gramme war für Gleichstrom bestimmt, der nur in einer Richtung fließt. Man kann ihn aber auch mit Wechselstrom betreiben, der seine Richtung in einer Sekunde viele Male ändert. Da der gleiche Strom sowohl die Ankerspule als auch die feststehende Spule versorgt, werden deren Magnetfelder ebenfalls viele Male in der Sekunde umgepolt; dies geschieht aber stets im gleichen Takt, so daß die anziehende Kraft, das Drehmoment, immer in der gleichen Richtung wirkt. Damit der Schleifringmotor auch mit Wechselstrom einwandfrei läuft, sind zwar geringe Änderungen notwendig, aber das Prinzip ändert sich nicht. Solche Motoren nennt man Universalmotoren, weil man sie sowohl mit Wechsel- als auch mit Gleichstrom betreiben kann. Sie werden vor allem in

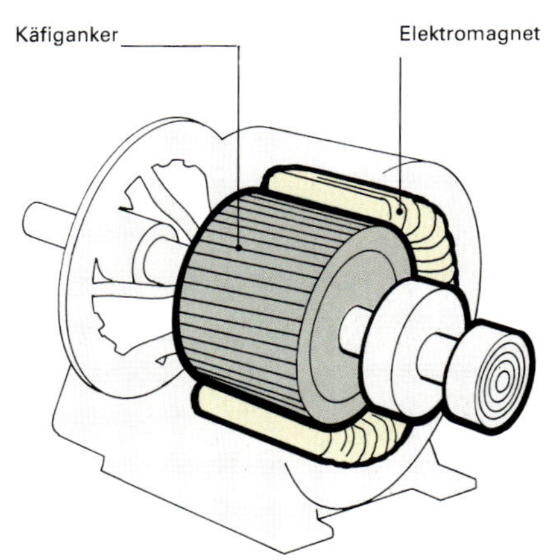

Der Drehstrom-Induktionsmotor *Der Anker des Motors besteht aus einer Reihe von leitenden Stäben, auch Käfig genannt. Er ist von Spulen umgeben, die mit Wechselstrom gespeist werden und ein magnetisches Drehfeld ausbilden, wobei der Nord- und der Südpol sich im Kreis weiterbewegen. Das Drehfeld induziert ein ähnliches Magnetfeld im Käfiganker und treibt diesen ständig im Kreis herum.*

WIE EIN ELEKTROMOTOR FUNKTIONIERT

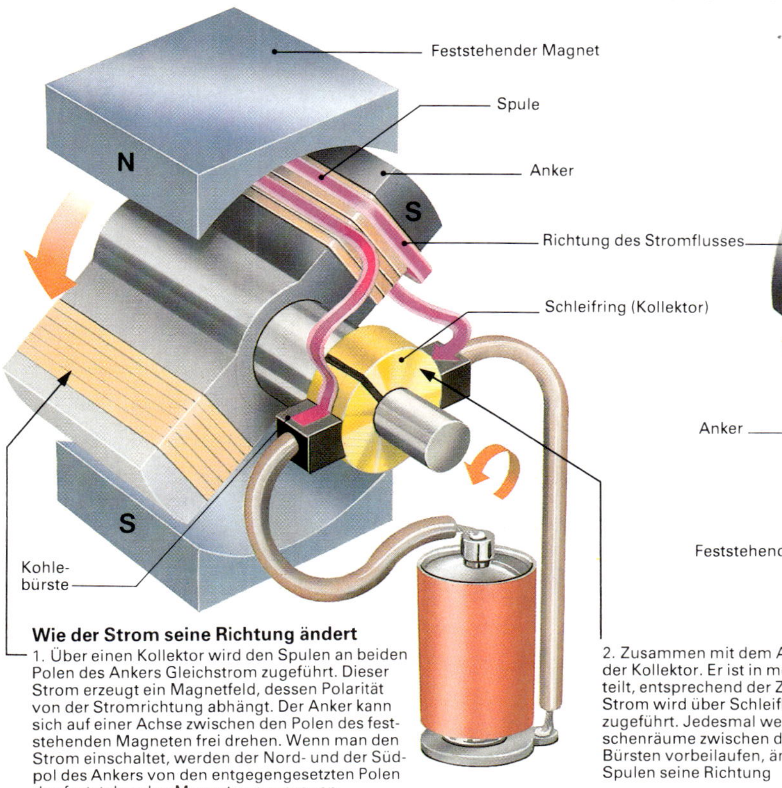

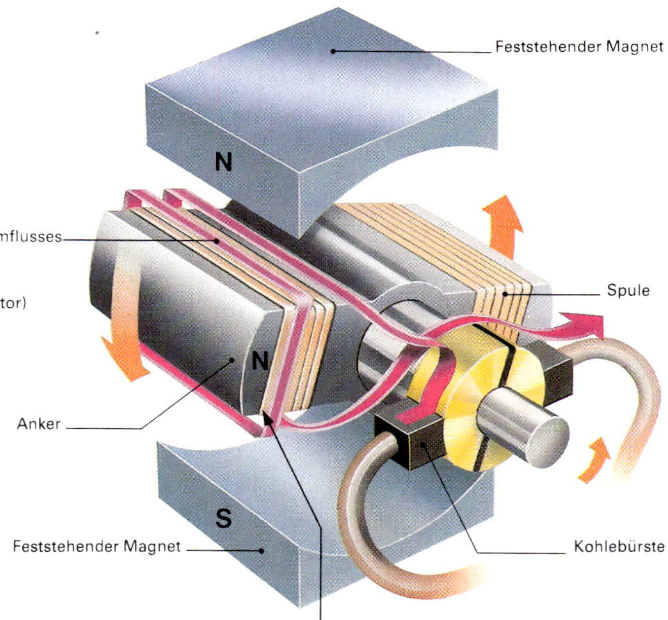

Wie der Strom seine Richtung ändert

1. Über einen Kollektor wird den Spulen an beiden Polen des Ankers Gleichstrom zugeführt. Dieser Strom erzeugt ein Magnetfeld, dessen Polarität von der Stromrichtung abhängt. Der Anker kann sich auf einer Achse zwischen den Polen des feststehenden Magneten frei drehen. Wenn man den Strom einschaltet, werden der Nord- und der Südpol des Ankers von den entgegengesetzten Polen des feststehenden Magneten angezogen

2. Zusammen mit dem Anker dreht sich auch der Kollektor. Er ist in mehrere Segmente eingeteilt, entsprechend der Zahl der Spulen. Der Strom wird über Schleifkontakte (Kohlebürsten) zugeführt. Jedesmal wenn die isolierten Zwischenräume zwischen den Segmenten an den Bürsten vorbeilaufen, ändert der Strom in den Spulen seine Richtung

3. Mit wechselnder Stromrichtung ändert sich auch die Polarität in den Spulen: Der Nordpol wird zum Südpol, der Südpol zum Nordpol. Der neue Nordpol wird nun vom Nordpol des feststehenden Magneten abgestoßen. Die Drehbewegung setzt sich fort. Dabei wird der Nordpol jetzt vom Südpol des feststehenden Magneten angezogen

Das Prinzip des Elektromotors *Mit Hilfe eines Kollektors wird eine bestimmte Spule des Läufers abwechselnd von dem einen und von dem anderen Pol eines stationären Magneten angezogen. In der Praxis hat der Elektromotor mindestens drei Spulen – meist wesentlich mehr – und ebenso viele Segmente am Kollektor. Dies gewährleistet, daß der Motor stets von selbst anläuft, ganz gleich, in welcher Stellung er stehengeblieben ist. Eine größere Zahl von Spulen erhöht die Kraft des Motors. Die Elektromotoren von Haushaltgeräten können auch mit Wechselstrom betrieben werden.*

Haushaltgeräten wie → Staubsaugern, Küchenmixern und Bohrmaschinen verwendet.

1885: Der Induktionsmotor
Der großzügige Ausbau des Versorgungsnetzes für Wechselstrom, der 1882 begann, ermöglichte eine völlig neue Bauweise des Elektromotors, den Induktionsmotor. Er wurde 1885 von dem Physiker Nicola Tesla, einem gebürtigen Kroaten, in Amerika erfunden und beruht auf dem Prinzip der elektromagnetischen Induktion, einer Entdeckung von Michael Faraday. Der Engländer hatte gezeigt, daß in einem elektrischen Leiter, den man in einem Magnetfeld bewegt, ein elektrischer Strom erzeugt (induziert) wird. Diese Induktion setzt also voraus, daß ein elektrischer Leiter und ein Magnetfeld ihre Lage zueinander verändern; ein Dauermagnet induziert keinen Strom in einem Leiter, der unveränderlich neben ihm liegt.

Bei dem Motor von Tesla wird der Strom mehreren feststehenden Elektromagneten (Feldmagneten) zugeführt, nicht aber dem Anker, den sie umgeben. Dieser ist also zunächst nicht magnetisch; er wird dann jedoch durch den Strom magnetisiert, den die Elektromagneten in ihm erzeugen. Der Vorteil von mehreren feststehenden Elektromagneten liegt darin, daß man ihnen den Wechselstrom in Form von Drehstrom nacheinander zuführen kann. Dadurch wandert zum Beispiel der Nordpol von einem Elektromagneten zum andern, und der Südpol des Läufers ist gezwungen, dem schnell vorauseilenden Nordpol des Magnetfelds „nachzulaufen".

Der Anker eines Induktionsmotors dreht sich allerdings nicht mit genau der gleichen Geschwindigkeit wie der Nordpol im Feld der feststehenden Magneten. Wäre das der Fall, gäbe es zwischen den beiden keine relative Bewegung und – wie oben erläutert – auch keinen Induktionsstrom. Der Anker dreht sich stets etwas langsamer, also asynchron. Man nennt dieses Nacheilen auch „Schlupf". Wenn die Welle des Ankers belastet wird, indem man sie Arbeit leisten läßt, verlangsamt sich ihre Geschwindigkeit; die relative Bewegung zwischen Magnetfeld und Anker wird größer, und dadurch erhöht sich automatisch der induzierte Strom und damit auch die Antriebskraft.

Von der gesamten Antriebsenergie aller Elektromotoren entfallen heute rund 95 Prozent auf solche asynchronen Induktionsmotoren, die besonders stark sind.

Der Induktionsmotor kann auch einen geradlinig fortschreitenden Antrieb liefern: Wenn die Feldmagneten nicht kreisförmig, sondern flach ausgelegt sind, entsteht auch ein flaches Magnetfeld, das den Anker geradlinig fortbewegt. Dazu wird in die Wicklungen des festen Magneten (Ständers) ein Drehstrom eingespeist, der ein wanderndes Magnetfeld erzeugt. Linearmotoren verwendet man zum Antrieb von Förderbändern.

Seit 1902: Der Synchronmotor
Das magnetische Drehfeld eines Wechselstrommotors (von Tesla) eignet sich auch für einen Motor einfacherer Bauart, der erstmals 1902 von dem schwedischen Ingenieur Ernst Danielson beschrieben wurde. Wenn man den nichtmagnetischen Anker eines Induktionsmotors durch einen Dauermagneten oder Elektromagneten mit einer Achse ersetzt, dann läßt das Drehfeld, das die Feldmagneten erzeugen, den Anker rotieren, ohne daß ein Strom induziert wird.

Solche Motoren drehen sich mit der gleichen Geschwindigkeit wie das Magnetfeld, also ohne Schlupf. Man nennt sie Synchronmotoren. Sie liefern zwar eine geringere Leistung als ein Induktionsmotor gleicher Größe, dafür kann aber ihre Umdrehungszahl genau bestimmt werden. Deshalb ist der Synchronmotor besonders für den Antrieb von Uhrwerken, → Plattenspielern und → Tonbandgeräten geeignet.

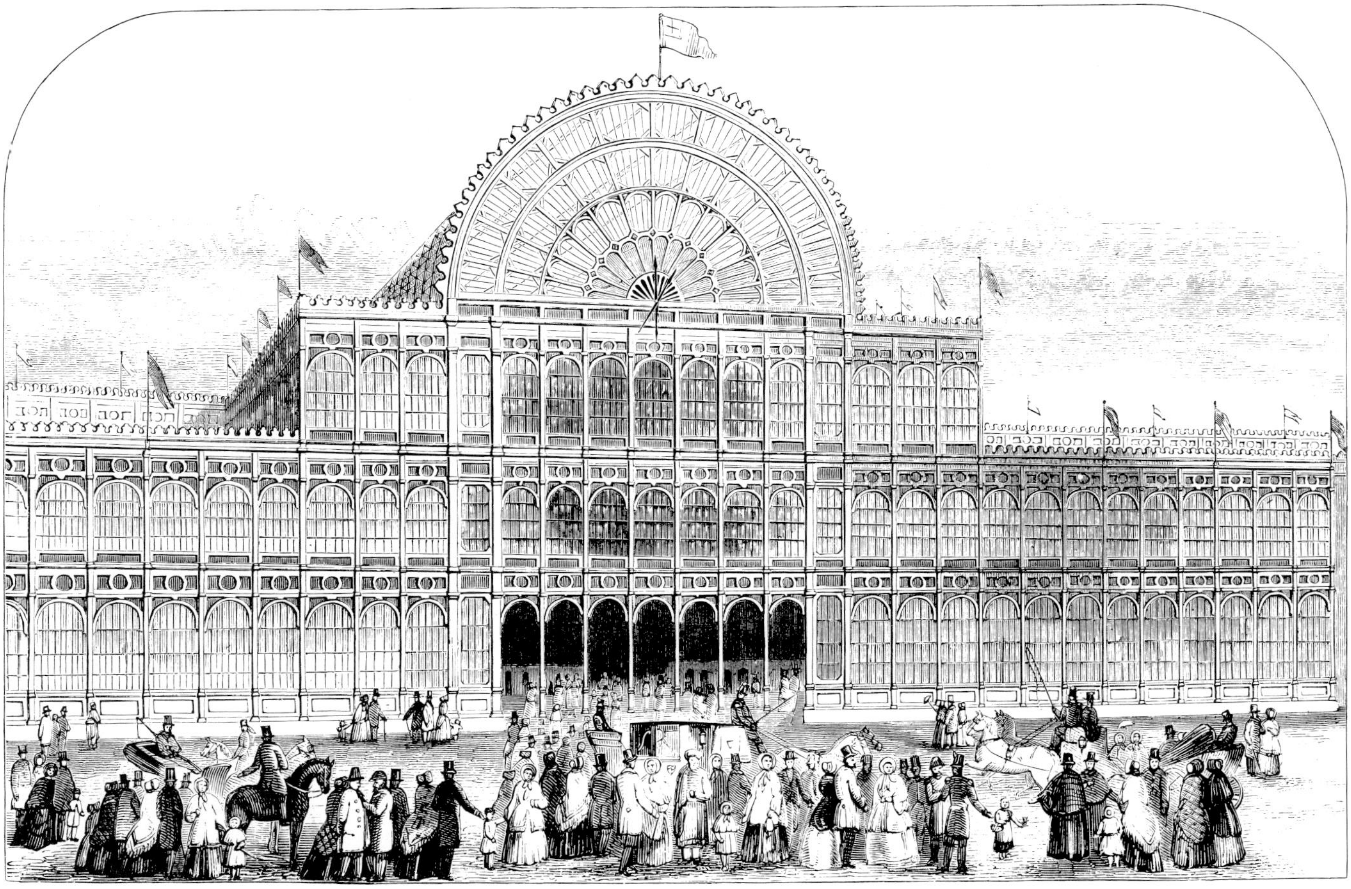

Der Londoner Kristallpalast war aus Fertigteilen zusammengesetzt *Dieser zeitgenössische Stich zeigt die Eröffnung des Londoner Kristallpalasts im Jahr 1851. Er war das erste größere Gebäude der Welt aus industriell vorgefertigten Teilen. Der Erbauer Joseph Paxton verwendete dafür Gußeisenträger, Säulen und Tafelglas. Die Bauzeit betrug nur neun Monate. Vorbild für diese Arbeit war ein Gewächshaus, das Paxton zuvor im Auftrag des Herzogs von Devonshire gebaut hatte. Im Jahr 1854 wurde der Palast im Süden von London neu errichtet – wo ihn 1936 ein Feuer zerstörte.*

Elementbauweise

Als Grundgedanke schon beim Bau griechischer Tempel verwendet

Bei der Elementbauweise werden vorgefertigte gleichartige Bauteile zu einem Bauwerk zusammengesetzt. Diese Methode vereinfacht den Entwurf und die Ausführung und ist billiger als andere.

Der Gedanke geht auf die alten Griechen zurück, die einzelne Teile ihrer Tempel in Serie herstellten.

Als im 19. Jh. Gußeisen im großen Stil produziert wurde, lernte man, auch ganze Gebäude vorzufertigen. Dabei werden die Elemente billig – das heißt in Serie und unabhängig von der Witterung – in Fabriken hergestellt und an der Baustelle nur noch montiert, indem man sie in einen Rahmen einfügt.

Das erste große vorgefertigte Gebäude in Elementbauweise war der Londoner Kristallpalast, der 1851 für die Weltausstellung im Hydepark errichtet wurde. Damit begann die Ära der reinen Glas- und Eisenarchitektur oder Gewächshausarchitektur, zu deren schönsten Beispielen einige Berliner S-Bahnhöfe gehören. Joseph Paxton, der Erbauer des Londoner Kristallpalastes, entwarf die Teile gleichartig, so daß sie in Massen produziert werden konnten. Das Gebäude bestand aus 3300 gußeisernen Säulen, den dazugehörigen schmiedeeisernen Querträgern und 1800 Glasscheiben; es war 573 m lang und 137 m breit.

Ohne Elementbauweise und Fertigteile hätte keiner der → Wolkenkratzer von New York gebaut werden können. Im Empire State Building (seit 1931) in Manhattan gibt es mehr als 3000 gleiche Aufzugtüren und zahllose andere Fertigteile. Aufgrund dieser Planung konnte der ganze Bau in nur 14 Monaten errichtet werden. Nachdem das Stahlgerüst fertig war, arbeiteten 3400 Handwerker aus 50 verschiedenen Berufsgruppen gleichzeitig in allen 102 Stockwerken.

Später entwickelte der Schweizer Architekt Le Corbusier (1887–1965) neue Formen des Stahlbetons. Damit verwirklichte er seine Ideen in der Zeit von 1947 bis 1952, als er in Marseille die sogenannte Wohneinheit baute, den Prototyp der modernen vielstöckigen Wohnblocks aus kubischen Grundelementen, die baukastenartig zusammengesetzt werden.

Einen ersten Höhepunkt der vorgefertigten Elementbauweise dürften Gebäude wie der Terrassenblock *Habitat* darstellen, den der israelische Architekt Moshe Safdie für die Weltausstellung 1967 in Montreal errichtete. Der Bau erinnert an einen gewaltigen Berg von Bausteinen für Kinder; jeder Teil ist aber ein komplettes Zimmer, das in einer Fabrik bis hin zu den Leitungen für Licht und Wasser fertiggestellt wurde. Auf der Baustelle können solche Blöcke in verschiedener Weise übereinandergesetzt werden. Die Blöcke sind durch senkrechte Stahldrähte im Betonfundament verankert. Heute wird bereits ein Viertel aller Neubauten in der Bundesrepublik Deutschland ganz oder überwiegend aus Fertigteilen errichtet.

Erdölraffinerie

G. C. Hunaus bohrte schon 1857 in der Lüneburger Heide planmäßig nach Erdöl

Die Erdölindustrie wurde in knapp einem Jahrhundert zum größten Zweig der Weltwirtschaft. Erdölkonzerne machen bis heute die größten Gewinne, sind die größten Kunden der Weltschifffahrt und die wichtigsten Lieferanten der chemischen Industrie.

1859 entdeckte man in den USA erstmals Erdöl in größeren Mengen. Zunächst diente es hauptsächlich der Beleuchtung und Heizung in Gegenden, die nicht an das Gasnetz angeschlossen waren. Die Lage änderte sich aber, als weitere große Erdölvorkommen gefunden wurden und der Bedarf mit der Einführung des →Automobils sprunghaft anstieg.

Die internationale Ölindustrie der westlichen Welt ist immer noch in amerikanischen Händen; die meisten beherrschenden Unternehmen haben ihren Sitz in den USA. Sie haben das Öl zuerst entdeckt, verschifft, raffiniert und die Produkte verkauft – meist zu außerordentlich niedrigen Preisen im Vergleich zu einer anderen wichtigen Energiequelle, der Kohle. Im Lauf der 50er und 60er Jahre dieses Jahrhunderts wurde Öl zum wichtigsten Energielieferanten.

Der Kampf um das „schwarze Gold"
Die Leistungsfähigkeit und günstige Preise der erdölfördernden und -exportierenden Industrie haben auch Ländern ohne eigene Rohstoffquellen, wie Japan, den Aufstieg zur Industriemacht ermöglicht. Die Regierungen zahlreicher Verbraucherländer konnten das Erdöl mit hohen Steuern belegen, ohne den Markt zu beeinträchtigen. Viele Jahre lang haben allein die Steuerkassen der Verbraucherstaaten an jedem verkauften Liter Benzin mehr verdient als die Förderländer, aus deren Quellen das Öl kam. Die Handelskonzerne übrigens auch.

Dies war einer der Gründe dafür, daß sich die Förderländer 1960 zur Organisation der erdölexportierenden Länder (OPEC = Organization of Petroleum Exporting Countries) zusammenschlossen. Die OPEC spielte nur eine untergeordnete Rolle, bis es 1973 zum Krieg zwischen Israel und den Arabern kam und die zur Unterstützung Israels bereiten Industrieländer – die USA und ein Großteil von Europa – mit einem Ölembargo belegt wurden. Die OPEC erhöhte den Ölpreis auf einen Schlag um das Vierfache und hat seither die Preiskontrolle für das Erdöl beibehalten. Dadurch ist auch Energie aus Gas und Kohle immer teurer geworden, zumal sich weder die Regierungen der Verbraucherländer noch die Ölgesellschaften ihre Einkünfte aus dem „schwarzen Gold" schmälern lassen. Zahlen muß der Endverbraucher. Da die Ölgewinnung in den Förderländern weitgehend verstaatlicht wurde, spielen die Ölgesellschaften keine so wichtige Rolle mehr, doch sie beherrschen immer noch den Transport und den Vertrieb.

Solange das Öl noch billig war, konnten auch Länder ohne eigene Förderung durch Importe an der günstigen Entwicklung teilnehmen. Heute ist das wesentlich schwieriger, denn die Erdölvorräte der Welt sind begrenzt.

Zersetztes Plankton bildet die wichtigste Energiequelle der Welt

3. Jt. v. Chr.: Bitumen zum Kalfatern von Schiffen
Schon Jahrtausende vor der Entwicklung der modernen Ölindustrie waren einzelne Erdölprodukte bekannt. Bereits um 2500 v. Chr. benutzte man in Mesopotamien Erdpech oder →Asphalt zum Kalfatern von →Schiffen und zur Herstellung wasserfester Bodenbeläge. Allerdings fanden diese Kulturvölker noch keine Verwendung für die leichter entflammbaren Öle, denen die Babylonier den Namen Naphtha gaben. Im 7. Jh. n. Chr. wurde aus Naphtha das sogenannte griechische Feuer gemacht.

Um 1650 n. Chr.: Erdöldestillation
In seiner Abhandlung *De re metallica* (1556) beschrieb der deutsche Mineraloge Georgius Agricola, wie man das Erdöl an den Sickerstellen (Ausbissen) abschöpfen und durch Erhitzen eindicken kann, so daß es sich zum Kalfatern und Imprägnieren eignet. Gegen Mitte des 17. Jh. war bereits bekannt, daß sich Erdöl in verschiedene Produkte trennen läßt, die als Wagenschmiere, als Grundlage für Lacke und Farben, zum Gerben von Leder oder als Brennstoff für Lampen dienen konnten. Dazu wurde das Rohöl destilliert, das heißt erhitzt und in verschiedene Bestandteile zerlegt, die bei unterschiedlichen Temperaturen verdampfen: die Grundlage der modernen Erdölraffinerie.

1850: Paraffin und Kerosin
Der schottische Chemiker James Young entdeckte etwa 1850, daß man aus Ölschiefer ein Öl für Lampen gewinnen kann. Unter der Bezeichnung Paraffin wurde es um 1860 auf den Markt gebracht. In den USA stellte der Brite Abraham Gesner eine von ihm Kerosin genannte Flüssigkeit her, indem er Asphaltgestein erhitzte und die Dämpfe, die dabei entstanden, kondensieren ließ. Heute ist Kerosin die Bezeichnung für Flugzeugtreibstoff (oder Leuchtöl).

1857: Der erste Bohrturm
Die ersten planmäßigen Versuchsbohrungen nach Erdöl brachte der Deutsche G. C. Hunaus 1857 in der Lüneburger Heide nieder, und zwar zunächst in Wietze bei Hannover. Im selben Jahr wurde in Rumänien Öl aus zwei von Hand gegrabenen Quellen gewonnen.

Der Amerikaner Edwin L. Drake, der im Auftrag des Industriellen George H. Bissel nach Öl für die Kerosingewinnung suchte, stieß in Pennsylvania auf eine Ölquelle, als er in der Nähe von Ölausbissen bei Oil Creek ein Loch in den Erdboden bohrte. Am 27. August 1859 wurde er in einer Tiefe von 21,2 m fündig. Nun begann die Erdölgewinnung im großen Stil.

Für seine Bohrungen benutzte Drake ein Werkzeug, das am Ende eines Seils hing.

Edwin Drake bei seinem Bohrturm *Ihren Anfang nahm die amerikanische Ölindustrie in Oil Creek, Pennsylvania, wo Drake (mit Zylinder) 1859 auf Öl stieß. Sein hölzerner Bohrturm war 20 m hoch und arbeitete mit einer Dampfmaschine und einem Balken, der in der Mitte drehbar gelagert war. Ein Ende dieses Balkens hob und senkte das Bohrwerkzeug, das sich in den Boden fraß.*

Die größte Ölraffinerie Großbritanniens *Die Raffinerie und die dazugehörigen Chemiewerke von Stanlow bei Chester erstrecken sich über eine Fläche von 9 km². Ein Großteil des Rohöls für die Raffinerie kommt in Pipelines von der Insel Anglesey, wo das Öl in großen Tankern mit einer Ladekapazität von 500 000 t angeliefert wird. Die größte europäische Anlage dieser Art befindet sich bei Rotterdam.*

Öl vom Meeresboden
Diese Bohrinsel der nationalen Ölgesellschaft in Dubai liegt vor Port Raschid an der Küste der Vereinigten Arabischen Emirate und bohrt im Persischen Golf nach Öl. Die schwimmende Insel ist in Küstennähe verankert. Man kann die fünf Gitterbeine am Rand der Insel versenken, um dem Bohrturm bei den Bohrungen im ölhaltigen Sedimentgestein besseren Halt zu geben. Die Verbindung mit dem Festland stellen → Hubschrauber her, die auf der runden Seitenplattform starten und landen, ferner auch → Schiffe. Ein großer, rechteckiger Transporter wird gerade von einem Schlepper an den Steg manövriert. Im Gegensatz zur Nordsee ist das Wasser hier seicht und klar.

Das Gestein wurde nicht geschnitten, sondern zerkleinert wie mit einem Vorschlaghammer. Dieses sogenannte Seilschlagverfahren war in China schon vor Jahrhunderten zur Erschließung von Salzlagern verwendet worden. Dort ließ man das am Seil hängende Werkzeug in das Bohrloch hinab und befestigte das andere Ende des Seils über der Erde an einer hölzernen Wippe. Die Schlagbewegung zum Zerkleinern des Gesteins entstand dadurch, daß mehrere Arbeiter gleichzeitig auf die Wippe hinauf- und dann wieder heruntersprangen. So primitiv diese Bohrvorrichtung auch aussah, sie funktionierte, und um 1900 gelangen damit in China Bohrungen bis in eine Tiefe von 1000 m.
Zur Zeit Drakes hatte man die Wippe bereits durch eine Dampfmaschine ersetzt. Das gebrochene Gestein wurde von Zeit zu Zeit mit einem andern Gerät, dem Bohrlöffel, aus dem Loch herausgeholt. Das erste Bohrgerüst aus Ganzstahl wurde 1890 aufgestellt. Man bediente sich des Seilschlagverfahrens noch bis um 1940. Das tiefste Loch nach dieser Methode wurde 1925 in Pennsylvania bis auf 2366 m gebohrt.

1884: Neue Bohrer
Das Seilschlagverfahren wurde vom Rotaryverfahren abgelöst, dessen Grundlage erstmals in einem englischen Patent genau beschrieben war, das Robert Beart im Jahr 1884 erhielt. Es arbeitet mit einem Bohrmeißel am Ende eines hohlen Gestänges aus Stahl, das im Bohrloch gedreht wird. Mit fortschreitender Bohrtiefe setzt man oben weiteres Gestänge nach. Das abgetragene Material wird kontinuierlich nach oben gefördert, indem man durch das hohle Gestänge Wasser einpumpt. Später wurde das Wasser für die Bohrlochspülung durch eine Lehmsuspension ersetzt, die man Dickspülung oder Schwertrübe nennt. Dieser Schlamm kühlt gleichzeitig den Bohrmeißel.

Die Bohrmeißel der ersten Rotaryanlagen eigneten sich nur für weiches Gestein, doch die Bohrer wurden immer besser. Rollenmeißel mit hartmetallgepanzerten Zähnen ermöglichten von 1920 an das Bohren in allen Gesteinsarten. In den 40er Jahren wurde der Dampfantrieb der Bohrer durch Dieselmotoren ersetzt.

Die ersten Unterwasserbohrungen wurden um 1900 vor der kalifornischen Küste von Stegbrücken aus niedergebracht. Bohrtürme, die im offenen Gewässer selbst unter ungünstigen Witterungsbedingungen arbeiten konnten, wurden erst nach 1945 entwickelt. Inzwischen bohrt man in Wassertiefen bis zu 180 m nach Öl.

1933: Erste Richtungsbohrungen
Zunächst erschien es nur sinnvoll, senkrecht zu bohren. Ab 1895 war es dann auch möglich, die Richtung des Bohrlochs

ERDÖL ALS GRUNDSTOFF FÜR DIE CHEMISCHE INDUSTRIE

Seit Erdgas zu Beginn des 19. Jh. in größeren Mengen zum Beleuchten und Heizen verwendet wurde, untersuchten die Chemiker auch den Kohleteer – den dicken, klebrigen Rückstand, der bei der Kohlevergasung anfiel. Sie stellten fest, daß in diesem Teer (Asphalt, Bitumen) zahlreiche organische Chemikalien – mit kettenförmigen Kohlenstoffmolekülen – enthalten sind. Erdölbitumen besteht aus den gleichen Substanzen, und so gab es eine neue Rohstoffquelle für organische Chemikalien: das Erdöl.

Das wichtigste neue Verfahren der chemischen Industrie war das katalytische „Kracken", das in der Zeit von 1920 bis 1930 vor allem in Frankreich von E. J. Houdry entwickelt wurde. Dabei werden Schweröle durch Hitze, hohen Druck und einen Katalysator – eine Verbindung, die chemische Prozesse fördert, ohne selbst chemisch verändert zu werden – in leichtere Ölprodukte aufgespalten, vor allem in Benzin.

Ein anderer Prozeß der Erdölraffinerie, die Polymerisation, ist die Umkehrung des Krackverfahrens. Dabei werden kleine Moleküle zu größeren vereinigt, und man erhält aus leichten Raffineriegasen Benzin und andere Flüssigkeiten. Beim Raffinieren des Erdöls gewinnt man nicht nur große Mengen Benzin, sondern auch zahlreiche andere organische Chemikalien, die als Ausgangsstoffe für Arzneimittel, → Farben, → Sprengstoffe, → Insektenvertilgungsmittel, → Kunststoffe, → Waschmittel und → Kunstfasern dienen. Äthylengas, das beim Krackverfahren anfällt, liefert die meisten Petrochemikalien. Die anderen Hauptprodukte des Krackverfahrens sind Propylen, Butylen, Paraffinkohlenstoffe und aromatische Kohlenwasserstoffe. Aus diesen Krackprodukten sind Hunderte von Petrochemikalien entwickelt worden.

Nach heutigen Erkenntnissen ist das Erdöl ein viel zu wichtiger Rohstoff, als daß er in Verbrennungsmotoren verheizt werden sollte. Mit rund 100 l Benzin kann ein Auto rund 800 km weit fahren. Die gleiche Menge, in der Raffinerie weiter veredelt, liefert jedoch das Rohmaterial für 20 Polyesterhemden, 150 m PVC-Rohre, 20 Acrylpullover, 13 Fahrradmäntel und -schläuche aus synthetischem Gummi und 500 Paar Nylonstrumpfhosen.

Große Industriezweige leben vom Öl – und somit ein beachtlicher Teil der modernen Volkswirtschaft. Damit sind Fortschritte verbunden, aber auch eine Einseitigkeit, die Gefahren birgt: Die begrenzten Vorräte werden rasch verbraucht; und überdies kann, wer das Öl hat, einen beträchtlichen Druck auf die verbrauchenden Länder ausüben.

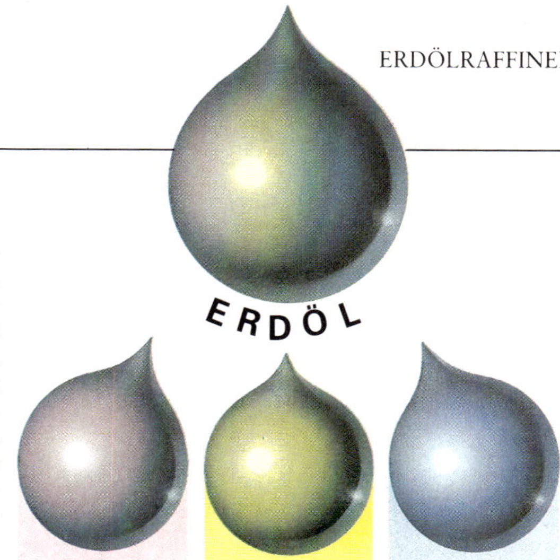

PROPYLEN	ÄTHYLEN	BUTYLEN
Acrylkunststoffe	**Vinylchlorid**	**Butadien**
Plexiglas	PVC	Synthetischer Kautschuk
Polyamide	**Äthylalkohol**	**Lösungsmittel**
Nylon	Essigsäure	**Butyl**
Acetophenon	**Polyäthylen**	Synthetischer Kautschuk
Bakelitkunststoffe	Polythen	**Schmierölzusätze**
Polyurethan	**Acrylate**	**Chemische Waschmittel**
Kunst- und Anstrichstoffe	Kunststoffe und -fasern	
Epoxidharze	**Äthylenglykol**	
Klebstoffe	Gefrierschutzmittel	
Chemische Waschmittel	**Bleitetraäthyl**	
Wasserstoffperoxid	Antiklopfmittel	
Bleichmittel	**Styrol**	
Polypropylen	Polystyrol	
Glyzerin	Synthetischer Kautschuk	
	Lackharze	

Drei der wichtigsten Erdölprodukte sind die Gase Propylen, Äthylen und Butylen. Die Tabelle führt einige der zahlreichen Chemikalien auf, die aus diesen Gasen gewonnen werden.

zu ändern, indem man Ablenkkeile in das Bohrloch versenkte und im Gestänge Gelenke anbrachte. Diese Technik wurde 1933 gezielt auf dem Huntington-Beach-Bohrfeld in Kalifornien eingesetzt, wo man durch mehrere Bohrlöcher schräg von einem zentralen Punkt aus das gesamte Ölvorkommen anzapfte. Moderne Sicherungen verhindern heute auch unkontrollierte Ausbrüche von Ölquellen, die unter hohem Druck stehen. Früher kamen solche Ausbrüche öfter vor; sie waren gefährlich und teuer.

Kracken: Erdöl wird in seine wertvollen Bestandteile gespalten

Zuerst war Petroleum dasjenige Erdölprodukt, das am meisten gebraucht wurde. Man erhielt es, indem man das Rohöl destillierte und damit in seine einzelnen Bestandteile oder Fraktionen zerlegte. Diese Ölbestandteile verdampfen bei unterschiedlicher Temperatur, und man kann sie getrennt kondensieren lassen. Die leichteste Fraktion, die zuerst verdampft, ist Benzin. Die mittlere Fraktion ist Petroleum, und die schwerste ging zunächst als Heizöl an die Industrie, ohne daß man die darin enthaltenen Schmieröle abgetrennt hätte.

Um 1860 wurde das thermische Krackverfahren (Cracking) eingeführt. Dabei erhitzte man die schweren Öle unter Druck, um auch sie aufzuspalten und einen höheren Anteil der begehrten Kohlenwasserstoffe vom Petroleumtyp zu erhalten. Die Ölraffinerien begannen überdies, die schweren Schmieröle auszusondern, die für die → Eisenbahn gebraucht wurden. Ihren großen Aufschwung nahm die Ölindustrie im 20. Jh., als durch den Erfolg des → Verbrennungsmotors eine immer stärkere Nachfrage nach der bisher wertlosen Benzinfraktion entstand. Durch das Krackverfahren wurden immer größere Anteile des Erdöls zu Benzin verarbeitet, aber auch zu Rohstoffen für die chemische Industrie.

Auch ölhaltige Schiefer und teerhaltige Sande dienen als Ölquelle. Ölschiefer ist ein Gestein mit Öleinschlüssen; Teersande sind Gemische von Schweröl und Sand. Es müssen jedoch riesige Materialmengen verarbeitet werden, wenn man daraus auch nur eine bescheidene Ölausbeute erzielen will.

WIE DAS ERDÖL IN DER ERDKRUSTE ENTSTAND

Erdöl ist ein Gemisch aus Kohlenwasserstoffen. Diese Kohlenwasserstoffe entstehen wahrscheinlich aus Plankton, den zahllosen pflanzlichen und tierischen Kleinlebewesen, die im Wasser frei schweben. Wenn das Plankton abstirbt, wird es zum Teil zusammen mit Bakterien in Schlamm und Lehm eingeschlossen. Dort lagert es sich im Sedimentgestein der Erdkruste ab und bildet im Lauf von Jahrmillionen durch Verwesung Erdöl und Erdgas. Mithin ist auch Benzin eigentlich biologischen Ursprungs. Der Druck darüberliegender Gesteine läßt das Öl in poröse Schichten wandern, wo es Lagerstätten bildet, sofern es nicht nach oben entweichen kann.

Das Öl befindet sich also in der Erde wie Wasser in einem Schwamm. Kleine Gesteinsporen sind mit Öl – unter hohem Druck – gefüllt. Wenn man in solches Gestein ein Loch bohrt, treibt der Druck das Öl heraus. Läßt er nach, kann man Wasser in das Gestein pumpen, um weiteres Öl herauszudrücken.

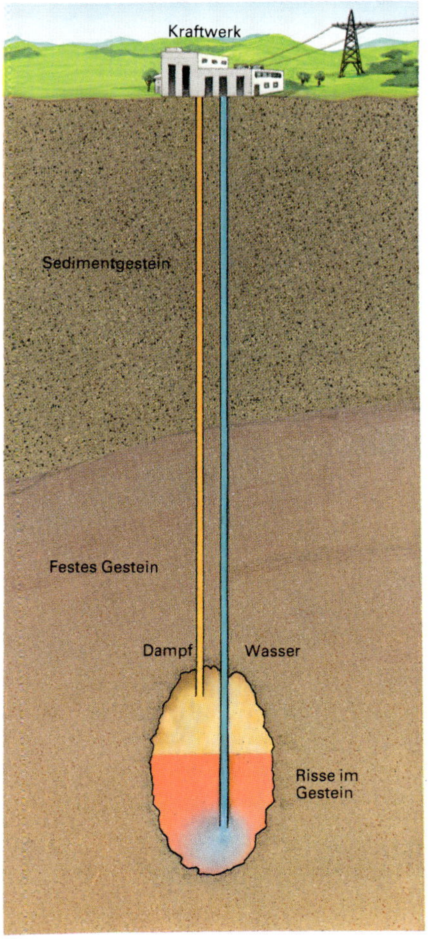

Wärme aus der Erde *In tieferen Schichten der Erde ist das Gestein oft sehr heiß. Pumpt man dort Wasser aus der Tiefe, kann man damit Energie abzapfen.*

Erdwärme-Kraftwerk

Das erste Erdwärme-Kraftwerk wurde 1904 in Italien gebaut

Eine der größten Wärmequellen, die dem Menschen zur Verfügung steht, ist die Erde selbst. In ihrem glutflüssigen Kern, in dem festen Mantel darum und der 30–40 km dicken Kruste speichert sie Temperaturen bis zu 5000°. Durch radioaktiven Zerfall im Erdinnern wird ständig Wärme erzeugt; er verhindert, daß die Erde auskühlt.

Die ersten Versuche, Erdwärme für die Stromerzeugung auszunutzen, fanden 1904 in Larderello in der Toskana statt, wo das erste geothermische Kraftwerk der Welt gebaut wurde. Dort entweicht aus Erdspalten 140–260° heißer Wasserdampf. Er könnte direkt eine Dampfturbine antreiben, enthält aber Chemikalien, die der → Turbine schaden würden. Man wählte deshalb den Umweg über einen Wärmeaustauscher, in dem der Dampf aus der Erde reines Wasser erhitzt und auf diese Weise sauberen Dampf für den Turbinenantrieb erzeugt. Ähnliche Anlagen nutzen (zum Beispiel auf Island) die Energie von heißem Wasser, das oft anstelle von Dampf aus der Erde strömt.

Wo aus vulkanischem Boden weder Dampf noch Wasser austreten, kann man Bohrlöcher anbringen, um die Wärme des heißen Gesteins zu nutzen. Dabei pumpt man Wasser mit hohem Druck in das Bohrloch, um das Gestein am Boden des Lochs zu sprengen und eine große Gesteinszone zu schaffen, die von Rissen durchsetzt ist. In diese rissige Zone pumpt man dann Wasser, das sich dort erhitzt, bis es siedet und als Dampf durch ein zweites Bohrloch zur Oberfläche strömt.

Die ersten Versuchsbohrungen für solche Anlagen wurden 1974 in den USA durchgeführt. Dieses Forschungsprogramm ist bisher erfolgreich verlaufen. Energie aus heißem Gestein ist eine große Hoffnung der Wissenschaftler. Heiße Gesteinszonen gibt es in unterschiedlicher Tiefe auf der ganzen Welt. Versuche, sie zur Wärmegewinnung auszunutzen, werden auch in der Bundesrepublik Deutschland unternommen.

Bei dem schwäbischen Ort Urach südlich von Stuttgart ist man sowohl auf heißes Tiefengestein als auch auf Muschelkalk- und Juragesteinsschichten gestoßen, die heißes Wasser führen. Die wasserarmen oder wasserfreien Gesteine liegen dabei wesentlich tiefer (1600–3300 m), und obwohl sich auch in Urach die Technik, ihre Wärmeenergie an die Oberfläche zu befördern, grundsätzlich als richtig erwiesen hat, ist die praktische Ausbeute bisher gering.

Anders sieht es bei den Heißwasserquellen aus, die man angebohrt hat: Der sogenannte Malm erstreckt sich von der Schwäbischen Alb bis ins Bodenseegebiet und führt reichlich Wasser, das im Raum Pfullendorf-Saulgau in einer Tiefe von 600–650 m 42° warm ist. Nach wissenschaftlichen Untersuchungen lohnt sich hier eine langfristige Energieplanung mit Erdwärme.

In Saulgau ist beispielsweise vorgesehen, die Erdwärme in ein Heizwerk mit einer Leistung von 18 MW zu leiten. Von den drei Blöcken dieses Werkes soll der erste das Krankenhaus, eine Sprachschule und ein Thermalbad heizen. Später wird das Werk in einem Umkreis von 3 km die Heizungen speisen können.

Ein Hauptproblem bei Erdwärmekraftwerken sind die Gase und Chemikalien, die aus dem heißen Gestein mit nach oben gelangen. Heißes Wasser oder Wasserdampf mit Temperaturen weit über 100° lösen diese Stoffe zunächst, aber schon bei einer relativ geringen Abkühlung setzen sie sich ab und verstopfen die Leitungsrohrsysteme – oder greifen sie an. So müssen Schutzmaßnahmen durch Wärmeaustauscher und Umwandlertechniken angewendet werden, die viel von der gerade gewonnenen Energie wieder verschlingen.

Eßbesteck

Kam erst im 17. Jh. auf den Tisch

Der Mensch der Frühzeit benutzte mancherorts eine Muschel als Löffel. In Ägypten gab es schon in der Steinzeit Löffel aus Holz, Stein oder Elfenbein. Griechen und Römer fertigten sie – oft schön verziert – aus Knochen, Horn, Holz und Metall. Vor dem 17. Jh. wurden sie fast ausschließlich zum Rühren und Schöpfen verwendet.

Schon die Griechen, Römer und Germanen holten auch mit Gabeln Fleisch aus den Töpfen und gebrauchten dieses Gerät zum Anrichten und Vorlegen. Etwa seit 1000 n. Chr. wurde die Gabel, vor allem in Adelskreisen, auch zum Essen selbst benutzt. Beim europäischen Bürgertum setzte sie sich erst im 16. Jh. durch. Ursprünglich hatte die Gabel nur zwei Zinken. Die dritte und vierte Zinke kamen erst im 19. Jh. hinzu.

Das Messer ist wahrscheinlich das älteste von Menschen angefertigte Werkzeug. Seine Vorformen – scharfe Muscheln oder flachgeschliffene Feuersteine – reichen bis in die Eiszeit (25 000 Jahre v. Chr.) zurück. Damals schon diente es sowohl als Arbeitsgerät wie auch als Waffe. In der Bronze- und in der Eisenzeit wurden Messer aus Metall angefertigt und erhielten ein Heft aus Holz oder Horn. Die ersten Messer aus Stahl stammen aus der Römerzeit. Um 37 v. Chr. erwähnte der Gelehrte Varro erstmals das Tischmesser. Im 14. Jh. ist es in ganz Europa bekannt.

Im 17. Jh. begann man mit Löffel, Messer und Gabel zu essen. Doch auch heute noch essen weitaus mehr Menschen mit den Fingern oder mit Stäbchen als mit Eßbesteck.

F

Fahrrad

Das erste erfolgreiche Fahrrad wurde 1861 in Frankreich gebaut

Im Jahr 1817 erfand Karl Friedrich Drais Freiherr von Sauerbronn eine Art Laufmaschine mit zwei Rädern. 1839 baute der schottische Schmied Kirkpatrick Macmillan das erste Zweirad, das vorwärtsbewegt wurde, ohne daß der Fahrer mit seinen Füßen den Boden berührte. Es besaß Fußtritte, die an langen Pedalstäben angebracht waren und über Schubstangen und →Kurbeln das Hinterrad antrieben. Diese Räder konnten sich aber nicht durchsetzen.

1861 konstruierte der französische Wagenbauer Ernest Michaux in Paris ein Fahrrad, bei dem die Tretkurbeln direkt am Vorderrad angebracht waren. Daraus wurde ein Hochrad, als man das vordere →Rad wesentlich größer gestaltete als das hintere, um das Fahrzeug schneller zu machen.

Harry J. Lawson ließ sich 1876 sein Sicherheitszweirad patentieren, das ebenfalls ein angetriebenes Hinterrad besaß. Ein verbessertes Modell von 1879 hatte bereits Pedale zwischen den Rädern und einen Kettenantrieb mit Übersetzung.

Das Rover-Sicherheitsrad, das 1885 in Coventry von John Kemp Starley gebaut wurde, vereinigte dann die wichtigsten Bauteile eines modernen Fahrrads: Räder von gleicher Größe, Kettenantrieb mit Übersetzung, direkte Lenkung mit schräggestellter Gabel und einen trapezförmigen Rahmen.

Die Luftbereifung – 1888 von dem Tierarzt John Boyd Dunlop aus Belfast erfunden (→Reifen) – setzte sich sofort durch.

Im Januar 1900 erfand der Deutsche E. Sachs die Torpedofreilaufnabe, und 1902 führte die britische Fahrradfirma Sturmey-Archer die Gangschaltung mit einem Ganggetriebe in der Hinterradnabe ein.

DAS FAHRRAD WANDELT SICH

Fahrmaschine von Drais *Das Urfahrrad des Freiherrn Drais hatte noch keine Tretkurbeln. Vielmehr stieß der Fahrer, der auf einem Sattel saß, sich mit den Beinen vom Boden ab; es handelte sich also eher um eine Laufmaschine. Dafür besaß das Fahrzeug – und das war das Besondere und Neue an ihm – einen Lenker, der an einer langen Stange befestigt war. Die Arme des Fahrers ruhten auf einer gebogenen Stütze. Hinter dem Sattel befand sich ein Gepäckhalter für ein Felleisen. Das hier gezeigte Modell stammt aus der Zeit um 1817.*

Veloziped von Macmillan *Das erste Zweirad mit Tretantrieb wurde Ende der 30er Jahren des 19. Jh. von Kirkpatrick Macmillan, einem Schmied in Courthill, Dumfriesshire, hergestellt. Er hatte es für sich selbst gebaut und fuhr damit jahrelang durch die Gegend. Und er war entsetzt, als andere Erfinder eigene Modelle bauten.*

Hochrad *Im Jahr 1870 baute James Starley in Coventry das erste Hochrad mit Drahtspeichenrädern. Es war schwer zu besteigen, und man fiel auch leicht herunter. Wegen seiner Eleganz und Höhe – das Vorderrad hatte einen Durchmesser von 1,5 m – erregte das Hochrad aber Aufsehen. Der Fahrer erinnerte an einen Reiter, und die Zeitschrift* Scientific American *beschrieb das Hochrad 1878 als ein „stets gesatteltes Pferd, das nichts frißt und keine Pflege braucht". Im selben Jahr bemerkte die Londoner* Times: *„Bisher war die Menschheit in zwei Gruppen aufgeteilt, die Reiter und die Fußgänger. Nun ist eine dritte Klasse hinzugekommen."*

Das Vector-Rennrad *Anfang der 80er Jahre wurde in England und Amerika das Vector-Rennrad gebaut und gefahren. Es entstand in den USA unter Verwendung japanischer Teile. Bisher ist es vor allem bei Rennen zum Einsatz gekommen. Der Fahrer liegt auf dem Rücken und kann Geschwindigkeiten von mehr als 100 km/h erreichen. Es sind auch schon Modelle für einen oder zwei Fahrer als Straßenverkehrsmittel vorgeführt worden.*

Fallschirm

Erster Fallschirmabsprung 1783 in Frankreich

Schon bei der Thronbesteigung des chinesischen Kaisers Fo-Kien im Jahr 1306 sollen Akrobaten mit Fallschirmen von Türmen gesprungen sein, und Leonardo da Vinci entwarf bereits 1495 einen Fallschirm. Den ersten hinreichend bezeugten Fallschirmabsprung wagte jedoch der Franzose Louis Lenormand 1783 von einem hohen Turm in Montpellier. Der ehemalige französische Armeeballonfahrer André Jacques Garnerin sprang 1797 in Paris vor Publikum zum erstenmal mit einem Fallschirm von einem →Ballon ab. Seine frühen Fallschirme hatten die Form eines →Regenschirms mit einem Durchmesser von rund 10 m und waren durch Rippen versteift.

Der moderne, zusammenlegbare Fallschirm wurde um 1880 in Amerika erfunden. Bei Demonstrationssprüngen im Jahr 1908 verwendete man dort zum erstenmal eine Reißleine, um den Schirm zu öffnen. Heute werden auch →Raumschiffe und manche →Flugzeuge bei der Landung von Fallschirmen gebremst.

Früher Fallschirmspringer *Im Oktober 1797 führte André Jacques Garnerin dem Publikum den ersten Fallschirmabsprung aus einem Ballon vor. Er sprang aus einer Höhe von etwa 1000 m.*

Farben und Farbmittel

In Ägypten schon um 3000 v. Chr. verwendet

Schon in grauer Vorzeit benutzte man Ruß, Kreide, farbige Erden und Metalloxide aus natürlichen Vorkommen für Höhlenzeichnungen und Körperbemalung.

Das aus der Indigopflanze gewonnene blaue Indigo war der erste lösliche Farbstoff, den der Mensch verwendete. Er färbte damit bereits vor 5000 Jahren Kleidungsstücke. Einen roten Farbstoff liefern die Wurzeln der Krappflanze; ein anderer blauer Farbstoff (deutsches Indigo) wird aus den Blättern des Färberwaids hergestellt. Im Jahr 1000 v. Chr. war der phönikische Hafen Tyrus schon für seinen Purpurfarbstoff bekannt, der mühselig aus den Drüsen der Purpurschnecke gewonnen wurde. Rot färben auch die getrockneten Körper der Koschenillelaus, die in Mittelamerika vorkommt, sowie die trächtigen Weibchen der Kermes, einer Schildlaus aus dem Mittelmeerraum.

Bis in die Zeit nach 1850 schritt die Färbetechnik nur wenig voran. Dann wurden Chromsalze als Beizmittel eingeführt, und man erhielt Farbstoffe, die nicht so leicht verblaßten oder ausgewaschen wurden. Der große Durchbruch kam 1856, als der 18jährige Chemiestudent William Henry Perkin das purpurfarbene Mauvein als ersten künstlichen Anilinfarbstoff gewann, der sich zum Färben von Seide eignete. Danach kamen viele neue künstliche Farbstoffe hinzu. Inzwischen sind es rund 7000.

Faß

Weinfässer wurden im 1. Jh. n. Chr. verwendet

Der römische Geschichtsschreiber Plinius d. Ä. berichtet aus dem 1. Jh. n. Chr., wie die Weinbauern in den Alpen ihren Wein in hölzerne Gefäße oder Fässer abfüllten. Größere Weinfässer, sogenannte Tonnen, wurden in Deutschland seit dem Mittelalter von den Böttchern hergestellt. Eines der größten war das Faß von Königstein, das fast dreieinhalb Millionen Liter gefaßt haben soll. Wein und Bier werden noch heute weitgehend in Fässern gelagert und transportiert.

Federung

Die Metallfeder wurde im 16. Jh. entwickelt

Schon der Wagen des ägyptischen Pharaos Tutanchamun war gefedert. Das Gefährt aus der Zeit um 1350 v. Chr. hatte einen aus Lederriemen geflochtenen Boden, der die Stöße der holperigen Fahrt etwas milderte.

Die früheste Form der Metallfeder war die Blattfeder, die Ende des 16. Jh. für Straßenfahrzeuge erfunden wurde. Sie setzt sich aus verschieden langen, leicht gebogenen Stahlblättern von gleicher Breite zusammen. So entstand ein biegsamer Bogen, dessen dickster Teil auf der Radachse sitzt, während das Fahrgestell auf den Enden ruht. Blattfedern werden heute noch für Schienen- und Kraftfahrzeuge in aller Welt verwendet.

Im 19. Jh. experimentierte man mit Gummifederungen. Der Engländer H. C. Lacy in Manchester erhielt 1826 ein Patent für Gummiwürfel, welche die Stahlfedern der →Kutschen ersetzen sollten, und seit 1845 fertigte man gelegentlich auch die Stoßdämpfer von Eisenbahnwagen aus Gummi. Auch manche →Autos hatten eine Gummifederung.

Spiralfedern gibt es erst seit der Mitte des 18. Jh. Heute sind sie wahrscheinlich die gebräuchlichsten Federn, vor allem für Polstermöbel und Betten.

Um 1950 entwickelte die französische Autofirma Citroën eine hydropneumatische Federung, bei der Flüssigkeit und Stickstoffgas in einem Druckgefäß als Stoßdämpfer wirken.

Fernsehen

siehe Seite 98

Feuer – Vorrichtungen zum Anzünden

Der Mensch hat erstmals um 10000 v. Chr. bewußt Feuer erzeugt

Wann der Mensch das Feuer zu beherrschen lernte, weiß man nicht genau. Zwischen dem Turkana- und dem Viktoriasee hat man etwa 1400000 Jahre alte Feuerstellen gefunden. Sie waren von Tierknochen und Steinwerkzeugen umgeben, die zeigen, daß sie nicht zufällig entstanden sind.

Etwa um 12000 v. Chr. schlug der Steinzeitmensch bestimmte Mineralien – unter anderem den eisenhaltigen Pyrit – gegen Feuerstein, um dadurch Funken zu erzeugen. Wenn sie auf trockenes Gras oder Laub fielen, konnte dies Feuer fangen.

Etwa 4000 Jahre später erzeugte der Steinzeitmensch Feuer, indem er einen Stab in der Vertiefung eines anderen Holzstücks quirlte. Bei diesem Vorgang wurde Holzmehl abgerieben, durch die Reibung erhitzt und schließlich entzündet. Mit Hilfe eines Bogens konnte der Feuerquirl verbessert werden: Die Sehne des Bogens wurde um den Quirlstab gewickelt und der Bogen dann schnell hin und her bewegt.

Im Mittelalter war die Zunderbüchse zum Feuermachen weit verbreitet. Der Zunder bestand aus Stoffresten oder Holzmehl. Durch Erhitzen wurde er stark getrocknet, so daß er gleich Feuer fing, wenn die Funken von einem Feuerstein darauffielen.

Um 1779 erfand der Italiener L. Peyla Wachskerzen, die in einer Glasröhre steckten und an einem Ende mit einer Mischung aus Phosphor, Schwefel und Öl getränkt waren. Sie entzündeten sich, sobald man das Röhrchen zerbrach.

1805 bestrich der Franzose J. Chr. L. Chancel Hölzchen mit Kaliumchlorat, Schwefel und Zucker. Tauchte man sie in ein Fläschchen mit Schwefelsäure, so flammten sie auf.

Im Jahr 1827 stellte der englische Chemiker John Walker Zündhölzer aus Holzspänen her, die er in ein Gemisch aus Antimontrisulfid, Kaliumchlorat und Gummiarabikum tauchte. Wenn man sie auf Sandpapier rieb, entzündeten sie sich durch die Reibungswärme.

Der Deutsche J. W. Döbereiner erfand 1823 ein Feuerzeug, bei dem aus Schwefelsäure und Zink das brennbare Wasserstoffgas gebildet wurde. Es entzündete sich an fein verteiltem Platin (Platinschwamm).

1832 stellten S. Römer in Wien und J. F. Kammerer in Württemberg Zündhölzer mit Köpfchen aus Kaliumchlorat und weißem Phosphor her. Die Dämpfe dieses Stoffes waren giftig und verursachten bei einigen Arbeitern der Zündholzfabrik Gesundheitsschäden. Etwa 20 Jahre später führte der Schwede John Lundström die Sicherheitsstreichhölzer ein, die sich nur an einer besonderen Reibfläche entzündeten.

Die modernen Sicherheitsstreichhölzer besitzen einen Kopf aus Antimonsulfid und Kaliumchlorat, während die Reibfläche seit der Mitte des 19. Jh. den viel weniger giftigen roten Phosphor enthält. Nach 1890 wurde in Frankreich für die Köpfchen Phosphorsesquisulfid eingeführt, das noch heute für manche Streichhölzer verwendet wird.

Künstliche Feuersteine stellte im Jahr 1904 der Österreicher Carl Auer von Welsbach aus Cereisen her. Von 1909 an produzierte er Benzinfeuerzeuge, bei denen der Feuerstein mit einem geriffelten Eisenrädchen angerieben wurde. Zigarettenfeuerzeuge mit Flüssiggasfüllung kamen 1945 auf.

Die modernsten Feuerzeuge funktionieren nach dem piezoelektrischen Effekt, der 1880 von den französischen Physikern Pierre und Paul Jacques Curie entdeckt wurde: Wenn man auf einen Quarzkristall einen Zug oder Druck ausübt, lädt er sich elektrisch auf, oder er entlädt sich. Der entstehende Funke reicht aus, um Butangas zu entflammen.

Feuerlöscher

Den ersten Handfeuerlöscher gab es 1816 in England

Den ersten richtigen Handfeuerlöscher erfand 1816 der Engländer George Manby. Das Gerät verspritzte etwa 14 l Wasser aus einem Behälter, der zu drei Vierteln mit Wasser gefüllt war und überdies Druckluft enthielt.

Einen wirkungsvolleren Handfeuerlöscher baute gut 50 Jahre später der französische Arzt François Carlier. Er mischte Natriumbikarbonat mit Wasser und befestigte im Innern des Feuerlöschers nahe der Öffnung eine Glasflasche mit Schwefelsäure. Am Brandherd wurde die Flasche durch einen Schlagbolzen zerschlagen, so daß die Chemikalien sich vereinigen konnten. Auf diese Weise entstand Kohlendioxid, welches das Wasser aus dem Behälter herauspreßte.

Im Jahr 1909 ließ sich der New Yorker Edward Maurice Davidson einen Feuerlöscher patentieren, bei dem durch komprimiertes Kohlendioxid Tetrachlorkohlenstoff herausgepreßt wurde. Dieser Stoff verdampfte an der Luft sofort und bildete ein schweres, nicht brennbares Gas, mit dem die Flammen erstickt wurden.

Vier Jahre zuvor hatte Professor Alexander Laurent in St. Petersburg (heute Leningrad) den Schaumlöscher erfunden. Er vermischte eine Lösung aus Aluminiumsulfat und Natriumbikarbonat mit einem Stabilisator. Beim Ausströmen bildeten sich kohlendioxidhaltige Schaumblasen, die auf brennendem Öl, auf Farben oder Benzin schwammen und den Zutritt des Sauerstoffs in der Luft verhinderten.

Die Sprinkleranlagen, die man heute in Kaufhäusern, großen Büros, Hotels und Fabriken einbaut, sind schon 1806 von dem englischen Rechtsanwalt John Carey vorgeschlagen worden. In der Zeit von 1864 bis 1881 nahmen sie Gestalt an. Einige dieser Anlagen besitzen einen Sprühkopf mit einem Metallbolzen, der bei einem ungewöhnlichen Temperaturanstieg schmilzt und das Wasser freigibt.

Feuerspritze

Die erste Feuerspritze wurde von Ktesibios im 3. Jh. v. Chr. konstruiert

Im antiken Rom gab es schon eine organisierte Feuerwehr, zu deren Ausrüstung wie Eimer, Äxte usw. auch eine von Ktesibios (3. Jh. v. Chr.) konstruierte Feuerspritze gehörte, die nach dem Prinzip der Druckpumpe funktionierte. Auch für Heron von Alexandria ist die Konstruktion einer ähnlichen Löschpumpe belegt.

Wie viele Erfindungen der Antike mußte auch die Feuerspritze neu erfunden werden. Dies gelang 1655 einem Nürnberger Zirkelschmied, bei dessen Konstruktion etwa 16–20 Mann mit einer Hebelstange das Wasser durch ein langes Holzrohr pumpten.

Jan van der Heiden, der Brandmeister der Amsterdamer Feuerwehr, verwendete 1673 als erster Lederschläuche für die Brandbekämpfung. In den Jahren 1721 und 1725 erhielt der Engländer Richard Newsham verschiedene Patente, die zu einer wesentlich wirksameren fahrbaren Feuerspritze führten. Sie lieferte einen beständigen Wasserstrahl, und mehrere Feuerwehrleute konnten die →Pumpe gleichzeitig mit Hand- und Tretkurbeln bedienen.

Die erste dampfbetriebene Feuerspritze wurde 1829 von dem Londoner Maschinenbauer John Braithwaite gebaut. Sie besaß eine Dampfpumpe mit zwei Zylindern, die 7,5 kW leistete und pro Minute 650 l förderte. Die Spritze wurde von einem Pferd gezogen.

Die erste Dampfspritze in den Vereinigten Staaten, konstruiert von Paul R. Hodge, konnte auch mit Dampf fahren. Um 1910 wurden dann die schnellen, schweren motorisierten Löschfahrzeuge eingeführt.

Film

siehe Seite 104

Fernsehen

Erstes gefilmtes Programm 1935 aus Berlin

Der Mord an Kennedy *Am 22. November 1963 wurde der amerikanische Präsident John F. Kennedy während einer Fahrt durch Dallas, Texas, ermordet. Das Geschehnis wurde später im ganzen Land im Fernsehen gezeigt. Die Zuschauer sahen auch, wie die Frau des Präsidenten zu helfen versuchte.*

Wenige Erfindungen sind gleichzeitig so gering geachtet und mit so großen Erwartungen empfangen worden wie das Fernsehen. Und kaum eine andere hat soviel dazu beigetragen, die Welt überschaubar zu machen. Neben dem Buchdruck ist das Fernsehen eine der bedeutendsten Erfindungen im Bereich der Massenkommunikation. Innerhalb weniger Jahre hat es zahlreiche Haushalte in den Industriestaaten und einen kleinen Teil der Haushalte in den Entwicklungsländern erreicht.

Das Fernsehen ermöglicht Millionen von Menschen in der ganzen Welt, das Endspiel einer Fußballweltmeisterschaft oder olympische Wettkämpfe zu sehen. Es bringt ihnen Kriegsschauplätze und Präsidentenwahlen ins Haus. Es macht die Bürger anderer Länder mit John Galsworthys *Forsyte Saga* oder Thomas Manns *Buddenbrooks* bekannt. Durch das Fernsehen ist die Welt gewissermaßen ein großes Dorf geworden.

Mit Hilfe von Bildungsprogrammen im Fernsehen lernen Menschen in indischen Dörfern lesen, während andere Programme in Großbritannien Hochschulabschlüsse ermöglichen. Familien, die →Videotext empfangen, werden in Zukunft wahrscheinlich nur noch auf den Bildschirm zu sehen brauchen, um ihre Einkäufe zu tätigen.

Von den ersten Überlegungen, daß Fernsehen möglich sei, bis zu den ersten flimmernden Bildern in Amerika, Deutschland und Großbritannien vergingen mehr als 50 Jahre. Die ersten Gedanken an Bildübertragungen stellten sich ein, als Alexander Graham Bell und andere an der Entwicklung des →Telefons arbeiteten. Denn wenn es möglich war, über größere Entfernungen hinweg mit Menschen zu sprechen, mußte sich doch auch ein Apparat konstruieren lassen, der es den Gesprächspartnern erlaubte, einander dabei zu sehen.

Nach zahlreichen, allerdings noch unvollkommenen Versuchen in Deutschland, Rußland und England rückte der Schotte John Logie Baird 1925/26 das Fernsehen ins Licht des öffentlichen Interesses. Er hatte zwar einen falschen Weg zur Lösung des Problems eingeschlagen; aber seine Begeisterung ermutigte andere, sich mit diesem neuen Gegenstand zu beschäftigen. Die technische Entwicklung des Fernsehens war schließlich zum Teil das Werk der amerikanischen Elektroindustrie, aber ein großer Teil der Pionierarbeit fand in den Arbeitsräumen von Baird in London und Manfred von Ardenne in Berlin statt.

In den folgenden Jahren beschränkte sich das Fernsehen nicht auf Studio- oder Außenübertragungen. Es wurde auch intern eingesetzt, als kabelgebundenes Fernsehen, bei dem die Kamera direkt mit Bildschirmen verbunden ist. In den Jahrzehnten nach den anfänglichen Erfolgen wurden kleine elektronische Kameras in vielen Städten ein vertrauter Anblick: Sie beobachten Straßenkreuzungen, so daß die →Verkehrsampeln entsprechend dem Verkehrsaufkommen geschaltet und Staus verhindert werden können. In Supermärkten und Kaufhäusern helfen Kameras dem Aufsichtspersonal, Ladendiebe zu erkennen, und Hausbesitzer können über eine interne Fernsehanlage beobachten, wer das Haus betreten will.

Doch damit ist die technische Bedeutung des Fernsehens nicht erschöpft. Fernsehkameras werden an unterirdischen Rohren entlanggeführt, wenn man Bruchstellen oder Verstopfungen ausfindig machen will. Sie helfen, den Zustand von Bohrtürmen auf dem Meeresgrund zu überprüfen, und werden bei der Suche nach gesunkenen →Schiffen eingesetzt. Das Innere eines Kernreaktors, das für Menschen wegen der tödlichen Strahlung unzugänglich ist, wird durch Fernsehkameras überwacht. Die erste Überwachung dieser Art wurde in Deutschland bei den Probestarts von V2-Raketen während des Zweiten Weltkriegs vorgenommen.

Kameras werden auch in die Spitze von Ferngeschossen eingebaut. Sie senden Bilder an eine Leitstelle, von wo aus ihr Flug auf einem Bildschirm verfolgt und korrigiert werden kann. Raumfahrzeuge sendeten Fernsehbilder vom Mond, lange bevor Neil Armstrong 1969 den Erdtrabanten betrat. Selbst Bilder von so entfernten Planeten wie Mars, Jupiter und Saturn wurden vom Fernsehen auf die Erde gebracht.

Noch nicht eingeführt wurden bislang Fernsehtelefone, obwohl bereits 1936 eine derartige Verbindung zwischen Berlin und Leipzig bestand. Die Schwierigkeiten sind nicht technischer, sondern finanzieller Natur, weil die bestehenden Telefonkabel sich nicht für Bildübertragungen eignen. Doch mit der Entwicklung des Kabelfernsehens, an der zur Zeit gearbeitet wird, dürfte auch das Fernsehtelefon möglich werden.

Die Organisation des Fernsehens in Amerika und Europa folgte weitgehend dem Beispiel des Rundfunks. In den USA gibt es viele örtliche Sender, von denen die meisten an die überregionalen Programme angeschlossen sind. Fast alle finanzieren sich durch Werbung, und selbst nichtkommerzielle Fernsehanstalten senden Programme, die mit Hilfe von Sponsoren hergestellt wurden. In Europa und vielen anderen Ländern der Welt ist das Fernsehen zumeist staatlich organisiert; in der Bundesrepublik Deutschland sind Funk und Fernsehen Anstalten des öffentlichen Rechts und werden zum größeren Teil über die Gebühren finanziert.

Die Auswirkung des Fernsehens, besonders auf Kinder, ist zu einem umstrittenen Thema geworden. Manche Kinder sitzen offenbar bis zu 40 Stunden in der Woche vor dem Fernseher – das ist mehr

Zeit, als sie mit ihren Eltern oder in der Schule verbringen. Sorge bereitet auch das Ausmaß an Gewalttätigkeit, mit dem Kinder und Jugendliche durch das Fernsehen konfrontiert werden, aber eindeutige Beweise für konkrete Auswirkungen solcher Sendungen gibt es nicht.

In den reichen Ländern wird es wahrscheinlich bald noch mehr Fernsehen geben. In einigen Städten liefert das Kabelfernsehen den Bürgern bereits eine große Auswahl an Programmen, die ihnen die lokalen Sender nicht bieten; dazu gehören →Filme, Sportereignisse und Shows, die von unabhängigen Gruppen in Gemeinschaftsstudios produziert werden. In Zukunft werden die Fernsehteilnehmer ausländische Programme direkt von →Satelliten übernehmen können und von den Landessendern völlig unabhängig werden. Eine gewisse Unabhängigkeit ermöglicht heute schon der Videorecorder: Beliebte Sendungen können auf →Videobändern gespeichert und nach Belieben angesehen werden. Neue Techniken wie der →Videotext werden die Bedeutung des Fernsehens wahrscheinlich noch vergrößern, weil sie den Fernseher zu Hause und im Büro zum Kommunikationsmittelpunkt machen.

1981 wurde die Berliner Funkausstellung mit einer weiteren, in der Bundesrepublik Deutschland entwickelten Neuerung eröffnet: dem Stereotonfernsehen.

Auf dem Mond *Die ganze Welt konnte im Juli 1969 im Fernsehen den US-Astronauten Edwin E. Aldrin bei seinem Spaziergang auf dem Mond beobachten.*

Die Erfindung des Fernsehens hat die Welt des 20. Jh. verändert

1843: Bildübertragung durch Elektrizität
Der Schotte Alexander Bain entdeckte schon 1843 das Prinzip, elektrisch zu übertragende Bilder punkt- und zeilenweise abzutasten, ohne es jedoch technisch verwirklichen zu können.

1880 fand der amerikanische Wissenschaftler G. R. Carey eine Möglichkeit, an der Rückwand einer Kamera ein Bild aufzufangen und es über eine größere Entfernung hinweg zu zeigen. Er dachte daran, Dutzende winziger, mosaikartig angeordneter Selenzellen zu verwenden. Jede dieser Zellen würde auf die jeweilige Lichtintensität reagieren und entsprechend größere oder kleinere Stromstöße durch einen Draht zu einer Lampe leiten, die dann im gleichen Verhältnis heller und dunkler leuchtete.

Carey stellte sich einen Bildschirm vor, der aus ebenso vielen Lampen wie Selenzellen (photoelektrische Zellen) bestand. Für ein erkennbares Bild hätte er jedoch Tausende von Zellen, Lampen und Drähten benötigt. Seine Methode war nicht durchführbar.

1884: Paul Nipkows Scheibe
Der deutsche Ingenieur Paul Nipkow erfand 1884 einen bemerkenswert einfachen Mechanismus zur Übertragung eines Bildes: die sogenannte Nipkowscheibe, die auch Bildzerleger oder -abtaster genannt wird. Es handelt sich um eine Scheibe mit spiralig angeordneten Löchern. Wenn sich die Scheibe zwischen Bild und Lichtzelle drehte, zerlegte sie das Bild in aufeinanderfolgende Punkte. Diese wurden von der Lichtzelle in unterschiedlich starke Stromstöße umgesetzt und brachten eine Lampe zum Aufleuchten, wobei die Helligkeitsunterschiede rasch wechselten. Eine zweite Lochscheibe zwischen der Lampe und einem Bildschirm, die sich mit gleicher Geschwindigkeit drehte, übertrug das Licht immer nur auf einen Punkt des Empfängerschirms; dieser Punkt war mit dem des Originalbildes identisch. Eine Umdrehung beider Scheiben entsprach demnach der vollständigen Zerlegung eines Bildes in Punkte und der Rückverwandlung dieser Punkte in ein neues, mit dem ursprünglichen identisches Bild. Da die Drehgeschwindigkeit der Scheiben sehr groß war, erfaßte das menschliche Auge nicht die einzelnen Punkte, sondern nur das vollständige Bild.

1897: Erfindung der Kathodenstrahlröhre
Der deutsche Physiker und Nobelpreisträger Karl Ferdinand Braun erfand 1897 die Kathodenstrahlröhre, die zur Grundlage der modernen Fernsehkameras und Fernsehempfänger wurde und heute noch als Bildröhre verwendet wird. Braun stellte fest, daß fluoreszierende Farbe aufleuchtet, wenn Elektronen darauf prallen. So konstruierte er eine Elektronenröhre, die an einem Ende einen Schirm hatte, der mit Leuchtfarbe beschichtet war. Braun bündelte nun den Elektronenstrahl durch Elektromagneten und elektrisch geladene Platten, die er außerhalb der Röhre anbrachte, so daß auf dem fluoreszierenden Schirm der Röhre ein heller Lichtfleck entstand. Wenn Braun die Spannung der Elektromagneten und Platten veränderte, wurde der Elektronenstrahl abgelenkt, und der Lichtfleck wanderte über den Leuchtschirm. Für diesen Vorgang war eine Spannung von 30000 bis 100000 V nötig. 1903 verbesserte Arthur Wehnelt die Braunsche Röhre durch die Erfindung der Glühkathode, welche die nötige Spannung auf 1500 V herabsetzte.

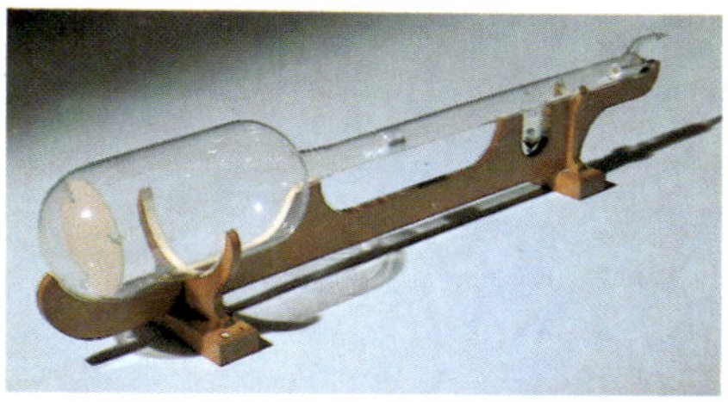

Fernsehröhre *Die Kathodenstrahlröhre, von Karl Ferdinand Braun 1897 entwickelt, war die Grundlage für Fernsehaufnahmen wie für den Empfang.*

1906: Nipkowscheibe in Rußland benutzt
Der russische Physikprofessor Boris Rosing erkannte 1906, daß man mit der Kathodenstrahlröhre Bilder übertragen kann. Mit der Nipkowscheibe wandelte er das Bild in elektrische Impulse um, doch setzte er anstelle der zweiten Lochscheibe eine Braunsche Röhre ein, deren Elektronenstrahl er im Bruchteil einer Sekunde in parallellaufenden Zeilen über einen Bildschirm führte. Gesteuert wurde dieser Elektronenstrahl durch die elektrischen Impulse der Nipkowscheibe.

Im selben Jahr verwendeten Max Dieckmann und Gerhard Glage in Deutschland eine Braunsche Röhre zur Wiedergabe von 20-Zeilen-Bildern. Es waren dies wahrscheinlich die ersten funktionierenden Fernsehsysteme der Welt.

1923: Erster elektronischer Bildabtaster
Zwischen 1923 und 1931 entwickelte der aus Rußland stammende Vladimir Zworykin den ersten elektronischen Bildabtaster, die sogenannte Ikonoskopröhre, für die elektronische Aufnahme von Bildern. Bis Ende 1923 hatte er dann auch eine Bildröhre entwickelt, die der Wiedergabe diente. Seine Ausrüstung war beschränkt, und er konnte nur ein einfaches Kreuz übertragen. Doch vervollkommnete er das Ikonoskop, so daß es 1931 voll funktionstüchtig war.

In Deutschland arbeitete der aus Ungarn stammende Dénes von Mihály an der Entwicklung des Fernsehens. Bereits 1919 gelang es ihm, mit einem selbstkonstruierten Bildfeldzerleger einfache Schattenbilder und Buchstaben über mehrere Kilometer hinweg zu übertragen. Ähnliches gelang Max Dieckmann 1925 mit Hilfe einer Braunschen Röhre.

1925: Erste öffentliche Fernsehvorführungen

Im Jahr 1925 fanden gleich in drei Ländern öffentliche Fernsehvorführungen statt: in Deutschland durch August Karolus, in Großbritannien durch John Logie Baird und in den USA durch Charles Jenkins. Allen diesen Versuchen war gemeinsam, daß sie sich auf die Nipkowscheibe, also einen mechanischen Bildabtaster (oder -zerleger), stützten.

Aber die Leistungen dieses mechanisch-optischen Fernsehens waren unbefriedigend; die empfangenen Bilder waren klein und unscharf und die Geräte schwierig zu bedienen.

1927 fand eine weitere Premiere statt. Über → Radio und Telefonleitungen übertrugen die amerikanischen Ingenieure Herbert Ives und Frank Gray nicht nur eine Rede des Wirtschaftsministers Herbert Hoover, sondern auch Bilder des Sprechenden von Washington nach New York. Ives und Gray verwendeten erstmals eine starke Neonlampe. Das gesendete Bild maß etwa 60 × 75 cm. Auch dieses System arbeitete aber noch nach dem mechanischen Prinzip.

1928: Die ersten Farbfernsehbilder

Schon 1902 erhielt der deutsche Physiker Otto von Bronk ein Patent für ein Farbbildverfahren. 1925 griff Vladimir Zworykin die Idee wieder auf, hatte aber mit der Durchführung keinen Erfolg.

Frühes Modell *Dieses Modell des ersten in Deutschland hergestellten Bildempfängers mit einer Braunschen Röhre (links) befindet sich im Deutschen Museum, München.*

Der erste, der farbige Fernsehbilder übertragen konnte, war 1928 der Schotte Baird. Ihm folgte ein Jahr darauf Herbert Ives. Dieser benutzte eine herkömmliche Nipkowscheibe – Baird eine mit drei Lochspiralen, wobei die Löcher jeder Spirale mit einem Farbgitter in einer der drei Grundfarben – Rot, Blau oder Grün – abgedeckt waren. Der Empfänger besaß drei entsprechende farbige Lampen, um das Bild durch eine zweite dreispiralige Nipkowscheibe hindurch wiedererstehen zu lassen. 1928 gelang Baird auch die erste Fernsehübertragung über den Atlantik.

1928: Amerika beginnt mit regelmäßigen Sendungen

Versuchssendungen begannen in den USA 1928 mit einem Sender, den die Firma General Electric in Schenectady im Staat New York eingerichtet hatte. Der Sender, geleitet von Dr. Ernst Alexanderson, arbeitete mit mechanischer Bildabtastung.

1929 begann auch Baird bei der British Broadcasting Corporation (BBC) in London mit regelmäßigen Übertragungen. Die Bilder wurden nur in 30 Linien zerlegt, und sie schwankten und flimmerten, weil nur 12,5 Bilder pro Sekunde übertragen

DAS PRINZIP DER NIPKOWSCHEIBE

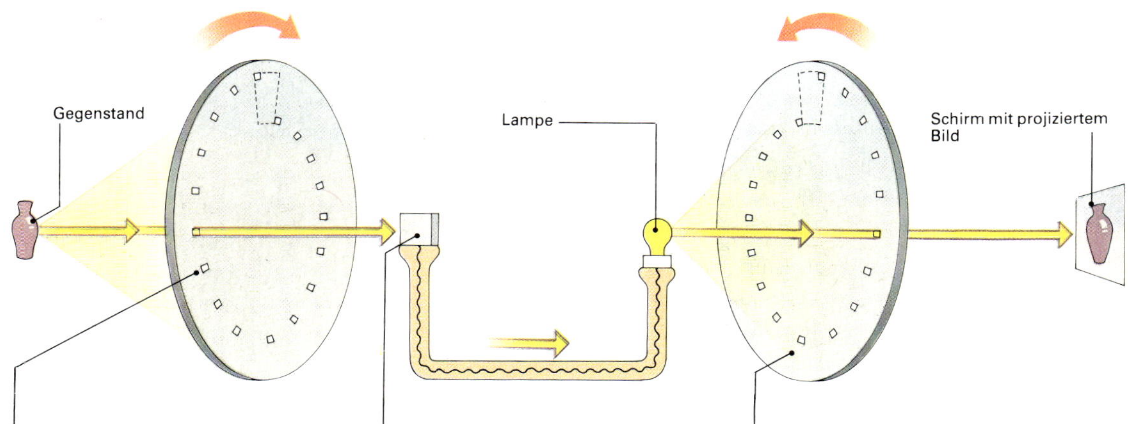

Rotierende Scheibe Die Nipkowscheibe dreht sich schnell zwischen einem Gegenstand und einer photoelektrischen Zelle. Infolge der Drehbewegung der Scheibe „sieht" die Zelle nacheinander einzelne Punkte des Gegenstands – der jedoch bei jeder vollen Umdrehung ganz erfaßt wird

Photoelektrische Zelle Der Lichtstrahl dringt durch die einzelnen Löcher und trifft auf eine photoelektrische Zelle. Diese wandelt die Lichtfolge in elektrische Signale um. Die Information über den Gegenstand – hell oder dunkel – wird von einer Lampe an eine zweite Scheibe weitergegeben

Das Bild Die zweite Lochscheibe dreht sich synchron mit der ersten. Die Lichtimpulse der Lampe gehen durch die entsprechenden Löcher hindurch und projizieren das zerlegte Bild Punkt für Punkt auf den Bildschirm. Bei einer vollständigen Umdrehung entsteht das Abbild des betreffenden Gegenstands

Diese Zeichnung ist eine vereinfachte Darstellung der Abtastmethode durch die Nipkowscheibe. Das Bildfeld wird in eine Reihe von Lichtbogen zerlegt. Die Abfolge von helleren und dunkleren Lichtpunkten in jedem Bogen wird von einer photoelektrischen Zelle erfaßt und in stärkere oder schwächere Stromstöße umgesetzt. Eine an die Zelle angeschlossene Lampe leuchtet dementsprechend unterschiedlich hell auf. Eine zweite Lochscheibe hinter der Lampe überträgt die Lichtimpulse auf einen Bildschirm.

werden konnten, also nur halb so viele wie beim Film. Da Bairds Fernsehbilder sich jedoch aus so wenigen visuellen Informationen (Einzelheiten) zusammensetzten, konnten sie von gewöhnlichen Radiosendern übertragen werden.

Die BBC stellte Baird einen solchen Sender nach dem Ende des normalen Rundfunkprogramms zur Verfügung. Als Baird 1930 einen zweiten Sender erhielt, konnte er außer Bildern auch den dazugehörigen Ton senden. Ebenfalls 1929 begann Dénes von Mihály in Berlin mit Versuchssendungen.

1931: Die erste brauchbare elektronische Kamera
Die erste brauchbare elektronische Bildaufnahmeröhre konstruierte Zworykin 1931. Das Bild wurde auf ein 10 cm^2 großes Glimmerplättchen in der Elektronenstrahlröhre projiziert. Es aktivierte ein Mosaik aus winzigen photoelektrischen Zellen, die das Plättchen bedeckten. Die Intensität des Lichtes veränderte die elektrische Spannung der photoelektrischen Zellen. Gleichzeitig tastete ein Elektronenstrahl den Glimmerschirm zeilenweise ab, wobei er jede Zelle überstrich und ihre ursprüngliche Spannung wiederherstellte. Die Spannung wurde von einer metallenen Platte an der Rückseite des Glimmerblatts verstärkt und in ein Bildsignal umgewandelt. Dieses Signal konnte einen nahe gelegenen Empfänger entweder direkt erreichen oder in verschlüsselter Form über ein Kabel oder über Funk zu einem entfernten Empfangsgerät übertragen werden.

1930 hatte Manfred von Ardenne in Berlin ebenfalls einen elektronischen Leuchtschirmabtaster konstruiert und ihn sowohl zur Aufnahme benutzt als auch zur Wiedergabe des Bildes. Noch im selben Jahr führte er das erste vollelektronische Fernsehbild vor.

1934: Beginn der Arbeiten an UKW-Sendern
Eine erste Folge des elektronischen Fernsehens war der Übergang zum Ultrakurzwellenbetrieb (UKW/VHF). In Großbritannien entwickelte Isaac Shoenberg zusammen mit einer Forschungsgruppe die elektronische *Emitron*-Kamera, die nach dem Prinzip des Ikonoskops von Zworykin funktionierte. Sie enthielt eine Reihe von Verbesserungen, die ihre Lichtempfindlichkeit erheblich steigerten. Shoenbergs Arbeitsgruppe erkannte bald die Grenzen von Bairds Fernsehsystem und begann mit der Arbeit an einem vollelektronischen Fernsehen und an UKW-Sendern.

1935: Das erste gefilmte Fernsehprogramm der Welt
In Berlin wurde 1935 der erste Fernsehbetrieb eröffnet. Man strahlte dreimal wöchentlich je zwei Stunden lang ein gefilmtes Programm aus. Das deutsche

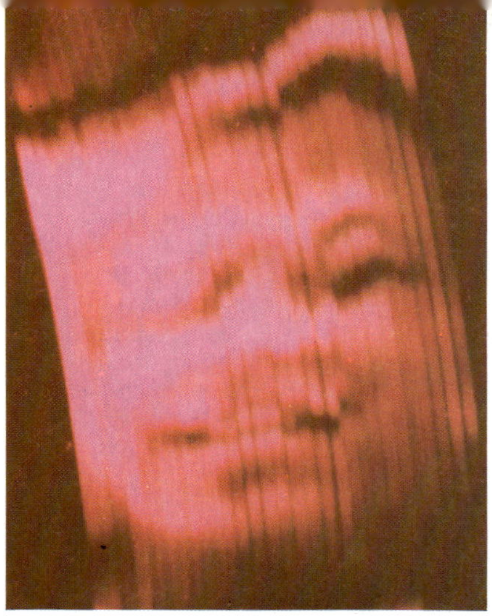

Menschliches Gesicht *Der schottische Erfinder John Logie Baird übertrug 1926 das Gesicht eines Menschen (oben) als unscharfes 30-Zeilen-Bild. Mit einer verbesserten Ausrüstung gelangen ihm später weniger verzerrte Bilder.*

Fernsehen war vollelektronisch. Das Bild hatte nur 180 Zeilen, so daß die Bildschärfe verhältnismäßig gering war. Im Jahr 1936 übertrug der Fernsehsender *Paul Nipkow* Bilder von den Olympischen Spielen in Berlin, eine für die damalige Zeit beachtliche Leistung. Der Sender strahlte auch weiterhin gefilmte Sendungen und direkt übertragene Szenen aus, bis er 1943 ausgebombt wurde.

Im November 1936 strahlte die BBC vom Alexandra Palace in London Live-Sendungen aus, die eine für jene Jahre ungewöhnliche Bildqualität hatten. Während der ersten drei Monate verwendete man zwei konkurrierende Systeme: Das vollelektronische Fernsehen der Firma Marconi-EMI wechselte wöchentlich mit Bairds mechanischem Betrieb. Nach einigen Jahren konzentrierter Arbeit hatte die Marconi-EMI-Gruppe die Zahl der Bildzeilen auf 405 gesteigert, 25 Vollbilder pro Sekunde erreicht und damit die Bildqualität verbessert.

Baird hatte seine frühen 30-Zeilen-Bilder ebenfalls verbessern können, konnte aber nicht über 240 Zeilen pro Bild hinausgehen. Seine Kamera mußte fest auf dem Boden verankert werden, weil sich die Lochscheibe mit hoher Geschwindigkeit drehte, und außerdem benötigte das Gerät literweise Kühlwasser, damit es nicht heißlief. Die Vorteile des mobilen Marconi-EMI-Systems waren unübersehbar, und Bairds mechanisches Fernsehen wurde ein für allemal fallengelassen.

1939: Erstes vollelektronisches Fernsehen in Amerika
Die Radio Corporation of America (RCA) eröffnete ihren vollelektronischen Fernsehbetrieb 1939 mit der Übertragung der Eröffnungsrede von Präsident Roosevelt bei der New Yorker Weltausstellung. Der Sender wurde von der National Broadcasting Corporation (NBC) geleitet und arbeitete mit einer Bildnorm von 441 Zeilen. Andere Fernsehfirmen hielten diese Norm für verbesserungsfähig; daher ließ die Regierung den Fernsehbetrieb einstellen, bis die Firmen sich einigten. Der Nationale Ausschuß für Fernsehen empfahl 1941 eine 525-Zeilen-Norm bei 30 Bildern pro Sekunde; sie wurde angenommen und gilt seither in den USA.

1940: Tägliche Versuchssendung in Farbe
Dr. Peter Goldmark entwickelte ein 343-Zeilen-Farbfernsehsystem für tägliche Übertragungen, das 1940 seinen Versuchsbetrieb aufnahm. Goldmarks Anlage war die erste, die seit der Vervollkommnung der elektronischen Kameras und Empfangsgeräte gebaut wurde. Sie arbeitete folgendermaßen: Vor der Bildröhre der Kamera drehte sich eine Scheibe mit drei Farbfiltern in der Reihenfolge rot, grün und blau. Dadurch erfaßte die Kamera nacheinander je ein Bild in einer der drei Grundfarben. Eine wesentlich größere Farbscheibe drehte sich vor dem Empfängerschirm. Ihre Drehbewegung wurde elektronisch so gesteuert, daß sie mit der Kamerascheibe synchron verlief.

Zwei Pioniere *Der Schotte John Logie Baird und der Deutsche Manfred von Ardenne (rechts) waren um 1930 zwei bedeutsame Pioniere des Fernsehens. Die Aufnahme zeigt sie zu Beginn der 30er Jahre vor einem Bildröhrenempfänger.*

1949: Vollelektronisches Farbfernsehen
Im Jahr 1949 entwickelte eine Forschungsgruppe der RCA in den USA die Schatten- oder Lochmaskenröhre, mit der vollelektronische Farbbilder wiedergegeben werden konnten. Damit war das Hauptproblem des Farbfernsehens gelöst: Es erschienen nun drei Bilder in den drei Grundfarben gleichzeitig auf dem Bildschirm. Das Prinzip: Auf einem Leuchtschirm hinter der Schattenmaske befinden sich Hunderttausende winziger roter, grüner und blauer Farbleuchtpunkte. Alle Punkte einer Farbe ergänzen sich zu einem einfarbigen Teilbild. Jedes dieser drei Farbbilder wird durch einen eigenen wandernden Elektronenstrahl erzeugt, der gemeinsam mit den beiden anderen nacheinander durch die Löcher der Schattenmaske hindurchgeht. Dabei wird der jeweilige Farbstrahl so abgeleitet, daß er nur auf die ihm entsprechenden

Farbpunkte trifft (der rote Strahl auf die roten Punkte, der grüne auf die grünen usw.). Bei einigen japanischen Geräten sind die Löcher der Schattenmaske streifenartig geformt.

Einen weiteren Versuch, in Farbe zu senden, startete man in den USA im Jahr 1951, wobei man das 1940 von Goldmark erfundene Drehscheibensystem anwendete. Doch die Millionen vorhandener Schwarzweißgeräte konnten die Farbprogramme aus technischen Gründen überhaupt nicht empfangen. Und die wenigen neuen, teuren Farbgeräte zeigten kein Bild, wenn schwarzweiß gesendet wurde. Daher wurden die Übertragungen noch vor Ablauf eines Jahres eingestellt.

1953 nahm man mit einem vollelektronischen System den Versuch wieder auf – diesmal mit Erfolg. Die Kamera wurde von der RCA entwickelt. Das Codiersystem beruhte auf der Eigenschaft des menschlichen Auges, eine unscharfe Farbgebung auf einem scharfen Schwarzweißbild nicht wahrzunehmen. Dank einer ausgeklügelten Signalverarbeitung wurde es möglich, Farbfernsehsignale auf demselben Kanal zu senden, über den auch Schwarzweißsendungen liefen. Dieses Verfahren wird NTSC-System (National Television System Committee) genannt.

Bewegliche Kamera *Die bewegliche* Emitron-*Kamera der Firma Marconi-EMI besaß lange Anschlußkabel und verdrängte 1936 die Apparatur Bairds, die ans Studio gefesselt war. Jetzt waren auch Außenaufnahmen möglich.*

Scharfe Fernsehbilder *Die BBC sendete 1936 (unten) die ersten Fernsehprogramme mit scharfen Bildern. Das Marconi-EMI-System hatte eine Normzahl von 405 Zeilen und 25 Bildern pro Sekunde. Heute werden 525 Zeilen (USA, Japan), 625 Zeilen (Europa) oder 819 Zeilen (Frankreich) benutzt.*

1952: Internationales 625-Zeilen-System
Die europäischen Fernsehanstalten einigten sich 1952 auf eine gemeinsame Normzahl von 625 Bildzeilen. Sie wurde von den meisten Ländern übernommen, außer Großbritannien, das 1946 sein 406-Zeilen-System der Vorkriegszeit wiederaufgenommen hatte, und Frankreich, das sich für 819 Zeilen entschied. Erst in den 60er Jahren übernahm auch Großbritannien die 625-Zeilen-Norm. Inzwischen wird sie praktisch von fast allen Fernsehnationen der Welt verwendet, ausgenommen die USA, Japan und einige andere, die das amerikanische 525-Zeilen-System verwenden, sowie Frankreich.

1954: Gründung der Eurovision
Damit Ereignisse von großem allgemeinem Interesse in mehreren Ländern live übertragen werden konnten, beschloß die Europäische Rundfunk-Union 1954 die Gründung der Eurovision. Die Mitgliedsländer sind durch direkte Bildleitungen miteinander verbunden. Fünf europäische Bodenstationen ermöglichen über Fernsehsatelliten auch die Direktverbindung zu nord- und südamerikanischen Rundfunkanstalten. Der Gedanke eines solchen Zusammenschlusses war 1953 aufgekommen, als die Krönung der englischen Königin Elisabeth mit erheblichem technischem Aufwand in Westeuropa live übertragen wurde.

Raumfahrtprogramm *In einem westdeutschen Fernsehstudio verfolgen Techniker ein Programm über die* Apollo-*Raumflüge der 70er Jahre.*

Der Eurovision entspricht in Osteuropa die Intervision. Sie wurde 1960 gegründet und tauscht seit 1961 mit der Eurovision Programme aus. Da Fernsehsignale nicht weit über den Horizont hinausreichen, wurden interkontinentale Live-Sendungen erst durch Fernmeldesatelliten möglich.

1956–1980: Videorecorder, Taschenfernseher und Eidophor
Das erste brauchbare → Videobandgerät stellte die Ampex Corporation im kalifornischen Ort Redwood her, mit dem Bilder – ähnlich wie Töne – auf einem Magnetband gespeichert werden konnten. Ursprünglich war es nur für Sendeanstalten gedacht, die ein Programm vorproduzieren und erst später senden wollten. Doch die Entwicklung führte zu Heimgeräten für Magnetbandkassetten, mit deren Hilfe jeder Fernsehteilnehmer Programme aufnehmen und später abspielen kann.

Die neueste Entwicklung, die → Bildplatte, erlaubt zwar nur die Wiedergabe eines Programms, ist dafür aber auch billiger.

1960 konstruierte die japanische Firma Sony den ersten Fernsehempfänger, bei dem die Elektronenröhren durch → Transistoren ersetzt waren. Dadurch konnten wesentlich kleinere Geräte gebaut werden als vorher. 1979 erhielt eine andere japanische Firma, Matsushita, ein Patent für einen Taschenfernseher, der mit → Flüssigkristallen arbeitet. Dank dieses flachen Bildschirms werden Fernseher eines Tages wohl nicht größer sein als Taschenrechner.

Um Fernsehbilder vergrößern und auf eine große Leinwand projizieren zu können, erfand der Schweizer Fischer das Eidophorverfahren. Es beruht darauf, daß das Elektronenstrahlbündel das Zeilenrasterbild auf einen dünnen Ölfilm schreibt. Auf diesem Film entstehen infolge elektrischer Aufladung winzige Deforma-

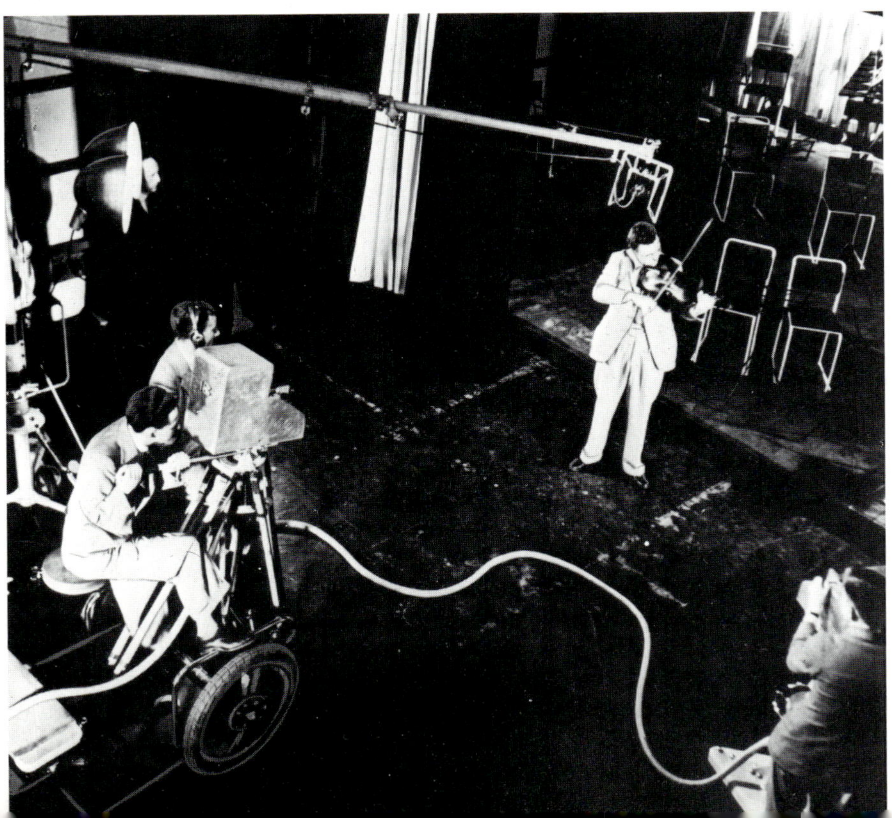

ÜBERTRAGUNG EINES FARBSIGNALS

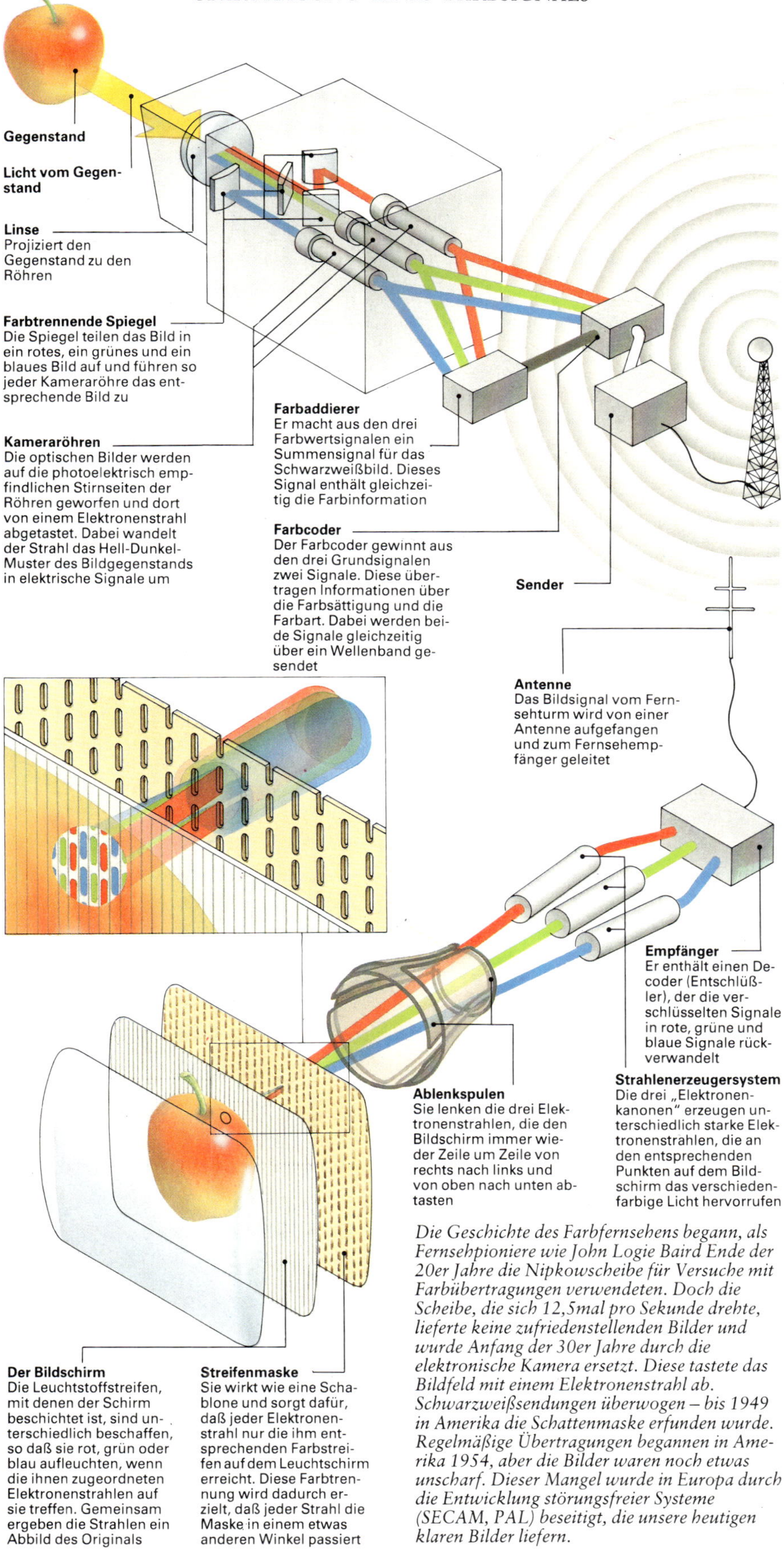

Die Geschichte des Farbfernsehens begann, als Fernsehpioniere wie John Logie Baird Ende der 20er Jahre die Nipkowscheibe für Versuche mit Farbübertragungen verwendeten. Doch die Scheibe, die sich 12,5mal pro Sekunde drehte, lieferte keine zufriedenstellenden Bilder und wurde Anfang der 30er Jahre durch die elektronische Kamera ersetzt. Diese tastete das Bildfeld mit einem Elektronenstrahl ab. Schwarzweißsendungen überwogen – bis 1949 in Amerika die Schattenmaske erfunden wurde. Regelmäßige Übertragungen begannen in Amerika 1954, aber die Bilder waren noch etwas unscharf. Dieser Mangel wurde in Europa durch die Entwicklung störungsfreier Systeme (SECAM, PAL) beseitigt, die unsere heutigen klaren Bilder liefern.

tionen, die das Licht einer starken Lichtquelle, meistens einer Xenonlampe, entsprechend der jeweiligen Bildinformation – hell oder dunkel – ablenken und streuen. Eine Gitterblende läßt nur diesen Lichtstrahl durch, der dann über ein Spiegelsystem auf eine Leinwand geworfen wird. Die Apparatur muß sich dabei in einem Vakuum befinden. Will man auf diese Weise farbige Bilder erzeugen, braucht man drei solcher Steuerflächen, die nebeneinanderliegen und die Grundfarbsignale projizieren.

1967–68: Zwei Farbfernsehsysteme in Europa

Das NTSC-Verfahren, das die USA 1954 eingeführt hatten, arbeitete nicht fehlerlos.

Tragbares Fernsehgerät *Seit 1960 sind tragbare Fernsehgeräte – manchmal mit eingebauten Radios – auf dem Markt. Sie wurden erstmals in Japan hergestellt.*

Daher bemühten sich die Europäer, das amerikanische System zu verbessern. 1957 entwickelte Henri de France das SECAM-System (Système électronique couleur avec mémoire – mit Speicherung), das die Fehler von NTSC – störende Einflüsse beim Übertragen und Farbfehler bei der Wiedergabe – weitgehend ausschaltete. Doch ist das SECAM-System empfindlich gegen Störungen bei schwachen Sendern und bei Schwarzweißsendungen.

Von 1961 an arbeitete Wilhelm Bruch das PAL-System (phase alternation line – zeilenweise Phasenänderung) aus, das die Vorzüge der beiden anderen vereinigt und ihre Fehler überwunden hat. Übertragungs- und Farbfehler werden ausgeglichen, indem der Farbstrahl in jeder Zeile umgeschaltet wird (Alternation). Die Fehler wirken sich nun von Zeile zu Zeile in umgekehrter Richtung aus und heben sich dadurch auf (Kompensation).

1967 wurde PAL in der Bundesrepublik Deutschland und in den andern europäischen Ländern eingeführt; Ausnahmen sind Frankreich und die sozialistischen Länder, die das SECAM-System wählten. Luxemburg, das zunächst ebenfalls das PAL-System übernommen hatte, führte 1972 das SECAM-System zusätzlich ein.

Film

Die ersten Kinofilme führten die Brüder Lumière 1895 in Paris vor

Am 28. Dezember 1895 zeigten die Brüder Louis und Auguste Lumière in Paris öffentlich Kinofilme und sorgten damit für eine Sensation. Es handelte sich dabei zwar nicht um die ersten „laufenden Bilder“, aber das Theater der Lumières im umgebauten Keller des Grand Cafés war das erste öffentliche Kino überhaupt.

Die →Zeitungen berichteten begeistert darüber. Das Publikum in Paris sah zehn Filme – jeder lief rund eine Minute – mit heute berühmten Szenen: Arbeiter, die aus der Fabrik der Lumières in Lyon strömten, die Familie Lumière beim Essen, einen Turner bei seinen Übungen, einen Schmied bei der Arbeit, Straßenbilder aus der Stadt.

Bald gingen auch Theater dazu über, im regulären Programm Filme vorzuführen. Zu den ersten Kinos, die ausschließlich für Filmvorführungen errichtet wurden, gehörten die „Nickelodeons“ – so genannt wegen des Eintrittspreises von einem Nickel oder 5 Cent –, die nach 1905 überall in den USA aus dem Boden schossen. Der Name Odeon kam von den Varietétheatern, die oft so hießen.

Phantasie mit Schneegestöber *Einer der ersten Gruselfilme überhaupt war die deutsche Produktion* Das Kabinett des Dr. Caligari *im Jahr 1919.*

Die Schnelligkeit, mit der die junge Filmindustrie neue Verfahren, neue Themen und Vertriebsmethoden entwickelte, war atemberaubend. Nur wenige Jahre nach dem ersten öffentlichen Auftritt der Brüder Lumière hatte deren Reporter und Kameramann Félix Mesguisch bereits Filme über den Besuch des Zaren Nikolaus II. im Jahr 1896 in Paris gedreht, die Wildwestschau von Buffalo Bill im Jahr 1903, eine Tigerjagd in Bengalen und die Besteigung des Fudschijamas in Japan. Kein wichtiges Ereignis entging der stets schußbereiten Filmkamera.

Wenn kein Kameramann zugegen war, konnte ein Ereignis nachgestellt werden. Der Film war dann immer noch so überzeugend, daß die Zuschauer die später gedrehten Szenen als historisch echt empfanden. So konnten Pioniere des Films wie Georges Méliès (1861 bis 1938), Ferdinand Zecca (1864 bis 1947) und Charles Pathé (1863–1957), Charles Urban (1871–1942) in London und der für Edison in den USA tätige Laurie Dickson (1860–1935) berühmte Ereignisse aus jener Zeit rekonstruieren.

Im Jahr 1898 drehte Méliès den Untergang des Schlachtschiffs *Maine* und den Beginn des spanisch-amerikanischen Krieges in einem Aquarium nach. Der Ausbruch des Mont Pelé auf Martinique im Jahr 1902 wurde im Modell nachgestellt. Den Film über die Krönung von Eduard VIII. in der Westminster Abbey (1902) drehte man in einem Studio im französischen Montreuil. Mit Hilfe von Schauspielern und einem eigenen Szenenaufbau wurden etwa die Wiederaufnahme des Verfahrens gegen den französischen Armeeoffizier Alfred Dreyfus im Jahr 1899 und die Meuterei auf dem russischen Panzerkreuzer Potemkin 1905 gedreht.

Expressive Kamera *In einer Szene aus dem Film* Panzerkreuzer Potemkin, *den der russische Regisseur Sergej Eisenstein 1925 drehte, wird durch harte Schnitte der Schock verdeutlicht, als Truppen in eine Menschenmenge schießen.*

Große Regisseure *Der Amerikaner David Wark Griffith (mit Megaphon) war einer der ersten, der den Film zu einer neuen Kunstform erhob. Zwischen 1908 und 1913 drehte er 400 Kurzfilme, bevor er sich Spielfilmen wie* Die Geburt einer Nation *widmete.*

Authentischer Kriegsfilm *Während des Burenkriegs überqueren britische Soldaten im Jahr 1900 den Fluß Vaal. Diese Szene ist nicht gestellt.*

Schon um die Jahrhundertwende war klar, daß die Kinematographie für die Wissenschaft unentbehrlich werden würde. Tatsächlich haben sich Wissenschaftler bereits 1882 des Films bedient, insbesondere Étienne Jules Marey (1830–1904), ein bekannter französischer Physiologe und Mediziner, der durch seine Erfindungen auf dem Gebiet der Filmkameras und Projektoren Pionierarbeit leistete. Er filmte unter anderem Menschen, Vögel, Meerestiere und auch Insekten. Bereits 1898 wurden in Berlin chirurgische Eingriffe gefilmt und bei der Ausbildung von Medizinstudenten an der Universität von Kiel vorgeführt.

Meisterhafte Trickfilme *Der französische Zauberkünstler Georges Méliès erzielte auf der Leinwand phantastische Effekte mit Trickfilmen (hier eine Szene aus* Aschenputtel*, 1899). Obwohl Méliès von 1899 bis 1913 Hunderte von Filmen drehte, starb er 1938 in Paris als armer Mann.*

Zensur und Propaganda

Ein Medium, das die Menschen so vorbehaltlos fesseln konnte, mußte früher oder später auch die Aufmerksamkeit der Behörden wecken. In Deutschland besuchte schon gegen Ende des 19. Jh. der Ortspolizist die erste Vorführung eines neuen Kinofilms und entschied dann, ob Ruhe, Sicherheit und Ordnung dadurch gefährdet waren oder nicht. Die erste direkte Zensurbehörde entstand 1906 in Berlin. Sie prüfte die Filme, bevor sie in die Kinos kamen.

Charlie Chaplin *Der englische Schauspieler Charlie Chaplin eroberte sich die Herzen der Zuschauer mit Filmen wie* Goldrausch *aus dem Jahr 1924. Hier seine berühmte Mahlzeit aus trokkenen Semmeln und einem gekochten Schuh.*

Von Anfang an wurden Darstellungen aus den Bereichen Sex, Gewalt und Politik von der Zensur besonders beachtet. Die Prüfung hatte entweder eine völlige Freigabe, Jugendverbot oder ein vollständiges Verbot zur Folge. Gelegentlich wurde auch nur verlangt, einzelne Szenen zu ändern oder zu entfernen. Viele Zensurgesetze unterscheiden zwischen öffentlichen und geschlossenen Veranstaltungen (etwa in Clubs).

Während des Ersten Weltkriegs zensierten die Pressestellen der stellvertretenden Generalkommandos in Deutschland. 1920 regelte ein Reichsgesetz die Zensurfrage einheitlich, aber 1934 erreichte das NS-Propagandaministerium Änderungen, die es ihm erlaubten, beliebig zu schalten und zu walten. Nach 1945 waren zunächst alle deutschen Filme verboten, bis eine alliierte Kontrollkommission sie freigab. Diese Einrichtung wurde 1949 von der sogenannten Freiwilligen Selbstkontrolle (FSK) abgelöst, in der alle Interessenverbände der Filmwirtschaft und der Gesellschaft vertreten sind. Sie wird nur auf Antrag tätig, denn Artikel 5 des Grundgesetzes der Bundesrepublik Deutschland verbietet jede Zensur. Doch in anderen Ländern herrschen noch heute andere Sitten.

Die Geschichte der Zensur ist, wie der Romantiker Jean Paul schon wußte, die Geschichte ihrer Vergeblichkeit. Diese Einsicht hat aber weder nationalsozialistische noch kommunistische Propaganda verhindern können. Der Kampf um den Einfluß auf die Massen ist so alt wie die Massenmedien selbst. Unter ihnen spielt der Film eine herausragende Rolle,

Gewalt im Film *Zur Zeit der Prohibition und Wirtschaftskrise in den USA entstanden zahlreiche Gangsterfilme. Einer der ersten Tonfilme dieser Art war* Public Enemy *(Ein Feind der Allgemeinheit) aus dem Jahr 1931 mit James Cagney und Edward Woods.*

Lustspiele zur Zeit der Arbeitslosigkeit *Lustspielfilme und Musicals brachten Entspannung für Millionen von Menschen, die in den 30er Jahren in aller Welt durch Arbeitslosigkeit und Armut bedrückt waren. Hier die berühmten Marx Brothers in der Komödie* Eine Nacht in der Oper *aus dem Jahr 1935, die selbstironisch das Schauspielerleben karikiert.*

und so spiegelt seine Geschichte auch immer den ideologischen Meinungskampf gegensätzlicher Weltanschauungen.

Filmfabrik Hollywood

Vor dem Ersten Weltkrieg besaß die europäische Filmindustrie eine Vorrangstellung, und der Franzose Charles Pathé war auch in den Vereinigten Staaten der größte Verleiher. Als dann in Europa immer mehr Gelder an die Rüstungsindustrie flossen und Schauspieler und Kameraleute eingezogen wurden, verlagerte sich der Schwerpunkt des Filmgeschäfts nach Kalifornien auf eine ehemalige Orangenplantage namens Hollywood in der Nähe von Los Angeles. Dort drehte zum Beispiel 1914 der 25jährige Komiker Charlie Chaplin in einem einzigen Jahr 35 Filme. In seinen Rollen als kleiner Mann verlieh Chaplin den menschlichen Schwächen in einer unfreundlichen Welt Würde.

Noch heute verbinden sich Gedanken an eine gigantische Massenproduktion und weltweiter Starruhm mit dem Begriff „Hollywoodfilm".

Die Vereinigten Staaten waren zu Beginn der 30er Jahre durch die Prohibition und die große Wirtschaftskrise gekennzeichnet. Damals waren Gangsterfilme besonders beliebt. Musicals und Lustspiele machten das Leben angesichts von Arbeitslosigkeit und Armut etwas erträglicher. Zur Rettung des Films trug nicht wenig der Tonfilm bei, der sich gerade in dieser Zeit durchsetzte.

Mit zunehmender Verbreitung des →Fernsehens in den 50er Jahren kam es zu einer Krise. Als Gegenmaßnahme verbesserte die Filmindustrie das bereits entwickelte Breitwandverfahren. Filme in Cinemascope mit stereophonem Ton wurden 1953 von der Twentieth Century-Fox eingeführt. Mit den Dimensionen, Farben und Toneffekten der Großbildprojektion konnte das Fernsehen nicht konkurrieren. Dennoch mußten viele Kinos schließen, als das Fernsehen zum wichtigsten Unterhaltungsmedium wurde. Der Kinofilm kann sich heute nur in dem Maß behaupten, wie er interessante Alternativen zum Massenprogramm des Fernsehens anbietet.

Science-fiction *In den 20er Jahren waren utopische Filme sehr beliebt, gerieten dann aber in Vergessenheit. Im Jahr 1978 kam der Science-fiction-Film mit* Unheimliche Begegnung der dritten Art *erfolgreich wieder – trotz der Konkurrenz durch das Fernsehen.*

Filmpleiten *Der 1964 gedrehte* Untergang des Römischen Reiches *war einer der größten finanziellen Mißerfolge in der Filmgeschichte. Von den Herstellungskosten des Mammutfilms in Höhe von 20 Millionen Dollar wurden durch Verleih nur 9,5 Prozent wieder eingespielt. Zu den 2000 Arbeitern, die am Drehort in Spanien das alte Forum Romanum nachbauten, gehörten unter anderem auch 340 Stukkateure und 18 Bildhauer mit 30 Gehilfen.*

Vom wissenschaftlichen Spielzeug zur beliebtesten Unterhaltungsform der Welt

1872: Muybridge fotografiert Bewegungsabläufe
Einer der hervorragenden Pioniere auf dem Gebiet der Fotografie von Bewegungsabläufen war der Engländer Eadweard Muybridge, der um 1870 in den Vereinigten Staaten die gesamte Pazifikküste fotografierte. In Kalifornien bat ihn der Rennstallbesitzer Leland Stanford, mit Hilfe der Fotografie eine alte Streitfrage zu lösen: ob ein Pferd in einer der Gangarten alle vier Hufe gleichzeitig vom Boden abhebt. 1872 installierte Muybridge daraufhin Kameras mit Uhrwerken und Unterbrecherkontakten, die mit quer über die Rennbahn ausgespannten Fäden verbunden waren. Auf dieser Strecke löste dann ein Rennpferd in schneller Folge die

Kino zum Blättern *Das sogenannte Filoskop bestand aus Kartonstreifen mit Fotografien, die in schneller Folge aus einem Kästchen herausgeblättert wurden und den Eindruck einer Bewegung vermittelten.*

Verschlüsse von 12–14 Kameras aus. Damit konnte Muybridge nachweisen, daß ein Pferd in bestimmten Phasen des gestreckten Galopps mit keinem seiner vier Beine den Boden berührt. Diese Bilder wurden 1878 veröffentlicht.

Besonders wichtig war die Tatsache, daß Muybridge eine Möglichkeit fand, um mit sehr kurzen Verschlußzeiten (bis zu $\frac{1}{6000}$ Sekunde) bei Menschen und Tieren schnelle Bewegungsphasen aufzunehmen.

1880: Bewegte Bilder werden projiziert
Muybridge fertigte nach seinen Bildern Zeichnungen an und befestigte sie am Rand einer drehbaren Glasscheibe. Diese Glasscheibe war mit einer entgegengesetzt rotierenden Scheibe mit Schlitzen gekoppelt, welche die Bildfolge regelmäßig unterbrach. Im Jahr 1880 projizierte er diese Bilder mit einer Lampe auf eine Leinwand. Das Ganze wurde Zoopraxiskop genannt.

1882: Das „fotografische Gewehr" von Marey
Gegen Ende des Jahres 1878 nahm der französische Wissenschaftler Jules Marey, der ebenfalls Bewegungsabläufe festhalten wollte, Verbindung mit Muybridge auf. Er hatte von dessen Arbeiten gehört und war überzeugt, sein Ziel am besten mit Hilfe der → Fotografie zu erreichen. Die ersten Versuche mit seinem „fotografischen Gewehr" machte Marey 1882. Diese Kamera in Form einer Flinte mit Trommelmagazin belichtete eine Serie von Fotografien am Rand einer Glasscheibe, die mit einer lichtempfindlichen Substanz beschichtet war. Auf diese Weise konnte Marey die Flugbewegungen eines Vogels in zwölf Bildern pro Sekunde mit einer Belichtungszeit von rund $\frac{1}{720}$ Sekunde aufnehmen.

1887: Rollfilmkamera und Filmprojektor
Da die rotierende Scheibe nur eine beschränkte Zahl von Bildern zuließ, baute Marey später Kameras und Projektoren für Rollfilm aus Papier, der in einer Länge von mehreren Metern auf Spulen aufgewickelt war. Diesen Rollfilm verwendete er bereits 1887, drei Jahre nachdem George Eastman ihn erfunden hatte. Eastmans Film, der ursprünglich für die Standfotografie bestimmt war, eignete sich besonders gut für den Kinofilm. Ein Jahr später übernahm Marey auch die Zelluloidfilme, die Eastman 1889 entwickelt hatte und die wegen ihrer besseren Transparenz auf größere Leinwände projiziert werden konnten.

Marey ließ sich 1890 seine chronofotografische Kamera und 1893 seinen ersten Projektor patentieren. Diese Geräte waren die unmittelbaren Vorläufer der modernen Filmkameras und Kinoprojektoren. Marey betrachtete jedoch seinen Projektor mehr als wissenschaftliches Instrument und bezeichnete ihn als Analyseapparat.

Durch schnelle Folgen von 50–60 Bildern pro Sekunde bei der Aufnahme und einer Wiedergabegeschwindigkeit von etwa zehn Bildern pro Sekunde konnten Marey und seine Mitarbeiter bereits einen Zeitlupeneffekt erzielen und die einzelnen Bewegungsphasen ihrer Objekte genau und in aller Ruhe analysieren. Zu diesen Objekten gehörten Vögel, Insekten und Fische. Unter dem → Mikroskop filmte Marey sogar den Blutstrom in den Kapillargefäßen.

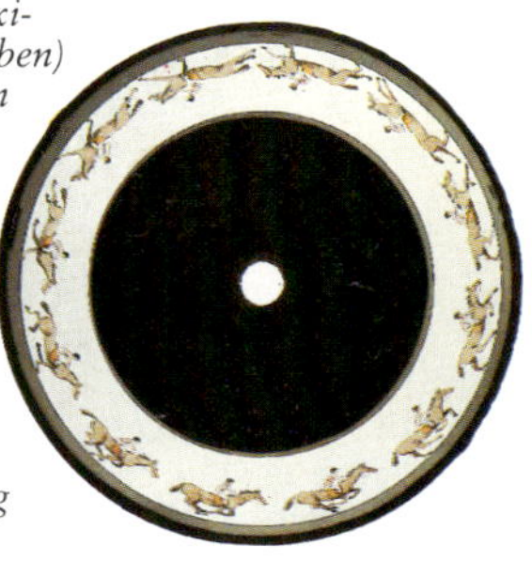

Projektor *Das Zoopraxiskop von Muybridge (oben) arbeitete mit Bildern am Rand einer runden Glasscheibe (rechts). Vor dieser rotierenden Glasscheibe befand sich eine Metallscheibe mit Schlitzen, die sich im Lichtstrahl der Projektionslampe in entgegengesetzter Richtung drehte.*

1891: Kinetograph und Kinetoskop von Edison
In der Absicht, sein Zoopraxiskop zu verbessern, machte Muybridge Anfang 1888 dem amerikanischen Erfinder Thomas Alva Edison den Vorschlag, seine Maschine mit Edisons Phonographen zu kombinieren, um „sprechende Bilder" vorzuführen. Edison war jedoch von seinem Phonographen so sehr eingenommen, daß er kein Interesse für ein Gerät hatte, das seiner Meinung nach nur der

Bewegungsstudien *Um zu beweisen, daß ein Pferd beim Galopp alle vier Beine gleichzeitig vom Boden abhebt (unten), stellte Muybridge 24 Kameras auf, deren Verschlüsse das Pferd durch gespannte Fäden auslöste (links).*

Tierfilme von Marey *Um 1890 fotografierte Étienne Jules Marey die Bewegungen von Tieren auf Filmstreifen und wies nach, daß eine Katze stets auf die Beine fällt. Durch eine schnellere Bildfolge bei der Aufnahme und langsamere Projektion konnte Marey den Bewegungsablauf in Zeitlupe zeigen.*

simplen Unterhaltung dienen konnte. Drei Jahre später, 1891, ließ sich Edison in den Vereinigten Staaten sein Kinetoskop und einen dazugehörigen Kinetographen, eine Kamera, patentieren. Er hielt den Film aber immer noch für so unbedeutend, daß er in Europa keine Patentrechte anmeldete – ein Versäumnis, das er bald bereuen sollte. Das Kinetoskop war kein Projektor, sondern ein Betrachtungsgerät, das nur von jeweils einer Person benutzt werden konnte. Dennoch enthielt es in seinem Inneren einige wichtige Elemente des modernen Filmvorführgeräts: einen 35 mm breiten Zelluloidfilm mit Perforation am Rand und einen synchronisierten, schlitzförmigen Drehverschluß, durch den der Lichtstrahl unterbrochen wurde. Edisons Film lief mit einer Geschwindigkeit von 46 Bildern pro Sekunde und war so kurz, daß die Vorführung nur etwa 15 Sekunden dauerte. In mehreren Ländern wurden dann von 1893 an zahlreiche Kinetoskopsalons mit Münzautomaten eingerichtet und betrieben.

1895: Das erste öffentliche Kino

Da Edison für sein Kinetoskop keine Auslandspatente angemeldet hatte, konnte er auch keine Ansprüche stellen, als 1895 die Brüder Lumière in Frankreich ein ähnliches Vorführgerät verwendeten, das für die Projektion auf eine Leinwand eingerichtet war. Im Dezember zeigten sie ihre Filme im ersten öffentlichen Kino der Welt in Paris; schon drei Wochen später betrugen ihre Tageseinnahmen 2500 Francs.

Die erste Filmkamera *Marey baute 1890 die erste funktionsfähige Filmkamera der Welt. Sie nahm auf einem Filmstreifen 50 Bilder pro Sekunde auf; jedes Einzelbild wurde mit 1/1000 Sekunde belichtet.*

1896: Licht und Ton bei Edison

Im Jahr 1896 brachte Edison als letzte Neuheit sein Kinetophon (auch Kinetophonograph) heraus. Er unterlegte seine Filme mit Sprache und Musik und machte dadurch das Kinematographentheater für kurze Zeit zu einer neuen Attraktion.

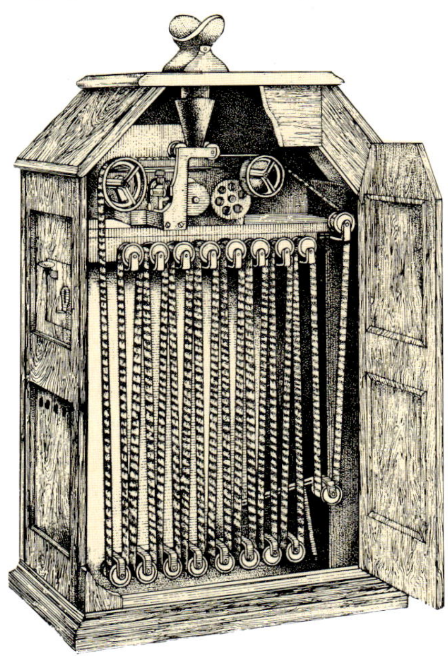

Das Kinetoskop von Edison *Das von Edison und seinem Techniker William Dickson gebaute Betrachtungsgerät enthielt einen 15 m langen Endlosfilmstreifen.*

1900: Großbildwände und Tonverfahren

Mit Ton gekoppelte Filmprojektoren waren eine der Attraktionen auf der Pariser Weltausstellung von 1900. Im Maschinenpavillon unter dem Eiffelturm amüsierten sich in einem sogenannten Biophonograph von Louis Lumière täglich bis zu 25 000 Zuschauer vor einer riesigen Leinwand von 15 m Höhe und 21 m Breite. Zu den vorgeführten Filmen gehörten Szenen aus dem Schauspiel *Cyrano de Bergerac*, bei dem die Stimmen mehr oder weniger synchron von einer Phonographenwalze abgespielt wurden. Auf der Ausstellung war auch das *Cinéorama* des Franzosen Raoul Grimain-Sausan. Es hatte eine Rundumleinwand, auf die elf Projektoren gleichzeitig ihre Bilder warfen.

1909: Der Beginn des Farbfilms

Das neue Wunderwerk Film verlangte bald auch nach Farbe. Zunächst wurden viele Filme von Hand koloriert. Im Jahr 1909 waren dann die ersten Filme nach einem zweifarbigen additiven Verfahren unter der Bezeichnung Kinemacolor im Londoner Palace-Varietétheater zu sehen. Bei diesem Verfahren wurde der Film durch rotierende Rot-Grün-Filter fotografiert und projiziert. Den Prozeß hatte drei Jahre zuvor der englische Fotograf George Albert Smith erfunden. Man brauchte dafür jedoch besondere Projektoren.

Die subtraktiven Farbverfahren hingegen erlaubten normale Vorführgeräte. Der erste Technicolorfilm – ebenfalls noch in zwei Farben – wurde in Amerika mit dem Titel *The Gulf Between* gedreht und 1917 vorgeführt. Erst 1930 entwickelte Technicolor einen Film mit verschiedenen Emulsionen, der alle Farben wiedergab. Er wurde zunächst für Zeichentrickfilme von Walt Disney verwendet. Als erster abendfüllender Spielfilm im Dreifarbenverfahren von Technicolor wurde 1935 *Becky Sharp* in Hollywood gedreht.

1910–1920: Die Kunst des Filmemachens

Etwa von 1910 an wurden sich die Filmemacher der besonderen Gestaltungsmöglichkeiten ihres Mediums bewußt. Im Gegensatz zu den bisher mit unbewegter Kamera verfilmten Theaterstücken wurde nun die Kamera beweglich. Zur neuen Garde der Filmregisseure gehörte vor allem der Amerikaner David Wark Griffith. Er arbeitete als erster mit Großaufnahmen (nahe am Schauspieler) und Nahaufnahmen (vom Gesicht des Schauspielers). Geschickt setzte er Überblendungen (weiche Übergänge von einer Szene zur anderen) und Schnitte für Detailaufnahmen oder Standpunktveränderungen innerhalb einer Szene ein. Er verwendete zum Beispiel eine Punktblende und konzentrierte damit die Aufmerksamkeit auf einen bestimmten Teil der Leinwand. Griffith montierte die Kamera sogar auf einem Wagen, der vor einem galoppierenden Reiter daherfuhr, und machte auch die Regie zum wichtigen Gestaltungsmittel.

Ab 1922: Der Tonfilm

Den ersten Spielfilm mit Tonspur drehten 1922 die deutschen Ingenieure Hans Vogt, Joseph Engl und Joseph Massolle in Berlin. Es war ein Einakter von Heyermanns mit dem Titel *Der Brandstifter*. Gegen den Stummfilm durchsetzen konnte sich der Tonfilm jedoch erst 1927, als in Amerika *The Jazz Singer* (Der Jazzsänger) mit Al Jolson als Hauptdarsteller in die Kinos kam. Die Inflation hatte die deutschen Erfinder gezwungen, ihre Patente an amerikanische Firmen zu verkaufen.

Eines der ersten Filmstudios *Die ersten Filme wurden wie Theaterstücke gedreht. Die Kamera war in der vordersten Zuschauerreihe fest montiert und direkt auf die Szene gerichtet. Die Bewegung ging allein von den Schauspielern aus. In einem Studio konnte man gleichzeitig mehrere Filme drehen: Die verschiedenen Szenen wurden einfach nebeneinander gespielt. Das natürliche Licht fiel durch ein Glasdach. Schon früh benutzte man aber in den Studios auch schon Bogenlampen zur Verbesserung der Lichtverhältnisse. Später wurde die Einrichtung immer aufwendiger, vor allem wegen der Tontechnik.*

Dreharbeiten für einen Tonfilm *Als in den 20er Jahren der Tonfilm eingeführt wurde, mußte der Kameramann in einem schalldicht gepolsterten Gehäuse arbeiten, damit das Laufgeräusch der Kamera nicht vom Mikrofon mit aufgenommen wurde. Heute gibt es schallisolierte Synchronkameras.*

1941: *Citizen Kane* und die neue Filmtechnik

Orson Welles setzte 1941 in Hollywood mit *Citizen Kane* einen weiteren Meilenstein in der künstlerischen und technischen Gestaltung des Films. Er verwendete Weitwinkelobjektive; das ließ die Gestalten im Hintergrund unnatürlich klein erscheinen und führte das Auge tief in die Szene hinein. Damit die Dialoge echt wirkten, ließ Welles die gesprochenen Texte überlappen und abbrechen. Überdies fügte er Sprachfetzen ein, blendete den Ton aus und experimentierte mit neuen Beleuchtungseffekten.

1952: Das Cinemascopeverfahren

Die wichtigste Voraussetzung für den 1952 eingeführten Cinemascope-Breitwandfilm war ein teures Objektiv, die sogenannte anamorphotische Linse. Bei der Aufnahme komprimiert dieses Objektiv das Bild auf dem 35-mm-Film auf die Hälfte seiner üblichen Breite. Bei der Projektion wiederum hat die anamorphotische Linse die entgegengesetzte Wirkung: Sie dehnt das Bild auf der Leinwand zur doppelten Breite. Diese Bildbreite entspricht mehr dem normalen Blickwinkel des Auges als die einer normalen Filmleinwand. Solche Objektive gibt es etwa seit 1915; sie wurden nach dem Ersten Weltkrieg zuerst von dem Franzosen Henry Chrétien für Luftbildaufnahmen verwendet.

Der Breitwandfilm hat vier Magnettonspuren und ermöglicht eine Tonwiedergabe über mindestens drei Lautsprecher hinter der Breitwand und weitere Lautsprecher im Zuschauerraum.

Zu den weiteren Breitwandverfahren gehören Cinerama und *Todd-AO*. Das Cineramaverfahren arbeitete zunächst mit drei synchron laufenden Projektoren, wurde später aber auf einen Projektor beschränkt. Das Todd-AO-Verfahren verwendet nur einen Projektor mit einem 70 mm breiten Film. Bei beiden Verfahren hat der Film sechs Magnettonspuren, und er wird auf eine gewölbte Leinwand projiziert.

DER FILM AHMT DAS MENSCHLICHE AUGE NACH

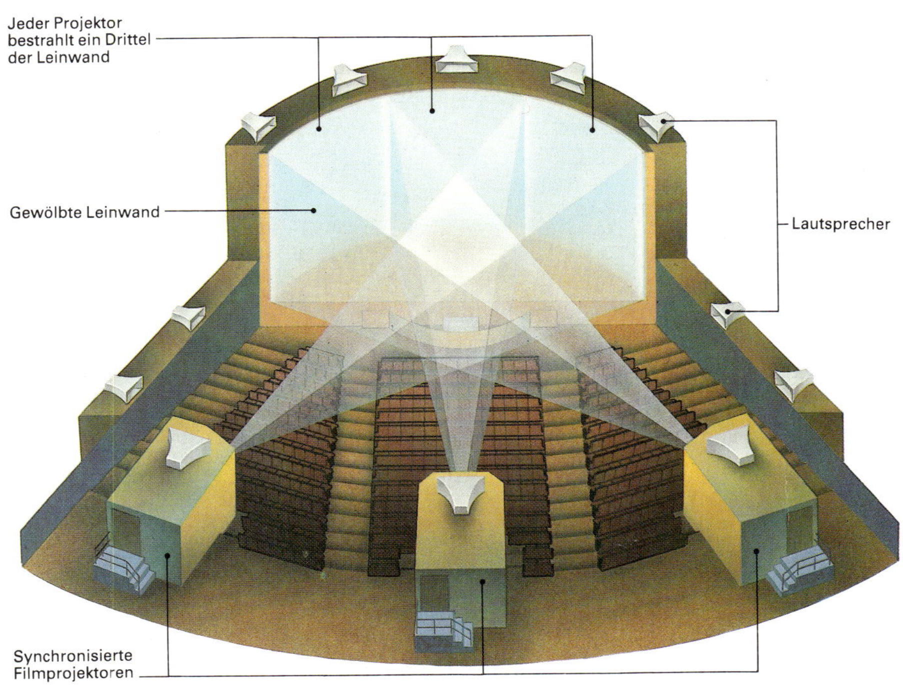

Das Breitwandverfahren *1952 wurde das Cineramaverfahren eingeführt, und man verwendete drei synchron laufende Projektoren, die mit Stereoton gekoppelt waren. Sie lieferten auf einer gewölbten Leinwand ein Bild im Winkel von 146°, der ungefähr dem seitlichen Sichtbereich des menschlichen Auges entspricht. Die Tonspuren wurden auf einem getrennten Film aufgenommen.*

Fingerabdruckverfahren (Daktyloskopie)

1877 in der indischen Provinz Bengalen angewandt

Ein britischer Verwaltungsbeamter in der indischen Provinz Bengalen, William J. Herschel, führte 1877 das Verfahren des Fingerabdrucks ein, um zu verhindern, daß sich in der westbengalischen Stadt Hooghly die pensionierten Berufssoldaten ihr Ruhegeld mehrfach auszahlen ließen. Die Pensionäre quittierten nun den Empfang des Geldes mit ihrem Fingerabdruck – der bei jedem Menschen anders aussieht –, und Herschel führte eine Liste mit den Beträgen und Fingerabdrücken. Überdies wurde das Fingerabdruckverfahren im örtlichen Gefängnis eingeführt, damit Verurteilte nicht Ersatzleute zum Absitzen ihrer Strafe schickten, und auch amtliche Dokumente wurden auf diese Weise unterzeichnet.

1879–1880 sammelte der Schotte Dr. Henry Faulds Fingerabdrücke, studierte die Verschiedenheit der Papillarlinien und erkannte darin eine Möglichkeit, Verbrecher zu identifizieren. Mit seinen Ideen und Vorstellungen fand er aber nirgends Gehör.

Ab 1888 setzte sich der vielseitige britische Anthropologe und Naturwissenschaftler Francis Galton, angeregt durch Herschel, für das Fingerabdruckverfahren zur Identifizierung von Verbrechern ein. Er bemühte sich um ein praktisch brauchbares System zur Klassifizierung der Abdrücke, konnte das Problem jedoch nicht lösen.

Ein solches System fand 1896 der Generalinspekteur der Polizei von Bengalen, Sir Edward Henry. 1897 wurde es in Indien eingeführt, 1901 in Großbritannien, von 1902 an in der Schweiz, in Österreich und Deutschland. In Argentinien aber arbeitete man, dank der Bemühungen und Erfolge des Polizeibeamten Juan Vucetich, bereits seit 1896 offiziell mit einem ähnlichen – wenn auch einfacheren – Verfahren.

Fischnetz

Primitive Netze wurden schon um 10 000 v. Chr. verwendet

Bereits vor rund 12 000 Jahren benutzten die Fischer in Palästina Netze, die sie mit Steinen beschwerten. Diese Fischnetze bestanden aus primitiven, miteinander verknoteten →Seilen, die man aus den Ranken von Kletterpflanzen herstellte. 2000 Jahre später brachten afrikanische, amerikanische und asiatische Fischer Kürbisse als Schwimmkörper an den Netzen an.

Im 13. Jh. schleppten die ersten portugiesischen Fischerboote große Netzsäcke in flachen Küstengewässern hinter sich her. Solche Grundnetze oder Schwimmnetze wurden später auch von den ersten Trawlern oder Schleppnetzfischern verwendet. In der Zeit um 1500 fingen japanische Fischer sogar Wale mit schweren Netzen aus Hanfseilen.

1914 kamen in aller Welt sogenannte Treib- oder Zugnetze auf. Sie ermöglichten es den Fischern, Fischschwärme, die nahe an der Wasseroberfläche schwimmen, schnell mit einer senkrecht im Wasser hängenden Netzbahn einzukreisen. Durch Leinen an der unteren Kante zieht man das Netz dann wie einen Geldbeutel zu. Moderne Fischnetze sind im allgemeinen aus Nylon, so daß sie nicht mehr so leicht zerreißen.

Flammenwerfer

„Griechisches Feuer" im 7. Jh. eingesetzt

Im Jahr 678 zerstörte die byzantinische Flotte die Schiffe der Sarazenen mit dem „griechischen Feuer", einer Mischung aus Schwefel, Kalk, Erdöl und anderen Substanzen, die auch auf dem Wasser brannte. Die dickflüssige Masse wurde durch Rohre gepumpt und brennend auf den Gegner geschleudert. Noch bis ins 13. Jh. setzte man sie im Seekrieg ein.

Früher Flammenwerfer *Vom 7. Jh. an setzten die byzantinischen Flotten in Seekriegen „griechisches Feuer" ein, eine Mischung brennender Stoffe, die man durch Rohre im Bug der Schiffe gegen den Feind schleuderte. Hier eine Darstellung aus dem 14. Jh.*

Die modernen Flammenwerfer stammen aus dem Ersten Weltkrieg; sie wurden erstmals im Februar 1915 von der deutschen Infanterie als Nahkampfwaffe an der Westfront eingesetzt. Ein derartiges Gerät bestand aus einem etwa 60 cm hohen Kessel, der in zwei Behälter unterteilt war. Einer enthielt komprimierten Stickstoff, der andere ein Ölgemisch. Das Öl wurde durch den Stickstoff herausgedrückt und mit einer →Zündvorrichtung in der Düse des Flammenrohrs in Brand gesetzt.

Moderne Flammenwerfer entwickeln einen Feuerstrahl, der mehr als 100 m weit reicht.

Flaschenzug

Im 9. Jh. v. Chr. in Assyrien bekannt

Das Verfahren, zum Heben von Lasten ein →Seil über eine aufgehängte Rolle oder „Flasche" laufen zu lassen, war in Assyrien schon im 9. Jh. v. Chr. bekannt. Schwerere Lasten kann man mit dem Flaschenzug heben, indem man eine zweite, bewegliche Rolle verwendet, an der ein Lasthaken angebracht ist. Dieses Verfahren wird bereits in der Schrift *Quaestiones mechanicae* aus der Zeit um 280 v. Chr. beschrieben, die Aristoteles zugeschrieben wurde.

Bei der einfachen Form des Flaschenzugs ist ein Ende des Seiles an einer aufgehängten Rolle befestigt und dann über eine zweite Rolle geführt, an der die Last hängt. Darauf läuft das Seil noch einmal über die erste Rolle hinweg. Wenn man dann am freien Seilende zieht, hebt man die Last nur halb so schnell in die Höhe. Dafür ist auch die Kraft, die man aufwenden muß, nur halb so groß. Verwendet man noch mehr Rollen, wird der nötige Kraftaufwand entsprechend weiter verringert. Anders ausgedrückt: Bei gleichbleibender Kraft kann man immer schwerere Lasten heben.

Die Erfindung des mehrrolligen Flaschenzugs – sie geht wohl auf Archimedes zurück – führte zum ersten einfachen →Kran, der dem Menschen den Umgang mit schweren Lasten ungemein erleichterte. Auch auf den Segelschiffen wurden Flaschenzüge, sogenannte Taljen, zum Aufheißen und Brassen der Segel unentbehrlich.

Erst zu Beginn des 19. Jh. verbesserte man den antiken Flaschenzug weiter; es entstand der Potenz- und der Differentialflaschenzug.

Flugzeug

Die Brüder Wright setzten von 1903 an den Motorflug durch

Die Geburt des Flugwesens war langwierig und schwer; als sich jedoch das Flugzeug als öffentliches Transportmittel durchsetzte, zeigten sich auch bald seine Auswirkungen auf die ganze menschliche Gesellschaft. Seine heutige Bedeutung erlangte es in knapp 60 Jahren.

Über frühe Fahrten mit einem →Ballon wurde in den Nachrichtenblättern oft berichtet. Die Pioniere des Segelflugs ernteten teilweise Spott. Die ersten echten Motorflüge hingegen wurden kaum beachtet und später sogar in Frage gestellt: Im Jahr 1901 erhob sich Gustav Weißkopf (Gustave Whitehead) in Fairfield (Connecticut) mit einem selbstgebauten Motorflugzeug in die Luft. Ihm folgten 1903 die Brüder Wright, die viel bekannter wurden, aber erst nach 1905 ins Licht der Öffentlichkeit traten.

Bereits 1909 beteiligten sich dann acht verschiedene Flugmaschinen – sechs davon in Europa konstruiert – am ersten internationalen Luftfahrtwettbewerb in Reims.

Das Flugzeug lernt wirklich fliegen

Das erste Jahrzehnt des 20. Jh. wurde vor allem von wagemutigen Männern beherrscht. Am 25. Juli 1909 überquerte der Franzose Louis Blériot in einem selbstkonstruierten Eindecker als erster den Ärmelkanal. Jetzt horchten viele Menschen auf. Die Politiker aber interessierten sich vor allem für die militärischen Möglichkeiten der neuen Erfindung und subventionierten den jungen Industriezweig in bescheidenem Maße.

Neben der Sensation brachte diese Zeit der wohlhabenden Amateurflieger auch eine Generation von erfahrenen Piloten, Konstrukteuren und Mechanikern hervor. Während des Ersten Weltkriegs nahm die militärische Fliegertruppe ihre Dienste für sich in Anspruch.

Kriegseintritt

Die Heldentaten der Flieger lenkten von den Schrecken des Luftkriegs ab. Das Volk feierte seine Fliegerasse, die in ihren zerbrechlichen Maschinen hoch über den Schützengräben waghalsige Zweikämpfe austrugen.

Der Erste Weltkrieg stellte sowohl den Flugzeugbau als auch die Pilotenausbildung auf eine feste Grundlage. Die Industrie, in der zunächst nur wenige hundert Mann tätig waren, beschäftigte 1918 ein Heer von Arbeitern und Angestellten.

Damals begab sich das Flugzeug auch mit Erfolg aufs Wasser, und Kampfflugzeuge operierten in einer Höhe von mehr als 6000 m.

Die ersten regulären Linienflüge der Welt waren bereits kurz vor dem Krieg in den Vereinigten Staaten aufgenommen worden; von Januar bis April 1914 verkehrte ein Flugboot zwischen St. Petersburg und Tampa in Florida. Wenige Monate nach Einstellung der Feindseligkeiten im Jahr 1918 nahm die Zivilluftfahrt ihre Tätigkeit auf. In Europa führten mehrere Gesellschaften Passagier- und Postflüge mit umgebauten Kampfflugzeugen durch. Im März 1919 eröffnete die französische Fluggesellschaft Farman die Route Paris–Brüssel als erste internationale Passagierlinie. Eine planmäßige tägliche Flugverbindung über den Ärmelkanal zwischen London und Paris wurde im August 1919 von französischen und britischen Gesellschaften hergestellt.

Atlantiküberquerung

Ein lohnendes Ziel für die Luftfahrt war die Atlantikroute. Die erste Atlantiküberquerung mit einer Flugmaschine fand im Jahr 1919 statt; sie gelang gleich drei verschiedenen Maschinen. Commander A. C. Read von der US-Navy schaffte mit seiner Besatzung im Mai 1919 die Überquerung in einem *Curtiss*-Flugboot, begleitet von Marinefahrzeugen und mit einer Zwischenlandung auf den Azoren. Den ersten direkten Nonstopflug von Neufundland nach Irland vollbrachten dann im Juni zwei Offiziere der britischen Luftwaffe, Captain John Alcock und Lieutenant Arthur Whitten Brown. Im Juli machte das englische Luftschiff *R 34* die Reise hin und zurück. Diesen Pionierleistungen folgten zunächst keine weiteren Flüge, denn es fehlten damals noch geeignete Verkehrsmaschinen und eine Sprechverbindung über Funk.

Es gab immer noch keine Funkverbindung, als im Mai 1927 der fünfundzwanzigjährige amerikanische Postpilot Charles A. Lindbergh mit seinem einmotorigen Ryan-Eindecker *The Spirit of St. Louis* als erster im Alleinflug die Strecke von New York nach Paris bewältigte. Er legte in 33 Stunden und 32 Minuten 5800 km mit einer Durchschnittsgeschwindigkeit von 173 km/h zurück. Dieser bisher längste Nonstop-Alleinflug war damals eine ebensolche Sensation wie die Landung des ersten Menschen auf dem Mond im Jahr 1969.

Die erste Atlantiküberquerung in umgekehrter Richtung, von Osten nach Westen, gelang 1928 drei Männern: den Deutschen Ehrenfried Günther Freiherr von Hünefeld und Hermann Köhl und dem Iren James C. Fitzmaurice.

Fluggäste oder Post?

Auf den neuen Fluglinien wurden Passagiere und Post befördert. Vor der Einführung des internationalen Telefonnet-

Löschflugzeug *Ein Transportflugzeug streut am Rand eines Waldbrands feuerhemmende Chemikalien aus, um so eine Feuerbarriere zu errichten.*

Erste Luftpost *Postsendungen wurden in Deutschland erstmals 1912 mit einem Flugzeug transportiert. In England geschah dies bereits im September 1911. Zur Erinnerung an den ersten Postflug von London nach Windsor wurden besondere Postkarten (links) herausgegeben.*

Dornier *Do X* *Das zwölfmotorige Flugboot des deutschen Ingenieurs Claudius Dornier (1884–1969) war das größte seiner Zeit und konnte 170 Fluggäste befördern. 1929 gebaut, trat die* Do X *am 2. November 1930 eine Reise nach Amerika an. Sie führte über Amsterdam, Lissabon, Rio de Janeiro und Miami nach New York, wo das Flugboot nach zahlreichen Zwischenfällen am 27. August 1931 landete. Die* Do X *hat sich jedoch im regelmäßigen Passagierflug nicht durchsetzen können.*

zes war eine schnelle Beförderung von Briefen für die Verwaltungen der französischen und britischen Kolonien wie auch im Landesinneren der USA und der Sowjetunion besonders wichtig.

Die Franzosen legten auf Postflüge mehr Wert als auf die Personenbeförderung. In den 20er Jahren führten französische Piloten die ersten Nachtflüge durch und überquerten in ihren Flugzeugen mit offenem Cockpit auch die Pyrenäen, die Sahara und die Anden.

Die Post wurde auch als Zuladung mitgenommen. Als Mitte der 20er Jahre der Western Air Express in Los Angeles seinen Dienst aufnahm, bekamen die Fluggäste die Postsäcke oft auf den Schoß gestellt oder um den Hals gehängt. Auch aktuelle Pressefotos wurden per Luftpost befördert. Im Jahr 1919 kamen Bilder von einem Boxkampf in Ohio auf dem Luftweg an die Ostküste der Vereinigten Staaten und sorgten dort für den ersten Knüller dieser Art.

Briefe und Päckchen für die Luftpost wurden in Hülle und Fülle aufgegeben, Fluggäste aber mußten noch umworben werden; selbst Mitte der 30er Jahre waren Flugreisen noch keine Selbstverständlichkeit. In den Vereinigten Staaten gaben die weiten Inlandsstrecken dem Luftverkehr Auftrieb; wegen des gut ausgebauten Straßen- und Eisenbahnnetzes standen die Fluggesellschaften dort aber in einem harten Konkurrenzkampf, wobei selbstverständlich auch die Preise eine große Rolle spielten.

Neue Flugzeugtypen

Das alles führte zu den ersten leistungsfähigen und bequemen Flugverbindungen der Welt, und diese brauchten eine neue Generation von Flugzeugen. Mit der *Ju 52* brachte der Deutsche Hugo Junkers ein besonders wirtschaftliches und zuverlässiges Verkehrsflugzeug auf den Markt, das in den 30er und 40er Jahren große Bedeutung erlangte. Die amerikanische *Douglas DC-1* war das erste Modell einer berühmten Flugzeugserie, die schließlich zur *DC-3 Dakota* des Zweiten Weltkriegs führte, von der rund 10 000 Stück gebaut wurden. Diese neuen Maschinen – Ganzmetallkonstruktionen, mehrmotorige Eindecker mit einziehbarem Fahrgestell und (ab 1940) Kabinen mit Druckausgleich, die Flughöhen oberhalb des Wetters zuließen – waren die Vorfahren der schlanken, modernen Linienflugzeuge der 80er Jahre.

Für lange Ozeanüberquerungen erhob man aus Sicherheitsgründen die Forderung, daß die Flugzeuge auf dem Wasser landen und starten konnten. Überdies war das Wasser großflächig und übersichtlich, während Flughäfen häufig durch nahe gelegene Hindernisse wie Bäume, Gebäude oder Berge beeinträchtigt waren. Wegbereiter auf dem Gebiet der Verkehrsflugboote waren in den 30er Jahren Igor Sikorsky, Martin und W. E. Boeing in den Vereinigten Staaten und Claudius Dornier in Deutschland. Ihre großen, bequemen und mehrmotorigen Flugboote besaßen einen Rumpf, der wie ein Schiff auf dem Wasser schwimmen konnte. Berühmt wurde unter anderen Dorniers zwölfmotoriges Flugboot *Do X*.

Die Pan American Airways nannten ihre Flugboote *Clipper*. Die internationalen Routen, auf denen diese Maschinen sowie die britischen *Empire*-Flugboote gegen Ende der 30er Jahre verkehrten, boten die luxuriösesten und erlebnisreichsten Flugreisen aller Zeiten. In ihren schallisolierten Kabinen fanden 40–50 Passagiere Platz; der Service und die Speisekarte konnten sich mit denen der besten Hotels messen.

Mit dem Zweiten Weltkrieg ging die Zeit der kostspieligen Flugboote zu Ende, denn nun entstanden allerorten brauchbare Landeplätze. Während des Krieges nahmen auch Landflugzeuge einen regelmäßigen Transatlantikbetrieb auf. Die Briten flogen mit umgebauten amerikanischen *Liberator*-Langstreckenbombern und amerikanischen *Boeing-314-A*-Flugbooten. Alle großen Passagierflugzeuge, die nach dem Krieg rund um die Welt für die Zivilluftfahrt eingesetzt wurden, kamen aus den USA, insbesondere die *Lockheed Constellation* und der *Boeing Stratocruiser*, die 45 oder 55 Passagiere befördern konnten.

Das Düsenzeitalter

Außer den USA mußten die Luftfahrtnationen ein ganzes Stadium in der Entwicklung von Großraumflugzeugen überspringen. Großbritannien und Frankreich versuchten, gleich reine Düsenflugzeuge zu entwickeln. Die britische *De Havilland Comet*, erstmals 1952 in Dienst gestellt, war zunächst ein kostspieliger Mißerfolg. Nachdem man aber Metallermüdung als Ursache festgestellt und behoben hatte, diente das

Jumbo-Jet *Großraumflugzeuge, wie die* Boeing 747 *mit 490 Sitzplätzen, sollen mehr Passagiere auf weniger Flügen transportieren, um Treibstoff zu sparen, die Luftverschmutzung zu verringern und die Luftwege zu entlasten. Die 747 hat eine Höhe von fast 20 m – vergleichbar einem sechsstöckigen Bürohaus – und besitzt im Bugteil ein Oberdeck.*

Flugzeug jahrelang erfolgreich auf Verkehrsstrecken und bei der Royal Air Force. Die französische *Caravelle* wurde ab 1958 auf Mittelstrecken eingesetzt.

Schnellere Maschinen, steigender Wohlstand und billigere Tarife haben nach dem Zweiten Weltkrieg Flugreisen auch für eine breite Bevölkerung attraktiv gemacht. Außerhalb der Sowjetunion sind 1937 etwa 2 Millionen Flugpassagiere befördert worden; 1947 waren es 21 Millionen, 1957 bereits 90 Millionen. Allein der Kennedy Airport in New York fertigte im Jahr 1967 11 Millionen Fluggäste ab.

Im Jahr 1958 überquerten erstmals mehr Passagiere den Atlantik im Flugzeug als im Schiff. Zwischen 1950 und 1975 stieg die Zahl der Flugpassagen über den Atlantik um das Vierzigfache, während die Schiffspassagen um 80 Prozent zurückgingen. Diese Entwicklung bedeutete das Ende der großen Ozeanschiffe als Verkehrsmittel.

Als Ferienziele in der warmen Sonne für die Bewohner der kälteren nördlichen Breitengrade schnell und bequem erreichbar wurden, erhielt der Flugtourismus einen ungeahnten Auftrieb. Spanien beispielsweise, das 1950 weniger als 750 000 Feriengäste beherbergte, hatte 25 Jahre später einen Zustrom von mehr als 28 Millionen Touristen, die großenteils auf dem Luftweg kamen.

Frachtrouten rund um die Welt

Im Frachtverkehr hat die Rolle des Flugzeugs weniger Schlagzeilen gemacht als im Passagierverkehr; sie ist aber ebenfalls sehr gewichtig. Ein einziger *Boeing 747 F Jumbo-Jet* transportiert heute im Jahr ebensoviel Frachtgut wie alle Transportflugzeuge des Jahres 1939 zusammengenommen.

Im Jahr 1925 stellte das deutsche Flugmagazin *Die Luftreise* eine Liste der „geeigneten Passagiere" auf. Hierzu zählten „attraktive Mannequins", „moderne Rechtsanwälte" und „herausragende Geschäftsleute" ebenso wie frische Austern und Krabben, wertvolle Seidenstoffe und Parfüms, zerbrechliche Glühbirnen, empfindliche Pelze und Chemikalien.

Heute werden alle nicht gar zu umfangreichen Waren als Luftfracht angenommen. Fachleute sehen bald die Zeit für gekommen, daß alle Güter – mit Ausnahme der sperrigsten wie Mineralerze und Bauholz – mit dem Flugzeug nach Übersee transportiert werden können.

Der Mensch verwirklicht seinen Traum vom Fliegen – vom Gleiter zum Düsenclipper

Vor 1804: Beflügelte Phantasie

Seit alters beobachtete – und beneidete – der Mensch die Bewegungsfreiheit der Vögel. Mit seinen ersten Flugapparaten (Ornithopter) suchte er die Vögel nachzuahmen, und er schnallte sich flügelähnliche Gebilde an die Gliedmaßen. Solche Versuche mußten fehlschlagen, denn der Mensch besitzt nicht den Knochenbau und die Muskeln, die einem Vogel das Fliegen ermöglichen.

Ein früher Flugpionier war Albrecht L. Berblinger, der „Schneider von Ulm". 1811 baute er einen halbstarren Hängegleiter, versuchte mit ihm zu fliegen und stürzte dabei in die Donau.

1804–1842: Entdeckung der Grundlagen

Der → Drachen, den die Chinesen bereits 400 v. Chr. steigen ließen und den man im 16. Jh. auch in Europa kannte, war der erste Flugkörper, der schwerer als Luft ist. Er konnte fliegen, weil er den Auftrieb ausnutzte, der sich durch den höheren Luftdruck unter einer waagrechten Tragfläche ausbildet – eine der wichtigsten Voraussetzungen für einen Flugkörper schwerer als Luft. Der zum Gleiter umgebaute Drachen war der eigentliche Vorgänger des modernen Flugzeugs.

Cayleys Pionierleistung

Im Jahr 1804 untersuchte der englische Amateurwissenschaftler und Flugpionier George Cayley das aerodynamische Verhalten des Drachens. Dabei stellte er fest, daß der Winkel, in dem die tragende Fläche des Drachens zum Gegenwind steht, eine wichtige Rolle spielt. Er befestigte einen Drachen in einem Winkel von 6° zur Horizontalen an einem 1,5 m langen Stab, fügte ein Leitwerk als Höhen- und Seitenruder hinzu und brachte ein verschiebbares Gewicht zur Regulierung des Schwerpunkts an. Das Modell flog gut, und 1809 baute Cayley auf dieser Grundlage ein größeres Gleitflugzeug.

Cayley war bereits ein alter Mann, als er einen seiner Gleiter erstmals bemannte: 1849 hob ein zehnjähriger Junge von einem Hügel aus vom Boden ab. Auch ein Schleppstart gelang. Vier Jahre später segelte Cayleys Kutscher in Yorkshire etwa 500 m weit über eine Talsenke.

Otto Lilienthal *Der deutsche Flugpionier hing in seinen selbstkonstruierten Ein- und Doppeldeckern und steuerte sie, indem er sein Körpergewicht verlagerte.*

Cayley erkannte nicht nur die Bedeutung des Auftriebs, sondern auch der beiden weiteren Grundprinzipien des aerodynamischen Fluges: des Vortriebs und der Steuerung. Seine Segelflugzeuge besaßen alle ein Leitwerk mit Höhen- und Seitenruder. Außerdem konstruierte Cayley einen kleinen → Verbrennungsmotor, der durch explodierendes Schießpulver angetrieben wurde. Das Problem einer Maschine, die leicht und leistungsfähig genug für ein Flugzeug war, konnte er jedoch nicht lösen. Cayley erkannte ferner, daß die Stromlinienform den Luftwiderstand verringert. Schließlich hielt er ein leichtes Fahrgestell für wichtig; er konstruierte ein → Rad mit Drahtspeichen, wie es beim späteren → Fahrrad verwendet wurde.

Cayley zog alle verfügbaren zeitgenössischen Quellen zu Rate, als er das Fliegen auf eine wissenschaftliche Grundlage stellte, und er veröffentlichte seine Studien auch; doch wurden sie damals nur wenig beachtet.

1891–1896: Lilienthal gibt den Anstoß

Der nächste bedeutende Pionier in der Geschichte des Flugwesens war Otto Lilienthal, ein deutscher Ingenieur, der seine Freizeit dem Studium und der Beschreibung der Aerodynamik und – von

Hensons Phantasieflugzeug *Dieses 1842 von dem Engländer William Henson konzipierte Motorflugzeug war eine Phantasievorstellung. Fünf Jahre später baute Henderson ein dampfbetriebenes Modell. Es konnte nicht fliegen, hatte aber als Rumpfeindecker mit Höhen- und Seitenruder und einem Fahrgestell mit Rädern bereits die Merkmale eines modernen Flugzeugs.*

Früher Motorflug *Im Jahr 1903 flogen die Brüder Wright bei Kitty Hawk, North Carolina, erstmals mit ihrem* Flyer Nr. 1 *(rechts).*

Kanalüberquerung *Am 25. Juli 1909 überquerte der Franzose Louis Blériot in einem Eindecker als erster den Ärmelkanal. Für die 37,5 km benötigte er 36,5 Minuten. Seine Geschwindigkeit: über 60 km/h.*

1891 an – waghalsigen Versuchen mit selbstgebauten „Hängegleitern" widmete, die er selbst flog. Er startete von einem Hügel aus und hing dabei zwischen den Tragflächen, die an einem Mittelgerippe montiert waren. Um das Gleitflugzeug zu stabilisieren und zu steuern, verlagerte er seinen Oberkörper und die Beine nach vorn, nach hinten oder seitwärts. Seine Hängegleiter waren als Ein- oder Zweidecker konstruiert und besaßen eine Schwanzflosse. Zwischen 1891 und 1896 führte Lilienthal mehr als 2000 gesteuerte, bis zu 300 m weite Gleitflüge durch. An einem stürmischen Tag im August 1896 stürzte er mit einem Eindecker aus einer Höhe von nur etwa 10 m tödlich ab. Sein Buch *Der Vogelflug als Grundlage der Fliegekunst* (1889) galt als Standardwerk. Lilienthals letzte Worte waren: „Opfer müssen gebracht werden."

Der amerikanische Bauingenieur Octave Chanute führte Lilienthals Versuche fort, war aber zu alt, um selbst Gleitflugzeuge zu erproben. Diese Aufgabe überließ er seinen Mitarbeitern. In den Jahren 1896 und 1897 unternahmen sie am Ufer des Michigansees mehr als 1000 Flüge in fünf verschiedenen Flugzeugtypen.

Das Interesse der Öffentlichkeit an den Flugversuchen von Lilienthal und Chanute inspirierte auch die Brüder Wright, die zunächst, von 1900 an, drei Jahre lang Versuche mit Gleitflugzeugen machten, ehe sie zum Motorflug übergingen.

Mit den Erfolgen des Motorflugs schwand zunächst das allgemeine Interesse am Gleitflug. Im Jahr 1914 entwickelte dann der Deutsche Friedrich Harth das moderne Segelflugzeug, das nicht nur abwärts gleiten, sondern auch Aufwinde nutzen und damit steigen konnte. Dieser neue Typ des Segelflugzeugs wurde nach dem Ersten Weltkrieg in Deutschland offiziell stark gefördert. Die militärische Fliegerei war von den Siegermächten verboten worden, und der sportliche Segelflug bot einen gewissen Ersatz.

Seit den 60er Jahren ist die Segelfliegerei zu einem weltweit beliebten Sport geworden. 1972 gelang dem Deutschen Hans Werner Grosse ein Flug von Lübeck nach Biarritz in Frankreich, womit er 1460 km zurücklegte. Der Amerikaner Paul Bikle ließ sich 1961 in einem Segelflugzeug 1200 m hoch schleppen, klinkte dann aus und stieg in eine Höhe von über 14 km auf.

In Amerika kam auch der Sport des Drachenfliegens auf. Der Flieger hängt dabei unter einer leichten, großen, tragenden Fläche, die er mit dem Körper steuert. Er kann ebenfalls Aufwinde zum Steigen ausnutzen.

1903: Die Brüder Wright erzielen den Durchbruch

Der erste Motorflug der Welt gelang im Jahr 1901 Gustav Weißkopf, einem Deutsch-Amerikaner, der 1873 in Leutershausen (Franken) geboren worden war, 1895 in die USA auswanderte und sich dort Gustave Whitehead nannte. Mit einer selbstgebauten Maschine flog er in Fairfield, Connecticut, etwa 2700 m weit. Seine Leistung blieb aber unbeachtet, und da ihm das Geld ausging, verfolgte er dieses Unternehmen nicht weiter.

Erfolgreicher waren die amerikanischen Brüder Wilbur und Orville Wright, die in Dayton, Ohio, eine kleine Fahrradfabrik besaßen. Sie lasen alle Berichte über die Fliegerei und nahmen 1899 Versuche mit einem Doppeldecker auf, den sie als Drachen steigen ließen. Schließlich konzipierten sie ein bemanntes Gleitflugzeug. Als Versuchsgelände wählten sie eine Küstenlandschaft mit Dünen und starken, beständigen Winden in der Nähe von Kitty Hawk, North Carolina. Bis 1903 hatten sie mit drei Gleitflugzeugen mehr als 1000 Flüge unternommen und dabei Strecken von mehr als 60 m zurückgelegt. Um das Problem der Motorisierung zu lösen, bauten die Brüder zunächst selbst einen → Verbrennungsmotor, der 9 kW leistete und gut 90 kg wog – denn alle damals in Amerika verfügbaren Benzinmotoren waren zu schwer. Auch die beiden Luftschrauben mußten neu konstruiert werden, weil es hierüber noch keine Veröffentlichungen gab. Mit dieser Maschine, dem *Flyer 1*, flog Orville am 17. Dezember 1903 zum ersten Male. Der vierte Flug an diesem Tag dauerte fast eine Minute.

Die Brüder Wright verhalfen dem Motorflug zum Durchbruch. Ihre Maschinen wurden durch Verwinden der Flügel waagrecht gehalten oder für den Kurvenflug etwas schräg gelegt. Zu diesem Zweck bediente der Pilot Zugdrähte, mit denen die Spannung an einer Flügelspitze vergrößert und an der anderen verringert wurde, so daß sich die Krümmung der Flügelenden änderte.

1903–1914: Erprobung neuer Typen

Bald stellte sich heraus, daß außer dem Wright-Doppeldecker noch andere flugtaugliche Typen möglich waren. Bis 1909 kamen alle übrigen konventionellen Flugzeugtypen hinzu, die in den nächsten 30 Jahren das Bild bestimmen sollten. In der Entwicklung war Frankreich führend. Der Erfolg der Eindecker wurde mit den Modellen *Blériot XI* und *Levavasseur Antoinette* begründet. Beide besaßen Motoren im Bug, einen langen Rumpf und ein Leitwerk. Der moderne Typ des Doppeldeckers wurde 1909 mit dem *Goupy* vorgestellt, ebenfalls einer französischen Konstruktion mit gestaffelten Tragflächen.

Richtungweisender Typ *Die deutsche Junkers* Ju 1 *von 1915 war der erste Eindecker der Welt, der in Ganzmetallbauweise und mit einem starken, selbsttragenden Flügelprofil ohne Verstrebungen hergestellt wurde.*

Henry Farman, ein Engländer, der sein ganzes Leben in Frankreich verbrachte, führte anstelle der Flügelverwindung die Querruder für die Lageänderung des Flugzeugs ein. Sie sind meist als bewegliche Klappen an der Hinterkante des Flügels ausgebildet. Solche Querruder besaß auch das von Voisin konstruierte Flugzeug, mit dem Farman 1908 den ersten Überlandflug – 32 km von Mourmelon nach Reims – durchführte.

Es gab auch schon Motoren, die speziell für Flugzeuge bestimmt waren; ihre Leistung wurde auf 75 kW und die Fluggeschwindigkeit auf 65–80 km/h gesteigert. Gelegentlich gab es zweisitzige Maschinen; meist bot das Flugzeug aber nur einem Piloten Platz.

1914–1920: Vom Doppeldecker zum Eindecker

Im Ersten Weltkrieg war der Doppeldecker an Stabilität und Manövrierfähigkeit überlegen und damit einfacher und sicherer zu fliegen, wogegen der Eindecker hinsichtlich der Fluggeschwindigkeit und der Steigfähigkeit vorteilhaft war. Obwohl der Doppeldecker auch im Zweiten Weltkrieg lange Zeit militärisch eingesetzt wurde und selbst heute noch zum Besprühen von landwirtschaftlichen Flächen und für Kunstflüge verwendet wird, gehörte die Zukunft im zivilen wie im militärischen Bereich dem Eindecker in Ganzmetallkonstruktion.

Von 1915 an baute der deutsche Konstrukteur Hugo Junkers eine Serie von Ganzmetallflugzeugen mit freitragenden Flügeln, die keine Verstrebung benötigten. 1919 entstand sein erstes Ganzmetall-Verkehrsflugzeug. Besonders bekannt wurde später die Verkehrsmaschine *Ju 52.*

1920–1930: Die stromlinienförmige Schalenbauweise

Eine wesentliche Neuerung schloß die Entwicklung des voll einsatzfähigen und vielseitigen Eindeckers ab: der Flugzeugrumpf in Schalenbauweise, der versuchsweise bereits vor dem Ersten Weltkrieg in Frankreich eingeführt wurde. Anstelle eines verstrebten Holz- oder Metallgerippes mit leichter Stoffbespannung übernahm die Außenhaut selbst – als feste Schale aus Holz oder (später) Blech – die tragende Funktion.

Junkers *Ju 52* *Das von dem deutschen Konstrukteur Hugo Junkers (1859–1935) um 1932 gebaute Flugzeug war die erfolgreichste Verkehrsmaschine der Zeit zwischen den Kriegen. Es wurde sowohl von der Lufthansa als auch von anderen europäischen Fluggesellschaften verwendet. Die Ju 52 wurde wegen ihrer Verläßlichkeit im Krieg als Transportmaschine eingesetzt.*

Jagdflugzeug *Eines der berühmtesten Jagdflugzeuge des Ersten Weltkriegs war der britische* Sopwith-Camel-*Doppeldecker aus dem Jahr 1917. Er erreichte schließlich eine Geschwindigkeit von 195 km/h und eine Flughöhe von 6700 m. Der Sternmotor leistete 95 kW. Bestückt war das Flugzeug mit zwei nach vorn gerichteten Maschinengewehren.*

Der Eindecker mit freitragenden Flügeln bot ideale Einbaumöglichkeiten für ein einziehbares Fahrgestell. Am geeignetsten erwies sich der Tiefdecker, denn er kam mit einem niedrigeren Fahrgestell aus. Trotzdem wurde ein voll einziehbares Fahrgestell zuerst bei einem Hochdecker, dem amerikanischen *Fayton-Wright-RB*-Sportflugzeug von 1920, eingebaut, denn gerade bei schnellen Maschinen mußte der Luftwiderstand ja auf ein Mindestmaß verringert werden. Aber auch bei den schneller werdenden Transportflugzeugen spielte der Luftwiderstand bald eine immer wichtigere Rolle.

Der deutsche Konstrukteur Dr. Adolf Rohrbach trat begeistert für die stromlinienförmige Schalenbauweise ein, vor allem in den Vereinigten Staaten, wo seine Ideen schnell aufgegriffen wurden. Das Konzept der Rohrbachschen „selbsttragenden Haut" wurde 1927 im amerikanischen *Lockheed-Vega*-Transporter verwirklicht. Dieses Flugzeug mit seinem geräumigen, durch keine inneren Verstrebungen blockierten Rumpf verhalf der Schalenbauweise schließlich zum Durchbruch. Bei gleicher Ladekapazität hatte der

STEUERUNG, SCHUB UND AUFTRIEB: DIE GRUNDLAGEN DES FLUGES

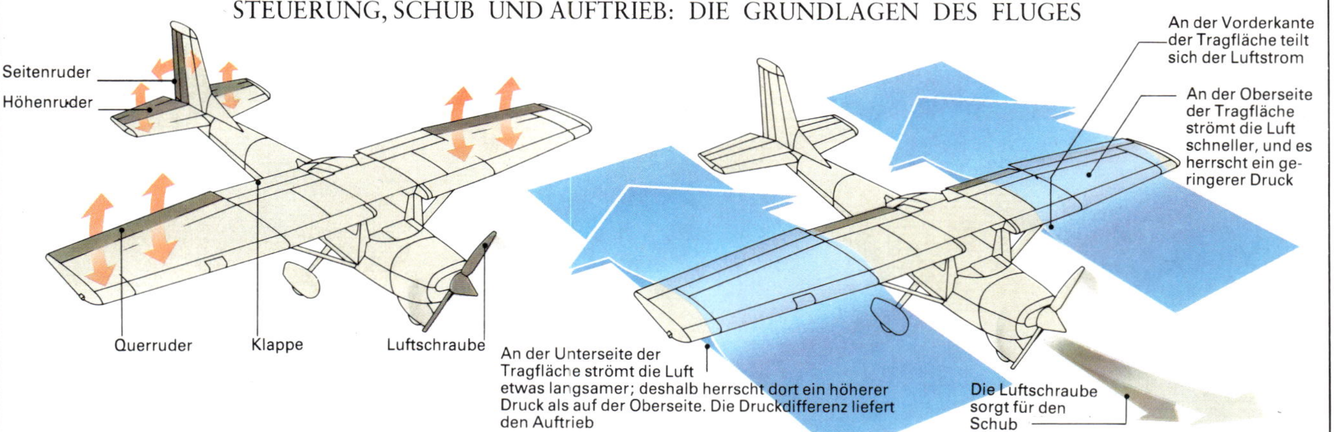

Steuerung und Schub *Gesteuert wird ein Flugzeug durch bewegliche Flächen – die Querruder und das Seitenruder für den Kurvenflug und das Höhenruder für das Steigen und Sinken. Die verstellbaren Flächen lenken den Luftstrom, und es entsteht ein Überdruck, der die betreffende Fläche in die entgegengesetzte Richtung drängt. Die Luftschraube liefert den Schub zur Überwindung des Luftwiderstands.*

Auftrieb *Die Oberseite der Tragfläche ist gewölbt, so daß die anströmende Luft hier einen längeren Weg zurücklegt und deshalb schneller fließt als auf der flacheren Unterseite. So entsteht oben – nach einer physikalischen Gesetzmäßigkeit – ein Unterdruck. Andererseits ist unten die Luftströmung langsamer, und es herrscht deshalb hier ein höherer Luftdruck. Der Druckunterschied bewirkt den Auftrieb.*

Erstes Düsenflugzeug *Die englische* De Havilland Comet *war das erste Düsenverkehrsflugzeug der Welt. Sie absolvierte 1949 ihren Jungfernflug. Durch einige Abstürze kam das Flugzeug zunächst in Verruf. Als Ursache stellte man Metallermüdung fest. Die Konstruktion wurde daraufhin verbessert und leistete fortan gute Dienste.*

Vega-Transporter einen um 35 Prozent kleineren Rumpfquerschnitt als andere Transportflugzeuge. Dadurch wurde nicht nur Material eingespart, sondern auch das Eigengewicht und der Luftwiderstand verringerten sich. So konnte der Antrieb schwächer sein, und man sparte Treibstoff.

1914–1930: Stärkere Motoren
In der Zwischenzeit führte man auch zahlreiche Versuche mit Flugzeugmotoren durch. Die Forschung wurde zunächst im Ersten Weltkrieg stark vorangetrieben, als man besonders hohe Ansprüche an Leistung, Verringerung des Gewichts und Zuverlässigkeit stellte. Immer häufiger wurden leichte Metallegierungen eingesetzt. Mit dem Bau von Flugzeugmotoren befaßten sich nun auch die Firmen Curtiss in den Vereinigten Staaten und Rolls-Royce in Großbritannien. Je nach Stellung der Zylinder zur Kurbelwelle unterschied man zwischen Umlaufmotoren, Sternmotoren, Reihenmotoren und V-Motoren. Während des Krieges wurde die Motorleistung auf 300 kW gesteigert, und 1930 besaß der Flugzeugmotor kaum mehr Ähnlichkeit mit seinem Vorgänger, dem Automotor.

1930–1944: Einführung des Strahltriebwerks
Zwischen den beiden Weltkriegen wurde in Deutschland und Großbritannien eine grundlegend neue, eigens für superschnelle Flugzeuge bestimmte Antriebsart entwickelt: das → Strahltriebwerk. Dem Deutschen Hans Ohain und dem Engländer Frank Whittle gelang es, eine brauchbare Gasturbine zu bauen, die eine kontinuierliche und zugleich regelbare Leistung erbrachte.

Die Einführung des Düsenantriebs brachte in den Nachkriegsjahren auf allen Gebieten der Luftfahrt einen radikalen Umschwung. Rund ein Jahr nach dem Ende des Versuchsstadiums waren für bemannte Flugkörper Überschallgeschwindigkeiten – von mehr als 1200 km/h – erreichbar geworden. Die Reisegeschwindigkeiten von Verkehrsflugzeugen verdoppelten sich, und die modernen, mit Druckausgleich in den Kabinen ausgestatteten Linienflugzeuge konnten in großer Höhe, weit oberhalb der Wetterzone, fliegen.

Inzwischen sind ganze Flotten verschiedener Flugzeugtypen gebaut worden, darunter Maschinen mit Propellerturbinen (Turboprops), bei denen die Turbine einen Propeller antreibt, ferner Flugzeuge mit reinem Strahlantrieb, Überschalltransporter, Senkrechtstarter, Privatjets und Trainingsmaschinen für Piloten von Düsenflugzeugen.

Senkrechtstarter *Eine* Hawker-Siddeley Harrier *startet hier nahezu senkrecht zwischen Bäumen. Sie kann auch von räumlich begrenzten, gut zu tarnenden Plätzen, etwa Waldlichtungen, aus eingesetzt werden.*

1959–1980: Senkrechtstarter
1946 konzipierte der Franzose Michel Wibault ein Flugzeug, dessen Düsenmotoren man nach unten schwenken konnte, um auf diese Weise senkrecht zu starten und zu landen. 1957 erläuterte er seinen *Gyrotère* der Bristol Aero Engine Company. Das Ergebnis war die *Pegasus*-Maschine, die 1959 getestet wurde. Schon vorher hatte man Rolls-Royce-Motoren an einer Plattform angebracht. Dieses „fliegende Bettgestell" hob 1954 tatsächlich senkrecht vom Boden ab; die Motoren hatten aber keine Schwenkvorrichtung.

Die britische Hawker Aircraft Company entwickelte aus dem *Pegasus* ein Flugzeug mit der Bezeichnung *P 1127*. 1961 startete es erfolgreich. Eine leistungsfähigere Version dieses Typs, die *Harrier*, absolvierte 1966 ihren ersten Probeflug. Sie wurde für militärische Zwecke entwickelt. Ihr Strahltriebwerk besitzt zwei Düsen, die nahezu um 100° geschwenkt werden können. Für den Start stehen sie fast senkrecht, für den Geradeausflug werden sie nach hinten gerichtet. Die *Harrier* kann auch in unwegsamem Gelände ohne Piste starten und landen.

1969: Der Jumbo kommt
Zwei Ereignisse prägten um die Jahreswende 1968/69 den zivilen Luftverkehr der kommenden Zeit: Am 31. Dezember 1968 startete das erste Überschall-Verkehrsflugzeug, die sowjetische Tupolew *Tu-144*, zu seinem Jungfernflug. Und am 9. Februar 1969 flog der erste Jumbo-Jet. Das zweite überschallschnelle Verkehrsflugzeug, die englisch-französische *Concorde*, machte am 2. März 1969 seinen Erstflug.

Die amerikanischen Boeingwerke hatten sich in den 60er Jahren an der Ausschreibung für einen militärischen Großraumtransporter beteiligt und dafür ein besonders leistungsfähiges und gleichzeitig leises Strahltriebwerk, das Fantriebwerk, entwickelt. Als der Konkurrent Lockheed den Auftrag erhielt, baute Boeing vier seiner Fantriebwerke in eine neue Verkehrsmaschine, die großräumige, 390sitzige *Boeing 747* – den ersten Jumbo – ein. Die *747* zeichnet sich vor allem durch ihre Wirtschaftlichkeit aus – eine wichtige Eigenschaft, wenn angesichts wiederholter Ölkrisen Benzin gespart werden muß und überdies eine unnötige Luftverschmutzung vermieden werden soll. Die hohe Beförderungskapazität – inzwischen auf 490 Sitze gesteigert – hat eine Verringerung der Verkehrsdichte

Kipprotor *Die* Bell XV-15 *braucht kein Rollfeld, denn ihre Luftschrauben können für Start und Landung in die senkrechte Lage geschwenkt werden.*

in der Luft und auf den Rollbahnen zur Folge. Allerdings werden die Einrichtungen der Flughäfen durch die gleichzeitige Abfertigung so vieler Passagiere stärker belastet.

Die *747* ist zur Zeit das größte Verkehrsflugzeug der Welt. Boeing entwickelt aber bereits ein neues Großraumflugzeug mit 600 Sitzen, das 1985 in Dienst gestellt werden soll.

Überschall-Verkehrsflugzeug *Die 1976 in Dienst gestellte englisch-französische Concorde transportiert verhältnismäßig wenige Passagiere – bis zu 120 – mit hoher Geschwindigkeit über weite Strecken. Sie erreicht mehr als 1600 km/h und überquert den Atlantik in knapp drei Stunden. Damit der Pilot die vor ihm liegende Rollbahn erkennen kann, wird die Nasenspitze bei der Landung abgesenkt.*

1976: Atlantiküberquerung in drei Stunden

Im Gegensatz zum Jumbo hat das Überschall-Verkehrsflugzeug die Aufgabe, sehr schnell große Entfernungen zurückzulegen, wenn auch mit weniger Passagieren. Die *Concorde* ist 1976 gleichzeitig von den British Airways und der Air France in Dienst gestellt worden. Sie transportiert bis zu 120 Fluggäste in weniger als drei Stunden mit einer Geschwindigkeit von mehr als 1600 km/h über den Atlantik. Die Tupolew *Tu-144* wird nur als Frachtflugzeug eingesetzt.

Der Kreis schließt sich: Der Mensch fliegt aus eigener Kraft

Der von Menschenkraft angetriebene Flugapparat wurde im selben Jahrzehnt wie das Überschallflugzeug verwirklicht. Am 12. Juni 1979 überflog die in Amerika konstruierte, mit einer Tretkurbel angetriebene *Gossamer Albatross* den Ärmelkanal in einer durchschnittlichen Höhe von 75 cm. Pilot war der amerikanische Radrennfahrer Bryan Allen. Damit gewann er den Kremer-Preis von 100000 Pfund, der für die erste Überquerung des Ärmelkanals in einem Muskelkraftflugzeug ausgesetzt war. Der Flugapparat bestand aus modernsten Kunststoffen und war großenteils durchsichtig. Die Luftschraube wurde mit Hilfe von Pedalen über eine Kette angetrieben.

Konstrukteur der *Gossamer Albatross* war Dr. Paul MacCready aus Kalifornien, ein Aerodynamiker und erfolgreicher Segelflieger. Mit einer früheren Konstruktion, der *Gossamer Condor*, hatte er 1977 den mit 50000 Pfund dotierten Kremer-Preis für die erste Achterschleife über eine Meile mit einem von Menschenkraft angetriebenen Flugzeug gewonnen.

Im Jahr 1981 überquerte dann MacCreadys besonders leichter *Solar Challenger*, angetrieben von 16000 Solarzellen, den Ärmelkanal mit einer Geschwindigkeit von 60 km/h.

Kanalüberquerung im Tretkurbel-Flugzeug *Der Flugapparat* Gossamer Albatross, *der für die Überquerung des Ärmelkanals am 12. Juni 1979 verwendet wurde, hatte eine Flügelspannweite von 28 m, wog aber zusammen mit dem Piloten, Bryan Allen, nur 97,5 kg.*

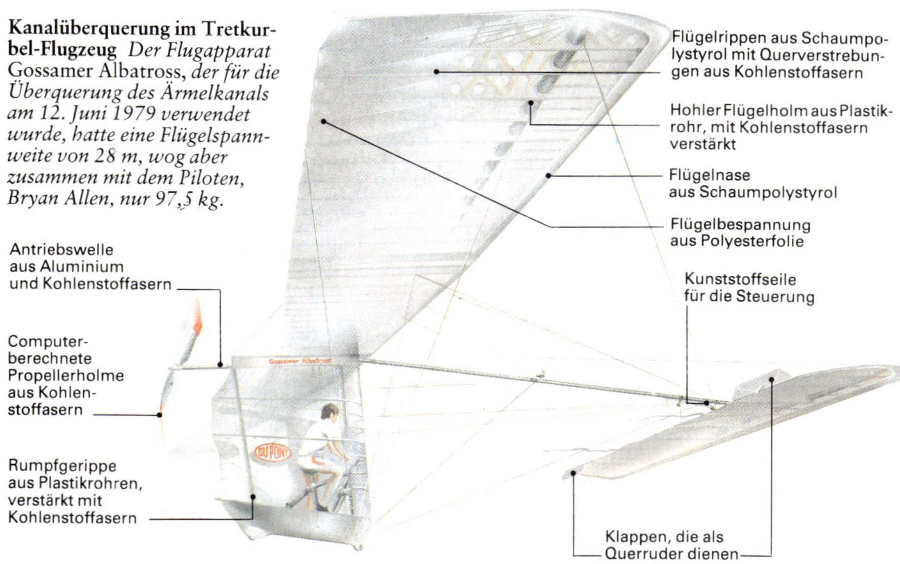

MEILENSTEINE IN DER GESCHICHTE DES FLUGZEUGS

1891 Otto Lilienthal führt den ersten Gleitflug von insgesamt über 2000 aus

1901 Gustav Weißkopf gelingt in den USA der erste Motorflug der Welt

1903 Erster Flug in einem gesteuerten Motorflugzeug durch Orville Wright bei Kitty Hawk, North Carolina/USA

1909 Erste Überquerung des Ärmelkanals durch den Franzosen Louis Blériot

1912 Einführung der Schalenbauweise bei dem französischen Sportflugzeug *Déperdussin*

1915 Erstes Ganzmetallflugzeug mit freitragenden Flügeln: Junkers *Ju 1* (Deutschland)

1919 Erster Transatlantikflug (mit Zwischenlandung auf den Azoren) durch Commander Albert Cushing Read und seine Besatzung in einem *Curtiss NC-4*-Flugboot (USA)

1919 Erster Nonstopflug über den Atlantik durch John W. Alcock und Arthur Whitten Brown in einem zweimotorigen *Vickers-Vimy*-Doppeldecker (Großbritannien)

1927 Erster Blindflug und Landung nach Instrumenten (künstlicher Horizont und Kreiselkompaß) durch James Doolittle (USA)

1928 Erste Atlantiküberquerung von Osten nach Westen durch die Deutschen Hermann Köhl und E. G. Freiherr von Hünefeld und den Iren J. C. Fitzmaurice in einer Junkers *W 33 L*

1937 Erstes Flugzeug mit vollständigem Druckausgleich: *Lockheed XC-35* (USA)

1939 Erstes Flugzeug mit Strahlturbine: Heinkel *He 178* (Deutschland)

1947 Als erstes von einem Piloten gesteuertes Flugzeug überschreitet die Bell *X-1* (USA) im Horizontalflug die Schallgeschwindigkeit

1949 Erster Start eines Düsenverkehrsflugzeugs: *De Havilland Comet* (Großbritannien)

1954 Erster Freiflug eines Senkrechtstarters: das „fliegende Bettgestell" (Großbritannien)

1967 Instrumentenlandesystem für Verkehrsflugzeuge, eingeführt in der *Trident 2* der British European Airways (Großbritannien)

1969 Erster Flug des Überschall-Verkehrsflugzeugs *Concorde* (Frankreich/Großbritannien)

1970 Der Jumbo-Jet *(Boeing 747)* mit maximal 490 Sitzplätzen in Dienst gestellt

1977 Erster längerer Flug eines mit Muskelkraft angetriebenen Flugzeugs: die *Gossamer Condor* (USA)

1981 Der mit 1600 Sonnenzellen ausgerüstete *Solar Challenger* von Paul MacCready überquert den Ärmelkanal

Flugzeugträger

Das erste Trägerschiff mit flachem Deck für Flugzeuge wurde 1918 von der britischen Royal Navy eingesetzt

Während des Ersten Weltkriegs wurden Flugzeugmutterschiffe, die Vorgänger der Flugzeugträger, meist nur für Aufklärungszwecke eingesetzt. Sie erreichten nur geringe Geschwindigkeiten und mußten stoppen, um die zurückkehrenden Wasserflugzeuge wieder an Bord zu hieven.

Die ersten Trägerschiffe mit flachem Flugdeck für →Flugzeuge, wie die von der britischen Royal Navy in Dienst gestellten *Argus* (1918) und *Hermes* (1919), galten noch als reine Begleitschiffe der schwerbewaffneten Kriegsflotte.

Bei einem Versuch im Juli 1921 versenkten Bomber der amerikanischen Armee das erbeutete deutsche Schlachtschiff *Ostfriesland*. In Marinekreisen der Vereinigten Staaten und Japans erkannte man, daß Luftgeschwader von Flugzeugträgern aus die feindliche Flotte aus einer Entfernung zerstören konnten, die weit außerhalb der Reichweite von Geschützen auf Kriegsschiffen lag.

Schwimmende Festungen – ihre Entwicklung und ihre Rolle

1910: Erster Flugzeugstart von einem Schiff aus
Am 12. November 1910 eröffnete der amerikanische Pilot Eugene B. Ely das Zeitalter der Fliegerei von Schiffen aus, als er im Kanal von Hampton Roads in Virginia mit einem *Curtiss*-Doppeldecker von Bord der *Birmingham* startete. Über den Bug des Schiffes hinaus war eine 25 m lange, geneigte Startrampe gebaut worden. Am 18. Januar 1911 landete Ely auch als erster Mensch mit einem Flugzeug auf einem Schiff, diesmal auf einer Plattform, die am Heck des Kreuzers *Pennsylvania* errichtet worden war. Seile, die man an Deck des Schiffes zwischen Sandsäcken ausgespannt hatte, hängten sich in Haken an der Unterseite des Flugzeugs ein und bremsten es ab. Ein ähnliches Bremssystem wird heute noch verwendet.

1918: Der erste echte Flugzeugträger
Die Royal Navy baute 1913 den leichten Kreuzer *Hermes* zu einem Flugzeugmutterschiff um. Im Ersten Weltkrieg folgten weitere Umbauten. Von diesen Schiffen starteten Wasserflugzeuge mit einem Radgestell an den Schwimmkörpern, das dann abgeworfen wurde; bei der Rückkehr wasserten die Flugzeuge in der Nähe des Mutterschiffs und wurden mit einem →Kran wieder an Deck genommen.

Am 12. August 1915 flog ein Wasserflugzeug, das von dem britischen Mutterschiff *Ben-My-Chree* mitgeführt wurde, den ersten erfolgreichen Torpedoangriff: Es versenkte im Marmarameer ein türkisches Versorgungsschiff. Commander E. H. Dunning von der Fliegertruppe der Royal Navy landete als erster auf einem fahrenden Schiff, als er am 2. August 1917 mit seiner Maschine auf dem Deck der H.M.S. *Furious* aufsetzte. Die *Furious* stellte ein Zwischenstadium in der Entwicklung zum echten Flugzeugträger dar. Ursprünglich war sie ein Schlachtkreuzer, bei dem man dann den vorderen Geschützturm durch ein Flugdeck ersetzte. 1919 wurde anstelle des hinteren Turmes ein Landedeck installiert. Die beiden Flugdecks waren aber immer noch mittschiffs durch die herkömmliche Brücke, den Mast und den Schornstein voneinander getrennt.

Der erste echte Flugzeugträger mit einem durchgehenden Flugdeck war die *Argus*, ein 1918 umgebautes Linienschiff, das jedoch zu spät fertig wurde, um noch eingesetzt zu werden. Neben dem 168 m langen und 20 m breiten Flugdeck für 20 Flugzeuge besaß das Schiff ein Hallendeck und hydraulische Fahrstühle.

1919: Das erste als Flugzeugträger konzipierte Schiff
Am 11. September 1919 wurde in England die *Hermes* vom Stapel gelassen, das erste vom Kiel auf als Flugzeugträger konzipierte Schiff mit dem heute üblichen Inselaufbau, der auf der Steuerbordseite des Flugdecks Brücke, Mast und Schornstein vereinigt. Das Schiff verdrängte 10850 t, schaffte mit seinen →Dampfmaschinen 25 Knoten und hatte 25 Flugzeuge an Bord. Da die *Hermes* aber erst im Juli 1923 fertiggestellt wurde, kam Japan früher zum Zug, als es im November 1922 die ebenfalls als reiner Flugzeugträger konstruierte *Hosho* in Dienst stellte. Zahlreiche Marineexperten waren aber immer noch der Ansicht, daß Schlachtschiffe auch schwersten Luftangriffen standhalten würden.

1927: Die schweren Träger kommen
Gegen Ende der 20er Jahre entwickelten die USA und Japan schnelle, schwere Flugzeugträger, bestückt mit modernen Torpedo- und Sturzkampfflugzeugen. Die *Lexington* und *Saratoga* (1927) verdrängten je 36000 t und hatten 72 Flugzeuge an Bord. Die japanischen Flugzeugträger *Akagi* und *Kaga* (1927–1928) hatten eine Wasserverdrängung von mehr als 36000 t. Die zur gleichen Zeit gebauten britischen Träger *Courageous* und *Furious* verdrängten je 22000 t und waren nur mit 36 weniger leistungsfähigen Flugzeugen bestückt.

1930: Die dritte Generation von Flugzeugträgern
In den späten 30er Jahren, kurz vor Kriegsausbruch, bauten die drei größten Seemächte neue, gewaltige Flugzeugträger: Amerika die Träger der *Yorktown*-Klasse mit jeweils 80 Flugzeugen, die Japaner die *Shokaku* und *Zuikaku* mit je 84 Flugzeugen und die Briten die *Illustrious*-Klasse mit 35-55 Flugzeugen. Die britischen Flugzeugträger unterschieden sich von den amerikanischen dadurch, daß sie voll gepanzert waren und das Flugdeck bei ihnen nicht aufgesetzt, sondern in den Rumpf integriert war, was ihnen eine große Festigkeit verlieh.

1939–1945: Geleitträger
Im Zweiten Weltkrieg wurden nicht nur zahlreiche schwere Flugzeugträger für den Einsatz gegen eine feindliche Flotte, sondern auch eine neue Klasse von leichten Geleitflugzeugträgern mit einer Verdrängung von 15000–20000 t gebaut, die der Unterstützung von Landeoperationen mit Amphibienfahrzeugen oder dem Schutz von Geleitzügen gegen U-Boote oder Luftangriffe dienten.

Die Nachkriegszeit brachte dann die „Kommandoträger" hervor, wie die britische *Bulwark* (1960), die eine 600 Mann starke Marinekommandoeinheit mit ihren Waffen und Fahrzeugen sowie 21 →Hubschrauber an Bord hatte. Ihre Aufgabe war es, an Krisenherden überall in der Welt schnell eingreifen zu können.

1955: Der Superflugzeugträger
Am 1. Oktober 1955 stellte die US-Marine die *Forrestal* in Dienst, den ersten Superflugzeugträger der Welt, von dem aus bis zu 100 schwere, auch für den Einsatz von Kernwaffen geeignete Düsenbomber bei fast jedem Wetter operieren können. Die *Forrestal* und ihre Schwesterschiffe verdrängen jeweils 59650 t. Ihre Flugdecks sind 18000 m^2 groß.

Atomantrieb *Der atombetriebene amerikanische Flugzeugträger* Enterprise *(rechts) wurde 1961 in Dienst gestellt und war damals das größte Kriegsschiff der Welt. Mit seiner Größe können sich nur noch die amerikanischen Atomflugzeugträger der* Nimitz-*Klasse messen. Der Bau der* Enterprise *kostete mehr als 451 Millionen Dollar, und die Atomreaktoren verleihen dem Schiff eine Geschwindigkeit von mehr als 35 Knoten. Der Flugzeugträger hat eine Besatzung von rund 4600 Offizieren und Mannschaften, bietet Platz für etwa 84 Kampfflugzeuge und ist mit vier kräftigen Dampfkatapulten ausgestattet. Alle 15 Sekunden kann ein Flugzeug starten, und jedes erreicht nach 75 m eine Geschwindigkeit von über 250 km/h.*

Im Zweiten Weltkrieg kam es zum ersten erfolgreichen Flugzeugeinsatz gegen einen Flottenverband. Am 11. November 1940 griffen von der *H.M.S. Illustrious* aus 20 veraltete *Swordfish*-Doppeldecker die italienische Flotte im Hafen von Tarent an und setzten drei Schlachtschiffe außer Gefecht.

Die Schlacht in der Korallensee im Mai 1942, von den Amerikanern siegreich geführt, war das erste Seegefecht auf große Entfernung, das allein von den auf Flugzeugträgern mitgeführten Lufteinheiten entschieden wurde, ohne daß sich die gegnerischen Schiffe auf Sichtweite näherten.

Das Ende der japanischen Flotte und damit der Ära des Schlachtschiffs kam im Oktober 1944 in der Seeschlacht im Leytegolf, als amerikanische Trägerflugzeuge vier gegnerische Flugzeugträger und drei Schlachtschiffe, darunter das Superschlachtschiff *Musashi* versenkten.

Nach dem Zweiten Weltkrieg wurden die Trägerschiffe weiterentwickelt, und heute stellen die amerikanischen Flugzeugträger eine gewaltige Luftstreitmacht bereit. Zu dieser Flugzeugträgerklasse gehören die *Nimitz, Forrestal* und *John F. Kennedy.*

1961: Flugzeugträger mit Atomantrieb
Der erste atombetriebene Flugzeugträger, die *Enterprise* der US-Marine mit einer Wasserverdrängung von 86000 t und 4600 Mann Besatzung, wurde 1961 gebaut. Die Antriebsreaktoren liefern mehr als 150000 kW und verleihen dem Schiff eine Geschwindigkeit von über 35 Knoten. Dank der Atomkraft ist der Aktionsradius des Schiffes auch bei Höchstgeschwindigkeit praktisch unbegrenzt. Da Schornsteine und Abgase fehlen, entstehen geringere Luftturbulenzen, was für den Landeanflug günstig ist.

Bei den amerikanischen Superflugzeugträgern sind drei wichtige englische Erfindungen genutzt worden: das schräge Landedeck, auf dem die Flugzeuge über die Backbordseite hinaus durchstarten können, wenn sie die Halteseile verfehlen; das Spiegel- oder Reflexlandesystem, mit dessen Hilfe der Pilot die Geschwindigkeit und den Winkel des Landeanflugs genau beurteilen kann; und das Dampfkatapult, mit dem die schweren Bomber auf Startgeschwindigkeit gebracht werden. Mit den vier Katapulten der *Enterprise* kann alle 15 Sekunden ein Flugzeug gestartet und bereits nach einer Strecke von 75 m auf über 250 km/h beschleunigt werden.

Das Reflexlandesystem arbeitet mit einem Hohlspiegel am Deck des Schiffes, der zum Piloten einen weißen Lichtpunkt reflektiert. Dieser Punkt steht nahe bei einem 4,5 m langen Leuchtstrich am Spiegel, der einen Horizont darstellt. Die jeweilige Lage des Lichtpunkts im Spiegel zeigt dem Piloten an, ob er sich oberhalb oder unterhalb des richtigen Kurses befindet. Bei Nacht übernimmt diese Aufgabe ein Radarstrahl, der ein Licht in der Nase des Flugzeugs steuert: Eine Kursabweichung nach oben wird gelb, eine nach unten rot und der richtige Landeanflug grün angezeigt.

Nur die US-Marine hat Superflugzeugträger gebaut. Die Briten und Russen bevorzugten kleinere Schiffe wie die *Invincible* mit einer Wasserverdrängung von 16000 t und die *Moskwa* mit 14500 t. Sie sind bestückt mit Hubschraubern und Senkrechtstartern und vorwiegend zur Abwehr von U-Booten bestimmt.

Leonardo da Vinci – ein Universalgenie

Seine Vielseitigkeit hat ihm den Ruf eines Universalgenies eingebracht. Sein Kopf war voller Ideen. Manche davon, wie Panzerwagen, Gasmasken oder Hubschrauber, wurden erst im 20. Jh. verwirklicht. Er befaßte sich aber auch mit automatischen Musikinstrumenten und Apparaten zur Nachahmung des Vogelflugs.

Vom Alter gezeichnet *Geistig blieb Leonardo jung, körperlich aber alterte er schnell. Dieses Selbstporträt zeigt ihn im Alter von nur 50 Jahren.*

„Ich habe mich entschlossen, Wunder zu wirken", sagte Leonardo über sich selbst. Sein Beiname *da Vinci* stammt von der kleinen Stadt in der Toscana, wo er 1452 geboren wurde. Doch keiner seiner phantastischen Einfälle wurde zu seinen Lebzeiten verwirklicht. Der Ruhm des Porträt- und Kirchenmalers verstellte lange Zeit den Blick auf sein Talent als Erfinder und Wissenschaftler.

Man hat behauptet, Leonardo habe die Begabung von zehn Männern besessen. Er war Maler, Erfinder, Lautenspieler, Bildhauer, Kriegstechniker, Naturforscher, Anatom, Architekt, Städteplaner und Konstrukteur in einer Person.

Auf den 7000 Seiten seiner Tagebücher und Aufzeichnungen findet sich ein erstaunliches Gewirr von phantastischen Landschaften, anatomischen Studien, Kriegsmaschinen, Abwassersystemen, Flugapparaten, Naturbeobachtungen, Karikaturen, Rätseln, Zahlenreihen und Geheimschriften. Unter den zahlreichen Ideen, die in Skizzen festgehalten sind, befinden sich auch ein Taucheranzug (schon denen von heute ähnlich), ein „unsinkbares" Schiff mit doppeltem Rumpf, Schleifmaschinen zur Herstellung von →Spiegeln und Pläne für eine Stadt mit Straßen auf zwei Ebenen, für Fahrzeuge und Fußgänger getrennt.

Da Leonardo viele Jahre als Festungsbaumeister arbeitete, gehören – obwohl er selbst ein friedlicher Mann war – zu seinen Erfindungen auch viele Kriegsgeräte, von chemischen Rauchbomben (und Gasmasken, um sich vor ihnen zu schützen) bis zu Panzerwagen und schweren Angriffswaffen. Er plante eine Granate mit mehreren Sprengköpfen, die wie ein Schrapnell nach allen Richtungen explodierende Kugeln aussendet. Zu seinen Waffen zählen auch eine Haubitze, die einen regelrechten Geschoßregen produziert, sowie ein →Gewehr mit mehreren Läufen als Typ eines →Maschinengewehrs.

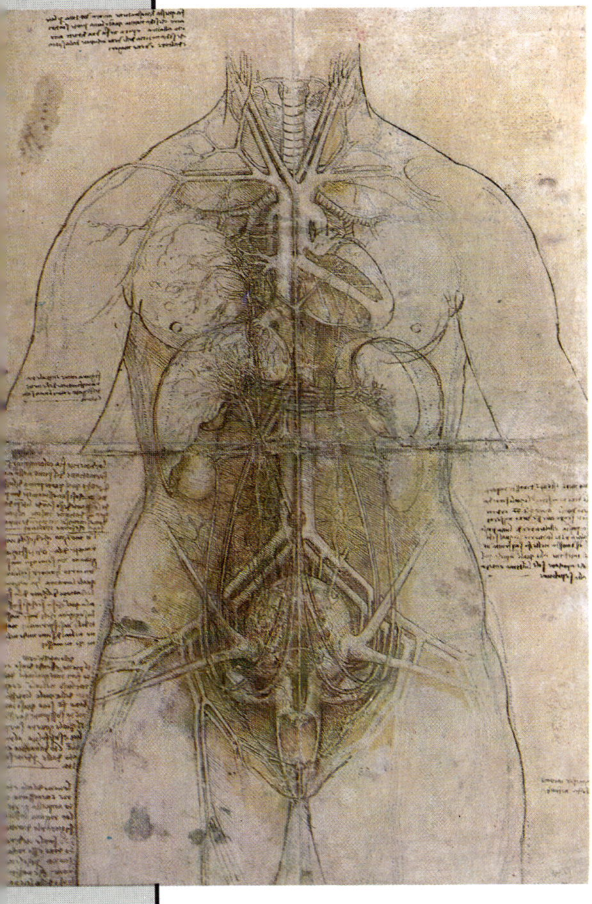

Anatomische Zeichnungen *Leonardo eilte seiner Zeit weit voraus. Solche Darstellungen waren bis dahin unbekannt. Für seine Zeichnungen sezierte er mehr als 30 Leichen.*

Urform des Panzerwagens *Der von Leonardo ursprünglich entworfene Panzerwagen hätte nicht funktioniert, denn die Kurbel drehte die Räder in entgegengesetzte Richtungen. Der Fehler wurde bei einem späteren Modell (oben) behoben.*

Schaufelbagger *Um den Schlamm aus Kanälen und Flußläufen zu beseitigen, entwarf Leonardo einen Bagger, der zwischen zwei vertäuten Kähnen liegen sollte. Der Schlamm sollte von den Schaufeln hochgehoben und auf einen Lastkahn abgeladen werden.*

Flugapparate

Leonardo war von dem Gedanken zu fliegen fasziniert. So entwarf er etliche Flugapparate in Form von Schwingenflüglern (Ornithoptern) und Hubschraubern; dabei sah er sogar Stoßdämpfer für eine weiche Landung vor. Er rechnete aus, daß der Mensch mit seiner Muskelkraft etwa 380 kg vom Boden abheben könne, und plante seine Modelle möglichst leicht, um dieses Gewicht nicht zu überschreiten. Dazu beobachtete er, wie die Vögel in der Luft ihre Flügel halten, um den Auftrieb auszunutzen.

Als wollte er manche Ideen für sich allein behalten, benutzte Leonardo, der Linkshänder war, in seinen Tagebüchern und Aufzeichnungen Geheimzeichen und Abkürzungen. Viele Notizen machte er in Spiegelschrift, was jedoch nur eine seiner Marotten gewesen sein dürfte.

Den größten Dienst aber erwies Leonardo der Menschheit dadurch, daß er sein Wissen nicht – wie im Mittelalter üblich – fast nur aus Büchern schöpfte, sondern die tatsächlichen Vorgänge im Leben untersuchte. Seine anatomischen Schnittbilder, die beispielsweise ein Kind im Mutterleib, die verschiedenen Blutgefäße oder die Eingeweide des Menschen zeigen, waren damals in der Medizin einmalig. „Untersuche die Zungenbewegung des Spechts", lautet eine seiner typischen Notizen. Am meisten beflügelt wurde sein Geist offenbar von unstillbarer Neugier und einem Interesse an allem, was er sah.

Bei seiner Arbeit verwendete Leonardo Meßinstrumente, und auch die wollte er verbessern. Er konstruierte eine Wasseruhr und regte die Verwendung von Kugellagern an. Er schlug eine kühne, aber undurchführbare Methode vor, um die Fundamente einer Kirche zu heben, die sich gesenkt hatten.

Dieses Universalgenie war der uneheliche Sohn des Notars Ser Piero. Von seiner Mutter Caterina ist nur bekannt, daß sie später

Flugapparat *Der Vogelflug hat Leonardo zu kühnen Entwürfen von Schwingenflüglern oder Ornithoptern angeregt, bei denen das Höhenruder durch ein Kopfgestänge betätigt wurde. Bei diesem Modell bewegt der Flieger seine Beine auf und ab, um die Flügel zu bewegen.*

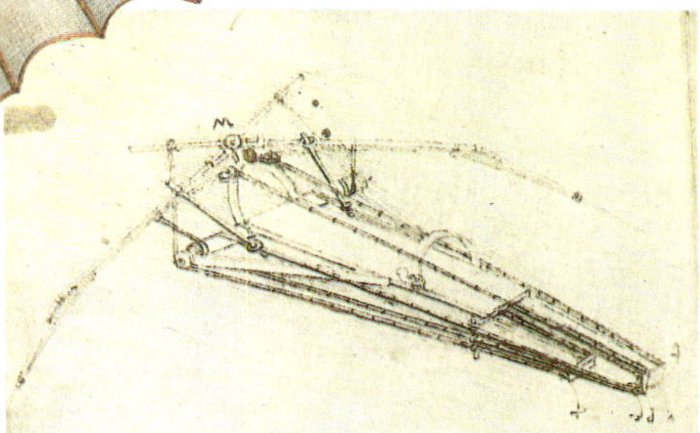

einen Baumeister heiratete, während Leonardo bei seinem Vater blieb.

Im Jahr 1466 zog der Notar nach Florenz um, wo Leonardo lange ohne Geschwister und meist unter der Obhut seines Onkels lebte. Schon in früher Jugend wurde Leonardo als hübscher Knabe mit starker persönlicher Ausstrahlung gelobt. Als sich seine starke künstlerische Begabung zeigte, schickte ihn der Vater mit 14 Jahren in die Lehre zu dem Maler Andrea del Verrocchio, der sich damals ganz dem neu entdeckten Prinzip der Perspektive widmete. Leonardo stellte prompt neue Regeln für perspektivisch richtige Darstellungen auf.

Kanonen statt Kunst

Bis zum Alter von 30 Jahren blieb Leonardo in Florenz, wo er viel studierte und arbeitete, aber wenig verdiente. 1481 schrieb er an Ludovico Sforza, den Herzog von Mailand, und bot ihm seine Dienste an. Da er wußte, daß die Fürsten der Renaissance vor allem am Krieg interessiert waren, versuchte er es mit Entwürfen verschiedener Geräte und Waffen für den Land- und Seekrieg. Darunter waren Panzerwagen und ein Einmann-Kriegsschiff.

Der Herzog stellte ihn schließlich als Festungsbaumeister an; seine Pläne waren aber so kostspielig, daß sie nicht verwirklicht wurden. Statt dessen arbeitete er an einem gewaltigen Reiterstandbild zu Ehren der Familie Sforza, das 90 t →Bronze gefordert hätte – die zehnfache Menge dessen, was bis dahin je in einem Guß verwendet worden war. Leonardo fertigte zwar ein Tonmodell in Lebensgröße an, das viel bewundert wurde, und arbeitete auch eine Technik für den Bronzeguß aus, doch die Statue wurde nie hergestellt. Aus der Bronze goß man dann →Kanonen.

Ställe und Madonnen

In dieser Zeit widmete sich Leonardo auch der Architektur: Er plante Straßen, Kanäle, Kirchen, Treppen, Ställe, Bordelle, →Zentralheizungen und Satellitenstädte. Daneben übernahm er auch die seriösere Aufgabe, für die Bruderschaft der unbefleckten Empfängnis die bekannte *Madonna in der Felsengrotte* zu malen, an der er fast 20 Jahre arbeitete.

1495 begann er mit seinem meisterhaften Wandgemälde *Das Abendmahl* im Refektorium des Dominikanerklosters Santa Maria delle Grazie in Mailand. Angesichts der Bedrohung Mailands durch französische Soldaten und erbittert über die Mißachtung seiner Vorschläge zu ihrer Abwehr zog Leonardo über Mantua nach Venedig, das damals mit der Türkei Krieg führte. Dort füllte er Blatt um Blatt mit Ideen zur Vernichtung der türkischen Flotte und entwarf Minenboote, Rammschiffe und →Unterseeboote sowie kugelsichere Westen für ihre Besatzungen. Aber wiederum fand man seine Vorschläge zu teuer oder zu phantastisch.

Im Jahr 1504 vollendete er in Florenz sein Bildnis der *Mona Lisa*. Drei Jahre später kehrte er nach Mailand zurück, wo damals die Franzosen herrschten.

Das vergessene Genie

1513 ging Leonardo nach Rom, und den letzten Abschnitt seines Lebens verbrachte er als Gast des französischen Königs Franz I., der ihm eine Altersrente zahlte, in der Nähe von Amboise. Enttäuschung und Hinfälligkeit kennzeichneten den Lebensabend des vergessenen Genies.

Die unzähligen Aufzeichnungen, Skizzen, Pläne und Tagebücher, die Leonardo hinterließ, übertreffen bei weitem das Werk anderer schöpferischer Geister seiner Zeit. Im Lauf der Jahrhunderte ging leider vieles davon verloren. Einige der Manuskripte schaffte Napoleon aus Mailand fort; dennoch befindet sich dort noch heute die größte Sammlung seiner Schriften.

Die historische Persönlichkeit Leonardos fristete jahrhundertelang ein Schattendasein, denn ein Großteil seiner Werke wurde beschädigt oder zerstört. Erst in jüngerer Zeit ist seine Bedeutung als Erfinder und als Künstler im vollen Umfang bekannt geworden.

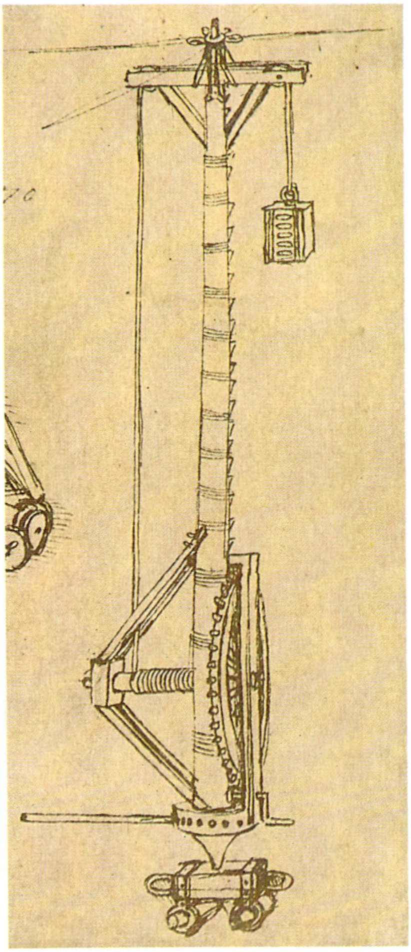

Fahrbarer Kran *Um den Baumeistern seiner Zeit die Arbeit zu erleichtern, entwarf Leonardo einen fahrbaren Kran zum Hieven schwerer Steinquader. Der Kran ruhte auf einem kleinen Fahrgestell, war oben an Führungsdrähten befestigt und konnte sich um einen Zapfen drehen. Die Kurbel wurde von Hand bewegt; der Kranhaken hatte einen automatischen Auslösemechanismus.*

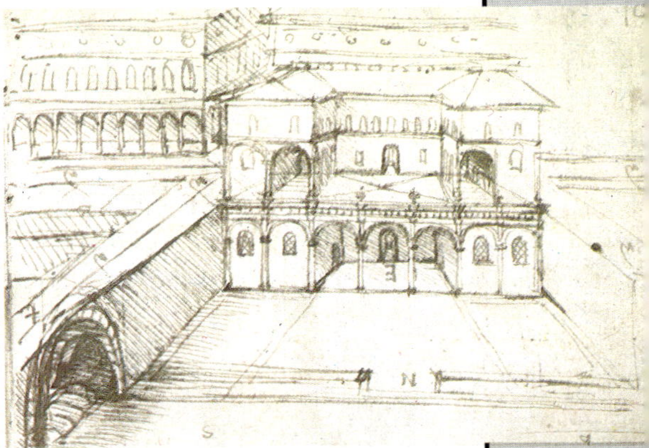

Unterschiedliches Straßenniveau *Zu seinen Entwürfen für eine neue Stadt schrieb Leonardo: „Auf der oberen Straße dürfen keine Fahrzeuge ... verkehren. Für Zugkarren und Lasten ... ist die untere Straße bestimmt.“ Die Fußgängerzone war für den Adel.*

Flüssigkristallanzeige

1971 in der Schweiz hergestellt

Bei den Flüssigkristallen handelt es sich um chemische Verbindungen, deren Moleküle sich in einer bestimmten Weise ordnen, sobald man an sie eine elektrische Spannung anlegt. Schickt man Licht durch diese Moleküle, so wird es polarisiert. Diese besondere Eigenschaft der Flüssigkristalle ist seit fast 100 Jahren bekannt. Der Gedanke, sie für die Anzeige von Ziffern oder Buchstaben zu verwenden, kam erst in den 60er Jahren des 20. Jh. auf, als elektronische Geräte entwickelt wurden. Im Jahr 1971 stellte der Schweizer Chemiekonzern F. Hoffmann La Roche zusammen mit dem Unternehmen Brown, Boveri + Cie. nach diesem Prinzip die erste Anzeigetafel her. Da nur wenig Strom verbraucht wird, hat sich die Flüssigkristallanzeige bei batteriebetriebenen →Uhren und Taschenrechnern durchgesetzt.

Bei der Flüssigkristallanzeige werden die Moleküle der Kristalle durch transparente Dünnschichtelektroden veranlaßt, sich zu ordnen. Die Elektroden sind mit Stromkreisen verbunden, die ihrerseits mit Hilfe eines →Siliziumchips gesteuert werden. Man kann die Elektroden so gestalten, daß sie Ziffern oder andere Symbole darstellen.

ZEITANZEIGE DURCH DIE MOLEKÜLE VON FLÜSSIGKRISTALLEN

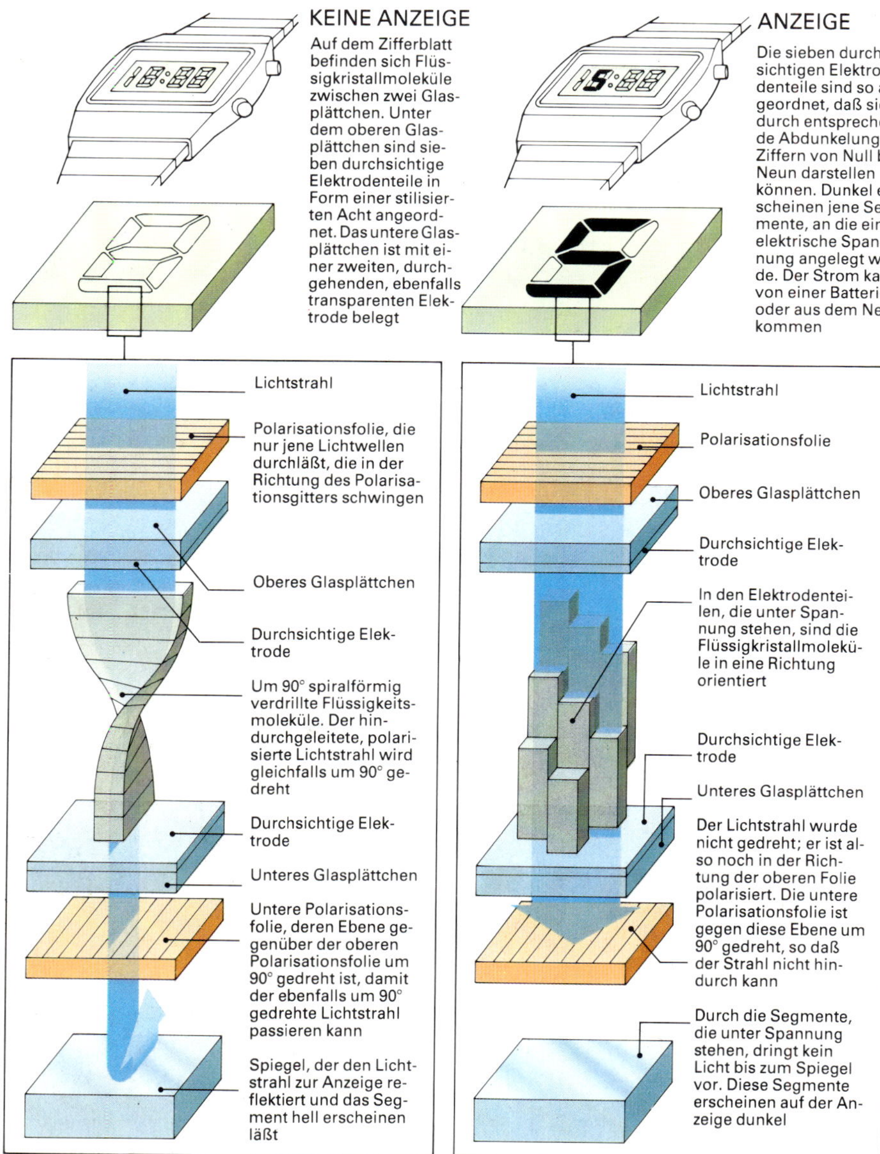

Manche Armbanduhren zeigen die Zeit durch Flüssigkristalle an. Jede Ziffer setzt sich aus sieben Elektrodenteilen zusammen, die in verschiedenen Kombinationen schwarz werden und so die jeweils richtige Ziffer erscheinen lassen. Gesteuert wird das Ganze durch die Schwingungen eines Quarzkristalls.

Fotografie

siehe Seite 123

Fotokopiergerät

Das erste Gerät wurde 1947 in Amerika gebaut

Der amerikanische Physiker Chester Carlson ließ sich 1938 seine Idee zur Vervielfältigung von Schriftstücken patentieren. Die ersten Fotokopiergeräte kamen aber erst 1947 auf den Markt.

Man legt das Schriftstück zum Kopieren auf eine Glasfläche und projiziert es auf eine elektrisch geladene Platte. Die positive Ladung bleibt nur dort erhalten, wo das Papier von Schriftzügen bedeckt ist. Anschließend wird die Platte mit negativ geladenem Pulver bestäubt. Es bleibt an jenen Stellen haften, wo noch eine positive Ladung besteht. Dann wird es elektrostatisch auf ein Blatt Papier übertragen und durch Hitze fixiert.

Funknavigation

Der Deutsche Hans Plendl erfand 1934 eine Hilfe für die Navigation bei Nacht

Die herkömmliche Navigation bei Nacht mit →Kompaß und Sternpeilung war für →Flugzeuge so unzuverlässig, daß Bomber sogar große Städte verfehlen konnten. Hans Plendl von der Deutschen Versuchsanstalt für Luftfahrt in Berlin entwickelte 1934 das Funkleitsystem *Knickebein*. 1940 wurde es im Krieg von Wehrmachtpiloten über England zum erstenmal erprobt. Ein Doppelantennensender auf der Erde strahlte zwei Funkstrahlen auf das Ziel aus. In der Nähe des einen Strahles hörte der Pilot in seinem Peilempfänger kurze Morsezeichen (Punkte), in der Nähe des anderen lange (Striche). Befand er sich wie geplant zwischen den Strahlen, hörte er einen Dauerton.

Im November 1940 gelang es den Briten, dieses System durch ein starkes „Strich"-Signal zu stören. Deutschland antwortete darauf mit dem X-Gerät. Dabei schickte ein Sender an der Küste einen Funkleitstrahl aus, an dem der Pilot entlangflog. Signale aus einem zweiten Sender kreuzten den Richtstrahl in einer bekannten Entfernung vor dem Ziel. Das X-Gerät konnte nicht wirksam gestört werden.

Fotografie

Die erste beständige Fotografie wurde 1826 von Joseph Nicéphore Niepce in Frankreich aufgenommen

Im Jahr 1839 verbreitete sich die Nachricht von der Erfindung der Fotografie durch Joseph Nicéphore Niepce und Jacques Louis Daguerre rasch um die ganze Welt und setzte die Öffentlichkeit in Erstaunen.

Porträtfotos zu erschwinglichen Preisen kamen auf, als um 1854 sogenannte *cartes de visite*, auf Pappkarton aufgezogene Fotografien von der Größe einer Visitenkarte, in großen Mengen angefertigt wurden. Im Jahr 1860 waren allein in Paris über 30000 Leute in der Fotoindustrie beschäftigt; sie stellten vor allem solche Visitenkartenfotos her. Zu den Mitarbeitern der ersten Porträtstudios gehörten auch Porträtmaler, die nun keine Aufträge mehr bekamen und deshalb Fotografien retuschierten und kolorierten.

In der zweiten Hälfte des 19. Jh. kamen auch dreidimensional erscheinende Fotografien auf den Markt, die durch ein besonderes Stereoskop betrachtet wurden und lebendige Bilder von fernen Ländern und fremden Völkern lieferten.

Sehr früh wurde die Kamera auch schon für wissenschaftliche Zwecke benutzt. Bereits 1839 wurden Bilder durch →Mikroskope aufgenommen. Im Jahr 1843 war es möglich, Aufnahmen von Insekten mit 100facher Vergrößerung herzustellen.

Von Anfang an wurde die Fotografie auch in der Astronomie eingesetzt, indem man Aufnahmen durch Fernrohre machte. Diese Methode bietet den Vorteil, daß man den →Film oder die Platte sehr lang belichten kann, so daß auch sehr schwaches Licht eines Himmelskörpers aufgezeichnet wird. Die ersten scharfen Fotos von der Mondoberfläche wurden 1850 in Europa und Amerika gemacht. In England war damals Warren de la Rue einer der bedeutendsten Astrofotografen. In der Zeit von 1850 bis 1860 lieferte er Bilder vom Mond, die in der Öffentlichkeit großes Interesse erregten, weil sie die gewaltigen Dimensionen des Alls zeigten. Von Sonnenfinsternissen und der Sonnenkorona konnten Ende der 60er und 70er Jahre des 19. Jh. gute Aufnahmen gemacht werden. 1887 faßte man den Plan, in Zusammenarbeit von 20 Observatorien einen Sternatlas herauszubringen. Bis 1912 waren 20000 Plattenaufnahmen mit 50 Millionen Sternen archiviert; zuvor hatte es keinen Katalog mit mehr als 600000 Sternen gegeben.

Stereobilder *Fotos, die dreidimensional erschienen, wenn man sie durch ein Stereoskop betrachtete, vermittelten schon im 19. Jh. einen lebensnahen Eindruck von fremden Ländern. Eine Firma verkaufte 1862 fast eine Million solcher Bilder.*

Fotos, die durch Mikroskope und Fernrohre aufgenommen worden sind, erschlossen der Forschung eine neue Welt und trugen Argumente zur Diskussion über althergebrachte religiöse Vorstellungen bei.

Die Kamera kann auch Bewegungen festhalten, die normalerweise dem Auge verborgen bleiben. Diese Möglichkeit interessiert nicht nur den Wissenschaftler, sondern auch den Künstler. Eadweard Muybridge, ein englischer Fotograf, der in Amerika arbeitete, machte viele Serienaufnahmen in schneller Folge. Er benutzte dabei bis zu 24 Kameras, die ganz kurz nacheinander ausgelöst wurden.

Die Serienfotos von Muybridge wurden weltbekannt. Sie beendeten alle Streitigkeiten über den Bewegungsablauf bei den verschiedenen Gangarten des Pferdes. Überdies regten sie Physiologen an, die Bewegungen von Lebewesen zu studieren.

Die Fotografie schneller Vorgänge – bald als Chronofotografie oder Hochfrequenzfotografie bezeichnet – wurde zum unentbehrlichen Instrument der Forschung. Derartige Aufnahmen von Vögeln im Flug trugen zum besseren Verständnis der Aerodynamik und damit zur Entwicklung von →Flugzeugen bei.

Überdies war die Kamera ein Werkzeug sozialer Reformen. Ein stummes Bild sagte oft mehr aus als 1000 Worte. Jakob Rijs, ein Einwanderer aus Dänemark, der in schäbigen New Yorker Mietshäusern lebte, legte um 1880 eine Fotodokumentation der dort herrschenden Verhältnisse vor. Sein Feldzug mit Kamera und Feder hat manche langersehnte Verbesserung herbeigeführt. Von 1905 bis 1930 fotografierte der amerikanische Soziologe Lewis Hine amerikanische Kinder, wie sie in Fabriken, in Bergwerken und auf Feldern arbeiteten. Daraufhin wurden Arbeitsschutzgesetze für Kinder und Jugendliche erlassen.

Aber auch Gewalttaten dokumentierte die unbestechliche Kamera, ebenso den Krieg in seiner ganzen Grausamkeit. Die Fotografien vom amerikanischen Bürgerkrieg (1861–1865) schockierten viele Menschen.

Bald griffen auch die illustrierten Zeitschriften nach dokumentarischen Fotografien, die zum Beispiel Szenen aus dem Krimkrieg (1855) oder die Ermordung Abraham Lincolns im Jahr 1865 zeigten. Zunächst wurden die Fotos zu diesem Zweck in Holzschnitte umgesetzt und verloren so einen Teil ihrer Wirklichkeitsnähe. Um 1880 führte man dann aber das Druckverfahren mit der Halbton-Rasterplatte ein (→Druckverfahren).

Die Werbung bedient sich seit etwa 1850 der Fotografie. Als eigener Zweig tauchte in der Zeit nach 1920 die Modefotografie auf. Als 1888 die einfach zu bedienende Kodakkamera und 1900 dann die billige Boxkamera auf den Markt kamen, eroberte die Fotografie breiteste Kreise. Heute spielt die Fotografie in vielen Bereichen eine bedeutsame Rolle. Die Kamera hält Objekte fest, die durch Mikroskope oder →Teleskope vergrößert werden; sie macht mit Hilfe von Sonden Aufnahmen im Innern des menschlichen Körpers; und die winzigen Schaltungen von →Siliziumchips werden durch fotografische Verkleinerung von großen Schaltplänen hergestellt.

Sozialreformen *Der Sozialreformer Lewis Hine dokumentierte mit der Kamera die armseligen Verhältnisse, unter denen Kinder zu Beginn des 20. Jh. in Amerika wohnten und arbeiteten.*

Wie aus einem astronomischen Gerät im Lauf von 1000 Jahren die moderne Kamera wurde

Um 900: Die Camera obscura in Arabien
Grundsätzliche Erkenntnisse auf zwei wissenschaftlichen Gebieten, der Optik und der Chemie, mußten errungen und miteinander kombiniert werden, um die Fotografie zu ermöglichen.

Das optische Prinzip der Kamera war bereits gegen Ende des 9. Jh. bekannt. Damals haben arabische Astronomen offenbar die Bahn der Sonne am Himmel im Lauf eines Jahres mit einer Vorrichtung beobachtet, die später den lateinischen Namen Camera obscura (dunkle Kammer) erhalten hat. Sie beruht auf dem Prinzip, daß Lichtstrahlen, die von einem Gegenstand reflektiert werden und durch ein kleines Loch in einen dunklen Kasten dringen, im Innern dieses Kastens auf einer Wand oder einem Schirm ein verkleinertes, auf dem Kopf stehendes Bild dieses Gegenstands erzeugen.

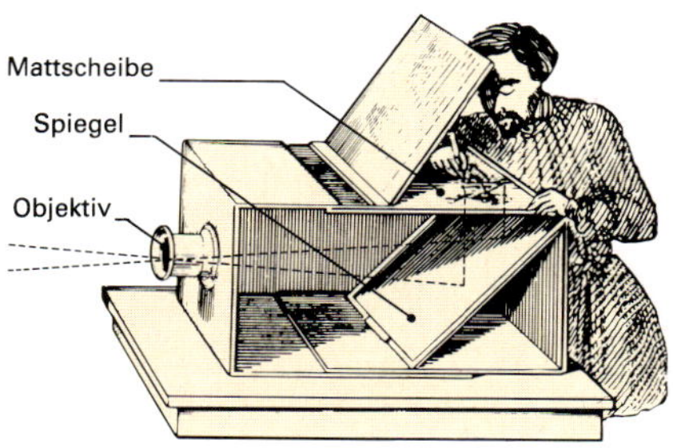

Die Camera obscura *Die ursprüngliche Camera obscura hatte statt einer Linse ein winziges Loch. In späteren Kameras projizierte eine Linse das genaue Abbild eines Gegenstands auf eine Mattscheibe. Künstler benutzten solche Modelle, um naturgetreue Zeichnungen anzufertigen.*

Mit einer solchen Camera obscura konnten die Araber eine Sonnenfinsternis oder Sonnenflecken beobachten, ohne ihre Augen zu überanstrengen. Außerdem konnten sie auf dem Beobachtungsschirm die Umrisse und die verschiedenen Stellungen der Sonne – in klaren Nächten auch die des Mondes – festlegen.

Der englische Naturphilosoph Roger Bacon, der im 13. Jh. lebte, kannte dieses Gerät der Araber. Er hat wohl auch festgestellt, daß man mit einer Camera obscura bei guten Lichtverhältnissen Freilichtszenen abbilden und wie einen Film betrachten kann.

16. Jh.: Die Camera obscura in verbesserter Form
Im 15. Jh. beschrieb Leonardo da Vinci die Camera obscura in einem seiner Notizbücher. Er schlug vor, in einem dunklen Zimmer ein weißes Papier anzubringen, auf dem man dann die Gegenstände außerhalb des Zimmers in ihren natürlichen Umrissen und Farben betrachten könne. „Die Dinge sehen dann so aus, als wären sie auf das Papier gemalt", fügte er hinzu.

Die älteste erhaltene Fotografie *Mit dieser Kamera (links) fertigte Niepce 1826 eine Fotografie an, indem er eine Zinnplatte, die mit einer Art Asphalt beschichtet war, acht Stunden lang belichtete. Diese Asphaltschicht härtete und wurde vom Licht unterschiedlich weiß gebleicht. So lieferte sie ein Abbild der Gebäude, die Niepce durch das Fenster seines Arbeitszimmers sehen konnte.*

Das einzige, was damals für eine Fotografie noch fehlte, war die Möglichkeit, das Bild irgendwie festzuhalten. Es galt, etwa ein lichtempfindliches Material zum Beschichten des Papiers zu finden – zum Beispiel eine Emulsion, die durch Licht geschwärzt wird –, ferner eine Methode, um dieses Bild zu fixieren, damit man es bei Licht betrachten konnte, ohne daß es vollständig schwarz wurde.

Im 16. Jh. setzte man anstelle der kleinen Öffnung eine Linse in die Camera obscura ein. Diese sammelte nicht nur das Licht, sondern ermöglichte auch eine Entfernungseinstellung, um einen bestimmten Gegenstand auf dem Betrachtungsschirm scharf abzubilden. Mit Spiegeln wurde das Bild im Innern der Kamera so umgelenkt, daß es aufrecht stand.

17. Jh.: Die Camera obscura im Dienst der Kunst
Im 17.–19. Jh. bedienten sich die Maler der Camera obscura; mit ihrer Hilfe konnten sie sehr naturgetreu zeichnen und malen. Die meisten Pioniere der Fotografie waren von Haus aus Künstler, und die Fotografie wurde denn auch als eine neue Kunstform angesehen.

1725: Eine lichtempfindliche Substanz
Im 17. Jh. war bereits bekannt, daß sich bestimmte Silberverbindungen unter der Einwirkung der Sonne schwarz färben. Man hatte allerdings noch nicht festgestellt, ob diese Schwärzung durch die Wärme oder das Licht hervorgerufen wurde.

Johann Heinrich Schulze, Anatomieprofessor an der deutschen Universität Altdorf, entdeckte 1725, daß die Schwärzung auf das Licht zurückzuführen ist: Als er in seinem sonnigen Laboratorium Verfahren zur Darstellung von Phosphor untersuchte, stellte er durch Zufall fest, daß eine Chemikalie in einer Gasflasche sich an der sonnenbeschienenen Seite schwarzviolett verfärbt hatte. Daraufhin brach Schulze seine Phosphorexperimente ab und befaßte sich näher mit dieser sonderbaren Erscheinung. Er schnitt aus einem Blatt Papier Wörter aus und klebte das Blatt auf die Glasflasche. Diese stellte er dann an einen dunklen Platz bei einem heißen Ofen, konnte aber keine Verfärbung feststellen. Als er die Flasche jedoch eine Zeitlang in der Sonne stehen ließ und dann das Blatt entfernte,

Daguerreotypie *Das 1838 von Daguerre erfundene Verfahren lieferte Fotografien auf versilberten Kupferplatten. Diese Positive konnte man nicht kopieren.*

waren die Wörter im Flascheninhalt genau abgebildet – also durch das geschwärzte Silbernitrat in der Chemikalie „fotografiert" worden.

Es dauerte noch einige Zeit, bis sich Schulze darüber klar war, daß die Farbänderung durch die geringen Silbermengen in der ursprünglichen Verbindung hervorgerufen wurde. Seine Erkenntnisse bildeten später die Grundlage für die Erforschung lichtempfindlicher Substanzen.

Negative auf Glas *Im Jahr 1851 vollendete Frederick Scott Archer die erste Kamera, mit der Negative auf Glasplatten hergestellt wurden. Die Platten waren mit nassem Kollodium beschichtet und mußten 0,5–30 Sekunden lang belichtet werden.*

Anschließend mußte man das Bild sogleich entwickeln. 1855 fotografierte Roger Fenton mit einer solchen Kamera britische Soldaten im Krimkrieg (oben). Er entwikkelte die Platten in einer fahrbaren Dunkelkammer, die aus einem umgebauten Frachtwagen bestand (links).

1826: Die erste erhaltene Fotografie

Die Ergebnisse der Forschung auf optischem und chemischem Gebiet wurden schließlich im 19. Jh. miteinander kombiniert. Im Jahr 1802 erzielten Thomas Wedgwood, ein Sohn des bekannten englischen Keramikers, und der Chemiker Humphry Davy einen Teilerfolg: Sie machten Fotogramme. Dazu legten sie Blätter, bemaltes Glas und Insektenflügel direkt auf Papier, das lichtempfindlich gemacht worden war, und setzten es dem Sonnenlicht aus. Da sie aber ihre Bilder nicht fixieren konnten, sind diese nicht erhalten geblieben.

Vor der gleichen Schwierigkeit stand 1816 auch der Franzose Joseph Nicéphore Niepce, ein Gutsbesitzer in Chalon-sur-Saône. Er hatte sich vorgenommen, mit einer Kamera Negativbilder aufzunehmen. Als Motiv wählte er den Blick aus seinem Arbeitszimmer auf den Taubenschlag, die Scheune und das Backhaus seines Landguts. Erstaunlicherweise haben seine Bilder offenbar auch die natürlichen Farben erkennen lassen; doch konnte er sie nicht fixieren.

Trotzdem war es Niepce, der zehn Jahre später, 1826, die erste erhaltene Fotografie aufnahm. Mit einer Kamera hielt er auf einer Platte aus Zinn das gleiche Motiv wie einst fest, den Blick aus dem Fenster seines Arbeitszimmers. Die Zinnplatte war 21 × 16,5 cm groß, poliert und beschichtet mit pulverisiertem, lichtempfindlichem Judenpech (einer Asphaltart), das in Lavendelöl und Terpentin aufgelöst war. Die Belichtungszeit betrug acht Stunden. Dies ist der Grund für die eigenartige Verteilung von Licht und Schatten; während der langen Belichtung wanderte die Sonne um das Motiv herum. An den belichteten Stellen härtete das Pech und bleichte verschieden hell aus, je nachdem, wie intensiv der Lichteinfall war. Die nicht belichteten Stellen wurden mit Terpentin abgewaschen und dann mit Joddämpfen dunkler gefärbt, um den Kontrast zu den ausgebleichten Stellen zu erhöhen.

1838: Entdeckung von zwei fotografischen Verfahren

Im Jahr 1829 ließ sich Niepce auf eine unerfreuliche Zusammenarbeit mit dem Franzosen Louis Jacques Daguerre ein. Daguerre war ein bekannter Maler und Bühnenbildner und schuf auch Dioramen, die damals sehr beliebt waren: große Schaubilder mit optischen Effekten. Er hatte selbst bereits mit fotografischen Verfahren experimentiert, aber keinen Erfolg gehabt. Nun versprach er sich Vorteile von einer Zusammenarbeit mit Niepce. Dieser starb 1833, einige Jahre bevor Daguerre das nach ihm benannte fotografische Verfahren der Daguerreotypie vervollkommnet hatte.

1838 offenbarte Daguerre seine Erfindung dem Physiker F. J. D. Arago, der sie 1839 in der Pariser Akademie der Wissenschaften vorstellte. Daguerre hielt aber das Verfahren, das seinen Fotografien zugrunde lag, bis zum August desselben Jahres geheim. Er verwendete versilberte Kupferplatten, die mit Joddämpfen behandelt worden waren, um sie lichtempfindlich zu machen. Nach der Belichtung in der Kamera wurde das Bild auf der Platte durch Quecksilberdämpfe entwickelt und schließlich mit einer Kochsalzlösung fixiert.

Als William Henry Fox Talbot, ein wohlhabender englischer Physiker und Chemiker, im Januar von der Erfindung Daguerres hörte, wollte er dem Franzosen zuvorkommen und sein eigenes fotografisches Verfahren als erster bekanntgeben. Am 31. Januar 1839 veröffentlichte er nicht nur seine Erfindung, sondern beschrieb auch die technischen Einzelheiten seines Verfahrens. Talbots Erfindung, die er Lichtzeichnung nannte, war bereits seit 1835 praktisch verwertbar. Bis 1841 nahm Talbot noch wichtige Verbesserungen vor und gab seinem Verfahren den neuen Namen Kalotypie. Es handelte sich um den ersten Negativ-Positiv-Prozeß der Welt.

Talbot verwendete → Papier, das er mit

Fotografieren auf Rollfilm *Mit der Kodakkamera führte George Eastman 1888 auch eine beschichtete Papierrolle als Aufnahmematerial ein. Zum Kopieren der Negativbilder wurde die Schicht vom Papierträger abgezogen.*

Eine frühe Farbfotografie *Diese dreifarbige Fotografie fertigten die französischen Brüder Louis und Auguste Lumière nach dem ersten brauchbaren Farbverfahren an, das sie 1907 einführten. Sie verwendeten Glasplatten, die mit winzigen Körnchen beschichtet waren, und erhielten ein Bild, das sich aus Punkten in den drei Grundfarben zusammensetzte. Auf dem Glas war eine wesentlich bessere Farbwiedergabe möglich als auf Papier.*

Silbernitrat und Kaliumjodid sowie, kurz vor der Aufnahme, mit Gallussäure und Silbernitrat behandelte. Nach der Belichtung wurde das Negativ in einer Lösung aus Gallussäure und Silbernitrat erwärmt, um das noch nicht sichtbare Bild zu entwickeln. Anschließend stellte er durch Kontakt mit Papier, das ebenfalls durch Silbersalze lichtempfindlich gemacht worden war, ein Positiv her und fixierte es mit Kochsalz.

Zwischen den Verfahren der Daguerreotypie und der Kalotypie bestand ein wesentlicher Unterschied. Die Daguerreotypie lieferte direkt ein Positiv, ein scharfes Abbild, das aus winzigen Quecksilberkügelchen auf der Metallplatte bestand. Jede Fotografie stellte ein Original dar und konnte nicht mehrfach kopiert werden. Außerdem war die Daguerreotypie sehr empfindlich, und man mußte sie unter Glas rahmen. Die Belichtungszeit betrug zunächst 20–30 Minuten; sie konnte aber nach wenigen Jahren auf rund eine Minute verkürzt werden.

Die Kalotypie hingegen war ein Negativ-Positiv-Verfahren. Die Belichtung betrug etwa 1–5 Minuten. Dann entstand ein Negativ, von dem man beliebig viele Papierabzüge herstellen konnte. Die Faserstruktur des Papiernegativs wurde dabei auch auf das Positiv übertragen, so daß Kalotypien stets etwas weich und verschwommen wirkten.

Obwohl Daguerreotypien sehr beliebt waren, gab man der Kalotypie den Vorzug, weil diese Bilder sich vervielfältigen ließen. Von der Mitte der 50er Jahre des 19. Jh. an galt die Daguerreotypie dann als veraltet.

1841: Die Anfänge der Porträtfotografie
Als sich die Belichtungszeiten 1841 auf 1–5 Minuten verkürzten, konnte man mit der Kamera auch Porträtaufnahmen machen. Trotzdem war es unbequem, ein bis zwei Minuten lang regungslos zu sitzen, wobei der Kopf in einer Art Schraubstock festgehalten wurde. Um es dem Fotografierten leichter zu machen, wurde er gelegentlich mit geschlossenen Augen aufgenommen. Diese wurden dann durch die Kunst des Retuscheurs mit dem Pinsel „geöffnet".

1851: Einführung der Glasplatte
Der nächste große Fortschritt wurde 1851 mit der Einführung der Glasplatte als Trägermaterial für das Negativ gemacht. Maßgeblich an dieser Neuerung beteiligt war Frederick Scott Archer, der in London Kalotypien herstellte. Sein als „Nasses Kollodiumverfahren" bekannter Prozeß verdrängte bald die Daguerreotypie und auch die Kalotypie. Er vereinigte in sich die Hauptvorteile dieser beiden Prozesse: die Schärfe bis ins Detail und die Möglichkeit, mehrere Abzüge herzustellen. Darüber hinaus konnten die Belichtungszeiten je nach der Plattengröße und den Lichtverhältnissen auf 0,5–30 Sekunden verkürzt werden. Das Kollodium war eine dickflüssige Lösung von Schießbaumwolle, mit der man die Glasplatte beschichtete. Anschließend wurde die Platte in ein Silbernitratbad getaucht, um sie lichtempfindlich zu machen. Der einzige Nachteil war, daß man die Platten noch im nassen Zustand in die Kamera einlegen und belichten mußte und der Fotograf oft schwarze Flecken an den Händen, Armen und Kleidungsstücken bekam. Immerhin verdanken wir diesem Verfahren einige der schönsten Fotografien aus jener Zeit.

Versteckte Kamera *Ein flüchtiger Augenblick, von Henri Cartier-Bresson mit einer Kleinbildkamera eingefangen. Die erste zuverlässige Kleinbildkamera, die Leica, wurde 1911–1913 von Oskar Barnack konstruiert und 1925 von der Firma Leitz, Wetzlar, in den Handel gebracht.*

1853: Verwendung von Trockenplatten
Kurz nach der Einführung des nassen Kollodiumverfahrens wurde von 1853 an gelegentlich auch mit einem trockenen Verfahren gearbeitet. Der große Vorteil der Trockenplatten bestand darin, daß der Fotograf nicht mehr Chemikalien und umständliche Geräte mit sich führen mußte.

Die Trockenplatte brauchte auch nicht sofort entwickelt zu werden. Allerdings erforderte sie zunächst so lange Belichtungszeiten, daß sie sich bis zur Einführung der mit Gelatine beschichteten Trockenplatten Ende der 70er Jahre kaum durchsetzen konnte.

1874–1880: Abzüge auf Bromsilberpapier
Ein billiges und schnelles Verfahren, um zahlreiche Abzüge von einem Negativ herzustellen, wurde in der Zeit von 1874 bis 1880 entwickelt: Man beschichtete das Papier mit Gelatine und behandelte es mit Silberbromid, das wesentlich lichtempfindlicher ist als andere Silbersalze. Mit diesem Papier ließen sich Abzüge von Negativen herstellen, nachdem es nur wenige Sekunden lang verhältnismäßig schwach belichtet worden war. Dadurch wurde es möglich, Abzüge in der Dunkelkammer anzufertigen. Man brauchte das Fotopapier also nicht mehr stundenlang dem Sonnenlicht auszusetzen.

1888: Die Kodakkamera
Im Jahr 1888 führte George Eastman, ein Hersteller von Trockenplatten in Rochester

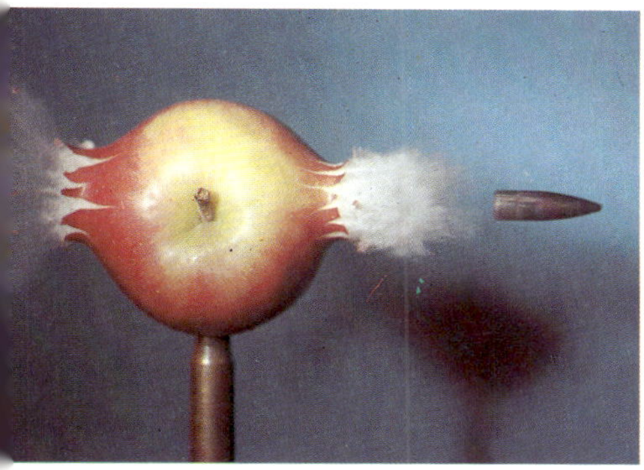

Hochfrequenzfotografie *Darstellung einer Bewegung, die zu schnell verläuft, als daß sie mit dem Auge verfolgt werden könnte: Eine Gewehrkugel fliegt mit einer Geschwindigkeit von 2740 km/h durch einen Apfel.*

im Staat New York, die Kodakkamera ein. Sie war der erste für einen Rollfilm konstruierte Fotoapparat. Der Film bestand aus einer Papierrolle, die mit einer lichtempfindlichen Emulsion beschichtet war. Auf eine Filmrolle konnten 100 Bilder jeweils mit einer Belichtungszeit von einem Sekundenbruchteil aufgenommen werden. Zum Kopieren der Negative mußte man den Film vom Papier abziehen. Dazu war es nötig, daß der Besitzer die ganze Kamera mit dem belichteten Film darin an die Firma Kodak schickte. Er bekam dann die fertigen Bilder mit frisch geladener Kamera wieder zurück.

Anstelle der Papierrolle verwendete man später Zelluloid. Die lichtempfindliche Emulsion wurde auf diesen durchsichtigen Träger aufgetragen und brauchte nun nicht mehr abgelöst zu werden. Der Rollfilm aus Zelluloid kam 1889 auf den Markt. Seine Verarbeitung war billiger, und das Fotografieren wurde nun in weiteren Kreisen immer beliebter.

1903: Brauchbares Farbverfahren

In der Zeit von 1860 bis 1870 wurden in England und Frankreich einige Aufnahmen in natürlichen Farben gemacht. Die verwendeten Verfahren waren allerdings höchst unvollkommen. Erst 1903 entwickelten die französischen Brüder Louis und Auguste Lumière einen brauchbaren Dreifarbenprozeß. Ihr 1907 vorgestelltes Autochromeverfahren arbeitete mit beschichteten Glasplatten. In den Schichten befanden sich rote, grüne und blaue Stärkekörner, die als winzige Filter dienten und vom auftreffenden Licht jeweils nur bestimmte Wellenlängen durchließen, während sie den Durchgang für die anderen sperrten. Diese Glasdiapositive wurden damals den in Frage kommenden farbigen Papierbildern vorgezogen, weil im durchscheinenden Licht die Farben eine viel stärkere Leuchtkraft haben.

Es folgten weitere Farbverfahren, unter ihnen ein Verfahren des deutschen Ingenieurs H. Junk, die *Duxochrom*-Bilder der Bremer Firma Johannes Herzog & Co. und die Uvatypie des Fotochemikers Arthur Traube. Die Firma Agfa brachte 1916 Farbplatten und 1932 Agfacolorfilme für Dias auf den Markt. 1935 erschienen Kodachromefilme, und von 1942

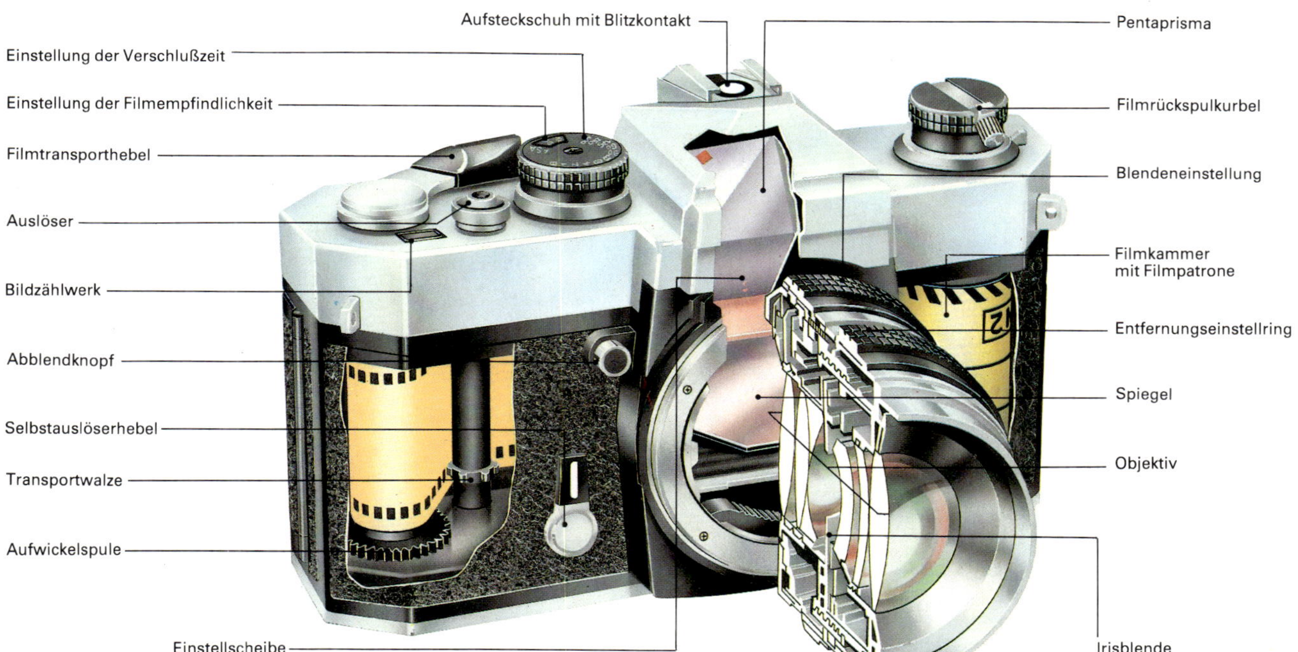

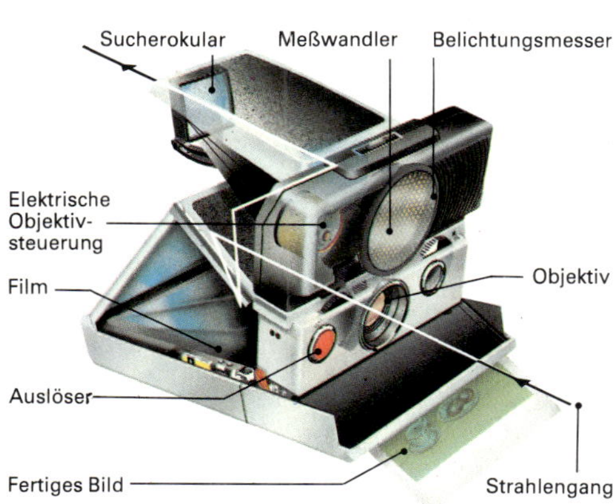

Wie der Sonar-Autofokus funktioniert

1. Wenn man den Auslöser betätigt, sendet der Meßwandler ein hochfrequentes Signal (Ultraschallwellen) von $1/1000$ Sekunde Dauer aus
2. Die Ultraschallwellen treffen auf das Fotomotiv auf, werden von ihm reflektiert und vom Meßwandler wieder aufgefangen
3. Eine quarzgesteuerte Uhr mißt die Zeitspanne zwischen Aussendung und Empfang der Ultraschallwellen. Anhand dieser Zeitdifferenz berechnet ein Computer in der Kamera die Entfernung zum Fotomotiv
4. Ein Motor dreht mit Hilfe von Zahnrädern das Objektiv und stellt es auf die gemessene Entfernung scharf ein

Zwei moderne Kameras *Für das Kleinbildformat (24 × 36 mm) wird heute vorwiegend die einäugige Spiegelreflexkamera (oben) verwendet. Das Objektiv liefert ein auf dem Kopf stehendes Bild des Aufnahmemotivs. Dieses wird von einem Spiegel und einem Pentaprisma umgelenkt und erscheint wieder aufrecht und seitenrichtig auf der Einstellscheibe. Man betrachtet es durch das Sucherokular auf der Rückseite der Kamera und stellt mit dem Entfernungseinstellring scharf ein. Entsprechend den Lichtverhältnissen werden Blendenöffnung und Verschlußzeit gewählt. Beim Niederdrücken des Auslösers klappt der Spiegel nach oben und gibt so dem Licht den Weg auf den Film frei. Der Verschluß öffnet sich, und der Film wird belichtet. Ein Modell der Sofortbildkamera (links) besitzt eine Scharfeinstellautomatik, die mit reflektiertem Ultraschall arbeitet.*

1942 an gab es Farbabzüge auf Papier, die von der Agfa in Dresden entwickelt wurden.

1925: Eine handliche Kleinbildkamera
Mit der Einführung von lichtempfindlichen Filmen war auch das Vergrößern kein Problem mehr, und man konnte auf kleinere Negativformate und somit auch auf kompaktere Kameras übergehen. Um jedoch gute Ergebnisse zu erzielen, mußten kleinformatige Kameras präziser gebaut sein als die damals üblichen Apparate für die Fotografie aus freier Hand. Als erste Kleinbildkamera konnte sich die von Oskar Barnack vorzüglich konstruierte und von der Firma Leitz 1925 eingeführte *Leica* durchsetzen. Ihre Filmspule ermöglichte 36 Aufnahmen. Von 1930 an wurde die Leica auch mit Wechselobjektiven geliefert, so daß der Fotograf sich den unterschiedlichsten Standpunkten in bezug auf das Objekt besser anpassen konnte. Solche Kameras leisteten dem anspruchsvollen Bildjournalismus hervorragende Dienste.

Zwischen den beiden Weltkriegen erweiterten Blitzgeräte, eingebaute Sucher und Objektive mit größerer Lichtstärke die Verwendungsmöglichkeiten der Kleinbildkamera. Der Stil der Fotografie änderte sich mit dem technischen Fortschritt: Das gestellte Bild wurde vom Schnappschuß abgelöst.

1947: Die Sofortbildkamera
Der amerikanische Physiker und Industrielle Edwin Herbert Land stellte 1947 die erste Polaroidkamera vor, mit der man schwarzweiße Sofortbilder produzieren konnte. 1963 entwickelte er ein Verfahren, das es ermöglichte, in der Kamera sofort Farbbilder herzustellen, und 1970 kam als weitere Neuerung das farbige Sofortbild ohne Negativ hinzu.

Nach 1960: Elektronik in der Fotografie
Ende der 60er Jahre hielt die Elektronik auch in der Fotografie Einzug. In der Kamera messen nun Photozellen – lichtempfindliche Halbleiter – selbst bei schlechten Lichtverhältnissen die erforderliche Belichtungszeit. Sie können die Blendenöffnung und die Verschlußzeit steuern – manchmal sogar noch während der Aufnahme, wenn sich das Licht plötzlich ändert.

Die automatische Scharfeinstellung wurde Ende der 70er Jahre eingeführt. Eine Vorrichtung sendet dazu infrarote Lichtstrahlen aus; eine andere mißt die Entfernung mit Hilfe von reflektiertem Ultraschall, ähnlich dem → Echolot der Fledermäuse.

Die Einsatzmöglichkeiten einer Kamera sind heute so groß, daß man sich ihrer auf fast allen Gebieten bedient. Besonders in vielen Zweigen der Wissenschaft und der Technik spielt sie eine so wichtige Rolle, daß ohne sie eine Forschung und Weiterentwicklung kaum denkbar wäre.

DIE FOTOGRAFIE – EINE STUMME ZEUGIN, DIE MEHR AUSSAGEN KANN ALS WORTE

Die Kamera ist zu einem vielseitigen Instrument geworden, das überall eingesetzt wird. Sie dokumentiert Tagesereignisse, hält Erinnerungen fest, unterstützt die Wissenschaft bei eingehenden Untersuchungen, erforscht Gebiete, die für den Menschen unzugänglich sind, und preist in der Werbung alle möglichen Produkte an. Neben diesen praktischen Aufgaben spielt die Fotografie weiterhin ihre frühere Rolle als ein Mittel der künstlerischen Gestaltung. Heute schaffen Fotografen auch abstrakte Bilder.

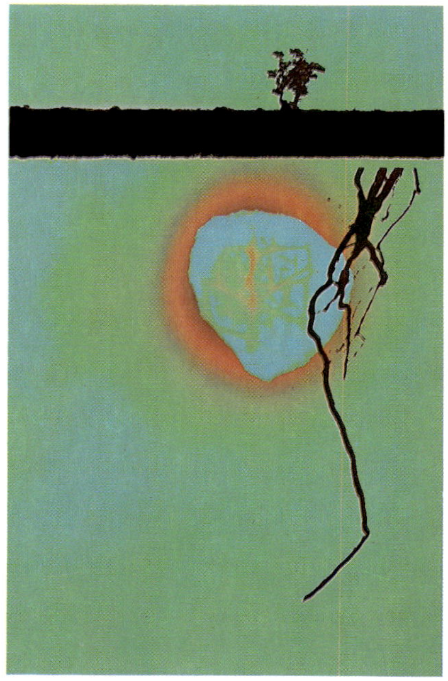

Fotogramm *Bei einem Fotogramm werden Gegenstände auf lichtempfindliches Papier gelegt und belichtet. Die Komposition von André Haluska (oben) besteht aus Papier, einer Wurzel und einem Landschaftsnegativ.*

Satellitenfotos für die Forschung *Abfälle, die von Chicago in den Michigansee eingeleitet werden, zeigt dieses Foto des Ufers. Es wurde vom Satelliten* Skylab *aus einer Höhe von 430 km auf Infrarotfilm aufgenommen. Solche Bilder dienen Untersuchungen der Umweltverschmutzung. Mit der Infrarotfotografie kann man auch feststellen, daß landwirtschaftliche Nutzflächen von Krankheiten befallen sind.*

Hinrichtung in Vietnam *Solche Fotografien können eine doppelte Wirkung haben: Sie erschüttern und stumpfen ab.*

Modefotografie *Fotos von den neuesten Modellen führender Modeschöpfer liefern Hinweise auf die Entwicklung der Mode.*

Die Erde, vom Mond aus gesehen *Fotografien aus dem Weltall führen uns vor Augen, daß die Erde nur eine kleine Kugel im All ist.*

Festhalten von Bewegungsabläufen *Durch Mehrfachbelichtung mit Blitzlicht (Stroboskopfotografie) wurden drei Phasen beim Abflug einer Florfliege festgehalten. Dieses Verfahren für Fotos von Insekten hat der englische Zoologe Stephen Dalton entwikkelt. Die drei Lichtblitze von je 1/25000 Sekunde wurden durch das fliegende Insekt mit Hilfe eines Lichtstrahls ausgelöst.*

G

Galvanotechnik

1842 von Werner von Siemens entwickelt

Forschungsarbeiten, die der englische Chemiker Humphry Davy zu Beginn des 19. Jh. und Michael Faraday um 1830 durchführten, bildeten die Grundlage der Galvanotechnik – eines elektrolytischen Verfahrens, mit dessen Hilfe man Metalle mit einem anderen Metall überziehen kann. Werner von Siemens entwickelte 1842 eines der ersten kommerziellen Verfahren der Galvanotechnik. 1843 wurde es von der Firma Elkingtons in Birmingham angekauft. Um 1860 überzog man billigere →Legierungen mit Silber und anderen Edelmetallen. 1869 stellte man auch Überzüge aus Nickel und Ende der 20er Jahre unseres Jahrhunderts Überzüge aus Chrom her.

Durch galvanische Überzüge werden Metalle, wie Stahl und Eisen, vor Rost geschützt. Man stellt nach diesem Verfahren, das auf der →Elektrolyse beruht, →Weißblech für Lebensmittelkonserven und Eßbestecke her. Um beispielsweise einen Gegenstand mit Kupfer zu überziehen, taucht man ihn zusammen mit einem Blech aus reinem Kupfer in ein Elektrolysebad, das eine Kupfersalzlösung enthält. Schließt man beide an eine Gleichstromquelle an, wird das Blech zur Anode (Pluspol) und der zu überziehende Gegenstand zur Kathode (Minuspol). Das Kupfer geht an der Anode in Lösung, wird in reiner Form an der Kathode niedergeschlagen und bildet dort einen Überzug.

Gammastrahlenkamera

Von dem Amerikaner Anger 1956 erfunden

Den inneren Aufbau des menschlichen Körpers konnten die Ärzte erstmals sichtbar machen, als 1895 die →Röntgenstrahlen entdeckt wurden. Sie liefern ein deutliches Bild des Knochengerüsts, weniger aber der inneren Organe. Heute verwendet man häufig auch radioaktive Chemikalien, sogenannte Radionuklide (zum Beispiel Kobaltnuklide), um weiche Organe zu untersuchen und Erkrankungen zu erkennen. Die Gammastrahlenkamera, die der amerikanische Physiker Hal Anger 1956 erfand, nimmt die Gammastrahlen auf, die von den Radionukliden ausgesandt werden, und macht sie auf einem Leuchtschirm sichtbar. Die Aufnahmen heißen Radiogramme, die Technik Gammagraphie.

Gasheizung

Seit 1856 in England verbreitet

Im Jahr 1856 baute die englische Firma Pettit and Smith den ersten brauchbaren Gasofen, und zwar nach dem Prinzip des gerade erfundenen →Bunsenbrenners. Der Brenner saugte unterhalb der Flamme Luft an, und durch die verbesserte Sauerstoffzufuhr gab das Feuer mehr Wärme ab.

Um 1870 kamen Gasgeräte zum Heizen und Kochen auf. Es war günstig, auch am Tag das Gasnetz auszulasten, das bisher nur am Abend für Beleuchtungszwecke beansprucht wurde.

Es gibt Strahlungsöfen und Konvektionsöfen. In Strahlungsöfen erhitzt die Gasflamme Heizflächen, die aus Metallplatten, Schamotteplatten oder Asbestbürsten bestehen. Konvektionsöfen werden meistens als Kaminöfen gebaut – oder aber als fest installierte Kachelöfen. Auch →Zentralheizungen können mit einer Gasfeuerung ausgestattet sein.

Die Heizwirkung entsteht entweder durch Warmluft direkt aus dem Ofen (Einzelheizung) oder durch Heizkörper, die Wärme speichern und mittelbar abgeben (Zentralheizung, Kacheln).

Nach dem Ersten Weltkrieg lernten viele Hausfrauen die Bequemlichkeit des Gasofens schätzen, der wesentlich einfacher zu reinigen ist als ein Kohleofen.

Seit den ersten Energiekrisen sind nicht wenige Haushalte dazu übergegangen, die teure Zentralheizung öfter einmal abzuschalten und statt dessen einzelne Räume mit zusätzlichen Gasöfen zu heizen.

Inzwischen hat man auch weltweit damit begonnen, die großen Erdgasvorkommen besser zu nutzen. Lange Zeit wurde dieses Gas als fast lästiges Nebenprodukt des Erdöls bei dessen Förderung abgefackelt, das heißt nutzlos verbrannt. Immer mehr →Erdölraffinerien gehen indessen dazu über, diese Energie in Fernheizungssysteme einzuspeisen.

Spätviktorianischer Gasofen *In vielen vornehmen Haushalten Großbritanniens standen um 1880 solche Gaskamine. Die Gasflamme „spielte“ mit Asbestbürsten in der Schamotte und brachte sie zum Glühen. Abgase wurden in einen konischen Rauchfang geleitet.*

ENERGIE AUS DER TIEFE

Anfang 1884 bohrte der amerikanische Ingenieur George Westinghouse auf dem großen Grundstück seines Hauses in Pittsburgh nach Erdgas. Als das Bohrloch rund 500 m tief war, strömte plötzlich Gas aus, und es folgte eine laute Explosion. Westinghouse und seine Familie wurden dabei fast aus den Betten geworfen, aber der Forscher meinte nur: „Ich wußte, daß dort unten genug Energie vorhanden ist, um ganz Pittsburgh mit Brennstoff zu versorgen, der keinen Rauch erzeugt.“

Bald darauf wurden Häuser, Büros, Geschäfte und Fabriken in der ganzen Stadt über Rohrleitungen mit dem neuen Energieträger versorgt.

Gaslampe

Die ersten Gaslampen gab es 1799 in Frankreich

Von etwa 1791 an arbeitete der französische Bauingenieur Philippe Lebon daran, sein Haus mit Gas zu beleuchten. In Paris erhielt er 1799 das erste Patent für eine kombinierte Gaslampe und Gasheizung, konnte aber für seine „Thermolampe" keine Abnehmer finden.

Die frühen Gaslampen bestanden zumeist nur aus einem Gasrohr mit kleinen Löchern und waren wenig leuchtkräftig. Die große Zeit des Gaslichts kam erst mit dem Glühstrumpf. Der österreichische Chemiker Carl Auer von Welsbach arbeitete in Heidelberg auf dem Gebiet der seltenen Erden und untersuchte die Elemente Zirkonium, Lanthan und Yttrium. Aus ihnen stellte er um 1884 Glühstrümpfe her – netzartige Glühkörper, die ein weißes Licht ausstrahlten, wenn sie durch eine Gasflamme genügend erhitzt wurden. 1892 ersann Auer einen neuen und billigeren Glühstrumpf, der aus verkohlter Baumwolle bestand und mit Thoriumoxid und etwas Cerium getränkt wurde: Das sogenannte Auerlicht war erfunden.

Der Glühstrumpf war auf den Gasbrenner aufgesetzt und warf mit seiner Halterung nach unten viele Schatten. Abhilfe schaffte der umgedrehte Glühstrumpf, dessen Entwicklung 1897 in England durch den Ingenieur Henry Andrew Kent eingeleitet wurde. Seine endgültige Form erhielt er 1903 durch den Entwurf des Berliner Fabrikanten Hermann Ahrendt.

Geigerzähler

1928 von den Deutschen Hans Geiger und Walter Müller erfunden

Im Jahr 1928 bauten die deutschen Kernphysiker Hans Geiger und Walter Müller ein Gerät zum Zählen der unsichtbaren Alphateilchen, die von radioaktiven Substanzen ausgesandt werden. Dieses Geiger-Müllersche Zählrohr wird auch Geigerzähler genannt.

Es besteht im Prinzip aus einem Metallrohr (Kathode), das mit einem verdünnten Gas gefüllt ist und in dessen Mitte sich ein isolierter, dünner Draht (Anode) befindet. An das Rohr und den Draht wird eine Stromquelle mit hoher Spannung angeschlossen.

Wenn ein Alphateilchen durch ein Fenster in das Rohr eintritt, wird das Gas im Innern ionisiert, das heißt, seine Atome laden sich elektrisch auf. So entsteht eine leitende Verbindung zwischen dem Draht und dem Rohr, und ein elektrischer Strom kann fließen. Die Stromstöße, die von den Alphateilchen ausgelöst werden, können auf einem Meßgerät abgelesen, in einem →Lautsprecher als Knacken gehört oder elektronisch gezählt werden.

Geigerzähler sind unentbehrliche Instrumente bei der Suche nach Uran und zum Nachweis anderer radioaktiver Elemente.

Geld

siehe Seite 131

Genmanipulation

Sie begann in den 70er Jahren des 20. Jh.

Im Jahr 1953 klärten zwei Biologen an der Universität Cambridge, der Amerikaner James Watson und der Engländer Francis Crick, die genaue Struktur der Desoxyribonukleinsäure (DNS) auf – jener langen, spiralig gewundenen Kette aus Nukleinbasen, welche die Gene des Menschen wie überhaupt aller Lebewesen enthalten. Die Gene befinden sich im Kern jeder Zelle. In ihnen sind die Erbmerkmale eines Lebewesens gespeichert; sie bestimmen seine biologischen Eigenschaften und steuern die Funktionen jeder einzelnen Körperzelle.

Nachdem der Aufbau der genetischen Information – aus zwei Kombinationen jeweils zweier Nukleinbasen (Adenin mit Thymin und Guanin mit Cytosin) in wechselnder Folge – erkannt worden war, gelang es Wissenschaftlern dann auch, bestimmte Gene zu übertragen, mit ihnen zu manipulieren.

Zuerst glückte dies bei Bakterien: den Kolibakterien, die sich im menschlichen Darm befinden. Man stellte fest, daß in einem solchen Bakterium neben der DNS weitere ringförmige DNS-Moleküle vorhanden sind. Im Jahr 1972 gelang es dem Biologen Stanley N. Cohen von der Stanford-Universität in Kalifornien, einen solchen Ring aus einem Bakterium herauszuholen und in ein anderes Bakterium einzusetzen. Bald danach erfand Herbert W. Boyer in San Francisco ein Verfahren, einen solchen DNS-Ring an einer bestimmten Stelle aufzuschneiden, so daß man dort ein Stück einer anderen DNS einfügen konnte. Als „Scheren" zum Aufschneiden wie auch als „Leim" zum Einbinden der neuen DNS-Stücke benutzte Boyer bestimmte Enzyme.

Inzwischen hat man auf diese Weise bestimmten Bakterien menschliche Gene eingepflanzt und sie dadurch veranlaßt, Hormone und Heilstoffe wie Insulin oder Interferon zu produzieren. Auch mit Viren und mit dem Erbgut von Tieren wird inzwischen experimentiert.

So hat man Gene eines Virus in befruchtete Mäuseeier eingefügt und diese Eier Mäuseweibchen eingepflanzt. Die neuen Gene waren dann ebenso aktiv wie alle anderen, und sie wurden ebenso weitervererbt.

Andere Methoden werden angewandt, wenn man Gene von Säugetieren übertragen will. Bringt man Zellen zweier verschiedener Säuger in einer Glasschale zusammen, so verschmelzen einige davon nach einer gewissen Zeit miteinander – auch Zellkerne und Genmaterial verschiedener Tierarten. Oder man läßt weiße Blutkörperchen mit Krebszellen verschmelzen. Dadurch entstehen sogenannte Hybridome, die sich immer wieder teilen und Eigenschaften beider „Elternteile" aufweisen.

Versuche dieser Art eröffnen die Möglichkeit, neue →Impfstoffe herzustellen, Infektionskrankheiten wirksamer zu behandeln und besondere Tests auszuarbeiten, die in vielen Fällen die Zuverlässigkeit einer Diagnose wesentlich erhöhen.

Zur Zeit wird über die Möglichkeit diskutiert, auch in den Zellen von Menschen Gene zu verändern. Dies wäre vor allem in solchen Fällen von Bedeutung, wo Menschen an erblichen Krankheiten leiden, die ja auf verschiedenartigen Gendefekten beruhen.

Voraussetzung für derartige Eingriffe in die Erbsubstanz ist eine genaue Kenntnis der Lage der Gene; man muß also wissen, wo welche Gene in den Chromosomen sitzen. Besonders gut läßt sich das zur Zeit an Mäusen studieren; doch sind einige Forscher auch schon dabei, die menschlichen Gene zu „kartieren".

In der Genmanipulation liegt also eine große Chance für die Wissenschaft und Medizin; sie birgt aber auch gewisse Gefahren. So könnte aufgrund von Manipulationen am Erbgut von Bakterien ein neuer Mikrobenstamm mit gefährlichen Eigenschaften entstehen, deren man vielleicht nicht Herr wird.

Vor allem aber eröffnet sich die Möglichkeit, die verschiedensten Lebewesen – Pflanzen, Tiere und auch den Menschen, seinen Leib und seine Seele – zu beeinflussen, zu verändern, zu manipulieren. Das sind höchst bedeutsame Ausblicke, die den Genetikern eine schwere Verantwortung auferlegen.

Geld

Das älteste bekannte Münzgeld wurde um 700 v. Chr. in Lydien geprägt

Einige der mächtigsten und staatlich hochorganisierten Kulturvölker der Geschichte haben das Geld nicht gekannt. Auf dem Höhepunkt ihrer Entwicklung trieben die Babylonier und Ägypter sowie die Inka und Maya Tauschhandel. Sogar Löhne wurden in Naturalien ausgezahlt. In Ägypten erhielt ein Vorarbeiter am Bau monatlich 200 Brotlaibe und fünf Krüge Bier, die er größtenteils gegen andere Waren eintauschte. Das Tauschgeschäft erschwerte allerdings den Handel. Wenn ein Bauer eine Kuh gegen Schuhwerk eintauschen wollte, mußten noch andere Waren einbezogen werden, um einen Wertausgleich zu schaffen.

In anderen Ländern entwickelte sich bereits im Altertum ein Währungssystem, in dem handliche und haltbare Gegenstände als „bare Münze" dienten. Im Vorderen Orient und auf den pazifischen Inseln erfüllten Fischhaken diesen Zweck. In China war im 7. Jh. v. Chr. „Messer-" und „Spatengeld" im Umlauf. Die Münzen waren verkleinerte Nachbildungen eines Messers oder Spatens und hatten denselben Tauschwert wie das Original.

Antike Goldmünze *Um 550 v. Chr. ließ König Krösus von Lydien auf diese 8 g schwere Goldmünze das Bild eines Löwen und eines Stieres prägen. Die Rückseite zeigt Abdrücke des Prägestempels.*

Vorformen von Münzgeld gab es schon seit dem 3. Jt. v. Chr. in Mesopotamien. Die ältesten bekannten echten Münzen wurden etwa um 700 v. Chr. in Lydien in der westlichen Türkei geprägt. Es waren kleine, bohnenförmige Scheibchen aus Elektron (Blaßgold), einer natürlichen Gold- und Silberlegierung. Sie waren auf einer Seite mit dem Löwenwappen des Königs Gyges (etwa 685–652 v. Chr.) versehen und auf der anderen mit einem Prägestempel markiert. Diese Stempel verbürgten das Gewicht und die Reinheit des Metalls.

Die antiken Münzen wurden manuell geschlagen. Zunächst goß man Metallscheiben mit dem gewünschten Gewicht. Die Rohling genannte Scheibe wurde mit der Zange auf das Untergesenk eines Prägestocks gelegt, auf dem ein Bild eingraviert war. Dann setzte man einen Metallstempel, das Obergesenk, auf die Scheibe und schlug mit dem Hammer darauf. Auf diese Weise wurde das Bild auf die untere Seite der Scheibe geprägt. Anfangs befand sich auf der Oberseite der Münzen lediglich der rohe Abdruck des Stempels. Später wurde auch auf den Stempel ein Bild eingraviert. Die antiken Prägestöcke waren durchweg aus Bronze und nutzten sich daher schnell ab.

Ursprünglich waren die Münzbilder Abbildungen von Göttern oder heiligen Tieren. Um 300 v. Chr. wurde erstmals ein Mensch, und zwar Alexander der Große, abgebildet, da er gegen Ende seines Lebens als Gottheit verehrt worden war. Als erster lebender Herrscher ließ Julius Cäsar 44 v. Chr. sein Porträt auf Münzen prägen. Später kamen dann immer mehr Münzen mit dem Abbild des jeweiligen Herrschers in Umlauf.

Die Einführung des Münzgeldes befreite die Menschen vom oft beschwerlichen Tauschhandel. Kauf und Verkauf wurden getrennte Geschäftshandlungen. Man konnte nun günstige Gelegenheiten abwarten, größere Warenmengen auf einmal verkaufen und das Geld aufbewahren. Mit diesem kaufte man dann wieder günstig ein. Auf diese Weise wurde der Handel wesentlich bequemer und zweckmäßiger als vorher, und die Einzelpersonen oder Familien mußten nicht mehr den Großteil der Produkte selbst herstellen; sie konnten sich jeweils auf die Herstellung einzelner Waren beschränken.

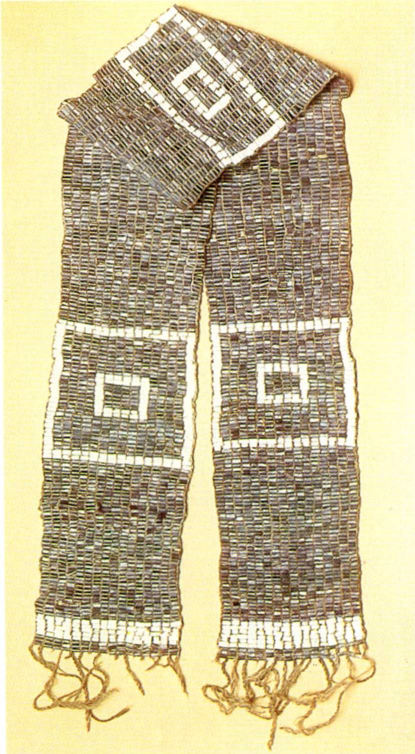

Indianisches Wampum *In Amerika galten indianische Wampume – Mosaikarbeiten aus Perlen und Seemuscheln – als Geld. Um 1640 entsprachen in Massachusetts vier Perlen einem Penny.*

Auf den Wert des Geldes war jedoch nicht immer Verlaß. Man konnte Metall an den Rändern wegschneiden oder die Münzen „kippen" (fälschen). Die Münzen ließen sich verhältnismäßig einfach fälschen, da Form und Größe der einzelnen Stücke sehr unterschiedlich waren

Die älteste erhaltene Banknote Englands *Die älteste, noch vorhandene Note der Bank of England wurde am 19. Dezember 1699 ausgegeben. Sie wurde für einen gewissen Thomas Powell über 555 Pfund Sterling ausgestellt und in drei Raten eingelöst (wie rechts oben vermerkt ist).*

Amerikanische Sechsdollarnote *Diese 1776 in Philadelphia ausgegebene Note konnte gegen sechs spanische Dollar in Gold und Silber eingetauscht werden. Seit 1792 gaben die USA eigene Dollar heraus.*

und die Prägungen voneinander abwichen, weil die Prägestöcke oft erneuert wurden.

Eine noch größere Gefahr für die Währung ging jedoch von den offiziellen Münzstätten aus. Die Herrscher waren stets versucht, ihren Vorrat an Edelmetallen zu strecken, indem sie den Feingehalt der Münzen verminderten oder unedlere →Legierungen verwendeten, ohne den Nennwert herabzusetzen. So gelangten mehr Münzen in Umlauf, ohne daß die Güterproduktion anstieg. Daher büßte das Geld seine Kaufkraft ein, und die Preise für die Güter stiegen.

Papiergeld wurde in größeren Mengen erstmals im 11. Jh. vom Mongolenherrscher Kubilai Chan herausgegeben. (In kleinerem Umfang war es bereits im 7. Jh. in China in Umlauf.) Kubilai Chan bezahlte seine Soldaten mit Papiergeld und zwang die Bewohner der von ihm besetzten Gebiete, es anzunehmen.

In Europa verbesserte man das Verfahren der Münzprägung. Die Rohlinge wurden aus Blech mit einer Schere ausgeschnitten. Im 17. Jh. prägte man Münzen in Spindelpressen, die von mehreren Männern bedient wurden. Die Münzen erhielten einen erhöhten Rand, der sie vor Abnützung schützte. Um den „Kippern" das Handwerk zu legen, wurde der Rand mit einer Inschrift versehen oder geriffelt, und das Gewicht, die Größe und das Aussehen der Münzen wurden vereinheitlicht.

Banknoten und Schecks

Die ersten europäischen Banknoten wurden 1661 in Stockholm herausgegeben. Etwa gleichzeitig erschienen in London die Vorläufer der englischen Banknoten. Englische Goldschmiede waren schon seit geraumer Zeit als Bankiers tätig. Sie stellten Quittungen für hinterlegtes Gold aus, die der Besitzer gegen eine bestimmte Summe einwechseln konnte. Mit der Zeit galten diese Quittungen als Zahlungsverpflichtungen an den jeweiligen Inhaber und kamen als allgemeines Zahlungsmittel in Umlauf.

Außerdem konnte der Goldschmied das deponierte Gold gegen Zinsen an andere Kunden ausleihen oder ihnen einen Kredit einräumen, indem er weitere Scheine ausstellte, die dem Inhaber eine Auszahlung in Gold garantierten. So gewährte der Goldschmied Kredite, die den Wert des bei ihm hinterlegten Goldes bei weitem überschritten. Doch seine Zahlungsfähigkeit war gesichert, solange nicht alle Inhaber von Quittungen oder Schecks gleichzeitig eine Auszahlung in Gold verlangten.

Während dieses neue Zahlungsmittel in Europa eingeführt wurde, war man beim Handel in den Kolonien auf Währungen angewiesen, denen die dortigen Bewohner vertrauten. In Nordamerika zahlten die Siedler mit *Wampumen*, dem Muschelgeld der Indianer. In Massachusetts wurde der Wampum 1641 zum gesetzlichen Zahlungsmittel für kleinere Geschäfte erklärt. Zeitweise galten in den einzelnen amerikanischen Kolonien auch Korn, Vieh, Whisky und Branntwein als legale Währung.

Eine der langlebigsten amerikanischen Währungen war der Tabak. Die Volksvertretung von Virginia, wo die Tabakpflanzer die Mehrheit hatten, erklärte 1642 den Tabak zum offiziellen Zahlungsmittel und verbot sogar Zahlungen in Gold oder Silber. Der Tabak wurde in öffentlichen Lagerhäusern deponiert, wo man ihn abwog und seinem Wert entsprechende Empfangsscheine ausstellte.

1792 führten die Vereinigten Staaten als erstes Land die Dezimalwährung ein. Grundeinheit war der Silberdollar in Anlehnung an den damals in Amerika weitverbreiteten spanischen Dollar, dessen Name sich vom österreichischen Taler herleitet.

In England ging das Recht, Noten auszugeben, durch Gesetz allmählich von den Handelsbanken auf die Bank of England über, die 1694 als Privatunternehmen mit königlichem Privileg gegründet worden war. Die Banken arbeiteten immer mehr mit Schecks, die schon im 19. Jh. weit verbreitet waren.

Abkehr vom Goldstandard

Die Noten der Bank von England konnten bis ins 20. Jh. hinein jederzeit in Gold umgewechselt werden; kurzfristige Sonderregelungen galten nur zu Kriegszeiten. 1931 gab Großbritannien schließlich den Goldstandard, also die Garantie der Währung durch Gold, auf. Die Vereinigten Staaten übernahmen 1934 diese Regelung für Inlandsgeschäfte. 1920 halbierte Großbritannien den Silbergehalt seiner Münzen, und nach dem Zweiten Weltkrieg wurde überhaupt kein Silber mehr benützt.

Heute verwenden alle Länder Scheidemünzen, die praktisch keinen Metallwert mehr haben, und Banknoten, die man weder in Gold noch in Silber umtauschen kann.

So wie Gold und Silber durch die Scheidemünzen ersetzt wurden, wird das Geld heute mehr und mehr durch die bargeldlose Verrechnung ersetzt. Ein Großteil aller Zahlungen wird per Scheck geleistet. Der Scheck seinerseits wird bald vom elektronischen Rechenverfahren verdrängt werden: von der automatischen Gutschrift und Belastung von Konten durch Datenübertragung zwischen →Computer und Einzelhandelsgeschäften, Auszahlungsstellen, Fahrkartenschaltern mit automatischen Lesegeräten, Tankstellen usw. Das Geld nimmt immer mehr die Form von elektronischen Daten an, die auf Magnetbändern oder -platten gespeichert werden.

Als die Banknoten wertlos wurden *Zur Zeit der Inflation in Deutschland im Jahr 1923 wurde die Ausgabe von Papiergeld in den Monaten August, September und Oktober jeweils verzehnfacht. Die Banknoten waren damals so unzuverlässig, daß man wieder Tauschhandel trieb. Diese Banknote über 5000 Millionen Mark erschien auf dem Höhepunkt der Inflation.*

Geometrie

Die Erbauer der ägyptischen Pyramiden wendeten um 2600 v. Chr. geometrische Kenntnisse an

Das Wort Geometrie stammt aus dem Griechischen und bedeutet Erdmessung. Die Geometrie war ursprünglich ein Hilfsmittel zur Landvermessung.

Nach der alljährlichen Nilüberschwemmung mußten die Landvermesser im alten Ägypten jeweils die Felder der Bauern neu vermessen, wenn die Grenzsteine weggespült oder unter Schlamm begraben waren. Dazu mußten sie die Beziehungen zwischen den Linien und Winkeln der geometrischen Figuren verstehen. Sie mußten auch wissen, wie die Flächen der Felder zu berechnen waren, denn danach richteten sich die Steuern, die von den Bauern erhoben wurden.

Die Geometrie beschäftigt sich sowohl mit tatsächlich vorhandenen Körpern als auch mit Figuren, die auf eine Fläche gezeichnet sind. So finden sich beispielsweise in alten ägyptischen Texten Anweisungen, wie die Erdmenge für die Rampen zu berechnen ist, über die beim Pyramidenbau die Steinblöcke aufwärts gezogen wurden. Diese Technik wurde bereits um 2600 v. Chr. angewendet.

Die Griechen schätzten die Geometrie als den wichtigsten Zweig der Mathematik. Wie meisterhaft sie damit umzugehen verstanden, zeigen ihre Architektur, ihre Technik, Astronomie und Landvermessung. Im 6. Jh. v. Chr. wurde auf der Insel Samos für ein →Aquädukt ein 1000 m langer Tunnel gebaut. Eupalinos, der Bauingenieur, trieb von zwei entgegengesetzten Seiten Stollen in den Berg, die sich in der Mitte nur um 5 m verfehlten und dann durch ein kurzes Teilstück miteinander verbunden wurden.

Bereits um 240 v. Chr. bestimmte der Grieche Eratosthenes auf der Grundlage von Sonnenbeobachtungen und mit Hilfe der Geometrie recht genau den Erdumfang.

Im 12. Jh. n. Chr. kam bei den europäischen Seefahrern der magnetische Kompaß auf. Mit diesem Gerät konnten sie wesentlich besser Kurs halten als frü-

Architekten und Seefahrer, Maler und Ingenieure nutzen die Geometrie

Nach 2600 v. Chr.: Die Knickpyramide des Snofru

Genaue Kenntnisse der Geometrie ermöglichten den alten Ägyptern die Konstruktion und Errichtung ihrer Tempel und Gräber. Kurze Strecken maßen die ägyptischen Baumeister mit genau markierten Richtscheiten, die anfangs aus Stein, später aus Holz bestanden. Größere Entfernungen wurden mit Seilen gemessen.

Die Ägypter wußten, daß sich der Rauminhalt einer Pyramide – und damit der benötigten Steine – nach der Formel: ein Drittel der Grundfläche mal Höhe des Baus errechnet. Die erste Pyramide mit schräger statt gestufter Mauerung wurde nach 2600 v. Chr. von Pharao Snofru 25 km südlich von Kairo in Auftrag gegeben. Nachdem eine gewisse Höhe erreicht war, entschlossen sich die Baumeister, die Pyramide weniger steil weiterzubauen, so daß sie einen Knick erhielt. Vermutlich wollte man so einem drohenden Einsturz vorbeugen.

300 v. Chr.: Das System des Euklid

Der Grieche Euklid, der um 300 v. Chr. in Alexandria lebte, faßte das geometrische Wissen seiner Zeit in 13 Büchern mit dem Titel *Elemente* zusammen. Über 2000 Jahre lang galt dieses Werk als klassisches Lehrbuch der Geometrie. Es beginnt mit Definitionen wie: „Eine Gerade hat eine Länge, aber keine Breite." Darauf folgen zehn grundlegende Behauptungen, die Euklid für so selbstverständlich hielt, daß sie keines Beweises bedurften. Eine solche Behauptung lautet: „Das Ganze ist größer als der Teil." Von diesen kargen Grundlagen ausgehend, konnte Euklid fast 500 Lehrsätze über geometrische Figuren beweisen.

1400 n. Chr.: Entdeckung der Perspektive

Bis Ende des 14. Jh. versuchten die europäischen Maler kaum, ihre Motive räumlich darzustellen. Die Größe von Menschen und Gegenständen hing einzig

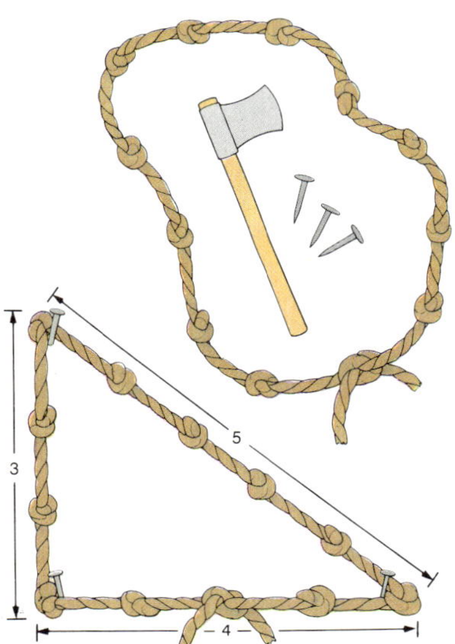

Bildung eines rechten Winkels *Ägyptische Baumeister knüpften in eine Schnur in gleichen Abständen 12 Knoten. Spannten sie diese Schnur um drei Pflöcke, so daß die Seiten aus drei, vier und fünf Knotenabständen bestanden, ergab sich ein rechtwinkliges Dreieck.*

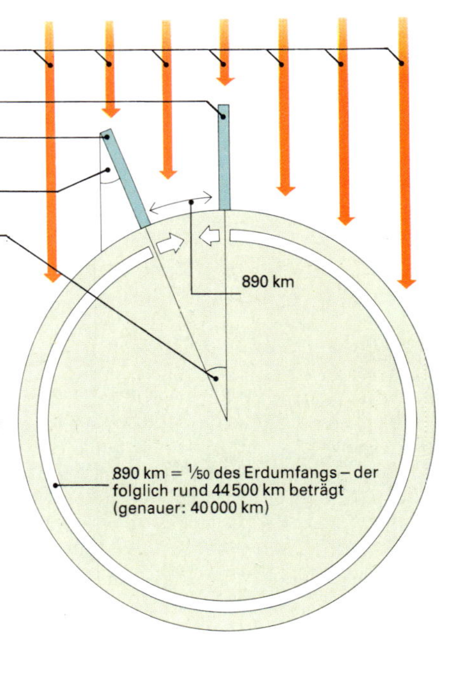

Messung der Erde *Der Astronom Eratosthenes hörte eines Tages, daß eine Säule in Assuan im Sommer mittags keinen Schatten warf. Er maß den Schatten einer anderen Säule in Alexandria, 890 km weiter nördlich, und fand, daß die Sonnenstrahlen mit der Säule einen Winkel von 7,2° (also ein Fünfzigstel der 360° eines Kreises) bildeten. Eratosthenes meinte, die Erde sei eine Kugel und die Sonne sei so weit entfernt, daß ihre Strahlen in Assuan und Alexandria parallel einfielen. Nach geometrischer Gesetzmäßigkeit mußte der Winkel zwischen senkrechten Linien, die er in Gedanken durch die beiden Säulen zog und bis zum Erdmittelpunkt fortsetzte, ebenfalls 7,2° betragen. Folglich mußte der Erdumfang 50mal 890 km, nämlich 44 500 km, betragen – eine Schätzung, die nur rund 11 Prozent zu hoch war.*

her, selbst wenn sie über große Strecken gegen den Wind zu kreuzen hatten. Um mit dem →Kompaß umgehen zu können, mußten die Seefahrer die Geometrie einfacher Dreiecke verstehen. Bald gab es Zahlentabellen, die bei den Berechnungen Hilfe leisteten.

1533 erfand der holländische Mathematiker Gemma Frisius die Technik der Trigonometrie für die Anfertigung von Landkarten. Dabei wurde zunächst mit einer Schnur oder Kette eine Grundlinie abgemessen. Dann wurde von einem Ende der Grundlinie aus ein entfernter Punkt, etwa die Spitze eines Berges, anvisiert, wobei man eine Skalenscheibe mit Kompaßnadel benutzte. Dies ergab die Peilung oder Visierlinie der Bergspitze von der jeweiligen Position aus. Der gleiche Vorgang wurde am anderen Ende der Grundlinie wiederholt. Dann konnte man eine maßstabgerechte Zeichnung anfertigen und so die Lage der Bergspitze bestimmen. Der Berggipfel und einer der ursprünglichen Richtpunkte dienten nun als Grundlinie für weitere Peilungen. Auf diese Weise wurden große Bereiche mit einem Netz aus imaginären Dreiecken belegt, deren Seiten genau vermessene Positionen verbanden. Anhand dieser Positionen und Dreiecke ließen sich dann Karten anlegen.

Während der wissenschaftlichen Umwälzungen des 17. Jh. lernten die Mathematiker, die Geometrie mit anderen mathematischen Disziplinen zu kombinieren, wobei Punkte, Linien, Flächen und Körper durch Zahlen ausgedrückt wurden. Die Geometrie befreite sich aus ihrer Beschränkung auf Geraden, Kreise und einfache Kurven. Heute können die Mathematiker mit den kompliziertesten Kurven – die oft von großer Schönheit sind – umgehen.

Die geschwungenen Linien einer Hängebrücke oder eines Überschallflugzeugs sind geometrische Schöpfungen von Konstrukteuren. Die emporstrebenden Linien eines Wolkenkratzers und die sorgfältige Gestaltung von modernen Autokarosserien, Schiffsschrauben und Flugzeugtragflächen sind ebenso Ausdruck des geometrischen Wissens ihrer Zeit wie die Pyramiden der alten Ägypter und die Tempel des klassischen Griechenlands.

---

von ihrer Bedeutung ab. Filippo Brunelleschi, ein genialer Florentiner Baumeister, entdeckte um 1420 die geometrischen Grundregeln der Perspektive, eine Technik, mit der auf einer Fläche räumliche Tiefe dargestellt werden kann. Dabei laufen waagrechte Linien zusammen, und senkrechte Linien verkürzen sich entsprechend ihrer Entfernung vom Auge.

1637: Geometrie plus Algebra

Der französische Philosoph, Naturwissenschaftler und Mathematiker René Descartes leitete 1637 mit seiner analytischen Geometrie eine Revolution in der Mathematik ein. Bei dieser Geometrie werden Bezugslinien gezogen, die senkrecht aufeinander stehen. Auf einer Ebene sind zwei solcher Linien nötig. Jeder Punkt in einer grafischen Darstellung kann nun durch seine Koordination – das sind seine Entfernungen von zwei Bezugslinien – ausgedrückt werden.

Jetzt konnten die Mathematiker die Flächen und Inhalte von vielen komplizierten Figuren und Körpern berechnen, die ihnen bis dahin große Schwierigkeiten bereitet hatten. Und die Physiker entdeckten, wie die Bewegungen von Geschossen und von Himmelskörpern durch Gleichungen berechnet werden konnten.

1795: Darstellende Geometrie für Ingenieure

Gaspard Monge, ein Mathematiklehrer an einer französischen Kriegsschule, stellte 1795 eine Methode vor, welche die technische Praxis wesentlich veränderte. Er zeigte, daß Zeichnungen eines technischen Teiles, von oben und von der Seite gesehen (Grundriß und Aufriß), einem Ingenieur alles sagen, was er für die Herstellung dieses Teiles wissen muß.

Die darstellende Geometrie wurde bald auch für Architekten und Baumeister unentbehrlich.

Die Perspektive in der Kunst *Der italienische Maler Masaccio schuf 1425–1428 das Fresko* Der Zinsgroschen, *auf dem er mit Hilfe der Perspektive eine räumliche Wirkung erzielte. Bei einer Darstellung auf einer ebenen Fläche laufen waagrechte Linien so zusammen, daß sie sich, verlängert, in einem Punkt, dem Fluchtpunkt (rechts), schneiden. Menschen und Dinge werden kleiner, je weiter sie im Hintergrund stehen.*

1823: Die nichteuklidische Geometrie

Der ungarische Mathematiker Janos Bolyai entwickelte 1823 eine Geometrie, bei der die Summe der Winkel eines Dreiecks von seiner Größe und seiner Lage im Raum abhängt. Zum Beispiel ist ein Dreieck auf einer konkaven Fläche, etwa auf dem Schalltrichter einer Trompete, ebenfalls konkav, und seine Winkelsumme beträgt weniger als 180°. 1854 erfand der deutsche Mathematiker Bernhard Riemann eine eigene Geometrie, die mit gedachten Räumen von beliebig vielen Dimensionen arbeitet.

1916: Einsteins neues Weltbild

Die Arbeiten von Bolyai und Riemann warfen die Frage auf, ob eine nichteuklidische Geometrie vielleicht das Universum besser erklären würde. Albert Einstein benutzte Riemanns Ideen bei seiner Allgemeinen Relativitätstheorie, die er 1916 veröffentlichte. Danach ist der Raum in der Nähe großer Massen, zum Beispiel von Sternen, gekrümmt. Daraus kann man folgern, daß der ganze Raum ein geschlossenes, in sich gekrümmtes System darstellt. Dann würde sich ein Raumfahrer, der in gerader Linie von der Erde wegfliegt, sich ihr nach Millionen Jahren aus der entgegengesetzten Richtung wieder nähern.

Gewächshaus

1599 in den Niederlanden eingeführt

Schon im Rom der Kaiserzeit wurden Blumen, Obst und Gemüse in Gewächshäusern gezüchtet, die mit Glimmerplatten bedeckt und mit Warmwasserrohren beheizt waren. Das erste Gewächshaus im heutigen Sinn hat aber 1599 in Leiden gestanden. Darauf bezieht sich der Niederländer Herman Boerhaave. Er stellte um 1710 die Fenster seiner Gewächshäuser schräg, um die einfallenden Sonnenstrahlen besser auszunutzen.

Eine größere Verbreitung fanden Gewächshäuser erst im 19. Jh., als Naturforscher aus den Tropen viele neue Pflanzenarten in ihre kälteren, nördlichen Heimatländer mitbrachten und man dank einer fortgeschrittenen Glasherstellung Gewächshäuser errichten konnte, die allein aus Tafelglas und einem Rahmengestell bestanden. Nach diesem Verfahren baute Joseph Paxton 1836–1841 das große Treibhaus von Chatsworth House in Derbyshire, das mehr als 7000 m^2 Glas aufwies.

Eine moderne Kulturmethode unter Glas ist die sogenannte Hydrokultur, die 1925–1930 in Kalifornien entwickelt wurde. Hierbei stellt oder hängt man Pflanzen einfach in Tröge mit Wasser, das Nährstoffe enthält. Sie ist besonders auch für Wüstengebiete geeignet.

Pflanzen in der Wüste *In Wüstenregionen werden Nutzpflanzen wie Sonnenblumen, Melonen, Trauben und Gemüse durch eine Plastikfolie geschützt und aus Rohrleitungen bewässert.*

Gewehr

Der Deutsche von Dreyse baute 1836 das erste moderne Gewehr

Die ersten Handfeuerwaffen wurden in Westeuropa im 14. Jh. entwickelt. Es waren, wie auch die damaligen →Kanonen, Vorderlader. Pulver und Kugel mußten mit einem Ladestock durch die Mündung in den Lauf gestopft werden – ein umständliches Verfahren, bei dem es jedoch für die folgenden 500 Jahre blieb.

Da man auf diese Weise nur zwei bis drei Schüsse in der Minute abfeuern konnte, experimentierten Büchsenmeister schon im 15. Jh. mit verschließbaren Ladeöffnungen am hinteren Ende des Laufs. Doch erst im 19. Jh. gelang es, Metalle von so großer Festigkeit herzustellen, daß die aus ihnen gefertigten Verschlüsse dem Explosionsdruck standhielten.

Der Deutsche Johann Nikolaus von Dreyse baute 1836 den ersten funktionierenden Hinterlader, das Zündnadelgewehr. Den →Zündmechanismus, nach dem es benannt wurde, hatte von Dreyse 1827 entwickelt.

Bei den ersten Gewehren war das Schießpulver mit einer glimmenden Lunte durch ein kleines Loch im Lauf gezündet worden. Im 15. Jh. wurde die Lunte dann an einem →Hebel befestigt, der durch einen Abzug betätigt werden konnte. Um zu schießen, brauchte der Soldat nun nicht mehr den Schaft aus der Hand und das Ziel aus den Augen zu lassen. Mit derartigen Luntenschloßgewehren ausgerüstet, schlugen spanische Heere 1503 bei Cerignola und 1522 bei Bicocca französische Reiter und Pikeniere in wilde Flucht. Ein neues Zeitalter der Kriegführung hatte begonnen.

Doch das Luntenschloß war ein schwerfälliger Mechanismus und die Lunte häufig in Gefahr zu erlöschen – zumal bei der Reiterei. Ein Nürnberger Uhrmacher, dessen Name nicht überliefert ist, fand eine Lösung: das Radschloß. Ein von einer Uhrwerksfeder angetriebenes Rad rieb dabei über ein Stück Eisenkies und sprühte Funken in die Zündpfanne.

Um 1610 kam in Frankreich das einfachere und schnellere Stein- oder Flintenschloß auf. Ein mit dem Abzug gekoppelter Feuerstein (Flint) schlug auf einer angerauhten Eisenplatte Funken, die das Pulver zündeten. Dieses Schloß wurde bis ins 18. Jh. bei allen Handfeuerwaffen verwandt.

Der schottische Geistliche Alexander Forsyth erfand 1805 das Perkussionsschloß. Hier wurde eine Zündladung aus Knallquecksilber durch einen Schlag (Perkussion) zur Explosion gebracht. Vorderlader mit Perkussionsschloß wurden noch im amerikanischen Bürgerkrieg (1861–1865) benutzt. In Europa hingegen hatte sich zu dieser Zeit schon weitgehend das Zündnadelgewehr durchgesetzt. Das preußische Heer führte es 1848 ein.

Das Wesentliche an von Dreyses Gewehr war der Schlagbolzen (Zündnadel), der die Zündladung im Innern des Laufes explodieren ließ. Durch die Verwendung von →Patronen (Geschoß, Zünd- und Treibladung in einer Hülse), die es seit 1827 gab, war es jetzt möglich, viel schneller zu feuern sowie in Bauchlage nachzuladen. Das moderne Gewehr war damit grundsätzlich komplett. Die Infanteriewaffen beider Weltkriege und auch heutige Mehrladerwaffen beruhen auf von Dreyses Erfindung.

Wer die Züge erfunden hat – jene spiralig gewundenen Rillen im Gewehrlauf, die dem Geschoß einen Drall verleihen –, ist nicht bekannt. Das früheste noch erhaltene Gewehr mit Zügen ist ein Jagdgewehr, das Kaiser Maximilian I. gehörte und aus der Zeit um 1500 stammt. Einem glatten Lauf schmiegte sich eine Kugel nicht so gut an; sie wakkelte, solange sie sich darin befand, und taumelte, sobald sie ihn verließ. Hatte der Lauf Züge, so drückte sich die Kugel dort ein wenig hinein und wurde durch sie in Drehung versetzt, was ihren Flug stabilisierte. Der dänische König Christian IV. rüstete im 17. Jh. als erster auch Soldaten mit Gewehren aus, deren Läufe Züge hatten.

Gewölbe

In Mesopotamien um 700 v. Chr. gebaut

Ein Gewölbe ist eine bogenförmige Deckenkonstruktion, und es wird im Prinzip auch genauso gebaut wie ein Bogen. In seiner einfachsten und frühesten Form, wie es schon im alten Ägypten und in Mesopotamien bekannt war, ähnelt es der Hälfte einer Tonne. Deshalb heißt es Tonnengewölbe. Es ist aus keilförmigen Steinen zusammengesetzt; die Fugen dazwischen weisen auf den Mittelpunkt des Gewölbes.

Weil das Tonnengewölbe nicht nur senkrecht auf seiner Unterlage lastet,

FORMEN GOTISCHER GEWÖLBE

Kathedrale von Chartres
Die Fenster dieser 1194 begonnenen Kathedrale stellen die umfangreichste Sammlung mittelalterlicher Glasmalerei auf der Welt dar. Diese große Glasfläche wurde durch das Rippengewölbe ermöglicht, das von Strebepfeilern getragen wird. So wurden die Wände dazwischen entlastet. Die Spitzbogen ermöglichten ein Kreuzrippengewölbe, dessen Grundriß nicht mehr quadratisch, sondern rechteckig war.

St. Sebaldus in Nürnberg
Mit dem Bau der Sebalduskirche wurde um 1230 begonnen. Im 14. Jh. fügte man die Seitenschiffe und den hochgotischen Hallenchor hinzu. Die Pfeilerbasilika hat ein Kreuzrippengewölbe. Für die gewölbte Decke des Schiffes wurden zunächst tragende Rippen hergestellt. Die dazwischenliegenden Flächen schloß man dann mit dünnen Steinen. Solche Rippengewölbe waren leichter zu bauen als die früheren Tonnengewölbe, da sie während des Baus weniger Gerüste erforderten.

Kathedrale von Canterbury *Als das Schiff dieser Kathedrale von 1379 an neu erbaut wurde, waren die Rippengewölbe komplizierter geworden. In der Mitte lief eine Firstrippe durch das ganze Schiff. Zusätzliche Nebenrippen verstärkten die Konstruktion, und als Schmuck führte man noch kurze Liernen oder Zweigrippen ein.*

Spitalkirche Hl. Geist in Landshut *Die spätgotische Hallenkirche wurde 1407–1461 von Hans von Burghausen (Stethaimer) erbaut. Das Netzgewölbe wird von Säulen getragen, aus denen die Rippen ohne Kapitell herauswachsen. Die Rippen eines Netzgewölbes überziehen die Decke netzförmig und lösen dadurch die Unterteilung des Kirchenschiffes in Joche auf.*

Westminster Abbey
Das gotische Gewölbe erreichte im 16. Jh. in der Kapelle Heinrichs VII. der Londoner Westminster Abbey einen besonderen Höhepunkt mit dem kunstvollen hängenden Fächergewölbe. Die einzelnen Rippen wurden so dicht nebeneinander angeordnet, daß die Erbauer zu alten Konstruktionsmethoden zurückkehrten: Die Rippen und die schmalen Flächen zwischen ihnen wurden aus einem einzigen Stein herausgemeißelt. Die hängenden Teile, die scheinbar keine Stütze haben, sind Verlängerungen halbverborgener Bogen.

sondern auch nach außen drückt, müssen die tragenden Mauern sehr massiv sein. Ein frühes mesopotamisches Beispiel ist der Haremssaal in Dur Scharrukin, der um 700 v. Chr. erbaut wurde.

Die Römer erfanden mit dem Kreuzgewölbe eine elegantere Lösung. Es entsteht, wenn sich zwei Tonnengewölbe rechtwinklig kreuzen, und wird von vier Säulen an den Ecken getragen.

Um eine größere Fläche zu überdachen, setzte man diese quadratischen Kreuzgewölbe mehrfach nebeneinander. Damit erhielt man mehr Licht durch seitliche Fensterreihen. Der prächtigste Bau dieser Art waren die Diokletiansthermen in Rom, die 3000 Badegäste aufnehmen konnten. Ihre größte Halle maß 30 × 60 m. Sie wurde 306 v. Chr. eingeweiht.

Im Jahr 1093 begann in der nordostenglischen Stadt Durham der Bau einer Kathedrale mit einer neuartigen Gewölbeform, dem Kreuzrippengewölbe. Die Baumeister verbanden ein Pfeilergeviert seitlich und über Kreuz mit schlanken, halbkreisförmigen Bogen, denen das eigentliche Gewölbe als dünne Hülle aufgelagert wurde. Auch hierbei kreuzen sich zwei Gewölbetonnen; die Last wird aber nur noch von den Rippen getragen. Die Konstruktion wird leichter und einfacher.

Die späteren Architekten des gotischen Stils verfeinerten das Rippengewölbe, indem sie die Rundbogen zu Spitzbogen erhöhten. Den starken seitlichen Druck fingen sie außerhalb des eigentlichen Gebäudes durch Strebebogen und Strebepfeiler auf. So erreichten sie ihr Bauideal: geringe Wandflächen, gewaltige Fenster – von farbigem Licht durchflutete Räume.

Im Norden Frankreichs entstanden die ersten und auch die prächtigsten Kathedralen. Das Muster aller gotischen Kirchen ist die von St-Denis in der Nähe von Paris (1137 begonnen). Das höchste Gewölbe hat mit einer Höhe von 48 m die Kathedrale von Beauvais. Sie ist das Vorbild für die größte deutsche Kathedrale, den Kölner Dom.

Noch im 19. Jh., bei Bahnhöfen beispielsweise, baute man mit Rippen. Sie bestanden aus Gußeisen oder Stahl; die Überdachung war aus →Glas oder einem anderen leichten Material. Damit konnte man viel größere Spannweiten erreichen als das mit Stein möglich gewesen war. Der 1863–1876 erbaute Bahnhof St. Pancras in London hat eine Spannweite von 74,1 m.

Im 20. Jh. hat sich die Kunst des Gewölbebaus weitgehend erübrigt. Große Deckenflächen baut man heute aus →Beton.

Gezeitenkraftwerk

Das erste Gezeitenkraftwerk entstand 1968 in der Bretagne

Die Kraft der Gezeiten wurde schon vor wenigstens 900 Jahren benutzt, um Wassermühlen anzutreiben. Ein →Damm, quer vor einer Flußmündung oder einer Bucht errichtet, bildete eine Art Mühlteich, den die hereinkommende Flut durch Schleusen füllte. Beim höchsten Stand der Flut wurden die Tore geschlossen, und während der Ebbe ließ man das aufgestaute Wasser über →Wasserräder allmählich wieder ablaufen.

Eine bessere Auswertung der Gezeiten wurde möglich, als der österreichische Ingenieur Viktor Kaplan zwischen 1910 und 1924 in Brünn die nach ihm benannte →Turbine entwickelte, die auch dann noch mit gutem Wirkungsgrad arbeitet, wenn das Gefälle sehr klein ist.

Die Kaplanturbine gleicht einer senkrecht stehenden Schiffsschraube, deren Schaufeln während des Laufes verstellbar sind. So ist es möglich, für jedes Gefälle den besten Anstellwinkel der Schaufeln zu wählen. Außerdem kann die Kaplanturbine, von →Elektromotoren angetrieben, als →Pumpe arbeiten. Das bringt einen weiteren Vorteil: Wenn sich die einkommende Flut ihrem Höchst-

Das Gezeitenkraftwerk an der Rance *750 m lang ist der Damm in der Mündung des Flusses Rance bei St-Malo. Er speichert bei Flut das Hochwasser, das zur Stromerzeugung genutzt wird.*

Die Turbinenhalle im Damm *Das zurückgehaltene Wasser fließt durch 24 Turbinen ab, von denen jede bis zu 10 000 kW erzeugen kann. Die Kaplanturbinen arbeiten sowohl bei Flut als auch bei Ebbe.*

stand nähert und die Differenz zwischen dem Wasserspiegel oberhalb und unterhalb der Turbine gering ist, kann man mit geringem Energieaufwand den Spiegel des Oberwassers über die Höchstmarke hinaus erhöhen. Dadurch gewinnt man bei einsetzender Ebbe ein höheres Gefälle, und das abfließende Wasser liefert viel mehr Energie, als für das Hochpumpen aufgewendet wurde.

Das erste Gezeitenkraftwerk wurde 1966/67 an der Mündung der Rance bei St-Malo in der Bretagne fertiggestellt. Ein 750 m langer Damm trennt die Flußmündung vom offenen Meer und hält das Flutwasser zurück. Durch Öffnungen im Damm strömt es wieder zurück und treibt dabei 24 Turbinen an, die je 10 000 kW erzeugen – genügend Strom für eine Stadt mit 40 000 Einwohnern.

Gezeitenkraftwerke arbeiten allerdings nur dann wirtschaftlich, wenn der Unterschied des Wasserstandes bei Flut und Ebbe sehr groß ist – 6 m und mehr. Solche Differenzen kommen nur an wenigen Orten vor. Zu den besten Lagen für Gezeitenkraftwerke gehören die Fundybai zwischen Neuschottland und Neubraunschweig in Ostkanada (Fluthöhe 13,7 m), der Mündungstrichter des Severn im Südwesten Englands (8,2 m) und die Mündung des Sam-Sa im südlichen China (5,8 m).

Glas

siehe Seite 140

Glasfaserkabel

Erste Anwendung in England 1955

Im Jahr 1870 führte der britische Physiker John Tyndall den Mitgliedern der Königlichen Gesellschaft in London ein Phänomen vor, das scheinbar dem Gesetz widersprach, daß sich Licht nur geradlinig ausbreitet. In einen Wasserbehälter mit einem seitlichen, kleinen Loch ließ er Licht einfallen. Als das Wasser durch das Loch ausfloß, folgte das Licht dem bogenförmigen Wasserstrahl, als laufe es auf einer gekrümmten Bahn. In Wirklichkeit wurde es aber in dem Wasserstrahl immer wieder von einer Seite zur anderen reflektiert.

Eine praktische Anwendung für John Tyndalls Experiment ergab sich erst 1955, als Dr. Narinder S. Kapany in London eine neue Art von Lichtleitern erfand, die aus feinen Glasfasern bestanden.

Heute sind solche Lichtleitfasern biegsam und dünner als menschliches Haar. Sie werden aus zwei verschiedenen Glassorten hergestellt. Der Kern der Faser, etwa 0,01 mm stark, besteht aus Glas mit geringen Zusätzen. Er ist von einem Mantel aus reinem Glas umgeben, der einen Durchmesser von etwa 0,1 mm

TELEKOMMUNIKATION IN GLAS

Sämtliche modernen Informationsformen, die bisher über elektromagnetische Wellen durch die Luft oder durch Metallkabel übermittelt werden, vom Telefongespräch bis zu all den neuen Anwendungsmöglichkeiten des Fernsehschirms wie Bildschirmtext und Bildtelefon, können auch durch Glasfasern laufen. Eine umfangreiche Nutzung dieser Kommunikationsmittel wird überhaupt erst durch die Wirtschaftlichkeit des Glasfaserkabels möglich. Ein solches Kabel, das aus mehreren Glasfasern sowie verschiedenen Schutz- und Stabilisierungsschichten besteht, ist ungefähr so dünn wie ein Bleistift. Ein Kupferkabel mit gleicher Leistungsfähigkeit wäre 10 cm dick und würde etwa das Hundertfache wiegen.

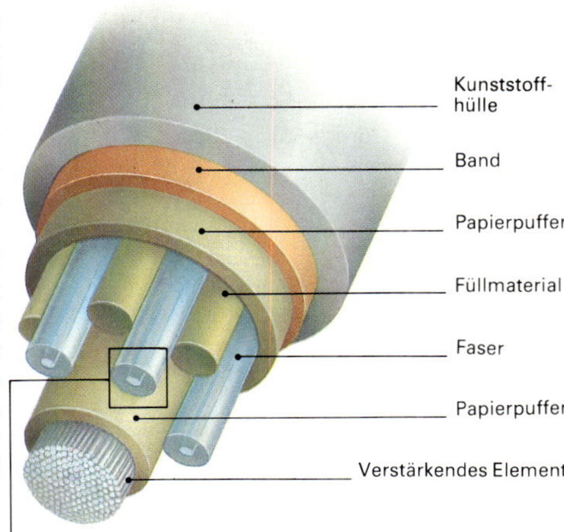

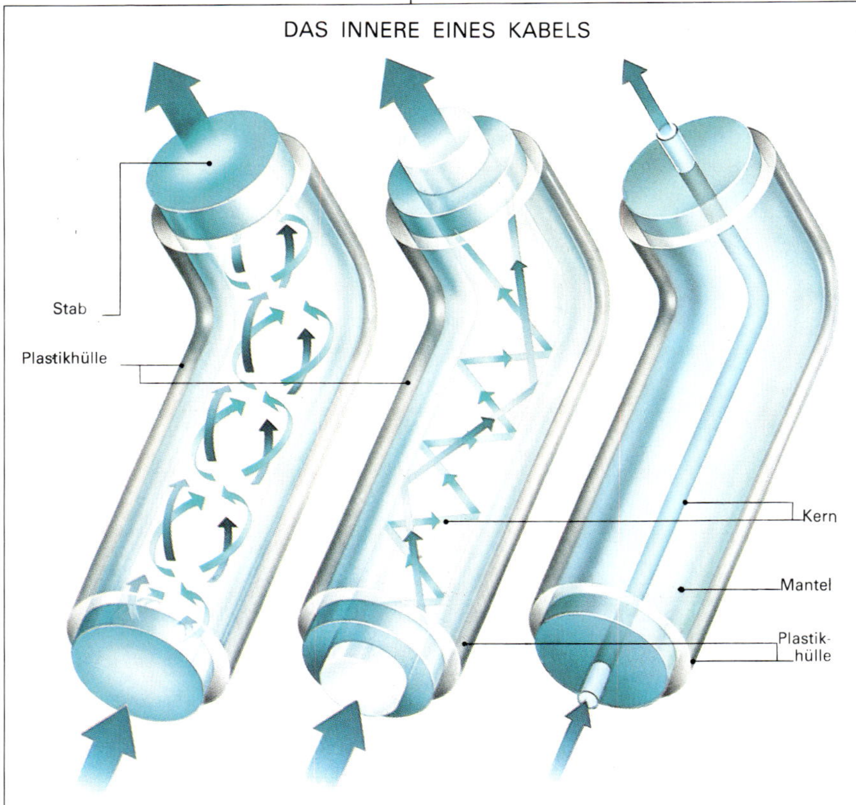

Wie Licht durch eine Glasfaser kommt
Je nach ihrer Beschaffenheit leitet die Glasfaser das Licht in verschiedener Weise. Die Fachleute nennen diese Arten der Leitung Multimode und Monomode. Ist der Kern der Faser verhältnismäßig dick – bis etwa 0,05 mm –, so wird das Licht an den Kernwänden immer wieder reflektiert. Die Reflexionswinkel sind dabei unterschiedlich groß; infolgedessen legen die Signale unterschiedlich lange Wege zurück und kommen nicht nach gleich langer Zeit beim Empfänger an. In einem solchen Multimodekabel (Mitte) können Signale also verzerrt werden. Der Kern eines Monomodekabels (rechts) ist demgegenüber nur etwa ein Zehntel so dick und erlaubt dem Licht deshalb nur einen einzigen Ausbreitungsweg. Eine dritte Faserart, die sogenannte Gradientenfaser (links), leitet das Licht nicht im Zickzack, sondern auf gekrümmten Wegen weiter.

hat. Die beiden Glasarten brechen das Licht verschieden stark. Nach dem physikalischen Gesetz der Totalreflexion wird Licht, das man an einem Ende in den Faserkern einleitet, an der Grenze zwischen den beiden Glasschichten stets vollständig reflektiert. Selbst wenn man die Glasfaser wie einen Bindfaden verknotet, dringt das Licht nicht durch die Seitenwände, sondern tritt erst am anderen Ende wieder aus.

Telefonieren durch die Glasfaser
Lichtleitfasern wurden zunächst in der Medizin benutzt, um das →Endoskop – ein Instrument für Untersuchungen im Körperinnern – zu verbessern. Dabei werden zwei winzige Bündel von Glasfasern zusammengefaßt. Durch eines schickt man Licht, um etwa den Magen auszuleuchten. Durch das andere Faserbündel beobachtet man, beispielsweise Verdauungsvorgänge.

Die Glasfaser kann aber nicht nur Bilder übertragen. Im Jahr 1966 kam der amerikanische Wissenschaftler Dr. Charles Kao auf die Idee, Lichtleitfasern zur Übermittlung von Telefongesprächen zu verwenden. Dazu wird der Schall zunächst in elektrische Signale und danach in Impulse von →Laserlicht verwandelt. Diese schickt man dann durch die Faser. Beim Empfänger werden die Lichtblitze durch den umgekehrten Vorgang wieder in Schall verwandelt.

Das Verfahren ist der herkömmlichen Übermittlung durch Kupferkabel weit überlegen. Der Rohstoff Kupfer wird auf der Erde knapp; →Glas hingegen gibt es wie Sand am Meer, denn aus Sand wird es hergestellt. Überdies wiegt ein Glaskabel nur den Bruchteil eines Kupferkabels. Es ist abhörsicher und gegen elektrische Störfelder sowie magnetische Beeinflussung unempfindlich. Die Glasfaser kann ein Signal viel weiter leiten als eines aus Kupfer, bei dem der elektrische Widerstand einen Teil der transportierten elektrischen Energie verbraucht. Und schließlich hat die Glasfaser eine fast unglaubliche Kapazität. Auf der Hannover-Messe 1981 stellte die Firma SEL einen Glasfaser-Weltrekord auf: Sie schickte verstärkerlos über 25 km durch eine einzige Faser Lasersignale, die 15000 gleichzeitig geführten Telefongesprächen oder etwa 40 Fernsehprogrammen entsprachen.

Die erste öffentliche, 9 km lange Glasfaser-Telefonleitung wurde 1977 in Kalifornien zwischen Long Beach und dem kleinen Ort Artesia installiert. Ein Jahr später verlegte die Deutsche Bundespost in Berlin 130 km Glasfaserleitung. Andere Städte folgten. 1983 beginnt die Post in sieben deutschen Städten einen Großversuch, bei dem mehrere hundert Haushalte über Glasfasern mit →Telefon- und Telexverbindungen, Bildtelefon, Bildschirmtexten sowie sämtlichen Radio- und →Fernsehprogrammen versorgt werden.

Glasfasern

Um 1930 in den USA entwickelt

Künstliche Fasern aus →Glas, das zu feinen Fäden gezogen wurde, tauchten zum ersten Male in der Öffentlichkeit auf, als der Amerikaner Edward D. Libbey 1893 in Chicago ein Kleid aus Seide mit eingewebten Glasfasern vorführte. Methoden zur kommerziellen Fiberglasherstellung wurden aber erst um 1930 entwickelt.

Seit dem Zweiten Weltkrieg ist Fiberglas ein vielseitiges Massenprodukt. Es ist feuer-, rost- und formbeständig und läßt sich leicht säubern. Man kann inzwischen sehr verschiedene Dinge daraus machen: feuerfeste Gewebe, Filter für die Industrie, Sportgeräte, Autokarosserien und anderes.

Bei der Herstellung fließt die Glasschmelze durch Düsen im Boden des Schmelzofens. Die austretenden Fäden können zu dickeren Strähnen gebündelt werden. Es lassen sich aber auch flauschige Matten aus Glaswolle mit kürzeren Fasern herstellen. Glaswolle dient außerdem häufig als Isoliermaterial.

Gleiskettenfahrzeug

Anfang des 19. Jh. in England erfunden

Im Jahr 1825 ließ sich der englische Gutsbesitzer Sir George Cayley eine Gleiskette für Fahrzeuge patentieren. Er beschrieb sie als „endlose Kette“ aus zusammengefügten Gliedern, die über die Kränze von zwei Rädern abrollen.

Eine solche Gleiskette (oder Raupe) wurde an beiden Seiten eines Fahrzeugs angebracht, wodurch sich dessen Gewicht auf eine größere Fläche verteilte. So konnte man verhindern, daß die Räder auf schlammigem Grund bis zu den Achsen einsanken.

Fahrzeuge mit Gleisketten galten als Kuriosität, bis im Jahr 1906 Benjamin Holt in Kalifornien mit der serienmäßigen Herstellung von dampfgetriebenen Gleiskettentraktoren begann.

1923 wurde an der Front dieser Fahrzeuge ein Planierschild angebracht. Als man dann acht Jahre später Dieselmotoren verwendete, entstand ein Fahrzeug, das der modernen Planierraupe bereits nahekam.

Im Ersten Weltkrieg wurden erstmals auch →Panzer mit Gleisketten gebaut. Nach 1930 setzte man Planierraupen in Deutschland für den Bau der Autobahnen ein. Ab 1945 leisteten sie beim Wiederaufbau in Europa und bei zahlreichen Bauvorhaben in Amerika wertvolle Dienste.

Heute sind die Bagger, Planierraupen und →Traktoren mit Gleisketten von Baustellen in der ganzen Welt nicht mehr wegzudenken. In Japan laufen überdies Versuche mit Roboterplanierraupen.

Gleiskettengigant *Mit diesem Spezialfahrzeug wurden am Kap Canaveral die Weltraumraketen vom Montagegebäude zur Abschußrampe befördert. Die Personen links im Bild verdeutlichen die Größe der Gleisketten, die den gewaltigen Druck des Fahrzeugs auf eine weitere Bodenfläche verteilen.*

Glas

Seit 3000 v. Chr. in Ägypten und Mesopotamien verwendet

Glas ist eines der vielseitigsten Materialien. Es wird aus einem der billigsten Rohstoffe gewonnen, aus Sand. Glas ist wasserundurchlässig, lichtdurchlässig, schmutzabweisend und wird nur von wenigen Chemikalien angegriffen. Es ist leicht zu säubern, verdirbt keine Nahrungsmittel und ist ein guter elektrischer Isolator. In flüssigem Zustand ist es leicht zu formen, und es kann auf vielerlei Weise verziert werden.

Die frühen Zivilisationen in Ägypten und Mesopotamien entdeckten um 3000 v. Chr., wie man Glas herstellen kann. Ihre Handwerker formten zuerst einfache bunte Perlen und Stäbe, entwickelten jedoch bald auch Techniken zur Herstellung von gläsernen Schalen, Vasen, Flaschen, Krügen und Kannen. Wohlhabende Römer ließen sich Glasfenster in ihre Häuser einbauen, und die meisten römischen Haushalte konnten sich ein paar Glasgefäße für Öl und Duftstoffe leisten. Trotzdem blieb das Glas jahrtausendelang ein Luxusartikel.

Wie so viele Errungenschaften verfiel auch die Glasmacherkunst in Europa nach dem Untergang des Römischen Reiches. Erst im 12. Jh. lebte sie wieder auf. Geschickte Handwerker benutzten die Kunst des Glasfärbens, um prächtige Buntglasfenster für die neuen Kathedralen zu schaffen.

Seit dem Ende des 15. Jh. stellten die Glasmacher in Venedig ein verfeinertes klares, fast farbloses Glas her. Dies ermöglichte bessere Linsen für →Brillen. Überdies konnte man damit auch die ersten →Mikroskope und →Fernrohre konstruieren.

Im 19. Jh. wurde Glas in Massenfertigung hergestellt. Erst jetzt konnten sich auch weniger wohlhabende Menschen gläserne Vasen, Schalen, Trinkgefäße und →Spiegel leisten. Die Fenster wurden größer, die Wohnungen heller. Auch die Getränkeindustrie griff nach dem Glas; die Flasche wurde zum billigen Massenverpackungsmittel.

Heute gibt es eine Fülle besonderer Glassorten. Sie reichen von kugelsicherem Glas, das mit Plastikfolie verbunden ist, bis zu den →Glasfasern, die bei der Faseroptik verwendet werden. Lichtempfindliche Brillengläser werden dunkler oder hellen sich auf, je nach der vorhandenen Lichtmenge.

5000jährige Nutzung eines der vielseitigsten Materialien

3000 v. Chr.: Frühe Glasherstellung
Die Technik der Glasherstellung wurde um 3000 v. Chr. oder früher im Mittleren Osten entdeckt – vermutlich, als jemand am sandigen Ufer eines Sees, wo Wasser verdunstet war und sich Soda abgelagert hatte, ein Feuer entzündete. Das Soda und der Quarz im Sand verbanden sich in der Hitze des Feuers und bildeten kleine Glastropfen.

Schmuckgegenstände und Gefäße aus Glas stellte man erst um 1500 v. Chr. in größeren Mengen her. Vasen und Schalen wurden entweder mühsam aus einem festen Glasblock gemeißelt oder um einen Kern, einen mit Sand gefüllten Beutel, geformt.

Der Sandkern wurde dazu in einen Tiegel mit geschmolzenem Glas getaucht. Wenn das Glas erstarrt war, holte man den Sand heraus. Die ägyptischen Glasmacher lernten auch, ihr Material durch die Beimengung von verschiedenen Metalloxiden zu färben.

Biblische Geschichte *Die Drei Könige aus dem Morgenland – eine Glasmalerei in einem Fenster aus dem 13. Jh. in der Kathedrale von Canterbury.*

Glanz in Chartres *Ein Buntglasfenster aus dem 13. Jh. in der Kathedrale von Chartres zeigt Szenen aus dem Leben Jesu.*

Mittelalterliche Glasmacher *Eine Miniatur aus dem 15. Jh. zeigt, wie mit einer Glasmacherpfeife eine Flasche geblasen wird. Andere Glasarbeiter beschicken, leeren und heizen einen Brennofen.*

Dieselben Mineralien werden auch heute noch verwendet.

300 v. Chr.: Verwendung von Formen
Um 300 v. Chr. war Alexandria, eine griechische Kolonie in Ägypten, das Glasmacherzentrum der Welt. Die alexandrinischen Glasarbeiter erfanden elegante Verzierungen, vor allem aber die Verwendung von Formen. Sie gossen das geschmolzene Glas in eine untere Form und drückten eine zweite Form darauf, so daß das Glas dazwischen modelliert wurde. Flaschen als Getränkebehälter gab es nur selten.

1. Jh. v. Chr.: Die Glasmacherpfeife
Die Syrer erfanden im 1. Jh. v. Chr. die Glasmacherpfeife, ein eisernes Rohr, das der Arbeiter in geschmolzenes Glas tauchte. Der Glastropfen, der am Ende des Rohrs haften blieb, wurde zu einem Ballon aufgeblasen. Hielt man dabei das Ende des Rohres in eine Hohlform oder handhabte man beim freien Blasen das Blasrohr geschickt, konnte man schnell ein Glasgefäß von fast beliebiger Form herstellen.

Die Technik des Glasblasens verbreitete sich rasch, und sie änderte sich im Lauf der Jahrhunderte kaum. Der größte Unterschied bei der modernen Massenfertigung besteht darin, daß Flaschen und Glühbirnen heute von Maschinen und nicht mehr von Menschen geblasen werden.

12. Jh. n. Chr.: Glasmalerei
Im 12. Jh. entwickelten die Glasarbeiter in Europa die Kunst der Glasmalerei. Sie entwarfen Kirchenfenster, die sie aus verschieden geformten Stücken von unterschiedlich gefärbtem Glas zusammensetzten.

Das farbige Glas wurde zunächst geblasen und zu einem Zylinder geformt. Diesen Zylinder schnitt man dann, während er noch geschmeidig war, der

Länge nach auf und walzte ihn flach. Die entstandene unebene Glasplatte wurde nun zerteilt, und die Einzelstücke wurden mit einer Art Kneifzange der Vorlage entsprechend in Form gebracht. Details, wie Gesichtszüge, malte man mit Farbe auf und brannte sie ein. Bleistege mit doppelten U-Profilen verbanden die Einzelteile zum Glasbild.

14. Jh.: Butzenscheiben
In der Normandie entstand im 14. Jh. das erste dünne, flache Fensterglas. Die Glasmaler bliesen dazu eine große Kugel, drückten sie flach und befestigten sie an einem Eisenstab, den sie dann mit hoher Geschwindigkeit drehten. Durch die Fliehkraft dehnte sich die flachgedrückte Kugel zu einer runden Scheibe aus, die schließlich zu kleinen Scheiben zurechtgeschnitten wurde. In der Mitte befand sich an der Ansatzstelle des Eisenstabs eine nabelförmige Verdickung: der Butzen.

15. Jh.: Helles Glas
Die venezianischen Glasarbeiter waren in Europa die ersten, die ein fast farbloses Glas herstellten. Das gelang durch eine sorgfältige Auswahl der Rohstoffe sowie durch Beimischung von Mineralien, die Farbe wegnahmen. Dieses Glas war noch nicht vollkommen durchsichtig; wenn man es aber dünn genug machte, so fiel das nicht sehr ins Gewicht.

17. Jh.: Spiegelglas
Ein neues Verfahren, Glas herzustellen, kam in Frankreich im späten 17. Jh. auf. Die Glasschmelze wurde auf einen Eisentisch gegossen, erstarrte dort zu einer großen Scheibe und wurde dann auf beiden Seiten geschliffen. So erhielt man Spiegelglas. Für den allgemeinen Gebrauch war es jedoch zu kostspielig.

1675: Flintglas
Im Jahr 1675 verwendete George Ravenscroft in England Feuerstein (Flint) zur Glasherstellung und schuf so das kristallklare Flintglas. Es war noch wenig haltbar und bildete bald zahlreiche kleine Risse. Durch Beimischung von Bleioxid konnte dieser Mangel behoben werden. Das Ergebnis war das schwere, glänzende Bleikristall.

1882: Jenaer Glas
Der deutsche Chemiker Otto Schott gab der Glasherstellung eine wissenschaftliche Grundlage. Zusammen mit Ernst Abbe und Carl Zeiss gründete er 1882 das Jenaer Glaswerk Schott & Gen., das Spezialgläser entwickelte. Jenaer Glas enthält Borosilikat und ist dadurch besonders widerstandsfähig gegen Chemikalien und Temperaturunterschiede. Verwendet wird es für Haushaltsgeräte (feuerfestes Glas), Laborgeräte und in der optischen Industrie.

1909: Sicherheitsglas
Zu Beginn des 20. Jh. brauchte man für Autowindschutzscheiben ein nichtsplitterndes Glas. Der französische Chemiker Édouard Benedictus klebte zwischen zwei Flachglasscheiben eine Zelluloidschicht.

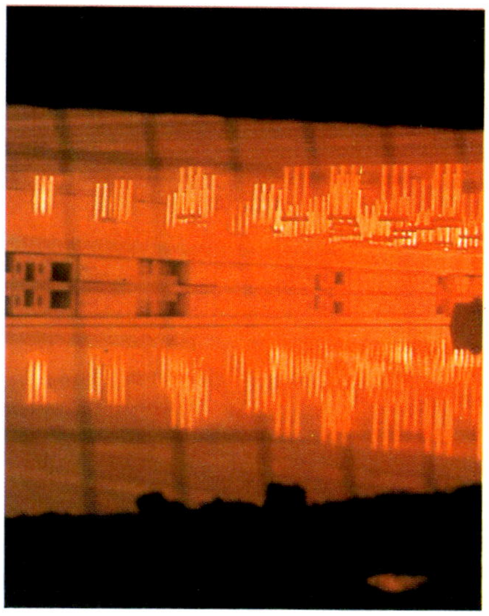

Floatglas entsteht *Aus einem Schmelzofen läuft die Glasschmelze auf geschmolzenes Zinn. Das Glas wird erst gekühlt, wenn sich alle Unebenheiten ausgeglichen haben und eine vollkommen glatte Fläche entstanden ist. Vor der Erfindung dieser Technik mußte das unebene Flachglas besonders geschliffen und poliert werden – was teuer war.*

Bei einem Aufschlag zerbricht zwar auch dieses Verbundglas, aber es zersplittert nicht.

Weil das Zelluloid nach einer gewissen Zeit vergilbte, wurde es von 1936 an durch andere → Kunststoffe ersetzt.

Einscheibensicherheitsglas wird mit einem kalten Luftstrom abgeschreckt und erhält dadurch eine höhere Festigkeit. Wenn es bricht, bilden sich keine scharfkantigen Splitter, sondern runde Bruchstücke.

1918: Flachglas
Ein Verfahren zur kontinuierlichen Herstellung von Flachglas für Fensterscheiben wurde 1918 gleich doppelt erfunden. Émile Fourcault in Belgien und Irving Colburn in den USA entwickelten unabhängig voneinander eine Methode, bei der ein Glasband aus einem Bad geschmolzenen Glases stetig herausgezogen wird. Die Kanten des Bandes werden gekühlt und von Walzen erfaßt, die das längerwerdende und abkühlende Glasband zu einer Schneidebühne transportieren.

1952: Floatglas
Das teure Spiegelglas wurde inzwischen fast völlig durch Floatglas ersetzt. Es wird in einem Verfahren hergestellt, das der Engländer Alastair Pilkington 1952–1958 entwickelte. Die Glasschmelze fließt dabei auf einem Bad aus geschmolzenem Zinn, auf dessen glatter Oberfläche das Glas erstarrt.

Floatglas ist nicht nur in der Herstellung billiger, sondern hat auch die helle Oberflächenbeschaffenheit, die dem Spiegelglas fehlt.

Floatglas kühlt ab *Wenn das Glasband so weit abgekühlt ist, daß die Unterseite nicht mehr verletzt werden kann, wird es durch Walzen in einen Schacht transportiert, wo es langsam gekühlt wird. Das Ergebnis ist Glas von einheitlicher Stärke und Helligkeit.*

Hammer

Schon der Mensch der Steinzeit arbeitete mit dem Handhammer

Der Hammer war das erste →Werkzeug, das der Mensch benutzte, und vermutlich auch das erste, das er mit einem Griff versah. Handhammer gibt es seit etwa 8000 v. Chr. Der Steinkopf wurde mit Riemen am Griff befestigt.

Nach der Erfindung der Kupferverhüttung gossen um 4000 v. Chr. die Ägypter Hammerköpfe aus Kupfer und seit etwa 3500 v. Chr. Köpfe aus →Bronze. Später wurde beim Guß ein Loch für den Stiel ausgespart. Der Schreinerhammer – wegen seiner V-förmigen Klaue, die zum Herausziehen von Nägeln dient, auch Klauenhammer genannt – kam in der Römerzeit auf.

Dem Handwerk und der Industrie diente der Hammer vor allem zum Schmieden von rotglühendem Eisen, das auf einem Amboß in Form geschlagen wurde. Später errichtete man mächtige wasserbetriebene Hammerwerke.

Der schottische Werkzeugmacher James Nasmyth entwarf 1839 einen Dampfhammer. Der schwere Hammerkopf oder Fallhammer wurde hier durch Dampfdruck gehoben und fiel dann auf das Werkstück nieder. Das erste Hammerwerk nach Nasmyths Entwurf entstand 1840 in Frankreich.

Schwerer Hammer *Zu den technischen Sehenswürdigkeiten der Stadt Essen gehört der Halbachhammer aus der industriellen Frühzeit. Als Antrieb dient ein Wasserrad, das eine Nockenscheibe (Mitte) dreht. Die Nocken heben den Hammer (links) an und lassen ihn auf einen Amboß niederfallen. Rechts ein gemauerter Kamin für das Schmiedefeuer.*

Handgranate

Um 1400 in Europa eingeführt

Die älteste bekannte Darstellung einer Handgranate (Wurfbombe) ist in einem Manuskript aus dem Jahr 1405 zu finden. Seit dem 16. Jh. war die Handgranate eine beliebte Waffe beim Erstürmen von Festungen. Friedrich der Große stellte die ersten Grenadierregimenter auf (Granatenwerfer).

Im 18. Jh. bestanden die Handgranaten aus einer Metallkugel, die mit Schießpulver gefüllt war. Sie wurde mit einer langsam brennenden Zündschnur zur Explosion gebracht.

Im Ersten und Zweiten Weltkrieg gehörte die Handgranate zu den wichtigsten Nahkampfwaffen der Infanterie. Ihre Splitterwirkung reichte 20 m weit. Vom Typ her unterscheidet man Kugel-, Stiel- und Eierhandgranaten.

Hebel

Von Archimedes im 3. Jh. v. Chr. beschrieben

Von den Anfängen der Menschheit an war der Hebel ein wichtiges Werkzeug, wenn es galt, große Steine oder Baumstämme fortzubewegen.

Im Altertum hätte ohne Hebel kein Gebäude errichtet werden können, und noch heute wird praktisch bei allen Maschinen in irgendeiner Form die Hebelwirkung genutzt.

Der griechische Mathematiker Archimedes von Syrakus (287–212 v. Chr.) formulierte als erster die Hebelgesetze. „Gib mir einen Punkt, wo ich stehen kann, und ich bewege die Erde", schrieb er.

Archimedes unterschied drei Hebelarten. Beim zweiarmigen Hebel befindet sich der Stützpunkt oder die Drehachse zwischen der Last und dem Angriffspunkt der Kraft – so bei einer Brechstange oder einem Schubkarren.

Beim einarmigen Hebel gibt es zwei Varianten. Entweder befindet sich die Last zwischen dem Drehpunkt und der Kraft wie bei einem Nußknacker. Oder die Kraft wirkt zwischen Drehpunkt und Last wie bei einer Zuckerzange.

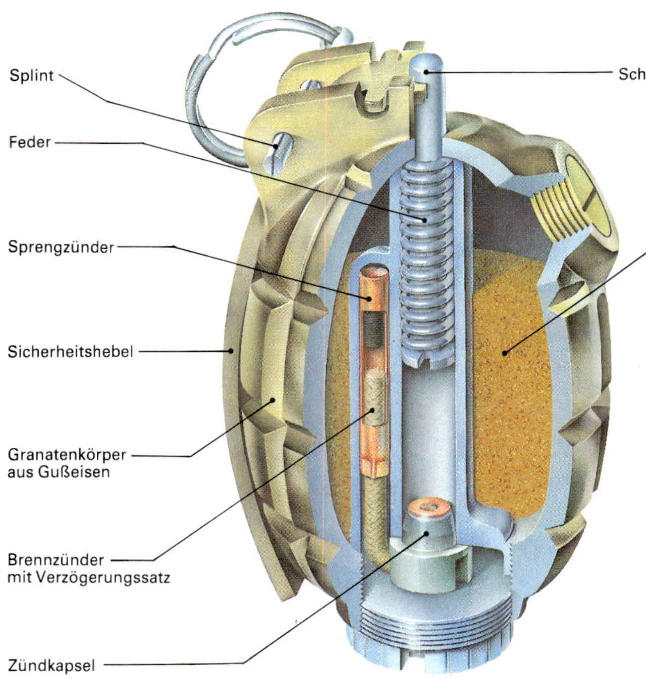

Abzugsmechanismus einer Handgranate *Hier eine typische Eierhandgranate aus dem Zweiten Weltkrieg: Um sie scharf zu machen, zog man den Splint und löste dadurch den Sicherheitshebel, den der Soldat noch festhielt. Beim Werfen wurde der Hebel losgelassen; die Feder schlug den Bolzen auf die Zündkapsel und zündete den Brennzünder mit dem Verzögerungssatz. Nach 4–5 Sekunden explodierte der Sprengzünder.*

Einfacher Hebel *1958 beobachtete der norwegische Archäologe Thor Heyerdahl auf den Osterinseln, wie eine 10 m hohe Statue aufgerichtet wurde. Zwölf Männer hoben sie mit zwei Hebeln nach und nach an. Nach neun Tagen lag die Säule schräg auf einem 3,5 m hohen Steinhaufen; am 18. Tag wurde sie mit Hilfe von Seilen aufrecht gestellt.*

Für alle Hebelarten gilt das Gesetz: Last × Lastarm = Kraft × Kraftarm. Das bedeutet: Je größer der Abstand zwischen dem Drehpunkt und dem Angriffspunkt der Kraft, um so geringer ist die Kraft, die man für eine bestimmte Leistung aufwenden muß.

Herzkatheter

Erfindung eines deutschen Arztes aus dem Jahr 1929

Die Herzkatheterisierung ist ein wichtiges Hilfsmittel zur Erkennung von Herzfehlern und Herzerkrankungen. Das Verfahren wurde von dem deutschen Arzt Werner Forßmann eingeführt. Im Jahr 1929 hatte er die umwälzende Idee, das Herz „anzuzapfen", indem er eine Sonde in eine Armvene einführte und dann vorschob, bis ihre Spitze in die Herzkammer eindrang. Auf diese Weise kann man den Druck sowie den Sauerstoff- und Kohlendioxidgehalt des Blutes in verschiedenen Teilen des Herzens messen. Für seine Arbeit mit dem Herzkatheter erhielt Forßmann 1956 den Nobelpreis für Medizin.

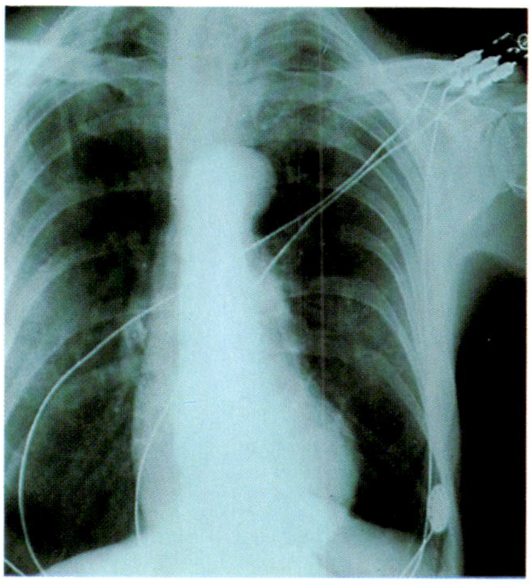

Blutuntersuchung *Das Röntgenbild zeigt, wie der Herzkatheter durch eine Armvene des Patienten zum Herzen führt. Der Erfinder bewies durch einen Selbstversuch, daß diese Untersuchungsmethode verhältnismäßig gefahrlos ist.*

Herzklappe, künstliche

1961 in den USA erfunden

Herzklappen wirken als →Ventile, durch die das Blut in das Herz strömt oder in den Körperkreislauf oder in die Lungen gepumpt wird. Ist eine Klappe erkrankt, kann man sie durch eine künstliche ersetzen.

Das erste zuverlässig arbeitende Gerät dieser Art wurde 1961 von den amerikanischen Chirurgen Albert Starr und M. Lowell Edwards erfunden. Inzwischen hat man die künstliche Herzklappe, die aus einer Plastikkugel und einem Käfig aus Edelstahl besteht, Tausenden von Patienten eingesetzt.

Herz-Lungen-Maschine

Erste Bewährung 1953 in den USA

Zahlreiche Operationen am Herzen können nur dann ohne Risiko durchgeführt werden, wenn man das Organ 30 Minuten oder länger stillegt. Während dieser Zeit übernimmt die Herz-Lungen-Maschine die Arbeit von Herz und Lunge, indem sie den Blutkreislauf in Gang hält, Kohlendioxid herausfiltert und das Blut mit dem lebensnotwendigen Sauerstoff anreichert.

Die erste Herzoperation an einem Menschen mit Hilfe dieses Geräts führte der amerikanische Chirurg John Heynsham Gibbon 1953 durch.

Herzschrittmacher

In den USA 1952 eingeführt

Wenn das Reizleitungssystem des Herzens, der „Taktgeber", erkrankt ist, kann der Herzschlag ganz langsam oder unregelmäßig werden. Im Jahr 1952 konnte der Arzt Dr. Paul M. Zoll in Boston bei einem 72jährigen Patienten erstmals den Herzschlag durch einen elektrischen Impulsgeber wieder normalisieren.

Ein solcher Herzschrittmacher wird unter die Haut der Bauchdecke eingepflanzt. Er sendet winzige Stromstöße aus, die über Elektroden zum Herzen weitergeleitet werden. Inzwischen hat man mehr als 300 000 Menschen einen Herzschrittmacher eingesetzt.

Holographie

siehe Seite 144

Holzkohle

Wurde schon um 5000 v. Chr. zum Schmelzen von Metallen verwendet

Es läßt sich nicht genau sagen, wann der Mensch entdeckt hat, wie man Holzkohle herstellt. Sie entsteht durch unvollständige Verbrennung von Hartholz, etwa Buchen- oder Eichenscheiten. Es steht aber fest, daß schon um 5000 v. Chr. Holzkohle als Brennstoff zum Schmelzen von Metallen benutzt wurde.

Die schwarze, spröde Holzkohle war bis zum 18. Jh. der wichtigste Brennstoff für die →Eisenverhüttung. In Schmiedewerkstätten und zum Grillen wird Holzkohle heute noch verwendet. Sie besteht fast ausschließlich aus reinem Kohlenstoff. Daher brennt sie nahezu rauchlos und liefert mehr Hitze als die gleiche Menge Holz.

Wenn man Tierknochen unter Luftabschluß erhitzt, erhält man ebenfalls eine Kohle, die Tierkohle oder Beinschwarz genannt wird. Eine besonders poröse Holzkohle ist die sogenannte Aktivkohle, die nach einem Spezialverfahren gewonnen wird. Mit ihren feinen Poren absorbiert sie Geruchs- und Farbstoffe sowie giftige Bestandteile aus Gasen und Flüssigkeiten. Sie dient als Medikament und als chemischer Filter. In Raumfahrzeugen wird sie zur Beseitigung von Gerüchen und Schadstoffen verwendet.

Holographie

1948 von Dennis Gabor erfunden

Ein holographisches Bild ist die dreidimensionale Wiedergabe eines Gegenstands. Auf der Platte selbst befindet sich das Hologramm: ein mikroskopisch feines Muster aus hellen und dunklen Linien. Es kann nur mit Hilfe eines →Lasers erzeugt werden. Beleuchtet man die entwickelte Platte wiederum durch Laserlicht, so werden die Lichtwellen, die ursprünglich von dem betreffenden Gegenstand ausgingen, durch den Effekt der Lichtbeugung wieder rekonstruiert. Blickt man durch das Hologramm-„Fenster", so sieht man in einem bestimmten Abstand von der Platte ein räumliches Geisterbild des aufgenommenen Gegenstands. Geht der Betrachter um das Bild herum, ändert sich die Perspektive, als ginge er um den Gegenstand selbst herum.

Die Holographie wurde 1948 von dem ungarisch-britischen Physiker Dennis Gabor erfunden, der dafür 1971 den Nobelpreis erhielt. Praktische Bedeutung gewann sie erst in den 60er Jahren, als das Laserlicht zur Verfügung stand.

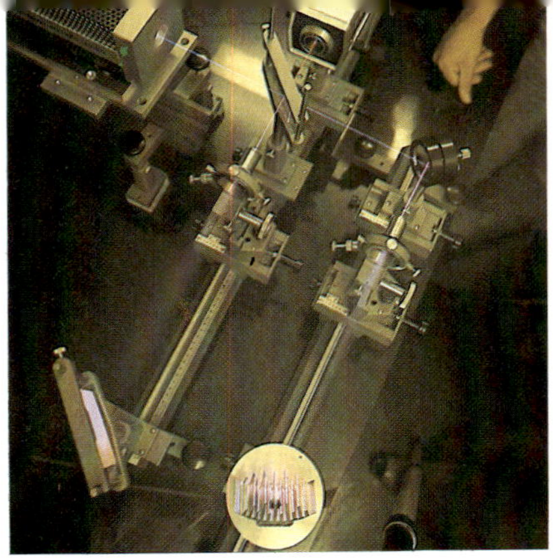

Farbholographie *Auf einer Fotoplatte kann man mehrere Hologramme speichern. Damit wird eine Farbholographie möglich: Mit Hilfe von Laserlicht mit verschiedenen Wellenlängen stellt man „Farbauszüge" in Form von mehreren Hologrammen her, die sich auf einer Platte überlagern.*

WIE DIE HOLOGRAPHIE DREIDIMENSIONALE LICHTBILDER ENTSTEHEN LÄSST

Aufnahme eines Hologramms

1. Von einem kontinuierlichen Laser wird ein kohärentes Lichtbündel – reines Licht mit nur einer einzigen Wellenlänge – auf einen Strahlenteiler geworfen
2. Der Strahlenteiler zerlegt den Lichtstrahl rechtwinklig in einen Objektstrahl und einen Referenzstrahl
3. Objektstrahl
4. Ein Spiegel lenkt den Objektstrahl auf das Objekt
5. Eine Linse verbreitert den hindurchtretenden Objektstrahl
6. Das Objekt wird in das Licht des Objektstrahls getaucht und reflektiert Lichtwellen in alle Richtungen. Die Intensität der Wellen ist je nach der Form und Oberflächenbeschaffenheit des Objekts unterschiedlich
7. Einige Lichtwellen erreichen die fotografische Platte
8. Referenzstrahl

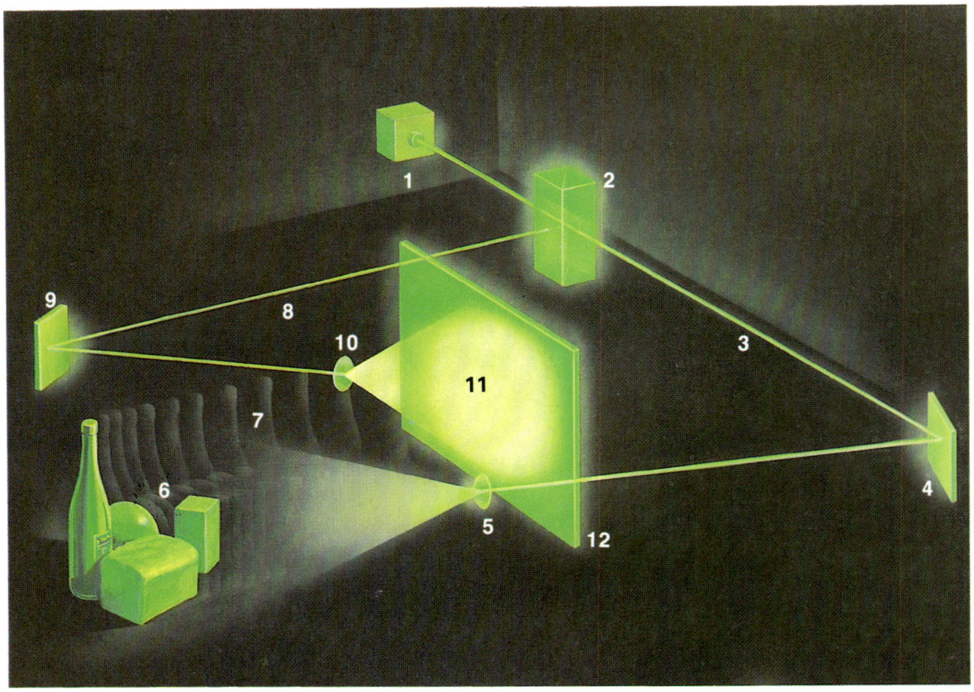

9. Ein Spiegel lenkt den Referenzstrahl auf die fotografische Platte
10. Eine Linse verbreitert den hindurchtretenden Referenzstrahl
11. Die Referenzwellen und die vom Objekt reflektierten Lichtwellen überlagern sich und bilden ein Interferenzmuster. Dieses entsteht dadurch, daß die Wellen verstärkt werden, wo Wellenberge zusammentreffen, und ausgelöscht werden, wo Wellenberge auf Wellentäler treffen
12. Die fotografische Glasplatte ist auf einer Seite mit einer Emulsion beschichtet. Sie speichert das Interferenzmuster als Informationen über die Form und räumliche Tiefe des Gegenstands. Der ganze Aufbau muß auf einem völlig schwingungsfreien Tisch befestigt werden, da bereits bei kleinsten Bewegungen das Interferenzmuster „verwackelt" wird und kein Bild mehr entsteht

Wiedergabe des Bildes

1. Nach der Belichtung enthält die fotografische Platte Informationen über das abgebildete Objekt in Form eines Hologramms, eines mikroskopisch feinen Liniengitters. Die übliche Belichtungszeit liegt zwischen Bruchteilen einer Sekunde und einer Minute, je nach der Stärke des Laserstrahls, der Empfindlichkeit der Emulsion und der vom Objekt reflektierten Lichtmenge
2. Um das Hologramm in ein Bild des Objekts umzuwandeln, benötigt man wiederum reines Licht mit nur einer einzigen Wellenlänge. Dazu wird ein Laserstrahl im selben Winkel gegen die Platte geschickt, in dem bei der Aufnahme der Referenzstrahl ankam
3. Eine Linse verteilt den Wiedergabestrahl auf die Platte
4. Der Betrachter blickt durch die Glasplatte hindurch und sieht dahinter ein dreidimensionales Bild des Objekts. Wenn man für Aufnahme und Wiedergabe gleiche Lichtquellen benutzt, erscheint das Bild in gleicher Größe, Stellung und Entfernung wie das Original. Wenn sich der Betrachter um das Bild bewegt, ändert sich die Perspektive so, als bewegte er sich um das Objekt
5. Das dreidimensionale Bild, das vom Wiedergabestrahl erzeugt wird

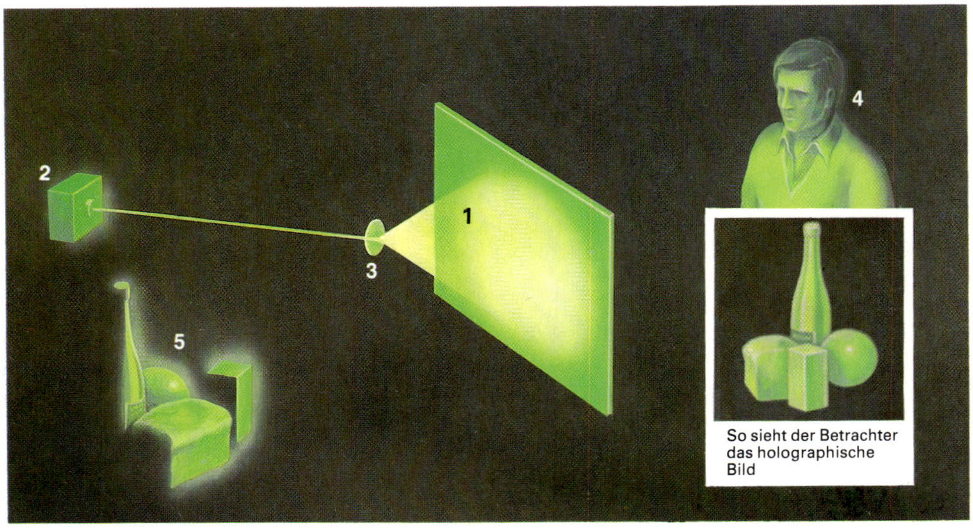

So sieht der Betrachter das holographische Bild

Holzverleimung

Die Methode war schon den alten Ägyptern bekannt

Das Verfahren, dünne Lagen Edelholz auf mindere Hölzer aufzuleimen, also zu furnieren, wurde bereits 2800 v. Chr. von ägyptischen Tischlern benutzt, um Möbel oder Deckel von Prunksärgen zu verschönern.

Aber erst im 19. Jh. kam man auf den Gedanken, die größere Festigkeit zusammengeleimter Hölzer gegenüber naturgewachsenem Holz zu nutzen; denn dieses ist wegen seiner ungleichmäßigen Struktur und der Neigung zum Quellen oder Schrumpfen nicht so belastungsfähig. Der Wiener Fabrikant Michael Thonet begann um 1830 Stühle zu bauen, indem er mehrere Lagen Holz zusammenleimte und sie dann unter Dampf in die gewünschte Form preßte.

Zu Beginn des 20. Jh. wurden furnierte Möbel bereits in großen Mengen erzeugt. Heute gibt es moderne Schälmaschinen, die ganze Baumstämme entrinden, mit Dampf aufweichen und gegen ein Messer drücken. Das Messer schält eine gleichmäßig dünne Holzschicht in einem Stück vom Stamm ab. Soweit dieses Holz nicht als Furnier verwendet wird, schneidet man es in passende Stükke, bestreicht sie mit Leim und legt sie so aufeinander, daß die Holzfasern einer Schicht im rechten Winkel zu denen der nächsten verlaufen. Dieses Sperrholz ist besonders fest und verwirft sich kaum. Um die Schichten dauerhaft zu Sperrholz zu verbinden, preßt man sie unter Hitze und starkem Druck zusammen.

Will man jedoch die verleimten Holzschichten nachher durch Pressen in eine besondere Form bringen, etwa für Bootswände oder Skier, leimt man sie so aufeinander, daß die Holzfasern in gleicher Richtung verlaufen.

Hörgerät

Eine elektrische Hörhilfe wurde 1901 in England verwendet

Die ersten Hilfsgeräte für Schwerhörige waren trichterförmige Hörrohre aus Tierhorn, in denen sich die Schallwellen sammelten.

Das erste Gerät mit elektrischer Verstärkung des Schalls benutzte die schwerhörige Königin Alexandra von Großbritannien bei der Krönung von Eduard VII. im Jahr 1901. Dieses Gerät war noch unhandlich und mußte an eine Steckdose angeschlossen werden.

Moderne Hörgeräte können sehr klein gehalten werden. Sie bestehen aus einem batteriebetriebenen →Mikrofon, einem Transistorverstärker und einem Hörer, der ins Ohr gesteckt wird. Einige Hörgeräte sind so klein, daß man sie hinter dem Ohr verbergen oder im Bügel einer →Brille tragen kann.

Hormonbehandlung

1902 wurde das erste Hormon entdeckt

Hormone sind Stoffe, die in endokrinen Drüsen oder auch einzelnen Zellen gebildet und direkt in das Blut abgegeben werden. Sie beeinflussen die Tätigkeit anderer Organe. So regelt beispielsweise das Insulin den Blutzuckergehalt, und das Adrenalin beschleunigt bei Erregung den Herzschlag.

Das erste Hormon entdeckten 1902 die Londoner Physiologen William M. Bayliss und Ernest H. Starling. Sie nannten es Sekretin. Der deutsche Biochemiker Adolf Butenandt fand und beschrieb die Sexualhormone Östrogen, Androsteron und Progesteron. Er erhielt dafür 1939 den Nobelpreis.

Wird ein Hormon vom Körper in zu geringer Menge oder gar nicht mehr produziert, so kann das schwere Krankheitserscheinungen zur Folge haben. Insulinmangel führt beispielsweise zur Zuckerkrankheit. Heute kann man diese Störungen behandeln, indem man dem Patienten Hormone oder synthetische Hormonpräparate verabreicht.

Hubschrauber

siehe Seite 146

Hufeisen

Germanische Erfindung um 200 v. Chr.

Fast alle Völker des Altertums verwendeten bereits Hufschuhe aus →Bronze, Eisen oder Flechtwerk als Hilfsmittel gegen Hufkrankheiten. Solche Schuhe wurden mit Riemen oder Stricken an den Fesseln der Pferde befestigt.

Das eiserne, mit Nägeln befestigte Hufeisen war dagegen den Griechen, Römern und Kelten noch unbekannt. Es dürfte um 200 v. Chr. durch germanische Nomadenstämme in Europa eingeführt worden sein. Das Hufeisen verleiht den Pferden auf rutschigem Boden mehr Halt, schützt ihre Hufe auf hartem Gestein und verbessert so ihre Leistung als Reit- und Zugtiere.

Hydraulische Maschinen

Die hydraulische Presse wurde 1795 in England patentiert

Der englische Mechaniker Joseph Bramah ließ sich 1795 die erste Maschine mit Kraftübertragung durch Flüssigkeitsdruck patentieren: eine hydraulische Presse.

Bei einer solchen Vorrichtung ist ein kleiner Zylinder mit einem großen verbunden; beide sind mit Öl gefüllt. Drückt man in den kleinen Zylinder einen Kolben ein Stück hinein, so hebt der Öldruck einen Kolben im großen Zylinder – da das Volumen des verdrängten Öls ja gleichbleibt – nur um eine entsprechend kürzere Strecke an. Nach dem gleichen Prinzip arbeitet die moderne Hydraulik, die beispielsweise zum Aus- und Einfahren der Fahrgestelle von →Flugzeugen dient.

Der kleinere Kolben, auf den die niederdrückende Kraft wirkt, legt zwar einen längeren Weg zurück, doch braucht man dafür weniger Kraft. Insgesamt ist die hydraulische Presse mit einem →Hebel zu vergleichen, der einen ungleich langen Kraftarm und Lastarm hat und auf diese Weise das Heben von Lasten erleichtert.

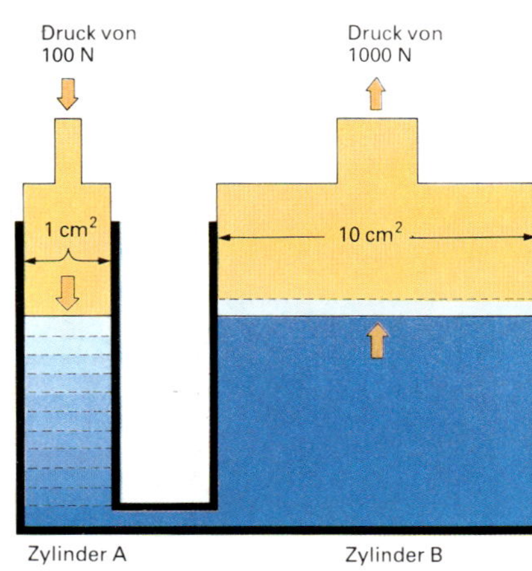

Hydraulische Presse *Zwei durch ein Rohr verbundene Zylinder sind mit einer Flüssigkeit gefüllt, auf der zwei bewegliche Kolben ruhen. Kolben A hat eine Grundfläche von 1 cm², Kolben B eine von 10 cm². Bei der Übertragung der Kraft von A nach B wird sie verzehnfacht. Dafür beträgt der Weg des Kolbens A das Zehnfache des Kolbenwegs B.*

Hubschrauber

Der erste einsatzfähige Hubschrauber flog 1936 in Deutschland

Der Hubschrauber (Helikopter), 1936 von dem Deutschen Heinrich Focke konstruiert, ist eines der kompliziertesten und auch kostspieligsten Transportmittel. Er ist zwei- bis dreimal so teuer wie ein vergleichbares herkömmliches → Flugzeug. Trotzdem wurde er in wenigen Jahrzehnten auf vielen Gebieten unentbehrlich – zunächst als Lebensretter. Den ersten Rettungseinsatz mit einem Hubschrauber flog die US-Küstenwacht im Januar 1944: Ein Versuchsmodell brachte Blutplasma zu den Opfern einer Schiffsexplosion vor der amerikanischen Ostküste.

Schiffbrüchige wurden – ebenfalls in den USA – erstmals im November 1945 mit einem Hubschrauber gerettet. Im Long-Island-Sund war ein Tanker im Sturm auf ein Riff gelaufen. Nach 16 Stunden holte ein Helikopter zwei Seeleute mit einer Winde von Bord des Wracks. 1958 wurden zum ersten Male Menschen vom Dach eines Gebäudes geborgen, als zwei Fluglotsen in dem brennenden, 47 m hohen Kontrollturm des internationalen Flughafens von Brüssel eingeschlossen waren. Heute gehören Rettungsaktionen an schwer zugänglichen Orten zu den Hauptaufgaben der Hubschrauber. Sie bergen beispielsweise verletzte Skiläufer, Bergsteiger und Passagiere verunglückter Flugzeuge.

Auch das Militär setzte den Hubschrauber zunächst nur zur Rettung Verwundeter ein. Im Koreakrieg (1950–1953) erwies er sich dann als so vielseitig, vor allem in unwegsamem Gelände, daß das US-Verteidigungsministe-

Rettung mit der Winde *Wo nicht einmal der Hubschrauber landen kann, hilft seine Motorwinde. Die Rettung von Menschenleben in schwer zugänglichem Gelände ist eine der Hauptaufgaben des Hubschraubers.*

Der Vorläufer des vielseitigen Drehflüglers war ein chinesisches Spielzeug

500 v. Chr.: Eine Libelle mit Federn
Ein hölzerner Stab mit Federn am oberen Ende, damit spielten chinesische Kinder schon vor 2500 Jahren. Sie drehten den Stab wie einen Quirl zwischen den Händen, und das Spielzeug, Libelle genannt, stieg senkrecht in die Luft – ein Hubschrauber. Die Federn wirkten wie die Rotorblätter eines heutigen Helikopters. Durch die Drehung wird eine Luftströmung erzeugt, die auf der Oberseite des Rotors schneller fließt als auf der Unterseite. Dadurch entsteht der Auftrieb. (Siehe → Flugzeug.)

Der erste *Der FA-61 von Heinrich Focke war der erste wirklich brauchbare Hubschrauber. Hier startet er 1937 auf dem Bremer Werksflughafen. Die beiden Rotoren sitzen auf Auslegern.*

Ein Haupt- und ein Nebenrotor *Igor Sikorsky konstruierte bald nach Focke in den USA einen Hubschrauber mit nur einem Hauptrotor und einem stabilisierenden Hilfsrotor am Heck. Hier steuert Sikorsky am 14. September 1939 selbst sein Modell VS-300.*

1784: Wissenschaftler entdecken das Spielzeug
Die chinesische Libelle war schon im ausgehenden Mittelalter in Europa bekannt. Dennoch sorgten zwei französische Wissenschaftler 1784 – ein Jahr nach dem ersten → Ballonstart der Brüder Montgolfier – für eine Sensation, als sie der Akademie ein Flugmodell vorführten, das wie die Libelle funktionierte.

Von dem Experiment in Frankreich hörte auch der Engländer George Cayley (1773–1857), als er noch ein Junge war. Der spätere Flugpionier war von der Hubschrauberidee so fasziniert, daß er 1796 ebenfalls ein Modell konstruierte. Doch er mußte erkennen, daß der Drehflügel so lange nicht sinnvoll eingesetzt werden konnte, wie es keinen leistungsstarken Antrieb gab.

1842: Die Dampfkraft schafft es nicht
Cayleys Landsmann W. H. Phillips leitete 1842 Dampf zu Düsen an den Enden des Rotors und erzeugte so eine Drehbewegung durch Rückstoß. Ein revolutionärer Gedanke, aber der Dampfkessel war zu schwer; der Hubschrauber flog nicht. Ebenso erging es dem Modell, das der italienische Ingenieur Enrico Forlanini 1877 mit einer extrem leichten → Dampfmaschine bestückte.

1907: Zwei fliegende Franzosen
Nach der Jahrhundertwende gab es den Benzinmotor. Unabhängig voneinander bauten die Franzosen Louis Breguet und Paul Cornu eine solche Maschine in einen Hubschrauber ein. Beide Typen hoben 1907, von ihren Erfindern gesteuert, 1–2 m vom Boden ab. Dabei zeigten sich aber auch die noch zu lösenden Probleme: Breguets Apparat beispielsweise kam bei seinem einminütigen Aufstieg so stark ins Schlingern, daß er von mehreren Helfern festgehalten werden mußte.

1919–1936: Ciervas Zwitter
Um einem herkömmlichen Flugzeug mehr Sicherheit zu geben, stattete es der Spanier Juan de la Cierva 1919 – zusätzlich zu den Tragflügeln und dem Propeller – mit einem Rotor aus. Dieser Drehflügel

Modernes Autogiro *Für den Antrieb sorgt ein Heckpropeller; der große Rotor wird nur durch die Luftströmung bewegt. Das Autogiro benötigt lediglich eine sehr kurze Start- und Landebahn.*

rium eine neue Strategie einführte, die bald von anderen Staaten übernommen wurde: das Zusammenspiel von schnell beweglichen Truppenteilen und Hubschraubern, die sie aus der Luft versorgten und unterstützten. Hubschrauber brachten rasch Verstärkung, oder sie evakuierten Männer und Gerät; sie flogen Versorgungsgüter ins Kampfgebiet und holten Verwundete heraus. Als bewaffnete Kampfhubschrauber wurden sie von den Amerikanern auch im Vietnamkrieg (1965–1972) eingesetzt.

In den letzten 20 Jahren haben sich die Aufgaben des Hubschraubers vervielfacht. Er hat das Maultier des Gold- und Uransuchers ersetzt; mit seiner Hilfe kontrolliert man Überlandleitungen in entlegenen Gebieten, spürt Unterseeboote auf und lotst Schiffe durch das Packeis. Jede Bohrinsel hat einen Hubschrauberlandeplatz. Als fliegende Kräne übernehmen diese Maschinen Aufgaben, die sonst größte Schwierigkeiten bereiten würden. So gibt es etliche Kirchen, auf deren Turm ein Hubschrauber das Kreuz gesetzt hat. In Gebieten, die für den Verkehr nicht erschlossen sind, schleppt der Helikopter schwere Lasten. Der sowjetische *Mil V-12* etwa kann 40 t tragen, Bauholz, Erze und Fernsehmasten.

Bei großen Naturkatastrophen ist der Hubschrauber ein wichtiger Helfer. Während der Überschwemmung 1970 in Ostpakistan (heute Bangladesch) und nach dem Erdbeben 1980 in Süditalien war es nur mit Hubschraubern möglich, die abgeschnittenen Orte mit Lebensmitteln und Medikamenten zu versorgen.

Im normalen Passagierverkehr ist der Hubschrauber dem konventionellen Flugzeug unterlegen. Er ist teurer, braucht mehr Treibstoff, fliegt wesentlich langsamer als ein Normalflugzeug und hat auch eine geringere Reichweite. Dennoch ist der Hubschrauber in vieler Hinsicht unersetzlich.

Einsatz im Gebirge *Der* Westland Sea King *wurde ursprünglich für das Militär gebaut. Er eignet sich aber auch besonders für Such- und Rettungsflüge.*

hatte keinen eigenen Antrieb, sondern wurde allein durch den Fahrtwind in Drehung versetzt. Er sorgte selbst dann, wenn der Propeller während des Fluges abgestellt wurde, noch für so viel Auftrieb, daß der Pilot sicher landen konnte. Ciervas Tragschrauber, auch Autogiro (Selbstdreher) genannt, konnte nicht senkrecht starten und landen wie ein Hubschrauber; doch bis zum Tod seines Erfinders im Jahr 1936 wurde das Zwitterflugzeug in mehr als 500 Exemplaren hergestellt.

1936: Der erste wirkliche Hubschrauber
Professor Heinrich Focke, Gründer der Focke-Wulf-Flugzeugwerke, löste 1936 das letzte Problem auf dem Weg zum funktionstüchtigen Hubschrauber: Bei einem Helikopter hat der Rumpf des Flugkörpers das Bestreben, sich entgegen der Drehrichtung des Rotors zu drehen. Focke schaltete diese unerwünschte Bewegung aus, indem er seinen Hubschrauber *FA-61* mit zwei auf Auslegern montierten Rotoren versah, die sich entgegengesetzt drehten.

Der *FA-61* war das erste wirklich einsatzfähige Drehflügelflugzeug, das keine Start- und Landebahn benötigte. In den Jahren 1937 und 1938 wurden mit dieser Maschine Geschwindigkeiten bis zu 140 km/h, Gipfelhöhen von 3900 m und Flugzeiten bis zu 1 Stunde 20 Minuten erreicht. 1940 baute Focke den größeren *FA-223*, der sechs Passagieren Platz bot und als erster Hubschrauber der Welt in Serie hergestellt wurde. Der *FA-223* konnte Lasten von fast einer Tonne tragen.

1939: Mit nur einem Rotor geht es auch
Der russische Flugzeugkonstrukteur Igor Sikorsky, der 1919 nach der Oktoberrevolution in die USA geflüchtet war, schuf den Hubschraubertyp, den wir heute allgemein kennen. Nachdem er in seinem Werk im amerikanischen Bundesstaat Connecticut jahrelang Flugzeuge mit starren Tragflächen gebaut hatte, entwarf er 1939 den *VS-300*, einen Hubschrauber mit nur einem Hauptrotor über dem Rumpf und einem weiteren, viel kleineren Rotor seitlich am Heck. Diese kleine Heckschraube wirkt der Drehbewegung des Rumpfes entgegen, während der große Drehflügel für den Auftrieb und auch für den Horizontalflug sorgt. Dazu wird der ganze Rotor leicht nach vorn, nach hinten oder seitwärts gekippt.

Der Hubschrauber ist also in allen Richtungen uneingeschränkt manövrierfähig. Diese neue Konzeption setzte sich durch und wurde ein Welterfolg.

Seit 1952: Immer schneller
Eine Revolution im Flugzeugbau war die Verwendung von → Strahltriebwerken. Seit 1952 experimentierten auch die Hubschrauberkonstrukteure mit diesem Antrieb. Eine neue Generation schneller Helikopter entstand. Einer flog in den USA schneller als 500 km/h.

1970: Jetzt dreht er auch Loopings
Der deutsche Hubschrauber *BO-105* machte etwas von dem Vorsprung wett, den konventionelle Flugzeuge auf einigen Gebieten haben. Er ist der erste kunstflugtaugliche Drehflügler, das heißt, er kann Loopings und Rollen drehen. Seit er 1970 in Dienst gestellt wurde, hat man ihn weltweit rund 1000mal verkauft. Er wird als Rettungs-, Polizei-, Militär- und Geschäftsflugzeug eingesetzt.

Der Größte und Stärkste der Welt *Vier Strahltriebwerke mit 6500 kW treiben die beiden Rotoren des russischen* Mil V-12 *an, der 40 t Nutzlast tragen kann. Er mißt in der Breite über die Rotorblätter 67 m und ist 37 m lang. Der „fliegende Kran“, nach seinem Konstrukteur Michail Mil benannt, wurde für den Transport von Raketen entwickelt.*

I

Impfung

Die erste Schutzimpfung nahm 1796 ein englischer Landarzt vor

Eine Impfung schützt Menschen oder Haustiere gegen eine Infektion durch Viren oder Bakterien.

Das ganze Mittelalter hindurch wüteten in den Städten Europas Epidemien: Beulenpest, Pocken, Typhus und andere ansteckende Krankheiten. Die Sterblichkeitsrate sank, als man gegen Ende des 19. Jh. begann, richtige Abwasserkanäle und einwandfreie Trinkwasserleitungen zu bauen. Doch noch bis 1850 brachen in den großen Städten Europas und Amerikas Cholera- und Typhusepidemien aus. Hygienische Maßnahmen waren der erste Schritt zu ihrer Bekämpfung; der zweite war die Impfung.

Die Erfindung der Impfung gegen die

Die Entdeckung der Impfstoffe führte dazu, daß eine Krankheit ausgerottet wurde und viele Epidemien eingedämmt werden konnten

1796: Erste Pockenimpfung
Die erste einigermaßen wirksame Maßnahme gegen die ansteckenden Pocken sah so aus, daß man Kinder und Jugendliche absichtlich infizierte. Man ritzte dazu ihre Haut ein und benetzte die Stellen mit Flüssigkeit aus den Pockenbläschen von Menschen, die an einer milden Form dieser Krankheit litten. Die Methode, eine türkische Erfindung, war allerdings nicht ohne Risiko: Manche der Geimpften starben, weil sich der weniger gefährliche Verlauf der Infektion nicht garantieren ließ.

Die entscheidende Entdeckung, die zum Pockenimpfstoff führte, machte gegen Ende des 18. Jh. der englische Landarzt Edward Jenner. 1771 hatte er beobachtet, daß Melkerinnen, die sich mit Kuhpocken angesteckt hatten, keine echten Pocken bekamen. 1796 entnahm er bei einer Viehmagd, die an den Kuhpocken erkrankt war, etwas Flüssigkeit aus einer Pustel und impfte damit einen Jungen am Arm. Dieser bekam an der infizierten Stelle eine einzige Pustel und erwies sich später als immun gegen die Pocken. Später benutzte Jenner zum Impfen auch Lymphe von pockenkranken Kühen. 1789 veröffentlichte er ein Buch über seine Entdeckung. Als er 1823 starb, war die Pockenschutzimpfung bereits in der ganzen zivilisierten Welt üblich.

Während die praktischen Erfolge der Impfung selbst Skeptiker überzeugten, blieb lange unbekannt, wie die Wirkung eigentlich zustande kommt. Sie beruht auf der Fähigkeit des Körpers, sich an frühere Infektionen gleichsam zu erinnern.

Selten bekommt ein Mensch mehr als einmal Kinderkrankheiten wie Masern oder Mumps. Die erste Erkrankung verleiht zumeist eine lebenslange Immunität, indem sie besondere Blutzellen, die Lymphozyten, dazu anregt, Antikörper gegen die Krankheitserreger zu bilden. Jenner hatte zufällig eine Mikrobe benutzt, die eine harmlose Krankheit, die Kuhpocken, verursacht, zugleich aber auch die Bildung von Antikörpern gegen die Erreger der eigentlichen Pocken bewirkt.

1880: Pasteur entwickelt weitere Impfstoffe
Ein halbes Jahrhundert verging, bis der französische Chemiker Louis Pasteur und der deutsche Arzt Robert Koch feststellten, daß ansteckende Krankheiten durch Bazillen übertragen werden und nicht etwa durch „ungesunde" Luft. 1876 wies Koch erstmals einen Mikroorganismus als Ursache einer Infektionskrankheit nach: den Milzbrandbazillus. 1882 entdeckte er das Tuberkulosebakterium, 1883 den Choleraerreger. Als Hauptbegründer der modernen Bakteriologie erhielt Koch 1905 den Nobelpreis für Medizin.

Pasteur entdeckte beim Studium der Geflügelcholera, daß Bakterienkulturen altern und ihre Wirkung sich dabei abschwächt. Hier öffnete sich ein Weg, aus Kulturen tödlicher Mikroben verträgliche Impfstoffe zu züchten. Pasteur entwickelte „Vakzine" gegen die Geflügelcholera (1880), den Milzbrand (1881) und die Tollwut (1885).

1892: Behrings Serum gegen Diphtherie
Émile Roux, ein Pariser Kollege von Pasteur, wies 1888 nach, daß Diphtherie nicht direkt durch die Diphtheriebakterien ausgelöst wird, sondern auf dem Umweg über einen Giftstoff (Toxin), den diese Bakterien erzeugen.

Emil von Behring, ein Assistent Robert Kochs in Berlin, entdeckte 1890 zusammen mit dem Japaner Schibasaburo Kitasato die Fähigkeit des tierischen und menschlichen Organismus, gegen die Erreger von Infektionskrankheiten Antikörper (Antitoxine) zu bilden. Zusammen mit Paul Ehrlich schuf Behring daraufhin die Voraussetzung für die industrielle Herstellung von Seren gegen Diphtherie und Wundstarrkrampf. 1901 erhielt er den ersten Nobelpreis für Medizin.

Das Diphtherieserum ist seit 1892 auf dem Markt. Es dient der passiven Immunisierung, nämlich der Behandlung einer akuten Diphtherie. Die aktive Immunisierung, das heißt die vorbeugende Schutzimpfung von gesunden Kindern, wurde 1907 eingeführt. Dadurch – und zum Teil auch durch verbesserte Ernährung und Hygiene – ging die Zahl der Diphtherieerkrankungen in den meisten zivilisierten Ländern stark zurück.

1922: Tuberkuloseimpfung in Frankreich
Im 19. Jh. und in der ersten Hälfte des 20. Jh. steckte sich in Europa und Nordamerika beinahe jeder während der Kindheit mit Tuberkulose an; allerdings traten bei den meisten Menschen keine Symptome auf. 1876 wurden zwölf Prozent aller Todesfälle in Deutschland durch diese Krankheit verursacht – 1961 nur noch 1,2 Prozent.

Den ersten Impfstoff gegen Tuberkulose entwickelten Léon Calmette und Camille Guérin vom Pasteurinstitut in Paris 1906 für die Anwendung bei Rindern. Dieses Mittel wurde 1922 zum ersten Male auch für Kinder benutzt.

1954: Erfolge gegen Kinderlähmung
Nach dem Zweiten Weltkrieg standen so viele Impfstoffe und Antibiotika zur Verfügung, daß man die bakteriellen Krankheiten beherrschte. Aber manche der Infektionskrankheiten werden durch Viren hervorgerufen – Mikroorganismen, die viel kleiner sind als Bakterien und auf Antibiotika nicht reagieren. Die gefürchtetste Viruskrankheit war in den 50er Jahren die Kinderlähmung (Poliomyelitis). Alljährlich tötete oder lähmte sie Tausende von Kindern und Halbwüchsigen.

Den ersten erfolgreichen Impfstoff gegen die Kinderlähmung entwickelte 1950–1954 der amerikanische Arzt Jonas E. Salk. Er verwendete dafür abgetötete Polioviren. Drei Jahre später führte der Virologe Albert B. Sabin eine Schluckimpfung mit einem abgeschwächten, aber lebenden Poliovirus ein. Beide Impfstoffe werden heute noch verwendet.

Ein anderer amerikanischer Virologe, John F. Enders, fand 1960 einen Impfstoff gegen Masern. In der westlichen Welt haben eine bessere Ernährung und die Möglichkeit, Komplikationen mit Antibiotika zu behandeln, die Gefährlichkeit der Masern bereits beträchtlich vermindert. In

Pocken im Jahr 1796 führte dazu, daß diese Krankheit schließlich, bis 1980, völlig ausgerottet wurde. Aber es dauerte 89 Jahre, bis der nächste große Fortschritt erzielt wurde: Die Tollwutbehandlung durch den Franzosen Louis Pasteur. Tollwut wird auf den Menschen durch den Biß eines erkrankten Tieres, meist eines Hundes, übertragen. Pasteurs Impfung war lebensrettend, wenn man sie bald nach dem Biß vornahm.

In der ersten Hälfte des 20. Jh. wurden weitere Impfungen gegen Tuberkulose, Diphtherie, Typhus, Cholera und Tropenkrankheiten wie Gelbfieber entwickelt. Nach dem Zweiten Weltkrieg konnte ein Tourist aus Europa oder Nordamerika die ganze Welt bereisen, vor ansteckenden Krankheiten durch Impfung oder vorbeugende Mittel geschützt. Und immer noch werden neue Impfstoffe hergestellt, in jüngster Zeit einer gegen die Hepatitis B, eine Form der Gelbsucht.

Noch ist dieser medizinische Fortschritt aber nicht Allgemeingut. In Afrika und Südamerika sind die Sterblichkeitsraten bei Kinderlähmung und Masern heute noch hoch, da vielen Entwicklungsländern die finanziellen Mittel und ein entsprechender Gesundheitsdienst fehlen, um Massenimpfungen durchzuführen.

Afrika und Asien sind sie aber immer noch eine tödliche Krankheit.

Weniger schwer verlaufen normalerweise die Röteln. Wenn aber eine Frau während der Schwangerschaft daran erkrankt, besteht die Gefahr, daß ihr Kind mit schweren Schäden geboren wird. Davor schützt ein Impfstoff, den der amerikanische Arzt Thomas H. Weller gefunden hat. Man impft Mädchen im Alter von 13 Jahren dagegen, wenn sie bis dahin noch keine Röteln gehabt haben.

Heute impft man Kinder routinemäßig gegen Diphtherie, Keuchhusten, Masern, Tuberkulose und Starrkrampf.

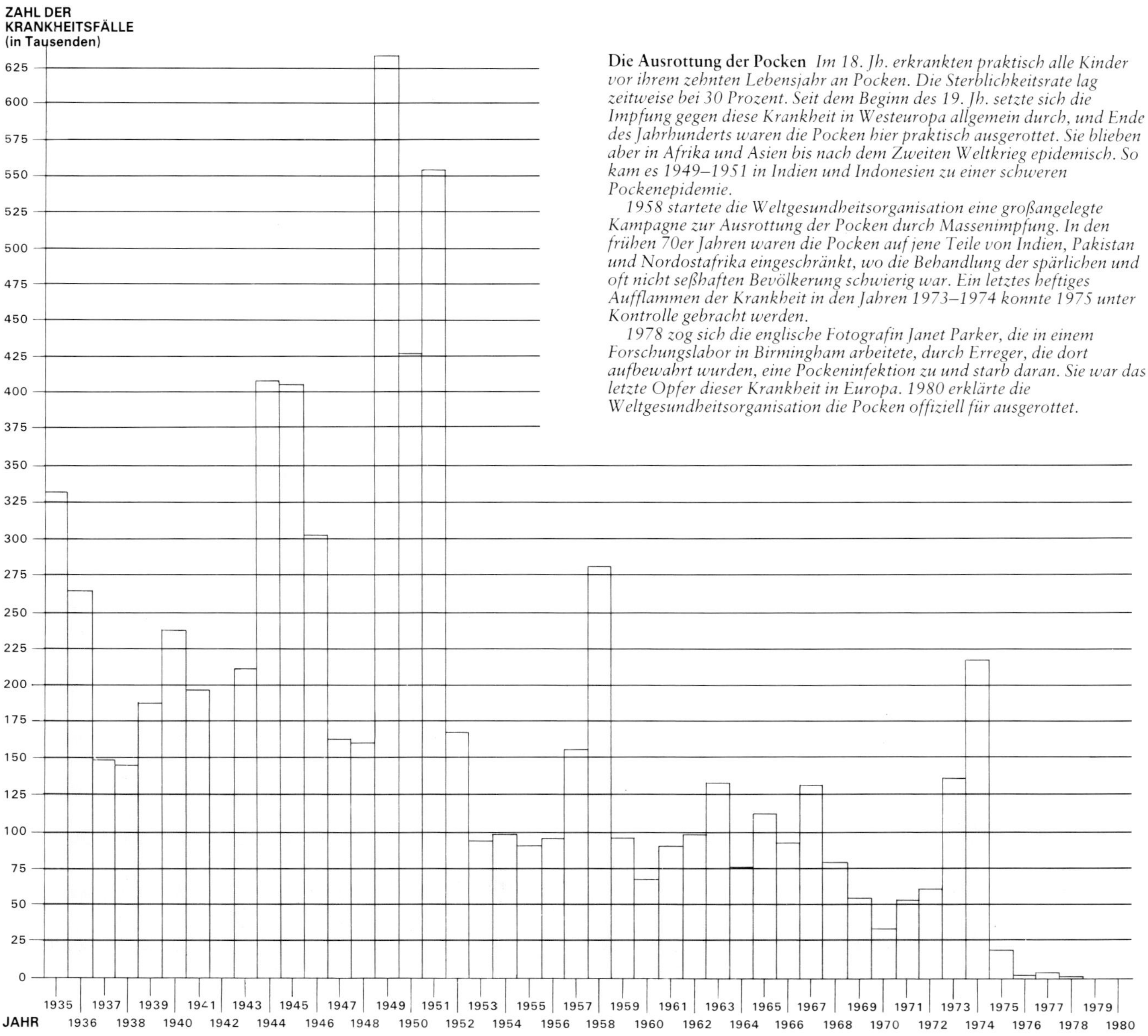

Die Ausrottung der Pocken *Im 18. Jh. erkrankten praktisch alle Kinder vor ihrem zehnten Lebensjahr an Pocken. Die Sterblichkeitsrate lag zeitweise bei 30 Prozent. Seit dem Beginn des 19. Jh. setzte sich die Impfung gegen diese Krankheit in Westeuropa allgemein durch, und Ende des Jahrhunderts waren die Pocken hier praktisch ausgerottet. Sie blieben aber in Afrika und Asien bis nach dem Zweiten Weltkrieg epidemisch. So kam es 1949–1951 in Indien und Indonesien zu einer schweren Pockenepidemie.*

1958 startete die Weltgesundheitsorganisation eine großangelegte Kampagne zur Ausrottung der Pocken durch Massenimpfung. In den frühen 70er Jahren waren die Pocken auf jene Teile von Indien, Pakistan und Nordostafrika eingeschränkt, wo die Behandlung der spärlichen und oft nicht seßhaften Bevölkerung schwierig war. Ein letztes heftiges Aufflammen der Krankheit in den Jahren 1973–1974 konnte 1975 unter Kontrolle gebracht werden.

1978 zog sich die englische Fotografin Janet Parker, die in einem Forschungslabor in Birmingham arbeitete, durch Erreger, die dort aufbewahrt wurden, eine Pockeninfektion zu und starb daran. Sie war das letzte Opfer dieser Krankheit in Europa. 1980 erklärte die Weltgesundheitsorganisation die Pocken offiziell für ausgerottet.

Spritze aus dem 19. Jh. *Diese Injektionsspritze besteht aus Glas und Metall; sie hat eine lange Hohlnadel und ist am Kolben geeicht. So konnte man die Injektion genau dosieren. Solche Spritzen wurden meist in einem Lederetui aufbewahrt, und die spitze Nadel wurde von Zeit zu Zeit nachgeschärft.*

Injektionsspritze

1853 von dem Franzosen Charles Gabriel Pravaz erfunden

Um die Mitte des 19. Jh. begannen mehrere Ärzte unabhängig voneinander, Glasspritzen mit einer spitzen Hohlnadel zu verwenden, um ihren Patienten Medikamente zu injizieren. Als der erste gilt der französische Urologe und Orthopäde Charles Gabriel Pravaz (1853).

Mit der Injektionsspritze kann man genau dosierte Medikamente unter die Haut (subkutan), in das Muskelgewebe (intramuskulär), in die Blutbahn (intravenös) oder in Körperhöhlen spritzen. So wirken sie schneller und gezielter, als wenn man sie schluckt, und sind auch oft verträglicher. Injektionsspritzen aus Glas und Metall müssen vor Gebrauch ausgekocht oder im Autoklaven sterilisiert werden. Heute verwendet man vorwiegend Einmalspritzen aus Kunststoff, die nach Gebrauch weggeworfen werden.

Insulin

1921 von Banting und Best in Kanada isoliert

Im 19. Jh. stellten die Ärzte fest, daß Zuckerkranke (Diabetiker) an einer Funktionsstörung der Bauchspeicheldrüse leiden. Weitere Forschungen zeigten, daß die Bauchspeicheldrüse unter anderem das Hormon Insulin an den Blutkreislauf abgibt und daß dieses Insulin den Umsatz des Zuckers regelt. Wenn es fehlt, kann der Zucker vom Körper nicht verarbeitet werden und sammelt sich dann im Blut und im Urin an – ein bekanntes Symptom der Zuckerkrankheit.

Das Insulin wurde 1921 von den Ärzten Frederick G. Banting (Kanada) und Charles H. Best (USA) in Toronto aus tierischen Bauchspeicheldrüsen isoliert. Als die beiden Mediziner nun Zuckerkranken Insulinspritzen verabreichten, besserte sich ihr Gesundheitszustand schnell.

Heute bekommen Millionen von Diabetikern täglich ihre Insulinspritze. Seit 1980 laufen Experimente mit einer Form des menschlichen Insulins, das von Bakterien synthetisiert wird (→Genmanipulation).

Ionisator

Zuerst 1969 in England hergestellt

Ein elektrisch geladenes Atom wird Ion genannt. Ionenquellen, das heißt Vorrichtungen, die einen Ionenstrahl erzeugen, können in gewisser Hinsicht das Raumklima regulieren, aber auch als Antrieb für →Raketen im Weltraum dienen.

In reiner Luft sind viele Ionen enthalten, in verschmutzter Luft wenige. Das führt zu elektrostatischen Überladungen (dicke Luft), die nach Ansicht mancher Ärzte Ermüdungserscheinungen verursachen. Aus diesem Grund verwendet man in geschlossenen Räumen, vor allem in überbelegten Büros, gelegentlich sogenannte Ionisatoren, die einen Strom negativ geladener, ionisierter Teilchen erzeugen. Sie beseitigen elektrostatische Überladungen. Die ersten Ionisatoren im Taschenformat wurden 1969 in England hergestellt.

Bei großen Ionentriebwerken beschleunigt ein elektrisches Feld einen Ionenstrom auf hohe Geschwindigkeiten. Der Rückstoßschub eines solchen Ionentriebwerks reicht zwar nicht aus, um die Anziehungskraft der Erde zu überwinden, er kann jedoch im Weltraum als Antrieb verwendet werden. Die Energie dafür liefern Solarzellen (→Solartechnik, →Atomenergie oder →Brennstoffzellen).

Solche Triebwerke für →Raketen nennt man auch elektrostatische Triebwerke. Sie ionisieren Cäsium- oder Quecksilberdampf und beschleunigen diese Ionen bis auf 100 km/s. Die Ionisierung selbst ist ein komplizierter physikalischer Vorgang. Man unterscheidet hier bei den sogenannten Kontaktionentriebwerken die Oberflächenionisation oder den Langmuireffekt, bei den Kaufmann-Ionentriebwerken eine Gasentladung.

K

Kaffeemaschine

1806 von Lord Rumford erfunden

Das erste Gerät zum Aufbrühen von Kaffee war ein Kaffeetopf mit eingesetztem Metallsieb. Es wurde 1806 von dem Amerikaner Benjamin Thompson alias Lord Rumford – erfunden. Der weitgereiste Chemiker, Physiker und Offizier trat schließlich als Politiker in den bayerischen Staatsdienst. Er richtete unter anderem in München die ersten öffentlichen Suppenküchen ein. Außerdem empfahl er, Kaffee anstelle von Alkohol zu trinken.

Bei Lord Rumfords Kaffeefilter kam der gemahlene Kaffee in ein Metallsieb im Innern des Topfes und wurde dort mit einem Metallstab zusammengepreßt, an dessen Ende sich eine Lochscheibe befand. Dann goß man kochendes Wasser darüber und ließ es langsam durch den Kaffee hindurchtropfen.

Der schottische Schiffsingenieur Robert Napier stellte bereits 1840 einen Vorläufer der Doppelfilter-Kaffeemaschine des 20. Jh. her. Dabei wurde Wasser in einem verschlossenen Glasbehälter zum Sieden gebracht, bis es durch den Dampfdruck aus einem Steigrohr in ein zweites offenes Gefäß floß, das den gemahlenen Kaffee enthielt. Dann wurde das zweite Gefäß wieder auf das erste gestellt, und man filterte den Kaffee noch einmal durch den Satz hindurch in den unteren Behälter. Verschiedene Modelle solcher Kaffeemaschinen sind heute allgemein verbreitet.

Kalender

Einen babylonischen Kalender gab es bereits im 2. Jt. v. Chr.

Nahezu jede Zivilisation hatte in irgendeiner Form einen Kalender, um bestimmte Tätigkeiten zeitlich aufeinander abstimmen zu können. Fast alle Kalender beruhen auf den Bewegungen der Himmelskörper, die bis in die jüngere Gegenwart die zuverlässigsten Zeitbestimmungen ermöglichten.

Die meisten alten Kalender lehnten sich an die Mondphase an und hatten Monate mit abwechselnd 29 und 30 Tagen (ein Lunarmonat dauert tatsächlich rund 29½ Tage).

Diese Monate wurden willkürlich in kürzere Abschnitte unterteilt. Die Wochen hatten in Westafrika vier Tage, im alten Ägypten zehn Tage. Unsere heutige Woche mit sieben Tagen geht auf den jüdischen Kalender zurück.

Ein Jahr mit 12 Lunarmonaten ist um elf Tage kürzer als das wirkliche Jahr – beispielsweise die Zeitspanne von einer Sommersonnenwende zur anderen. Man versuchte deshalb, den Mondkalender dem Sonnenjahr anzugleichen, um bestimmte Ereignisse, etwa die Zahlung von Abgaben oder Opferungen für die Götter, auf bestimmte Tage festzulegen, die zuverlässig stets in die gleiche Jahreszeit fallen – z. B. die Zeit, in der die jungen Lämmer geboren werden oder die Ernte eingebracht wird. Zu diesem Zweck mußte man rund alle drei Jahre einen zusätzlichen Monat einschalten. Solche Berichtigungen fanden in Ägypten regelmäßig statt und stimmten den Mondkalender mit einem wichtigen jährlichen Ereignis ab: der sommerlichen Nilüberschwemmung.

Schaltmonate

Auf babylonischen Tontafeln aus der Zeit von 2000 bis 1000 v. Chr. ist durch königliche Erlasse festgehalten, wann dem Kalender ein weiterer Monat hinzugefügt werden sollte. Gelegentlich mußte im nächsten Jahr eine weitere Korrektur vorgenommen werden. Später kannten sich die babylonischen Sterndeuter am Himmel besser aus und konnten solche Fehler vermeiden. Seit dem Jahr 530 v. Chr. schalteten sie in jede Periode von acht Jahren drei weitere Monate ein, um ihren Kalender mit dem Mond- und Sonnenjahr in Übereinstimmung zu bringen.

Besonders genau war der Kalender der Maya, der zugleich als einer der kompliziertesten der Welt gilt. Er zeugt von dem guten mathematischen und astronomischen Verständnis seiner Urheber.

Mit der Kenntnis des Kalenders und dem Recht, ihn zu ändern, war eine Vormachtstellung verbunden. Die Hohenpriester im alten Rom manipulierten gelegentlich den Kalender, um die Amtszeiten bestimmter Beamter zu verkürzen oder zu verlängern, und der Kalender geriet mit der Zeit in Unordnung. Als Julius Cäsar den Kalender 46 v. Chr. reformierte, mußte er zunächst diesem Jahr drei Monate hinzufügen, damit die Jahreszeiten wieder auf das richtige Datum fielen. Der Julianische Kalender, auf dem unser heutiger beruht, leitete sich ausschließlich vom Sonnenjahr ab, und seine Monate standen nicht mehr in Beziehung zu den Mondphasen. Ein Jahr wurde auf 365 Tage festgelegt, und alle vier Jahre schaltete man einen weiteren Tag ein. Ein Jahr hatte somit eine durchschnittliche Dauer von 365¼ Tagen, was etwa der Wirklichkeit entspricht.

Im Lauf der Jahrhunderte stellte sich aber auch beim Julianischen Kalender eine gewisse Ungenauigkeit heraus. Im 16. Jh. war er um zehn Tage zurückgeblieben. Das Datum des Osterfestes stand in Verbindung mit der Tagundnachtgleiche im Frühjahr, die den offiziellen Frühlingsanfang kennzeichnete. Weil der Julianische Kalender „nachging“, fielen Ostern und die damit verbundenen Kirchenfeste auf einen immer früheren Termin. Daraufhin ordnete Papst Gregor XIII. eine Reform des Kalenders an. Er ließ im Jahr 1582 zehn Tage ausfallen, so daß auf Donnerstag, den 4. Oktober, sogleich Freitag, der 15. Oktober, folgte. Gleichzeitig verkürzte Gregor die durchschnittliche Jahreslänge. Bis dahin galten alle Säkularjahre, wie 1500, als Schaltjahre, weil sie durch vier teilbar waren. Künftig sollten die Säkularjahre nur dann Schaltjahre sein, wenn sie – wie 1600 und 2000 – durch 400 teilbar sind. Fortan war, insgesamt, ein Zeitraum von 400 Jahren um drei Tage kürzer.

Der Gregorianische Kalender wurde in den protestantischen Ländern zunächst abgelehnt, weil er eine Einrichtung der katholischen Kirche war. Manche Länder übernahmen ihn erst später.

Der Gregorianische Kalender ist so genau, daß einige 1000 Jahre keine Korrekturen mehr vorgenommen werden müssen. Er hat aber auch Nachteile. Ein bestimmtes Datum fällt jedes Jahr auf einen anderen Wochentag; die Monate sind unterschiedlich lang, ebenso die Quartale, was im Geschäftsleben zu gewissen Schwierigkeiten bei der Buchhaltung und Planung führt.

Aztekischer Kalenderstein *Stilisierte Tier- und Zahlendarstellungen symbolisieren Tage, Monate und Sonnenperioden. Dieses Exemplar hat einen Durchmesser von 3,6 m und steht im Anthropologischen Museum der Stadt Mexiko.*

Kamm

Seit der mittleren Steinzeit in Europa bekannt

In Skandinavien hat man kammartige Geräte aus Knochen gefunden, die aus der Zeit um 8000 v. Chr. stammen, und schon die alten Ägypter kannten zweireihige Kämme aus Elfenbein oder Holz. Im 9. Jh. n. Chr. trugen chinesische Frauen Kämme aus Holz, und im Mittelalter steckten Frauen und Männer ihre Haare mit kunstvoll geschnitzten Zierkämmen fest. Bis zum 19. Jh. bestanden Kämme meist aus Schildpatt oder Horn.

Der Engländer William Bundy erfand 1796 eine Vorrichtung mit mehreren parallelen Sägeblättern zum Aussägen von Kämmen. Die ersten Kunststoffkämme wurden 1862 von dem Chemiker Alexander Parkes in Birmingham aus einem Material hergestellt, das er Parkesin nannte.

Kanalbau

Erste Kanäle für die Schiffahrt um 4000 v. Chr. in Mesopotamien

Die ersten Kanäle wurden um 4000 v. Chr. gebaut, um den Schiffsverkehr auf den trägen Flüssen Mesopotamiens zu erleichtern. Im 13. Jh. v. Chr. schufen die Pharaonen Sethos I. und Ramses II. eine Kanalverbindung vom Nil zum Roten Meer. Sie versandete später, wurde aber bis ins Mittelalter mehrfach erneuert. Auch die Chinesen richteten schon sehr früh ein Netz von Schiffahrtskanälen ein, und sie kanalisierten ihre Flüsse, um ihr großes Reich besser verwalten zu können.

Mit dem Bau des Großen Kanals wurde in China im 6. Jh. v. Chr. begonnen. Er verband den Gelben Fluß mit dem Jangtsekiang und bildete zwischen der Hauptstadt Peking im Norden und Hangtschou im Süden eine zusammenhängende Wasserstraße mit einer Länge von mehr als 1300 km. Dieser Kanal ist heute noch in Betrieb und kann von →Schiffen bis 2000 t befahren werden.

Während eines Umbaus fügte man 984 n. Chr. im Abstand von 75 m zwei Wassersperren in den Kanal ein, um den Wasserstand regulieren zu können. Dies waren vermutlich die ersten Schleusen in der Geschichte des Kanalbaus.

Als mit dem Ausbau des Handels um 1400 auch der Frachtverkehr auf den Flüssen zunahm, baute man wieder Schleusen, um größere Flußstrecken schiffbar zu machen. Die einfache Schleuse war nur eine Stauanlage mit einem Tor. Hinter ihr staute sich das Wasser – bei niedrigem Wasserstand sehr langsam. Dann wurde das Tor geöffnet, und die freigesetzte kurze Flutwelle schwemmte die Schiffe mit.

Die echte Schiffsschleuse ist die Kammerschleuse, die mit zwei Toren einen Abschnitt des Wasserwegs absperrt. Das in der Kammer schwimmende Schiff wird dann gehoben oder gesenkt und kann im nächsten Abschnitt seine Fahrt fortsetzen. Erstmals erwähnt wurde eine Kammerschleuse 1373 in Italien.

Der Bau von Kanälen wurde immer stärker vorangetrieben; er erreichte um 1790 einen Höhepunkt und brachte den Unternehmern große Gewinne ein. 1759 besaß Großbritannien 1600 km an schiffbaren Flüssen; in knapp 100 Jahren kamen weitere 5200 km Wasserstraßen hinzu. Dabei führte man die Kanäle auch durch Tunnel, die bis zu 5 km lang waren, und in eisernen Rinnen, die in einer Höhe von 100 m die Täler überquerten.

Von London nach	km um das Kap	km durch den Kanal
Bombay	17400	10150
Singapur	19000	13350
Melbourne	19650	17700

Satellitenfoto des Sueskanals *Der Sueskanal wurde unter der Leitung des französischen Ingenieurs Ferdinand de Lesseps gebaut und 1869 vollendet. Er ist 161 km lang, 100–135 m breit und besitzt alle 25 km eine Ausweichstelle. Heute ist er bei Ebbe 12 m tief. Dieser Kanal führt durch drei Seen. Er verkürzt den Seeweg von England nach Indien von 17400 auf 10150 km (siehe Kästchen).*

Eine neue Dimension erreichte der Kanalbau, als 1869 durch den Franzosen Ferdinand de Lesseps der Sueskanal für Hochseeschiffe fertiggestellt wurde. Er machte für den Seeweg nach Osten den langen Umweg rund um Afrika überflüssig.

Der Bau des Panamakanals wurde 1879 von Ferdinand de Lesseps begonnen, jedoch von den USA 1906–1914 vollendet, nachdem die französische Gesellschaft bankrott gegangen war. Der Kanal verkürzte den Wasserweg von Europa zum Pazifik um 11000–14500 km. Beim Bau mußten über 9000000 t Erdreich bewegt werden. Zur Hauptsaison waren hier nicht weniger als 43000 Arbeiter beschäftigt.

Übertroffen wird der Panamakanal noch durch den St.-Lorenz-Seeweg, ein Kanalsystem, das eine Verbindung zwischen dem Atlantischen Ozean und der 3370 km landeinwärts gelegenen Industriestadt Duluth am Westende des Oberen Sees herstellt. Dieser Wasserweg wurde von Kanada und den Vereinigten Staaten gemeinsam in vier Jahren gebaut und 1954 fertiggestellt. In diesem Zusammenhang legte man künstliche Kanäle mit einer Gesamtlänge von 300 km an, die so tief sind, daß sie von 80 Prozent aller Hochseeschiffe befahren werden können.

Der längste Binnenschiffahrtsweg befindet sich heute in der Sowjetunion. Er erstreckt sich vom Schwarzen Meer über die Wolga bis zur Ostsee. 2980 km seiner Länge sind künstliche Kanäle; diese wurden 1965 eröffnet.

Kanalisation

Um 2500 v. Chr. in Pakistan

Die früheste bekannte Kanalisationsanlage wurde um 2500 v. Chr. in Mohendscho-Daro im Industal gebaut. (Allerdings gibt es Hinweise auf Kanalisationen in Mesopotamien, die noch älter waren.) Tonrohre leiteten Abwässer in gedeckte Gossen, die an den Straßen entlangliefen. Die Kanäle mündeten auf die Felder und bewässerten und düngten sie zugleich. Eine technisch bemerkenswerte Kanalisation hatte der zweite Palast in Knossos auf Kreta (1570–1425 v. Chr.), sie wies Lichtlöcher und Belüftungsschächte auf.

Manche griechischen und die meisten römischen Städte waren ebenfalls gut mit Kanälen versehen. Der größte Abflußkanal Roms, die Cloaca maxima, wurde um 578 v. Chr. als offene Rinne angelegt und 184 v. Chr. durch ein Ziegelgewölbe mit einer Spannweite von 3,4 m überdeckt. Großzügige Kanalnetze sind auch aus den Andenkulturen bekannt (9.–12. Jh. n. Chr.).

In Europa wurden nur die Aborte der Reichen in Jauchegruben abgeleitet; die meisten Abwässer flossen direkt in die Flüsse. Seuchen grassierten, und Hunderttausende von Menschen starben an Cholera und Typhus. Ein Teil des Faulschlammes in den Sickergruben wurde in gewissen Zeitabständen von Kanalarbeitern abtransportiert. Als gegen Ende des 18. Jh. infolge der industriellen Revolution die Zahl der Stadtbewohner anschwoll, mußte man eine hygienischere Art der Kanalisation finden, um Epidemien zu vermeiden. So entstand in Hamburg während des Wiederaufbaus der Stadt nach dem furchtbaren Brand vom 5. bis 8. Mai 1842 das erste unterirdische Kanalsystem.

Um die Abwässer zu reinigen, verwendete man ursprünglich Chemikalien. Diese trennten die Abwässer in eine klare, keimfreie Flüssigkeit und in einen Bodensatz, den man auf hoher See versenkte oder getrocknet als Dünger verkaufte. Die ersten Anlagen dieser Art entstanden 1874 in England bei Windsor.

Ende des 18. Jh. schlug der Londoner Chemiker William Dibdon vor, man solle zum Klären des Abwassers natürliche Bakterien verwenden. 1914 entstand in Manchester, England, die erste vollbiologische Kläranlage. Nach dem Ersten Weltkrieg folgten weitere in der ganzen westlichen Welt.

Kanone

Wahrscheinlich schon um 1200 in China bekannt

Vorläufer der Kanone waren in China wohl schon um 1200 n. Chr. bekannt. Aber richtige Geschütze wurden erst rund 200 Jahre später in Europa gebaut. Die früheste bildliche Darstellung einer Kanone lieferte um 1330 der englische Geistliche Walter de Milimete: Ein Kanonier hat Schießpulver in einen eisernen Topf geschaufelt, ein eisernes Geschoß hineingesteckt und die Ladung mit einem glühenden Stab gezündet, den er an ein Zündloch hält.

Die frühesten Geschosse in Mitteleuropa waren aber Kugeln aus Stein, die man mit Steinbüchsen gegen Befestigungsanlagen feuerte. Aus diesen kurzen „Feuertöpfen" wurden bald Rohre. Die frühen Kanonen bestanden aus geschmiedeten Eisenstäben, die wie Faßdauben auf einem Holzkern aneinandergefügt und von eisernen Reifen zusammengehalten wurden. Doch bald ging man dazu über, Geschütze aus Eisen

DIE KANONEN VERGANGENER ZEITEN

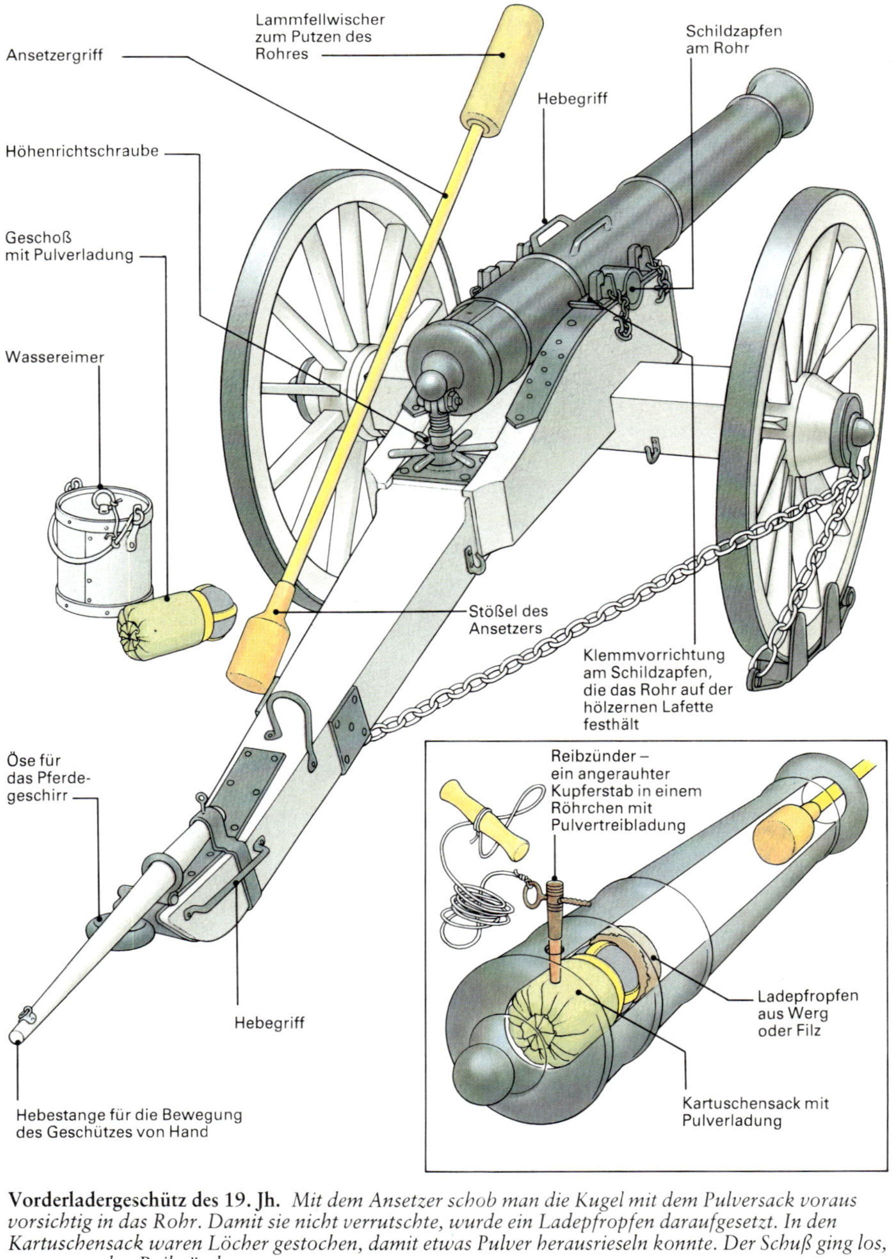

Vorderladergeschütz des 19. Jh. *Mit dem Ansetzer schob man die Kugel mit dem Pulversack voraus vorsichtig in das Rohr. Damit sie nicht verrutschte, wurde ein Ladepfropfen daraufgesetzt. In den Kartuschensack waren Löcher gestochen, damit etwas Pulver herausrieseln konnte. Der Schuß ging los, wenn man den Reibzünder zog.*

oder → Bronze zu gießen. Im 15. Jh. gab es Riesengeschütze für Belagerungszwecke wie die *Faule Grete* in Genf. So eine Steinbüchse wog bis zu 5 t und konnte rund 200 kg schwere Steinkugeln abfeuern. Doch mit derartigen Ungetümen ließ sich noch nicht wirklich gezielt schießen.

600 Jahre lang blieb die Vorderladerkanone das wichtigste Artilleriegeschütz. Sie brachte das Ende der herkömmlichen Kampfweise und der traditionellen Befestigungsbauten. Bei der Schlacht von Castillon 1453, der letzten im Hundertjährigen Krieg, schlugen die Franzosen die Engländer in die Flucht, weil französische Kanonen die englischen Bogenschützen in Reichweite hatten, bevor diese so nah herangekommen waren, daß sie ihre Pfeile abschießen konnten.

Im selben Jahr durchbrachen riesige, vor Ort gegossene Kanonen der Türken die mächtigen Dreifachmauern Konstantinopels und beendeten die tausendjährige Herrschaft des Byzantinischen Reiches.

In den Händen der Portugiesen, Spanier und Engländer, die sich ein weltweites Kolonialreich schufen, waren Schiffskanonen vom 16. Jh. an ein wesentlicher Faktor für die europäische Expansion nach Asien, Amerika und Afrika.

In Europa baute man nun statt der senkrechten Befestigungsmauern niedrige Bastionen, deren Vorderseiten schräg gemauert waren, um Kanonenkugeln abzulenken.

Mörser und Haubitzen

Neben vielen verschieden geformten und verschieden großen Langrohrgeschützen wurden im 16. Jh. speziell für Belagerungen sogenannte Mörser entwickelt. Mit seinem kurzen Rohr vermochte der Mörser eine schwere Kugel oder eine → Bombe über eine kurze Entfernung zu schleudern. Die Flugbahn der Geschosse war steil. So konnte das Geschütz in Deckung bleiben und sein Ziel selbst über Hindernisse hinweg erreichen. Die Haubitze, ebenfalls ein kurzrohriges Steilfeuergeschütz, wurde auf dem Schlachtfeld eingesetzt. Vor einem Sturmangriff schoß es über die eigene Truppe hinweg.

Obwohl die Feldartillerie schon im 15. Jh. aufkam, blieb sie in ihrer Entwicklung hinter der der Belagerungsartillerie zurück. Sie war zu schwer und nicht beweglich genug. Kaiser Maximilian I. vereinfachte seine Kanonen, führte Richtmaschinen ein und machte die Feldgeschütze (Feldschlangen) leichter, so daß sie bis in die vorderste Linie gezogen werden konnten.

Versuche, die Friedrich der Große zu Beginn des 18. Jh. begonnen hatte, wurden nach 1780 vom österreichischen Heer und von dem französischen Artillerieformer Graf Jean-Baptiste Vaquette de Gribeauval weitergeführt. Die langsame und schwerfällige, auf einen Karren montierte Kanone mit getrenntem Munitionskarren und nebenhermaschierenden Kanonieren machte einer Kanone Platz, die auf einer zweirädrigen Lafette von Pferden gezogen wurde. Sie hatte ihren eigenen, vorgespannten Munitionswagen, die Protze, auf der die Kanoniere fuhren. Nun war die Feldartillerie ebenso beweglich wie die Kavallerie. Ihre Schußweiten betrugen 500–1000 m. Napoleon schöpfte auf seinen Feldzügen (1799–1815) ihre Möglichkeiten voll aus, indem er sie an den entscheidenden Stellen konzentrierte und mit ihrer Hilfe als Auftakt zu einem Großangriff Breschen in die gegnerischen Truppenaufstellungen schlug.

Kartätsche und Schrapnell

Schon Vorderladergeschütze schossen nicht nur mit den üblichen Eisenkugeln, sondern auch mit Säcken und Blechbüchsen, die mit Bleikugeln gefüllt waren. Auf kurze Entfernung wirkten sie in einer dichten Truppenansammlung wie eine gewaltige Schrotflinte.

Im Jahr 1804 führte der britische General Henry Shrapnel die nach ihm benannte Schrapnellgranate ein. Das war eine hohle, mit Gewehrkugeln gefüllte Kugel. Sie enthielt einen Zeitzünder und eine Pulverladung, wurde von einer Feldkanone abgeschossen, explodierte über den Köpfen des Gegners und übersäte ihn mit einem Kugelhagel. Bei späteren Typen ließ eine hochexplosive Ladung die Granate selbst in tödliche Splitter zerbersten.

Hinterlader

Die Geschichte der modernen Hinterladergeschütze beginnt um 1840. Treffsichere, weitreichende Infanteriegewehre mit gezogenem Lauf dienten dem Schweden Martin von Wahrendorff, der im Auftrag der preußischen Armee 1837 das erste Hinterladergeschütz konstruierte, als Vorbild. Das neue Geschütz bestand aus Gußeisen, hatte einen gasdichten Kolbenverschluß und einen gezogenen Lauf.

Der Amerikaner Ben Chamber erfand 1849 die „unterbrochene Schraube", mit deren Hilfe man den Verschluß eines Hinterladergeschützes rasch öffnen kann. Im Prinzip wird dieser zuverlässige Verschlußmechanismus noch heute verwendet.

Das Schnellfeuergeschütz des 19. und 20. Jh. entstand, als man den Rohrrücklauf und das Gußstahlmantelrohr entwickelte, ferner das rauchschwache Pulver, die Patronenmunition und den selbsttätigen Auswerfer für die leeren Hülsen.

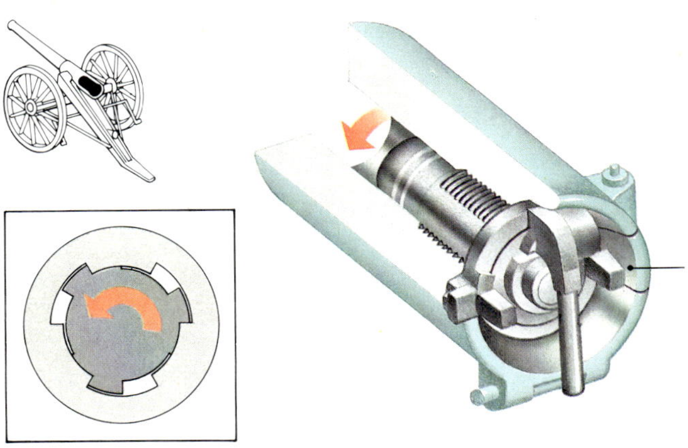

Die unterbrochene Schraube des Hinterladers *Das Schraubengewinde auf dem Verschlußblock und innerhalb des Verschlusses ist in gleichen Abständen herausgeschnitten. Mit einer Vierteldrehung am Hebel läßt sich dieser Verschluß rasch öffnen und schließen.*

Katapult

Wurfmaschinen für Geschosse kannten schon die Griechen und Karthager um 500 v. Chr.

Wurfmaschinen zum Abschießen schwerer Geschosse wurden von den Griechen und Karthagern vermutlich schon vor 500 v. Chr. benutzt. Mit Sicherheit hat sie Dionysius von Syrakus (405–367 v. Chr.) verwendet.

Die beiden Hauptformen dieser Geschütze waren das Katapult, das mit einem Wurfarm Steine oder Brandsätze wegschleuderte, sowie die Balliste oder der Onager, eine große → Armbrust zum

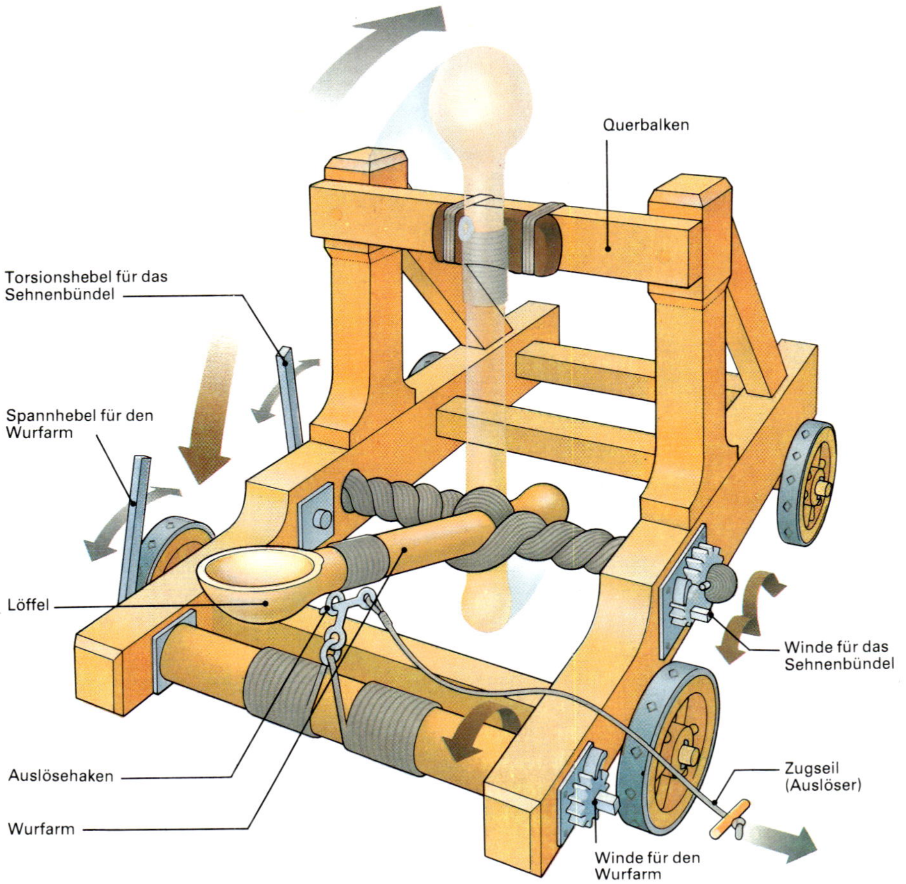

Wurfmaschine als Fernwaffe *Beim Katapult wird die Schleuderkraft durch Verdrillen eines Bündels von Sehnen oder Seilen erzeugt, in dem das untere Ende des Wurfarmes steckt. Gegen diese Spannung zieht man den Hebel zurück und läßt ihn dann vorschnellen. Das Geschoß verläßt den Löffel des Wurfarms, sobald dieser an den Querbalken anschlägt.*

Verschießen riesiger Pfeile oder Kugeln. Bei beiden Geschützen wurde die treibende Kraft durch Torsion erzeugt: durch das Verdrillen und plötzliche Lösen eines Bündels von Sehnen oder Seilen. Die Reichweite dieser Wurfmaschinen konnte 400–500 m betragen. Größere Weiten, von denen berichtet wird, sind wohl nur übertriebene Schätzungen gewesen.

Im Mittelalter benutzte man dann Hebelgeschütze. Das waren Schleudermaschinen, bei denen ein Hebelarm mit Schlinge ein Geschoß wegschleuderte, sobald er von seinem schweren Gegengewicht entlastet wurde.

Katzenauge (Rückstrahler)

Ein Patent des Engländers Percy Shaw aus dem Jahr 1934

Das Auge der Katze wirkt nachts wie ein Spiegel, der Licht zurückstrahlt. Durch diese Erscheinung angeregt, erfand der englische Straßenbauingenieur Percy Shaw 1934 reflektierende Straßenbeschlagnägel oder „Katzenaugen“ zur besseren Markierung der Fahrbahn bei schlechten Lichtverhältnissen. 1934 ließ er sich seine Erfindung patentieren, und sie setzte sich in England durch.

Jedes einzelne „Auge“ in einem solchen Nagel besteht aus einem Glasprisma mit einem aufgeklebten Aluminiumspiegel auf der Rückseite, der den einfallenden Lichtstrahl wieder zurückwirft. Jeder dieser Straßenbeschlagnägel hat zwei Augenpaare, in jeder Fahrtrichtung eins. Sie sitzen in einer hohlen Gummikappe, die so weit in die Fahrbahn eingelassen ist, daß die Rückstrahler gerade noch herausschauen. Shaws Katzenaugen können sogar „zwinkern“: Das Innere des Gummigehäuses ist so geformt, daß es an dem Prisma entlangstreift und es reinigt, sobald der Beschlagnagel von darüberrollenden Rädern niedergedrückt wird. Heute werden Katzenaugen auch in Pfähle am Straßenrand eingelassen und als Warnsignale an Fahrzeugen verwendet.

Keil

In Ägypten seit 3000 v. Chr. benutzt

Die Steinzeitmenschen verwendeten keilförmige Steine, um schwere Lasten so weit anzuheben, daß man einen Hebearm darunterschieben konnte. In den ägyptischen Steinbrüchen markierte man um 3000 v. Chr. Blöcke von der gewünschten Größe im Gestein, indem man Rillen einmeißelte. Dann trieb man mit einem →Hammer Bronzekeile in die Rillen, bis der Block herausbrach. Manchmal wurden auch Holzkeile in den Stein getrieben und naß gemacht. Sie quollen dann auf und sprengten den Block heraus.

Seither dient dieses einfache Werkzeug zum Spalten oder Festklemmen von Gegenständen.

IDEALE RÜCKSTRAHLER

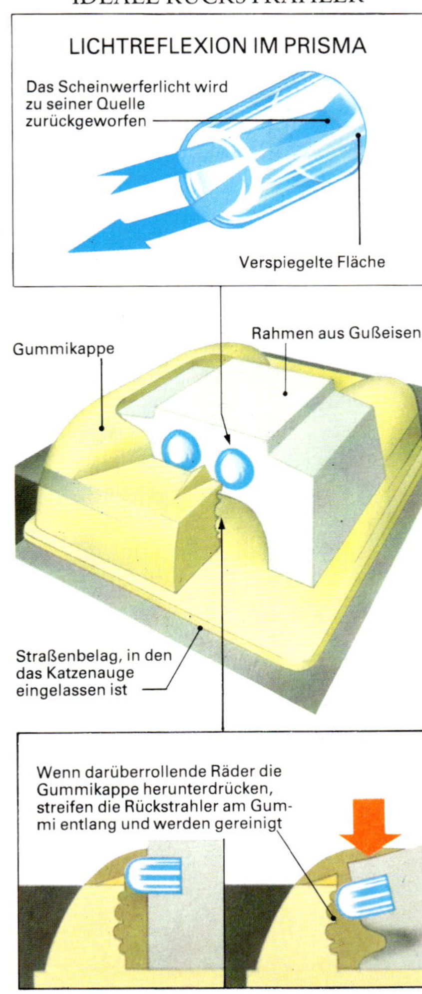

Reinigungsmechanismus *Die Katzenaugen von Percy Shaw wurden erstmals Mitte der 30er Jahre in England verwendet. Sie waren ein wesentlicher Fortschritt für die Sicherheit im Straßenverkehr – teuer, aber bis heute unübertroffen.*

Kerze

Schon die Römer benutzten um 400 v. Chr. Kerzen

Als Vorläufer der Kerzen sind die Öllampen zu betrachten, die einen Docht besaßen. Solche Öllämpchen hat man in etruskischen Gräbern gefunden. Die Römer verwendeten bereits Kerzen aus Pech, Talg und Wachs. Bekannt ist auch, daß es im 11. Jh. in Frankreich eine Innung der Lichtzieher gab und im 14. Jh. eine Innung der Kerzenzieher in Hamburg.

Der Hauptbestandteil der Kerzen ist heute das Paraffin. 1850 wurde es durch den Chemiker James Young in Schottland zum erstenmal aus Kohle gewonnen. Später stellte man es aus Erdöl her.

Kette

Die ältesten Ketten aus der Zeit um 2800 v. Chr. wurden in Ägypten gefunden

Feingliedrige Goldketten dienten als Henkel ägyptischer Steingefäße, die aus der Zeit um 2800 v. Chr. stammen. Später verwendeten die Römer Bronzeketten, um die Sklaven an die Ruderbänke ihrer Galeeren zu fesseln.

Lange unbeachtet blieb die Gelenkkette, die Leonardo da Vinci um 1488 erfand. Sie ähnelte der heutigen Fahrradkette. Im 19. Jh. wurden Ketten nicht mehr aus Bronze, sondern aus dem festeren Schmiedeeisen hergestellt.

Im Jahr 1884 meldete der englische Ingenieur James Slater die Rollenkette zum Patent an. Ihre Weiterentwicklung findet man bei →Motorrädern, Rasenmähern, →Waschmaschinen und Automotoren.

Klavier

Hammerklavier um 1709 in Italien gebaut

Seit dem Beginn des 19. Jh. hat das Klavier über 150 Jahre lang als Hausinstrument eine große Rolle gespielt, die ihm erst in den letzten Jahrzehnten vom →Synthesizer streitig gemacht wird. Zur Beliebtheit der Klaviermusik trugen vor allem die großen Komponisten des 19. Jh. bei – unter ihnen Beethoven, Schubert, Schumann, Chopin, Brahms.

Das erste Instrument, dessen Saiten mit Hilfe von Tasten in Schwingungen versetzt wurden, war im 12. Jh. das Klavichord. Die Saiten liefen parallel zueinander und wurden von Stegen, die an den Tasten saßen, in unterschiedlicher Länge abgeteilt. Dadurch konnte man von einer Saite verschieden hohe Töne erhalten.

Im 14. Jh. entstanden dann die sogenannten Kielinstrumente, bei denen die Saiten durch Federkiele angerissen wurden. Diese Instrumente, Spinett und Cembalo, haben für jeden Ton eine eigene Saite. Das Cembalo besitzt zusätzlich verschiedene Register, die durch Züge oder Pedale betätigt werden (Lautenzug u. a.). Das Cembalo war zwischen dem 16. und 18. Jh. das beliebteste Saiteninstrument und hat heute wieder seinen festen Platz im Musikleben.

Das erste Hammerklavier wurde um 1709 in Italien von Bartolomeo Cristofori gebaut. Im Unterschied zu Spinett und Cembalo wurden hier die Saiten nicht angerissen, sondern durch leichte Hämmerchen angeschlagen. Cristoforis Erfindung beruhte auf der Stoßmechanik: Die Hämmerchen, an einer Leiste befestigt, wurden von Stoßzungen gegen die Saiten geschleudert. Außerdem konnten Tonstärke und -dauer variiert werden.

Um 1770 führte der deutsche Klavierbauer Johann Andreas Stein die Prellmechanik ein, bei der das Hämmerchen nach dem Anschlagen sofort wieder zurückfiel, so daß die Saite frei schwingen konnte. Gottfried Silbermann, Ernst Friderici und Andreas Streider in Deutschland, John Broadwood & Sons in England, Heinrich Steinweg (später Steinway) in den USA verbesserten die Stoßmechanik, die eine größere Tonfülle ermöglichte als die Pianos von Stein. Die auch heute noch verwendete Repetitionsmechanik erfand der Elsässer Sébastien Erard um 1823.

Im Lauf seiner Entwicklung wurde das Hammerklavier in verschiedenen Formen gebaut; für den Konzertbetrieb hat sich vor allem der Flügel durchgesetzt. Daneben entstand das Tafelklavier (mit querliegenden Saiten), das Ende des 19. Jh. vom Pianino (Kleinklavier mit senkrechter Saitenbespannung) verdrängt wurde. Vorläufer des Pianinos waren der sogenannte Giraffenflügel, das Pyramidenklavier und der Lyraflügel, die ebenfalls einen senkrechten Resonanzkasten hatten.

Seit 1830 wurden hauptsächlich die Stabilität, die Tonstärke und die Mechanik der Klaviere verbessert. Heute reicht ihre Größe vom Pianino für den Hausgebrauch – das knapp 80 cm hoch ist – bis zum großen Konzertflügel mit einer Länge von 2,70 m.

Klebestreifen

1930 in Amerika entwickelt

Streifen aus durchsichtiger Zellulose mit aufgetragenem Gummiklebstoff fertigte erstmals der amerikanische Forschungsingenieur Richard Drew im Jahr 1930 an. Sie kamen als universell verwendbare Klebestreifen in Rollen auf den Markt. Ende der 30er Jahre wurden sie auch in Europa hergestellt. Vor Gebrauch mußte der Klebstoff angefeuchtet werden. Heute sind Klebestreifen mit Kunstharz beschichtet und selbstklebend.

Klimaanlage

Erste technische Vorrichtungen im 19. Jh.

Die einfachsten Vorläufer der Klimaanlage findet man heute noch in Indien, wo nasse Grasmatten vor die Hausöffnungen gehängt werden, die dem Wind zugekehrt sind. So wurde die ins Haus strömende Luft durch die Verdunstungskälte des Wassers gekühlt.

Künstliche Belüftungssysteme wurden erst zu Beginn des 19. Jh. entwickelt. Mit Hilfe des in Kaminen entstehenden Luftzugs versorgte man Innenräume über Kanäle mit Frischluft von außen. Später benutzte man Ventilatoren, die erst mit →Dampfmaschinen, dann mit →Elektromotoren betrieben wurden.

Eine Verbesserung der →Kühlung wurde erreicht, als man gegen Ende des 19. Jh. den Luftstrom über Eisblöcke leitete. Im Jahr 1880 benötigte das Madison Square Theater in New York für diesen Zweck 4 t Eis pro Abend.

Für die erste echte Klimaanlage erhielt 1902 der amerikanische Erfinder Willis H. Carrier das Patent. In seiner Vorrichtung wurde eingeblasene Luft mit Wasser angereichert, so daß man nicht nur die Temperatur, sondern auch die Luftfeuchtigkeit regeln konnte. Noch im selben Jahr wurde eine Anlage dieser Art in der New Yorker Druckerei Sackett-Williams installiert. Vier Jahre später ergänzte der Amerikaner Stuart W. Cramer die Klimaanlage für den Einsatz in Textilfabriken durch einen Staubfilter.

Klimaanlagen sind vor allem für →Wolkenkratzer mit großen Glasflächen unentbehrlich, in denen es sonst im Sommer unerträglich heiß und im Winter kalt wäre. Seit Beginn der 50er Jahre gibt es kompakte Klimatruhen für Privathaushalte.

Knopf

Von den Römern eingeführt

Knöpfe, die durch einen Schlitz im Stoff geschoben wurden, kamen bei den Römern auf. Sie spielten keine große Rolle, da Gewänder meist gesteckt oder von Fibeln zusammengehalten wurden. Durch Schlaufen verbundene Knebel verwendete man dagegen im Nahen Osten schon um 2000 v. Chr.

Im 13. Jh. waren Knöpfe in Europa allgemein bekannt. Im 18. Jh. benutzte man englische Knöpfe sogar, um in Afrika Sklaven zu kaufen.

Kohlefasern

1963 in England entwickelt

Forschungsingenieure des Royal Aircraft Establishment entdeckten 1963, daß die langen parallelen Molekülketten gewisser synthetischer Fasern sich zu langen Ketten reinen Kohlenstoffs verbanden, wenn sie bestimmten Temperaturen ausgesetzt wurden.

Diese Kohlefaser erwies sich als sehr nützlich für die Verstärkung von Kunststoffen. Materialien aus Kohlefasern und synthetischen Riesenmolekülen (Polymere) sind temperaturbeständig, äußerst fest und – bei gleichem Gewicht – viermal so stark wie hochwertiger →Stahl. Daher eignen sie sich als Material für Hochgeschwindigkeitsflugzeuge, Strahltriebwerke, in der Raumfahrttechnik und für Tieftauchboote.

Kohlepapier

1806 in England erfunden

Der Engländer Ralph Wedgewood erhielt 1806 ein Patent für ein „karbonisiertes Papier" für Durchschriften. Hierbei handelte es sich um dünnes →Papier, das auf einer Seite mit einer Mischung aus Kohlenstoff und Öl beschichtet war.

1953 erfand eine englische Firma ein kohlefreies Durchschlag- oder Durchschreibepapier, mit dem drei bis neun Durchschriften angefertigt werden konnten. Es ist einfacher und sauberer zu handhaben als Kohlepapier.

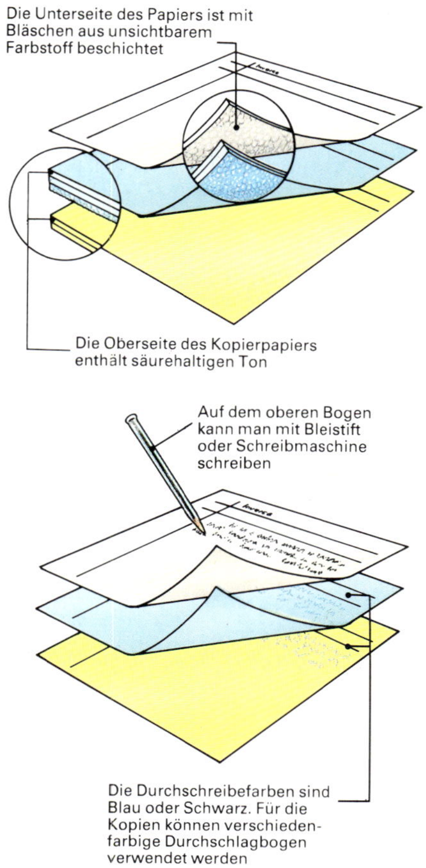

Kohlefreies Durchschreibepapier *Der Druck, der beim Schreiben oder Tippen entsteht, läßt die Farbstoffbläschen platzen. Der Farbstoff verbindet sich an den Druckstellen mit dem säurehaltigen Ton und macht so sichtbar, was auf das obere Blatt geschrieben wird. Alle Bogen sind am oberen Rand miteinander verbunden, damit man sie leichter in die Maschine einspannen kann.*

Kompaß

Die Chinesen orientierten sich schon im 11. Jh. mit dem Schwimmkompaß

Der Magnetkompaß nutzt die Richtkraft, die der Erdmagnetismus auf einen frei beweglichen Magnetstab ausübt, zur Bestimmung der Himmelsrichtung. Man hatte beobachtet, daß eine Seite einer magnetischen Eisennadel immer nach Norden zeigt, schon lange bevor bekannt wurde, warum das so ist.

Im 11. Jh. benutzten die Chinesen als Richtungsweiser eine Nadel, die in einem kurzen Strohhalm steckte und in einer Schale mit Wasser schwamm (Schwimmkompaß). Auf einem schlingernden Schiff war diese Vorrichtung aber unpraktisch. Um 1250 wurde im Mittelmeerraum die Kompaßnadel auf einer Scheibe mit Gradeinteilung (Windrose) befestigt und in der Mitte auf einem Stift drehbar gelagert. Gegen Ende des 13. Jh. erhielt der Kompaß zur Stabilisierung auf See eine kardanische Aufhängung, die stets eine waagrechte Lage garantierte.

Der Schiffskompaß als Kunstwerk *Dieser Kompaß mit bunter Windrose in einer Holzschale wurde um 1775 in Marseille von einem Kompaßbauer und Kunsthandwerker namens Joseph Roux angefertigt. In der Mitte ist die Windrose durch eine Königskrone verziert, und eine stilisierte goldene Lilie, das Königswappen Frankreichs, markiert die Nordrichtung. Im Kreis um die Krone wird Roux als Hersteller des Instruments genannt. Solche Geräte waren meist beim Steuerruder aufgestellt.*

Da die Magnetnadel durch Eisengegenstände in der Nähe des Kompasses abgelenkt wurde, mußten sich im 19. Jh., als die ersten Schiffe aus Eisen gebaut wurden, die Navigatoren näher mit dem Kompaß und die Wissenschaftler genauer mit dem Magnetismus befassen. Daraufhin wurden die Schiffskompasse mit der sogenannten Flinderstange ausgestattet, einem am Kompaßgehäuse befestigten Stück Eisen, das die Ablenkung durch den Schiffsmagnetismus ausschaltete.

Im 20. Jh. wurde für Schiffe und →Flugzeuge der Kreiselkompaß (→Kreiselgeräte) eingeführt. Er beruht darauf, daß die Achse eines schnell rotierenden Kreisels sich parallel zur Erdachse einstellt und dann ihre Lage im Raum nicht verändert. Dieser Kompaß hat den doppelten Vorteil, daß er durch Metalle nicht beeinflußt wird und überdies genau zum geographischen Nordpol statt zum magnetischen Pol zeigt. Die Orientierung am Magnetpol führt immer zu einer gewissen Abweichung. Das erste Instrument dieser Art wurde 1908 von Hermann Anschütz-Kaempfe in Deutschland gebaut.

Konserven

Anfang des 19. Jh. in Frankreich erfunden

Konservierungsmethoden wie Einsalzen, Dörren, Räuchern oder Einlegen in Essig sind Jahrtausende alt. Dosenkonserven hingegen sind relativ jung. Das Verfahren dafür wurde 1810 von dem französischen Zuckerbäcker François Nicolas Appert erfunden. Apperts Methode bestand darin, daß er die Lebensmittel in Gläser tat, diese stark erhitzte und dann mit einer Korkschicht versiegelte. Der englische Kaufmann Peter Durand übernahm diese Methode und führte erstmals →Weißblechdosen ein.

Der französische Wissenschaftler Louis Pasteur (1822–1895) erläuterte 1860 in einer Arbeit den wissenschaftlichen Hintergrund des Konservierens. Er hatte die Wirkung der Mikroorganismen beim Gärungsprozeß erkannt und bewies, daß die Konserven durch Erhitzen sterilisiert werden müssen, um die Bakterien zu töten. Nach ihm wird dieser Vorgang noch heute auch Pasteurisieren genannt.

Das in Deutschland bekannte Einkochverfahren der Firma Weck, das „Einwecken“, entstand 1900. Die Lebensmittel wurden in Gläsern bei einer Temperatur von 75–98° haltbar gemacht. Durch den Unterdruck, der beim Abkühlen entsteht, wird der Deckel fest angesaugt.

Die industrielle →Massenproduktion von Konserven und die dazu erforderliche Technik entwickelten die Amerikaner. Bei ihrer kommerziellen Dosenkonservierung wurde der Sterilisierlösung Chlorkalzium beigegeben, so daß sie bei höherer Temperatur kochte wie Wasser. Dadurch wurde die Sterilisierzeit auf eine halbe Stunde verkürzt. Heute verarbeitet die Lebensmittel- und Getränkeindustrie weltweit 175 Milliarden Dosen pro Jahr.

Die ersten Dosen mußten noch mit →Hammer und Meißel geöffnet werden. Der heutige Dosenöffner mit einer Flügelschraube, die ein Zahnrad und eine Klinge am Dosenrand entlangführt, wurde erst in der Zeit um 1930 entwickelt.

Korbflechten

Bereits in der Jungsteinzeit wurden Körbe geflochten

Schon in der Jungsteinzeit wußte der Mensch, wie man aus verschiedenem Material – zum Beispiel Zweigen, Binsen, Gräsern und Rohr – Körbe und Matten flechten kann. Im Orient hat man Abdrücke von geflochtenen Matten in alten Lehmfußböden gefunden, die etwa 10 000 Jahre alt sind. Die Urheber haben wohl auch Körbe geflochten, in denen das Korn aufgehoben wurde. Durch zahlreiche Ausgrabungen und Funde ist belegt, daß die wichtigsten Techniken der Korbflechterei – die verschiedenen Wicklungen und Schläge – seit rund 3000 v. Chr. allgemein gebräuchlich waren.

Kosmetika

Von Nero in Rom im 1. Jh. n. Chr. verwendet

Wohl schon in urgeschichtlicher Zeit haben Männer und Frauen Kosmetika benutzt. Behälter mit Schönheitsmitteln wurden bereits in den alten Königsgräbern von Mesopotamien und Ägypten gefunden. Sie enthielten Salben, Gesichtscremes, Wangenrot, Lippenstifte, Henna zum Färben der Fingernägel, Handflächen und Fußsohlen sowie *Khol*, einen Lidschatten, der hauptsächlich aus Bleiglanz, Antimon und Malachit bestand.

Über die Handelswege, auf denen Seide und Gewürze aus dem Orient nach Europa gelangten, kamen auch Kosmetika nach Griechenland und ins Römische Reich. Der römische Kaiser Nero und seine Frau Poppäa verwendeten im 1. Jh. n. Chr. Bleiweiß und Kreide, um ihre Haut weiß zu färben, sowie *Khol* als Lidschatten und rote Schminke für ihre Wangen und Lippen.

In Nordeuropa wurden Schminken in erster Linie von einigen Stämmen zur Körperbemalung verwendet, bis die Kreuzfahrer im 11.–13. Jh. aus dem Nahen Osten Kosmetika mitbrachten. Seit dem 13. Jh. benutzten dann auch in Europa die vornehmen Leute regelmäßig Gesichtscremes und Schminke, Haarfärbemittel und Parfüms.

In England nahmen sich im 16. Jh. die Hofdamen der Königin Elisabeth die Frauen der italienischen Renaissance zum Vorbild. Sie benutzten häufig Bleiweiß zum Färben der Haut, roten Ocker als Wangenrot und Koschenille für Lippenstifte. Im 17. Jh. gab es in allen Bevölkerungsschichten Leute, die Schönheitsmittel verwendeten.

Als in den 20er Jahren das Kino im-

SCHÖNHEITSMITTEL AUS DEM ALTEN ÄGYPTEN

Büste der Nofretete *Auf der bemalten Büste der ägyptischen Königin aus der Zeit um 1350 v. Chr. ist die Verwendung von* Khol *als Lidschatten zu sehen. Diese Schminke sollte die Fähigkeit verstärken, Gefahren abzuwehren.*

Mörser und Pistill *In einem Mörser (oben) wurden die Mineralien für den Lidschatten* Khol *zerstoßen. Der geschnitzte Behälter darunter ist 3500 Jahre alt. Die Inschrift gibt an, wie* Khol *anzuwenden ist.*

mer beliebter wurde, setzte sich auch das heute so weitverbreitete Make-up immer stärker durch.

Viele Kosmetika enthielten Blei, bis man zu Beginn des 19. Jh. erkannte, wie giftig es ist. Dieses Element bildete die Grundlage für Puder und Augenschminke. Die modernen Mittel sind neutrale Puder, etwa aus Talk, Kaolin oder Reisstärke, denen man Öle und synthetische Farbstoffe zugesetzt hat.

Kran

Von Vitruv um 20. v. Chr. beschrieben

Um das Jahr 20 v. Chr. beschrieb der römische Ingenieur Vitruv in seinem Buch *De Architectura* auch den Kran. Sein Entwurf beruhte auf eigenen Erfahrungen sowie auf Theorien älterer griechischer Baumeister. Der Kran wurde zum Hochhieven von Baumaterial oder zum Entladen von →Schiffen benutzt. Er bestand aus einem schrägen Mast mit einer Seilrolle an der Spitze. Haltetaue hielten ihn in seiner jeweiligen Lage. Das Seil lief über die Rolle und wurde mit einer Handwinde auf- oder abgewickelt. Gelegentlich verwendete man anstelle eines einzelnen Mastes einen Scherenkran, bei dem zwei Masten schräg gegeneinander gestellt waren. Dieser Kran konnte drehbar gelagert werden, um Lasten seitlich abzusetzen. Er bewegte sich aber schwerfällig, und sein Aktionsradius war gering.

Diese Schwierigkeit wurde überwunden, als im 15. Jh. in Italien der Drehkran eingeführt wurde. Er besaß eine Seilrolle am Ende eines schräggestellten Balkens oder Auslegers, den man um eine senkrechte Achse schwenken sowie heben und senken konnte.

Von →Dampfmaschinen angetriebene Kräne konstruierte der schottische Ingenieur John Rennie für einen Teil des Londoner Hafens, der 1805 eröffnet wurde. Im Jahr 1846 baute der britische Waffenfabrikant William Armstrong im Hafen von Newcastle einen dampfbetriebenen Kran für hydraulischen Antrieb um.

Zu Beginn des 20. Jh. wurden in Europa Turmdrehkräne eingesetzt, und von 1933 an besaßen einige Typen bewegliche Ausleger. Die Entwicklung des Krans hat die Voraussetzungen für moderne Baumethoden und neuzeitliche Architektur sowie für den Massenumschlag von Gütern geschaffen.

Kreditkarte

Die ersten Kreditkarten wurden in den 20er Jahren von amerikanischen Ölgesellschaften an die Kunden ihrer Tankstellen ausgegeben

Der amerikanische Autofahrer bekam als erster Verbraucher die Möglichkeit, mit Hilfe einer Kreditkarte zu bezahlen. Als nach dem Ersten Weltkrieg der private Autoverkehr stark zunahm, gaben einige Ölgesellschaften in Amerika Karten heraus, die den Inhaber berechtigten, an ihren Tankstellen bis zu einer bestimmten Summe Benzin zu tanken. Abgerechnet wurde später.

Nach dem Zweiten Weltkrieg führten vor allem in den USA Hotels und Kaufhäuser Kreditkarten ein. Die erste Karte für allgemeine Einkäufe wurde 1950 von der Kreditgesellschaft Diners Club herausgegeben.

Als 1954 der →Computer auch in das Geschäftsleben Eingang fand und die Kontoführung vereinfachte, stieg auch die Verwendung von Kreditkarten sprunghaft an. In den Vereinigten Staaten sind heute 300 Millionen Kreditkarten im Umlauf.

Die Kreditkartengesellschaften verlangen Gebühren von den Lieferanten der Waren oder Dienstleistungen, die mit der Karte erworben werden, gelegentlich auch vom Karteninhaber, der zudem mit Zinsen für überfällige Kredite belastet wird.

Der Arbeitsaufwand, der mit dem Kreditkartengeschäft verbunden ist, soll durch eine „denkende" Kreditkarte herabgesetzt werden. In Italien hat man versuchsweise eine Karte eingeführt, die man bei öffentlichen Fernsprechern in einen besonderen Schlitz stecken kann. Die Gebühr für das Gespräch wird dann automatisch vom Konto des Karteninhabers abgebucht.

Kreiselgeräte

Ein Stabilisierungskreisel wurde 1832 in Deutschland vorgestellt

Wenn sich ein Kreisel ungestört um seine Achse dreht, behält er seine Lage im Raum bei. Treibt man ihn durch einen Motor an, so behält auch der ganze Körper, der an ihm befestigt ist, seine Lage bei. Ein Gerät, das dieses Phänomen demonstrierte, wurde 1832 in Deutschland vorgestellt.

Heute dient ein solcher Kreisel unter anderem als Navigationshilfe. Vor 1905 erfand der deutsche Ingenieur Hermann Anschütz-Kaempfe den Kreiselkompaß. Im Jahr 1907 wurde er in einem deutschen Schiff eingebaut. Ein solcher →Kompaß besteht aus einem schweren, teilweise frei aufgehängten Kreisel, der sich sehr schnell dreht. Er stellt sich von selbst in die Nord-Süd-Richtung ein. Durch die Drehung der Erde wird seine Achse nun nur noch parallel zu sich selbst verschoben; sie verändert ihre Lage also im Grunde nicht mehr: Der Kreiselkompaß zeigt deshalb nach Norden. Er hat auf Schiffen den Magnetkompaß weitgehend abgelöst.

Der Amerikaner Elmer Sperry erfand 1914 den Stabilisierungskreisel für →Flugzeuge. Das Gehäuse eines solchen Kreisels ist mit dem Flugzeug fest verbunden. Ändert es seine Lage oder Richtung, so teilt der Kreisel dies Geräten mit, die ihrerseits die Steuerungsvorgänge des Flugzeugs betätigen und so den ursprünglichen Zustand wiederherstellen. Eine solche Vorrichtung nennt man auch Autopilot.

In den 20er Jahren erfand Sperry den künstlichen Horizont für Flugzeuge, der ebenfalls auf dem Stabilisierungskreisel beruht. Er zeigt dem Piloten an, ob seine Maschine gerade liegt oder welchen Winkel sie mit dem Erdboden bildet.

Kreisel sind heute wesentliche Bestandteile in den Leitsystemen von Raketen, Fernlenkgeschossen und U-Booten.

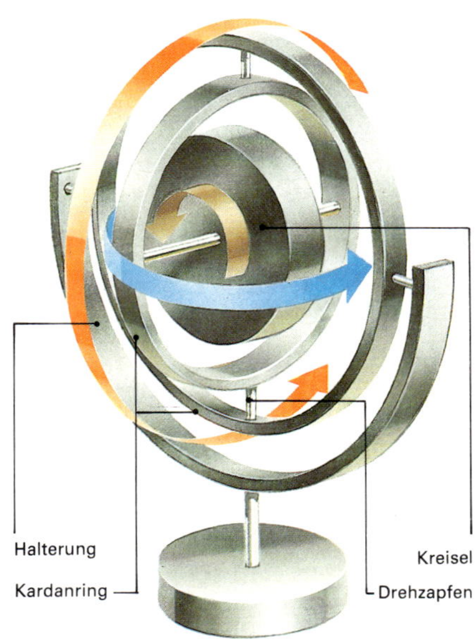

Kardanische Aufhängung *Ein Kreisel wird in Kardanringen – auf Drehzapfen gelagerten Ringen – so aufgehängt, daß er jede Lage im Raum einnehmen kann. Dreht sich der Kreisel, so sucht er seine Lage im Raum beizubehalten.*

Kriegsflugzeuge

Jagdflugzeuge wurden 1915 auf beiden Seiten an der Westfront eingesetzt; Bomber folgten 1917

Jagdflugzeuge wurden im Ersten Weltkrieg entwickelt, um feindliche Aufklärungsflugzeuge abzuschießen und die eigenen Aufklärer vor feindlichen Jägern zu schützen. Voraussetzung für diesen Typ war die Erfindung einer Synchronvorrichtung, die es ermöglichte, mit einem →Maschinengewehr direkt nach vorn durch die Luftschraube zu schießen, ohne daß dabei die Blätter getroffen wurden. Eine solche Vorrichtung wurde 1915 bei der deutschen *Fokker E-1* eingeführt. Zu den Aufgaben des Jagdflugzeugs gehörten später auch der Begleitschutz für Bombengeschwader, die Bekämpfung feindlicher Bomber sowie der Angriff auf Bodenziele.

Zu den besten Jagdflugzeugen des Ersten Weltkriegs zählten die deutsche *Fokker D VII* mit einem Spandau-Zwillings-MG, der Dreidecker *Fokker Dr-I*, der englische zweisitzige *Bristol Fighter*, der bis 1932 im Dienst blieb, und die französische *Spad XIII* mit einer Geschwindigkeit von 220 km/h und einer Gipfelhöhe von 6400 m. Die wichtigsten Jagdflugzeuge aus der Zeit von 1914 bis 1918 waren zumeist Doppeldecker mit Holzgerippe und Stoffbespannung. Die Weiterentwicklung kündigte der erste Ganzmetall-Eindecker an: die deutsche Junkers *J-1*, die 1918 in Produktion ging.

Einer der ersten Ganzmetall-Eindekker mit einziehbarem Fahrgestell – der Vorläufer aller Jagdflugzeuge des Zweiten Weltkriegs – war die *Messerschmitt Me 109 E*, die 1937 von Deutschland in Dienst gestellt wurde. Die gleichwertigen englischen Jäger, die *Hawker Hurricane* und die *Supermarine Spitfire* gesellten sich 1937 und 1938 zu den Luftgeschwadern.

Im Zweiten Weltkrieg kam es in der Zeit von Juli bis September 1940, in der Luftschlacht um England, zum ersten großen Kampf zwischen Jagdflugzeugen. Die *Messerschmitt Bf 109* mit einer Höchstgeschwindigkeit von 575 km/h und einer Bewaffnung von vier an den Flügeln montierten 7,9-mm-Maschinengewehren und zwei 20-mm-Kanonen konnte sich gegen die *Spitfire* (580 km/h) und die *Hurricane* (520 km/h), die beide mit acht an den Flügeln montierten 7,5-mm-Maschinengewehren bestückt waren und von einer Kette von Radarfrühwarnstationen entlang der Südküste hervorragend unterstützt wurden, nicht durchsetzen.

Zum Abfangen von Nachtbombern entwickelten beide Seiten zweimotorige, mit →Radar – bzw. Funkmeßgeräten – ausgerüstete Nachtjäger wie die deutsche Junkers *Ju 88* und die britischen *Beaufighter* und *Mosquito*. Die Luftwaffe der USA hatte zum Schutz ihrer Bombergeschwader Langstreckenjäger, die ihre leeren Flügeltanks abwerfen konnten.

Der erste Düsenjäger: die *Me 262*

Als erster Düsenjäger flog im Juli 1942 die Messerschmitt *Me 262*; sie wurde aber erst im Herbst 1944 in Dienst gestellt. Mit ihren beiden Strahlturbinen erreichte sie eine Geschwindigkeit von rund 885 km/h und war damit um mehr als 160 km/h schneller als die Jäger der Alliierten mit ihren Kolbenmotoren. Der erste englische Düsenjäger, die *Gloster Meteor*, erreichte eine Geschwindigkeit von etwa 795 km/h. Er wurde im März 1943 geflogen und im Juli 1944 eingesetzt. Zu einem Luftkampf zwischen Düsenjägern kam es aber erst im Koreakrieg, als im November 1950 eine amerikanische *F-80* eine in Rußland gebaute *MiG-15* abschoß.

In den Jahren 1957–1961 wurden die ersten Überschalljäger erprobt, die Höchstgeschwindigkeiten bis zu 2400 km/h und Gipfelhöhen von 11 bis 12 km erreichten. Bei manchen handelte

DIE WACHSENDE STÄRKE DES JAGDFLUGZEUGS

Fokker-Dreidecker *Die Deutschen bauten 1917 den vielseitigen* Fokker-Dreidecker. *Er besaß ein Rumpfgerippe aus verschweißten Stahlrohren mit Stoffbespannung. Die Flügel bestanden aus einem Holzgerippe, das ebenfalls mit Stoff bespannt war. An den Spitzen waren sie miteinander verstrebt. Das Flugzeug erreichte eine Geschwindigkeit von 185 km/h. Es war mit einem Zwillings-MG bewaffnet, das durch die Luftschraube schoß.*

Spitfire *In der Luftschlacht um England behaupteten sich die* Spitfires *und die* Hurricanes. *Die* Spitfire *wurde Mitte der 30er Jahre von R. J. Mitchell entworfen und 1938 in Dienst gestellt. Die ersten Typen besaßen einen Motor von Rolls-Royce und erreichten eine Höchstgeschwindigkeit von 580 km/h.*

Phantom-Düsenjäger *Der zweistrahlige und zweisitzige* Phantom-*Düsenjäger mit einer Reichweite von 3200 km wurde 1960 von der US-Marine übernommen. Seine Bewaffnung besteht auch aus Luft-Boden-Raketen und Flugkörpern, und sein elektronisches Abwurfsystem eignet sich ebenso für konventionelle Bomben wie für Kernwaffen. Das Flugzeug besitzt Computer für die Navigation und erreicht eine Höchstgeschwindigkeit von über 3000 km/h.*

Bomber oder Kampfflugzeuge: zwei Aufgaben für ein Flugzeug *Die Panavia* Tornado IDS, *die von Großbritannien, Italien und der Bundesrepublik Deutschland gemeinsam gebaut wurde, stellt ein Beispiel für ein modernes Mehrzweck-Kampfflugzeug dar. Sie ist mit Bomben und Raketen bestückt.*

es sich um Jagdbomber – Nachfolger der Kampfbomber des Zweiten Weltkriegs. Der reine Abfangjäger dann trat mit dem Electric Lightning und dem amerikanischen Lockheed *F-104 Starfighter* sowie der russischen *MiG-21* wieder auf den Plan. Ihr Ziel waren die strategischen Bomber mit Unterschallgeschwindigkeit. Zu den jüngsten Entwicklungen gehören die Mehrzweck-Kampfflugzeuge wie die McDonnell *Phantom*, die französische Dassault *Mirage* und das europäische Gemeinschaftsprojekt Panavia *Tornado*.

Bomber

Das früheste Bombenflugzeug wurde 1914 von Igor Sikorsky für die russische Luftwaffe gebaut. Schon 1911 hatte der amerikanische Heeresleutnant Riley Scott an einem Bombenzielgerät gearbeitet. Ein solches Gerät verbindet Angaben über die Höhe und Geschwindigkeit sowie den Kurs des Flugzeugs, ferner über die Windrichtung und -geschwindigkeit sowie die Flugbahn der →Bombe. Aufgrund dieser Informationen weiß der Bombenschütze, der das Ziel durch ein Visier mit Fernrohrwirkung beobachtet, wann er die Bombe auslösen muß.

Im Ersten Weltkrieg begannen die deutschen *Gotha*-Langstreckenbomber am 13. Juni 1917 mit ihren Angriffen auf London. Die *Gotha* war ein zweimotoriger Doppeldecker mit einer Geschwindigkeit von 130 km/h und einer Bombenladung von 300 kg. Der moralische und wirtschaftliche Schaden, den sie anrichtete, war enorm.

Die *Gotha*-Offensive hatte zur Folge, daß sich die Überzeugung verbreitete, künftige Kriege seien nur noch mit dem Bomber zu gewinnen. Ein besonders einflußreicher Luftkriegstheoretiker war der italienische General Giulio Douhet. In seinem Buch *Die Luftherrschaft* faßte er die Zerstörung „des Materials und des moralischen Rückhalts eines Volkes“ durch die Bomber ins Auge.

Im Zweiten Weltkrieg versuchten die Deutschen 1939–1941 mit Angriffen auf niederländische und britische Städte diese Theorie in die Praxis umzusetzen. Von 1942 an führten britische Bomber nächtliche Flächenbombardements gegen deutsche Großstädte durch. Der leistungsfähigste Bomber der Royal Air Force war die viermotorige *Avro Lancaster* mit einer Bombenladung von mehr als 6 t und einer Geschwindigkeit von 345 km/h. Seine Reichweite betrug 2670 km. Die amerikanische 8. Luftflotte setzte zunächst auf die punktförmige Bombardierung von Schlüsselindustrien am Tag. Die viermotorigen *B-17*, die *Fliegenden Festungen*, erreichten 368 km/h.

Im pazifischen Raum griff die amerikanische Luftwaffe mit ihren neuen Langstreckenbombern *B 29 Super Fortress* japanische Industrieanlagen und Städte an. Am 10. März 1945 warfen 279 *Super Fortress* 2000 t Brandbomben auf Tokio, wobei rund 100 000 Menschen ums Leben kamen. Die ersten beiden →Atombomben fielen am 6. und 9. August 1945 auf Hiroschima und Nagasaki.

Moderne Waffentechnik führte zu einer neuen Generation von strategischen Bombern. So entstand 1955 die amerikanische *B-52* mit einer Reichweite von 20 000 km und einer Bombenladung von 24,5 t. Die wichtigste Rolle im Nuklearwaffensystem fiel aber den an Land oder auf U-Booten stationierten Raketen zu. Die Zukunft des Bombers liegt im taktischen Bereich. Hierfür stehen Überschallflugzeuge wie die *F-111, Jaguar* und *Harrier* bereit, die mit nuklearen oder konventionellen Waffen bestückt sind.

Küchenherd

Philo Penfield Stewart in Ohio, USA, erhielt 1834 das Patent für einen freistehenden Küchenherd

Jahrtausendelang kochte der Mensch sein Essen auf einer offenen Feuerstelle. Bei den Römern backten die Reichen ihr Brot in Ziegelöfen; gekocht wurde aber nach wie vor über einem offenen Feuer. Der Kochherd als geschlossenes, freistehendes Gerät, das mit festen Brennstoffen beheizt wird, wurde erstmals im 17. Jh. von Siedlern in Amerika verwendet. Eisengießereien in Pennsylvania lieferten ihnen einfache, gußeiserne Herde; diese waren aber nicht sehr verbreitet.

Im Jahr 1798 baute der aus Amerika stammende bayerische Physiker und Staatsmann Benjamin Thompson (Graf von Rumford) in München gemauerte Kochherde mit Bratöfen aus Blech. Philo Penfield Stewart, ein Missionar und Lehrer in Ohio, USA, ließ sich 1834 seinen *Oberlin*-Herd patentieren. Es war ein freistehender, holzbeheizter Herd mit mehreren Platten und einem Backofen.

In England gab es die ersten gußeisernen Küchenherde nach 1830. Sie wurden meist mit Kohle beheizt und hatten einen eingebauten Backofen mit Rauchabzug und bis zu fünf Kochplatten.

Der blinde schwedische Physiker und Nobelpreisträger Nils Gustaf Dalén entwarf 1924 den praktischen Küchenherd *Aga*. Die heute verwendeten *Aga*-Herde sind Allesbrenner, die auf Holz, Kohle, Öl oder Gas umgestellt werden können.

In dem südmährischen Ort Znaim gab der Chemiefabrikant Zuchas Winzer 1802 in seinem Haus Abendgesellschaften, für die das Essen auf Gasherden gekocht wurde. Ab 1820 unternahm man in Europa vielfältige weitere Versuche mit Gasherden. Verbessert wurde dieser Herd durch die Einführung des Gasbrenners mit regulierbarer Luftzufuhr, den Robert Wilhelm Bunsen 1855 für sein Laboratorium in Heidelberg entwickelt hatte (→Bunsenbrenner).

Eine automatische Temperaturregelung war möglich, als 1915 in Amerika der Backofenthermostat aufkam.

1879 erhielt der englische Erfinder St. George Lane-Fox das Patent für einen Kochtopf, der von isolierten, elektrischen Heizdrähten umgeben war.

Der erste Elektroherd, gespeist von einem Generator, den ein Wasserfall antrieb, wurde 1889 im Hotel Bernina in der Nähe von St. Moritz aufgestellt.

VOM ALTEN GASHERD ZUM KOMBINATIONSHERD

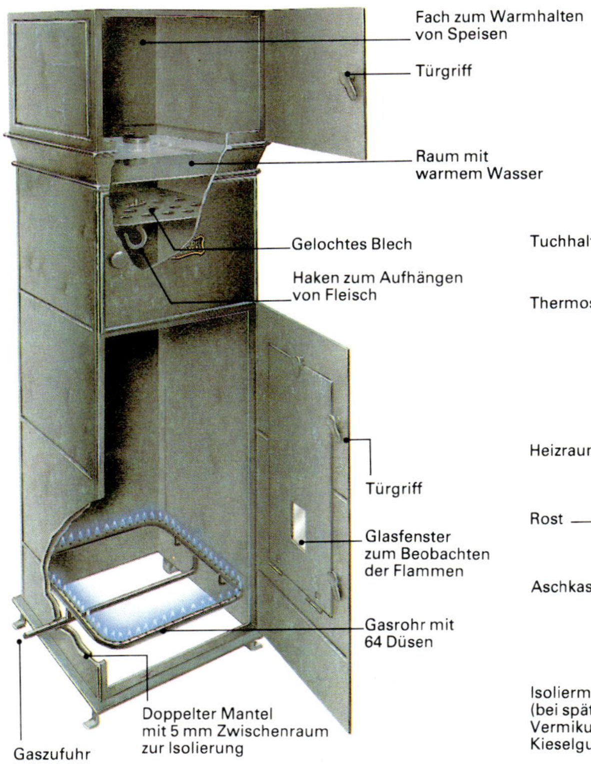

Der Gasherd von James Sharp *Dieser Herd, der 1850 von einem Angestellten der Gaswerke von Southampton entwickelt wurde, besaß einen hohen Blechkasten ohne Boden zum Braten. Das Fleisch wurde einfach an einem Haken in der Hitze aufgehängt. Oben befand sich ein Raum für warmes Wasser, auf dem Speisen warm gehalten werden konnten.*

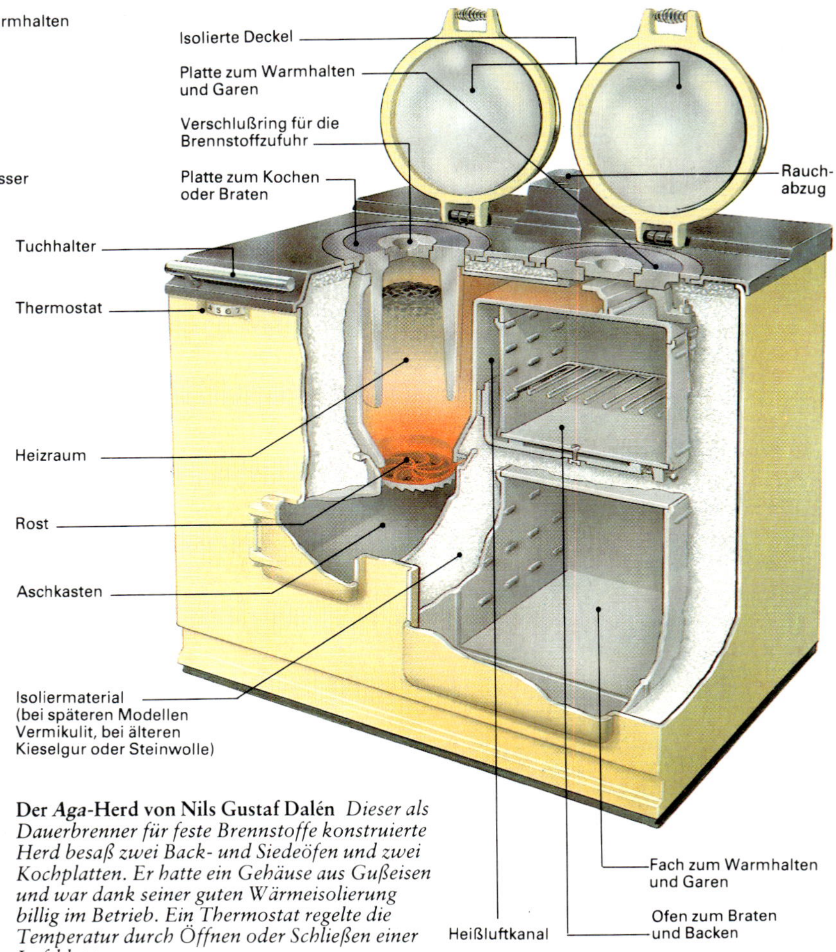

Der *Aga*-Herd von Nils Gustaf Dalén *Dieser als Dauerbrenner für feste Brennstoffe konstruierte Herd besaß zwei Back- und Siedeöfen und zwei Kochplatten. Er hatte ein Gehäuse aus Gußeisen und war dank seiner guten Wärmeisolierung billig im Betrieb. Ein Thermostat regelte die Temperatur durch Öffnen oder Schließen einer Luftklappe.*

Nach 1892 verwendete man als Heizelemente gußeiserne Platten, unter denen sich in Emaille eingebettete Heizdrähte befanden. Diese Platten waren ein Patent des englischen Erfinders R. E. B. Crompton. Seit 1926 werden Heizspiralen verwendet, die man für Kochplatten und Backröhren in eine beliebige Form biegen kann. Sie bestehen aus Chrom-Nikkel-Draht und befinden sich in einem mit Mangandioxid gefüllten Rohr.

Eine modernere Entwicklung ist der Mikrowellenherd, in dem man mit Hilfe von Mikrowellen – elektromagnetischen Wellen jenseits der Infrarotwellen – Speisen garmachen oder grillen kann. Dieses Gerät wurde von der amerikanischen Raytheon Manufacturing Company in Newton, Massachusetts, konstruiert, die es sich 1953 patentieren ließ. Es beruht auf der Tatsache, daß Mikrowellen Moleküle zu polarisieren suchen. Da die erzeugten Mikrowellen wie Wechselstrom ständig ihre Richtung ändern, bewegen sich die Moleküle in der Nahrung, und diese Bewegung erzeugt Reibungswärme, die im Mikrowellenherd genutzt wird.

Kühlung

siehe Seite 167

Kunstfaser

1884 erstmals in Frankreich hergestellt

Die erste künstliche Textilfaser erfand der französische Chemiker Hilaire Bernigaud, Graf von Chardonnet, ein Schüler des großen Louis Pasteur. Er verwendete für die Herstellung seiner Kunstseide, auch Reyon genannt, die leicht entzündliche Nitrozellulose oder Schießbaumwolle, die aus pflanzlicher Zellulose gewonnen wird.

Zunächst löste er die Nitrozellulose auf. Dann preßte er die Lösung durch die winzigen Löcher einer Spinndüse, die der Spinndrüse des Seidenwurms ähnlich war. Wenn die Lösung dann verdampfte, blieben feine Fäden zurück. Durch chemische Behandlung wurde die Nitrozellulose schließlich in Zellulose zurückverwandelt.

Chardonnets Verfahren war im wesentlichen das gleiche wie dasjenige des Engländers Joseph Swan, der 1883 Kunstfasern für seine elektrische Birne herstellte. Im Gegensatz zu Swan erkannte Chardonnet jedoch die Möglichkeit, Kunstfasern zur Herstellung von Textilien zu verwenden. 1889, auf der Pariser Weltausstellung, stellte er erstmals Stoffe aus Kunstfasern aus, und 1891 begann er mit ihrer kommerziellen Herstellung.

Ein Jahr zuvor hatte Louis Despeissis in Frankreich eine weitere Zellulosefaser entwickelt, die unter dem Namen Cuprama bekannt wurde. Und 1892 erfanden die englischen Chemiker Charles

Cross und Ernest Bevan eine dritte Methode zur Herstellung von Zellulosefasern, das sogenannte Viskoseverfahren. Da die beiden nicht die feuergefährliche Nitrozellulose benutzten, war ihr Verfahren wesentlich sicherer als das von Chardonnet. Es wird auch heute noch am häufigsten zur Herstellung von Kunstseide verwendet.

Während des Ersten Weltkriegs stellten die Schweizer Brüder Henri und Camille Dreyfus Zelluloseester als Spannlack für Flugzeugtragflächen her. Im Jahr 1921 begannen sie mit der Produktion von Acetatfasern, die sie unter der Handelsbezeichnung Celanese auf den Markt brachten.

In den 20er Jahren experimentierten die Chemiker auch mit Substanzen, die heute allgemein als →Kunststoffe bezeichnet werden. Besondere Bedeutung hatte hier die Arbeit des amerikanischen Chemikers Wallace H. Carothers, der 1935 ein Patent für Nylon, den ersten synthetischen Faserstoff, erhielt. In geschmolzenem Zustand läßt sich Nylon leicht durch eine Spinndüse zu Fäden ausziehen. Die Nylonfasern führten zu einer Revolution in der Kleidung.

Andere synthetische Fasern folgten, darunter Terylene, ein Polyester, den man 1941 in England entwickelte und herstellte. Die dritte große Gruppe der synthetischen Fasern waren die Acrylfasern (hergestellt aus Acrylsäure oder ihren Derivaten); sie wurden zuerst 1950 in Amerika erfolgreich unter dem Namen Orlon produziert.

Kunststoffe

siehe Seite 169

Kuppelbau

Die älteste größere Kuppel hat das Pantheon in Rom, erbaut 118–128 n. Chr.

Bevor die Römer den Kuppelbau zur Vollendung brachten, waren die Dächer flach oder leicht geneigt, und die Räume hatten einen rechteckigen Grundriß. Die Kuppel verschönerte das äußere Bild eines Bauwerks und ermöglichte gleichzeitig größere Innenräume. Das *Pantheon* ist der größte Kuppelbau der Römerzeit. Es wurde unter Kaiser Hadrian in den Jahren 118–124/128 n. Chr. errichtet. Die Kuppel hat einen Durchmesser von 43,6 m. Ebenso wie der Bogen wird die Kuppel meist mit Hilfe eines sogenannten Lehrgerüsts aus Holz errichtet, das den Bau stützt und ihm seine Form gibt. Im byzantinischen Kaiserreich wurde die Kuppel weiterentwickelt, und man überwölbte mit ihr auch quadratische Räume. Beim Bau der Kirche *Hagia Sophia* in Konstantinopel, die 537 n. Chr. fertiggestellt wurde, ließ man die über das Grundquadrat hinausragenden Teile der Kuppel weg. Dabei entstanden an den Ecken vier Dreiecke mit gebogenen Seiten, sogenannte Pendentifs.

Nach Europa kehrte die Kuppel in der Renaissance wieder zurück, als der Florentiner Baumeister Filippo Brunelleschi (1376–1446) eine Lösung für das Problem der seitlichen Schubkräfte fand. Beim Bau des Doms von Florenz legte er hölzerne Reifen um den Fuß der mächtigen Kuppel, um so den Seitendruck (Horizontalschub) abzufangen.

Die modernen geodätischen Kuppeln erfand 1948 der amerikanische Architekt Richard Buckminster Fuller. Sie sind aus Oktaedern und Tetraedern zusammengesetzt, bestehen aus leichtem Material, haben die Form einer Halbkugel und bieten ein Höchstmaß an Stabilität. Mit geodätischen Kuppeln können zum Beispiel Sportstadien überdacht werden.

DIE KUPPEL: SCHLICHTE NÜTZLICHKEIT UND RELIGIÖSE PRACHT

Kuppelhütte aus Eis *Als vorübergehende Winterquartiere errichten die Eskimo in ihren Jagdgründen kuppelförmige Iglus aus festen Schneeblöcken. Die Kuppelform bietet dem Wind weniger Widerstand als ein kastenförmiges Gebilde, und Hagelkörner rutschen seitlich ab und frieren an. Das macht das Iglu stabiler. Damit die Schneeblöcke besseren Halt haben, werden die Fugen außerdem mit lockerem Schnee ausgefüllt. Ein erfahrener Eskimo kann ein Iglu in weniger als zwei Stunden bauen. Er schneidet die Blöcke dazu mit einem großen Messer aus tiefem, fest zusammengebackenem Schnee. Jeder Block ist etwa 1 m lang, 60 cm breit und 20–30 cm dick. Ganz oben bleibt ein kleines Loch zur Lüftung frei.*

„Die Quadratur des Kreises" *Dieser Blick nach oben in die Kuppel der* Hagia Sophia *in Istanbul (6. Jh.) zeigt, wie die byzantinischen Baumeister einen Übergang von einem quadratischen Raum zur kreisrunden Form schufen. Bei der Hauptkuppel sind die Kugelteile an den vier Seiten ausgespart, wodurch Bogen entstanden, und auf dem runden Ausschnitt im Zentrum sitzt eine kleinere Kuppel.*

Die vergebliche Suche nach dem Perpetuum mobile

Die Idee, aus nichts etwas zu machen, war für den Menschen stets verlockend. Die Alchimisten suchten nach dem „Stein der Weisen“ und wollten unedle Metalle in Gold verwandeln. Und die Erfinder verfolgten ein vergleichbares Ziel: das Perpetuum mobile. Sie stellten sich eine Maschine vor, die ohne Energiezufuhr von außen dauernd läuft und Arbeit leistet.

Die Sache hat aber einen Haken. Ein Perpetuum mobile, gleich welcher Art, hat es nie gegeben und wird es nie geben. Den Grund hierfür liefern die Gesetze der Thermodynamik. Sie besagen, daß bei der Umwandlung einer Form von Energie (beispielsweise des fließenden Wassers) in eine andere Energieform (beispielsweise mechanische Arbeit) keine Energie gewonnen werden kann, sondern im Gegenteil stets ein Verlust eintritt. Bei jeder mechanischen Bewegung ist Reibung vorhanden, die unweigerlich zu einem Energieverlust durch Wärmeabgabe führt.

Warum hat es dann so viele Vorschläge und Patente für ein Perpetuum mobile gegeben? Ehrgeiz und Unverstand erklären dies nur zum Teil. Ein anderer Grund liegt darin, daß Vorrichtungen, die sich scheinbar dauernd von selbst bewegen, oft nur schwer von Maschinen zu unterscheiden sind, die ihre Energie aus natürlichen Quellen beziehen. So könnte ein Laie etwa meinen, bei einem Kraftwerk, das die Gezeiten des Meeres zur Erzeugung von Strom ausnutzt, handele es sich um ein Perpetuum mobile. Die Gezeiten des Meeres hängen jedoch von der Anziehungskraft der Sonne und des Mondes sowie vom Wetter ab. Ein Erfinder, der die Unwissenheit von Laien zu seinem Vorteil ausnutzte, war ein gelernter Schreiner namens John Worrell Keely in Philadelphia. im Jahr 1873 gründete er die Keely Motor Company zur Herstellung von Automotoren, die seinen Angaben nach durch die „magische Kraft“ einiger Tropfen Wasser angetrieben wurden. In Philadelphia, Boston und New York führte er vor, wie ein von ihm erfundenes Gerät, das er *Liberator* nannte, offensichtlich durch Spaltung von Wasser Antriebsenergie erzeugte. Sein „Perpetuum mobile“ – dessen Energiequelle Wasser nie versiegen sollte – überzeugte die

Öffentlichkeit, und er erhielt Kapitaleinlagen in Höhe von fünf Millionen Dollar zur Erweiterung seiner Firma.

Spätere Untersuchungen zeigten, daß der Motor durch Druckluft angetrieben wurde – ebenso wie ein Generator, den er auch erfunden hatte. Als Keely 1898 starb, nannte ihn eine New Yorker Zeitung den größten Betrüger des Jahrhunderts.

Modelle in großer Zahl

Im 19. Jh. verlangte das Patentbüro der USA von allen Erfindern eines Perpetuum mobile unter anderem, daß sie ein arbeitsfähiges Modell einreichten. 1870 schaffte man diese Bedingung allerdings wieder ab. Außerdem gab das US-Patentamt ein Merkblatt heraus, in dem solche Vorrichtungen als Unmöglichkeit bezeichnet wurden.

Dennoch gingen auch weiterhin viele Patentgesuche für ein Perpetuum mobile ein. Um ihnen etwas Einhalt zu gebieten, wurde 1911 erneut zur Bedingung gemacht, daß ein Arbeitsmodell mitgeliefert werde. Diese Regelung gilt heute noch. Obwohl viele Modelle verkauft wurden, besitzt das Patentamt noch rund 150, die zum Teil aus dem 19. Jh. stammen.

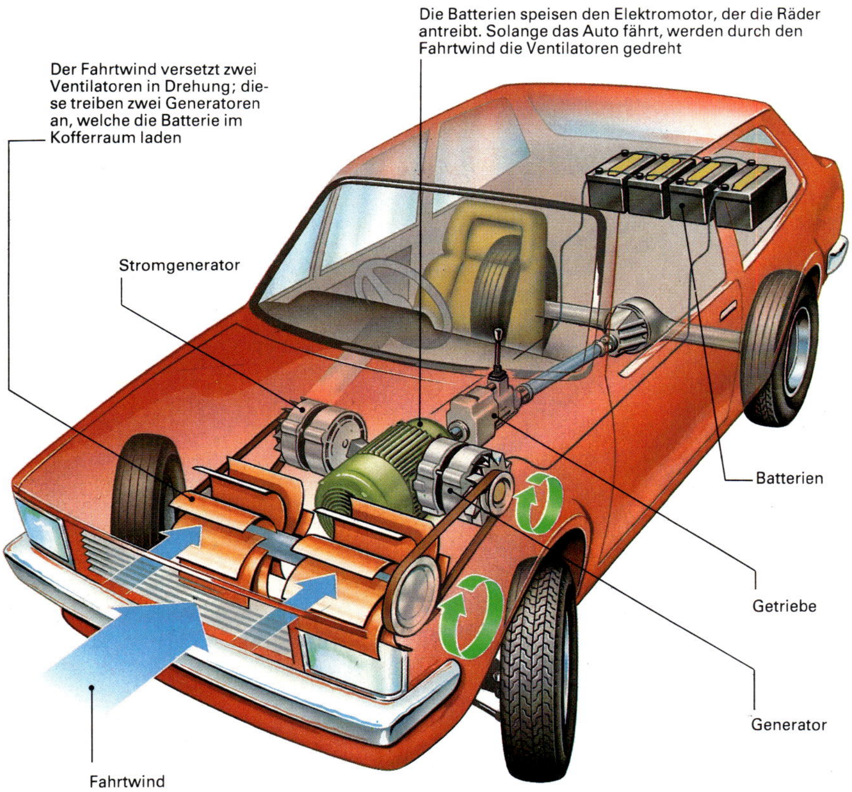

Automobile mit Luftantrieb? *Angesichts der Energiekrise in den 70er Jahren entwarf ein Erfinder ein Auto, das scheinbar nach dem Prinzip eines Perpetuum mobile funktioniert. Der Wind, der während der Fahrt vorn in den Wagen eindringt, setzt zwei Ventilatoren in Bewegung, die wiederum zwei Dynamos antreiben. Diese Generatoren laden zwei von insgesamt vier Autobatterien auf. Die beiden anderen Batterien speisen währenddessen den Elektromotor, der die Räder antreibt. Sobald diese Batterien nachgeladen werden müssen, wird der Antrieb auf die beiden anderen umgeschaltet.*

Wassermühle *Einer der ersten, die ein Perpetuum mobile als Arbeitsmaschine verwenden wollten, war der Londoner Arzt Robert Fludd. Im Jahr 1618 veröffentlichte er den Entwurf einer Getreidemühle mit geschlossenem Wasserkreislauf für Gegenden, in denen es kein fließendes Wasser gab. Seine Maschine bestand aus einem Wasserrad, Mahlsteinen, einer Wasserrinne, einem Vorratsbehälter für Wasser und einer archimedischen Schraube. Die von Zahnrädern angetriebene Wasserschraube wurde zunächst mit der Hand in Gang gesetzt. Sie pumpte das Wasser aus dem Vorratsbehälter zur höchsten Stelle der Rinne hinauf, von wo aus es zum Wasserrad lief. Dieses sollte sich drehen und die Mahlsteine der Mühle sowie die archimedische Schraube antreiben. Fludd glaubte, das stetig zirkulierende Wasser würde einen dauernden Antrieb für die Mühle liefern.*

Ein Rad, das sich ewig drehen soll *Seit Jahrhunderten versuchen immer wieder Menschen, ein Rad zu bauen, das sich ständig dreht. Einige Modelle sollten von schweren Stahlkugeln angetrieben werden, die sich zwischen den Speichen befinden. Wenn man das Rad von Hand in Drehung versetzt, rollen die Kugeln auf der rechten Seite zum Ende der Speichen hin, während die auf der linken Seite zur Mitte rollen.*

Die Erfinder meinten, das Gewicht der außenliegenden Kugeln würde das Rad dauernd weiterdrehen. Tatsächlich jedoch heben sich die Kräfte der Kugeln gegenseitig auf, und das im Gleichgewicht befindliche Rad kann sich aus eigener Kraft nicht drehen.

Eine Vielzahl ähnlicher Patentgesuche ging auch beim Britischen Patentamt in London ein. Zwischen 1897 und 1900 zum Beispiel wurden 31 Geräte nach dem Prinzip des Perpetuum mobile zum Patent angemeldet. Von den Erfindern stammten zehn aus England, acht aus Amerika, fünf aus Deutschland, drei aus Frankreich, zwei aus Australien und je einer aus Belgien, Rußland und Österreich.

Im Widerspruch zu den Naturgesetzen

Im Jahr 1949 wurden durch Erlaß des Patentamts alle Geräte nach Art eines Perpetuum mobile abgelehnt, weil sie im Widerspruch zu den Naturgesetzen stehen, und diese Maßnahme wurde 1977 nochmals bekräftigt. In Frankreich hatte man sich bereits im Jahr 1775 auf diesen Standpunkt gestellt, als die Akademie der Wissenschaften es ablehnte, weitere Geräte anzunehmen, die angeblich ein Perpetuum mobile darstellten.

Dennoch schlüpfen immer wieder einige solcher Patente durch das Netz, weil die Erfinder oft den wahren Charakter ihrer Maschine hinter verwirrenden Worten verbergen.

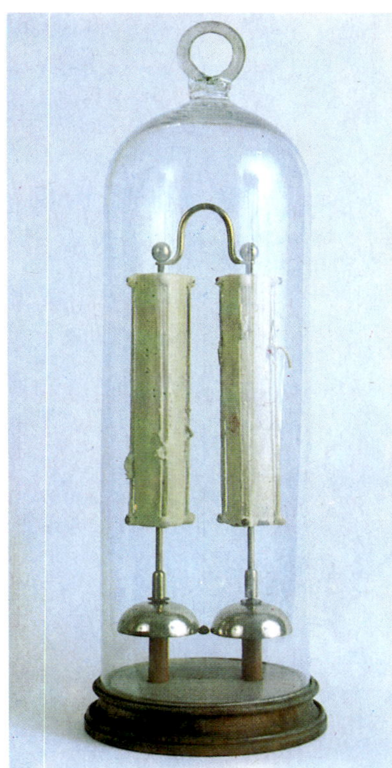

DIE GLOCKE, DIE IMMER LÄUTET

Bei dieser Vorrichtung, die offensichtlich ohne äußeren Antrieb funktioniert, schwingt seit 1840 ein kleiner Metallklöppel ständig zwischen den beiden Glockenschalen hin und her und schlägt sie mehrmals in der Sekunde an. Die Glocke wurde 1840 von einem Londoner Instrumentenbauer hergestellt. Heute steht das Gerät im Clarendonlaboratorium der Universität Oxford.

Der Metallklöppel, der an einem Faden zwischen zwei Säulen hängt und sich ständig bewegt, steht mit keiner sichtbaren Energiequelle in Verbindung. Jede Säule setzt sich aber aus rund 2000 „Plattenpaaren“ zusammen, die aus dünnen Zinkblechen und →Papier bestehen, das mit Mangandioxid getränkt ist. Zusammen erzeugen sie eine Spannung von etwa 2000 Volt. Diese Langzeitbatterien sind mit den Glockenschalen verbunden und laden sie elektrostatisch auf. Die Ladungen haben entgegengesetzte Vorzeichen. Von der positiven Glockenschale wird der Klöppel positiv geladen, daraufhin von ihr abgestoßen und von der negativen Glocke angezogen. Diese lädt ihn negativ auf, und so geht das Spiel weiter. Die Batterien werden wohl erst im nächsten Jahrhundert verbraucht sein.

Kurbel

Erstmals um 100 v. Chr. von den Chinesen verwendet

Die Kurbel ist eine Vorrichtung, mit deren Hilfe eine hin- und hergehende Bewegung in eine Drehbewegung umgewandelt wird. Bereits vor 2000 Jahren verwendeten die Chinesen eine zweimal rechtwinklig „gekröpfte" Stange als Drehkurbel. Im Mittelalter benutzte man solche Kurbeln häufiger, beispielsweise zum Drehen von Mahlsteinen.

Um 1400 wurde an der Kurbel eine drehbar gelagerte Schubstange angebracht, die sich hin- und herbewegte, sobald die Kurbel sich drehte. Eine solche Vorrichtung verwendete man bei Geräten, die durch Wasserkraft angetrieben wurden. Das →Wasserrad drehte die Kurbelwelle und bewegte die Schubstange vor und zurück. Diese betätigte dann einen Blasebalg oder eine →Säge.

Bei der →Dampfmaschine werden Kurbelwelle und Schub- oder Pleuelstange dazu benutzt, die Hin- und Herbewegung des Kolbens in eine Drehbewegung umzuwandeln. Die gleiche Aufgabe haben heute die Kurbelwellen und Pleuel im Benzin- und Dieselmotor.

Kurzschrift

Schon die alten Griechen kannten eine „Schnellschrift"

Bereits bei den alten Griechen gab es eine Art Kurzschrift, die Tachygraphie. Der Römer Marcus Tullius Tiro, ein freigelassener Sklave und Freund Ciceros, erfand die nach ihm benannten „Tironischen Noten", ein Kurzschriftsystem, das zahlreiche Zeichen für ganze Wörter, Vor- und Nachsilben umfaßte.

In neuerer Zeit entwickelte der Engländer Timothy Bright 1588 eine geometrische Wortschrift, und John Willis brachte 1602 die erste Buchstabenkurzschrift heraus. Heute herrscht in England die phonetische Kurzschrift vor, die der Volksschullehrer Isaac Pitman 1837 nach dem Klang der Wörter erfand.

Im deutschen Sprachraum entstanden im 19. Jh. insgesamt 600 Kurzschriften. Besonders bekannt wurde diejenige, die der Münchner Franz Xaver Gabelsberger 1834 schuf: ein graphisches System mit fortlaufender Strichführung. Schließlich wurde 1925 in Deutschland die Einheitskurzschrift eingeführt.

Kutsche

Im 16. Jh. in Europa eingeführt

Die europäischen Straßen des Mittelalters waren im Winter ein grundloser Morast und im Sommer ein halsbrecherischer Wirrwarr von tiefen Furchen und Löchern. Auf →Rädern zu reisen war seit der Antike unbequem und ging langsam; daher gab es nur wenige Reisewagen. Die Armen gingen zu Fuß, und die Reichen ritten auf Pferden oder Maultieren. Nur der Hochadel, Damen der ersten Gesellschaft und jene, die zum Reiten zu alt oder zu schwach waren, leisteten sich den Luxus eines überdachten Reisewagens, der dick gepolstert, aber plump und nicht gefedert war.

Gegen Ende des 15. Jh. wurde es auch für rüstige Edelleute schick, einen Pferdewagen zu benutzen. Dabei handelte es sich um reichverzierte Kastenaufbauten, die an Ledergurten zwischen den Rädern hingen. Das Wort Kutsche leitet sich von dem Namen des ungarischen Städtchens Kocs ab, aus dem diese Art des Pferdewagens stammt; es wurde zur allgemeinen Bezeichnung für alle vierrädrigen Pferdewagen mit Verdeck.

Bis zum 18. Jh. reisten wegen der schlechten Straßen nur so wenige Leute im Wagen, daß es im Kutschenbau kaum Verbesserungen gab. Beim Lenken wurde die Vorderachse um einen Mittelzapfen gedreht – eine unsichere Vorrichtung, die gleichzeitig den Lenkradius stark einschränkte. Eine bessere Lösung war ein eigenes, drehbares Fahrgestell für die Vorderräder (die Drehschemellenkung), bis im 19. Jh. der Österreicher Georg Lenkensperger seine Achsschenkellenkung einführte. Bei dieser Steuerung werden an den Enden der feststehenden Achse nur die Räder eingeschlagen.

Im 18. Jh. wurden die Straßen wesentlich verbessert. Nun wollte auch das wohlhabende Bürgertum mit der Kutsche fahren, und seit Beginn des 19. Jh. wurden immer mehr Privatkutschen gebaut. Die gebräuchlichsten Typen waren der kompakte, einspännige Zweisitzer für Stadtfahrten und der elegante, offene Landauer für Spazierfahrten in den Parks. Das Wagenfahren wurde zum Vergnügen, und mancher Kutschenbauer machte sich mit seinen schnittigen Karossen einen Namen. Im 19. Jh. war der typische vom Besitzer selbst gefahrene Wagen der schlichte Einspänner (Dogcart) des Landarztes.

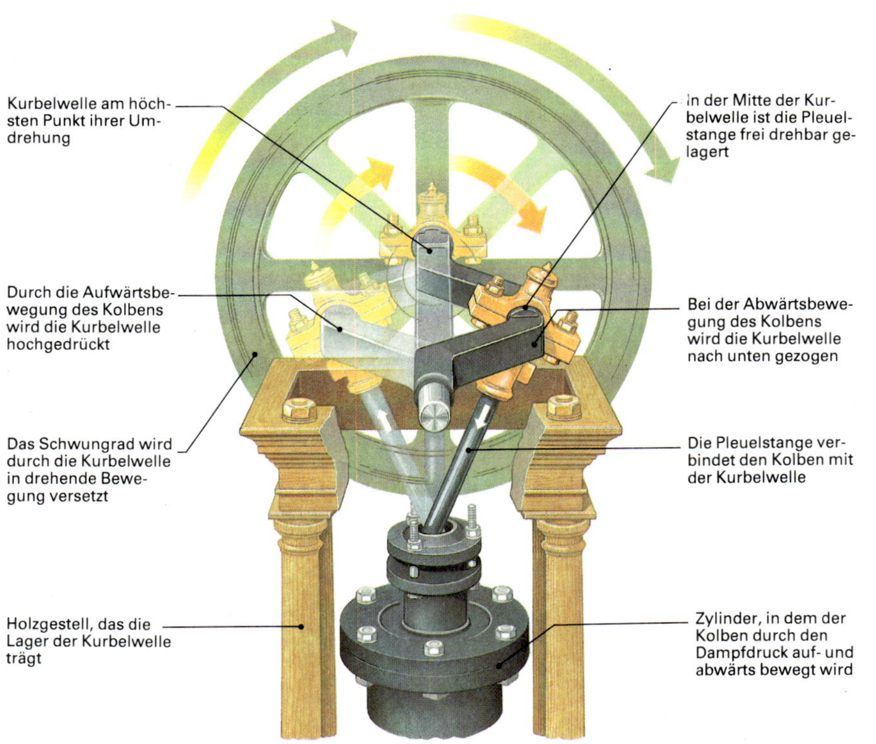

Kurbelwelle und Pleuel einer alten Dampfmaschine *Die hin- und hergehende Bewegung des Kolbens der Dampfmaschine wird durch die Pleuelstange und die Kurbelwelle in eine Drehbewegung umgewandelt. Der aufwärtsgehende Kolben drückt die Pleuelstange hoch und bewegt damit den gekröpften Teil der Kurbelwelle aufwärts und nach rechts. Nachdem er den höchsten Punkt erreicht hat, dreht er sich mit der Abwärtsbewegung des Kolbens nach unten weiter und beschreibt einen vollen Kreis. Die Drehbewegung der Kurbelwelle wird auf das Schwungrad übertragen.*

Kühlung

In Mesopotamien wurde schon um 2000 v. Chr. mit Eis gekühlt

In der Winterkälte verderben Lebensmittel langsamer als im Sommer. Diese Tatsache haben die Menschen schon vor Urzeiten erkannt und sich zunutze gemacht.

Bereits 2000 v. Chr., später in Griechenland und in Rom, wurden Nahrungsmittel in Eisgruben monatelang frisch gehalten. Trocknen, Salzen, Räuchern und andere Konservierungsmethoden sind zwar auch seit Jahrhunderten bekannt, doch sie verändern Geschmack und Gehalt der Speisen.

Wirklich frische Lebensmittel gab es ohne Kühlung nur im Umkreis weniger Kilometer vom Erzeugungsort. Aber zu Beginn der industriellen Revolution gegen Ende des 18. Jh. strömten die Menschen vom Land in die Städte, und so entstand dort ein Nahrungsbedarf, den die Bauern der Umgebung nicht mehr decken konnten. Tatsächlich waren die fruchtbarsten Regionen oft viele tausend Kilometer von den dichtbesiedelten Gebieten entfernt. Das ideale Weideland lag in Argentinien, Australien und Neuseeland sowie in den USA westlich des Mississippis. Die fleischessenden Stadtbewohner hingegen lebten in Europa und im Osten der USA. Die kommerziellen Kühlmethoden verdanken ihre Ent-

Der Transport von Nahrungsmitteln über Meere und Kontinente

2000 v. Chr.: Frisches Fleisch aus der Eisgrube

In Mesopotamien (dem heutigen Irak) benutzte man zur Aufbewahrung von Nahrungsmitteln bereits 2000 v. Chr. mit Eis gefüllte Gruben. Die Griechen und Römer sammelten im Winter ebenfalls Eis und Schnee in tiefen, mit Stroh gut isolierten Gruben. Das Eis hielt sich den Sommer über, ohne zu schmelzen, und Fleisch blieb in diesen Kühlbehältern monatelang frisch.

Eisgruben waren auch den südamerikanischen Indianern in Peru bekannt. In ganz Europa benutzte man sie bis zum Beginn des 20. Jh.

Die Griechen kannten seit dem 2. Jh. v. Chr. auch eine Methode, Wasser im Sommer zu kühlen, indem sie es in einem unglasierten Tongefäß aufbewahrten. Durch die Poren sickerte Wasser, verdunstete an der Außenseite und entzog dabei die zum Verdunsten benötigte Wärme dem Wasser im Krug.

1851: Äther kühlt australisches Bier

Zu Beginn des 19. Jh. beschäftigten sich viele Wissenschaftler mit dem Problem der Kühlung. Die erste praktische Anwendung gelang jedoch kurz vor der Jahrhundertmitte einem Handwerker: Als der nach Australien ausgewanderte Glasgower Drucker James Harrison eine Maschine mit Äther putzte, stellte er fest, daß sich das Metall dabei stark abkühlte. Der schnell verdunstende Äther entzog seiner Umgebung Wärme.

Harrison erkannte dieses Prinzip und baute danach eine Kühlmaschine. In ihr wurde Äther mit → Pumpen stark komprimiert. Bei verringertem Druck verwandelt sich der flüssige Äther in Dampf und erzeugte dabei Kälte. 1851 wurde eine solche Anlage in einer Brauerei in Bendigo (im australischen Bundesland Victoria) installiert. Doch 1860 ging Harrison bankrott. Es war damals noch billiger, Natureis mit → Schiffen aus Amerika herbeizuschaffen.

Kühlwagen *Ein Kühlwagen in den USA aus dem Jahr 1884 hatte zwei mit porösem Material verkleidete Kühlräume. Eine Wasserpumpe, die von einer Achse angetrieben wurde, hielt dieses Material feucht, und Ventilatoren sorgten dafür, daß das Wasser verdunstete, wodurch die Räume kalt gehalten wurden.*

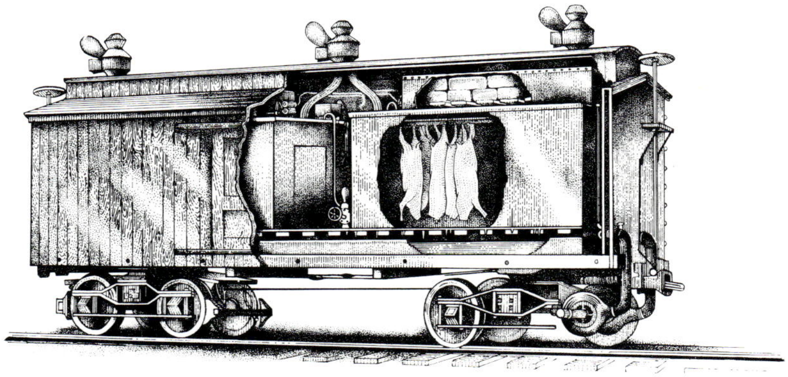

1867: Eisgekühlte Eisenbahnwagen

Die ersten Kühlwaggons der → Eisenbahn ließ George Henry Hammond, ein Viehzüchter im US-Staat Kansas, bauen. Statt lebender Rinder verlud er 1867 geschlachtete Tiere in die mit Eisblöcken gekühlten Wagen und konnte so die dreifache Fleischmenge über 1000 km nach Chicago transportieren. Er unterbot dadurch die Preise aller Konkurrenten.

1877: Gefrierfleisch für Europa

Für den einige Tage dauernden Eisenbahntransport reichte die Kühlung mit Eisblöcken aus, für den Seeweg nach Europa jedoch nicht. Die Entwicklung eines dafür geeigneten Verfahrens begann mit der Erfindung des Franzosen Ferdinand Carré. Dieser entwarf 1859 eine Kühlmaschine, die Kälte durch das Verdampfen von verflüssigtem Ammoniak erzeugte. Gekühlte Luft wurde von einem Ventilator über Eis geblasen und verhinderte, daß es schmolz.

Eine ähnliche Anlage, die aber größer war und mit gekühltem Wasser arbeitete, konstruierte der Franzose Charles Tellier. Sie wurde auf dem Dampfschiff *Le*

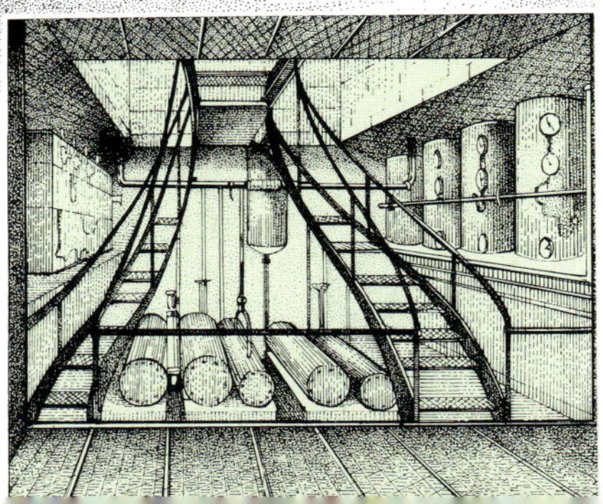

Verschiffung von Fleisch *Das französische Kühlschiff* Le Frigorifique *transportierte 1877 Fleisch über den Ozean. Wasser wurde in Tanks (rechts) durch Eis gekühlt und in Rohren durch den Laderaum gepumpt.*

wicklung weitgehend dem Bestreben der Viehzüchter, die Verbraucher mit Frischfleisch zu beliefern.
Die Kühlwagen der → Eisenbahn ersetzten die Cowboys, die die Herden von den Weiden zu den Märkten getrieben hatten. Als die Bahnstrecke von der amerikanischen Ostküste 1867 westwärts über den Mississippi hinaus ins „Cattle Country", das Land der Viehherden, verlängert wurde, brachte man die Rinder zunächst mit der Bahn lebend zu den Schlachthöfen nach Chicago. Im selben Jahr liefen auch die ersten Kühlwagen auf dieser Strecke, mit denen der Transport viel wirtschaftlicher funktionierte.

Der Seetransport von Australien oder Argentinien nach Europa dauerte bis zu drei Monate und führte durch die Tropen. Da genügte es nicht, das Fleisch zu kühlen; man mußte es einfrieren. Zwar wurde die erste Fleischgefrieranlage schon 1861 in Sydney errichtet, doch vergingen noch fast 20 Jahre, bis australisches Gefrierfleisch per Schiff nach England gelangte.

Mitte der 30er Jahre des 20. Jh. boten Restaurants und Lebensmittelgeschäfte auch andere verderbliche Nahrungsmittel, also Obst und Gemüse, außerhalb der jeweiligen Saison an. Und als in immer zahlreicheren Haushalten eigene Kühlschränke standen, erübrigte sich der tägliche Einkauf; der Speiseplan wurde bunter und die Ernährung reichhaltiger.

WIE KÄLTE FRISCH ERHÄLT

Nahrungsmittel verderben, weil sich in ihnen Bakterien und Schimmelpilze vermehren. Kühlung verlangsamt das Wachstum solcher Organismen, und Einfrieren verhindert es vollständig.

Abkühlung auf Temperaturen zwischen 1° bis 7° in Haushaltkühlschränken erhält Nahrungsmittel mehrere Tage oder sogar Wochen frisch.

Friert man Nahrungsmittel bei Temperaturen zwischen –23° und –12° ein, so kann man sie sechs Monate oder länger mit nur geringem Verlust an Qualität aufbewahren.

Ein neuartiges Konservierungsverfahren ist das Gefriertrocknen. Hierbei friert man Nahrungsmittel rasch ein und entzieht ihnen gleichzeitig in einem starken Vakkum Feuchtigkeit. Gefriergetrocknete Waren können bei normaler Temperatur aufbewahrt werden.

Frigorifique eingebaut, das dann 1877 Fleisch von Buenos Aires nach Frankreich brachte. Der Laderaum, den das Kühlwasser in Röhren umfloß, war mit Kork gut isoliert. Zusätzlich hatte man das Eis mit Salz vermischt. Die Temperatur des Eises sank dadurch weit unter Null.

Dennoch war die Ladung bei der Ankunft in Rouen verdorben, denn die Kühlwasserpumpe hatte unterwegs versagt. Das Verfahren hatte sich jedoch als wirksam erwiesen, und noch im selben Jahr transportierte die *Paraguay* erfolgreich Gefrierfleisch von Buenos Aires nach Le Havre. Die Temperatur, die dabei im Kühlraum herrschte, lag bei –13°.

Der noch weitere Weg von Australien nach Europa stellte wiederum höhere Anforderungen an die Kühlleistung der Kältemaschinen. Der erste Versuch scheiterte 1873; die mit Äther arbeitende Anlage des Kühlschiffes überstand die Reise nicht. Ihr Konstrukteur war übrigens jener schottische Auswanderer James Harrison, der vom Drucker zum Kältespezialisten geworden war. Er gab aber nicht auf und ließ 1879 in seiner Heimatstadt Glasgow eine neue Maschine bauen, diesmal mit Erfolg.

Seit 1850: Kälte für die Küche
Die ersten Haushaltkühlschränke, gut isolierte Holzkästen, in die man Eisblöcke legte, kamen in den USA um 1850 auf den Markt. Ihr Kühlprinzip war das der mesopotamischen Eisgruben. Das Eis dafür wurde im Winter aus zugefrorenen Flüssen und Seen geschnitten und bis zur wärmeren Jahreszeit gelagert.

Die neuartige Methode, Kälte mit Maschinen zu erzeugen, wurde erstmals von dem deutschen Ingenieur Carl von Linde auch für den Haushalt nutzbar gemacht. 1879 entwickelte er, nach Erfahrungen mit Kühlanlagen für Brauereien und Schlachthöfe, ein kleines Gerät, das in die Küche paßte. Das Prinzip, nach dem es arbeitete, entsprach dem heutiger Kompressorkühlschränke (siehe Bild); nur verwendete von Linde noch eine dampfgetriebene Kompressionspumpe und Ammoniak als Kühlmittel. 1891 hatte von Linde in Deutschland und Amerika bereits 12000 dieser Kühlaggregate verkauft.

Seit 1910: Der elektrische Kühlschrank
Den Durchbruch zum unentbehrlichen Haushaltgerät erreichte die Kältemaschine, als sie einen elektrischen Antrieb bekam. 1910 wurden in den USA die ersten 100 elektrischen Kühlschränke an Privathaushalte verkauft. Zwei Jahre später bot in Deutschland die AEG eine „automatische Eis- und Kühlmaschine für den Haushalt" zum Preis von 1500 Mark an. Die weitere Entwicklung bremste der Erste Weltkrieg. Von 1920 an produzierten dann mehrere Hersteller elektrische Kühlschränke in Serie, und die Geräte wurden erschwinglich.

Eine Schwäche der Kühlschränke war anfangs das Kühlmittel, das in ihnen verwendet wurde: Ammoniak konnte bei einem Defekt zu schweren Verätzungen führen. Bei heutigen Kühlschränken besteht diese Gefahr nicht mehr. Das gebräuchlichste Kühlmittel ist Frigen, ein ungiftiges, unbrennbares Gas, das auch als Treibmittel in Spraydosen enthalten ist.

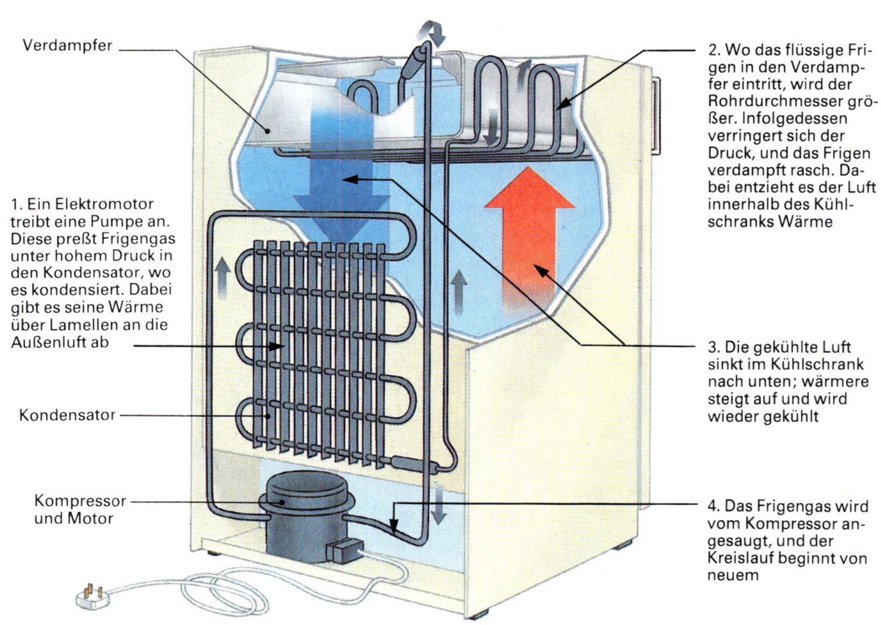

Kühlung durch Verdampfen *Lebensmittel in einem modernen Kühlschrank werden dadurch gekühlt, daß ihnen Wärme entzogen wird. Das Kühlmittel, meistens Frigen, nimmt die Wärme auf, wenn es verdampft. An der Rückseite des Kühlschranks wird sie an die Außenluft abgegeben.*

Kunststoffe

Ein erster Kunststoff wurde 1862 von dem englischen Chemiker Alexander Parkes erfunden

Unsere Epoche hat in Zusammenhang mit der technischen Entwicklung schon die verschiedensten Namen bekommen; so spricht man vom Maschinenzeitalter, vom Atomzeitalter oder dem Zeitalter der →Raumfahrt. Doch könnte man ebensogut vom Zeitalter der Kunststoffe sprechen, denn die Kunststoffe gehören heute neben Eisen, Holz, Beton und Glas zu den meistverwendeten Rohstoffen. Unter der Bezeichnung Kunststoffe (oder Plaste) faßt man eine Vielzahl von organischen und synthetischen Stoffen mit

Tomatenfeld in Amerika *Landwirte decken heute ihre Pflanzen mit Plastikfolien ab. Diese sammeln den Regen und schützen den Boden vor dem Austrocknen.*

wertvollen technischen Eigenschaften zusammen. 1980 betrug die Weltproduktion von Kunststoffen mehr als 53 Mio. t; davon wurden über 6 Mio. t in der Bundesrepublik Deutschland hergestellt.

Die Bezeichnung Plaste stammt aus dem Griechischen und bedeutet „verformbar". Ein Kunststoff ist ein synthetisches Material, das sich leicht formen läßt, wenn es erwärmt wird, und das aus Makro- oder Riesenmolekülen besteht. Die meisten chemischen Verbindungen besitzen verhältnismäßg kleine Moleküle, die sich oft aus weniger als zehn Atomen zusammensetzen; die Moleküle der Kunststoffe hingegen enthalten häufig Zehntausende von Atomen. Diese Riesenmoleküle verleihen den Kunststoffen ihre charakteristische Elastizität.

Abgesehen von wenigen Ausnahmen bestehen Kunststoffmoleküle aus Kohlenstoffatomen, die kettenartig aneinan-

Der Siegeszug der Kunststoffe im 20. Jh. in Industrie und Haushalt

1862: Der erste Kunststoff hieß Parkesin
Der englische Chemiker Alexander Parkes stellte 1862 ein hartes, elfenbeinartiges Material her, das er Parkesin nannte. Er gewann diesen ersten modernen Kunststoff aus Nitrozellulose. In reiner Form ist Nitrozellulose hart und brüchig; Parkes stellte jedoch fest, daß man sie durch einen Zusatz von Kampfer geschmeidig machen und in warmem Zustand formen kann. Der Kampfer spielte dabei die Rolle eines sogenannten Weichmachers.

1869: Billardbälle aus Baumwolle
Parkes hatte mit der Herstellung seines Kunststoffs keinen Erfolg. Den hatte 1869 der amerikanische Buchdrucker John W. Hyatt, der auf den Gedanken kam, Billardbälle aus Baumwolle (Zellulose) herzustellen, um das teure und schwer zu beschaffende Elfenbein zu ersetzen. Auch Hyatt benutzte Kampfer als Weichmacher. Er nannte sein Produkt Zelluloid und gründete 1872 die Celluloid Corporation. Damit beginnt die eigentliche Geschichte der Kunststoffe.

1897: Entwicklung der Kasein-Kunststoffe
Der wichtigste Eiweißbestandteil der Kuhmilch ist das Kasein. Im Jahr 1897 entdeckten deutsche Chemiker, daß man daraus eine Substanz erzeugen kann, die sich leicht formen und härten läßt. Es handelte sich um den ersten billigen Kunststoff, Galalith oder Kunsthorn genannt, aus dem man auch heute noch Knöpfe, →Kämme, Griffe und Stricknadeln herstellt.

Kunsthorn gewinnt man aus entrahmter Milch, die man durch Labfermente zum Gerinnen bringt. Diese geronnene Masse wird dann durch verschiedene Zusätze geschmeidig und formbar gemacht. Zum Härten tauchte man die Masse in eine Lösung von Formaldehyd. Dieses Verfahren hatte jedoch den Nachteil, daß der Härtungsprozeß mehrere Wochen, bei dicken Gegenständen sogar bis zu einem Jahr dauerte.

1909: Die Erfindung von Bakelit
Der in Belgien geborene und in Amerika tätige Chemiker Leo Hendrick Baekeland suchte 1905 nach einem Ersatz für Schellack, ein harzartiges Naturprodukt, aus dem man Lackpolitur herstellte. Dabei prüfte Baekeland auch die harzartigen Substanzen, die bei der Behandlung von Phenol (einem Produkt des Steinkohlenteers) mit Formaldehyd entstehen. Der deutsche Chemiker Adolf von Baeyer hatte diese Harze bereits 1872 entdeckt, sie aber nicht näher untersucht.

Bei seinen Experimenten stellte Baekeland fest, daß unter bestimmten Bedingungen aus Phenol und Formaldehyd ein pulverförmiges Harz entsteht, das sich durch Hitze und Druck formen läßt. Auf diese Weise gewann er den ersten vollsynthetischen Kunststoff. Bald danach

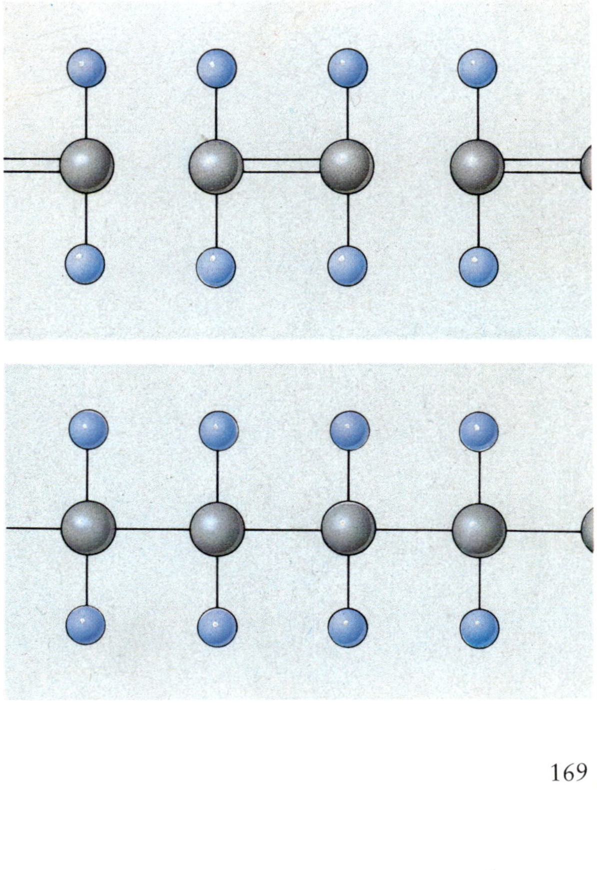

Ausbildung einer Molekülkette *Bei der Herstellung eines Kunststoffs, beispielsweise Polyäthylen, werden Moleküle miteinander verbunden. Diesen Prozeß nennt man Polymerisation. Die Bausteine des Polyäthylens sind die Äthylenmoleküle mit Doppelbindung (oberes Bild). Diese Moleküle reagieren miteinander, wobei sich die Doppelbindung öffnet und eine Kette entsteht, die durch Einfachbindungen zusammengehalten wird (unteres Bild). Durch Wiederholung dieses Prozesses wird die Kette immer länger. Ist die Kettenbildung abgeschlossen, hat sich Polyäthylen gebildet. Die langen Ketten mit Einfachbindung sind chemisch stabiler und mechanisch widerstandsfähiger als die ursprünglichen Moleküle mit Doppelbindungen. Andere bekannte Kunststoffe wie PVC und Polystyrol werden auf ähnliche Weise hergestellt.*

dergereiht sind. Kohlenstoff ist eines der wenigen Elemente, dessen Atome eine solche Kette bilden können. Eine der häufigsten Verbindungen aus Riesenmolekülen, die in der Natur vorkommt, ist die Zellulose, aus der die Zellwände der Pflanzen bestehen; und mit der Zellulose begann auch die Geschichte der Kunststoffe.

Um die Mitte des 19. Jh. stellten die Chemiker fest, daß man Pflanzenzellulose in Nitrozellulose umwandeln kann. Der Engländer Alexander Parkes entdeckte, daß Nitrozellulose sich in eine knetbare Masse verwandeln läßt. Auf diese Weise stellte er einen der ersten Kunststoffe her, den er Parkesin nannte. Der Erfinder beschrieb ihn als Material, das hart wie Horn, aber geschmeidig wie →Leder ist und sich gießen oder pressen, anmalen oder durchgehend färben und auch schnitzen läßt. Sieben Jahre später brachte John Wesley Hyatt in Amerika einen ähnlichen Kunststoff unter der Bezeichnung Zelluloid auf den Markt.

Zunächst stellte man aus Zelluloid hauptsächlich Billardkugeln oder auswechselbare, steife Hemdkragen her. Das änderte sich, als George Eastman 1889 seine Rollfilme aus Zelluloid anfertigte. Ohne dieses Material hätte die Filmindustrie sich nicht so früh und schnell entwickeln können. So wurde aus dem Zelluloid, das anfangs lediglich das Elfenbein ersetzen sollte, ein Rohstoff von unschätzbarem Wert.

Im Jahr 1909 erfand der in Belgien geborene Industriechemiker Leo Baekeland in Amerika das nach ihm benannte Bakelit. Es war das erste wärmebeständige Kunstharz (Duroplast), und seine Verwendungsmöglichkeiten waren fast unbegrenzt. Da Bakelit ein ausgezeichneter elektrischer Isolator ist, wurden daraus Lampenfassungen und Schalter hergestellt. Außerdem verwendete man Bakelit zur Herstellung zahlreicher Gebrauchsgegenstände für den Haushalt und die Industrie wie Türgriffe, Telefongehäuse, Aschenbecher, Behälter, Griffe für allerlei Geräte usw.

Die Erfindung des Bakelits war auch deshalb von besonderer Bedeutung, weil es der erste vollsynthetische Kunststoff war. Zelluloid hingegen war ein umgewandeltes Naturprodukt, also ein organischer, kein synthetischer Kunststoff.

begann Baekeland mit der Produktion seines Kunststoffs, den er Bakelit nannte.

Das neue Material unterschied sich von seinen Vorgängern auch dadurch, daß es nach dem Aushärten nicht mehr weichgemacht oder geschmolzen werden konnte. Heute nennt man solche Kunststoffe *Duroplaste*, im Gegensatz zu den *Thermoplasten*, die man durch Erwärmen wieder weichmachen und dann erneut formen kann.

1922: Die Theorie der Polymere

Im Jahr 1922 veröffentlichte der deutsche Chemiker Hermann Staudinger eine wissenschaftliche Abhandlung, in der er nachwies, daß im natürlichen Gummi Molekülketten von Isopren (flüssigem Kohlenwasserstoff) vorkommen. Diese Ketten, so behauptete er, verleihen dem Gummi seine typische Elastizität. Staudinger bezeichnete diese kettenförmige Struktur als Riesen- oder Makromolekül. Indem er die chemische Verbindung Styrol erhitzte, entdeckte er das Polystyrol, eine harzige Substanz, die jedoch erst Ende der 30er Jahre industriell erzeugt wurde. Staudinger war überzeugt, daß unter bestimmten Bedingungen auch andere Makromoleküle hergestellt werden können. Den Vorgang, nach dem dies geschieht, nennen wir heute Polymerisation und die dabei entstehenden Produkte Polymere. Für seinen Beitrag zur Theorie der Polymere erhielt Staudinger 1953 den Nobelpreis für Chemie.

1927: Synthetischer Kautschuk

Während des Ersten Weltkriegs stellten deutsche Forscher geringe Mengen eines gummiartigen Materials unter der Bezeichnung Methylkautschuk her, das sich jedoch nicht bewährte. 1927 erzeugte man dann in Deutschland einen synthetischen Kautschuk, der Buna genannt wurde. Ausgangsstoff war das Butadien, ein dem Naturkautschuk verwandter ungesättigter Kohlenwasserstoff. Bei der Herstellung dieses künstlichen Kautschuks werden die einzelnen Moleküle des Butadiens zu langen Ketten verbunden. Den Verlauf dieses Polymerisationsprozesses erläuterte der deutsche Chemiker Karl Ziegler ein Jahr später.

1931 untersuchte eine Gruppe amerikanischer Chemiker unter der Leitung von Wallace H. Carothers verschiedene Polymerisationsprozesse und erfand dabei einen synthetischen Kautschuk mit

EIN ROHSTOFF AUS ERDÖL WI

Rohstoff *Ausgangsmaterial für die Herstellung des Kunststoffs Celon ist eine aus Erdöl gewonnene Substanz, die man Caprolactam nennt. Celon entsteht nach einem langwierigen und mehrstufigen chemischen Prozeß.*

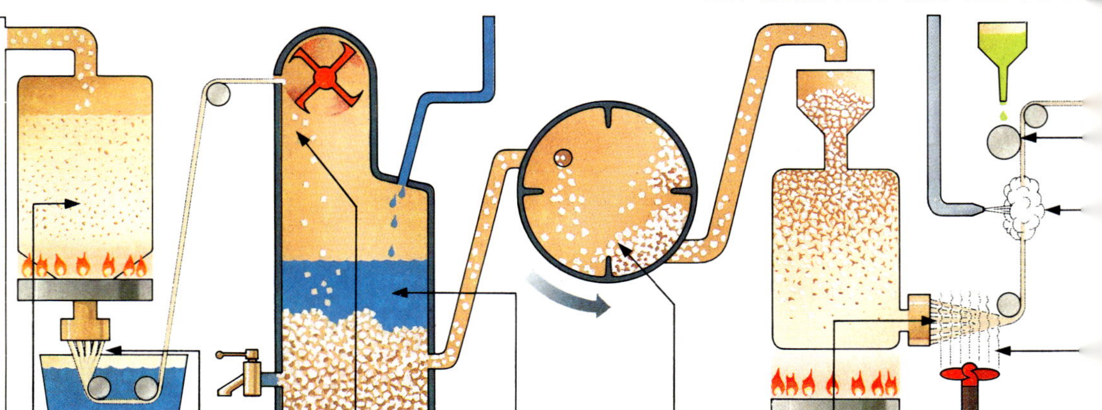

1. Caprolactam wird unter Wasserzufuhr auf 260° erhitzt und polykondensiert

2. Das Polykondensat wird durch eine Düse in ein Kühlbad gepreßt, wo es erstarrt

3. Das Polykondensat wird in Schnitzel zerkleinert

4. Unter Zusatz von Wasser werden die Schnitzel gereinigt und Rückstände entfernt

5. Die Schnitzel trocknen in einer luftleeren Trommel

6. Die Schnitzel werden erhitzt, geschmolzen und dann durch feine Spinndüsen gepreßt

7. Die Fäden starren beim Abkühlen an der Luft; sie werden dann mit Dampf b handelt und schließlich schmiert

Einsatz im Sport *Seit Ende der 60er Jahre verwenden die Stabhochspringer Stäbe aus Fiberglas. Diese biegen sich stark und ermöglichen wesentlich höhere Sprünge als die früheren Stäbe aus Holz oder Leichtmetall. Außerdem sind sie haltbarer.*

Der wirtschaftliche Erfolg des Bakelits veranlaßte die Chemiker, sich auch mit anderen harzartigen Verbindungen zu befassen, die bis dahin nur von theoretischem Interesse gewesen waren. Der deutsche Chemiker Hermann Staudinger schuf in den 20er Jahren die wissenschaftliche Grundlage für die moderne Kunststoffindustrie. Er entwickelte, trotz entschiedener Ablehnung durch die Schulwissenschaft, seine Theorie der Makromoleküle oder Polymere (Riesenmoleküle), erläuterte ihre Entstehung und schlug auch Verfahren zu ihrer Herstellung vor.

Das steigende Interesse an Kunststoffen ging Hand in Hand mit der raschen Entwicklung der chemischen Industrie. Man entdeckte, daß aus Erdöl zahlreiche organische Stoffe gewonnen werden konnten, die zuvor in verhältnismäßig geringen Mengen nur aus Steinkohlenteer erzeugt wurden. Wegen der Rohstoffknappheit in Deutschland während des Ersten Weltkriegs versuchte man, synthetischen Ersatz für natürliche Rohstoffe zu schaffen. 1927 entwickelten deutsche Chemiker den Buna; so nannten sie den ersten brauchbaren synthetischen Kautschuk.

Ein Jahr später begann der amerikanische Chemiker Wallace H. Carothers mit der systematischen Erforschung der Polymere. Seinen ersten großen Erfolg erzielte er mit dem synthetischen Kautschuk Neopren, der dem Buna überlegen war und heute noch produziert wird. (Weitere gebräuchliche Kunstgum-

---

ausgezeichneten Eigenschaften, das Neopren, das auch heute noch hergestellt wird.

1929: Kunststoffe aus Acetylzellulose
Im Ersten Weltkrieg gründeten die Schweizer Brüder Camille und Henri Dreyfus in England und Amerika Fabriken zur Herstellung von Spannlack aus Acetylzellulose, mit dem die Stoffbespannung von Flugzeugtragflächen imprägniert wurde. Nach dem Krieg stellten sie die Produktion auf Textilfasern (Acetatseide) um, die durch ein Spinnverfahren aus der Lacklösung gewonnen wurden.

1929 erzeugte man pulverförmige Acetylzellulose, die sich leicht zu einem Kunststoff verarbeiten ließ. Aus diesem Pulver konnte man auch durchsichtige Folien herstellen, die bald das Zelluloid als Material für Filme verdrängten. Denn im Gegensatz zum Zelluloid ist die Acetatfolie nicht brennbar.

1930: Herstellung von Plexiglas
Ende der 20er Jahre unseres Jahrhunderts entdeckten Wissenschaftler in Kanada, Deutschland und England, daß man aus den Derivaten der Acrylsäure durch Polymerisation einen durchsichtigen Kunststoff gewinnen konnte, der die Eigenschaften von Glas besaß, gleichzeitig jedoch sehr fest war und nicht splitterte.

Im Jahr 1930 begann man den neuen Kunststoff – unter der Bezeichnung Polymethylmethacrylat – zu erzeugen. Dieses Sicherheitsglas fand bald Verwendung für Schutzbrillen, Uhrgläser, Windschutzscheiben und Flugzeugkanzeln. Heute wird es Plexiglas (USA, Bundesrepublik Deutschland) oder Perspex (Großbritannien) genannt.

1933: Die Entdeckung von Polyäthylen
Englische Chemiker der Imperial Chemical Industries setzten 1933 gasförmiges Äthylen einem sehr hohen Druck (bis zu 2000 bar) aus und stellten fest, daß dadurch ein Teil des Äthylens zu einem Kunststoff polymerisiert wurde. Heute nennt man ihn Polyäthylen. Er ist schwer zu gewinnen, und erst 1939 konnte man mit der Massenproduktion des neuen Materials beginnen. Heute stellt man aus Polyäthylen Folien, Spritzgußteile, Flaschen, Röhren und Isoliermaterial her.

1935: Die Nylonsynthese
Der amerikanische Chemiker Wallace H. Carothers widmete sich mit seiner

KLEIDERSTOFF VERARBEITET

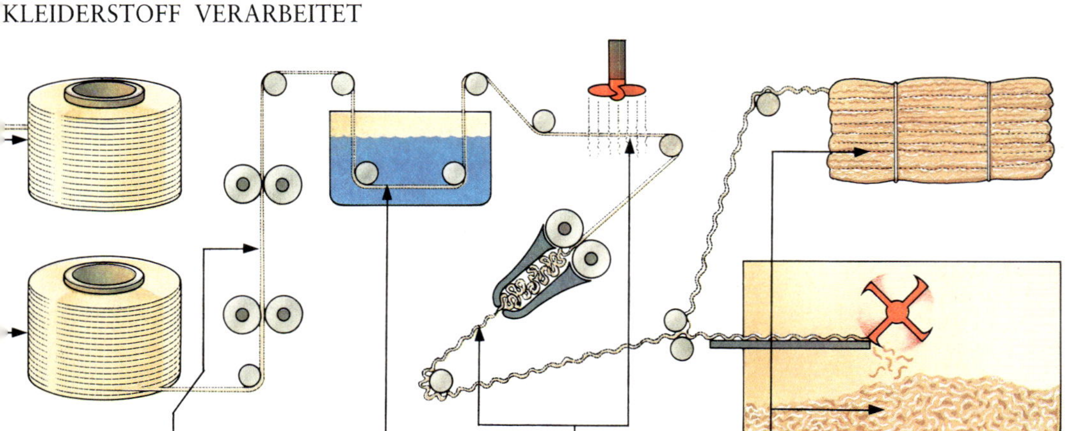

Fäden werden
·tlaufendes Garn
ıe große Spule
kelt

9. Die Fäden werden von der Spule wieder abgewickelt und gestreckt

10. Die Fäden laufen durch ein Reinigungsbad

11. Dann werden die Fäden getrocknet und gekräuselt

12. Die Fäden werden schließlich als Kräuselware zu Ballen verschnürt (oben) oder in kürzere Fasern zerkleinert (unten) und dann in Ballen verpackt

Fertigprodukt *Aus dem fertigen Celongarn werden alle möglichen Kleidungsstücke hergestellt, wie zum Beispiel diese Jacke mit Reißverschluß. Sie sind knitterfrei, wasserdicht und pflegeleicht.*

miarten sind heute das deutsche Perbunan und das sowjetische Sowpren.) Im Vergleich zum natürlichen Gummi ist synthetischer Kautschuk wesentlich fester, haltbarer, widerstandsfähig gegen Öl und Benzin und nicht brennbar. Berühmt wurde Carothers aber vor allem durch seine Nylonsynthese im Jahr 1935. Ursprünglich wurde Nylon als Ersatz für Seide hergestellt. Es war wesentlich feiner, glänzender und der Seide ähnlicher als frühere →Kunstfasern, und man konnte es waschen.

Aus Nylon wurden später nicht nur Fasern, sondern auch feste Plastikstoffe hergestellt. Heute dient es überdies häufig als Rohmaterial für →Lauflager, Scharniere, Dichtungen und Zahnräder. Da Bestandteile aus Nylon nicht abgeschmiert werden müssen, verringern sie die Wartungskosten für Maschinen. In den 30er und frühen 40er Jahren wurde die →Massenproduktion von anderen Kunststoffen wie Plexiglas, Polystyrol, PVC, Polyester, Polyäthylen und Epoxidharz aufgenommen. Später kamen noch viele weitere hinzu, und ihre Zahl steigt ständig.

In den 50er Jahren überschwemmten Kunststoffprodukte förmlich den Markt, noch ehe die Eigenschaften dieser neuen Rohstoffe und die Herstel-

Modernes Spielzeug *Plastikspielzeug, wie diese Lokomotive mit Federwerk, verdrängt heute immer mehr die Spielwaren aus Metall oder Holz. Die Zahl der Stücke, die jährlich in der ganzen Welt verkauft werden, geht in die Millionen.*

Forschungsgruppe der Aufgabe, eine Kunstseide zu entwickeln. Er analysierte zunächst die Molekularstruktur der Naturseide und versuchte dann, sie nachzuahmen. Dabei entdeckte er zwei Verbindungen, die durch gemeinsame Polymerisation die gewünschte Molekularstruktur bildeten. Es handelte sich um Adipinsäure und Hexamethylendiamin, zwei Stoffe, die Carothers aus dem Benzol gewann.

Der Chemiker benannte sein Produkt nach der Anzahl der Kohlenstoffatome im Riesenmolekül Nylon 66. Nylon ist ein Polyamid, da es durch Polykondensation eines Amids entsteht, das seinerseits aus der Reaktion zwischen einer Säure und einem Amin hervorgeht. (Polykondensation ist ein Syntheseverfahren, bei dem einfache Moleküle zu größeren zusammengefügt und Wasser oder andere Stoffe abgespalten werden.) 1938, drei Jahre nach der Erfindung von Nylon, entwickelte man in den amerikanischen Chemiewerken Du Pont ein wirtschaftliches Verfahren zur Herstellung dieser →Kunstfaser.

1938: Entdeckung von Teflon
Im Jahr 1938 untersuchten Chemiker der Du-Pont-Werke die Kühlmittel, die in Kühlschränken verwendet werden, und entdeckten dabei zufällig einen bemerkenswerten Kunststoff: das Polytetrafluoräthylen, das später unter der Kurzbezeichnung Teflon bekannt wurde. Dieses Material ist wärmebeständig (bis 250°), gegen Chemikalien unempfindlich und besitzt eine äußerst glatte Oberfläche, an der nichts haften bleibt. Im Zweiten Weltkrieg verwendete man Teflon beim Bau von Anlagen zur Reinigung von Uran für die ersten Atombomben. Später wurde es auch in der Industrie eingesetzt. Mitte der 50er Jahre kam es schließlich in den Haushalt: Man beschichtete damit Töpfe und Pfannen.

Herstellung von Rohren *Durch Zusatz von Weichmachern wird PVC weich und geschmeidig. Das Material wurde 1943 erstmals als Ersatz für Gummi verwendet und spielt heute in der Industrie eine wichtige Rolle. Unser Bild zeigt ein Werk in den Niederlanden, wo Rohre aus PVC hergestellt werden. Das Werk fabriziert Kunststoffrohre und Dachrinnen für das Baugewerbe sowie Plastikbehälter und Tüten.*

1941: Entwicklung der Polyester
Angeregt durch die Arbeiten von Carothers schufen die amerikanischen Wissenschaftler J. R. Whinfield und J. T. Dickson 1941 in England eine Textilfaser aus Terephthalsäure und Äthylenglykol. Sie wurde unter dem Handelsnamen Terylene bekannt. Zusammen mit den später entwickelten Materialien Diolen und Trevira gehört es zu den wichtigsten Faserrohstoffen. Polyesterfasern sind sehr fest; sie lassen sich jedoch im Unterschied zu Nylon nicht dehnen. Später stellte man fest, daß aus Polyester ein starker Kunststoff entsteht, wenn man seine Moleküle vernetzt. Verstärkt man dieses Material durch →Glasfasern, so entsteht ein Glasfaserkunststoff, das sogenannte Fiberglas. Dieses wird heute zur Herstellung von Sportartikeln und Autokarosserien sowie im Schiffsbau verwendet.

1942: Herstellung von Silikonen
Im Jahr 1900 führte der englische Chemiker Frederick Stanley Kipping erste Versuche mit kunststoffartigen Verbindungen durch, deren Moleküle nicht aus Kohlenstoffketten, sondern aus Siliziumsauerstoffketten bestanden.

Man nennt diese Verbindungen Silikone. Die industrielle Produktion in flüssiger, fester und kautschukartiger Form wurde 1942 aufgenommen. Die Materialien erwiesen sich als besonders hitzebeständig, wasserabweisend und unempfindlich gegen Einwirkung von Chemikalien. Flüssige Silikone werden als hydraulische Flüssigkeiten in den Bedienungselementen von →Flugzeugen verwendet, und Silikonkautschuk ist ideal für Dichtungen im Maschinenbau.

1943: Herstellung von Weich-PVC
Der französische Chemiker Henri Victor Regnault stellte 1835 bei Experimenten mit Acetylengas Vinylchlorid her. Doch erst

lungsverfahren ausreichend erforscht waren. So haben minderwertige Produkte wie Spielzeug oder Regenhäute aus Kunststoff, die schnell kaputtgingen, dem Ruf der Kunststoffe geschadet. Dabei sind Kunststoffe in manchen Fällen unersetzbar, denn sie besitzen gleichzeitig mehrere wichtige Eigenschaften wie Isolierfähigkeit, Wärmebeständigkeit, Unempfindlichkeit, geringes Gewicht sowie Festigkeit oder Elastizität.

Es gibt beispielsweise kein herkömmliches Material, das zugleich so formbar, hart, wärmebeständig und isolierend ist wie das schwarze Bakelit oder die ihm verwandten helleren Kunstharze. Kein natürliches Harz verleiht Lacken und Farben eine solche Zähigkeit und Haltbarkeit wie das Kunstharz Polyurethan. In der Chirurgie könnte man keine künstlichen Adern einsetzen, wenn es nicht Röhrchen aus Dacron gäbe, einem Kunststoff, der chemisch so inaktiv ist, daß er vom Körpergewebe nicht abgestoßen wird. Ohne pflegeleichte Arbeitsplatten aus Formica, praktische Silikonpolituren, beschichtete →Bratpfannen, selbstreinigende Öfen, Bodenbeläge aus PVC, Spritzflaschen, bruchsichere Schüsseln, Folien und Plastikbeutel wäre die Arbeit der Hausfrau sicherlich viel mühevoller.

Für die Wärmeisolierung gibt es kein besseres Material als expandierten Polystyrolschaum. Beim Hausbau ersparen Dachrinnen und Leitungsrohre aus PVC spätere Wartungsarbeiten. Und zahlreiche Gebrauchsgegenstände können von jedermann mit Epoxidharzklebern oder den noch moderneren Sofortklebern auf Acrylharzbasis leicht und billig repariert werden.

Kunststoffe sind nicht nur praktisch, sondern auch verhältnismäßig preiswert. Ausschlaggebend dafür ist die billige Massenherstellung. Das Verarbeiten von Kunststoffen durch „Strangpressen“ und Beschichten oder die verschiedenen Formverfahren – wie Spritzguß, Druckguß und Blasverformung – werden mit Maschinen durchgeführt, die sich besonders gut für die vollautomatische Serienproduktion eignen. Dabei können hohe Stückzahlen mit verhältnismäßig geringen Kosten von Maschinen produziert werden, was letztlich auch den Verbrauchern zugute kommt.

1913 erkannten deutsche Chemiker, daß man aus dieser Verbindung durch Polymerisation einen festen Stoff gewinnen kann, der sich auch zu Textilfasern weiterverarbeiten läßt.

Dieser Polyvinylchlorid (PVC) genannte Stoff ist in reiner Form hart und brüchig, so daß man ihn bis Anfang der 40er Jahre nur bedingt verwenden konnte. Im Jahr 1943 entdeckte man dann, daß unter dem Einfluß von Weichmachern aus PVC einer der vielseitigsten Kunststoffe entsteht, der weich und geschmeidig ist. Das „weichgestellte“ PVC fand im Krieg Verwendung als Isoliermaterial für elektrische Drähte. Heute wird es zu Rohren, Folien, Platten, Schläuchen sowie Fußbodenbelägen verarbeitet und beim Bau chemischer Apparaturen benutzt.

1953: Ziegler verbessert die Polymerisation

Der deutsche Chemiker Karl Ziegler widmete einen Großteil seiner Forschungsarbeit der genauen Untersuchung organischer Metallverbindungen. Diese dienen in der organischen Chemie häufig als Katalysatoren, also als Stoffe, die chemische Reaktionen beschleunigen. Bei Experimenten stellte Ziegler 1953 fest, daß Äthylen unter Einfluß organischer Aluminiumverbindungen größere Moleküle ausbildet. Daraufhin arbeitete er ein Verfahren aus, nach dem Äthylen bei niedrigem Druck in Polyäthylen umgewandelt wird. Das so gewonnene Polyäthylen war härter, fester und dichter als das vorher im Hochdruckverfahren hergestellte. Der italienische Chemiker Giulio Natta setzte die Arbeiten Zieglers fort, indem er die Katalysatoren modifizierte und sie auch bei der Polymerisation anderer Kunststoffe einsetzte. Für ihre Arbeiten erhielten die beiden Forscher 1963 gemeinsam den Nobelpreis für Chemie.

1980: Die Zukunft der Kunststoffe

Obwohl die Zahl und die Verwendungsmöglichkeiten der Kunststoffe ständig wachsen, muß der Markt in Zukunft mit Schwierigkeiten rechnen. Denn Rohstoffe für Plaste werden fast ausschließlich aus Erdöl gewonnen. Geht die Erdölförderung zurück, werden auch die Rohstoffe der Kunststoffindustrie knapp.

Auf längere Sicht könnte Rohstoffmangel die Kunststoffe so verteuern, daß man sie nur noch für besondere Dinge benutzt.

Wasserfeste Folie *Zum Schutz von Gebäuden gegen Grundwasser stellen die Imperial Chemical Industries in England eine Folie aus Polyäthylen her, die zwischen das Betonfundament und den natürlichen Boden (oder die Kiesauffüllung) gelegt wird. Diese Folie gewährleistet eine gute Verbindung zwischen Fundament und Erdreich. Sie ist fest, widerstandsfähig und chemisch unempfindlich, so daß sie den Einflüssen der Säuren und Alkalien im Boden standhält.*

L

Landkarte

Die älteste uns bekannte Landkarte stammt aus der Zeit um 3800 v. Chr.

Außer ganzen Bibliotheken und Archiven wurde im Raum des alten Babylons auch eine Tonplättchenkarte aus dem 4. Jt. v. Chr. gefunden. Daneben gibt es noch eine Darstellung der Erde in Form einer Scheibe, in deren Mittelpunkt Babylon liegt; sie läßt sich ins Jahr 500 v. Chr. datieren. Große Leistungen auf dem Gebiet der Kartographie, die bereits 658 n. Chr. beginnt, brachten die Chinesen hervor. Vor allem Seekarten waren in China häufig im Gebrauch, und so lag der Verlauf der Küsten des chinesischen Festlands schon frühzeitig fest.

Um 300 v. Chr. empfahl der griechische Kartograph Dikäarch, ein Schüler des Aristoteles, auf der Weltkarte eine Orientierungslinie einzuzeichnen, die über Gibraltar nach Kleinasien verlaufen sollte. Kurz darauf versahen andere griechische Gelehrte ihre Landkarten mit einem Netz waagrechter und senkrechter Linien.

Der in Ägypten geborene Mathematiker Claudius Ptolemäus (90–160 n. Chr.) brachte ein umfangreiches Werk, *Die Geographie des Ptolemäus*, heraus, das neben byzantinischen Handschriften auch zahlreiche Karten enthält, auf denen ungefähr 8000 Orte verzeichnet sind.

Im Zeitalter der großen Entdecker – Kolumbus, Vasco da Gama, Cabot und Magellan – wurden in den Jahren 1490–1530 dem Kartenwerk des Ptolemäus weitere Einzelheiten hinzugefügt.

Die gewaltigen Ausmaße des Pazifiks zeigte erstmals eine Karte, die ein Kosmograph Kaiser Karls V. nach Berichten von Überlebenden der Weltumsegelung Magellans zeichnete.

Im Jahr 1569 entwarf der flämische Geograph Gerhard Kiemer (Mercator) eine Weltkarte, die ein altes Problem der Seefahrer löste: Wie kann man eine gerade Strecke, die auf einer gekrümmten Fläche verläuft, auf einer ebenen Fläche wiedergeben? Die sogenannte Mercatorprojektion stellte die Erdkugel als flach aufgerollten Zylinder dar.

Kartographische Vermessungen auf streng wissenschaftlicher Grundlage führte man im 18. Jh. durch. Die ersten Landvermessungen wurden 1764 bis 1768 gemacht. Es handelt sich hierbei um die *Kurhannoversche Aufnahme*, an die sich 1770 die *Österreichische Aufnahme* anschloß. Ins Jahr 1796 reicht die *Topographische Karte des Großherzogtums Hessen* zurück. Seit Anfang der 40er Jahre unseres Jahrhunderts wurden für militärische Zwecke große Gebiete der Erde mit →Flugzeugen fotografisch aufgenommen. Die Kartographie hat sich mit Hilfe von Luftbildern im Zweiten Weltkrieg schnell weiterentwickelt; sie wurde später auch durch →Satelliten vorangetrieben. Luftbildaufnahmen und Fotogrammetrie durch Satelliten liefern noch genauere Ergebnisse als Aufnahmen vom Flugzeug aus.

Laser

Ein Rubinlaser für experimentelle Zwecke wurde 1960 von dem amerikanischen Physiker Theodor Maiman gebaut

Die Geschichte des Lasers, einer Vorrichtung zur Erzeugung eines energiereichen und völlig einfarbigen Lichtstrahls, mit dem man sogar Metall schneiden und auch Diamanten durchbohren kann, begann zu einer Zeit, da die Physiker die Geheimnisse des Atombaus lüfteten.

Im Jahr 1913 entwickelte der dänische Physiker Niels Bohr ein neues Atommodell. Er wies nach, daß die Elektronen, die den Atomkern umgeben, nur bestimmte Umlaufbahnen einnehmen können. Jeder Bahn entspricht ein bestimmtes Energieniveau. Ein Verharren zwischen diesen Energieniveaus ist nicht möglich; die Elektronen können aber zwischen den einzelnen Niveaus springen. Ein Elektron auf einem niedrigeren Niveau kann zusätzlich Energie aufnehmen (etwa in Form eines Lichtquants) und ein höheres Niveau erreichen. Geht es von einem höheren auf ein niedrigeres Niveau über, gibt es die überschüssige Energie ab, zum Beispiel wieder in Form eines Lichtquants (Photons). Je nach Energie des Photons entsteht so Licht verschiedener Wellenlänge, das heißt verschiedener Farbe.

Das Licht einer gewöhnlichen Glühbirne oder Gasentladungslampe entsteht dadurch, daß die einzelnen Atome in der Glühwendel völlig regellose Lichtquanten verschiedener Wellenlängen in alle Richtungen aussenden (spontane Emission). Beim Laser wird nun nicht die spontane, sondern die „induzierte“ Emission ausgenutzt: Die Atome senden ihre Lichtquanten nicht unabhängig voneinander aus, sondern ein von einem Atom ausgesandtes Lichtquant bewirkt (induziert), daß von den umgebenden Atomen Lichtquanten mit gleichen Eigenschaften ausgesendet werden.

Den praktischen Nutzen der induzierten Emission erkannte man erst nach 1950, als die Physiker Charles Hard Townes in den USA und Nikolai G. Basow und Alexander M. Prochorow in der UdSSR vorschlugen, auf diese Weise Mikrowellen – sehr kurzwellige elektromagnetische Strahlen – zu verstärken und beispielsweise für die Radarortung zu verwenden.

Im Jahr 1953 baute Townes den ersten Mikrowellenverstärker nach dem Prinzip der induzierten Emission. Er verwendete Ammoniakgas als aktives Medium für die energiereichen Atome. Später stellte man fest, daß sich hierfür auch Rubinkristalle eignen. Man nannte diese Vorrichtung *Maser,* nach den Anfangsbuchstaben der englischen Bezeichnung „Microwave amplification by stimulated emission of radiation“. Für ihre Pionierleistung auf dem Gebiet des *Masers* wurden Townes, Basow und Prochorow 1964 gemeinsam mit dem Nobelpreis für Physik ausgezeichnet.

Im Jahr 1958 entwarfen Townes und sein Schwager Arthur L. Schawlow einen „optischen Maser“ – der nicht Mikrowellen, sondern sichtbares Licht ausstrahlt. Daraus wurde dann der *Laser* entwickelt, dessen Name sich von den Anfangsbuchstaben der englischen Bezeichnung „Light amplification by stimulated emission of radiation“ ableitet.

Zwei Jahre später baute der amerikanische Physiker Theodor Maiman das erste Lasergerät mit einem zylindrischen Stab aus einem künstlichen Rubin. Die polierten Enden des Stabes waren völlig plan und parallel. Dieser Laser lieferte einen kurzdauernden, durchdringenden Strahl von reinem rotem Licht, das zehnmillionenmal so intensiv war wie das Sonnenlicht.

Von einem gewöhnlichen Lichtstrahl unterscheidet sich der Laserstrahl in mehrfacher Hinsicht. Während sich gewöhnliches Licht aus Wellen von verschiedener Länge (Farbe) zusammensetzt, hat das Laserstrahllicht jeweils nur eine einzige Wellenlänge. Außerdem ist es „kohärent" und parallel gebündelt; es geht also fast ausschließlich in eine Richtung.

Dem Rubinlaser folgte noch im Jahr 1960 der Gaslaser, den die Amerikaner D. R. Herriott, A. Javan und W. R. Bennett in den Bell Telephone Laboratories entwickelt hatten. Gaslaser sind nicht so energiereich wie Rubinlaser. Dafür erzeugen sie einen beständigen Strahl, während ein Rubinlaser nur kurze Lichtblitze abgibt.

Wegen der hohen Lichtintensität und der starken Bündelung gibt es für den Laserstrahl zahlreiche Anwendungsmöglichkeiten. In der Industrie benutzt man seine Hitze zum Schneiden, Bohren und Schweißen. Beim Tunnelbau führt ein Laserstrahl die Bohrmaschinen haargenau in gerader Richtung, denn er wird kaum abgelenkt oder gestreut.

Verwendet man einen Laserstrahl in ähnlicher Weise wie ein Radargerät, sendet man also einen Lichtblitz aus und mißt die Zeit, bis er reflektiert wird und wieder zurückkehrt, so ermöglicht er im Weltall und auf der Erde genaue Entfernungsmessungen. Außerdem benutzt man den Laser in der Fernmeldetechnik (→Glasfaserkabel), ferner zur Herstellung von dreidimensionalen Bildern mit Hilfe der →Holographie. Ein Laserskalpell macht einen feinen Einschnitt und verschweißt durch seine Hitze gleichzeitig die Blutgefäße.

Lauflager

Schon im alten Ägypten verwendete man hölzerne Achslager

Etwa um 3500 v. Chr. kamen Wagen mit massiven Holzrädern auf, die sich um eine hölzerne Achse drehten. Doch Reibung und Abnutzung waren dabei groß. In der Antike fand man gegen die Abnutzung ein Mittel. Die Kelten, Griechen, Perser und Römer setzten zwischen Radnabe und Achse röhrenförmige hölzerne oder eiserne Zwischenstücke ein, die erneuert werden konnten, wenn sie verschlissen waren. Schmiermittel machten diese Gleit- oder Zapflager wesentlich leistungsfähiger und haltbarer.

Achsen, an deren Ende sich etwas dreht, brauchen Wälzlager; je nach Art und Bauweise nennt man sie Kugel-, Na-

WIE DER PULSIERENDE STRAHL EINES RUBINLASERS ENTSTEHT

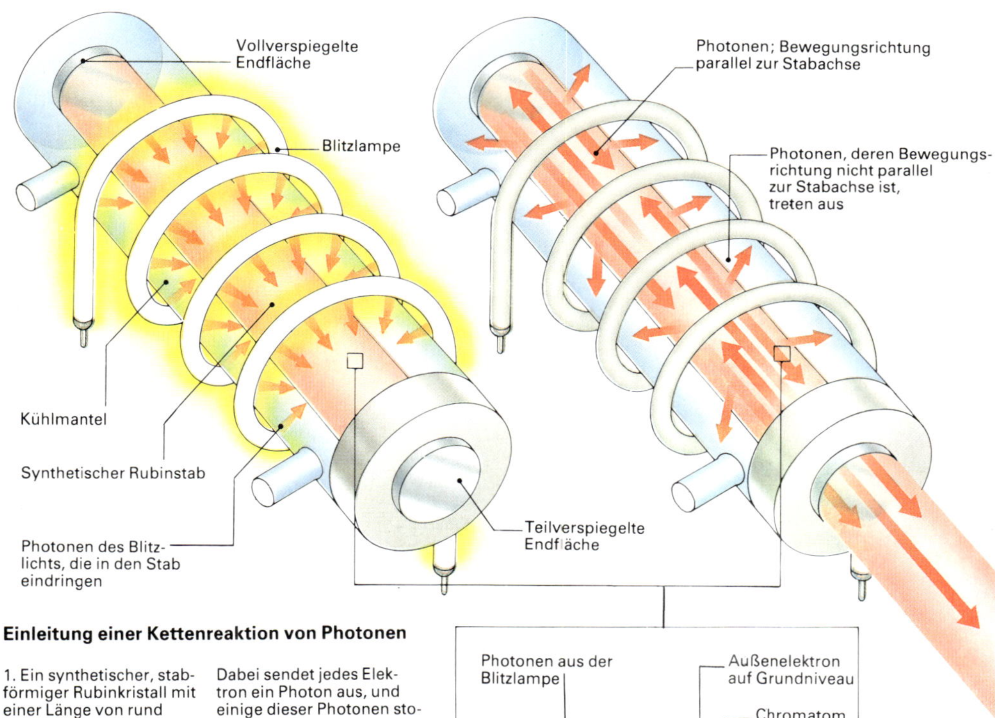

Einleitung einer Kettenreaktion von Photonen

1. Ein synthetischer, stabförmiger Rubinkristall mit einer Länge von rund 15 cm und einer Dicke von 1,2 cm ist an den Enden genau planparallel gearbeitet. Eine dieser Flächen ist voll verspiegelt, die andere nur teilweise und damit etwas durchlässig. Um den Stab windet sich die Röhre einer sehr intensiven elektronischen Blitzlampe. Wenn ihr Licht aufblitzt, werden die Chromatome im Rubinstab angeregt: Die Außenelektronen der Chromatome springen von ihrem Grundniveau auf ein höheres Energieniveau und fallen dann auf ein Zwischenniveau zurück.
2. Die Elektronen bleiben kurz auf dem Zwischenniveau und fallen dann auf das Grundniveau zurück. Dabei sendet jedes Elektron ein Photon aus, und einige dieser Photonen stoßen mit Elektronen zusammen, die sich noch auf dem Zwischenniveau befinden. Ein so getroffenes Elektron wird angeregt und sendet seinerseits ein Photon aus, das sich genau in der gleichen Richtung wie das auftreffende Photon weiterbewegt. Daraufhin werden wiederum andere Elektronen getroffen und emittieren ebenfalls Photonen. Die verspiegelten Endflächen des Rubinstabes reflektieren die Photonen parallel zur Stabachse hin und her, bis durch die Kettenreaktion ein heißer und intensiv roter Lichtstrahl entsteht, der schließlich an der teilverspiegelten Endfläche austritt.

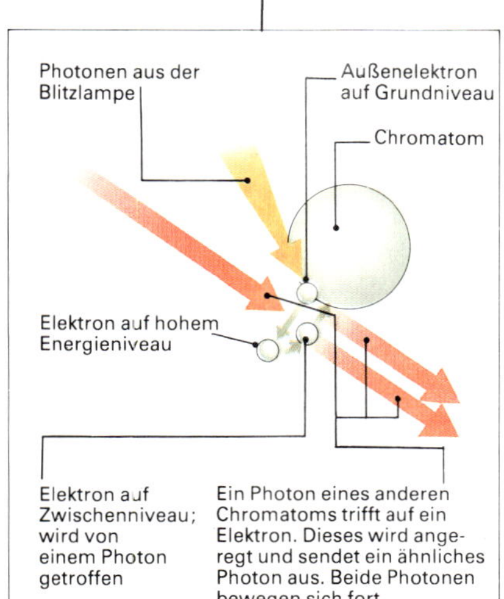

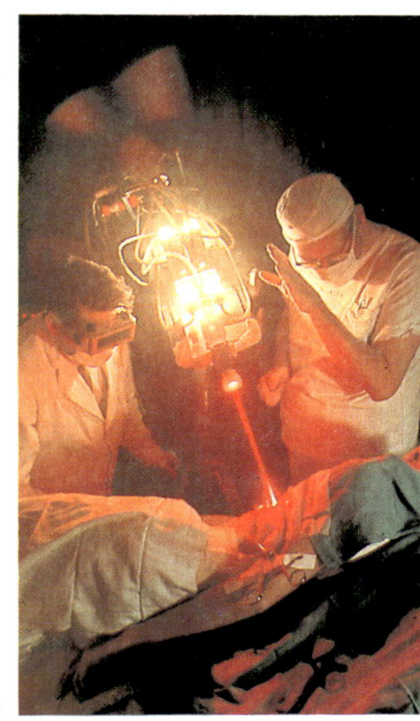

Laser in der Chirurgie *Der Rubinlaser, von dem amerikanischen Physiker Theodor Maiman im Jahr 1960 entdeckt, liefert für einige Millionstel Sekunden einen rein roten Lichtstrahl, der zehnmillionenmal stärker ist als das Sonnenlicht. Er ist der stärkste aller Laserstrahlen und wird wegen seiner hohen Temperatur und starken Bündelung auch in der Medizin eingesetzt, beispielsweise bei Augenoperationen und bei der Behandlung von Hautkrebs (oben). Mit dem heißen und genau gezielten Strahl kann man von Krebs befallene Hautzellen abbrennen, ohne das umliegende Gewebe zu zerstören. Bei der Verwendung des Laserskalpells sind die Blutverluste gering, weil der „Einschnitt" nur schmal ist und die Wunde durch die hohe Temperatur des Strahles „verschweißt" wird. Besonders wichtig ist dieser Vorteil für Patienten, die an der Bluterkrankheit leiden, deren Blut also nur schwer gerinnt.*

VERSCHIEDENE TYPEN VON MODERNEN LAUFLAGERN UND IHRE VERWENDUNG

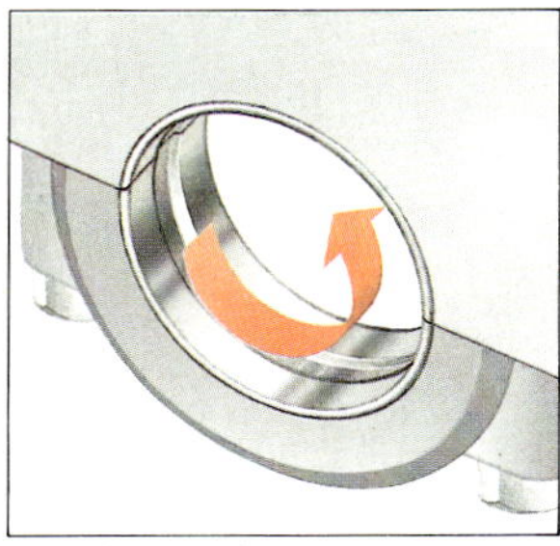

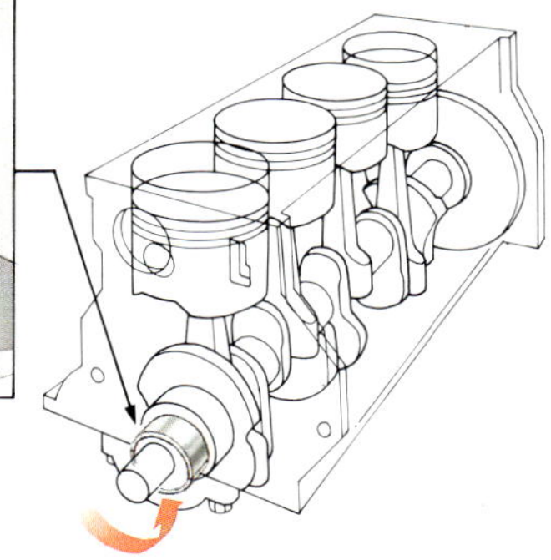

Achslager *Automotoren haben mehrere Achslager, unter ihnen die Hauptlager für die Enden einer Kurbelwelle (oben). Ein Achslager stützt einen Teil der Kurbelwelle.*

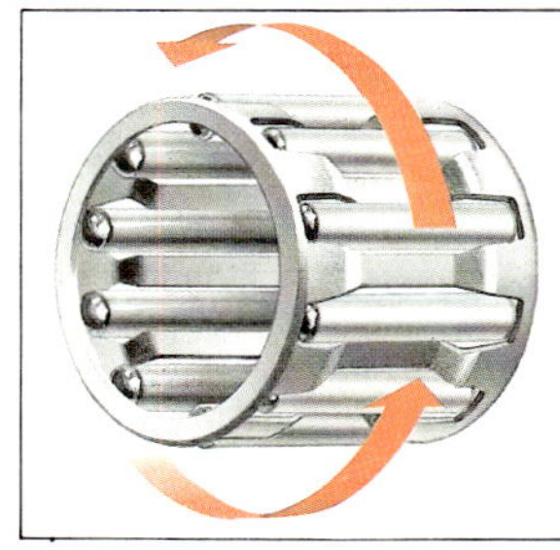

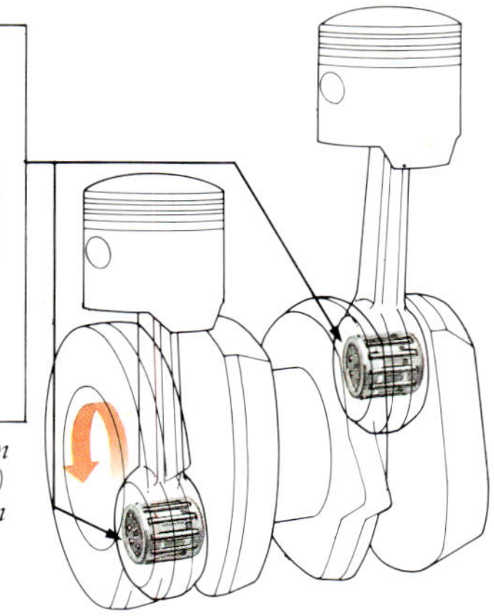

Nadellager *Manche Maschinen (wie der Zweitaktmotor rechts) haben Nadellager. Diese eignen sich vor allem für stärkere Belastungen, z. B. bei Autorädern.*

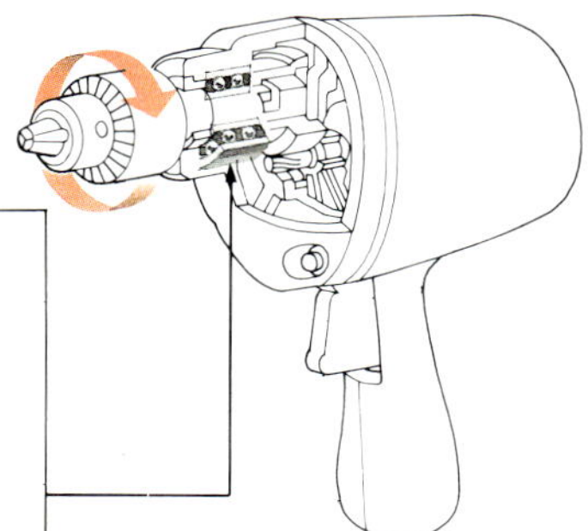

Kugellager *Zwei konzentrische Ringe bilden das Kugellager. Ein Ring sitzt am beweglichen Teil der Vorrichtung, der andere am feststehenden Teil. Dazwischen liegt der Kugelkäfig.*

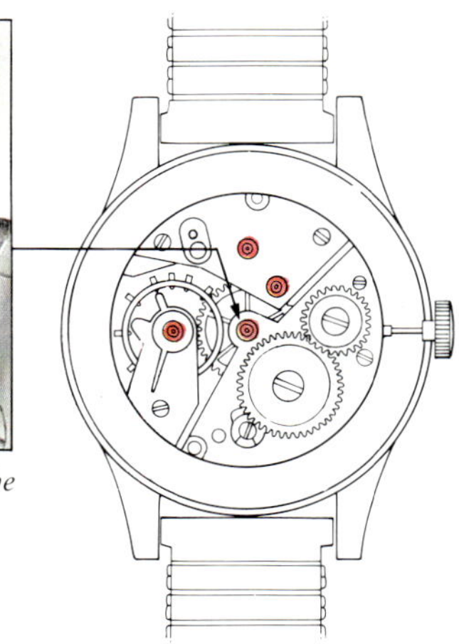

Steinlager *Moderne mechanische Uhren laufen auf Lagern aus synthetischen Edelsteinen, z. B. synthetischen Rubinen. Die 18 oder mehr Steine schützen das Werk an wichtigen Stellen vor Reibungsschäden.*

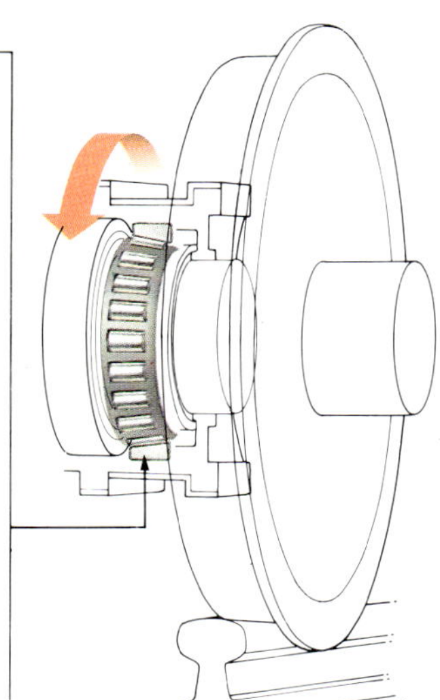

Kegelrollenlager *Rollenlager können stärkeren Belastungen ausgesetzt werden als Kugellager. Sie bestehen aus kleinen Zylindern, die in einem Gehäuse untergebracht sind, und halten auch seitlichem Schub stand.*

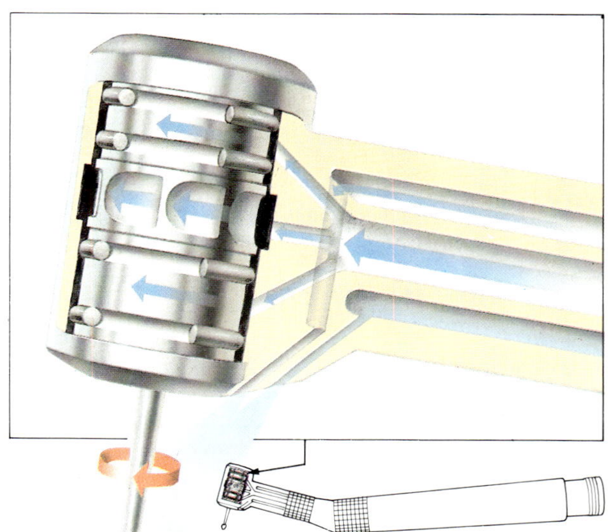

Druckluftlager *Moderne Zahnbohrer werden mit Preßluft angetrieben; Luftdrucklager halten die einzelnen Funktionsteile auseinander.*

del- oder Rollenlager. Die Kelten kannten ebenfalls das Rollenlager. Sie setzten hölzerne Rollen in eine Hülse in der Radnabe ein. Um 1500 beschäftigte sich Leonardo da Vinci mit Rollen-, Kugel- und Scheibenlagern. Primitive Kugellager tauchten im 18. Jh. bei einigen Windmühlen auf.

Der Amerikaner Isaac Babbit erfand 1839 ein geeignetes Metall für die Herstellung von Lagern. Es war eine elastische →Legierung aus Zinn, Kupfer, Antimon und Blei, die den wachsenden Ansprüchen des beginnenden Industriezeitalters genügte.

Im Zusammenhang mit der Entwicklung des →Fahrrades wurden im 19. Jh. gleich mehrere Kugellagerarten patentiert.

Das moderne Kugellager besteht aus einem inneren Laufring, der auf einer Welle sitzt, und einem äußeren Laufring am Lagerbett. Die zwei Laufringe sind durch die Stahlkugeln im Kugelkäfig getrennt, über den sie fast ohne Reibung gleiten können. In manchen Fällen – bei Rollen- und Nadellagern – werden die Kugeln durch Rollen ersetzt.

In modernen →Autos gibt es zahlreiche Variationen von Achslagern. Die Lager in Uhren werden großenteils aus künstlichen Rubinen hergestellt. Viele große Fernrohre laufen auf hydrostatischen Lagern: Hier gleiten die Teile auf einem unter Druck stehenden Ölfilm.

Bei Luftdrucklagern werden die Teile, die sich bewegen, durch eine dünne Preßluftschicht auseinandergehalten. Die Reibung in solchen Lagern ist fast gleich Null.

Auch →Kunststoffe wie Nylon und Teflon haben bei Lagern vielfach Verwendung gefunden, da ihre Reibung gering ist.

Lautsprecher

Prinzip 1898 in England erfunden

Die ersten Lautsprecher bestanden einfach aus einem Telefonhörer und einem Grammophonschalltrichter. Der Trichter verstärkte den Ton so, daß mehrere Personen zuhören konnten.

Der Vorläufer des elektrodynamischen Lautsprechers, der heute bei fast allen Tonwiedergabegeräten verwendet wird, war ein besonderes →Telefon, das der englische Wissenschaftler Sir Oliver Lodge 1898 erfand. Eine Spule war zwischen den speziell geformten Polen eines Magneten aufgehängt und wurde in starke Schwingungen versetzt, sobald man Strom durch die Spule leitete. Lodge verband die Spule mit einem Kohlemikrofon, welches das Signal verstärkte. Dieses wurde schließlich von einem Telefonhörer wiedergegeben.

Die Leistung eines Lautsprechers, besonders bei tiefen Frequenzen, hängt weitgehend von den akustischen Eigenschaften seines Gehäuses ab. Bemerkenswerte Erfolge auf diesem Gebiet erzielten Paul Voigt, der in den 30er Jahren dieses Jahrhunderts in England seinen „Winkeltrichter“ erfand, und der amerikanische Ingenieur Paul Klipsh, der 1940 ein innen unterteiltes Gehäuse entwarf.

Leder

Die Chromgerbung wurde 1858 eingeführt

Die ersten Kleidungsstücke, die der Mensch vor 45 000–50 000 Jahren trug, wurden aus Fellen von Tieren hergestellt. In der Steinzeit schabten die Menschen das Fleisch von den Fellen ab, konservierten sie durch Trocknen an der Sonne oder salzten sie ein. Um das Leder geschmeidig zu machen, behandelten sie es schließlich mit Öl oder Fett. Die Haare wurden entfernt.

Lederbekleidung, Schuhe und Riemen aus der Zeit um 3000 v. Chr. hat man bei Ausgrabungen in der mesopotamischen Stadt Ur gefunden.

Später wurde das Leder auf zweierlei Weise gegerbt. Nach dem einen Verfahren verwendete man einen Absud aus Baumrinde oder Wurzeln, der den Gerbstoff Tannin enthielt. Nach dem anderen wurden die Häute in einer Lösung von Salz und Alaun eingeweicht.

Im Jahr 1858 erfand Friedrich Ludwig Knapp die Chromgerbung, bei der anstelle von Alaun Chromsalze verwendet wurden. Heute werden auf der ganzen Erde jährlich über 850 Millionen Tierhäute gegerbt.

Legierungen

Als erste Legierung wurde um 3500 v. Chr. in Mesopotamien die Bronze erfunden

Die meisten Metalle verwendet man nicht in reinem Zustand, sondern in Form von Legierungen, weil diese härter und fester sind. Legierungen sind Gemische von zwei oder mehreren Metallen, die gelegentlich auch Spuren von Nichtmetallen enthalten. Als erste Metalle verarbeitete der Mensch schon vor 4000 v. Chr. Kupfer und Gold. Diese sahen zwar schön aus, waren in reinem Zustand aber weich, so daß sie nur geringen Gebrauchswert hatten. Dann wurde um 3500 v. Chr. in Mesopotamien ein neues Metall erfunden: die →Bronze. Sie leitete das erste Metallzeitalter der Menschheit ein: die Bronzezeit.

Bronze ist eine Legierung aus Kupfer und Zinn und besitzt die Korrosionsfestigkeit dieser beiden Metalle, ist aber wesentlich härter und fester. Die Überlegenheit dieser Metallegierung veranlaßte die Metallurgen der Bronzezeit, auch mit anderem Erzgestein Schmelzversuche zu unternehmen. Dabei konnten Zinn, Blei, Silber und verschiedene Legierungen dieser Metalle gewonnen werden. Darunter befand sich auch das Weichlot, das aus Zinn und Blei besteht und mit dem man andere Metalle verbinden kann.

Um 1400 v. Chr. wurde das Messing, eine Legierung aus Kupfer und Zink, erfunden. In größerem Umfang verwendete man es aber erst, als die Römer um 250 v. Chr. daraus Münzen prägten.

Nach und nach kam einige Jahrhunderte v. Chr. als Veredelung von Eisen der Stahl hinzu. Stahl ist Eisen, das Spuren von Kohlenstoff enthält. Zuerst stellte man ihn her, indem man Eisen im verschlossenen Ofen mit Holzspänen erhitzte. Auf diese Weise wurde auch der berühmte, für Schwerter verwendete Damaszenerstahl gewonnen.

Die Nachfrage nach Metallen und Legierungen für Maschinen stieg gewaltig, als nach 1700 die industrielle Revolution ihren Anfang nahm. Als dann die →Dampfmaschine erfunden wurde, brauchte man ein besseres Metall für die →Lauflager, und 1839 fand der amerikanische Techniker Isaac Babbit die Lösung: Er erfand ein ausgezeichnetes Lagermetall, das aus Zinn, Kupfer und Antimon bestand.

Der englische Erfinder Henry Bessemer führte 1856 ein großtechnisches Verfahren zur Herstellung von Stahl und Eisen ein. 27 Jahre später entwickelte sein Landsmann, der Metallurge Robert Hadfield, den Manganstahl, eine besonders zähe und feste Legierung, die sich für Eisenbahnschienen, Gesteinsbohrer und -brecher, Baggerschaufeln und ähnliche Maschinenteile eignet.

Gegen Ende des 19. Jh. stellte der Schweizer Physiker Charles Guillaume eine nickelhaltige Legierung unter der Bezeichnung Invar her. Sie dehnt sich beim Erwärmen kaum aus und eignet sich deshalb besonders gut für Meßinstrumente und Bauteile von Präzisionsmaschinen.

Der Amerikaner Frederick W. Taylor entwickelte um 1900 den Schneidstahl (mit Wolfram- und Chromgehalt), der auch bei Rotglut seine Härte nicht einbüßt. Diese Legierung läßt bei der Metallbearbeitung höhere Geschwindigkeiten zu.

Im Jahr 1913 entdeckte der englische Metallurge Harry Brearley, daß ein Chromzusatz zum Stahl das Rosten verhindert. Im nächsten Jahr stellte man bei Krupp in Deutschland fest, daß ein Zusatz von 18 Teilen Chrom und acht Teilen Nickel zum Stahl sich noch besser auswirkt, und man begann mit der Herstellung des heute bekannten Edelstahls.

Zu den weiteren wichtigen Entwicklungen des 18. Jh. gehören Legierungen von → Aluminium mit geringen Mengen anderer Metalle wie Mangan und Eisen. Man verwendet sie häufig für Werkzeugmaschinen und Einzelteile. Aus Bronze- und Aluminiumlegierungen werden Schiffsschrauben hergestellt.

Aus Nickel und Chrom lassen sich eine Reihe von Legierungen herstellen, die starken Beanspruchungen bei hohen Temperaturen gewachsen sind. Unter der Bezeichnung Nimonic wurden sie im Zweiten Weltkrieg für das damals erfundene Düsentriebwerk entwickelt. Durch Zusatz von Titan und Kobalt sowie hitzefesten Metallen – wie Wolfram und Molybdän – erhält man sogenannte Superlegierungen, die eine wichtige Rolle für die → Raumfahrt spielten.

Leim

In Ägypten schon vor etwa 5000 Jahren verwendet

Den ersten Leim verwendeten um 2800 v. Chr. die Tischler im alten Ägypten. Sie kochten ihn aus tierischen Abfällen, wie Hufen, Hörnern, Knochen, Häuten und Sehnen. Dieser billige Tierleim wird noch heute oft verwendet.

Die modernen Klebstoffe schaffen chemische Verbindungen und werden synthetisch hergestellt. Ein typisches Beispiel sind die Epoxidharzkleber, die man zum Verbinden von Metallen beim Flugzeugbau verwendet. Sie bestehen aus zwei Komponenten, die vor dem Gebrauch vermischt werden und von denen eine als Härter dient. Solche Klebstoffe härten auch ohne Luftzutritt und stellen enorm feste Verbindungen her. Ein einziger Tropfen hält schon Zugkräften von mehreren hundert Kilogramm pro Quadratzentimeter stand.

Leuchtdiode

1962 in New York hergestellt

Die erste brauchbare Leuchtdiode konstruierte der amerikanische Ingenieur Nick Holonyak 1962. Sie wurde als Leuchtanzeige bei Taschenrechnern und elektrischen → Uhren verwendet.

Eine Leuchtdiodenanzeige arbeitet mit mehreren Gruppen von Dioden (Elektronenröhren), die aus jeweils sieben balken- oder punktförmig angeordneten Segmenten bestehen. Die Leuchtröhren enthalten ein Gemisch von Galliumarsenid und Galliumphosphid (oder ähnliche Chemikalien), das zu leuchten beginnt, wenn die Röhren von elektrischem Strom durchflossen werden. Die sieben Segmente sind in zwei übereinanderliegenden Quadraten angeordnet. Durch unterschiedliche Kombination der balken- oder punktförmigen Dioden können die Ziffern von Null bis Neun dargestellt werden. Die elektrischen Impulse zum Ein- und Ausschalten der einzelnen Balken oder Punkte liefert ein → Siliziumchip.

Da die Leuchtdioden verhältnismäßig viel Strom verbrauchen, sind sie in batteriebetriebenen Geräten zum Großteil durch die → Flüssigkristallanzeige ersetzt worden. Die Leuchtdioden werden jedoch wegen ihrer großen Zuverlässigkeit – man schätzt ihre Lebensdauer auf mindestens 100 Jahre – weiterhin für Uhren und andere Geräte verwendet, die man an ein Stromnetz anschließt.

Leuchtturm

Erste Leuchttürme in der Antike

Die ältesten Leuchttürme bauten die Griechen im 5. und 4. Jh. v. Chr. Der bekannteste Leuchtturm des Altertums, eines der Sieben Weltwunder, war das über 100 m hohe Bauwerk auf der Insel Pharos an der Einfahrt zur ägyptischen Hafenstadt Alexandria. Er wurde um 280 v. Chr. von dem Baumeister Sostratos von Knidos als Tagesseezeichen erbaut. Etwa seit dem 1. Jh. n. Chr. brannte auf seiner obersten Plattform ein Leuchtfeuer. Anfang des 14. Jh. wurde er durch ein Erdbeben zerstört. Erhalten hat sich aus der Antike der Leuchtturm in der spanischen Stadt La Coruña (1. Jh.), der auch heute noch benutzt wird.

Als die Römer ihr Weltreich gründeten, bauten sie zahlreiche Leuchttürme, und um 400 n. Chr. waren 30 Leuchtfeuer vom Schwarzen Meer bis zum Atlantik in Betrieb. Der älteste Leuchtturm an der Nord- und Ostseeküste wurde um 1200 vor Travemünde erbaut; wenig später entstanden Leuchttürme auf Borkum, Norderney und Hiddensee.

Besonders schwierig ist der Bau von Leuchttürmen, die auf Felsen im Meer stehen. Berühmt wurde der steinerne Leuchtturm von Eddystone, den der englische Baumeister John Smeaton 1756–1759 etwa 22 km vor Plymouth errichtete. Smeaton verwendete dabei bereits einen Zement, der unter Wasser abband.

Die Lichtquelle selbst blieb jahrhundertelang die gleiche. Im ersten nachchristlichen Jahrhundert wurden die offenen Holzfeuer, die in Körben brannten, durch → Kerzen oder Öllampen ersetzt. 1783 erfand der Schweizer Wissenschaftler Aimé Argand die Runddochtlampe, die zehnmal heller war als frühere Lampen. Sie besaß einen ringförmigen Docht, der innen und außen von der Luft umströmt wurde und die Flamme heller leuchten ließ. Bei Leuchttürmen verwendete man Lampen mit zehn Runddochten.

Hohlspiegel zum Bündeln des Lichts benutzte man seit dem Ende des 18. Jh. Im Vergleich zum einfachen Hohlspiegel liefern heutige Linsensysteme ein viermal stärkeres Licht. Sie beruhen auf der Ringlinse, einer Erfindung des französischen Wissenschaftlers Augustin Jean Fresnel, und wurden erstmals 1827 in Frankreich verwendet. Diese Fresnellinsen bestehen aus ringförmigen Sequenzen und waren in einem optischen System angeordnet, welches das gesamte Licht zu einem Strahl bündelte und auf den Horizont ausrichtete.

Die erste elektrische Glühbirne wurde 1862 im Leuchtturm von Dungeness an der Südküste Englands eingesetzt. Für moderne Leuchttürme verwendet man heute elektrische Bogenlampen oder Gasglühlichtbrenner. Sie haben eine

Leuchtturm auf einer Felseninsel *Der 28 m hohe Leuchtturm auf der Insel South Stack vor der Küste von Anglesey wurde 1809 errichtet. Im Vordergrund steht das Gebäude mit dem Nebelhorn.*

Sammellinsen *Die über 2 m großen Fresnellinsen im Leuchtturm von South Stack bündeln das Licht einer Glühlampe (links) zu einem Strahl, der noch in einer Entfernung von 32 km sichtbar ist.*

Reichweite bis zu 32 km. Jeder Leuchtturm strahlt eigene Weg- und Leitsignale, die sogenannte Kennung, aus, so daß sich die →Schiffe anhand dieser typischen Lichtfolgen genau orientieren können.

Linse

In Italien schon um 1270 für Brillen verwendet

Schon der römische Schriftsteller und Staatsmann Seneca (1. Jh. n. Chr.) wußte, daß eine mit Wasser gefüllte Glaskugel ein Bild vergrößert. Im 13. Jh. wurden in Italien gekrümmte Gläser, sogenannte Linsen, zuerst für Brillen verwendet, mit der alte Gelehrte ihre Weitsichtigkeit korrigierten. Bald darauf benutzte man Linsen auch im Fernrohr (→Teleskop) und →Mikroskop.

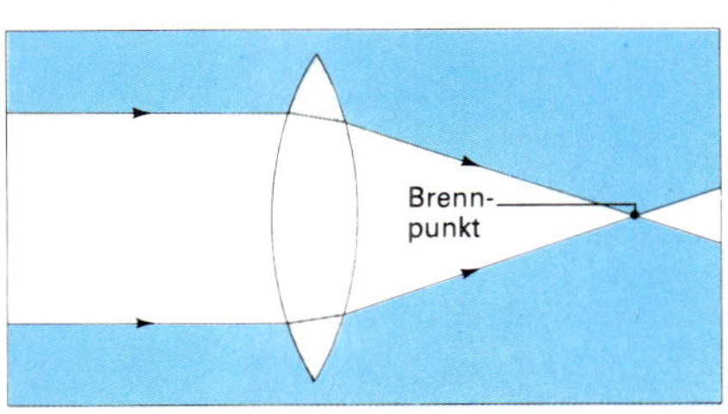

Konvexe Linse *Parallele Lichtstrahlen werden von der konvexen Linse nach innen abgelenkt. Sie sammeln sich hinter der Linse im Brennpunkt. Konvexe Linsen sind also Sammellinsen.*

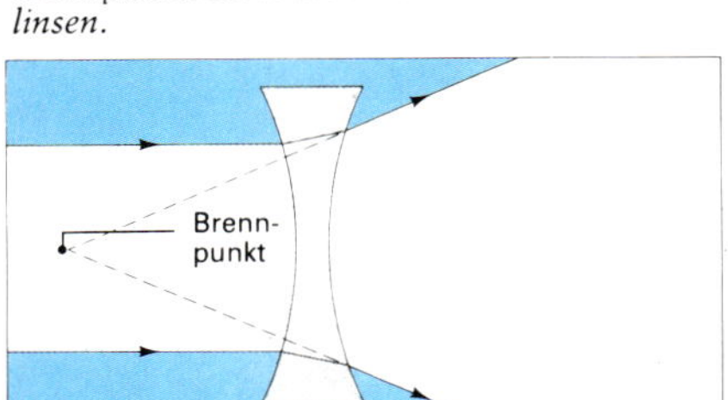

Konkave Linse *Parallele Lichtstrahlen werden nach außen abgelenkt. Die nach innen gekrümmten Flächen der Streulinse korrigieren Kurzsichtigkeit.*

Ein Nachteil der Linsen ist unter anderem, daß sie ein etwas unscharfes Bild liefern, weil sie die einzelnen Farben, aus denen sich das weiße Licht zusammensetzt, unterschiedlich stark brechen. Der englische Erfinder Chester Hall konnte diese sogenannte chromatische Aberration zum Großteil beheben, als er 1733 eine achromatische Linse herstellte, die aus je einer Linse aus Kronglas und aus Flintglas zusammengekittet war. Diese beiden Glassorten brechen das Licht verschieden stark und gleichen so die Farbabweichung aus.

Die ersten Linsen entstanden, indem man einen Glasstab zu einem Tropfen umschmolz. Präzisionslinsen werden heute mit Karborund oder Schmirgelpulver geschliffen.

Logarithmen

1614 erschien die erste Logarithmentafel

Mit Hilfe von Logarithmentafeln lassen sich Multiplikationen und Divisionen wesentlich schneller durchführen. Die Rechenvorgänge Malnehmen und Teilen werden dabei durch das leichtere Zusammenzählen und Abziehen ersetzt.

Die Idee der Logarithmen ist bereits in einem Werk enthalten, das der deutsche Mathematiker und Theologe Michael Stifel 1544 veröffentlichte. Die erste Logarithmentafel wurde aber erst von dem schottischen Theologen John Napier (1614) und dem Schweizer Uhrmacher und Astronomen Jost Bürgi (1620) veröffentlicht; beide hatten unabhängig voneinander gearbeitet. Der englische Mathematiker Henry Briggs vervollkommnete das Werk Napiers. 1617 publizierte er die ersten dekadischen Logarithmen mit der Basis 10, wie sie heute noch gebräuchlich sind.

Ein Logarithmus ist der Exponent einer Potenz. So ist beispielsweise der Logarithmus von 100 (zur Basis 10) = 2; denn $10^2 = 100$. Dementsprechend ist $\lg 10 = 1$; $\lg 1000 = 3$ und so fort; denn $10^1 = 10$; $10^3 = 1000$. Für alle Zahlen, die sich nicht glatt durch 10 teilen lassen, besteht der Logarithmus nicht aus einer ganzen Zahl, sondern aus einem Dezimalbruch – etwa $\lg 24 = 1{,}3802$.

Zur Arbeit mit Logarithmen benötigt man eine Logarithmentafel. Angenommen, man möchte 3,89 mit 2,54 malnehmen; dann findet man in der Logarithmentafel für die Zahl 3,89 den Wert 0,5899 und für 2,54 den Logarithmus 0,4048. Um die ursprünglichen Zahlen zu multiplizieren, addiert man nun ihre Logarithmen: $0{,}5899 + 0{,}4048 = 0{,}9947$. Die Tabelle zeigt, daß diese Summe der Logarithmus von 9,879 ist – was dem genauen Rechenergebnis $3{,}89 \times 2{,}54 = 9{,}8806$ sehr nahekommt. Man rechnet mit Logarithmen schneller, aber etwas ungenauer.

Bald kamen auch Rechenschieber in Gebrauch, die auf logarithmischer Grundlage arbeiten und noch einfacher zu handhaben sind. Allerdings muß man bei ihnen auch eine noch etwas größere Ungenauigkeit in Kauf nehmen. Den ersten Rechenschieber entwickelte um 1630 William Oughtred, ein englischer Mathematiker. Bis zur Erfindung des →Taschenrechners war er das nützlichste Rechengerät. Für die Berechnung von Zinseszinsen braucht man noch heute Logarithmen.

Löten

Um 3500 v. Chr. entwickelt

Löten ist eine Methode, Metallteile mit Hilfe einer leicht schmelzenden und rasch hart werdenden →Legierung, dem

Lot, miteinander zu verbinden. Um 3500 v. Chr., als die Metallarbeiter des Mittleren Ostens die →Bronze erfunden hatten, fanden sie auch heraus, wie man Lötzinn gewinnen kann: indem man Blei- und Zinnerze zusammenschmilzt.

Lötzinn schmilzt bei einer ziemlich niedrigen Temperatur: bei ungefähr 250°. Es wird als Weichlot bezeichnet. Hartlote schmelzen bei 500–800°; man verwendet sie zum Löten kostbarer Metalle.

Luftkissenfahrzeug

Von dem Engländer Christopher Cockerell 1955 erfunden und 1959 der Öffentlichkeit vorgeführt

Bereits 1877 ließ sich der britische Marineingenieur Sir John Thornycraft die Idee patentieren, die Reibung zwischen einem Schiffskörper und dem Wasser durch ein Luftkissen herabzusetzen. Doch das erste wirkliche Luftkissenfahrzeug schuf der englische Ingenieur Christopher Cockerell in den 50er Jahren.

Cockerell stellte eine leere Bierdose in eine etwas größere Kaffeedose und blies mit einem →Staubsauger durch eine spezielle Düse Luft in den Spalt zwischen den beiden Dosen. Dabei entdeckte er, daß ein derartig komprimierter Luftstrom einen dreimal größeren Druck erzeugte als der Staubsauger. Bei einem weiteren Versuch blies Cockerell Luft unter den Rumpf eines Schiffsmodells und stellte fest, daß so die Reibung des Wassers geringer wurde. Nach diesem Prinzip entwarf er dann ein Fahrzeug, das von einem Polster aus Druckluft getragen wurde, die aus mehreren schlitzförmigen Düsen im Boden austrat. Cockerell nannte seine Erfindung Hovercraft (Schwebefahrzeug) und ließ sie sich 1955 patentieren. Die erste öffentliche Vorführung dieses Luftkissenfahrzeugs – des *Hovercraft SR.N1* – am 11. Juni 1959 war eine Sensation.

Das 7 t schwere Hovercraft sah aus wie ein Floß mit einem Schornstein. Es erwies sich als äußerst wendig und schnell. Während der Vorführung hob es sich über die Aufschleppe aus →Beton, schwebte auf einem 20 cm hohen Luftkissen in schneller Fahrt über das Wasser und konnte sich auch um die eigene Achse drehen sowie rückwärts fahren. Im Sommer desselben Jahres erreichte das zusätzlich mit einem Hilfsmotor ausgestattete Fahrzeug eine Geschwindigkeit von 60 Knoten (110 km/h).

Ende 1959 wurde das *Hovercraft SR.N1* mit einer Randdichtung aus gummiertem Stoff, der Schürze, ausgestattet. Diese Dichtung war 25 cm breit und säumte den Boden des Fahrzeugs. Ihre Wirkung entsprach der →Federung eines Autos; gleichzeitig verringerte sie die seitlichen Druckverluste des Kissens.

Am 25. Juli 1959, dem 50. Jahrestag der ersten Kanalüberquerung im →Flugzeug durch Blériot, steuerte Cockerell das erste Luftkissenfahrzeug über den Ärmelkanal. Knapp zehn Jahre später nahm das 170 t schwere *Hovercraft SR.N4*, das 254 Sitzplätze und Stauraum für 30 →Autos aufwies, den fahrplanmäßigen Fährbetrieb über den Kanal von Dover nach Boulogne auf.

Man kann größere und schwerere Luftkissenboote bauen, ohne daß sie einen entsprechend stärkeren Antrieb oder

AMPHIBIENFAHRZEUG AUF DEM ÄRMELKANAL

Schnelle Überfahrt *1969 setzte die Firma Hoverlloyd Luftkissenfahrzeuge vom Typ* SR.N4 Mark 2 Mountbatten *auf der Strecke zwischen Ramsgate und Calais ein. Die Kanalüberquerung dauerte nur 40 Minuten; das war weniger als die Hälfte der Zeit, die Autofähren bis dahin benötigt hatten.*

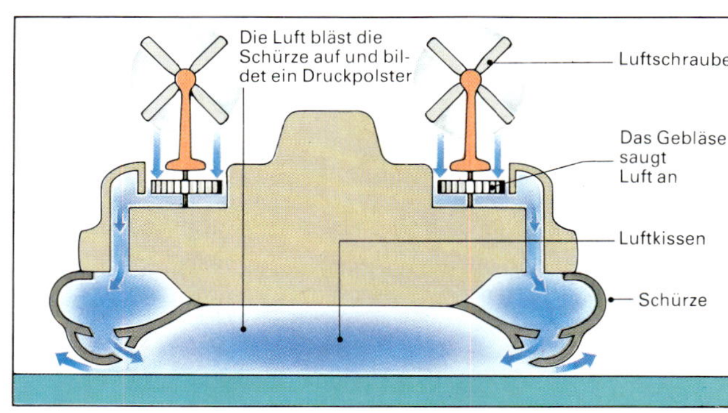

Luftkissen *Vier im Heck montierte Gasturbinen treiben jeweils ein Gebläse für den Auftrieb und eine Luftschraube an, die miteinander gekoppelt sind. Vom Gebläse wird die Luft durch Öffnungen in die elastische Schürze (Randdichtung) am Rand des Bodens geblasen und trägt das Boot.*

DREI WEITERE ANWENDUNGSMÖGLICHKEITEN DES LUFTKISSENPRINZIPS

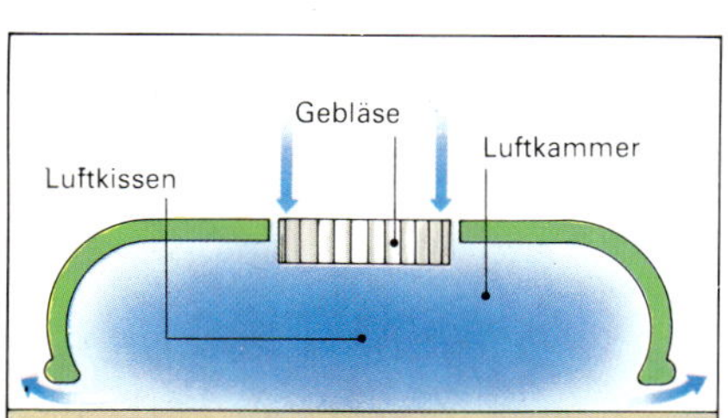

Luftkissen-Rasenmäher *Ein Gebläse preßt Luft in eine Kammer. Solange das Gerät schwebt, tritt Luft am Rand aus. Der Rasenmäher muß nun nur noch über die Grasfläche geführt werden und ist leicht zu bedienen.*

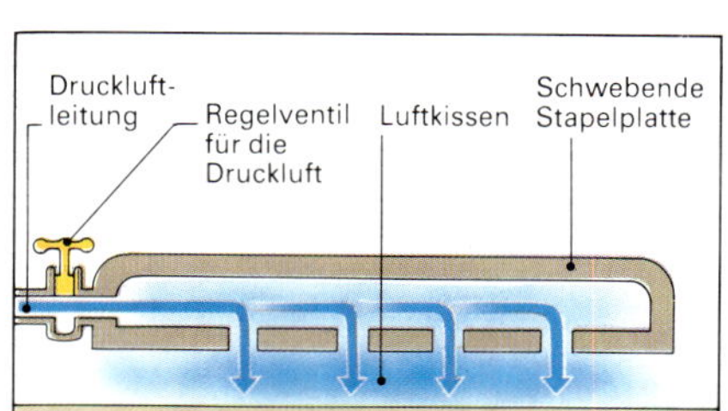

Luftkissen-Stapelplatte *Diese Vorrichtung transportiert schwere Güter über kürzere Strecken, etwa in Werkshallen. Die Luft für den Auftrieb wird von einer Druckluftleitung geliefert und hebt die Platte leicht an.*

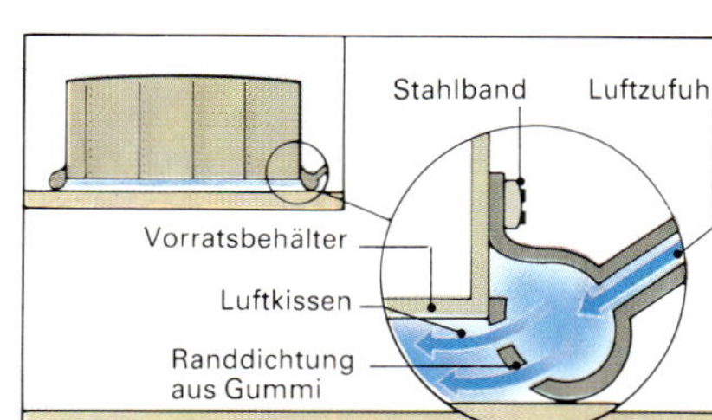

Transport von Behältern *Vorratsbehälter können auf einem Luftkissen transportiert werden. Die Randdichtung ist mit einem Stahlband nahe dem Gefäßboden befestigt; sie wird mit Luft aufgeblasen und erzeugt ein Luftkissen.*

wesentlich mehr Kraftstoff benötigten. Da sich Luftkissenfahrzeuge sowohl auf dem Land als auch auf dem Wasser bewegen können, sind sie besonders gut für den Einsatz in Sumpfgebieten und auf vereisten Gewässern geeignet. Hovercrafts vom Typ *N5* gehörten im Vietnamkrieg zur Ausrüstung der US-Marine im unwegsamen Mekongdelta. Die Küstenwache in Saudi-Arabien bedient sich ihrer im Persischen Golf, und die Flughäfen von San Francisco, Vancouver und Auckland, deren Zufahrtsstraßen in sumpfigen oder seichten Küstengebieten liegen, verwenden Luftkissenfahrzeuge für ihren Rettungsdienst. In Kanada hat man festgestellt, daß Luftkissenboote auch als Eisbrecher dienen können, weil der nach unten gerichtete Luftdruck das Eis aufbricht.

Das Prinzip der Luftkissenfahrzeuge, die auch Bodeneffektgeräte genannt werden, kann auch für andere Maschinen genutzt werden. So hat ein elektrischer Rasenmäher unter seinem „Fuß", der einer umgestülpten Pfanne gleicht, ein Luftkissen. Dieses trägt das gesamte Gewicht des Geräts, so daß man es nur noch über das Gras führen muß.

Eine weitere Anwendung findet das Prinzip beim Luftkissenbett, in dem Patienten mit schweren Verbrennungen auf einer warmen, sterilen Luftschicht ruhen. Dadurch wird der Heilprozeß beschleunigt, und die Brandwunden kommen mit dem Bett nicht in Berührung.

DIE ENTWICKLUNG DES LUFTSCHIFFS

Erster Flug *Der Franzose Henri Giffard baute das erste mechanisch angetriebene Luftschiff, das sich in die Luft erhob. Der Luftschiffer stand unter dem länglichen Ballon auf einer Plattform. Von ihr hing ein Anker herab, der die Landung unterstützte.*

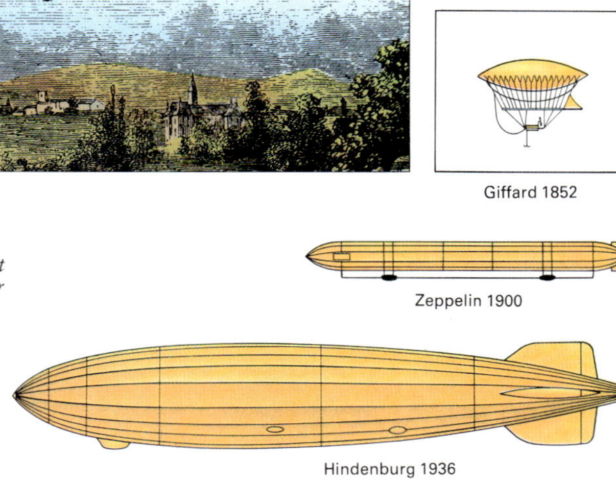

Wachsende Dimensionen *Mit zunehmendem Interesse an Luftschiffen wurden die Fahrzeuge größer. Giffards Gefährt war 44 m lang; 48 Jahre später hatte der 1900 fertiggestellte deutsche Zeppelin* LZ 1 *eine Länge von 128 m. Er wurde 1936 vom Luxusschiff* Hindenburg *mit einer Länge von 245 m weit übertroffen.*

Luftschiff

Erster Flug eines Luftschiffs 1852 in Frankreich

Am 24. September 1852 startete Henri Giffard, ein erfindungsreicher französischer Flugpionier, ein mit Wasserstoffgas gefülltes Einmann-Luftschiff, das mit einer Geschwindigkeit von 8 km/h über Versailles hinweg 27 km weit flog. Das 44 m lange Gefährt wurde von einer 2,2-kW-Dampfmaschine über eine 3,5 m große Luftschraube angetrieben.

Trotz des Erfolgs erwies sich diese Maschine als zu schwer. So benutzten die Franzosen Charles Renard und Arthur Krebs im Jahr 1884 zum Antrieb ihres Luftschiffes *La France* einen → Elektromotor, der 6 kW leistete. Der Brasilianer Alberto Santos-Dumont verwendete 1898 erstmals einen kleinen Benzinmotor als Antrieb für ein lenkbares, unstarres Luftschiff und flog damit eine Acht. In einem verbesserten Typ durchflog er 1901 einen 10 km langen Rundkurs um den Eiffelturm in weniger als 30 Minuten und gewann damit einen Preis von 125 000 Francs.

Gegen Ende des 19. Jh. erkannte man, daß ein leichtes Metallgerippe der Ballonhaut von innen Halt geben konnte, ferner, daß der Auftrieb, der vom Volumen des eingefüllten Gases abhing, sich durch eine längere Bauweise verbessern ließ.

Ferdinand Graf von Zeppelin, ein ehemaliger württembergischer Offizier, verwirklichte diese Gedanken in dem nach ihm benannten Starrluftschiff. Im Jahr 1900 war sein Prototyp *LZ1* fertiggestellt: ein 128 m langer Hohlkörper mit einem Aluminiumgerippe und einer Bespannung aus imprägniertem Baumwollstoff. Als Füllgas dienten 11 300 m^3 Wasserstoff in 17 gasdichten Kammern, als Antrieb zwei Daimlermotoren, die 10,5 kW leisteten. Mit Zeppelin-Luftschiffen verbesserter Bauweise wurden 1910–1914 in Deutschland Verkehrsflüge, meist auf Kurzstrecken, durchgeführt.

Im Ersten Weltkrieg flogen Zeppeline die ersten Luftangriffe der Geschichte und warfen → Bomben über London ab.

Um 1930 kamen Reisen mit dem Luftschiff in Mode. Luxusluftschiffe von gewaltigem Ausmaß beförderten ein paar Dutzend Passagiere exklusiv von einer Hauptstadt zur anderen, sogar über den Atlantik. Die neuen Modelle der amerikanischen und deutschen Luftschiffahrt – als „fliegende Hotels" eingerichtet – waren bis zu 245 m lang.

Wenn ein Unglück passierte, hatte es erhebliche Ausmaße. Als das englische Luftschiff *R 101* im Jahr 1930 beim ersten Linienflug nach Indien abstürzte, gab es 48 Todesopfer, unter ihnen der Konstrukteur des Fahrzeugs. Am 6. Mai 1937 ging das größte und modernste Luftschiff der Welt, die *Hindenburg*, bei der Landung in Lakehurst (USA) in Flammen auf. Seine Füllung bestand aus dem leicht entzündlichen Wasserstoffgas; das wesentlich ungefährlichere Helium war nicht zu beschaffen gewesen. Die Menschen verloren nun das Vertrauen in die Luftschiffahrt, und eine Epoche ging zu Ende.

M

Mähmaschine

Die ersten Mähmaschinen waren die gallischen Messerwagen im 1. Jh. n. Chr.

Die erste bekannte Getreidemähmaschine wurde im 1. Jh. n. Chr. in Nordgallien verwendet. Dieser gallische Messerwagen war ein Karren, an dessen Vorderseite man eiserne Zähne angebracht hatte, die die Ähren von den Halmen trennten. Haustiere schoben den Wagen vor sich her, und die Ähren fielen nach hinten in den Kasten.

Trotzdem mähten die meisten Bauern ihr Getreide weiterhin mit Sicheln oder Sensen, bis die Briten James Smith (1807) und John Bell (1828) eine Mähmaschine erfanden, die von zwei Pferden gezogen wurde. Über einem feststehenden unteren Schneidebalken bewegte sich nach dem Scherenprinzip eine Reihe von Messerklingen hin und her. Ein Schaufelrad drückte die Halme gegen die Messer, so daß sie geschnitten werden konnten.

In der Erntesaison von 1840 bestanden dann die Mähmaschinen des Amerikaners Cyrus McCormick ihre Feuerprobe. Sie waren denen von Bell sehr ähnlich, hatten jedoch ein besseres Schneidwerk.

Im Jahr 1877 brachte die amerikanische Landmaschinenfabrik Deere & Co. den Bindemäher heraus, und zu Beginn des 20. Jh. wurden auf den weiten Ebenen Nordamerikas die ersten Mähdrescher eingesetzt.

Margarine

1869 in Frankreich entwickelt

Über ein Preisausschreiben suchte der französische Kaiser Napoleon III. im 19. Jh. einen billigen Butterersatz für die Stadtbevölkerung, die infolge der Industrialisierung ständig zunahm. Daraufhin entwickelte der Chemiker Hippolyte Mège-Mouriès die Margarine, die er sich 1869 patentieren ließ. Er hatte beobachtet, daß die Milch von mageren, unterernährten Kühen nicht verbuttert werden konnte, und er schloß daraus, das Butterfett in der Milch müsse aus dem Körperfett der Kühe stammen. So schmolz Mège-Mouriès Rindertalg bei 45° und gewann dadurch das Fett Oleomargarin, das eine gewisse Ähnlichkeit mit dem Butterfett hat. Er reicherte es mit anderen tierischen Fetten an und emulgierte es mit Magermilch. Dieses Gemisch wurde gepreßt und dann offen aus Fässern verkauft. Die erste abgepackte Margarine brachte eine amerikanische Firma nach 1890 auf den Markt.

Nach der Erfindung der Fetthärtung mit Hilfe von Wasserstoff setzte man der Margarine zunehmend pflanzliche Öle wie Kokosfett, Palm-, Erdnuß- und Sojaöl zu, um die Struktur und den Geschmack des Produkts zu verbessern.

Maschinen, die von Tieren angetrieben werden

Schon im alten Griechenland haben Tiere und Menschen einfache Maschinen angetrieben

Von Tieren oder Menschen angetriebene einfache Arbeitsmaschinen sind sehr alt. Sie wurden um 300 v. Chr. von den Athenern eingeführt. Auch die Römer kannten die Tretmühle; denn in einer alten Kupfermine von San Domingo in Portugal gibt es acht solcher Treträder, die zum Abpumpen des Wassers dienten und wohl aus dem 3. Jh. stammen.

Die gebräuchlichsten von Tieren angetriebenen Mühlen waren in abgelegenen Gegenden noch bis vor kurzem in Gebrauch. Das Mahlwerk bestand aus zwei flachen, übereinanderliegenden Steinen, von denen der obere um eine

BEWÄSSERUNGSWERK MIT OCHSENANTRIEB

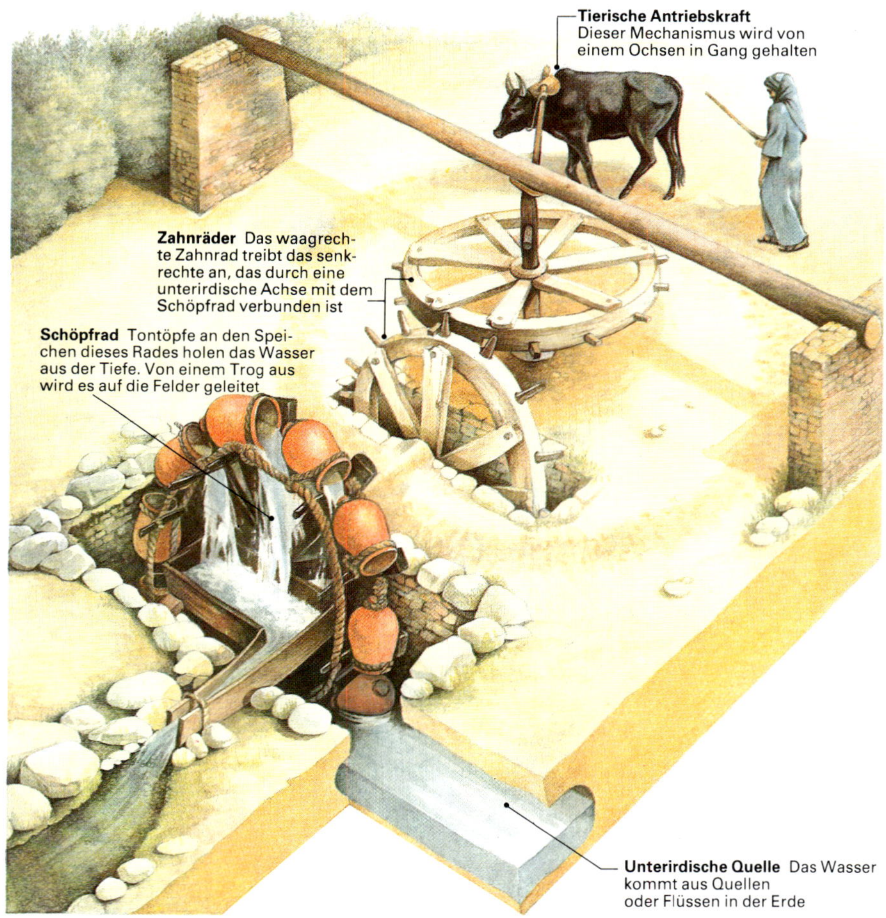

Ochsen wurden jahrhundertelang in der ganzen Welt zum Antrieb von Kornmühlen und Wasserschöpfwerken eingesetzt, so daß sich der Mensch anspruchsvolleren Arbeiten widmen konnte. Schon in früher Zeit gab es Vorrichtungen, mit denen Wasser aus unterirdischen Quellen heraufgeholt und zur Bewässerung von Feldern verwendet wurde.

senkrechte Achse drehbar war. Das Mahlgut – vielleicht Getreide, Oliven oder Knollen – wurde durch ein Loch im oberen Stein eingefüllt. Dieser wurde dann mit Hilfe eines langen, am Stein befestigten →Hebels gedreht, an dessen Enden sich das Geschirr für einen Esel oder Ochsen befand. Das Tier wurde einfach im Kreis herum getrieben – eine Antriebsart, die für Mühlen in den Mittelmeerländern weit verbreitet war.

Nach einem ähnlichen Prinzip arbeiteten auch Mühlen, die noch bis vor nicht allzu langer Zeit im südlichen China zum Zerkleinern von Zuckerrohr verwendet wurden. Diese Mühlen besaßen zwei senkrechte, wie Zahnräder ineinandergreifende Walzen, von denen eine durch ein Tier angetrieben wurde. Zwischen die Walzen wurde das Zuckerrohr eingeführt. Dieses Mahlwerk, das im Mittelalter in Indien oder im Mittleren Osten erfunden wurde, dürfte der Vorläufer des modernen Walzwerks zur Herstellung von Stahlblech sein.

Maschinengewehr

Das erste MG wurde 1718 patentiert

Das erste „Maschinen"-Gewehr, ein mechanisch funktionierendes Repetiergewehr, wurde 1718 als ein Patent des Londoner Rechtsanwalts James Puckle registriert. Bei einer Vorführung im März 1722 feuerte es in sieben Minuten 63 Schuß ab. Es war auf ein Stativ montiert und hatte ein Trommelmagazin mit neun Kammern, die durch eine Handkurbel an den Lauf gebracht wurden.

Der Amerikaner Dr. Richard J. Gatling erhielt 1862 ein Patent für ein Maschinengewehr, bei dem bis zu zehn gezogene Läufe mit einer Handkurbel in Schußposition gedreht wurden. Die Patronen fielen durch die Schwerkraft in den Verschluß. Diese Waffe wurde im amerikanischen Bürgerkrieg benutzt. Im Deutsch-Französischen Krieg 1870/71 setzte Frankreich ebenfalls eine Vielrohrwaffe ein: die Montigny-Mitrailleuse. Die mehrläufigen Maschinengewehre erwiesen sich allerdings als schwer und unhandlich.

Das erste automatische Maschinengewehr ließ sich 1884 der Amerikaner Hiram Maxim patentieren. Durch den Rückstoß des Schusses wurde die Waffe sogleich neu gespannt, und sie schoß dann automatisch weiter. Eine →Feder trieb einen Druckbolzen nach vorn, wodurch eine neue Patrone in den Verschluß geschoben und der Schlagbolzen im Kopf des Druckbolzens ausgelöst wurde. Die Munition saß auf einem Leinengürtel, der durch das Gewehr lief. Den Gewehrlauf kühlte ein wassergefüllter Rohrmantel. Das Maximgewehr wurde von den meisten europäischen Nationen übernommen und weiterentwickelt.

1913 begann der amerikanische Oberst Isaac Lewis mit der Herstellung des ersten leichten Maschinengewehrs, das ohne Munition nur 12 kg wog und damit von einem Soldaten allein getragen werden konnte. Das erste deutsche Maschinengewehr, *MG 99*, wurde im Ersten Weltkrieg verbessert, so daß das leichte *MG 08/15* mit Gabelstütze entstand.

Massenproduktion

siehe Seite 185

Melkmaschine

Das erste Modell wurde 1860 in den USA patentiert

Die erste Melkmaschine wurde dem amerikanischen Ingenieur L. O. Colvin 1860 patentiert. Sie hatte vier Melkbecher aus Gummi, die über Schläuche mit einer Unterdruckkammer verbunden waren. Diese Kammer ähnelte einem Blasebalg. Zum Absaugen der Milch stülpte man die Melkbecher über die Euterzitzen und betätigte einen Handgriff an dem Balgengerät.

Mit der Zeit stellte man jedoch fest, daß die stetige Saugwirkung den Kühen Schmerzen bereitete und häufig zu Blutungen führte, die die Milch verunreinigten.

Im Jahr 1889 ließ sich der Schotte William Murchland eine zentrale Melkanlage patentieren. Der Unterdruck wurde durch eine Wassersäule erzeugt. Dazu führte rings um den Kuhstall ein Leitungssystem aus Eisenrohren mit Zweigleitungen zu den einzelnen Boxen im Stall. An die Euter der Kühe setzte man Melkbecher aus Gummi an. Das Problem des ständigen Unterdrucks war damit aber nicht gelöst.

1895 führte dann Alexander Shields in England eine neue Melkmaschine vor, die einen Pulsator besaß. Diese Vorrichtung unterbricht in regelmäßigen Abständen den Unterdruck, ahmt also das Saugen eines Kalbes nach und belastet die Zitzen nicht so stark.

Seit Beginn des 20. Jh. wurde diese Melkmaschine immer weiter verbessert. Aber auch die modernsten Modelle arbeiten noch mit Saugpumpen und Pulsator.

Metalldetektor

Eine Weiterentwicklung des Minensuchgeräts

Die heute verwendeten leistungsfähigen und leichten Metalldetektoren sind eine Weiterentwicklung der klobigen Minensuchgeräte aus dem Zweiten Weltkrieg. Das Herz eines Metalldetektors ist ein sogenannter Schwebungsoszillator, ein Gerät mit zwei getrennten Stromkreisen gleicher Frequenz, von denen einer durch eine Spule im Kopf der Sonde führt.

Kommt die Sonde in die Nähe eines Metallgegenstands, ändert sich durch die Berührung mit einem Magnetfeld die Frequenz der Schwingungen im ersten Stromkreis. Die Frequenz des zweiten Stromkreises bleibt unverändert. Die beiden Stromkreise überlagern sich, und dadurch entsteht eine Schwebungsfrequenz, die einen Summton erzeugt.

Metallgießverfahren

In Vorderasien bereits um 4000 v. Chr. bekannt

Seit mehr als 6000 Jahren formt der Mensch Metallgegenstände, indem er das Metall zum Schmelzen bringt, in eine Form gießt und nach dem Erkalten aus der Form herausnimmt. Schon in urgeschichtlicher Zeit stellte man in Mesopotamien Äxte her, indem man geschmolzenes Kupfer in offene Formen goß, die aus Lehm gebrannt oder aus weichem Stein ausgehöhlt waren. Bereits vor 2000 v. Chr. diente auch →Bronze, eine →Legierung aus Kupfer und Zinn, als Metall zum Gießen. Bestimmte Dinge, wie Statuen und Schiffsschrauben, werden heute noch aus Bronze gegossen.

Bei der →Eisenverhüttung muß das Metall bei höheren Temperaturen verflüssigt werden. Dazu wurden in Europa schon zu Beginn des 14. Jh. kleine Hochöfen eingeführt. Gußeisen eignet sich besonders gut für Maschinenteile und wird beispielsweise zur Herstellung von Motorblöcken verwendet.

Heute werden Eisen und Bronze meistens in Sandformen gegossen. Zuerst fertigt man ein hölzernes Modell des Gußstücks an und bettet es zur Herstellung der Form in einen Spezialsand ein. Dem Sand ist ein Bindemittel zugesetzt, damit die Form hält. Dann öffnet man die Form und nimmt das Modell heraus. Nun setzt man die beiden Formteile wieder zusammen, und das flüssige Metall wird in den Hohlraum gegossen.

Gußstücke aus Zinklegierungen, etwa Spielzeugteile, werden in großen Mengen nach dem Spritzgußverfahren fabriziert. Dabei spritzt man die geschmolzene Legierung in eine wassergekühlte Metallform, wo sie schnell erstarrt.

Metrisches Maßsystem

Offiziell 1795 in Frankreich eingeführt

Nach dem Sturz der Monarchie in Frankreich schaffte die französische Nationalversammlung im Jahr 1795 das alte Maßsystem ab, das von Gebiet zu Gebiet verschieden war und Verwirrung stiftete. Es wurde durch das metrische System ersetzt, das ursprünglich auf Länge und Masse basierte. Grundeinheit der Länge ist seitdem der Meter, der zehnmillionste Teil der Entfernung vom Pol zum Äquator.

Unterteilungen und Vielfache eines Meters entsprechen dem Dezimalsystem und werden durch lateinische oder griechische Vorsilben ausgedrückt. Demnach ist der Zentimeter der hundertste und der Millimeter der tausendste Teil eines Meters. Hektometer bedeutet 100 m, Kilometer 1000 m usw.

Die neue Gewichtseinheit wurde das Gramm, das dem Gewicht eines Kubikzentimeters Wasser bei 4°, wenn es seine größte Dichte erreicht, entspricht. Die Maßeinheit für das Volumen schließlich ist der Liter, der 1000 cm^3 Wasser entspricht. Später wurde ein international gültiges Urmeter aus einer Platin-Iridium-Legierung hergestellt, von dem man genaue Kopien anfertigen und verteilen konnte. Auch ein Platinzylinder mit dem genauen Gewicht von 1 kg oder 1000 g wurde angefertigt.

Die Franzosen lehnten die Einführung des metrischen Systems zunächst ab, erst im Jahr 1840 setzte es sich weitgehend durch. In Großbritannien wurde es im Jahr 1864 neben dem herkömmlichen Maßsystem der „Imperial Units" gesetzlich eingeführt. 1866 erkannten die Vereinigten Staaten das metrische System an, die Deutschen folgten 1870/71.

Das metrische System wurde allmählich auch auf andere Gebiete wie Elektrizität, Magnetismus und Temperaturmessung ausgedehnt. Dieses erweiterte, weltweite System, das 1921 eingeführt wurde, bezeichnet man als Internationales Einheitssystem (SI).

Mikrofilm

Um 1850 in England erfunden

Schon um 1850 stellte der englische Optiker John Benjamin Dancer eine Reihe von winzigen fotografischen Diapositiven her. Eines zeigte die Königin Victoria im Kreis ihrer Familie und war in einen Fingerring gefaßt. Ein durchsichtiger Stein diente als Vergrößerungsglas.

Im Deutsch-Französischen Krieg von 1870/71 wurden über 100000 Mitteilungen auf Mikrofilmstreifen aufgenommen und von Brieftauben aus dem belagerten Paris herausgeflogen.

1927 brachte die Firma Kodak in Amerika Mikrofilmgeräte auf den Markt, mit denen Dokumente stark verkleinert auf 16-mm-Film archiviert wurden.

SO PASST EINE GANZE ZEITSCHRIFT AUF EIN STÜCKCHEN FILM

Originalgröße *Eine Schriftprobe aus der Zeitschrift rechts in Originalgröße. Auf dem Mikrofilm sind die Seiten 15fach verkleinert.*

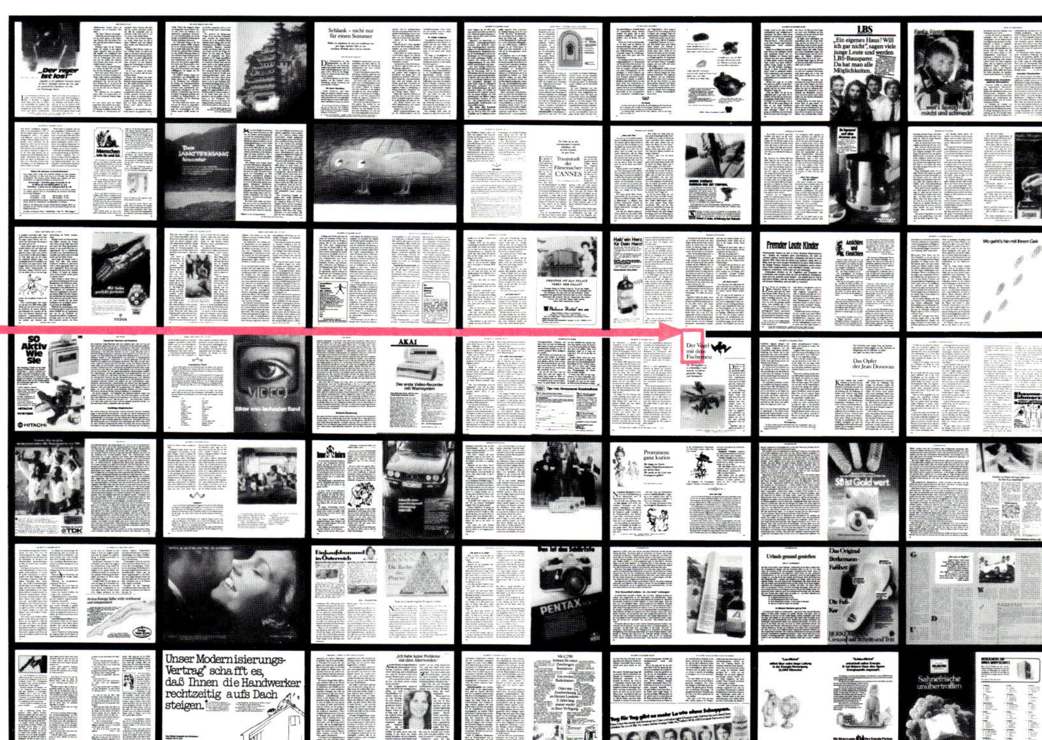

Verkleinerte Wiedergabe *Heute kann man eine Zeitschrift von 98 Seiten auf einem Mikrofilm von dieser Größe unterbringen.*

Massenproduktion

Mit austauschbaren Teilen beschleunigte Eli Whitney 1798 in Amerika Montagearbeiten

Eine Digitaluhr, die Mitte der 70er Jahre des 20. Jh. 200–300 DM kostete, konnte man 1982 für rund 50 DM kaufen. Die → Uhr war billiger geworden, weil ihr wichtigster Bestandteil, der → Siliziumchip, inzwischen in Massen produziert wurde.

Ein erster Schritt auf dem Weg zur Massenproduktion ist die Aufteilung der Arbeit und die Spezialisierung der Arbeiter. An die Stelle eines Arbeiters, der ein Produkt in verschiedenen Arbeitsgängen ganz allein herstellt, treten mehrere, von denen jeder nur einen einzigen Arbeitsgang ausführt, um das halbfertige Erzeugnis dann dem nächsten „Spezialisten" zur Weiterbearbeitung zu überlassen. Eine solche Gruppe stellt in der gleichen Zeit mehr Waren her als ebenso viele Arbeiter, die in traditioneller Weise alles allein machen.

Schon in der Steinzeit zeichnete sich eine Arbeitsteilung ab. Wer mit dem Faustkeil geschickt umgehen konnte, tauschte die von ihm gefertigten Pfeilspitzen und Äxte gegen Nahrungsmittel und Kleidungsstücke ein. Als um 9000 v. Chr. in Mesopotamien die ersten festen Siedlungen entstanden waren, spezialisierten sich die Menschen auf bestimmte Handwerke wie die Töpferei, die Weberei und die Metallverarbeitung.

Um 4000 v. Chr. entdeckte der Mensch, wie man Metalle schmelzen kann. Damit war ein weiterer Meilenstein in der Massenproduktion erreicht. Nun wurden Gegenstände aus Metall, beispielsweise Axtklingen, nicht mehr einzeln von Hand geschmiedet, sondern

Mechanisierung und Arbeitsteilung führen zur modernen Massenproduktion

1733: Die Anfänge der Mechanisierung
Die erste Erfindung, die das Weben beschleunigte, stammt von dem Engländer John Kay in Lancashire. Er erfand 1733 das „fliegende Weberschiffchen", eine mechanische Vorrichtung zum Hin- und Herbewegen des Schützens am → Webstuhl. Sie befreite den Weber von der langwierigen und ermüdenden Aufgabe, das Schiffchen immer wieder mit der einen Hand in das Fach der Kettenfäden einzuwerfen und auf der anderen Seite aufzufangen. Außerdem konnte ein einzelner jetzt breitere Stoffbahnen weben. Früher hatte man dafür einen zweiten Mann benötigt, der das Weberschiffchen auffing und wieder zurückwarf.

Nachdem die Webstühle nun leistungsfähiger geworden waren, ergab sich eine wesentlich höhere Nachfrage nach Garn. Deshalb entwickelten englische Erfinder → Spinnmaschinen, die das Garn schneller herstellten. James Hargraves war der erste mit seiner *Spinning Jenny*, die er um 1764 erfand und 1770 patentieren ließ. Die Maschine ahmte die Vorgänge beim herkömmlichen Spinnen nach, arbeitete aber mit acht Spindeln gleichzeitig.

1771: Erste Fabrik mit Kraftmaschinen
Richard Arkwright hatte überdies die Idee, mehrere Maschinen in einer Fabrikhalle aufzustellen und sie durch einen zentralen Antrieb zu betreiben.

1771 gründete er in Cromford eine Baumwollspinnerei mit Maschinen, die durch ein → Wasserrad angetrieben und von Arbeitern bedient wurden. Es war die erste Fabrik der Welt mit einem Kraftantrieb.

1781: Watts Dampfmaschine
In jener Zeit, von 1769 bis 1790, arbeitete der Schotte James Watt an der Verbesserung der einfachen → Dampfmaschine von Thomas Newcomen. Vor allem durch die Erfindung des Planetengetriebes

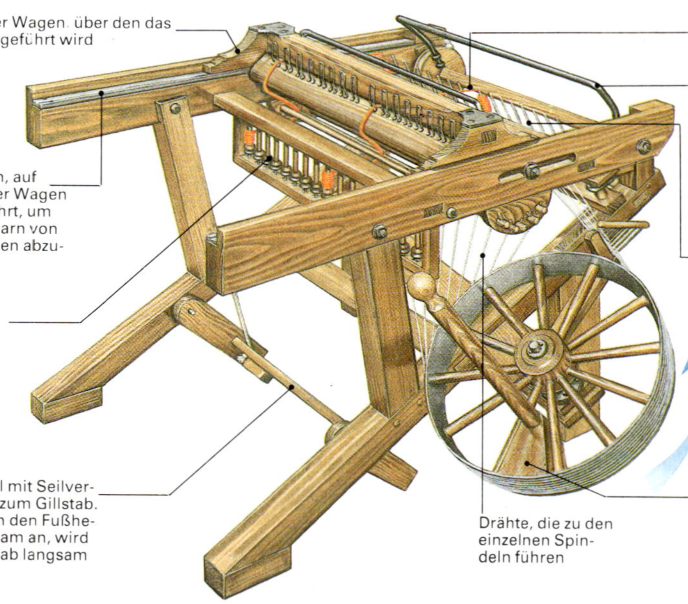

Die *Spinning Jenny* von James Hargraves *Mit der Spinnmaschine von Hargraves konnte eine Person gleichzeitig mehrere Fäden spinnen. Über den Wagen liefen die dicken, losen Strähnen des Vorgarns, während sich die schrägen und oben offenen Spulen langsam drehten, um das Vorgarn zu dünneren und festeren Fäden zu „verstrecken". Dann drehte man die Spulen schneller, um das Garn zu verdrillen, bis es schließlich über die oberen, offenen Enden der Spulen abgenommen wurde. Schließlich drückte der Gillstab das Garn herunter, und man wickelte es von unten auf die Spindeln.*

im Jahr 1780 vermochte er die Dampfkraft so zu nutzen, daß sie eine Antriebswelle gleichmäßig drehte. Damit wurde die Dampfmaschine zu einer Kraftquelle, die die Räder der Industrie antreiben konnte.

1797: Präzisionswerkzeugmaschinen
Mit zunehmender Mechanisierung verlangte die Industrie nach stärkeren und besseren Maschinen. Sie sollten nicht mehr aus Holz, sondern aus Metall gebaut und genauer ausgeführt sein.

Eines der ersten Werkzeuge, die den höheren Ansprüchen des Maschinenzeitalters gerecht wurden, war die Bohrmaschine für Dampfzylinder, die John Wilkinson 1775 erfand. Als unmittelbarer Vorläufer der modernen → Werkzeugmaschinen gilt jedoch die Präzisionsdrehbank zum Gewindeschneiden, gebaut von dem englischen Ingenieur Henry Maudslay im Jahr 1797. Maudslay und seine Schüler James Nasmyth und Joseph Whitworth begründeten ein neues Fachgebiet, den Maschinenbau. Die bisher recht unzuverlässigen Methoden zur Messung und Oberflächenbehandlung wurden verfeinert. Maudslay entwarf Instrumente, die Toleranzen von $1/400$ mm messen konnten.

1798: Austauschbare Einzelteile
Der Amerikaner Eli Whitney, der 1792 eine Entkernungsmaschine für Baumwolle erfunden hatte, verpflichtete sich 1798, der US-Regierung innerhalb von zwei Jahren 10000 → Gewehre zu liefern. Nach dem damaligen Entwicklungsstand schien dieser Auftrag unausführbar. Ein erfahre-

man goß das flüssige Metall in einem Arbeitsgang in Formen, die mehrmals verwendet werden konnten. So stellte man wesentlich größere Stückzahlen her.

Mit fortschreitender Entwicklung entdeckten die Menschen nicht nur die →Bronze, das Glas und das Eisen, sondern auch Verfahren zur Herstellung dieser Stoffe in größerem Maßstab. Sie erfanden das Rad für den Transport und zum Schöpfen von Wasser, und sie entwickelten Bohrmaschinen, →Drehbänke und →Pressen. All diese Errungenschaften erforderten eine weitere Arbeitsteilung.

Im Mittelalter entstanden so die Zünfte. Diese Organisationen von „Spezialisten“ stellten Qualitätsnormen für die handwerkliche Arbeit auf; sie setzten Richtpreise fest und kümmerten sich um die Sicherung der Existenz ihrer Mitglieder.

Die Mechanisierung wurde zuerst bei der Herstellung von Kleidungsstücken eingeführt, einem Gewerbe, das jahrhundertelang kaum Fortschritte gemacht hatte. Um die Mitte des 16. Jh. wurden die ersten Textilfabriken gegründet, in denen Hunderte von Menschen unter einem Dach arbeiteten. Mit dem Schnellschützen, einem „fliegenden Weberschiffchen“, das der Engländer John Kay 1733 erfand, begann eine Reihe von Neuerungen, welche die Textilherstellung beschleunigten und zur ersten Industrie der Welt machten. 1771 stellte der englische Erfinder Richard Arkwright mehrere durch Wasserkraft betriebene →Spinnmaschinen in einem Gebäude auf und beschäftigte Männer, Frauen und Kinder als Bedienungspersonal.

In einer Fabrik verloren jedoch die Arbeiter ihre Unabhängigkeit. Sie konnten nicht mehr zu Hause nach eigener Zeit-

---

ner Büchsenmacher konnte höchstens eine Handvoll Gewehre im Jahr herstellen, da er alle Teile selbst anfertigen und einander genau anpassen mußte. Jedes dieser Gewehre war ein Einzelstück. Wenn ein Teil ausfiel, mußte ein entsprechendes Ersatzteil nachgearbeitet werden.

Whitney schlug nun einen völlig neuen Weg ein. Er nutzte die verbesserten Werkzeugmaschinen, um annähernd gleichförmige Gewehrteile herzustellen, auch wenn anstelle von Fachleuten nur Anlernkräfte die Maschinen bedienten. Aus diesen genormten Teilen wurden die Gewehre zusammengebaut. Nun mußte nicht mehr ein ganz bestimmter Schaft an einen ganz bestimmten Lauf montiert werden, weil alle Schäfte gleich waren und an alle Läufe paßten.

Mit diesem kühnen Unternehmen nutzte Whitney als erster die Austauschbarkeit von Einzelteilen – eine Grundvoraussetzung für die moderne Massenproduktion.

1808: Taljenblöcke in Fließarbeit

Eine der ersten Produktionsstraßen für die Massenfertigung richtete 1808 Marc Isambard Brunel in der Werft der englischen Hafenstadt Portsmouth ein. Er arbeitete ein Verfahren aus, nach dem die Herstellung von Taljenblöcken für Segel-

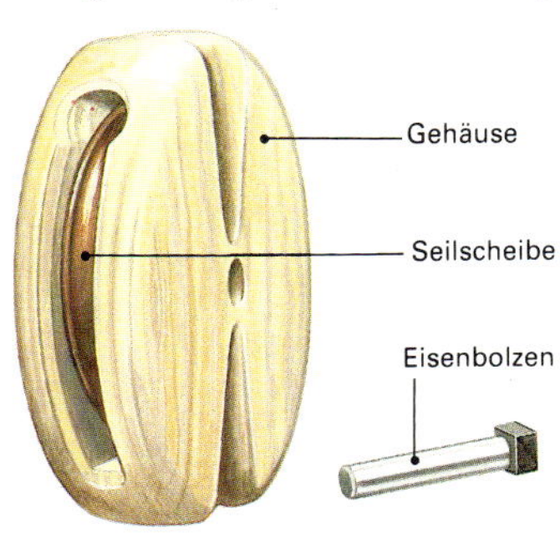

Ein fertiger Taljenblock *Mit Taljen (Flaschenzügen) wurden auf Segelschiffen die Rahen bewegt. Man brauchte dafür sehr viele Taljenblöcke; deshalb gehörten sie zu den ersten in Massen hergestellten Gegenständen. Sie bestanden aus einem hölzernen Gehäuse, in dem sich auf einem Eisenbolzen eine Seilscheibe drehte.*

WIE BRUNEL DIE GEHÄUSE UND SEILSCHEIBEN

DAS GEHÄUSE

1. Ein Ulmenstamm wurde mit einer Kreissäge in kürzere Stücke zerschnitten und dann mit einer Gattersäge in Längsrichtung besäumt. Aus diesen Klötzen sägte man die Rohlinge für die Blöcke

2. In die Rohlinge wurden mit einer Bohrmaschine zwei Löcher gebohrt: ein kleineres Loch für den Eisenbolzen, auf dem sich die Seilscheibe dreht, und ein größeres Loch zur Vorbereitung der Nut

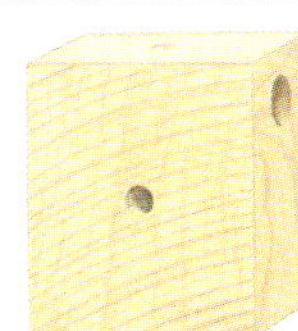

3. Das größere Loch an der Seite des Gehäuses wurde mit der Zapfenstemmmaschine zu einer Nut erweitert, die so groß und tief war, daß man die Seilscheibe einsetzen konnte

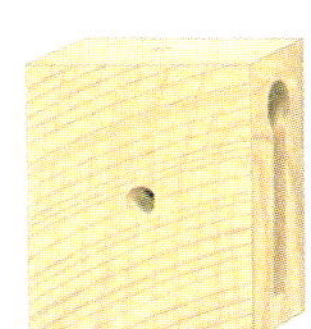

Die Zapfenstemmaschine *Ein Zahnrad schob das Blockgehäuse vor, während eine Kurbel einen Lochmeißel 400mal in der Minute auf und ab bewegte, um eine Nut aus dem Gehäuse auszustemmen.*

4. Das Gehäuse wurde auf den Tisch einer Gehrungssäge gelegt und dort mit einer Klemmleiste festgehalten, wobei man – vor der weiteren Formgebung – die Ecken abschrägte

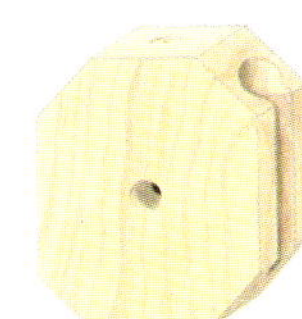

5. Eine Drechselbank bearbeitete die Oberfläche von zehn Gehäusen gleichzeitig. Man spannte die Gehäuse in ein Spannfutter ein und drehte sie gegen einen Hohlmeißel, der sie abrundete

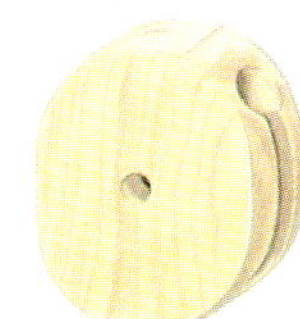

6. Jeweils zwei abgerundete Gehäuse wurden in eine Fräsmaschine eingespannt und mit Rillen für die festen Seile versehen. Zuletzt schliff und polierte man die Gehäuse

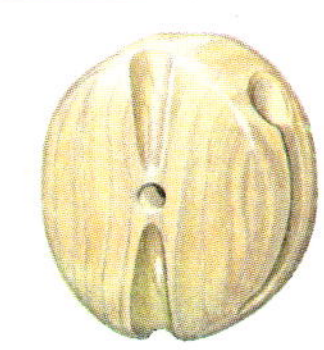

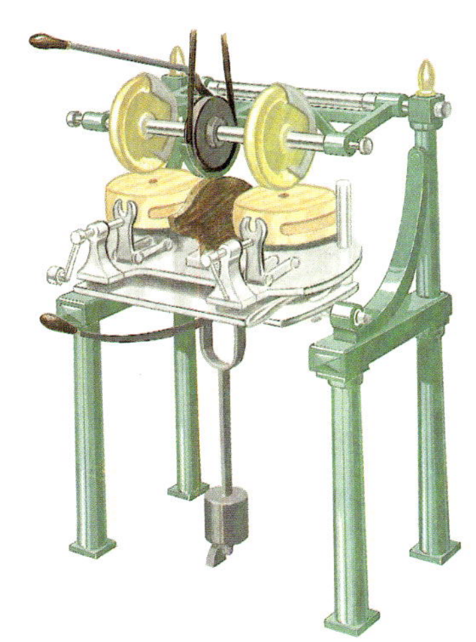

Die Scheibenschleifmaschine *Zwei Schleifscheiben rotierten gleichzeitig auf zwei Blockgehäusen und schliffen die Rillen ein. Der Tisch konnte zum Ausschleifen der Rillen auf der anderen Seite um 180° gedreht werden.*

einteilung arbeiten, sondern mußten sich in den lauten und schmutzigen Fabriksälen einfinden, wo Maschinen den Arbeitsrhythmus diktierten. Diese Maschinen brachten um so mehr Gewinn, je länger sie in Betrieb waren, so daß Fabrikarbeiter oft 16 Stunden am Tag arbeiten mußten. Familien wurden entwurzelt, wenn sie aus ihren Dörfern in die Nähe der Fabriken zogen. Diese Landflucht wurde zu einer regelrechten Völkerwanderung. Die Unzufriedenheit mit den Löhnen und Arbeitsbedingungen führte schließlich zu Sozialreformen und zur Gründung von Gewerkschaften.

Frühes Fließband *An dem ersten Fließband in den Fordwerken wurden 1913 Zündmagnete für das Automodell T montiert. Damit zog die Eintönigkeit in die Fabrikhallen ein: Die Arbeiter wiederholten den ganzen Tag einen einzigen Arbeitsgang. Andererseits brachte das Fließband auch einen gewaltigen Anstieg der Produktion und der Gewinne. 1914 erhöhte sich der Mindestlohn für Arbeiter um mehr als 50 Prozent.*

VON TALJENBLÖCKEN IN MASSEN PRODUZIERTE

DIE SEILSCHEIBE

1. Die Seilscheiben wurden aus dem harten, widerstandsfähigen Guajakholz gefertigt, das man aus Westindien importierte. Zunächst zerschnitt man die Stämme mit der Kreissäge in Scheiben

2. Jede Scheibe wurde auf einer Drehbank rundgedreht. In die Mitte bohrte man ein Loch für die Laufbuchse aus Metall, die später den Eisenbolzen aufnehmen sollte

3. Auf einer Seite der Scheibe wurde rund um das Loch eine dreigliedrige Vertiefung eingefräst, damit man die Metallbuchse mit ihren drei Laschen bündig in die Holzfläche einlassen konnte

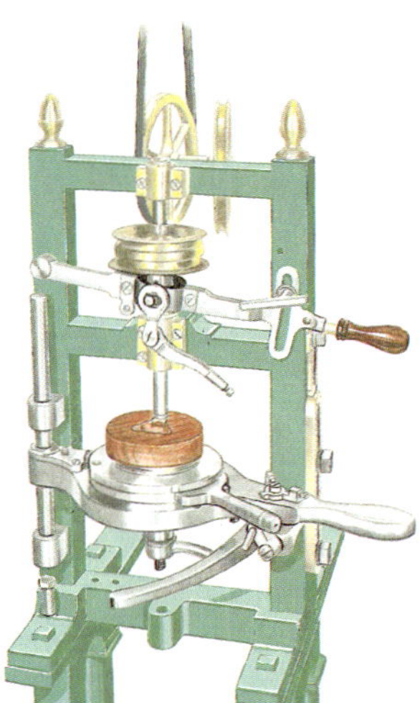

Die Oberfräse *Mit dem Fräskopf wurden drei Vertiefungen in die Seilscheibe eingefräst. Diese wurde nach jedem Arbeitsgang um 120° gedreht. Anschläge am Arbeitstisch stellten sicher, daß alle Ausfräsungen gleich tief waren.*

4. Die Laufbuchsen wurden aus Glockenmetall gegossen. Jede hatte innen eine spiralförmige Nut, damit man sie abschmieren konnte und die Seilscheibe möglichst reibungslos auf dem Eisenbolzen lief

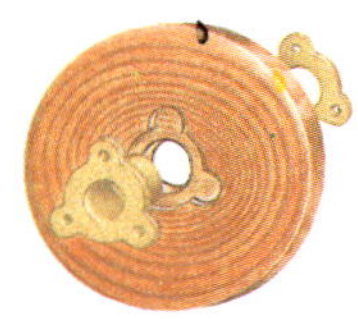

5. Die Laufbuchse wurde an den Laschen mit Drahtstiften an die Scheibe angenagelt. Dann bohrte man das Loch der Buchse nochmals nach, um es zu glätten und genau zu zentrieren

6. Zuletzt wurde die Seilscheibe auf der Drehbank beidseitig plangedreht. Gleichzeitig fräste man in die Kante auch eine Laufrille für das Seil ein

Die Drehbank *Zunächst wurde die Metallbuchse geglättet. Dann legte man den Treibriemen auf ein anderes Rad, das mit doppelter Umdrehungszahl lief, und schliff das Holz glatt. Zugleich schnitt man die Laufrille für das Seil ein.*

schiffe, die man in großer Zahl benötigte, in einzelne Arbeitsschritte zerlegt und mechanisiert wurde. Die Produktionsstraße bestückte Brunel mit 43 Präzisionsmaschinen von Henry Maudslay.

Auf diese Weise konnte er jährlich 160 000 Taljenblöcke herstellen. Jeder Arbeiter verrichtete an der Produktionsstraße nur einen Arbeitsgang, und nur zehn Mann erreichten in Fließbandarbeit dieselben Stückzahlen, für die vorher 110 Arbeiter benötigt worden waren.

1856: Billiger Stahl kommt auf den Markt
Weitere Fortschritte im Maschinenbau brachte ein beschleunigtes Verfahren zur → Stahlerzeugung, das Henry Bessemer 1856 in England erfand. Bis dahin wurde Stahl nur in geringen Mengen aus Schmiedeeisen nach einer Methode erzeugt, die fast eine Woche beanspruchte. Nach dem Bessemerverfahren gewann man große Mengen Stahl direkt aus dem Roheisen; die Umwandlung dauerte nur etwa eine halbe Stunde.

1881: Zeit- und Bewegungsstudien
Frederick W. Taylor, Chefingenieur eines amerikanischen Stahlwerks, führte 1881 erste Zeit- und Bewegungsstudien durch. Er beobachtete eingehend die Tätigkeit jedes einzelnen Arbeiters an einer Produktionsstraße – mit dem Ziel, unnötige und zeitraubende Bewegungen auszuschalten. Taylors Untersuchungen und die anschließenden Rationalisierungsmaßnahmen begründeten Produktionsplanung und Betriebsführung nach wissenschaftlichen Gesichtspunkten.

1909: Der erste Kunststoff
Ebenso wichtig wie die Versorgung der Fabriken mit billigem Stahl war die Einführung von synthetischem Rohmaterial. Bahnbrechende Arbeiten leistete der in Belgien geborene Chemiker Leo Baekeland, der 1905–1909 in den USA den ersten → Kunststoff, das Bakelit, entwickelte.

Damit stand den Herstellern eine immer größer werdende Zahl an Rohmaterialien

Den Fabrikbesitzern verhalf die Mechanisierung zu Wohlstand. Aber auch der Durchschnittsbürger hatte seinen Nutzen, denn es gab nun mehr Verbrauchsgüter in größerer Auswahl.

Zu Beginn des 19. Jh. wurde die Serienfertigung eingeführt – die Montage von Produkten aus gleichen, austauschbaren Teilen. Pionierarbeit auf diesem Gebiet leisteten in Amerika Eli Whitney bei der Herstellung von Gewehren und in England Marc Isambard Brunel bei der Anfertigung von Taljenblöcken für → Schiffe. Die Fertigung in Serie brachte nicht nur eine gewaltige Steigerung der Stückzahlen, mit den Maschinen konnten auch bessere und maßgerechtere Teile hergestellt werden.

Zu Beginn des 20. Jh. waren die wichtigsten Voraussetzungen für die Massenproduktion gegeben: die Arbeitsteilung, die Mechanisierung und die Montage austauschbarer Einzelteile. 1913 führte der amerikanische Autohersteller Henry Ford ein weiteres Element ein, das eine noch größere Steigerung der Produktion zur Folge hatte: das Fließband.

Als im 20. Jh. die Massengüter immer erschwinglicher und die Absatzmöglichkeiten immer größer wurden, stieg auch der Bedarf an Arbeitskräften – nicht nur in der Produktion, sondern auch in anderen Bereichen. Der Hersteller konnte nicht mehr gleichzeitig sein eigener Vorarbeiter, Betriebsleiter, Buchhalter und Verkäufer sein, sondern mußte andere Kräfte für diese Aufgaben anstellen. In der Massenproduktion spielen der Vertrieb und die Werbung eine besonders große Rolle.

Demgegenüber ist die Rolle des Fließbandarbeiters untergeordnet geblieben. Meist muß er nur einfache Handgriffe an teilweise fertiggestellten Produkten verrichten.

---

zur Verfügung. Darüber hinaus ließen sich die Kunststoffe mit automatischen Maschinen recht einfach formen, was sie für die Massenproduktion besonders geeignet machte.

1913: Das Fließband
Im Jahr 1908 konzentrierte sich der amerikanische Automobilhersteller Henry Ford auf einen einzigen Fahrzeugtyp, das Modell *T*, um in möglichst wirtschaftlicher Weise genormte Teile verwenden zu können. Im ersten Jahr baute er bereits fast 18000 Stück dieses Wagens, der damals 850 Dollar kostete.

1913 führte Henry Ford bei der Montage von Automobilen das Transportband ein. Damit begründete er das moderne industrielle Produktionsverfahren, die Arbeit am Fließband. Zunächst ließ Ford am Fließband Magnete für die → Zündvorrichtung montieren. Das Fließband transportierte die Zündanlage an einer Reihe von Arbeitern vorbei, die, ohne ihren Standplatz zu verlassen, nacheinander bestimmte Teile einbauten. Dadurch wurde die Montagezeit von 20 auf 5 Minuten verkürzt. Dann setzte Ford das Fließband für den Zusammenbau des Fahrgestells ein und verkürzte so die Montagezeit von 12 auf 1½ Stunden. Im Jahr 1923 verkaufte Ford 1,8 Millionen Autos. Der Preis sank auf 260 Dollar.

1951: Die automatische Fertigung
Eine weitere neuartige Produktionsmethode führten die Fordwerke 1951 mit der → Automatisierung ein. Erstmals wurden Motorblöcke nun von automatischen Maschinen hergestellt. Etwa 40 solcher Werkzeugautomaten transportierten, drehten und bearbeiteten nacheinander in genau abgestimmter Weise die Blöcke und fabrizierten in rund 500 Arbeitsgängen aus dem rohen Gußteil das fertige Produkt. Dadurch verkürzte sich die Zeit für die Fertigstellung eines Motorblocks von mehreren Stunden auf rund 15 Minuten.

1971: Mikroprozessoren steuern Maschinen
Schon in den 50er Jahren verwendete man gelegentlich → Computer zur Steuerung von automatischen Maschinen. In den 60er Jahren wurden die Computer immer kleiner, als man den → Transistor und den → Siliziumchip einführte.

1971 erhielt der Amerikaner M. E. Hoff ein Patent für seinen 1969 entwickelten Mikroprozessor, einen winzigen Baustein der Halbleitertechnik. Er kann so viele Informationen übermitteln, daß sich damit praktisch jede Maschine steuern läßt. Damit ist die Zeit näher gerückt, in der industrielle Produktionsverfahren vollautomatisch ablaufen werden.

Wagen vom Band *Ein Seil zog 1913 in den Fordwerken das Transportband, auf dem die Fahrgestelle standen, auf einem Schienenstrang vorwärts. Entlang dem Fließband waren 50 Arbeiter postiert, von denen jeder einen bestimmten Teil einbaute. Die fertigen Fahrgestelle rollten auf Schienen zu einer Holzrampe außerhalb der Fabrik. Die Karosserien, die man vorher im oberen Stockwerk zusammengebaut hatte, rutschten die Rampe herunter und wurden an die Fahrgestelle angenietet.*

Fließband einer modernen Autofabrik *Automatische Maschinen stanzen die Blechteile für die Karosserie aus, verschweißen diese mit dem Rahmen, montieren die Motorblöcke und überprüfen alle Teile auf Sicherheit.*

Mikrofon

Von Reis 1861 in Deutschland erfunden

Das erste Mikrofon entstand im Zusammenhang mit der Erfindung des →Telefons im Jahr 1861. Für dieses Telefonmikrofon spannte der deutsche Erfinder Johann Philipp Reis eine Membran aus Schweinsdünndarm über einen Metallrahmen. An der Membran war ein Streifen Platinblech befestigt, der den Stromkontakt über einen Platinstift schloß, wenn er in Schwingung versetzt wurde.

Das Telefonmikrofon des Amerikaners Alexander Graham Bell aus dem Jahr 1876 arbeitete mit einer Gummimembran, die auf einen Eisenrahmen dicht über einen Elektromagneten gespannt war. Durch die Stimme des Sprechers wurde die Membran und damit auch der Eisenrahmen in Schwingungen versetzt, die ihrerseits die Stromstärke in der Magnetspule veränderten. Am anderen Ende der Leitung wandelte ein →Lautsprecher mit der gleichen Anordnung der Mikrofonbauteile diese Stromschwankungen wieder in Schallwellen um.

1877 erfand der Amerikaner Thomas Alva Edison das empfindlichere Kohlenkörnermikrofon. In ihm entsteht die Wechselspannung durch die Veränderung des elektrischen Widerstands zwischen Kohlenteilchen, die je nach den Schwingungen der Membran unterschiedlich stark zusammengedrückt werden.

Aus Deutschland kamen die verfeinerten elektrostatischen Mikrofone, bei denen ein elektrischer Leiter in einem festen Magnetfeld im Rhythmus der Schallschwingungen hin und her bewegt wird. Dazu gehören das Tauchspulenmikrofon (1877 patentiert) und das Bändchenmikrofon (1923 patentiert).

Höchste Ansprüche erfüllen heute die sogenannten Kondensatormikrofone. Diese Geräte wirken wie die Umkehrung des elektrostatischen Lautsprechers. Besonders klein sind Kristallmikrofone, wie sie in →Hörgeräten verwendet werden. Dieser Typ beruht auf dem sogenannten Piezoeffekt: Bestimmte Kristalle werden durch Druck oder Zug positiv oder negativ elektrisch aufgeladen. Wenn nun eine Membran Schallschwingungen auf solche Kristallplättchen überträgt, entstehen an deren Oberfläche elektrische Ladungen, die im Rhythmus der Töne wechseln. Sie können zur Übertragung von Sprache genutzt werden.

Mikroskop

siehe Seite 190

Mixgerät

Der erste elektrische Küchenmixer kam 1910 in Amerika auf den Markt

Im Jahr 1904 wurden elektrisch angetriebene Rührstäbe und Mixer für zwei völlig verschiedene Zwecke benutzt: zum Mischen von Chemikalien in wissenschaftlichen Laboratorien und – hergestellt von George Schmidt und Fred Osius in den USA – zum Mixen von Milchgetränken. 1910 verbesserte der Ingenieur Chester Beach einen elektrischen Universalmotor und verwendete ihn als Antrieb für einen Küchenmixer. Zusammen mit Schmidt und Osius gründete er eine Firma, die als erste einen Handbesen zum Schneeschlagen mit einem Motorantrieb ausstattete. Bis 1931 wurde der →Elektromotor mit Metallklammern am Mixgerät befestigt. Dann baute man ihn zumeist ein.

Motorrad

Ein dampfbetriebenes Motorrad wurde 1869 in Frankreich patentiert

Die französischen Brüder Ernest und Pierre Michaux ließen sich 1869 in Paris das erste Kraftrad patentieren. Sie hatten ein von ihnen selbst gebautes →Fahrrad auf Dampfkraft umgerüstet. Hinter dem Sattel befand sich eine kleine, einzylindrige →Dampfmaschine, die das Hinterrad über einen Lederriemen antrieb. Beheizt wurde die Maschine mit →Alkohol. Bereits nach einer Fahrzeit von 10 bis 15 Minuten dürfte es notwendig gewesen sein, Wasser nachzufüllen. Die Höchstgeschwindigkeit gaben die Erfinder mit 15 km/h an.

Zahlreiche Konstrukteure versuchten in den folgenden Jahren, die Erfindung der Brüder Michaux zu verbessern. Noch 1894 wurde ein dampfbetriebenes Motorrad zum Patent angemeldet. Doch inzwischen hatte eine neue Antriebsart begonnen, die Dampfmaschine zu verdrängen. Der deutsche Pionier auf dem Gebiet des →Verbrennungsmotors, Gottlieb Daimler, probierte seinen Benzinmotor 1885 zunächst auf einem hölzernen Zweirad aus, bevor er ihn in das erste →Automobil einbaute.

In Frankreich brachten 1895 Comte Albert de Dion und Georges Bouton einen leichten Einzylindermotor mit Kurbelgehäuse aus Aluminium heraus, der einer schnellen Entwicklung des Motorrads den Weg bereitete. Der Motor lief mit einer bislang nie dagewesenen Umdrehungszahl von 1500 U/min, während sein engster Konkurrent, der Motor von Daimler, es nur auf 900 U/min brachte.

Der erste Motor von de Dion-Bouton wog 20 kg und leistete ein halbes PS (⅓ kW); das um ihn herumgebaute Fahrzeug hingegen wog fast 100 kg. Es war ein Dreirad. Im Straßenrennen Paris–Marseille–Paris von 1896 wurde ein solches Dreirad mit einem 1¾-PS-Motor Klassensieger. Über eine Strecke von mehr als 1120 km erreichte es eine Durchschnittsgeschwindigkeit von 22,5 km/h.

Zweirad mit Motor *Das erste von einem Benzinmotor angetriebene Zweirad der Welt konstruierte 1885 Gottlieb Daimler.*

Die ersten Automobile eröffneten neue Horizonte, aber nur wenige Menschen konnten sich die Kutschen mit Motor leisten. Motorräder waren billiger. Mit heutigen Modellen hatten sie allerdings noch wenig Ähnlichkeit; sie sahen eher aus wie motorisierte Rollstühle.

Die ersten praktischen Motorzweiräder stellten zwei Pariser Journalisten, Michel und Eugène Werner, her. Zunächst bauten sie 1897 ein Fahrrad mit einem Hilfsmotor an der Lenkstange, der das Vorderrad antrieb. Dieses kopflastige Fahrzeug bewährte sich aber nicht; so entwarfen die Brüder Werner 1901 die klassische Form des Motorrads – mit einem Motor zwischen zwei Rädern und mit Drehgriffen an der Lenkstange als Bedienungselemente.

Anfang der 50er Jahre stellte NSU in Deutschland die ersten Mopeds her.

Mikroskop

Ein Mikroskop wurde erstmals um 1590 von Hans und Zacharias Janssen in den Niederlanden gebaut

Ohne das Mikroskop hätten wir keine genauen Kenntnisse über die Natur des Lebens. Wir wüßten zum Beispiel nicht, wie Bakterien und Chromosomen aussehen; daß es im Gehirn Nervenzellen gibt; wie sich Muskeln zusammenziehen oder wie die Malaria übertragen wird. Die Möglichkeit, Dinge zu erkennen, die für das bloße Auge längst nicht mehr wahrnehmbar sind, hat überhaupt erst die Voraussetzung für viele Zweige der naturwissenschaftlichen Forschung geschaffen.

Nachdem die niederländischen Brillenmacher Hans und Zacharias Janssen um 1590 das erste Mikroskop gebaut hatten, machten Forscher damit zahlreiche Entdeckungen, die mit althergebrachten Vorstellungen aufräumten und neue wissenschaftliche Fachgebiete begründeten.

Der englische Naturforscher Robert Hooke veröffentlichte 1655 sein Buch *Micrographia* (Zeichnungen von kleinen Dingen), das die erste umfassende Sammlung von Zeichnungen mikroskopischer Vergrößerungen enthielt. Darunter befanden sich die Darstellungen dünner Schnitte von Kork, die den Aufbau der Zellen zeigten.

In Italien untersuchte der Arzt Marcello Malpighi mit dem Mikroskop die Anatomie der Pflanzen und Tiere. Im Jahr 1661 veröffentlichte er eine Beschreibung der Kapillargefäße – des haarfeinen Gefäßsystems, durch welches das Blut aus den Arterien in die Venen fließt. Seine Beobachtungen an der Lunge eines lebenden Frosches gaben letzten Aufschluß über das Funktionieren des Blutkreislaufs – eine der wichtigsten Entdeckungen in der Geschichte der Medizin. Aufgrund seiner mikroskopischen Untersuchungen lieferte Malpighi auch eine genaue Beschreibung der embryonalen Entwicklung des Kükens und der Feinstruktur vieler Organe, des Gehirns, der Leber, der Milz und der Nieren sowie der Knochen und der Haut.

Der Niederländer Antonie van Leeuwenhoek konnte 1676 nachweisen, daß die Welt von einer Vielzahl unsichtbarer Mikroorganismen bevölkert ist. Er untersuchte die Entwicklungsstadien zahlreicher Lebewesen und zeigte, daß Käfer und Flöhe aus Eiern ausschlüpfen, und er beschrieb die Embryos von Schnecken und Muscheln. Bisher hatte man angenommen, daß sich Rüsselkäfer aus den Weizenkörnern entwickeln, die sie befallen, daß Flöhe aus Schmutz entstehen und Schalentiere aus Schlamm. Mit seinem Mikroskop konnte Van Leeuwenhoek diese Theorie der spontanen Schöpfung widerlegen. Außerdem entdeckte er die roten Blutkörperchen und die Struktur der Muskelfasern.

Seit jenen ersten Untersuchungen hat die Mikroskopie wesentlich dazu beigetragen, daß die Lebensfunktionen bei Pflanzen und Tieren erhellt sowie die Grundlagen für den Kampf gegen Krankheiten geschaffen wurden.

Kleinste Lebewesen werden sichtbar

Das Elektronenmikroskop hat den Menschen noch tiefer in die Geheimnisse der Natur eindringen lassen, bis hin zu Gefügen in der Größe von Molekülen. Es erlaubt auch eine direkte Untersuchung von Viren, der kleinsten Lebewesen, welche die Ursache vieler Krankheiten bei Pflanzen, Tieren und Menschen sind.

Aber nicht nur in der Biologie und Medizin hat die Mikroskopie bedeutende Möglichkeiten eröffnet; sie ist auch ein wichtiges Hilfsmittel der Metallurgie, der Geologie, Kriminalistik und anderer Fachbereiche. Ohne die Mikroskopie wäre die Menschheit der Natur gegenüber auf einem Auge blind.

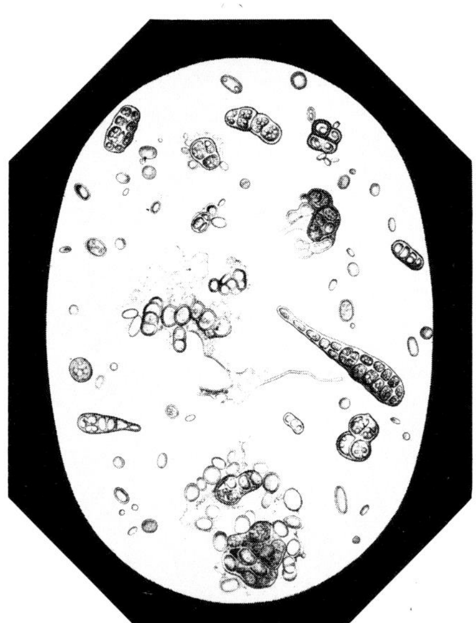

Schmutz auf der Traube *Der französische Chemiker Louis Pasteur stellte in dieser Zeichnung dar, was er unter dem Mikroskop sah, als er Staubteilchen auf einer Weintraube bei 500facher Vergrößerung betrachtete. Pasteur konnte nachweisen, daß die im Staub enthaltenen Hefezellen die Gärung verursachen.*

Jahrhundertelange Forschungen enthüllen die verborgene Welt des Allerkleinsten

1. Jh.: Das Vergrößerungsglas wird entdeckt

Ein Gegenstand wird scheinbar größer, wenn man ihn dem Auge nähert. Wird jedoch der sogenannte Nahpunkt unterschritten – bei einem normalsichtigen Erwachsenen befindet er sich in einer Entfernung von etwa 25 cm –, so erscheint der Gegenstand verschwommen. Das optische System des Auges (vor allem Hornhaut und Linse) kann die Lichtstrahlen, die vom Gegenstand reflektiert werden, dann nicht mehr so stark brechen, daß sie sich auf der Netzhaut vereinigen. Eine konvexe → Linse, die man sich vor das Auge hält, bricht nun die Lichtstrahlen zusätzlich, bevor sie ins Auge eintreten. So kann man mit ihrer Hilfe Gegenstände auch dann noch scharf sehen, wenn sie sich ganz nahe am Auge befinden und deshalb besonders groß erscheinen. Dies ist der Grund, warum eine Sammellinse vergrößert.

Schon der römische Schriftsteller Seneca (4 v. Chr. bis 65 n. Chr.) stellte fest, daß ein Gegenstand, den man durch eine mit Wasser gefüllte Glaskugel betrachtet, vergrößert erscheint. Die Kugel bildet eine konvexe Linse. Im 11. Jh. nutzten die Chinesen, im 13. Jh. die Italiener die vergrößernde Wirkung von Sammellinsen und stellten daraus → Brillen für Weitsichtige her.

1590: Das Mikroskop mit zwei Linsen

Bis zum Ende des 16. Jh. bedienten sich auch die Forscher der einfachen Sammellinse, wenn sie kleine Dinge untersuchen wollten. Die Möglichkeit, zwei Linsen zu kombinieren, um stärkere Vergrößerungen zu erreichen, beschrieb der italienische Arzt Girolamo Fracastoro bereits 1538. Doch erst um 1590 verwirklichten der niederländische Brillenschleifer Hans Janssen und sein Sohn Zacharias diesen Gedanken. Sie setzten zwei Sammellinsen in einigem Abstand voneinander in ein Papprohr. Eine diente als Objektiv, das ein vergrößertes Abbild des betrachteten Gegenstands lieferte, die andere als Okular, welches dieses Abbild nochmals vergrößerte.

Die ersten Mikroskope hatten noch Schwächen. Man hatte damals keine hochwertigen Gläser und war auch noch nicht in der Lage, wirklich einwandfreie Linsen zu schleifen. Überdies fehlte es den Mikroskopherstellern an theoretischen Grundlagen; sie konnten die Optik ihrer Geräte nicht berechnen. Das gelang erst fast drei Jahrhunderte später.

1676: Van Leeuwenhoeks kleine Tiere

Zumindest die handwerklichen Mängel bei der Linsenherstellung wurden bald behoben. Der niederländische Naturforscher Antonie van Leeuwenhoek, der auch ein hervorragender Glasschleifer war, verfertigte im 17. Jh. die besten und stärksten Linsen seiner Zeit. Es gelang ihm, Linsen zu schleifen, die einen Durchmesser von nur 3 mm hatten, und andere, die mehr als 300fach vergrößerten. Trotzdem ist Van Leeuwenhoek eigentlich nicht zu den Pionieren des Mikroskopbaus zu zählen. Vielmehr war er einer der Väter der wissenschaftlichen Mikroskopie. So intensiv wie er hatte bis dahin niemand die verborgene Welt des Kleinsten untersucht. Van Leeuwenhoek benutzte kein zweilinsiges Mikroskop, sondern nur eine einzige Sammellinse, allerdings eine von höchster Qualität. Er klemmte sie zwischen zwei Metallplatten, an denen sich auch Stellschrauben und eine → Nadel befanden. Der zu betrachtende Gegenstand wurde auf die Nadel gespießt und mit der Stellschraube vor der Linse genau justiert.

Lebende Objekte untersuchte Van Leeuwenhoek mit Hilfe eines Geräts, das anstelle der Nadel ein Glasröhrchen hatte. 1676 entdeckte er die Bakterien. Als er sieben Jahre später erste Zeichnungen dieser Mikroorganismen veröffentlichte, nannte er sie kleine Tiere; denn er wußte noch nicht, was er da beobachtet hatte.

19. Jh.: Achromatische Linsen
Ein optisches Problem, das die Entwicklung des Mikroskops behinderte, war die sogenannte chromatische Aberration, die Farbabweichung. Diese Erscheinung kommt daher, daß Licht von unterschiedlicher Wellenlänge oder Farbe durch eine Linse unterschiedlich stark gebrochen wird: Blaues Licht wird mehr abgelenkt als rotes. Gewöhnliches weißes Licht – ein Gemisch aus allen Spektralfarben – wird deshalb durch die Linse in seine Einzelfarben zerlegt. Gegenstände, die man durch eine starke Linse betrachtet, erscheinen somit etwas verschwommen und von einem farbigen Rand umgeben. Noch störender wirkt sich die sphärische Aberration aus, die darauf zurückzuführen ist, daß die Lichtstrahlen am Rand einer Linse stärker gebeugt werden als in der Mitte.

Versuche mit Fernrohren zeigten im 18. Jh., daß man die chromatische Aberration wesentlich verringern kann, wenn man zwei Linsen aus verschiedenen Glassorten verbindet, die das Licht unterschiedlich stark brechen. Kurz nach 1800 wurden in den Niederlanden auch Mikroskope mit solchen achromatischen Linsen verkauft. Der englische Arzt Joseph Jackson Lister zeigte 1830, daß man zwei achromatische Linsen zu einem Objektiv vereinigen kann, das sowohl die chromatische als auch die sphärische Aberration ausgleicht. So entstehen wesentlich bessere Bilder.

1880: Objektiv in Öl
Der deutsche Physiker Ernst Abbe, zunächst Mitarbeiter und von 1889 an Alleininhaber der Optischen Werke Carl Zeiss in Jena, schuf bis 1873 die theoretischen Grundlagen für den Bau von Mikroskopen mit höchstem Auflösungsvermögen. Er stellte eine Theorie der mikroskopischen Abbildung auf und berechnete apochromatische Objektive, die an Qualität alle bis dahin produzierten weit übertrafen. Durch sie erlangte die Firma Carl Zeiss Weltruf, und der Inhaber machte Abbe zu seinem Partner.

Abbe führte auch das Ölimmersionsobjektiv für Mikroskope ein, das bis zu 2000fache Vergrößerungen ermöglicht. Dabei wird ein Tropfen Öl, meist Zedernöl,

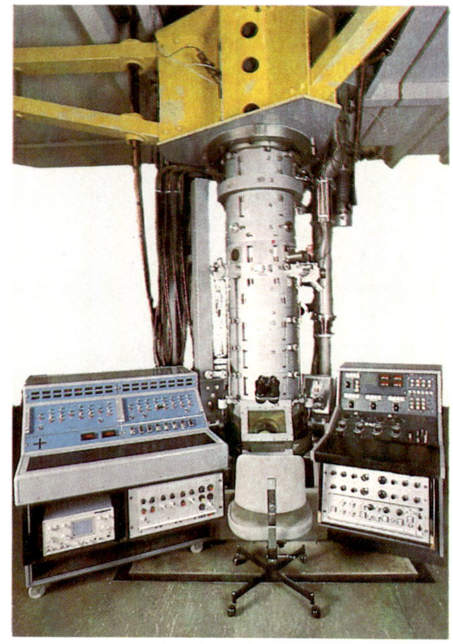

Elektronenmikroskop *Ein Elektronenmikroskop liefert stärkste Vergrößerungen, die allerfeinste Strukturen von Stoffen oder Lebewesen sichtbar machen. Ein solches Gerät kann bis zu 5 m hoch und 7 t schwer sein.*

AUFBAU UND STRAHLENGANG EINES LICHTMIKROSKOPS

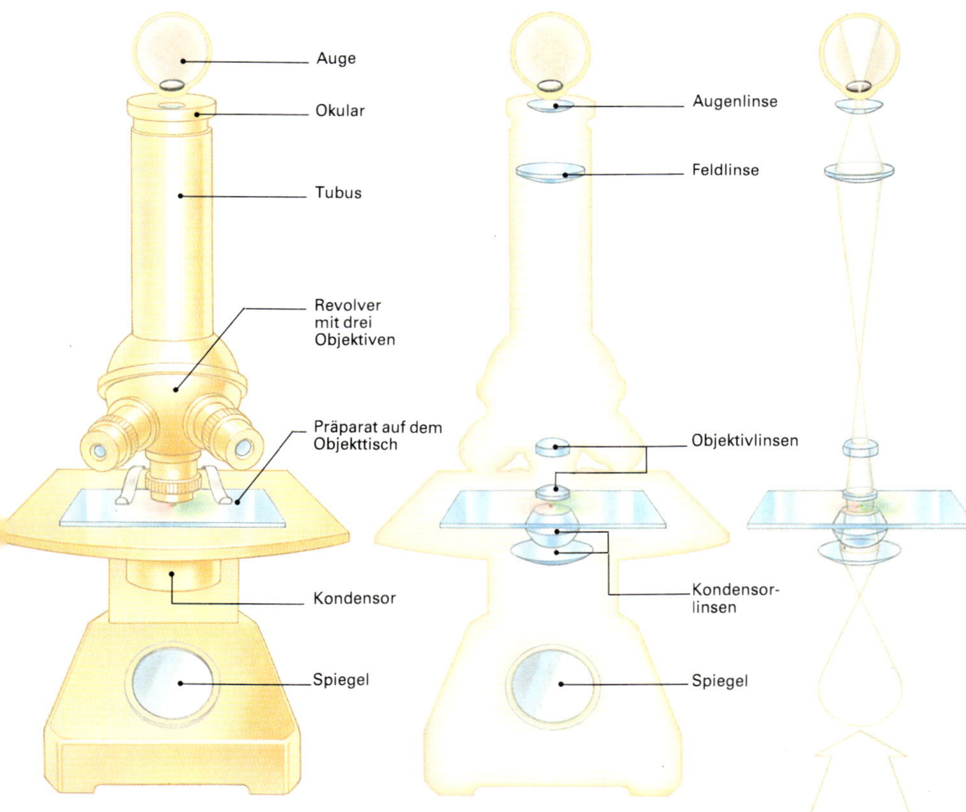

Der Aufbau *Das Auge blickt in ein Okular, das oben in einem Tubus sitzt. So betrachtet man ein Bild, das von einem Objektiv entworfen und vom Okular nochmals vergrößert wird. Das Objektiv sitzt meistens mit anderen zusammen an einem drehbaren „Revolver". So kann der Benutzer rasch die Vergrößerung wechseln. Das zu betrachtende Präparat liegt auf einem Objekttisch mit Mittelloch.*

Die Linsen *Das Bild wird durch drei Linsensysteme erzeugt. Unter dem Objekttisch befindet sich der Kondensor. Das Objektiv über dem Objekttisch enthält bis zu 18 Linsen. Das Okular am oberen Ende des Tubus hat eine Feldlinse und eine Augenlinse. Wenn ein Objektiv mit großem Brechungsindex in einen Tropfen Öl auf dem Deckglas des Präparats getaucht wird, kann man eine noch stärkere Vergrößerung erzielen.*

Entstehung des Bildes *Das Licht wird vom Spiegel in den Tubus geworfen und gelangt durch drei Linsensysteme ins Auge: Der Kondensor bündelt die Strahlen und richtet sie auf das Objekt. Das Objektiv vergrößert das Bild, und das Okular vergrößert es erneut. Beide Einzelvergrößerungen ergeben die Gesamtvergrößerung.*

auf das Deckglas des zu untersuchenden Präparats gesetzt. Dann taucht man ein Objektiv mit hohem Brechungsvermögen in das Öl ein. Auf diese Weise erzielt man ein höheres Auflösungsvermögen der Optik. Das heißt, dicht nebeneinanderliegende Details, die sonst ineinander verschwimmen würden, werden noch getrennt wiedergegeben.

1904: Das Ultramikroskop
Mit dem Ultramikroskop, das 1904 bei Zeiss entwickelt wurde, kann man noch Teilchen sichtbar machen, die an sich selbst mit einem Mikroskop nicht mehr zu erkennen sind – beispielsweise kleinste Zusammenballungen von Fettpartikeln der Milch mit einem Durchmesser von weniger als $\frac{1}{1000}$ mm. Zu diesem Zweck wird das Objekt von der Seite beleuchtet; die Partikel streuen dann die Lichtstrahlen und erscheinen als helle Punkte auf dunklem Grund.

Zu den weiteren Formen eines Mikroskops gehört das binokulare Mikroskop, bei dem man das Bild durch zwei Okulare betrachtet, was bei längerem Arbeiten weniger ermüdend ist; ferner das stereoskope Präpariermikroskop, bei dem zwei etwas gegeneinander geneigte Objektive auf das Objekt gerichtet sind. Es liefert ein räumliches Bild und wird z. B. in der Mikrochirurgie verwendet.

1931: Das Elektronenmikroskop
Teilchen, die kleiner sind als die Wellenlänge des Lichtes, können nicht mehr mit Hilfe von Licht sichtbar gemacht werden. Dafür braucht man noch kürzere Wellen.

Solche Wellen sind die sogenannten Elektronenwellen. Der deutsche Physiker Hans Busch entdeckte nun im Jahr 1926, daß Elektronenstrahlen durch elektrische oder magnetische Felder ähnlich abgelenkt werden wie Lichtstrahlen durch Linsen.

Aufgrund dieser Erkenntnis entwickelten verschiedene deutsche Forscher Mikroskope, die mit Elektronenstrahlen arbeiten. Ein Elektronenmikroskop mit Magnetlinsen bauten 1931 Max Knoll und Ernst Ruska in Berlin. Doch erst 1934 gelang es, Elektronenmikroskope zu konstruieren, deren Auflösungsvermögen das der Lichtmikroskope übertraf.

Heutige Elektronenmikroskope vergrößern bis zu millionenfach. Das Bild wird sichtbar gemacht, indem man die Elektronen auf einen fluoreszierenden Bildschirm auftreffen oder fotografisches Material schwärzen läßt.

Eine Weiterentwicklung des Elektronenmikroskops ist das Rasterelektronenmikroskop, das Bilder mit besonders großer Tiefenschärfe liefert. Zugleich ermöglicht es, die chemische Struktur eines Objekts zu untersuchen. So kann man beispielsweise die genaue Zusammensetzung von Fossilien bestimmen, ohne das Präparat zu zerstören.

Winziges Fossil *Das Skelett einer Kieselalge (Diatomee) wurde hier mit einem Rasterelektronenmikroskop 2400fach vergrößert. Das Präparat wird im Vakuum untersucht, weil Luftmoleküle den Elektronenstrahl ablenken können. Das Bild erscheint dann räumlich-plastisch auf einem Bildschirm.*

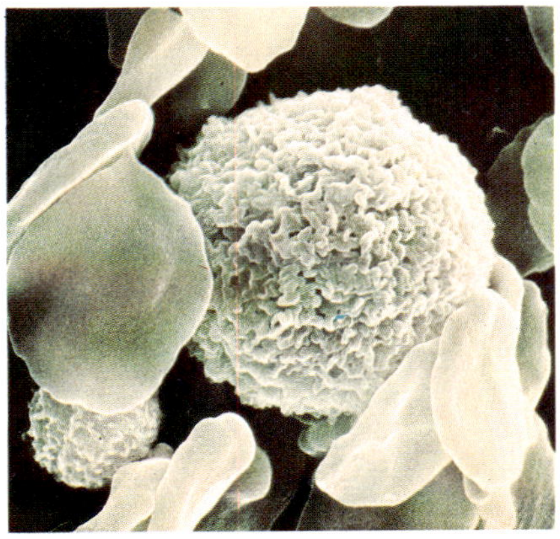

Krebsdiagnose *Mit dem Rasterelektronenmikroskop wurde eine Krebszelle (Mitte) zwischen den roten Blutkörperchen eines Leukämiepatienten entdeckt. Ein Elektronenmikroskop ermöglicht Vergrößerungen bis zum Millionenfachen und kann auch größere Einzelmoleküle deutlich sichtbar machen.*

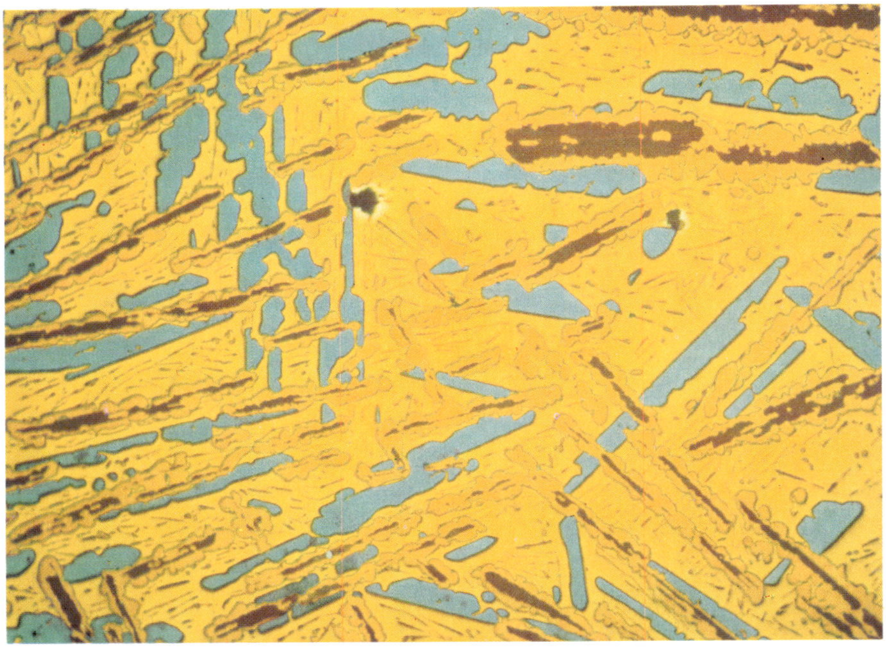

Strukturanalyse einer Legierung *Das Lichtmikroskop zeigt in 390facher Vergrößerung die Kristallstruktur der Metalle in einer Legierung. Diese besteht hier aus 18 Prozent Silber, 15 Prozent Kupfer und 67 Prozent Zinn. Mit dem Lichtmikroskop und Ölimmersionsobjektiven sind bis zu 2000fache Vergrößerungen möglich.*

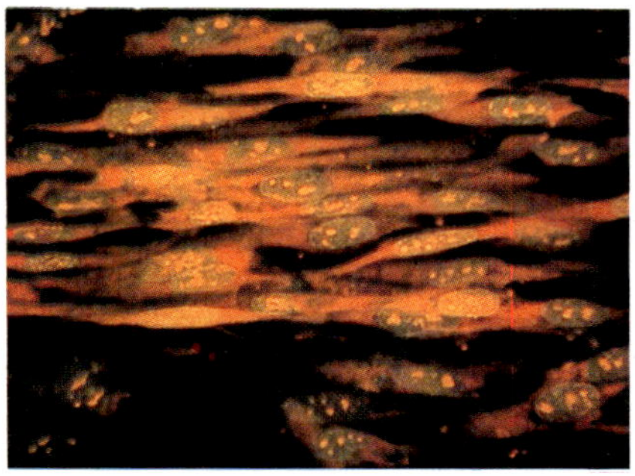

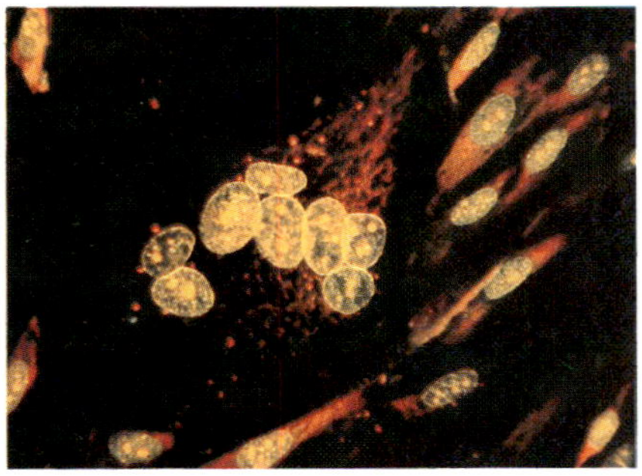

Krankhafte Veränderung von Zellen *Die mikrofotografischen Aufnahmen zeigen links gesunde menschliche Körperzellen und rechts solche Zellen, bei denen sich nach einer Maserninfektion die Zellkerne zusammengeballt haben.*

N

Nachtsichtgeräte

Seit etwa 1930 entwickelt

Mit Restlichtverstärkern und Infrarotgeräten kann man heute selbst im Dunkeln sehen. Diese Erfindungen dienen unter anderem dem Militär zu Beobachtungszwecken und als Zielsuchhilfe.

Restlichtverstärker intensivieren das schwache Licht der Sterne und machen die nun deutlicher hervortretenden Objekte auf einem Bildschirm sichtbar. Infrarotsichtgeräte enthüllen die nächtliche Szenerie aufgrund ihrer Eigenstrahlung selbst bei völliger Dunkelheit. Infrarotscheinwerfer ermöglichen zum Beispiel →Panzern eine Fahrt durch totale Finsternis.

Andere Infrarotgeräte nehmen die Wärmestrahlung von Motoren oder Menschen auf und machen sie sichtbar. Es gibt Nachtfernrohre, die nach diesem Prinzip funktionieren, aber auch Flugabwehrraketen, die ihr Ziel (die heißen Flugzeugmotoren) mit tödlicher Sicherheit selbst suchen. Die meisten dieser Einrichtungen wurden von etwa 1930 an entwickelt.

Nadel

Schon vor 20000 Jahren verwendet

Nadeln aus Knochen, die 20000 Jahre alt sind, hat man in Frankreich in Höhlen entdeckt. Steinzeitmenschen erfanden die Nadel, um damit Tierhäute zu Kleidungsstücken zusammenzunähen, die weniger winddurchlässig waren.

Babylonier, Griechen, Kelten und Römer hämmerten Nadeln aus dünnen Metallstäben (→Bronze, Kupfer, Eisen, auch Silber und Gold), deren Enden sie zu Öhren umbogen.

Im Mittelalter verwendeten die „Nadler“ Stücke aus Eisen- oder Messingdraht, die mit einer Feile zugespitzt wurden. Das andere Ende spaltete man und klopfte es dann zu einem Öhr zusammen.

Nagel

Die ältesten Nägel sind 5500 Jahre alt

In Mesopotamien hat man das 60 cm hohe Standbild eines Stieres aus der Zeit um 3500 v. Chr. gefunden. Es besteht aus Kupferblechen, die auf ein Holzgestell genagelt sind. Die Nägel, die dafür benutzt wurden, sind die ältesten, die man kennt.

Im Mittelalter gehörten die Nagelmacher zu den angesehenen Handwerkern. Sie zogen Eisenstäbe durch Löcher in einer „Ziehlehre“ zu dünnerem Draht aus, den man dann teilte. Diese Drahtstifte waren aber teuer; deshalb stellten die Tischler meist kunstvolle Holzverbindungen ohne Nägel her.

Die ersten brauchbaren Maschinen zur Fabrikation von Nägeln beruhen auf Patenten des Amerikaners Ezekial Reed aus dem Jahr 1786 und des Engländers Thomas Clifford aus dem Jahr 1790. Seitdem kann man Nägel wesentlich billiger herstellen.

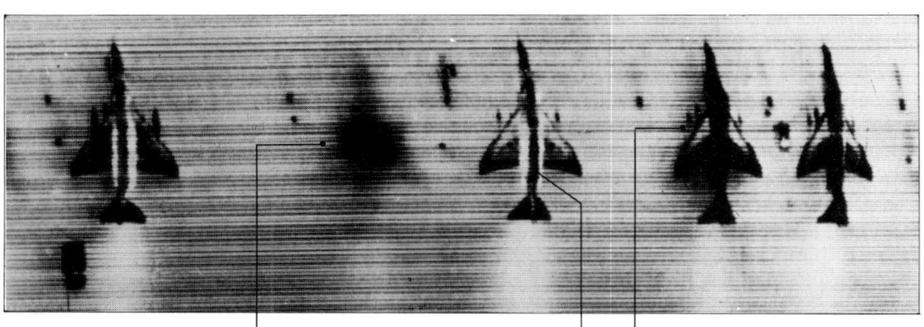

Infrarotscanner *Mit einem solchen Gerät kann ein Nachrichtenoffizier die Anzahl der Flugzeuge erkennen, die auf einem gegnerischen Flugfeld stationiert sind. Das Gerät erfaßt nicht nur Maschinen, die noch auf dem Boden stehen, sondern auch die Wärmespuren von Flugzeugen, die schon vor Stunden gestartet sind.*

Nähmaschine

Balthasar Krems baute 1810 die erste funktionierende Nähmaschine

Der Schlüssel zur Entwicklung der Nähmaschine war eine →Nadel mit dem Öhr nahe der Spitze. Sie mußte nicht mehr ganz durch den Stoff gezogen werden, sondern bildete unterhalb des Stoffes schon dann eine Fadenschlinge, wenn sie nur kurz eingestochen und wieder herausgezogen wurde. Diese Nadel war eine Erfindung des deutschen Strumpfwirkers Balthasar Krems, der 1810 die erste funktionierende Kettenstichmaschine baute – nach Vorarbeiten von Charles F. Weisenthal (um 1755) und Thomas Saint (1790). Die Maschine von Krems wurde mit einer Handkurbel betrieben; die Nadel bildete unter dem Stoff eine Schlinge, durch die dann der nächste Stich geführt wurde.

Eine Nähmaschine, die 1830 der Wiener Schneider Joseph Madersperger baute, setzte sich nicht durch. Im selben Jahr entwickelte der Franzose Barthélemy Thimonnier eine Kettenstichmaschine, die als erste einen vorübergehenden geschäftlichen Erfolg brachte. Thimonnier richtete in Paris eine Uniformfabrik ein und stattete sie mit 80 seiner Nähmaschinen aus. Sie wurden jedoch 1831 von revoltierenden Arbeitern zerschlagen, die um ihren Lebensunterhalt bangten.

Um 1833 baute der Amerikaner Walter Hunt, der Erfinder der →Sicherheitsnadel, eine Maschine für den Doppelsteppstich. Sie arbeitete mit zwei Fäden, einem oberhalb und einem unterhalb des Stoffes, wie es heute allgemein üblich ist. Die Nadel bildete mit dem oberen Faden unterhalb des Stoffes eine Schleife, durch die der untere Faden mittels einer Art Weberschiffchen gezogen wurde.

Hunt verkaufte seine Erfindung im Jahr 1834 an den New Yorker Fabrikanten George Arrowsmith, aber aus Kapitalmangel nahm dieser die Produktion nicht auf.

Eine ähnliche Maschine baute 1845 der Mechaniker Elias Howe in Massa-

Nähmaschine von 1865 *Von dieser Singer-Nähmaschine wurden von 1865 an innerhalb von 18 Jahren vier Millionen Stück hergestellt. Außer dem Grundmodell gab es auch teurere Ausführungen. Der Steppstichmechanismus wurde durch eine Hand- oder Tretkurbel angetrieben. Die Maschine hieß „New Family" und trug viel zur Entwicklung der Heimschneiderei bei.*

chusetts, fand dafür aber keine Käufer. Erst später verwirklichten andere Hersteller seine Ideen und zahlten ihm Lizenzgebühren. 1851 ließen sich die beiden Schneider William Grover und William Baker in Boston eine Nähmaschine mit doppeltem Kettenstich patentieren, der sich besonders für Ziernähte eignete. Allen Benjamin Wilson in Michigan baute im selben Jahr eine Rundschiffchenmaschine, die eine raschere Stichfolge ermöglichte.

Ebenfalls 1851 ließ sich der New Yorker Mechaniker Isaac Merritt Singer eine verbesserte Schiffchennähmaschine patentieren. Sie wurde mit einer Tretplatte und einer Kurbel angetrieben. Ein gezahntes Rad schob den Stoff zwischen den einzelnen Stichen weiter, und ein gefederter Fuß hielt ihn während der Arbeit nieder.

Singers Partner, der Rechtsanwalt Edward Clark, führte 1856 das erste Teilzahlungssystem ein, indem er die Möglichkeit bot, den Preis für eine Nähmaschine in Raten zu zahlen. Bei Barzahlung kostete eine Singer rund 50 Dollar. Bei einer Anzahlung von fünf Dollar und monatlichen Raten von drei Dollar kam sie letztlich auf 100 Dollar. Vertreter gingen im ganzen Land von Haus zu Haus und führten mit Erfolg die neue, arbeitssparende Maschine vor, mit der man zehnmal so rasch nähte wie von Hand.

1858 brachte Singer die erste leichte „Familienmaschine" heraus. In der Folge eröffnete er auch in Europa eine Fabrik nach der anderen, wo er bald ebenso erfolgreich war. Als er 1875 starb, hatte die Singer Manufacturing Company einen Wert von 13 Millionen Dollar.

Die Herstellung von Konfektionsware nahm nach 1860 gewaltig zu. Dies führte dazu, daß Spezialnähmaschinen entwickelt wurden, beispielsweise für Knopflöcher. Dank der verringerten Produktionszeiten wurde Kleidung billiger. Für gewerbliche Maschinen gab es bereits von 1889 an einen →Elektromotor – für Haushaltmaschinen lohnte sich das erst von etwa 1921 an.

Die Industrie bevorzugt Kettenstichmaschinen, da sie eine raschere Stichfolge haben; bei modernen Maschinen beträgt sie bis zu 7000 pro Minute. Außerdem bringt man in ihnen einen viel größeren Fadenvorrat unter als in Schiffchenmaschinen. Für den Haushalt setzten sie sich aber nicht durch, denn wenn bei ihnen einmal der Faden reißt, kann die ganze Naht aufgehen.

Die neuesten Steppstichmaschinen sind äußerst vielseitig und werden von Minicomputern gesteuert, die man mit Tastknöpfen bedient. Sie können unter anderem zickzack und rückwärts nähen, Knopflöcher und Säume einfassen, Knöpfe annähen, stopfen und sticken sowie Abnäher und elastische Nähte machen.

Nocken

Erstmals in Maschinen des 10. Jahrhunderts verwendet

Der Nocken ist ein kurvenförmiger Vorsprung an einer Welle. Er wird im Maschinenbau häufig benutzt, um eine Bewegung in eine andere – beispielsweise eine Drehbewegung in eine Hinundherbewegung – umzuformen. Am gebräuchlichsten ist die Nockenwelle zum Öffnen und Schließen der →Ventile im Automotor.

Schon im 10. Jh. wurden Nocken verwendet, wenn ein Fallhammer durch ein →Wasserrad angetrieben werden sollte. Der Nocken oder Vorsprung saß auf einer Achse oder Nockenwelle, die vom Wasserrad gedreht wurde. Der Nocken drückte das Stielende des →Hammers nach unten, hob dadurch den schweren Hammerkopf hoch und ließ ihn dann wieder herabfallen. Der Fallhammer wurde zum Schmieden, Stampfen, Brechen und Zerkleinern verwendet.

Mit dem Anbruch des Maschinenzeitalters wurden Nocken und Wellen in einem Stück aus Eisen, später aus Stahl, gegossen oder geschmiedet.

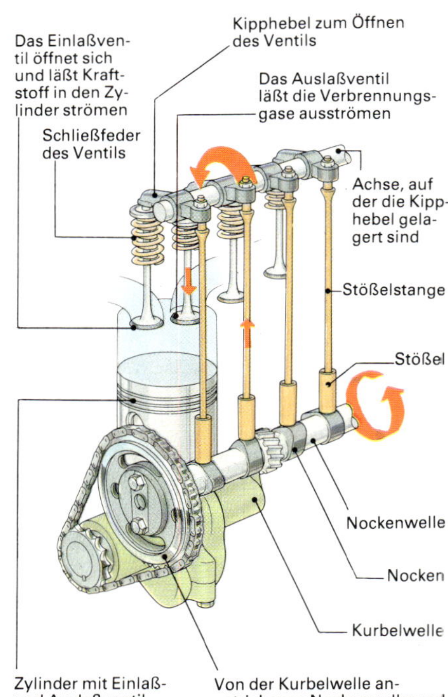

Nockenwelle im Automotor *Im Automotor werden die Ventile von einer Nockenwelle geschlossen und geöffnet. Die Nocken heben nacheinander die Stößel und Stößelstangen an, betätigen dadurch die Kipphebel und drücken das Ventil nach unten. Eine Feder schließt das Ventil, sobald sich der Nocken weitergedreht hat und der Kipphebel wieder in seine Ausgangsstellung zurückgegangen ist.*

Notenschrift

Das Liniensystem entstand im 11. Jh.

Die Notenschrift ist für die Musik von größter Bedeutung. Noch im 7. Jh. schrieb der Bischof von Sevilla: „Wenn der Mensch die Musik nicht im Gedächtnis behält, ist sie verloren, denn man kann sie nicht niederschreiben." Das hat sich gründlich geändert. Die Werke von Komponisten wie Mozart, Beethoven oder Chopin sind dank der Noten bis in Nuancen überliefert.

Schon die Babylonier, Juden und Chinesen besaßen eine Notenschrift. Die der Griechen war bereits hoch entwickelt. Sie gab die einzelnen Töne durch Buchstaben wieder und drückte rhythmische Werte durch Punkte und Striche aus. Zwar sind einige dieser Notationen erhalten geblieben; das Klangbild läßt sich aber nicht wiederherstellen.

Aus Asien und dem Vorderen Orient stammen vermutlich die sogenannten Neumen. Ursprünglich, etwa ab 800, waren dies lediglich Zeichen über den Wörtern von Kirchenliedern, die andeuteten, wo die Stimme gehoben oder gesenkt werden sollte. Im 11. Jh. verwendete der Benediktinermönch Hermannus Contractus auch Buchstaben, um Intervalle zu bezeichnen.

Einen wichtigen Fortschritt erzielte im 11. Jh. der Benediktinermönch Guido von Arezzo. Er führte vier waagrechte Linien ein und schrieb die Neumen auf oder zwischen den Linien, so daß nun auch die Tonhöhen erkennbar wurden.

Mit den „Mensuralnoten" führte Franco von Köln im 13. Jh. genaue Angaben über die Länge der Töne ein. Dabei unterschied er vier Werte: die Maxima, Longa, Brevis und Semibrevis. Später wurden dazu die noch kürzeren Noten Minima und Semiminima eingeführt.

Um 1600 wurde aus der Semibrevis die heutige ganze Note. Die Noten ähnelten nun schon den heute gebräuchlichen. Weitere Zeichen, etwa für Pausen oder für Notenverbindungen, kamen hinzu. Aus den vier Linien waren schon vorher fünf geworden. Daneben bestanden bis ins 18. Jh. noch die sogenannten Tabulaturen – besondere Notenschriften etwa für die → Laute, die Orgel oder andere Instrumente.

Ultramoderne Stücke werden gelegentlich nicht in normaler Notenschrift aufgeschrieben, sondern vom Komponisten durch besondere Diagramme oder Bilder dargestellt.

Mittelalterliches Notenblatt *Wohl das älteste gedruckte Notenbuch ist ein Buch mit Meßgesängen, das der deutsche Drucker Conrad Fyner im Jahr 1473 in Esslingen am Neckar herstellte. Es zeigt das Fünfliniensystem und die gotische Choralnotenschrift. Die Initialen sind kunstvoll von Hand ausgeführt.*

Moderne Notenschrift *Heute bedienen sich die Musiker immer noch des Fünfliniensystems. Der tiefen Tonlage ist oft ein Baßschlüssel, der höheren ein Violinschlüssel vorgezeichnet. Halbtonschritte werden durch Kreuzchen (Abweichung nach oben) oder b-Zeichen (Abweichung nach unten) vor den Noten dargestellt.*

Erfindungen, die man nicht zu ernst nehmen darf

Erfindungen waren nicht immer praktisch verwertbar. Auch viele phantastische Ideen – wie die Bewässerung der Sahara mit Schneebällen, die durch Rohrleitungen vom Nordpol herangeführt werden sollten – sind patentiert und veröffentlicht worden.

Nach heutigem Patentrecht in der Bundesrepublik Deutschland muß eine neue Erfindung einen wesentlichen Fortschritt der Technik bedeuten und eine gewerbliche Verwertung gestatten. Im Lebensmittelbereich werden nur Verfahrenspatente erteilt. Früher war man da großzügiger, und in anderen Ländern zählt auch heute noch nur die Neuheit einer Idee. Daher gibt es auf Erfindermessen und in alten Patentbüchern manche Kuriosität zu bestaunen.

Im Jahr 1977 reichte eine Gruppe von sechs sowjetischen Erfindern in England ein Patent für 52 verschiedene Sorten von künstlichem Kaviar ein. Die Russen wollten nach einem speziellen Verfahren Gelatinekügelchen herstellen und durch künstliche Aromastoffe die Farbe und den Geschmack des natürlichen Kaviars nachahmen. Dieser Gedanke ist aber bisher von den Lebensmittelherstellern nicht aufgegriffen worden.

Überhaupt widmeten sich Erfinder immer wieder gern dem Essen und den Eßgewohnheiten. Im Jahr 1933 beantragte beispielsweise der Berliner Edgar Hönig ein Patent für eine Vorrichtung zum Auffangen der Feuchtigkeit, die beim Essen von Krebsen leicht über die Finger und Hände herunterläuft. Die Erfindung bestand aus einem einfachen Armreif aus Schwamm oder saugfähigem → Papier.

Schallplatten aus Schokolade

Im Jahr 1903 erhielt die deutsche Schokoladenfirma der Gebrüder Stollwerck ein englisches Patent für ein Kindergrammophon, mit dem man eßbare Platten aus flacher, in Silberpapier eingewickelter Schokolade abspielen konnte. Das Papier hatte Rillen, auf die man die → Nadel setzte, und nach dem Abhören konnte man die Platte aufessen. Es stellte sich nur heraus, daß die Leute die Schokolade meistens gleich verzehrten. Eine ähnliche Erfindung, die 1937 patentiert wurde, machte eine Dame namens Constance Honey aus London. Es handelte sich um einen Schokoladenlöffel, der Kindern bittere Medizin versüßen sollte.

Wehrhafte Erfindungen waren meist rein zweckmäßig. Ausnahmen bestätigen jedoch die Regel. In Amerika wurde zum Beispiel Mitte der 60er Jahre ein Cowboyspiel patentiert, bei dem es darum ging, seinen → Revolver schneller zu ziehen, ohne sich dabei zu verletzen. Die beiden Möchtegernhelden trugen in ihren Halftern Spielzeugwaffen, die durch ein langes Gummiband miteinander verbunden waren, und stellten sich so auf, daß sich das Gummiband zwischen ihnen straff spannte. Dann „schossen" sie aus der Hüfte. Bei demjenigen, der den Abzug zuerst betätigte, löste sich das Gummiband und schnellte zum anderen hinüber.

Eine echte Waffe sollte der Pistolenhelm sein, den sich Albert Bacon Pratt 1917 patentieren ließ. Der amerikanische Erfinder wollte die Soldaten mit Helmen ausstatten, in die eine Pistole eingebaut war. Wenn der Helmträger schießen wollte, mußte er in ein Rohr blasen, das zu einem Gummiballon am Abzug führte. Sobald sich dieser Ballon mit Luft füllte, betätigte er den Abzug und löste einen Schuß aus. Wäre diese Vorrichtung tatsächlich zum Einsatz gekommen, hätte der Rückstoß dem Schützen vielleicht das Genick gebrochen.

Im selben Jahrzehnt ersann ein anderer amerikanischer Erfinder, Alden L. McMurty, eine ebenso ausgefallene Kopfbedekkung, allerdings zu absolut friedlichen Zwecken. Es handelte sich um einen Damenhut mit einem eingebauten schalenförmigen Gefäß, das teilweise mit Seifenwasser gefüllt war. Von diesem Gefäß führte ein Schlauch zu einem kleinen in der Tasche verborgenen Druckbehälter mit einem Gas, beispielsweise Wasserstoff. Wenn man einen Hahn öffnete und das Gas in das Seifenwasser strömen ließ, bildeten sich Schaumblasen, die durch ein Loch oben im Hut herausquollen. Nach den Worten von McMurty entstand dabei ein „völlig neuer Überraschungseffekt", der noch gesteigert werden konnte, „wenn man den Schaum mit farbigem Licht anstrahlt".

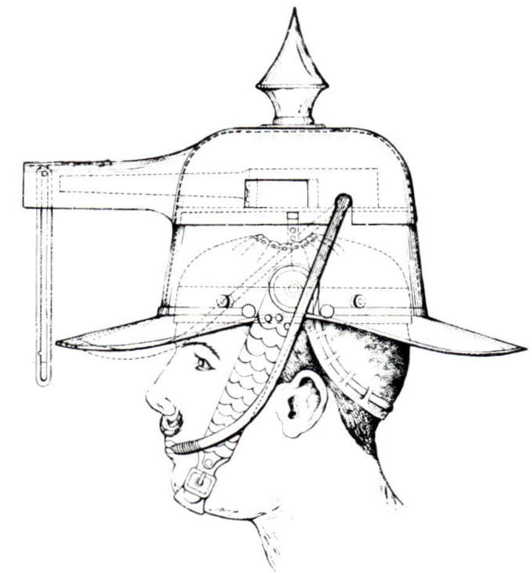

Pistolenhelm *Im Ersten Weltkrieg erfand der Amerikaner Albert Bacon Pratt den Pistolenhelm. Dieser besaß vorne ein Horn, in dem sich der Pistolenlauf befand. Ein Rohr führte von einem Gummiballon am Abzug zum Mund des Soldaten. Wenn der Mann in das Rohr blies, dehnte sich der Ballon aus, betätigte den Abzug, und die Pistole schoß. Das Zielvisier hing vom Horn herunter.*

Fortbewegungsmittel haben ebenfalls schon immer zu allerhand schöpferischem Unsinn inspiriert. Im Jahr 1973 ließ sich Denis Curry in Bristol ein Gestell patentieren, das der Flieger sich umschnallt. Als Tragflächen ausgebildete Flügel stellten eine Verlängerung der Arme dar. Aber nur Vögel und Insekten besitzen in ihren Gliedmaßen genügend Kraft, um ihr eigenes Gewicht vom Boden abzuheben.

Der Engländer Charles William Clark ließ sich 1976 ein → Auto patentieren, das von einem riesigen Gummiband angetrieben

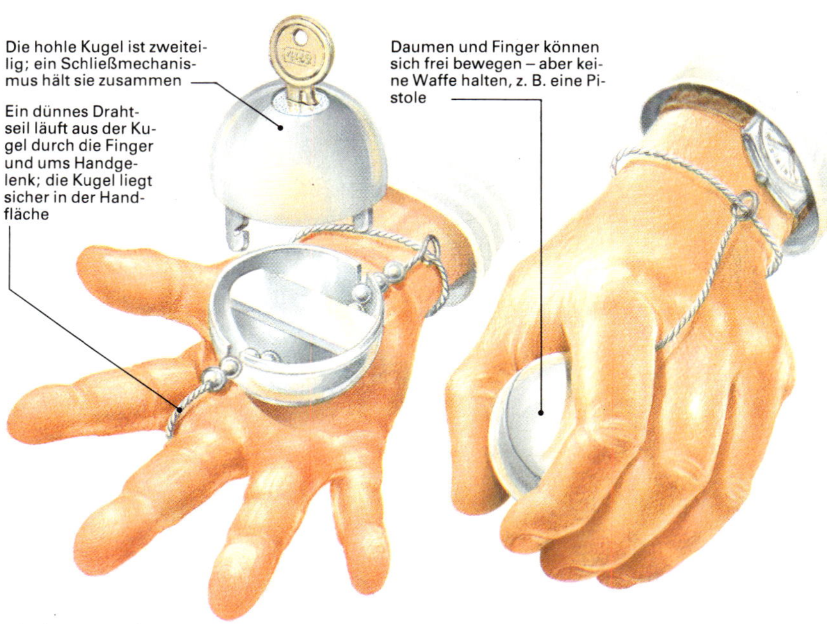

Sicherheitsvorrichtung gegen Flugzeugentführungen *Um Flugzeugentführern das Handwerk zu legen, ließ sich der Erfinder Sai Kheong Kwan aus Singapur 1976 diese Sicherheitsvorrichtung patentieren. Mit solchen Kugeln in den Händen kann kein Passagier eine Waffe halten.*

wird. Seine Detailzeichnungen zeigen, wie das lange, flache Gummiband von einem → Elektromotor auf eine Spule aufgewickelt wird, die ähnlich wie eine große Tonbandspule aussieht. Durch seine Eigenspannung wickelt sich das Gummiband dann wieder ab und treibt so den Wagen an.

Der Erfinder Sai Kheong Kwan in Singapur erhielt 1976 das Patent für eine Vorrichtung, die Flugzeugentführungen verhindern soll: Vor dem Besteigen der Maschine würden dabei jedem Fluggast große, zweiteilige Metallkugeln an den Innenflächen der Hände so befestigt und verschlossen, daß er sie selbst nicht entfernen kann. Nach den Ausführungen Sais hätten die Flugreisenden damit noch genügend Bewegungsfreiheit zum Essen und Trinken, könnten aber → Handgranaten, Pistolen oder Messer nicht in die Hand nehmen.

Ein Spinner von Format

Einige besonders kauzige Erfindungen machte der Engländer Arthur Paul Pedrick, der eine Zeitlang Beamter des Britischen Patentamts war. Er entwickelte um 1960 ein Verfahren, um das Ungeheuer von Loch Ness durch Echolotgeräte aufzustöbern, die man am Grund des Sees verlegt. „Das Seeungeheuer", so erklärte er, „ist heute das größte noch ungelöste Rätsel der Wissenschaft, seitdem man weiß, daß der Mond nicht aus Käse besteht." Ihm schwebte überdies vor, durch „sehr schwache elektrische Schläge" das Ungeheuer in eine Ecke des Sees zu treiben und „sich seiner in einer Weise zu bemächtigen, gegen die der Tierschutzverein nichts einzuwenden hat". Eines seiner verwegensten Patente war eine Vorrichtung zur Bewässerung der Sahara: In einer Rohrleitung sollten Schneebälle Tausende von Kilometern weit vom Nordpol in die Wüste rollen.

Pedrick, der sich „Einmann-Denkfabrik und Laboratorium für physikalische Grundlagenforschung" nannte, sorgte mit seinen Patenttiteln auch für sprachliche Abwechslung in den sonst so trockenen amtlichen Listen. Eines seiner Patente trägt offiziell die Bezeichnung „Verwendung von Warnlichtern, die verhindern, daß Autofahrer, insbesondere auf Schnellstraßen bei Nebel, miteinander zusammenstoßen und sich gegenseitig töten".

Pedrick entwarf auch einen „Photonen-Gegentakt-Strahlendetektor für ein chromatisch selektives Katzentürchen" – mit anderen Worten, eine Tür, die sich nur für helle Katzen öffnet und bei unerwünschten schwarzen Katzen geschlossen bleibt. Die helle Zeichnung seines Katers Ginger sollte in ganz bestimmter Weise das Licht der Lampen reflektieren und so als eine Art „persönlicher Schlüssel" dienen. Der Spott vieler Zeitgenossen war Pedrick sicher. Aber er sah wohl auch hinter die Kulissen, als er die Klage so mancher berufsmäßiger Erfinder formulierte:

„Angenommen, es gäbe eine Möglichkeit, die Reisegeschwindigkeit der → Schiffe durch einen Unterwasserantrieb mit Dampfdüsen zu verdoppeln: Wäre das die Mühe wert? Man weiß doch, daß sich Pionierarbeit nicht lohnt, weil die oberschlauen Techniker immer abwarten, bis irgendein Dummkopf von Erfinder alle Schwierigkeiten aus dem Weg räumt. Dann packen sie zu und machen den großen Profit."

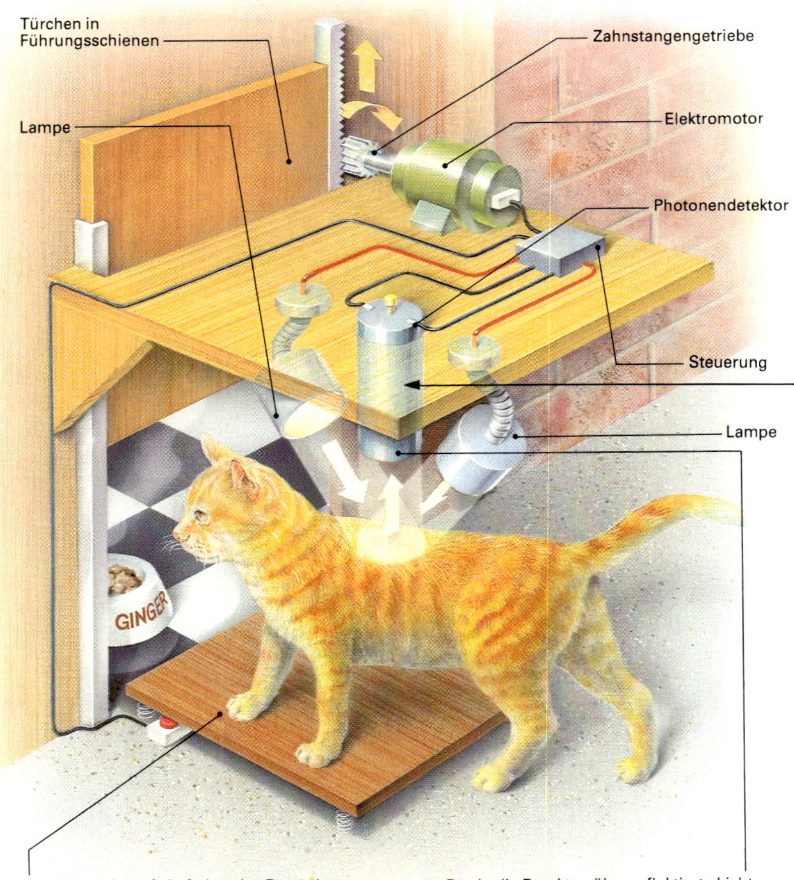

Die Katze tritt auf ein federndes Brett, das zwei starke Lampen einschaltet. Da Ginger eine helle Katze ist, werden die Lichtstrahlen von ihrem Rücken reflektiert und erkannt

Das in die Detektorröhre reflektierte Licht schaltet den Elektromotor ein, der das Türchen anhebt. Wenn Ginger das Haus betreten hat, schließt sich das Türchen wieder

Der Photonendetektor

Der Photonendetektor beruht auf dem gleichen Prinzip wie die Lichtmühle – eine Erfindung des Physikers William Crookes aus dem 19. Jh. Das Radiometer hat vier Flügel, die auf einer Seite schwarz und auf der anderen weiß sind und drehbar in einem fast luftleeren Glaskolben hängen. Da die wenigen verbliebenen Luftmoleküle von der schwarzen Flügelseite, die durch das Licht stärker erwärmt wird, schneller abgestoßen werden, beginnt das Flügelrad sich zu drehen und löst den Motorkontakt aus

Die Lichtmühle von Crookes hat vier Flügel, die auf einer Seite dunkel und auf der anderen hell sind

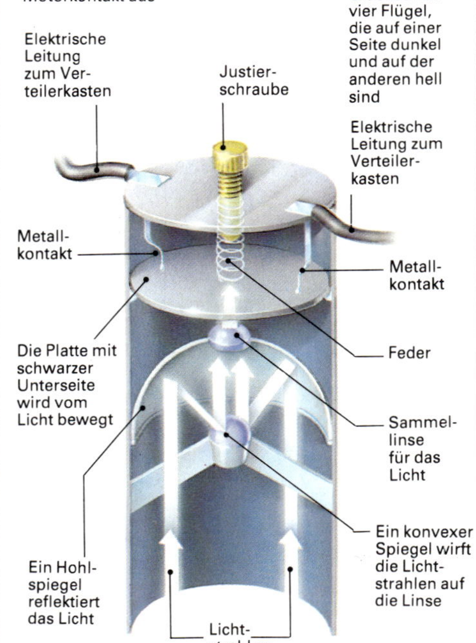

Elektronisches Katzentürchen *Der englische Erfinder Arthur Paul Pedrick entwarf 1976 ein ausgeklügeltes Katzentürchen für seinen rostfarben gestreiften Kater Ginger. Pedrick wollte, daß sein Kater ungehindert im Hause aus- und eingehen könne, während dunkle Katzen keinen Zugang hätten. Das Türchen sollte durch einen „Photonen-Gegentakt-Strahlendetektor" betätigt werden.*

O

Organverpflanzung

1953 wurde in den USA erstmals eine Niere verpflanzt

Die ersten Versuche, ein Organ durch ein fremdes zu ersetzen, wurden nach dem Zweiten Weltkrieg unternommen. Man stellte jedoch bei Tierversuchen fest, daß die Abwehrkräfte des Körpers, die normalerweise Bakterien und Viren angreifen, auch das neu eingepflanzte Organ allmählich abstoßen und zerstören.

Ausgenommen von dieser Fremdkörperabstoßung sind Organverpflanzungen zwischen eineiigen Zwillingen. Das hatte – auf dem Gebiet der Hautverpflanzung – bereits 1927 der deutsche Chirurg Karl Heinrich Bauer gezeigt. Diese besondere Verträglichkeit erlaubt auch Organverpflanzungen, wie der amerikanische Chirurg John P. Merrill 1953 nachwies: Er verpflanzte eine Niere von einem eineiigen Zwilling auf den anderen, ohne daß sie wieder abgestoßen worden wäre.

In den 50er und 60er Jahren entwickelten Immunbiologen in aller Welt Medikamente, um die Abwehrreaktion des Körpers bei Verpflanzungen zu unterdrücken. Diese Medikamente ermöglichten schließlich die Übertragung von Nieren, später auch von anderen Organen. Doch die so behandelten Patienten wurden sehr anfällig gegen alle Arten von Infektionskrankheiten.

Die erste Herztransplantation nahm der südafrikanische Arzt Christiaan Barnard vor. Am 3. Dezember 1967 setzte er in Kapstadt dem 55jährigen Louis Washkansky ein fremdes Herz ein. Der Patient starb allerdings noch im selben Monat.

Auch spätere Verpflanzungen verliefen zunächst oft nicht zufriedenstellend. Inzwischen hat aber Norman Shumway an der Stanford University in Kalifornien mehrere hundert Herzen mit gutem Erfolg verpflanzt. Auch in anderen Ländern – in der Bundesrepublik Deutschland etwa in München – nehmen Chirurgen Organverpflanzungen vor.

Orgel

In Alexandria um 270 v. Chr. gebaut

Wie die Blasinstrumente beruht auch die Orgel auf dem Prinzip, daß lange Rohre tiefe Töne erzeugen, wenn man in ihnen Luft zum Schwingen bringt, und kurze Rohre hohe Töne. Die alten Griechen verbanden mehrere solcher Rohre von unterschiedlicher Länge zu einem Handinstrument, der Panflöte, die noch heute gespielt wird.

Um 270 v. Chr. baute der griechische Erfinder Ktesibios von Alexandria ein größeres Instrument mit 19 Pfeifen von unterschiedlicher Größe, die er senkrecht stehend in einem Kasten unterbrachte. Zu jeder Pfeife gehörte eine federnde Taste; wenn man diese herunterdrückte, wurde Luft in die Pfeife geblasen und ein Ton erzeugt. Den Luftstrom lieferte eine hydraulische Vorrichtung, die mit Wasser in geschlossenen Zylindern arbeitete.

Pneumatische Windorgeln mit Blasebalg wurden im 2. Jh. n. Chr. in Byzanz gebaut. 757 brachten byzantinische Gesandte ein solches Instrument als Geschenk des Kaisers Konstantin V. an den Hof des Frankenkönigs Pippin III. Als in der Folgezeit die Messe künstlerisch ausgestaltet wurde, fand die Orgel Eingang in die Kirchen. Im 9. Jh. gab es beispielsweise in Freising und Straßburg eine Orgel, im 10. Jh. jeweils eine in Köln, Rom, Canterbury und Winchester. Die große Orgel in der Kathedrale von Winchester besaß zwei Manuale mit 400 Pfeifen.

Im 14. Jh. erhielten die Kirchenorgeln zusätzlich ein Pedal, das auch die Füße am Spiel beteiligte. Registerzüge, mit denen der Organist den Luftstrom jeweils zu bestimmten Pfeifenreihen mit unterschiedlicher Klangfarbe leiten kann, wurden im 15. Jh. in Italien eingeführt.

Bei modernen Pfeifenorgeln wird der Luftstrom durch ein elektrisches Gebläse erzeugt.

Elektronische Orgeln wie die von dem Amerikaner Laurens Hammond 1935 entwickelte Hammondorgel besitzen keine Pfeifen; sie verarbeiten elektrische Schwingungen. Aus diesen Instrumenten entwickelte sich der → Synthesizer.

P

Panzer

Der österreichische Offizier Günther Burstyn erfand 1911 das erste Gleiskettenpanzerfahrzeug

Im Jahr 1911 teilte der österreichische Offizier Günther Burstyn das Schicksal vieler Erfinder, die ihrer Zeit voraus wa-

Von Leonardos Entwürfen bis zum Paradepferd moderner Waffentechnik

1500: Leonardos „Landschiffe"
Leonardo da Vinci stellte sich bereits im 16. Jh. gepanzerte „Landschiffe" vor. Im Jahr 1855 ließ sich dann ein britischer Erfinder namens J. Cowan einen schildkrötenartigen, dampfbetriebenen Panzer patentieren. Während des Burenkriegs (1899–1902) gab das britische Kriegsministerium sogar einige dieser gepanzerten Dampfwagen in Auftrag. Doch den eigentlichen Anstoß zur Entwicklung des modernen Panzers gab erst die Pattsituation an der Westfront während des Ersten Weltkriegs, als die Alliierten nach wirksamen Mitteln suchten, um die Gräben, Stacheldrahtverhaue und Maschinengewehrnester der Deutschen zu überwinden.

1914–1915: Entwürfe und Versuche
In den Jahren 1914–1915 begannen das britische Kriegsministerium und die britische Admiralität Versuche mit „Landschiffen". Der englische Oberstleutnant Ernest D. Swinton machte den Vorschlag, eine gepanzerte Wanne auf die Raupenschlepper zu montieren, die bereits als Zugmaschinen für schwere Geschütze verwendet wurden.

1916: Der Gleiskettenpanzer
Der Traktorenhersteller William Tritton und der frühere Autoingenieur W. G. Wilson arbeiteten jetzt mit Swinton zusammen. Damit das Fahrzeug die deutschen Grabenstellungen überwinden konnte, sollten die Ketten außen über

ren. Er hatte einen Kriegskampfwagen erfunden, aber niemand interessierte sich dafür.

Im Jahr 1915, als der Erste Weltkrieg bereits in vollem Gange war, bekam dann der Brite Ernest D. Swinton das Patent für einen solchen Kampfwagen. Ein Jahr später, bei der englischen Offensive an der Somme, wurde er zum ersten Male eingesetzt, aber nur vereinzelt und im ganzen erfolglos. Der erste massierte Panzerangriff in der Geschichte erfolgte am 20. November 1917 in der Schlacht von Cambrai, als 378 britische Tanks einen Abschnitt der deutschen Hindenburglinie überrollten und 6 km weit vordrangen.

Die Bezeichnung „Tank", die in der englischsprechenden Welt noch heute üblich ist, erhielten diese Panzer, weil sie aus Tarnungsgründen in Kisten mit der Aufschrift „Water Tanks" (Wassertanks) transportiert wurden. Die stählernen Ungetüme konnten sich zwar selbst auf Straßen nur im Schrittempo bewegen, aber nun begann eine neue Ära der Kriegführung.

Brückenleger *Der britische* Chieftain Bridgelayer *kann über Einschnitte bis zu einer Breite von 22 m Brükken legen. Das ganze Manöver dauert drei bis fünf Minuten. In weiteren zehn Minuten ist die Brücke wieder eingeholt.*

Deutsche Panzer erreichten im Zweiten Weltkrieg auf Straßen eine Geschwindigkeit von 50 km/h. In Polen, den Niederlanden, Frankreich und der Sowjetunion besiegten sie in wenigen Wochen Armeen, die noch im Stil des Ersten Weltkriegs angetreten waren.

Inzwischen hat sich gezeigt, daß moderne Panzer auch verwundbar sind – obwohl sie weitgehend sogar gegen Giftgas und radioaktive Strahlung schützen. Die Möglichkeiten der Panzerabwehr sind zahlreich: Minen, panzerbrechende Geschosse aus Panzerfäusten und Geschützen sowie → Raketen.

Heute konzentriert man das Augenmerk vor allem auf die Schnelligkeit, Feuerkraft und Zielgenauigkeit der Panzer.

---

einen rautenförmigen Rumpf laufen. Das Prinzip war das gleiche wie beim zivilen Raupenfahrzeug. Der Motor drehte Räder, deren Zähne in die Kettenglieder eingriffen, so daß sich das Fahrzeug selbst sein Gleis legte – und es wieder „aufsammelte".

Dieser Panzer vom Typ *Mark I* hatte einen 78-kW-Benzinmotor, dessen Abgase ohne geräuschdämpfenden Auspufftopf durch das Dach abzogen. Gelenkt wurde das Fahrzeug, indem man eine Laufkette vorübergehend stillsetzte (durch Anziehen der Bremse oder Schaltung in den Leerlauf), während man bei der anderen Gas gab – ein Vorgang, der vier Männer beschäftigte. Die Straßengeschwindigkeit betrug 5 km/h, die Querfeldeingeschwindigkeit 0,8 km/h. Bewaffnet war der *Mark I* mit → Kanonen oder → Maschinengewehren in seitlichen Geschützständen. Bei den späteren Panzertypen *Mark II–V* wurden die Panzerung, der Motor und die Lenkung verbessert.

1917: Drehbare Geschütztürme

In Frankreich wurde 1917 der erste leichte, bewegliche Panzer gebaut. Dieser *FT 17* war der eigentliche Prototyp aller Panzer des Zweiten Weltkriegs und der folgenden Jahrzehnte. Er hatte bereits einen Turm, der sich um 360° drehen konnte, und war etwas schneller als sein englischer Vorgänger. Die französische Armee verwendete ihn bis Ende 1942.

Leopard II *Ein moderner deutscher Kampfpanzer mit Lamellenstahlwanne und Drehturm. Sein 120-mm-Geschütz ist besonders leicht und hat eine hohe Feuergeschwindigkeit.*

1934: Die ersten Blitzkriegpanzer

Zwischen den beiden Weltkriegen entwickelte die deutsche Wehrmacht schnellere und leichtere Panzer. Der 5,5 t schwere, mit Maschinengewehren bewaffnete *Panzer I* wurde 1934 in Dienst gestellt. Im Jahr darauf folgte der 10 t schwere *Panzer II* mit einem 20-mm-Geschütz und einer Straßengeschwindigkeit von fast 50 km/h.

Mark IV *Im November 1917 nahmen britische Panzer vom Typ* Mark IV *an der Schlacht von* Cambrai *teil. Sie waren 2,50 m hoch und hatten eine Besatzung von acht Mann. Die Konstruktion war weitgehend das Werk von W. G. Wilson, einem ehemaligen Autoingenieur, der die Sichtmöglichkeiten, Notausstiege und die Belüftungsanlage verbesserte.*

Im Verlauf des Zweiten Weltkriegs bauten die meisten kriegführenden Mächte Allzweckpanzer, die trotz schwerer Bewaffnung und Panzerung sowohl auf der Straße als auch im Gelände ziemlich schnell waren. Zu ihnen zählten der russische *T 34*, der amerikanische *Sherman* und der deutsche *Tiger* mit Panzerungen von 77 bis 100 mm und 75- bis 88-mm-Geschützen.

Die Briten entwarfen außerdem Spezialpanzer für die Landung an der Küste der Normandie im Juni 1944: einen Schwimmpanzer, der wasserdicht war und von riesigen „Wasserflügeln" getragen wurde, ferner einen Flammenwerferpanzer und einen Minenräumpanzer, bei dem vorn ein umlaufendes, dreschflegelartiges Minensuchgerät herausragte.

Heute: Moderne Kampfmaschinen

Seit dem Zweiten Weltkrieg entstand aus der Rivalität zwischen der Durchschlagskraft der Geschütze und der Widerstandsfähigkeit der Panzerung der heutige Kampfpanzer, wie der russische *T 54* und der amerikanische *M-60*, mit einem Gewicht von über 50 t, einer Straßengeschwindigkeit von 40 km/h und Schnellfeuergeschützen mit einem Kaliber bis zu 120 mm.

Die modernen Panzer sind weitgehend gegen Gas, biologische Waffen und radioaktiven Niederschlag geschützt. Laser- und Radargeräte machen die Ziele aus und stellen die Geschütze ein. Kreiselgesteuerte Stabilisierungseinrichtungen halten das Geschützrohr ständig auf das Ziel gerichtet, ungeachtet plötzlicher Kursänderungen des Panzers oder Schwankungen durch Geländeunebenheiten.

Papier

Um 100 n. Chr. wurde in China Papier hergestellt

Ehe das Papier erfunden wurde, meißelte der Mensch Worte in Stein, drückte sie in den weichen Lehm von Tontafeln oder schnitzte Zeichen in Holz. Er schrieb sogar auf Blätter und Baumrinde.

Um 3500 v. Chr. stellten die Ägypter ein Schreibmaterial aus Papyrusstauden her, die dem heutigen Papier den Namen gegeben haben. Das Mark der Stengel wurde in Streifen geschnitten. Diese legte man in zwei Schichten über Kreuz aufeinander und klopfte sie zusammen.

Im 13. Jh. v. Chr. wurde aus ungegerbten Schaf-, Ziegen- oder Kalbfellen Pergament gefertigt. Man reinigte die enthaarten, geglätteten Tierhäute mit Kalk, spannte sie dann zum Trocknen auf einen Rahmen und schabte sie mit einer Klinge ab, bis sich eine glatte Fläche zum Beschreiben ergab.

Das Pergament war haltbarer als der Papyrus, ließ sich aber nur schwer in größeren Mengen herstellen. Von Rom aus verbreitete sich dieses Material allmählich in ganz Europa. Bis 1500 wurde es vorwiegend von Mönchen für religiöse Schriften verwendet.

Tsai Lun, ein kaiserlicher Hofbeamter in China, soll 105 n. Chr. die Papierherstellung erfunden haben. Man hielt das Verfahren bis ins 7. Jh. streng geheim, doch wurde es dann auch in Japan und später in Arabien bekannt. Die Araber brachten es nach Europa, als sie 711 in Spanien einfielen.

Die ersten Feinpapiere wurden aus Lumpen hergestellt. Man zerkleinerte das Rohmaterial und vermengte die Masse mit Wasser. Dieser Papierbrei wurde dann in dünne Lagen gepreßt und getrocknet. Die erste Papiermühle in Deutschland war die Gleismühle bei Nürnberg, die schon 1389 in Betrieb genommen wurde.

Nachdem Gutenberg den Buchdruck (→Druckverfahren) mit beweglichen Lettern erfunden hatte, benutzte man wesentlich mehr Papier. Nun wurden für die Herstellung dieses Materials Maschinen entwickelt. Nicolas Louis Robert ließ sich 1798 die Erfindung des mechanisch bewegten Siebs patentieren, und 1805 entwickelte der Engländer Joseph Bramah die Rundsiebmaschine.

Die heutigen Papiermaschinen arbeiten noch nach dem gleichen Prinzip: Sie besitzen ein endloses Sieb in Form eines Förderbands, auf dem der Papierbrei entwässert wird. Die restliche Flüssigkeit wird durch Walzen herausgepreßt und dann im Trockenofen verdampft. Anschließend kann das Papier entweder durch Stahlwalzen geglättet oder durch einen Kreideaufstrich veredelt werden.

Weil die Grundstoffe für die Papierherstellung, Lumpen, immer rarer wurden, suchte man nach einem neuen Rohstoff und fand ihn im Holz. Friedrich Gottlieb Keller entwickelte 1841 den sogenannten Holzschliff. Durch Abschleifen von Holzscheiten auf einem rotierenden Schleifstein unter Wasserzugabe erzeugte er einen neuen Faserstoff, Zellstoff genannt.

Ein Jahrzehnt später wurde in England das Ätznatronverfahren entwickelt, bei dem Holzschnitzel unter Druck in konzentrierter Natronlauge gekocht werden. Nach diesem Verfahren wird heute noch der meiste Zellstoff hergestellt.

Patrone

Die moderne Patrone wurde 1812 in Frankreich erfunden

Der Umgang mit losem Schießpulver, bevor man damit ein →Gewehr lud, war äußerst gefährlich. Deshalb wurden seit etwa 1500 n. Chr. die Pulvermengen, die man für eine Ladung brauchte, einzeln in feste Papierhülsen abgepackt. Die Soldaten rissen mit den Zähnen oder Fingern die Kappe der Hülse auf, schütteten das Pulver in den Lauf des Vorderladers und schoben dann die Gewehrkugel nach. Gegen Ende des 16. Jh. wurden auch die Ladungen für →Kanonen in Stoffsäckchen fertig abgepackt.

Der in Paris tätige Schweizer Büchsenmacher Samuel Pauli erfand 1812 die erste moderne, das heißt geschlossene Patrone, die von hinten in den Lauf eingeführt wurde. Sie besaß eine Papphülse, ein aufgesetztes Geschoß und eine Zündkapsel im Patronenboden aus Metall. Den ersten modernen →Hinterlader erfand der Deutsche Johann Nikolaus Dreyse 1836; er übernahm die Patrone von seinem Lehrer Pauli. Im Jahr 1870 war die Entwicklung der Ganzmetallpatrone vollendet, die den Lauf hinten gasdicht abschließt. Mit diesem Geschoß war eine wesentliche Voraussetzung für die vernichtende Wirkung moderner Präzisionswaffen geschaffen.

Pfeil und Bogen

Diese Waffe war schon dem Steinzeitmenschen bekannt

Funde im norddeutschen Raum beweisen, daß die Menschen bereits vor 14000 Jahren Pfeil und Bogen als Jagdwaffe benutzten. Höhlenmalereien in der Sahara zeigen, wie der Bogen in Afrika um 3000 v. Chr. ausgesehen hat. In Amerika wurden Pfeilspitzen gefunden, die ungefähr 15000 Jahre alt sind. Die Erfindung des Bogens ermöglichte es dem Menschen, Wild oder Feinde zu töten, die er mit Würfen nicht mehr erreichen konnte.

Der Bogen war beinahe in der ganzen Welt bekannt; in Gegenden, wo es kein Holz gab, fertigte man ihn aus Horn oder Knochen an. Oft wurde der Bogen zur Verstärkung mit Sehnen oder Metallstreifen umwickelt.

In der Antike spielte er als Jagd- und

ALTE UND NEUE PATRONEN

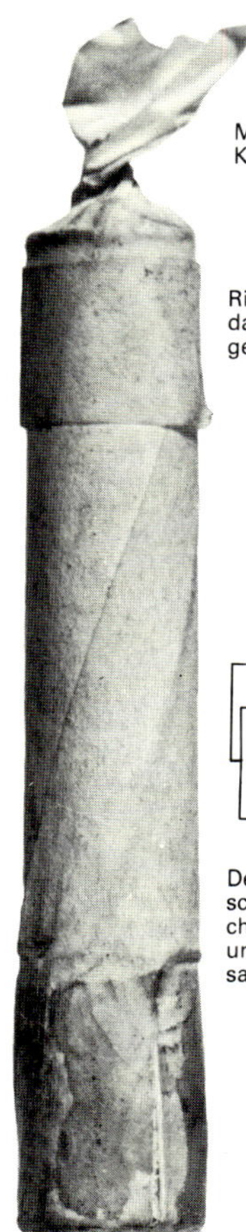

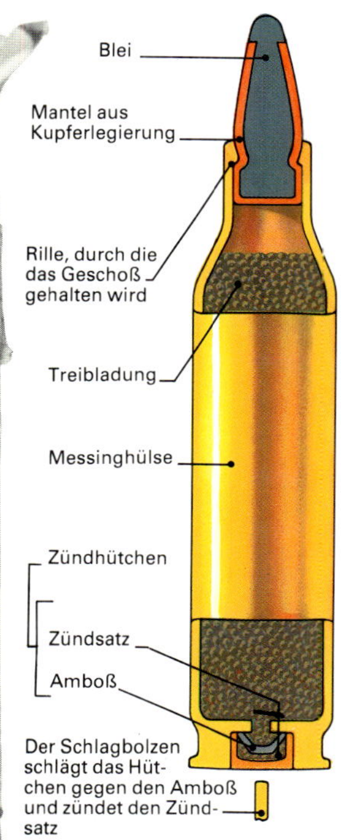

Moderne Patrone *Das Bleigeschoß mit Kupfermantel sitzt auf der Messinghülse mit der Treibladung. Diese explodiert, sobald die Zündkapsel vom Schlagbolzen des Gewehrs getroffen wird.*

Papierpatrone *Für die alten Vorderlader wurde das Schießpulver in solchen Papierpatronen (links) geliefert. Der Soldat riß die Patrone auf, schüttete das Pulver in den Lauf und schob die Kugel nach.*

Kampfwaffe ebenfalls eine große Rolle. Als beste Bogenschützen galten die Kreter. Seine größte Bedeutung erlangte der Bogen jedoch bei den asiatischen Völkern wie Hunnen, Ungarn, Mongolen oder Tataren, deren Schießkunst vom galoppierenden Pferd aus Europa jahrhundertelang in Schrecken versetzte und unerreicht blieb.

Als das Schießpulver bekannt war und sich damit neue Schußwaffen durchsetzten, wurde der Bogen als Kriegs- und Jagdwaffe verdrängt. Heute wird der Bogen hauptsächlich zum Sportschießen verwendet. Er besteht meistens aus einer Mischung von Holz und Fiberglas.

Pflanzenschutzmittel

Die tödliche Wirkung von DDT auf Insekten wurde 1939 von Paul Hermann Müller in Basel entdeckt

Seit Beginn der menschlichen Zivilisation bedrohten Tausende von Insekten, Pilzen und Unkräutern die Gesundheit und die Nutzpflanzen der Menschen. Im Nahen Osten vernichteten Wanderheuschrecken schon 2300 v. Chr. die Ernten, wie Darstellungen in ägyptischen Gräbern aus jener Zeit zeigen.

Die Notwendigkeit der Schädlingsbekämpfung wuchs im 18. Jh., als die Zahl der Landarbeiter durch die industrielle Revolution zurückging und die Bevölkerung gleichzeitig zunahm. Daher mußte die Lebensmittelproduktion gesteigert werden.

Schädlingsbekämpfung mit Pflanzenextrakten

Die Bauern begannen verschiedene insektentötende Mittel (Insektizide) zu erproben. Erste Erfolge erzielte man 1763 in Frankreich, indem man gemahlene Tabakblätter gegen Blattläuse einsetzte. Später wurde das Nikotin aus dem Tabak herausgezogen und in flüssiger Form angewandt.

Auf Mauritius setzte man 1762 den Hirtenstar, eine Vogelart aus Indien, gegen die rote Heuschrecke ein, die auf der Insel keine natürlichen Feinde hatte. Es war ein erster Schritt auf dem Weg zu einer biologischen Schädlingsbekämpfung.

In den Jahren 1845–1847 vernichtete Krautfäule nahezu die gesamte Kartoffelernte in Irland. Der darauf folgenden Hungersnot fielen mehr als eine Million Menschen zum Opfer. Erst 1885 fand man ein wirksames Mittel gegen die Kartoffelfäule: die Bordeauxbrühe, ein Gemisch aus Kupfersulfat und Kalk.

Ein noch gefährlicherer Schädling, der Kartoffelkäfer, breitete sich um 1870 in den USA aus. Nach dem Ersten Weltkrieg gelangte er auch nach Europa. Im Jahr 1877 entdeckte man, daß der Käfer mit bestimmten Arsenverbindungen wie „Scheeles Grün" (Kupferarsenit) bekämpft werden kann.

Bei der Schädlingsbekämpfung auf biologischem Wege wurden die ersten nennenswerten Erfolge in den USA erzielt. 1888 setzte man auf den Zitrusplantagen Kaliforniens Marienkäfer aus, und diese vernichteten die Zitronenrindenlaus, einen gefährlichen Schädling der Zitrusfrüchte, fast vollständig.

Ende des vorigen Jahrhunderts wurden in Frankreich erstmals spezifische Unkrautvertilgungsmittel eingesetzt. Man besprühte die Kornfelder mit Eisen- und Kupfersulfaten und -nitraten sowie mit Natriumarsenit. Diese Mittel wurden vom Regen von den aufrechten Getreidehalmen abgewaschen und sammelten sich auf den breitblättrigen Unkräutern, die so allmählich vernichtet wurden.

Auch die biologische Unkrautvertilgung zeitigte Erfolge. In Australien wurde 1925 ein Insekt aus Argentinien eingeführt, das auf einer Fläche von nahezu 30 Mio. ha Brachland den lästigen Feigenkaktus praktisch ausrottete und der Landwirtschaft neuen Boden zuführte.

Einen gewissen Fortschritt in der Schädlingsbekämpfung erzielte der Schweizer Chemiker Paul Hermann Müller 1939 in Basel, als er das Dichlordiphenyltrichloräthan, kurz DDT genannt, entdeckte. Es war wirksamer als alle bisherigen Insektenvertilgungsmittel und fand vielfache Verwendung in der Landwirtschaft und bei der Bekämpfung der Fiebermücken, die Malaria übertragen.

Moderne Chemie

Seit 1945 sind vielfältige chemische Verbindungen für die Schädlingsbekämpfung entwickelt worden. Zahlreiche Herbizide (Unkrautvertilgungsmittel), Insektizide (Insektengifte) auf Chlor- oder Phosphorbasis und Fungizide (Pilzbekämpfungsstoffe) gelangten auf die Felder. Von 1945 bis 1966 stiegen die Ernteerträge um mehr als 50 Prozent.

Die gleichzeitige Anwendung von neuem Saatgut, Kunstdünger und Schädlingsbekämpfungsmitteln hat in der Landwirtschaft eine Revolution ausgelöst. Doch wie jede Revolution hatte sie auch ihre Schattenseiten. Harmlose und sogar nützliche Insekten wurden gleichfalls vergiftet, ebenso Vögel, Tiere und sogar Nahrungsmittel. Spuren von Insektengiften wurden in Tieren und Menschen festgestellt. In Westeuropa und den USA sind heute Insektizide auf Chlorbasis – wie beispielsweise das DDT – verboten oder in ihrer Verwendung stark eingeschränkt.

Die Forscher suchen daher verstärkt nach biologischen Methoden der Schädlingsbekämpfung. Insektenstämme werden heute durch Gammabestrahlung oder Chemikalien unfruchtbar gemacht oder durch Sexuallockstoffe an ein Gift gelockt. Auch die älteste biologische Methode, der Einsatz natürlicher Feinde der Insekten oder Unkräuter, wird weiterhin erfolgreich angewandt. Besonders wirksam ist die sogenannte integrierte Schädlingsbekämpfung, die alle brauchbaren Techniken und Methoden verknüpft und über das ganze Jahr hin einsetzt.

Motorisiertes Sprühgerät *Ein Rohr mit zahlreichen Düsen wird an einen Traktor montiert, der im Frühjahr große Saatflächen besprüht.*

Ausstreuen *Moderne, wirkungsvolle Insektizide in Körnchenform können auch manuell ausgestreut werden, wie dieser Bauer auf einem Reisfeld auf den Philippinen beweist.*

Pflug

In Mesopotamien gab es um 3500 v. Chr. die ersten von Ochsen gezogenen Pflüge

Kaum ein Gerät war für die Entwicklung der menschlichen Zivilisation so wichtig wie der Pflug. Er ermöglichte es den Menschen, in die natürliche Entwicklung der Erde einzugreifen und die Landschaften zu verändern. Vor der Erfindung des Pflugs lockerten die Bauern den Boden nur oberflächlich mit Stöcken und Hacken. In der dünnen Erdscholle gediehen die Pflanzen schlecht, und die Nährstoffe des Bodens waren bald erschöpft, so daß die Menschen weiterziehen und neues Land urbar machen mußten.

Das änderte sich, als um 3500 v. Chr. der Pflug eingeführt wurde. Die Bauern konnten nun den Boden tiefer aufbrechen, die Pflanzen entwickelten kräftigere Wurzeln, und die Ernteerträge stiegen. Dadurch wurden landwirtschaftliche Überschüsse erzielt, der Tauschhandel entstand, und ein Teil der Bevölkerung konnte sich anderen Tätigkeiten zuwenden. Durch das tiefere Pflügen blieb der Boden auch länger fruchtbar, die Menschen wurden seßhaft, errichteten feste Siedlungen, und das Handwerk begann sich zu entwickeln. Eng verbunden mit dem Ackerbau war die Viehzucht, da man für die schweren Feldarbeiten wie das Pflügen oder das Einfahren der Ernte Zugtiere benötigte.

Die ersten Pflüge waren aus Holz. Sie eigneten sich für die leichten Böden im Vorderen Orient und im Mittelmeerraum, wurden aber mit dem feuchten, schweren Lehmboden im nördlichen Europa nicht fertig. Daher blieb die Land-

Landwirtschaft im Mittelalter *Ein Landmann bearbeitet mit einem Räderpflug das Feld des Feudalherrn, der ihn dafür beschützte.*

Aus dem 5000 Jahre alten Hakenstock entwickelte sich das wichtigste Gerät der menschlichen Zivilisation

Um 3500 v. Chr.: Die ersten Pflüge
In der Frühzeit der Landwirtschaft in Mesopotamien, um 7000 v. Chr., lockerte man den Boden nur oberflächlich mit einer Hacke oder einem Hakenstock, der oft mit einem Gewicht belastet wurde, damit er tiefer in die Erde eindrang. Später brachte man am Hakenstock Handgriffe an, damit der Bauer den Stock schieben oder ziehen konnte. Etwa um 3500 v. Chr. spannten die Bauern Ochsen vor den Hakenstock – und hatten damit den ersten Pflug erfunden.

Allerdings wurden damals mit dem Pflug nicht Furchen gezogen, sondern die ausgesäten Körner mit Erde bedeckt. Die Ägypter befestigten an ihren Pflügen auch trichterförmige Vorrichtungen, aus denen die Saatkörner in die aufgerissene Erde fielen.

Um 500 v. Chr.: In Griechenland werden Pflugscharen aus Eisen hergestellt
Die Grabschaufel oder Schar eines Holzpfluges nutzte sich schnell ab. Um 500 v. Chr. stellten die Bauern in Griechenland erstmals Pflugscharen aus Eisen her, die härter waren, länger hielten und wegen ihres größeren Gewichts auch tiefer in den Boden eindrangen. Zum Ziehen dieses schweren Geräts brauchte man auf jeden Fall ein Ochsengespann. Der Bauer, der hinter dem Pflug einherschritt, hielt die Pflugschar schräg, damit die Erdschollen seitwärts umkippten.

Ähnliche Pflüge verwendeten auch die Römer. Um die Zeitenwende wurde in Oberitalien der Räderpflug entwickelt, der leichter gezogen und gelenkt werden konnte.

Ägyptischer Pflug *Die Wandzeichnung in einem Grab aus der Zeit um 1250 v. Chr. im ägyptischen Theben zeigt einen alten Holzpflug, der von Ochsen gezogen und von einem Bauern geführt wird. Der Fellache treibt die Tiere mit einer Geißel an. Hinter ihm streut seine Frau Saatgut in die Furche. Holzpflüge, die etwa seit 3500 v. Chr. gebaut wurden, waren für den leichten Boden in Mesopotamien und im Mittelmeerraum gut geeignet.*

10. Jh.: Der mittelalterliche Pflug
In der Zeit vom 7. bis zum 10. Jh. gelangte der Räderpflug auch nach Mittel- und Westeuropa. Er wurde rund 800 Jahre lang beibehalten. Hierzu gehörten ein starkes → Messer vor der Schar, das „Sech", das den Boden aufbrach und lockerte, ferner ein abgewinkeltes Blech hinter der Schar, das sogenannte Streichblech, das die aufgebrochenen Schollen umwendete.

Im 11. Jh. wurde das gepolsterte Kummet aus Holz und Leder erfunden.

Feldarbeit im 16. Jh. *Der Pflug mit Pferdegespann (Hintergrund) ackerte den Boden um, die Egge zerkleinerte die Schollen. Zugpferde waren wendiger, aber teurer als Ochsen.*

wirtschaft in diesen Gebieten rückständig, und es entstanden nur wenige Siedlungen. Als um 500 v. Chr. die eiserne Pflugschar eingeführt wurde, breiteten sich die Landwirtschaft und die damit verbundenen zivilisatorischen Prozesse auch in diesen Gebieten aus.

Als die Germanen das Römische Reich zu Fall brachten, wurde dieser Fortschritt in Europa unterbrochen. Im 7. Jh. jedoch, als die Völkerwanderung beendet war, erholte sich die Landwirtschaft wieder. Der Räderpflug – eine Erfindung aus Norditalien um die Zeitenwende – wurde weiterentwickelt und bald allgemein verwendet.

Der neue Pflug war schwer und mußte von Ochsen gezogen werden. Damit wurde eine Umstellung des Ackerbaus auf weitflächige und langgestreckte Felder notwendig: Am Ende solcher großen Flächen konnte man mit dem Ochsengespann besser wenden. Die Länge der Felder betrug etwa 200 m, da Gespann und Lenker nach dieser Strecke rasten mußten. Weil sich aber der Bauer im allgemeinen kein eigenes Ochsengespann leisten konnte, bildeten die Dorfbewohner Genossenschaften und benutzten Zugtiere und Geräte gemeinschaftlich.

Verbesserte Pflüge steigern die Erträge

Als im 18. Jh. die industrielle Revolution begann, zogen viele Menschen vom Land in die wachsenden Industriestädte. Die verbliebenen Bauern mußten ihre Erträge steigern, um den Verlust an Arbeitskräften wettzumachen. Dazu trugen die → Sämaschinen, die Mehrfelderwirtschaft und die Mittel zur → Schädlingsbekämpfung ebenso bei wie verbesserte Pflüge, bei denen nun alle wesentlichen Teile aus Eisen bestanden.

In Amerika machten Siedler die Prärie mit dem Pflug urbar. Die Arbeit war mühsam, bis John Deere 1870 den Ganzstahlpflug einführte, bei dem Schar und Streichblech zu einem Stück verschmolzen waren. Dieser Pflug verwandelte die Prärie in eines der fruchtbarsten Gebiete der Welt und lieferte die Voraussetzungen für die schnelle Entwicklung der amerikanischen Landwirtschaft. Bald darauf setzte man den Eisenpflug auch auf den anderen Kontinenten ein.

Trotz der komplizierten Maschinen, die heute in der Landwirtschaft eingesetzt werden, bleibt der Pflug auch weiterhin das wichtigste Arbeitsgerät der Bauern. Immer wieder wurde er durch neue technische Finessen verbessert. So haben sich beispielsweise für frisch gerodetes, steiniges oder unebenes Gelände Geräte bewährt, deren Pflugscharen automatisch Hindernissen ausweichen.

Nun konnten neben Ochsen oder Kühen auch Pferde als Zugtiere eingesetzt werden. Pferde waren schneller und wendiger als Ochsen, aber auch teurer, so daß man im Mittelalter weiterhin hauptsächlich mit Ochsen pflügte.

1760: Die Einführung des modernen Pflugs

Der unmittelbare Vorläufer unseres modernen Pflugs wurde zu Beginn des 18. Jh. in den Niederlanden eingeführt. In größeren Mengen stellte man diesen Typ seit 1760 in der englischen Stadt Rotherham her. Durch seinen dreieckigen Holzrahmen war er stabiler als die vorherigen Pflüge und leichter. Im Jahr 1763 baute der Schotte John Small die ersten Eisenpflüge. Robert Ransome, ein Hersteller landwirtschaftlicher Geräte in Ipswich, stellte 1808 Eisenpflüge her, die genormte Teile besaßen, welche sich leicht montieren und austauschen ließen. Den ersten Stahlpflug, bei dem Schar und Streichblech aus einem Stück bestanden, baute der amerikanische Schmied John Deere 1870.

1860: Mit Dampfkraft betriebene Pflüge

Um 1860 wurde der von John Fowler erfundene Dampfpflug in der Landwirtschaft eingesetzt. An beiden Enden des Feldes stand jeweils eine selbstfahrende → Dampfmaschine (Lokomobile), die eine Trommel mit einem Seil antrieb und den Pflug auf dem Feld hin- und herzog. Die bis zu 74 kW (100 PS) leistenden Maschinen konnten 40 cm tief ackern, waren aber teuer, und die meisten Bauern pflügten weiterhin mit Pferdegespannen. Anfang des 19. Jh. wurden dann die leichteren → Traktoren gebaut; heute werden sie fast ausschließlich als Zugmaschinen für Pflüge und andere landwirtschaftliche Geräte in den entwickelten Ländern verwendet.

Während die meisten Gespannpflüge nur mit einem Pflugkörper – Pflugschar und Streichblatt – ausgestattet sind, haben Anhängerpflüge, die von Traktoren gezogen werden, ein Rahmengestell mit bis zu zwölf Pflugkörpern. Die Furchentiefe läßt sich durch Hebel einstellen.

Für besondere Aufgaben hat man Spezialpflüge entwickelt. Scheibenpflüge, die anstelle der üblichen Pflugkörper schräggestellte, rotierende Stahlscheiben besitzen, werden häufig in Entwicklungsländern eingesetzt, wo der Boden trocken und steinig oder voller Baumstümpfe ist.

Der Norfolkpflug *Dieser Pflug aus dem späten 19. Jh. hatte nur einen Griff – im Gegensatz zum üblichen Doppelsterz. Vor der Pflugschar befand sich ein sogenannter Sech, ein scharfes Messer, das den Boden aufbrach und die Schar besser eindringen ließ. Mit dem Streichblatt hinter der Schar wurden die Schollen vollständig gewendet und Unkräuter zugedeckt.*

Moderner Pflug mit zwölf Scharen *Einen der modernsten Pflüge entwickelten die Norweger. Er wird von einem Traktor mit 235 kW (320 PS) gezogen und pflügt gleichzeitig zwölf Furchen. An Hindernissen werden die Pflugkörper unabhängig voneinander angehoben.*

Planetarium

1919 von dem deutschen Ingenieur Walther Bauersfeld erfunden

Der Wunsch des Menschen, den Sternenhimmel und die Bewegungen der Gestirne im Modell darzustellen, ist uralt. So baute man schließlich Nachbildungen des Sonnensystems, bei denen eine Lichtquelle im Zentrum die Sonne vertrat. Um diese künstliche Sonne bewegten sich mechanisch angetriebene Kugeln, die die Planeten einschließlich der Erde darstellten. Ein solches Modell nennt man kopernikanisches Planetarium.

Das Gerät hat aber einen wesentlichen Nachteil: Es ist nicht in der Lage, den Sternenhimmel mit seinen Bewegungen, wie wir ihn von der Erde aus erleben, anschaulich vorzuführen.

Dies gelang erst durch das Projektionsplanetarium, heute kurz Planetarium genannt. Es wurde im Jahr 1919 von dem deutschen Ingenieur Walther Bauersfeld erfunden. Das erste Gerät dieser Art wurde von der Firma Carl Zeiss in Jena erbaut und 1923 im Deutschen Museum, München, in Betrieb genommen.

Die Grundidee des Projektionsplanetariums ist leicht zu verstehen: Im Zentrum eines Kuppelbaus befindet sich ein besonderer Projektor, der einige tausend Fixsterne und dazu die Sonne, den Mond, die Planeten, Kometen sowie Meteore und andere Himmelserscheinungen an die weiße Innenfläche der halbkugelförmigen Kuppel projizieren kann.

Dieses Gerät wurde im Lauf der Zeit immer weiter verbessert. Heute ist es ungeheuer vielseitig und bietet die mannigfachsten Darstellungsmöglichkeiten. So kann man mit ihm den Sternenhimmel zu jeder beliebigen Tages- und Jahreszeit von jedem Punkt der Erde aus zeigen. Man kann ferner den Anblick des Himmels simulieren, wie ihn Astronauten vom Mond oder von anderen Planeten aus erleben. Oder man kann die Bewegungen der Gestirne in Zeitraffung ablaufen lassen und auf diese Weise den Himmel so zeigen, wie er in Zukunft einmal sein wird. Andererseits kann man das Sternengetriebe auch in die Vergangenheit laufen lassen.

Das erste Planetariumsinstrument bestand im wesentlichen aus zwei Hauptteilen: der Fixsternkugel und dem sogenannten Planetenkäfig. Die Fixsternkugel hatte einen Durchmesser von rund

Himmel im Projektor *Der Planetariumsprojektor Modell VI von Carl Zeiss ist der modernste dieser Art. An den Enden des hantelförmigen Instruments erkennt man die Fixsternkugeln zur Projektion des Sternenhimmels. Dazwischen liegen die beiden Planetenkäfige, die die Projektoren für Sonne, Mond und Wandelsterne nebst Gestirnen enthalten. Das ganze Gerät kann um mehrere Achsen gedreht und gekippt werden.*

50 cm und ließ mittels 31 Projektoren etwa 4500 Sterne bis zur sechsten Größe an der Kuppel aufleuchten. Als Lichtquelle diente eine Glühlampe im Zentrum der Kugel. Der Planetenkäfig enthielt Projektoren für die Sonne, den Mond und die fünf Planeten, die man mit bloßem Auge erkennen kann: Merkur, Venus, Mars, Jupiter und Saturn. Diese Wandelsternprojektoren waren mit besonderen Getrieben gekoppelt, welche die komplizierten scheinbaren Bewegungen der Planeten nachahmten.

Hier lag ein heikles Problem: Von der Erde aus beobachtet, bewegen sich die Planeten ja mit unterschiedlichen Geschwindigkeiten durch den Tierkreis; sie bleiben stehen und ziehen Schleifen am Firmament. Gerade die Demonstration der Schleifenbewegungen der Wandelgestirne macht das Planetarium besonders lehrreich.

Bauersfeld hat dafür eine hervorragende Lösung gefunden. Das allererste Planetariumsmodell konnte allerdings nur den Anblick zeigen, den der Sternenhimmel für einen Beobachter auf 48° n. Br. (z. B. München) bietet. Doch schon das Modell II war in der Lage, den vollständigen Sternenhimmel für jede beliebige geographische Breite vorzuführen. Dies wurde dadurch erreicht, daß man die eine Fixsternkugel durch zwei ersetzte und das Planetengerüst in einen nördlichen und einen südlichen Planetenkäfig teilte. Damit erhielt der Planetariumsprojektor seine bis heute erhalten gebliebene Hantelform. Die ganze Hantel läßt sich um eine Tagesachse drehen. Auf diese Weise wird die tägliche Himmelsbewegung, das Auf- und Untergehen von Sonne, Mond und Sternen, nachgeahmt.

Kippt man den rund 2,5 t schweren Projektor um die waagrecht liegende Polhöhenachse, so verändert man damit die geographische Breite des Beobachters. Der Planetariumsbesucher erblickt dann beispielsweise die Mitternachtssonne im hohen Norden oder das Sternbild „Kreuz des Südens“, das von Europa aus unsichtbar ist.

Eine Drehung um die Längsachse der Hantel simuliert die sogenannte Präzession der Erde. Man kann auf diese Weise vorführen, daß nicht immer der gleiche Polarstern den Ort des Himmelsnordpols anzeigt, daß vor 2000 Jahren die Sonne an einem bestimmten Datum in einem anderen Tierkreisbild stand als heute und vieles weitere.

Die letzte Entwicklungsstufe des Planetariums stellt das elektronische und vollautomatische Modell VI der Firma Carl Zeiss, Oberkochen, dar. Im Zentrum der Kuppel, die heute jeweils einen Durchmesser von 15 bis 20 m hat, befindet sich eine moderne Quecksilberdampflampe mit einer Leistung von über 1000 W. Sie erzeugt rund 9000 punktförmige, farbrichtige Fixsterne.

Kleine aufgesetzte Kugeln projizieren die Sternbildfiguren. Die Planeten werden punktförmig dargestellt; sie können jedoch mit Hilfe von Objektiven mit veränderlicher Brennweite vergrößert werden. Die Präzision der Planetengetriebe ist außerordentlich hoch. Läßt man beispielsweise den Merkur 6000 Jahre auf seiner Bahn weiterlaufen, so weicht seine Position nur um eine Vollmondbreite von seiner wirklichen Stellung ab.

Auch Sonnen- und Mondfinsternisse aller Art können dargestellt werden. Zahlreiche Zusatzprojektoren lassen überdies veränderliche Sterne, die Milchstraße, Kometen, Meteore sowie Koordinatennetze, Gewitterwolken und Landschaften am Horizont erscheinen.

Viele Weltstädte besitzen heute ein solches Sternentheater, zum Beispiel Athen, Buenos Aires, Hongkong, Johannesburg, London, Los Angeles, Moskau, New York, Paris, San Francisco, Tokio, Washington. In der Bundesrepublik Deutschland sind in Hamburg, Münster, Bochum, West-Berlin, Nürnberg, Stuttgart und München Planetarien in Betrieb. Auch in Wien und in Luzern kann man den Sternenhimmel in einem Planetarium bewundern.

Plattenspieler

Edison erfand 1877 den Silberpapier-Phonographen

Einer der Wegbereiter der Tonaufzeichnung war der französische Maler Léon Scott de Martinville. Ihm gelang es im Jahr 1857, Schallwellen mit einem Gerät aufzuzeichnen, das einem Oszillographen ähnelte. Das Ergebnis waren wellenförmige Linien auf einer Papierrolle, die ein von Schallwellen bewegter Stift geschrieben hatte. Eine Wiedergabe dieser Aufnahmen war jedoch weder möglich, noch hatte Scott sie im Sinn.

Der eigentliche Durchbruch bei der Tonaufzeichnung fand 1877 statt, als der amerikanische Erfinder →Thomas Alva Edison den Silberpapier-Phonographen herausbrachte. Denn dieses Gerät konnte bereits wiedergeben, was es aufgenommen hatte. Die Grundlage dazu hatte Edison bei dem Versuch entwickelt, Morsezeichen auf einen Lochstreifen zu übertragen und automatisch von einer Telegrafenstation zur nächsten weiterzugeben. Er versah dazu die Metallmembran eines Telefonmikrofons mit einem Stahlstift, dessen Spitze einen paraffingetränkten Papierstreifen berührte. Ein Schalltrichter lenkte den Schall gegen die Membran, und so regte jedes Geräusch, das in den Schalltrichter gelangte, die Membran zu Schwingungen an. Diese Schwingungen ließen den Stift vibrieren, so daß er verschieden tiefe Rillen in das Papier ritzte. Das Papier war um eine Walze gewickelt, die mit einer Handkurbel gedreht und gleichzeitig durch ein Gewinde zur Seite bewegt wurde. So liefen die Tonrillen spiralförmig auf der Walze fort. Wenn man diese nun wieder in ihre Ausgangsstellung brachte und erneut durchkurbelte, folgte der Stift seinen eigenen Rillen und versetzte – umgekehrt – die Membran wieder in Schwingungen.

Von Wellenlinien auf rußgeschwärztem Papier bis zur Digitalschallplatte

1857: Der Schalloszillograph von Scott
Der französische Maler Léon Scott de Martinville hatte 1857 die Idee, den Schall als eine Reihe von Wellenlinien aufzuzeichnen. Sein „Phonoautograph" bestand aus einem Trichter, über dessen schmales Ende eine Membran gespannt war. In der Mitte dieser Membran saß eine Schweinsborste als Schreibstift. Wenn man in den Trichter hineinrief, versetzte der Schall die Membran in Schwingungen, und das freie Ende der Borste bewegte sich auf einer rotierenden Walze, die mit rußgeschwärztem →Papier umwickelt war und mit einer Handkurbel gedreht wurde. Die Walze bewegte sich beim Drehen auch zur Seite, so daß die Borste auf dem rußigen Papier eine spiralförmige Spur hinterließ.

1877: Edisons Phonograph
20 Jahre später, im Jahr 1877, brachte der amerikanische Erfinder Thomas Alva Edison Scotts Versuch einen beträchtlichen Schritt weiter: Er konnte den Ton, den er aufgenommen hatte, auch wiedergeben.

Im Jahr darauf gründete Edison die Edison Speaking Phonograph Company, um eine verbesserte Ausführung seines Apparats auf den Markt zu bringen. Er arbeitete dabei mit →Stanniolpapier, das er um eine Kupferwalze wickelte. Diese Walze war wieder auf eine Achse mit Gewinde montiert, die mit einer Handkurbel gedreht wurde. Bei jeder Umdrehung bewegte sich die Achse auch horizontal weiter.

Edison trennte nun die Aufnahme und die Wiedergabe der Töne. Auf der einen Seite des Apparats saß wie zuvor ein Stift an der Aufnahmemembran; auf der anderen Seite befand sich ein Abspielstift an einer Wiedergabemembran. Jeder der beiden Stifte konnte nach Bedarf mit der Walze in Kontakt gebracht werden.

1886: Der Wachszylinder
Edison wurde durch den Phonographen weltberühmt. Aber seine Zylinder spielten kaum länger als eine Minute, und die Tonqualität war nicht sehr gut. Noch unangenehmer war, daß die Stahlnadel das Stanniolpapier sehr schnell abnutzte und daß der Zylinder ausgewechselt werden mußte, wenn er drei- oder viermal abgespielt worden war.

Edison war enttäuscht und wandte sich von seiner Erfindung ab. Doch nun versuchten andere, den Phonographen zu verbessern. Chichester Bell, ein Vetter von Alexander Graham Bell, dem Erfinder des →Telefons, und Charles Summer Tainter, ein amerikanischer Wissenschaftler, ließen sich 1886 einen verbesserten Phonographen patentieren, den sie Graphophon nannten. Sie ersetzten das Stanniolpapier durch eine härtere Wachsschicht auf dem Zylinder und den Stahlstift durch einen keilförmigen Saphir. Wenn sich die Walze drehte, schnitt der Saphir eine fortlaufende Rille in das Wachs. Deren Tiefe änderte sich je nach der Lautstärke, mit welcher der Ton in den Schalltrichter gelangte. Wachs war billiger als Stanniol; die Aufnahmen dauerten nun bis zu zwei Minuten und konnten öfter abgespielt werden. Aber auch die Tonqualität dieses Zylinders war unzureichend.

1887: Grammophon und Platte
Am 16. Mai 1887 führte der aus Hannover stammende Deutschamerikaner Emil Berliner zum ersten Male öffentlich das Grammophon vor. Dieses Gerät wurde die Grundlage für die moderne Tonträgerindustrie. Denn statt der Walze dienten hier flache Scheiben als Tonträger.

Auch Berliner benutzte noch Schalltrichter, Membran und Stift. Aber der Stift ritzte bei ihm nicht mehr wie beim Phonographen eine Rille von unterschied-

Der Phonograph *Mit den Geräten von Thomas Edison konnte man sowohl Musik abspielen als auch Gespräche aufnehmen.*

Deutsche Edisonia *Schon vor der Gründung der Deutschen Grammophon-Gesellschaft in Berlin warben mehrere Firmen für Phonographen von Edison.*

Das erste Wort, das auf diese Weise aus dem Apparat kam, war ein zweimaliges „Halloo!“, das Edison in den Schalltrichter gerufen hatte. Als er die Aufnahme abspielte, hörte er zu seinem Entzücken ein schwaches „Halloo – Halloo!“.

Die entscheidende Verbesserung bestand dann darin, daß das Wachspapier gegen ein wesentlich dauerhafteres Stanniolpapier ausgetauscht wurde. Über dieses Gerät sagte der amerikanische Erfinder: „Es wird weitgehend für Musik verwendet werden, für Vokal- und Instrumentalmusik, es wird Kinder in den Schlaf singen, uns die Zeit ansagen, die Stimmen bedeutender Männer erhalten und es künftigen Generationen ermöglichen, die Reden eines Lincoln oder eines Gladstone zu hören.“ Seine Prophezeiung sollte sich fast auf den Buchstaben genau erfüllen.

Der damalige britische Premierminister Gladstone war einer der ersten, der gestattete, daß man seine Stimme aufnahm. In einer kurzen Rede sprach er Edison seine Glückwünsche zu dieser Erfindung aus. Und obwohl die Aufnahme nur knapp eine Minute dauerte, wurde sie sehr beliebt. Schließlich hatte es bisher außerhalb des Parlaments oder relativ seltener politischer Versammlungen für den Durchschnittsbürger kaum Gelegenheit gegeben, einen Politiker sprechen zu hören. Ähnliche Möglichkeiten eröffneten sich für die Musik. Ein Konservatoriumsschüler hatte bis dahin kaum Gelegenheit, all die Werke, die er studieren mußte, auch wirklich einmal zu hören – einfach weil nicht alles aufgeführt wurde.

Zunächst galt der Phonograph aber nur als Spielzeug. Selbst Edison zweifelte eine Weile daran, ob seine Erfindung je irgendeine Bedeutung haben werde. Als er 1878 die Edison Speaking Phonograph Company gründete, wurden die meisten seiner Geräte für zehn Dollar im

Wachszylinder *Die Zylinder für Phonographen wurden vorwiegend aus Ozokerit hergestellt, einer braungelben Bitumenart, die auch als Erdwachs bekannt ist und für Kerzen verwendet wird. Diese Zylinder waren so hart, daß sie ungefähr zehnmal abgespielt werden konnten. Ihre Spielzeit betrug zwei Minuten.*

licher Tiefe in die Unterlage, sondern er zog waagrechte Wellenlinien auf eine Glasscheibe, die mit einer dünnen Schicht aus Ruß und Leinöl überzogen war. Diese wurde mit Schellack gehärtet und bildete sozusagen das Negativ, mit dem man dann das Muster über das Heliogravüreverfahren (→ Druckverfahren) auf eine flache Zinkplatte übertrug. Später nahm Berliner die Töne direkt auf die Zinkplatte auf, die er mit einer Lösung aus Bienenwachs und Benzin beschichtete. Der Stift schnitt eine spiralförmige Rille in das Wachs und legte das Metall frei. Das Rillenmuster wurde mit Säure in das freigelegte Metall der Platte eingeätzt.

Im Gegensatz zu Edisons frühen Apparaten, mit denen man selbst aufnehmen konnte, war Berliners Grammophon nur zum Abspielen fertiger Platten gedacht. Als Antrieb diente ein Federwerk. Wenn man nun eine Platte abspielte, wurde eine Stahlnadel, die noch über Membran und Schalldose mit einem Schalltrichter verbunden war, in der Mitte der Platte aufgesetzt und folgte den Plattenrillen nach außen – also in der entgegengesetzten Richtung wie bei modernen Platten.

1892: Die Schallplatte als Massenprodukt

Doch selbst jetzt mußte jede Platte einzeln hergestellt werden. Wollte man viele Platten fabrizieren, mußte der Sänger dasselbe Lied eben immer und immer wieder singen. Die Künstler sangen in den Trichter hinein. Bei Orchesteraufnahmen stellte man riesige Trichter auf, um möglichst viel von der Klangquelle einzufangen.

1892 begann Berliner, von einer „Vaterplatte“ Kopien herzustellen. Er machte von jeder Originalplatte ein nickelüberzogenes Kupfernegativ und preßte damit wie mit einem Waffeleisen Positive aus vulkanisiertem Gummi. Weil sich bei der Formung des Gummis Probleme ergaben, wurde er 1895 durch ein neues Material ersetzt, das vorwiegend aus Schellack bestand.

1925: Erfindung des Mikrofons

Im Jahr 1925 erfanden Joseph Maxfield und eine Gruppe der Bell Telephone Laboratories in den USA ein elektrisches Aufnahmeverfahren. Statt in einen großen Schalltrichter zu singen, verwendeten die

Frühes Studio *Drei Indianer singen 1913 Kriegsgesänge in den Schalltrichter eines Aufnahmeapparats. Populär wurde das Grammophon jedoch durch die Aufnahmen berühmter Künstler wie der Australierin Nellie Melba – „der großartigste Sopran, den die Welt je gehört hat“ – und ihres häufigen Opernpartners Enrico Caruso, dessen Platten millionenfach verkauft wurden.*

Alte und neue Abtastnadeln *Unten eine Stahlnadel aus der Zeit um 1930, darüber eine moderne Diamantabtastnadel – beide in 30facher Vergrößerung.*

Jahr an umherziehende Schausteller ausgeliehen, die dann vom Publikum Geld dafür nahmen, daß es die Aufnahmen anhören durfte. Die Leute waren fasziniert von der Tatsache, daß eine Maschine Sprache wiedergeben konnte – und Musik! Die erste Musikaufnahme machte Edison auch bereits 1878. Es war ein Kornettsolo des *Yankee Doodle*, das Jules Levy in New York spielte.

Die Sänger klassischer Musik weigerten sich jahrelang, ihre Stimme aufzeichnen zu lassen. Sie hielten diesen neumodischen Apparat für nicht standesgemäß – nicht zuletzt deshalb, weil sich zuerst bekannte Interpreten von Unterhaltungsmusik damit eingelassen hatten. Im Jahr 1902 erwärmte sich der berühmte italienische Opernsänger Enrico Caruso für die Möglichkeiten des Grammophons. Er erkannte, daß er damit sehr viele Menschen erreichen und überdies einen Hauch von Unsterblichkeit erlangen konnte. Aber da gab es bereits die die Schallplatte von Emil Berliner aus Hannover, der Edisons Erfindung schon 1887 wesentlich verbessert hatte.

Handgekurbelte Arie *Eine Opernsängerin führt vor, wie man im Jahr 1878 eine Tonaufnahme mit dem Phonographen machte. Während sie singt, dreht sie den Zylinder. Für jede weitere Walze mußte sie das Lied wiederholen.*

Künstler nun ein Mikrofon, das den Ton in elektrischen Strom verwandelte. Der Strom wurde durch eine → Elektronenröhre verstärkt und anschließend in eine mechanische Kraft umgeformt, die das keilförmige Schneidgerät bewegte. Dieses Gerät ritzte die Rillen in die leere, aus Wachs hergestellte Vaterplatte ein.

Die erste im Handel erhältliche Platte, die nach diesem elektrischen Aufnahmeverfahren entstand, kam im April 1925 in Amerika heraus.

Auch die Grammophone veränderten sich. Die Schalldose, deren schwingende Membran den Ton durch einen Trichter ausstrahlte, wurde durch einen elektromagnetischen Tonabnehmer ersetzt. Dieser wandelte die Wellenbewegungen des in den Plattenrillen laufenden Stiftes in einen veränderlichen elektrischen Strom um. Ein elektrischer Verstärker hob ihn an, so daß die Stromstöße in einen → Lautsprecher geleitet werden konnten, der sie wieder in Töne verwandelte.

Mono- und Stereoaufnahmespuren *Bei Mono entsteht der Ton, indem die Nadel der wechselnden Richtung der Rille folgt. Tiefe und Breite der Rille bleiben immer gleich (links). Bei Stereoplatten enthalten die beiden Wände der V-förmigen Tonrillen unterschiedliche Tonspurmarkierungen für den rechten bzw. linken Lautsprecher (rechts).*

1948: Kunststoff ermöglicht die LP

Durch die Entwicklung des Kunststoffs nach dem Zweiten Weltkrieg wurde Schellack als wichtigstes Herstellungsmaterial für Schallplatten verdrängt. Der Kunststoff erlaubte es den Technikern, kleinere Schallrillen dichter nebeneinander zu setzen. Dadurch ließ sich die Geschwindigkeit, mit der sich die Platte drehen mußte, verringern, und sie hatte eine längere Spielzeit. Die amerikanische Gesellschaft Columbia stellte 1948 eine unzerbrechliche Schallplatte mit Mikrorillen her, bei der jede Seite eine Laufzeit von 23 Minuten hatte. Sie wurde als Langspielplatte verkauft. Die Platte drehte sich mit einer Geschwindigkeit von 33⅓ U/min, während die alten Platten sich in einer Minute 78mal drehten.

Ende 1948 kam die Radio Corporation of America (RCA) mit einer Mikrorillenplatte heraus, die 45 U/min brauchte, und zwei Jahre später ebenfalls mit einer Lang-

WIE EINE MODERNE LANGSPIELPLATTE ENTSTEHT

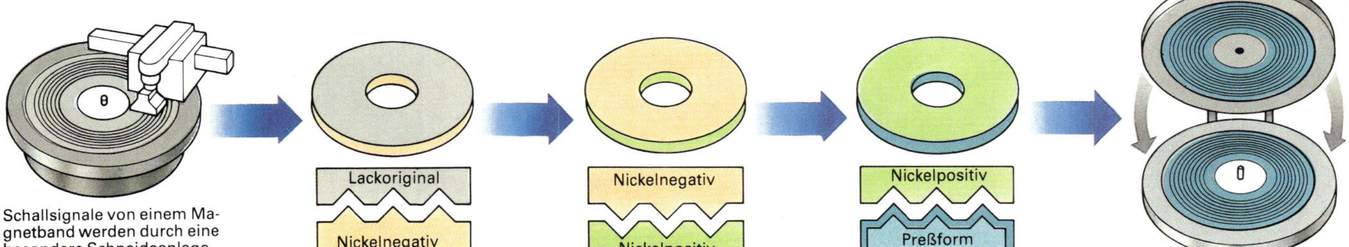

Schallsignale von einem Magnetband werden durch eine besondere Schneideanlage geführt, die synchron mit den aufgezeichneten Signalen schwingt und in die Lackschicht der Originalplatte Rillen schneidet. Dann wird die Platte mit Nickel beschichtet

Die Nickelbeschichtung (Negativ) wird abgehoben. Auf ihr erscheinen die Rillen als Grate

Von dem Negativ wird auf galvanoplastischem Weg ein Nickel-Positivabdruck hergestellt

Das Positiv dient wiederum zur Herstellung einer negativen Preßform

Für die fertige Platte wird heißes PVC zwischen zwei verschiedene Negative gepreßt

Herstellung *Eine moderne Langspielplatte kann auf 2,5 cm ihrer Breite 350 Rillen aufnehmen. Die tatsächliche Anzahl hängt von der Lautstärke des Tons ab, weil die Rillen bei lauten Passagen breitere Kurven haben als bei leisen und dann also weiter auseinanderliegen.*

Nach der Erfindung der elektronischen Verstärkerröhre (→Elektronenröhre) ging man zur elektrischen Aufnahme und Wiedergabe von Musik über. So entstand von etwa 1920 an eine völlig neue Generation von Plattenspielern. Sie lösten eine Hochkonjunktur im Schallplattengeschäft aus, weil sie Texte und Musik in allen Klangbereichen fast originalgetreu wiedergaben.

Nach dem Zweiten Weltkrieg erzielten die Konstrukteure von Plattenspielern rasch weitere Fortschritte bei der Verbesserung der Aufnahme- und Wiedergabegeräte. Zuerst verschwand die Schellackplatte. Der Kunststoff Vinyl war billiger, dazu fast unzerbrechlich, und er ermöglichte es den Fachleuten, die Plattenrillen kleiner zu machen und dichter zusammenzurücken. Damit war der Weg frei für die Langspielplatte, die 1948 in den USA herauskam. Zehn Jahre später gab es bereits Stereoplatten. Der vorläufig letzte Schritt der Aufnahmetechnik in Richtung auf die vollkommene akustische Illusion wurde in den 70er Jahren getan, als man die Quadrophonie erfand. Sie arbeitet mit vier Lautsprechern, von denen zwei hinter dem Zuhörer aufgestellt werden, so daß die Schallwellen ihn gewissermaßen von allen Seiten umgeben.

Aber auch der Plattenspieler selbst entwickelte sich weiter. Der Plattenteller wurde schwingungsfrei gelagert, der Tonarm weiter verbessert. Mit Hilfe von →Transistoren, Mikrochips (→Siliziumchips) und integrierten Schaltkreisen schuf man immer bessere und immer handlichere High-Fidelity-Anlagen (Hi-Fi-Geräte).

Die Musiktruhen der 50er und 60er Jahre, die im polierten Nußbaumgehäuse Plattenspieler und →Radio vereinten, wichen nach und nach den sogenannten Kompaktanlagen oder Hi-Fi-Türmen, die sie an Vielseitigkeit und Qualität weit übertreffen.

Studio der 80er Jahre *Zu dem luxuriösen Aufnahmestudio, das der frühere Produzent der Beatles, George Martin, auf der Karibikinsel Montserrat eingerichtet hat, gehört ein Mischpult mit 6000 Reglern.*

spielplatte. Beide Geschwindigkeiten werden heute noch verwendet.

1958: Stereoplatten
1958 erschienen die ersten Stereoplatten auf dem Markt. Die Vorarbeiten dazu hatte schon in den 30er Jahren der englische Wissenschaftler Alan Dower Blumlein geleistet. Doch erst jetzt konnten seine Vorstellungen technisch verwirklicht werden.

Bei einem einfachen Stereoverfahren singen die Künstler in zwei Mikrofone, von denen eines nach rechts, das andere nach links gerichtet ist. Jedes Mikrofon wird für sich gesteuert und hat seinen eigenen Verstärker, so daß zwei unabhängige elektrische Signale entstehen. Werden diese beiden Signale auf eine Schallplatte aufgenommen, so kann sie danach den Stereoeffekt über Lautsprecher wiedergeben.

Das bedeutet, daß die winzige Plattenrille nicht nur eine, sondern zwei Informationsreihen aufnehmen muß. Bei monophonen Aufnahmen folgt die Nadel einfach den Kurven der V-förmigen Rillen. Bei Stereoaufnahmen enthält die eine Rillenwand das linke Signal, die andere das rechte. Die Abtastnadel bewegt sich sowohl senkrecht als auch waagrecht.

1971: Quadrophonie
Im Jahr 1971 kündigten Plattengesellschaften in den USA und in Europa die Entwicklung von quadrophonischen Schallplatten an. Dabei werden vier getrennte Schallsignale aufgezeichnet. Dahinter steht die Idee, eine vollkommen wirklichkeitsgetreue Tonwiedergabe zu erreichen, indem man den Zuhörer mit vier Lautsprechern umgibt. Die Hauptschwäche des Systems ist jedoch seine Künstlichkeit, das heißt, natürliches Hören bleibt meist „unvollkommener".

Da die Plattenrille nur zwei Wände hat, mußte jede Wand zwei Signale aufnehmen. Dies wurde 1972 dadurch erreicht, daß man die vier Signale elektronisch verschlüsselte, so daß für jede Wand eine zusammengefaßte Tonspur entstand. Wenn man die Platte abspielt, werden die Signale im Verstärker wieder elektronisch auf vier Lautsprecherkanäle verteilt.

1980: Die Digitalschallplatte
1971 kündigten mehrere Firmen in vielen Teilen der Welt die Entwicklung der →Bildplatte an. Eine der wesentlichen Neuheiten dabei war, daß die winzigen Vertiefungen auf der Platte nicht mehr von einem herkömmlichen Tonarm, sondern von einem Laserlicht abgetastet werden.

Von diesem Prinzip ausgehend, stellen inzwischen zum Beispiel der niederländische Elektronikkonzern Philips sowie Sony in Japan auch Schallplatten her. Eine solche sogenannte Digitalschallplatte hat nur einen Durchmesser von 11,5 cm und spielt, vorläufig allerdings nur einseitig benutzbar, eine Stunde lang. Sie nutzt sich so gut wie nicht ab, weil der Laserabtaster die Oberfläche nicht berührt.

Digitalschallplatte *Die Zukunft der Langspielplatte gehört wahrscheinlich der Digitalplatte, bei der mikroskopisch kleine Vertiefungen von einem Laserstrahl abgetastet werden. Weil der Abtaster die Oberfläche nicht berührt, nützt sich eine solche Platte beim Abspielen nie ab. Diese Platte ist vorläufig nur einseitig abspielbar, hat einen Durchmesser von 11,5 cm und eine Spielzeit von einer Stunde. Die Digitalschallplatte wird in einem verfeinerten mechanischen Preßverfahren hergestellt.*

Presse

In Griechenland um 600 v. Chr. benutzt

Zum Entsaften von Obst und Oliven hatten bereits die alten Griechen verschiedenartige Geräte entwickelt. Um 600 v. Chr. verwendeten sie die Wipppresse. Sie bestand aus einem Preßbaum, der an einem Ende mit einem Pfahl verbunden war. Unter dem Preßbaum stand die mit Früchten gefüllte Preßrinne. Das freie Ende des Preßbaums beschwerte man mit Steinen oder drückte es mit Muskelkraft nieder. Um 150 v. Chr. brachten die Griechen unter dem freien Baumende eine Welle an, über die ein Seil lief, das den Preßbaum herabzog. Mit Hilfe der Welle konnte man einen stärkeren Druck ausüben.

Ungefähr 150 Jahre später kam die Schraubenpresse auf. Zwei senkrecht stehende Schrauben drückten auf ein waagrecht liegendes Brett. Mit solchen Pressen glättete man auch Papyrus und Gewebe. Daneben gab es die Keilpresse, die wohl zum Pressen von Heilpflanzen und von Blütenblättern verwendet wurde. Auf einem Wandgemälde in Herculaneum kann man diese Presse sehen: Mehrere Reihen von Keilen, die auf waagrechten Brettern liegen, werden in einen Holzrahmen geschlagen. Dadurch werden die Pflanzen zwischen den Brettlagen gepreßt.

In neuerer Zeit spielt die hydraulische Presse, die 1795 von dem Engländer Joseph Bramah erfunden wurde, eine wichtige Rolle. Sie wird über Kolben und Zylinder angetrieben.

Preßluftwerkzeuge

1861 für den Tunnelbau erfunden

Der Bau des Eisenbahntunnels unter dem Mont Cenis begann 1857 nach der traditionellen Methode: Mit →Hammer und Meißel stemmten die Arbeiter Löcher in den Fels und sprengten dann mit Schwarzpulver große Brocken heraus. Zu dieser Zeit gab es bereits verschiedene dampfgetriebene Bohr- und Schlaggeräte. Der Bauleiter Germain Sommeiller verbesserte ihre Konstruktion, indem er Druckluft als Antrieb verwendete. 1861 setzte er den von ihm erfundenen Preßluftbohrer beim Bau des Mont-Cenis-Tunnels ein, wobei sechs bis acht Bohrer auf einen Bohrwagen montiert wurden.

Im 20. Jh. wurden Preßluftwerkzeuge auch im Straßenbau verwendet. Preßlufthämmer mit Stoß- oder Schlagbewegungen sind heute zum Aufbrechen alter Asphalt- oder Betondecken unentbehrlich. Moderne Geräte dieser Art arbeiten mit einem preßluftbewegten Kolben, der mehrere tausend Male in der Minute auf einen Meißel aus hartem Metall schlägt. Besonders praktisch sind die Schlagbohrmaschinen, bei denen Schlag- und Drehbewegung abwechseln. Sie werden bei besonders harten Materialien eingesetzt.

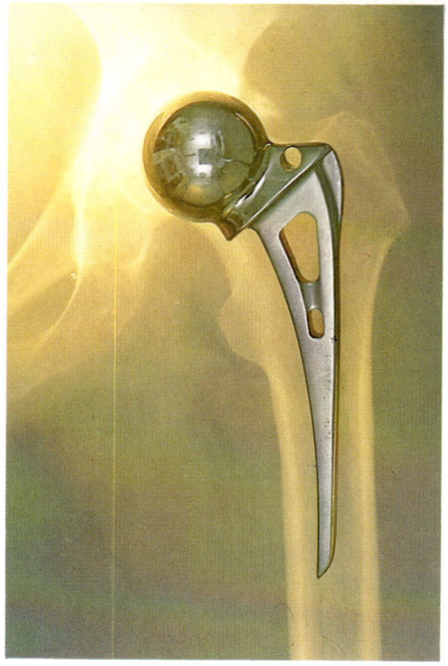

Künstliches Hüftgelenk *Der Gelenkkopf ist mit einem langen Dorn in die Knochenmarksröhre des Oberschenkels eingelassen. Die Metallkugel dreht sich in einer Plastikpfanne, welche in die Gelenkpfanne des Hüftknochens eingeklebt ist.*

Prothesen

Die ersten wurden um 1500 hergestellt

Primitive Prothesen wie der Handhaken und das Holzbein wurden erstmals im 5. Jh. v. Chr. von dem griechischen Geschichtsschreiber Herodot erwähnt.

Gegliederte Hände mit beweglichen Fingern und Arme mit Ellbogen, die mit Hilfe einer Mechanik funktionierten, gab es jedoch erst im 16. Jh. Zu ihrer Entwicklung trug der französische Militärarzt Ambroise Paré wesentlich bei.

Die sogenannten myoelektrischen Prothesen werden mit kleinsten →Elektromotoren betrieben, die ihrerseits elektrische Impulse von den Muskeln oder Nerven des Gliedstumpfes erhalten.

Eine moderne Hüftgelenkprothese ist ein guter Ersatz, wenn an dem Gelenk die Knorpelschicht abgenutzt ist. Im Jahr 1960 setzte der englische Ingenieur und Chirurg John Charnley erstmals einem Patienten ein künstliches Hüftgelenk ein, das aus einer Metallkugel und einer Gelenkpfanne aus Plastik bestand. Inzwischen ist diese Prothese ganz erstaunlich verbessert worden.

Pumpe

In Ägypten im 3. Jh. v. Chr. verwendet

Die früheste und noch heute gebräuchliche Pumpenart ist die Saug- und Druckpumpe, bei der ein Kolben in einem Zylinder auf und ab bewegt wird. Das älteste bekannte Modell baute im 3. Jh. v. Chr. der griechische Mechaniker Ktesibios von Alexandria als Feuerspritze.

Die einfache Druck- oder Kolbenpumpe besteht aus einem Zylinder, an dessen unterem Ende ein Schlauch oder Rohr befestigt ist. Wird der Kolben aufwärts bewegt, entsteht im Zylinder ein Unterdruck, wodurch das Wasser angesaugt wird. Wenn der Kolben dann hinabgleitet, verhindert das Saugventil im Zylinderboden, daß das Wasser wieder ausfließt. Im Kolben befindet sich ein weiteres Ventil, durch welches das Wasser über den abwärtsgehenden Kolben gelangt. Dieser hebt es beim nächsten Hub hoch, bis es oben aus der Pumpe fließt.

Später baute man eine ganze Reihe leistungsfähiger Pumpen, darunter die Zahnradpumpe, die 1604 von Johannes Kepler erfunden wurde. Sie besaß zwei ineinandergreifende Zahnräder, welche die Flüssigkeit zwischen sich hochdrückten. Die Ölpumpen in →Autos funktionieren noch heute nach diesem Prinzip.

Immer noch häufig verwendet wird auch die Zentrifugalpumpe, die 1689 von dem Franzosen Denis Papin erfunden wurde. Ihr Arbeitsprinzip: Ein rasch rotierendes Schaufelrad erzeugt einen Unterdruck in einem Zylinder, wodurch die Flüssigkeit angesaugt und dann durch die Zentrifugalkraft nach außen und in das sogenannte Steigrohr gedrückt wird. Mit Pumpen dieser Art kann auch zähflüssiges Material wie Schlamm oder Maische gefördert werden.

Die verbreitetste und wichtigste Pumpenart ist heute die Kreiselpumpe, die von einem Elektromotor angetrieben wird. Anstelle des Kolbens hat sie ein Schaufelrad. Wenn dieses sich dreht, entsteht ein Vakuum an seiner Achse, das Wasser wird durch ein Rohr angesogen und von den Schaufeln des Laufrads in ein Abflußrohr geschleudert.

R

Rad

Die ersten bekannten Räder wurden um 3500 v. Chr. im Orient benutzt

Die Welt ist voller Räder. Es gibt nicht nur das Wagenrad, sondern auch Zahnräder, Schwungräder, Töpferscheiben, Seilrollen und viele andere Typen. Keine Erfindung hat das Leben des Menschen so erleichtert wie das Rad.

Die älteste bekannte Form des Rades geht bis ins Jahr 3500 v. Chr. zurück. Es ist die Töpferscheibe. Aus einer einfachen Drehscheibe entwickelte sie sich zu einem Schwungrad, das der Töpfer mit der Hand in ständiger Drehung hielt. Mit der Töpferscheibe war es möglich, große Töpfe mit gefälliger Form in großen Mengen herzustellen.

Wo der Erdboden fest und eben war, konnte man mit Hilfe von Wagenrädern, deren Verwendung bis ins Jahr 3200 v. Chr. zurückreicht, schwere Lasten leichter und rascher von einem Ort zum anderen transportieren, überdies in größeren Mengen als durch Tragtiere oder Menschenkraft.

Das Wagenrad war bald auch ein wichtiger Teil des Streitwagens, einer der ersten Kampfmaschinen. Die Bogenschützen der Hyksos, eines asiatischen Volkes, überrannten mit ihren leichten, schnellen Wagen im 17. Jh. v. Chr. das Mittlere Reich in Ägypten.

In der Bronzezeit wurden Räder mit vier bis acht Speichen aus →Bronze gegossen. Später entstanden auch andere Fahrzeuge mit Rädern. So gab es in China schon um 100 n. Chr. den schlichten, aber gut erdachten Schubkarren, der die Hebelwirkung nutzte.

In neuerer Zeit spielt das Rad als Mittel zur Fortbewegung eine überragende Rolle. Das →Auto, die →Eisenbahn und andere Fahrzeuge würden ohne diese Erfindung nicht existieren.

Eine frühe Form des Zahnrads, die bereits im 4. Jh. v. Chr. in China im Gebrauch gewesen sein soll, ermöglichte den Bau komplizierterer Maschinen. Mit solchen Rädern konnte die verfügbare Kraft nach Wunsch erhöht oder vermindert werden. Man konnte ihre Richtung ändern oder die Kraft mittels einer Kette über eine gewisse Entfernung übertragen. Ohne Räder würde es auch keine →Werkzeugmaschinen geben, von denen die moderne Produktion abhängt.

Eine der wichtigsten Erfindungen der Menschheit setzt sich durch

3500 v. Chr.: Die Töpferscheibe
Die ersten Menschen, die ein Rad benutzten, waren vermutlich die mesopotamischen Töpfer. Um 3500 v. Chr. fertigten sie Gefäße auf einfachen Drehscheiben. Zwischen 600 und 300 v. Chr. entwickelten die Griechen und Ägypter die Töpferscheibe mit Tretantrieb: eine schwere Scheibe, auf der die Töpfer einen Lehmklumpen bei der Bearbeitung ständig drehten.

3200 v. Chr.: Die ersten Wagenräder
Ein mesopotamisches Mosaik, das aus der Zeit um 3200 v. Chr. stammt, zeigt einen Wagen mit Vollrädern aus Holz. Sie bestanden aus zwei oder drei Teilen, die rund zugeschnitten und mit hölzernen oder bronzenen Klammern zusammengehalten wurden. Pflöcke durch die Achsenden hielten sie an ihrem Platz.

Kampfwagen *Diese Abbildung zeigt einen frühen Streitwagen aus Ur. Die Räder bestehen aus zwei großen, halbkreisförmigen Scheiben, die durch Klammern zusammengehalten werden.*

2000 v. Chr.: Speichenräder
Für schnelle Streitwagen waren Scheibenräder zu schwer; man brauchte hier die leichteren Speichenräder. Diese gab es erstmals um 2000 v. Chr. in Mesopotamien. Von einer Nabe gingen sternförmig Speichen aus, die eine Holzfelge umschloß. Eine solche Felge wurde aus einem Stück zu einem Kreis zusammengebogen, nachdem man das Holz erhitzt hatte. Später verwendete man Felgen aus mehreren Stücken, die durch einen meist eisernen Radkranz zusammengehalten wurden.

4. Jh. v. Chr.: Zahnräder
In Ägypten und Griechenland wurden in Göpelantrieben zum Wasserschöpfen Zahnräder verwendet. Ein Zugtier, das mit der Göpelstange verbunden war, ging im Kreis, und Zahnräder übertrugen die Drehbewegung auf eine Trommel mit waagrechter Achse, auf der die Kette mit dem daran hängenden Wasserbehälter aufgewickelt wurde.

Die andere Hauptfunktion der Zahnräder, eine Kraft zu vergrößern oder zu verringern, war schon dem griechischen Mechaniker Pappos um 300 v. Chr. bekannt.

100 v. Chr.: Verringerte Reibung
Die Wagenräder der Kelten hatten um 100 v. Chr. besondere Lager, die einen leichteren Lauf ermöglichten. Manche Naben besaßen eine einfache Buchse aus Holz oder Bronze.

Ein Rad, das man in Dänemark gefunden hat, war schon mit kleinen, hölzernen Rollen zwischen der Achse und einer Hartholzbuchse ausgerüstet.

1870–1982: Drahtspeichen
Eine Radfelge, die von gespannten Drahtspeichen gehalten wurde, entwickelte der englische Erfinder George Cayley bereits um 1800 für ein von ihm geplantes →Flugzeug. Aber die erste praktische Verwendung fand dieses leichte, feste und widerstandsfähige Speichenrad im 19. Jh. bei dem →Fahrrad.

Streitwagen *Auf einem ägyptischen Wandgemälde aus dem 13. Jh. v. Chr. verfolgt der Pharao Ramses II. auf seinem Streitwagen mit Speichenrädern die Nubier.*

Radar

1904 in Deutschland erfunden

Im Jahr 1905 bekam der deutsche Hochfrequenztechniker Christian Hülsmeyer das Patent für ein Telemobiloskop zur Verkehrskontrolle. Dieses Gerät basiert auf der Erkenntnis, daß Funkwellen von Metallgegenständen reflektiert werden. Die Verwirklichung dieser Idee ließ jedoch noch 30 Jahre auf sich warten.

Guglielmo Marconi, der Erfinder der drahtlosen Telegrafie, machte 1922 den Vorschlag, →Schiffe bei schlechten Sichtverhältnissen mit Hilfe von Radiowellenechos zu orten. Die Engländer W.A.S. Butement und P.E. Pollard bauten daraufhin 1931 ein Versuchsgerät, das Funkimpulse aussandte, um Schiffe nach Hülsmeyers Prinzip sichtbar zu machen. Im Jahr 1936 wurde auf dem französischen Passagierdampfer *Normandie* ein primitives Radargerät (Radar = *R*adio *D*etecting *a*nd *R*anging) installiert, das vor Eisbergen warnen sollte. Vor allem in Großbritannien arbeitete man dann weiter an der neuen Technik.

Als 1939 der Zweite Weltkrieg ausbrach, war an der Ost- und Südküste Englands bereits eine Kette von Radarantennen auf 120 m hohen Masten installiert, die feindliche →Flugzeuge auf Entfernungen von über 160 km ausmachen konnten. Der Abstand des Flugzeugs ergibt sich bei einem Radargerät aus der Zeit, die ein Funkimpuls braucht, um bis zum Flugzeug zu gelangen und als Echo wieder zum Beobachtungsort zurückzukehren. Aus der Entfernung und der Richtung, aus der die Signale kommen, kann man schließen, wo sich das Flugzeug befindet. Seine Geschwindigkeit wird durch wiederholte Messungen und Standortvergleiche ermittelt.

Nach dem gleichen Prinzip arbeiteten die Funkmeßgeräte, die auf deutscher Seite gegen die nachts angreifenden britischen Bomber eingesetzt wurden. Das weitreichende Frühwarngerät *Freya* faßte den Gegner in größerer Entfernung auf. Die näherkommenden Maschinen wurden dann von den *Würzburg*-Geräten erfaßt, die eine geringere Reichweite hatten, aber genauer arbeiteten. Sie führten überdies die deutschen Nachtjäger so weit an den Gegner heran, daß sie ihn auf ihren eigenen *Lichtenstein*-Bordgeräten erkennen konnten.

Radaranlagen, ursprünglich zu militärischen Zwecken erfunden, sind inzwischen auch für die zivile Verkehrsüberwachung unentbehrlich geworden. Die Kontrolle des Luftraums über belebten Großflughäfen wäre ohne Radar ebenso unmöglich wie eine sichere Schiffahrt bei Nacht und Nebel in stark befahrenen Gewässern.

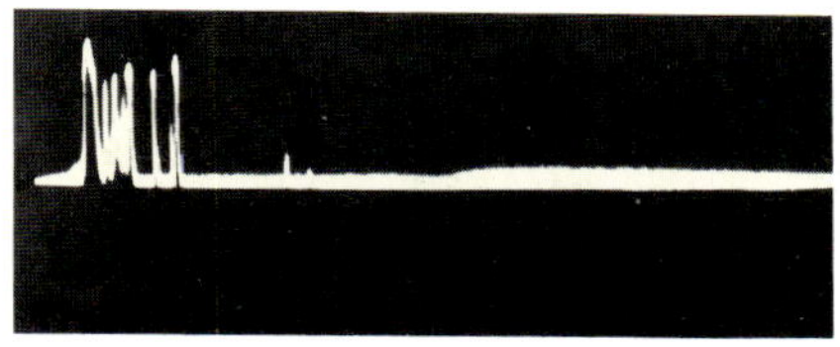

Eine frühe Radardarstellung *Die ersten Radarbildschirme zeigten nur lineare Echoschaubilder an den Schwankungen einer Lichtspur: Die zwei kleinen Schwingungen stellen die Echos von einem 80 km entfernten Flugzeug dar; die großen zeigen Echos vom Boden an.*

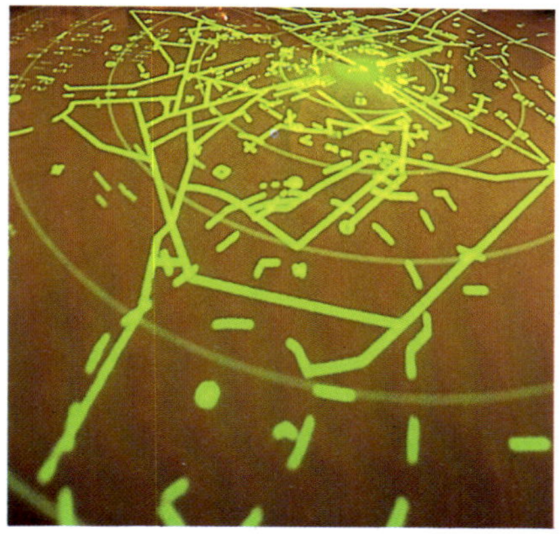

Radar in der Luftfahrt *Zur Verbesserung der Flugsicherheit stellen heute schon Computer jedes Flugzeug mitsamt seinen Bewegungen auf einem Panoramabildschirm dar.*

Radio

siehe Seite 212

Radiokarbondatierung

1947 von Willard Frank Libby in Chicago entwickelt

Ein Meilenstein in der Geschichte der Archäologie war die Erfindung der Radiokarbondatierung, einer Technik, mit der man das Alter bestimmter Stoffe und Geräte aufgrund ihrer natürlichen Radioaktivität feststellen konnte. Nun war man nicht mehr ausschließlich auf schriftliche Aufzeichnungen und geologische Beweise angewiesen.

Daß kosmische Strahlen aus dem Weltall auf die Erdatmosphäre treffen, war schon lange bekannt. Willard F. Libby, ein amerikanischer Physiker und Chemiker in Chicago, erkannte, daß dadurch neben den normalen Kohlenstoffatomen in der Atmosphäre auch radioaktiver Kohlenstoff – amerikanisch: radiocarbon – entstanden sein mußte. Da der Kohlenstoff der Luft von Pflanzen absorbiert wird und dann auch auf die pflanzenfressenden Tiere übergeht, mußten diese radioaktiven Kohlenstoffisotope (C 14) in allen organischen Stoffen – das heißt in lebender oder einmal lebendig gewesener Materie – nachzuweisen sein. Libby stellte entsprechende Versuche an und fand 1947 seine Vermutung bestätigt.

Wenn ein Lebewesen stirbt, gelangt kein C 14 mehr in seinen Körper, und das bereits in ihm vorhandene C 14 zerfällt langsam, wobei es eine Strahlung abgibt. Die Intensität der Strahlung halbiert sich alle 5760 Jahre. Libby erkannte, daß sich hier eine Möglichkeit bot, das Alter von Objekten aus organischem Material zu bestimmen: Man vergleicht die Strahlungsintensität des fraglichen Stoffes mit derjenigen von frischem Material und kann dann aus dem Unterschied zwischen beiden das Alter des Materials errechnen.

Libby erprobte dieses Verfahren am Holz eines →Schiffes, das vor ungefähr 3700 Jahren mit dem ägyptischen Pharao Sesostris III. begraben wurde. Die Radiokarbondatierung ergab tatsächlich für ihn ein Alter von 3621 Jahren. Für einen riesigen Rotholzbaum wurde mit der C-14-Methode ein Alter von 2926 Jahren errechnet; die Baumringe zeigten, daß er 2905 Jahre alt war.

Die Methode der Radiokarbondatierung wurde auf zahllose archäologische Funde angewandt. Das Alter der berühmten Schriftrollen vom Toten Meer bestimmte sie auf 1917 Jahre. Die letzte Eiszeit, so stellte man mit ihrer Hilfe fest, fand nicht, wie früher angenommen, vor 20000, sondern vor 11400 Jahren statt.

Mit der C-14-Methode hat man Altersbestimmungen bis zu 50000 Jahren vorgenommen. Doch bei so großen Zeiträumen besteht eine gewisse Unsicherheit, weil der Anteil der radioaktiven Kohlenstoffatome in der Atmosphäre im Lauf der Zeit geschwankt haben kann.

Auch andere Isotope ermöglichen eine Altersbestimmung für bestimmte Materialien und Zeiträume. So liefert beispielsweise die Kalium-Argon-Methode zuverlässige Daten für Gesteine und Mineralien.

Radio

Der Rundfunk wurde 1894–1895 von Marconi in Italien verwirklicht

Der Italiener Guglielmo Marconi und der Russe Alexander Popow erfanden um 1894/95 etwa gleichzeitig die drahtlose →Telegrafie. Doch Erfolg und Ruhm waren nur Marconi beschieden, der auch die finanzielle Unterstützung fand, um seine Erfindung zu verwirklichen. Dabei griff Marconi auf bereits vorhandene Erfindungen wie den Kohärer zurück (eine Einrichtung zum Nachweis elektromagnetischer Schwingungen). Neu waren eigentlich bloß die Idee der drahtlosen Telegrafie sowie die Erdung der Popowschen Antenne.

Die Vorteile einer drahtlosen Telegrafie waren offensichtlich. Zwar hatte die Telegrafie mit Hilfe von →Unterwasserkabeln, etwa zwischen Europa und den USA, das internationale Kommunikationswesen revolutioniert, doch waren die Kosten für die Leitungen unverhältnismäßig hoch, die Verbindung brach häufig zusammen, und die Leitungen konnten in Kriegszeiten leicht gekappt werden. Die drahtlose Telegrafie dagegen ermöglichte einen Nachrichtenverkehr, der nicht unterbrochen werden konnte und keinen großen technischen Aufwand erforderte. Zunächst mußten die Nachrichten jedoch in Morsesignale umgewandelt werden; die Übertragung von Sprache wurde erst später möglich.

Frühe Funkeinrichtungen

Trotzdem erregte Marconis Erfindung großes Aufsehen, vor allem in der Marine, aus der auch seine ersten Kunden kamen. Die englische Schiffahrtsgesellschaft Lloyd installierte 1898 in einem Leuchtturm vor der irischen Küste eine drahtlose Funkstation, die passierende Überseeschiffe meldete.

1903 waren etwa 50 englische Handelsschiffe mit ungefähr 25 Küstenstationen in drahtloser Funkverbindung, und in den nächsten zwei Jahren wurden auch zahlreiche Kriegsschiffe mit Funkgeräten ausgerüstet.

Als 1912 die *Titanic* sank, konnte ihr Funker Schiffe herbeirufen, so daß 700 der insgesamt 2200 Passagiere und Besatzungsmitglieder gerettet wurden. Die Zahl hätte noch größer sein können, wenn die Funkstation auf einem Schiff, das ganz in der Nähe war, besetzt gewesen wäre. Nach dieser Katastrophe wurde eine 24stündige Funkwache auf Passagierschiffen vorgeschrieben, und seither sind Tausende von Menschen durch das bekannte SOS-Signal aus Seenot gerettet worden.

Eine der wichtigsten Aufgaben des frühen Funks war die internationale Telegrammübermittlung. 1907 richtete Marconi zwischen London und New York einen billigen Telegrammdienst ein. Drei Jahre später wurde mit Hilfe der drahtlosen Telegrafie erstmals ein Mörder gefaßt: der Londoner Frauenmörder Dr. Hawley Harvey Crippen, der mit einem Schiff von Liverpool nach Quebec fahren wollte. Der Kapitän schöpfte Verdacht und telegrafierte an Scotland Yard. Dessen Chefinspektor Walter Dew fuhr mit einem schnelleren Schiff nach Kanada und nahm den Verbrecher bei seiner Ankunft fest.

Außer technischen Schwierigkeiten hatten die Pioniere des Rundfunks noch mit der Ablehnung der damaligen Schulphysik zu kämpfen. Denn damals herrschte die Meinung, daß elektromagnetische Wellen – ähnlich wie das Licht – die Erdkrümmung nicht überwinden und daher auch nicht für größere Entfernungen genutzt werden könnten. Marconis Versuche widerlegten diese Ansicht, doch erst 1924 fand man die Erklärung dafür.

Im Jahr 1906 gelang es dem aus Kanada gebürtigen Physiker Reginald A. Fessenden zum erstenmal, einen gesprochenen Text drahtlos zu übertragen. Ein Jahr zuvor hatte er das sogenannte Überlagerungsprinzip erfunden, das es ermöglichte, eine Trägerfrequenz durch die Schwingungen der menschlichen Stimme zu modulieren. 1915 überquerte das gesprochene Wort erstmals drahtlos den Atlantik. Und 1928 wurde die erste transatlantische Telefonverbindung eröffnet. Sie war bis 1956 in Betrieb; dann wurde sie durch eine Kabelverbindung ersetzt.

Vom drahtlosen Telefon zum Rundfunk

Der Rundfunk wurde lange Zeit nur als unnütze Spielerei bezeichnet. Als der deutsche Funkoffizier Dr. Hans Bredow – der spätere „Vater des deutschen Rundfunks" – während des Ersten Weltkriegs an der Front die ersten Unterhaltungsprogramme der Welt (Sprache und Musik) übertrug, wurde ihm von seinen Vorgesetzten dieser „grobe Unfug" verboten.

Die Idee, den drahtlosen Funk zur Übertragung von Unterhaltungssendungen zu verwenden, setzte sich nur langsam durch. Das erste Unternehmen, das eine regelrechte Radiostation einrichtete, war 1920 die amerikanische Westinghouse Electric Corporation. Der Sender befand sich – und ist heute noch – in Pittsburgh im amerikanischen Bundesstaat Pennsylvania. Zur Eröffnung übertrug er die Wahlergebnisse der damaligen Präsidentschaftswahlen, und in den Pausen wurde Musik gesendet.

Von 1920 bis 1924 setzte sich der Rundfunk auch in Europa durch. Regelmäßige Sendungen gab es in England ab 1919, in Dänemark ab 1921, in Frankreich ab 1922 und in Deutschland ab 1923. Rundfunkanstalten wurden gegründet, und das Zeitalter der Massenkommunikation begann.

1932 wurde in Madrid die Internationale Fernmeldeunion gegründet, der heute über 130 Länder angehören. Die Satzungen dieser Vereinigung regeln unter anderem die Wellenbereiche der einzelnen Länder, um Störungen zu vermeiden.

Als in den 50er Jahren das →Fernsehen aufkam, verlor der Hörfunk zunächst einen Großteil seines Publikums. Doch mit der Erfindung des Kofferradios und des preiswerten Autoradios, mit der Einführung von Magazinsendungen mit Nachrichten, Berichten und Musik, von Livesendungen sowie von Serviceprogrammen für Autofahrer und mit der Stereoübertragung eroberte der Rundfunk sich seine Hörer zurück.

In Funkkontakt *Bei einem Manöver in Norwegen steht dieser Soldat mit seiner Kommandostelle in Funkverbindung. Das Gerät trägt er auf dem Rücken.*

Vom drahtlosen Funk zur Massenkommunikation und Unterhaltung

1864–1888: Vorgeschichte
Der englische Physiker James Clerk Maxwell wies 1864 auf die theoretische Existenz einer bis dahin unbekannten Strahlung hin, die sich mit Lichtgeschwindigkeit ausbreitet. Sie wird heute als Radiowellen bezeichnet.

1888 gelang es dem deutschen Physiker Heinrich Hertz, die elektromagnetischen Wellen experimentell nachzuweisen. Er entlud dazu eine elektrische → Batterie in eine Spule, die mit zwei Metallkugeln verbunden war. Die Kugeln waren durch einen kleinen Zwischenraum getrennt, den während der Entladung ein Funke übersprang. Im Abstand von etwa einem Meter davon befestigte Hertz eine Drahtschlinge, an deren Enden zwei weitere voneinander getrennte Metallkugeln befestigt waren. Wenn ein Funke den Abstand zwischen den beiden ersten Kugeln übersprang, geschah das gleiche auch beim zweiten Kugelpaar, obwohl zwischen den Kugelpaaren keine feste Verbindung bestand. Hertz bewies damit, daß elektromagnetische Wellen existieren und sich durch die Luft ausbreiten.

1890: Radiowellen als elektrischer Strom
Der französische Professor Edouard Branly erfand 1890 ein Gerät, das Radiowellen erfaßte und in elektrischen Strom umwandelte. Branly stellte fest, daß Eisenspäne, die normalerweise Elektrizität schlecht leiten, in Anwesenheit von Hertzschen Wellen zu einem sehr guten Leiter werden. Er schaltete ein Röhrchen mit Eisenspänen, eine Batterie und eine elektrische Klingel in einem Stromkreis zusammen. Als die Radiowellen auf die Röhre trafen, „kohärierten" die Eisenspäne, wie er es nannte (das heißt, sie wurden zusammenhängend), und schlossen den Stromkreis, worauf die Klingel ertönte.

1894: Marconi sendet Funksignale
Guglielmo Marconi, ein 20jähriger Italiener, der nie eine Universität besucht hat, begann 1894 mit den Hertzschen Wellen zu experimentieren. Er konstruierte einen Sender, der aus einem Hertzschen Funkenerzeuger und einem Branlyschen Kohärer bestand, und sendete damit ein Funksignal durch den Raum, das eine Klingel zum Läuten brachte. Indem er die Funkenstrecke – den Abstand zwischen zwei Leitern, den der Funke überspringt – zwischen Antenne und Erde verlegte, konnte er die Reichweite seiner Signale von 30 m bis auf etwa 3 km vergrößern.

Zur gleichen Zeit machte auch der Russe Alexander Popow Versuche mit dem drahtlosen Funk, mußte sie aber mangels finanzieller Unterstützung einstellen. Immerhin gelang ihm eine so wichtige Erfindung wie die der Antenne.

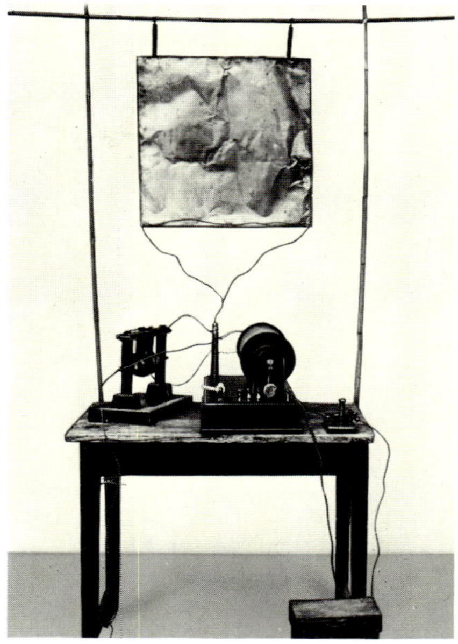

Früher Sender *Diesen Sender verwendete Marconi 1895 bei seinen ersten Funkversuchen. Die an einem Gestell aus Bambusstäben befestigte Antenne besteht aus einem dünnen Kupferblech.*

1898: Braun benutzt den Schwingungskreis
Der deutsche Physiker Karl Ferdinand Braun verlegte 1898 die Funkenstrecke in einen Schwingungskreis und koppelte ihn mit einer Antenne. Dadurch wurde es möglich, elektromagnetische Wellen in eine bestimmte Richtung zu senden. Für ihre Verdienste um die drahtlose Telegrafie erhielten Braun und Marconi 1909 gemeinsam den Nobelpreis.

Außer Braun experimentierten auch andere deutsche Physiker mit der drahtlosen Telegrafie. Schon 1897 hatte Professor Adolf Slaby dem deutschen Kaiser das neue Medium vorgeführt. 1898 besaß sein Sender die beachtliche Reichweite von 21 km.

Während der ersten fünf Jahre der drahtlosen Telegrafie hatte man unkoordinierte Radiowellen in kurzen Stößen ausgesendet, und die Empfänger reagierten auf alle Signale irgendeines benachbarten Senders. Marconi erkannte, daß man bessere Ergebnisse mit einer Anlage erzielen konnte, welche die elektrische Energie speicherte und sie dann in einer kontinuierlichen Folge von gleichlangen Wellen allmählich abgab. Sowohl der Schwingungskreis des Senders als auch der des Empfängers sollten auf eine bestimmte Wellenlänge abgestimmt werden.

Diese Erfindung steigerte die Reichweite der Sender erheblich. Schon ein Jahr später konnte Marconi – trotz der Krümmung der Erdoberfläche – Funkwellen über den Atlantik senden. Damit hatte er auch die Behauptung der Schulphysik widerlegt, Radiowellen könnten sich nur bis zum Horizont ausbreiten und müßten dann in den Weltraum hinausgehen.

1906: Die erste Übertragung von Sprache
Am Weihnachtsabend des Jahres 1906 gelang dem kanadischen Wissenschaftler Reginald Aubrey Fessenden die erste Funkübertragung von Sprache und Musik. Fessenden sendete aus seinem Laboratorium in Brant Rock im amerikanischen Bundesstaat Massachusetts. Er verwendete einen Lichtbogensender (1903 von dem Dänen Valdemar Paulsen erfunden), der mit einem besonderen Hochfrequenz-Wechselstromgenerator ausgerüstet war und ähnlich wie ein Drehstromgenerator arbeitete. Auf diese Weise erzeugte er kontinuierliche, gleichbleibende Radiowellen. Diese modulierte er entsprechend den Schwingungsfrequenzen seiner Stimme, die er durch ein → Mikrofon in elektrische Wellen umgewandelt hatte. Damit war das sogenannte Überlagerungsprinzip erfunden.

1906: Ein Jahr der Erfindungen
Der amerikanische Wissenschaftler H. H. C. Dunwoody stellte 1906 fest, daß die Kristalle bestimmter Stoffe wie Silizium oder Galenit (Bleisulfid) Radiowellen wirksamer „gleichrichten" als Branlys Kohärer. So ersetzte er diesen durch einen Kristalldetektor, der den Strom nur in eine Richtung fließen ließ. Ebenfalls 1906 hatten der Deutsche Rudolf von Lieben und der Amerikaner Lee de Forrest unabhängig voneinander die Verstärkerröhre erfunden. De Forrest baute seine Erfindung zu einer Radioröhre um, mit der man Sprechfrequenzen übertragen konnte. Diese Audion genannte Röhre wirkte als Gleichrichter und Verstärker zugleich.

1911 erfand der Fernsehpionier Otto von Bronk den Hochfrequenzverstärker. Alle diese Erfindungen nutzte Alexander Meißner, ein gebürtiger Österreicher, 1913 in Berlin, wo er einen Röhrensender mit Rückkopplung konstruierte. Dieses „Schwingaudion" übertraf alle damaligen Sender an Empfindlichkeit; sein Prinzip ist auch heute noch gültig.

1917: Versuche mit UKW-Übertragungen
Marconi begann 1917 mit Ultrakurzwellen zu experimentieren, deren Wellenlänge von 10 cm bis 1 m reicht. Ultrakurzwellen haben die gleichen Eigenschaften wie Licht; ihre Reichweite entspricht etwa der optischen Sicht. Deshalb müssen die Sendeantennen sehr hoch sein, damit die Reichweite vergrößert wird. Da der Frequenzbereich der Ultrakurzwellen sehr groß ist – 200mal größer als bei Mittelwellen –, können viele Sender darin arbeiten, ohne sich zu beeinflussen. Auf dieser Eigenschaft beruht letztlich die hohe Übertragungsqualität in diesem Bereich. Daher werden Ultrakurzwellen auch für Fernsehübertragungen genutzt.

1918: Der Überlagerungsempfänger
1906 hatten Meißner und Fessenden das Prinzip des Überlagerungsempfangs entworfen, das auch Heterodynschaltung

genannt wird. Dabei werden die ausgesendeten Schwingungen von einer im Empfänger erzeugten Schwingung überlagert. Die so entstandene Mischfrequenz wird verstärkt, und anschließend werden die Tonschwingungen von der Trägerfrequenz getrennt, so daß sie über → Lautsprecher gehört werden können. 1918 konstruierte der amerikanische Funkoffizier Edwin H. Armstrong den ersten brauchbaren Überlagerungsempfänger (Superheterodynempfänger oder Superhet). Dieser Typ wird heute fast ausschließlich verwendet. Durch Armstrongs Erfindung stiegen Trennschärfe und Wiedergabequalität der Empfänger beträchtlich.

1924: Wie sich Funksignale fortpflanzen
Der englische Physiker Edward Victor Appleton löste das Geheimnis, warum sich Funksignale um die Erde herumbewegen können. Er wies nach, daß in der Ionosphäre eine Schicht leitender (ionisierter) Gase vorhanden ist. Diese Schicht – Appleton- oder F_2-Schicht genannt – wirkt wie ein riesiger Spiegel, der die ausgestrahlten Wellen auf die Erde zurückwirft. Da die Erdoberfläche ebenfalls Radiowellen reflektiert, können die Funksignale zwischen diesen zwei Ebenen über Tausende von Kilometern hin und her reflektiert werden.

Auf Ultrakurzwellen allerdings, die sich wie Licht verhalten, trifft dies nicht zu. Hieraus erklärt sich ihre begrenzte Reichweite.

1935: Verringerung der Störungen
Der Physiker Edwin H. Armstrong entdeckte 1935 eine Möglichkeit, die statischen Störungen, die durch verschiedene elektrische Geräte oder Gewitter bewirkt werden, zu verringern. Bereits 1935 waren Funkübertragungen „amplitudenmoduliert". Modulation bedeutet, daß eine Trägerfrequenz durch die in elektrische Schwingungen umgewandelten Schallwellen überlagert wird. Bei der Amplitudenmodulation (AM) wird die „Höhe" der Trägerwellen beeinflußt. Dieser Vorgang ist gegenüber statischen Störungen sehr empfindlich. Deshalb schlug Armstrong vor, die Frequenz der Trägerschwingungen im Takt der zu übertragenden Schallwellen zu modulieren – ein Verfahren, das Frequenzmodulation (FM) genannt wird. Diese Methode verringerte die statischen Störungen und das Rauschen um mehr als das 30fache.

1954: Das Transistorradio
Nach der Erfindung des → Transistors wurden die Röhren im Radio bis auf das magische Auge, das eine Braunsche Röhre ist, ersetzt. Dadurch war es nun möglich, Radios im Taschenformat herzustellen. 1954 entwickelte die amerikanische Firma Regency das erste Transistorradio.

1961: Erste Stereosendung in den USA
Die erste Sendung in stereophonem Ton (Raumton) wurde 1961 in Amerika ausgestrahlt. Bei dem Verfahren, das die Firmen Zenith und General Electrics entwickelten, werden die beiden Tonkanäle der von zwei Mikrofonen aufgenommenen Sendung so gemischt, daß ein gemeinsames Signal entsteht, das auch von Monogeräten empfangen werden kann. Ein Gerät, das mit einem besonderen Decoder ausgestattet ist, trennt das zusammengesetzte Signal wieder und führt es zwei gesonderten Lautsprechern zu, die es nun stereophon wiedergeben. In der Bundesrepublik Deutschland wurde 1963 das amerikanische Stereoverfahren eingeführt.

Kristalldetektor *Als die BBC 1920 in London ihre ersten Programme sendete, wurden diese von den meisten Leuten mit einem Kristalldetektor empfangen. Man nannte das Gerät so, weil die Radiowellen durch Kristalle gleichgerichtet (englisch: detected) wurden. Die Zuhörer trugen Kopfhörer, um die Sendungen zu verfolgen. Am 14. November 1922 begann die BBC aktuelle Programme auszustrahlen, man sendete Kurznachrichten und den Wetterbericht. Fünf Jahre später gab es in Großbritannien über zwei Millionen Empfangsgeräte. Die Hörer konnten damals schon ein bestimmtes Programm wählen beispielsweise eine Opernübertragung oder eine Unterhaltungssendung.*

Das Interesse der Menschen an Radiowellen begann in den 60er Jahren des 19. Jh., als der englische Wissenschaftler James Clerk Maxwell ihre Existenz voraussagte.

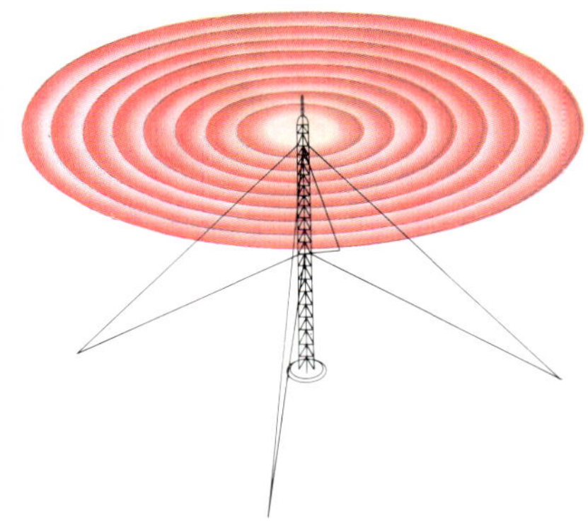

Eigenschaften der Radiowellen *Radiowellen pflanzen sich mit Lichtgeschwindigkeit (299 792, 456 km/h) fort. Die Länge einer Welle entspricht dem Abstand zwischen zwei Wellenbergen. Die Frequenz (oder Schwingungszahl) einer Welle, die in Hertz gemessen wird, gibt die Anzahl der Schwingungen pro Sekunde an. Je kürzer die Wellenlänge ist, desto höher ist die Frequenz. Die Maßeinheiten für hohe und sehr hohe Frequenzen sind Kilohertz (kHz) und Megahertz (MHz).*

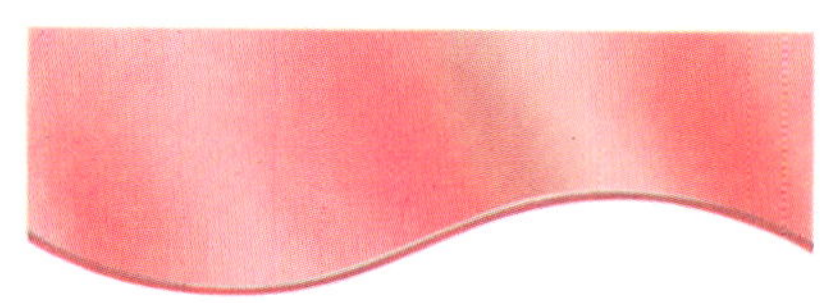

Langwelle

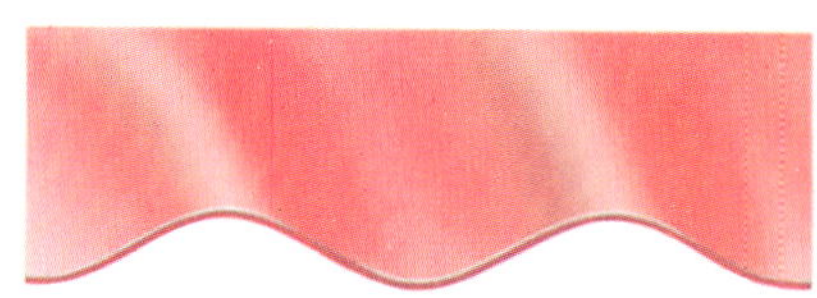

Mittelwelle

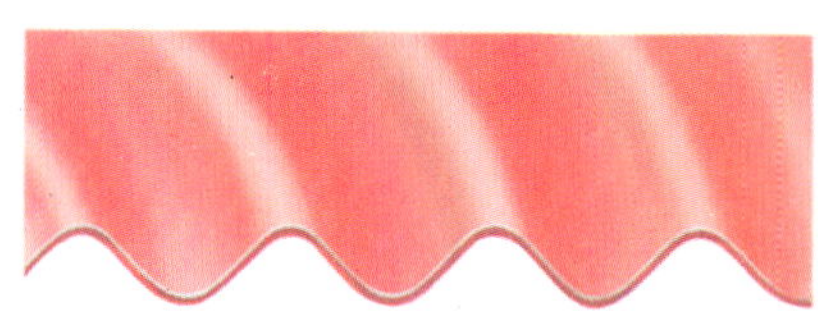

Kurzwelle

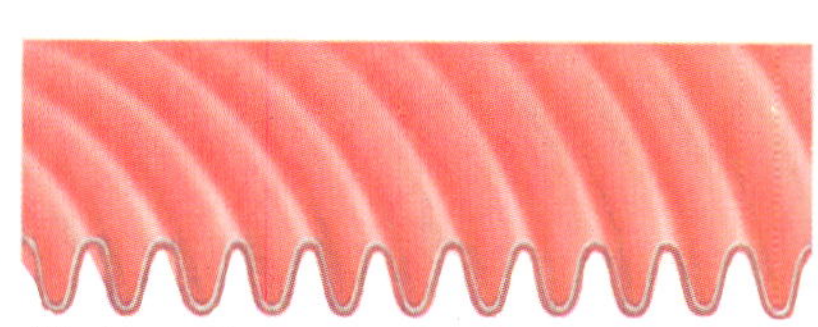

Ultrakurzwelle

Wellenbänder *Langwellen haben eine Wellenlänge von 1000 bis 10 000 m (300–30 kHz), die Mittelwellen liegen zwischen 100 bis 1000 m (3 MHz – 300 kHz). Kurzwellen reichen von 10 bis 100 m (30–3 MHz). Ultrakurzwellen sind 1 bis 10 m lang (300–30 MHz).*

WIE DER MENSCH DIE RADIOWELLEN FÜR SENDUNGEN NUTZTE

Bald bemühten sich Wissenschaftler und Ingenieure, Funksignale drahtlos zu übertragen. Bereits 1901 konnte erstmals der Atlantik überbrückt werden. Fünf Jahre später wurden schon Sprache und Musik per Funk übertragen, und 1915 überquerte der erste gesprochene Text den Atlantik. 1923 wurden Kurzwellen zur Übertragung über große Entfernungen hinweg verwendet, und gegen Ende des Jahrzehnts sendete man Radioprogramme in die ganze Welt. Das Zeitalter der Massenmedien begann.

DIE ÜBERTRAGUNG VON SCHALLWELLEN DURCH DEN HÖRFUNK

Wie der Ton aus dem Studio zum Hörer gelangt

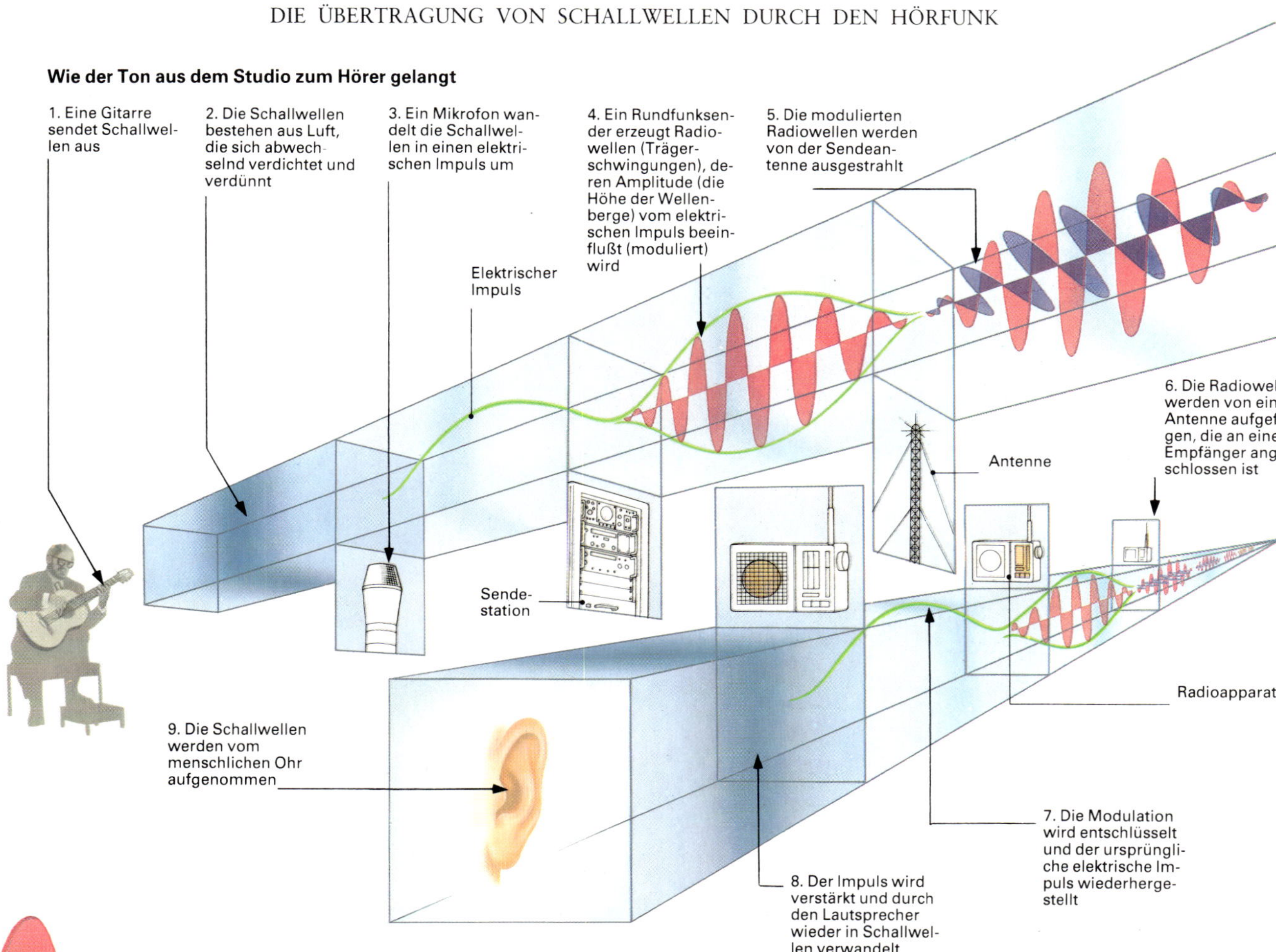

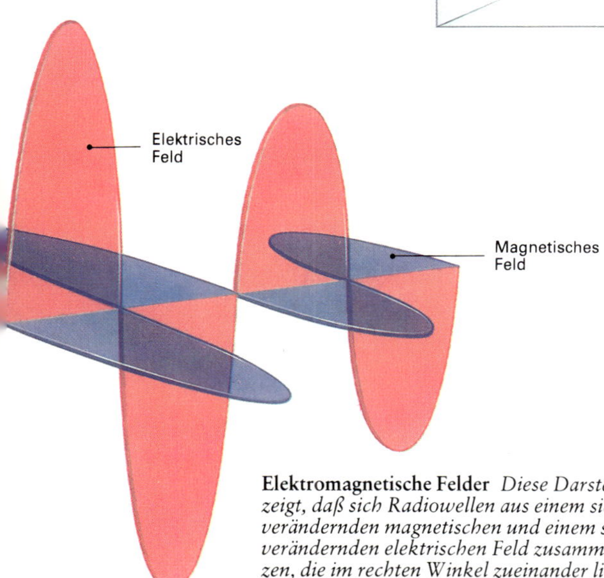

Elektromagnetische Felder *Diese Darstellung zeigt, daß sich Radiowellen aus einem sich verändernden magnetischen und einem sich verändernden elektrischen Feld zusammensetzen, die im rechten Winkel zueinander liegen. Diese Felder können auch durch den luftleeren Raum gesendet werden.*

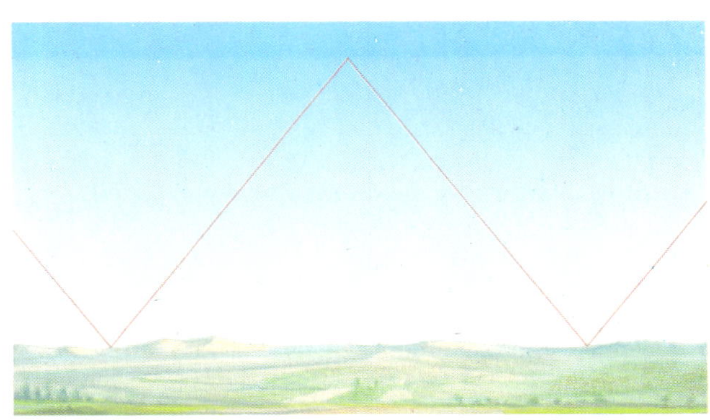

Reflektierte Wellen *Lang-, Mittel- und Kurzwellen bewegen sich rund um die Erde fort – dank eines elektrisch geladenen Bereichs der Ionosphäre, der F_2-Schicht. Diese liegt 200 bis 300 km über der Erde und wirkt wie ein riesiger Spiegel, der die ausgestrahlten Wellen Hunderte von Kilometern von ihrem Ausgangspunkt entfernt auf die Erde zurückwirft. Die Erdoberfläche reflektiert die Radiowellen ebenfalls. Auf diese Weise können sie Tausende von Kilometern zurücklegen.*

Radioteleskop

Das erste Gerät wurde 1937 in den USA gebaut

Der erste Hinweis darauf, daß Radiowellen aus dem Weltall zur Erde gelangen, ergab sich 1932, als der amerikanische Ingenieur Karl Jansky Nebengeräuschen beim Empfang von Radioprogrammen nachspürte. Er stellte fest, daß diese Geräusche – das bekannte Rauschen im → Radio – aus einem bestimmten Bereich des Weltraums im Sternbild des Schützen kamen. Offenbar handelte es sich hier um Radiowellen.

Wenige Jahre später, 1937, baute der Amerikaner Grote Reber eine Parabolantenne mit einem Durchmesser von 10 m, um solche Radiowellen zu sammeln und auf einen Empfänger zu richten. Er fand auch in anderen Himmelsgegenden Radiowellen. Sein Radioteleskop stellte die aufgefangenen Impulse bereits grafisch dar oder machte sie als Geräusch in Kopfhörern vernehmbar.

Während des Zweiten Weltkriegs entdeckten Radarfachleute Ausbrüche von Radiostrahlen auf der Sonne. Nach dem Krieg wurden zahlreiche Radioteleskope errichtet; die neue Wissenschaft der Radioastronomie wuchs heran.

Für Radioteleskope verwendet man meistens Parabolantennen, die fest installiert oder schwenkbar sein können. Das größte nach allen Seiten schwenkbare Radioteleskop, das derzeit in Betrieb ist, hat einen Durchmesser von 100 m und steht in der Bundesrepublik Deutschland auf dem Effelsberg bei Bad Münstereifel.

Das größte Radioteleskop der Welt befindet sich im nördlichen Kaukasus (UdSSR) und heißt *Ratan 600.* Es hat einen Durchmesser von 600 m und besteht aus einem Ring von Aluminiumplatten, die alle verstellbar sind. So kann man das Gerät auf die einfallende Strahlung ausrichten und der Erdumdrehung anpassen. Die aufgefangenen Signale werden auf Empfänger gebündelt, die im Innern der Anlage fahrbar auf Geleise montiert sind. Mit diesem Radioteleskop lassen sich Objekte in vier verschiedenen Himmelsgegenden gleichzeitig beobachten.

Radioteleskope können wesentlich feinere Details entdecken, wenn man zwei oder mehr Instrumente koppelt und ihre Signale elektronisch miteinander vergleicht. Dazu sind die sogenannten Arrays oder Synthesisteleskope entwickelt worden, Anlagen, die aus vielen mittelgroßen T- oder Y-förmig angeordneten Teleskopen bestehen. Besonders leistungsfähig ist das sogenannte *Very Large Array* im amerikanischen Bundesstaat New Mexico, das seit 1981 arbeitet. Das riesige Y besteht aus 27 Einzelteleskopen; ein Arm ist 19,2 km lang, der andere 20,8 km.

Die Radioastronomie hat ein Universum enthüllt, in dem gewaltige Dinge vorgehen. Mit Hilfe der neuen Geräte können die Astronomen Stürme beobachten, die unter der dichten Wolkenschicht des Jupiters toben. Sie haben Pulsare entdeckt, Sterne im Endstadium ihrer Entwicklung, die sich bis zu 30mal in einer Sekunde um sich selbst drehen und auf denen gewaltige Ausbrüche von Radioenergie stattfinden. Auch die entferntesten Objekte, die man kennt, wurden mit Radioteleskopen gefunden: die Quasare, relativ kleine, sternähnliche Objekte, deren Licht- und Radiowellen Milliarden Jahre bis zur Erde unterwegs waren und die vielleicht 100mal soviel Energie aussenden wie eine ganze Galaxie.

DREI STUFEN IN DER ENTWICKLUNG DES RADIOTELESKOPS

Janskys „Karussell" *Mit diesen Antennen – der Erbauer Karl Jansky nannte sie sein „Karussell" – wurden zum erstenmal Radiowellen aus dem Weltraum entdeckt. Damit begann die Radioastronomie.*

Effelsberg *Das Radioteleskop von Effelsberg ist ein Gerät des deutschen Max-Planck-Instituts für Radioastronomie. Seine Parabolspiegelantenne hat einen Durchmesser von 100 m und kann in jede Richtung geschwenkt werden.*

Synthesisteleskop *In Cambridge (England) stehen acht Parabolspiegelteleskope auf einer 4,8 km langen Schienenstrecke. Diese Anlage ersetzt ein Einzelteleskop von 4,8 km Durchmesser.*

Raketen

In China wohl schon im 13. Jh. n. Chr. verwendet

Schon im 13. Jh. n. Chr. schossen die Chinesen „Feuerpfeile" ab; vermutlich handelte es sich dabei um frühe Raketen.

Die eigentliche Zeit der Raketen kam aber erst in unserem Jahrhundert. Der Vorläufer aller heutigen Fernraketen war der Antrieb der deutschen *V 2*, die 1942 erstmals abgeschossen wurde. Ein Raketenantrieb unterscheidet sich von einem Düsenmotor dadurch, daß er den

Feuerpfeil *Diese chinesische Rakete stammt aus der Zeit um die Jahrhundertwende, aber ganz ähnlich dürften ihre Vorläufer ausgesehen haben. Die Eisenspitze war mit Schwarzpulver gefüllt, und die Bambusstange stabilisierte die Flugbahn. Die Rakete wurde ähnlich wie eine Panzerfaust oder von einem Stativ abgeschossen und flog etwa 400 m weit.*

Von den Schwarzpulverraketen der Chinesen bis zu den modernen Interkontinentalraketen

Anscheinend war die Rakete den Chinesen und Mongolen schon im 13. Jh. n. Chr. bekannt; denn ein chinesischer Bericht über die Belagerung von Kaifeng (1232) spricht von „Feuerpfeilen". Diese frühen Raketen wurden vermutlich wie die heutigen Feuerwerksraketen von Schwarzpulver angetrieben.

Ein arabisches Buch aus dem Jahr 1285 über Kriegführung nennt „Pfeile aus China" und gibt an, daß sie von Rampen abgeschossen wurden. 1650 zeigte ein Buch des Polen Kazimierz Siemienowicz gebündelte Raketen mit Flügeln, sogar in mehrstufiger Ausführung. Um 1688 baute Friedrich von Geissler in Berlin Raketen mit einem Gewicht von 25 und 50 kg.

Aber erst im 18. Jh. wurden Raketen im großen Stil bei Kämpfen eingesetzt, und zwar in Indien. Sultan Haidar Ali von Maisur verwendete sie 1780 massenhaft und wirkungsvoll in der Schlacht von Guntar gegen die Engländer. Seine Geheimwaffe bestand aus 3–6 kg schweren Eisenrohren und einer angehängten 3 m langen Bambusstange. Ihre Reichweite betrug etwa 2,5 km.

Der Engländer William Congrave entwickelte den ersten Raketentyp, mit der westliche Armeen ausgerüstet wurden. Er bestand aus einem mit Schießpulver gefüllten Blechgehäuse und wog etwa 16 kg. 1806 wurden bei einem Angriff auf Boulogne in einer halben Stunde 200 solche Raketen von → Schiffen aus auf die Stadt abgefeuert.

1844 erfand der Engländer William Hale eine verbesserte Rakete mit gekrümmten Auslaßöffnungen für die Pulvergase. Dadurch bekam sie einen Drall und flog ruhiger. Die Amerikaner verwendeten sie 1847 im Krieg gegen Mexiko.

Waffen im Zweiten Weltkrieg

Deutsche und Russen benutzten während des Zweiten Weltkriegs erneut Raketen. Sie waren mit rauchlosen Pulvermischungen gefüllt. Die deutschen Nebelwerfer mit sechs Rohren schossen 40 kg schwere Raketen auf Entfernungen bis zu 600 m ab. Und die russische Stalinorgel hatte 48 Rohre auf einem Fahrgestell. Zwar trafen diese Raketen ihre Ziele nicht sehr genau; doch waren sie dafür viel einfacher und billiger als Geschütze und erwiesen sich als eine wirksame Waffe für den Flächenbeschuß.

Die Väter der Mondrakete

Die moderne Raketenwissenschaft wurde 1890 von dem russischen Schulleiter Konstantin Ziolkowski begründet, der als erster eine Theorie des Raketenantriebs aufstellte. Aber er war ein Außenseiter, dem nur wenige zuhörten.

1909 veröffentlichte Robert Goddard, ein Professor für Physik an der Clark University in Massachusetts, die ersten theoretischen Überlegungen für flüssigkeitsgetriebene Raketen. Am 16. März 1926 startete er die erste Rakete dieser Art. Sie flog nur 12,5 m hoch und 56 m weit. 1935 aber erreichte Goddard mit einer Versuchsrakete bereits eine Höhe von 2,2 km.

Goddards Traum fand seine eigentliche Verwirklichung in Europa. 1923 erschien das Buch *Die Rakete zu den Planetenräumen*, eine abgelehnte Doktorarbeit des deutschen Raketenforschers Hermann Oberth aus Hermannstadt in Siebenbürgen. Es enthielt wichtige Theorien über Mehrstufenraketen und flüssige Treibstoffe und wurde schnell zum Standardwerk der Raketenforscher. In den 30er Jahren arbeitete Oberth als Berater für den Film *Frau im Mond* von Fritz Lang bei der Ufa – nur damit er eine Rakete bauen konnte. Gleichzeitig entwickelte Walter Dornberger, der Leiter der deutschen Wehrmachtsversuchsabteilung in Kummersdorf bei Berlin, Feststoffantriebe. Und 1934 erwarb Wernher von Braun, der später das Weltraumzeitalter einleitete, an der Berliner Universität den Doktorgrad mit einer Arbeit über Flüssigkeitsraketen.

Als von Braun sich 1932 an der Berliner Universität einschrieb, war er bereits eine führende Persönlichkeit des Vereins für Raumschiffahrt, dessen Mitglieder sich regelmäßig auf dem Raketenflugplatz in Berlin trafen. Unterstützt durch ein Stipendium, richtete er ein kleines Versuchszentrum neben dem von Dornberger in Kummersdorf ein, wo er seine Doktorarbeit vorbereitete. 1936 baute die Deutsche Wehrmacht in Peenemünde auf der Insel Usedom eine Heeresversuchsanstalt. Dornberger wurde ihr Leiter und von Braun ihr technischer Direktor. 1941 stieß auch Oberth dazu.

Die Entwicklung der *V 2*

In Peenemünde wurde vieles geschaffen, was technisch völlig neu war, so die fliegende Bombe *V 1* und das funkgesteuerte Flugabwehrgeschoß *Wasserfall*. Die größte Leistung aber, eine Erfindung gleichrangig mit der des Flugzeugs, war die Fernrakete *A 4*. Ihr geistiger Vater war Wernher von Braun.

Der erste Versuch am 13. Juni 1942 endete allerdings mit einem totalen Mißerfolg. Die Rakete explodierte auf der Abschußrampe. Beim zweiten Versuch am 16. August war sie jedoch als erstes von Menschenhand gebautes Gerät schneller als der Schall. Beim dritten Versuch am 3. Oktober flog sie fast 200 km weit. Auf Anweisung von Hitler wurde 1943 die Produktion der *A 4* in einer unterirdischen Fabrik bei Nordhausen mit dienstverpflichteten Arbeitskräften aufgenommen. Der Treibstoff bestand aus einer Äthylalkohol-Wasser-Mischung und flüssigem Sauerstoff. Ehe die Rakete eingesetzt wurde, taufte man sie auf *V 2* (Vergeltungswaffe 2) um.

Die *V 2* war eine Waffe, gegen die es bei den Alliierten keine Abwehr gab. Sie hatte eine Reichweite von über 300 km, erreichte eine Höhe von 100 km, stürzte sich mit mehrfacher Schallgeschwindigkeit (annähernd 6000 km/h) auf ihr Ziel herab und

für die Verbrennung nötigen Sauerstoff nicht der Luft entnimmt, sondern ihn in einem Tank mitführt. Aus diesem Grund funktionieren Raketenantriebe auch außerhalb der Erdatmosphäre. Wie der Düsenmotor, so wirkt auch der Raketenantrieb nach dem dritten Bewegungsgesetz von Isaac Newton – wonach jeder Wirkung eine Gegenwirkung entspricht. Wenn die Gase mit großer Kraft dem offenen Ende der Brennkammer entströmen, üben sie einen gleich starken und entgegengesetzten Druck auf den vorderen Kammerabschluß aus und treiben die Rakete vorwärts.

Ein Raketenantrieb brennt nicht wie ein Düsenmotor gleichmäßig während des ganzen Flugs, sondern mit voller Kraft ein paar Minuten lang, und entwickelt dabei einen ungeheuren Schub, der die Rakete sehr rasch beschleunigt.

Wernher von Brauns *V-2*-Rakete war 14 m lang: Sie hatte einen Flüssigkeitsantrieb, und der Großteil ihres Inneren und ihres Startgewichts wurde von zwei Tanks in Anspruch genommen, die 3,8 t Treibstoff – eine Äthylalkohol-Wasser-Mischung – und 4,9 t flüssigen Sauerstoff enthielten. Hochdruckturbopumpen mit einer Leistung von 750 PS

Raketen im Zweiten Weltkrieg *Deutsche und russische Truppen setzten an der Ostfront des Zweiten Weltkriegs Raketen ein. Besonders wirksam war die sowjetische* Katjuscha *(Stalinorgel, hier im Bild), die von 1941 an für den Flächenbeschuß gebaut wurde.*

wurde von beweglichen Rampen abgeschossen. Der 900-kg-Sprengkopf explodierte ohne Vorwarnung, gefolgt von den Druckwellen, die von der hohen Geschwindigkeit herrührten.

Zwar stellte die *V 2* eine revolutionierende technische Neuheit dar und bildete die Grundlage für die Weltraumrakete und die strategischen Waffen von heute, doch war ihr militärischer Erfolg, gemessen an den Kosten, gering. Immerhin wurden allein auf London annähernd 1200 Raketen abgeschossen und richteten dort beträchtlichen Schaden an.

Taktische und strategische Waffen

Nach Kriegsende wurden *V-2*-Geschosse und deutsche Raketenspezialisten in die USA und die Sowjetunion gebracht. Braun, Oberth und etwa 150 Techniker und Wissenschaftler hatten sich den Amerikanern ergeben. Sie bildeten das Rückgrat für das spätere Weltraumprogramm der NASA und trugen wesentlich zur erfolgreichen Mondlandung bei.

Doch zunächst waren es wieder einmal die Militärs, die den Vorteil aus dieser Situation zogen: Die Wissenschaft wurde kostbares Beutegut. Seit 1950 hat das bahnbrechende Raketensystem des Zweiten Weltkriegs zu einem Arsenal von Vernichtungswaffen jeder Größe und Art geführt, teils mit konventionellen Sprengköpfen, teils mit Atomsprengköpfen. Die nunmehr zielsicheren Raketen haben weitgehend die Geschütze als Hauptbewaffnung von → Schiffen, → Flugzeugen und Flugabwehrstellungen ersetzt.

Zwei Hauptkategorien von Raketen bildeten sich heraus: die taktischen mit Reichweiten von einigen hundert Kilometern für den direkten Einsatz auf dem Gefechtsfeld (beispielsweise die Neutronenwaffen) und die strategischen für den Angriff auf das gegnerische Hinterland mit Atomsprengköpfen bei Reichweiten zwischen 3000 und 13 000 km.

Die erste konventionelle Luft-Luft-Rakete war die amerikanische *Firebird,* deren Produktion schon 1947 begann. Sie flog mit festem Brennstoff, hatte eine Reichweite bis zu 13 km und wurde durch Funk gesteuert. Später bekam sie ein automatisches Radarzielsuchgerät.

Die erste Luft-Boden-Rakete nach dem Krieg, die zur Zerstörung von Einzelzielen wie Brücken oder Kriegsschiffen entwickelt wurde, war 1959 die amerikanische *Bullpup.* Sie trug einen 120-kg-Sprengsatz mit beinahe doppelter Schallgeschwindigkeit bis zu 12 km weit. Der Pilot des Mutterflugzeuges steuerte die *Bullpup*

WIE EIN RAKETENANTRIEB FUNKTIONIERT

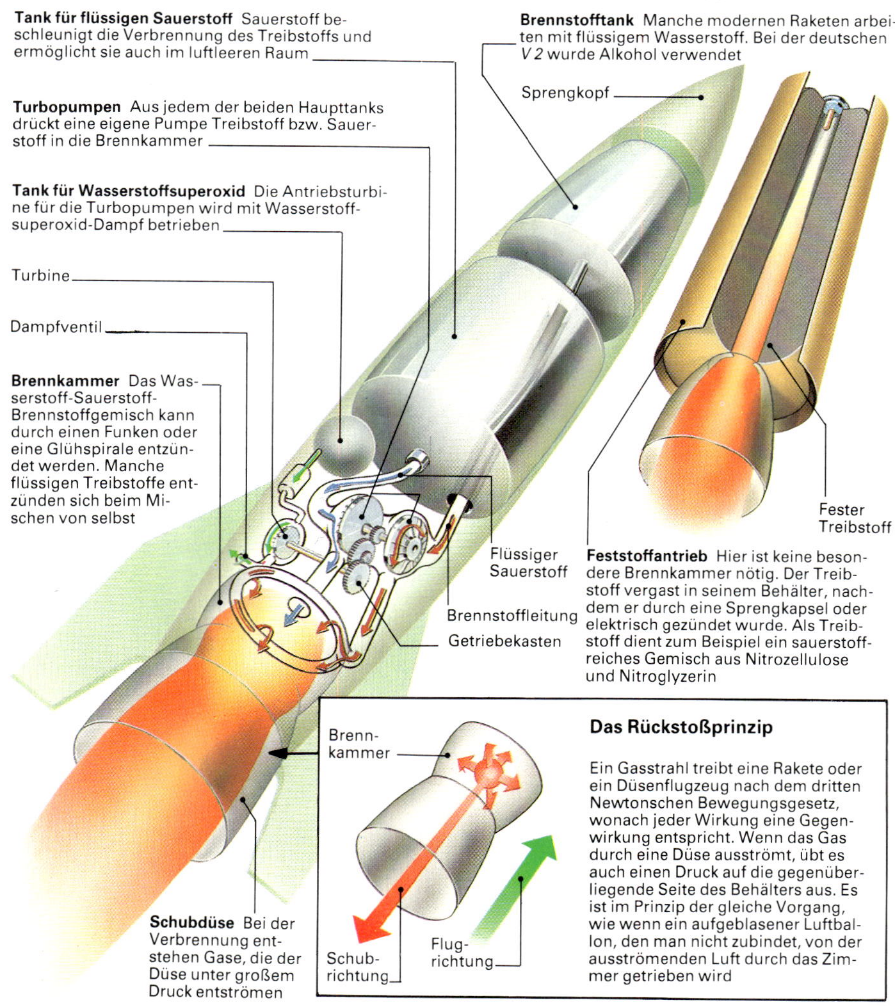

Flüssigkeitsraketen sind komplizierter als Feststoffraketen, aber der Antrieb kann während des Fluges ein- und ausgeschaltet werden. Das ist bei einmal gezündeten Feststoffraketen unmöglich.

drückten die beiden Stoffe in die Brennkammer am Ende der Rakete. Der flüssige Sauerstoff bewirkte eine rasche Verbrennung. Die Ausblasdüsen wurden durch Umspülen mit unverbranntem Brennstoff kühl gehalten. Nach einer Minute war der *V-2*-Antrieb ausgebrannt.

Inzwischen sind die Raketen wesentlich größer geworden. Immer noch dienen sie vor allem militärischen Zwecken. Die amerikanische Interkontinentalrakete *Minuteman III* beispielsweise wurde Mitte der 70er Jahre in Dienst gestellt. Sie besteht aus drei getrennten Stufen, die alle durch feste Brennstoffe angetrieben werden. Diese können aus Gemengen von Gummi, Harz oder Asphalt mit sauerstoffreichen Zusätzen bestehen oder aus einer Mischung von Nitrozellulose und Nitroglyzerin. Die erste Stufe aus Stahl hat einen Schub von 90 t, die zweite aus Titan einen von 27 t und die dritte aus faserverstärktem Glas einen Schub von 16 t. Bewegliche Düsen steuern die erste Stufe; die zweite und die dritte Stufe werden durch Einspritzen von leicht verdampfbaren Flüssigkeiten in die Verbrennungsgase, die deren Richtung ändern, auf Kurs gehalten.

Die Steuerung der letzten Stufe erfolgt durch einen kleinen Raketenantrieb mit der oder gegen die Flugrichtung. Zehn weitere verhindern, daß die Rakete vom Kurs abweicht, schlingert oder sich überschlägt.

Alle diese Antriebe werden von einem Trägheitsnavigationssystem gesteuert, das mit modernster Mikroelektronik arbeitet und dessen elektronisches Gedächtnis ständig mit Informationen über das Ziel versorgt wird. Die neueste sowjetische Interkontinentalrakete, die gewaltige *SS 20*, hat zum Beispiel ein Startgewicht von über 200 t.

Die Mutter der Mondrakete *Die deutsche V 2 war eine Waffe, gegen die es bei den Alliierten keine Abwehrmittel gab. Sie flog mit mehrfacher Schallgeschwindigkeit, und nichts warnte vor ihrem Auftreffen. Sie war der Ausgangspunkt für die Entwicklung der Raumfahrt. Nur 27 Jahre nach ihrem ersten Start 1942 setzten amerikanische Astronauten ihren Fuß auf den Mond. Wernher von Braun, einer der führenden Köpfe bei der Entwicklung der V 2, hatte das US-Raumfahrtprogramm entscheidend mitgeprägt.*

durch Funk ins Ziel. Seither hat man ständig neue Luft-Boden-Raketen mit immer raffinierteren Steuersystemen gebaut.

Abschußrampen für Schiffsraketen haben weitgehend die traditionellen Geschütztürme auf Kriegsschiffen ersetzt. Die französische *Exocet* von 1971 zum Beispiel fliegt knapp über der Wasseroberfläche und wird von einer hochmodernen zielsuchenden Elektronik gesteuert.

Der Wettlauf zum Mond

Die Sowjetunion wurde dank der Größe und Leistungsfähigkeit ihrer strategischen Raketen bald in der Raumfahrt führend.

1957 bauten die Russen die erste Interkontinentalrakete, die *SS 6*, die einen Atomsprengkopf über 10 000 km Entfernung tragen konnte. Sie hatte 32 gebündelte Antriebe. Mit der *SS 6* brachte die Sowjetunion im Oktober 1957 den ersten → Satelliten *(Sputnik 1)* und im April 1961 den ersten Menschen (Juri A. Gagarin) auf eine Umlaufbahn um die Erde.

Seit jener Zeit haben die Sowjets noch gewaltigere Raketen konstruiert, zuletzt die riesige *SS 20*. Sie hat eine Reichweite von 12 000 km und kann mindestens acht getrennte Atomsprengköpfe auf verschiedene Ziele abfeuern. Auf amerikanischer Seite stehen ihr die *Pershing*-Rakete und die *Cruise Missile* gegenüber.

Die erste strategische Rakete der USA hieß *Thor* (1958). Aber sie hatte nur eine Reichweite von etwas mehr als 3000 km und mußte daher in England stationiert werden, um das Gebiet der Sowjetunion erreichen zu können. Eine „richtige" amerikanische Interkontinentalrakete war erst die *Atlas*, die ebenfalls 1958 erprobt wurde. 1960 folgte die *Minuteman*, 1963 die *Titan*.

Um die Sowjetunion zu überholen und den ersten Menschen auf den Mond zu bringen, entwickelten die USA eine neue gewaltige Rakete, die *Saturn V*, mit einer Schubkraft von 3400 t. Die erste und die zweite ihrer drei Stufen hatten je fünf Flüssigkeitsantriebe, die letzte Stufe nur einen einzigen. Seine Schubkraft reichte aus, um ein → Raumfahrzeug auf die Geschwindigkeit von 40 000 km/h zu beschleunigen, die zum Verlassen des Schwerefelds der Erde nötig ist.

Am 16. Juli 1969 erreichte die zunächst von einer *Saturn V* emporgetragene Raumkapsel *Apollo 11* den Mond, und mit der Mondkapsel landeten Neil Armstrong und Edwin Aldrin als erste Menschen auf dem Mond.

Raketen aus dem Meer

Eine nahezu unsichtbare und unverwundbare Waffe sind die mit Raketen ausgerüsteten Unterseeboote im Meer. Das erste dieser Art, die *George Washington* mit 16 *Polaris*-Raketen an Bord, lief am 15. November 1960 vom Stapel. Die neueste *Polaris* hat eine Reichweite von nahezu 5000 km, und ihr Nachfolger, die *Trident*, fliegt 6500 km weit. Heute verfügen die Sowjetunion, Großbritannien und Frankreich ebenso wie die USA über ganze Flotten von Unterseebooten, die mit Atomraketen bestückt sind.

Start zum Mond *Als diese riesige* Saturn-V-*Rakete im Juli 1969 von ihrer Startrampe auf Kap Kennedy (heute Kap Canaveral) abhob, war der erste Schritt auf dem Weg zum Mond getan. Die dreistufige Rakete war so lang wie ein Hochhaus mit 36 Stockwerken und wog über 27 000 t. Die kleine Rakete auf der Kommandokapsel an der Spitze war eine Sicherheitsvorkehrung: Sie sollte im Fall eines Fehlstarts gezündet werden, die Kapsel von der eventuell umstürzenden Rakete wegtragen und an einem Fallschirm wieder auf der Erde absetzen.*

Rasenmäher

Seit 1832 in Großbritannien serienmäßig hergestellt

Ein alter Grabstein, den man in Belgien gefunden hat, zeigt die Abbildung eines römischen „Messerwagens". Dieser zweirädrige Karren wurde von Haustieren geschoben und hatte vorn eine Art Eisenkamm, dessen scharfe Zähne die Getreidehalme abrissen. Diese Mähmaschine wurde auch von Plinius d. Ä. (23–79 n. Chr.) beschrieben.

Anders funktionierte der Mäher für Getreide und Gras, den der Engländer Thomas Plucknett 1805 erfand. Bei ihm rotierte parallel zum Boden eine Messerklinge, die über Zahnräder von den beiden Rädern des Fahrwerks angetrieben wurde. Mit einem solchen waagrechten, propellerartigen Blatt arbeiten heute noch viele Motorrasenmäher.

1830 ließ sich der englische Textilingenieur Edwin Budding einen Rasenmäher patentieren, der auf dem Prinzip einer Textilschermaschine beruhte. Eine Walze wurde über den Boden geschoben und trieb eine zweite, mit Messern besetzte Walze an. Diese Messer rotierten gegen eine feststehende Klinge und schnitten so das Gras ab.

Die Maschinenfabrik Ransomes in Ipswich stellte 1832 serienmäßig ein verbessertes Modell dieses Walzenmähers her, das anstelle der schweren Antriebswalze seitliche Räder besaß.

Die ersten brauchbaren Motormäher gab es in England: 1902 mit Benzin-, 1926 mit → Elektromotor. 1963 brachte die Firma Flymo den ersten Rasenmäher auf den Markt, der nach dem Prinzip des → Luftkissenfahrzeugs arbeitete.

Antike Mähmaschine
Geräte dieses Typs wurden im 1. Jh. n. Chr. verwendet; Abbildungen davon stammen aus dem früheren Gallien. Die Maschinen bestanden aus einem Brett, an dem zwei Räder angebracht waren und das vorn mit Messern besetzt war. Je zwei von ihnen bildeten einen V-förmigen Winkel, der die Halme erfaßte und abriß. Das Gerät wurde von einem Haustier geschoben. Vorn hob ein Mann mit einer Art Schippe die Ähren ab. Das Stroh ging bei dieser Methode wohl verloren.

Rasierapparat

1901 in Boston patentiert

Männer rasieren sich seit vielen Jahrtausenden. In der Jungsteinzeit benutzten sie dazu Feuersteinklingen, später Rasiermesser aus → Bronze und Eisen. Das Klappmesser ist eine Erfindung der Römer. Große Rasiermesser mit Stahlklingen wurden seit 1680 in Sheffield hergestellt.

Der amerikanische Handelsreisende King Camp Gillette aus Wisconsin erfand den Rasierapparat, einen Klingenhalter mit auswechselbarer, hauchdünner Stahlklinge. Dieses 1901 patentierte Gerät stellte er von 1904 an zusammen mit dem Mechaniker William Nickerson her. 1906 verkauften die beiden bereits 90 000 Rasierapparate und 12 Millionen Klingen.

Der erste elektrische Rasierapparat wurde 1928 von Jacob Schick, einem pensionierten US-Offizier, erfunden. 1931 kam das Gerät auf den Markt. Ein kleiner → Elektromotor ließ eine Reihe von Klingen hinter einem geschlitzten Plättchen hin und her laufen. Seit 1960 gibt es auch netzunabhängige, batteriebetriebene Rasierapparate.

Raumanzug

Als Schutzanzug für den Aufenthalt im Weltraum in den 60er Jahren entwickelt

Als die Flugzeugpiloten in den 30er Jahren des 20. Jh. in größere Höhen vordrangen, wurde es nötig, Druckanzüge zu entwickeln. Sie sorgten dafür, daß der Körper des Trägers auch in größerer Höhe (über 12 000 m) einem gleichmäßigen Druck ausgesetzt war. Während des Zweiten Weltkrieges kamen die Druckanzüge für Kampfflieger allgemein in Gebrauch.

Weitaus komplizierter als diese Anzüge waren die auf dem gleichen Prinzip beruhenden Raumanzüge, die Ende der 60er Jahre für die amerikanischen *Apollo*-Astronauten entwickelt wurden. Sie bestanden aus 17 Schichten Spezialkunststoff und einem wassergekühlten Unteranzug. Auf der Erde wog ein solcher Anzug 73 kg; auf dem Mond jedoch, dessen Schwerkraft nur etwas mehr als ein Sechstel der irdischen beträgt, wog er bloß 13 kg. Der *Apollo*-Raumanzug wirkte wie eine mobile Raumkabine und garantierte dem Astronauten im Weltraum irdische Umweltbedingungen. Er versorgte den Träger mit Sauerstoff zum Atmen unter normalen Druckverhältnissen, schützte ihn vor Verletzungen durch winzige Meteoriten, vor schädlicher Sonneneinstrahlung und vor der extremen Kälte und Hitze, die auf dem Mond herrschen. Zusammen mit einer → Klimaanlage und einem Nachrichtensystem bildet dieser Raumanzug ein sogenanntes Lebenserhaltungssystem.

Unter dem äußeren Schutzanzug befanden sich drei weitere Schichten: Eine Nylonunterkleidung, direkt auf der Haut getragen, sorgte für Bequemlichkeit; ein gummierter, aufblasbarer Anzug hielt den ganzen Körper unter gleichmäßigem Druck, und eine umgrenzende Nylonschicht verhinderte, daß das Ganze sich zu stark aufblähte. Der Raumanzug besaß auch eine Toilette, ein medizinisches Überwachungssystem und eine Gegensprechanlage. Handschuhe, Stiefel und Helm waren luftdicht an den Anzug angeschlossen.

Innerhalb dieser lebenserhaltenden Hülle, die von ihren Trägern als heiß, massig und sperrig beschrieben wurde, hatte der Astronaut nur wenig Bewegungsfreiheit. Er konnte zwar niederknien, aber ein Sturz hätte ihn so hilflos gemacht wie einen auf dem Rücken liegenden Käfer. Ähnliche Raumanzüge hatten die Russen schon vor den Amerikanern entwickelt, als sie 1961 den ersten bemannten Weltraumflug starteten. Die neuesten Raumanzüge, die zum Tragen außerhalb der wiederverwendbaren Weltraumfähre entwickelt wurden, sind leichter, geschmeidiger und widerstandsfähiger als die früheren und lassen sich bequemer an- und ausziehen.

IRDISCHE UMWELTBEDINGUNGEN AUF DEM MOND

UNTERBEKLEIDUNG

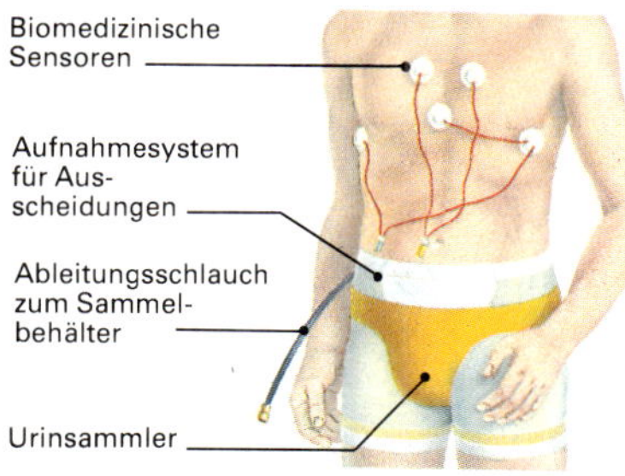

Die „Unterwäsche" der amerikanischen Astronauten hielt den Körper kühl, nahm die Ausscheidungen auf, überwachte den Kreislauf und sorgte für die Verbindung mit der Außenwelt. Die Astronauten trugen direkt auf der Haut Sensoren zur Überwachung von Herzschlag, Blutdruck, Körpertemperatur und Atmung. Außerdem gab es eine Gegensprechanlage mit eingebautem Mikrofon und Kopfhörer. Wassergekühlte Leibwäsche bedeckte den ganzen Körper mit Ausnahme der Hände und des Kopfes. Sie nahm den Schweiß auf und enthielt ein Schlauchsystem, durch das Kühlwasser zirkulierte

LUFTVERSORGUNG

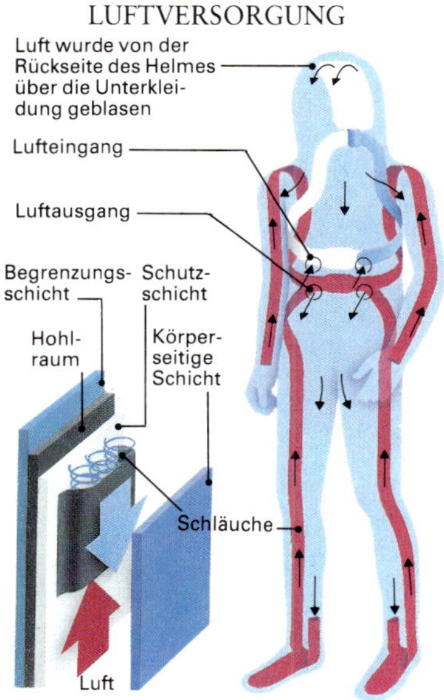

Der Druckanzug versorgte seinen Träger mit Sauerstoff und hielt den Innendruck konstant. Luft wurde durch die Schläuche in eine Nylonhülle gepumpt. Ziehharmonikaartige Gummiverbindungen an den Gelenken sorgten für Bewegungsfreiheit. Druckhandschuhe und Helm verhinderten Druckverluste

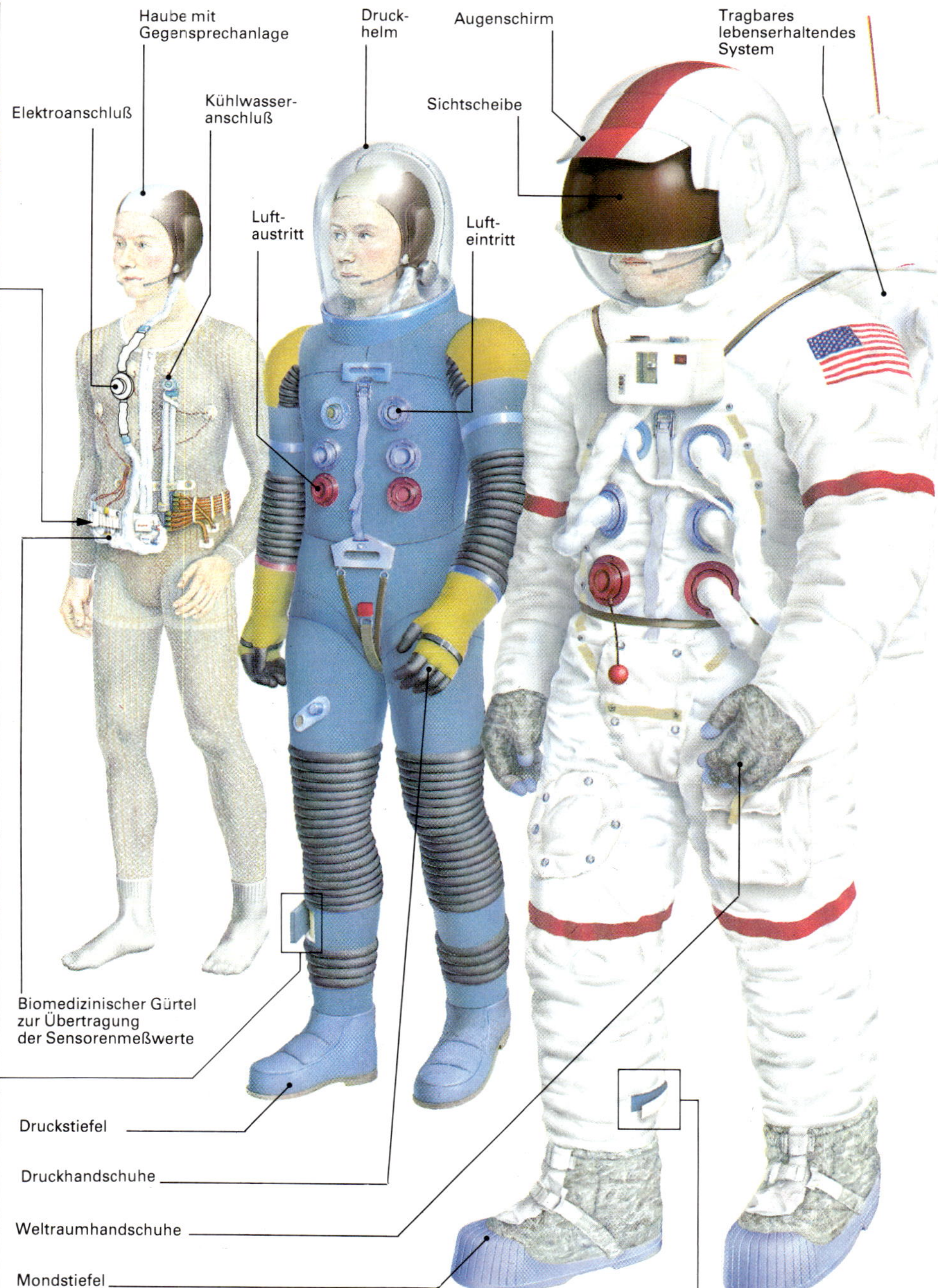

ÄUSSERER SCHUTZ GEGEN DIE GEFAHREN IM WELTRAUM

Die Überkleidung schützte vor extremen Temperaturen, vor Strahlung und winzigen Meteoriten. Sie bestand aus 14 Schichten (rechts). Von innen nach außen: ein gummiertes Nylonfutter (F), fünf Lagen aus hitzeabweisendem Material (D) mit vier Zwischenlagen aus Dacron (E), zwei feuerbeständige Kunststoffschichten aus Superkapton (C), eine Schicht aus Betagewebe mit einer Auflage von feuer- und verschleißfestem Teflon (B) und eine äußere Schicht aus Teflongewebe (A)

Die Handschuhe bestanden aus einem Metallgewebe mit einem Überzug aus Silikongummi und einer klebrigen Oberfläche, damit die Astronauten besser greifen konnten. Die Mondstiefel, ebenfalls aus Metallgewebe, hatten Sohlen aus Silikongummi und 25 Schichten aus leichtem Isoliermaterial. Eine Sichtscheibe und ein Augenschirm aus Kunststoff schützten die Augen gegen die ultraviolette Strahlung

Das lebenserhaltende System, das der Astronaut auf dem Rücken trug, versorgte ihn mit Sauerstoff. Es enthielt Luftfilter, Kühlwasser und ein Sende- und Empfangsgerät

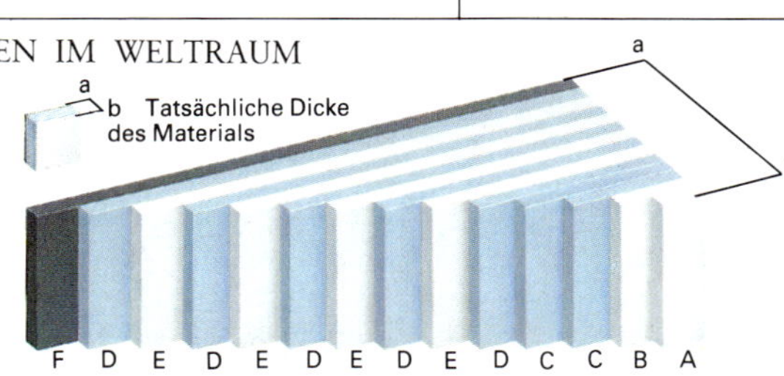

Die Weltraumanzüge, die in den 60er Jahren des 20. Jh. entwickelt wurden, waren für jeden einzelnen Raumfahrer nach Maß angefertigt. Die äußere Hülle bestand aus einem Stück, und der Unteranzug war nur für Männer geeignet. Doch bereits die Anzüge für die Mannschaft der amerikanischen Weltraumfähre im Jahr 1981 hatten normale Konfektionsgrößen; Spezialunterwäsche gab es auch für Frauen, und die äußere Hülle bestand in diesem Fall aus zwei Teilen, so daß die Anzüge leichter an- und ausgezogen werden konnten.

Raumfahrzeug

Im Oktober 1957 brachte die UdSSR den ersten Satelliten auf eine Erdumlaufbahn

Das Zeitalter der Raumfahrt begann mit militärischen Programmen – sowohl in der Sowjetunion wie in den USA. Seit dem Zweiten Weltkrieg hatten diese beiden Mächte in der Entwicklung von →Raketen mit Atomsprengköpfen gewetteifert. Die Sowjetunion hatte die größeren und stärkeren Raketen. So übernahm sie bei der Erforschung des Weltraums zunächst die Führung, da ihr für den Start des ersten →Satelliten schon eine brauchbare militärische Trägerrakete zur Verfügung stand.

Dieser Start des russischen *Sputnik 1* am 4. Oktober 1957 leitete das Weltraumzeitalter ein. In den USA hatte er einen Verlust an Selbstvertrauen zur Folge, denn er bewies, daß die Sowjetunion im Raketenbau den Ton angab und grundsätzlich auf dem Gebiet der Technik, die die USA bisher als ihre Domäne betrachtet hatten, gleichgezogen war.

Als John F. Kennedy 1960 zum amerikanischen Präsidenten gewählt wurde, machte er die Raumfahrt zu einem Kernpunkt seines politischen Programms. Millionen Zuschauer auf der ganzen Welt saßen gebannt vor dem Fernsehschirm, als schließlich die Mannschaft von *Apollo 11* im Jahr 1969 als erste auf dem Mond landete. Das Prestige der USA war wiederhergestellt.

Der Weltraum wurde zum Versuchsfeld für einen weiten technischen Bereich, beispielsweise Elektronik, Datenverarbeitung, mechanische Antriebe, Automatisierung, medizinische Instrumente, Solar- und Energietechnik. Die Mitwirkung zahlloser Menschen – allein beim *Apollo*-Projekt waren es eine halbe Million – führte auch zu neuen Managementtechniken, die inzwischen auch in

Stationen auf dem Weg in den Weltraum

1957: Der erste Satellit
Am 4. Oktober 1957 wurde von der Sowjetunion als erster →Satellit *Sputnik 1* auf eine Umlaufbahn um die Erde gebracht. Mit Hilfe einer mehrstufigen Rakete erreichte er die hierfür nötige Geschwindigkeit von 28000 km/h. Er wog 83,5 kg und enthielt einen Sender, dessen Piepsignale in der ganzen Welt empfangen wurden.

Einen Monat später startete die UdSSR den ersten Satelliten mit einem Lebewesen an Bord, einer Hündin namens Laika. Medizinische Sensoren und ein Funkgerät übermittelten Daten zur Erde, die zeigten, daß die Hündin den Belastungen standhielt, die mit dem Weltraumflug verbunden sind, vor allem den extremen Drucksteigerungen beim Start und bei der Schwerelosigkeit während des Fluges.

1961: Der erste Mensch im All
Am 12. April 1961 erfuhr die Welt, daß ein sowjetischer Pilot, der 27 Jahre alte Juri A. Gagarin, die Erde in einem Flug von 108 Minuten umkreist hatte und wieder sanft gelandet war.

Die Raumkapsel *Wostok*, die Gagarin in den Weltraum brachte, war eine kugelförmige Druckkabine mit einem Hitzeschild, der durch aerodynamische Kräfte so gehalten wurde, daß er beim Wiedereintritt in die Atmosphäre den größten Schutz bot. An die Kapsel war ein Hilfsgerät angebaut, das den Astronauten während des Fluges mit Sauerstoff versorgte. Es war auch mit Raketen für die Rückkehr ausgestattet: mit einer Bremsrakete und einer kleineren Steuerrakete. Sobald die Erdatmosphäre wieder erreicht war, trennte sich die Hilfsapparatur von der bemannten Kapsel und verglühte, während die Kapsel mit Hilfe eines →Fallschirms Gagarin sicher zur Erde zurückbrachte.

Am 20. Februar 1962, elf Monate nach Gagarins Flug, umkreiste Oberstleutnant John H. Glenn vom US-Marinekorps als erster Amerikaner in der Raumkapsel *Mercury 6* dreimal die Erde. Nach einem Flug von fast fünf Stunden ging die Kapsel im Atlantischen Ozean nieder.

1969: Die Amerikaner Armstrong und Aldrin auf dem Mond
Am 16. Juli 1969 startete in Florida auf Kap Kennedy eine 118 m lange *Saturn*-Rakete zum Mond. An ihrer Spitze befand sich das Raumfahrzeug *Apollo 11* mit drei US-Astronauten an Bord. Am 21. Juli 1969 verfolgte die ganze Welt im Fernsehen, wie die Astronauten Neil Armstrong und Edwin Aldrin von der *Apollo 11* aus in einer Raumfähre auf die Mondoberfläche herabstiegen. Sie verbrachten dort zweieinhalb Stunden damit, Gesteinsbrocken und Bodenproben zu sammeln, die sie für wissenschaftliche Untersuchungen zur Erde mitnahmen.

Das Unternehmen dauerte insgesamt acht Tage; 21 Stunden und 36 Minuten brachten die Astronauten auf dem Mond zu. Während des Fluges lebten sie in einem schwerelosen Zustand und schwebten manchmal durch die Kapsel, die innen einen Durchmesser von 2,9 m

Weltraumspaziergang *Am 3. Juni 1965 unternahm Edward H. White einen „Spaziergang" von 21 Minuten außerhalb der Kapsel* Gemini 4, *mit der ihn nur eine 15 m lange „Nabelschnur" verband.*

Apollo 15 *Am 26. Juli 1971 begann die fünfte amerikanische Mondexpedition. Die Astronauten David Scott und James Irvin benutzten ein Mondauto zu Fahrten auf dem Mond und machten zahlreiche Fotos, darunter eins, das zeigt, wie Irwin die Nationalflagge grüßt. Am 7. August 1971 erreichten sie wieder die Erde.*

Industriebetrieben angewandt werden.

1963 richtete die Regierung in Washington ein „Büro für technische Nutzung“ ein, um die neuen Erkenntnisse aus der Raumfahrt der Allgemeinheit besser zugänglich zu machen. Über 20000 Artikel wurden in die Liste aufgenommen. Digitaluhren, preiswerte Taschenrechner, Superklebstoffe, weltweite Telefonverbindungen, wiederaufladbare →Herzschrittmacher, ein Gerät, mit dem man gefährliche Mikroben in einem Bruchteil der Zeit erkennen konnte, die ein Labor dafür benötigte – all das waren Folgeergebnisse der Forschungen für das Raumfahrtprogramm.

→Computer erwiesen sich als unentbehrlich. Eine bedeutende Rolle spielten sie bei der Flugkontrolle. Beim *Apollo*-Projekt wurden der größte sowie der kleinste Computer der Welt verwendet.

Der Weltraum mit seiner Schwerelosigkeit und Luftleere, in der es keine Mikroorganismen gibt, bietet besonders gute Voraussetzungen für bestimmte Untersuchungen auf dem Gebiet der Biologie und der Medizin. In Raumstationen, die sowohl von der Sowjetunion wie von den USA Anfang der 70er Jahre auf Umlaufbahnen gebracht wurden, konnte man Herstellungsverfahren erproben, die auf der Erdoberfläche wegen der Schwerkraft nicht möglich sind. Auch war es von dort aus möglich, Fotos zu machen, die auf Gebiete mit natürlichen Bodenschätzen wie etwa Erdöl hinweisen.

Unbemannte Raumsonden sind inzwischen zu den Planeten Merkur, Venus, Mars, Jupiter und Saturn vorgedrungen und haben von dort zahlreiche Farbfotos zur Erde gefunkt, die unsere Kenntnisse von diesen Himmelskörpern außerordentlich erweitert haben. Auf dem Mars und auf der Venus sind überdies amerikanische und russische Raumsonden weich gelandet und haben zusätzlich aufschlußreiche Daten übermittelt.

Skylab *Weltraumstationen wurden gebaut, um Verhältnisse zu schaffen, unter denen Astronauten im All für längere Zeit leben und arbeiten konnten. Die amerikanische Station* Skylab *erlitt beim Start am 14. Mai 1973 erhebliche Schäden. Den ersten drei Astronauten in der Station – Conrad, Kerwin und Weitz – gelang jedoch die Reparatur. Ihre Ablösung – Garriott, Bean und Lousma – nahm Mäuse, Fische, Mücken und zwei Spinnen für biologische Versuche mit.*

1981: Zubringerdienst in den Weltraum

Die amerikanische *Columbia*-Fähre war die erste wiederverwendbare Weltraumfähre *(Space Shuttle)*. Sie wird von einer zwei- oder dreiköpfigen Mannschaft geflogen und kann schwere Lasten mitnehmen. Mit ihrer Hilfe könnte man Satelliten auf Umlaufbahnen bringen oder reparieren und große Stationen im Weltraum bauen.

Die *Columbia*-Fähre beginnt ihren Flug wie eine Rakete und landet wie ein →Flugzeug. Sie besteht aus einem Rumpf mit Flügeln, einem großen, angebauten Brennstofftank und zwei Feststoffraketen als Antrieb. Die ausgebrannten Schubraketen trennen sich in einer Höhe von etwa 45 km von der *Columbia* und kehren an Fallschirmen zur Erde zurück. Der erste Start der *Columbia* fand im Jahr 1981 statt.

hatte. Unter ihren Raumanzügen trugen sie eine wassergekühlte Unterkleidung, die sie vor der enormen Sonnenhitze schützte. Die Mondfahrer führten Nahrungskonzentrate mit sich, die sie entweder in bissengroßen Brocken kauten oder in Wasser auflösten und durch Röhrchen tranken. Von 1969 bis 1972 landeten fünf weitere Apollokapseln auf dem Mond.

1971: Die erste Weltraumstation

Am 19. April 1971 brachte die UdSSR die erste Weltraumstation auf eine Erdumlaufbahn. Solche Stationen werden gebaut, um die Leistungsfähigkeit des Menschen unter Weltraumbedingungen langfristig zu erproben und Versuche auf dem Gebiet der Medizin, der Gewinnung von Sonnenenergie und anderer Techniken durchzuführen. 1973 starteten die USA gleichfalls eine solche Station, *Skylab.*

Diese Weltraumstationen waren viel größer als die früheren Raumkapseln. Das *Skylab* hatte einen Durchmesser von 6,4 m und eine Länge von 6,1 m; es war zweistöckig und enthielt neben Arbeitsräumen auch Wohnräume mit Toilette und Dusche. In kleine Tische waren elektrische Heizplatten und Backrohre eingebaut. Der Strom dafür kam aus den mit Photozellen bestückten Flügeln der Station und wiederaufladbaren →Batterien. Mit dieser Vorrichtung konnte man sogar ein Steak braten. Die Astronauten schliefen aufrecht in Schlafsäcken, die an der Wand hingen. Das *Skylab* war 172 Tage hindurch bemannt; dann wurde es von der Besatzung verlassen. Im Juli 1979 kam es in tiefere atmosphärische Schichten und stürzte ab.

Statt einer einzigen großen Raumstation hat die Sowjetunion eine Reihe gut ausgerüsteter kleinerer Stationen gestartet. Die Experimente in diesen *Saljut*-Stationen galten unter anderem dem Wachstum von Erbsen und Zwiebeln im All sowie der Wiederaufbereitung von Luft und Wasser. All das diente der Vorbereitung eines ständigen Aufenthalts von Menschen im Weltraum.

Prototyp des Space Shuttle *Amerikas erste Weltraumfähre* Enterprise *gelangte nie ins All, bahnte aber der 1981 gestarteten* Columbia *den Weg.*

Rechenbrett

Rechentafeln wurden schon im Altertum von den Händlern verwendet

Die einfachste Form einer Rechenmaschine ist der hölzerne Zählrahmen oder Abakus (Rechenbrett) mit Kugeln, die verschiebbar auf Stäben aufgereiht sind und den Stellenwert von Einern, Zehnern, Hundertern usw. haben.

Dieses Gerät ist schon vor Jahrtausenden in China verwendet worden und so alt, daß man die genauere Zeit und den Ort seines Ursprungs nicht kennt. Es dürfte die handlichere Form von noch älteren Rechenhilfen sein, bei denen Steinchen, Muscheln oder Perlen in verschiedenen Feldern ausgelegt wurden, die man auf den Erdboden oder eine Tafel zeichnete – *abax* ist die griechische Bezeichnung für eine Tafel oder Tischplatte.

Die Einführung des Rechenbretts muß dem Handel sehr förderlich gewesen sein, denn es eignet sich sehr gut für alle geschäftlichen Abrechnungen. In Westeuropa wurde das Rechenbrett bis ins 12. Jh. viel benutzt; danach trat allmählich der Umgang mit dem modernen arabischen Zahlensystem an seine Stelle. Die alten römischen Ziffern waren für längere Berechnungen unbequem, und man verwendete sie meist nur, um die am Rechenbrett ermittelten Ergebnisse aufzuschreiben.

In Rußland und im Fernen Osten wurde das Rechenbrett auch im 20. Jh. noch benutzt. Heute wird es von den preiswerten Taschenrechnern verdrängt.

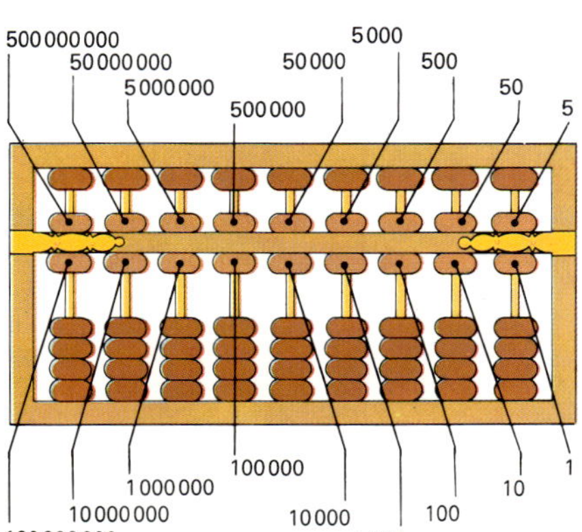

Ein chinesischer Abakus *Die Stäbe gelten, von rechts nach links, für Einer, Zehner, Hunderter usw. Die Kugeln oberhalb des Querriegels haben jeweils einen Wert von fünf Einheiten (Einer, Zehner, Hunderter), diejenigen unterhalb einen Wert von einer Einheit. Bei einer Rechnung sind immer nur diejenigen Kugeln gültig, die der Rechnende an den Querriegel in der Mitte des Geräts herangeschoben hat.*

ADDITION

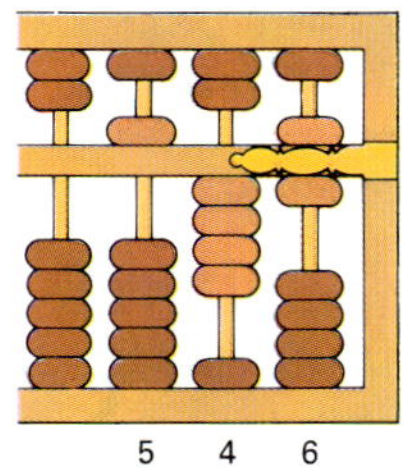

Erste Einstellung *Um zwei Zahlen zu addieren – hier 546 + 382 – stellt man zunächst die erste Zahl ein, indem man die entsprechenden Kugeln an den Querriegel heranschiebt.*

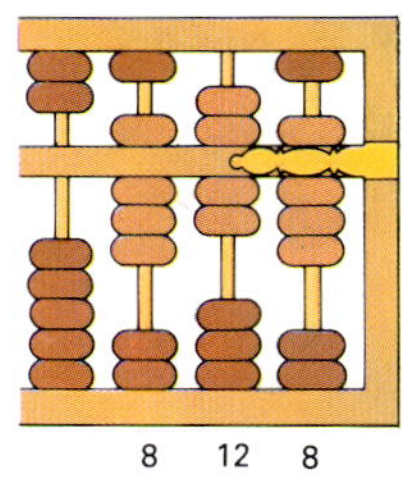

Addieren *Am Einerstab werden zwei weitere Kugeln hochgeschoben. Am Zehnerstab wird acht hinzugefügt, indem man zwei obere Kugeln zum Querriegel hin und zwei untere Kugeln von ihm wegschiebt. Am Hunderterstab werden drei Kugeln hochgeschoben.*

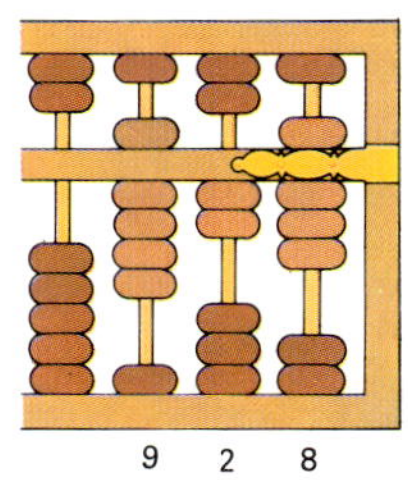

Ermitteln der Summe *Am Zehnerstab wird eine Einheit übertragen, indem man die beiden oberen Kugeln wieder zurückschiebt und dafür am Hunderterstab eine weitere Kugel hochschiebt. Nun kann man die Summe 928 ablesen.*

Registrierkasse

Erstmals 1879 in den USA hergestellt

Der Kneipenbesitzer James Ritty in Dayton, Ohio, erfand die Registrierkasse, um den Betrügereien seiner Angestellten ein Ende zu machen. Wenn man die entsprechenden Tasten drückte, wurde der Preis durch eine kleine Tafel angezeigt und gleichzeitig ein Loch in eine Papierrolle gestanzt, die Kolonnen für Dollar- und Centbeträge besaß. Zwölf Löcher in der Kolonne für 50 Cent zeigten beispielsweise an, daß zwölf Verkäufe zu diesem Preis getätigt wurden. Moderne Registrierkassen rechnen elektronisch.

Reifen

Schon vor 3300 Jahren in Ägypten verwendet

Die ersten Wagenräder waren einfache Holzscheiben; später erhielten sie einen Radkranz aus Holzsegmenten zum Schutz vor Beschädigung und Abnützung. Der Wagen des Pharao Tutanchamun (etwa 1350 v. Chr.) hatte bereits mit Lederstreifen überzogene Räder. Die Assyrer verwendeten um 700 v. Chr. bei ihren Streitwagen verstärkte Radkränze. Um 550 v. Chr. führten die Kelten den eisernen Reifen ein, wodurch die Räder viel länger verwendet werden konnten.

Eisenreifen ruinieren jedoch die Straßen; sie machen Lärm und übertragen alle Stöße auf den Wagen. Bis zur Mitte des 19. Jh. gab es aber keine befriedigende Alternative. 1846 überzog dann der englische Gummifabrikant Thomas Hancock einen Satz Eisenreifen mit Streifen aus Vollgummi. Sie waren nur 3,2 cm stark und 3,8 cm breit, liefen aber ruhiger und dämpften Stöße besser als reine Eisenreifen. Diese Ausführung wurde besonders von den Radfahrern geschätzt und nach 1870 allgemein verwendet.

Schon 1845 hatte der schottische Ingenieur Robert William Thomson die ersten pneumatischen Reifen entwickelt. Sie bestanden aus einer äußeren Segeltuchhülle mit Lederlauffläche, die einen mit Luft gefüllten Gummischlauch schützend umgab. Zwar dämpften sie Stöße besser als Eisen- und Vollgummireifen, doch waren sie teuer und schwierig auszuwechseln; deshalb wurde

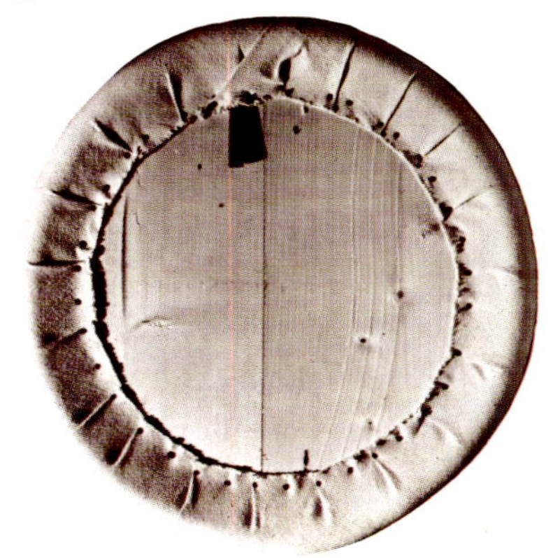

Früher Reifen *Der erste Versuchsreifen von John Boyd Dunlop. Der Mantel war an dem Holzrad mit Nägeln befestigt.*

Thomsons Erfindung vergessen. So blieb der Ruhm, den pneumatischen Reifen erfunden zu haben, dem englischen Tierarzt John Boyd Dunlop vorbehalten. 1888 umgab er einen luftgefüllten Gummischlauch mit einer Hülle aus imprägnierter Leinwand und versah das Ganze mit einem Ventil.

Dunlop hatte den Reifen für das →Fahrrad seines Sohnes gebaut. 1889 begannen die Brüder Édouard und André Michelin in Frankreich mit der Herstellung solcher Reifen. Sechs Jahre später wurde erstmals ein Auto mit einem Michelin-Luftdruckreifen ausgerüstet. Diese Luftdruckreifen platzten zwar leicht und nützten sich rasch ab, doch zu

Beginn des 20. Jh. gab es kaum noch →Autos mit Vollgummireifen.

Die neueste Entwicklung auf diesem Gebiet ist der Sicherheitsreifen, den die Firma Dunlop 1972 in England herausbrachte. Wie bei anderen modernen Reifen verzichtete man auch hier auf einen inneren Luftschlauch. Wichtiger ist jedoch die Sicherheit, die er im Falle eines Reifendefekts bei hoher Geschwindigkeit bietet: Die Wärme, die bei Luftverlust entsteht, vergast eine Flüssigkeit in seinem Inneren und verhindert dadurch, daß der Reifen vollständig platt wird. Bei manchen Typen wird der Reifen sogar teilweise wieder aufgeblasen.

Reißverschluß

1893 in Amerika für Schuhe erfunden

Der Chicagoer Ingenieur Whitcomb L. Judson erfand 1893 einen Verschluß für Schuhe, der aus einer Reihe von Haken und Ösen bestand. Zog man einen Schieber darüber, hängten sich die Haken in die Ösen ein. Allerdings hatte die Erfindung einen kleinen Schönheitsfehler: Der Verschluß ging oft von selbst auf oder er klemmte.

Zu Beginn des 20. Jh. entwickelte der in Schweden geborene Amerikaner Gideon Sundbäck einen Verschluß mit ineinandergreifenden Zähnen, den man durch einen Schieber zuzog. 1906 erhielt Sundbäck ein Patent dafür, und 1913 konnte der neue Verschluß endlich auf den Markt gebracht werden, nachdem Sundbäck ein Gerät entwickelt hatte, das die Zähne ausstanzte und auf einem Stoffband festklemmte.

Revolver

1835 von dem Amerikaner Colt erfunden

Die erste mehrschüssige Faustfeuerwaffe war der Trommelrevolver: Der amerikanische Ingenieur Samuel Colt erfand 1835 den berühmten *Colt*; dies war auch der erste Revolver im heutigen Sinn; das heißt, er besaß einen feststehenden Lauf und eine Magazinwalze, die sich beim Spannen des Hahns automatisch um einen Schuß weiterdrehte.

Alle früheren oder späteren Entwicklungen der Faustfeuerwaffe gehen entweder auf das →Gewehr zurück oder beruhen auf dem Prinzip der automatischen →Maschinengewehre.

Roboter

Die ersten Automatenfiguren gab es in der griechischen Antike

Der Mensch träumte schon immer davon, lebende Wesen zu schaffen – und schließlich sich selbst: den Homunculus. Oder wenn schon nicht ihn, dann doch einen künstlichen Menschen. Solche Automatenfiguren kennt man bereits aus der griechischen Antike um 100 v. Chr. Sie stammen von Ktesibios und seinem Schüler Heron von Alexandrien. Besonders Herons Automatentheater – auf einer Miniaturbühne bewegten sich kleine Figuren – muß die Zuschauer damals hingerissen haben.

Den Griechen standen allerdings nur bescheidene technische Möglichkeiten zur Verfügung. Als aber um die Mitte des 14. Jh. das Federwerk erfunden war, konnten die Uhrmacher und Automatenbauer in ihren Werkstätten bemerkenswerte Wunder zusammenfügen: singende Vögel, tanzende Figürchen oder Puppen, die dem Menschen nachgebildet waren und für damalige Begriffe höchst erstaunliche Dinge vollbrachten. Die drei berühmtesten Figuren der Schweizer Automatenbauerfamilie Jaquet-Droz (um 1770) konnten Klavier spielen, zeichnen und schreiben. Heute noch sind sie im Museum von Neuchâtel ausgestellt.

Die Wunderwerke, welche die Jaquet-Droz bauten, konnte nach ihnen niemand mehr übertreffen, zumindest nicht auf mechanischem Weg. Dazu bedurfte es im 20. Jh. erst der Erfindung der Elektronik. Die Techniker konzentrierten sich nun aber hauptsächlich auf die Entwicklung von Automaten, welche arbeiten sollten. Vor allem sollten sie die Arbeiter von gleichbleibenden, stets wiederholten Handgriffen entlasten. Dafür prägte der tschechische Autor Karel Čapek in seinem Bühnenstück *R. U. R. – Rossums Universal Roboter* 1920 die Bezeichnung Roboter (von tschechisch *robota*: Arbeit).

Bereits 1913 hatte die Sperry Gyroscope Company in den USA das erste erfolgreiche Selbststeuergerät für Flugzeuge gebaut. Dieser Autopilot nutzte das Beharrungsvermögen eines Kreisels, durch den jede Abweichung des Flugzeugs vom geraden Kurs mit Hilfe der Steuerorgane korrigiert wurde.

Während der 30er Jahre wurden bereits zahlreiche Bearbeitungsmaschinen, etwa →Drehbänke und Fräsen, automatisch gesteuert.

1962 brachte die US-Firma Unimation die ersten einfachen Industrieroboter auf den Markt. Sie waren imstande, Gegenstände aufzunehmen und an anderer Stelle abzusetzen, hatten aber einen kleinen Aktionsradius.

Seit Ende der 70er Jahre schweißen und lackieren beweglichere Roboter Autokarosserien. 1980 arbeiteten bereits 8000 Roboter in aller Welt, die Hälfte davon in Japan. Sie werden von →Computern gesteuert und können Anweisungen entgegennehmen und speichern.

Um einen Roboter zu programmieren, führt der menschliche Instruktor mit dem mechanischen Arm und der Hand die gewünschten Bewegungen aus. Der Roboter „erinnert sich“ fortan daran, dank seinem Computer, und wiederholt bei seiner Arbeit diese Bewegungen.

Seit 1980 baut die Firma Unimation Roboter, die in der Lage sind, einfache Montagearbeiten auszuführen. So können sie etwa Muttern festziehen. Ihre Finger greifen mit einer Genauigkeit von 1/10 mm.

Die nächste Robotergeneration soll mit elektronischen Augen Formen erkennen. Der erste „sehende“ Roboter wurde bereits 1980 von der Firma General Motors in den USA eingesetzt.

Roboter beim Autobau
In den Werkstätten der Firma British Leyland wird hier das Dach auf ein Auto aufgeschweißt. Roboter helfen mit und verkürzen den Vorgang. Alle 42 Sekunden verläßt eine fertige Karosserie das Band, an dem neben den Robotern noch 30 Arbeiter tätig sind.

Rohrleitung

Rohrleitungen gab es schon vor 4000 Jahren im Industal und auf Kreta

Rohrleitungen für Wasser wurden in der Zeit von 3000 bis 2000 v. Chr. an mehreren Orten eingeführt. Abwasserrohre aus gebranntem Ton (Terrakotta) hat man beispielsweise in Mohendscho-Daro im heutigen Pakistan und in Knossos auf Kreta entdeckt. Die einzelnen Rohre auf Kreta waren 75 cm lang und liefen konisch zu, damit man sie ineinanderstecken konnte.

Die bisher ältesten Metallrohre wurden in Abu Sir in Ägypten gefunden. Sie bestehen aus 1,5 mm starkem Kupferblech und bilden eine 360 m lange Rohrleitung, die um 2750 v. Chr. wahrscheinlich der Bewässerung diente.

Geschickt angelegte Rohrleitungen enthielten auch die griechischen und römischen →Aquädukte. Zum Aquädukt der griechischen Stadt Pergamon in Kleinasien aus dem Jahr 200 v. Chr. gehörte eine 2 km lange Rohrleitung aus Kacheln. Sie führte Wasser von einem Fluß in den Bergen in einen Vorratstank, der sich 3 km außerhalb der Stadt befand. Die weitere Leitung bestand aus 25 cm dicken Holzrohren, die man an den Verbindungsstellen durch große, durchbohrte Steinblöcke verlegt hatte.

Im Römischen Reich führten die Aquädukte meist zu Vorratsbehältern in den Außenbezirken der Städte. Von dort floß das Wasser durch Rohrleitungen zu öffentlichen Brunnen oder direkt in die Häuser der Reichen. Diese Leitungen bestanden aus 5 mm dickem Bleiblech, das zusammengerollt und der Länge nach verlötet war. Die einzelnen, rund 3 m langen Rohre wurden an den Enden aneinandergelötet.

Im Mittelalter vernachlässigte man die Wasserversorgung. Zunächst schöpfte man das Wasser aus nahe gelegenen Flüssen und Brunnen. Als diese aber zunehmend durch Abwässer verunreinigt waren, mußte das Trinkwasser wieder von entfernteren Stellen herangeholt werden.

Gußeiserne Rohre, die einem höheren Wasserdruck gewachsen waren und besser dichthielten, wurden erstmals 1455 in Schloß Dillenburg verlegt.

Bis zur Mitte des 20. Jh. wurden noch Bleirohre für die Wasserinstallation verwendet, weil sie sich leicht bearbeiten lassen. Heute weiß man, daß Blei schädlich sein kann. So bestehen Rohrinstallationen mit geringerem Querschnitt in Wohnhäusern heute meist aus Kupfer, Leitungen mit größerem Querschnitt in Industriebauten meist aus Eisen.

In Rohrleitungen aus Beton oder Stahl mit eingebauten Pumpstationen kann man Wasser, Gas und Öl über weite Entfernungen transportieren. Die längste Leitung der Welt ist die transkanadische Erdgas-Pipeline mit einer Gesamtlänge – einschließlich Zweigleitungen – von 9300 km.

Antike und moderne Rohre *Die Abwasserleitung einer antiken Villa wie dieser hier in Ephesus (links) bestand aus zusammengesetzten Holz- oder Bleirohren von etwa 3 m Länge. Sie diente als Abfluß für Bäder und Toiletten. Heute bestehen Abflußleitungen häufig aus Plastikrohren. Das Abwasserrohr von der Küchenspüle (rechts) führt zu einem Schacht außerhalb des Hauses, der an das Kanalnetz angeschlossen ist.*

Rolltreppe

Die erste wirkliche Rolltreppe wurde 1920 gebaut

Der erste Vorläufer der Rolltreppe wurde 1894 am Kai von Coney Island (New York) in Betrieb genommen; es handelte sich um eine schräge Fahrrampe. Der Entwurf dafür stammte von dem New Yorker Industriellen Jesse W. Reno. Vier weitere derartige Rampen wurden 1896 im Kaufhaus Siegel Cooper an der 6th Avenue in New York installiert, und das Kaufhaus Harrods in London erhielt 1898 eine solche Vorrichtung.

Renos Fahrrampe beruhte auf dem Prinzip eines endlosen Förderbands, das eine →Kette von Platten in einem Winkel von 25 oder 30° aufwärts oder abwärts bewegte. Auf diesen schrägen Platten standen die Fahrgäste, und am Anfang und Ende der Kette griffen Zacken in die Rillen der Trittplatten, um den Benutzern das Betreten und Verlassen zu erleichtern.

1911 kaufte die Otis Elevator Company die Firma von Reno auf. Sie besaß bereits die Lizenz für eine Rolltreppe mit waagrechten Stufen, jedoch mit seitlichen Zu- und Abgängen. Im Jahr 1920 wurden die Vorteile dieser beiden Systeme miteinander vereinigt. Man baute eine Rolltreppe mit aufsteigenden, ebenen Trittflächen, mit laufendem Handlauf und geradem Zu- und Abgang.

Röntgenstrahlen

1895 von Wilhelm Conrad Röntgen entdeckt

Röntgenstrahlen erfüllen in der Medizin einen doppelten Zweck: Sie dienen als diagnostisches und als therapeutisches Hilfsmittel. Die Strahlen wurden von Wilhelm Conrad Röntgen entdeckt. Der Professor für Physik in Würzburg stellte 1895 fest, daß ein Kathodenstrahl, der aus einer Vakuumröhre auf eine Metallplatte fiel, dort eine neue Art von Strahlung hervorrief. Sie durchdrang →Papier, Holz und Fleisch, nicht jedoch Metall und Knochen. Innerhalb kurzer Zeit wendeten viele Ärzte Röntgenstrahlen zur Diagnose bei Knochenbrüchen an.

1897 wies der Physiologe Walter Cannon in Harvard an Tieren nach, daß eine Emulsion von Wismut, im Magen-Darm-Trakt diese Organe, die gewöhnlich nicht im Röntgenbild erscheinen, bei

DIE RÜSTUNG IM WANDEL DER JAHRHUNDERTE

Römisch
Eisenstreifen wurden waagrecht auf Lederstreifen befestigt und mit Bronzeschnallen geschlossen. Die Helme aus Bronze oder Eisen hatten Backenstücke.

Normannisch
Die Normannen hatten langärmelige Kettenhemden (Haubert) aus Eisenringen, kettengepanzerte Beinlinge, dazu eine lederne Sturmhaube oder einen Helm.

Mittelalter
Der Harnisch aus Eisenplatten wurde im 14. Jh. für alle Körperteile entwickelt. Darunter trug man ein Hemd, eine Kniehose und lange Strümpfe.

Heute
Kugelsichere Westen bestehen heute aus mehreren Lagen sehr starker Kunstfasern, zum Beispiel Nylon. Leichte Helme und Visiere schützen vor Steinwürfen.

der Durchleuchtung mit Röntgenstrahlen hervortreten läßt. Untersuchungen der inneren Organe mit solchen Kontrastmitteln wurden weiterentwickelt und erwiesen sich in der Humanmedizin als wertvoll.

Röntgenstrahlen ließen sich auch bei der Behandlung von Geschwüren nutzen. Sie können überdies Bakterien abtöten und Viren inaktivieren.

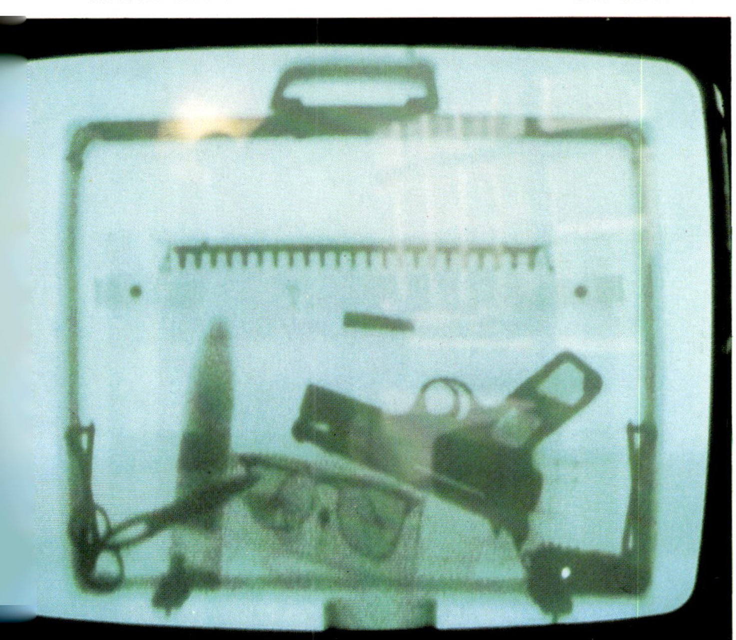

Durchschaut *Als Mitte der 60er Jahre häufig Flugzeuge entführt wurden, setzte man bei der Kontrolle des Handgepäcks der Passagiere Röntgenprüfgeräte ein, um mitgeführte Waffen oder Sprengkörper aufzuspüren. Diese Geräte machen alles sichtbar, was aus Metall ist, selbst dünnste Drähte. Mit einem solchen Gerät kann man in einer Stunde bis zu 1100 Gepäckstücke durchleuchten.*

Die neuesten Modelle dieser Art können verdächtige Gegenstände auf dem Schirm auch größer abbilden, so daß man sie genauer untersuchen kann.

Rüstung

Panzer gab es schon in der Bronzezeit (um 2000 v. Chr.)

Die ersten bekannten Rüstungen wurden in Mesopotamien um 2000 v. Chr. aus kleinen Bronzeblechen hergestellt. Sie fanden im ganzen Orient Verbreitung.

Die Griechen erfanden bronzene Beinschienen und Brustpanzer, die dem Oberkörper angepaßt waren. Römische Generale hatten ähnliche Rüstungen, aber der einfache Legionär trug eine Tunika, auf der eiserne Streifen befestigt waren. Die Reiter von Wilhelm dem Eroberer trugen in der Schlacht bei Hastings (1066) Panzerhemden, die teilweise aus ineinanderhängenden Ringen oder Ketten bestanden. Der früheste bekannte Kettenpanzer stammt aus Rußland (um 500 v. Chr.). Im 13. Jh. wurden die besonders gefährdeten Körperstellen zusätzlich durch Platten geschützt. Diese Art der Rüstung entwickelte sich im späten 14. Jh. zu einem Harnisch, der den ganzen Körper bedeckte. Er bestand aus beweglichen eisernen Platten und wog 20–30 kg.

Mit der Einführung der Schußwaffen wurde die volle Rüstung bald nutzlos. Eine kugelsichere Rüstung aus Stahl wäre zu dick und damit zu schwer geworden. Bis zum Jahr 1650 schrumpfte der Harnisch zu einem Brust- und Rückenpanzer (Küraß) zusammen.

Neue, kräftige, aber leichte Materialien wie Nylon, Plastik und Fiberglas haben die Körperpanzerung erfolgreich wiederaufleben lassen. Eine moderne, nur 4 cm dicke kugelsichere Weste kann eine 9-mm-Kugel oder Metallsplitter von erheblicher Durchschlagskraft abfangen.

S

Säge

Frühe Formen wurden bereits in der jüngeren Altsteinzeit benutzt

Die ersten Sägen waren gezähnte Feuersteinklingen, die bereits um 20000 v. Chr., in der jüngeren Altsteinzeit, gefertigt wurden. Später dann, in der Jungsteinzeit, gab es Geräte, bei denen Feuersteinzahnleisten an einem Stück Knochen oder Holz befestigt waren.

Ein- und zweiseitig gezähnte Sägeblätter sind erst in der Bronze- und Eisenzeit im alten Ägypten nachgewiesen.

Die Römer benutzten Sägen mit Spannbügeln. Eine wesentliche Neuerung stellten die Rahmensägen dar, die im 11. Jh. im Gebrauch waren. Bei ihnen ließ sich das Sägeblatt verstellen.

Im 17. Jh. waren mit Wasserkraft getriebene Sägewerke überall in Betrieb. Sie arbeiteten mit mehreren Sägeblättern. Mit ihnen schnitt man Baumstämme zu Brettern. Eine wichtige Erfindung war die Kreissäge, die 1799 in Frankreich patentiert wurde.

Heute werden zum Fällen von Bäumen meist motorgetriebene Kettensägen benutzt, bei denen die Sägezähne aus einer endlos umlaufenden Gliederkette herausragen.

Sämaschine

1701 entstand in England die erste brauchbare Maschine

Mehr als 10000 Jahre lang wurde der Acker von Hand vorbereitet, und die Körner wurden von Hand ausgestreut – eine zeitraubende Arbeit.

Etwa 1701 entwickelte der englische Landwirt Jethro Tull ein Gerät, mit dem sich Saatkörner fast ohne Verluste in geraden Reihen aussäen ließen, so daß man zwischen den Reihen Unkraut jäten konnte. Tulls Sämaschine streute die Körner durch Röhren in gleichmäßigen Abständen in Furchen, die mit einem sogenannten Vorschneider gezogen worden waren.

Manche modernen Sämaschinen arbeiten nach dem gleichen Prinzip. Sie haben eine Meßvorrichtung, die das Fallen der Körner steuert.

Satellit

siehe Seite 229

Scanner

1973 in England erfunden

1973 erfand der Engländer Godfrey Hounsfield ein Gerät, mit dem man das Innere des menschlichen Körpers abbilden kann: den Scanner. Der Apparat tastet den zu untersuchenden Körperteil mit einem Röntgenstrahl ab und wertet das Ergebnis elektronisch aus.

Will der Arzt beispielsweise den Kopf des Patienten untersuchen, so läßt er die Röntgenröhre um den Kopf kreisen und fängt die Strahlen, die auf der anderen Seite austreten, mit einem sogenannten Detektor auf. Die unterschiedliche Stärke der austretenden Strahlung wird gemessen und registriert, oder die Daten werden von einem →Computer so weiterverarbeitet, daß man auf einem Bildschirm ein Abbild des Schädelinnern erhält.

Das neue Verfahren ergänzt die Röntgendiagnostik. Es vermag das Körperinnere deutlicher abzubilden als die bisherige Methode. Überdies belastet es den Patienten weniger, da das Röntgenstrahlenbündel nur schmal ist.

Schablone

Um 500 in China und Japan bekannt

Schablonen sind ausgeschnittene Vorlagen zur Wiederholung eines Musters. Sie können aus Karton gestanzt oder in Holz, Metall und Plastik geschnitten werden. Legt man die Schablone auf eine Unterlage und streicht Kopiertinte darüber, so wird das betreffende Bild oder die Schrift auf diese Unterlage übertragen. Die Schablonentechnik ist uralt; die Erforschung von Handabdrücken an Höhlenwänden hat bewiesen, daß die menschliche Hand eine Vorform der Schablone gewesen ist. Zum Druck von Bildern oder →Schriften wurden Schablonen schon um 500 in China und Japan verwendet.

1881 erfand der Ungar David Gestettner einen Vervielfältigungsapparat für Dokumente. Er ritzte einen Text mit einem Stichel in ein wachsüberzogenes Tuch ein. Legte man diese Schablone auf ein weißes Blatt und führte eine mit Tinte getränkte Rolle darüber, so drang die Flüssigkeit nur durch die geritzten Stellen und übertrug die Schriftzeichen auf die Unterlage.

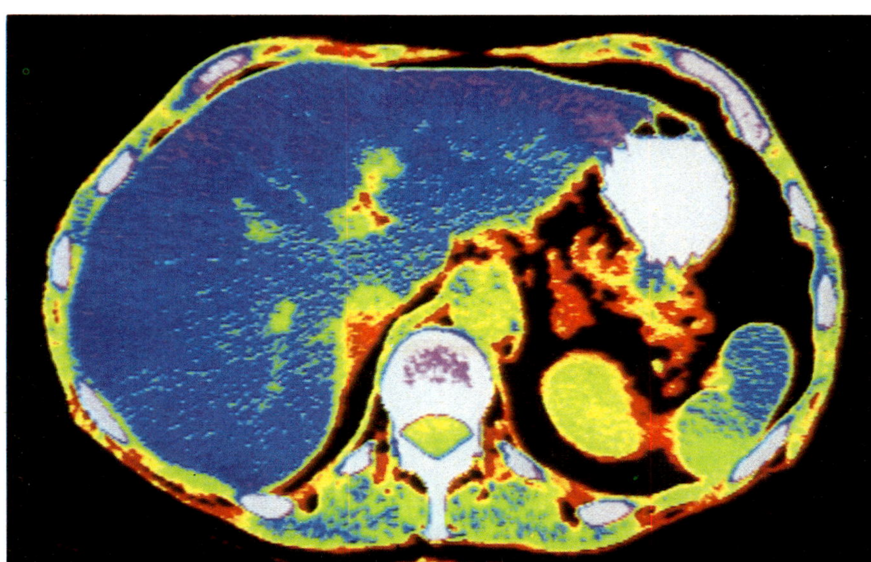

Blick ins Körperinnere *Ein Scanner kann Querschnitte von jedem Teil des Körpers abbilden und anomale Wucherungen sichtbar machen. Dieses Farbbild gibt die Niere eines Patienten (rechts unten) wieder. Das blaue Gebiet dort zeigt eine Zyste an. Die große blaue Fläche links ist die Leber. Unten in der Mitte ist die Wirbelsäule zu erkennen.*

Satellit

Der erste künstliche Satellit wurde am 4. Oktober 1957 von der Sowjetunion gestartet

Der englische Science-fiction-Autor Arthur C. Clarke, der 1945 die Idee des Kommunikationssatelliten aufbrachte, schrieb: „Was wir jetzt aufbauen, ist das Nervensystem der Menschheit; es wird die gesamte menschliche Rasse im Guten oder Bösen zu einer Einheit verbinden, die sich kein früheres Zeitalter hätte vorstellen können." Die Wirklichkeit dieser Vision begann 1957 mit dem sowjetischen Satelliten *Sputnik 1*.

Fernsehzuschauer halten es mittlerweile für selbstverständlich, daß sie an ihren Bildschirmen große Ereignisse wie Mondlandungen oder internationale Sportveranstaltungen unmittelbar miterleben können, auch wenn sie Tausende von Kilometern entfernt stattfinden. Während früher Filmaufnahmen weit hinter den gesprochenen Berichten nachhinkten und vom Transport auf dem Luftweg abhängig waren, werden heute Bildberichte aus aller Welt ebenso prompt wie örtliche Reportagen gesendet.

1962 startete die NASA von Kap Kennedy (heute: Kap Canaveral) den ersten Kommunikationssatelliten, *Telstar 1*. Er brachte Millionen von Fernsehteilnehmern in ständigen Kontakt mit dem Weltgeschehen.

Aus diesen Anfängen hat sich das sogenannte *Intelsat*-System entwickelt, ein weltweites Kommunikationsnetz über Satelliten, das 105 Mitgliednationen einen ständigen drahtlosen Austausch von Information und Unterhaltung ermöglicht. Staatsoberhäupter können innerhalb kürzester Zeit telefonisch miteinander sprechen. 1980 gingen zwei Drittel aller interkontinentalen Telefongespräche über Satelliten. Den gleichen Weg nehmen Telegramme, Fernschreiben, Computerdaten, Bilder und Filme.

Satelliten können ohne Kabel und Verstärker ausgezeichnete Fernseh- und Telefonverbindungen auch mit einsamsten Weltgegenden wie Teilen von Alaska, Kanada und der UdSSR herstellen.

In Zukunft dürfte es möglich werden, jedes Fernsehprogramm auf diese Weise direkt zu empfangen. Das würde die hohen Kosten für die bisherigen Antennen und ein ganzes Netz von Übertragungsstationen ersparen.

Künstliche Erdtrabanten – vom *Sputnik* bis zum modernen Nachrichtensatelliten

1945: Ein Schriftsteller hat eine Idee
Der Science-fiction-Autor Arthur C. Clarke schlug als erster vor, Radioimpulse von der Erde zu Satelliten im Weltraum zu schicken, von wo sie zu Empfangsstationen zurückgestrahlt werden könnten, die Tausende von Kilometern vom Sender entfernt wären. Clarke erläuterte seine Idee im Oktoberheft 1945 der britischen Fachzeitschrift *Wireless World.*

1957: Die UdSSR startet den *Sputnik 1*
Nur zwölf Jahre später, am 4. Oktober 1957, überraschte die Sowjetunion die Welt durch den Start des ersten künstlichen Satelliten, des *Sputnik 1.* Er umkreiste die Erde in einer Höhe von 885 km und funkte während des Fluges bereits Meßdaten zur Erde. Wenn ein Satellit die Erde umkreist, unterliegt er weiterhin der Schwerkraft. Sobald die Geschwindigkeit auch nur ein wenig abnimmt, sinkt er allmählich tiefer. Wenn er wieder in die Erdatmosphäre gelangt, die bis in eine Höhe von etwa 160 km hinaufreicht, verglüht er.

Die ersten Satelliten hatten nur eine Lebensdauer von wenigen Wochen oder

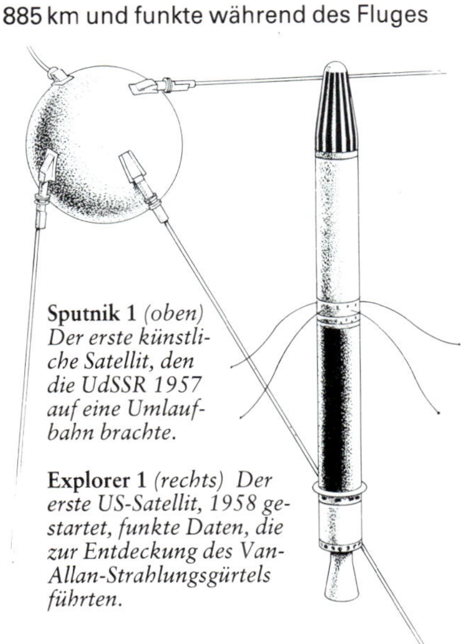

Sputnik 1 *(oben) Der erste künstliche Satellit, den die UdSSR 1957 auf eine Umlaufbahn brachte.*

Explorer 1 *(rechts) Der erste US-Satellit, 1958 gestartet, funkte Daten, die zur Entdeckung des Van-Allan-Strahlungsgürtels führten.*

Echo 1 *Der erste Ballonsatellit hatte einen Durchmesser von 30 m. Der Aluminiumüberzug seiner reißfesten Plastikhaut wirkte als Reflektor. Der Satellit wurde 1960 gestartet und kreiste in einem Abstand von 1600 km um die Erde. Strahlungsausbrüche auf der Sonne drückten ihn in tiefere Schichten der Atmosphäre, die ihn vorzeitig abbremsten. 1968 verschwand er vom Himmel.* Echo 1 *war nicht mit elektronischen Geräten ausgestattet; er reflektierte lediglich Funkimpulse.*

Übertragung durch Telstar *Die Antenne in den USA (oben) strahlte Impulse aus, die* Telstar *an Empfänger in Europa weiterleitete.*

Telstar *(rechts) Der amerikanische Satellit wog 77 kg und enthielt mehr als 1000 Transistoren. Von Juli 1962 bis Februar 1963 konnte er entweder eine Fernsehsendung oder 60 Telefongespräche gleichzeitig übertragen.*

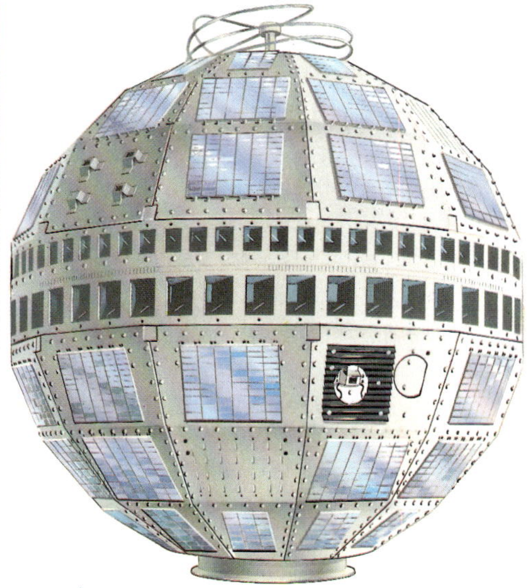

Monaten. *Sputnik 1* etwa blieb 62 Tage auf seiner Umlaufbahn. Moderne Satelliten haben kleine Korrekturraketen, damit sie ihre Positionen halten können. Der Treibstoff dafür reicht rund sieben Jahre.

1958: Eine Botschaft aus dem Weltraum

Der überraschende Start des *Sputnik* veranlaßte die USA, ihr eigenes Raumprogramm zu beschleunigen. Vier Monate nach dem *Sputnik* wurde der erste amerikanische Satellit, *Explorer 1,* gestartet. Er registrierte die Existenz eines Strahlungsgürtels von 60 000 km Dicke im Magnetfeld der Erde. Dieser wurde dann nach seinem Entdecker James A. van Allen benannt.

Im Dezember 1958 begannen die USA Versuche mit Nachrichtensatelliten. Eine Woche vor Weihnachten starteten sie den Satelliten *Score* (Signal Communication by Orbiting Relay Equipment). Er funkte unter anderem eine vorher aufgenommene Weihnachtsansprache Präsident Eisenhowers automatisch aus dem Weltraum zur Erde. *Score* sank bald tiefer und verglühte gegen Ende Januar 1959 in der Erdatmosphäre.

Score bewies, daß es möglich war, aus dem Weltraum deutliche Botschaften zu empfangen. Ihm folgte *Echo 1,* den die USA 1960 starteten. Seine Umlaufbahn lag in einer Höhe von 1600 km. Sobald er seine Position erreicht hatte, wurde er zu einem riesigen → Ballon mit einem Durchmesser von 30 m aufgeblasen. Seine Haut bestand aus einer sehr widerstandsfähigen, mit Aluminium beschichteten Plastikfolie. Zweck dieses Satelliten war es, Funkimpulse zu reflektieren, die man von der Erde zu ihm hinaufschickte. Geräte zur Verstärkung dieser Impulse enthielt er nicht.

Echo 1 hatte eine so hohe Geschwindigkeit, daß es für die Bodenstationen schwierig war, mit ihm in Verbindung zu bleiben, und die zu ihm hinaufgesandten Impulse trafen ihn nicht immer. Dennoch gelang es, mit Hilfe von *Echo 1* Sprache, Musik und Bilder von den USA nach Europa zu übertragen.

Der erste Nachrichtensatellit mit kräftigen Verstärkern war 1960 der amerikanische *Courier 1 B.* Er wog beinahe eine Vierteltonne und wurde von 19 152 Solarzellen mit Strom versorgt. Der Satellit sollte mehrere Jahre funktionieren, verstummte jedoch bereits nach 18 Tagen.

1962: Live-Sendungen über den Atlantik

Am 10. Juli 1962 startete die NASA von Kap Canaveral in Florida aus einen neuen Satelliten, den *Telstar.* Der erdfernste Punkt seiner elliptischen Bahn befand sich in einer Höhe von 6490 km, der erdnächste in einer Höhe von 1100 km. Seine Energie bezog der *Telstar* aus 3600 Solarzellen. Er machte weltweite Direktübertragungen von Fernsehsendungen und Ferngesprächen möglich.

Am 13. Dezember 1962 kam zum *Telstar* noch der Satellit *Relay 1* hinzu. Er übertrug von 1963 an Farbfernsehprogramme zwischen Amerika und Europa sowie Telefongespräche zwischen den USA und Brasilien.

1963: Der geostationäre Satellit

Der *Telstar* umkreiste die Erde in zweieinhalb Stunden und hatte dabei immer noch 20 Minuten lang Kontakt mit den Bodenstationen. Wenn man jedoch Satelliten in eine „geostationäre" oder „geosynchrone" Stellung bringt, in der sie mit der Erdrotation Schritt halten, so daß sie über ihrer Bodenstation stillzustehen scheinen, benötigt man nur drei, um ständige Verbindungen rings um den Erdball aufrechtzuerhalten.

Als erster erreichte der amerikanische Versuchssatellit *Syncom 1* die erforderliche Höhe von 35 880 km. Aber nachdem er am 14. Februar 1963 erfolgreich gestartet war, riß die Verbindung mit ihm bereits nach 24 Stunden ab. *Syncom 2* und *3* bewährten sich dann besser.

1965: *Early Bird* kommerziell ausgewertet

Von der *Syncom*-Serie an waren fast alle weiteren Satelliten geostationär. Am 6. April 1965 wurde in den USA der *Early Bird* gestartet. Er nahm am 28. Juni seinen Dienst als erster internationaler Nachrichtensatellit auf, der eine ständige Verbindung zwischen Europa und Amerika herstellte. Dank der Fortschritte in der Elektronik wog der *Early Bird* nur 38,5 kg und konnte gleichzeitig 240 Gespräche oder eine Farbfernsehsendung übertragen. Die Technik war jetzt schon so ausgereift, daß man mit den Übertragungen zum erstenmal Geld verdienen konnte.

Der Satellit wurde im Januar 1969 aus dem Verkehr gezogen, jedoch am 29. Juni 1969 noch einmal verwendet, um Bilder von der ersten Landung auf dem Mond zu übertragen.

Von 1965 an brachte auch die UdSSR Satelliten ihrer *Molnija*-Serie auf Umlaufbahnen, um Verbindungen zu den Ländern des Ostblocks zu schaffen.

1966: Ein weltweites Kommunikationssystem

Mit dem *Early Bird,* der später in *Intelsat 1* umgetauft wurde, begann eine Ära internationaler Zusammenarbeit zur Schaffung eines weltumspannenden Kommunikationssystems. 1964 gründeten 14 Staaten die *Intelsat*-Organisation, die dieses System betreuen sollte. Darunter waren die Bundesrepublik Deutschland, die Schweiz, die meisten EG-Länder sowie die USA, Kanada, Japan und Australien.

Heute sind 105 Staaten Mitglieder. Jeder von ihnen trägt zu *Intelsat* in dem Maße bei, als er dieses System in Anspruch nimmt. Die Gewinne werden entsprechend diesen Beiträgen aufgeteilt.

Es gab fünf *Intelsat*-Serien, und jede war raffinierter als die vorhergehende. Die ersten Serien hatten nur eine Lebensdauer von höchstens drei Jahren, da sie nicht

Early Bird *Der 38,5 kg schwere Zylinder ermöglichte von 1965 an die erste ständige Verbindung zwischen Europa und Nordamerika. Er konnte entweder 240 Telefongespräche auf einmal oder eine Farbfernsehsendung übertragen.*

genügend Treibstoff für die → Raketen mitführen konnten, die sie in ihrer Position hielten. Der Bedarf an Verbindungen wuchs rasch und machte Satelliten mit immer größerem Leistungsvermögen erforderlich. *Intelsat 5*, der modernste des inzwischen weltweiten Systems, kann gleichzeitig 12000 Gespräche und zwei Fernsehprogramme übertragen und ist für eine Lebensdauer von sieben Jahren konstruiert.

Dazu kamen im Lauf der Zeit noch zahlreiche Satelliten, die nur nationalen Zwecken dienten, etwa 1972 der kanadische *Anik*.

Ab 1977: Europäische Satelliten

Auch für Europa wurden eigene Kommunikationssatelliten immer interessanter. Man gründete eine Europäische Raumbehörde, die 1977 den ersten Versuchssatelliten in Amerika starten sollte. Aber die Rakete versagte.

Ein neuer Versuch im Jahr 1978 verlief erfolgreich. Sein Zweck war es, Europa eine Übertragungsmöglichkeit für 7200 Telefongespräche oder 4500 Telefonkanäle und zwei Farbfernsehkanäle zu bieten. So wurde der Weg für den Start des Europäischen Kommunikationssatelliten *ECS* frei (1982).

1978: Ein Kernreaktor fällt vom Himmel

Sowohl die USA als auch die Sowjetunion haben Satelliten gebaut, die der militärischen Aufklärung und Überwachung dienen sollten. Der sowjetische *Kosmos 954* hatte zum Beispiel die Aufgabe, die Flottenbewegungen der NATO auf den Weltmeeren zu verfolgen. *Kosmos* wog fünf Tonnen und war mit einer Radaranlage ausgerüstet. Der Antrieb dafür bestand aus einem Kernreaktor, und als Brennstoff wurden 45 kg Uran 235 mitgeführt. Damit sollte der Satellit für lange Zeit auf seiner Umlaufbahn bleiben.

Aber bereits Ende 1977 wurde klar, daß *Kosmos* immer mehr von seiner Bahn abkam und vorzeitig in der Atmosphäre zu verglühen drohte. Mehrere Länder, über die die Flugbahn des Unglückssatelliten hinwegführte – etwa die USA und die Bundesrepublik Deutschland – hielten daraufhin besondere Einsatzgruppen bereit. Sie hatten die Aufgabe, möglichst größeren Schaden abzuwenden, wenn etwa Teile des Flugkörpers auf dicht besiedeltes Territorium niedergehen sollten.

Im Januar 1978 verglühte *Kosmos 954* und zerbarst über Nordwestkanada. Zum Glück fielen die Bruchstücke in eine fast menschenleere Gegend am Großen Sklavensee. Suchtrupps fanden mehrere Teile, von denen einige stark radioaktiv waren. Dieser Vorfall erregte in der ganzen Welt erhebliches Aufsehen, weil er klarmachte, welche Risiken mit dem Betrieb bestimmter Satelliten verbunden sein können.

1980: Private Satellitennetze

Die Satellitentechnik ist mittlerweile so allgemein bekannt, daß nicht nur Staatengemeinschaften und einzelne Staaten, sondern auch große Firmen daran denken, sie für sich zu nutzen. Am 15. November 1980 startete die amerikanische Gesellschaft Satellite Business Services den ersten von drei Satelliten, die ein weltweites Netz für Kunden schaffen sollen, die ein solches Kommunikationssystem privat mieten wollen.

Zu den ersten Kunden gehören einige der großen internationalen Fernsehgesellschaften.

INTELSAT 4A – EIN WELTWEITES KOMMUNIKATIONSNETZ

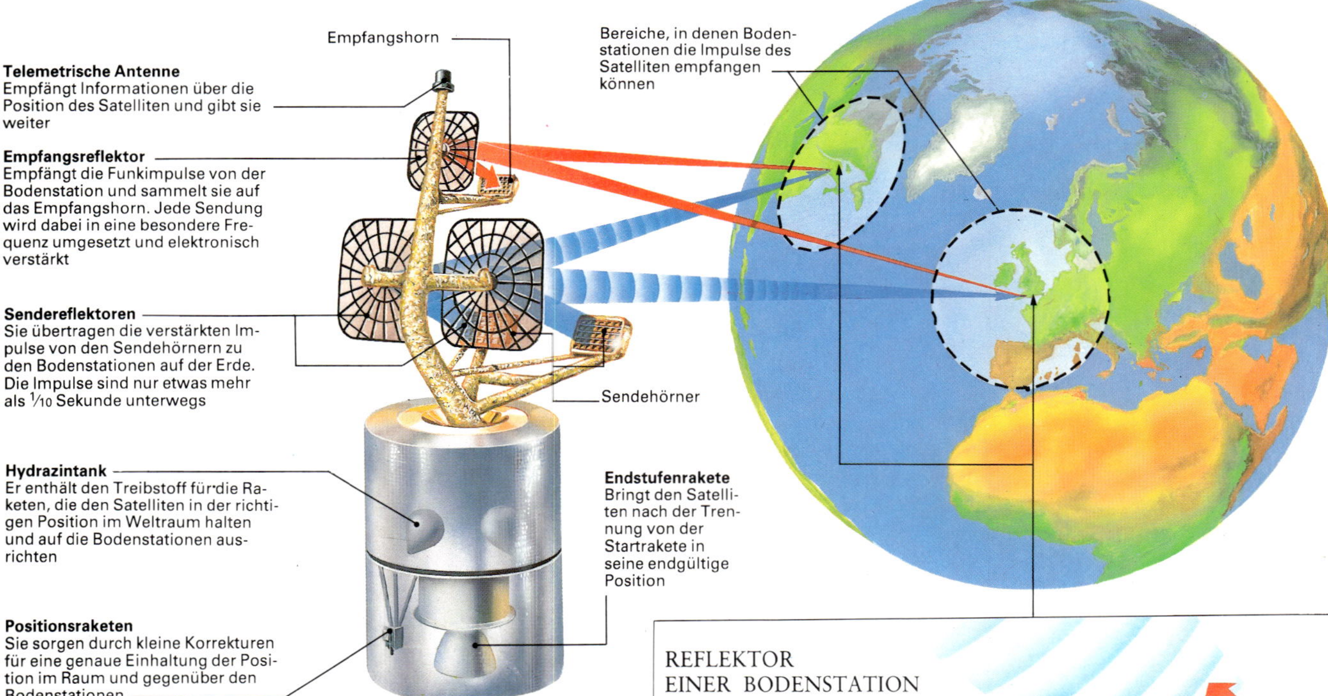

Eine Funkstation im Weltraum *Der* Intelsat 4 A *ist einer von drei Satelliten, die ein nahezu geschlossenes Kommunikationsnetz um die Erde spannen. Er wurde im September 1975 mit einer* Atlas-Centaur-*Rakete gestartet. Der Satellit wiegt 798 kg; sein zylindrischer Körper ist 2,82 m hoch und 2,36 m dick. Die gesamte Außenseite ist mit Solarzellen bedeckt, die den Satelliten mit Energie versorgen. Er ist für 6000 Telefonverbindungen und zwei Fernsehkanäle gebaut. Zwei kleine Gasdüsen halten den Satelliten in seiner Position und richten ihn nach den Bodenstationen aus.*

REFLEKTOR EINER BODENSTATION

Der Reflektor besteht aus Stahl- oder Aluminiumplatten. Seine Richtung sowie der Winkel des kleinen, auf Streben montierten Subreflektors lassen sich verändern, so daß das Gerät immer auf den Satelliten gerichtet ist. Die Hauptreflektoren der Bodenstationen haben einen Durchmesser von etwa 30 m. Sie verstärken die empfangenen Funksignale. Diese werden dann ins Kabelnetz geleitet oder von einer Sendestation ausgestrahlt. Die Reflektoren empfangen und senden

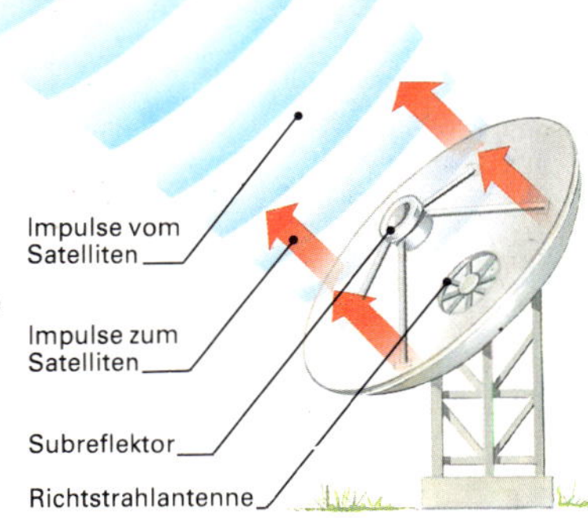

Scharnier

Metallscharniere waren im alten Ägypten bekannt

Die ältesten bekannten Metallscharniere befinden sich am Feldbett des ägyptischen Pharao Tutanchamun, das 1922 in seiner Grabkammer entdeckt wurde; sie stammen etwa aus dem Jahr 1340 v. Chr. Diese Scharniere sind aus Kupfer; mit ihrer Hilfe kann man die Beine des Bettes einklappen.

An mittelalterlichen Kirchen findet man oft reich verzierte Türangeln, die einen großen Teil der Tür bedecken.

Im Industriezeitalter wurden die unterschiedlichsten Formen von Scharnieren entwickelt. Ein Patentscharnier aus dem Jahr 1799 hob die Tür über den Teppich an und schloß sie dann selbsttätig wieder. Mit einem anderen Scharnier aus dem Jahr 1802 konnte man eine Tür wahlweise nach links oder rechts öffnen.

Schere

Schon die Ägypter benutzten Scheren

Schon die alten Ägypter benutzten einfache Scheren, die aus Kupfer oder →Bronze hergestellt wurden. Eingliedrige Bügelscheren, deren Griffe durch eine bogenförmige Feder verbunden waren, kamen in der jüngeren Eisenzeit (5.–1. Jh. v. Chr.) auf. Ähnliche Geräte werden noch heute mancherorts für die Schafschur benutzt. Die Römer kannten solche Scheren ebenfalls, hatten daneben aber auch zweigliedrige Scharnierscheren.

Seit dem 14. Jh. gibt es die Scharnierschere mit Ösen.

Heute verwendet man Vorrichtungen aus Spezialstahl zum Schneiden von Blechen und rostfreiem Stahl für chirurgische Scheren.

Schier

In Skandinavien und Finnland seit 3000 v. Chr. in Gebrauch

Auf der Insel Rødøy in Nordnorwegen zeigt eine Felszeichnung aus der Zeit um 3000 v. Chr. einen Mann auf langen Schiern. In skandinavischen und finnischen Torfmooren hat man aus Holz gefertigte, hochgebogene Schier gefunden, die etwa 4500 Jahre alt sind.

Schneeschuhe entstanden ursprünglich aus verbreiterten Sohlen, die verhindern sollten, daß der Läufer einsank. Erst allmählich entwickelte sich daraus ein Gleitschi.

Schon früh dienten Schier in Norwegen auch militärischen Zwecken. Von dem norwegischen König Sverre wird berichtet, er habe vor der Schlacht von Oslo im Jahr 1200 Schipatrouillen ausgesandt. Seit dem 15. Jh. setzten auch Polen, Finnen und Russen in Kämpfen häufig Schibataillone ein.

Der Schisport ist inzwischen ein Volkssport geworden. Für Langlauf und für die Abfahrt wurden unterschiedliche Schitypen entwickelt. Früher fertigte man Schier aus Hickoryholz, heute verwendet man dafür Kunstharz und fügt teilweise einen Metallkern ein.

Schiff

siehe Seite 233

Schirm

In China vor 3000 Jahren in Gebrauch

Der Schirm stammt aus den frühen Hochkulturen Ostasiens und des Vorderen Orients und diente dort ursprünglich als Herrschafts- und Statussymbol. So lautete einer der Titel des Königs von Siam „Herr über 24 Schirme". Nicht jedermann konnte sich einen Schirm oder gar einen Schirmträger leisten.

Das Gerippe dieser ersten Schirme bestand aus Bambus oder Sandelholz und war mit Blättern oder Federn überzogen. Die Schirme dienten als Schutz gegen die Sonne. Erst im antiken Rom wurden sie auch als Regendach benutzt.

Im moderneren Italien kamen Schirme im 12. Jh. auf. Sie stellten dort ein Privileg für kirchliche Würdenträger dar.

Um 1730 wurden Schirme in Paris mit wasserdichtem Stoff versehen und entwickelten sich allmählich zum Gebrauchsgegenstand. Doch viele Leute hielten Schirme für unmännlich.

1874 ließ sich der Brite Samuel Fox ein zusammenlegbares Stahlgerippe patentieren und schuf damit den *Brolly* des englischen Gentlemans.

Heute sind Regenschirme allgemein üblich. Den kleinen, zusammenlegbaren Knirps erfand 1928 der Berliner Hans Haupt. Manche Schirme öffnen sich nun automatisch durch einen Knopfdruck.

Japanischer Schirm *Zwei Darsteller in einem japanischen Kabukispiel des ausgehenden 18. Jh. tragen einen Sonnenschirm aus Papier mit einem Bambusgerippe. Um diese Zeit wurden die Schirme in Europa auch zum Schutz gegen Regen benutzt.*

Schlaf- und Beruhigungsmittel

Bromide wurden bereits im 19. Jh. benutzt

Schlaf- und Beruhigungsmittel, die aus Pflanzen (Mohn, Baldrian usw.) hergestellt werden, gibt es als Volksmittel schon seit Jahrhunderten.

Industriell – meist auf der Basis von Kaliumbromid – erzeugte Beruhigungsmittel wurden im 19. Jh. von Ärzten verschrieben. Ihre Nebenwirkungen, besonders der übermäßige Speichelfluß, verhinderten jedoch eine ausgedehnte Anwendung.

1903 brachte das Chemiewerk Bayer in Deutschland das erste barbitursäurehaltige Schlafmittel mit dem Namen Veronal auf den Markt.

Später verwendete man Barbiturderivate auch, um Angstzustände oder besondere Reizbarkeit zu bekämpfen. Die Beruhigungsmittel, die heute am meisten gebraucht werden, etwa Valium und Librium, wurden in den 50er Jahren von der Schweizer Firma Hoffmann-La Roche entwickelt. Sie machen den Patienten weniger abhängig und haben auch nicht so viele Nebenwirkungen wie Barbiturate (etwa im Zusammenwirken mit Alkohol).

Schiff

Die ersten seetüchtigen Schiffe fuhren vor ungefähr 40 000 Jahren auf dem Stillen Ozean

Niemand weiß genau, wie oder wo die ersten Schiffe entstanden. Wahrscheinlich entwickelten sie sich aus kleinen Fahrzeugen, die in küstennahen Gewässern, auf Flüssen und Seen oder für Fahrten von Insel zu Insel benutzt wurden. Sicher ist jedoch, daß das seetüchtige Schiff eine der Schlüsselerfindungen des frühen Menschen war. Vor ungefähr 40 000 Jahren zogen Menschen über das Meer zu den Inseln des Stillen Ozeans. Es gab nur einen Weg, den solche überseeischen Völkerwanderungen nehmen konnten – den Weg über das Wasser.

Die frühesten Reiche von Mesopotamien und Ägypten waren unabhängig, bis eines Tages Eindringlinge mit verbesserten Waffen aus Bronze ihre Sicherheit bedrohten. Nun benötigten auch sie Waffen aus →Bronze; aber dafür brauchten sie mehr Kupfer und Zinn, als es im Lande gab. Die im Altertum bekannten Zinnvorkommen lagen weit entfernt: in Spanien, Portugal und im noch ferneren England und Irland. Das bedeutendste Kupferlager befand sich auf der Mittelmeerinsel Zypern – schon der Name bedeutet auf griechisch Kupfer.

Der Überseehandel gewann nun stark an Bedeutung und ebenso die Schiffe, die die Fracht transportierten. Unternehmer von den Inseln Malta und Sizilien kauften das Zinn der Iberischen Halbinsel auf und exportierten es von ihren befestigten Siedlungen aus in die großen Reiche des östlichen Mittelmeers. Der blühende zyprische Kupferhandel war völlig auf Schiffe angewiesen.

Im letzten Jahrtausend v. Chr. hatte sich der Überseehandel so gut entwikkelt, daß die Völker des östlichen Mittelmeers alles, was sie selbst nicht besaßen, einführen konnten. Die Folge war eine Blütezeit für Zivilisation, Kultur und Wohlstand, die alles Bisherige in den Schatten stellte. In den Jahren zwischen 800 und 700 v. Chr. hatten sich diese Beziehungen so erweitert, daß die griechischen Handelsstädte die ersten Münzen einführten, um den Warenaustausch zu vereinfachen.

Handel zu Wasser *In der römischen Provinz Gallien beförderten Flußkähne bereits häufig Fässer mit Frachtgut; die Kähne wurden von Menschen gezogen.*

Rivalisierende Küstenvölker setzten aber auch ihre Seemacht ein, um die Flotten ihrer wirtschaftlichen und politischen Gegner zu zerstören. Die Römer errangen zum Beispiel in der Seeschlacht von Mylae gegen die Karthager im 3. Jh. v. Chr. die Herrschaft über das gesamte Mittelmeer. Roms Wachstum und Wohlstand hingen besonders von der Einfuhr ägyptischen Getreides ab; so ließen die späteren Kaiser Häfen, →Leuchttürme und Werften für die Getreideflotte bauen.

Im Mittelalter stützte sich die Macht der Handelsstädte Venedig und Genua einzig auf ihre Schiffe und ihre Macht zur See. Im 14. Jh. führte der Kontakt zwischen Venedig und den nordeuropäischen Ländern auch zu einem gegenseitigen Austausch von Kenntnissen auf dem Gebiet des Schiffbaus. Den Nutzen davon hatte die ganze technische Entwicklung der Seefahrt. Venedig war es auch, das zur Zeit der Kreuzzüge die Personenbeförderung mit dem Schiff als lukratives Geschäft großen Stils entdeckte.

Der Dreimastsegler, der im 15. Jh. in Westeuropa aufkam, machte weltweit Geschichte. Portugiesische, spanische, englische, französische und holländische Seefahrer entdeckten damit die Neue Welt. Mit diesen Schiffen konnte man auch riesige Mengen erbeuteter Reichtümer nach Europa schaffen. Das Schiff brachte die Vorherrschaft der Alten Welt über alle Weltmeere und drückte dem Globus den Stempel europäischer Sitten und Gebräuche auf. An Bord der ersten Pionierschiffe waren auch gleich die Missionare. Und so kam es, daß Australien, Neuseeland, Südafrika, Nord- und Südamerika sowie die Philippinen und etliche Inseln im Stillen Ozean überwiegend christlich wurden.

Massengutfrachter *Die Ausweitung des modernen Handels machte riesige Schiffe notwendig, wie die 113 826 t große* Point Clear.

Nordamerika, Neuseeland, Südafrika und bis zu einem gewissen Ausmaß auch Australien wurden von Kolonisten besiedelt. Anfangs waren es nur ein paar Schiffsladungen unerschrockener Auswanderer, die dort an Land gingen; später folgten sie in großen Auswanderungswellen, angezogen von der religiösen und politischen Freiheit, die ihnen winkte, von Landhunger, Gold oder einfach von der vagen Hoffnung auf ein besseres Leben. Eine Schattenseite dieser Geschichte war die Sklaverei. Mehr als zehn Millionen Afrikaner wurden über den Atlantischen Ozean verschleppt und als Sklaven an die Plantagenbesitzer auf

Klipper *Schiffe wie die 1150 t große* Anglesey *beförderten Mitte des 19. Jh. weltweit Passagiere und hochwertige Güter. Zu ihrer Fracht zählte z. B. frisch geernteter Tee aus China, der in London teuer verkauft wurde. Die Form des Rumpfes ermöglichte Geschwindigkeiten bis zu 20 Knoten.*

ALTERTÜMLICHE BOOTE HEUTE

Verschiedene Bootstypen, die schon den ersten Menschen bekannt waren, überlebten bis in die heutige Zeit.

Flechtwerkboot *Die walisische Coracle besteht aus einem Holzskelett mit einem Überzug aus geteerter Leinwand (früher aus Fellen).*

Kanu *Das Kanu des Okawangodeltas in Botswana ist ein ausgehöhlter, an der Außenseite behauener Baumstamm.*

Balsafloß *Das Floß vom Abiyjasee in Äthiopien besteht aus leichten Baumstämmen. Ähnliche Segelflöße aus Balsaholz fuhren früher vielleicht sogar über See.*

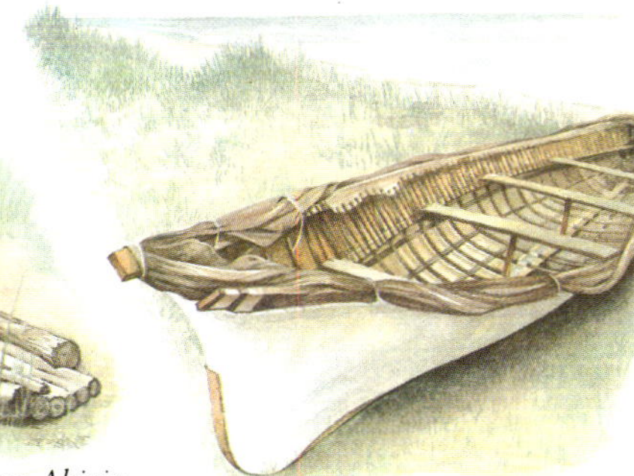

Eskimokajak *Ein Rahmengestell aus Holz erhält einen Überzug aus Robbenhaut.*

den Westindischen Inseln und in den amerikanischen Südstaaten verkauft.

Aber nicht nur die Zivilisation der Menschen veränderte sich, seit es Schiffe gibt, sondern auch Flora und Fauna. Pflanzen und ihre Produkte, die in einem bestimmten Erdteil beheimatet waren, wurden durch die Seefahrer über die ganze Erde verbreitet. Vor der Entdeckung Amerikas waren zum Beispiel Kartoffeln, Tabak, Mais, Tomaten, Bananen, Kaffee und Kautschuk in Europa unbekannt. Eingeführte Tiere wirkten in einer fremden Umgebung fast immer als Zerstörer – das Kaninchen in Australien und die Ziege auf vielen Inseln in aller Welt, wo sie die Vegetation zerstörte und die Erosion des Mutterbodens herbeiführte.

Rennboote *Seit etwa 1960 erfreuen sich Bootsrennen wachsender Beliebtheit. Boote der Klasse III (oben) sind bis zu 6 m lang.*

Segeln zum Vergnügen *Zwei Formen des Freizeitsegelns: eine schwedische Hochseerennjacht (links) und eine Themseschaluppe.*

Die industrielle Revolution brachte eine weitere gewaltige Ausweitung des Handels mit sich, und wieder spielten Schiffe eine entscheidende Rolle dabei. Ein neuer Schiffstyp entstand, von Maschinen angetrieben und aus Eisen oder Stahl gebaut – schneller, geräumiger und wirtschaftlicher als die hölzernen Segler. Diese Fahrzeuge konnten in bisher unbekanntem Umfang Rohstoffe in die Industrieländer befördern und umgekehrt Waren zu den überseeischen Märkten. Bis 1945, als die großen Langstrecken-Transportflugzeuge aufkamen, war der Warenverkehr von Kontinent zu Kontinent ausschließlich auf Schiffe angewiesen.

Gegen Ende des 19. Jh. begann die große Zeit der Ozeanriesen, die dem Erstklassepassagier allen erdenklichen Luxus boten. Auf ihnen fanden so viele Menschen Platz, daß sogar fast mittellose Auswanderer noch eine billige Überfahrt unter Deck bezahlen konnten. Diese und andere Schiffe brachten zwischen 1820 und 1920 ungefähr 35 Millionen Auswanderer mit Sack und Pack nach Amerika.

Nach dem Zweiten Weltkrieg gab es wieder erhebliche Veränderungen für Schiffbau und Schiffahrt. Für die Beförderung von Massengütern wie Erdöl, Erz und Getreide brauchte man nun noch größere Schiffe. Fast 90 Prozent der Schiffe, die zwischen 1967 und 1970 gebaut wurden, waren riesige Tanker oder Massengutfrachter. Natürlich wuchs das Ausmaß von Technik auch beim Schiffbau.

Sogar Atomreaktoren wurden, wie bei dem deutschen Forschungsschiff *Otto Hahn,* verwendet. Vom Atomantrieb und von supergroßen Tankern ging man aber wieder ab, weil das Unfallrisiko zu groß ist.

Schnell vergrößerte sich auch die Flotte der Containerschiffe, die besonders dafür konstruiert wurden, genormte Frachtbehälter für Industriegüter zu befördern. Aufgrund ihrer größeren Wirtschaftlichkeit werden sie wahrscheinlich die meisten herkömmlichen Frachter ersetzen.

Wegen der Konkurrenz des →Flugzeugs nahmen auch Zahl und Größe der Hochseepassagierschiffe ab. Für den stark gestiegenen Tourismus und den Autoverkehr wurden jedoch zahlreiche neue Fährschiffe notwendig. Im Küstenverkehr sind sie unentbehrlich.

Autofähren *Sie verbinden das Festland mit küstennahen Inseln und befördern Autos, Busse und Lastwagen auf dem Seeweg.*

Vom prähistorischen Schilfboot bis zum atomgetriebenen Frachter von heute

Steinzeit: Schilfboot und Einbaum
Der älteste handfeste Beweis für Schiffe datiert aus der Zeit zwischen 8000 und 7000 v. Chr.: Ein 4 m langes Kiefernkanu, das in den Niederlanden gefunden wurde, stammt aus dieser Zeit. Ein früher Kanutyp war aus Rinde oder Tierhäuten gemacht, die über einen Holzrahmen gezogen wurden; oder man dichtete ein Korbgeflecht mit Erdpech ab, wie das heutige irakische *gufa.* Im sumpfigen Mesopotamien gab es viel Röhricht, und so entstanden hier Flöße und Boote aus gebündeltem Schilf.

Schilfboot *Die Indios am Titicacasee in Bolivien stellen noch heute Boote aus Schilfbündeln her – wie in prähistorischer Zeit.*

4000–3000 v. Chr.: Die ersten Segelschiffe
Der norwegische Forscher und Ethnologe Thor Heyerdahl – berühmt durch seine Ozeanüberquerungen mit Balsaflößen – behauptet, daß die Schilfboote mit Mast und Segel in Mesopotamien mindestens bis auf die Zeit um 5000 v. Chr. zurückgehen. Sicher weiß man, daß zwischen 4000 und 3000 v. Chr. hölzerne Segelschiffe auf dem Nil fuhren. Der ziemlich weit vorn angebrachte Mast bestand aus zwei Bäumen, die oben zusammengebunden waren, so daß sie ein A bildeten (Bockmast). Er trug ein rechteckiges oder Rahsegel, das quer zum Schiff hochgezogen wurde. Mit diesem Segel konnte man nur vor dem Wind segeln; der Wind mußte also von hinten in das Segel blasen. Gesteuert wurde das Schiff mit Rudern, die am Heck über die Seiten hingen.

Ägyptisches Schiff *Eine Grabmalerei zeigt ein kleines altägyptisches Nilsegelschiff (1600–1300 v. Chr.) mit Steuerriemen und Rahsegel.*

2500–1500 v. Chr.: Mit den Ägyptern auf See
Als sich die ägyptischen Handelsschiffe den Winden und Wellen des offenen Meeres aussetzten, erhielten sie auch eine Längsverstärkung, ein sogenanntes Sprengwerk; ein Seil wurde wie eine Bogensehne von einem Ende des Schiffs zum anderen gespannt. Der Bockmast wurde durch eine einzige, in der Schiffsmitte errichtete Mastsäule ersetzt. Sie trug ein breites Segel, das gebraßt, also gedreht werden konnte, um auch seitliche Winde bis zu einem gewissen Grad zu nutzen.

Anfangs folgten die Ägypter der Küste; sie setzten Segel, wenn der Wind günstig stand, und ruderten bei Flaute oder widrigem Wind.

Riemen und Segel *In der Antike kombinierten viele Mittelmeerschiffe der seefahrenden Völker Wind- und Muskelkraft, wie auf dieser assyrischen Steinplatte zu sehen ist.*

1200 v. Chr.: Der Handelssegler des Mittelmeers
Die elastische Konstruktion des ägyptischen Schiffs eignete sich nicht für stürmisches Wetter. Die Zukunft des seetüchtigen Schiffs lag in einer starreren Konstruktion mit einem Schiffskörper aus langen Balken und verstärkenden hölzernen Spanten, kräftigen Querbalken

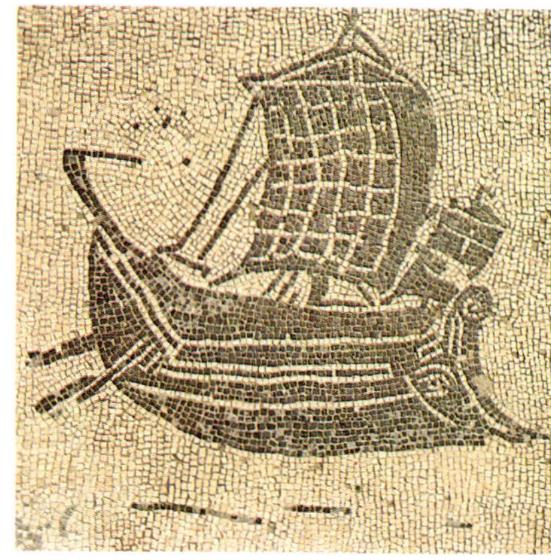

Römisches Handelsschiff *Ein römisches Mosaik aus dem 1. Jh. n. Chr. zeigt ein typisches Mittelmeerfrachtschiff aus Alexandria. Es war bis zu 33 m lang.*

und einem massiven hölzernen Rückgrat, dem Kiel.

Dieses stark gebaute, rundliche Kielschiff wurde um 1200 v. Chr. von phönikischen Händlern entwickelt. Ihre kleinen Schiffe waren 10–20 m lang und 3–6 m breit. Sie widerstanden der rauhen See; der geräumige Laderaum schützte die Fracht, und eine kleine Besatzung von drei bis vier Mann genügte, um das Schiff zu bedienen. Zum Rudern war es in jedem Fall zu schwer.

Der Rundschifflaster des Mittelmeers, wie dieser Schiffstyp auch genannt wird, war über 1000 Jahre in Gebrauch. Zur Zeit der Römer wurde er etwas größer gebaut (Länge: bis zu 30 m), bekam eine größere Segelfläche und konnte ungefähr 450 t Fracht aufnehmen. Ein bleierner Bodenbeschlag schützte das unter Wasser liegende Holzwerk vor dem Schiffsbohrwurm.

3. Jh. v. Chr.: Lateinsegel
In der Längsrichtung des Schiffes gesetzte Segel bewirkten, daß das Schiff nicht mehr vom Rückenwind abhängig war. Der erste gültige Beweis für die Takelage stammt aus dem 3. Jh. aus dem Arabischen Meer. Sie hat ihren Ursprung in dem dreieckigen Lateinsegel, das man heute noch auf den arabischen *Daus* sehen kann.

700 n. Chr.: Wikingerlangschiff und chinesische Dschunke
Als das Römische Reich zerfiel, entwickelte sich jenseits seiner nördlichen Grenzen ein Schiffstyp, der mit dem Rundschifflaster des Mittelmeers wenig gemeinsam hatte. Es war das Wikingerlangschiff. Ein Kiel gab dem schlanken Fahrzeug die nötige Festigkeit für ausgedehnte Seereisen.

Von der Schiffbautradition der Wikinger übernahmen die nordeuropäischen Völker auch das Rahsegel, das gebraßt werden konnte, um den seitlichen Wind zu nutzen. Seit ungefähr 700 v. Chr. unternahmen die Wikinger mit diesen leichten, schnellen und seetüchtigen Schiffen mehrere Jahrhunderte lang Beute- und Handels-

Eroberungsflotte *Die Schiffe, mit denen Wilhelm der Eroberer 1066 den Ärmelkanal überquerte, um England zu erobern – hier auf dem berühmten Bayeux-Wandteppich dargestellt –, waren ähnlich gebaut wie die Fahrzeuge der Wikinger. Damit plünderten die Vorfahren der Normannen überall in West- und Südeuropa, trieben Handel, gründeten Kolonien und fuhren bis nach Island, Grönland und Nordamerika.*

fahrten bis nach Grönland und Nordamerika.

Zur Zeit der Wikinger kannten die Chinesen bereits drei Dinge, die den Schlüssel zu den großen Entdeckungsfahrten der Europäer im 15. Jh. lieferten. Da gab es das um ein Gelenk drehbare Ruder am Achtersteven; darauf sprach das Schiff wesentlich besser an als auf den Steuerriemen, weil es auf die Mittellinie des Schiffes einwirkte statt auf eine Seite; dann mehrere Masten für ein Höchstmaß an Segelfläche und Antrieb und schließlich den magnetischen → Kompaß. Die großen Dschunken der Chinesen hatten außerdem wasserdichte Schotten, so daß ein einzelnes Leck sie nicht zum Sinken brachte.

15.–16. Jh.: Das vollgetakelte Schiff

Zu einer epochemachenden Entwicklung im Segelschiffbau kam es im 15. Jh. an den europäischen Atlantikküsten. Es war der Dreimaster, der die europäischen Entdekker bis in die fernsten Gegenden der Erde trug und die europäischen Flotten allen anderen überlegen machte.

Das wesentliche Merkmal des neuen Schiffstyps war seine Wendigkeit. Er hatte ein drehbares Achterruder, eine Mischtakelung aus Rah- und Lateinsegeln, mit der das Schiff die Winde aus vielen Richtungen nutzen konnte, und durch die Verteilung der Segel auf drei oder vier Masten verbesserte sich die Manövrierfähigkeit. Auf Groß- und Fockmast wurde ein zweites, drittes und im 18. Jh. sogar ein viertes Rahsegel gesetzt. Durch die größere Segelfläche wurden die Schiffe schneller und sehr bald auch zunehmend größer. Stabilere Bauweisen ergaben Schiffe, die sich für lange Reisen eigneten. Diese Schiffe konnten auch dem Gewicht und dem Rückstoß von → Kanonen standhalten.

16.–18. Jh.: Schiffe für Kanonen

Als die Schiffe mit immer mehr und immer schwereren Geschützen bestückt wurden, mußten die Schiffbauer ihre Konstruktionen überdenken. Überragende Kastelle an Bug und Heck, die es schon seit der Antike gab, waren nützlich als Plattform für die Soldaten und Bogenschützen; aber sie machten das Schiff instabil. Als die Bogenschützen von den Kanonen verdrängt wurden, verschwanden auch die Kastelle.

Je größer die Schiffe wurden, um so massiver mußten die Hölzer sein. Eine doppelte Außenhaut aus Planken für den Rumpf war die Regel, wobei allein die äußere Schicht schon 10–15 cm dick war. Sie schützte bis zu einem gewissen Grad sogar von Kanonenkugeln, wenn diese nicht genau im rechten Winkel trafen.

19. Jh.: Blütezeit des Segelschiffs

Die schnellsten und größten voll getakelten Schiffe entstanden im 19. Jh. Die ursprünglichen Klipper – sie hießen so, weil sie die Fahrzeiten verkürzten (to clip off = abschneiden) – waren amerikanische Segler mit einem scharfgeschnittenen Rumpf, der dem Wasser nur geringen Widerstand bot.

Sie erreichten ein Höchstmaß an Geschwindigkeit auf Kosten des Laderaums und trugen gewaltige Segelflächen – bis zu 3000 m^2 –, die so aufgestellt waren, daß sie auch die leichteste Brise nutzten. Die Klipper hatten ein Gewicht von ungefähr 700 t und mehr und eine Länge von ca. 70 m. Unter günstigen Bedingungen erreichten einige dieser Schiffe eine Geschwindigkeit von 20 Knoten (etwa 37 km/h).

Die großen „Kap Hoorner" hatten die größten Segelflächen, die je gehißt wurden; Masten und Takelage waren aus Stahl. Der amerikanische 8000-t-Schoner *Thomas W. Lawson,* der 1902 vom Stapel lief, hatte 19 riesige Segel auf sieben Masten, die von nur 12 Männern mit

Deutsche Kogge *So sah eine typische Hansekogge aus; ein solches Schiff hat man vollständig erhalten im Weserschlamm gefunden.*

Chinesische Dschunke *Lange bevor das voll getakelte Schiff in Europa bekannt war, bauten die Chinesen Segelschiffe mit mehreren Masten.*

Dreimaster *Auf diesem flämischen Gemälde sind dreimastige portugiesische Karacken abgebildet. Die typischen Hochseeschiffe aus der ersten Hälfte des 16. Jh. tragen Rahsegel am Fock- und Großmast und ein Lateinsegel am Besanmast.*

Frühes Dampfschiff *Auf William Symingtons* Charlotte Dundas, *einem Kanaldampfer von 1802, hätte der Radkasten in der Schiffsmitte dem Steuermann am Heck die Sicht verstellt; deshalb stand das waagrechte Steuerrad am Bug.*

Dampfwinden bedient wurden. Die deutsche *Preußen,* die im selben Jahr fertiggestellt wurde, trug über 5600 m^2 Leinwand auf fünf Masten. Sie gehörte damals zu den schnellsten Schiffen der Welt.

1783–1802: Die Dampfmaschine auf See

Auch das beste Segelschiff war ganz den Winden und Gezeiten ausgeliefert. Diese Abhängigkeit war mit der Erfindung der → Dampfmaschine zu Ende. Claude François Dorothée Marquis de Jouffroy d'Abbans baute 1783 in Frankreich das erste funktionierende Dampfschiff. Wie alle frühen Dampfschiffe fuhr es mit dampfangetriebenem Schaufelrad.

Der erste wirtschaftlich erfolgreiche Schaufelraddampfer war die *Charlotte Dundas,* die 1802 auf dem schottischen Forth-Clyde-Kanal ihre Probefahrt machte. Sie war 10 m lang. Die → Dampfmaschine war in der Mitte des Schiffs montiert und trieb ein Heckschaufelrad an.

Die meisten Dampfschiffe der Welt gingen dann zu den paarigen Seitenschaufelrädern über, die jeweils an einem Ende einer gemeinsamen Welle angebracht waren. Die Schiffe wurden dadurch außerordentlich manövrierfähig – wenn man mit dem einen → Rad vorwärts und dem anderen rückwärts fuhr, konnte das Schiff auf der Stelle drehen. Um die Wende zum 19. Jh. baute man in Großbritannien bereits die ersten Schiffe aus Eisen.

1835: Erfindung der Schiffsschraube

Im Jahr 1835 baute der britische Landwirt Francis Pettit Smith ein Modellboot mit einem Schraubenantrieb. Die Schraube erwies sich als so erfolgreich, daß er sie als Alternative zum Schaufelrad für richtige Schiffe zum Patent anmeldete. Im Jahr 1836 erhielt er dieses Patent – nur sechs Monate, bevor der Entwurf einer „gegenläufigen" Schraube des schwedischen Ingenieurs John Ericson in den USA patentiert wurde. Ein 10-t-Dampfschiff mit einer hölzernen Schraube unternahm eine erfolgreiche Reise entlang der Küste von Kent, und 1839 erreichte das seetüchtige Schraubenschiff *Archimedes* bereits eine Spitzengeschwindigkeit von 10 Knoten.

Die Schiffsschraube funktioniert nach Art der → archimedischen Schraube. Da sie ganz unter der Wasseroberfläche liegt, ist sie leistungsfähiger und bei Stürmen und Kollisionen weniger verwundbar. Ihre endgültige Propellerform erhielt die Schiffsschraube durch den österreichischen Förster Joseph Ressel. Sein Prinzip wurde zwar noch öfter verbessert, ist aber bis heute bei jedem maschinell angetriebenen Schiff in Gebrauch.

1838: Der Ozeandampfer

Die ersten Dampfer hatten nicht genügend Platz für die Mengen an Kesselwasser und Brennstoff, die sie für lange Fahrten benötigten. Gelegentlich verwendete man Salzwasser in den Kesseln, die dann aber sehr schnell rosteten.

1834 erhielt der englische Ingenieur Samuel Hall ein Patent für den Oberflächenkondensator, der die früheste taugliche Methode zur Bereitung und Wiederverwendung von Frischwasser aus Dampf darstellte.

Und dann entwarf der englische Ingenieur Isambard Kingdom Brunel ein Schiff, das die Platzprobleme bei den Kohlenvorräten löste. Zwar brauchten größere Schiffe auch stärkere Maschinen, die mehr Brennstoff verschlangen, aber sie hatten auch – einschließlich des Raumes für Brennstoff – eine wesentlich größere Ladefähigkeit und eine größere Reichweite. Im April 1838 fuhr die 1320 t große *Great Western* zum erstenmal die Strecke Bristol–New York.

1845: Das erste moderne Schiff

Sein nächstes Schiff baute Brunel aus Eisen und mit Schraubenantrieb. Die *Great Britain* lief 1845 vom Stapel. Sie war mit 3270 t für sämtliche Docks in Bristol zu groß, so daß eigens für sie ein neues gebaut werden mußte.

Die Great Britain *Der Rumpf dieses 1845 gebauten Passagierschiffs mit Schraubenantrieb bestand ganz aus Eisen, einschließlich der Durchzugsbalken für die Längsverstärkung. Heute befindet sich das Schiff sorgfältig restauriert wieder in seinem Dock in Bristol.*

1858: Die Ozeanriesen kommen

Brunels ehrgeizigstes Projekt war ein Schiff, das die ganze Erde umfahren konnte, ohne unterwegs neuen Treibstoff aufzunehmen. Die 18 914 t große *Great Eastern* lief 1858 vom Stapel; ihre Bunkerräume faßten 12 000 t Kohle, und sie hatte Platz für 4000 Passagiere.

Beginn einer neuen Ära *Mit ihrer enormen Größe – 18 914 t groß und 207 m lang – kündigte die* Great Eastern *1858 die Ozeanriesen des 20. Jh. an.*

Containerschiff *Schiffe wie die* British Sherbro *befördern die verschiedensten Industriegüter in international genormten Containern, die schnell und wirtschaftlich geladen und gelöscht werden können. Der Frachter alten Stils hat ausgedient.*

Angetrieben wurde sie von Segeln, einer Schraube und Schaufelrädern. Die *Great Eastern* wies einer neuen Generation von Schiffen den Weg. Anfang des 20. Jh. gab es schon mehrere Schiffe von ihrer Länge (207 m), und in den 30er Jahren verkehrten bereits Passagierdampfer, die viermal so groß waren.

1860: Die Blütezeit des Dampfschiffes beginnt

In der zweiten Hälfte des 19. Jh. wurden im Dampfmaschinenbau die letzten bedeutenden Fortschritte erzielt. Der Dampfüberhitzer, der um 1860 eingeführt wurde, ermöglichte eine größere Maschinenleistung. Die Verbunddampfmaschine, die etwa gleichzeitig entwickelt wurde, verwendete den Dampf mehr als einmal: zuerst bei hohem Druck in kleinen Zylindern, dann bei niedrigem Druck in größeren Zylindern.

Die größte Neuerung aber war eine → Turbine als Schiffsantrieb. Ihr Erfinder, der englische Mathematiker und Ingenieur Sir Charles Parsons, führte sie den gekrönten Häuptern Europas und den Flottenchefs der Welt anläßlich der Flottenparade in Spithead im Jahr 1897 vor. Mit einer noch nie erreichten Geschwindigkeit von 32 Knoten (ca. 60 km/h) schoß Parsons' schlankes, 33 m langes Turbinenschiff *Turbinia* durch das Wasser und ließ sich auch von den schnellsten Marinebooten nicht einholen. Kriegsschiffe fahren zum Teil noch heute mit Dampfturbinen.

1886–1902: Neue Treibstoffe

Die Erfindung des → Verbrennungsmotors war auch für Seefahrzeuge interessant. Der deutsche Ingenieur Gottlieb Daimler erprobte 1886 zum erstenmal den Benzinmotor in einem Motorboot und führte diesen Antrieb auf dem Neckar erfolgreich vor. Schiffsbenzinmotoren werden wegen ihrer Eignung für hohe Geschwindigkeiten häufig in Torpedobooten, Schnellbooten und Küstenwachschiffen verwendet.

Weniger schnell, dafür aber wirtschaftlicher fahren Schiffe mit dem → Dieselmotor. Er ist leichter und kleiner als die → Dampfmaschine, so daß mehr Fracht geladen werden kann. Der erste Schiffsdieselmotor wurde 1902 auf dem französischen Kanalboot *Petit-Pierre* installiert. Zwei Jahre später wurde das erste seetüchtige Schiff mit Dieselmotor gebaut: der russische Tanker *Vandal*. Seit den 30er Jahren dominiert der Dieselmotor bei Fracht- und Passagierschiffen.

1958–1980: Atomgetriebene Schiffe

Die → Atomenergie mit ihrem raumsparenden, langlebigen Uranbrennstoff versprach dem Dampfschiff eine enorme Vergrößerung seiner Reichweite. Sie wurde zum erstenmal 1958 auf dem amerikanischen Handelsschiff *Savannah* erprobt. Der 1959 in Auftrag gegebene sowjetische Eisbrecher *Lenin* hält den Seeweg zwischen Nowaja Semlja und dem Beringmeer offen, der neun Monate im Jahre vereist ist. Die *Lenin* kann ein ganzes Jahr lang mit einer einzigen Ladung Kernbrennstoff operieren. Inzwischen erhielt sie ein Schwesterschiff, die *Arktika*. Das dritte Reaktorschiff war 1968 das deutsche Forschungsschiff *Otto Hahn*. Die Angst vor eventuellen Strahlenschäden hat die weitere Verbreitung atomgetriebener Handelsschiffe bisher verhindert. Unterseeboote und Flugzeugträger werden jedoch zunehmend mit Atomkraftantrieb ausgestattet, um sie von Küstenstützpunkten und Versorgungsschiffen weniger abhängig zu machen; für Kriegsschiffe ist eine größtmögliche Reichweite ausschlaggebend.

1980: Eine Chance für das Segel?

Als Mitte der 70er Jahre die Preise für Erdöl stiegen, dachte man wieder an das Segel. Im Jahr 1980 lief auf der japanischen Werft Nippon Kokan zum erstenmal seit 50 Jahren wieder ein Frachter vom Stapel, der zusätzlich von Segeln bewegt wird. Die Erbauer der *Shin-Aitoku-Maru* schätzen, daß eine weltweit von Segeln unterstützte Handelsflotte jährlich 140 Mio. t Erdöl sparen würde. Das ist mehr als die Jahresölproduktion von Kuwait und das Doppelte der englischen Nordsee-Ölförderung.

Die Königin der Meere *Die 81 237 t große* Queen Mary, *die 1934 vom Stapel lief und erst nach 33 Jahren aus dem Dienst genommen wurde, stellte den Höhepunkt des Luxusliners dar. Sie konnte fast 2000 Passagiere befördern und überquerte den Atlantik in drei bis vier Tagen.*

Rückkehr zum Segel *Der neue japanische Tanker* Shin-Aitoku-Maru *(rechts) erprobt seine Seetüchtigkeit. Computergesteuerte Elektromotoren drehen die starren Segel in die günstigste Position zum Wind. Beim Einholen falten sie sich senkrecht um die Masten. Diese Konstruktion spart viel Treibstoff.*

Schlauchboot

Erstmals im 5. Jh. v. Chr. auf dem Tigris eingesetzt

Schon der griechische Geschichtsschreiber Herodot berichtet im 5. Jh. v. Chr. von einer Lastenfähre, die auf dem Fluß Tigris in Mesopotamien verwendet wurde. Sie bestand aus Hunderten von zusammengenähten und aufgeblasenen Tierhäuten, die an einem Holzgestell befestigt waren. Damit konnte man Lasten im Gewicht bis zu 150 t transportieren.

Der französische Überlebensforscher Dr. Alain Bombard überquerte 1952 den Atlantik in einem aufblasbaren Boot, das zum Vorbild des modernen Schlauchboots – mit schlauchförmigen, tragenden Luftkammern aus festem, mehrschichtigem Kunststoffgewebe und einem Außenbordmotor am Heck – wurde.

Man verwendet Schlauchboote heute als Rettungsboot, als Beiboot für größere Schiffe, als Sportboot oder beim Militär zum Überqueren von Flüssen.

Schleifpapier

Primitive Formen wurden schon vor mehr als 4000 Jahren verwendet

Es gibt verschiedene Arten von Schleifpapier: Glas-, Sand- oder Schmirgelpapier. Ob es sich um das eine oder andere handelt, hängt davon ab, welches Schleifmaterial auf die Unterlage geklebt wird.

Schon vor mehr als 4000 Jahren verwendeten die Menschen im Vorderen Orient verschiedene Schleifmittel zum Glätten von Steinen, Holz und Metall. Zuerst streuten sie nur feinen Sand auf die Fläche, die verarbeitet werden sollte, und strichen mit einem Stück Holz darüber. Im alten Griechenland und Rom diente auch die Haut von Fischen, insbesondere die von Haien, zum Glätten. In Mitteleuropa kennt man Schleifpapier seit dem 15. Jh. Damals verwendete man vor allem Glaspapier – also Papier, auf dem zermahlenes →Glas befestigt war.

Moderne Schleifpapiere sind entweder mit scharfem Quarzsand, zermahlenem Feuerstein oder Korund, einem Aluminiumoxid, bestreut. Sandpapier dient im allgemeinen zum Schleifen von Holz, Korundpapier – Schmirgelpapier genannt – zum Schleifen von Metall.

In der Möbelfabrikation verwendet man lange, über Rollen laufende Schleifbänder, die früher aus Stoff, heute aus reißfestem Papier bestehen. Für die Metallbearbeitung wird vielfach der Korund auf eine Stoffunterlage aufgebracht.

Schlittschuhe

Die ersten Belege stammen aus der Hallstattzeit

Schon in der Eisenzeit kannte man in Nordeuropa Schlittschuhe. Man verwendete dafür zunächst vermutlich Kieferknochen des Rentiers, die zum Gleiten über das Eis an die Füße des Läufers gebunden wurden. Sogenannte Eisknochen werden auch in der *Edda* erwähnt. Die ersten Eisenkufen (um 200 n. Chr.) stammen ebenfalls aus Skandinavien.

Im späten Mittelalter begann man auch auf den gefrorenen Kanälen Hollands selbstgefertigte Schlittschuhe aus Holz, Knochen oder Eisen zu benutzen, und von dort verbreitete sich diese winterliche Fortbewegungsart über die ganze Welt.

1854 erfand der zwanzigjährige Kanadier John Forbes Schlittschuhe, die durch Eisenschrauben mit dem Schuh fest verbunden waren und keiner Bänder oder Klemmvorrichtungen bedurften. Erst solche Schlittschuhe machten die sportlichen Spitzenleistungen möglich, die heute auf dem Eis vollbracht werden.

ROLLSCHUHE

Der belgische Geiger Joseph Merlin wollte 1760 auf einem Maskenball am Soho Square in London Aufsehen erregen. Und das gelang ihm nachhaltig.

Er kam auf seinen selbstgebastelten Rollschuhen Geige spielend in den Ballsaal, raste quer hindurch, vermochte weder zu bremsen noch die Richtung zu ändern und krachte in einen teuren, mannshohen Prunkspiegel. Spiegel und Violine gingen in Trümmer, Merlin wurde schwer verletzt. Aber seine Idee war anscheinend nicht mehr totzukriegen: 1790 bekam der Niederländer Vanlede in Paris ein Rollschuhpatent. 1823 führte der Londoner Gemüsehändler Robert Tyers ein Paar Rollschuhe mit je fünf Rädern vor, und noch im selben Jahr wurde in Soho eine Rollschuhbahn eröffnet. Rollschuhe mit vier Rädern ließ sich 1863 James L. Plimpton in New York patentieren. Seitdem ist das Rollschuhlaufen vor allem bei Kindern beliebt geblieben.

Schmieden

Ein 6000 Jahre altes Handwerk

Das Formen und Härten von Metall durch Hämmern, das Schmieden, ist eines der ältesten Verfahren der Metallverarbeitung. Es war schon um 4000 v. Chr. üblich. Die frühesten Darstellungen stammen aus dem 3. Jt. v. Chr. Sie zeigen ägyptische Schmiede beim Kalthämmern von Edelmetallen.

Das Schmiedehandwerk entwickelte sich in engem Zusammenhang mit der →Eisenverhüttung weiter. Der Beruf des Waffen- oder Kunstschmiedes war hoch angesehen, selbst Königssöhne erlernten dieses Handwerk, wie beispielsweise das *Nibelungenlied* berichtet.

Im Mittelalter wurden die Hämmer entsprechend den Arbeiten, für die sie gebraucht wurden, immer schwerer. Daher brachte man an →Wasserrädern Nocken an, die den →Hammer während der Drehbewegung abwechselnd anhoben und fallen ließen.

Später, im Jahr 1795, ließ sich der englische Erfinder Joseph Bramah die hydraulische Presse (→hydraulische Maschinen) patentieren, aus der schließlich die moderne Schmiedepresse hervorging. Größere praktische Bedeutung hatte vorerst aber die Einführung des Dampfhammers. Er wurde von dem schottischen Maschinenbauer James Nasmyth 1839 erfunden und bewirkte einen grundlegenden Wandel in der Metallverarbeitung.

Auf den Dampfhammer von Nasmyth geht unsere heutige Gesenkschmiede zurück. Bei dieser Presse wird durch Dampf oder Druckluft eine schwere Ramme (das Obergesenk) in einem Gestell hochgehoben. Dann läßt man sie – manchmal zusätzlich mit Dampf oder Preßluft angetrieben – auf einen Amboß (das Untergesenk) herunterfallen, wo sich die Form, in die das Metall hineingehämmert wird, befindet.

Schnellkochtopf

1679 von dem Franzosen Denis Papin erfunden

„Das zäheste Fleisch des ältesten Rindes kann so zart und schmackhaft werden wie das beste Stück eines jungen Kalbes." Diese Behauptung stellte der französische Physiker und Arzt Denis Papin in seinem 1681 veröffentlichten Buch auf, in dem er seinen neuen „Digestor“ oder Dampfkochtopf beschrieb. Es handelte sich um einen gußeisernen Topf mit einem luftdicht schließenden Deckel und einem Sicherheitsventil. Durch den Überdruck im Kessel, so hatte Papin 1679 herausgefunden, siedet das Wasser erst bei einer höheren Temperatur. Mit seinem Dampfkochtopf erzeugte Papin bis zu 120° heißen Dampf. Bei dieser Temperatur brauchen die Speisen nur ein Drittel der üblichen Zeit, um gar zu werden.

In einem solchen Schnellkochtopf schützt der Überdruck die Vitamine, die in Obst und Gemüse enthalten sind, vor der Zerstörung. Überdies kann man mit dem Schnellkochtopf nicht nur Zeit, sondern auch Energie sparen – in der Regel 50 Prozent.

Schnellkochtöpfe für den Hausgebrauch waren bis 1905 aus Gußeisen, dann fertigte man sie auch aus Aluminium. Hochwertige Schnellkochtöpfe bestehen heute aus rostfreiem Stahl und sind außen manchmal emailliert. Mit dem Kochregler kann man die gewünschte Temperatur genau einstellen.

Schraube

Holzschrauben 1556 in Deutschland abgebildet

Möbel und andere hölzerne Objekte wurden früher mit Holzstiften zusammengehalten – lange bevor metallene Verbindungen bekannt waren. Metallschrauben für Holz wurden erst benutzt, als man im ausgehenden Mittelalter begann, auch andere Materialien in größerem Umfang auf Holz zu befestigen.

Schon die Goten verbanden an einigen Schmuckstücken Metall und Metall durch Schrauben. Der deutsche Naturforscher Georgius Agricola (Georg Bauer) beschrieb 1556 in seinem bergbautechnischen Buch *De re metallica* die eiserne Holzschraube, die wohl im 15. Jh. erfunden wurde. Er zeigte dabei, wie man bei einem Blasebalg mittels konischer, spitz zulaufender Schrauben, die im Kopf eine Nut haben, →Leder auf Holz befestigt. „Diese Methode wird wenig benutzt, obwohl sie ohne Zweifel der mit Nägeln überlegen ist“, schrieb er.

Büchsenschmiede des 16. Jh. nagelten den Metallteil ihrer Gewehre an den hölzernen Schaft. Sie fanden heraus, daß gewundene Nägel besser hielten. Diese Nagelschrauben waren schwer herauszuziehen; so schnitt man eine Nut in ihre Köpfe und verwendete einen kurzen „Schraubendreher“, um sie zu lösen. Aus ihm entwickelte sich um 1780 der neuzeitliche, lange Schraubenzieher.

Schrauben waren jedoch teuer, da zunächst bei jeder das Gewinde einzeln von Hand gefertigt werden mußte. 1760 ließen sich die Engländer Job und William Wyatt die erste Schraubenschneidemaschine patentieren. 30 Jahre später gab es bereits Maschinen, die acht bis neun Schrauben pro Minute schneiden konnten. Diese hatten allerdings die Form der heutigen Metallschraube.

Erst nach 1840 begann der Engländer George Nettlefold in Birmingham damit, spitze, konische Holzschrauben maschinell zu erzeugen. Heute werden sie fast ausschließlich im Holzbau verwendet.

Schraubenbolzen und Muttern

Erstmals in Europa um 1550 gefertigt

Schrauben und Muttern aus Metall kamen um 1550 in Europa als Haltevorrichtungen auf. Sie wurden zunächst einzeln auf einer hölzernen →Drehbank in Handarbeit gefertigt.

Im Jahr 1797 erfand Henry Maudslay in London eine Präzisionsdrehbank zum Gewindeschneiden, die ganz aus Metall bestand. Ein Jahr später baute David Wilkinson in den USA eine Maschine zur Herstellung von Schrauben und Muttern. Mit beiden Geräten ließen sich genormte Schrauben und Muttern herstellen.

Schraubenbolzen und Muttern verbinden Metallteile miteinander. Sie ermöglichten es im 19. Jh., für die Konstruktion von Maschinen und Bauwerken Metall anstelle von Holz zu verwenden.

Schreibautomat

1964 aus der elektrischen Schreibmaschine entwickelt

Ein Schreibautomat oder Wortprozessor (auch: Textverarbeitungssystem) ist eine →Schreibmaschine, die Texte elektronisch speichert und Korrekturen ohne vollständiges Neuschreiben ermöglicht. Manchmal sind solche Geräte auch direkt mit →Computern verbunden.

1964 brachte die amerikanische Firma IBM eine elektrische Schreibmaschine heraus, die Texte einschließlich ihrer optischen Gestaltung während des Tippens elektronisch auf einem Magnetband festhält, wie man das von Sprache oder Musik kennt. Läßt man das Band wieder ablaufen, so schreibt die Maschine automatisch den gleichen Text. Will man etwas korrigieren, hält man das Band an, tippt die Änderung von Hand ein und läßt es dann weiterlaufen. Immer wiederkehrende, formelhafte Textpassagen und sogar ganze Standardbriefe – ein wesentlicher Teil der Geschäftskorrespondenz – können so auf Band gespeichert werden. Die Schreibkraft fügt nur Datum, Adresse und allenfalls irgendwelche Einzelheiten hinzu.

Die erste „intelligente“ Schreibma-

Schreibmaschine mit Gedächtnis *Viele Sekretärinnen lernen heute, mit solchen Textverarbeitungssystemen umzugehen. Die meisten Geräte haben einen Bildschirm, auf dem der Text zur Überprüfung erscheint, bevor er auf Papier ausgedruckt wird. Manche verfügen auch über ein Lexikon, das Briefe, Zeitungsartikel oder ganze Bücher elektronisch auf Rechtschreibfehler absucht.* „Dreckfuhler“ *leuchten dann am Bildschirm auf.*

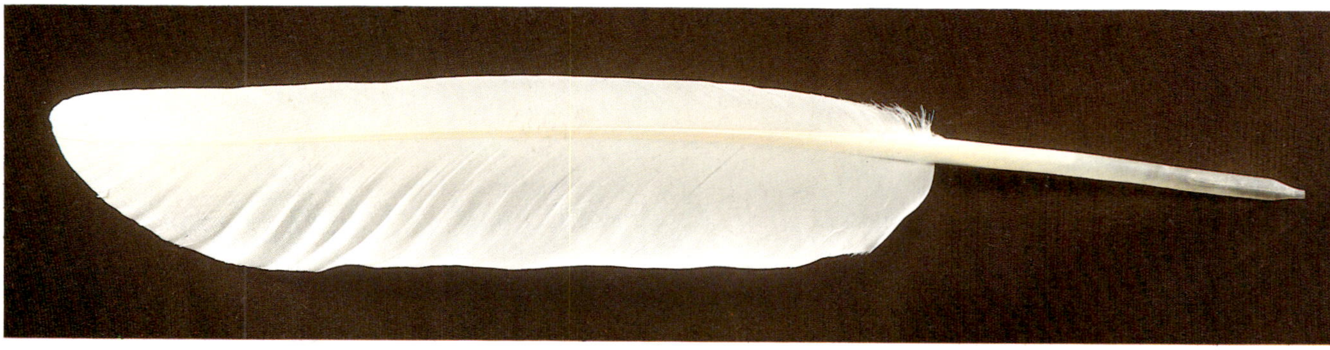

Natürliches Schreibgerät *Mehr als 1000 Jahre waren Federkiele das wichtigste Schreibgerät des Menschen. Meist fertigte man sie aus den Schwungfedern der Gans, die man am Ende schräg zuspitzte und einschnitt. Ein Nachteil des Gänsekiels war, daß man ihn ständig nachspitzen mußte.*

schine der amerikanischen Firma Qyx aus dem Jahr 1978 enthält weitere Einrichtungen, die dem →Computer entlehnt sind. Dazu gehören magnetische Speicherplatten von etwa 20 cm Durchmesser, die sogenannten *Floppy Disks*, die nach dem gleichen Prinzip arbeiten wie die Bänder, jedoch einen rascheren Zugang zu gespeicherten Informationen ermöglichen. Ein *Floppy Disk* kann bis zu 40000 Wörter aufnehmen.

Bei den meisten modernen Schreibautomaten wird nicht direkt auf Papier geschrieben. Vielmehr erscheint der Text während des Tippens zunächst auf einem Bildschirm (Display). So kann man ihn noch korrigieren, bevor er ausgedruckt wird. Unterschiedliche Schrifttypen, Schriftgrößen und Spaltenbreiten kann der Automat gleich berücksichtigen, so daß sich auch die Länge und Anordnung einzelner Textteile auf einer Seite in einem einzigen Arbeitsgang schon am Bildschirm bestimmen läßt.

Viele Funktionen der Textverarbeitungssysteme vereinfachen der Schreibkraft ihre Arbeit. Sie können Über- und Unterschriften automatisch richtig anordnen, Korrekturen anbringen und Tabellen usw. selbständig ausdrucken. Einige überprüfen inzwischen sogar die Rechtschreibung; sie enthalten ein Computerlexikon und kontrollieren danach den Text. Bei Schreibfehlern leuchtet das betreffende Wort auf dem Bildschirm auf.

Solche Geräte könnten auch Briefträger überflüssig machen: Sobald ein Brief elektronisch gespeichert ist, kann man ihn über die Telefonleitung zum Empfänger senden und dort ausdrucken oder einfach auf dem Bildschirm erscheinen lassen. Derartige Systeme werden bereits unter der Bezeichnung Teletext angeboten. →Videotextprogramme des →Fernsehens gelangen drahtlos auf den Bildschirm.

Schreibgerät

Die alten Ägypter benutzten Rohrfedern

Zu den ältesten Schreibgeräten zählen die pinselartig ausgefransten Papyrusfedern der alten Ägypter. Beim Schreiben tauchten sie diese bereits um 3000 v. Chr. in farbige Pflanzensäfte. In Mesopotamien benutzte man Dreikantgriffel, um die keilförmigen Zeichen in weiche Tontafeln einzudrücken (→Schrift). Die Chinesen malten um 1000 v. Chr. ihre Schriftzeichen mit Pinseln, die aus Kamel- oder Rattenhaaren bestanden.

Die Griechen fertigten hohle Federn aus Rohr oder Binsengras. Sie benutzten zum Einritzen ihrer Schriftzeichen in Wachstafeln außerdem den Griffel *(Stylos, Stilus)*, der aus Knochen, Elfenbein oder Metall bestand. Dieser spitzgeschliffene *Stilus* wurde in der Antike auch als Waffe verwendet: Cäsar wurde mit Schreibgriffeln erstochen.

Die Römer kannten zudem Schreibfedern aus Kupfer- und Bronzeblech. Allmählich wurden sie durch den Gänsekiel ersetzt, der, im 5. Jh. n. Chr. erstmals bezeugt, mehr als 1000 Jahre lang das wichtigste Schreibgerät in Europa war.

Im 18. Jh. kam man wieder auf die Metallfeder zurück. 1748 stellte Johann Janssen in Aachen Stahlfedern her. Sie setzten sich jedoch erst im 19. Jh. durch, nachdem der Engländer Bryan Donkin sie 1808 mit einem Schlitz an der Spitze versah, wodurch die Tinte besser floß.

Zu Beginn des 19. Jh. fertigte man in England die ersten Füllfederhalter. Sie funktionierten aber nicht sehr gut, weil die damalige →Tinte schnell dickflüssig wurde. Erst 1884 stellte Lewis Edson Waterman in New York wirklich brauchbare Füllfederhalter her. Später erhielten sie einen Kolben, mit dem Tinte nachgefüllt werden konnte.

In den 50er Jahren des 20. Jh. ersetzte man den eingebauten Vorratsbehälter durch die Tintenpatrone, die einfach ausgewechselt wird, sobald sie leer ist.

Inzwischen machte bereits der Kugelschreiber dem Füllfederhalter Konkurrenz. Er wurde 1938 von den ungarischen Brüdern Ladislaus und Georg Biro erfunden. Als Schreibspitze dient eine Kugel, die vor einem mit Farbpaste gefüllten Röhrchen drehbar gelagert ist und beim Schreiben diese Farbe auf das Papier überträgt.

Überdies wurden noch andere Schreibgeräte entwickelt. In den 60er Jahren kamen aus Japan die Faser- und Filzstifte auf den Markt, die fast nur aus Kunststoff bestehen. Nach Gebrauch wirft man sie einfach weg.

Schreibmaschine

Die erste wurde 1730 gebaut

Im Jahr 1714 ließ sich der britische Ingenieur Henry Mill eine Schreibmaschine patentieren, die nacheinander einzelne Buchstaben „druckte“. 1730 wurde ein solches Gerät auch gebaut.

Der Italiener Pellegrino Turri erdachte 1808 in Castelnuovo eine Schreibmaschine für seine blinde Freundin Contessa Carolina Fantoni, damit sie Briefe ohne die Hilfe eines Sekretärs schreiben konnte. Diese Maschine ist nicht erhalten; so weiß man nicht, nach welchem Prinzip sie funktionierte.

1829 erhielt der Amerikaner William Austin Burt ein Patent für ein schreibmaschinenartiges Gerät, das er *Burt's Family Letter Press* nannte.

Eine Schreibmaschine, die Karl Friedrich Freiherr Drais von Sauerbronn 1823 konstruierte, wies bereits Typenhebel auf. Und Ravizza in Novarra baute 1855 eine Maschine, die mit einem Farbband ausgestattet war. Ein solches

Farbband hatte schon 1841 der schottische Erfinder Alexander Bain für den Schreibtelegrafen vorgeschlagen.

Eine brauchbare Schreibmaschine baute 1865 auch der Südtiroler Fischer Peter Mitterhofer aus Partschins. Sie ist aus Holz und steht heute im Technischen Museum in Wien. 1866 führte Mitterhofer am Kaiserhof ein verbessertes Modell vor; doch bestand in Europa damals noch wenig Interesse für ein solches Gerät.

Eine Maschine, die der amerikanische Buchdrucker Christopher Latham Sholes in Milwaukee, Wisconsin, 1867 gemeinsam mit dem Mechaniker Carlos Glidden entwickelte, konnte sich zunächst ebenfalls nicht durchsetzen. Sechs Jahre später verkaufte Sholes die Herstellungsrechte an die Remington Small Arms Company in Ilion, New York. Die Firma entwickelte hieraus ihr erstes Modell und brachte es 1874 auf den Markt.

Diese erste serienmäßig hergestellte Schreibmaschine war noch doppelt so groß wie die heute üblichen Modelle. Im übrigen ähnelte sie ihnen aber bereits – sogar in der Anordnung der Buchstaben. Sholes hatte die Buchstaben, die im Englischen am häufigsten vorkommen, so angeordnet, daß sie weit auseinander lagen, damit die Typenhebel sich bei rascher Anschlagfolge nicht gegenseitig behinderten oder verklemmten. So begann – und beginnt – in der englischsprachigen Welt die Buchstabenreihe mit QWERTY. Für die deutschsprachigen Länder nahm man das seltene Y aus der Mitte fort, setzte es auf der Tastatur nach links unten und fügte an seiner Stelle das Z ein.

Schreibmaschinen kamen bald allgemein in Gebrauch. Sie boten Frauen, die aus ihrer häuslichen Rolle ausbrechen wollten, einen bürgerlichen Beruf ohne allzu schwere körperliche Arbeit.

Eine elektrische Schreibmaschine brachte 1902 die Firma George Blikkensderfer in Connecticut, USA, auf den Markt. Zur gleichen Zeit wurde von AEG in Deutschland noch eine originelle *Mignon*-Maschine angeboten, bei der man eine senkrechte Zeigerstange nacheinander auf die gewünschten Buchstaben richtete und dann jeweils eine Taste drückte. Die Buchstaben waren auf einer waagrecht liegenden Platte angeordnet.

1961 verwirklichte die Firma IBM (International Business Machines) eine Idee, die schon im 19. Jh. aufgetaucht war: Statt für jeden Buchstaben einen besonderen Typenhebel vorzusehen wie bei den konventionellen Maschinen, brachte sie alle auf einer einzigen, drehbaren Kugel an. Eine noch modernere Version ist das Typenrad, das an die Stelle des Kugelkopfes tritt und leichter auszuwechseln, zudem auch billiger ist und weniger Geräusch verursacht. Es wird von kleinsten Motoren und Mikroprozessoren gesteuert. Solche Schreibmaschinen haben auch einen Textspeicher. Sie können falsche Buchstaben oder Wörter wieder löschen und häufig gebrauchte Textteile selbständig schreiben.

Die neueste Entwicklung markiert der →Schreibautomat, der die Technik der Schreibmaschine mit der des →Computers verbindet.

Schrift

Erstes Alphabet um 1300 v. Chr.

Die Steinzeitmenschen zeichneten ihre Erlebnisse auf Fels- oder Höhlenwänden auf. Aus solchen Zeichnungen hat sich in vielen Tausenden von Jahren die Bilderschrift entwickelt. Zwischen 20000 und 6500 begannen die Menschen, auf Steinen, Stöcken und Knochen Bilderinschriften anzubringen. Man spricht im Zusammenhang damit von einer Ideenschrift, da die Zeichen nur Sinnbilder der Gegenstände und an keine Sprache oder sprachliche Formulierung gebunden sind. Diese Bindung wurde später in der sogenannten Wortschrift vollzogen, wo jedem Wort bestimmte Zeichen entsprachen. Die Entwicklung führte dann über die Silbenschrift weiter zum Alphabet.

Ende des 4. Jt. v. Chr. entwickelten die Sumerer in Mesopotamien (im heutigen Irak) aus der Bilderschrift eine Wort- und Silbenschrift. Der nächste Schritt, der eine solche Schrift zu einem allgemein verwendbaren Verständigungsmittel machte, war der Übergang vom Bild zum Lautzeichen (Phonogramm). Dabei wurden gleichklingende Silben mit demselben Zeichen ausgedrückt. Auf diese Weise konnten die Sumerer die Bildzeichen von einigen tausend auf etwa 300 verringern.

Geschrieben wurde auf Tontafeln, in die man mit einem Dreikantgriffel die keilförmigen (daher der Name Keilschrift) Zeichen einritzte. Diese Tafeln

Sumerische Bilderschrift *Diese frühe sumerische Schrift (um 2800 v. Chr.) wurde in Iamdat Nasr (Irak) gefunden. Symbole und Bilder sind in den Lehm eingedrückt.*

Kriegsberichte *Die babylonische Chronik der Jahre 616–609 v. Chr. (oben) berichtet von der Eroberung der Stadt Ninive im Jahr 612 v. Chr. durch die Babylonier, Meder und Skythen.*

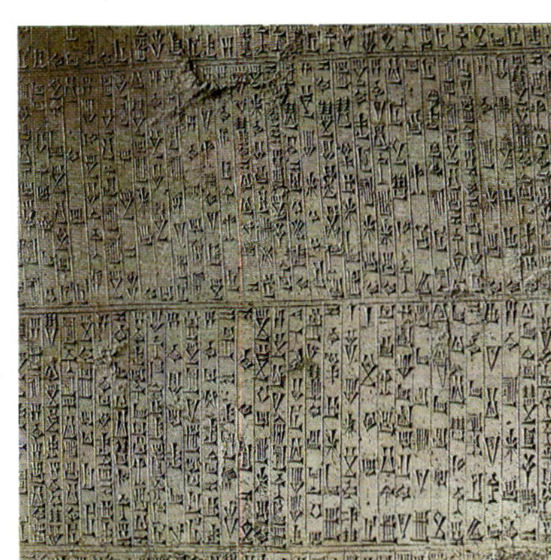

Gebäudelisten *König Nebukadnezar von Babylon (605–562 v. Chr.) führte Buch über seine Tempel und Paläste. Der Text ist in Keilschrift auf Steintafeln eingemeißelt.*

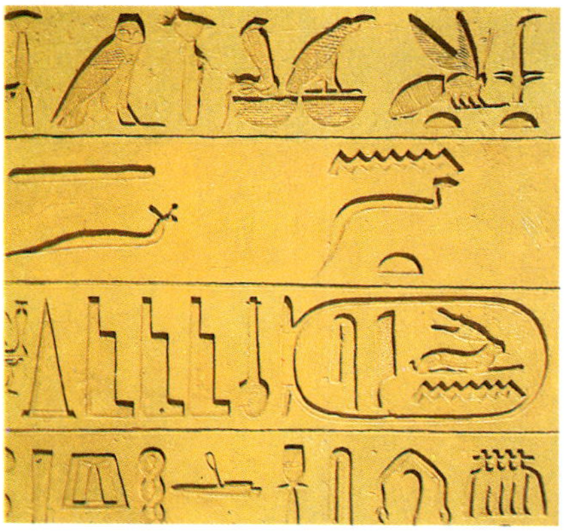

Ägyptische Hieroglyphen *In Ägypten findet man ab 3000 v. Chr. auf Gräbern und anderen sakralen Bauten Hieroglyphen. Diese Bilderschrift wurde vor allem für religiöse Texte benutzt. Der Name eines Pharaos wurde jeweils in ein Oval (Kartusche) eingefaßt.*

Ägyptisches Totenbuch *Zwischen dem 16. Jh. v. Chr. und dem 3. Jh. n. Chr. legte man in Ägypten den Toten einen Papyrus mit religiösen Texten ins Grab. Das Totenbuch (links) sollte die Seele zu den Toren der Unterwelt geleiten. Es enthält Anweisungen über die Gebete, die vor den Ungeheuern und Dämonen zu sprechen waren, welche die heilige Pforte bewachten. Manche der Schriften, die man in ägyptischen Gräbern gefunden hat, sind prächtig illustriert.*

wurden anschließend gebrannt oder an der Sonne getrocknet.

In Ägypten verwendete man seit etwa 3000 v. Chr. eine Bilderschrift. Anfangs wurde sie nur von Priestern aufgezeichnet. Daher nannte man die Zeichen Hieroglyphen (= Priesterzeichen). Die Hieroglyphen wurden hauptsächlich für sakrale Inschriften auf Gebäuden und Monumenten verwendet. Sie stellten Götter, Menschen, Hausgeräte, Werkzeuge und Tiere dar und behielten ihren dekorativen Charakter bis in die römische Zeit bei. Manche von ihnen, die sogenannten Sinnzeichen, bedeuten tatsächlich das, was sie zeigen. Dennoch handelt es sich keineswegs um eine einfache Bilderschrift; viele Hieroglyphen stehen auch für einzelne Buchstaben oder Buchstabengruppen, die in ganz verschiedenen Wörtern verwendet werden können. Überdies gibt es noch zusätzliche Deutzeichen. Außerdem besaßen die Ägypter von Anfang an auch eine kursive Buchschrift, welche die Hieroglyphen nur andeutungsweise und vereinfacht wiedergab. Diese wurde nicht in Stein gemeißelt, sondern auf Papyrus (eine Art → Papier aus Schilfmark) mit Pinsel oder Schilffeder aufgemalt. Da sie zur Aufzeichnung religiöser Inhalte diente, nennt man sie hieratische Schrift.

Um 700 v. Chr. vereinfachten die Ägypter die Hieroglyphen weiter, so daß sie schon Buchstaben ähnlich sahen. Da man diese Zeichen viel schneller schreiben konnte als die Hieroglyphen, wurden sie für geschäftliche, juristische und andere alltägliche Aufzeichnungen verwendet und später demotische (= volkstümliche) Schrift genannt.

In China entwickelte sich etwa von 1500 v. Chr. an ebenfalls eine Bilderschrift. Um 1100 v. Chr. gab es bereits einige hundert Zeichen, die jeweils ein ganzes Wort bedeuteten. Bis zum 4. Jh. n. Chr. entstanden über 60000 Zeichen, die sich bis heute kaum geändert haben. Zur Aufzeichnung der Umgangssprache genügen den Chinesen allerdings etwa 2000 Zeichen.

Frühe hebräische Buchstaben *Die Hebräer übernahmen das Alphabet von den Aramäern und entwickelten daraus ihre noch heute übliche Quadratschrift mit 22 Konsonantenzeichen.*

Koransprüche *Der Koran ist das heilige Buch des Islams. Die Moslem glauben, daß nicht nur der Sinn, sondern auch die Worte selbst eines Korantextes heilig sind, deshalb blieben diese Worte durch die Jahrhunderte unverändert.*

Die früheste Niederschrift des Korans stammt aus dem Jahr 800; sie wurde auf Pergament aus präparierter Eselshaut aufgezeichnet. Das Schreiben galt den Moslem als eine der höchsten Formen islamischer Kunst.

Arabisch wurde – und wird – von rechts nach links geschrieben, das Alphabet hat heute 28 Buchstaben. Die Schreiber benutzten eine Schilffeder, deren Spitze so abgeschrägt war, daß man mit ihr dicke und dünne Striche ziehen konnte.

Frühe griechische Schrift *Die Griechen übernahmen um 1000 v. Chr. das phönikische Alphabet mit seinen 30 Buchstaben. Aus der griechischen Schrift entwickelten die Römer das lateinische Alphabet.*

Während Ägypter und Chinesen Bilderschriften benutzten, übernahm der Vordere Orient die Keilschrift der Sumerer. Auch die wurde im Lauf der Zeit immer einfacher, und es ist wahrscheinlich, daß sich aus ihr die Buchstaben- oder Alphabetschrift herleitet. Das Verdienst, diese bedeutende Erfindung gemacht zu haben, schreiben die meisten Gelehrten den Kanaanäern zu, die später von den Griechen Phöniker genannt wurden.

In der ersten Hälfte des 20. Jh. entdeckte man bei Ausgrabungen der Stadt Ugarit (das heutige Ras Schamra in Syrien) Hunderte von beschrifteten Tontafeln aus dem 14.–13. Jh. v. Chr., deren Texte mit nur 30 Zeichen geschrieben waren. Ein solches Zeichen stellte jeweils nur noch einen einzigen Laut dar.

Diese phönikische Buchstabenschrift übernahmen die Griechen etwa im 10.–9. Jh. v. Chr., wobei sowohl die Reihenfolge als auch die Bezeichnungen der Laute beibehalten wurden. Das hebräische Aleph (Rind) und Beth (Haus) wurde zu Alpha und Beta, und daraus entwickelte sich unsere Bezeichnung Alphabet.

Um ihre Sprache lautgetreu aufschreiben zu können, brauchten die Griechen auch Zeichen für Vokale. Sie benutzten dafür die Zeichen jener phönikischen Konsonanten, die im Griechischen nicht vorkamen. So erklärt es sich, daß die Vokale über das ganze Alphabet verstreut sind. Die Griechen legten auch fest, daß von links nach rechts geschrieben wird. Vorher gab es dafür keine Regel.

Etrusker und Römer entwickelten aus dem griechischen Alphabet ihre eigenen Schreibsysteme, aus denen die lateinische Schrift entstand. Zur Zeit des Römischen Reiches hatte dieses Alphabet nur 21 Buchstaben; später kamen noch y und z und im Mittelalter schließlich j, u und w dazu. Dieses Alphabet mit nunmehr 26 Buchstaben gilt heute in der gesamten westlichen Welt als verbindlich.

Schwefelsäure

War schon um 1300 bekannt

Schwefelsäure, eine der stärksten Säuren, wurde bereits um 1360 von Alchimisten beschrieben. Diese farblose, ölige Flüssigkeit nannten sie Vitriolöl. Hergestellt wurde sie in jener Zeit nur in ganz geringen Mengen.

Als der Engländer John Roebuck 1746 das sogenannte Bleikammerverfahren entwickelte, war es möglich, Schwefelsäure in großem Umfang zu erzeugen. Der Vorgang läuft folgendermaßen ab: Schwefelkies wird geröstet. Das dabei entstehende Schwefeloxid wird zusammen mit Wasserdampf und Salpetersäure in Kammern geleitet, die mit Blei ausgekleidet sind. Die Salpetersäure wirkt als Katalysator. Am Kammerboden sammelt sich dann verdünnte Schwefelsäure.

Der Bleikammerprozeß wurde später durch das leistungsfähigere Turmverfahren ersetzt, das 1907 in Österreich entwickelt wurde und eine höher konzentrierte Schwefelsäure erbringt.

Schwefelsäure gehört zu den Chemikalien, die in der Industrie am häufigsten gebraucht werden. Die Weltjahresproduktion betrug 1980 über 100 Mio. t. Ungefähr die Hälfte davon benutzt man zur Erzeugung von Kunstdünger. Große Mengen dienen auch zum Abbeizen oder Reinigen von Stahl. Verwendung findet sie auch bei der Raffinierung von Erdöl, bei der Erzeugung von Kunstseide, Farbstoffen, Medikamenten, Reinigungsmitteln und →Sprengstoffen wie auch in Autobatterien.

Schweißtechnik

Sie begann im 15. Jh. v. Chr. in Kleinasien

Bald nachdem die Hethiter in Anatolien um 1500 v. Chr. die Möglichkeit entdeckt hatten, Eisen zu verhütten, erkannten Schmiede in Kleinasien, wie man Eisenstücke miteinander verbinden kann. Sie erhitzten die Enden, bis sie weißglühend und teigig waren, legten sie dann übereinander und schlugen mit dem Hammer so lange darauf, bis sie miteinander verbunden, also verschweißt waren.

Die Hammerschweißung muß in Ägypten schon um 1350 v. Chr. bekannt gewesen sein, denn man hat so verarbeitete Stücke im Grab des Tutanchamun gefunden, das aus dieser Zeit stammt.

Die vielgepriesenen Damaszenerklingen des Mittelalters entstanden, indem man Stahl und Schmiedeeisen zusammenschweißte. Der Stahl behielt eine harte und scharfe Schneide, seine Sprödigkeit aber wurde durch das weichere Eisen kompensiert.

Bis weit ins 19. Jh. kannte man zur

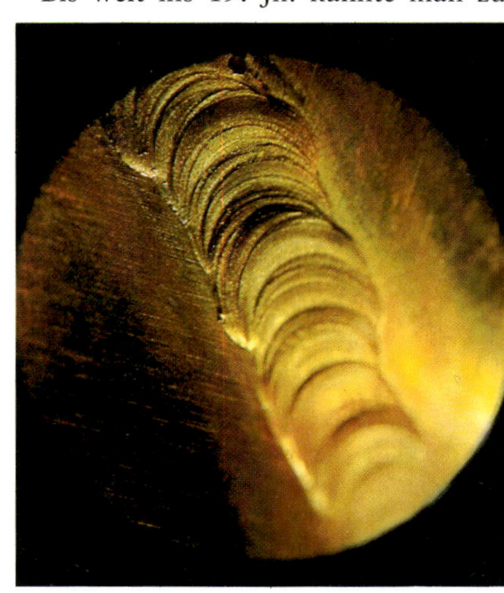

Moderne Präzisionsschweißung *Ein Elektronenstrahl wird auf die Stücke gerichtet, die verbunden werden sollen (links). Beim Auftreffen setzt sich eine hohe Energie in Wärme um und verschweißt die Stücke mit einer Geschwindigkeit von 2,5 m pro Minute. Auf diese Weise kann eine sehr genaue Schweißnaht (rechts) erzielt werden – nur 1 mm breit, bei einer Metallstärke von 13 mm. Die Methode wird beim Bau von Flugzeugen und Autoteilen benutzt.*

Verbindung von Eisenstücken nur die Hammerschweißung. 1877 ersann dann der amerikanische Ingenieur Elihu Thomson die heute als elektrische Widerstandsschweißung bekannte Methode. Die zu verbindenden Teile werden dabei gegeneinandergepreßt; dann leitet man einen starken elektrischen Strom hindurch. Die Berührungsstelle erhitzt sich bis nahe an den Schmelzpunkt und verschweißt.

Auf dem gleichen Prinzip beruht die Punktschweißung. Hierbei preßt man zwei Bleche durch zwei stromführende Elektroden zusammen, so daß sie an diesem Punkt verschweißen – eine im Karosseriebau vielverwendete Methode.

Im Jahr 1885 führte N. N. von Bernardos die Lichtbogenschweißung ein: An die Werkstücke und einen Schweißstab (Elektrode), den der Schweißer mit einer isolierten Zange führt, wird eine elektrische Spannung gelegt. Sobald der Stab die Werkstücke berührt, entsteht ein elektrischer Lichtbogen, der sie erhitzt und in manchen Fällen auch flüssiges Metall vom Stab abschmelzen läßt. Dieses fließt in den Spalt zwischen den Werkstücken und verschweißt sie miteinander. Die Lichtbogenschweißung wird im Schiffbau, im Stahlhochbau und →Brückenbau anstelle der Nietung verwendet, da sie größere Festigkeit verleiht und außerdem Gewicht spart.

Ein anderes vielgebrauchtes Schweißverfahren, das Gasschmelzschweißen, wurde kurz nach 1900 in Frankreich entwickelt. Es arbeitet mit der über 3000° heißen Stichflamme eines Acetylen-Sauerstoff-Brenners. Mit diesem Werkzeug kann man auch Bleche und sogar große Eisenträger zerschneiden. Das Gasschmelzschweißen wird in Reparaturwerkstätten und überall dort angewandt, wo es keinen Stromanschluß gibt.

Für Präzisionsschweißungen, etwa beim Bau von →Flugzeugen und →Autos, verwendet man neuerdings auch einen Elektronenstrahl. Versuche mit Laserstrahlen sind ebenfalls erfolgreich verlaufen.

Schwert

Um 3000 v. Chr. entstanden

Zwar gab es schon in der Jungsteinzeit Dolche aus Feuerstein, doch erst um 3000 v. Chr., im Bronzezeitalter, war es möglich, Schwerter herzustellen. Sie waren verhältnismäßig kurz. Zuerst dienten sie als Hieb-, später als Stichwaffen. Die Bronzeschwerter der Assyrer und der alten Griechen wurden in Form gegossen und dann geschliffen. Im Eisenzeitalter, von 100 v. Chr. an, kamen dann die härteren und schärferen Schwerter mit geschmiedeter Eisenklinge auf.

Die alten Griechen verwendeten sowohl gerade zweischneidige als auch gekrümmte einschneidige Schwerter. Die Römer benutzten ein kurzes, gerades zweischneidiges Schwert, *gladius* genannt, mit breitem, spitz zulaufendem Blatt für Hieb und Stich im Nahkampf.

Die Germanen besaßen ein- und zweischneidige Hiebschwerter. Im 10.–12. Jh. kamen die romanischen Schwerter auf. Ein Querteil, die Parierstange, zwischen Klinge und Griff schützte die Hand, und ein Knopf am Griffende diente zu einem gewissen Ausgleich des Gewichts der Klinge. Im 16. Jh. erreichten diese Schlagschwerter Längen bis zu 2 m und wurden dann mit beiden Händen geführt.

Von etwa 1600 bis 1780 trugen die Adeligen den Degen mit leichter, schmalblättriger, spitzer Klinge. Mit ihm fochten sie vorzugsweise Duelle aus.

Östliche Völker, wie die Hunnen, Araber, Perser, Inder und Japaner, bevorzugten den gebogenen Säbel.

Bis zur industriellen Revolution war die Herstellung von Klingen hoher Qualität aus hartem Stahl eine schwierige Arbeit, die großes handwerkliches Können voraussetzte. Berühmt für ihre Meister waren Städte wie Toledo und Damaskus.

Der schwere, gebogene Säbel blieb vom Beginn des 19. Jh. bis zum Ersten Weltkrieg die bevorzugte Waffe der Kavallerie.

Schwimmerventil

Das erste zuverlässige Schwimmerventil wurde 1845 patentiert

Der Wasserstand in einem Behälter kann durch ein Schwimmerventil geregelt werden. Diese Vorrichtung besitzt einen hohlen Schwimmkörper, der mit dem Wasserspiegel emporsteigt oder absinkt und dadurch das Ventil für den Wasserzulauf schließt oder öffnet.

Das erste zuverlässige Schwimmerventil wurde 1845 von Edward Chrimes in Rotherham, Yorkshire, entwickelt: Ein Schwimmer an einem langen →Hebel betätigte ein Wasserventil. Dieses Ventil besaß eine flache Scheibe, die in geschlossener Stellung durch den Wasserdruck im Zulaufrohr an den Ventilsitz angedrückt wurde. Das Schwimmerventil trug wesentlich dazu bei, daß von der Mitte des 19. Jh. an das →Wasserklosett besser funktionierte.

Schwimmtauchgerät (Aqualunge)

Erstmals im Zweiten Weltkrieg verwendet

Die Welt unter Wasser hat den Menschen schon immer fasziniert. Mit einem Tauchgerät kann er ihr einen Besuch abstatten. Der entscheidende Erfolg bei der Entwicklung eines einsatzfähigen Unterwasser-Atmungsgeräts gelang im Zweiten Weltkrieg den Franzosen; es hat den Namen des Meeresforschers Jacques Cousteau weithin bekannt gemacht.

Als Marineoffizier erprobte Cousteau alle verfügbaren Tauchgeräte, auch die transportablen Preßluftflaschen. Er mußte aber feststellen, daß kein Gerät zuverlässig Luft mit dem jeweils richtigen Druck lieferte. Geht man im Wasser immer tiefer hinunter, so steigt der Druck alle 10 m um rund eine Atmosphäre. Wenn nun der Druck innerhalb und außerhalb der Lungen bei unterschiedlichen Wassertiefen nicht gleich ist, so ist der Taucher von einem tödlichen Lungenödem bedroht. Das Problem war also, ihn mit Atemluft zu versorgen, die stets den gleichen Druck hatte wie das umgebende Wasser.

Im Jahr 1942 tat sich Cousteau mit Émile Gagnan zusammen, einem Fachmann auf dem Gebiet der Steuerventile. Dieser erfand ein Jahr später den Lungenautomaten, der dem Taucher aus der Flasche immer so viel Atemluft zuführt, wie er braucht, und ihren Druck gleichzeitig unterschiedlichen Tauchtiefen anpaßt. Mit seiner Atemtätigkeit reguliert der Taucher automatisch die Zufuhr und den Druck der Atemluft mit Hilfe eines →Ventils, das dem Regler eines Gasherds nachgebaut ist. Der Lungenautomat war einfach, nicht sehr groß und im Wasser praktisch gewichtslos. Damit war der Taucher von den umständlichen Apparaturen befreit, die ihn bisher stets behindert hatten.

Noch vor Kriegsende setzte man in vielen Ländern Froschmänner für wage-

DIE AQUALUNGE ERSCHLIESST DIE WELT UNTER WASSER

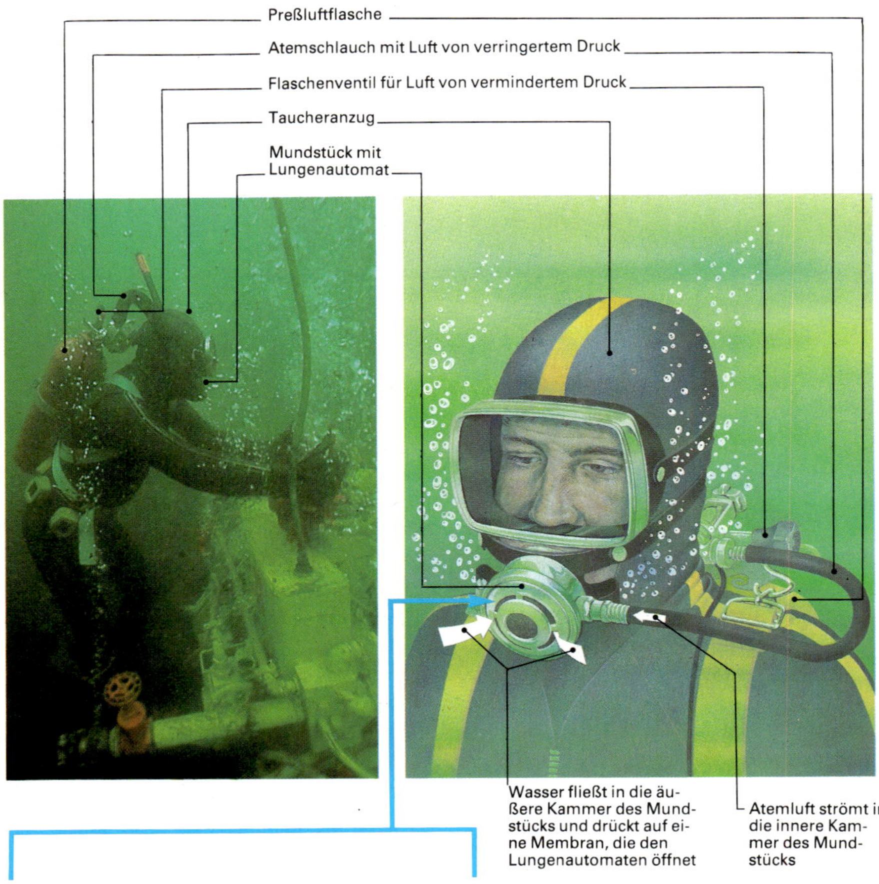

Einatmung *Das Flaschenventil läßt aus der Preßluftflasche Luft unter vermindertem Druck durch einen Schlauch in die innere Kammer des Mundstücks strömen. Beim Einatmen fließt Wasser in die äußere Kammer des Mundstücks; das Ventil des Lungenautomaten öffnet sich und versorgt den Taucher aus der Innenkammer mit Atemluft von noch geringerem, jetzt für ihn geeignetem Druck.*

Ausatmung *Herrscht in der inneren und äußeren Kammer der gleiche Druck, schließt sich das Ventil des Lungenautomaten und läßt keine Luft mehr in das Mundstück ein. Der Taucher atmet aus, und die verbrauchte Luft strömt durch ein Ventil ins Wasser. Durch den Druckabfall im Schlauch wird das Flaschenventil wieder geöffnet, und der Schlauch füllt sich für den nächsten Atemzug des Tauchers.*

mutige Unterwasserangriffe auf feindliche Schiffe ein. Heute werden Schwimmtauchgeräte (Aqualungen) für militärische und gewerbliche Zwecke sowie von Sporttauchern benutzt.

Taucher mit Flaschengeräten führen Arbeiten aus, die bei geringer Tauchtiefe nicht allzuviel Zeit beanspruchen oder eine uneingeschränkte Bewegungsfreiheit erfordern – beispielsweise die Überprüfung von Hafeneinrichtungen und Schiffsrümpfen sowie polizeiliche Suchaktionen. Auch an Bohrinseln sind Taucher mit solchen Geräten beschäftigt. Bei längeren Arbeiten auf dem Meeresgrund, etwa bei der Inspektion der Fundamente und Rohrleitungen, müssen sie aber aus Vorratsbehältern, die sich außen an einer →Taucherglocke befinden, über Schläuche mit einem Gemisch aus Luft und Stickstoff versorgt werden.

Das Sporttauchgerät hat die Welt unter Wasser auch dem Tourismus eröffnet. Es gibt heute Unterwasserparks an den Küsten Floridas, Israels, des Großen Barrierriffs und der britischen Inseln Lundy und Purbeck.

Der Archäologie sind ebenfalls neue Möglichkeiten erschlossen worden, und Sporttaucher suchen und erforschen die Wracks alter Schiffe auf dem Meeresboden. Dabei konnten wertvolle historische Dinge geborgen werden: Waffen aus der Bronzezeit, römische Grabsteine, Schmuckstücke aus dem Besitz von Offizieren der spanischen Armada und anderes.

Man ist ständig bemüht, die Ausrüstung des Sporttauchers zu verbessern; bisher hat sich aber das Prinzip des Geräts von Cousteau-Gagnan unangefochten bewährt.

Schwimmweste

1854 in England entworfen

Die erste brauchbare Schwimmweste, die den Körper im Wasser aufrecht hielt, erfand 1854 der englische Schiffskapitän Ross Ward. Sie bestand aus einem Leinengürtel, in den Korkstücke eingenäht waren.

Heute verwendet man aufblasbare Schwimmwesten. Wenn sie mit Kohlendioxidpatronen ausgerüstet sind, füllen sie sich im Wasser automatisch mit Luft.

Seife

Schon im 3. Jt. v. Chr. wurde in Mesopotamien mit Seife gewaschen

Das früheste bekannte Seifenrezept stammt von den Sumerern. Es wurde im 3. Jt. v. Chr. aufgeschrieben und empfiehlt eine Mischung aus einem Teil Öl und 5½ Teilen Pottasche.

Die Germanen und die Gallier kannten ebenfalls Seife. Die Römer verwendeten bis ins 4. Jh. zum Waschen eine Paste aus Olivenöl und Bimsstein.

Eine Mischung aus tierischem Öl oder Fett und Buchenholzasche ergab eine „weiche“ Seife (Schmierseife). Sie war einfach herzustellen und wurde im häuslichen Bereich bis ins 20. Jh. verwendet. „Harte“ Seifen (Kernseife) stellte man aus Pflanzenöl und Soda her, das man aus der Asche von verbranntem Seetang gewann. In Venedig, Marseille und Kastilien wurde die Seife seit dem 15. Jh. parfümiert und als Luxusartikel hergestellt.

Mit der Einführung der industriellen →Sodaherstellung in den 20er Jahren des 18. Jh. wurde Seife billiger. Dadurch verbesserte sich die allgemeine Körperpflege, was in der Mitte des 19. Jh. zu einer Senkung der Säuglingssterblichkeit beitrug.

Die deutschen Chemiker Hermann Geissler und Hermann Bauer erfanden 1903 ein Verfahren zur Herstellung von Seifenpulver. Dabei wurde erhitzte, flüssige Seife unter Druck in einen Turm gesprüht; beim Herabfallen verfestigten sie sich zu Körnchen. Seifenpulver wurde erstmals 1906 von der Düsseldorfer Firma Henkel unter der Marke Persil verkauft. Unterstützt durch eine intensive Verkaufspolitik, verdrängten die Seifenpulver großenteils die herkömmlichen Seifenriegel. In den 30er Jahren mußten sie jedoch den Detergenzien (→Waschmittel) weichen, die nicht nur reinigend wirken, sondern zugleich die Oberflächenspannung des Wassers herabsetzen, so daß dieses besonders gut an die Wäsche herankommt und auch gut Emulsionen bildet.

Seil

Hanfseile sind seit fast 5000 Jahren bekannt

Wohl schon vor mehr als 10000 Jahren drehte der Urzeitmensch Ranken von Pflanzen oder Lederstreifen zusammen und fertigte so die ersten Seile. Als die Ägypter von 2800 v. Chr. an Tempel und Pyramiden bauten, brauchten sie starke Taue, mit deren Hilfe sie Steinblöcke und Statuen an ihren Platz schleppten. Sie stellten die Seile aus Lederriemen und den Fasern der Papyruspflanze her.

Nach 3000 v. Chr. benutzte man in Ägypten und anderen Gebieten am östlichen Mittelmeer Seile für die Takelage der Segelschiffe.

Zwei Jahrhunderte später begann man in China Seile aus Fasern zu drehen, die man aus der Hanfpflanze (Cannabis sativa) gewann. Um die Zeitwende war Hanf praktisch überall das wichtigste Material zur Herstellung von Seilen.

Seile drehte man von Hand, bis 1775 der englische Erfinder Richard Marsh dafür eine Maschine baute.

Um die Mitte des 20. Jh. kamen Seile aus →Kunstfasern auf den Markt. Während ein 12 mm starkes Seil aus Manilahanf eine Zerreißfestigkeit von etwa 1100 kp hat, hält ein gleich starkes Nylonseil noch einen Zug von 2700 kp aus.

Seilbahn

1644 wurde die erste Seilschwebebahn in Betrieb genommen

Es gibt drei Seilbahnsysteme: die Standseilbahn, die Seilschwebebahn und die Seilhängebahn. Während bei der Standseilbahn die Wagen auf Schienen auf dem Boden laufen, hängen sie bei Seilhängebahnen an Schienen und bei Seilschwebebahnen an Tragseilen. Das →Seil kann hier zugleich als Zugseil dienen; oder es ist ein besonderes Zugseil vorhanden, während die Gondeln an einer Laufkatze hängen, deren Rollen auf einem Tragseil laufen (Zweiseilbahn).

Vermutlich schon im Altertum wurden Seilschwebebahnen verwendet, mit denen man Täler und Flüsse überquerte.

1644 baute Adam Wybe die erste Seilschwebebahn, die kleine Gondeln besaß und von Danzig auf den Bischofsberg führte.

Die moderne Seilschwebebahn wurde erst nach der Erfindung des Stahlseils im 19. Jh. entwickelt. Ab 1861 baute Freiherr F. von Dücker in Deutschland systematisch Drahtseilbahnen. 1888 wurde die erste elektrische Seilbahn, die Bürgenstockbahn in der Schweiz, eingeweiht.

Neben dem Pendelsystem, das vor allem auf kürzeren Strecken rationell arbeitet, gibt es das Rundlaufsystem mit zwei parallel geführten Tragseilen. Ein Beispiel hierfür bietet die 1930 eröffnete Schauinslandbahn bei Freiburg i. Br.

Die Seilbahn wird auch in Städten für die rasche Personenbeförderung über begrenzte Strecken eingesetzt. Fast unentbehrlich ist sie für Schifahrer in Form des Schilifts.

Seismograph

Die ersten Geräte wurden 1855 von einem Italiener und einem Österreicher erfunden

---

Das erste Gerät, das die Stärke und Dauer von Erdbeben anzeigte, erfand 1855 der italienische Physiker Luigi Palmieri. Es bestand aus mehreren U-förmigen, mit Quecksilber gefüllten Glasröhren. Ein Beben versetzte das Quecksilber in Schwingungen. Diese wurden von Schwimmern oben auf dem Quecksilber auf Schreibfedern übertragen, welche die Bewegungen auf einer rotierenden, mit →Papier überzogenen Trommel aufzeichneten. Im selben Jahr baute der Meteorologe Karl Kreil in Wien ein Gerät, das bei einem Erdbeben die Schwankungen eines allseitig beweglichen Pendels aufzeichnete.

30 Jahre später kam der in Japan arbeitende Gelehrte John Milne auf den Gedanken, dieses Prinzip umzukehren. Er hängte ein schweres, freibewegliches Gewicht auf, das wegen seiner Trägheit bei einem Erdbeben annähernd in Ruhe blieb, während unter ihm die Erde zitterte. Die relative Bewegung zwischen diesem Gewicht und dem Boden wurde aufgezeichnet.

Der Seismograph von Milne ist die Grundform aller modernen Konstruktionen. Heute hat man zwei Geräte für die Aufzeichnung der horizontalen Bewegungen: eines für die Nord-Süd-, ein weiteres für die Ost-West-Bewegung. Für vertikale Bewegungen braucht man ein drittes Gerät. Das gebräuchlichste Modell besteht aus einem Gewicht, das an einem →Hebel sitzt. Dieser ist federnd aufgehängt, kann also auf und ab schwingen.

1935 schlug der amerikanische Seismologe C. F. Richter eine Skala vor, mit deren Hilfe sich die Stärke von Erdbeben ausdrücken läßt. Sie beruht auf einem Vergleich zahlreicher seismographischer Aufzeichnungen und wird heute allgemein verwendet. Das verheerendste Erdbeben in neuerer Zeit, das sich im Juli 1976 in Tanschan, China, ereignete und 750000 Menschen das Leben kostete, hatte eine Stärke von 8,2 nach der Richterskala.

Die Gewichte sind inzwischen viel kleiner geworden. Die Bewegungen des Bodens gegenüber der trägen Masse werden meist in unterschiedlicher Form – optisch, elektromagnetisch, elektronisch – vergrößert dargestellt.

Auch bei der Suche nach Erdöl setzt man Seismographen ein. Die Geräte messen Erdwellen, die durch künstliche Explosionen hervorgerufen werden, und geben damit Aufschlüsse über das Vorhandensein von Felsformationen, die Öl enthalten können.

Senkblei

Von ägyptischen Baumeistern bereits 3000 v. Chr. verwendet

Das Lot oder Senkblei besteht aus einer dünnen Schnur, an deren Ende ein kegelförmiges Metallgewicht befestigt ist. Es wird von Bauarbeitern und Geometern verwendet, um senkrechte Linien herzustellen.

Die Ägypter kannten das Lot bereits um 3000 v. Chr. Die Römer befestigten ein Bleigewicht an der Schnur – daher auch der Ausdruck Senkblei.

Die Ägypter haben auch waagrechte Linien mit einem Senkblei überprüft. Zu diesem Zweck verwendeten sie einen Holzrahmen in Form eines A, an dessen Spitze sie das Lot befestigten. Wenn die Schnur eine Marke in der Mitte des Querholzes berührte, standen die Schenkel des Rahmens auf einer waagrechten Linie. Dieses Instrument war der Vorläufer der →Wasserwaage.

Edison – der Mann, der die Zukunft erfand

In seinem langen, äußerst schöpferischen Leben erwarb Thomas Alva Edison mehr als 1300 Patente, darunter solche für die Glühbirne und den Phonographen, und er war ein Pionier des Films.

Am Silvesterabend 1879 verließ ein Sonderzug New York in Richtung Menlo Park, einer kleinen Gemeinde im Bundesstaat New Jersey, in der ein „Zauberer" lebte und arbeitete: der 32jährige Thomas Alva Edison. Er hatte all denen, die die 38 km weite Reise unternahmen, „das achte Weltwunder" versprochen. Mit 30 Helfern hatte der Erfinder in einem Teil von Menlo Park Glühbirnen installiert, und als es dunkel wurde, gab er Anweisung, sie einzuschalten. „Das Laboratorium war durch 25 elektrische Lampen strahlend erleuchtet", berichtete der *New York Herald*, „Büro und Verwaltung durch acht, und 20 weitere waren auf der Straße verteilt, die zum Lager und einigen Nachbarhäusern führte." Die Premiere war so erfolgreich – sie lockte etwa 3000 Besucher an –, daß Edison beschloß, die Vorführung zu verlängern. Die Arbeit in seiner „Erfindungsfabrik", wie er es nannte, kam unter dem Andrang der Besucher zum Stillstand.

Der 1847 geborene Edison war der ideenreichste Erfinder aller Zeiten, und seine Apparate und Geräte – viele stellten Verbesserungen früherer Erfindungen dar – waren für die Vereinigten Staaten Milliarden Dollar wert. Edison war es gewohnt, Aufsehen zu erregen und Widerspruch zu erfahren. Schon sein Lehrer in der Schule seiner Geburtsstadt Milan in Ohio hatte angesichts seiner sonderbaren und originellen Ideen gemeint, er sei wohl nicht ganz richtig im Kopf. Seinen ersten Job hatte Edison bereits als Zwölfjähriger: Er arbeitete als Zeitungsjunge in einem Zug, der zwischen Port Huron und Detroit, Michigan, pendelte. Aber er begnügte sich nicht damit, →Zeitungen zu verkaufen; er druckte auch ein eigenes Wochenblatt, den *Grand Trunk Herald*, auf einer alten Druckerpresse, die er im Gepäckwagen aufstellte.

1869 – nachdem er als Aushilfstelegrafist gearbeitet hatte – zog Edison nach New York. Eines Tages kam er zufällig in den Geräteraum der Gold Indicator Company in der Wall Street, als gerade die Apparatur ausfiel, die den jeweiligen Goldpreis bekanntgab. Er reparierte sie sofort und konstruierte später einen anderen, zuverlässigeren Börsenfernschreiber, den er der Western Union für 40 000 Dollar verkaufte. Das Geld verwendete Edison, um in Newark, New Jersey, seine erste Werkstatt einzurichten, wo er solche Fernschreiber herstellte. 1876 zog er nach Menlo Park, und im folgenden Jahr vervollkommnete er den Telefonapparat von Alexander Graham Bell. Diese verbesserte Anlage verkaufte er in England für 30 000 Pfund Sterling.

Stimmenzähler *Mit 21 erhielt Edison sein erstes Patent – für einen elektrischen Stimmenzähler. Mit Schaltern an ihren Pulten konnten die Stimmberechtigten mit Ja oder Nein stimmen. Aber das Gerät wurde vom amerikanischen Kongreß abgelehnt.*

Die ersten Phonographen *Seinen ersten Phonographen (oben) ließ Edison sich 1877 patentieren. 1887 begann er, das Gerät zu verbessern, und 1888 arbeitete er an dem neuen Modell (ganz oben).*

Börsenfernschreiber *Edison erhielt 40 000 Dollar für seinen Börsenfernschreiber, der Buchstaben und auch Zahlen schrieb. Es war seine erste einträgliche Erfindung.*

Zeitungsjunge *Edison war zwölf Jahre alt, als er Zeitungsjunge im Morgenzug von Port Huron nach Detroit wurde.*

RIDGEWAY STATION.

A daily Stage leaves the above named Station, or St Clair, every day, Fare 75 cents.

A Daily stage leaves the above named place for Utica and Romeo, Fare $1,00,
Rose & Burrell, proprietors

OPPISITION LINE.

A Daily Stage leaves Ridgeway Station, for [illegible]

A Daily stage leaves Ridgeway station on arrival of all passenger trains from Detroit, for Memphis R. Quick proprietor.

UTICA STATION,

A daily Stage leaves the above named Station, on arrival of Accommadation Train from Detroit for Utica. Disco. Washington, and Romeo.

S. A. Frink driver. Mr. Frink is one of the oldest and most careful driver known in the State [Ed.]

Mt CLEMENS,

A daily stage leaves the above named station, for Romeo, on arrival of the morning train from Detroit, our stage arrives at Romeo two hours before any other stage. Hicks & Halsy, prop.

THE NEWS,

Cassius M. Clay, will enter the army on his return home.

The thousandth birthday of the Eempire of Russia will be celebrated at Novgorod in august.

"Let me collect myself" as the man said when he was blown up by a powder mill,

Port Huron F[illegible] 2nd 1862.

GRAND TRUNK RAILROAD

CHANGE OF TIME

Going west.

Express. leaves Port Huron. 7.05 PM
Mixed For Detroit, leaves Pt Huron at 7,40 A.M

GOING EAST.

Express leaves Detroit, For Toronto, at 6 [illegible]
Mixed, For Pt. Huron, leaves at 4,00 P.M
Two Freight Trains each way.
C. R. Christie, Supt.

STAGES.

NEW BALTIMORE STATION

A tri-weekly stage leaves the above named Station every day for New Baltimore, Algonac, Swan Creek, and Newport.
[illegible] Graves proprietor,

MAIL EXPRESS.

Daily Express leaves New Baltimore Station every morning on arrival of the Train from Detroit. For Baltimore, Algonac, Swan Creek, and Newport. [illegible] & Bennett, prop.

Pt, HURON STATION,

An Omnibus leaves the station for Pt. Huron, on the arrival of all Trains.
Fare [illegible] cen's, Olny Agent

LOST LOST LOST,

A small parcel of C'ath was lost on the cars The Finder will be liberally rewarded.

MARKETS.

New Baltimore [illegible]

Butter at 10 to 12 cts per lb
Eggs, at 12 cts. per doz
Lard at 7 to 9 cents per lb.
Dressed Hogs, at 3.00 to 3.25 per 100 lbs.
Flour—at 450 to 475 per bbl.
Buckwheat at 1.50 per 100 lbs.
Mutton—at 4 to 5 cts per lb.
Beans—at 1.00 to 1.20 per bush.
Potatoes at [illegible]
Corn at 30 to 35 cts per bush.
Turkeys—at 50 to 65 cts each
Chickens at 10 to 12 cts [illegible]
Geese at 25 to 35 cents each
Ducks at 30 cents per pair.

ADVERTISEMENTS.

RAILROAD EXCHANGE,
At Baltimore Station
The above named Hotel is now open for the reception of Travelers. The [illegible] with the best of Liquors, and every attention will be made to the comfort of the Guests
S. Davis Proprietor

SPLENDID PORTABLE COPYING PRESSES FOR SALE AT Mt. CLEMENS ORDERS TAKEN, BY THE NEWS AGENT ON THE MIXED.

Ridgeway Refreshment Rooms—I would inform my friends that I have opened a refreshment rooms for the accomadation of the traveling public R. Allen, proprietor.

TO THE RAILROAD MEN

Railroad Men sends your orders for Butter, Eggs, Lard, Cheese, Turkeys, Chickens, and Geese, W. C. Hulsis New Baltimore Station,

Jungredakteur *Während Edison als Zeitungsjunge arbeitete, gab er ein eigenes Wochenblatt heraus, den* Grand Trunk Herald, *der genaue Angaben über Abfahrtszeiten von Zügen, Expreßpost, Theatergastspiele und überdies Verlustanzeigen enthielt. Auch Neuigkeiten wurden berichtet, wie etwa der Unfall eines Gepäckwagenbegleiters namens John Robinson. Edison druckte im Gepäckwagen des Zuges jeweils 400 Exemplare und fühlte sich als reinrassiger Journalist.*

Der Edisoneffekt *Der Erfinder mit zwei Röhren, in denen er 1880 den sogenannten Edisoneffekt erzeugte: Elektronen werden von einem Heizfaden ausgesendet. Der englische Wissenschaftler John A. Fleming nutzte diesen Effekt 1904 für seine Elektronenröhre.*

Im selben Jahr baute er das erste Modell seiner eigenen Lieblingserfindung, des Phonographen. Reporter kamen, um den „Zauberer von Menlo Park" über seine Sprechmaschine zu interviewen, und er berichtete dem *New York Graphic:* „Ich habe eine ganze Reihe von Geräten gebaut, aber das ist mein Baby, und ich erwarte, daß es einmal ein großer Bursche wird, der mich in meinen alten Tagen unterstützt."

Der *Washington Post* berichtete er, wie ihm seine chronische Gehörschwäche geholfen habe, sein jüngstes Geisteskind zu vervollkommnen. Er sei seit seiner Tätigkeit als Zeitungsjunge gehörgeschädigt, sagte er. Eines Tages sei der Zug ohne ihn abgefahren. Er sei hinterhergerannt und habe versucht, auf die hohe hintere Plattform aufzuspringen. „Ein Schaffner griff nach mir, packte mich bei den Ohren, und als er mich hochzog, fühlte ich, wie etwas in ihnen riß. Von da an hörte ich immer schlechter." Eben diese Hörschwäche aber, fügte er hinzu, habe ihn zu den Versuchen mit dem Phonographen inspiriert.

1878 gründete der Erfinder die Edison Electric Light Company und führte Beleuchtungen vor, über die in der ganzen Welt berichtet wurde. Aber Edison, der rund 3500 Notizbücher mit seinen Ideen füllte und mehr als 1300 Patente erwarb, neigte nicht dazu, sich auf seinen Lorbeeren auszuruhen. Er arbeitete häufig bis zu 20 Stunden am Tag.

Von 1889 an interessierte er sich zunehmend für bewegte Bilder. Zunächst erreichte er eine Illusion der Bewegung, indem er eine Reihe von Fotos rasch hintereinander auf einen Schirm projizierte. Später führte er die seitliche Perforation am →Film ein, in die Zahnräder eingriffen und so den Film vorschoben. Kurzfilme über Boxer, Cowboys, Messerwerfer und Tänzerinnen wurden in Guckkästen, sogenannten Kinetoskopen, gegen Münzeinwurf gezeigt. Ihnen folgten Spielfilme für Kinos – von den Edison Studios in West Orange, New Jersey, produziert –, darunter 1903 *The Great Train Robbery,* einer der frühen Filme mit vollständiger Handlung.

Während des Ersten Weltkriegs gründete Edison den Naval Consulting Board, der sich hauptsächlich mit der deutschen U-Boot-Gefahr im Atlantik befaßte. Später klagte Edison, daß seine Ideen – darunter ein hochempfindliches →Mikrofon zur Ortung von →Unterseebooten – der damaligen Zeit zu weit voraus waren.

Nach dem Friedensschluß ließen seine erfinderischen Fähigkeiten nach, und er wurde oft gefragt, wann er sich zur Ruhe setzen werde. „Am Tag vor meinem Begräbnis", soll er daraufhin einmal erwidert haben. Dieser Tag kam im Oktober 1931. Edison starb am 18. Oktober und wurde drei Tage später in der Nähe seines Hauses in West Orange, New Jersey, beigesetzt. Für eine Minute erloschen überall in den USA die Lichter zu Ehren dieses Mannes, der erklärt hatte: „Genie, das ist ein Prozent Inspiration und 99 Prozent Transpiration."

Fabrikgenerator *Edison baute auch Dynamos wie den hier abgebildeten, der von 1886 bis 1913 eine Textilfabrik in dem schottischen Ort Paisley mit Strom versorgte.*

Laborarbeit *Edison ließ sich gern in seinem Labor in West Orange, New Jersey, fotografieren und interviewen. Ein Besucher bemerkte, der Erfinder sehe in seinem fleckigen, zerknitterten Laborkittel ziemlich lächerlich aus – „bis man sich erinnert, daß es ja Edison ist".*

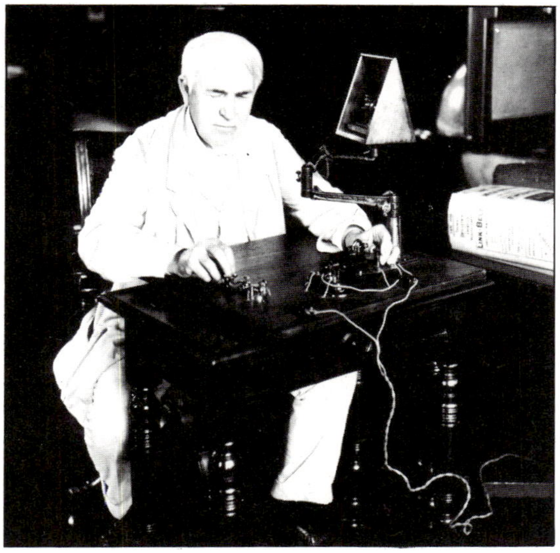

Telegrafist *Als junger Mann arbeitete Edison in verschiedenen Berufen, unter anderem auch als Aushilfstelegrafist. Er bevorzugte die Nachtschichten, denn da gingen weniger Telegramme ein, und er konnte sich seiner Lektüre widmen, die sowohl Tageszeitungen als auch schwierige mathematische Schriften umfaßte. Später erfand er ein System, vier Nachrichten gleichzeitig über einen einzigen Draht zu senden, den sogenannten Quadruplextelegrafen. Edison war schon weit über 60, als er sich an einer Morsetaste fotografieren ließ, die er einst, wie ein Journalist berichtete, „mit so einzigartiger Blitzgeschwindigkeit betätigte, daß selbst erfahrene Telegrafisten in Verzweiflung gerieten".*

Senkkasten

Er wurde 1851 zum erstenmal in England eingesetzt

Ein Senkkasten oder Caisson ist ein Hohlkörper zur Gründung von Brückenbauten oder Kaimauern in tieferem Wasser. Er wird auch für die Gründung von größeren Gebäuden auf einem wasserdurchtränkten Boden verwendet.

Beim →Brückenbau läßt man den Körper senkrecht in den Fluß hinab, der obere Teil bleibt über Wasser. Der Senkkasten ist durch ein Deck unterteilt, das sich ungefähr 2,40 m über der Bodenplatte befindet. Der unteren Kammer wird Druckluft zugeführt; der Luftdruck entspricht hier dem Wasserdruck von außen, so daß kein Wasser eindringen kann.

In dieser Kammer arbeiten Männer; sie höhlen das Flußbett aus, so daß der Senkkasten bis auf den felsigen Grund niedersinken kann. Gleichzeitig wird auf dem Deck der Pfeiler gebaut. Wenn der gewachsene Fels erreicht ist, verlassen die Männer den Senkkasten. Die untere Kammer wird dann mit →Beton gefüllt und bildet den untersten Teil des Brükkenpfeilers.

Die Anwendung des alten Prinzips, in einer →Taucherglocke mit Druckluft zu arbeiten, war mit zwei Einschränkungen verbunden: Die eingeschlossene Luft war bald verbraucht; und die Arbeiter sowie das Material konnten nur hinein oder hinaus, wenn die Taucherglocke nach oben gezogen wurde.

1721 versuchte der englische Astronom Edmond Halley das erste Hindernis zu beseitigen, indem er →Fässer mit Druckluft hinabschickte, die dann durch Schläuche in die Kammer geleitet wurde. Im 18. Jh. löste der englische Ingenieur John Smeaton das Problem, indem er Blasebälge einsetzte und mit ihrer Hilfe durch Schläuche frische Luft nach unten pumpte. Der britische Admiral Thomas Cochrane ließ sich dann 1830 eine Doppeltür mit Luftschleuse patentieren, womit auch ein Zutritt unter Wasser möglich wurde.

Der englische Bauingenieur Sir William Cubitt setzte 1851 beim Bau der Rochesterbrücke über den Medway in Südostengland als erster einen Senkkasten ein. Fünf Jahre später verwendete Isambard Kingdom Brunel einen Senkkasten beim Bau der Royal-Albert-Brükke, die für eine Eisenbahnlinie von Devon nach Cornwall errichtet wurde.

Sense und Sichel

Feuersteinsicheln gab es bereits um 3000 v. Chr.

Ehe in der Mitte des 19. Jh. gut funktionierende →Mähmaschinen erfunden wurden, mußte man Getreide und Gras mit Sicheln oder Sensen schneiden. Die Sichel, ein gebogenes Messer an einem kurzen Handgriff, hat sich aus dem geraden Feuersteinmesser entwickelt, mit dem man in der Steinzeit im Vorderen Orient wilde Getreidearten erntete.

In den jungsteinzeitlichen Bauernkulturen verwendete man bereits eine halbmondförmig gebogene Feuersteinklinge, mit deren Hilfe man Halme in einem Arbeitsgang zusammennehmen und abschneiden konnte. Als der Mensch lernte, Metall zu gewinnen und zu verarbeiten, fertigte er die Sicheln aus →Bronze und später aus Eisen.

Die Sichel konnte bei jedem Schnitt nur ein kleines Büschel erfassen. Nach 700 wurde sie allmählich in ganz Europa durch die Sense ersetzt, die schon seit der Römerzeit bekannt war. Sie besteht aus einem viel längeren Blatt und einem rechtwinklig dazu stehenden Stiel und wird mit beiden Händen geführt. Mit einem Schwung konnte man nun viel mehr Halme mähen als mit der Sichel, was die Ernte sehr beschleunigte.

Sextant

1731 in England konstruiert

Die geographische Breite eines Ortes wird bestimmt, indem man den Winkel zwischen dem Horizont und einem Himmelskörper mißt. Das erste leidlich genaue Instrument für diesen Zweck war der Spiegelsextant, den der englische Optiker John Hadley 1731 nach einer Anregung von Isaac Newton konstruierte. Seine wesentlichsten Teile sind ein kleines Fernrohr mit einem festen, halbdurchlässigen Spiegel davor sowie ein großer drehbarer Spiegel, dessen Winkelstellung auf einem Teilkreis abgelesen wird. Mit diesem Instrument peilt man einen Stern oder die Sonne an und ermittelt ihre Höhe. 1757 baute der Kapitän John Campbell ein praktischeres Gerät mit einer Skala von 120° statt jener von 60°, die dem Sextanten den Namen gegeben hat. Sextant bedeutet: „der sechste Teil", da der Teilkreis des Geräts ein Sechstel des Kreisumfangs darstellt.

Sicherheitsnadel

Die moderne Sicherheitsnadel wurde 1849 in Amerika entwickelt

In der Bronzezeit steckten die Menschen in Mitteleuropa Kleidungsstücke mit Fibeln über der Schulter zusammen. Diese Fibeln kann man als die ersten Sicherheitsnadeln ansehen. Ein →Draht, der an einem Ende spiralig aufgerollt war, so daß er federte, griff am anderen Ende in eine Öse oder Nut ein. Manche Drähte besaßen anstelle der Feder ein Drehgelenk. Die Fibeln waren auf verschiedene Weise reich verziert und stellten somit zugleich Broschen dar. Sie waren vom 2. Jt. v. Chr. an in Gebrauch.

Unsere heutige Sicherheitsnadel wurde 1849 von dem Amerikaner Walter Hunt erfunden. Sie besitzt eine Spiralfeder und eine Spitze, die beim Schließen in eine schützende Hülse gleitet.

Siliziumchip

siehe Seite 251

Sodaherstellung

Bereits im 5. Jt. v. Chr. bekannt

Soda oder Natriumkarbonat wurde schon von den Ägyptern zu den verschiedensten Zwecken verwendet, beispielsweise für die Mumifizierung ihrer Toten, für die Herstellung von →Glas und Farben sowie für die Konservierung von Fleisch und Gemüse. Gewonnen wurde Soda aus eingetrockneten Salzseen und aus der Asche von Seetang.

Da der Bedarf an Soda in der Industrie sehr groß ist, galt es in neuerer Zeit, ein Verfahren zu finden, mit dem man diesen Stoff in großem Umfang technisch herstellen kann. Der französische Chemiker Nicolas Leblanc fand 1791 einen Weg. Er behandelte Kochsalz zunächst mit Schwefelsäure, wodurch er Natriumsulfat erhielt. Dieses glühte er mit Kohle und gewann so Natriumsulfid. Der Stoff reagierte dann mit Kalziumkarbonat, und es entstand Natriumkarbonat oder Soda.

Im Jahr 1863 entwickelten Ernest und Alfred Solvay in Belgien das leistungsfähige Ammoniak-Soda-Verfahren. Dabei wird in eine Kochsalzlösung Ammoniak und Kohlendioxid eingeleitet. Es entsteht Natriumbikarbonat, das durch Erhitzen in Soda übergeht.

Siliziumchip

1969 von dem Amerikaner Edward Hoff erfunden

Sie regeln das Innenleben des Fahrkartenautomaten an der U-Bahnstation, lassen Flugzeuge sicher landen, steuern die Benzineinspritzung bei →Autos und dirigieren automatische Schweißgeräte an den Fließbändern moderner Fabriken. Sie lassen Farbspritzpistolen wie von Geisterhand über Autokarosserien gleiten, sitzen in winzigen Präzisionsuhren, lassen in fast entvölkerten Büros →Schreibautomaten rattern und zaubern zur Unterhaltung feindliche Invasoren aus dem Weltraum auf den Bildschirm. Die Rede ist von Siliziumchips, und man weiß noch nicht, was sich eher dahinter verbirgt: ein Fortschritt oder ein Fluch für die Menschheit.

Siliziumchips nennt man Bausteine der Mikroelektronik, die aus Silizium bestehen. Das ist eigentlich Sand – das zweithäufigste Element der Erde. Daraus werden Plättchen mit einer Kantenlänge von 4 bis 5 mm gefertigt, die bis zu 100 000 elektronische Schaltelemente fassen: Dioden, Transistoren, Schaltkreise und Speichereinheiten, die in mikroskopisch feinen Mustern eingeätzt oder aufgedampft sind. Allein in den USA ist die Zahl der Chips schon größer als die Zahl der Einwohner – immerhin über 200 Millionen.

Der denkende Baustein entsteht

Noch vor 30 Jahren arbeiteten alle elektronischen Geräte mit Vakuumröhren (→Elektronenröhre), die verhältnismäßig große Energiefresser sind. Auch Computer waren darauf angewiesen. Dann kam der →Transistor, ein Produkt der Festkörperphysik, das die Eigenschaften der Halbleiter ausnutzte. Halbleiter wirken wie kleine elektronische Schalter, die den Fluß der Elektronen sperren oder durchlassen. Transistoren bestehen heute meistens aus Silizium, also nichtmetallener Kieselerde oder Quarzsand. Man verändert die elektrischen Eigenschaften dieses Materials, indem man winzige Mengen von „Unreinheiten" wie Bor oder Phosphor beifügt.

Transistoren sind wesentlich kleiner als die Vakuumröhre und verdrängten sie bald in allen elektronischen Geräten. In der Folge wurden →Computer, Fernseher und →Radiogeräte der neuen Generation immer kompakter. Transistoren und andere Bestandteile dieser Geräte mußte man jedoch immer noch verdrahten, und so blieb die Produktion kompliziert und teuer.

Rüstung und Raumfahrt führten in den 50er Jahren zu einer weiteren Miniaturisierung dieser Technik. Der Durchbruch kam 1959 mit der Entwicklung des integrierten Schaltkreises. Beim integrierten Schaltkreis wurden die Transistoren noch im Siliziumplättchen miteinander verbunden. Dazu verwendete man zu Anfang Drähte wie bisher, ersetzte sie dann aber durch winzige Aluminiumleiter, die direkt auf dem Chip angebracht wurden. Zu Beginn recht einfach, entwickelten sich diese Schaltkreise zu extrem kleinen Einheiten. Die Aluminiumverbindungen zwischen den einzelnen Elementen sind rund 30mal dünner als ein Menschenhaar. Man erwartet bis 1990 Chips, die mindestens eine Million Elemente enthalten.

Das Leben im Zeichen des Chips

Siliziumchips können in Massen angefertigt werden und sind entsprechend billiger geworden. 1960 kostete ein einzelner Transistor noch etwa zehn Dollar; heute beträgt sein Kostenanteil in einem integrierten Schaltkreis auf einem Siliziumchip einen Pfennig. Siliziumchip-Mikroprozessoren sind die wichtigsten Bestandteile der mikroelektronischen Revolution. Sie haben bewirkt, daß in jede Maschine ein winziger Rechner mit einem genauso winzigen Speicher zu einem ebenfalls winzigen Preis eingebaut werden kann.

Diese Entwicklung hat vor allem zwei Folgen: Erstens ist dadurch in einer Zeit wirtschaftlicher Flaute eine neue, vielversprechende und schnellwachsende Industrie entstanden. Und zweitens sind

Fortsetzung Seite 255

ENIAC – ein Koloß von 30 t *Der erste vollelektronische Computer der Welt (oben) wurde 1945 an der Universität von Pennsylvania, USA, in Betrieb genommen. Er brauchte eine Stellfläche von 140 m², und seine 18 000 Elektronenröhren verschlangen Unmengen Energie. ENIAC konnte in einer Sekunde 5000 Additionen ausführen.*

Originalgröße des Chips

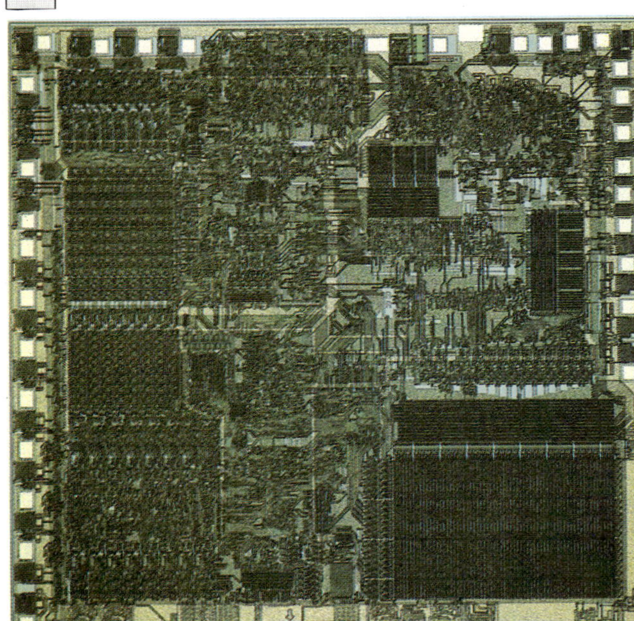

Der Mikrochip – ein Federgewicht *Der* Intel 8088 *Mikroprozessor (rechts) mißt 0,4 cm² und wiegt weniger als 0,1 g. Er besteht aus 29 000 Elementen, braucht extrem wenig Strom und kann 400 000 Additionen in einer Sekunde ausführen.*

Das Kristallplättchen, das die Welt verändert

1823: Silizium – ein natürliches Element
Silizium ist einer der grundlegenden Baustoffe der Natur. Nach dem Sauerstoff ist es das häufigste Element in der Erdkruste. Es hat dort einen Anteil von 25,8 Prozent, kommt aber nie frei, sondern stets in Verbindung mit anderen Elementen vor, beispielsweise als Kieselerde im normalen Sand.

Der schwedische Chemiker Jöns Jacob Berzelius isolierte und beschrieb das Silizium 1823 zum erstenmal. Das Element ist dunkelgrau, fest, nicht metallen und bildet leicht Kristalle. In ganz reinem Zustand ist Silizium ein elektrischer Nichtleiter. Versuche in der ersten Hälfte dieses Jahrhunderts zeigten jedoch, daß verunreinigtes Silizium schwachen Strom leitet. Es gehört damit zu einer Art von Stoffen, die als Halbleiter bezeichnet werden.

1948: Der Transistor
Im Jahr 1948 führten Wissenschaftler der Bell Telephone Laboratories in den USA ein Gerät vor, das die ganze Elektronik verändern sollte: den → Transistor. Er entstand, als man Halbleiter wie Germanium und Silizium untersuchte. Man entdeckte dabei, daß verschiedene Siliziumschichten chemisch so behandelt werden können, daß sie unterschiedliche elektrische Eigenschaften haben. Die eine Schicht (n-Leiter) hat dann einen Elektronenüberschuß, der anderen (p-Leiter) fehlen Elektronen.

Beide Schichten können Elektrizität leiten, weil sie Elektronen durchlassen. Werden die zwei Schichten miteinander verbunden, kann der Strom nur in eine Richtung fließen. Der sogenannte bipolare Transistor besteht aus drei solcher Schichten und wird, je nach der Anordnung der Schichten, als npn- oder pnp-Transistor bezeichnet. Innerhalb eines Stromkreises kann der Transistor eingespeiste elektrische Signale genauso verstärken wie eine → Elektronenröhre.

Die neuen Transistoren ersetzten allmählich die Röhren in allen möglichen elektronischen Geräten, vom Radio bis zum Computer. Der Wechsel war revolutionär. Das neue Ding verbrauchte weniger Energie und erforderte weniger Kühlung. Es war robuster und zuverlässiger und vor allem wesentlich kleiner. Während die Röhren meist eine Länge von mehr als 10 cm hatten, war ein Transistor nicht größer als eine Erbse.

1949: Gedruckte Schaltungen
Um die gleiche Zeit, als der Transistor erfunden wurde, entwickelte man auch eine verbesserte Technik für den Bau elektronischer Schaltkreise – das heißt jener Anordnung von Drähten, durch die der elektrische Strom fließen kann. Der

ELEKTRISCHER STROM IN METALLEN UND SILIZIUM

Metalle sind gute elektrische Leiter. In anderen Materialien, beispielsweise Gummi, fließen keine Elektronen; sie heißen deshalb Nichtleiter. Unreines Silizium ist ein Halbleiter; es läßt einen schwachen Strom durchfließen.

METALL: STROM IN EINEM KUPFERDRAHT

Atome bestehen aus einem Kern, der von Hüllen aus kreisenden Elektronen umgeben ist. Die Elektronen in der äußeren Hülle (Valenzelektronen) wirken mit den Valenzelektronen anderer Atome zusammen, um Moleküle zu bilden, aus denen hier die Kupferkristalle bestehen.

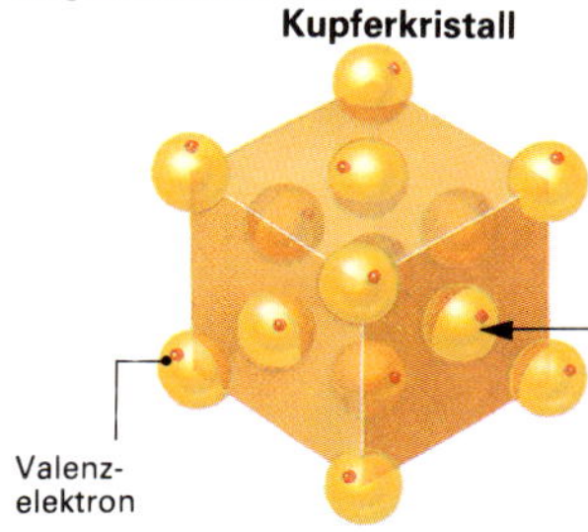

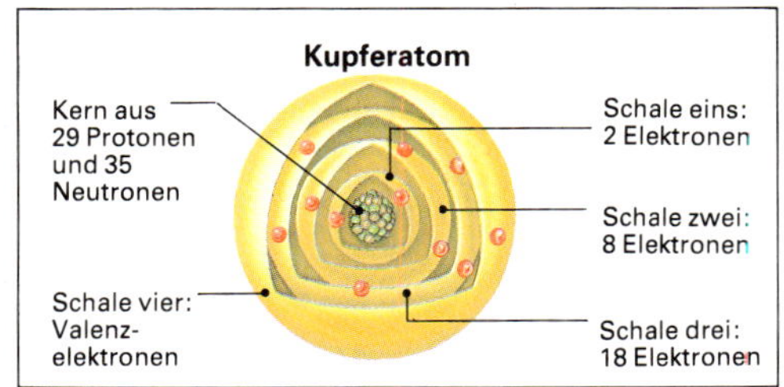

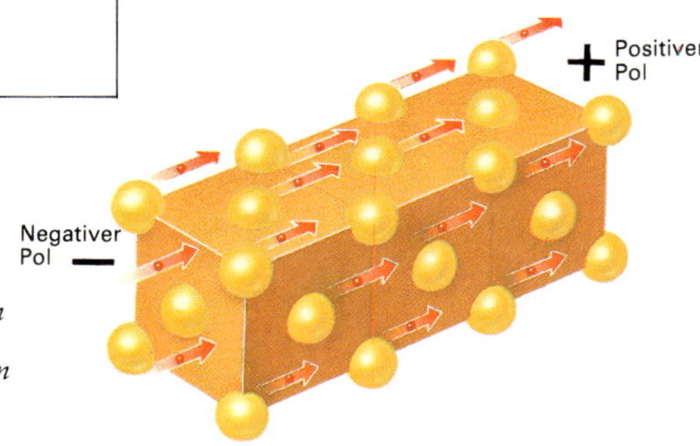

Das bewegliche Elektron *Kupferatome haben ein Valenzelektron, das sich frei von Atom zu Atom bewegen kann. Wenn Kupferdraht an eine Batterie angeschlossen wird, bewegen sich Valenzelektronen vom Minuspol zum Pluspol.*

UNREINES SILIZIUM: DAS MATERIAL FÜR DEN CHIP

Siliziumatome haben vier Valenzelektronen, die mit anderen Atomen eine feste, unbewegliche Verbindung eingegangen sind. Deshalb ist reines Silizium ein Nichtleiter. Unreines Silizium aber wird zum Halbleiter, weil einige Elektronen frei abfließen können. Zur Herstellung eines Siliziumchips werden zwei Arten von Halbleitermaterial verwendet.

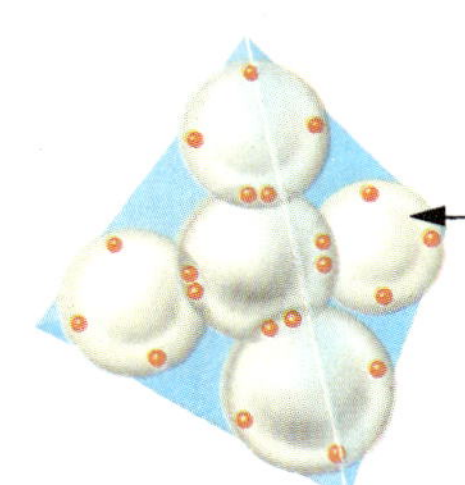

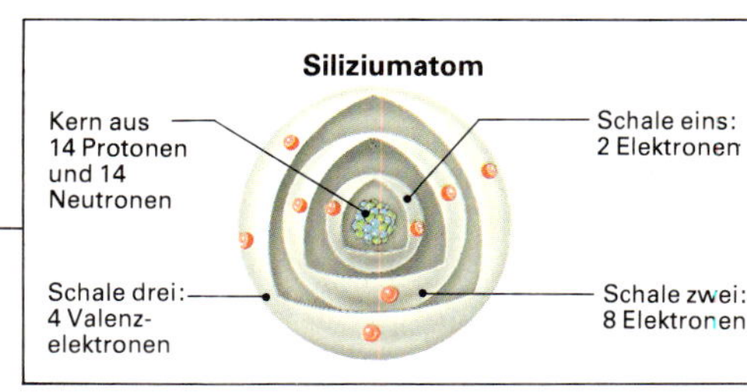

Halbleiter mit n-Bereich *Atome von Elementen, die fünf Valenzelektronen haben (etwa Phosphat), werden in Silizium eingebaut. Die Kristalle behalten ihre Form; aber ein Elektron bleibt ungebunden übrig. Die Elektronen sind negativ geladen. Wird eine Stromspannung angelegt, werden sie frei und bilden einen schwachen Strom. Sie heißen Negativladungsträger oder n-Leiter.*

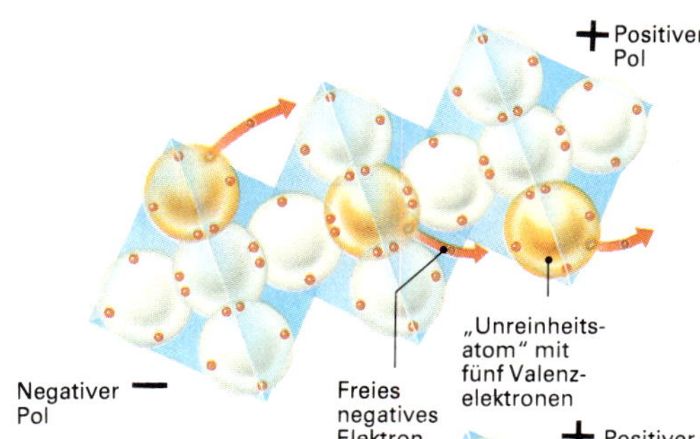

Halbleiter mit p-Bereich *Atome etwa des Elements Bor werden eingebaut, um einen anderen Halbleitertyp, den p-Leiter (p für positiv), zu bilden. Boratome haben nur drei Valenzelektronen; es fehlt also eines in der Kristallbindung. Wird eine Spannung angelegt, brechen einige Bindungen auseinander, und die Elektronen suchen andere Bindungen. Dabei hinterlassen sie Löcher – positive Ladungen, die andere Elektronen anziehen; diese Kettenreaktion erzeugt Strom.*

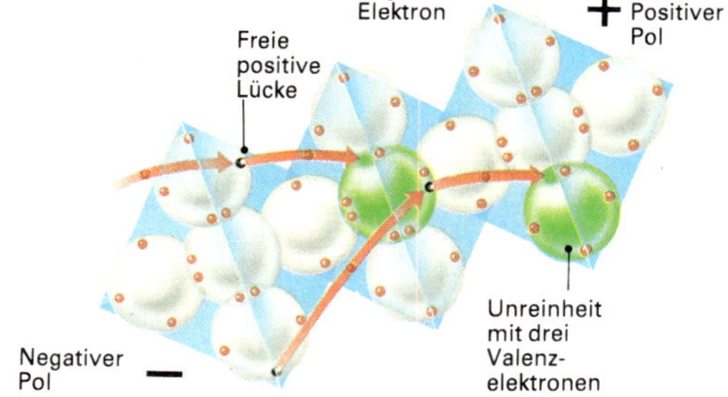

neue Schaltkreis wird in einem → Druckverfahren hergestellt und deshalb als gedruckte Schaltung bezeichnet. Er ist damit zuverlässiger und eignet sich außerdem besser für die → Massenproduktion.

Um eine gedruckte Schaltung herzustellen, überzieht man eine Isolierplatte mit dünner Kupferfolie; darüber wird ein lichtempfindlicher → Film gelegt. Diesen Film belichtet man durch eine Schablone, die nur da Licht durchläßt, wo Kupferteile den elektrischen Schaltkreis bilden sollen. Dabei erhärtet der Film, und er bleibt auf der Isolierplatte haften, wenn die nicht belichteten Stellen des Films mit einer chemischen Lösung abgewaschen werden.

Anschließend werden diejenigen Teile der Kupferfolie, die nun ungeschützt sind, durch Säure aufgelöst. Das verbleibende Kupfer bildet den Schaltkreis. Dieser aber

DIE HAUPTBESTANDTEILE EINES GEDRUCKTEN SCHALTKREISES

Halbleiter wie Silizium setzten sich beim Bau von elektrischen Schaltkreisen seit der Erfindung des Transistors durch. Glühkathodenröhren (→ Elektronenröhren), die man bisher zur Verstärkung elektrischer Impulse verwendet hatte, waren mehrere Zentimeter dick; sie wurden nun durch Transistoren von der Größe einer Erbse ersetzt. Alle Bestandteile elektronischer Schaltkreise – Transistoren, Dioden, Widerstände und Kondensatoren – konnte man an winzige gedruckte Schaltkreise anlöten. Als in den Jahren 1969–1971 integrierte Schaltkreise in einem einzigen Siliziumplättchen aufkamen, wurden alle diese Komponenten Teile des Siliziumchips selbst.

WIDERSTAND

Ein Widerstand verringert den elektrischen Strom, das heißt, er setzt dem Fluß der Elektronen Widerstand entgegen. Er besteht meist aus einem Kohlekern in einer Isolierhülle. Farbige Zeichen auf der Hülle geben die Stärke des Widerstands an.

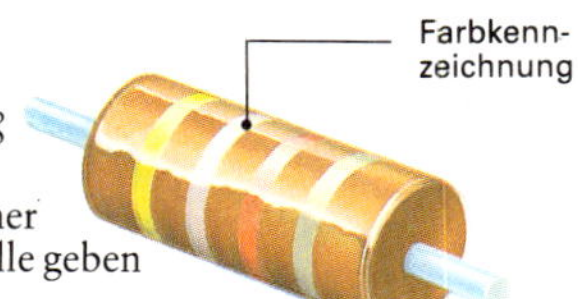

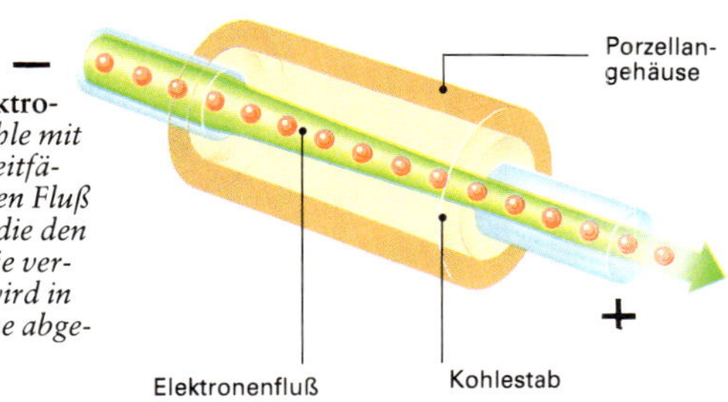

Verringerter Elektronenfluß *Die Kohle mit ihrer geringen Leitfähigkeit bremst den Fluß der Elektronen, die den Strom bilden. Die verlorene Energie wird in Form von Wärme abgestrahlt.*

KONDENSATOR

Ein Kondensator speichert für gewisse Zeit eine elektrische Ladung. Die wiederum kann Informationen transportieren, die mit gespeichert werden. Ein Kondensator besteht aus zwei Metallplättchen von unterschiedlicher Form, die durch Isoliermaterial voneinander getrennt sind.

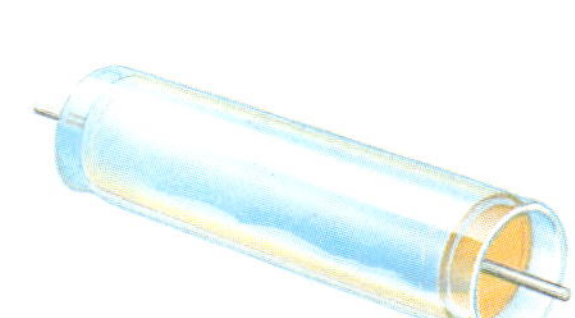

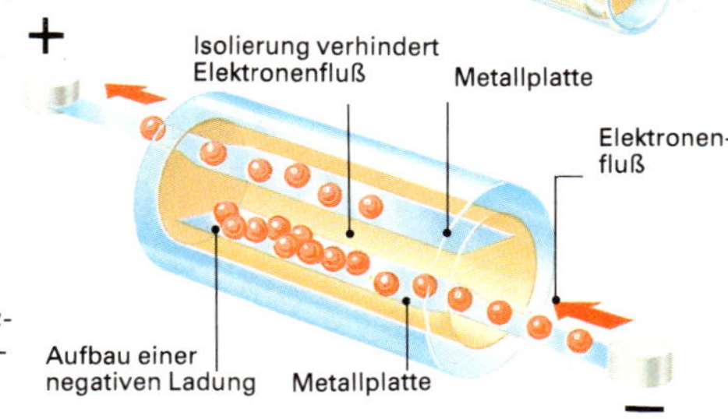

Elektronenstau *Auf der unteren Platte baut sich eine negative Ladung auf. Wenn die Spannung nachläßt, wird die gespeicherte Ladung in die entgegengesetzte Richtung abgegeben.*

DIODE

Eine Diode läßt den Strom nur in einer Richtung fließen und bewirkt, daß ein Transistor in einem Computer wie ein Schalter funktioniert. Sie besteht aus einem Stück Silizium, in dem verschiedene Halbleitertypen nebeneinander liegen.

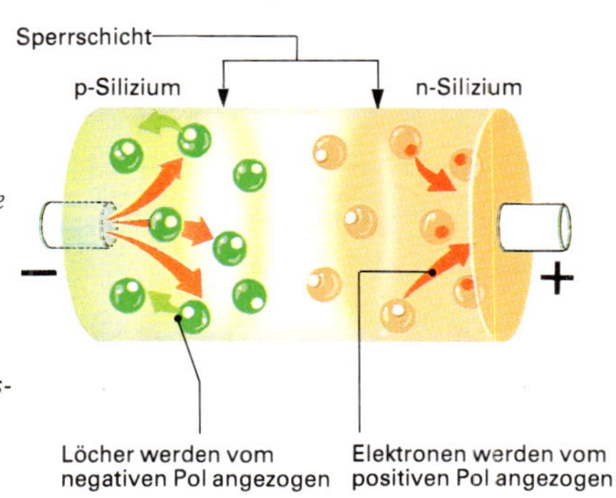

Sperrzustand *Wenn der p-Halbleiter mit einem Minuspol und der n-Halbleiter mit einem Pluspol verbunden sind, werden die Elektronen aus dem n-Bereich vom Pluspol angezogen, die sogenannten „Löcher“ aus dem p-Bereich vom Minuspol. Dadurch entsteht eine ladungsfreie Zone oder Sperrschicht: Der elektrische Strom kann nicht fließen.*

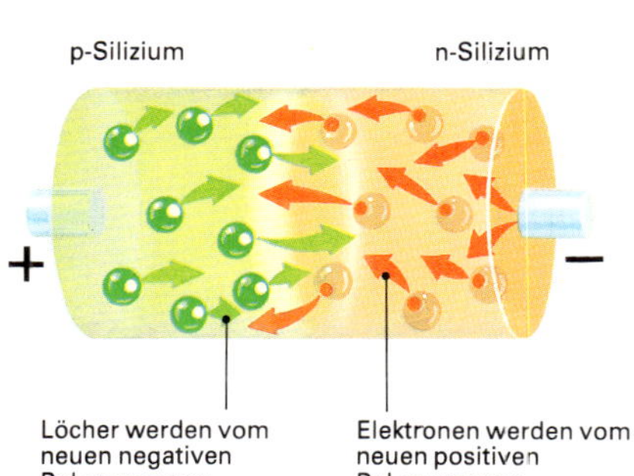

Leitender Zustand *Wenn dann eine elektrische Spannung mit umgekehrten Vorzeichen angelegt wird, zieht der neue positive Pol die Elektronen aus dem n-Bereich an und der negative Pol die Löcher. Nun kann der elektrische Strom fließen.*

TRANSISTOR

Transistoren können schwache Signale verstärken, etwa beim Tonabnehmer eines Plattenspielers. (Der Hauptstrom folgt der Modulation der schwachen Impulse und speist einen Lautsprecher.) In Computern arbeiten Transistoren als Schalter: Das Einschalten bedeutet in der binären Arithmetik eine Eins, das Ausschalten eine Null.

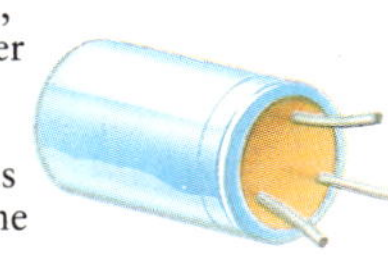

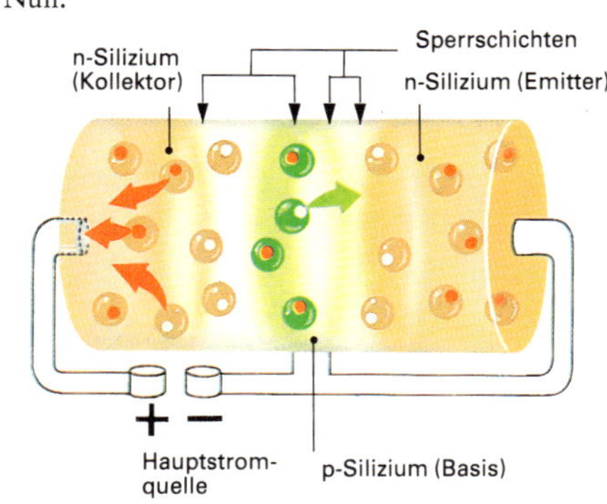

Schalter auf „aus“ *In einem npn-Transistor sind zwei Schichten n-Silizium (Kollektor und Emitter) durch eine dünnere Schicht p-Silizium (Basis) getrennt. Schließt man Kollektor und Basis an eine Batterie an, wirkt ihre Verbindung wie eine sperrende Diode. Im Hauptkreis (Kollektor – Emitter) kann kein Strom fließen, wenn die Emitter-Basis-Verbindung nicht leitend ist.*

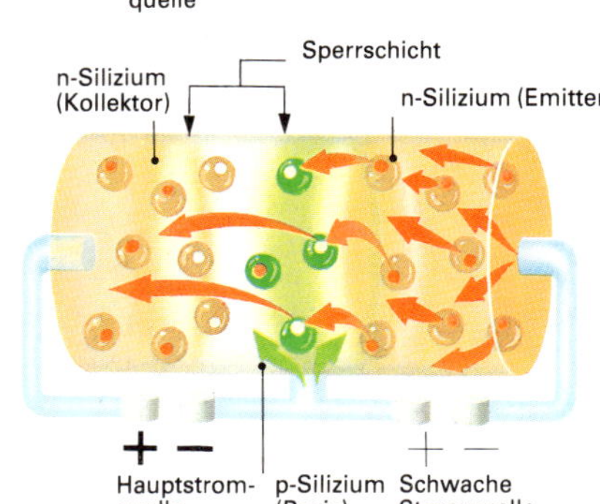

Schalter auf „an“ *Emitter und Basis sind nun an eine schwache Stromquelle angeschlossen, so daß ihre Verbindung leitend ist. Elektronen aus der Emitterzone diffundieren gegen die Basiszone, wo sie von der höheren positiven Kollektorspannung angezogen werden. So schließt sich der Hauptstromkreis.*

hat ein begrenztes Fassungsvermögen, so daß man noch viele zusammenlöten muß, um ein leistungsfähiges Gerät zu bekommen.

1959: Integrierte Schaltungen
Im Jahr 1959 führte die amerikanische Firma Texas Instruments den sogenannten integrierten Schaltkreis ein. Die einzelnen Bauteile wurden nun nicht mehr auf verschiedenen Plättchen, sondern innerhalb desselben Kristalls an verschiedenen Stellen angebracht.

Verschiedene Abschnitte eines Siliziumplättchens wurden mit Unreinheiten, also mit anderen Stoffen, versetzt, wodurch jeder dieser Teile andere Eigenschaften bekam und eine bestimmte Funktion übernahm. Er wurde zum Transistor, Widerstand, Kondensator usw. Wenn man die einzelnen Abschnitte durch feine Drähte verband, entstand ein vollständiger elektronischer Schaltkreis. Mit Hilfe einer fotografischen Verkleinerungstechnik brachten die Hersteller solcher integrierter Schaltungen allmählich immer mehr Bauteile auf einem Siliziumplättchen unter.

1969: Erfindung des Mikroprozessors
Im Jahr 1969 sollte der amerikanische Ingenieur Edward Hoff Bauteile für einen Rechner bauen, der von einem Schaltpult aus programmiert werden konnte. Um die verschiedenen Computerschaltkreise zu bilden, hätte er mehrere Chips miteinander verbinden müssen.

Er sah sich aber gezwungen, alle Schaltkreise für die Hauptfunktionen des Computers – die sogenannte Zentraleinheit, die die rechnerischen Aufgaben ausführt und die anderen Teile des Computers steuert – auf einem einzigen Chip unterzubringen. Die Schaltkreise für andere Aufgaben, etwa das Programm und den Speicher, legte Hoff auf getrennten Chips an.

Das Ergebnis war eine vielseitiger verwendbare Einheit, deren Teile voneinander unabhängig waren. Nachdem Hoff die Zentraleinheit abgetrennt hatte, konnte sie verschiedenen Zwecken dienen. Man mußte sie bloß jeweils mit einem Chip verbinden, der ein anderes Programm und einen anderen Speicher enthielt. Solche Zentraleinheiten, sogenannte Mikroprozessoren, wurden zuerst 1971 von Intel und Texas Instruments industriell hergestellt.

1980: Leistungsfähigere Speicher
Im Jahr 1980 gab es bereits Chips, die 64000 Informationsbits enthielten. In der Computersprache ist „bit" die Abkürzung von „binary digit". Ein Bit stellt eine Informationseinheit dar (vgl. S. 60). Der 64000-Bit-Chip ist eine Speichereinheit, die wegen ihrer kurzen Schaltwege jede Information besonders rasch liefert. Daten können innerhalb einer Nanosekunde geliefert werden.

WIE EIN SILIZIUMCHIP ENTSTEHT

Nicht weniger als 500 Chips werden aus kreisförmigen Siliziumwaffeln von ungefähr 6/100 mm Dicke gemacht. Die Chips sind in Schichten aufgebaut. Jede Schicht wird mit Hilfe einer Spezialschablone geätzt, die man in 250facher Vergrößerung herstellt und dann fotografisch verkleinert. Schließlich kann man die Waffel in gebrauchsfertige Chips zerschneiden. Die Abbildungen unten zeigen einen winzigen Teil eines Chips – einen Transistor – in mehr als 1000facher Vergrößerung (vergleiche nächste Seite).

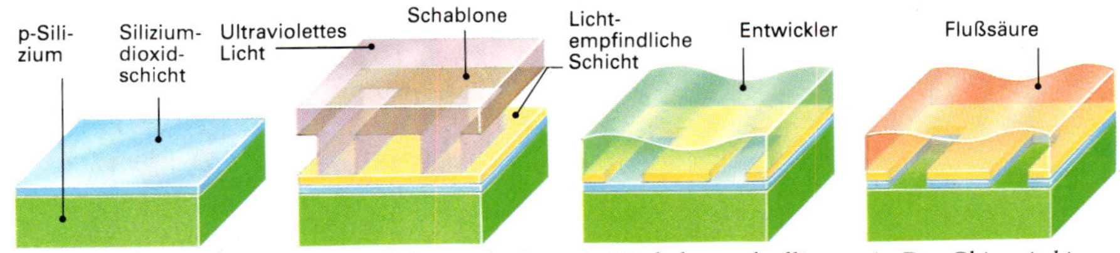

1. *Ein p-Chip wird in einem Ofen auf 1000° erhitzt. Dabei oxidiert die Oberfläche, das heißt, sie überzieht sich mit einer isolierenden Schicht Siliziumdioxid.*

2. *Eine lichtempfindliche Schicht wird aufgetragen. Durch die Schablone strahlt ultraviolettes Licht auf die lichtempfindliche Schicht.*

3. *Die lichtempfindliche Schicht wird entwickelt, und die belichteten Teile werden mit einem Lösungsmittel entfernt. Die nicht belichteten Teile bleiben stehen.*

4. *Der Chip wird in Flußsäure getaucht, die sich nur in das Siliziumdioxid frißt. Die verbliebene lichtempfindliche Schicht bzw. das Silizium selbst bleibt jedoch erhalten.*

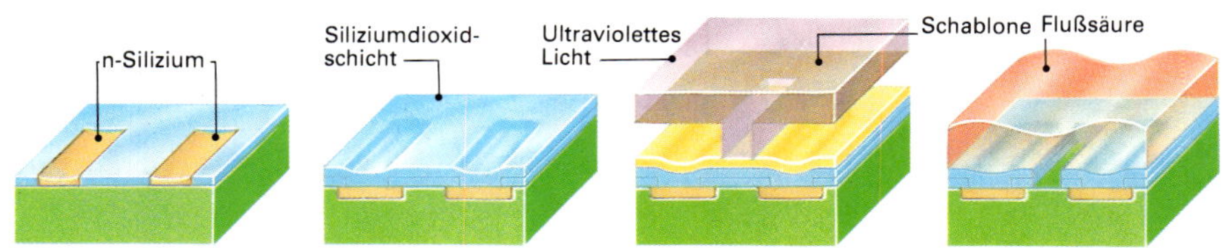

5. *Der Rest der lichtempfindlichen Schicht wird entfernt. Im Brennofen bildet sich durch Phosphorgas eine n-Siliziumschicht in den Kanälen (Aufdampfen).*

6. *In einem Oxidationsofen wird eine weitere dünne Schicht Siliziumdioxid auf der ganzen Oberfläche des Chips erzeugt.*

7. *Eine neue lichtempfindliche Schicht wird aufgetragen und die Schablone für einen dritten Kanal aufgelegt. Dann setzt man den Chip ultraviolettem Licht aus.*

8. *Die lichtempfindliche Schicht wird wieder entfernt und der Kanal mit Flußsäure eingeätzt.*

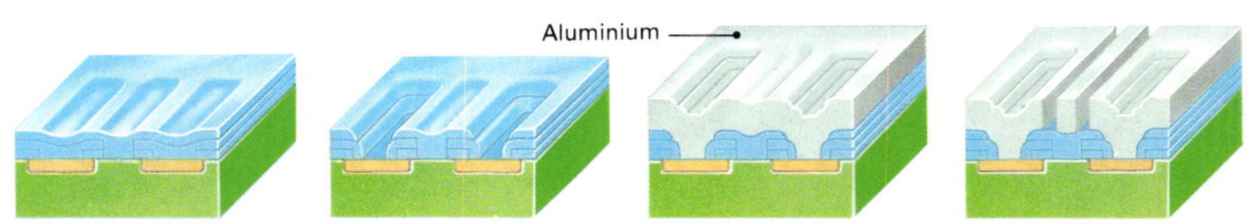

9. *Der Chip kommt für eine weitere dünne Schicht Siliziumdioxid in den Oxidationsofen.*

10. *Durch einen dritten Formungs- und Ätzprozeß werden die Kanäle tiefer und schmäler.*

11. *Auf den Chip wird im Vakuum Aluminium aufgedampft, das sich als feste Schicht niederschlägt.*

12. *Ein letzter Formungs- und Ätzprozeß stellt schließlich die Metallverbindungen zwischen den Komponenten der Stromkreise her.*

GRUNDSCHALTUNGEN: LOGIK IM BAUKASTEN

Das „Gehirn" der Siliziumchips sind logische Grundschaltungen, die aus elektronischen Ein-Aus-Schaltern in verschiedenen Kombinationen bestehen. Die Wahrheit einer Aussage – beispielsweise „Gras ist grün" – kann durch die Ein-Stellung eines Schalters dargestellt werden; die Unrichtigkeit der Behauptung, „Eis ist heiß", durch eine Aus-Stellung. Ein Typ eines logischen Schaltglieds ist das sogenannte UND-Gatter. Es kann entscheiden, ob wahre oder falsche Aussagen, wenn sie kombiniert auftreten, auf eine Aussage hinauslaufen, die in sich wahr oder falsch ist. Ein UND-Gatter wird etwa zu dem Schluß kommen, daß die Behauptung, „Gras ist grün" und(!) „Eis ist heiß" falsch ist und dies durch die Aus-Stellung seines Ausgabeschalters darstellen. In einer Farbenfabrik, wo beispielsweise Flüssigkeiten aus einem Tank gepumpt werden, kann der Vorgang durch UND-Gatter geregelt werden, das der Pumpe nur dann das Signal zum Anspringen gibt, wenn 1. der chemische Inhalt stimmt; 2. die Temperatur den richtigen Stand erreicht hat; 3. alle richtigen Pigmente beigegeben wurden; 4. der Tank voll ist.

Die Zukunft: magnetische Blasen
Im Jahr 1979 wurde sogar ein Millionen-Bit-Chip entwickelt. Das ist kein Chip von der üblichen Art mehr, sondern ein Stück Halbedelstein, dem magnetisches Material beigegeben wurde. Meistens handelt es sich dabei um Granat, der auch künstlich hergestellt werden kann. Der Granat speichert Informationen in Form von Blasen, deren Vorhandensein oder Fehlen jeweils eine Eins oder eine Null in Form einer Binärzahl anzeigt.

TRANSISTOR IM CHIP

Transistoren werden in Chips hauptsächlich als Schalter elektronischer Rechner verwendet. Ein Transistorentyp, das sogenannte Gatter, besteht aus dem „Eingang" und dem „Ausgang" auf einer Unterlage von p-Silizium.

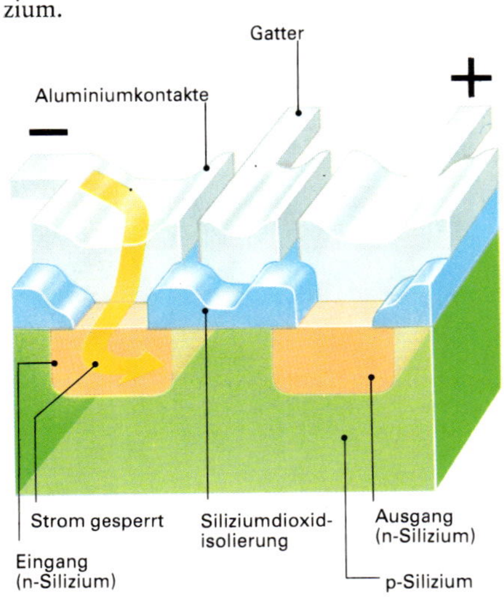

Der Schalter ist aus *Elektronen im Eingang werden von der positiven Spannung im Ausgang angezogen. Aber sie können das p-Silizium nicht durchdringen. Kein Strom fließt.*

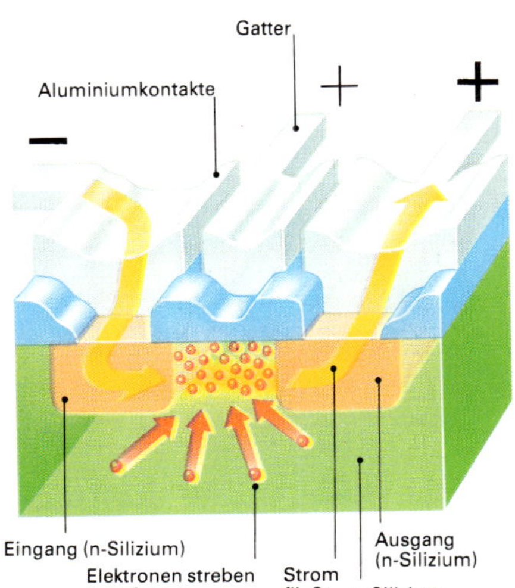

Der Schalter ist an *Auf das metallene Gatter wirkt eine positive Spannung und zieht freie Elektronen aus der Basis an. Dadurch entsteht zwischen Eingang und Ausgang ein Kanal aus n-Silizium; Elektronen vom Eingang diffundieren. Nun fließt Strom.*

Fortsetzung von Seite 251

die Produkte dieser Industrie in fast allen Bereichen der Wirtschaft und der Gesellschaft verwendbar.

In der ersten industriellen Revolution ersetzte die →Dampfmaschine und später die elektrische Energie die menschliche Muskelkraft. Die zweite industrielle Revolution stattet Maschinen, Haushalte und Produktionssysteme aller Art mit Computerintelligenz aus. Der Heimcomputer ist zwar noch vorwiegend ein Spielzeug für wenige Begeisterte, aber seine Anwendungsmöglichkeiten steigen ständig. Bald wird man mit seiner Hilfe Bildtelefonate führen, einkaufen, den Bankverkehr regeln, Zeitschriften lesen, Post erledigen, arbeiten und Terminkalender führen, als sei es das Selbstverständlichste auf der Welt.

Mikroprozessoren in der Industrie
Die →Automatisierung außerhalb der eigenen vier Wände ist schon weiter fortgeschritten. Äußerlich hat der Industrieroboter zwar nichts mit jenem menschenähnlichen Automaten aus dem Hollywoodfilm *Krieg der Sterne* zu tun, aber der Schein trügt. →Roboter können schon erstaunlich viel.

In den letzten Jahrzehnten sind die Bereiche Handel, Banken, Versicherungswesen, Kommunikationswesen und öffentlicher Dienst stark angewachsen. Und nun wird auch die gesamte Büroarbeit auf diesem Sektor zunehmend reif für die Automatisierung. Sehr wahrscheinlich entsteht ein völlig neues Bild der Büroarbeit durch die automatisierte Verwaltung im Gesundheitswesen, beim Arbeitsamt, bei Banken, Versicherungen und anderen Großunternehmen.

Die Mikroelektronik hat begonnen, radikale Veränderungen im gesamten Arbeitsablauf herbeizuführen, weil die neuen Geräte den Charakter der Tätigkeiten selbst verändern. Der Siliziumchip als Herz der Mikroelektronik hat Auswirkungen auf alle Lebensbereiche.

Das macht eine Gesellschaft, die ganz im Zeichen dieser Technik lebt, auch verwundbar. Man denke nur an die Folgen eines Stromausfalls in einer Großstadt wie New York! Überwachungseinrichtungen und Informationssysteme können ebenso mißbraucht werden wie hochentwickelte Kriegsgeräte. Der Abstand zwischen denen, die Wesen und Funktion der Technik begreifen, und denen, die bloß auf die Knöpfe drücken, wird immer größer.

Solartechnik

siehe Seite 256

Sonar

Das Gerät wurde im Ersten Weltkrieg entwickelt

In den Jahren 1915–1916 entwickelte man in England das Hydrophon, um damit getauchte deutsche U-Boote zu orten. Es handelte sich um ein Unterwassermikrofon, das die Motoren- und Schraubengeräusche eines U-Boots auffing. Durch Kreuzpeilungen von mehreren Schiffen mit Unterwasserhorchgeräten konnte man die genaue Position des U-Boots ermitteln. Mit dieser Art der Schallortung kann man allerdings ein stilles Objekt, etwa ein treibendes U-Boot, nicht ausmachen.

In den 20er Jahren entwickelte die britische Admiralität deshalb ein Gerät zur Ortung ruhender U-Boote. Man nannte es *Asdic* (Allied Submarine Detection Investigation Committee). Heute ist *Asdic* als *Sonar* bekannt (nach den Anfangsbuchstaben der parallellaufenden amerikanischen Entwicklung „Sound Navigation and Ranging"). Bei diesem Verfahren sendet das Gerät einen Ultraschallimpuls aus, also einen Ton, der außerhalb des menschlichen Hörbereichs liegt, und fängt dann das Echo von dem U-Boot auf. Die Richtung, aus der das Echo kommt, und die Zeit bis zu seinem Eintreffen ermöglichen es dem Beobachter, die Position des U-Boots zu bestimmen. Das Objekt erscheint meist auf einem Bildschirm. Ein ähnliches Gerät wird zum Auffinden gesunkener Schiffe verwendet.

Horchgeräte verschiedener Typen – gewöhnlich werden sie alle mit dem Gesamtbegriff *Sonar* bezeichnet – können in Schiffe eingebaut oder als Sonarbojen von Flugzeugen oder Hubschraubern über dem Meer abgeworfen werden. Manche werden auch auf dem Meeresboden verankert.

Wasserschichten mit unterschiedlichem Salzgehalt oder unterschiedlichen Temperaturen behindern oder entstellen oft die Sonarsignale. Unter solchen Schichten suchen die Atom-U-Boote Schutz. Zur Überwindung dieses Problems hat man tiefenverstellbare Sonargeräte entwickelt, die bis unter die Sperrschicht in eine Tiefe von ungefähr 150 m hinabgelassen werden können.

Solartechnik

Seit frühester Zeit hat der Mensch die Sonnenenergie indirekt als Energiequelle genutzt

Kann die Sonnenenergie den Energiebedarf der Menschen decken? Die Existenz des Menschen hing in der Tat lange zum größten Teil von Energiequellen wie Brennholz und Futter für Zugtiere ab, die indirekt die Sonne liefert.

Doch dies ist nur die halbe Antwort. Die modernen Industriegesellschaften haben die Arbeitskraft von Mensch und Tier weitgehend gegen Maschinen eingetauscht. Und die werden durch Energiequellen wie Kohle und Öl angetrieben. Vielen Menschen ist eine Rückkehr zur ländlichen Gesellschaft, in der jeder seinen Acker, seine Feuerstelle, sein Pferd und seinen Pflug hat, nicht mehr möglich. Aber Kohle, Gas und Öl reichen auch nicht ewig. Und so fiel manchem

Mühselige Versuche, die Kraft der Sonne einzufangen und zu nutzen

400 v. Chr. – 1615 n. Chr.: Erste Ansätze
Das Wissen um die Kraft der Sonne ist sehr alt. Schon der griechische Philosoph Sokrates empfahl im 5. Jh. v. Chr., man solle Häuser möglichst so bauen, daß sie die Wintersonne einfangen und die kalten Winde abhalten – ein Rat, den die heutigen Architekten mit Hilfe sogenannter passiver Solartechniken befolgen.

Archimedes soll im Jahr 214 v. Chr. angeblich einen Angriff auf die römische Flotte bei Syrakus geplant haben, bei dem hochglanzpolierte Metallspiegel an der Küste die Sonnenstrahlen auf die → Schiffe reflektieren sollten, um sie in Brand zu setzen. Es ist unwahrscheinlich, daß er seinen Plan mit den damaligen technischen Mitteln in die Tat umsetzen konnte, aber das Prinzip an sich war richtig: Er hatte erkannt, wie ein Brennglas die Sonnenstrahlen in einem Brennpunkt bündelt.

Jahrhundertelang scheinen Erfinder, die sich für die Kraft der Sonne interessierten, nicht über die Theorie hinausgekommen zu sein. Der französische Ingenieur Salomon de Caus behauptete zum Beispiel 1615, er habe eine von der Sonne angetriebene → Pumpe erfunden; aber sie blieb ohne Bedeutung. Der Schweizer Physiker Horace-Bénédict de Saussure (1740–1799) erfand einen Kocher, der aus mehreren konzentrischen Glaskammern oder → Linsen bestand, die die Sonnenenergie auf eine innere Kammer konzentrierten. Hier konnte man eine Suppe kochen.

1861: Der Sonnenmotor von Mouchet
Der französische Lehrer Augustin Mouchet ließ sich 1861 einen Sonnenmotor patentieren, bei dem ein Spiegel die Sonnenstrahlen auf einen kleinen Kessel konzentrierte, der eine → Dampfmaschine speiste. Im Jahr 1869 veröffentlichte er das erste Buch über Sonnenenergie, und neun Jahre später führte er auf der Pariser Weltausstellung einen solarbetriebenen Kühlschrank vor.

1872: Süßwasserdestillation mit Sonnenkraft
Einen wirklichen Erfolg erzielte man mit dem ersten Sonnendestillationssystem, das 1872 in Las Salinas in Chile nach dem Entwurf des englischen Ingenieurs Charles Wilson gebaut wurde. Das dort vorkommende Wasser war zu salzhaltig. Wilson entwarf einen Destillationsapparat, in dem das Wasser durch die Sonnenhitze verdampfte (als Rückstand blieb Salz); anschließend kondensierte der Wasserdampf zu sauberem Wasser.

Die Anlage bestand aus 64 glasgedeckten Rahmen und lieferte täglich 19000 l Süßwasser zu einem Viertel der Kosten, die eine mit Kohle betriebene Destillieranlage verschlungen hätte.

Solardestillieranlagen ahmen den Wasserkreislauf der Erde nach, bei dem die Sonne das Meerwasser als Dampf in die Atmosphäre hinaufzieht, wo es kondensiert und schließlich als Regen niedergeht. Diese Geräte sind im Grunde sehr einfach und werden in trockenen Küstenregionen weithin verwendet.

Seit 1973: Not macht erfinderisch
Die Ölkrise im Jahr 1973 hat das Interesse an der Sonnenenergie in vielleicht entscheidendem Maß wieder belebt. Am häufigsten wird die Sonnenenergie mit Hilfe von Sonnenkollektoren für die Warmwasserbereitung und die Gebäudeheizung genutzt. Zwar hat man viele verschiedene Kollektoren entworfen, doch folgen alle im wesentlichen einem Prinzip: Wasser (oder manchmal auch Luft) strömt durch Röhren auf einer schwarzen Absorberplatte, die sich in einem flachen Kasten mit durchsichtiger Abdeckung befinden und zur Sonne ausgerichtet sind. Der Kasten ist hinter der Absorberplatte und an den Seiten isoliert, so daß die Wärmeverluste so gering wie möglich gehalten werden. Der Inhalt der Röhren nimmt die von der Platte absorbierte Wärme auf und speist einen Heißwassertank. Der Temperaturgewinn hängt davon ab, wie oft die Flüssigkeit zirkuliert, wieviel der Kollektor leistet und wie stark die Sonne scheint.

Die Erfindung des Flachkollektors wird im allgemeinen Horace-Bénédict de Saussure zugeschrieben, der mit einem einfachen, schwarz grundierten Holzkasten und einer gläsernen Abdeckung Temperaturen von 88° erreichte.

Viele Millionen von Flachkollektoren werden bereits für die Warmwasserbereitung verwendet. Um die Leistung der Kollektoren zu steigern, verlegte man die Absorberröhren in eine zweite, luftleere Röhre. Bei Anlagen, die mit hohen Temperaturen arbeiten, vermeidet man auf diese Weise Energieverluste durch Strahlung, Wärmetransport und Wärmeleitung.

In manchen Breiten können Sonnenkollektoren den vollen Warmwasserbedarf eines Haushalts decken; in Nordeuropa und in den meisten Gegenden der USA trifft dies jedoch für den größten Teil des Jahres nicht zu. Solarkollektoren arbeiten auch bei bewölktem Himmel, aber ihre Leistung ist dann wesentlich geringer.

Vom Warmwasserspeicher zur Heizung ist es nicht weit. Die besten Ergebnisse erzielt man dabei, wenn das ganze Haus von vornherein für die Nutzung von Sonnenenergie geplant wird. Es kann so gebaut werden, daß große Fenster auf der Sonnenseite liegen, die tagsüber ein Höchstmaß an Wärme auffangen. Isolierende Jalousien verhindern Wärmeverluste in der Nacht.

Für längere Kälte- oder Bewölkungsperioden haben Häuser mit Solarheizung meistens einen Wärmespeicher. Das kann ein Wassertank sein oder ein Material, das in hohem Maße Wärme festhält – wie etwa Stein. Der Wärmespeicher ist häufig im Keller untergebracht und wird bei Sonnenschein durch Rohre aufgeheizt, durch die das Wasser von den Flachkollektoren fließt. Dieselben Rohre transportieren später die Heizwärme.

Bereits bestehende Häuser alter Bauart sind für eine Solarheizung meistens zu schlecht isoliert und daher ungeeignet. In einem isolierten Haus kann die Sonnenenergie die Heizkosten erheblich senken. Für sonnenarme Kälteperioden braucht man aber auch noch eine herkömmliche Heizung, und die Investitionskosten für zwei Systeme sind ziemlich hoch.

Stromerzeugung mit Sonnenwärme
Aufmerksamkeit verdient auch die Frage, wie man mit Sonnenenergie Elektrizität erzeugen könnte. Hier gibt es zunächst die Möglichkeit, mit Sonnenwärme Flüssigkeiten zum Kochen zu bringen und mit dem Dampf eine → Turbine anzutreiben. Ein → Sonnenofen besteht aus einer großen

Forscher, der sich Sorgen um eine Zukunft machte, in der vielleicht die Lichter ausgehen könnten, die Sonne wieder ein.

Die Menge der Sonnenstrahlung, die die Erdatmosphäre erreicht, ist gewaltig – 28 000mal größer als alle anderen Formen von Energie, die vom Menschen genutzt werden. Ungefähr 35 Prozent der Sonnenstrahlung werden wieder in den Raum zurückgestrahlt; 18 Prozent schluckt die Atmosphäre zur Bewegung der Winde, und 47 Prozent dringen bis zur Erdoberfläche durch. Kein Land der Erde verbraucht so viel Energie, wie alljährlich frei auf die Dächer seiner Häuser strahlt, und zwar vollkommen kostenlos. Sonnenenergie gibt es also in Hülle und Fülle; aber es ist teuer und schwierig, sie einzufangen. Eine neue Wirtschaft, die auf Sonnenenergie beruht, würde völlig anders aussehen als die bisherige. Damit sind weniger Versuche gemeint, etwa durch pflanzlichen Al-

---

Zahl beweglicher → Spiegel, die der Sonne auf ihrem Weg über den Himmel folgen und ihre Strahlen auf einen Punkt an der Spitze eines Turms werfen. Dort entstehen dann Temperaturen bis zu 4000°.

Ein anderes System, die sogenannte Solarfarm, wurde von den amerikanischen Sonnenenergiepionieren Aden und Marjorie Meinel vorgeschlagen. In Reihen

Sonnenhäuser *Diese Doppelhäuser sind nach dem neuesten Stand der Solartechnik gebaut. Die Neigung des Hauptdachs und des Wintergartendachs beträgt 40°. Bei diesem Winkel ist die Strahlenausbeute am größten.*

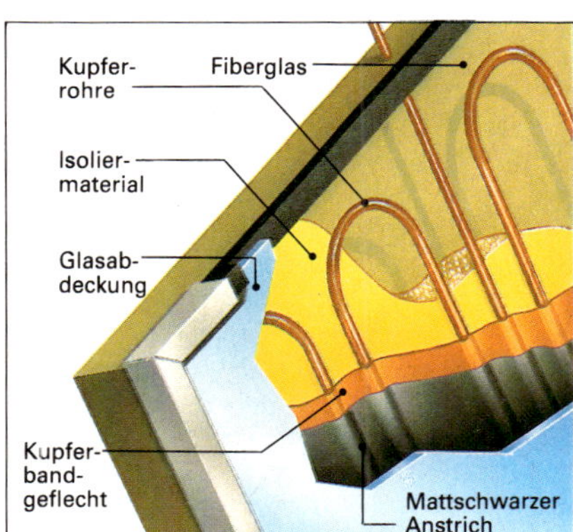

Sonnenkollektor *In einem Flachkollektor sind Kupferrohre angebracht, in denen Wasser fließt. Kupferbänder nehmen zusätzlich Hitze auf. Die Fläche unter Glas ist schwarz gestrichen.*

SOLARHEIZUNG FÜR EIN WOHNHAUS

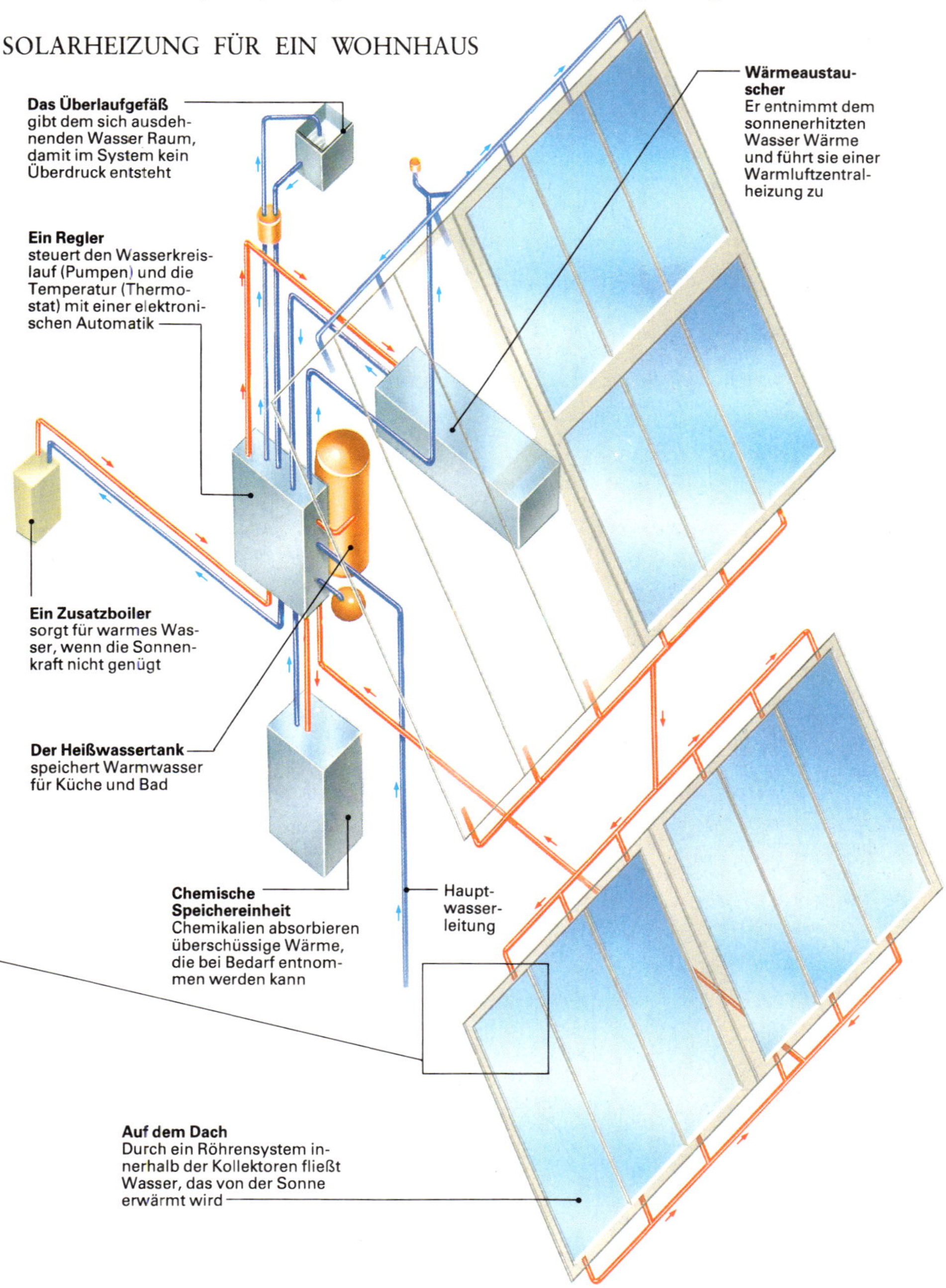

Seit einigen Jahren beschäftigen sich Firmen in aller Welt mit Solartechnik für Wohnhäuser. Sie bauen und installieren Sonnenkollektoren sowie eigens für Solarsysteme konstruierte elektronische Steuergeräte und Pumpen, die für warmes Wasser, Raumheizung und Belüftung im häuslichen Bereich sorgen. Zwar sind spektakuläre Erfolge bisher ausgeblieben; aber die Entwicklung schreitet beständig voran.

kohol das Autobenzin zu ersetzen, wie das in Brasilien mit begrenztem Erfolg geschieht. Aber dort, wo Wärme das Endprodukt ist, könnte die Sonnenenergie möglicherweise langfristig Öl und Kohle ablösen. Bei der Gebäudeheizung und Warmwasserbereitung ist Sonnenenergie bereits unter bestimmten Umständen in allen Teilen der Welt wirtschaftlich und unter allen Umständen in einigen Teilen der Welt. Auf längere Sicht kann sie sich auch bei der Stromerzeugung als wettbewerbsfähig erweisen.

In der Folge prophezeien die Solaringenieure eine weitgehende Dezentralisierung der Energieversorgung. Die Abhängigkeit der Verbraucher von Monopolbesitzern (Öllieferanten und Elektrizitätswerken) dürfte geringer werden. Wer sich sein Haus durch Sonnenwärmekollektoren heizen und seinen eigenen Strom mit einer Solarzellenanlage erzeugen kann, ist nicht mehr darauf angewiesen, sich mit umständlichen Heizkosten-

---

angeordnete Parabolreflektoren sollen die Sonnenstrahlung auf Röhren konzentrieren, in denen sich geschmolzene Salze oder heiße Gase befinden. Die erhitzten Stoffe würden dann durch ein isoliertes Röhrensystem zu einer zentralen Generatorenstation gepumpt. Ein solches Kraftwerk wäre nahezu ideal für Wüstenregionen.

Solarfarmen und Sonnenöfen können nur tagsüber arbeiten. Meereswärmekraftwerke dagegen nutzen die Sonnenwärme, die im Meer gespeichert ist, rund um die Uhr. Zwischen dem warmen Oberflächenwasser der tropischen Meere und dem kalten Wasser in der Tiefe besteht ein Temperaturunterschied von ungefähr 20°. Der französische Erfinder Jacques d'Arsonval erkannte 1881, daß man diesen Temperaturunterschied nutzen kann, um eine Wärmemaschine damit anzutreiben. Die erste praktische Vorführung unternahm der französische Wissenschaftler Georges Claude, der nach dem Ersten Weltkrieg die französische Regierung dazu brachte, ein solches Kraftwerk vor der Küste von Kuba zu finanzieren. Das Verfahren war damals noch nicht rentabel. Aber in jüngster Zeit wurden Meereswärmekraftwerke wieder interessant. Vor der Küste von Florida zum Beispiel entsteht gerade eine große Versuchsanlage. Das Prinzip ist einfach: Mit Hilfe des warmen Oberflächenwassers wird eine Flüssigkeit mit einem sehr niedrigen Siedepunkt – etwa Propan oder Ammoniak – zum Sieden gebracht. Dabei entsteht Dampf, der Turbinen antreibt, mit denen man Strom erzeugt. Anschließend wird das Gas in Kondensatoren mit kaltem Wasser, das man aus der Tiefe des Meeres heraufpumpt, wieder verflüssigt, und der Kreislauf beginnt von neuem.

Eine ähnliche Methode wurde in Israel entwickelt, wo man sogenannte Sonnenteiche angelegt hat. Wenn die Sonne das Wasser in einem Teich erwärmt, sorgen natürliche Strömungen im allgemeinen für eine mehr oder weniger einheitliche Temperatur im ganzen Teich. Das läßt sich jedoch verhindern, indem man dem Wasser Salze beimengt, die sich in den unteren Wasserschichten besonders konzentrieren. Die unterste Schicht wird dadurch zu schwer, um an die Oberfläche zu steigen, wenn sie von der einfallenden Sonnenstrahlung erwärmt ist. So wird der natürliche Wärmeaustausch unterdrückt. Die unteren Schichten werden immer heißer, und der Teich funktioniert wie eine riesige Kombination von Sonnenkollektor und Wärmespeicher. Wenn man nun am Boden des Teichs Rohre verlegt, läßt sich daraus ständig Wärme abzapfen.

MEERESWÄRMEKRAFTWERK

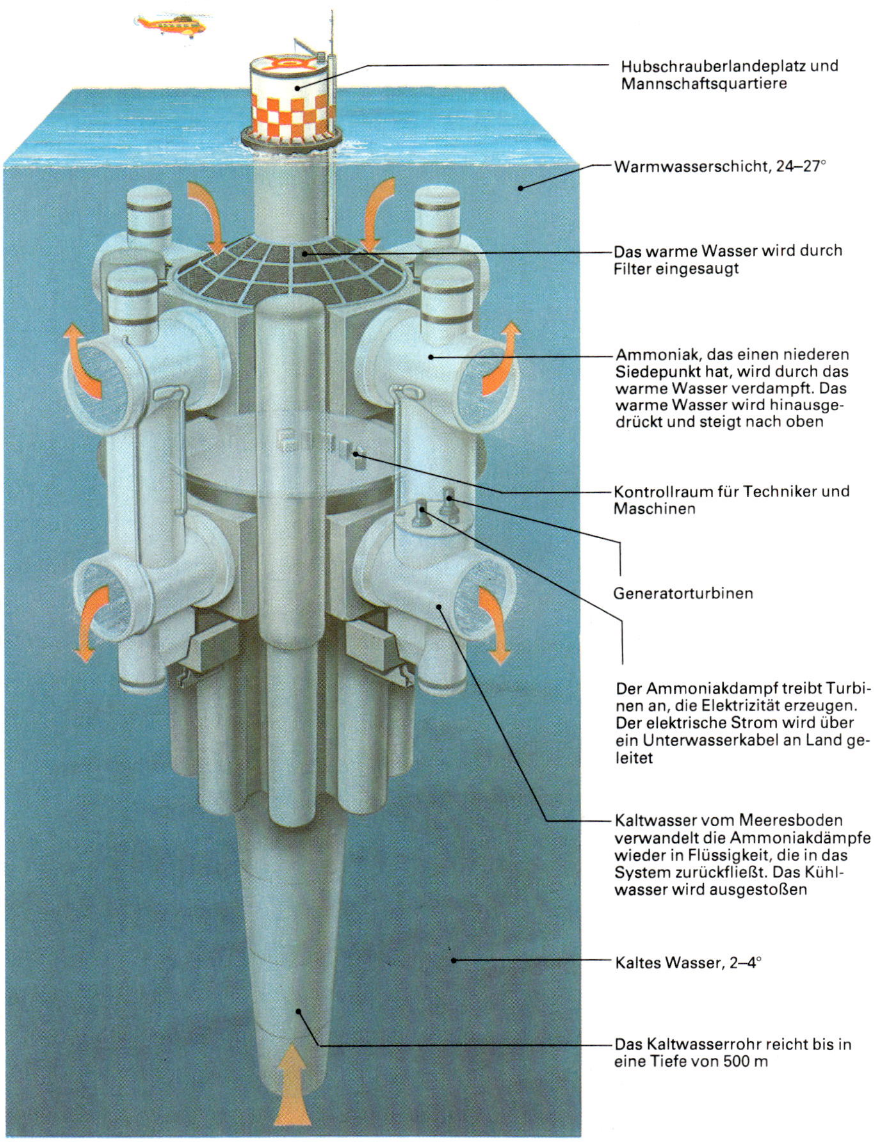

Die Meere nehmen ständig riesige Mengen Sonnenwärme auf. Meereskraftwerke, die zum größten Teil unter der Wasseroberfläche liegen, werden zur Zeit in Amerika gebaut. Sie sollen Mitte der 80er Jahre die Sonnenstrahlung in Elektrizität umwandeln.

Elektrizität direkt aus Solarzellen

Manchen Fachleuten erscheint die direkte Umwandlung von Sonnenenergie in Elektrizität durch Solarzellen reizvoller. 1954 entdeckten Mitarbeiter der Bell Telephone Laboratories in den USA, daß ein dünnes Siliziumplättchen, versehen mit einer noch dünneren, mit Bor

abrechnungen herumzuschlagen. Energie wird niemals ganz umsonst sein, denn man muß eine Anlage kaufen und sie warten lassen, aber die Zeit der Unterbrechungen und ständigen Preissteigerungen wäre vielleicht vorbei.

Zunächst wird eine Industrie von gewaltigem Ausmaß entstehen, die Solaranlagen zum Auffangen der Sonnenstrahlung produziert. Die Solartechnik wird auch die ganze übrige Wirtschaft beeinflussen, denn die Betriebe hat es schon immer an wichtige Verkehrswege gezogen oder dorthin, wo die Energiequellen lagen: anfangs an die Flüsse, welche Wassermühlen betreiben; dann in die Kohlenreviere und zuletzt auf die Ölfelder. Wenn sich die Nutzung der Sonnenenergie hinreichend industriell entwickelt, ist mit einer großen Nachfrage in den sonnigen Gegenden der Erde zu rechnen. Nordeuropa, das die Welt so lange beherrschte, könnte dann einen wirtschaftlichen Niedergang erleben.

---

gesättigten Siliziumschicht, das Sonnenlicht direkt in Elektrizität umwandelt. Das Licht, das auf die äußere Schicht fällt, veranlaßt dort Elektronen, in die Siliziumunterlage zu wandern. Dadurch entsteht zwischen den beiden Schichten eine elektrische Spannung. Um allerdings nennenswerte Stromstärken zu erzielen, müssen mehrere Zellen miteinander verbunden werden, so daß sich ihre Leistungen summieren. Solche Solarzellen haben viele Vorteile: keine beweglichen Teile, lange Lebensdauer, geringe Wartung und kein Brennstoffbedarf. Aber sie haben auch Nachteile: Sie nutzen höchstens ein Viertel der einfallenden Energie.

Obwohl Silizium an sich billig ist, kostet die Umwandlung dieses Stoffes in sogenannte Einkristalle, die für Solarzellen erforderlich sind, viel Geld. Es gibt jedoch einige Anwendungsbereiche, wo die Vorteile der Solarzellen überwiegen. Praktisch jedes → Raumfahrzeug hat bisher Elektrizität aus Solarzellenbatterien bezogen. Auch bei automatischen Wetterstationen und Leuchtbojen werden sie verwendet.

Das fortschrittlichste und ehrgeizigste Projekt für ein Sonnenkraftwerk schlug 1968 der amerikanische Ingenieur Peter Glaser vor. Er stellte sich eine riesige Anlage von Solarzellen in einer Erdumlaufbahn rund 37000 km über dem Äquator vor. Die Anlage könnte in dieser Höhe die 15fache Energiemenge einer ähnlich großen Anlage auf der Erde einfangen. Die Energieausbeute dieses Kraftwerks würde als dicht gebündelter Mikrowellenstrahl zu einer Aufnahmestation auf der Erde gesendet, die als Umwandler und Verteiler funktioniert.

ELEKTRIZITÄT DIREKT AUS SONNENSTRAHLEN

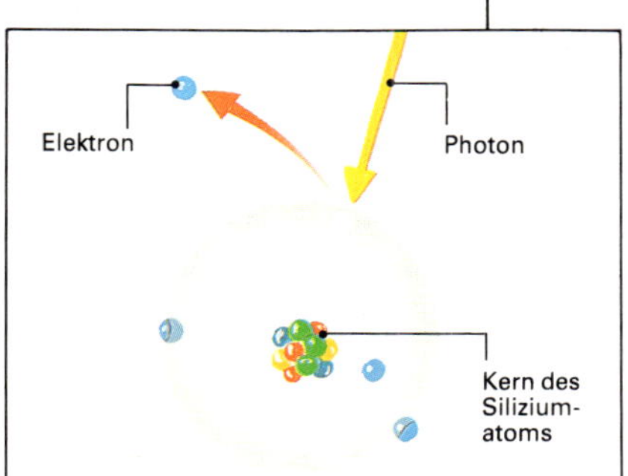

Ein Photon trifft auf Wenn Licht auf Siliziumatome stößt, wird jeweils ein Elektron aus dem Atomgefüge herausgesprengt; es entsteht ein freies Elektron und ein Loch. Jedes Photon hat bei jedem Siliziumatom diese Wirkung

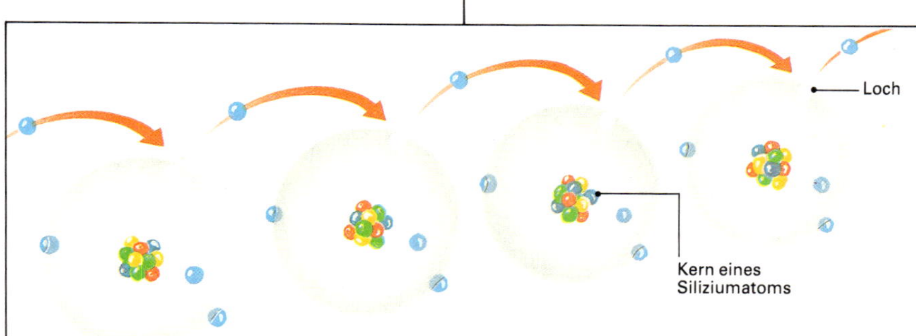

Von Loch zu Loch Frei fließende Elektronen aus der oberen Siliziumschicht werden von den Löchern in der unteren Schicht angezogen. Ein Loch bedeutet, daß ein Elektron im Atomgefüge fehlt. Gerät nun ein freies Elektron in die Nähe eines solchen Lochs, wird dies zwar geschlossen, aber ein neues tut sich da auf, wo es herkommt. Aufgrund dieser Kettenreaktion entsteht elektrischer Strom. Seine Stärke hängt von der Stärke des Lichts, d. h. von der Zahl der einfallenden Photonen, ab

Solarzellen für Sonnenbatterien *Die amerikanische Bell Telephone Company baute zu Beginn der 50er Jahre die ersten Solarzellen, die Sonnenstrahlen direkt in Elektrizität umwandeln. Diese Zellen bestehen aus zwei Schichten Halbleitermaterial, dem gleichen Material wie Siliziumchips. Um jedoch eine nennenswerte Leistung zu erzielen, muß man viele solcher Zellen miteinander verbinden. Solarzellen sind zwar nicht billig, aber extrem langlebig und nahezu wartungsfrei. Staubwischen genügt. Das macht sie auch für Privatbenutzer interessant.*

Wärmefalle in Odeillo *Dieser Sonnenofen für Versuchszwecke wurde 1969 in Odeillo in den französischen Pyrenäen gebaut. 63 bewegliche Planspiegel reflektieren das Sonnenlicht auf einen großen Parabolspiegel. Dieser sammelt die Sonnenstrahlen in einem Brennpunkt, wo Temperaturen von etwa 3800° erzeugt werden.*

Sonnenofen

1969 in Frankreich gebaut

Die bislang erfolgreichste Schmelzanlage, die als Energiequelle die Sonne nutzt, wurde 1969 in dem französischen Pyrenäendorf Odeillo in Betrieb genommen. Die Sonnenstrahlen werden zunächst von 63 Planspiegeln aufgefangen, die dem Lauf der Sonne folgen. Sie werfen die Strahlen auf einen 2000 m^2 großen, aus 9500 Elementen bestehenden Parabolspiegel, der die Energie in seinem Brennpunkt konzentriert. In diesem Punkt steht der Schmelzofen, der so auf eine Temperatur von etwa 3800° gebracht wird. Die Vorteile einer solchen Anlage sind diese hohe Temperatur und die Tatsache, daß dem zu schmelzenden Material keine Verunreinigungen zugeführt werden; die Kosten allerdings sind sehr hoch.

Um noch höhere Leistungen zu erzielen, entwickelte man in den USA einen Sonnenturm (Solar Tower), der seit 1977 in New Mexico probeweise arbeitet. Er besitzt mehr als 5500 einzelne, von →Computern gesteuerte →Spiegel, die das Sonnenlicht auf einen Kessel konzentrieren. Dieser befindet sich auf einem hohen Turm. Er liefert Dampf zum Antrieb von Turbogeneratoren, die elektrischen Strom erzeugen. Solche Anlagen gibt es auch in der Sowjetunion.

In sonnigen Gegenden können Sonnenkraftwerke einen kleineren Ort mit Strom versorgen. Die größte Anlage dieser Art wird in Arizona geplant. 35000 Spiegel mit einer Gesamtfläche von 2 km^2 werden die Sonnenenergie auf einem 300 m hohen Turm reflektieren. Das Kraftwerk soll eine Leistung von 300 MW entwickeln.

Speer

In der Steinzeit entwickelt

Der Speer ist eine der ältesten und vielseitigsten Waffen des Menschen. Der Steinzeitmensch fertigte die ersten bekannten Speere vor über 45000 Jahren an, indem er einen scharfkantigen Feuerstein am Ende eines Stockes befestigte. Primitive Stämme jagen noch heute mit dem Speer.

Ein Speer kann gestoßen oder, wie das römische Pilum, geworfen werden. Im Mittelalter verlor er seine Bedeutung als Wurfwaffe, weil die Rüstung verbessert worden war. Er wurde abgelöst vom Langspieß und von der Lanze.

Spektroskop

Es wurde 1859 von zwei deutschen Wissenschaftlern erfunden

Im Jahr 1859 begannen zwei deutsche Naturwissenschaftler, der Physiker G. Robert Kirchhoff und der Chemiker Robert Wilhelm Bunsen, der Erfinder des →Bunsenbrenners, die Farben des Lichtes zu untersuchen, das von glühenden Gasen ausgesandt wird. Die beiden Forscher vermuteten, daß man diese Farben dazu benutzen könne, die leuchtenden chemischen Elemente zu identifizieren. Sie analysierten das Licht, indem sie es in seine Farbkomponenten zerlegten.

Dieses Verfahren war 1665 von dem englischen Naturwissenschaftler Isaac Newton eingeführt worden. Er hatte einen Lichtstrahl durch ein Prisma geschickt und festgestellt, daß er sich dann auffächerte und ein regenbogenfarbenes Lichtband, ein sogenanntes Spektrum, bildete.

Kirchhoff und Bunsen verfeinerten diese Technik und bauten ein Gerät, das sie Spektroskop nannten. Sie ließen das Licht von glühenden Gasen durch einen schmalen Spalt fallen, bündelten es mit Hilfe von →Linsen und schickten es dann durch ein Prisma. Das Spektrum, das auf diese Weise entstand, wurde durch ein kleines Fernrohr betrachtet und ausgemessen.

Kirchhoff und Bunsen stellten fest, daß jeder reine Stoff sich durch bestimmte charakteristische Farblinien zu erkennen gibt. Aus der Anordnung dieser Linien kann man also auf die vorhandenen Stoffe schließen. Mit Hilfe des Spektroskops entdeckten sie 1860 und 1861 zwei bis dahin unbekannte metallene Elemente, die nach ihren Kennfarben Cäsium (lateinisch caesius: blau) und Rubidium (lateinisch: dunkelrot) benannt wurden.

Kirchhoff untersuchte dann auch das Sonnenlicht und erkannte, daß viele Elemente, die auf der Erde vorkommen, auch auf der Sonne vorhanden sind. Mit dem Spektroskop fand man überdies heraus, daß das Element Wasserstoff der Hauptbestandteil aller Materie im Weltall ist.

Für ein modernes Spektroskop verwendet man statt eines Prismas ein Beugungsgitter. So nennt man eine Platte mit zahlreichen, dicht beieinander stehenden parallelen Linien, die das Licht ebenfalls brechen, aber sehr viel genauere Messungen erlauben. Die Spektren werden direkt beobachtet oder fotografiert oder elektronisch ausgewertet.

Die moderne Chemie verdankt dem Spektroskop zahlreiche Fortschritte. Das Gerät kann noch die chemische Zusammensetzung von Stoffen enthüllen, die nur in kleinsten Spuren vorhanden sind. Es macht Verunreinigungen sichtbar und gibt Aufschlüsse über die Struktur von Atomen.

Spiegel

In Ägypten bereits um 2900–2800 v. Chr. verwendet

Die ältesten Spiegel stammen aus ägyptischen Gräbern; sie sind aus Kupfer hergestellt. In Mitteleuropa hat man Handspiegel aus polierter →Bronze gefunden, die um 200 v. Chr. entstanden sind. Die Römer fertigten Wandspiegel aus Obsidian (Vulkanglas).

Im 13. Jh. gab es neben den Metallspiegeln bereits Glasspiegel. In Venedig hinterlegte man Glasscheiben mit Zinnblech und Quecksilber und erhielt so ein klareres Bild.

Konvexe Spiegel, die in einem Raum nahezu alle Gegenstände wiedergeben, wurden im 15. Jh. in Nürnberg gemacht, indem man Glaskugeln innen mit Zinnamalgam auskleidete.

Die moderne Spiegelherstellung beruht auf einem Verfahren, das der deutsche Chemiker Justus von Liebig 1835 entwickelt hat. Dabei wird eine Silberschicht auf eine Glasfläche aufgetragen und anschließend mit einer Schutzschicht aus Lack überzogen.

Spielkarten

In China bereits vor 900 bekannt

Einer Überlieferung zufolge sind die Spielkarten von vornehmen Damen in China erfunden worden, die sich damit die Langeweile vertrieben. Schon im 7. und 8. Jh. soll das Kartenspiel dort bekannt gewesen sein. Im Jahr 969 prangerte der Kaiser Mu-tsung die Spielkarten öffentlich an und behauptete, sie seien an dem Unglück schuld, das über das Haus Tschien hereingebrochen war. Der Grund hierfür dürfte gewesen sein, daß die Karten zum Glücksspiel verleiteten, einem Zeitvertreib, der im Lauf der Zeit immer wieder verboten worden ist – wenngleich ohne Erfolg.

Nach Europa sind die Spielkarten wohl im 14. Jh. gekommen. Genaueres weiß man darüber nicht. Immerhin schrieb ein Mönch namens Johannes in Rheinfelden 1377 eine lateinische Abhandlung über das Kartenspiel. Schon 1378 wurde es in Regensburg und Konstanz verboten, wohl weil manche Leute sich durch Glücksspiel ruinierten.

Zunächst wurden die Karten einzeln mit der Hand hergestellt. Von der Mitte des 15. Jh. an druckte man sie dann mit Holzstöcken und trug die Farben mit Hilfe von →Schablonen auf. Nun verbreiteten sich die Spielkarten rasch, und bald hatten die Geistlichen Grund, allerorten gegen die Spielleidenschaft der Menschen zu wettern.

Das Aussehen der Karten veränderte sich im Lauf der Zeit auf vielfältige Weise, und es gab die verschiedensten Systeme. Am bekanntesten in der ganzen Welt ist heute das französische Farbsystem mit den Zeichen Kreuz, Pik, Herz, Karo, das im 15. Jh. aufkam. Das 19. Jh. fügte noch den Joker hinzu.

Spinnmaschine

siehe Seite 262

Sprengstoffe

Die Chinesen benutzten im 9. Jh. Schießpulver

Wer den ersten Sprengstoff, das Schießpulver, erfunden hat, ist nicht bekannt. Die Chinesen verwendeten solches Pulver im 9. Jh. für Signale und Feuerwerke. Um 1300 schossen die Araber damit Pfeile aus →Kanonen ab. Als Erfinder des Schießpulvers im Abendland gilt der Mönch Berthold Schwarz (eigentlich: der schwarze Berthold, Bertholdus niger) aus Konstanz, der im 14. Jh. an der Universität von Paris lehrte. Hier soll er Salpeter, Schwefel und Holzkohle gemischt und die Sprengwirkung dieses Pulvers entdeckt haben. Vermutlich gab es aber bereits zu Anfang des 14. Jh. Schießpulver in Europa.

Das Schießpulver oder Schwarzpulver besteht aus 75 Prozent Kalisalpeter, 15 Prozent Holzkohle und 10 Prozent Schwefel. Es ist nicht schlagempfindlich und muß durch eine Flamme oder Hitze gezündet werden. Bis in die Mitte des 19. Jh. diente Schießpulver als Treibladung für Kanonen, als Explosionsmittel in Granaten und als Sprengmittel im Bauwesen und Bergbau. Bei der Explosion bildete sich ein dicker, schwarzer Qualm, und die Kanonenrohre waren nach jedem Schuß verrußt.

Der italienische Chemiker Ascanio Sobrero stellte 1847 erstmals Nitroglyzerin oder Sprengöl her. Dieser Stoff ist äußerst stoßempfindlich. Seine Produktion war daher sehr gefährlich, bis 1866 der Schwede Immanuel Nobel und sein Sohn Alfred dafür ein verhältnismäßig gefahrloses technisches Verfahren entwickelten. Alfred Nobel stellte 1867 erstmals Dynamit her, ein Gemisch aus Nitroglyzerin und einem Absorptionsmittel, etwa Kieselgur. Dieses Gemisch war gefahrloser zu handhaben, hatte aber die gleiche Sprengkraft. Im Jahr 1877 erfand Nobel die Sprenggelatine, ein Gemisch aus Nitroglyzerin und Schießbaumwolle (mit Salpeter- und Schwefelsäure getränkte Baumwolle). Dieser Sprengstoff war zäh und knetbar, so daß man ihn für Sprengungen im Bergbau leicht in die Bohrlöcher stopfen konnte.

Im militärischen Bereich hat das Dynamit das Schwarzpulver nicht verdrängt. Es ist zu brisant und explodiert zu schnell: Jedes Rohr würde bersten, bevor der Gasdruck auf andere Weise entweichen kann.

Der französische Chemiker Paul Marie E. Vieille stellte 1884 das erste sicher zu handhabende, rauchlose Schießpulver her, indem er dessen Verbrennungsgeschwindigkeit verlangsamte. Er löste Schießbaumwolle in Äther und →Alkohol zu einer gelatinösen Masse auf und walzte sie in Form von Platten aus, die dann in Streifen geschnitten und durch Trocknen gehärtet wurden. In dieser Form brannte die Schießbaumwolle nur an der Oberfläche, nicht gleich auf einmal. Nobel stellte 1887 einen ähnlichen Sprengstoff unter der Bezeichnung *Ballistit* her, indem er Nitroglyzerin anstelle von Äther und Alkohol verwendete.

Nachdem das rauchlose Schießpulver eingeführt war, konnte man die kämpfende Truppe aus größerer Entfernung nicht mehr erkennen, und der Soldat konnte viele Schüsse abgeben, ehe die →Gewehre oder Geschütze wieder gereinigt werden mußten.

In der zweiten Hälfte des 19. Jh. wurden zwei neue Sprengstoffe für Granaten entwickelt. In Frankreich erfand man um 1886 die Pikrinsäure (Ammoniumpikrat), und J. Wilbrand entdeckte 1863 das Trinitrotoluol (TNT). Beide Sprengstoffe sind kaum schlagempfindlich und müssen durch Zünden zur Explosion gebracht werden. Sie wurden im Ersten wie im Zweiten Weltkrieg eingesetzt.

Ehe es nukleare Sprengstoffe gab, hatte das 1899 von dem Deutschen Hans Henning entdeckte *Hexogen* die stärkste Wirkung. In größerem Maßstab wurde es jedoch erst im Zweiten Weltkrieg unter den Bezeichnungen *Cyclonite* und *RDX* in den USA und in Kanada hergestellt.

Spinnmaschine

Im 13. Jh. kam das Spinnrad von Indien nach Europa

Als die Menschen begannen, ein seßhaftes Leben zu führen, weil sie von den Erträgen der Landwirtschaft leben konnten, entwickelten sie auch die Technik des Spinnens. In der Gegend von Zagros in Mesopotamien wurden nun Schafe als Haustiere gehalten, deren Wolle man – wohl um 9000 v. Chr. – zu grobem Garn drehte und dann verwebte. Das Verfahren des Webens war damals durch das →Korbflechten bekannt. Zum erstenmal hatten die Menschen nun eine Alternative zu ihrer Fellkleidung. Überdies waren die Wollsachen wesentlich wärmer.

Im Lauf der Zeit bildete sich die Spinntechnik mit Spinnrocken und Spindel heraus, die sich dann bis ins Mittelalter hielt. Vermutlich im 13. Jh. kam das Spinnrad aus Indien nach Europa und breitete sich dort rasch aus.

Die Feinspinnmaschine, die um 1764 von James Hargraves in England konstruiert wurde (siehe S. 185), steigerte die Leistung. Richard Arkwright revolutionierte das Spinnen, als er 1771 in Cromford, Derbyshire, Spinngeräte in einer Spinnerei aufstellte. Damit begründete er das moderne Fabriksystem.

An einer weiterentwickelten Maschine von Samuel Crompton konnte ein Ar-

Von der Handspindel zur Rotorspinnmaschine

Um 7000 v. Chr.: Rocken und Spindel
Die meisten Naturfasern wie Wolle und Baumwolle sind nur einige Zentimeter lang. Will man sie zu Stoffen verweben, müssen sie zu einem langen Faden ineinandergedreht werden. Die ersten Menschen, die dies taten, lebten wahrscheinlich um 9000 v. Chr. in Mesopotamien im Gebiet von Zagros. Sie waren die ersten, die sich Hausschafe hielten.

Das früheste Garn bestand wahrscheinlich aus Wollfasern, die einfach zwischen den Handflächen gerollt wurden. Später verarbeitete der Mensch auch Leinen- und Baumwollfasern zu Fäden.

Seit ungefähr 7000 v. Chr. wurde mit Rocken und Spindel gesponnen. Die Spinnerin – stets war es eine Frau – hielt in der einen Hand einen Stab, den Rocken, auf den ein Faserbündel gewickelt war. Mit der anderen Hand zog sie ein paar Fasern in Form eines losen Bandes (Florband) heraus und befestigte sie in einer Kerbe am oberen Ende eines zweiten Stockes, der Spindel.

Die Spindel wurde am unteren Ende mit einem flachen, runden Stein, der sogenannten Wirtel, beschwert. Nun versetzte die Spinnerin die Spindel in eine tanzende Drehung, so daß die lose Faserschnur sich zu einem festen Faden verzwirnte. Dann wickelte die Frau das gesponnene Garn auf die Spindel.

Spinnrocken und Spindel *Eine Frau in Nordindien zieht die Fasern vom Rocken und verzwirnt sie mit der kreiselnden Spindel zu einem Faden.*

Spinnrad *Mit solchen Spinnrädern spannen einst viele Frauen zu Hause. Oft verwebten Männer das Garn anschließend, ebenfalls im Haus, zu Stoffen.*

13. Jh.: Das Spinnrad kommt nach Europa
Man nimmt an, daß die erste Maschine, die das Spinnen erleichterte, aus Indien stammt und im 13. Jh. nach Europa gelangte. Es war das Spinnrad, ein Gerät, das die Spindel mechanisch drehte. Die Spinnerin führte zunächst die gleichen Handgriffe aus wie beim Handspinnen, doch statt der Spindel drehte sie nun mit der Hand ein großes Rad, das über einen Treibriemen die Spindel antrieb, die sich dadurch wesentlich schneller drehte.

Um 1600: Das Flügelspinnrad
Ein verbessertes Spinnrad kam um 1600 aus Sachsen. Der Spinnrocken war nun an der Maschine befestigt, und das Rad besaß einen Fußantrieb, so daß die Spinnerin beide Hände frei hatte. Dieses Spinnrad konnte den Faden gleichzeitig spinnen und mit Hilfe eines U-förmigen Flügels auf eine Spule wickeln.

Um 1764: Die *Spinning Jenny*
Nachdem der englische Weber John Kay 1733 das Webschiffchen erfunden hatte, konnte man so schnell weben, daß die Spinner mit der Lieferung von Garn kaum noch nachkamen. Um 1764 baute ein Weber aus Lancashire, James Hargraves, eine Maschine, die er *Spinning Jenny* (siehe S. 185) nannte. Sie stand am Beginn der → Massenproduktion. Hargraves' erste Spinnmaschine spann das Garn auf acht Spindeln gleichzeitig; ein späteres Modell hatte 16. Die Spindeln wurden von Spulen mit Vorgarn, einem losen, garnähnlichen Fasergebilde, beschickt. Man trieb die *Spinning Jenny* an, indem man ein → Rad mit einer Kurbel drehte. In einem dreistufigen Arbeitsgang wurde das Vorgarn erst verstreckt, dann verdrillt und schließlich auf die Spindeln gewickelt. Diese Spinnmaschine erhöhte zwar die Produktion, aber das Garn war recht weich.

Die Wasserspinnmaschine *Arkwrights Maschine konnte vier Fäden in einem durchgehenden Arbeitsgang spinnen. Sie streckte und verzwirnte den Faden und wickelte ihn dann auf Spulen auf.*

beiter bis zu 10000 Spindeln bedienen. 1812 produzierte diese Maschine in England bereits genauso viel wie vier Millionen Spinnräder.

In der Baumwollindustrie setzte nun der große Aufschwung ein. Auch eine Durchschnittsfamilie konnte sich jetzt zum Beispiel Unterwäsche aus Baumwolle leisten, die leichter zu waschen und überdies gesünder war.

Die Spinnereibesitzer errichteten ihre Fabriken in der Nähe von Flüssen, später auch von Kohlegruben. Um die Betriebe herum entstanden hastig hochgezogene Städte, bei denen man kaum an Komfort oder sanitäre Einrichtungen dachte.

Die Mechanisierung wurde von vielen Textilarbeitern, die ihren Lebensunterhalt bedroht sahen, erbittert bekämpft. Von 1811 an kam es in England zu schweren Unruhen, bei denen auch Maschinen zerstört wurden. Menschen, die bislang unabhängig in Textilberufen gearbeitet hatten, verloren ihre alte Existenz, weil die Maschinen Garne und Stoffe billiger herstellen konnten als sie. Vor der Industrialisierung konnten sie bis zu 25 Shilling pro Woche verdienen. Trotz des 18-Stunden-Tages in der Fabrik verdienten sie dort nur die Hälfte. Häufig wurden Frauen und Kinder als billige Arbeitskräfte eingestellt. Schließlich taten sich die Arbeiter zusammen und bildeten Gewerkschaften, um sich gegen die Ausbeutung zu wehren.

Cromptons *Mule*-Maschine *Der Wagen rollte auf Schienen, so daß das Vorgarn verstreckt wurde. Rotierende Spindeln verzwirnten es. Während der Wagen zurückrollte, wurde das Garn auf Spindeln gewickelt.*

1769: Die Wasserspinnmaschine
Richard Arkwright, ein Erfinder aus Lancashire, erhielt 1769 ein Patent für eine neuartige Spinnmaschine, die über einen Riemen von einem → Wasserrad angetrieben wurde. Das Vorgarn lief über Walzen, die sich mit unterschiedlicher Geschwindigkeit drehten und so das Garn streckten. Anschließend wurde das Garn dem bügelförmigen Flügel über der Spule zugeführt, der das Garn verzwirnte und es auf die Spule wickelte. Arkwrights Wasserspinnmaschine stellte ein kräftiges, gut gedrehtes Garn her.

1775: Arkwrights Krempelmaschine
Um für den schnelleren Spinnvorgang genügend Flor bereitzustellen, mußte man das Krempeln beschleunigen: das Kämmen der Fasern, das sie parallel legte. Dies geschah seit dem Mittelalter mit einer Drahtbürste. Im Jahr 1748 ließ sich David Bourn in Herefordshire in England eine Maschine mit zylindrischen, rotierenden Drahtbürsten patentieren, die von Hand oder durch Wasserkraft angetrieben wurde. Arkwright erhielt 1775 ein Patent für ein mit Wasserkraft betriebenes Modell, welches das Fasermaterial sowohl kardierte (kämmte) als auch verzog.

1779: Die *Mule*-Maschine
Der Weber Samuel Crompton aus Lancashire entwickelte die Spinnmaschine weiter. 1779 brachte er eine Maschine heraus, die bestimmte Elemente der Maschinen von Hargraves und Arkwright vereinte. Weil sie also gewissermaßen eine Kreuzung darstellte, nannte man sie *Mule* – Maulesel.

Cromptons Maschine hatte einen Laufwagen, auf dem 48 Spindeln angebracht waren. Er lief auf Schienen, wobei er die Vorgarne streckte und die Fäden während des Verzwirnens ständig gespannt hielt. Auf diese Weise entstand ein feines, gleichmäßiges Garn.

Der britische Ingenieur R. Roberts entwickelte 1825 die *Mule*-Maschine zum automatisch arbeitenden Selfaktor (selfactor) weiter.

1830: Die Ringspinnmaschine
Der amerikanische Ingenieur J. Thorp erfand 1830 die Ringspinnmaschine. Bei ihr ist der herkömmliche Flügel durch einen Ring ersetzt. Die Vorgarne laufen über Walzen, von denen jede sich mit größerer Geschwindigkeit dreht als die vorhergehende, so daß feiner ausgezogene Fäden entstehen. Jeder Faden wird dann durch einen rotierenden Läufer einer Spindel zugeführt und gleichzeitig verzwirnt.

Moderne Ringspinnmaschinen, die Baumwolle und Wolle verarbeiten, sind große Anlagen. Sie haben bis zu 500 Spindeln, die sich mit Geschwindigkeiten bis zu 12000 U/min drehen können.

1965: Noch schneller mit einem Rotor
Eine Spinnmaschine, die sich von den herkömmlichen Typen völlig unterscheidet, wurde 1965 in der Tschechoslowakei konstruiert. Ihr Herzstück ist ein Hochgeschwindigkeitsrotor, der pro Minute bis zu 60000 Umdrehungen macht.

Die natürlichen oder künstlichen Fasern werden der Maschine in Form eines sehr lockeren Faserbands eingegeben. Dieses wird dann gesäubert und verstreckt und schließlich in den Rotor gesogen. Dort fliegt es in eine Rille in der Wand, wo es zu Garn verzwirnt wird.

Diese Rotorspinnmaschine kann bis zu sechsmal schneller spinnen als eine Ringspinnmaschine. Sie verbreitete sich in den 70er Jahren rasch.

Ringspinnmaschine *Ein kilometerlanges Garn wird durch einen umlaufenden Läufer verzwirnt und dann auf eine Spindel gewickelt.*

Rotorspinnmaschine *Im Rotorgehäuse wird das lockere Florband in eine Rille in der Rotorwand geschleudert, wo es verzwirnt wird.*

Sprühdose

1941 in den USA gewerbsmäßig hergestellt. Aus den Dosen wurde Insektengift versprüht

Der Norweger Erik Rotheim fand 1926 ein Verfahren, nach dem der Inhalt einer Dose fein versprüht werden kann, wenn man zusätzlich eine Flüssigkeit oder ein Gas einfüllt, das den Druck in der Dose erhöht. Praktische Anwendung fand diese Idee erst 1941, als zwei Amerikaner, T. L. Goodhue und W. N. Sullivan, ein Insektenspray entwickelten, das mit Kohlendioxid als Treibgas aus einer Düse am oberen Ende der Dose versprüht werden konnte.

Spraydosen sind seit Beginn der 50er Jahre im Haushalt weit verbreitet. Sie werden für verschiedene Produkte wie Möbelpolitur, Luftverbesserer, geruchtilgende Mittel, Rasiercremes und sogar Klebstoffe angeboten. Heute weiß man jedoch, daß ihr massenhafter Gebrauch zu Umweltschäden führen kann.

FUNKTIONSWEISE EINER SPRÜHDOSE

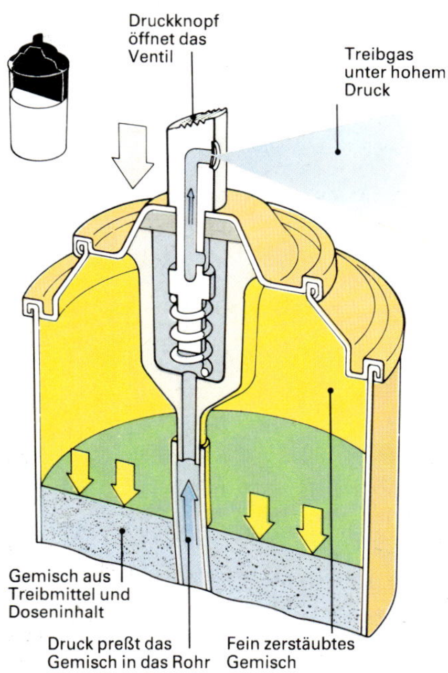

Als Treibmittel in einer Sprühdose wird meist Freon verwendet, eine Flüssigkeit, die bei −20° siedet (verdampft). Ihr Siedepunkt kann durch Druck erhöht werden. In der unter Druck stehenden Dose befindet sich das Treibmittel in teilweise flüssigem Zustand. Durch den Druck wird ein Gemisch aus Treibmittel und Doseninhalt in ein Rohr gepreßt. Wenn das Freon in die unter geringerem Druck stehende Atmosphäre außerhalb der Dose austritt, verdampft es und zerstäubt das Gemisch in feinem Strahl.

Stacheldraht

Die Massenproduktion wurde um 1870 in den USA aufgenommen

Im Jahr 1873 baute Joseph Glidden aus De Kalb im amerikanischen Bundesstaat Illinois eine Maschine für die Massenproduktion von Stacheldraht als Material für eine billige Umzäunung. Als damit im Westen der Vereinigten Staaten die Felder von den Viehweiden abgetrennt wurden, kam es zu Auseinandersetzungen mit den großen Viehzüchtern, die bislang ihre Herden nach Belieben durch das ganze Land getrieben hatten. Der Stacheldraht hat sich aber als Umzäunung durchgesetzt.

Später wurde er auch für militärische Zwecke verwendet. Im Ersten Weltkrieg wurden bereits häufig Stacheldrahtverhaue aufgebaut. In Form von Rollen, die leicht ausgebreitet werden können, benutzt man Stacheldraht heute auch für polizeiliche Absperrungen.

Stadtgas

1681 in Deutschland erfunden

Der deutsche Mediziner, Chemiker und Volkswirtschaftler Johann Joachim Becher stellte 1681 fest, daß man aus Kohle brennbares Gas gewinnen kann. Dieses sogenannte Leuchtgas, später Stadtgas genannt, entsteht, wenn man Kohle in einem geschlossenen Gefäß erhitzt.

Einige Jahre später verwendete Archibald Earl of Dundonald das brennbare Gas, das bei der Verkokung entstand, um seine Arbeitsstätte zu beleuchten. Die Universität Löwen erleuchtete 1785 einen Hörsaal mit Kohlegas (Leucht- oder Stadtgas). Doch all diese Versuche hatten noch eher wissenschaftlichen Charakter und waren gefährlich.

Erstmals praktisch angewendet wurde diese Erfindung von Philippe Lebon, einem französischen Ingenieur, und unabhängig davon von dem schottischen Mechaniker William Murdock. Im Jahr 1801 zeigte Lebon in einem Pariser Haus, daß eine Kohlegasflamme sowohl heizt als auch leuchtet und daß man das Gas in Rohren unter Putz von Raum zu Raum leiten kann.

Mit Murdock trat die Gaserzeugung in ein industrielles Stadium: Schon 1792 hatte er ein Haus in Redruth, Cornwall, mit Gas beleuchtet. 1802 stellte er zwei Gaslichter der Maschinenfabrik Boulton and Watt in Birmingham auf. Die Firma produzierte daraufhin Gaslichter. Zunächst bestellten die Besitzer einer großen Baumwollspinnerei 900 Gaslampen für ihre Fabrik.

Wesentlich wirksamer wurde das Gaslicht 1885 durch eine Erfindung von Carl Auer, einem österreichischen Physiker. Er zeigte, daß ein sogenannter Glühstrumpf aus Gaze, die mit Thorium- und Ceriumoxid getränkt ist, über der Gasflamme hellweiß zu strahlen beginnt und die Lichtausbeute erhöht.

Der Auer-Glühstrumpf hat wesentlich zur Verbreitung des Gaslichts in den letzten zehn Jahren des 19. Jh. und zu Beginn des 20. Jh. beigetragen. Seit der Einführung des elektrischen Lichts wurde die Verwendung von Stadtgas immer mehr auf Heizzwecke beschränkt. Heute wird fast ausschließlich ungiftiges Erdgas verwendet, ein Gemisch aus Methan und anderen Paraffin-Kohlewasserstoffen.

Stahlerzeugung

siehe Seite 265

Stanniolpapier

Spiegel wurden in Italien nach 1400 mit Blattzinn hinterlegt

Vom 15. bis zum 19. Jh. verwendete man in Venedig und Murano bei der Herstellung von Spiegeln Blattzinn als Reflektor hinter einer Glasplatte. Dafür wurde Zinn (lateinisch: stannum) auf Lederpolster gelegt und mit Holzhämmern zu dünnen Blättern ausgeklopft. Von 1835 an ersetzte Silber das Zinn.

Im 19. Jh. verwandte man Zinnfolien unter der Bezeichnung Stanniolpapier zum Einwickeln von Schokolade. Gegen Ende des Jahrhunderts, als Aluminium reichlicher verfügbar wurde, verwendete man auch dieses Leichtmetall. Aluminium läßt sich leicht zu dünnen Folien auswalzen – heute bis hinab zu einer Stärke von $\frac{1}{200}$ mm.

Alufolie nimmt kein Fett an, ist geruch- und geschmacklos, korrosionsbeständig und für Gase undurchlässig. Diese Eigenschaften machen sie zur Verpackung von Nahrungsmitteln besonders geeignet. Folien aus Aluminium dienen heute auch dazu, Speisen, insbesondere Fleisch, während des Bratens im Backofen saftig zu erhalten.

Stahlerzeugung

Stahl war schon um 1000 v. Chr. im Mittleren Osten bekannt

Stahl ist eine →Legierung aus Eisen und (höchstens 2 Prozent) Kohlenstoff. Die Stahlerzeugung entwickelte sich parallel zur →Eisenverhüttung. Werkzeuge und Waffen hat man im Nahen und Mittleren Osten schon um 1000 v. Chr. mit Stahl überzogen, der härter und widerstandsfähiger war als reines Eisen. Bis zum 18. Jh. wurde Stahl jedoch nur in geringen Mengen hergestellt.

Während der industriellen Revolution konzentrierte man sich hauptsächlich auf die Produktion von Guß- und Schmiedeeisen, um den wachsenden Bedarf der Maschinenbauer, der Eisenbahn und der Werften zu decken. 1856 kam dann der große Durchbruch in der Stahlerzeugung: Das Bessemerverfahren ermöglichte erstmals die →Massenproduktion von Stahl, der 16mal billiger als Tiegelstahl und sogar preiswerter als Schmiedeeisen war. Darüber hinaus enthielt er nur wenig Kohlenstoff und war hart, widerstandsfähig und leicht zu bearbeiten. Ab 1864 gab es dann auch das Siemens-Martin-Verfahren. Diese beiden Methoden der Stahlerzeugung wurden erst um 1950 durch das Sauerstoffaufblasverfahren verdrängt.

Der billige Stahl ersetzte das Schmiedeeisen bald auf allen Gebieten. Die Werkzeugmaschinen wurden nun genauer, Eisenbahnschienen und Schiffskörper widerstandsfähiger. Vor allem aber revolutionierte die Massenherstellung des Stahls das Bauwesen: Riesige Bogen-, Hänge- und Trägerbrücken (→Brücken) wurden errichtet, und 1883 erbaute man in Chicago den ersten →Wolkenkratzer. Dank der großen

In 3000 Jahren wurde der Stahl zum wichtigsten technischen Rohstoff der Industrie

1000 v. Chr.: Schmiedestahl
Im Nahen und Mittleren Osten kannte man bereits um 1000 v. Chr. eine Methode zur Stahlerzeugung: Nachdem man das Eisen geschmiedet hatte, wurde es nochmals auf rotglühender Holzkohle erhitzt. Dadurch reicherte es sich mit Kohlenstoff an, und auf seiner Oberfläche bildete sich eine Stahlschicht.

200 v. Chr.: Das Tiegelverfahren
Um 200 v. Chr. kannten die indischen Schmiede bereits ein Tiegelverfahren zur Stahlerzeugung. Sie taten Eisenstücke in einen geschlossenen Tiegel aus feuerfestem Ton und erhitzten ihn so lange, bis sich das Eisen allmählich mit Kohlenstoff durchsetzte und in einen gleichmäßigen Stahl umwandelte. Das Verfahren wurde von den Römern übernommen, ging aber mit dem Untergang des Römischen Reiches verloren.

1740: Wiederentdeckung des Tiegelstahls
Der Engländer Benjamin Huntsman entdeckte 1740 das indische Verfahren neu, als er Schmiedeeisen und Holzkohle in einem Tiegel erhitzte. Dieses Verfahren blieb die bevorzugte Methode der Stahlerzeugung bis 1902, als der elektrische Lichtbogenofen erfunden wurde.

1856: Stahl aus der Bessemerbirne
Der englische Erfinder Henry Bessemer baute 1856 einen birnenförmigen Stahlbehälter, den sogenannten Konverter, der mit saurem Futter ausgekleidet war, das die Schlackenbildung begünstigte. Diesem wurde vom Boden her Frischluft zugeführt, wodurch die Verunreinigungen im Roheisen verbrannten. Anschließend reicherte man die Schmelze mit 0,25 Prozent Kohlenstoff an und erhielt so einen schweißbaren, billigen Stahl.

1864: Vervollkommnung des Herdfrischverfahrens
Die deutschen Brüder Wilhelm und Friedrich Siemens entwickelten 1864 eine Methode zur Vorwärmung der Frischluft, die in die Öfen eingeblasen wurde. Ihr Ofen hatte auf jeder Seite eine Heizkammer aus feuerfesten Ziegeln, die abwechselnd von den Abgasen erhitzt wurden und dann ihrerseits das Gas-Luft-Gemisch vorwärmten. Während man die eine Kammer erhitzte, gab die andere ihre Wärme ab. Durch diese Regenerativfeuerung erreichte man viel höhere Ofentemperaturen. Ein weiterer Vorteil dieses Verfahrens bestand darin, daß nun auch Schrott zu Stahl verarbeitet werden konnte. Das Verdienst, den ersten Regenerativofen erbaut und praktisch genutzt zu haben, gebührt den Franzosen Pierre und Emile Martin.

1878: Basische Ofenauskleidung
Die englischen Metallurgen Sydney Gilchrist Thomas und Percy C. Gilchrist verbesserten 1878 das Herdfrischverfahren, indem sie den Ofen mit basischem Futter auskleideten. Dadurch konnten auch phosphorhaltige Eisenerze, die in Europa häufig sind, verarbeitet werden. Der Schmelze gab man noch zusätzlich Kalk bei. Mit dem Phosphor bildete er eine Schlacke, die als Düngemittel (Thomasmehl) verwendet wurde.

1902: Der Lichtbogenofen
Wilhelm Siemens hatte bereits 1878 vorgeschlagen, Elektroschmelzöfen zu

Bessemerbirne *Durch Luftzufuhr verbrennt man die Verunreinigungen im geschmolzenen Roheisen. Um den Stahl zu entleeren, wird der Ofen gekippt.*

Dehnfestigkeit des Stahls konnte man Ende des 19. Jh. ein neues Baumaterial herstellen, den Stahlbeton, der aus der heutigen Baulandschaft kaum noch wegzudenken ist.

Von besonderer Bedeutung sind die Edelstähle. 1913 erfand der englische Metallurg Henry Brearly den rostfreien Chromstahl. Später kamen als Legierungsmaterialien auch Nickel und Mangan hinzu. Nicht rostende Stähle werden vor allem in chemischen Fabriken und zur Herstellung von Küchengeräten verwendet. Den zähen und verschleißfesten Manganstahl verwendet man für Baggerschaufeln. Siliziumstahl wird wegen seiner magnetischen Eigenschaften für Transformatoren, Generatoren und Motoren benutzt. Wolfram- und Chromstahl, die auch bei Rotglut hart bleiben, eignen sich besonders gut für Schneidewerkzeuge wie Bohrer und Kreissägen, da sie sehr große Drehgeschwindigkeiten ermöglichen.

Bald nach Beginn des 20 Jh. wurden Werften und Automobilfabriken die größten Stahlverbraucher. Stahl ist heute der meistverwendete technische Rohstoff in der Welt; seine Jahresproduktion beträgt über 700 Mio. t.

bauen. Verwirklicht wurde dieser Gedanke erstmals 1902 von dem Franzosen Paul Héroult, dem Erfinder des Lichtbogenofens. Dieser ist mit riesigen Graphitelektroden ausgerüstet. Zwischen den Elektroden und der Beschickung (Stahl- und Eisenschrott oder Roheisen) wird ein elektrischer Lichtbogen gezündet, der das Material schmilzt. Dabei entsteht ein reinerer und besonders hochwertiger Stahl als in den Feueröfen.

Später blies man in den Lichtbogenofen zusätzlich Sauerstoff ein und steigerte so seine Leistung. Außerdem konnte man in diesem Ofen durch Zusätze von Eisenerz die Zusammensetzung des Stahls ändern und die Verunreinigungen durch Beigabe von Kalk oder Flußspat zu Schlacke binden.

Elektrischer Lichtbogen *Die Zufuhr von Sauerstoff steigerte den Ausstoß des Lichtbogenofens, so daß das Verfahren heute auch zur Massenproduktion von gewöhnlichem Stahl von hoher Qualität dient.*

1948: Entwicklung des Sauerstoffaufblasverfahrens
1948 entwickelte die österreichische Firma VOEST in Linz das LD-Verfahren (Linz-Donawitz-Verfahren), nach dem heute rund 50 Prozent des Stahles in der ganzen Welt hergestellt werden.

Bei diesem Prozeß füllt man einen birnenförmigen Behälter mit geschmolzenem Roheisen und Stahlschrott. Dann wird ein Sauerstoffstrahl mit Überschallgeschwindigkeit auf die Oberfläche der Schmelze geblasen. Kohlenstoff und andere Unreinheiten verbrennen oder oxidieren und entweichen als Gase. Nach dem Linz-Donawitz-Verfahren entsteht hochwertiger Stahl in zehnmal kürzerer Zeit als in den herkömmlichen Schmelzöfen.

Fortlaufende Stahlverarbeitung *Mit diesem Verfahren kann Rohstahl direkt aus dem Schmelzofen in verschiedene gewünschte Formen gegossen werden.*

1950: Fortlaufende Verarbeitung
Früher wurde Stahl aus dem Ofen in Formen gegossen und erkaltete dann zu Barren, die man in Walzwerken weiterverarbeitete. 1950 führte man das fortlaufende oder Stranggußverfahren ein, bei dem der geschmolzene Stahl in eine senkrechte Form gegossen und beim Absinken durch Wasserstrahlen gekühlt wird. Unten angelangt, schneidet man ihn in Stücke von gewünschter Größe und führt ihn auf einem Rollenband zur Weiterverarbeitung.

Statistik

Die ersten Untersuchungen wurden 1662 in London vorgenommen

Schon im Alten Testament kann man lesen, daß Volkszählungen durchgeführt wurden. Solche Erhebungen lieferten zwar statistische Angaben, aber man machte keinen Versuch, die Ergebnisse zu analysieren und entsprechende Schlüsse daraus zu ziehen.

1662 veröffentlichte der englische Kaufmann John Graunt eine Studie über die Sterbefälle in jeder Londoner Pfarrei und stellte die Todesursache fest. Diese Arbeit ist das erste Beispiel für eine statistische Analyse der Bevölkerungszahlen. Graunt entdeckte, daß in der übervölkerten Stadt selbst in Jahren, in denen keine Epidemien auftraten, die Todesziffer höher war als die Zahl der Geburten, während es in einer ländlichen Pfarrei, die er zum Vergleich heranzog, gerade umgekehrt war.

Im 18. Jh. machte sich der Berliner Pfarrer Johann Peter Süßmilch mit seinem Werk *Die göttliche Ordnung in den Veränderungen des menschlichen Geschlechts, aus der Geburt, dem Tode und der Fortpflanzung desselben erwiesen* einen Namen. Er faßte alle Tatsachen, die bis dahin auf dem Gebiet der Bevölkerungsstatistik gemacht worden waren, zusammen, untersuchte Ursachen und Auswirkungen und fügte neue Erkenntnisse hinzu. Auch in England und Frankreich waren zahlreiche Statistiker am Werk, unter anderen Sir Francis Galton und Adolphe Quetelet.

Heute werden viele wichtige politische und wirtschaftliche Entscheidungen auf der Basis von Statistiken getroffen.

Staubsauger

1901 von Hubert Cecil Booth in London erfunden

In einem Gebäude am Leicester Square in London wurde 1901 ein amerikanisches Reinigungsgerät für Eisenbahnwagen vorgeführt, das den Staub mit Druckluft in einen Behälter blies. Der englische Ingenieur Hubert Cecil Booth sah ihn sich an und war nicht sehr beeindruckt, da viel Staub an dem Behälter vorbeigeblasen wurde. Einige Tage darauf versuchte er es mit dem umgekehrten Verfahren: den Staub anzusaugen. Um seine Idee zu prüfen, legte er ein Taschentuch auf die Armlehne eines Polstersessels und saugte Luft hindurch. Tatsächlich sammelte sich an der Unterseite des Tuches Staub.

Daraufhin baute Booth ein Gerät, das eine starke elektrische →Pumpe hatte und Luft durch einen Schlauch und einen Filter in einen Sack saugte. Im August 1901 erhielt er ein Patent dafür.

Von 1906 an baute Booth auch kleinere Haushaltsmodelle seines Geräts, doch sie wogen 40 kg und waren somit immer noch recht schwer. 1907 entwikkelte der amerikanische Erfinder Murray Spangler in Canton, Ohio, eine leichtere Maschine. Er arbeitete als Hausmeister in einem Warenhaus und hatte auch die →Teppiche zu reinigen. Um sich die Arbeit zu erleichtern, baute er sich ein elektrisches Sauggebläse, mit dem er den Staub ansaugte und in einen Beutel blies.

Da Spangler das Gerät nicht selbst auf den Markt bringen konnte, verkaufte er die Rechte 1908 an den Lederfabrikanten William Hoover, der im selben Jahr mit der Produktion begann.

Der waagrecht liegende Staubsauger in einem Gehäuse mit einem Schlauch und einer Düse daran wurde 1913 von Axel Wenner-Gren für die Firma Electrolux entwickelt.

Staudamm

Der älteste bekannte Staudamm entstand um 2900 v. Chr. zur Hochwasserregulierung im ägyptischen Garawital

Die ersten Dämme des Altertums wurden in den Flußtälern des Vorderen Orients gebaut. Man mußte dort den jahreszeitlichen Hoch- und Niedrigwasserstand regulieren, wenn die primitiven landwirtschaftlichen Siedlungen überleben wollten. Ohne diese Dämme wären die Menschen verhungert.

Der älteste bekannte Damm war 100 m lang, wurde um das Jahr 2900 v. Chr. unter König Menes aus Erde und Steinmauern errichtet und sperrte das Garawital in Ägypten ab. Der byzantinische Geschichtsschreiber Prokop von Cäsarea erwähnt in seinen Schriften aus dem Jahr 560 den Damm von Daras an der persischen Grenze. Seiner Beschreibung nach wurde dieser Damm von Chryses, einem der Baumeister Kaiser Justinians I., aus Mauerwerk errichtet und hatte die Form eines stromaufwärts gekrümmten Bogens, der an beiden Enden in das natürliche Felsgestein an den Seiten eingelassen war. Auf dem gleichen Prinzip – dem Bogen, dessen Enden den Staudruck auf die Talhänge übertragen – beruht auch die moderne Konstruktion der Bogenstaumauer.

Etwa seit dem 16. Jh. wurden in Spanien gewaltige Staumauern errichtet. Die größte baute man um 1580 bei Alicante als Absperrung der Schlucht von Tibi. Sie ist 41 m hoch und steht heute noch. Als um die Mitte des 19. Jh. festgestellt wurde, wie wichtig sauberes Trinkwasser für die Volksgesundheit ist, mußten in größerem Umfang Stauwerke für die Versorgung von Industriestädten geplant werden. Man bevorzugte Staumauern, denn Erddämme brachen immer wieder, und die Statiker konnten das Baumaterial nur schwer berechnen.

Den Anfang in der Geschichte der modernen Staudämme machte 1842 der *Old Croton Dam* nördlich von New York. Dann folgte Frankreich, und dort griff der Ingenieur F. Delocre eine alte Bauweise wieder auf: Er schlug vor, daß eine Staumauer möglichst entgegen der Strömungsrichtung des Wassers gewölbt sein solle, damit sie sich an den Talflanken wie ein Bogen abstützt, ganz wie der Damm von Daras. Die erste moderne Talsperre in dieser Bauweise war der Zoladamm in der Nähe von Aix-en-Provence, der 1859 fertig wurde.

Das hinter einem Damm aufgestaute Wasser kann mit seinem Gefälle Stromgeneratoren antreiben und zur Bewässerung landwirtschaftlicher Flächen oder der Versorgung mit Trinkwasser dienen. Der Karibadamm am Sambesi beispielsweise beliefert nahezu die gesamte Industrie von Simbabwe und den Kupferbergbau in Sambia mit Energie. Der Hochdamm von Assuan am Nil spielt eine ebenso wichtige Rolle für die Wirtschaft Ägyptens. Aufgrund der Erkenntnisse der Bodenmechanik (der Untersuchung der Bodenbeschaffenheit, soweit sie das Bauwesen beeinflußt) wird heute wieder der große Erddamm bevorzugt.

Stecknadel

Stecknadeln aus der Zeit vor 3000 v. Chr. wurden in Ägypten gefunden

Mit den ältesten bekannten Stecknadeln – sie bestanden aus Kupfer – steckten schon vor 3000 v. Chr. die Ägypter Kleidungsstücke fest. Sie stellten auch Stecknadeln aus Dornen oder Fischgräten her.

Zur Zeit der alten Griechen und Römer gab es kunstvollere Stecknadeln, welche die Kleidung festhielten. Reiche Leute trugen Ziernadeln aus Gold und Silber.

Stecknadeln aus Eisendraht waren im 16. Jh. weit verbreitet. Sie wurden lange Zeit von Hand gefertigt, bis nach 1820 der amerikanische Erfinder Lemnel Wright eine Maschine zur Herstellung von Stecknadeln in großem Maßstab entwickelte.

Staudamm für ein Wasserkraftwerk *Auf der Südinsel von Neuseeland wird das Wasser des Waitaki River durch den 110 m hohen Damm des Wasserkraftwerks von Benmore aufgestaut. Der nur 57 m lange Damm enthält 28 Mio. t Material und wurde 1961 fertiggestellt.*

Erfindungen, die ihrer Zeit voraus waren

Erfinder sind Visionäre. Manchmal reicht ihre Vorstellungskraft jedoch weiter als die technischen Mittel, die zur Verwirklichung ihrer Ideen notwendig sind. So manche Erfindung wurde zu früh gemacht und brachte ihren Urheber um ein Vermögen an Lizenzgebühren.

Seit 1975 liefern Videokassettenrecorder für das Fernsehgerät aus einer einzigen Kompaktkassette ein paar Stunden lang Unterhaltung. Der dafür notwendige technische Durchbruch war allerdings schon 20 Jahre zuvor gelungen. Der japanische Erfinder Shiro Okamura hatte eine Aufnahmetechnik entwickelt, bei der die Aufnahmespuren auf dem Audio- oder Videoaufnahmeband so eng zusammengerückt werden, daß selbst ein kurzes Band eine lange Abspielzeit ermöglichte. Als Okamura 1959 sein Patent in Japan anmeldete, steckte die Entwicklung der Videorecorder aber noch in den Kinderschuhen. Erst Mitte der 70er Jahre übernahm die Industrie Okamuras Erfindung, doch sein Patent war 1973 erloschen. Hätte er seine Idee zehn Jahre später gehabt, wären ihm große Summen an Lizenzgebühren sicher gewesen.

Ein anderer Pionier auf dem Gebiet der Fernsehtechnik hatte mehr Glück. Der Franzose Georges Valensi meldete 1938 ein Patent für ein neues System zur Übertragung farbiger Fernsehsignale an. Mit seiner Signalmischtechnik konnten alle notwendigen Farben in einem engen Kanal von Radiowellen zusammengefaßt werden. Dann brach der Zweite Weltkrieg aus, und erst 1967 konnte in Großbritannien als dem ersten europäischen Land das Farbfernsehen eingeführt werden. Normalerweise wäre Valensis Patent in der Zwischenzeit erloschen. Doch das britische Patentrecht gestand Erfindern die Möglichkeit zu, wegen des Krieges eine Verlängerung ihres Patents zu beantragen. So konnte Valensis britisches Patent bis 1971 bestehen bleiben. Dies war einer der wenigen Fälle, in denen ein Erfinder seiner Zeit weit voraus war und dennoch die Früchte seiner Idee ernten konnte.

Wegbereiter der Stereoaufnahme

Zwei britische Elektroingenieure, Alan Blumlein und Alex Reeves, starben, noch ehe ihre bahnbrechenden Ideen Gewinn bringen konnten.

Alan Blumleins Leben endete 1942, als er 39 Jahre alt war; bis dahin hatte er 128 Patente angemeldet. Eines dieser Patente aus dem Jahr 1931 enthält alle wesentlichen Elemente der modernen Stereotonwiedergabe: das Stereoaufnahmeverfahren, das Einpressen beider Tonkanäle in eine einzige Plattenrille und die Tonwiedergabe durch zwei →Lautsprecher. Dasselbe Patent erläuterte auch, wie man den Stereoton für den Tonfilm nutzen kann.

Bis 1935 produzierte Blumlein erfolgreich Platten- und Filmaufnahmen in Stereo. In den Handel aber kamen Stereoplatten – für die man leichte Kunststoffe benötigte – erst Ende der 50er und Anfang der 60er Jahre, mehr als ein Jahrzehnt nach Blumleins Tod. Das Patent war bis Dezember 1952 verlängert worden, aber das reichte nicht aus. Da Blumlein seiner Zeit so weit voraus gewesen war, kam die Firma, für die er gearbeitet hatte, um die Lizenzgebühren für die hergestellten und verkauften Stereoaufnahmen.

Alex Reeves erlebte den Durchbruch seiner Erfindung 1937. Er hatte die Idee, den Ton zur Übertragung zu zerhacken, statt ihn als fortlaufende Welle zu übertragen. Dieses Verfahren verringerte das Risiko der Verzerrung. Reeves war damit der Vater des Digitaltons, der heute zunehmend von Plattenfirmen verwendet wird. Bald kommen vielleicht Miniaturplatten mit Digitalton auf den Markt, die von Laserstrahlen abgetastet werden.

Reeves war insofern seiner Zeit voraus, als man für sein Digitaltonsystem – es wurde 1939 in Großbritannien patentiert – buchstäblich noch ein Haus voller Röhren benötigte, die unmäßig viel Wärme erzeugten. Erst nachdem man Anfang der 70er Jahre in Amerika die Halbleitersysteme erfunden hatte, stand dem Digitalton der Weg in die Privathaushalte offen. Reeves starb 1971, zehn Jahre nachdem sein Patent erloschen war.

Marcel Demeulenaere in Brüssel meldete 1932 ein belgisches Patent für eine „Fotografie ohne Entwicklung" an. Seine Idee war es unter anderem, eine lichtempfindliche Fläche elektrisch aufzuladen. Nach der Aufnahme wurde die Fläche mit einem dunklen Pulver eingestäubt, und dann ließ sich sogleich ein Abzug herstellen. Höchstwahrscheinlich kannte der Physiker Chester S. Carlson in New York Demeulenaeres Entwurf nicht, als er sich 1938 sein Fotokopierverfahren patentieren ließ – das aber erst 1947 kommerziell verwertet wurde.

Guß von Metall und Glas

Im Jahr 1865 ließ sich der britische Industrielle Sir Henry Bessemer die Idee patentieren, geschmolzenes Metall in Endlosbahnen zu gießen. Zu seiner Zeit war diese Idee technisch nicht durchführbar. Im 20. Jh. wurde das Verfahren jedoch zum Gießen von Aluminiumblechen und -folien angewandt.

Auch die Floatglasherstellung hat ihre Geschichte. In den 50er Jahren des 20. Jh. überlegte der britische Glashersteller Alastair Pilkington, ob man nicht geschmolzenes Glas oben auf einer Flüssigkeit gießen könne. Er wußte nicht, daß diese Idee der „Floatglasherstellung" schon 1902 sowohl in England als auch in Amerika zum Patent angemeldet worden war. Aber die ursprünglichen Erfinder hatten ihre Idee nicht

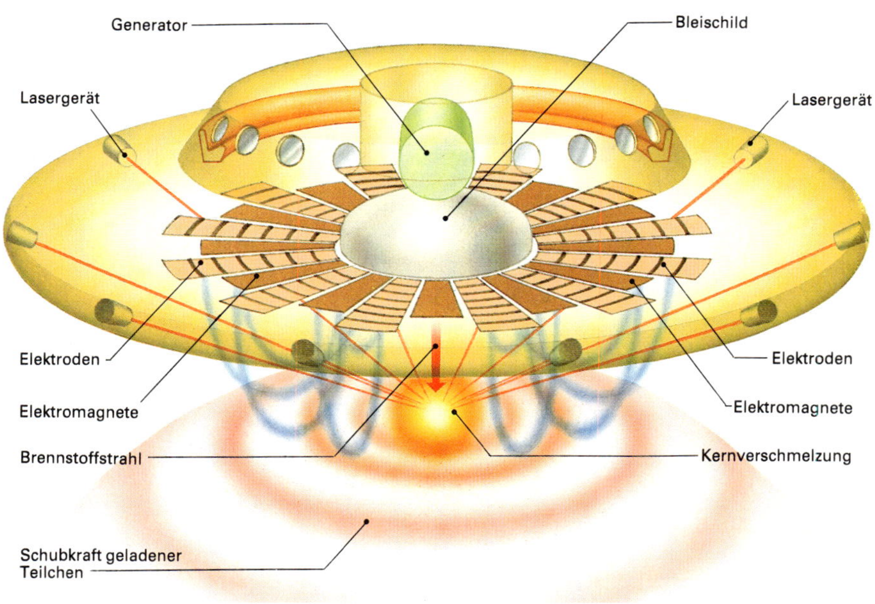

Raumfahrzeug *Der Antrieb dieses von der Firma British Rail geplanten Raumfahrzeugs arbeitet mit Energie durch Kernverschmelzung. Durch eine Düse unten am Fahrzeug wird ein Brennstoffstrahl – zum Beispiel Wasserstoff – ausgestoßen. Ein Generator aktiviert Laserstrahlen, die auf den Brennstoff gerichtet sind. Dadurch werden Kernverschmelzungen ausgelöst, die Hochenergieteilchen freisetzen. Einige Teilchen treffen auf den Boden des Raumfahrzeugs auf, andere werden durch Elektromagnete nach unten gelenkt; alle erzeugen Schubkraft. Ein Bleischild über dem Verschmelzungspunkt schützt die Passagiere und die Besatzung vor radioaktiver Strahlung. Das Ganze ist aber noch Zukunftsmusik.*

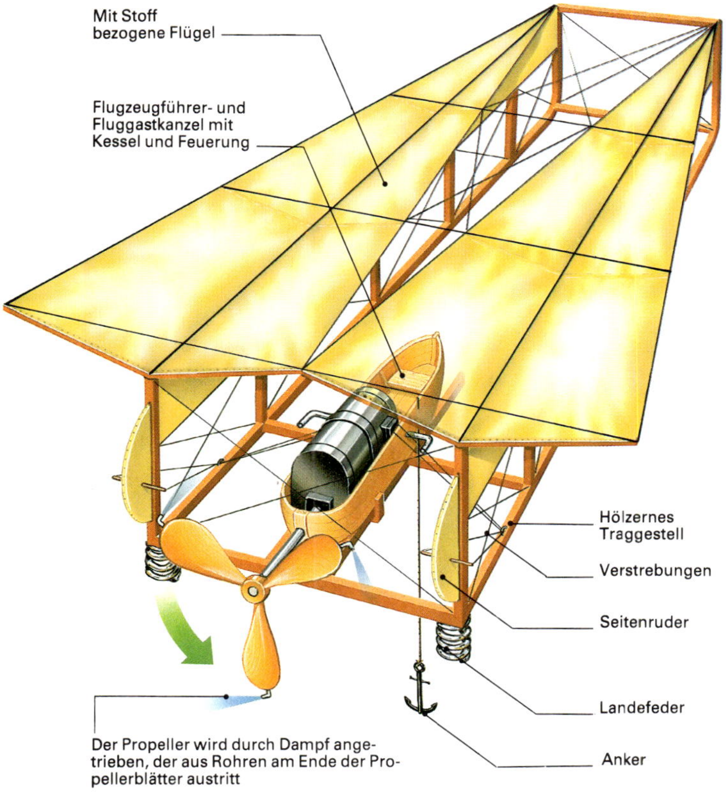

Dampfflugzeug *Zwei Londoner Erfinder, James Butler und Edmund Edwards, entwarfen 1867 ein Flugzeug, dem die Form von Wurfpfeilen zugrunde lag, wie man sie aus Papier falten kann. Dieser fliegende Pfeil sollte mit Dampf angetrieben werden. Die Dampfmaschine war aber zu schwer, als daß der Apparat hätte abheben können. Ruder dienten zur Steuerung. Der Patentschrift zufolge konnte das Flugzeug besonders sanft wieder zu Boden gebracht werden, und zwar mit Hilfe eines Ankers sowie durch Landefedern, die am Rumpf befestigt waren.*

Landung per Fallschirm *Die British Aircraft Corporation ließ sich 1977 dieses Luftbergungssystem patentieren, mit dessen Hilfe ferngelenkte Flugzeuge auf ein Mutterschiff zurückgeholt werden können. Der Landeplatz könnte auch ein Feld oder ein Landfahrzeug sein. Das System beruht auf der Verwendung eines „Parafoils", eines Stoffflügels, der durch die Luft, die in ihn hineinströmt, aufgeblasen und in eine Art Fallschirm verwandelt wird. Die amerikanische Luftwaffe hat Parafoils bereits erfolgreich beim Abwurf von Lasten eingesetzt.*

ausführen können, und Pilkingtons Fachleute brauchten sieben Jahre und 7 Mio. Pfund, um die richtige Flüssigkeit – geschmolzenes Zinn – zu entdecken, auf der geschmolzenes Glas schwimmt.

Nicht jede Erfindung oder Idee, die ihrer Zeit voraus war, wurde auch patentiert. In einem Zeitschriftenartikel, der im Oktober 1945 erschien, beschrieb der Science-fiction-Autor Arthur C. Clarke das Konzept des modernen Nachrichtensatelliten: Wenn man einen Satelliten in die richtige Höhe über dem Äquator bringt, behält er seine Position über der Erdoberfläche unverändert bei und kann dort Funkwellen weiterleiten. Clarke schrieb damals: „Viele mögen meine Idee für zu weit hergeholt halten, als daß man sie ernst nehmen könnte." Aber zwölf Jahre später, im Oktober 1957, schossen die Russen den ersten künstlichen Satelliten, *Sputnik 1,* ins All, und heute arbeiten manche Satelliten genau so, wie Clarke es sich vorgestellt hatte.

Raumfahrzeuge mit Nuklearantrieb?

1973 ließ sich die British Rail ein Raumfahrzeug patentieren, das man als eine durch Kernkraft angetriebene fliegende Untertasse bezeichnen könnte. Sie bietet 22 Passagieren Platz und könnte vielleicht eines Tages als Transportmittel für interkontinentale oder gar interplanetarische Reisen dienen. 1976 entschied die British Rail jedoch, das Gefährt sei seiner Zeit technisch noch zu weit voraus. Das Patent erlosch.

Auch die British Aircraft Corporation plante vielleicht über ein gegenwärtig erreichbares Ziel hinaus, als sie sich 1977 ein System für die Landung unbemannter Aufklärungsflugzeuge mit einem „Parafoil" – einer Kreuzung zwischen Flügel und Fallschirm – patentieren ließ.

Sobald sich der Parafoil, der zunächst im Rumpf des Flugzeugs verstaut ist, in der Luft befindet, schießt das Flugzeug eine Leine zu einem Mutterschiff hinab. Sie wird dort an einer Winde befestigt, und das Flugzeug wird auf das Schiff gezogen. Obwohl das System nur für militärische Zwecke gedacht ist, kann es eines Tages vielleicht auch in der zivilen Luftfahrt zu Rettung bemannter Flugzeuge aus Notsituationen eingesetzt werden.

Flugmaschinen mit Anker

Ein Entwurf für eine dampfbetriebene Flugmaschine, der 1867 patentiert wurde, sah zugleich auch eine neue Landemöglichkeit vor. Die Erfinder, James Butler und Edmund Edwards in London, meinten, man könne einen Anker auswerfen, um den Flugapparat möglichst sanft zur Erde zu bringen.

Dieser Apparat war eines von vielen dampfbetriebenen Flugzeugen, die um die Mitte des 19. Jh. patentiert wurden. Die meisten davon konnten jedoch nicht gebaut werden, da die damaligen → Dampfmaschinen zu schwer und nicht stark genug waren, um ein Flugzeug abheben zu lassen.

Steigbügel

In Indien seit dem 2. Jh. v. Chr. in Gebrauch

Steigbügel gab es erstmals im 2. Jh. v. Chr. in Indien. Der barfüßige Reiter steckte damals nur seine große Zehe hinein. Bis etwa 300 n. Chr. hatten die Chinesen den Steigbügel so verändert, daß sie den ganzen beschuhten Fuß aufnehmen konnten.

In dieser Form erreichte er im 8. Jh. Europa. Dort war ein fester, der heutigen Ausführung ähnlicher Sattel seit dem 4. Jh. bekannt. Die Verbindung von Sattel und Steigbügeln verschaffte dem Reiter auf seinem Pferd einen festen Halt. Sie ermöglichte es ihm, eine schwere →Rüstung zu tragen und mit Schwert oder Lanze im Galopp einen Angriff zu führen, hinter dem das ganze Gewicht von Roß und Reiter saß. Steigbügel und Sattel wirkten deshalb damals ebenso revolutionierend wie der Tank im Ersten Weltkrieg. 500 Jahre lang wurden nun Schlachten durch gepanzerte Kavallerie entschieden. Erst im 13. Jh. gewannen die Fußtruppen mit Hilfe von Pfeil und Bogen und Piken wieder an Boden.

DAS TURBO-FAN-TRIEBWERK MIT NEBENSTROM

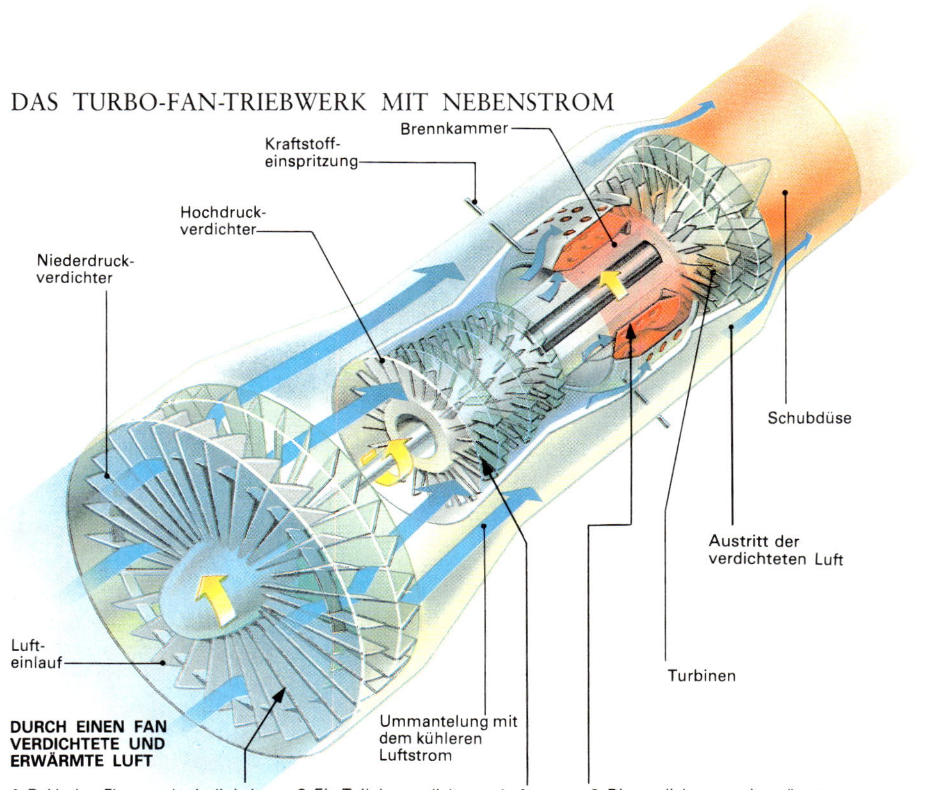

1. Bei hoher Fluggeschwindigkeit gelangt Luft in den Niederdruckverdichter. Dieser besteht aus mehreren Einheiten rotierender und feststehender Lamellen (von denen nur eine Einheit gezeigt wird). Die verdichtete Luft strömt großenteils weiter zum Hochdruckverdichter

2. Ein Teil der verdichteten Luft wird im Hochdruckverdichter zusätzlich komprimiert. Der andere Teil strömt am Hochdruckverdichter und an den Turbinen vorbei. Dieser Nebenstrom dämpft den Schall und kühlt das Gehäuse

3. Die verdichtete und erwärmte Luft strömt in die Brennkammer, in der Treibstoff verbrannt wird. Dabei entstehen überhitzte Gase, die durch eine Düse ausströmen und den Schub erzeugen. Beim Ausströmen versetzen diese Gase eine Turbine in Drehung, die über eine Welle die Verdichter antreibt

Der Düsenmotor besitzt eine um 80 Prozent höhere Leistung als der Kolbenmotor, denn er erzeugt eine stetige Drehkraft und kommt bei der Kraftübertragung ohne bewegliche Teile wie Kolben, Pleuel und Kurbelwellen aus. Für seine Größe und Leistung gibt es praktisch keine Grenzen. Fan-Triebwerke (oder Zweistromturbinen) liefern einen Schub bis zu 23 000 kp und müssen erst nach 10 000 Betriebsstunden überholt werden.

Stethoskop

In Frankreich 1819 eingeführt

1819 erfand der französische Arzt René Laënnec einen Hohlzylinder mit einer Hörmuschel aus Holz, mit dem man die Atemgeräusche und die Herztöne eines Patienten besser hören konnte: das Stethoskop. Dieses Instrument erleichterte es den Ärzten, krankhafte Veränderungen an Herz, Lunge und den Blutgefäßen festzustellen.

Das Gerät mit den bekannten Gummischläuchen, die von der Hörmuschel zu beiden Ohren führen, kam Ende des 19. Jh. hinzu. Heute gibt es auch Stethoskope mit elektrischen Verstärkern.

Strahltriebwerk

Das erste Düsenflugzeug wurde 1939 in Deutschland geflogen

Gedanken über die Verwendung des Rückstoßprinzips für Flugapparate hatte man sich schon im 18. Jh. während der Entstehung der Ballonluftfahrt gemacht. Anfang des 20. Jh. entwickelten der deutsche Ingenieur Hans Holzwarth und der Franzose René Lorin die Gasturbine. Lorin war es, der 1908 die Verwendung der Gasturbine zum Antrieb von Flugzeugtypen vorschlug und sich 1913 ein Patent für den ersten Düsenmotor erteilen ließ.

Maßgebend für die praktische Entwicklung und Anwendung des Düsenmotors für Flugzeuge war der Engländer Frank Whittle. 1930 erhielt er sein erstes Patent für einen Düsenmotor, der 1937 erfolgreich getestet wurde. Für Flugversuche wurde der Motor 1941 in eine Maschine vom Typ *Gloster* eingebaut. Unabhängig von Whittle arbeitete Dr. Hans Ohain in Deutschland an der Entwicklung des Düsen- oder Strahlantriebs.

Das erste →Flugzeug, das mit Düsenmotor flog, war 1939 die deutsche Heinkel *He 178*. Der Strahlbomber Messerschmitt *Me 262* war das erste serienmäßig hergestellte Flugzeug mit Düsenmotor. Mit der *De Havilland Comet* wurde das Strahltriebwerk erstmals für den Personenverkehr genutzt. Alle nach dem Zweiten Weltkrieg gebauten Düsenmotoren fußen auf dem von Whittle entwickelten Prototyp.

Beim einfachen Düsenmotor oder Strahltriebwerk wird die vorn eintretende Luft von einem Axialkompressor etwa 20fach verdichtet. Sie erwärmt sich dabei und strömt dann in eine Brennkammer, in die Brennstoff – meist Kerosin – eingespritzt wird. Bei der Verbrennung dieses Stoffes entstehen Gase, die sich ausdehnen und mit großer Geschwindigkeit rückwärts aus einer sich verengenden Düse ausströmen. Diese Aktion löst eine gleichgroße Reaktion aus, die das Flugzeug nach vorn treibt. Die ausströmenden Gase versetzen überdies die Lamellen einer →Turbine in Drehung, die über eine Welle einen Kompressor im vorderen Teil der Maschine antreibt.

Ende der 40er Jahre und im folgenden Jahrzehnt wurden Strahltriebwerke in den USA, der Sowjetunion, Frankreich und Großbritannien entwickelt. Durch

Verbesserung der ursprünglichen Bauweise konnte bis 1945 die Schubkraft von 450 kp verdoppelt werden.

Seit den 60er Jahren werden Gasturbinen (Düsentriebwerke) auch in →Hubschrauber und →Luftkissenfahrzeuge eingebaut sowie für den Antrieb herkömmlicher Schiffsschrauben verwendet. Mit den großen „Fan-Triebwerken" hat man wirtschaftlichere Antriebsaggregate für große Unterschallflugzeuge für den Massentransport geschaffen, etwa den Jumbo-Jet und Großraumfrachter. Bei diesen Triebwerken ist ein Bläser, der sogenannte *Fan,* vorgeschaltet, der einen kühleren Luftstrom in einer Ummantelung um das eigentliche Triebwerk herumführt, den Schall dämpft und gleichzeitig das Motorgehäuse kühlt.

Auch die meisten großen Autofabriken haben Versuche mit Gasturbinen durchgeführt. In England stellte Rover 1948 den *Jet 1* vor. Er war das erste Auto mit einem Gasturbinenantrieb und erreichte eine Höchstgeschwindigkeit von 250 km/h.

Straßenbeleuchtung

450 v. Chr. besaß Antiochia die erste Straßenbeleuchtung

Mit einiger Sicherheit steht fest, daß Antiochia in Syrien um 450 v. Chr. die erste Stadt war, deren Straßen sehr gut mit Fackeln beleuchtet wurden. In Rom erhellte man in den ersten vier Jahrhunderten n. Chr. Straßen mit Öllampen, die in den Hauseingängen hingen.

Berühmt war um 900 die Straßenbeleuchtung der Stadt Córdoba in Südspanien während der arabischen Herrschaft. Vom Einbruch der Dunkelheit an wurden dort mehrere Straßenkilometer hell erleuchtet.

In anderen Teilen Europas aber waren die Fußgänger nachts auf den Straßen der Städte in Gefahr, und häufig wurden Menschen überfallen und ausgeraubt.

Erst vom 14. Jh. an verbesserte sich in dieser Hinsicht langsam die Lage in den größeren Städten Europas. Dort griff man auf die Öllampen der Antike zurück, die man an Häusern anbrachte oder auf Pfählen aufstellte.

Im 19. Jh. wurde das Öl durch Gas ersetzt. 1814 führte man erstmals in einem Londoner Stadtteil Gaslampen ein. 1825 erhielt Hannover eine Gasbeleuchtung, von 1826 an Berlin.

Die elektrische Straßenbeleuchtung war erst möglich, nachdem um 1850 die erste wirklich brauchbare elektrische →Bogenlampe entwickelt worden war. 1882 wurde sie in Berlin eingeführt.

Heute verwendet man in den Städten vorwiegend Neonröhren, die den elektrischen Strom bedeutend besser ausnutzen.

Strebepfeiler

Die Mesopotamier entwickelten diese Bautechnik vor über 4000 Jahren; der Strebebogen kam erst im 12. Jh. dazu

Der Strebepfeiler ist eine Verdickung der Mauer, die einem Bauwerk größere Standfestigkeit verleiht. Dank solcher Stützen konnten die Baumeister dünnere und höhere Mauern bauen.

Das älteste Zeugnis für die Anwendung von Strebepfeilern stammt aus Mesopotamien. Archäologen fanden dort die Statue des sumerischen Stadtfürsten Gudea, der um 2100 v. Chr. regierte. Auf seinem Schoß hält er Pläne eines Tempels, dessen Mauern durch Strebepfeiler verstärkt sind.

Der Strebebogen wurde im ausgehenden 12. Jh. von französischen Baumeistern entwickelt, die das Strebewerk nach außen verlegten und Kathedralen mit freistehenden Strebepfeilern umstellten. Schräg verlaufende Strebebogen verbinden die Pfeiler mit den Mauern der Bauwerke. Die hohen, dünnen Seitenwände und die großen Fenster der gotischen Kirchen machten diese skelettartige Bauweise nötig, die den gewaltigen horizontalen Schub des gewölbten Hauptschiffes einer gotischen Kathedrale auffängt. Diese Technik wurde erstmals 1162 bei der Kathedrale Notre-Dame in Paris systematisch angewendet.

DER STREBEBOGEN – FUNKTIONALES BAUELEMENT VON KÜNSTLERISCHER SCHÖNHEIT

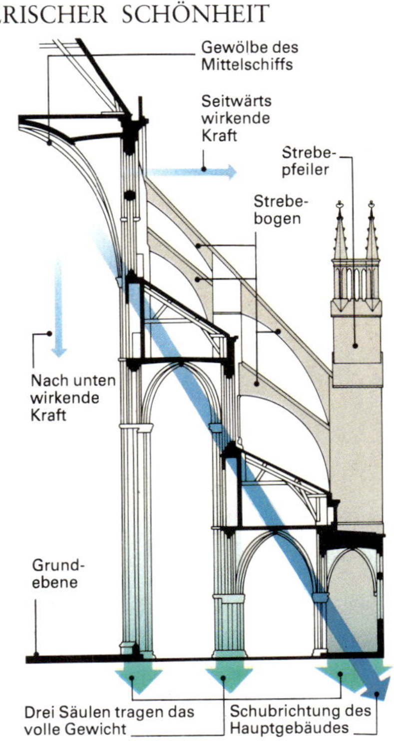

Die Kathedrale von Bourges in Frankreich stellt einen Höhepunkt des gotischen Baustils dar. Die Strebebogen stützen das Mittelschiff, den Hauptteil der Kathedrale, und wölben sich über die niedrigeren Seitenschiffe. Rechts: Graphische Darstellung eines Strebebogens. Die nach unten und außen wirkenden Druckkräfte der Mauern und des Daches vereinen sich zu einer schrägen Gesamtschubkraft, die mehrere Meter neben den Fundamenten auf die Erde trifft.

Uralte Deckbalkenkonstruktion
Der rund 4000 Jahre alte Steinkreis bei Stonehenge hat einen Durchmesser von etwa 30 m. Jeder der 30 aufrecht stehenden Steine wiegt rund 25 t und ist etwa 4 m hoch. Sie waren einmal alle oben durch 30 Decksteine verbunden.

Stützen-Balken-Konstruktion

Eine Technik aus prähistorischer Zeit

Das Grundproblem bei jedem Haus- oder →Brückenbau besteht darin, den freien Abstand zwischen zwei Auflagen so zu überspannen, daß darauf ein Dach aufgebaut oder eine Straße über einen Fluß geführt werden kann. Die älteste Methode ist die Stützen-Balken-Konstruktion, bei der ein Querbalken auf zwei Stützen ruht. Die Anregung dazu stammt vermutlich aus der Natur: Gestürzte Bäume bildeten Brücken, oder beiderseitig aufliegende Steinplatten boten Schutz. Holz verfaulte in wenigen Jahren; so verwendete man Stein für Bauten, die länger Bestand haben sollten, etwa für Tempel und Gräber.

Zu den frühesten bekannten Stützen-Balken-Konstruktionen gehören die uralten Megalith- oder Hünengräber, ferner riesige Megalithbauten auf Malta (Hagar Kim, Hal Tarxien) und auf der benachbarten Insel Gozo (Ggantija) sowie die berühmte Anlage von Stonehenge bei Salisbury in England. Diese wurde um 2000 v. Chr. wohl zu astronomischen Zwecken errichtet. Die Steinbalken haben Vertiefungen, in welche Zapfen der tragenden Steine eingreifen; vermutlich haben die Erbauer hier frühere Erfahrungen beim Bauen mit Holz verwertet. Jeder Deckstein ist etwa 3 m lang und wiegt rund 3 t.

Innerhalb des Steinkreises stehen aufrecht noch größere Steine mit einem Gewicht von jeweils bis zu 45 t. Um sie aufzurichten, grub man 1,5–2 m tiefe Löcher mit drei senkrechten Wänden und einer abgeschrägten Wand. Der Stein wurde wahrscheinlich über diese vierte Seite eingebracht und dann mit Hebeln aufgerichtet. Schließlich füllte man den schrägen Hohlraum mit Erde. Die Decksteine hob man abwechselnd links und rechts mit Hebelkraft empor und schob immer weitere Balken unter, bis die Höhe der Stützsteine erreicht war. Dann wuchtete man den Deckbalken auf die Stützen hinüber.

Bei den Ägyptern erreichte diese Bauform ihre mächtigste Ausbildung. Die Steinsäulen des 1540–1200 v. Chr. erbauten Amuntempels in Karnak sind 3 m dick und über 20 m hoch. Die Decksteine wiegen bis zu 70 t. Der Tempel bedeckte eine Fläche von 110 × 350 m und war der größte seiner Art. Er hatte ein flaches Dach aus Steinplatten.

Einen Höhepunkt erreichte die Stützen-Balken-Konstruktion im Parthenon der Athener Akropolis, der 432 v. Chr. fertiggestellt wurde. Die über 10 m hohen Säulen sind aus Steintrommeln zusammengesetzt und durch Eisenbolzen verbunden. Die Griechen erzielten die eindrucksvolle ästhetische Wirkung nicht durch Massigkeit, wie die Ägypter, sondern durch Fingerspitzengefühl und optische Täuschung. Die Erbauer Iktinos und Kallikrates verstärkten die Ecksäulen unmerklich und neigten sie ein wenig nach der Mitte. Außerdem gaben sie der obersten Plattform des Unterbaus eine leichte Wölbung (Kurvatur). Sie erreichten dadurch, daß der Parthenon gerade wegen der geringen Abweichungen von der Senkrechten und von geraden Linien harmonischer wirkt.

Trotz der Leistungen der Ägypter und Griechen ist die Verwendung von Steinen zur Überbrückung größerer Zwischenräume keine gute Lösung. Denn schon durch das Eigengewicht des schweren Materials entstehen an der Unterseite eines Balkens Zugspannungen, denen ein Stein nur in geringem Maß widerstehen kann – im Gegensatz zu Druckspannungen. Deshalb benutzte man später steinerne Stützen-Balken-Konstruktionen nur noch für Fenster und Türstöcke.

Erst im 19. Jh. gewann diese Konstruktionsweise wieder an Bedeutung, als man Stahlträger herstellen konnte, deren Zug- und Druckfestigkeit annähernd gleich waren. Stahl konnte für sich allein oder zur Verstärkung von →Beton verwendet werden. Nun entstanden weitgespannte Brückenbauten und →Wolkenkratzer, die das Antlitz der Städte veränderten.

Synthesizer

1959 in New York entwickelt

Der Synthesizer ist ein Gerät, mit dem man auf rein elektronischem Weg die verschiedenartigsten Töne, Klangfarben und Geräusche synthetisch erzeugen kann. Tongeneratoren liefern zunächst einfache Sinusschwingungen, die dann durch Modulatoren, Filter, Verstärker und andere Einrichtungen weiterverarbeitet und nach Belieben gemischt werden. Auf diese Weise lassen sich die Klänge von allen möglichen Instrumenten nachahmen oder auch völlig neue Laute hervorbringen.

Vorläufer dieser modernen Geräte sind elektrische Musikinstrumente. Im Jahr 1904 konstruierte E. Welte ein elektrisches Klavier, auf dem man nicht nur ganz normal spielen konnte, sondern das auch selbst mechanisch spielte. Es besaß einen elektrischen Antrieb und wurde mittels Lochstreifen gesteuert. Durch die Löcher wurde Luft geblasen, welche die Hämmer des Klaviers betätigte.

Weitere elektrische Musikinstrumente wie die Wurlitzerorgel oder das Elektrochord erzeugen die Töne mechanisch und verwandeln sie mit Hilfe von Tonabnehmern, →Mikrofonen oder anderen Vorrichtungen in elektrische Ströme und setzen diese dann in Klänge um.

Im Jahr 1959 entwickelte die Radio Corporation of America (RCA) den Synthesizer, der zunächst mit Lochstreifen arbeitete, die Töne und Geräusche aber elektronisch erzeugte, indem er aus einfachen Schwingungen die verschiedenartigsten Klänge aufbaute.

Ein moderner Synthesizer ist heute trotz seines raffinierten Aufbaus nicht groß, da die elektronischen Bauelemente sich auf kleinstem Raum unterbringen lassen.

Nicht zuletzt aus diesem Grund gehört der Synthesizer inzwischen zur Grundausstattung vieler Musiker. Das Instrument ist nicht sonderlich schwer zu bedienen und paßt zu beinahe jeder Besetzung. Vor allem Pop-, Rock- und Unterhaltungsbands schätzen den Synthesizer als elektronischen Begleiter und als vielseitige Quelle von Klangeffekten.

T

Taktstock

Der moderne Taktstock wurde 1820 von Louis Spohr eingeführt

Dirigenten mußten stets den Takt angeben. Früher klopften manche dazu mit einem schweren Stock auf den Boden – so der Komponist Jean-Baptiste Lully, der 1687 in Paris starb, nachdem er sich auf den kleinen Zeh geschlagen und dadurch eine schwere Infektion bekommen hatte.

Andererseits war es auch üblich, daß der Pianist des Orchesters und der erste Geiger, der „Konzertmeister“, die Aufführung leiteten, derart, daß der Pianist auf Fehler achtete, während der Geiger das Tempo angab und bei schwierigen Stellen mit dem Bogen den Takt schlug.

Den Taktstock führte erst der deutsche Komponist und Dirigent Louis Spohr ein. Er benutzte ihn erstmals am 10. April 1820 bei einem Konzert in London. Mit diesem Stab konnte er nicht nur gut den Takt anzeigen, sondern auch Einsätze geben und überhaupt die Musik ausdrucksvoll dirigieren. Das Konzert wurde, nicht zuletzt wegen des hervorragenden Zusammenspiels der Musiker, ein großer Erfolg.

Trotzdem dirigierte man auch danach die Konzerte noch eine ganze Weile mit dem Geigenbogen. Erst nach 1830 setzte der Taktstock sich allgemein durch.

Tapete

Papiertapeten wurden zuerst von den Chinesen benutzt

Mit kunstvoll von Hand bemalten Papiertapeten schmückte man in China die Zimmerwände von Häusern und die Säle von Schlössern. Im 16. Jh. wurden solche Tapeten durch die Ostindischen Kompanien nach Europa eingeführt.

Um sich vor der winterlichen Kälte zu schützen, behängten im 14. Jh. wohlhabende Leute in Italien die Wände ihrer Räume mit Stoffen. Später nähte man Stoffbahnen zusammen, spannte sie auf Rahmen und befestigte sie an der Wand. Erst um 1750 klebte man Tapeten an der Wand fest. Sie waren in der Regel aus Seide oder Samt. Später kam dann die Flockentapete in Mode; dafür wurden Wollflocken auf Leinwand oder →Papier aufgeklebt.

Zu Beginn des 19. Jh. erfreuten sich handgedruckte Tuchtapeten, die die verschiedenartigsten Szenen darstellten, großer Beliebtheit.

Als 1849 das maschinelle →Druckverfahren für Papier und auch für Stoffe aufkam, wurden Tapeten wesentlich billiger. Heute werden vor allem farbig bedruckte oder bunte, geprägte Tapeten verwendet. Daneben ist die Rauhfasertapete, ein Nachläufer der Flockentapete, sehr beliebt.

Seit 1974 werden fast alle Tapeten rasch und billig auf fotografischem Wege bedruckt. Heute können sich die meisten Haushalte diese dekorativen Wandverkleidungen leisten, die einst nur den Reichen vorbehalten waren.

Tarnung

Im Ersten Weltkrieg eingeführt

Die Tarnung wurde im Ersten Weltkrieg eingeführt, um militärische Einrichtungen vor feindlichen Luftaufklärern zu verbergen. In beiden Weltkriegen breitete man Netze mit künstlichem Laub über Geschützstellungen und sogar Straßen und Seen aus. →Schiffe und →Flugzeuge wurden so angestrichen, daß ihre Umrisse sich auflösten.

Im Zweiten Weltkrieg legten die Briten in Nordafrika vor der entscheidenden Schlacht bei El Alamein im Jahr 1942 in der Wüste falsche Ölleitungen an, um die deutschen Truppen über die wahren Angriffsziele der Briten hinwegzutäuschen.

Heute kann so manche Tarnung durch Infrarotfotografie wieder enttarnt werden. Auf dem sogenannten Falschfarbenfilm erscheint künstliches Laub blaugrün, während natürliches, chlorophyllhaltiges Laub lebender Pflanzen hellrot abgebildet wird.

Zum Schutz gegen Radarortung kennt man Störanlagen, die falsche Funkechos auslösen und so auch dort Angriffsziele vortäuschen, wo keine sind.

Taschenlampe

1881 wurde in London die erste elektrische Handlampe hergestellt

Jahrhundertelang benutzte man, um nächtliche Wege zu erhellen, Laternen oder Fackeln: Holzstäbe, die mit Hanf umwickelt und dann mit Pech oder Harzen überzogen waren. Zur Beleuchtung von Hallen steckte man sie auch in Halter an der Wand.

Die erste elektrische Handlampe ließen sich 1881 Ebenezer Burr und William Thomas Scott in London patentieren. Es handelte sich um eine tragbare Tischlampe, die von einer Naßzellenbatterie gespeist wurde.

Leichter tragbare Lampen mit Trokkenbatterien kamen 1883 auf den Markt. Um die Jahrhundertwende wurden sie bereits allgemein für Fahrräder und als Grubenlampen verwendet. Die bis dahin benutzten Sicherheitslampen für Bergwerke hatten offene Flammen, die durch einen dickwandigen Glaszylinder und einen engmaschigen Drahtkorb geschützt waren; doch die elektrischen Lampen leuchteten heller.

Die Taschenlampe, wie sie heute noch verwendet wird, entstand 1896–1899 in England. Sie hatte einen Reflektor, der das Licht der Birne bündelte und zusammen mit ihr an der Vorderseite des Batteriegehäuses angebracht war. Eine solche Lampe konnte man nun bequem mit sich führen. Die noch praktischere längliche Form entwickelte der New Yorker Kaufmann Conrad Huber, der 1896 drei →Batterien hintereinander in eine Stablampe einlegte.

Heute gibt es auch Taschenlampen mit einem kleinen →Dynamo, der durch einen gefederten →Hebel angetrieben wird, oder mit einem Akkumulator, der sich an eine Steckdose anschließen läßt und so wieder aufgeladen werden kann.

Taucheranzug

Ein deutscher Mechaniker als Erfinder

Der Taucheranzug wurde 1819 von dem deutschen Werkzeug- und Büchsenmacher August Siebe in England erfunden. Er bestand aus wasserdichtem Segeltuch und einem schweren aufschraubbaren Metallhelm. Vom →Schiff aus wurde durch einen Schlauch Luft in Helm und Anzug gepumpt, um den Wasserdruck auszugleichen.

Siebe experimentierte weiter, bis er 1837 seinen ersten „Skaphander" vorstellen konnte. Dieser besaß auch ein Ausatemventil, durch das der Taucher die verbrauchte Luft abließ und den Druck im Helm regulierte. Einer der ersten Abnehmer der neuen Erfindung war der englische Oberst Charles Pasley vom Pionier- und Minenlegerkorps, der dadurch in die Lage versetzt wurde, im Hafen von Spithead durch Unterwassersprengungen ein Wrack zu beseitigen, das die Reede des Hafens seit über 50 Jahren blockierte.

Das Prinzip Siebes wird, wenn auch stark verbessert, heute noch bei Taucheranzügen verwendet, und es diente auch als Ausgangsbasis für den →Raumanzug.

Taucherglocke

Die erste einsatzfähige Taucherglocke baute 1717 der englische Astronom Edmond Halley für Bergungsarbeiten unter Wasser

Von Alexander dem Großen wird berichtet, er sei in einem →Faß mit Glaswänden auf den Meeresgrund hinabgestiegen und habe dort ein Seeungeheuer beobachtet, das drei Tage und Nächte lang an ihm vorbeischwamm. Der erste zuverlässige Bericht über eine Taucherglocke beschreibt einen Versuch mit zwei Tauchern, der 1538 in Toledo in Anwesenheit von Kaiser Karl V. durchgeführt wurde.

Zunächst waren Taucherglocken Kammern mit offenem Boden; sie wurden von Tauchern für Bergungsarbeiten unter Wasser benutzt. Durch den Druck der eingeschlossenen Luft wurde das Wasser daran gehindert, in diesen Senkkasten einzudringen. Von einem Deutschen namens Kessler stammt die beste der zahlreichen Taucherglockenkonstruktionen aus dem 16. und 17. Jh. Die erste Taucherglocke mit zusätzlicher Luftversorgung baute Sir Edmond Halley, der königliche Astronom von Greenwich. Sie bestand aus einem bleiverkleideten, hölzernen Bottich ohne Boden, den man senkrecht in das Wasser versenkte. Durch ein Glasfenster konnte Licht eintreten. Der zusätzlichen Luftzufuhr dienten bleiverkleidete Holzfässer, die tiefer in das Wasser herabgelassen wurden als die Taucher, so daß durch den höheren Druck in den Fässern die Luft in die Glocke gepreßt wurde. Nach eigenen Angaben brachte Halley mit seinen Begleitern so eineinhalb Stunden in einer Tiefe von 18 m zu.

Der englische Ingenieur John Smeaton verbesserte im 18. Jh. die Taucherglocke von Halley, indem er mit Schläuchen Außenluft hineinpumpte.

Heute werden Taucherglocken meist für Bauarbeiten am Meeresgrund und zur Wartung des Gestänges von Bohrinseln verwendet. Die gebräuchlichste Form ist der Senkkasten mit Luftschleuse. Er bringt die Taucher wie ein Lift zur Einsatzstelle und wieder zurück und versorgt sie aus einer eigenen Anlage mit Sauerstoff und Helium zum Atmen. Diese Geräte schützen gleichzeitig vor Gesundheitsschäden durch einen plötzlichen Wechsel der Druckverhältnisse beim Auftauchen. Der höhere Druck unter Wasser wird allmählich dem niedrigeren an der Oberfläche angeglichen.

Taucherglocke – gestern und heute *Gewichte hielten einst die Glocke des Engländers Halley auf dem Meeresgrund fest. Daneben lag ein Faß, das den Taucher in der Kammer mit Luft versorgte. Ein anderer Taucher arbeitete außerhalb; er trug einen wasserdichten Helm mit Luftschlauch zur Taucherglocke. In dem modernen Senkkasten mit Luftschleuse (rechts) können Taucher bis zu einer Woche lang sechs Stunden am Tag in einer Tiefe von 180 m arbeiten. Der langsame Druckausgleich erfolgt nach dem Auftauchen in einer eigenen Luftschleuse am Deck des Schiffes.*

Teilchenbeschleuniger

Die erste Anlage wurde 1932 in England gebaut

Mit dem Teilchenbeschleuniger erforschen Wissenschaftler das Innere der Atome, die Welt des Allerkleinsten. Solche Geräte dienen zum Aufspüren der grundlegenden Bausteine der Materie. Die Teilchenbeschleuniger erzeugen eine Strahlung, die aus Elementarteilchen besteht, welche sich fast mit Lichtgeschwindigkeit bewegen. Sie treffen auf die Atome eines Zielmaterials, etwa eine Metallfolie. Die Spuren der Elementarteilchen, die vom Punkt des Aufpralls fortfliegen, können fotografiert werden und liefern Hinweise auf die Struktur und die Eigenschaften der kollidierenden Teilchen. Auf diese Weise können moderne Beschleuniger Einzelheiten feststellen, die bis zu einem billiardstel Millimeter groß sind.

Der erste Teilchenbeschleuniger – von John Cockcroft und Ernest Walton 1932 an der Universität Cambridge konstruiert – war ein elektrischer Generator, der Spannungen von mehreren hunderttausend Volt erzeugte. Er beschleunigte die Teilchen durch einen einzigen Impuls. Der Linearbeschleuniger und das Zyklotron (Kreisbeschleuniger) wurden ebenfalls in den 30er Jahren in den USA entwickelt. Bei diesen Geräten werden die Teilchen durch wiederholte Impulse beschleunigt. Deren Energie ist gering im Vergleich zu derjenigen, welche die Teilchen am Ende haben. In einem Linearbeschleuniger bewegen sich die Teilchen durch eine Reihe von Röhren, in denen die Spannung rasch wechselt: Jedesmal, wenn das Teilchen von einer Röhre in die nächste übertritt, erhält es einen Impuls. Der Linearbeschleuniger von Stanford in Kalifornien ist über 3 km lang und besteht aus mehr als 80 000 Röhren.

Im Innern eines Zyklotrons befinden sich zwei flache, hohle Elektroden, die wie ein D geformt sind. Die Teilchen, die beschleunigt werden sollen, werden in der Mitte eingegeben und bewegen sich in Spiralen nach außen. Ihre gekrümmten Bahnen werden durch ein starkes Magnetfeld bestimmt. Wenn sie sich von einer Elektrode zur anderen hinüberbewegen, werden sie beschleunigt.

Eine Weiterentwicklung des Zyklotrons ist das moderne Synchrotron. Die Europäische Organisation für Kernforschung betreibt in der Nähe von Genf eine der größten Anlagen dieser Art. Sie besteht vor allem aus einer 6900 m langen „Rennstrecke“, dem Magnetring. Die Teilchen werden durch eine Röhre geschickt, die in einem unterirdischen Tunnel liegt und nur wenige Zentimeter weit ist. In 3 Sekunden durchlaufen sie diesen Ring ungefähr 140 000mal, gelenkt von Hunderten von →Elektromagneten. In jeder Runde erhalten sie einen Impuls von einigen Millionen Volt, und wenn sie austreten, haben sie eine Energie wie nach einer Beschleunigung durch 500 Milliarden Volt.

Als Cockcroft und Walton ihren ersten Beschleuniger bauten, glaubten die Physiker, daß Atome nur aus zwei Arten von Teilchen bestünden, den Protonen und den Elektronen. Inzwischen haben die Beschleuniger mit dieser einfachen Vorstellung aufgeräumt: Bei Zusammenstößen mit hoher Energie kamen Hunderte von bisher unbekannten Teilchen zum Vorschein.

Zwar dienen Teilchenbeschleuniger vorwiegend der physikalischen Forschung, doch werden sie auch in der Medizin und in der Geschichtsforschung verwendet. Der Beschuß verwandelt stabile Elemente im Zielmaterial in radioaktive Elemente, die leicht auszumachen und zu messen sind. So kann man etwa feststellen, wieviel giftiges Blei sich in menschlichen Zähnen abgelagert hat. Und weil die Menge der radioaktiven Materie, die im Zielmaterial produziert wird, deren Alter anzeigt, kann durch den Beschuß mit Elementarteilchen das Alter historischer Funde bestimmt werden.

Telefon

siehe Seite 276

Telegraf

siehe Seite 280

Telekopiergerät

1904 in Deutschland erfunden

Mit einem Tele- oder Fernkopierer können Schriftstücke und Bilder über eine Fernsprechleitung kopiert werden. Das Original wird dabei fotoelektrisch von einem →Scanner abgetastet, der die wechselnde Intensität der hellen und dunklen Flächen des Bildes abliest und in elektrische Signale umwandelt. Der Empfänger kehrt den Vorgang um und zeichnet das Bild auf →Papier auf.

1904 gelang es dem deutschen Physiker Arthur Korn, eine Fotografie über die Schleifenleitung München–Nürnberg–München telegrafisch zu übertragen. Im Jahr 1907 erhielt die Londoner Zeitung *Daily Mirror* das erste Bild per Fernübertragung aus Paris.

Inzwischen ist das Gerät genauso einfach zu bedienen wie ein normales →Fotokopiergerät, nur daß Absender und Empfänger über eine Telefonleitung miteinander verbunden sind.

Teleskop

siehe Seite 282

Teppich

Bereits im 4. Jh. v. Chr. bekannt

Der älteste Knüpfteppich der Welt stammt aus dem 4. Jh. v. Chr.; er wurde 1949 in Pasyryk (Altai) gefunden. Orientteppiche wurden vereinzelt schon vor 2000 Jahren aus Persien, der Türkei, Afghanistan und China nach Europa gebracht. Sie waren von Hand geknüpft und werden heute noch in diesen Ländern in der traditionellen Knüpftechnik hergestellt.

Noch im Mittelalter belegte man Fußböden in Europa meist mit geflochtenen Binsenmatten. Teppiche dienten mehr der Dekoration als dem täglichen Bedarf. Sie waren teure Luxusartikel, die man nicht dem Schmutz und der Abnutzung aussetzte. Reiche Leute verwendeten sie als Wandbehang (Gobelin) oder zum Abdecken von Tischen, Schränken und Betten. Mit Ausnahme der importierten orientalischen Knüpfteppiche waren sie gewirkt.

Auf Webstühlen wurden Teppiche seit 1604 in der Nähe von Paris hergestellt. Mit zunehmender Mechanisierung konnten Teppiche immer billiger werden, und seit dem 18. Jh. dienten sie hauptsächlich als Bodenbelag.

Theodolit

100 v. Chr. von Heron von Alexandria erdacht

Ein Theodolit ist ein Gerät, mit dem man horizontale und – in der Form des sogenannten Universalinstruments – auch vertikale Winkel messen kann. Es wird von Landvermessern benutzt, um die Lage eines Punktes im Gelände zu bestimmen. Dafür mißt man einerseits den Winkel, den die Peillinie mit der Richtung zu einem bekannten Fixpunkt bildet, andererseits den Höhenwinkel gegenüber der Horizontalen.

Das älteste Modell eines Theodoliten stammt wohl von dem griechischen Mechaniker Heron von Alexandria um das Jahr 100 v. Chr. Richtungen wurden damals über einen Balken anvisiert, der über einer Kreisskala drehbar angeordnet war. Auch die Skala selbst ließ sich auf einem Pfahl drehen und somit auf einen bestimmten Punkt justieren.

Im 16. Jh. hatten solche Geräte bereits einen →Kompaß, mit dem man sie nach Norden ausrichten konnte. Zu Beginn des 17. Jh. wurde der Theodolit durch den Briten Edward Wright weiter verbessert. Dieser baute in das Gerät das neuerfundene →Teleskop ein und erreichte dadurch eine größere Meßgenauigkeit.

Ihre heutige Form erreichten die Theodoliten im wesentlichen zu Beginn des 19. Jh. Sie hatten damals bereits ein kurzes, starkes Fernrohr, das vertikal und horizontal geschwenkt werden konnte, waren auf einem leichten, aber stabilen Stativ montiert und wurden mit Hilfe eingebauter Wasserwaagen justiert.

Telefon

Der Amerikaner Bell erfand 1875 einen brauchbaren Fernsprecher

Das Telefonnetz ist wie ein engmaschiges Gewebe über die Kontinente gespannt und kann sehr rasch Verbindungen zwischen Menschen herstellen, die Tausende von Kilometern voneinander entfernt sind. Heute gehen nicht nur Telefongespräche über das Kabelnetz der Post, sondern auch Fernschreiben, Computerdaten, Bildübertragungen, Fernsehprogramme und → Videotexte.

Vor gut 100 Jahren war das Telefon eine Neuerung, von der nur wenige glaubten, daß sie von allgemeiner Bedeutung sein könne. Etwa von 1849 an hatte man Telegrafenleitungen verlegt und damit nationale und internationale Verbindungen geschaffen. Telefonverbindungen gab es anfangs nur innerhalb von Städten, nicht aber über größere Entfernungen hinweg. In London äußerte ein Postbeamter, diese Einrichtung werde sich wohl nicht durchsetzen, weil es ja genügend Botenjungen gebe.

In den Jahren 1877–1878 reiste Alexander Graham Bell, der Erfinder des praktisch brauchbaren Telefons, in den USA und Europa umher und warb für den Gedanken des Telefons. Er war aber nicht der erste, der sich mit diesem Gerät befaßte; vor ihm hatte, bereits 1861, der deutsche Physiker Johann Philipp Reis in Hamburg ein Magnettelefon konstruiert. Trotz des Interesses, das Bell durch seine Kampagne erweckt hatte, blieben bis gegen 1890 Telefonverbindungen auf enge Bereiche begrenzt. Die Teilnehmer wurden durch Beamtinnen miteinander verbunden, die in Zentralen an Klappenschränken saßen. In den ersten Jahren mußte man laut in den Apparat schreien, um sich verständlich zu machen.

Gegen Ende des Jahrhunderts wuchs überall in der Welt das Interesse am Telefon. Das → Mikrofon wurde verbessert, und man verwendete nun Kupferdraht statt Eisendraht. Damit wurden auch Fernverbindungen möglich. Um 1900 hatte Deutschland bereits ein Kabelnetz mit einer Gesamtlänge von über

Wie aus einem einfachen Sprechapparat ein weltweites Kommunikationssystem wurde

1861: Das erste Telefon wird vorgeführt
Das erste funktionsfähige Gerät zur Tonübertragung auf elektrischem Wege (Telefon) konstruierte der deutsche Physiker Johann Philipp Reis. Am 26. Oktober 1861 führte er es während einer Sitzung des Physikalischen Vereins in Frankfurt am Main vor, im Jahr 1864 dann erneut auf einer Naturforscherversammlung in Gießen. Dieser Apparat eignete sich vor allem zur Übertragung von Musik. Auch Sprache ließ sich wiedergeben, doch blieb sie schwer verständlich.

1876: Ein brauchbarer Fernsprecher
Alexander Graham Bell, ein Taubstummenlehrer aus Schottland, der nach Amerika emigriert war und in Boston als Professor für die Physiologie der Stimme wirkte, befaßte sich neben seiner eigentlichen Arbeit auch mit der Entwicklung eines telegrafischen Systems, das mehrere Nachrichten gleichzeitig übertragen sollte. Er sagte sich, daß man dies vielleicht mit Hilfe mehrerer verschieden gestimmter Stahlplättchen erreichen könne. Als er mit einer solchen Vorrichtung am 2. Juni 1875 experimentierte, zupfte sein Assistent Thomas Watson einmal in einem Nebenraum an einem der Stahlplättchen. Im gleichen Augenblick begann ein gleichgestimmtes Plättchen im Hauptraum zu schwingen. Bell erkannte, daß der schwache elektrische Strom, der durch ein schwingendes Plättchen erzeugt wurde, stark genug war, ein anderes Plättchen hörbar zu erregen. Überdies war ihm klar, daß das Plättchen nicht nur einen einzigen Ton, sondern eine Mischung von verschiedenen Tönen wiedergegeben hatte. Da die menschliche Sprache sich ebenfalls aus Tönen von unterschiedlicher Höhe zusammensetzt, hielt Bell es für möglich, daß man mit seiner Vorrichtung auch die menschliche Stimme übertragen könne.

Innerhalb eines Monats baute er nun zwei einfache Telefone. Ihr Prinzip: Eine Membran schwang im Rhythmus der Schallwellen, die von der menschlichen Stimme hervorgebracht wurden. Dicht hinter ihr war ein Elektromagnet angebracht, der die Schwingungen in einen elektrischen Strom von unterschiedlicher Stärke verwandelte. Über eine Leitung wurden die Stromstöße zu einem Empfangsapparat geleitet, in dem sich wiederum ein Elektromagnet befand. Dieser zog im gleichen Takt eine andere Membran an, versetzte sie in Schwingungen und verwandelte auf diese Weise die Stromschwankungen wieder in Schallwellen.

Zunächst übertrug dieser Apparat nur ein undeutliches Gemurmel; aber am 10.

Der Vorläufer *Mit dem frühen Gerät von Johann Philipp Reis begann die Geschichte des Telefons. Links das Aufnahmegerät mit Trichter, rechts der Empfänger. Dieses Modell stammt aus dem Jahr 1863.*

Ein Gerät von Bell *1875 baute Alexander Graham Bell eine Versuchsanordnung, bei der die Schallwellen der menschlichen Sprache eine Membran vibrieren ließen. Dadurch entstanden in einer Drahtspule Stromschwankungen, die, auf ein gleichartiges Gerät übertragen, dort Töne hervorbrachten.*

März 1876 wurden zum ersten Male klar verständliche Worte vernehmbar. Noch im selben Monat erhielt Bell für seine Anlage ein Patent.

Dabei war er nur um Stunden schneller als ein anderer Erfinder auf diesem Gebiet, der Amerikaner Elisha Gray. Hierauf entspann sich ein Rechtsstreit darüber, wer das Telefon als erster erfunden habe. Der Prozeß zog sich zehn Jahre lang hin. Bell gewann ihn schließlich – und wurde bald wohlhabend.

Im Jahr 1877 reiste Bell in den USA und Europa umher und führte industriell hergestellte Telefontypen vor. Jeder bestand aus einem Kasten, der an einer Seite einen runden Vorsprung hatte. Dies war der Empfangs- und Wiedergabeteil in einem; deshalb mußte jeder, der ein Telefongespräch führte, diesen Teil abwechselnd zum Sprechen an den Mund und zum Hören ans Ohr halten. Die Geräte waren noch nicht sehr leistungsfähig und hatten deshalb nur eine Reichweite von einigen Kilometern.

80000 km, das die größeren Städte verband. Die Klappenschränke in den städtischen Zentralen wurden so umfangreich, daß die Entwicklung zum automatischen Wählverkehr fast zwangsläufig kam. Das erste automatische Wählsystem stammte von der Berliner Firma Mix & Genest.

Heute ist das Telefon aus dem geschäftlichen und sozialen Leben nicht mehr fortzudenken. „Rote Telefone" verbinden die großen Staatsmänner für den Fall, daß ein unbeabsichtigter Atomkrieg auszubrechen droht, und selbst von einer Bohrinsel im Meer kann man Menschen in aller Welt anrufen.

Seit den späten 50er Jahren verbinden internationale Kabel auch die →Computer in vielen Ländern zu einem riesigen Kommunikationsnetz, und sie leiten auch Fernsehsendungen weiter. Bald wird der Besitzer eines Fernsehgeräts Informationen aus diesem Netz abrufen und auf seinem Bildschirm wie auf einem Terminal ablesen können.

Bereits heute ist es dank einem neuen System, den sogenannten Konferenzschaltungen, nicht immer nötig, daß jemand eine weite Geschäftsreise unternimmt. Teilnehmer einer Besprechung können in einem Raum sitzen, der sogar mit einer Fernsehkamera ausgestattet sein kann. Ihre Äußerungen werden dann in ähnliche Studios in anderen Ländern übertragen, in denen ihre Gesprächspartner sitzen.

Frühes Telefon *Dieses Gerät aus dem Jahr 1884 besitzt eine Anrufknarre, die man drehen mußte, wenn man einen Partner sprechen wollte.*

1877: Edison führt eine getrennte Sprechmuschel ein
Bald interessierte sich auch der amerikanische Erfinder Thomas Alva Edison für das Telefon, und er entwickelte eine getrennte Sprechmuschel mit einem verbesserten Mikrofon, das Kohlegrus enthielt. Dieser veränderte, wenn man dagegen sprach, seine Dichte und damit seinen elektrischen Widerstand und setzte auf diese Weise die Schallwellen in Stromschwankungen um. Die ausgeschickten Stromstöße waren nun kräftiger; das Kohlemikrofon ermöglichte deshalb einen Sprechverkehr über wesentlich größere Entfernungen.

Strowger-Apparat *Die Wählscheibe dieses Geräts entstand zu Anfang des 20. Jh. Das automatisch arbeitende Telefon wurde von dem Amerikaner Almon Brown Strowger konstruiert, als er vermutete, seine Telefonistinnen intrigierten gegen ihn. Seine Partner erfanden dann die Wählscheibe.*

1881: Erste Fernsprechämter
Auch in Europa bürgerte das Telefon sich verhältnismäßig rasch ein. Die ersten Ortstelefonnetze in Deutschland wurden 1881 in Mülhausen, Elsaß, und Berlin eingerichtet. 1887 verband man Berlin mit Hamburg.

1884: Erste Fernleitung
Im Jahr 1884 richtete die 1877 gegründete Bell Telephone Company zwischen den Städten Boston und New York die erste amerikanische Fernleitung für Telefongespräche ein. Statt des bisher benutzten Eisendrahtes verwendete man nun besonders behandelten Kupferdraht, der nicht rostete und die Worte weiter trug, ehe sie unhörbar wurden.

1889: Die automatische Zentrale
Almon Brown Strowger, ein Leichenbestatter in Kansas City, entwarf in den 80er Jahren des 19. Jh., weil er ein heimliches Einverständnis zwischen seinen Konkurrenten und den Damen in der Zentrale argwöhnte, eine automatische Telefonzentrale, die das Telefonfräulein entbehrlich machte. 1889 erhielt er dafür sein erstes Patent. Die Strowger-Zentrale ermöglichte es dem Teilnehmer, die gewünschte Nummer selbst zu wählen, indem er drei Knöpfe drückte. Seine Partner entwickelten später eine drehbare Scheibe, die entsprechend der gewählten Zahl elektrische Impulse aussandte. Diese Impulse wurden durch eine Leitung in die Zentrale geschickt und stellten die gewählte Verbindung her. Zu Beginn des 20. Jh. gab es schon in der ganzen Welt automatische Telefonzentralen.

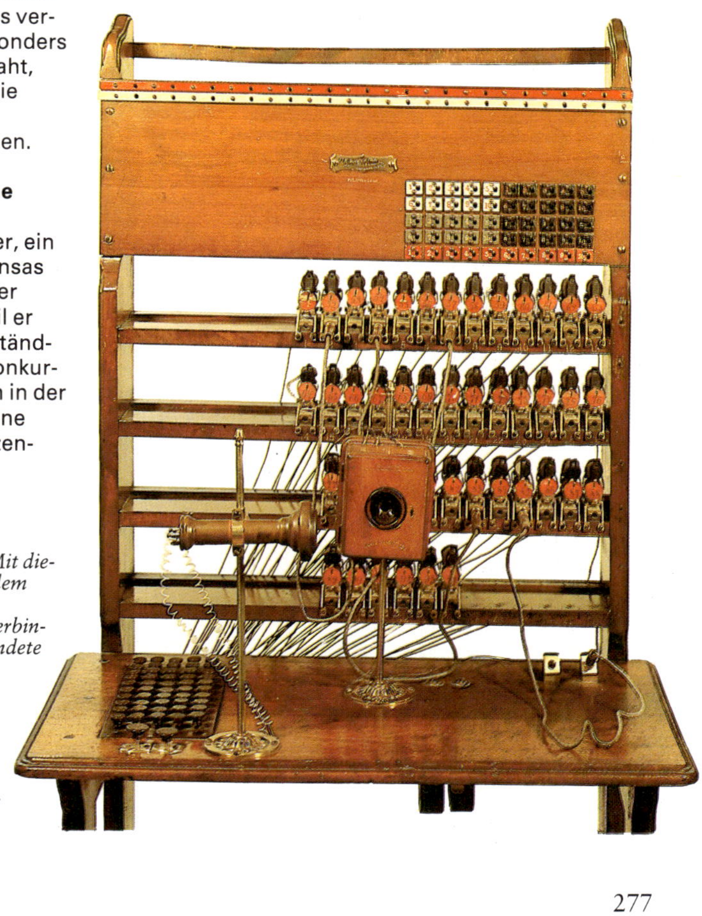

Früher Klappenschrank *Mit diesem Klappenschrank aus dem Jahr 1879 konnte man 50 Teilnehmer miteinander verbinden. Jede Telefonleitung endete an einer Buchse, über der eine Lampe aufleuchtete, wenn eine Verbindung gewünscht wurde. Das Telefonfräulein ließ sich die Nummer sagen und verband dann die beiden Teilnehmer durch ein Kabel.*

Welche Nummer wünschen Sie? *Als der Telefonverkehr um 1900 stark anwuchs, saßen „Fräulein vom Amt" in langen Reihen vor Klappenschränken, um die Verbindungen herzustellen.*

Strowgers Zentrale arbeitete zwar automatisch, aber langsam und schwerfällig. Eine bedeutende Verbesserung brachte ein elektromechanisches Wählsystem, das sich unter der Bezeichnung Crossbar durchsetzte. Das erste Patent hierfür wurde 1915 in den USA erteilt. Vor allem die Schweden waren es aber, die das System weiterentwickelten. 1926 nahmen sie auch die ersten derartigen Anlagen in Betrieb.

1928: Gespräche über den Atlantik
1891 wurde das erste Telefonkabel zwischen England und Frankreich in Betrieb genommen.

Telefongespräche über den Atlantik hinweg wurden erstmals 1928 möglich, als man zu diesem Zweck eine drahtlose Verbindung zwischen London und New York einrichtete. Dabei konnte jeweils immer nur ein einziges Gespräch geführt werden, und man mußte das Gespräch lange vorher anmelden.

1956: Ein Überseekabel
Das erste transatlantische → Unterwasserkabel für Telefongespräche wurde 1956 zwischen Schottland und Neufundland verlegt. Es war 3600 km lang und enthielt 102 Verstärker für die durchgegebenen elektrischen Impulse. Teilweise lag das Kabel 4000 m tief unter dem Meeresspiegel. Es übertrug zunächst gleichzeitig 36 Gespräche; später waren dank technischer Verbesserungen bis zu 88 Gespräche gleichzeitig möglich. Dieses Kabel funktionierte fehlerfrei bis 1978; dann ersetzte man es durch andere.

Sieben weitere Kabel erhöhten die Kapazität auf 3291 gleichzeitig geführte Gespräche. Als 1976 das achte gelegt wurde, erreichte man dadurch mehr als eine Verdoppelung dieser Zahl, denn es konnte allein 4000 Gespräche übertragen.

1960: Ein elektronisches Wählsystem
In den 60er Jahren entwickelten die Telefongesellschaften elektronische Wählsysteme. Man erwartete von ihnen eine größere Zuverlässigkeit, geringeren Aufwand für die Instandhaltung und Reparatur, eine rasche Arbeitsweise und einen kleinen Raumbedarf.

Das Herz eines solchen elektronischen Systems ist ein → Computer, der alle Wählvorgänge steuert. Er kann auch Telefonnummern speichern und die Zahl und Dauer der Anrufe festhalten, so daß die Telefongesellschaften Rechnungen erstellen und für die Zukunft besser vorausplanen können. Mit seiner Hilfe lassen sich überdies neue Nummern leicht einfügen und alte löschen – einfach indem man dem Computer die entsprechenden Angaben eingibt. Früher mußten dazu eine Reihe von Drähten anders angeschlossen werden.

Teilnehmer können auch Aufstellungen über alle geführten Gespräche erhalten. Ferner sind Sonderdienste wie automatischer Weckruf, zeitweilige Umschaltung auf eine andere Nummer sowie Konferenzringschaltungen zwischen mehreren Teilnehmern möglich.

1962: Telefongespräche über Satellit
Ferngespräche nach Orten, die weitab von einem Hauptkabel liegen, wurden einfacher und billiger durch Nachrichtensatelliten. Der erste war der 1962 gestartete *Telstar*, der eine Verbindung zwischen den USA und Europa herstellte. Er konnte zwölf Gespräche gleichzeitig übertragen, indem er die Impulse, die von einer Bodenstation ausgestrahlt wurden, verstärkte und dann zu einem anderen, mehrere tausend Kilometer entfernten Ort zurückwarf.

1966: Glasfasern als Kabel
Die englische Gesellschaft Standard Telecommunication Laboratories regte 1966 an, man solle für die Übertragung von Ferngesprächen haarfeine Glasfasern anstelle der Kupferleitungen verwenden. Solche → Glasfaserkabel können mit Hilfe von Lichtimpulsen Tausende von Gesprä-

DIE ENTWICKLUNG DES TELEFONS

In gut 100 Jahren hat das Telefon sich von einem schlichten Verständigungsgerät für den Nahbereich zu einem weltweiten Kommunikationsmittel entwickelt.

1879 *Bei diesem frühen Edisonapparat mußte der Teilnehmer während des Hörens die Kurbel drehen.*

1880 *Der Teilnehmer sprach in den Kasten dieses Telefons und hielt den Hörer ans Ohr.*

1887 *Der Wandapparat hat oben eine Kurbel, mit der man die Vermittlung anrief.*

1889 *Das Gerät von Siemens & Halske ist mit Ornamenten verziert.*

Glasfaserkabel *Die herkömmlichen Kupferkabel (links) werden in den Telefonnetzen allmählich durch → Glasfaserkabel (rechts) ersetzt. Jede Glasfaser ist nur so dick wie ein Menschenhaar und kann viele Telefongespräche gleichzeitig in Form von Lichtimpulsen übertragen. Glasfaserkabel lassen sich billiger herstellen als Kupferkabel mit gleicher Kapazität und sind zudem unempfindlich gegen elektrische Störungen.*

chen gleichzeitig übertragen. Dabei sind sie dünner und billiger als Kupferkabel und überdies frei von elektrischen Störungen.

1970: Direktwahl von Europa nach den USA

Im März 1970 konnten Fernsprechteilnehmer in Europa, 42 Jahre nach dem ersten handvermittelten Überseegespräch, einen Gesprächspartner jenseits des Atlantiks erstmals selbst wählen. 1979 waren bereits 90 Prozent aller internationalen Verbindungen automatisiert.

1979: Verbindung mit Computern

Im September 1975 kündigte die englische Postverwaltung die Entwicklung von *Prestel* an, einem Computer-Auskunftsdienst, an den über das Telefonnetz private Fernsehgeräte angeschlossen werden können. *Prestel*, ein Bildschirm-Kommunikationssystem, bietet Privatleuten eine praktisch unbegrenzte Menge von Informationen an, indem es sie mit einem ausgedehnten Computernetzwerk verbindet. Der *Prestel*-Dienst wurde 1979 praktisch eingeführt.

Die Zukunft des Telefons

Wahrscheinlich wird → Videotext im Zusammenhang mit → Computern einen wesentlichen Bestandteil des Dienstes bilden, der durch das Telefonnetz verfügbar wird. Damit können Hinweise auf Unterhaltungsprogramme, Fahrpläne, Geschäftsstatistiken, aktuelle Nachrichten und Wetterberichte und manches andere direkt in Privathäuser übermittelt werden.

Die Franzosen haben in der Bretagne Versuche mit dem Ziel durchgeführt, die Telefonbücher durch einen elektronischen Auskunftsdienst zu ersetzen. Fernsprechteilnehmer können die Nummer eines gewünschten Gesprächspartners auf dem Bildschirm ihres Fernsehgeräts ablesen, wenn sie dessen Namen und Adresse auf einer Tastatur tippen. Dieses System würde die Kosten für den jährlichen Neudruck der Telefonbücher einsparen.

Vielleicht wird es in Zukunft sogar ein drahtloses Telefon geben, ein Miniatur-Radiotelefon, das überall benutzt werden kann, sogar mitten im Straßenverkehr. Es könnte auf gesprochene Anweisungen reagieren, die richtige Nummer aus seinem Speicher heraussuchen und die Verbindung automatisch herstellen. Autotelefone, die drahtlos arbeiten, gibt es ja bereits.

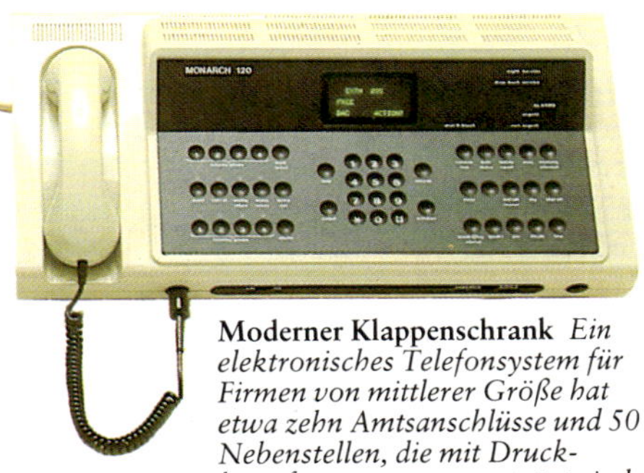

Moderner Klappenschrank *Ein elektronisches Telefonsystem für Firmen von mittlerer Größe hat etwa zehn Amtsanschlüsse und 50 Nebenstellen, die mit Druckknopfapparaten ausgestattet sind.*

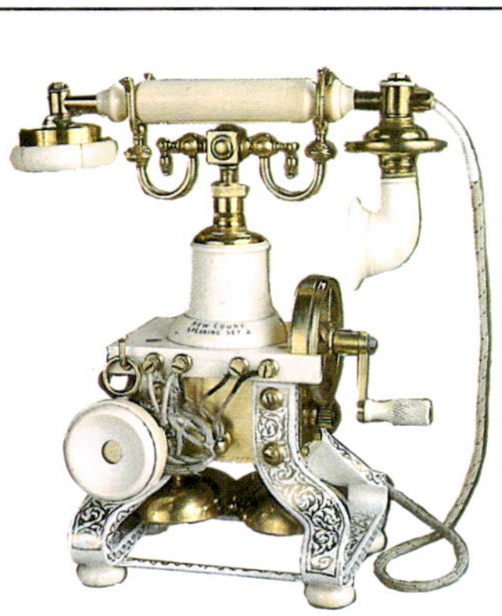

1890 *Ein Telefon der Familie Rothschild. Die Zentrale wurde durch Drehen der Kurbel angerufen.*

1905 *Bei diesem „Kerzenleuchtertelefon" wurde man automatisch mit der Zentrale verbunden, wenn man den Hörer abnahm.*

Nach 1930 *In den 30er Jahren wurden Gabeltelefone aus Kunststoff allgemein üblich.*

Ab 1980 *„Intelligente" Telefone wählen häufig gebrauchte Nummern auf Knopfdruck selbst.*

Telegraf

Erste Vorführung eines optischen Telegrafen in Frankreich 1793

Als der Geistliche Claude Chappe einigen führenden Persönlichkeiten der Französischen Revolution, unter ihnen Robespierre, 1793 einen sogenannten Semaphor vorführte, einen Mast mit verstellbaren Armen, der als Zeigertelegraf dienen sollte, da begriffen sie rasch, wie nützlich ein solches Gerät ihnen in ihrem Kampf gegen England, Preußen und Holland sein konnte. Bereits im folgenden Jahr richteten sie ein Netz von Semaphorstationen ein, mit denen man nun Nachrichten und Befehle wesentlich schneller übermitteln konnte als durch reitende Boten.

Chappes Erfindung verbreitete sich rasch. Bereits Ende 1796 verbanden Semaphorstationen London mit den englichen Hafenstädten.

Als ein halbes Jahrhundert später der elektrische Telegraf erfunden wurde, benutzten die Eisenbahnverwaltungen ihn, um den Zugverkehr zu regeln. Bedeutung gewann der Telegraf durch die Schnelligkeit, mit der er Nachrichten über große Entfernungen weitergeben konnte. Noch 1776 benötigte ein Segelschiff sieben Wochen, um die Nachricht nach London zu bringen, daß die britischen Kolonien in Nordamerika ihre Unabhängigkeit erklärt hatten. Während des Krimkriegs erhielt das britische Parlament 1855 die Nachricht vom Tod des Zaren Nikolaus I. noch am selben Tag.

Der Deutsche Paul Julius Reuter, Gründer einer internationalen Nachrichtenagentur in London, sandte 1866 als eine der ersten Botschaften über das

Semaphor *Nach 1790 verwendete man in Frankreich ein System von optischen Telegrafen,* Semaphore *genannt. An Masten befanden sich bewegliche Signalarme, mit deren Hilfe man Nachrichten von Station zu Station weitergab.*

Vom Signalfeuer zum elektronischen Wortprozessor

1184 v. Chr.: Signalfeuer
Schon der griechische Heerführer Agamemnon, so berichtet Homer, sandte seiner Gattin Klytämnestra 1184 v. Chr. die Nachricht vom Fall Trojas über 800 km weit mit Hilfe einer Kette von Signalfeuern, die man auf Hügeln entzündete. Dieses Verfahren wurde danach oft verwendet; man konnte damit aber nur eine vorher vereinbarte Botschaft übermitteln. Die Römer benutzten solche „Rauchtelegrafen" ebenso wie später die Engländer, die auf diese Weise 1588 die Ankunft der spanischen Armada vor der englischen Küste meldeten, oder die Indianer Nordamerikas.

17. Jh.: Verschiedene Systeme
Seeleute verständigten sich auf hoher See und auch im Hafen, indem sie Signalflaggen vorheißten. Beim Militär dienten Trompeten- oder Trommelsignale zur Übermittlung von Befehlen. In Afrika wurden Botschaften durch Trommeln verbreitet.

1794: Erste Semaphorlinie
Der französische Revolutionskonvent ermächtigte 1793 den Geistlichen Claude Chappe, den optischen Flügeltelegrafen oder Semaphor zu erproben, den er vorgeschlagen hatte. Bewegliche Arme auf der Spitze eines Turmes zeigten Zahlen an, welche Buchstaben, Worte oder Sätze bedeuten. Die erste Verbindung zwischen Paris und Lille nahm 1794 den Betrieb auf.

1804: Ein elektrischer Telegraf
Francisco Salva in Barcelona konstruierte 1804 einen Telegrafen, der für jeden Buchstaben eine eigene Leitung besaß. Durch diese Drähte schickte er Ströme, die aus einem Volta-Element stammten, über eine Entfernung von 1 km zu einem Empfänger, bei dem eine entsprechende Zahl von Röhrchen mit angesäuertem Wasser vorhanden war. Bei jedem Stromstoß wurde Wasser zersetzt (Elektrolyse), und in dem betreffenden Röhrchen stiegen Gasblasen auf.

Mit Hilfe stärkerer → Batterien konnte der Münchner Samuel von Sömmering 1809 mit dem gleichen System Botschaften 3,5 km weit übertragen. Seine Arbeit regte andere zu weiteren Versuchen an.

1833–1836: Elektromagnetische Geräte
Als Zar Nikolaus I. im Jahr 1832 Berlin besuchte, führte man ihm den ersten Telegrafen vor, der nicht für jeden Buchstaben eine eigene Leitung benötigte, sondern nur sechs. Das System war von dem russischen Diplomaten Baron Pawel Schilling entwickelt worden, der Sömmerings Arbeiten kannte. Die Buchstaben wurden durch verschiedene Stellungen zweier → Nadeln angegeben. Stromstöße, die durch ein bis sechs Drähte geschickt wurden, erregten Magnetspulen, welche die Stellungen der Nadeln veränderten.

1833 baute der deutsche Mathematiker Karl Friedrich Gauß zusammen mit dem Physiker Wilhelm Weber einen noch einfacheren elektromagnetischen Telegrafen. Die beiden Wissenschaftler benutzten dabei die unterschiedliche Ablenkung einer Magnetnadel, um die Buchstaben anzuzeigen. Die Anlage verband das „physikalische Kabinett" der Universität Göttingen mit der gut 1 km entfernten Sternwarte.

1836 legte der Astronom Karl August Steinheil eine Telegrafenleitung von München nach Bogenhausen. Bei dieser Anlage wurden die Nachrichten aufgrund eines Systems von Punkten durchgegeben.

1837: Patente in England und den USA
William Fothergill Cooke und Charles Wheatstone erhielten 1837 ein Patent für einen elektrischen Telegrafen, der über fünf Drähte fünf Nadeln steuerte. Immer zwei von ihnen zeigten den jeweils zu übertragenden Buchstaben an. Dieses Gerät wurde von der britischen → Eisenbahn eingesetzt.

Im selben Jahr reichte der Amerikaner Samuel Morse beim US-Patentamt die Beschreibung eines Telegrafen ein, der mit nur einem → Draht arbeitete. Morse übertrug Buchstaben in Form von kurzen und längeren Stromstößen oder Punkten und Strichen – durch die berühmten Morsezeichen. Mit einem Handtaster konnte man bis zu zehn Wörter pro Minute übertragen. Die Zeichen wurden von einer Feder auf einem Papierstreifen aufgezeichnet. Die erste europäische Telegrafenlinie mit Geräten dieses Typs wurde 1849 zwischen Hamburg und Cuxhaven eingerichtet; sie diente dazu, ankommende → Schiffe zu melden.

1851: Internationale Verbindung
Von dem englischen Ort Dover nach Kap Gris-Nez in Frankreich wurde 1850–1851 ein Unterwasserkabel verlegt. Es war durch Guttapercha isoliert und durch Hanf sowie einen Eisenmantel vor Beschädigung geschützt. Dieses Kabel war der Anfang des internationalen Telegrafennetzes.

Öffentlicher Telegraf *Die erste öffentliche Telegrafenlinie wurde im Mai 1843 in England zwischen Paddington und Slough eröffnet. Die Geräte dafür (oben) stammten von William F. Cooke und Charles Wheatstone.*

neue Transatlantikkabel einen Bericht von dem Friedensschluß zwischen Österreich und Preußen.

Regierungen benutzten Telegramme im internationalen diplomatischen Verkehr. Bevor ein weltweites Telegrafennetz bestand, hatten die Gesandten nur unregelmäßige und langsame Verbindungen mit ihren Regierungen. Manchmal lagen Entscheidungen über die Beziehung zwischen zwei Mächten ausschließlich bei ihnen. Nach der Einführung des Telegrafen konnten die Gesandten täglich Anweisungen erhalten und sogleich zurückberichten.

Ebenso hatten kriegführende Generale nun eine engere Verbindung mit ihren Regierungen. Zum erstenmal wurde ein Telegraf zu diesem Zweck 1855 während des Krimkriegs benutzt. Ein 550 km langes Unterwasserkabel durch das Schwarze Meer verband Balaklawa auf der Krim mit Varna in Bulgarien. Über dieses hatten die vereinigten englischen und französischen Truppen Anschluß an das europäische Telegrafennetz.

Einige Jahre später, während des amerikanischen Bürgerkriegs, spielten Telegrafen eine wichtige Rolle. Insgesamt wurden 24000 km Draht verlegt und 1000 Personen für die Nachrichtenübermittlung eingesetzt.

Nach dem Krieg trug die große amerikanische Telegrafengesellschaft Western Union dazu bei, daß der Westen Amerikas erschlossen wurde. In jeder kleinen Stadt war das Telegrafenbüro ein vertrauter Anblick.

Seine größte Bedeutung hatte der Telegraf von der Mitte des 19. Jh. bis zum Ende des Ersten Weltkriegs. Dann wurde er, zunächst im innerstaatlichen Verkehr, durch das → Telefon weitgehend ersetzt.

1855: Ein druckender Telegraf
Der Naturwissenschaftler David Hughes aus London erfand 1855 in den USA einen Schreibtelegrafen. Das Sendegerät wies für jeden Buchstaben eine besondere Taste auf. Wenn man sie anschlug, ging durch eine Leitung ein bestimmtes elektrisches Signal ab. Beim Empfänger stand ein anderes Gerät, das die Nachrichten druckte.

1858: Ein Lochbandsystem
Die Nachrichtenübermittlung über Telegrafenleitungen konnte stark beschleunigt werden, als sich Charles Wheatstone 1858 ein Lochbandsystem patentieren ließ. Der Absender stanzte die Nachricht in Form von Morsezeichen in ein Band, das dann mit einer Geschwindigkeit von 75 bis 100 Wörtern in der Minute durch das Sendegerät lief. Im Empfänger wurde der Text mit einer Feder auf einen Papierstreifen aufgeschrieben.

1872: Mehrere Nachrichten über einen Draht
Ein Verfahren, mit dem man gleichzeitig Nachrichten in entgegengesetzter Richtung durch denselben Draht übermitteln konnte, ließ sich J. B. Stearns 1872 in den USA patentieren: die Duplex-Telegrafie. Im selben Jahr führte Jean-Maurice Émile Baudot in Frankreich die Mehrfachtelegrafie ein, die es ermöglichte, mehrere Nachrichten gleichzeitig in derselben Richtung durch einen Draht zu senden.

1899: Drahtlose Telegrafie
Dem in England lebenden Italiener Guglielmo Marconi (→ Radio) gelang es nach Versuchen von 1894 an, im Jahr 1899 drahtlos über den Ärmelkanal zu telegrafieren. 1901 funkte er erstmals über den Atlantik.

1931: Fernschreibwählverkehr
Die American Telephone and Telegraph Company führte 1931 ein Fernschreibsystem ein, bei dem die Teilnehmer die Geräte bei sich aufstellen konnten. Durch eine Zentrale wurden sie mit dem gewünschten Teilnehmer verbunden und konnten diesem die Nachricht direkt übermitteln. Ein Jahr später entstand in Europa ein ähnliches System.

Nach 1980: Teletex
Zu Beginn der 80er Jahre wurde im deutschsprachigen Raum sowie in Großbritannien und Schweden ein superschnelles Fernschreibsystem eingeführt, das mit Bildschirmen arbeitet. Mit Teletex kann man Briefe, Berichte und andere geschäftliche Unterlagen in einem Büro schreiben, und in einem anderen werden sie dann gleich mitgetippt oder auf einen Bildschirm projiziert. Häufig benötigte Angaben lassen sich zentral in einem Computer speichern, von dem sie durch die verschiedenen Teilnehmer abgerufen werden können.

Morsetelegraf
Samuel Morse ließ sich seinen Telegrafenapparat, der nur eine Leitung benötigte, 1837 patentieren. Beim Empfänger lief die Nachricht in Form von Punkten und Strichen auf einem Papierstreifen ein, die noch in normale Schrift übertragen werden mußten. Links ein Morseapparat aus dem Jahr 1840.

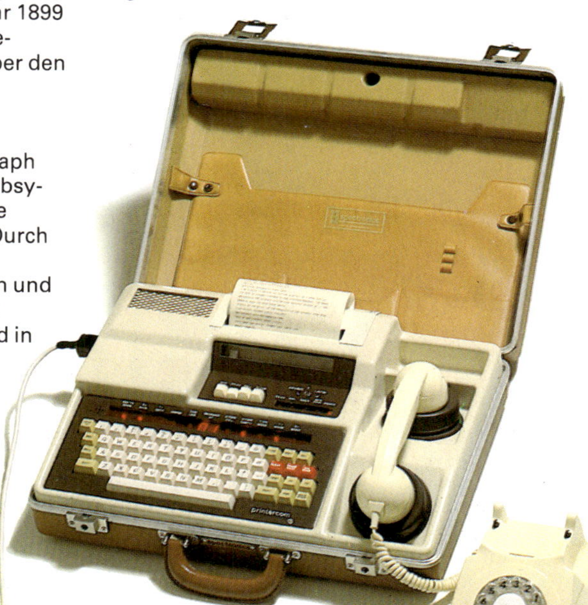

Schriftübertragung *Das Printer-com-Gerät benutzt zur Übertragung eines Textes das normale Telefonnetz. In Verbindung mit einem Computer, von dem ein gespeicherter Text abgerufen werden kann, verkürzt es die Übertragungszeit beträchtlich.*

Teleskop

1608 von einem niederländischen Brillenmacher erfunden

Mehrere Brillenmacher erhoben zu Beginn des 17. Jh. in der niederländischen Stadt Middelburg den Anspruch, das neue Teleskop erfunden zu haben. Am berechtigtsten erscheint der Anspruch von Jan Lipperhey, der 1608 ein Patent für ein Teleskop anmeldete. Angeblich ist Lipperhey durch Zufall auf das Prinzip gekommen. Er stellte nämlich fest, daß eine Wetterfahne größer aussah und in die Nähe gerückt schien, wenn er sie durch eine konkave und eine konvexe →Linse betrachtete, die er in einem bestimmten Abstand voneinander vor sein Auge hielt. Er baute dann eine Kombination solcher Linsen in ein Rohr ein.

Der italienische Gelehrte Galileo Galilei hörte von der Erfindung und konstruierte selbst ein solches Fernrohr. 1609 betrachtete er damit den nächtlichen Himmel und sah, daß es auf dem Mond Krater, Berge und Ringgebirge gibt. Außerdem entdeckte er mit diesem Instrument die vier größten Jupitermonde, die Phasen der Venus und den Ring des Saturns sowie Sonnenflecken und den Sternenreichtum der Milchstraße.

Der deutsche Astronom Johannes Kepler entwarf dann das nach ihm benannte astronomische Fernrohr, das aus Sammellinsen besteht. Es vergrößert stärker und kehrt das Bild um – was aber in der Astronomie nicht stört. Nach Keplers theoretischen Angaben wurde ein solcher Refraktor 1611 von Christoph Scheiner erstmals gebaut.

Die ersten Fernrohre lieferten recht mangelhafte Bilder. Eines der Probleme bestand darin, daß die verschiedenen Farben beim Durchgang durch eine Linse unterschiedlich stark abgelenkt werden. Dadurch bekamen beispielsweise die Sterne, wenn man sie durch ein Fernrohr betrachtete, bunte Ränder. Isaac Newton löste dieses Problem, indem er 1668 ein völlig neuartiges Fernrohr konstruierte: ein Spiegelteleskop. Dessen Hauptteil war ein Hohlspiegel mit einem Durchmesser von 2,5 cm, ähnlich einem kleinen Rasierspiegel. Er entwarf ein Bild, das man durch ein Okular betrachten konnte. Da der Einfallswinkel aller Strahlen, die von einem Spiegel zurückgeworfen werden, genauso groß ist wie der Ausfallswinkel, entstanden bei diesem Gerät keine farbigen Ränder.

1729 baute schließlich der englische

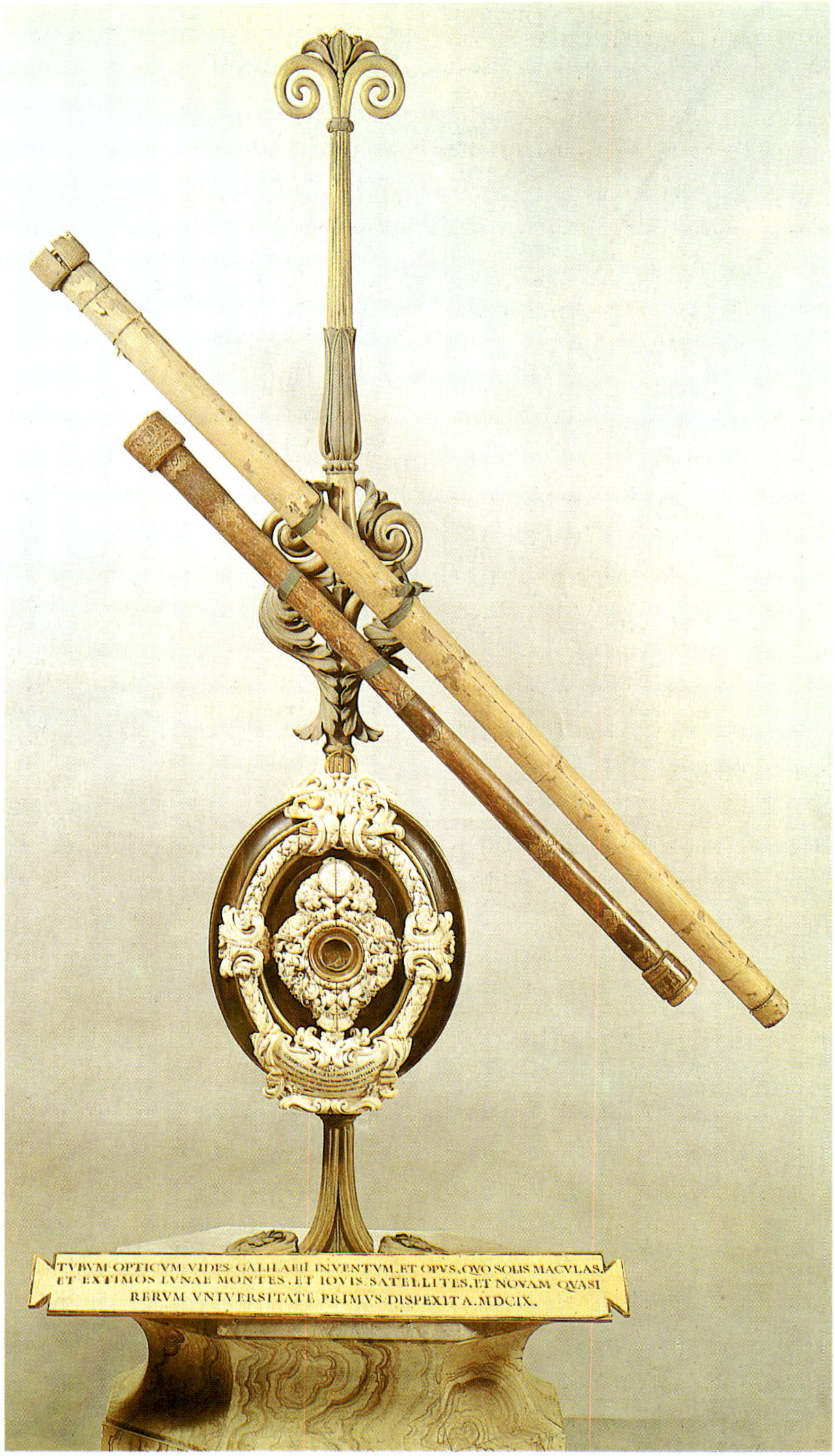

Barockfernrohre *Die beiden Fernrohre gehörten einst Galileo Galilei. Sie werden im Museum für die Geschichte der Naturwissenschaft in Florenz aufbewahrt. Diese Instrumente waren optisch noch recht unvollkommen. Die Abbildungen von Sternen, die sie entwarfen, hatten farbige Ränder und Strahlenkränze, und sie waren auch verzerrt. So entdeckte Galilei zwar die vier größten Jupitermonde und die Phasen der Venus; beim Saturn aber sah er nur, daß der Planet merkwürdige Henkel oder „Ohren" habe; die Gestalt des Ringes, der den Planeten umgibt, konnte er nicht genau genug erkennen. „Ich bin ganz verwirrt über das beispiellose Ereignis", schrieb er. „Mein Verstand ist zu schwach, es zu begreifen." Doch nicht sein Verstand war zu schwach, sondern sein Fernrohr. Später verbesserte man die Okulare und Objektive der Teleskope, indem man sie jeweils aus mehreren Linsen zusammensetzte, so daß deren Fehler sich weitgehend aufhoben.*

Amateurastronom Chester Moor Hall ein Fernrohr mit achromatischem Objektiv, das alle Farben ungefähr gleich brach. Unabhängig von ihm wurde dieses Instrument später von John Dellond und von dem deutschen Physiker Joseph von Fraunhofer nochmals erfunden, und zwar in einer wesentlich besseren Ausführung. Die Objektive bestanden dabei aus einer Kombination zweier Linsen aus verschiedenen Glasarten, deren Brechungszahlen so bemessen waren, daß sie sich gegenseitig korrigierten.

Die großen astronomischen Instrumente, die man heute baut, sind vorwiegend Spiegelteleskope und keine Linsenfernrohre.

Fernrohre wurden auch auf anderen Gebieten als dem der Astronomie genutzt, etwa im militärischen Bereich. Um die Mitte des 19. Jh. kamen Taschenfernrohre nach dem Prinzip des Galilei-Fernrohrs in Gebrauch. Sie wurden von Emil Busch in Rathenow hergestellt und als Krimstecher bezeichnet, da man sie unter anderem im Krimkrieg verwendete.

Die Geschichte der Prismenferngläser beginnt mit Patenten, die der italienische Ingenieuroffizier Ignazio Porro 1854 in Frankreich und England für die Verwendung von Prismen in optischen Instrumenten anmeldete. In Fernrohren dienen die Prismen dazu, das Bild aufzurichten und das Rohr zu verkürzen, so daß es handlicher wird. Die ersten Instrumente dieses Typs von Porro waren allerdings noch mangelhaft. Andere verbesserten die Konstruktion, so J. G. Hofmann, ein Mitarbeiter Porros, und Emil Busch; dennoch setzte sie sich zunächst nicht durch.

Dies änderte sich erst, als Ernst Abbe, Leiter der Optischen Werkstätten Carl Zeiss in Jena, sich der Sache annahm. Er erfand das Prismenumkehrsystem – das in Deutschland praktisch unbekannt geblieben war – neu und entwickelte einen brauchbaren Prismenfeldstecher mit Doppelrohren sowie vergrößertem Objektivabstand, der 1894 patentiert wurde. Im selben Jahr begannen die Zeisswerke mit der Auslieferung von Ferngläsern.

Lange Zeit war das Teleskop auf dem Mount Palomar in den USA, dessen →Spiegel einen Durchmesser von 5 m hat, das größte der Welt. 1969 wurde dann von der Sowjetunion auf dem Berg Pastukow im nördlichen Kaukasus ein Teleskop mit einem 6-m-Spiegel aufgestellt.

Thermometer

Im 17. Jh. erfunden

Die ersten Luftthermometer, die sogenannten Thermoskope, wurden zu Beginn des 17. Jh. gebaut. Als Erfinder gelten gleichermaßen die Italiener Galileo Galilei und Santorio Santorio sowie der Niederländer Cornelius Drebbel. Bei den Gelehrten der Florentiner Accademia del Cimento kannte man schon 1641 das Weingeist- und 1657 das Quecksilberthermometer, das auf der unterschiedlichen Ausdehnung dieser Stoffe bei unterschiedlichen Temperaturen beruht. Dafür entwickelte der deutsche Physiker Daniel Gabriel Fahrenheit 1714 eine Temperaturskala, die vergleichende Messungen erlaubte. Sie genügt bis heute wissenschaftlichen Ansprüchen.

Rechnerisch einfacher zu handhaben ist jedoch die Temperaturskala, die der schwedische Astronom Anders Celsius im Jahr 1742 entwarf. Ihr liegt eine Einteilung in 100 Grad zwischen dem Gefrierpunkt von Wasser (0°) und seinem Siedepunkt (100°) auf Meereshöhe zugrunde.

In heutigen Thermometern wird neben Quecksilber auch oft gefärbter Äthylalkohol oder ähnliches verwendet.

Thermosflasche

1892 von dem Chemiker Sir James Dewar erfunden

Die isolierende Wirkung doppelwandiger Gefäße war schon den Römern bekannt. In den Ruinen von Pompeji hat man ein solches doppelwandiges Gefäß gefunden.

Die moderne Thermosflasche wurde 1892 von dem schottischen Chemiker Sir James Dewar entwickelt. Dieser ließ sich von dem Glasbläser Reinhold Burger ein doppelwandiges Glasgefäß blasen, dessen innere Wandungen er mit Quecksilber verspiegelte. Dann saugte er die Luft aus dem Zwischenraum zwischen den beiden Wänden heraus. Die Temperatur einer Flüssigkeit, die man in diese Glasflasche füllte, blieb lange Zeit gleich, weil die Metallschicht einen Wärmeverlust durch Abstrahlung und das Vakuum einen Verlust durch Ableitung verhinderte.

Reinhold Burger begann 1902 in Berlin selbst Thermosflaschen herzustellen, und 1904 ließ er sich die Erfindung auf

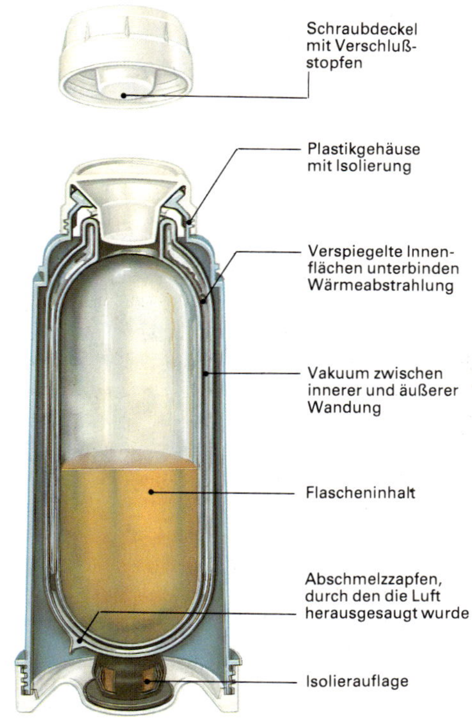

Warmhaltung *Die Innenflächen der doppelwandigen Flasche sind mit Quecksilber verspiegelt, was einen Wärmeverlust durch Abstrahlung wesentlich verringert. Das Vakuum zwischen den Wänden verringert die Wärmeableitung nach außen.*

seinen Namen patentieren. Ein Nickelgehäuse schützte die zerbrechliche Flasche.

Zunächst wurden Thermosflaschen nur in Labors und Krankenhäusern und auf Expeditionen verwendet. Bald aber dienten sie auch Privatleuten bei Picknicks und auf Reisen. 1925 kam die erste Halbliterflasche mit Plastikgehäuse auf den Markt. Der ursprünglich verwendete unzulängliche Korkverschluß wurde inzwischen durch Gummi- oder Kunststoffverschlüsse ersetzt.

Thermostat

Patentiert 1830 von dem Schotten Andrew Ure

Thermostaten arbeiten mit der Wärmeausdehnung von festen Körpern, Flüssigkeiten oder Gasen und wirken auf Schalter oder Ventile. Sie regeln automatisch Temperaturen und sind von besonderem Nutzen in Kühlschränken, →Bügeleisen, Backöfen und Heizungssystemen.

Einen primitiven Thermostaten baute sich der Niederländer Cornelius Drebbel (1572–1634) für seinen →Brutapparat. Dabei nutzte er die Ausdehnung von Alkohol und Quecksilber bei Hitze, um die Heizung zu steuern. Aber der Ausdruck Thermostat wurde erst 1830 geprägt, als der schottische Schriftsteller Andrew Ure eine Erfindung zur Temperaturüberwachung in seiner Whiskybrennerei patentieren ließ. Er schlug dafür einen Bimetallstreifen vor; doch war damit nicht viel anzufangen, bevor man ihn um die Jahrhundertwende zur Betätigung elektrischer Kontakte verwenden konnte.

Ein solcher Bimetallstreifen ist das Herz der meisten heutigen Thermostaten, praktisch ein metallener Temperaturfühler, der Heizungen automatisch ein- und ausschaltet. Er besteht aus zwei verschiedenen, zusammengelöteten Metallen – meist Messing und Kupfer. Messing dehnt sich, wenn es erwärmt wird, stärker aus als Kupfer, und so biegt sich der Streifen. Das eine Ende ist festgelötet, und das freibewegliche Ende stellt bei einer bestimmten Temperatur einen elektrischen Kontakt her. Wird diese Temperatur überschritten, biegt sich das Bimetall zur Seite, und die Heizung wird damit ausgeschaltet. Sinkt die Raumtemperatur, biegt sich das Bimetall zurück, und die Heizung springt wieder an.

Tinte

Zuerst von den Ägyptern und den Chinesen um 2600 v. Chr. hergestellt

Die alten Ägypter und Chinesen stellten Tinte aus Ruß her, den sie durch Verbrennen von Öl gewannen und mit Wasser vermischten. In Griechenland verwendete man die „Tinte“ des Tintenfischs zum Schreiben. Im 3. Jh. v. Chr. kochte man Galläpfel mit Eisenvitriol und Tannin ab und gewann so eine viel verwendete Tinte.

Der deutsche Chemiker Friedlieb Ferdinand Runge erfand 1847 die Chromblauholztinte. Im 19. Jh. wurden in Deutschland und England synthetische Farbstoffe für die Herstellung von Tinte entwickelt.

Toaster

Das erste elektrische Gerät wurde 1909 in den USA hergestellt

Bis ins 20. Jh. röstete man Brot, indem man es an einer langen Gabel vor das Feuer hielt oder auf einen Rost auf die Herdplatte legte. Der erste elektrische Toaster wurde 1909 von der General Electric Company in Schenectady, New York, hergestellt. Die Heizelemente bestanden aus blanken Drähten, die um Glimmerstreifen gewickelt waren. Wenn man Strom durch die Drähte leitete, wurden sie rotglühend. Auf diese Weise wurden Brotscheiben nur einseitig geröstet und mußten deshalb von Hand umgedreht werden.

Charles Strite, ein Mechaniker in Stillwater, Minnesota, konstruierte 1928 einen automatischen Toaster mit Heizelementen auf beiden Seiten. Ein Uhrwerk schaltete den Strom ab und löste gleichzeitig die Sperre einer Feder, die daraufhin das Brot auswarf. 1930 wurde dieses Modell durch die Verwendung eines →Thermostaten verbessert, der das Gerät ausschaltete, sobald das Brot braun genug war.

Tonbandgerät

1898 von Valdemar Poulsen erfunden

Ein Verfahren zur magnetischen Tonaufzeichnung ließ sich als erster der dänische Physiker Valdemar Poulsen 1898 patentieren. Trotz mancher Anerkennung wurde seine Erfindung aber nicht ausgewertet. Seine Idee, den Magnetismus zur Aufzeichnung von Tönen zu verwenden, ist jedoch die Grundlage aller heutigen Tonbandgeräte.

In seinem ursprünglichen Gerät verwendete Poulsen einen Stahldraht, der von einer Trommel ablief. Der →Draht wurde rasch an einem →Elektromagneten vorbeigeführt, der mit einem →Mikrofon verbunden war. Schallwellen, die das →Mikrofon aufnahm, veränderten das Magnetfeld. Der Magnet magnetisierte deshalb den vorbeilaufenden Draht unterschiedlich stark. Ließ man den Draht dann ein zweites Mal an dem Elektromagneten vorbeilaufen, entstanden in ihm kleine, veränderliche elektrische Ströme, die in einem Kopfhörer die ursprünglichen Töne wieder erklingen ließen.

Bereits 1924 gab es vereinzelte Geräte, die nach diesem Prinzip – aber mit einem Stahlband – arbeiteten. Zu einer Serienfertigung von Tonbandgeräten kam es jedoch erst, als 1935 zwei deutsche Firmen, AEG und IG Farben, gemeinsam ein Plastikband mit einem magnetisierbaren Überzug aus Eisenoxid herausbrachten. Da es leicht war und wenig Platz brauchte, konnte man mit ihm viel längere Aufnahmen machen, ohne die Spule zu wechseln.

Tonbandgeräte wurden zunächst von deutschen Rundfunkanstalten verwendet, die damit vorbereitete Programme senden und Fehler bei der Aufnahme ausmerzen konnten. Überdies war es möglich, Live-Sendungen für eine spätere Wiederholung zu speichern.

Dabei blieb die Verwendung dieser Geräte jedoch beschränkt, bis nach dem Zweiten Weltkrieg einige davon in deutschen Studios beschlagnahmt und angelsächsischen Herstellern, der EMI in England und der Ampex in den USA, übergeben wurden. Damit begann in der ganzen westlichen Welt die Produktion von Geräten für den Handel. Statt eines einzigen Magnetkopfs, wie ihn das Gerät von Poulsen besaß, verfügten diese Apparate über drei. Der erste löschte auf dem vorbeilaufenden Magnetband alle früheren Aufzeichnungen, der zweite nahm die neuen auf, und der dritte diente zum Abspielen. Heute haben die im Handel erhältlichen Tonbandgeräte meist nur einen Magnetkopf, der alle diese Funktionen erfüllt.

Nach der Erfindung der →Transistoren war es möglich, kleinere, billigere und zuverlässigere Geräte herzustellen. Seit den 50er Jahren können auch Privatleute Gespräche und Radiosendungen aufnehmen. Die Schallplattenhersteller machen normalerweise eine Aufnahme erst auf Band, um zunächst noch Fehler tilgen zu können.

In den 60er Jahren brachte der niederländische Philipskonzern Kassetten mit Bändern heraus. Heute gibt es auch bespielte Bänder in großer Zahl. Ferner verwendet man Kassetten für Diktiergeräte, automatische Anrufbeantworter, „sprechende Bücher“ für Blinde, Sprachkurse und manche andere Zwecke. Magnetbandkassetten speichern auch Informationen, die für die Steuerung von →Computern gebraucht werden.

Inzwischen ist die Technik der Herstellung von Tonbandgeräten so weit entwickelt und allgemein zugänglich geworden, daß auch Laien sich ein Hobbystudio einrichten können – was allerdings nicht ganz billig ist. Schneidevorrichtungen, Mischpulte, Überspielkabel und →Mikrofone sowie weiteres Zubehör haben das Tonbandgerät als Arbeitsmittel und Mittel zur Freizeitgestaltung sehr beliebt gemacht. Auch für Amateurfilmer ist diese Technik interessant geworden, seit Ausrüstungen zur Filmvertonung angeboten werden.

Töpferei

In Anatolien wurden Tongefäße gefunden, die 9000 Jahre alt sind

Vor etwa 9000 Jahren gaben die Menschen das Nomadenleben allmählich auf und begannen seßhaft zu werden. Von da an spielten Töpferwaren eine wichtige Rolle. In Tongefäßen konnte man Nahrungsmittel längere Zeit lagern, kochen und Flüssigkeiten aufbewahren. Jede Epoche und jede Kultur hat bei Töpferwaren ihren eigenen, unverwechselbaren Stil. Ihr Aufbau, die Brennmethode und nicht zuletzt die typische Art und Weise, sie zu verzieren, machen es den Archäologen leicht, ihre Funde genau zu bestimmen. Denn Tongefäße sind oft den Toten mit ins Grab gegeben worden, und das Material, ob ganz oder in Scherben, verändert sich selbst im Lauf von Jahrtausenden nicht. Das hat auch manches alte Kunstwerk gerettet.

Einen wesentlichen Fortschritt brachte im 8. Jh. die Erfindung des Porzellans in China. Aber erst, als dort im 13. Jh. eine zentrale Manufaktur errichtet wurde, kam es in größeren Mengen auf den Markt. Das blau bemalte Porzellan der Mingdynastie gelangte 1518 durch portugiesische Händler bis nach Europa und begeisterte sogleich alle Welt. Überall suchten die Töpfer nach einer Methode, etwas Gleichwertiges herzustellen.

Die alten Inder, Perser und Ägypter hatten bereits eine Art Halbporzellan aus nicht durchscheinend gebranntem Ton mit weißer oder gefärbter Zinnglasur gekannt. Diese Keramik kam später durch die Araber nach Europa und wird heute nach der italienischen Stadt Faenza Fayence genannt. In Faenza gab es nämlich schon sehr früh eine ähnliche Ware aus Tonmergel, die sogenannte Majolika. Die Rezepte dafür stammten von den arabischen Manufakturen auf der Insel Mallorca. Verhältnismäßig feines Fayencesteingut kannte man im 17. Jh. auch in Deutschland, Frankreich und den Niederlanden. Aber das Rezept für echtes Porzellan wurde erst 1708 durch Johann Friedrich Böttger in Meißen bei Dresden gefunden, wo dann die bekannte Manufaktur entstand.

In der zweiten Hälfte des 18. Jh. begann der englische Töpfer Josiah Wedgwood mit großem künstlerischem Geschick und viel billiger als seine Konkurrenten, Steingut aus einer Mischung von einem einzigen Arbeitsgang aus einfachen Tongefäßen das erste Steingut.

Von den ersten Tontöpfen bis zum Fabrikgeschirr von heute

7000 v. Chr.: Früheste Tongefäße
Die ältesten gebrannten Tonscherben wurden in Jericho gefunden und sind 9000–10000 Jahre alt. Die ältesten bekannten Tongefäße jedoch entdeckten Forscher im anatolischen Hochland der heutigen Türkei. Sie stammen aus der Zeit um 7000 v. Chr. und wurden bei verhältnismäßig niedrigen Temperaturen gebrannt.

Die damaligen Töpfer formten flache Schalen mit den Fingern. Größere Töpfe bauten sie aus Tonwülsten auf, die sie übereinanderlegten und dann außen und innen glattstrichen. Eine ganz frühe Methode bestand darin, geflochtene Körbe mit Ton auszukleiden.

5000 v. Chr.: Brennöfen
Die ersten Tongefäße wurden in einem offenen Feuer gebrannt. Man häufte ringsum Reisig auf und zündete es an. Diese Scheiterhaufenmethode war schwer zu überwachen und verunstaltete die Oberfläche der Gefäße. Deshalb gingen die Töpfer dazu über, ihre Arbeiten in weiterentwickelten Backöfen zu brennen.

Überreste von Brennöfen aus der Zeit um 4000 v. Chr. hat man in Mesopotamien und Ägypten ausgegraben. Aber in Anatolien muß es solche Öfen schon viel früher gegeben haben; denn dort wurden so vollkommene Töpfe und Figürchen der Hakilarkultur (um 5000 v. Chr.) gefunden, daß sie schwerlich in einem offenen Feuer gebrannt sein können.

3500 v. Chr.: Glasuren
Solange man den Ton bei niedrigen Temperaturen brannte, blieben die Gefäße porös. Um ein Gefäß abzudichten, kam vermutlich ein ägyptischer Handwerker

Jungsteinzeit
Dieser Topf ist mit gefärbtem Schlicker bemalt, einer Mischung aus Ton, Wasser und Rost.

um 3500 v. Chr. auf folgende Idee: Er bestrich das gebrannte Gefäß mit einem flüssigen Gemisch aus Tonschlamm und Bleierz. Dann brannte er es ein zweites Mal, wobei die Flüssigkeit zu einer Glasur schmolz (sinterte) und die Poren verschloß. Später lernte man, daß Kupfererz die Glasur blau färbt, und um 800 v. Chr. kam in Mesopotamien eine weiße Glasur auf, die Zinnerz enthielt.

3000 v. Chr.: Die Töpferscheibe
Die Töpferscheibe ist eine einfache drehbare Platte, auf der ein Töpfer seine Gefäße genau symmetrisch formen kann. Um 3000 v. Chr. kannte man in Vorderasien bereits schwere Scheiben, die auf einem Zapfen rotierten. Einmal in Bewegung gesetzt, liefen sie durch den eigenen Schwung noch eine Weile weiter, so daß der Töpfer beide Hände zur Arbeit frei hatte. Die ersten dieser Scheiben wurden mit den Händen oder Füßen angetrieben; später dienten dazu besondere Vorrichtungen.

1400 v. Chr.: Chinesisches Steingut
Um 1400 v. Chr. entdeckten chinesische Töpfer ein Tongemisch, das ohne besonderen Glasuranstrich bei 1100°–1200° sintert. Diese Temperatur erreichten ihre Öfen ohne weiteres, und die verglaste Außenfläche machte in

700 n. Chr.: Das erste chinesische Porzellan
Während der Tangdynastie (1618 v. Chr. bis 907 n. Chr.) wurde zum erstenmal Porzellan erzeugt. Der arabische Reisende Soleiman berichtet im Jahr 851 n. Chr., daß er in China weiße, harte, durchscheinende Tongefäße gesehen habe. Bruchstücke wurden bei Ausgrabungen von Häusern und Grabstätten aus dieser Zeit gefunden. Jedoch erst während der Yuandynastie (1297–1368) wurden Porzellangefäße in größeren Mengen erzeugt, und 200 Jahre später gelangten sie auch nach Europa. Zur Herstellung verwendete man Kaolin (Porzellanerde), Feldspat und

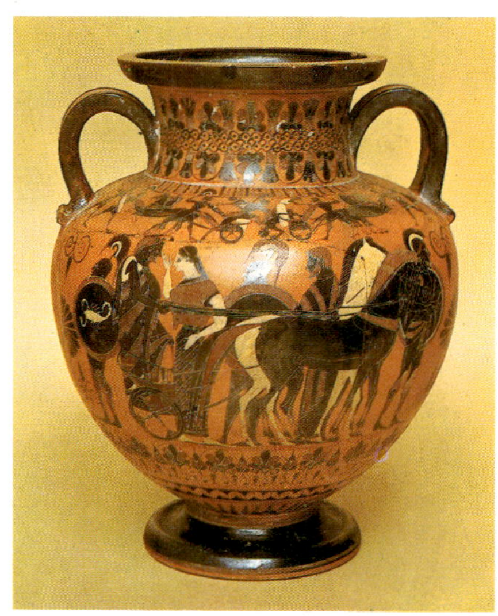

Griechische Vase aus dem 6. Jh. v. Chr.
Töpferwaren liefern durch die Ornamentik oft Informationen über die Lebensweise in alter Zeit – hier über den Umgang mit Pferd und Wagen.

weißgebranntem Ton mit Kaolin und Feuerstein herzustellen. Die Glasur war durchsichtig und enthielt Borsäure oder Bleioxid. Wedgwood war ein Pionier der fabrikmäßigen Serienfertigung.

Außer Geschirr und Schmuckgegenständen macht man aus Steingut auch Waschbecken und dergleichen, Fliesen, Isolatoren für elektrische Anlagen usw. Das fortschrittlichste keramische Material ist das sogenannte Cernet. Diese Mischung aus Keramik und Metall wurde entwickelt, weil man einen Stoff brauchte, welcher der Hitze in →Strahltriebwerken standhalten konnte. Die Siliziumfliesen für den Hitzeschild der amerikanischen Weltraumfähre leiten die Wärme so rasch ab, daß man sie mit bloßer Hand anfassen kann, wenn sie im Innern noch rotglühend sind.

Keramik in der Raumfahrt *Der Hitzeschild der Raumfähre* Columbia *ist mit Keramikfliesen ausgestattet – vor allem am Bug, wo es beim Wiedereintritt in die Erdatmosphäre am heißesten wird. Die rund 31 000 Fliesen sind der Nase des Fahrzeugs millimetergenau angepaßt. Sie bestehen hauptsächlich aus extrem wärmeleitfähigem Silizium.*

Quarz. Porzellan ist härter und wird bei höheren Temperaturen gebrannt als Steingut: zwischen 1200° und 1400°.

1575: Entwicklung von Weichporzellan
Die Überlegenheit des chinesischen Porzellans über andere Töpferwaren führte zu vielen Versuchen, es nachzuahmen. Erste Erfolge erzielten 1575 die Töpfer des Herzogs von Florenz, Francesco Medici.

Chinesische Porzellanvase *Diese achteckige Vase aus dem 14. Jh. hatte der Eigentümer zur Sicherheit vergraben. Sie wurde 1964 in China gefunden.*

Die Florentiner verwendeten eine Mischung aus Kaolin und Glas, die man bei viel niedrigerer Temperatur brennen konnte als echtes Porzellan. Das Mediciporzellan wurde deshalb auch Weichporzellan genannt, aber in Florenz nur sehr kurze Zeit hergestellt. Erst nach 1680 kam es aus Rouen und St-Cloud bei Paris unter dem Namen Frittenporzellan in größeren Mengen auf den Markt.

1708: Das erste europäische Hartporzellan
Das Weichporzellan war dem echten Porzellan immer noch weit unterlegen. Erst dem Deutschen Friedrich Böttger, einem Alchemisten des Kurfürsten August von Sachsen, der mit dem Naturforscher Walther von Tschirnhaus zusammenarbeitete, gelang es 1708, weißes Porzellan herzustellen.

Dieses Arbeitsverhältnis war alles andere als menschenfreundlich. August der Starke von Sachsen hatte nämlich von angeblichen Erfolgen Böttgers bei dem Versuch erfahren, in seiner Alchemistenküche Gold herzustellen, und den begabten jungen Mann kurzerhand gefangengesetzt, um mit Hilfe seiner Kunst die eigenen fürstlichen Schulden zu bezahlen. Glück im Unglück hatte der Gefangene insofern, als der nüchterne Fachmann Tschirnhaus ihn zu systematischen Experimenten anhielt und so zu seinem Erfolg nicht wenig beitrug.Böttger ersetzte den Glaszusatz in der Mischung des Weichporzellans durch weißen Feldspat und erreichte so die vollständige Sinterung, die das echte, das sogenannte Hartporzellan charakterisiert. 1710 nahm die berühmte Meißener Porzellanmanufaktur bei Dresden die Serienproduktion auf.

Man versuchte das Geheimnis der Porzellanherstellung für Sachsen zu bewahren – vergeblich. Flüchtlinge aus Meißen brachten es nach Wien, und 1717 entstand auch dort eine Porzellanmanufaktur.

1858: Ein moderner Brennofen
Die Herstellungsmethoden für Tonwaren blieben durch die Jahrhunderte im wesentlichen unverändert. Aber bei den Brennöfen und bei der Serienfertigung wurden noch eine Reihe von Verbesserungen erzielt.

Heute wird Handelsware, wie Teller und Tassen, mechanisch auf Maschinen geformt, die man vermutlich gegen Ende des 18. Jh. einzusetzen begann. Dabei entsteht beispielsweise ein Teller, indem man die Tonmasse auf eine rotierende Gipsform der Tellerinnenseite aufträgt und dann mit einer →Schablone für die Außenseite formt.

Ein moderner Brennofen, der sogenannte Ringofen, wurde 1858 dem deutschen Industriellen Friedrich Eduard Hoffmann patentiert, setzte sich aber erst um die Mitte des 20. Jh. allgemein durch. Er arbeitet kontinuierlich, das heißt, das Brenngut gleitet auf einem Fließband langsam durch die Brennkammer. Kunstvoll bemalte oder gravierte Ware entsteht aber weiterhin in Handarbeit.

Europäisches Porzellan *Diese Kaffeekanne wurde 1720 in der berühmten Meißener Porzellanmanufaktur bei Dresden hergestellt. Soweit man weiß, wurde sie noch von Johann Böttger entworfen.*

Torpedo

Einen Torpedo mit Selbstantrieb erfand 1868 der Österreicher Lupis

Das Wort Torpedo (der lateinische Ausdruck für Zitterrochen) wurde erstmals von dem amerikanischen Ingenieur Robert Fulton für einen Unterwasser-Sprengkörper geprägt, der durch das von ihm 1800 entworfene Tauchboot *Nautilus* an feindliche Schiffe herangebracht werden sollte. Anfänglich wurden diese sogenannten Spierentorpedos an 7 m langen Stangen vor dem Bug des Angreifers hergeschoben.

Der Selbstantrieb des Torpedos geht auf eine Idee des österreichischen Seeoffiziers Lupis von 1868 zurück, die im damals österreichischen Adriahafen Fiume (heute Rijeka, Jugoslawien) von dem englischen Ingenieur Robert Whitehead verwirklicht wurde. Dieser sogenannte Fischtorpedo war 4,25 m lang, hatte einen Durchmesser von 35 cm und trug einen Sprengkopf mit 9 kg Dynamit an seiner Spitze. Er wurde durch einen Druckluftmotor mit einer Schraube angetrieben. Tiefenruder sorgten dafür, daß die richtige Tiefe eingehalten wurde.

1895 entwickelte der Österreicher Ludwig Obry eine neue Methode, die Fahrtrichtung des Torpedos auf das Ziel genau einzuhalten, indem er hierzu einen Kreisel benutzte (→ Kreiselgeräte). Im Ersten Weltkrieg versenkten → Unterseeboote mit Torpedos viele → Schiffe.

Im Zweiten Weltkrieg konnten die Torpedos 300 kg Sprengstoff über mehr als 3 km Entfernung mit einer Geschwindigkeit von etwa 30 Knoten ins Ziel bringen. Statt der Druckluft verwendete man nun für den Antrieb elektrische → Batterien, Heißluftdampf oder Treibgas. Torpedos werden von Unterseebooten mit Druckluft, von Schiffen mit einer Pulverladung aus Rohren abgeschossen. 1943 entwickelte die deutsche Marine auch einen Torpedo mit akustischem Zielsuchgerät, der sein Ziel mit Hilfe der Schraubengeräusche gegnerischer Schiffe fand. Heute verfügen Torpedos über eine Echolot-Steuerung (→ Echolot).

Tragflächenboot

Das Prinzip wurde 1861 in England entdeckt

Das Tragflächenboot (auch Tragflügelboot) wurde entwickelt, um Schiffe schneller zu machen. Denn ihre Höchstgeschwindigkeit ist wegen des Wasserwiderstands normalerweise auf rund 30 Knoten (55 km/h) beschränkt. Wenn man den Schiffskörper auf Stelzen aus dem Wasser heraushebt und diese Stelzen unter Wasser auf Tragflächen stellt, wird jedoch der Wasserwiderstand wesentlich verringert. Das Prinzip des Tragflächenboots wurde durch Zufall entdeckt. Im Jahr 1861 ließ der Engländer Thomas Moy, der mit Tragflächen für ein → Flugzeug experimentierte, ein Boot mit drei Unterwasser-Tragflächen auf dem Surreykanal fahren. Er ging von dem Gedanken aus, daß er seine Tragflächenprofile im Wasser besser als in der Luft ausprobieren könnte, weil Wasser 600mal dichter als Luft ist. Er beobachtete, daß sich das Boot schon bei mäßiger Geschwindigkeit ziemlich weit mit dem Bug aus dem Wasser heraushob.

Um 1900 versuchte der Italiener Enrico Forlanini, der bisher Luftschiffe konstruiert hatte, Schiffe zu beschleunigen, indem er sie mit Tragflächen ausrüstete. Er baute die Tragflächen als Leiter mit vier wasserschiförmigen Sprossen, die in das Wasser eintauchte und ein Boot bei einer Geschwindigkeit von rund 30 km/h aus dem Wasser heraushob. Mit zunehmendem Tempo stieg die Leiter unter dem Bootskörper immer weiter aus dem Wasser heraus, bis sich schließlich bei rund 60 km/h nur noch die unterste

Ein Tragflächenboot als schwimmende S-Bahn *Seit 1957 setzt man in Leningrad solche Tragflächenboote im Stadt- und Vorortverkehr ein. Sie erreichen Geschwindigkeiten von mehr als 30 Knoten (55 km/h). Auf den ausgedehnten und weitverzweigten Wasserstraßen der Sowjetunion gibt es mehr als 150 solcher Passagierlinien. Landesweit befördern 300 Tragflächenboote jährlich mehr als 20 Millionen Fahrgäste.*

Tragfläche auf dem Wasser befand und das Boot darauf hingleiten ließ. Im Jahr 1937 gab die Köln-Düsseldorfer Rheindampfschiffahrt GmbH das erste Tragflächenboot in Auftrag. Es wurde von Hans von Schertel konstruiert und für die Personenschiffahrt auf dem Rhein eingesetzt.

In den 50er Jahren entwickelte die US-Marine eine verbesserte Form des Tragflächenboots. Bei diesem Boot kann man die Tragflächen dem Winkel anpassen, in dem der Bug aus dem Wasser ragt. So läßt es sich besser steuern und fährt wesentlich ruhiger. Solche Fahrzeuge erreichen Geschwindigkeiten bis zu 70 Knoten (130 km/h).

Die unterschiedlichsten Typen von Tragflächenbooten sind in der Sowjetunion anzutreffen, wo die Boote der *Raketa*-Klasse als Wasseromnibusse 50–100 Passagiere aufnehmen können. Sie verkehren auf 150 Linien.

Trägheitsnavigation

Nach dem Zweiten Weltkrieg weltweit eingeführt

Die Trägheitsnavigation ist eine fortschrittlichere Form der herkömmlichen „Koppelnavigation“ – der Standortbestimmung durch ständige Messung und Berechnung der zurückgelegten Entfernung und Fahrtrichtung. Das neue Verfahren hat sich nach dem Zweiten Weltkrieg weltweit verbreitet. Es dient der Führung von atomgetriebenen → Unterseebooten sowie der Steuerung von Langstreckenraketen und mancher ziviler → Flugzeuge. Die Fahrt des amerikanischen Atomunterseebootes *Nautilus* zum Nordpol wäre unter der arktischen Eisdecke ohne Trägheitsnavigation unmöglich gewesen.

Bei dieser Methode wird zunächst der Ausgangspunkt der Fahrt genau bestimmt. Dann registriert man auf elektronischem Weg alle Änderungen der Geschwindigkeit und der Richtung und läßt sie von einem → Computer in die jeweils gültigen Werte – zu denen auch die Entfernung vom Ausgangspunkt gehört – umrechnen. Um die genannten Änderungen zu registrieren, nutzt man die Trägheitskräfte, die bei allen Beschleunigungen auftreten. Die Beschleunigungsmesser sind auf einer Plattform angebracht, die durch einen Kreisel ständig waagrecht und in der gleichen Lage gehalten wird (→ Kreiselgeräte).

Traktor

1921 in Deutschland entwickelt

Die vielseitigste Hilfe für den modernen Landwirt ist der Traktor. Er dient als Zugmaschine für Pflüge, Eggen, Berieselungsgeräte, → Mähmaschinen, Heckenscheren, Baggerschaufeln und Anhänger. Den Bauern hat er eine große Ersparnis an Zeit und Arbeit gebracht. Ein Traktor mit einem fünfscharigen Pflug bricht einen Morgen Land in einer Viertelstunde um; mit einem Ochsengespann brauchte man dazu früher einen ganzen Tag.

Der Traktor entstand aus den fahrbaren → Dampfmaschinen, die seit 1850 in Gebrauch kamen. Sie zogen Pflüge an Seilen über die Felder und trieben landwirtschaftliche Geräte wie Dreschmaschinen an.

Als nach 1880 brauchbare → Verbrennungsmotoren verfügbar wurden, begann man sie auch in diese Fahrzeuge einzubauen. Als erste entwickelte 1889 die Charter Gas Company in Chicago ein vielversprechendes Modell. Sein Einzylindermotor hatte zwei Schwungräder, um die Unregelmäßigkeiten des Laufs auszugleichen.

1921 brachte die deutsche Firma Heinrich Lanz in Mannheim den ersten einsatztüchtigen Rohölschlepper mit dem Namen *Bulldog* auf den Markt. Dieser Prototyp des eigentlichen Traktors war unverwüstlich, brauchte aber sehr viel Treibstoff.

Alle früheren Traktoren hatten Stahlräder mit einem Profil aus Wülsten, damit sie besser griffen. Erst 1932 kamen die ersten Modelle mit Gummireifen auf den Markt.

Der irische Ingenieur Harry George Ferguson baute 1933 einen Traktor, der besonders vielseitig war. Er verfügte über eine Hydraulik, die es erlaubte, Pflüge, Mähmaschinen und andere unabhängige Geräte, die früher nachgezogen wurden, vom Fahrersitz aus zu bedienen.

Heute gibt es über 15 Millionen Traktoren auf der Welt. Sie arbeiten meist mit Benzin oder Dieselöl, manche aber auch mit Heizöl. Die stärksten haben mehrere hundert kW. Der Standardtraktor hat kleine Vorderräder und große Hinterräder mit breiten Gummireifen, damit sie auf weichem Grund besser greifen. Eine Weiterentwicklung für besonders schwieriges Gelände sind die → Gleiskettenfahrzeuge.

Transistor

Erfunden 1947 in den USA

Einer der wichtigsten Bausteine der Elektronik, der Transistor, wurde 1947 von den Amerikanern John Bardeen, Walter Brattain und William Shockley im Versuchslabor der Bell Company erfunden. Sie erhielten hierfür 1956 den Nobelpreis für Physik.

Bardeen und Brattain waren auf der Suche nach einer Alternative zur Elektronenröhre, die zum Empfang, zur Verstärkung und Aussendung von Radiowellen oder Telefonimpulsen diente. Röhren waren zerbrechliche und teure Glaskolben mit Drähten darin, die nur langsam warm und betriebsbereit wurden und verhältnismäßig viel Strom verbrauchten.

Der erste Transistor war ein dünnes Plättchen des Halbleitermetalls Germanium; es wurde zwei Tage vor Weihnachten 1947 in einen Musikverstärker eingebaut. Brattain notierte: „Wenn man die Anlage einschaltete, nahm die Lautstärke merklich zu.“ Der Transistor hatte die gleiche Wirkung wie eine Verstärkerröhre, aber nur einen Bruchteil ihrer Größe, und er verbrauchte verhältnismäßig wenig Strom.

Die ersten Transistoren waren voller technischer Tücken, und nur wenige Leute glaubten daran, daß ein so kleines Ding wirklich die Röhre ersetzen könnte. Aber Shockley und sein Team erzielten in den nächsten vier Jahren zahlreiche Verbesserungen. 1952 war der Transistor noch zehnmal kleiner geworden als zu Anfang, und er war viel zuverlässiger. 1957 wurden bereits 30 Millionen Transistoren erzeugt. Von dem Baumaterial Germanium gingen die Wissenschaftler bald zu reinem, kristallinischem Silizium über, das höheren Temperaturen standhält und auch billiger zu verarbeiten ist.

Transistoren können sowohl als Verstärker als auch als Schalter dienen und arbeiten mit den für moderne → Computer erforderlichen Schaltgeschwindigkeiten. Sie haben Taschenrechner und Digitaluhren möglich gemacht und die Röhren in den Rundfunk- und Fernsehgeräten ersetzt. Ohne zuverlässige Mikroelektronik hätte es auch keine Nachrichtensatelliten und keine → Raumfahrt gegeben.

Heute sind Transistoren kleiner als 3 mm^2. Das Bemühen, sie noch kleiner und billiger zu machen, führte schließlich zu kompletten Schaltkreisen in einem einzigen Stück Silizium. Seit 1959 werden diese integrierten Schaltkreise erzeugt. Sie finden sich heute auf jedem →Siliziumchip.

Ein „Transistorbaum" *Der dunkle Punkt in der Nabe von jedem der aufgehängten Räder ist ein einzelner Transistor in einer Verpackung aus Metall und Keramik. Man schiebt die Räder an diesem baumähnlichen Gestell in einen Glühofen, um die Transistoren von Schmutz und Unreinheiten zu befreien, bevor sie in ein elektronisches Gerät eingebaut werden. Das ist besonders wichtig bei der Nachrichtentechnik, denn ein winziger Beschlag oder Schmutzfleck kann teure Forschungen und Entwicklungen zunichte machen.*

Trockennahrung

Durch Trocknen konserviertes Fleisch wurde in Jericho bereits vor mehr als 4000 Jahren gegessen

Das bekannte Bündner Fleisch ist ein mageres, luftgetrocknetes Fleisch. Dieses Nahrungsmittel hat eine lange Tradition, die schon vor dem Jahr 2000 v. Chr. in Jericho bekannt war. Viele Lebensmittel können konserviert werden, wenn man sie an der Luft trocknet, denn dadurch wird den fäulniserregenden Bakterien und Pilzen die Feuchtigkeit entzogen, die sie zum Leben brauchen.

Beim Räuchern oder Pökeln gewinnt das Fleisch an Geschmack und wird unter dem Einfluß oxidationshemmender Chemikalien und Antibiotika im Rauch haltbar gemacht. Der schottische *Kipper* (ein vor dem Räuchern eingesalzener Hering oder Lachs) erinnert an die Fischkonservierung in alter Zeit. Der *Pemmikan*, das Dauerfleisch der nordamerikanischen Indianer, wurde im 17. Jh. von den weißen Siedlern übernommen.

In der ersten Hälfte des 19. Jh. machte der englische Erfinder Downes Edwards Kartoffeln und Karotten haltbar, indem er sie kochte, durch ein Sieb passierte und die dünnen Gemüsefäden anschließend auf dampferhitzten Blechen trocknete. Getrocknetes Obst, Beeren, Pilze und Kräuter werden seit Menschengedenken verwendet.

Im Zweiten Weltkrieg waren Trockenmilch und Eipulver in verschiedenen europäischen Ländern wichtige Nahrungsmittel. In den 50er Jahren begann die Firma Armour and Company in Chicago damit, durch schnelles Einfrieren Lebensmitteln die Feuchtigkeit zu entziehen, ohne daß die Produkte ihre Zell- und Faserstruktur einbüßten. Heute gibt es auch gefriergetrocknete Soßen und Nachspeisen.

Trommel

Die ersten Trommeln wurden vor mehr als 5000 Jahren in China gebaut

Schon gegen Ende der Steinzeit gab es Trommeln aus Tierhaut, die man über einen Rahmen oder ein Hohlgefäß spannte. In der chinesischen Sage wird 3500 v. Chr. von Trommeln berichtet. 1000 Jahre später hatten die Sumerer bereits buntbemalte, mannsgroße Rundtrommeln. Die Holztrommeln Schwarzafrikas sind ebenfalls mit einer Tierhaut bespannt; sie dienen seit uralten Zeiten auch der Nachrichtenübermittlung.

Die Völker Mesopotamiens verwendeten bereits im Altertum eine Handtrommel, die *Toph* (ein Tamburin), und die alten Griechen kannten ein ähnliches Instrument: das *Tympanon*, einen kleinen, fellbespannten Kessel, also eine Art Handpauke.

Größere Kesselpauken kamen zur Zeit der Kreuzzüge aus dem Orient nach Europa. Sie wurden zusammen mit Trompeten auf Kriegszügen sowie bei zeremoniellen Handlungen gespielt. Die großen Kesselpauken des 15. Jh. wurden im 17. Jh. auch im Orchester eingeführt. Heute sind die Kesselpauken die wichtigsten Schlaginstrumente eines Sinfo-

Einsalzen, Ausnehmen und Trocknen von Dorsch in Neufundland *In Neufundland wurde im 18. Jh. der frisch gefangene Dorsch an der Luft getrocknet. Sobald ein Fang ankam, wurde er in einer Hütte auf der Hafenmole eingesalzen. Anschließend schaffte man die gepökelten Fische an den Strand und nahm sie aus. Das nahrhafte Öl wurde aus der Dorschleber gepreßt und lief aus der Presse durch ein Rohr in ein Faß. Nach dem Köpfen wurden die Dorsche auf einem langen Tischgestell zum Trocknen ausgelegt.*

nieorchesters. Sie sind auf eine Tonhöhe gestimmt, die jedoch mit einem Pedal oder Stellschrauben am Fellreifen verändert werden kann. Zu den Schlaginstrumenten gehören ferner die Trommeln, die auf beiden Seiten mit Fell bespannt sind. Die kleine Trommel (Wirbeltrommel) ist als Militärinstrument seit etwa 1600 bekannt. Sie gibt einen scharfen, hellen Ton, während die große Trommel des 19. Jh. tief und dumpf klingt. Im Schlagzeug einer modernen Jazzkapelle findet man diese Trommeltypen wieder.

Tunnelbaumaschine

1823 in Großbritannien erfunden

Schon in der Antike (Mesopotamien, Griechenland, Rom) wurden im Zuge von →Aquädukten Tunnel gebaut. Aber erst bei dem Versuch, einen Tunnel unter der Themse hindurch zu graben, entwickelte 1823 in London Marc Isambard Brunel, ein britischer Ingenieur französischer Herkunft, eine Art Maschine zu diesem Zweck.

Bei der Beobachtung der *Teredo navalis*, einer Bohrmuschel, hatte Brunel festgestellt, daß das Tier imstande war, mit seiner harten, röhrenförmigen Schale das Bohrloch zu stützen, während es weiterbohrte. Nach demselben Prinzip konstruierte Brunel ein Stahlgehäuse, das dem Tunnelquerschnitt angepaßt war. Dieser Bohrschild wurde mit Schraubwinden durch den weichen Grund vorgeschoben, während Bergleute durch Klappen an der Frontseite Material abtrugen. Hinter dem vorgerückten Gehäuse mauerte man den Tunnel mit Ziegeln aus.

Von 1824 bis 1842 stellte Brunel mit seinem Schildvorbausystem den 1100 m langen Tunnel zwischen Wapping und Rotherhithe fertig. Er wird immer noch von der Untergrundbahn benutzt.

Beim Bau des über 12 km langen Mont-Cenis-Tunnels in den Alpen (1857–1871) wurde erstmals eine Druckluft-Tunnelbohrmaschine verwendet, die der französische Ingenieur Germain Sommeiller konstruiert hatte.

1865 bekam der britische Brückenbauer Peter Barlow das Patent für eine kleinere Schildvorbaumaschine, bei der zur Abstützung des Tunnels Gußelemente anstelle der Ziegel eingesetzt wurden. Mit dieser Maschine stellten Barlow und sein Bauführer James Henry Greathead einen zweiten Kanal unter der Themse hindurch in nur einem Jahr fertig. Greathead verbesserte die Bautechnik noch dadurch, daß er den Tunnel mit Druckluft füllte, um Wassereinbrüche zu vermeiden. So wurde 1890 in London auch die erste elektrische Untergrundbahn der Welt gebaut.

Moderne Tunnelbaumaschinen arbeiten praktisch nach dem gleichen Verfahren wie Greatheads Maschine. Eine Öffnung im Frontschild des Stahlzylinders ermöglicht es den Männern, das erste Material herauszubefördern; den Rest des Tunnelquerschnittes gräbt ein rotierender Fräskopf ab, der in den Frontschild eingebaut ist. Förderbänder schaffen Steine und Erdreich aus dem Tunnel hinaus. Hinter der Maschine setzt ein mechanischer Arm die Tunnelverkleidung aus Stahlringen zusammen.

Eine vollautomatische Tunnelbaumaschine, die *Tele-Mole*, wurde in Japan entwickelt. Ein →Laserstrahl zeigt die Mittelachse des Bohrlochs an, und ein Ingenieur korrigiert jede Abweichung mit einem →Computer am Bildschirm. Durch den mit 18,5 km derzeit längsten Unterwassertunnel der Welt führt die Eisenbahnstrecke, die die japanischen Inseln Honschu und Kiuschu verbindet. Ein 54 km langer Tunnel zwischen Honschu und Hokkaido ist im Bau.

Turbine

siehe Seite 292

Türschloß

Schlösser mit Schlüsseln waren schon vor 4000 Jahren in Ägypten im Gebrauch

Die ersten Schlösser mit Schlüsseln sind wohl um 2000 v. Chr. in Ägypten hergestellt worden. Noch 1500 Jahre später wurde offenbar ein ähnlicher Typ von den Griechen verwendet: Die Schlösser an den Türen der Schatzkammern griechischer Paläste aus dem 6. Jh. v. Chr. besaßen hölzerne Riegel mit mehreren Schlitzen, in welche Stifte eingriffen. Diese Stifte wurden mit einem Schlüssel angehoben, so daß man den Riegel zurückschieben konnte. Truhen und Kästen, die man in alten Grabkammern gefunden hat, besitzen zum Teil einfache Drehknöpfe, die einen Riegel in eine Kerbe einrasten lassen.

Mehrfachbohrer *Für den Bau des Mont-Cenis-Tunnels zwischen Frankreich und Italien konstruierte Germain Sommeiller eine neuartige Druckluft-Bohrmaschine mit Wasserkühlung. Sechs bis acht dieser Geräte waren auf einem Bohrwagen montiert, dem ein Wasserwagen folgte. Eine Maschine dieses Typs wurde danach auch beim Bau des St.-Gotthard-Tunnels eingesetzt.*

Die Römer führten das Metallschloß ein. Sie besaßen auch schon Vorhängeschlösser und verbreiteten sie in vielen Ländern.

Auch im Mittelalter fertigte man kompliziertere Schlösser nicht aus Holz, sondern aus Metall. Die Schlosser arbeiteten mit gleicher Kunstfertigkeit wie die Uhrmacher. Ihr Handwerk war vor allem in Nürnberg angesiedelt.

Die Entwicklung der modernen Türschlösser begann im späten 18. Jh. Sie beruht auf Erfindungen von Robert Barron und Joseph Bramah in London. Der Schlosser Barron ließ sich 1778 eine Vorrichtung patentieren, aus der die heutigen Steckschlösser hervorgegangen sind. Sie besaß einen schweren Riegel, der mit einem Schlüssel vorgeschoben und dann von →Hebeln festgehalten wurde.

Bramah meldete 1784 sein erstes Zylinderschloß zum Patent an. Sein Schlüssel wies Schlitze und Aussparungen auf, in die mehrere federnde Sperrsegmente eines Zylinders eingriffen, wodurch sie unterschiedlich weit herausgedrückt wurden. Bei richtiger Stellung der einzelnen Segmente befanden sich Rillen, die am Rand eines jeden Segments unterschiedlich angebracht waren, in einer Linie. Der ganze Zylinder konnte nun mit dem Schlüssel gedreht werden und öffnete den Riegel. Bramah hielt dieses Schloß für so sicher, daß er eine Belohnung von 200 Pfund für denjenigen aussetzte, der es ohne den dazugehörigen Schlüssel öffnen könne. Dies gelang erst 1851 dem Amerikaner Alfred Hobbs, der hierfür 51 Stunden benötigte.

Der amerikanische Schlosser Linus Yale aus Philadelphia konstruierte 1848 ein verbessertes Zylinderschloß. Es ist heute noch praktisch unverändert in Gebrauch. Dieses Schloß war preiswert in Massenproduktion herzustellen.

Da ein Schloß am einfachsten durch das Schlüsselloch aufzubrechen ist, besitzen manche Sicherheitsschlösser – beispielsweise an Tresortüren – kein Schlüsselloch mehr, sondern sie werden durch eine Zahlenkombination betätigt. Stellt man die richtige Kombination ein, so befinden sich die Schlitze an einer Reihe von Zuhaltungen in einer Linie. In diesem durchgehenden Schlitz läßt sich dann ein Riegel verschieben – üblicherweise durch einen Hebel, der nicht mit dem Einstellmechanismus zusammenhängt. Durch Einbau einer Zeitsperre kann das Kombinationsschloß zusätzlich blockiert werden.

EIN MODERNES SICHERHEITSSCHLOSS

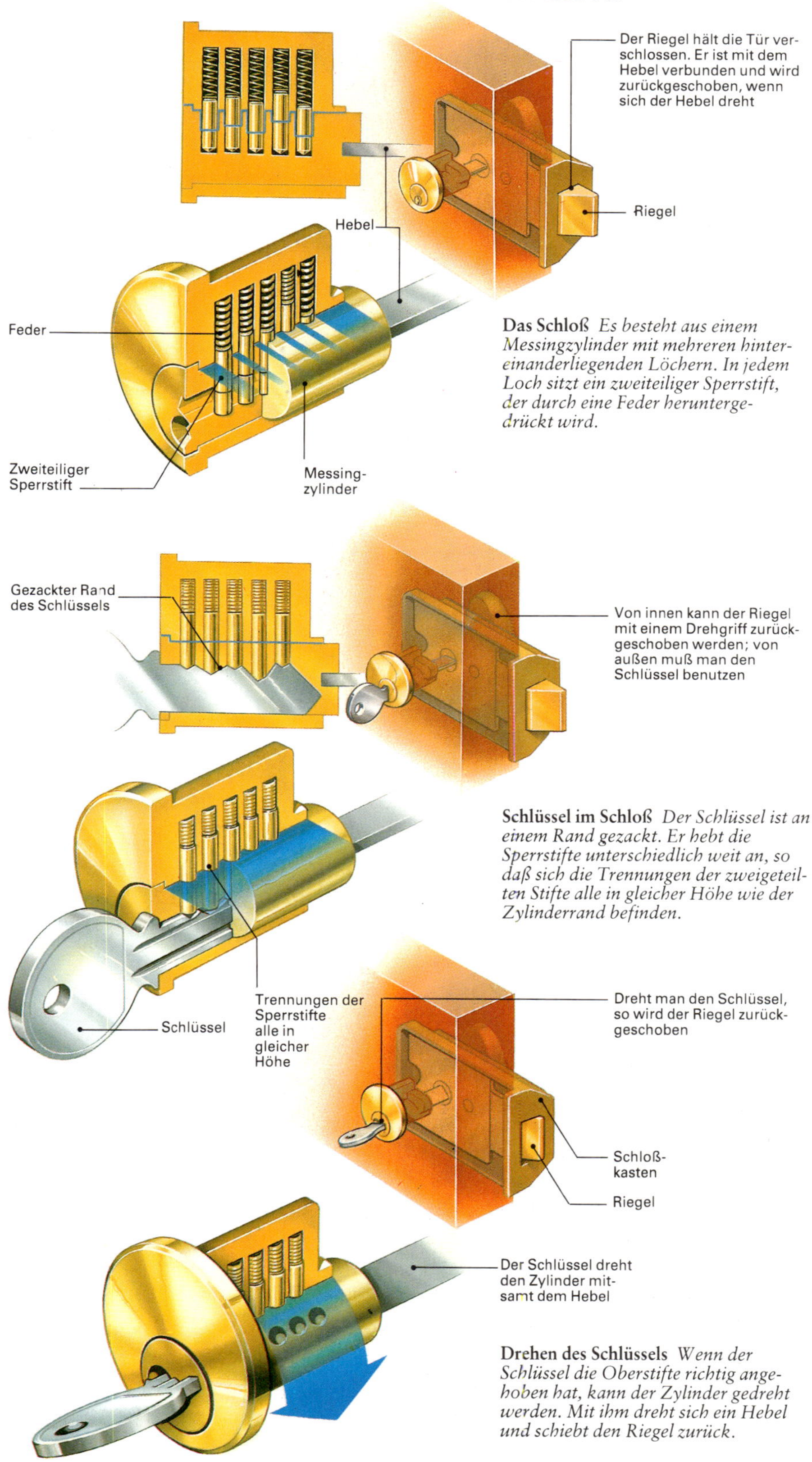

Das Schloß *Es besteht aus einem Messingzylinder mit mehreren hintereinanderliegenden Löchern. In jedem Loch sitzt ein zweiteiliger Sperrstift, der durch eine Feder heruntergedrückt wird.*

Schlüssel im Schloß *Der Schlüssel ist an einem Rand gezackt. Er hebt die Sperrstifte unterschiedlich weit an, so daß sich die Trennungen der zweigeteilten Stifte alle in gleicher Höhe wie der Zylinderrand befinden.*

Drehen des Schlüssels *Wenn der Schlüssel die Oberstifte richtig angehoben hat, kann der Zylinder gedreht werden. Mit ihm dreht sich ein Hebel und schiebt den Riegel zurück.*

Das Zylinderschloß von Linus Yale besaß einen Hebel, der sich zusammen mit dem Schlüssel und dem Zylinder drehte. Seine Länge konnte verändert werden, so daß das Schloß sich in Türen von beliebiger Dicke einbauen ließ. Das verhältnismäßig einbruchsichere Zylinderschloß setzte sich schnell durch. Heute wird es nicht nur für Haus- und Autotüren, sondern auch für das Zündschloß im Auto verwendet.

Turbine

1750 in Deutschland erfunden

Die Turbine ist eigentlich ein weiterentwickeltes →Wasserrad. Die Vorarbeiten dazu hatten schon 100 Jahre früher der deutsche Physiker Johann Andreas Segner und der Schweizer Mathematiker Leonhard Euler geleistet. Dann versuchten französische Ingenieure im 19. Jh. mit bahnbrechenden Ideen, die Turbine als Antriebskraft für Fabriken und zur elektrischen Stromerzeugung brauchbar zu machen. Als das gelungen war, konnte man aus jedem hochgelegenen See oder künstlichen Stausee eine →Rohrleitung zu einer tiefer stehenden Turbine führen, die dann billig und zuverlässig einen mit ihr gekoppelten Generator antrieb. Entlegene Gebirgsgegenden wurden nach geeigneten Stellen für solche Wasserkraftwerke durchforscht, von denen dann der Strom über Hochspannungsleitungen zu den Verbraucherzentren floß. Heute kommt ein großer Teil der nutzbaren Elektrizität aus Wasserkraftwerken in aller Welt.

In →Elektrizitätswerken spielt auch die Dampfturbine eine wesentliche Rolle, wobei der Dampf durch Kohle, Heizöl oder →Atomenergie erzeugt wird. Dampfturbinen waren bis zur Entwick-

Eine Kraftmaschine, mit der man fast alles machen kann

1510: Leonardos Ventilator
Alle Turbinen arbeiten nach dem gleichen Prinzip: Wasser, Dampf oder Gas strömt unter Druck über die Flügel eines Propellers oder Laufrades und versetzt so eine Achse in Drehung.

Leonardo da Vinci entwarf nach diesem Prinzip 1510 einen Ventilator, der in einen Kamin eingebaut war und vom aufsteigenden Rauch und der warmen Luft in Bewegung gesetzt wurde. Mit solchen Warmluftmühlen konnte man Bratspieße drehen. Wind- und Wassermühlen gab es aber damals schon seit fast 2000 Jahren.

1750: Das Prinzip der Überdruckturbine
Der Widerstand, den ein Wasserrad einer natürlichen Strömung entgegensetzt, schafft davor oder darin durch Stau einen gewissen Überdruck. Die Wasserzufuhr zu Mühlrädern konnte man schon lange kanalisieren. Ein geschlossenes Rohr, wie es der deutsche Arzt und Physiker Johann Andreas Segner 1750 zum erstenmal verwendete, steigert den Wasserdruck jedoch erheblich. Der Schweizer Mathematiker Leonhard Euler gewann dadurch den Anstoß zu einer grundlegenden Strömungs- und Turbinentheorie, deren Entwürfe ihrer Zeit technisch weit voraus waren.

1827: Kraft für Fabrikmaschinen
Das Wort „Turbine" bildete der französische Ingenieur Claude Burdin nach dem lateinischen Wort turbo (Kreisel). Einem seiner Schüler, Benoit Fourneyron, schreibt man das Verdienst zu, 1827 die erste praktisch verwendbare Wasserturbine zum Antrieb von Maschinen in Fabriken gebaut zu haben.

Das durch ein senkrechtes Rohr herabströmende Wasser wird zunächst durch feststehende Leitschaufeln abgelenkt und gibt dann seine Kraft an ein rotierendes Rad ab, das Maschinen antreiben kann. Fourneyrons erste Turbine leistete 6 kW bei einer Fallhöhe von 1,4 m und ersetzte das Wasserrad eines kleinen Walzwerks in Pont-sur-Lognon. Andere frühe Fourneyron-Turbinen versorgten ein Hammerwerk im Schweizer Jura und eine Spinnerei in Augsburg mit Energie. 1838 erbrachte eine Turbine, die er für Sankt Blasien im Schwarzwald gebaut hatte, bereits eine Leistung von 45 kW. 1843, nur sechzehn Jahre nach seiner ersten Turbine, hatte Fourneyron bereits 129 Betriebe mit seinen Maschinen ausgerüstet.

1849–1880: Wesentliche Verbesserungen
Die Fourneyronturbine hatte einen Nachteil: Nachdem das Wasser durch das Laufrad geströmt war, floß es unkontrolliert wie ein Wildbach aus der Turbine, wodurch viel Leistung verlorenging. 1849 schuf der amerikanische Ingenieur James B. Francis Abhilfe, indem er eine Turbine entwickelte, bei der das Wasser in einem sich verjüngenden Spiralgehäuse umgelenkt wurde. So entstand eine gleichmäßige (laminare) Strömung, die einen Wirkungsgrad bis zu 90 Prozent ermöglichte.

Eine völlig andere Art von Turbine, mehr dem einfachen Schaufelrad ähnlich, wurde 1880 hauptsächlich von dem amerikanischen Ingenieur Lester Pelton entwickelt. Bei ihr trifft ein Wasserstrahl mit hoher, aber immer gleicher Geschwindigkeit auf einen Schaufelkranz rings um ein →Rad und versetzt es in Drehung. Dazu braucht das Wasser allerdings eine große Fallhöhe. Das Peltonrad ist eine Aktionsturbine, weil es von der Kraft des Strahls angetrieben wird. Um die Leistung zu drosseln, braucht man nur durch einen tropfenförmigen Zapfen innerhalb der Wasserdüse deren Querschnitt zu verringern. Die einfache Bauart

ELEKTRIZITÄT AUS WASSERTURBINEN

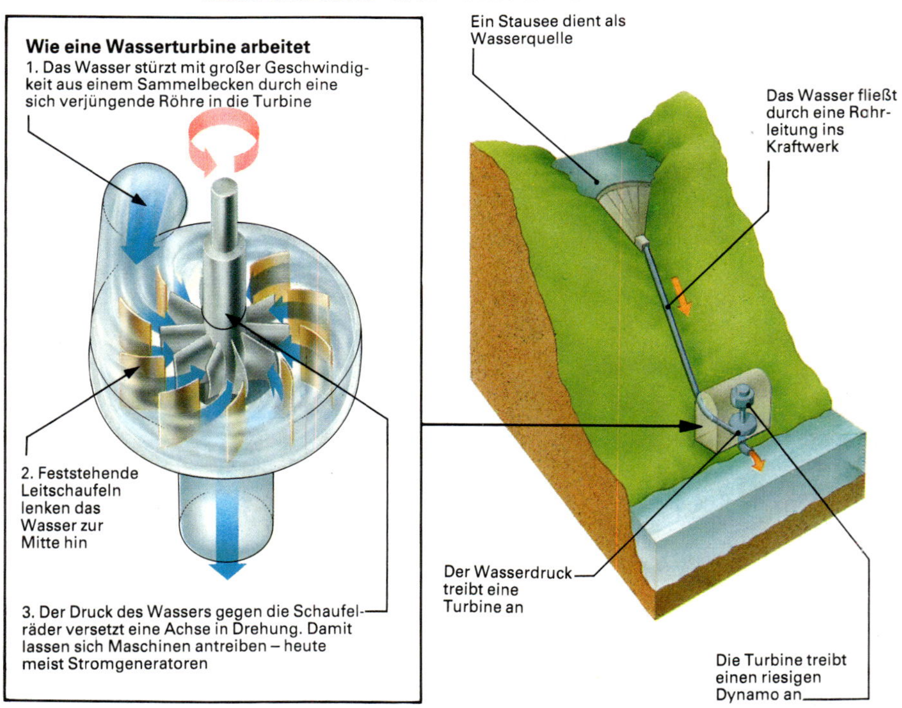

Die ersten Wasserturbinen dienten dazu, Maschinen in Fabriken anzutreiben. Seit der Entdeckung der Elektrizität spielen diese kraftvollen und langlebigen Maschinen eine hervorragende Rolle in Wasserkraftwerken. Wasserkraft ist vor allem in Gebirgen eine gesicherte und verhältnismäßig billige Energiequelle. Rund ein Viertel aller Elektrizität wird auf diese Weise gewonnen.

lung großer Dieselmotoren überdies der meistgebrauchte Antrieb für große →Schiffe. Dampf ist, physikalisch gesehen, Wasser in gasförmigem Aggregatzustand. Von da her war es nicht weit zu dem Gedanken, auch andere Gase für Turbinen neu zu verwenden.

Die Gasturbine hat als Bestandteil des →Strahltriebwerks auch einen großen Einfluß auf das Transportwesen gehabt. In Flugzeugmotoren wiegt ihr ausgezeichnetes Verhältnis von Leistung und Gewicht den Nachteil hohen Treibstoffverbrauchs auf. Dieser Nachteil begrenzt jedoch die Anwendung in anderen Bereichen. Man hat →Autos mit Gasturbinen gebaut – als erste 1950 die englische Rover Car Company –, aber sie waren, außer bei Sport- und Rennwagen, nie eine ernsthafte Konkurrenz für den herkömmlichen Verbrennungsmotor. Auch Versuche, sie in Schiffe oder Lokomotiven einzubauen, konnten nie zu einer Bedrohung für Dampfturbinen, Diesel- oder →Elektromotoren werden. Heute gibt es außer bei →Flugzeugen nur eine Anwendung für Gasturbinen: In Elektrizitätswerken stellt man damit die zusätzliche Energie zur Verfügung, die zur Abdeckung kurzzeitiger Stromspitzen gebraucht wird. Weil das immer nur wenige Stunden sind, spielt der hohe Betriebsaufwand kaum eine Rolle.

---

und Bedienungsweise macht diese Gleichdruckturbine für kleinere Kraftwerke besonders geeignet.

Zwischen 1912 und 1918 entwickelte der österreichische Ingenieur Viktor Kaplan einen dritten Turbinentyp, dessen Laufrad einer Schiffsschraube ähnelt, jedoch mit verstellbaren Schaufeln arbeitet. Er eignet sich besonders für geringes und schwankendes Gefälle.

1883: Die Dampfturbine zur Stromerzeugung

Ein Vorteil der Turbine besteht darin, daß sie keine beweglichen Teile hat und daher mit höherer Drehzahl betrieben werden kann als Kolbendampfmaschinen und →Verbrennungsmotoren. Gegen Ende des 19. Jh. entstand ein Bedarf an schnelllaufenden Turbinen, die sich direkt mit Dynamos koppeln ließen.

Zwei Ingenieure, ein Schwede und ein Brite, erwarben sich besondere Verdienste bei der Untersuchung der Möglichkeiten, die es gab, um dieses Ziel zu erreichen. Das Problem bestand darin, eine technisch praktikable Lösung zu finden, die nicht zu teuer wurde und möglichst wirtschaftlich arbeitete, damit die gewonnene Elektrizität auch für jedermann noch zu bezahlen war.

Als erster brachte 1883 der schwedische Ingenieur Carl Gustaf de Laval eine einstufige Aktionsturbine (die sogenannte Gleichdruckturbine) heraus, bei der – ähnlich wie das Wasserrad beim Peltonrad – der Dampfstrahl auf Schaufeln rings um einen Rotor wirkte.

Schon im folgenden Jahr entwarf der britische Ingenieur Charles A. Parsons ein Reaktionsmodell, das den Dampf besser ausnutzte: eine mehrstufige Überdruckdampfturbine.

Parsons' Modell bestand aus einer Reihe von Rädern auf einer gemeinsamen Achse in einem dampfdichten Gehäuse. Jedes von ihnen trug einen Kranz schmaler, dünner Schaufeln. Vor jedem Rad war ein Satz feststehender Leitschaufeln angeordnet. Durch sie wurde Dampf in eine Drehbewegung versetzt und traf dann unmittelbar auf die schräg zur Strömungsrichtung stehenden Schaufeln der Räder, die nun wie Windmühlenflügel angetrieben wurden.

Während bei einer Wasserturbine ein

DIE DAMPFTURBINE

Dampf strömt unter hohem Druck durch feststehende Leitschaufeln und wird dabei in eine kreisende Bewegung versetzt

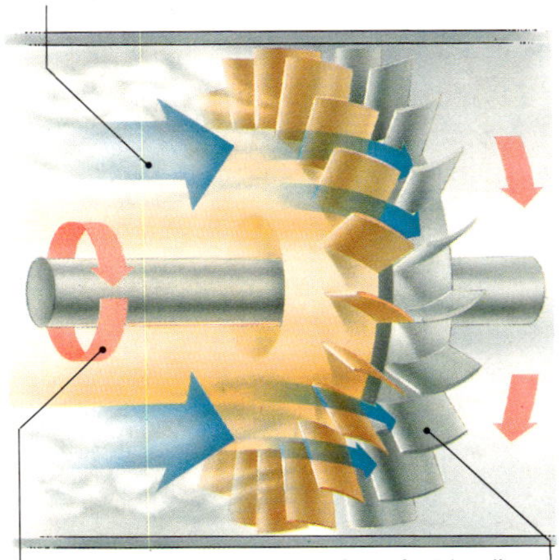

Der Dampf trifft auf bewegliche Schaufelräder, die sich unter seinem Druck drehen. Hier ist nur eines zu sehen; in Wirklichkeit besteht eine Dampfturbine aus vielen solcher Schaufelräder in verschiedenen Stufen

Der Dampfdruck treibt die Schaufelräder an; die wiederum geben ihre Kraft an eine Achse weiter, die einen Generator oder eine Schiffsschraube antreibt

Die erste Dampfturbine baute im Jahr 1883 der schwedische Ingenieur Carl Gustaf de Laval. Sie hatte nur eine Betriebsstufe und war verhältnismäßig schwach. Heute gibt es Dampfturbinen, die eine Millionenstadt mit Strom versorgen.

einziges Rad genügt, um dem Wasser fast die ganze Energie zu entziehen, stellte Parsons fest, daß eine Dampfturbine dazu mehrere Stufen benötigt. Bei jeder Stufe verliert der Dampf, der ursprünglich einen sehr hohen Druck hat, ein wenig davon, bis er schließlich nach der letzten Stufe völlig entspannt die Maschine verläßt.

1888: Moderne Dampfturbinen für Kraftwerke

Bei modernen Dampfturbinen strömt sehr heißer Dampf unter hohem Druck erst durch den Hochdruckteil der Turbine. Hier tragen die Räder nur sehr kurze, dicke Schaufeln, die bei dem hohen Druck zur Kraftübertragung genügen. Es folgt der Mitteldruckteil, wo die Schaufeln schon größer sind, und schließlich der Niederdruckteil mit Schaufeln bis zu 75 cm Länge.

Der austretende Dampf schlägt sich in einem Kondensator nieder und schafft so ein Vakuum, das auf die letzten Räder des Niederdruckteils einen Sog ausübt. Auf diese Weise wird der volle Dampfdruck ausgenutzt. Die Räder aller Stufen sind dabei auf einer einzigen Welle montiert. Solche Maschinen werden seit 1888 in Elektrizitätswerken verwendet. Die derzeit größte von ihnen treibt einen Generator mit einer Leistung von 1300 MW, was zur vollständigen Stromversorgung einer Stadt mit einer Million Einwohnern ausreichen würde.

1900: Die Arbeit an der Gasturbine

Um die Jahrhundertwende regte der →Verbrennungsmotor viele Ingenieure zur Konstruktion von neuen Turbinentypen an. Die Franzosen R. Armengaud und C. Lemale entwickelten 1903 Gasturbinen mit mehrstufigen Kompressoren, und 1905 schuf der deutsche Ingenieur Hans Holzwarth bei den Mannheimer Motorenwerken eine Explosionsgasturbine. Aber eine wirklich leistungsfähige Maschine, die man in Raffinerien oder Kraftwerken verwenden konnte, baute erst 1936 die Schweizer Firma Brown Boveri.

In den üblichen Verbrennungsmotoren finden alle Vorgänge – Ansaugen, Kompression, Verbrennung und Auspuff – im selben Zylinder nacheinander statt. In der Gasturbine spielen sie sich gleichzeitig in verschiedenen Teilen der Maschine ab. Luft wird am Einlaß von einem Ventilator angesaugt und komprimiert, die Beimischung von Brennstoff und die Verbrennung erfolgen in der Brennkammer, und ihre Energie geben die Gase beim Durchströmen der eigentlichen Turbine ab.

1939: Die Gasturbine in der Luftfahrt

Manche Flugzeugkonstrukteure sahen bald, daß die Gasturbine auch einen Propeller antreiben konnte. Oder man ließ die Gase direkt durch eine Düse ausströmen und benutzte den Rückstoß als Antrieb. Zwei Ingenieure kamen unabhängig voneinander auf diese Idee: Frank Whittle in Großbritannien und Hans Pabst von Ohain in Deutschland. Ohains Düsenflugzeug startete 1939, Whittles Maschine 1941 (→Flugzeug).

U

Uhr

Die älteste bekannte Schlaguhr wurde 1309 in die Basilika S. Eustorgio in Mailand eingebaut

Das Leben der Menschen in einer modernen technischen Zivilisation verläuft ganz im Takt der Uhr. Das war aber nicht immer so. Viele Jahrtausende lang kam die Menschheit allein mit dem Lauf der Sonne zurecht, mit Tag und Nacht, Sommer und Winter, Pflanzzeit und Erntezeit.

Die alten Kulturvölker in Mesopotamien und Ägypten brauchten schon eine genauere Zeitmessung, weil ihre Priester zugleich Gelehrte waren und auch Führer der gesamten Volkswirtschaft. Sie mußten in der Lage sein, wichtige Ereignisse vorauszusagen wie eine Sonnenfinsternis oder die Überschwemmung der großen Flüsse Euphrat, Tigris und Nil. Sie glaubten, daß die Götter diese Naturerscheinungen lenkten und daß man sie besänftigen müsse, um Unheil abzuwehren.

Es waren die babylonischen Astronomen, die um 3000 v. Chr. zum erstenmal 24 gleiche Stunden einführten. Die Grundlage dafür bildeten astronomische Beobachtungen und die einfache Tatsache, daß Schatten mit dem Lauf der Sonne vom Morgen bis zum Abend wandern. Diese Erscheinung machte man sich auch bei den ersten Sonnenuhren zunutze, die mit der Wasseruhr und der Sanduhr zu den ganz frühen Zeitmessern gehören. Die babylonischen Priester waren von der Mathematik fasziniert, und um ihre Zauberkräfte durch noch genauere Vorhersagen zu vermehren, unterteilten sie die Stunden in 60 Minuten.

Die Ägypter maßen die Zeit anders. Um 2150 v. Chr. teilten sie Tag und Nacht in jeweils zwölf gleiche Stunden auf, aber an langen Sommertagen waren die Tagesstunden länger als an kurzen Wintertagen, und im Winter waren die zwölf Nachtstunden länger als in kurzen Sommernächten. Trotzdem kannten sie bereits Wasseruhren.

Als in Europa um 1300 die ersten mechanischen Uhren gebaut wurden, übernahm man die babylonische Methode mit der regelmäßigen 24-Stunden-Eintei-

4000 Jahre Zeitmessung: Von der Sonnenuhr bis zum modernen Luxuschronometer

Um 3000 v. Chr.: Sonnenuhren
Einfache Sonnenuhren waren in Babylon schon um 3000 v. Chr. bekannt. In einem ägyptischen Text aus der Zeit um 2000 v. Chr. wird eine Sonnenuhr erwähnt; ein schönes Beispiel aus der Zeit um 1450 v. Chr. befindet sich im Besitz des Ägyptischen Museums in Berlin-Charlottenburg. Sie gleicht einem großen, liegenden T, dessen Querstück etwas hochgestellt ist. Der Schatten fiel auf eine Zeitskala. Wegen der unterschiedlichen Zahl der Tagstunden zu den verschiedenen Jahreszeiten verwendete man entsprechend unterschiedliche Skalen. Andere Sonnenuhren waren wesentlich größer und hatten einen Obelisken, der einen längeren Schatten auf den Boden oder manchmal auch auf Steinplatten mit eingehauenen Markierungen warf.

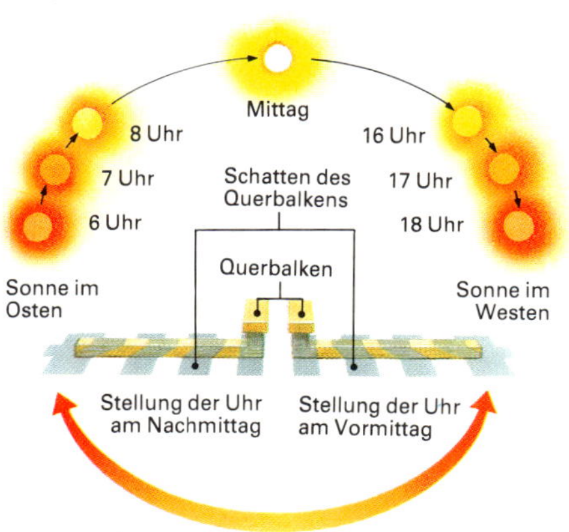

Ägyptische Sonnenuhren *Bis zur Mittagsstunde mußten die hochgestellten Querbalken am östlichen Ende des Mittelstücks liegen und nach Norden und Süden weisen. Mittags wurde die Uhr in die andere Richtung gedreht.*

Etwa aus der Zeit um 1100 v. Chr. stammt eine chinesische Handschrift, die einen Sonnenweiser beschreibt, wie ihn der Grieche Anaximander 547 v. Chr. aus Babylon übernahm. Dieses Heliotropion wurde zum Vorbild der mittelalterlichen europäischen Sonnenuhren.

Ägyptische Wasserauslaufuhr *Während das Wasser aus einem Loch des Behälters tröpfelte, gab der sinkende Wasserstand entlang der Markierungen die Zeit an.*

Chinesische Wasseruhr *Dieses Modell der Uhr von Han Kung-Lien funktioniert und steht im Londoner Science Museum. Alle 24 Sekunden war ein Wasserschöpfer voll, und sein Gewicht drückte den Auslöser nieder. Dieser zog an einer Kette, die die Hemmung löste und das Rad um eine Kerbe vorrücken ließ, bevor die Sperre wieder einrastete.*

1360 v. Chr.: Die Wasseruhr von Karnak
Die älteste Wasserauslaufuhr der Welt wurde im ägyptischen Amuntempel von Karnak gefunden. Sie funktionierte auch bei Nacht, wenn die Sonnenuhr nutzlos war, und wurde etwa 1360 v. Chr. gebaut. Die Markierungen ihrer Stundenskala für die Winternächte lagen weiter auseinander

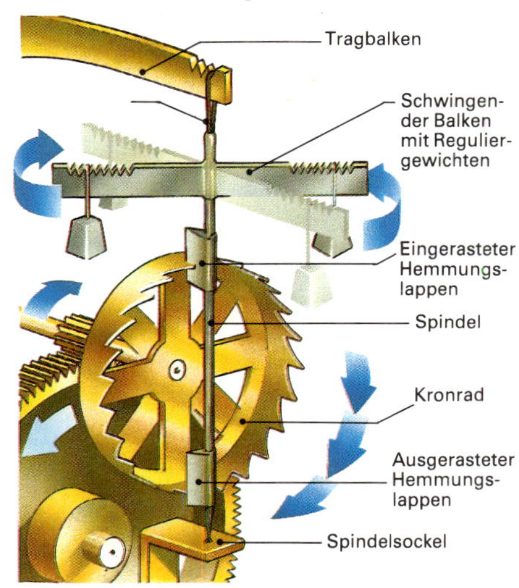

Waaghemmung *Die Drehung des Kronrads wird durch seine Zähne gebremst, die abwechselnd in die Hemmungslappen greifen und von der ständig schwingenden Waag wieder ausgeklinkt werden.*

lung. Diese frühen Räderuhren wurden mit Gewichten in Gang gehalten und hatten als Hemmung eine Balkenunruh oder Waag mit einer Spindel, die mit zwei Ansätzen in das sogenannte Steigrad eingriff. Sie waren sehr groß, schlugen gewöhnlich zu jeder vollen Stunde und hatten oft noch kein Zifferblatt.

Solche Uhren baute man eigentlich in Rathaustürme, meistens aber in Kirchtürme ein. Die älteste, die wir kennen, wurde 1309 in Mailand in der Basilika S. Eustorgio angebracht. Um 1344 gab es am Palazzo del Capitano in Padua eine öffentliche Uhr, die von den Passanten gesehen werden konnte. Diese und viele ähnliche Uhren brachten ein neues Element in den Alltag des Menschen – den Zeitbegriff. Die Uhr sagte ihm, wann er aufzustehen hatte und wann er sich auf den Weg zur Arbeit machen mußte. Früher hatten die Kirchturmglocken nur zum Gottesdienst gerufen

Vorläufer der Taschenuhr *Das Germanische Nationalmuseum in Nürnberg schreibt diese dosenförmige Uhr dem Nürnberger Schlosser Peter Henlein zu (nach 1500).*

und die Nachricht von Hochzeiten, Beerdigungen, Bränden und feindlichen Angriffen verkündet. Jetzt wurde das anders. Noch heute unterbrechen mancherorts Bauern ihre Arbeit auf dem Feld für ein Gebet und eine Mahlzeit, wenn die Glocken um 12 Uhr mittags zum Angelus und um 18 Uhr zur Vesper läuten.

Sanduhren und Stundengläser waren im mittelalterlichen Europa weit verbreitet und wurden im 16. Jh. oft verwendet, um die Dauer einer Predigt festzusetzen. Sie liefen in der Regel 15, 30 und 60 Minuten lang. Seit 1475 wurden in Nürnberg kombinierte Sanduhren hergestellt. Man faßte dazu mehrere miteinander verbundene Durchlaufgefäße in einem hölzernen Rahmen zusammen. In jedem Gefäß brauchte der Sand jeweils 15 Minuten länger zum Durchlaufen als im vorherigen. Bis 1750 bestanden Stundengläser aus zwei birnenförmigen Glasgefäßen, die man an den offenen

Monumentaluhr der Kathedrale von Salisbury *Sie ist eine der ältesten erhaltenen Turmuhren der Welt (1386). Der Antrieb ist ein herabhängendes Gewicht; sie schlägt jede volle Stunde.*

als die für die kurzen Sommernächte. Man vermutet, daß diese Geräte um 2150 v. Chr. erfunden wurden. Eine ausgeklügelte chinesische Wasserraduhr, die um 1088 n. Chr. der Mathematiker Han Kung-Lien erdachte, hatte im Original sogar Gongs und Figuren, die bei Tag und bei Nacht die Zeit angaben.

800 n. Chr.: Die ersten Wecker
Die genauesten Uhren des frühen Mittelalters waren immer noch Wasseruhren. Im Winter aber, wenn das Wasser gefror, standen sie still. Dann verwendete man im 14. Jh. bereits Sanduhren, die seit der Erfindung des → Glases bekannt waren. In den Klöstern diente die Wasseruhr als Wecker. Anfangs funktionierte das noch recht umständlich – die Uhr sagte dem Uhrenbetreuer, wann es Zeit war, eine Glocke zu läuten und die Mönche zum Gebet zu wecken. Seit dem 11. Jh. wurden die Weckerglocken dann automatisch von den Uhren selbst geläutet.

Ab 1290: Mechanische Uhren
Die erste mechanische Uhr (Räderuhr) stammt von einem unbekannten Erfinder in Europa. Die frühesten Beispiele, die aus englischen und italienischen Klöstern aus

Planetarium von Giacomo Dondi *Die sieben Anzeigeflächen stellten Stunden, Tage und astronomische Zeichen dar, die Bewegungen von Sonne, Mond und Planeten sowie kirchliche Festtage inbegriffen.*

der Zeit um 1290 bekannt sind, waren bereits recht kompliziert. Sie arbeiteten mit einem Räderwerk, das von einem Gewicht, das an einer Schnur herabhing, bewegt wurde. Die Geschwindigkeit, mit der sich die Räder drehten, regelte ein Mechanismus, den man Waaghemmung nennt und der 550 Jahre lang verwendet wurde. Der Zug des Gewichts und das Hemmwerk verursachten das Ticken – den Vorwärtsruck im gezahnten Kronrad. Dieser wurde auf einen Zeiger übertragen, der die Zeit anzeigte.

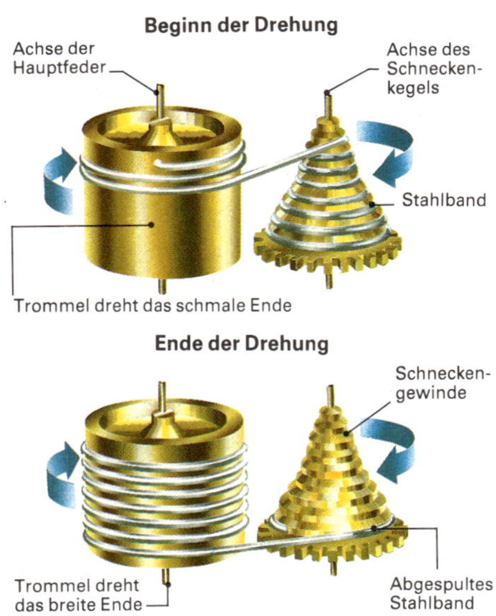

Schneckenkegel und Kette *Die Hauptfeder im Federgehäuse dreht den Schneckenkegel. Während die Feder abläuft, verliert sie an Kraft und gleicht dies aus, indem sie das breitere Ende des Schneckenkegels dreht. So behält der Mechanismus immer die gleiche Geschwindigkeit.*

Spitzen mit Wachs und einem Bindfaden aneinandersetzte; später wurden die Sanduhren in einem Stück geblasen. Man kennt sie heute noch, etwa als Eieruhr.

Die Zimmeruhr oder Standuhr, ein kleinerer Vetter der Turmuhr, war in den Königshäusern das neueste und teuerste Spielzeug des 15. Jh. Die Damen und Herren von Stand genossen es, sich ihren Tag nach der Uhr einzurichten: So konnte ein Festessen für abends acht Uhr anberaumt werden statt für Sonnenuntergang; ein benachbartes Schloß lag einen Vierstundenritt entfernt und nicht mehr einen halben Tagesritt.

Für den Geschäftsmann war die Uhr jedoch schon damals mehr Arbeitshilfe als Vergnügen. Sie ermöglichte ihm, sein Geschäft besser zu organisieren, an einem Tag etwa mehrere Termine wahrzunehmen und so am Ende auch mehr zu verdienen.

Wasserraduhr *Bei dieser englischen Fabrikuhr aus dem Jahr 1810 ging der obere Zeiger nach, wenn die Werksmaschinen zu langsam liefen. Dann mußten die Arbeiter zum Ausgleich länger arbeiten.*

Tragbare Uhren, sogenannte Sackuhren, fertigte schon um 1510 der Nürnberger Schlosser Peter Henlein an. Sie waren zunächst dosenförmig, hatten bereits einen Federzug, schlugen jede Stunde wie die „Großen" und gingen 40 Stunden. Besonders bekannt ist das Nürnberger Ei, das seinen Namen von der Form bekam. Dieser Vorläufer der Taschenuhr war das Meisterstück des deutschen Erfinders.

Die Uhr war das erste komplizierte Gerät, das Einzug in den Haushalt hielt; aber sie blieb ein kostspieliges Statussymbol bis ins 19. Jh., als die Techniken der → Massenproduktion den Preis dafür senkten.

In der Seefahrt richtete man sich Mitte des 18. Jh. noch nach dem Stand von Sonne, Mond und Sternen und stellte Berechnungen an, wie sie schon Kolumbus 250 Jahre vorher ausgeführt hatte (→ Sextant). Diese Berechnungen gaben

---

Solche Uhren gingen noch sehr ungenau und mußten mit Hilfe von Sonnenuhren täglich nachgestellt werden. Außerdem waren sie so groß und schwer, daß man sie nur als fest eingebaute Turmuhren verwenden konnte.

1364: Die erste astronomische Uhr von Giovanni de'Dondi

Nach 16jähriger Arbeit vollendete ein italienischer Professor für Medizin und Astrologie namens Giovanni de'Dondi eine Räderuhr, die ein Meisterstück mittelalterlicher Handwerkskunst darstellte und viel komplizierter war als jede andere Uhr seiner Zeit. Sie war 90 mm hoch, bestand aus Messing und Kupfer, wurde für den Herzog von Pavia gebaut und 1364 in der Bibliothek des Viscontischlosses in Pavia aufgestellt. Auf sieben Zifferblättern, besser: sogenannten Kadranen, waren alle Bewegungen der damals bekannten Planeten dargestellt. Karl V. brachte sie 1557 ins Kloster von San Yuste in Spanien, wo sie 1809 während der Napoleonischen Kriege zerstört wurde, als die Franzosen das Kloster niederbrannten. 1961 baute man sie anhand von Originalzeichnungen nach.

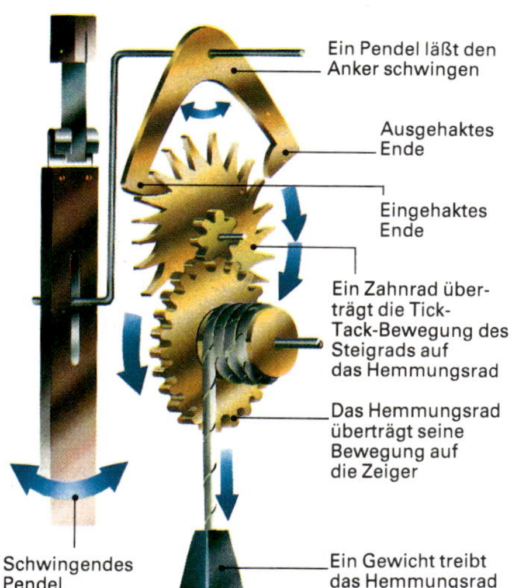

Ankergang *Jeder Pendelschwung läßt einen Anker ausschlagen; seine Enden halten abwechselnd das Steigrad und durch dieses das Hemmungsrad an, das von einem Gewicht gedreht wird. Jede Schwingung läßt den Mechanismus um ein „Tick" vorrücken.*

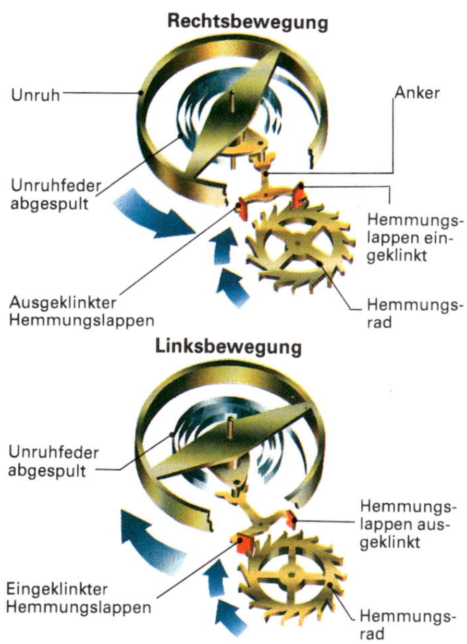

Unruhschwingung *Die Unruh schwingt fünfmal in der Sekunde und sorgt dafür, daß sich die Unruhfeder auf- und abspult. Diese bewegt den Anker, so daß seine Hemmungslappen abwechselnd das Hemmungsrad anhalten, das sich dazwischen jedesmal um ein „Tick" weiterdreht.*

Harrisons Schiffsuhr *Dieses erste von vier Chronometern, die innerhalb von 40 Jahren gebaut wurden, erwies sich 1736 noch als zu ungenau.*

15. Jh.: Die ersten tragbaren Uhren

Ein unbekannter Erfinder stellte die erste Spiraltriebfeder her und baute sie Anfang des 15. Jh. in Uhren ein. Um 1410 soll der Florentiner Baumeister Filippo Brunelleschi Uhren und Wecker mit verschiedenartigen Federn gemacht haben. Welche Formen seine Federn hatten, weiß man nicht: aber aus einer Handschrift in der Bibliothèque Royale zu Brüssel geht hervor, daß es wohl spiralförmige Schnecken waren. Das älteste erhaltene

an, auf welcher Breite sich ein →Schiff befand (seine Position nördlich oder südlich des Äquators); aber die geographische Länge (die östliche oder westliche Position) wurde anhand der Zeit geschätzt, die man seit dem Auslaufen des Schiffes aus dem Heimathafen mit der Sanduhr gemessen hatte.

Diese ungenaue Methode führte stets zu Navigationsfehlern, denn eine falsch gemessene Minute konnte bereits einen Fehler von bis zu 15 Seemeilen zur Folge haben. Deshalb konstruierte der britische Zimmermann und Uhrmacher John Harrison 1761 eine Schiffsuhr, die bis auf eine halbe Minute im Jahr genau ging – trotz der schlingernden Bewegungen eines Schiffes und trotz extremer Temperaturunterschiede. Nun wurden auch genau geplante Reisen möglich.

Im Zeitalter der industriellen Revolution begann die Uhr, immer mehr Einfluß auf das Arbeitsleben zu nehmen.

Ein Zielfoto *Größere sportliche Ereignisse werden gefilmt, und ein in die Kamera eingebauter Quarzzeitnehmer läuft während des ganzen Rennens mit. Gegen Ende des Rennens lenkt die Kamera die Zeitzahlen durch ein Prisma auf den Film und kann so die Zeit des Zieldurchgangs in Sekundenbruchteilen festhalten.*

Ein Beispiel: Uhren mit zwei Zifferblättern steuerten die Webmaschinen der Textilfabrik im englischen Lancashire. Ein Zifferblatt gehörte zu einem Zeitmesser, das andere zeigte die Geschwindigkeit des →Wasserrads an, das die

---

Beispiel für diese Technik ist die sogenannte Burgunderuhr (um 1430), die im Germanischen Nationalmuseum in Nürnberg steht. Solche Uhren waren leichter, und so entstanden um diese Zeit in Italien und Deutschland die ersten tragbaren Uhren. 1510 baute der Nürnberger Schlosser Peter Henlein bereits einen dosenförmigen Vorläufer der Taschenuhr.

1657: Die erste Pendeluhr
Schon der italienische Physiker und Astronom Galileo Galilei (1581) und der Schweizer Mathematiker Jost Bürgi (1612) hatten das Pendel für die Zeitmessung entdeckt. Sie kannten aber noch keinen Mechanismus, der es längere Zeit in Gang hielt.

Die erste echte Pendeluhr erfand 1657 in Den Haag der Mathematiker und Astronom Christiaan Huygens. Sein Pendelmechanismus regulierte eine Spindelhemmung und ersetzte die Waag der Kirchenuhr. Er funktionierte bis auf fünf Minuten am Tag genau. 1675 erfand Huygens auch die Spiralfeder-Rad-Unruhe zur Regulierung der Ganghemmung. Sie ersetzte die Waag bei den Zimmeruhren, die bislang sehr ungenau gingen.

1670: Die Erfindung des Ankergangs
Der Londoner Uhrmacher William Clement ersetzte die Waaghemmung durch eine Hakenhemmung und beschränkte die Pendelschwingung auf einen kleinen Bogen. Mit einem ca. 70 cm langen Pendel das einen Bogen von 3 oder 4° durchmaß, entstanden bei diesem Hemmwerk sehr genau gehende Uhren. Der längliche schmale Mechanismus führte zur Standuhr unserer Großväter. Um 1754 erfand Thomas Mudge, ebenfalls ein Londoner Uhrmacher, den freien Ankergang, wie er noch heute in den meisten mechanischen Uhren und Kleinuhren verwendet wird.

1761: Harrisons Marinechronometer
Im Jahr 1714 setzte das englische Parlament eine Belohnung von 20000 Pfund für die Erfindung einer neuen und exakteren Methode zur Bestimmung der geographischen Länge aus. Der Preis war so hoch angesetzt, weil ungenaue Navigation auf See der Handelsflotte hohe Verluste einbrachte. Um dieses Problem zu lösen, arbeitete der englische Uhrmacher John Harrison 40 Jahre lang an einer genau gehenden Uhr. Sein vierter Versuch führte 1761 zu einem Chronometer mit einer Gangabweichung von nur einer halben Minute im Jahr. Die Unruhfeder glich Temperaturschwankungen aus, die Hauptfeder zog sich alle 7,5 Sekunden auf,

QUARZUHREN – DIGITAL ODER MIT ZIFFERBLATT

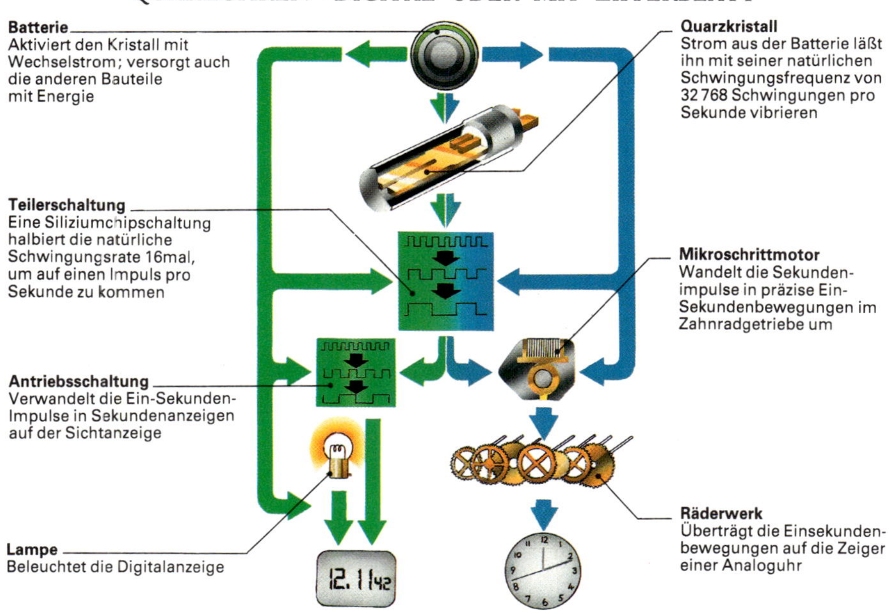

Die Batterie läßt den Kristall mit seiner natürlichen Schwingungshäufigkeit von 32768 Schwingungen pro Sekunde vibrieren. Die Teilerschaltung wandelt die Vibrationsgeschwindigkeit auf eine Schwingung pro Sekunde um. Ein Motor überträgt diese „Ein-Sekunden-Ticks“ auf die Anzeigevorrichtung.

Maschinen antrieb. Normalerweise wurde der Arbeitstag von der Zeituhr bestimmt, doch wenn bei niederem Wasserstand die Maschinen langsamer liefen, bestimmte die Wasserraduhr die Länge des Arbeitstages. Dann wurde eben länger gearbeitet, um das Pensum zu erreichen.

Der erbarmungslose Rhythmus der Maschine zwang immer größere Teile der Menschheit in einen ständigen Wettlauf gegen die Zeit. Vom Fahrplan bis zur Organisation eines Verlags, der scheinbar zeitlose Literatur produziert, ist kein Lebensbereich davon ausgenommen. Eine zusätzliche Kontrolle der Arbeiter setzte 1885 mit der Erfindung der Stechuhr ein, die zu Schichtbeginn und am Ende der Schicht eine Papierkarte lochte, die mit dem Namen des Arbeitnehmers versehen war. An ihre Stelle sind längst elektronische Kontrollgeräte getreten.

→ Computer und → Siliziumchip machen inzwischen Uhren möglich, die außer der Zeitmessung noch zahlreiche andere Funktionen übernehmen. So läßt sich etwa die moderne Armbanduhr, die um die Jahrhundertwende aus Großvaters Taschenuhr entstand, mühelos mit einem → Taschenrechner kombinieren.

Ein Faktor, der viel zur Hektik des heutigen Lebens beiträgt, ist die Digitaluhr, die die Zeit nur für den Moment angibt, in dem sie befragt wird. Die Analog- oder Zifferblattuhr dagegen zeigt den Zeitablauf im Hinblick auf Vergangenheit und Zukunft und wird daher mit Sicherheit überleben.

Inzwischen hat man sogar damit begonnen, sich die Zeit zu unterwerfen oder sie zu manipulieren. So hat etwa 1884 die internationale Meridiankonferenz in Washington die Welt in unterschiedliche Zeitzonen aufgeteilt, und seit einiger Zeit gibt es auch in Mitteleuropa die Sommerzeit, die von der Winterzeit eine Stunde abweicht.

---

und der Durchmesser des Geräts betrug nur 13,3 cm. Damit war nun eine genaue Längenbestimmung auf See möglich. Denn eine Differenz von jeweils vier Minuten zwischen der Ortszeit am Ausgangspunkt der Reise und der Zeit am jeweiligen Schiffsstandort entspricht einem Unterschied von einem Längengrad.

1840–1920: Elektrische Uhr und Armbanduhr

Der schottische Wissenschaftler Alexander Bain versetzte ein Uhrpendel mit Hilfe eines batteriegespeicherten → Elektromagneten in Schwingungen. Statt von der Schwerkraft eines Gewichts wurde das Pendel durch die elektromagnetische Anziehung und Abstoßung angetrieben. Bain ließ sich 1840 eine solche Uhr patentieren. Er sah auch die Möglichkeit, elektrische Impulse aus einer übergeordneten zentralen Uhr an eine Vielzahl von Nebenuhren weiterzuleiten.

Als um 1900 der Netzanschluß verfügbar war, wurde diese Idee verwirklicht. Die ersten brauchbaren elektrischen Uhren stellte 1918 der amerikanische Elektromechaniker Henry Ellis Warren her. Um die gleiche Zeit kam langsam die Sitte auf, kleine Taschenuhren an einem Armband zu befestigen und ums Handgelenk zu tragen: Die Armbanduhr war geboren. Nun begann die ganz große Zeit der Schweizer Uhrenindustrie.

1929: Erfindung der Quarzuhr

Die französischen Brüder Pierre und Paul Jacques Curie hatten als junge Forscher (1880) an der Universität von Paris den piezoelektrischen Effekt entdeckt: Bestimmte Kristalle schwingen mit konstanter Frequenz, wenn man bestimmte Wechselstromspannungen hindurchleitet.

Warren Alvin Marrison, ein Uhrmacher aus Orange in New Jersey, USA, war 1929 der erste, der Quarze für elektrische Uhren verwendete. Seine Uhr zählte elektronisch die Schwingungen des Kristalls und regelte anhand bestimmter Intervalle die Geschwindigkeit eines → Elektromotors, der über ein → Zahnradgetriebe die Zeiger bewegte. Wird der Kristall bei einer bestimmten Temperatur gehalten, geht die Quarzuhr so genau, daß sie den Anforderungen von Observatorien genügt. Die Erfindung von → Computer und → Siliziumchip führte auf dieser Grundlage zur modernen Digitaluhr. Bei ihr gibt eine → Flüssigkristallanzeige die Zeit punktuell, das heißt in Zahlen, an. So kann man auf ein herkömmliches Zifferblatt verzichten.

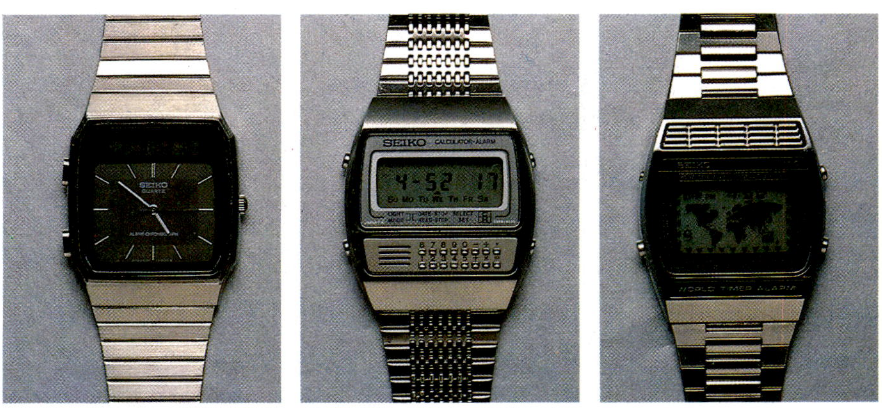

Moderne Armbanduhren *Solche Uhren sind quarzgesteuert. Links ist ein traditionelles Zifferblatt zu sehen, über dem eine kleine Digitalanzeige, ein sogenanntes Display, die Zeit auf die Sekunde genau sichtbar macht. In der Mitte wurde ein Taschenrechner mit eingebaut, und neben den Drucktasten dafür ist sogar der Lautsprecher für einen kleinen Wecker zu sehen. Rechts ein Modell, das die 19 verschiedenen Zeitzonen der Erde im Vergleich zur Heimatzeit anzeigt. Solche Luxuschronometer sind kleine Wunderwerke der Mikroelektronik.*

1948: Die Atomuhr

Das Prinzip der Atomuhr fand 1946 der amerikanische Physiker Willard Frank Libby heraus. Die erste Atomuhr wurde zwei Jahre später im National Bureau of Standards (Nationales Normungsinstitut) in Washington DC gebaut. Solche Uhren funktionieren, indem sie die Eigenschwingungen bestimmter Atome zählen (Cäsium, Ammoniak). Ein Cäsiumatom zum Beispiel führt in einer Sekunde 9 192 631 770 Schwingungen aus. Die korrekte Schwingungszahl wird durch ständige elektrische Kontrolle aufrechterhalten, beziehungsweise die Uhr rückt immer um eine Sekunde vor, wenn diese Schwingungszahl elektronisch abgezählt ist.

Die Cäsiumatom-Schwingungszahl mißt die Dauer der Sekunde so genau, daß sie seit 1967 als neue Norm für diese Zeiteinheit gilt. Früher wurde die Sekunde mit Hilfe der Erdumdrehung gemessen; sie betrug ein 86 400stel eines Tages.

Im Jahr 1969 baute das amerikanische Marineforschungslaboratorium eine Atomuhr, die die Schwingungen des Ammoniakatoms zählte. Dieses Atom schwingt 23 870 129 300mal in der Sekunde. Uhren, die diese Zeitnorm verwenden, sind bis auf eine Sekunde in 1 700 000 Jahren genau. Anfangs waren diese Uhren große Labormodelle von mehreren hundert Kilogramm Gewicht, aber bis 1978 konnten die Bauteile so verkleinert werden, daß die Uhr in ein Gehäuse von der Größe einer normalen Wanduhr hineinpaßt.

Ultraschalldiagnostik

Erstmals in den 50er Jahren des 20. Jh. angewendet

Die Beobachtung, daß Fledermäuse im Dunkeln durch hochfrequente Töne die Lage von Gegenständen ausmachen können, wird dem italienischen Abt Lazzaro Spallanzani zugeschrieben, der im 18. Jh. gelebt hat. Im Zweiten Weltkrieg benutzte man das → Echolot, um → Unterseeboote aufzuspüren.

In beiden Fällen ist das Prinzip das gleiche: Ultraschallwellen werden ausgesandt und von festen Gegenständen reflektiert. Diese Wellen vermitteln dann im Gehirn des Tieres oder auf einem Bildschirm ein Bild des Objekts.

In den 50er Jahren des 20. Jh. führten Dr. Jan Donald in Glasgow und Dr. Born in Frankfurt die Ultraschalldiagnostik in die Medizin ein. Sie stellten fest, daß man einen Embryo im Mutterleib mit Hilfe von Ultraschallwellen untersuchen kann.

Solche Überprüfungen sind mittlerweile in Krankenhäusern auf der ganzen Welt zur Routine geworden, wenn man das Alter und die Lage des Fötus feststellen möchte oder herausfinden will, ob Mehrgeburten oder irgendwelche Schwierigkeiten zu erwarten sind. Ultraschall wird auch zur Diagnose von Leber-, Lungen- und Herzkrankheiten verwendet.

Kabelleger *Unterwasserkabel werden von Spezialschiffen verlegt, die für ihre Aufgabe besonders ausgerüstet sind. In ihren „Kabeltanks" können sie mehrere tausend km Kabel mitnehmen. Am Heck oder – wie dieser britische Kabelleger – am Bug besitzen sie Rollen, über die das Kabel ins Meer gleitet.*

Unterseeboot

siehe Seite 300

Unterwasserkabel

1850 zwischen England und Frankreich verlegt

Unterwasserkabel konnten erst verlegt werden, als man ein Isoliermaterial gefunden hatte, das die elektrischen Drähte vor Feuchtigkeit schützte. 1843 gelangte die dafür geeignete gummiähnliche Guttapercha aus Singapur nach Europa.

1850/51 verlegte man die ersten Telegrafenkabel zwischen England und Frankreich. Europa und Amerika wurden 1857/58 durch ein 3800 km langes Kabel zwischen Irland und Neufundland verbunden, doch um einen einwandfreien ständigen Nachrichtenverkehr zu gewährleisten, mußte 1865/66 ein neues Kabel verlegt werden.

Das erste unter Wasser verlegte Telefonkabel wurde 1891 zwischen England und Frankreich in Betrieb genommen. Um Gespräche über größere Entfernungen zu führen, mußte man zuverlässige Verstärker entwickeln, die in Abständen von etwa 300 km in die Kabel eingeschaltet wurden. Das erste, 1956 verlegte transatlantische Telefonkabel hatte 102 Verstärker und konnte gleichzeitig 36 Gespräche übertragen.

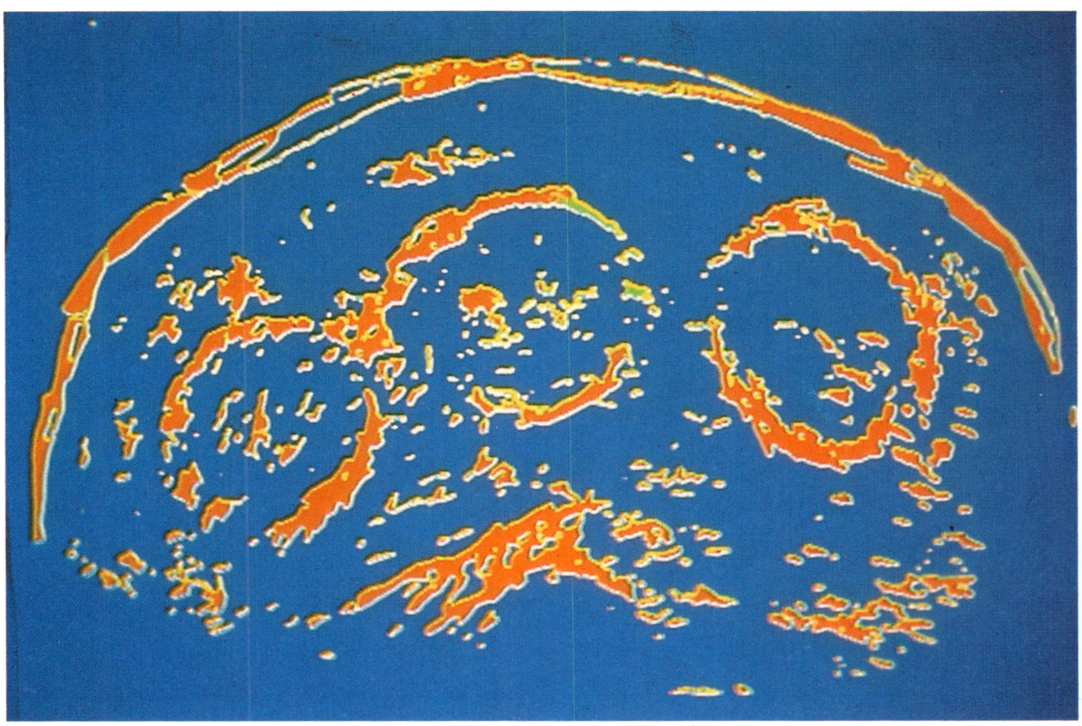

Drillinge *Dieses Bild zeigt, daß eine Frau Drillinge erwartet. Es wurde mit Hilfe von Ultraschallwellen aufgenommen, die die Bauchdecke durchdringen und von den verschiedenen Gewebs- oder Organschichtgrenzen reflektiert werden. Die Gesamtheit der Echos wird von einem Computer in ein Bild umgesetzt. Die hier gezeigte Aufnahme stellt einen Querschnitt durch den Mutterleib mit den Köpfen dreier Fötusse dar. Die Untersuchung einer werdenden Mutter durch Ultraschall belastet sie weniger als die Anwendung von Röntgenstrahlen. Mit Ultraschall kann man auch die Lage und das Alter eines Fötus feststellen.*

Unterseeboot

Das erste echte Unterwasserfahrzeug wurde um 1620 gebaut

Der erste Unterseebootangriff in der Geschichte erfolgte 1776 während des amerikanischen Unabhängigkeitskriegs. Der amerikanische Marinesergeant Ezra Lee versuchte in der handangetriebenen *Turtle* (Schildkröte) seines Landsmanns David Bushnell eine Sprengladung am Rumpf des britischen 64-Kanonen-Schiffs *Eagle* anzubringen. Das Schraubgerät, das vom Innern der *Turtle* aus betätigt wurde, konnte jedoch den Kupfermantel der *Eagle* nicht durchdringen.

Im Jahr 1800 führte der Amerikaner Robert Fulton Napoleon ein Unterseeboot, *Nautilus*, vor und versenkte im Hafen von Brest ein abgetakeltes →Schiff mit einer Sprengladung. Napoleon fand es jedoch zu langsam, und auch die britische Admiralität lehnte es ab. 1864, während des amerikanischen Bürgerkriegs, gelang es zum erstenmal, ein Schiff durch ein Unterseeboot zu versenken. Das U-Boot *Hunley II* der Konföderierten, das mit einer Sprengladung ausgerüstet war, versenkte vor Charleston in South Carolina das Panzerschiff *Housatonic* der Nordstaaten. Das untergehende Schiff riß jedoch auch das Unterseeboot und seine Besatzung mit in die Tiefe.

Die Erfindung des →Elektromotors, des →Verbrennungsmotors und des →Torpedos mit Eigenantrieb gaben der Entwicklung des Unterseeboots neuen Aufschwung. Nach dem erfolgreichen Entwurf der *Holland VI* von John P. Holland begannen die Seemächte von 1900 an mit dem Bau von Unterseebooten, und schon 1914 gab es deren 400.

Eine wirksame Waffe

Im Ersten Weltkrieg entdeckten einige U-Boot-Kapitäne ihre eigentliche Aufgabe: die Jagd auf Handels- und Kriegsschiffe. Das deutsche Boot *U-9* versenkte im September 1914 vor der niederländischen Küste drei britische Kreuzer innerhalb einer Stunde; im Mai 1915 versenkte *U-20* vor Irland den Cunard-Ozeandampfer *Lusitania.* Die Verluste der Alliierten vergrößerten sich in den Jahren 1915 und 1916 ständig.

Das Unterwasserfahrzeug, das die Seefahrt revolutionierte und zum entscheidenden Faktor der nuklearen Abschreckung wurde

1624: Das erste echte Unterseeboot
In einer französischen Handschrift aus dem 13. Jh. heißt es, Alexander der Große habe während der Belagerung von Tyrus im Jahr 322 v. Chr. ein tauchfähiges Schiff benützt – 1300 Jahre bevor das eigentliche Unterseeboot erfunden wurde. Als sein Schöpfer gilt der Niederländer Cornelius Drebbel, der im Dienst des englischen Königs Jakob I. stand. Der Rumpf des Drebbelschen Fahrzeugs bestand aus einem hölzernen Skelett, das mit eingefettetem Leder überzogen war, zwölf Mann trieben es mit Riemen an. Das Boot konnte 3,60 m tief tauchen.

1776: Erfindung der Flutungsanlage
Die hölzerne *Turtle,* die der amerikanische Ingenieur David Bushnell 1776 konstruierte, wurde von einem handgekurbelten Propeller angetrieben. Ihre Tanks wurden zum Tauchen geflutet und zum Auftauchen leergepumpt. Das Tauchboot stellte einen wesentlichen Schritt in der Entwicklung des modernen Unterseeboots dar.

„U-Boot" Alexanders des Großen *Der Legende zufolge verhalf ein unter Wasser fahrendes gläsernes Faß dem makedonischen König zu seinem Sieg bei Tyrus.*

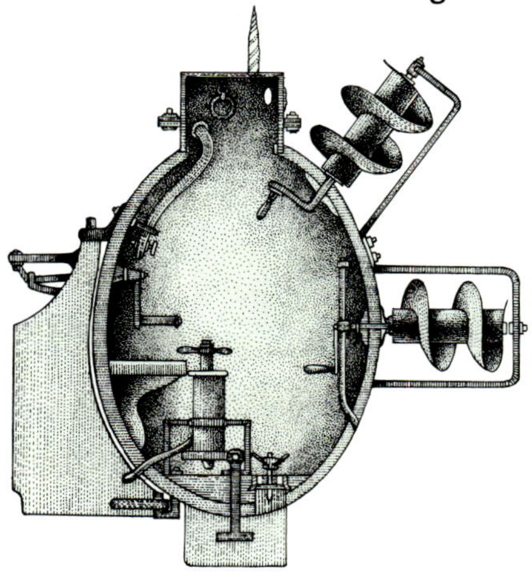

Turtle Das Einmannfahrzeug, das mit einer Kurbel bewegt wurde, hatte Tanks, die zum Tauchen geflutet und zum Auftauchen geleert wurden.

1800: Tiefenruder als Steuer
Unterstützt von Napoleon, baute der Amerikaner Robert Fulton im Jahr 1800 die *Nautilus.* Ihr wurstförmiger Rumpf bestand aus einem eisernen Rippenskelett, das mit Kupferblech umhüllt war. Sie fuhr mit drei Mann Besatzung. Unter Wasser wurde sie von einer handgekurbelten Schraube angetrieben, über Wasser von einem zusammenlegbaren Segel. Sie hatte (horizontale) Tiefenruder, die das Fahrzeug nach oben oder unten lenkten. Ihr Druckluftvorrat reichte für vier Stunden. Die *Nautilus* konnte etwa 7,5 m tief tauchen, ihre Reichweite betrug aber nur einige Kilometer.

In den 50er Jahren des vorigen Jahrhunderts baute Wilhelm Bauer das erste deutsche Unterseeboot, die *Brandtaucher,* das bei Tauchversuchen sank. Sein zweites Boot, die *Seeteufel,* das er 1856 für die Russen konstruierte, war 17 m lang und konnte schon 45 m tief tauchen. Bauer wies auch schon früh auf die Möglichkeit friedlicher Nutzung der Unterseeboote hin.

1863 baute der Amerikaner Horace Hunley einen eisernen Kessel zu einem Unterseeboot um. Die *H. L. Hunley II* erreichte eine Geschwindigkeit von 4 Knoten; dieses Schiff war erstmals in der Lage, ein gepanzertes Kriegsschiff zu versenken.

1863: Das mechanische Unterseeboot
Die französische 420 t schwere *Plongeur* von Simon Borgeois und Charles Brun, die 1863 vom Stapel lief, war das erste mechanisch angetriebene Unterseeboot. Ihr Kolbenmotor arbeitete mit Preßluft, doch Reichweite, Geschwindigkeit und Stabilität unter Wasser waren nicht zufriedenstellend.

In den 70er und 80er Jahren folgten zahlreiche Entwürfe, bei denen meistens der kurz zuvor erfundene Elektromotor als Antrieb eingesetzt wurde. Aber die batteriegetriebenen Unterseeboote erreichten nur niedrige Geschwindigkeiten und eine geringe Reichweite, da die →Batterien immer wieder aufgeladen werden mußten.

Die *Brandtaucher* *1850 konstruierte Wilhelm Bauer sein erstes U-Boot (im Bild: Modell aus dem Jahr 1908). Als es ein Jahr später sank, konnten Bauer und seine Assistenten sich retten.*

Am 1. Februar 1917 erklärte Deutschland den uneingeschränkten U-Boot-Krieg. Bis zum April 1917 verloren die Alliierten zahlreiche Schiffe. Großbritannien, die größte Seemacht der Welt, sah sich durch ein paar hundert U-Boote am Rand einer Katastrophe. Erst nach großen Anstrengungen brach das System der Geleitzüge die Vormachtstellung des U-Boots. Die mit →Sonaren (Ortungsgeräten) und Unterwasserbomben ausgerüsteten Geleitschiffe brachten der deutschen U-Boot-Flotte empfindliche Verluste bei.

Im Zweiten Weltkrieg besetzte Deutschland die französischen Häfen an der atlantischen Küste und führte von dort aus eine vernichtende Offensive gegen die für Großbritannien lebenswichtigen Versorgungsschiffe. Durch Funk geleitete U-Boot-Rudel (bis zu 20 Boote) griffen die Geleitzüge bei Nacht über Wasser an und entgingen so den Ortungsgeräten.

Das Blatt wendete sich, als man Langstreckenbomber, die mit einem neuen, äußerst exakten →Radar ausgestattet waren, einsetzte. Im Mai 1943 waren die deutschen Verluste so hoch, daß die noch vorhandenen U-Boote vom Atlantik abgezogen wurden. Im Stillen Ozean jedoch errangen die amerikanischen Langstrecken-Unterseeboote den Sieg. Sie schnitten die Öl- und Rohstoffversorgung der Japaner ab und brachten die japanische Industrie praktisch zum Stillstand. Das Unterseeboot war immer in erster Linie eine Waffe.

Entwicklungen nach dem Krieg

Seit den 50er Jahren unseres Jahrhunderts sind nicht mehr →Schlachtschiffe die Grundpfeiler der Seemacht, sondern →Flugzeugträger und atomar angetriebene Unterseeboote. Im August 1958 bewies das erste Unterseeboot mit Atomantrieb, die *Nautilus,* die großartigen Fähigkeiten dieser neuen Schiffsgeneration, als es unter dem arktischen Eis den Nordpol passierte.

Die USA, die Sowjetunion und Großbritannien verfügten 1980 über Atom-U-Boote mit Atom- oder Dieselantrieb, die mit Torpedos oder →Raketen ausgerüstet sind. Diese Unterseeboote dienen sowohl der atomaren Abschreckung als auch zur Überwachung der wichtigen Schiffahrtswege.

Die *Holland VI* *war mit einem Verbrennungsmotor für die Überwasserfahrt und einem Elektromotor zum Tauchen ausgestattet.*

UNTERWASSERFAHRZEUG FÜR FRIEDLICHE ZWECKE

Tauchboote der zivilen Schiffahrt können etwa 1000 m tief tauchen, speziell gebaute Tauchschiffe sogar bis zu 11 km. Sie dienen der Erforschung der Meerestiefen, der Überprüfung der unterseeischen Rohr- oder Kabelleitungen und werden bei der Errichtung von Öl- und Gasbohrinseln eingesetzt.

Manche Unterseeboote haben auch eine Ausguck-Kanzel, wo die Taucher für den Druck in der Tiefe vorbereitet werden und später die allmähliche Druckverminderung stattfindet.

Die LR 5 hat einen Ausguck für zwei Taucher. Sie könnte eine ganze Woche lang unter Wasser bleiben.

1900: Einführung des Doppelantriebs

Ein aus Irland stammender Amerikaner, John P. Holland, ist der eigentliche Vater des modernen Unterseeboots. Er führte einen Doppelantrieb ein: Für die Überwasserfahrt verwendete er einen Verbrennungsmotor und zum Tauchen einen Elektromotor, was die Reichweite beträchtlich steigerte. Durch ein einziehbares Periskop konnte der Kapitän nach Fahrzeugen auf dem Wasser ausschauen, während das Unterseeboot getaucht war. Außer der Brennstoffumstellung von Benzin auf Diesel wurden bis zum Zweiten Weltkrieg, als in Deutschland der Schnorchel eingeführt wurde, an Hollands Entwurf keine nennenswerten Änderungen vorgenommen. Der Schnorchel bestand aus einem Lufteinsaugrohr, das aus dem Wasser herausragte, so daß Dieselmotoren benützt werden konnten.

1955: Nuklear angetriebene U-Boote

Das erste nuklear angetriebene Unterseeboot, die *Nautilus,* wurde 1955 unter der Leitung von Kapitän (später Admiral) Hyman Rickover gebaut. In den ersten zwei Jahren legte sie 100 000 km zurück, ohne ihren Brennstoffvorrat zu erneuern.

Die heutigen Atomunterseeboote haben eine Wasserverdrängung bis zu 8000 t; sie können 300–400 m tief tauchen und sind 60–70 km/h schnell.

Polaris-Unterseeboot
Nuklear angetriebene Unterseeboote sind für Angriffe auf See mit Torpedos bestückt. Ihre Atomraketen zielen auf feindliches Festland. Die Renown, *ein britisches* Polaris-*Atomunterseeboot, lief 1968 vom Stapel. Das 8400-Tonnen-Schiff ist 142 m lang und 11 m breit. Es erreicht eine Überwassergeschwindigkeit von 25 Knoten. Die* Renown *hat zwei Besatzungen, die sich abwechseln, so daß sie ständig auf See sein kann.*

V

Ventil

Schwimmerventile wurden schon im 2. Jh. v. Chr. in Griechenland verwendet

Ein mechanisches Ventil ist eine Vorrichtung, die sich so öffnet oder schließt, daß sie das Strömen einer Flüssigkeit oder eines Gases reguliert. Der griechische Erfinder Ktesibios benutzte offenbar schon um 150 v. Chr. in der von ihm entwickelten Wasseruhr ein Ventil, das nach dem gleichen Prinzip arbeitete wie die heutigen Schwimmer in Autovergasern und das demselben Zweck diente, nämlich einen Flüssigkeitsspiegel auf gleicher Höhe zu halten. Wenn das Gefäß voll war, sperrte das Schwimmerventil den Wasserzufluß ab. Sank der Spiegel und mit ihm der Schwimmer, so öffnete sich das Ventil und ließ Wasser nachströmen.

Einwegventile, die aus einer Lederklappe über einer Öffnung bestanden, wurden von den Römern – möglicherweise auch schon früher – in die Blasebälge der Schmiede eingebaut. Sie steuerten den Luftstrom in der gewünschten Richtung.

Die Entwicklung der →Dampfmaschine, die im frühen 18. Jh. begann, wäre ohne das Sicherheitsventil, das sich öffnete, wenn der Dampfdruck im Kessel einen bestimmten Wert übersteigt, kaum denkbar. Der 1647 in Frankreich geborene Physiker Denis Papin hatte ein solches Sicherheitsventil bereits als Zubehör zu seinem →Schnellkochtopf erfunden.

In modernen Kolbenmotoren (→Verbrennungsmotoren) werden Tellerventile verwendet, die das Ansaugen des Kraftstoffs und das Ausblasen der Abgase im Zylinder steuern.

Verbrennungsmotor

siehe Seite 303

Verkehrsampel

Die erste gab es 1914 in den USA

In London erprobte man 1868 einen Signalarm mit roten und grünen Gaslampen zur Regelung des Verkehrs. Aber die Anlage explodierte, und ein Polizist kam dabei ums Leben.

Die erste Verkehrsampel wurde 1914 in Cleveland, Ohio, aufgestellt. Sie hatte nur rotes und grünes Licht. 1918 gab es in New York Ampeln mit einer zusätzlichen Gelbphase. In London standen 1925 automatische Verkehrsampeln.

Videoband

Das erste Videoband wurde 1956 in Kalifornien hergestellt

Während der ersten 20 Jahre des →Fernsehens mußten alle Programme live gesendet werden. Die frühen →Tonbandgeräte konnten den Ton speichern, nicht aber die komplizierten elektronischen Signale, aus denen ein Fernsehbild entsteht. Da sich die amerikanischen Fernsehnetze über vier Zeitzonen erstreckten, benötigte man aber ein Gerät, mit dem man in New York zur Hauptfernsehzeit gesendete Programme aufzeichnen konnte, um sie später auch in anderen Teilen des Landes ausstrahlen zu können. Der kalifornischen Firma Ampex gelang es schließlich, auch Bildsignale auf einem 5,08 cm breiten Band unterzubringen, das mit einer Geschwindigkeit von 38,1 cm/s lief. Wie beim Tonband wurden die Signale durch eine Magnetitpulverschicht auf dem Plastikband aufgenommen.

Die Fernsehfachleute entdeckten bald die vielfältigen Verwendungsmöglichkeiten des Videobands. Man konnte Programme, die abends gesendet werden sollten, im voraus aufnehmen und mögliche Fehler herausschneiden. Außerdem wurde es möglich, Sendungen beliebig oft zu wiederholen und miteinander zu vermischen.

Das erste Videokassettensystem, bei dem das Band in einem Kunststoffkästchen untergebracht war, führte die japanische Firma Sony 1969 ein. Es war jedoch mehr für Schulen und Firmen gedacht. 1975 brachte Sony ein Heimsystem *(Betamax)* heraus. Die Kassette war kleiner und billiger; das Band war nur 12,5 mm breit und bewegte sich mit einer Geschwindigkeit von 3,81 cm/s. Anfang der 80er Jahre kamen ein weiteres japanisches Videoheimsystem und *Video 2000*, von der niederländischen Firma Philips entwickelt, auf den Markt.

Videotext/Bildschirmtext

siehe Seite 306

Violine

Die ersten Instrumente wurden um 1560 in Brescia in Italien gebaut

Seit über 300 Jahren gilt die Violine als die Königin der Saiteninstrumente. Die Familie der Streichinstrumente, zu der auch Bratsche, Violoncello und Kontrabaß gehören, bildet die Grundlage des modernen Sinfonieorchesters.

Die ersten echten Violinen wurden um 1560 in Italien gebaut: In Brescia bezeichnete sich Gasparo da Salò als Geigenbaumeister; er schuf Instrumente, die sich in der Form wie auch in der Spielweise von der schon länger eingeführten Fidel unterschieden.

Die Fidel, eine Vorgängerin, wird schon 865 in einem Evangelienbuch als Fidula erwähnt. Sie wurde nicht nur an der Schulter, sondern auch vor der Brust, im Schoß oder am Knie gehalten und hatte drei bis fünf Saiten. Ihr Korpus war flach, länglich-oval und wies in der Mitte nur geringe Einbuchtungen auf. Ihr Ton war milder und dunkler als derjenige der Violine.

Aus diesem Instrument gingen die Liren hervor. Die Lira da braccio des 16. Jh. markiert den Übergang zur Geige; sie hatte aber noch fünf Spielsaiten und zwei Bordunsaiten.

Gasparo da Salòs Violine aus der Zeit um 1560 wurde von Nicola Amati (1596–1684), der aus einer bekannten Geigenbauerfamilie in Cremona stammte, abgeändert. Amati gestaltete den Boden etwas flacher, zog die Mitte des Resonanzkörpers (Korpus) noch etwas weiter ein, verschärfte die Ränder und rundete die Schallöcher eleganter. Der berühmteste Geigenbauer wurde dann Antonio Stradivari, ein Schüler von Nicola Amati (1644–1737). Er experimentierte mit der Länge und der Breite des Instruments. In seinen Meisterjahren, ungefähr von 1700 an, fand er dann zu einer Form, die noch heute als ideal gilt – mit einer Korpuslänge von ungefähr 35 cm.

Verbrennungsmotor

Die erste funktionsfähige Konstruktion war ein Gasmotor, der 1860 in Italien gebaut wurde

Mit dem Verbrennungsmotor konnte der Mensch einige seiner langgehegten Träume verwirklichen: Das →Flugzeug, das →Auto, der →Traktor, das →U-Boot – sie alle sind ohne diesen Antrieb nicht denkbar. Mit der Entwicklung des Motors ging auch der Einsatz eines neuen Treibstoffs einher: des Erdöls.

Der Traum der Menschen, wie ein Vogel fliegen zu können, ging erst mit dem leichten und doch leistungsfähigen Benzinmotor in Erfüllung. Die Gasmotoren, die Nikolaus August Otto von 1867 an entwarf, waren, wenn sie die benötigte Leistung erbringen sollten, für den Motorflug zu schwer. Der österreichische Ingenieur Siegfried Marcus baute zwischen 1864 und 1874 verschiedene Benzinmotoren; doch erst Gottlieb Daimler gelang der Durchbruch. Zusammen mit Wilhelm Maybach und später mit Carl Benz entwickelte er leichte und schnellaufende Benzinmotoren, die vor allem zum Antrieb von Kraftwagen

Im Lauf eines Jahrhunderts wird ein vielseitiger Fahrzeugmotor entwickelt

1860: Der Gasmotor
Der erste Verbrennungsmotor, der unter betriebsmäßigen Bedingungen längere Zeit zuverlässig arbeitete, war ein Gasmotor, den der in Belgien geborene, aber in Frankreich arbeitende Erfinder Jean Joseph Étienne Lenoir 1860 konstruierte. In seiner Bauweise erinnerte dieser Motor noch sehr an die →Dampfmaschine. Er besaß einen waagrechten Zylinder sowie Schieberventile zum Ein- und Auslassen des Gas-Luft-Gemischs, das übrigens ebenfalls auf beide Seiten des Kolbens wirkte. Im Zylinder wurde das Gemisch durch einen elektrischen Funken gezündet, den eine Zündkerze mit Hilfe einer Spule und einer Batterie lieferte. Dieses Zündsystem war ein einfacher Vorläufer der modernen

DER ZWEITAKTMOTOR

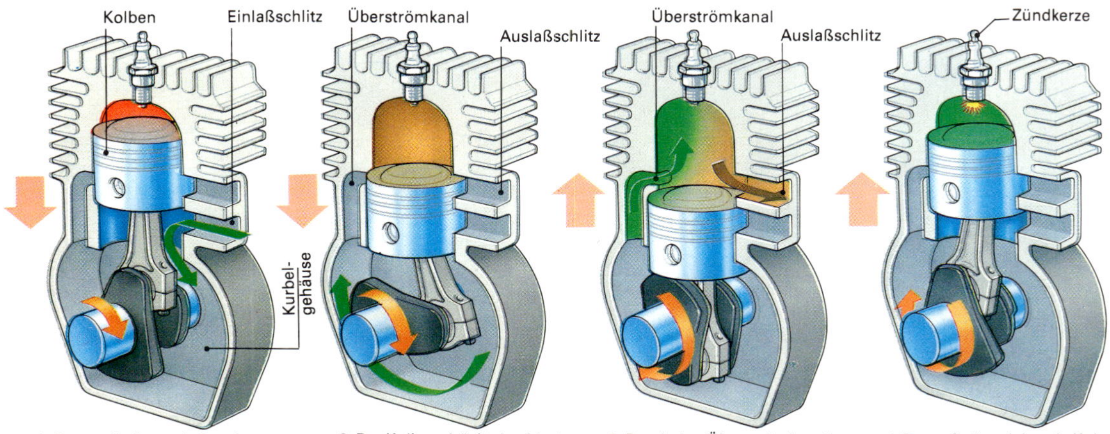

1. Das explodierende Benzin-Luft-Gemisch treibt den Kolben abwärts; frisches Gemisch tritt in das Kurbelgehäuse ein

2. Der Kolben drückt das frische Gemisch zum Überströmkanal und öffnet zugleich den Auslaßschlitz

3. Durch den Überströmkanal gelangt das Gemisch in den Zylinder; die verbrannten Gase werden ausgestoßen

4. Der aufwärtsgleitende Kolben schließt den Auslaßkanal und verdichtet das Gemisch. Der Zündfunke springt über

Beim Zweitaktprinzip werden vier Arbeitsgänge – Verdichten, Ansaugen, Überströmen, Ausstoßen – in nur zwei Hüben des Kolbens ausgeführt. Dieser Motor besitzt weniger bewegliche Teile als der Viertaktmotor. Beispielsweise benötigt man keine Ventile zum Öffnen und Schließen der Einlaß- und Auslaßschlitze und deshalb auch keine Nockenwelle, welche die Ventile steuert. Die Kanäle werden direkt durch den gleitenden Kolben geöffnet und geschlossen.

DER VIERTAKTMOTOR

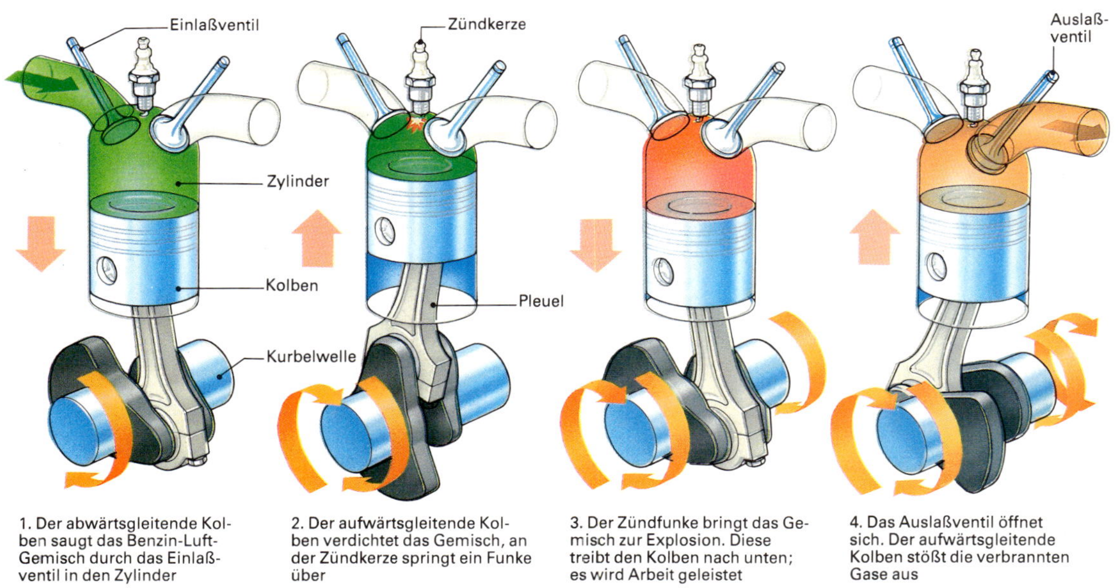

1. Der abwärtsgleitende Kolben saugt das Benzin-Luft-Gemisch durch das Einlaßventil in den Zylinder

2. Der aufwärtsgleitende Kolben verdichtet das Gemisch, an der Zündkerze springt ein Funke über

3. Der Zündfunke bringt das Gemisch zur Explosion. Diese treibt den Kolben nach unten; es wird Arbeit geleistet

4. Das Auslaßventil öffnet sich. Der aufwärtsgleitende Kolben stößt die verbrannten Gase aus

Beim Viertaktmotor werden vier Arbeitsgänge – Ansaugen, Verdichten, Arbeiten, Ausstoßen – in vier Bewegungen eines jeden Kolbens verrichtet. Bei allen Verbrennungsmotoren mit Ausnahme des Wankelmotors treiben die aufwärts- und abwärtsgleitenden Kolben über Pleuel eine Kurbelwelle an. Die Antriebskraft wird über die Kupplung, das Wechselgetriebe, die Kardanwelle, das Ausgleichsgetriebe und die Antriebswellen auf die Räder übertragen.

und Maschinen eingesetzt wurden, aber auch den Motorflug ermöglichten.

Seit jener Zeit sind immer leistungsstärkere Motoren entwickelt worden, und das Flugzeug hat sich von einer sensationellen Kuriosität zu einem wichtigen Massenverkehrsmittel – und zu einer wirkungsvollen Waffe – gewandelt.

Zwei weitere Waffen, die mit Hilfe des Verbrennungsmotors entstanden, sind das U-Boot und der → Panzer. Zunächst hatte man Boote mit Dampfantrieb gebaut, aber erst der Dieselmotor für die Überwasserfahrt und der Elektroantrieb für die Unterwasserfahrt haben das U-Boot voll einsatzfähig gemacht. Panzer wurden zuerst von den Briten 1916 im Ersten Weltkrieg eingesetzt.

Auch in der Landwirtschaft sorgte der Verbrennungsmotor für einen gewaltigen Umschwung. Die schweren, unbeholfenen → Dampfmaschinen eigneten sich zwar als Antrieb für landwirtschaftliche Maschinen, aber kaum zum Ziehen von → Pflügen. Der starke und dabei leichtere Traktor jedoch konnte das Pferd als Zugkraft ersetzen, und er hat die Ertragsleistung auf dem Bauernhof verdoppelt. Ihm folgten viele andere mit

---

Zündung und funktionierte zunächst nicht zuverlässig.

Die mit dem Kolben verbundene Pleuelstange drehte ein Schwungrad und damit die Antriebswelle.

Der Motor von Lenoir lief langsam, und das Gas-Luft-Gemisch wurde vor der Zündung nicht komprimiert. Deshalb hatte der Motor nur eine geringe Leistung, verbrauchte dabei aber viel Gas. Dennoch wurde er in einer ansehnlichen Stückzahl verkauft; im Dezember 1894 arbeiteten in Paris 143 solcher Motoren in verschiedenen Fabriken.

1862: Das Viertaktprinzip
Im Jahr 1862 ließ sich der französische Techniker Alphonse-Eugène Beau de Rochas ein wesentlich günstigeres Prinzip eines Verbrennungsmotors patentieren, bei dem der Arbeitsvorgang in vier Takten ablief und das Treibstoff-Luft-Gemisch auch verdichtet wurde.

Beim Viertaktprinzip wird im ersten Arbeitsgang des Kolbens, einer Abwärtsbewegung im stehenden Zylinder, das Treibstoffgemisch in den Zylinder gesaugt. Im zweiten Arbeitstakt verdichtet der Kolben das Gemisch, indem er sich wieder nach oben bewegt. Wenn der Kolben am oberen Umkehrpunkt angelangt ist, wird das Gemisch gezündet, und die Explosion treibt den Kolben im dritten Takt wieder nach unten, wobei Arbeit geleistet wird. Beim vierten Takt bewegt sich der Kolben erneut nach oben und stößt die Verbrennungsgase aus dem Zylinder aus.

De Rochas' Motor wurde allerdings nicht gebaut.

1876: Der Viertaktmotor von Otto
Der deutsche Ingenieur Nikolaus August Otto erfand das Viertaktprinzip neu, und 1876 baute er zusammen mit Eugen Langen den ersten technisch brauchbaren Viertaktmotor. Obwohl dieser kaum schneller lief als der von Lenoir, war er wesentlich leistungsfähiger und verbrauchte dabei nur ein Viertel soviel Gas. Seit jener Zeit sind die meisten Verbrennungsmotoren sogenannte Ottomotoren.

1883: Der Benzinmotor von Daimler
Den nächsten größeren Fortschritt erzielte 1883 der deutsche Ingenieur Gottlieb Daimler, der in der Motorenfabrik von Otto gearbeitet hatte, bevor er sich als Konstrukteur selbständig machte. Daimler baute einen Motor, der mit Benzin angetrieben werden konnte. Er lief wesentlich schneller als der Gasmotor von Otto und lieferte im Verhältnis zu seinem Eigengewicht eine größere Leistung.

Daimler stattete den Verbrennungsmotor mit einem Vergaser aus, der ihn in die Lage versetzte, flüssigen Treibstoff zu verwenden. In den Vergaser strömte Luft über die Oberfläche von Benzin ein, wodurch sich ein brennbares Gemisch aus Benzindampf und Luft bildete.

Ein besseres Gemisch lieferte ein Vergaser, den der Engländer Edwar Butler 1888 entwickelte. Bei ihm wurden Benzin und Luft durch Düsen fein zerstäubt. Dabei konnte man das Mischungsverhältnis von Benzin und Luft entsprechend den Betriebsbedingungen des Motors regulieren.

Auf diese Weise entstand insgesamt ein Motor, der beweglich war – also nicht mehr an eine Gasleitung angeschlossen werden mußte – und im Verhältnis zu seinem Eigengewicht genügend Leistung erbrachte, um einem Fahrzeug eine angemessene Geschwindigkeit zu geben.

Gleichzeitig mit Daimler entwickelte auch sein Landsmann Carl Benz in Mannheim den Verbrennungsmotor weiter. Ein Benzinmotor, den er 1885 in das erste, funktionsfähige → Auto der Welt einbaute, besaß eine elektrische Zündanlage mit → Batterie und Spule sowie einen Verteiler mit Unterbrecherkontakten. Diese Anlage sorgte dafür, daß der Strom genau zum richtigen Zeitpunkt an die Zündkerzen geliefert wurde.

1878: Der Zweitaktmotor
Obwohl sich der Viertaktmotor sehr gut bewährte, unternahm man Versuche mit Motoren, die nach einem anderen Prinzip arbeiten. Im Jahr 1878 baute der schottische Ingenieur Dugald Clerk den ersten Zweitaktmotor.

Beim Zweitaktprinzip wird ein Kraftstoff-Luft-Gemisch verdichtet, wenn sich der

DER WANKELMOTOR

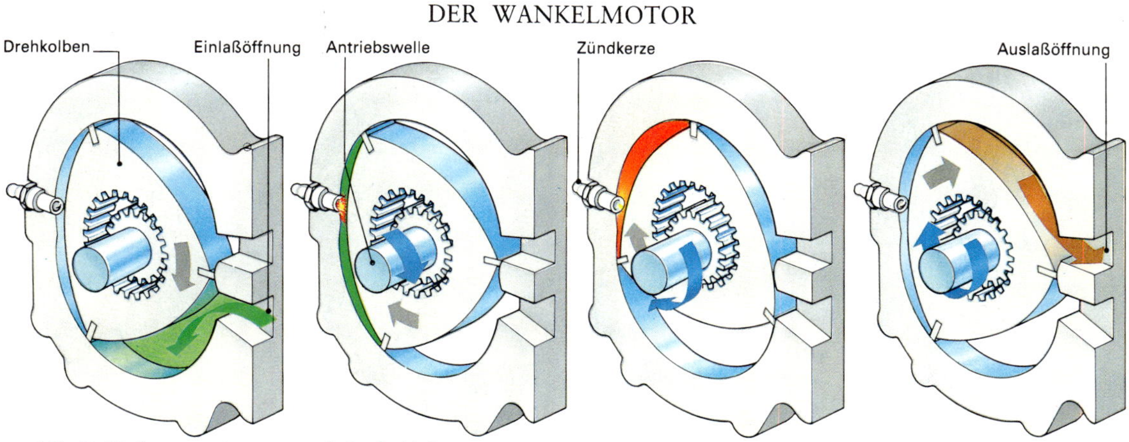

1. Der Drehkolben saugt das Kraftstoffgemisch in eine Kammer zwischen dem Kolben und der Gehäusewand

2. Der Drehkolben verengt die Kammer und verdichtet so das Gemisch. Der Zündfunke springt über

3. Das Gemisch wird vom Zündfunken zur Explosion gebracht. Diese Explosion treibt den Drehkolben an

4. Bei der weiteren Kolbendrehung wird die Auslaßöffnung freigegeben. Die verbrannten Gase strömen aus

Der Wankelmotor besitzt keine Kolben, die sich in einem Zylinder hin und her bewegen. Statt dessen rotiert im Verbrennungsraum ein dreieckförmiger Kolben, der über ein Zahnrad mit der Antriebswelle verbunden ist. Der Kolben dreht sich exzentrisch um die Welle. Dabei verändern drei Kammern zwischen dem Kolben und dem Gehäuse ihre Form. Bei der Zündung ist das Gemisch in der kleinsten Kammer verdichtet. Der Wankelmotor läuft ruhiger als ein Viertaktmotor.

Verbrennungsmotoren betriebene Maschinen, darunter der Mähdrescher.

Am stärksten machte sich der Einfluß des Verbrennungsmotors jedoch im Personenverkehr bemerkbar. Vor 1900 war die →Eisenbahn unangefochten das wichtigste öffentliche Verkehrsmittel. Das änderte sich mit der Einführung des Autos. Im Jahr 1910 war es bereits ein weitverbreitetes Fahrzeug, das bei richtiger Pflege zuverlässig seine Dienste tat. Damals begannen auch Autobusse und Lastautos die Pferdekutschen und Transportkarren von der Straße zu verdrängen.

Die Auswirkungen des Verbrennungsmotors auf Politik und Wirtschaft können kaum zu hoch eingeschätzt werden. Im Kräftespiel der Weltpolitik nehmen die ölfördernden Länder eine wesentliche Stellung ein, vor allem, weil der Verbrennungsmotor so wichtig geworden ist, daß die hochindustrialisierten Länder ohne eine gesicherte Ölversorgung nicht mehr existieren könnten. Die Art und Weise, in der die Erdöl exportierenden Länder ihre Liefermengen und Abgabepreise festsetzen können, ist heute ein bestimmender Faktor für die Weltwirtschaft.

Kolben nach oben bewegt. Gleichzeitig wird frisches Gemisch in das Kurbelgehäuse unter dem Zylinder gesaugt. Wenn das verdichtete Gemisch gezündet ist und der Kolben sich im zweiten Takt nach unten bewegt, läßt er schließlich die verbrauchten Gase oberhalb des Kolbens entweichen, und das Gemisch im Kurbelgehäuse strömt von unten in den Zylinder, wo es vom Kolben wieder verdichtet wird.

Beim Zweitaktprinzip finden zwar ebenfalls vier Arbeitsgänge – Ansaugen, Verdichten, Überströmen und Ausstoßen – statt, doch sind sie auf zwei Kolbenbewegungen (Takte) zusammengedrängt. Der Zweitaktmotor arbeitet mit weniger beweglichen Teilen als der Viertaktmotor; er verbraucht aber verhältnismäßig viel Treibstoff und läuft lauter und nicht so „rund".

1892: Der Dieselmotor

Erfolgreicher wurde der Dieselmotor, den der deutsche Ingenieur Rudolf Diesel konstruierte. 1892 erhielt er dafür ein Patent.

Bei der Selbstzündung wird der Treibstoff nicht durch einen Funken gezündet, sondern durch die Hitze der im Zylinder verdichteten Luft. Beim Ansaugtakt gelangt nur Luft in den Zylinder. Im Verdichtungstakt wird sie dann stark komprimiert, wobei sie sich auf 700–900° erwärmt. Der anschließend eingespritzte Treibstoff entzündet sich bei dieser Temperatur dann selbst. Der Dieselmotor kommt ohne Zündkerzen und ohne elektrische Zündanlage aus.

Die ersten Dieselmotoren mußten massiv gebaut sein, damit sie der Beanspruchung durch die hohe Kompression standhielten. Deshalb wurden sie zunächst als stationäre Arbeitsmaschinen in →Elektrizitätswerken und als Antriebsmaschinen für →Schiffe verwendet.

Bei Landfahrzeugen setzte sich der Diesel etwas langsamer durch. Die erste Diesellokomotive wurde 1912 für die Preußisch-Hessische Staatsbahn gebaut. Für Straßenfahrzeuge mußten leichtere Dieselmotoren mit höheren Drehzahlen entwickelt werden. Dies gelang in den 20er Jahren, und auf den Straßen tauchten die ersten Autos mit Dieselmotoren auf.

1957: Der Kreiskolbenmotor

Alle herkömmlichen Gas-, Benzin- und Dieselmotoren setzen die Kraft zum Drehen der Kurbelwelle nicht direkt, sondern auf dem Umweg über hin und her gehende Kolben und Pleuelstangen ein. Lange Zeit suchten Ingenieure nach einem Motor, der eine Welle unmittelbar antreibt. Am besten wurde dieses Problem beim →Strahltriebwerk gelöst. An zweiter Stelle steht der Kreiskolbenmotor, nach seinem Erfinder, dem deutschen Ingenieur Felix Wankel, auch Wankelmotor genannt. Er wurde von 1957 an erprobt und von 1964 an von den NSU-Motorenwerken in Neckarsulm hergestellt. Inzwischen hat er seinen festen Platz im Autobau.

Beim Wankelmotor läuft ein dreieckförmiger Drehkolben in einem ovalen Gehäuse um. Über einen Zahnkranz und ein Ritzel ist er mit der Antriebswelle verbunden. Ein explodierendes Kraftstoffgemisch versetzt ihn und damit die Achse in Rotation. Bei seiner Drehbewegung saugt der Kolben in drei veränderlichen Räumen, die von den Kolbenseiten und der Gehäusewandung gebildet werden, Kraftstoff an, verdichtet das Gemisch, zündet es und stößt die Verbrennungsgase wieder aus. Dieser einfach gebaute, ruhig laufende, leistungsfähige Motor ist in mehrere Autotypen der NSU-Werke und der japanischen Firma Mazda eingebaut worden.

DER DIESELMOTOR

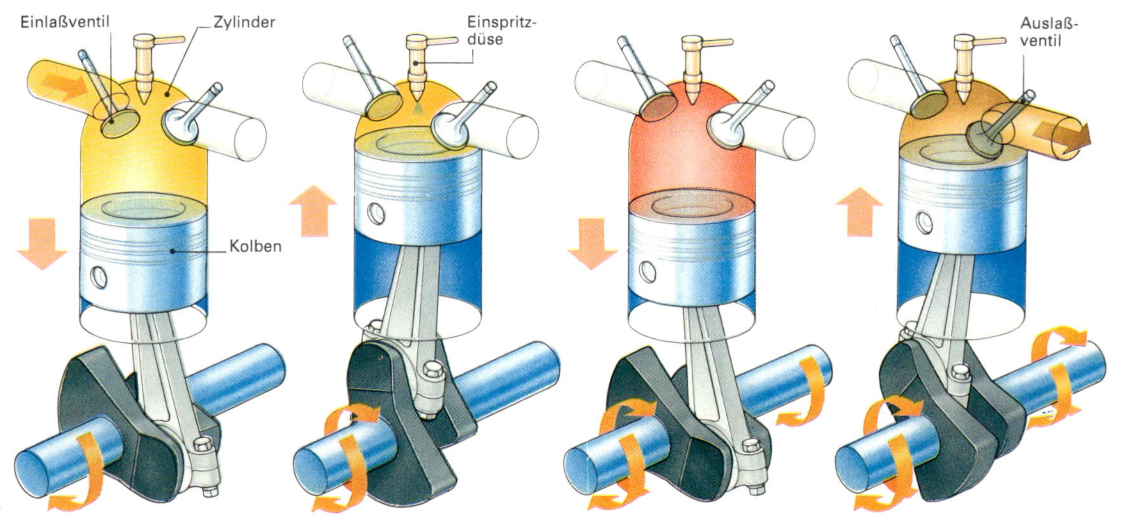

1. Der abwärtsgleitende Kolben saugt durch das offene Einlaßventil Luft in den Zylinder

2. Das Einlaßventil schließt sich; der aufwärtsgleitende Kolben verdichtet die Luft; Kraftstoff wird eingespritzt

3. Die verdichtete, heiße Luft zündet den Kraftstoff; die Explosion treibt den Kolben nach unten

4. Das Auslaßventil öffnet sich; der aufwärtsgleitende Kolben stößt die Verbrennungsgase aus

Der Dieselmotor besitzt keinen Vergaser, in dem Treibstoff und Luft ein explosives Gemisch bilden, das dann durch einen Funken gezündet wird. Statt dessen wird zunächst nur Luft in den Zylinder gesaugt und durch den Kolben stark verdichtet. Dabei erwärmt sie sich auf 700–900°. Dann wird der Kraftstoff eingespritzt. In der heißen Luft entzündet er sich von selbst. Der Dieselmotor benötigt deshalb auch keine elektrische Zündanlage.

Videotext/Bildschirmtext

1970 in Großbritannien erfunden

Die Geburtsstunde von Videotext schlug 1970 in Großbritannien. Pate standen dabei Fehler, die beim Zusammensetzen eines Fernsehprogramms aus Beiträgen verschiedener Stationen immer wieder passierten. Für Ingenieure nämlich sieht – technisch – ein Programm aus wie das andere. Es ist sozusagen „ein Paket ohne Absender und Adresse". Weil die Ingenieure der Klagen der Redakteure überdrüssig wurden, suchten sie nach einem Platz für die „Adresse". Und den fanden sie in der „Austastlücke".

Diese Lücke entsteht dadurch, daß man für das Fernsehbild nicht den ganzen zur Verfügung stehenden Platz benutzt; etwa 20 Zeilen bleiben leer. Das Fernsehbild entsteht ja dadurch, daß ein Elektronenstrahl Punkt für Punkt und Zeile für Zeile ein Bild auf den Fernsehschirm wirft, von links oben bis rechts unten. Wenn das Bild fertig ist, also ein neues begonnen werden soll, muß der Elektronenstrahl wieder in die Ausgangslage links oben geführt werden. In dieser Zeit kann er kein Bild erzeugen. Also bleibt ein Platz leer, auf dem noch etwa 20 Zeilen unterzubringen wären. Diese „Leerstelle" sieht man auf dem normalen Fernsehschirm nicht, wohl aber auf dem Monitor der Techniker. Ein idealer Platz also für die „Adresse".

Indessen: Wenn man mit dem Fernsehbild – gewissermaßen „huckepack" – Informationen für Techniker ausstrahlen konnte, warum dann nicht auch für die Zuschauer?

Man mußte nur den Fernsehapparat in die Lage versetzen, diese zunächst verschlüsselten Informationen in Form von Buchstaben auf den Bildschirm zu bringen. Das Gerät, das so etwas kann, heißt Decoder (→Fernsehen). Es versteht den Code, also die Anweisungen, die in verschlüsselter Form über eine der 20 ungenutzten Zeilen zusammen mit dem Fernsehbild empfangen werden können.

Diese Entwicklung lief parallel in den Labors der BBC (British Broadcasting Corporation) und der IBA (Independent Broadcasting Authority). Die BBC begann ihr Versuchsprogramm 1974, die IBA ein Jahr später. In der Bundesrepublik begannen 1975 Versuche, die auf den britischen Entwicklungen beruhten. Der Öffentlichkeit wurde Videotext erstmals auf der Berliner Funkausstellung 1977 vorgeführt. Auf der Funkausstellung 1979 gab es eine weitere Demonstration, und seit Sommer 1980 läuft ein bundesweiter Versuch, für den die ARD (Arbeitsgemeinschaft der öffentlich-rechtlichen Rundfunkanstalten) und das ZDF (Zweites Deutsches Fernsehen) in Berlin eine gemeinsame Redaktion gebildet haben. Seitdem können Fernsehzuschauer in der Bundesrepublik, deren Fernsehgerät mit einem Decoder ausgerüstet ist, Videotext empfangen. Zusätzliche Gebühren entstehen nur für den Decoder, der bei Serienproduktion etwa 100–200 DM kosten soll.

Videotext hat für den Zuschauer vor allem drei Vorteile: Durch einfachen Knopfdruck auf der Fernbedienung kann er vom normalen Fernsehbild auf Videotext umschalten und sich Informationen zum laufenden Programm beschaffen. Er kann ferner unabhängig von den Sendezeiten jederzeit die neuesten Nachrichten aus Politik, Wirtschaft, Kultur und Sport abrufen. Und schließlich kann er mit Hilfe von Videotext Untertitel zum laufenden Fernsehprogramm bekommen. Sei es, weil ein Film in einer Fremdsprache läuft, die er nicht beherrscht, sei es, weil er hörgeschädigt oder gar taub ist.

Neben den Fernsehanstalten zeigte sich auch die Post an dem Verfahren interessiert, das die britischen Fernsehtechniker entwickelt hatten. 1975 stellte die britische Post ihren neuen Dienst vor. Er wurde allerdings im Gegensatz zu Videotext nicht parallel zum Fernsehbild, sondern über eine Telefonleitung übertragen. 1977 stellte die Deutsche Bundespost das von Großbritannien übernommene System unter dem Namen Bildschirmtext ebenfalls auf der Funkausstellung vor.

Zum Empfang von Bildschirmtext ist allerdings nicht nur ein Decoder wie bei Videotext nötig, sondern auch ein sogenanntes Modem. Das ist ein zweites Zusatzgerät, das die über die Telefonleitung ankommenden, verschlüsselten Informationen so übersetzt, daß der Decoder sie versteht und weiterverarbeiten kann. Für dieses Modem verlangt die Post eine mäßige Mietgebühr. Hinzu kommen Kosten für die Telefonleitung: Während des Empfangs von Bildschirmtext berechnet der Zähler der Post die normalen Ortsgebühren. Während des Empfangs von Bildschirmtext ist der Anschluß besetzt, es kann also kein normales Telefongespräch geführt oder empfangen werden. Weitere Kosten für den Bildschirmtext-Empfänger können dadurch entstehen, daß für einzelne Seiten des Bildschirmtextes Gebühren zwischen einem und 99 Pfennig verlangt werden können. Das ist in das Belieben dessen gestellt, der die Informationen liefert: Zeitungen, Verbände, Parteien, Firmen. Die Post stellt nur das Verteilernetz zur Verfügung; die Informationen liefern andere. Und die bekommen auch die Gebühren, die für ihre Informationen bezahlt werden. (Die Post zieht sie mit der Telefonrechnung ein und gibt sie dann weiter.)

Bildschirmtext wird seit dem Frühjahr 1980 für zunächst ausgewählte Benutzer – etwa je 3000 in Berlin und in Düsseldorf – versuchsweise angeboten. Von 1983 an soll Bildschirmtext bundesweit verfügbar sein.

Im Endstadium wird man über Bildschirmtext Versandhauskataloge studieren, Waren bestellen und – durch Banken, die an das System angeschlossen sind – auch gleich bezahlen können. Auf dieselbe Weise sind auch der Kauf und die Bezahlung von Theater- oder Flugkarten denkbar. Es ist technisch schon kein Problem mehr, an den Fernsehempfänger einen kleinen Drucker anzuschließen, der die jeweilige Karte in Form von entsprechend bedrucktem →Papier auswirft.

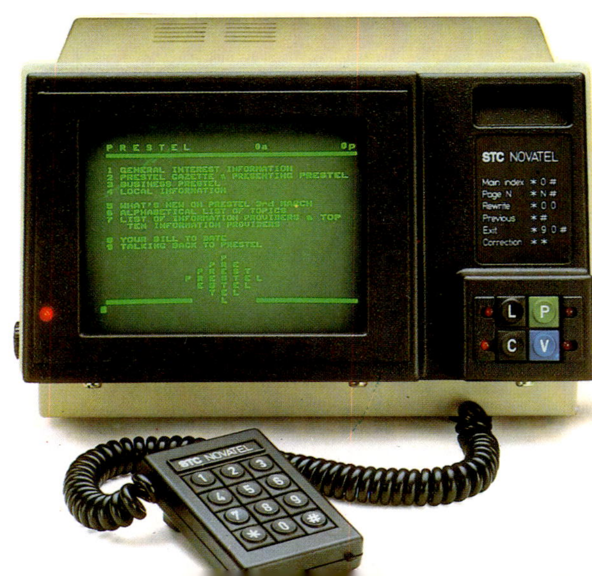

Einkaufen am Bildschirm
Das hier abgebildete Bildschirmtextsystem heißt Prestel *und wird über die normale Programmwahl bedient: Mit einer Zahlenkombination ruft man ein Angebots- oder Inhaltsverzeichnis ab, auf dem jede Seite wieder mit einer Kennziffer versehen ist. Dann wählt man die gewünschte Ziffer, und die entsprechende Information erscheint auf dem Bildschirm – vom laufenden Untertitel für einen Film bis zum Warenangebot eines Kaufhauses.*

W

Waage

Im 5. Jt. v. Chr. in Ägypten benutzt

Die Menschen der Frühzeit waren am Gewicht ihrer Erzeugnisse wenig interessiert. Der Warenverkehr wurde hauptsächlich über den Tauschhandel abgewickelt. Gold jedoch galt von Anfang an als wertvoll, und möglicherweise, um es zu wiegen, erfanden die Ägypter die Waage. Der älteste bekannte Waagebalken wurde in einem urgeschichtlichen ägyptischen Grab gefunden und stammt aus dem 5. Jahrtausend v. Chr. In Babylon waren um 2600 v. Chr. Standardgewichte in Gebrauch.

Ägyptische Waagen sind auf vielen Wandbildern und Papyrusrollen dargestellt. Das Totenbuch aus dem 3. Jh. v. Chr. zeigt beispielsweise eine Schale, die an Fäden vom Ende eines Waagebalkens herabhängt. Der Balken ist in der Mitte unterstützt, und die Gewichte liegen in einer zweiten Schale. Zur Römerzeit war die Laufgewichtswaage in Gebrauch, die jedoch schon um 1400 v. Chr. in Ägypten belegt ist. Ein Gegengewicht wurde an einem längeren Arm verschoben, bis die Waage im Gleichgewicht war. Das Gewicht des Objekts entsprach dem Abstand des Laufgewichts von der Mitte der Waage.

Balkenwaagen sind noch vielfach in Gebrauch, vor allem in Laboratorien. Bei Waagen mit zwei Schalen balanciert der Balken auf einer Schneide (oft aus Achat), wodurch ihre Empfindlichkeit erhöht wird. Bei Briefwaagen benutzt man den seitlichen Ausschlag eines Gewichtes zur Anzeige. Die heutigen Haushaltwaagen haben nur eine Schale, die bei Belastung eine Feder zusammendrückt, wobei ein Zeiger auf einer geeichten Skala das Gewicht anzeigt.

Die feinsten, bei wissenschaftlichen Forschungen benutzten Waagen funktionieren anders. Bei der elektromagnetischen Waage geht Strom durch eine Spule und erzeugt ein Magnetfeld, das die Waage ins Gleichgewicht bringt. Je schwerer der zu wiegende Gegenstand ist, desto mehr Strom wird verbraucht, was auf einer geeichten Skala abgelesen wird. Manche Mikrowaagen benutzen die gleichmäßige und meßbare Dehnung eines Quarzfadens. Solche superempfindlichen Mikrowaagen sprechen schon auf ein millionstel Gramm an – das ist weniger als das Gewicht eines menschlichen Haares.

Wärmepumpe

1852 in Großbritannien erfunden

Eine Wärmepumpe ermöglicht es, ein Gebäude zu beheizen oder Warmwasser zu bereiten, indem sie der Umgebung Wärme entzieht und diese innerhalb des Gebäudes wieder abgibt. Dabei wird ein Gas, beispielsweise Freon, in einem elektrischen Kompressor verflüssigt. Diese Flüssigkeit leitet man dann durch Rohrschlangen außerhalb des Gebäudes, wo sie aus der Umgebung – der Luft, dem Boden oder dem Wasser – Wärme aufnimmt und wieder verdampft. Dieses Gas wird im Kompressor erneut verflüssigt und gibt dabei seine Wärme an ein weiteres System von Rohrschlangen ab.

Der wirtschaftliche Nutzen einer Wärmepumpe liegt darin, daß sie die Wärme aus der Umgebung aufnimmt und nicht durch Verbrennen eines Brennstoffs erzeugt. Als Lord Kelvin 1852 die Wärmepumpe erfand, waren Brennstoffe noch sehr billig und reichlich vorhanden. Da heute die Energiekosten jedoch sehr hoch sind, beabsichtigt man in Kopenhagen, die Wärme der Abwasserkanäle zu verwenden, und in Großbritannien will man die aus Ventilatoren großer Kaufhäuser ausströmende Warmluft nutzen. In der Bundesrepublik Deutschland bieten verschiedene Firmen Wärmepumpen als zusätzliche oder alleinige Heizung für Alt- und Neubauten an.

Warmwasserbereiter

Im Jahr 1868 in England erfunden

Der Londoner Innenausstatter Benjamin Waddy Maughan baute 1868 den ersten gasbeheizten Warmwasserbereiter für den Haushalt. Das Leitungswasser floß zu einem Zapfhahn und wurde dabei direkt von den Flammen eines Gasbrenners erwärmt. Da es kein Abzugsrohr gab, wurde die Luft mit Abgasen vergiftet und das Wasser verunreinigt.

Im Jahr 1880 erhitzte man das Wasser dann in einem Rohr, so daß es nicht mit der Flamme in Berührung kam. 1896 führten die britischen Ingenieure Charles Lloyd Braithwaite und Edward O'Brian ein Ventil ein, das nur dann Gas in den Brenner strömen ließ, wenn man den Wasserhahn aufdrehte.

Gegen Ende des Jahrhunderts besaßen die meisten Warmwasserbereiter ein Abzugsrohr für die Verbrennungsgase. Alle diese Vorteile vereinigte der moderne Durchlauferhitzer, der 1931 in Deutschland von der Firma Junkers gebaut und ein Jahr später unter der Bezeichnung *Ascot* auch in Großbritannien eingeführt wurde.

Die Erfindung einer jederzeit verfüg-

Der erste Warmwasserbereiter *Benjamin Waddy Maughan nannte seinen Warmwasserbereiter aus dem Jahr 1868* Patent Geyser *nach den heißen Naturquellen. Der Wasserzulauf war oben; unten befanden sich Gaszufuhr und Wasserhahn. Der Apparat stand auf einem Gestell.*

baren Warmwasserversorgung förderte die Reinlichkeit und verbesserte schließlich den allgemeinen Gesundheitszustand der Menschen.

Waschmaschine

Die elektrische Waschmaschine wurde 1906 in den USA konstruiert

Jahrhundertelang wurden Kleidungsstücke und Wäsche von Hand gewaschen und an Bachufern ausgeklopft. War kein Fluß in der Nähe, wusch man sie in Holzbottichen, kochte sie in Kesseln aus Kupfer oder Gußeisen und rührte sie mit einer hölzernen Schaufel, dem Stampfer, um. Diese Methode blieb auf der ganzen Welt bis tief ins 20. Jh. üblich.

1782 baute der Londoner Tapezierer Henry Sidgier eine zylindrische Trommel aus Holzruten in ein sechseckiges hölzernes Gehäuse ein. Die Trommel wurde mit einer Kurbel gedreht, doch mußte das Gehäuse von Hand gefüllt und geleert werden, und das Spülen nahm viel Zeit in Anspruch.

Die nasse Wäsche wurde zwischen den zwei Holzrollen einer handbetätigten Wringmaschine durchgepreßt, bevor man sie zum Trocknen aufhängte. In großen Haushalten mangelte man die Bettwäsche, statt sie zu bügeln. Man faltete sie zusammen und preßte sie zwischen zwei hölzernen Rollen durch, die mit einer Kurbel bewegt wurden. Kleinere Stücke bügelte man mit einem heißen Eisen. Waschen, Trocknen, Mangeln und Bügeln nahmen kein Ende und erforderten große körperliche Anstrengungen.

Gasgeheizte Waschkessel

Der amerikanische Fabrikant Hamilton Smith aus Pittsburgh, Pennsylvania, baute 1858 einen mechanischen Waschkessel. Sein Apparat bestand aus einer aufrecht stehenden hölzernen Trommel, in der ein hölzerner Stampfer mittels einer Handkurbel bewegt wurde. Fünf Jahre später fügte er ein Umkehrgetriebe hinzu, das den Stampfer abwechselnd vor- und rückwärts bewegte.

Gußeiserne Waschkessel, in denen das Wasser mit Gasbrennern erhitzt wurde, kamen in Großbritannien nach 1860 auf den Markt. 1884 erhielten sie dann eine außenliegende Kurbel, mit der der Stampfer bewegt wurde, doch gefüllt und geleert wurden sie weiterhin von Hand. Bereits um die Jahrhundertwende gab es in Deutschland eine Trommelwaschmaschine, die zum Erhitzen des Wassers auf einen gewöhnlichen →Küchenherd gesetzt und von Hand gedreht werden konnte.

1906 entwarf Alva Fisher aus Chicago die erste elektrisch angetriebene Waschmaschine mit horizontaler Trommel. 1924 brachte die New Yorker *Savage Arms Corporation* eine mit einer Trockenschleuder kombinierte Waschmaschine heraus. Beim Waschen wurde der Bottich um 45° gekippt, damit die Trommel mit einem langsam laufenden Zahnrad gekoppelt werden konnte. Dann mußte die gefüllte Trommel herausgehoben und senkrecht auf eine Antriebswelle gesetzt werden, die sich schnell drehte und die Wäsche schleuderte.

Ende der 40er Jahre begannen amerikanische und europäische Fabriken mit der Herstellung automatischer Waschmaschinen mit elektrischer Heizung und einer Entleerungspumpe. Bald nach 1950 kamen auch Trockenschleudern heraus. Heute gibt es vollautomatische Maschinen, die einweichen, waschen, spülen, schleudern und trocknen. Sie werden von elektronischen Zeitschaltern und Überwachungsgeräten für Drehzahl und Temperatur gesteuert.

Waschmittel

Das moderne Waschmittel erfand 1913 ein belgischer Chemiker

Im Vergleich zum synthetischen Waschmittel reinigt →Seife nur oberflächlich. Der Grund dafür ist, daß die Moleküle dieser Waschmittel einerseits hydrophile Atome enthalten, die wasseranziehend, und andererseits hydrophobe Atome, die wasserabstoßend sind. Die hydrophoben Gruppen setzen sich an Schmutz und Fett fest. Die hydrophilen Gruppen verhindern, daß sich das Wasser durch seine Oberflächenspannung zu Tropfen zusammenzieht: So kann es nun in die Stoffasern eindringen und den Schmutz hinausspülen. Deshalb nennt man diese Waschmittel oberflächenaktiv.

Ihre Wirkung beobachtete im Jahr 1913 der belgische Chemiker A. Reychler. Das erste synthetische Waschmittel unter der Bezeichnung *Nekal* kam 1917 in Deutschland auf den Markt. Es war Krieg, Seife war knapp, und man brauchte Ersatz.

Einfache Detergentien (oberflächenwirksame Waschmittel) lösen Proteine, also beispielsweise Eiweißflecken, nur schlecht. Durch Zusatz von Enzymen werden aber auch Eiweißkörper zerlegt. Solche biologisch wirksamen Waschmittel – wie man diese Waschmittel mit Enzymzusatz nennt – wurden 1967 in den USA eingeführt.

Wasserhahn

Für Wohnhäuser im alten Rom entwickelt

Um Christi Geburt wurden die größeren römischen Wohnhäuser durch →Rohrleitungen mit Wasser versorgt und benötigten Hähne, um die Leitungen absperren zu können. Die Wasserhähne bestanden aus einem quer durchbohrten Kegel oder Zylinder, den man senkrecht zu den Rohren einbaute. Wenn er gedreht wurde, floß das Wasser durch die Bohrung oder wurde abgesperrt. Diese Kegelhähne waren das ganze Mittelalter hindurch in Gebrauch und dienen auch heute noch vielfältigen Zwecken.

Als im 19. Jh. das Wasser für die Haushalte mit Dampfpumpen gefördert wurde, benötigte man wegen des größeren Drucks stärkere Hähne. Diese entstanden aus den Schraubventilen, die der Engländer Thomas Gryll 1800 erfand. Sie entsprachen im Aufbau den heutigen Hähnen, bei denen eine Dichtung mittels einer Spindel flach auf eine Durchflußöffnung gepreßt wird.

Wasserklosett

Schon in der Antike bekannt

Wasser zum Spülen der Toiletten verwendete man schon um 2500 v. Chr. in Mesopotamien. Auch die Griechen und Römer kannten das Wasserklosett.

Bevor ähnliche Anlagen in Europa gebaut wurden, brachte man einen Toilettensitz über einem Kübel oder einer Senkgrube an. Diese mußten später geleert werden, die Kübel im Mittelalter meist auf die Straße; der Inhalt der Gruben gelangte in Tonnen und wurde als Dünger verwendet.

1589 entwarf Sir John Harington, ein englischer Höfling und Patensohn Elisabeths I., ein Wasserklosett, das er in seinem Heim in Kelston bei Bath installieren ließ. Es hatte einen Wasserbehälter, und Harington empfahl, die Toilette jeden Tag zu spülen.

Das erste vielverwendete Wasserklosett wurde 1775 von Alexander Cummings, einem Londoner Uhrmacher, erfunden. Eine Zugkette öffnete das Bodenventil eines Hochbehälters und ließ das Wasser herabströmen. Gleichzeitig zog man damit eine Klappe unterhalb der Metallschale zur Seite, so daß ihr Inhalt in eine Senkgrube fortgespült wurde. 1778 ließ sich der Londoner Möbeltischler Joseph Bramah ein besseres Ventil und einen sichereren Verschluß der Klappe patentieren.

Die Metallschale wurde 1870 durch eine billigere aus Keramik ersetzt, die der englische Töpfer Thomas William Twyford aus Stoke-on-Trent herstellte. Sie hatte ein S-förmiges Auslaßrohr, einen sogenannten Syphon, in dem Wasser stehenblieb und als Geruchsschleuse diente. Die Schale wurde durch einen starken Wasserstrahl aus einem Hahn gespült.

1889 erfand der Installateur Davis Bostel aus Brighton den Spülkasten, der viel weniger Ventile und →Hebel und auch weniger Wasserdruck benötigte als die bisherigen Systeme. Wenn man an der Kette zog, strömte das Wasser aus dem hochgelegenen gußeisernen 10-Liter-Behälter herab und spülte den Schaleninhalt fort. Ein Schwimmerhahn öffnete gleichzeitig ein Ventil, durch das sich der Behälter wieder füllte. Die gußeisernen Teile sind heute weitgehend durch nichtrostenden Kunststoff ersetzt.

Wasserkraftwerk

Das erste Kraftwerk nahm 1881 in England seinen Betrieb auf

Das erste →Elektrizitätswerk, das 1881 Strom an ein öffentliches Netz lieferte, bezog seine Energie aus dem Wasser des Wey River im englischen Godalming. Schon lange Zeit davor verwendete man →Wasserräder zum Mahlen von Getreide in Wassermühlen und zum Antrieb von Maschinen in Fabriken; durch die Entwicklung leistungsfähiger →Turbinen konnte die Wasserkraft wesentlich besser genutzt werden. In einem Wasserkraftwerk leitet man das Wasser aus einer bestimmten Fallhöhe auf die Laufräder der Turbine, die mit einem →Dynamo (Generator) zur Stromerzeugung gekoppelt ist.

Wo Wasser mit entsprechender Fallhöhe zur Verfügung steht, ist ein Wasserkraftwerk der günstigste Stromlieferant, weil es sehr zuverlässig arbeitet, dem schwankenden Bedarf schnell angepaßt werden kann und keine Brennstoffkosten entstehen. Durch diese Vorteile werden die höheren Investitionskosten für Wasserkraftwerke aufgewogen. Dementsprechend decken heute Wasserkraftwerke ein Viertel des Strombedarfs in aller Welt.

Das Elektrizitätswerk von Godalming belieferte eine kleine Stadt vor allem mit dem Strom für die →Straßenbeleuchtung. Das erste größere Wasserkraftwerk der Welt wurde 1895 an den Niagarafällen in den USA gebaut. Dabei leitete man von den Wasserfällen einen kleinen Teil des Wassers zum Antrieb von Turbinen ab; im Jahr 1895 arbeitete die Niagarafalls Power Company mit zwei Turbinen, die eine Leistung von je 4000 kW hatten.

Zu einem modernen Wasserkraftwerk gehört stets ein →Staudamm, der jahreszeitlich bedingte Schwankungen in der Wasserversorgung ausgleicht. Das aufgestaute Wasser wird in →Rohrleitungen zu den Turbinen geführt. Die Energie des Wassers kann um so besser ausgenutzt werden, je größer das Gefälle ist.

Wasserturbinen müssen mit einem automatischen Regler ausgestattet sein, um einen unkontrollierten Anstieg ihrer Geschwindigkeit zu verhindern, wenn die Turbinen plötzlich weniger belastet sind – beispielsweise bei einem Zusammenbruch des Stromnetzes, wenn die Generatoren keine Bremswirkung mehr auf die Turbinen ausüben.

Diese automatischen Regler für Turbinen sind komplizierte und teure Geräte und haben die Aufgabe, die Ventile für die Wasserversorgung der Turbine zu öffnen und zu schließen, damit sie unabhängig von ihrer momentanen Belastung stets mit gleicher Geschwindigkeit läuft. Wenn ein solcher Regler nicht funktioniert, könnte sich die Geschwindigkeit der Turbine und des mit ihr gekoppelten Generators schnell verdoppeln; deshalb müssen die Generatoren von Wasserkraftwerken so gebaut sein, daß sie auch in einem solchen Notfall keinen Schaden erleiden. Daher sind diese Generatoren teurer als ähnliche Stromaggregate, die in anderen Kraftwerken mit Dampf angetrieben werden, den man aus Kohle, Heizöl oder Atombrennstoff gewinnt.

Wasserkraftwerke können auch dazu dienen, den von herkömmlichen Elektrizitätswerken erzeugten Strom indirekt zu speichern. In einem sogenannten Pumpspeicherwerk wird der billige Strom von Generatoren, die zu bestimmten Zeiten – beispielsweise in der Nacht – nicht ausgelastet sind, dazu verwendet, Wasser in ein Speicherbecken hochzupumpen. Wenn dann der Strombedarf am Tag wieder steigt, läßt man das Wasser aus dem hochgelegenen Speicherbekken durch Rohre zur Turbine hinabfließen und treibt sie damit an.

Speicherkraftwerk *Das Walchenseekraftwerk in den bayrischen Alpen nutzt den Höhenunterschied zwischen dem Walchensee und dem 200 m tiefer gelegenen Kochelsee. Es hat eine Jahresleistung von 300 Mio. kWh. Im Turbinenhaus stehen acht Maschinensätze.*

Erfindungen, auf die die Welt wartet

Erfindungen aus vielen Jahrhunderten haben das menschliche Leben wesentlich erleichtert. Die kommenden Jahrzehnte versprechen weitere Fortschritte – von der Schmerzlinderung bis zur Lärmbekämpfung.

Schmerzbekämpfung

Die Erfindung einer einfachen, raschen und sicheren Methode zur Schmerzbekämpfung hätte wohl den größten unmittelbaren Einfluß auf das Wohlbefinden der Menschen. Durch →Anästhesie, Narkose und schmerzlindernde Mittel hat man zwar seit rund einem Jahrhundert gute Erfolge erzielt; dennoch leiden viele Menschen öfter im Leben an starken Schmerzen. Zahnweh und Migräne sind keineswegs selten; selbst kleine Verbrennungen tun sehr weh, und tödliche Krankheiten sind oft mit Schmerzen verbunden, die man auch durch Morphium nicht völlig niederhalten kann.

Schmerz entsteht, wie man heute weiß, durch ein komplexes Geschehen im Nervensystem. Höchstwahrscheinlich bewirkt die Akupunktur – eine alte chinesische Methode, bei der man →Nadeln in die Haut einsticht – eine Umstimmung zum Normalen. Auch im Gehirn gibt es ein kompliziertes, noch nicht völlig erforschtes System zur Schmerzhemmung. Jüngste Fortschritte auf dem Gebiet der Biochemie lassen hoffen, daß es den Forschern einmal gelingen wird, diese eingebauten Schmerzdämpfer zu nutzen.

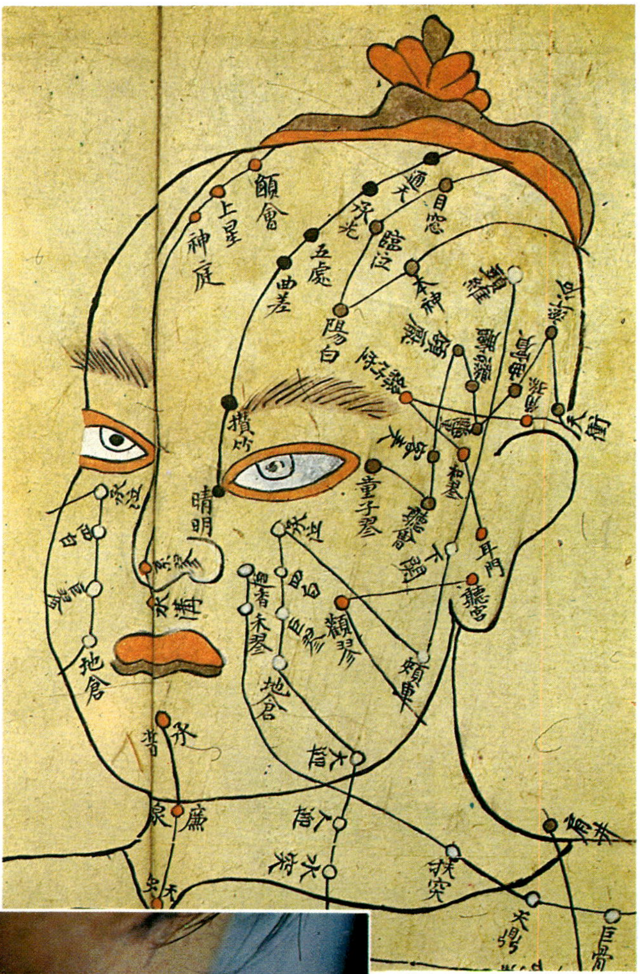

Schmerzmittel *Um die Ärzte in der Heilkunst der Akupunktur zu unterweisen, zeichneten die alten Chinesen menschliche Gesichter und Körper, in die sie 1000 und mehr Akupunkturpunkte eintrugen. Diese Punkte sind untereinander durch gedachte Linien – Meridiane – verbunden, so daß wichtige Zonen hervortreten. Indem man an den bezeichneten Punkten Nadeln in die Haut einsticht und dort einen Reiz ausübt, sucht man erkrankte oder schmerzende Organe zu heilen. Akupunktur ist eines der Mittel, mit denen der Mensch das uralte Problem des Schmerzes zu lösen versucht. Doch wie alle unkonventionellen Behandlungsmethoden hat auch sie ihre Kritiker.*

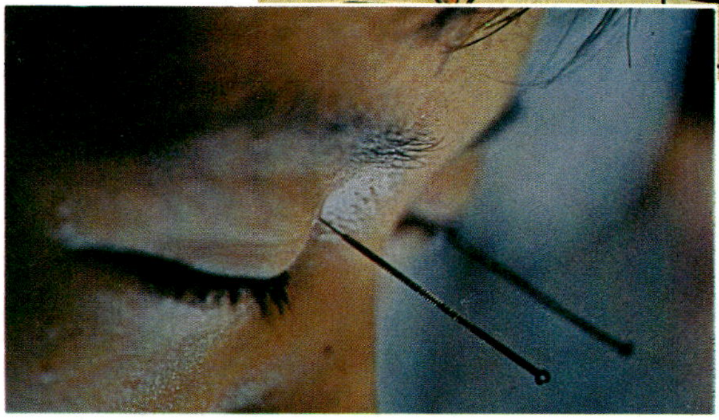

Nadelkur *Einer Patientin wurden zwei Akupunkturnadeln in die Augenlider gestochen. Dies bedeutet aber nicht, daß das Leiden dort seinen Sitz hat. Eine Erkrankung wird möglicherweise durch eine Aktivierung der Nervenverbindung zwischen dem Akupunkturpunkt und dem Sitz des Leidens geheilt.*

Energieprobleme

Auf einem ganz anderen Gebiet besteht ebenfalls ein dringender Bedarf für eine Lösung: Radioaktive Abfälle müssen unschädlich gemacht und sicher gelagert werden. Einer Schätzung zufolge werden allein die USA im Jahr 2000 mehr als 21 000 t verbrauchte Kernbrennstäbe und über 270 Mio. t flüssige radioaktive Abfälle aufzubereiten haben. Aber da allein die Abfälle des Militärs schon auf 320 Mio. t ansteigen können, ist diese Schätzung wahrscheinlich zu niedrig. Ein Fachmann erwartet bis zu 4,5 Mrd. t. Das Oak Ridge National Laboratory in Tennessee benötigt jährlich zwei Hektar Boden für die Lagerung. In Hanford im Bundesstaat Washington, wo Plutonium erzeugt wird, ist diese Fläche noch viel größer.

Das Volumen der atomaren Abfälle in der ganzen Welt ist mindestens doppelt so groß wie das der Abfälle in den USA.

Auch Erfindungen zur Einsparung von Energie wären höchst willkommen. Am nützlichsten wäre ein besseres Verfahren zur Energiespeicherung. Wenn der Wind weht, die Sonne scheint oder die Flut steigt, wird Energie erzeugt. Könnte man diese Energie speichern, hätte man Vorräte für Zeiten, in denen kein Wind weht, die Sonne nicht scheint oder Ebbe herrscht. Vielleicht gelingt das einmal durch Umwandlung.

Die Natur versteht es, Energie zu speichern: Kohle und Erdöl sind hierfür Beispiele. Die Energie der Sonnenstrahlen, die Jahrmillionen hindurch auf die Erde gefallen sind, ist in diesen Stoffen chemisch ge-

Düsenlärm *Eine Erfindung gegen die Lärmbelästigung in der Nähe von Flughafen wäre sehr willkommen.*

Pflanzenwachstum *Grüne Bohnen und manche anderen Pflanzen haben an den Wurzeln Knöllchen, in denen Bakterien leben, die ihnen den wichtigen Stickstoff zuführen und so ihr Wachstum fördern. Gelänge es, solche Bakterien auch an Getreidewurzeln anzusiedeln, könnte die Ernährung der Weltbevölkerung verbessert werden.*

bunden worden und wird wieder frei, wenn man sie verbrennt. Wissenschaftler würden diesen Prozeß, für den kein zusätzlicher Energieaufwand nötig ist, gerne nachahmen. Bis ihnen das gelingt, kann man die Natur bestenfalls dadurch einspannen, daß man Zuckerrohr anbaut und daraus →Alkohol als Treibstoff für Motoren gewinnt.

Ebenso wertvoll wäre eine leichte, billige und leistungsfähige Batterie für →Autos. Heutige Elektrofahrzeuge mit Batterieantrieb haben nur eine geringe Reichweite und Geschwindigkeit.

Je mehr Energie dem Menschen zur Verfügung steht, um so mehr Lärm macht er oft. Vor einem oder zwei Jahrhunderten war der Mensch keiner Dauerbelastung durch Lärm ausgesetzt. Heute sind Dauerbelastungen mit Lautstärken bis zu 100 Phon fast alltäglich: durch Preßluftbohrer, Düsenflugzeuge, Musikverstärker und Industrielärm. Erfindungen, die solche Geräusche herabsetzen oder ganz unterbinden könnten, wären segensreich.

Krankheiten und Hunger
Wichtige Fortschritte auf medizinischem Gebiet wären Heilungsmöglichkeiten für Krebskranke sowie für die vielen Menschen, die an Arthritis leiden. Sie leiden daran sehr lange, unfähig zu Arbeit und Erholung, von heftigen Schmerzen gequält.

Ein anderes dringendes Problem der Menschheit ist der Hunger. Auf der Erde sterben täglich Hunderte an Unterernährung. Neue Getreidesorten, die sich nach Art der Hülsenfrüchte ihre eigene Düngung schaffen, könnten das Problem lösen helfen. Bohnen und Erbsen gewinnen den Stickstoff, den sie benötigen, nämlich durch Bakterien, die in Knöllchen an ihren Wurzeln leben und die Fähigkeit haben, aus dem Boden Stickstoff aufzunehmen. Wenn man solche Bakterien auch an den Wurzeln der Getreidearten ansiedeln könnte, würden die Erträge wesentlich steigen.

Da in der Welt der Bedarf an Holz ständig wächst und Wälder rascher gefällt werden als nachwachsen, wird ein Ersatz für Holz dringend benötigt. Holz ist ein wunderbares Material; es überdauert 1000 Jahre und paßt sich wechselnden Beanspruchungen an; deshalb ist es im Bauwesen unentbehrlich. Es ist so leicht, daß es schwimmt, gut zu bearbeiten, und schließlich dient es auch als Brennstoff. Selbst die Holzabfälle und Sägespäne werden verarbeitet. Hinzu kommt noch die überragende Rolle, die der Wald bei der Lufterneuerung und Bodenverbesserung und als Heimat für andere Lebensformen spielt. Überdies ist er eine Wohltat für die Augen. Erfinder werden sich sehr anstrengen müssen, um etwas zu schaffen, das im Aussehen und in seiner Nützlichkeit dem Holz entspricht.

Ein mögliches Betätigungsfeld für erfinderische Talente, das man häufig übersieht, wären soziale Neuerungen. Bessere Methoden zur Verwaltung großer Organisationen, etwa der Sozialdienste, werden dringend gebraucht. Bei einer ständig größeren Bevölkerungsdichte auf der Erde wird das Problem, menschliche Tätigkeiten zu koordinieren, ohne daß man zu Zwangsmaßnahmen greifen müßte, immer brennender.

Erleichterungen des Lebens
Diejenigen Erfindungen jedoch, die das meiste Geld bringen, sind nicht unbedingt spektakuläre, sondern oft kleine Dinge, die zu Millionen verkauft werden, weil sie praktisch sind, Arbeit und Zeit sparen, kurz, das Leben erleichtern. Der Kapselverschluß auf der Flasche erspart Korken. Der →Kugelschreiber vermeidet Tintenkleckse und das Nachfüllen des Füllfederhalters. Die →Katzenaugen markieren bei Dunkelheit die Straßenmitte und erleichtern das Fahren bei Nacht.

Mit fortschreitender technischer Zivilisation hatten zahlreiche Erfindungen den Zweck, die mühsame und eintönige Hausarbeit zu erleichtern. Geschirrspüler, →Staubsauger, →Mixgerät und andere Dinge waren das Ergebnis. Aber eine der lästigsten Arbeiten bleibt bis heute gleich: das Abstauben. Besonders in Städten mit großer Luftverschmutzung muß in den Haushalten und Büros ständig jemand die Möbel abwischen. Ein Gerät, das – etwa nach dem Prinzip der elektrostatischen Anziehung – die Staub- und Rußteilchen geräuschlos, gründlich und mühelos bereits aus der Luft herausholt, wäre willkommen. Ebenso interessant könnte die Erfindung einer Art elektrischer „Maus" sein, die den Fußboden nach Krümeln absucht und diese „frißt", ohne daß man mit dem Staubsauger durch die Wohnung gehen muß.

Wahrscheinlich gibt es noch viele Dinge, die wir brauchen, ohne es recht zu wissen. Denn man muß zuerst einmal erkennen, daß für eine Sache Bedarf besteht, dann erst kann man nach einer Lösung suchen. Aber gerade die Fähigkeit, den Bedarf zu erkennen, haben nur wenige. Albert Szent-Györgyi, ein ungarischer Biochemiker, der 1937 den Nobelpreis für Medizin erhielt, sagte einmal: „Genie besteht darin, zu sehen, was jedermann gesehen hat, und zu denken, was noch niemand gedacht hat!"

Holzmangel *In der ganzen Welt werden die Wälder rascher gefällt, als sie nachwachsen können. Auf diesen brasilianischen Reisfeldern wurde die Methode der Brandrodung angewandt. Die Folge ist ein wachsender Mangel an Holz. Ein guter Ersatz für diesen Rohstoff wird dringend benötigt.*

Mehrzweck-Wasserrad in Syrien *Die Naura oder Noria (Paternosterwerk) des Keylanipalastes am Orontes bei Hama in Syrien stammt aus dem 17. Jh. und ist für viele Wasserräder in der islamischen Welt typisch. Sie sind unterschlächtig, d. h., sie tauchen mit ihrem unteren Teil in den Fluß ein, der sie antreibt. Hölzerne Kammern am Radkranz schöpfen beim Eintauchen Wasser, und wenn sie dann die oberste Stellung erreicht haben, kippen sie und entleeren sich in eine Wasserrinne, die das Wasser auf Gärten, Felder und Häuser verteilt.*

Wasserrad

Erstmals 260 v. Chr. durch Philon von Byzanz beschrieben

Die erste Erwähnung von Wasserrädern ist in den Schriften des Philon von Byzanz aus der Zeit um 260 v. Chr. zu finden. Sie beschreiben Schöpfeimerwerke. Der Perserkönig Mithridates VI. ließ im Jahr 90 v. Chr. ein einfaches Holzrad mit Schaufeln auf einer vertikalen Achse errichten, das so angeordnet war, daß ein aus einem Bach oder Fluß abgezweigter Wasserstrahl auf die Schaufeln traf. Die Achswelle war direkt mit einem Mühlstein verbunden und drehte diesen über einem zweiten, feststehenden Stein. Damit mahlte man Getreide zu Mehl und Oliven zu Öl. Wasserräder dieser Art gibt es vereinzelt heute noch.

Das vertrautere aufrechte Wasserrad mit waagrechter Welle kam zur Römerzeit auf. Es gab zwei Arten, das unterschlächtige →Rad, das man auch im 3. und 4. Jh. schon kannte, und das oberschlächtige, das im 5. Jh. folgte. Das unterschlächtige Rad taucht einfach mit seinem unteren Teil in fließendes Wasser. Das oberschlächtige hat schaufelförmige Zellen, in die das Wasser durch eine Rinne von oben hineinfließt und durch sein Gewicht das Rad dreht.

Diese frühen Wasserräder leisteten etwa 2 kW, benötigten aber Zapfenräder, um die Drehung der waagrechten Achse auf die senkrechte der Mühlsteine zu übertragen. Mit ihnen wurden zunächst ebenfalls Getreide oder Oliven zerrieben; später dienten sie den Römern auch zum Zersägen und Polieren von Marmor.

Mehr als 1000 Jahre lang waren Wasserräder die einzigen richtigen Maschinen der Menschheit. Allein in Europa gab es gegen Ende des 18. Jh. vermutlich 500000 Wasserräder. Sie trieben nicht nur Mühlen, sondern auch Blasebälge und Hämmer in Schmieden, zerstampften Erz, bohrten Kanonenrohre, zogen →Draht, walkten Stoffe und mahlten Grundsubstanzen für Farben und Lumpen für Papier.

Oberschlächtige Wasserräder erbringen mehr Leistung als unterschlächtige. Im 18. Jh. ermittelte der englische Ingenieur John Smeaton ihre günstigste Umfangsgeschwindigkeit mit 1 m/s. Drehten sie sich zu schnell, spritzte das Wasser aus den Schöpfzellen, was zu einer Leistungseinbuße führte. Unterschlächtige Räder konnten sich schneller drehen, da kein Wasser verlorenging.

Smeaton stellte 1769 das erste gußeiserne Wasserrad her. Es hatte 8,2 m Durchmesser und trieb das Gebläse eines schottischen Hüttenwerks an. Zu Beginn des 19. Jh. bauten die englischen Ingenieure John Rennie und Marc Isambard Brunel das erste große Wasserrad mit eisernen Speichen. Von da an ersetzten Eisenkonstruktionen weitgehend die Holzräder.

Der französische Ingenieur Jean-Victor Poncelet konstruierte 1828 ein unterschlächtiges Wasserrad mit besserem Wirkungsgrad. Er wies nach, daß man höhere Leistungen erzielte, wenn man statt der geraden Schaufeln gekrümmte verwendete und ihnen das Wasser durch einen einstellbaren Stutzen zuleitete. Er strebte danach, die höhere Drehzahl des unterschlächtigen Wasserrades mit dem besseren Wirkungsgrad des oberschlächtigen zu kombinieren. Auch sorgte er durch eine Stufe im Wasserkanal unterhalb des Rades für einen freien Abfluß des Wassers aus den Schaufeln. Seine Verbesserungen verdoppelten die Leistung der unterschlächtigen Wasserräder.

In der Praxis funktionierten die Wasserräder also, aber sie hatten immer einen recht schlechten Wirkungsgrad. Im Mittelalter waren sie aus Holz gebaut und widerstanden elastischen Stößen und anderen Beanspruchungen. Sie erbrachten wenig Leistung, bestenfalls 7 kW und im Durchschnitt kaum mehr als 3,5 kW, liefen aber, wenn nötig, Tag und Nacht.

Die größte und stärkste Wasserradanlage der Welt wurde gegen Ende des 17. Jh. an der Seine in Frankreich gebaut, um die Stadt Marly-le-Roi und das Schloß Versailles mit Wasser zu versorgen. Sie arbeitete mit 14 großen Schaufelrädern, deren theoretische Gesamtleistung 500 kW betrug. Doch aus der tatsächlich gepumpten Wassermenge – zum Großteil diente sie für die dekorativen Springbrunnen des Schlosses – läßt sich errechnen, daß die nutzbare Leistung nur bei 110 kW lag. Der Rest ging bei der Übertragung verloren.

Die →Dampfmaschine führte nicht unmittelbar zum Verschwinden der Wasserräder. Tatsächlich wurden anfänglich manche Dampfmaschinen dazu verwendet, Wasser in Stauteiche für Wasserräder zu pumpen, wenn sie mangels Regen auszutrocknen drohten. Wasserräder wichen zwar in Industrieländern der →Turbine, blieben aber in manchen Gegenden bis in jüngste Zeit in Gebrauch. Ihr Einfluß auf das Wachstum der Industrie war vor allem geographischer Art. Fabriken entstanden vorwiegend an nutzbaren Wasserläufen, die Energie und Kühlwasser bringen und Abwässer forttragen. Außerdem erlaubten Flüsse den Wassertransport von der Haustür an mit dem →Schiff. Alle europäischen Staaten erließen daher bald Gesetze zur Regelung der Wasserrechte. Mit den Wasserrädern ergab sich auch erstmals die Notwendigkeit der Verwendung von Wellen, Riemenscheiben und Zahnrädern zur Kraftübertragung, woraus sich allmählich der heutige Maschinenbau entwickelte.

Wasserwaage

Schon von den Römern benutzt

Eine Wasserwaage ist eine versiegelte Glasröhre, die auf einem geraden Stück Holz befestigt ist. Mit ihr wird die waagrechte oder senkrechte Lage einer Ebene bestimmt. Die Röhre ist bis auf eine kleine Luftblase ganz mit einer Flüssigkeit gefüllt (heute Alkohol). Befindet sich die Luftblase zwischen zwei Markierungen auf der Glasröhre, liegt das Holz genau waagrecht oder senkrecht an.

Wann die Wasserwaage aufkam, ist unbekannt. Ihr Prinzip war um die Zeitenwende jedenfalls bekannt: Die Römer benutzten beim Bau der →Aquädukte transportable Rinnen.

Die erste Beschreibung einer Schlauchwaage findet sich in einem Buch des Italieners Giovanni Branca aus dem Jahr 1629. 1661 erfand der Franzose Melchisédech Thévenot die Röhrenwaage, deren Prinzip auch heute noch gültig ist. Die Wasserwaage ist vor allem im Bauwesen von großer Bedeutung.

Webstuhl

Vor ungefähr 7000 Jahren bekannt

Das Weben ist eine der grundlegenden Erfindungen der Jungsteinzeit. Die ältesten Stoffreste wurden in der Türkei und in Palästina gefunden; sie sind ungefähr 7000 Jahre alt. Damit hatten die Menschen zum erstenmal einen Ersatz für ihre Fellkleidung.

Schon damals webte man Stoffe genauso wie heute, indem man zwei Fäden im rechten Winkel zueinander verkreuzte. Die früheste Form des Webstuhls war ein einfacher Rahmen. Die sogenannten Kettfäden wurden an zwei Holzstangen, die mit Pflöcken im Boden befestigt waren, aufgezogen und straff gespannt. Mit einer Rute hob der Weber jeden zweiten Kettfaden an, so daß zwischen den Fäden eine Lücke – das Fach – entstand. Dann führte er einen anderen Faden (den Schußfaden) im rechten Winkel zu den Kettfäden durch das Fach und bildete eine Weblinie. Als nächstes stellte er die Kettfäden um, so daß ein anderes Fach entstand, führte wieder den Schußfaden durch, der die zweite Weblinie bildete, usw.

Um 3000 v. Chr. wurden auch Hochwebstühle verwendet, bei denen die Kettfäden von einem Querbalken (Kettbaum) herabhingen und durch Gewichte an den Enden gestrafft wurden. Um 1400 v. Chr. kannte man Hochwebstühle mit einem oberen und einem unteren Querbalken, an denen die Kettfäden befestigt wurden. Diese Form des Webstuhls wurde damals wie heute zur Teppichweberei verwendet.

Um 1000 v. Chr. war der Flachwebstuhl durch einen starren Rahmen und einen Schaft um einiges robuster geworden. Der Schaft war mit Schnüren an bestimmten Kettfäden befestigt; wenn er nach oben bewegt wurde, hob er die Kettfäden an, und es entstand ein Fach.

Bis zum Mittelalter gab es kaum weitere Verbesserungen. Dann wurde ein Tritthebel eingeführt, um den Schaft anzuheben, vielmehr mehrere Schäfte, mit denen man nun kompliziertere Muster weben konnte.

Komplizierte Muster

Zum Weben von sehr schwierigen Mustern, für die die Kettfäden in vielleicht 100 oder mehr verschiedenen Kombinationen angehoben werden mußten, wurden lange Zeit Kinder eingesetzt. Die Kettfadenkombinationen waren mit Schnüren an Schäften befestigt, die von einem Kind, das oben auf dem Webstuhl saß, angehoben wurden. Anfang 1600 wurde dieser Webstuhl von einem französischen Weber namens Claude Dangon so abgeändert, daß die Kinder Seite an Seite mit dem Weber arbeiten konnten.

Was sich jedoch jahrhundertelang nicht geändert hatte, war das Eintragen des Schußfadens durch das Fach mit einem von Hand geführten Schiffchen. Ein einzelner Weber konnte deshalb nur ein ziemlich schmales Tuch weben. An den sogenannten Breitwebstühlen arbeiteten deshalb mindestens zwei Weber. Im Jahr

Lochkartensteuerung
Der französische Textilfabrikant Joseph-Marie Jacquard erfand 1805 einen Webstuhl, der durch Lochkarten gesteuert wurde. Diese Karten ließen bei jedem Schuß des Weberschiffchens nur bestimmte Nadeln passieren, welche die Kettfäden aushoben. Mit dieser Maschine kann man automatisch komplizierte Muster weben.

1733 erfand der Engländer John Kay ein Gerät, das diesen Arbeitsgang mechanisierte. Es war das fliegende Weberschiffchen oder der Schnellschütze. Ein einzelner Weber konnte nun Stoffe in den verschiedensten Breiten weben und dies wesentlich schneller. Diese Erfindung löste eine Revolution in der Textilindustrie aus.

Durch die Erfindung des Schnellschützen entstand ein größerer Bedarf an Garn, der zur Konstruktion schneller Spinnmaschinen führte. Diese wiederum machten eine raschere Verarbeitung nötig. 1785 und 1786 entwickelte der englische Geistliche Edmund Cartwright den mechanischen Webstuhl, der bald darauf automatisiert wurde.

Der Jacquardwebstuhl

Der französische Weber Joseph-Marie Jacquard schuf 1805 den Jacquardwebstuhl, bei dem die Haken, welche die entsprechenden Kettfäden anhoben, von Lochkarten gesteuert wurden. Diese Jacquardmaschine gilt als Meilenstein in der Geschichte der →Automatisierung. Jacquardwebstühle werden heute noch zum Weben kompliziert gemusterter Stoffe wie Brokat oder Damast verwendet.

In den letzten Jahren wurden webschützenlose Webmaschinen eingeführt. Dazu zählen der Rapierwebstuhl, bei dem der Schußfaden mit einem rapierähnlichen Stab durch das Fach geführt wird. Andere arbeiten mit Schußeintrag durch Preßluft oder durch das sogenannte Greiferschiffchen.

Wein

In Ägypten 4000 v. Chr. getrunken

Die Kunst, Wein herzustellen, ist fast so alt wie die menschliche Zivilisation. Die Sumerer und Ägypter kannten sie jedenfalls schon im 4. Jt. v. Chr. Im Alten Testament heißt es, daß Noah, als er aus der Arche stieg, den ersten Weinberg anlegte.

Anfänglich stampfte man die Trauben in Steinwannen mit den Füßen aus, der Saft wurde in Tonkrügen vergoren. Natürliche Hefepilze an den Beeren verwandelten den Zucker in →Alkohol. Der fertige Wein wurde in einen anderen Krug umgefüllt, den man mit einem Pfropfen luftdicht verschloß. Im alten Griechenland war diese Methode bekannt. Der Dichter Homer erwähnt Wein und Weinberge in der *Ilias* und in der *Odyssee*. Einmal beschreibt er einen Weinberg mit 50 verschiedenen Rebensorten, was auf einen sehr fortgeschrittenen Weinbau hindeutet. Einige der besten Weine des Altertums stammten aus Thrakien, von dem es hieß, es wäre das Geburtsland des Weingottes Dionysos (Bacchus).

Schon die alten Griechen beschnitten die Reben, um größere Ernten zu erzielen. Sie kannten auch die Verbesserung der Weine durch Altern. Manche wurden über ein Jahrhundert lang aufbewahrt. Das war möglich, weil die Töpfer vorzügliche, luftdichte Tonkrüge herstellten, indem sie diese Amphoren entweder außen mit einem Belag überzogen oder innen mit einer Harzschicht abdichteten. In Griechenland wurde auch die Schraubenpresse entwickelt, damit die Trauben besser ausgepreßt werden konnten.

Die Römer lernten den Weinbau und die Weinerzeugung von den Griechen und verbreiteten sie in ihrem ganzen Einflußbereich, in Frankreich, Deutschland und selbst in England. In den letzten Jahren des Römischen Reichs begannen die Winzer ihre Weine in Fässern statt in Amphoren zu lagern. Da die Fässer in dieser Zeit meistens nicht luftdicht waren, konnte der Wein darin nur noch einige Jahre lang aufbewahrt werden. Als dann 1750 die runden Weinflaschen aufkamen, wurde das Altern des Weins in ihnen wieder möglich. Doch gealterte Weine, die einen leicht harzigen Geschmack haben, werden heute nicht mehr so geschätzt wie früher.

In vielen Gegenden pflückt man die Trauben heute noch mit der Hand. Aber in neueren Weingebieten wie Kalifornien oder Australien werden sie maschinell geerntet und in Weinkellereien verarbeitet, die chemischen Industrieanlagen ähneln.

Die Weltproduktion beträgt gegenwärtig etwa 350 Mio. hl, davon erzeugen Frankreich, Italien und Spanien etwa 50 Prozent. Die Bundesrepublik Deutschland erzeugt jährlich – je nach Wetterlage – 6–10 Mio. hl.

Weißblech

Im 14. Jh. in Böhmen erfunden

Über ein Drittel der jährlichen Zinnproduktion in der Welt, insgesamt 250000 t, wird zur Erzeugung von verzinntem Eisenblech, sogenanntem Weißblech, verwendet.

Die Methode, Eisen mit einem hauchdünnen Überzug von Zinn zu versehen und damit vor Rost zu schützen, stammt aus Böhmen, das in dieser Technik während des ganzen Mittelalters führend war. Das Gebiet war reich an Metallen und besaß schon früh leistungsfähige, mit Wasserkraft arbeitende Werkstätten. Man verzinnte eiserne Gebrauchsgegenstände, beispielsweise Bestecke und Kübel. Kochtöpfe oder Bratpfannen sind für diese Behandlung jedoch ungeeignet, weil Zinn einen zu niedrigen Schmelzpunkt hat.

Im 17. Jh. versuchten England, Frankreich und Schweden, eigene Industrien zur Erzeugung von verzinntem Blech aufzubauen; dazu waren aber hohe Aufwendungen nötig. In England, wo man Zinnvorkommen in Cornwall abbaute, erreichte dieser Industriezweig erst dann einen größeren Umfang, als Brian Donkin und John Jall 1811 eine Fabrik für Lebensmittelkonserven gründeten.

Zur Herstellung von Weißblech wird dünnes Stahlblech mit einer Stärke von etwa 0,25 mm verwendet. Man überzieht es entweder elektrolytisch oder durch Eintauchen in geschmolzenes Metall oder in eine Zinnsalzlösung mit einer Zinnschicht, die nur 0,5–2,5 tausendstel mm dick ist. Für andere technische Zwecke ist Zinn zu weich und zu teuer. Teller, Kannen und Becher aus reinem Zinn sind aber noch heute beliebte Sammelobjekte.

Wellblech

Erstmals 1828 von Richard Walker in London hergestellt

Der Londoner Baumeister Richard Walker verwendete 1828 als erster Blech mit wellenförmigem Profil. Er gründete eine Fabrik in Rotherhithe, in der die Wellen einzeln in das Blech gepreßt wurden. Die moderne Herstellungsmethode für Wellblech durch Profilwalzen ließ sich 1844 John Spencer aus Birmingham patentieren.

Das Wellenprofil macht das Material in Querrichtung zu den Wellen steifer und verleiht dünnen Blechen sowie Platten aus Asbest oder Kunststoff eine Festigkeit, die sie allein aufgrund ihrer Stärke nicht hätten. Man verwendet Wellblech für billige oder provisorische Bauten.

Wellenkraftwerk

Das erste größere Wellenkraftwerk wurde 1979 vor der japanischen Küste erprobt

Seit die Ölversorgung der Welt nicht mehr gesichert erscheint, sucht man nach Wegen, billig andere Energiequellen zu erschließen. Den Küstenländern bietet sich dafür möglicherweise die Kraft der Meereswellen an.

Verglichen mit anderen natürlichen Energiequellen wie Sonne und Wind ist die Wellenkraft in mancher Hinsicht besonders reizvoll. Sie ist – im Gegensatz zur Sonnenenergie – im Winter, wenn sie am dringendsten gebraucht wird, besonders reichlich vorhanden. Es gibt auch nicht immer Wind, aber die Meeresoberfläche ist selten (weniger als ein Prozent der Zeit) ganz ruhig.

Dennoch sind die Probleme gewaltig. Die Wellenkraft läßt sich nicht überall nutzen. Günstig dafür sind Gebiete, die zwischen dem 40. und 60. Breitengrad der nördlichen und südlichen Erdhälfte liegen. Gegenden in Äquatornähe haben zu wenig Wind, und zu den Polen hin (mit Ausnahme eines kleinen Gebiets um den 80. Breitengrad) gibt es zuviel Eis. Folglich haben nur einige Staaten die Möglichkeit, von der Wellenkraft zu profitieren. Initiativen auf diesem Gebiet gehen bisher von Großbritannien und Japan aus, aber auch die USA, Kanada und Norwegen scheinen interessiert.

Die Technik zur Energiegewinnung aus Wellen ist relativ einfach. Problematisch sind die hohen Kosten für den Bau einer solchen notwendigerweise großen Anlage. Man schätzt, daß Elektrizität

Auf der Suche nach erfolgreichen Wellenkraftumwandlern

1973: Die Energiekrise löst die Suche nach Alternativen zum Öl aus
Als Folge der Energiekrise von 1973 ging man in Japan und Großbritannien daran, Projekte zur Energiegewinnung aus noch ungenutzten Hilfsquellen zu erforschen und zu finanzieren.

Die Forschung zeigte, daß die Größe der Wellen nicht nur von den Windstärken abhängt, sondern auch von der sogenannten Streichlänge, der Entfernung, die der Wind über die Wasseroberfläche zurücklegt. Wo Winde fast ständig in die gleiche Richtung wehen – beispielsweise über den Nordatlantik zur englischen Küste hin –, entstehen auch fast ständig große Wellen, die die Energie des Windes aufnehmen und konzentrieren. Diese Wellen sind eine ungeheuer große Energiequelle. Theoretisch reichte sie aus, um die ganzen Britischen Inseln reichlich mit Strom zu versorgen.

1974: Die *Ente*
Ein Wellenkraftumwandler, den die britische Regierung 1974 für unterstützungswürdig hielt, wurde von Stephen Salter aus Edinburg entwickelt. Seine Umwandlermaschine, die als *Ente* bekannt wurde, besteht aus mehreren Schwimmkörpern, die an einem gemeinsamen Träger befestigt sind. Jeder Schwimmkörper hat ein spitzes Ende, das in Richtung der hereinkommenden Wellen zeigt. Wenn eine Welle durchläuft, schaukelt dieser Entenschnabel auf und ab. Die Nickbewegung treibt → Pumpen an und erzeugt in einer hydraulischen Flüssigkeit Druck, der dann in kleinen Generatoren zur Elektrizitätserzeugung verwendet werden könnte. Versuche in Wellentanks und Seen zeigen, daß die nickenden *Enten* die Wellenkraft bis zu 35 Prozent nutzen.

Diesen vielversprechenden Zahlen steht jedoch der Nachteil einer komplizierten Technik gegenüber. Im Augenblick wären daher die Investitionen für den Bau solcher Anlagen zu hoch. Außerdem müßte man mit einer unverhältnismäßig großen Anfälligkeit für Reparaturen rechnen. An dieser Problematik kranken übrigens auch fast alle übrigen Entwürfe.

DIE NICKENDE ENTE VON STEPHEN SALTER

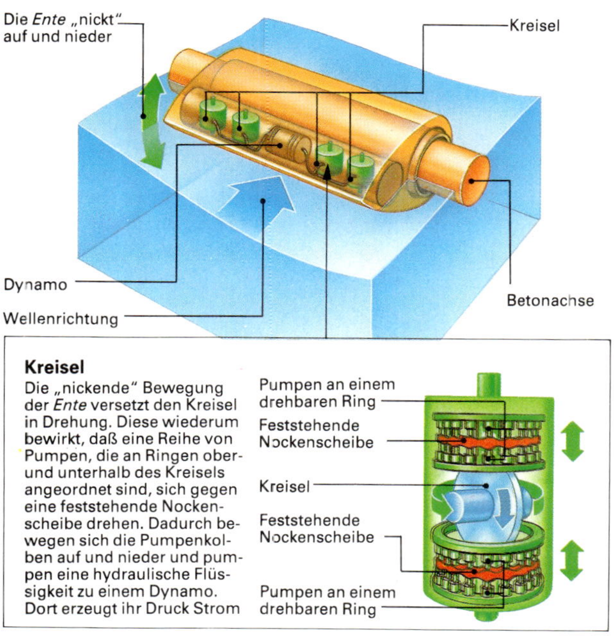

Einer der frühesten Wellenkraftumwandler wurde 1973 von Stephen Salter von der Universität Edinburg erfunden. Die Ente, *die bis zu 35 Prozent der Wellenenergie ausnutzt, soll zu den billigsten, kleinsten und wirtschaftlichsten Maschinen ihrer Art gehören. Für ein 2000-MW-Kraftwerk (das England mit einem Zwölftel seines durchschnittlichen Jahresstrombedarfs versorgen könnte) wären ungefähr* 1000 Enten *nötig, jede etwa 26 m breit. Das ergäbe eine Strecke von 30 km. Trotz ihrer Vorteile führten Bedenken wegen ihrer komplizierten Konstruktion sowie Zweifel an ihrer Zuverlässigkeit dazu, daß die Regierung die finanzielle Unterstützung für die Weiterentwicklung vorerst einstellte.*

1975: Ein Kraftwerk auf dem Meeresgrund
Ein sogenannter Gleichrichter, der zwischen 1975 und 1979 an der Hydraulics Research Station Wallingford in England entwickelt wurde, sollte auf dem Meeresboden ruhen. Das Problem der Verankerung bei rauher See wäre damit umgangen worden. Die Anlage besteht aus einem großen Betonkasten, dessen offene Stirnseite den anrollenden Wellen zugewandt ist. Ein oberes Becken wird von den Wellenkämmen gefüllt; das Wasser läuft über → Turbinen in ein unteres Becken ab, das sich beim Wellental leert. Wegen hoher Kosten und geringer Leistung gab man diese Versuche wieder auf.

1976: Ein Floß erzeugt Elektrizität
Einer der frühesten Vorschläge für einen Wellenkraftumwandler stammt von Sir Christopher Cockerell, dem englischen Ingenieur, der 1955 das → Luftkissenboot erfand. Cockerell entwarf ein hohles Floß aus → Beton oder Stahl, das aus mehreren, mit Scharniergelenken verbundenen Einzelteilen besteht. Wenn die Wellen unter dem Floß durchlaufen, biegt es sich, um der Kontur der Wasseroberfläche zu folgen; die Bewegung an den Scharniergelenken liefert die Kraft, mit der Pumpen angetrieben werden können. Das Modell erwies sich jedoch als zu teuer.

1979: Das Druckschlauch-Kraftwerk
Der ehemalige japanische Seeoffizier Yoshio Masuda erfand um 1965 eine kleine Navigationsboje, die den Strom für ihre

aus Wellenkraftwerken zunächst zwei- bis sechsmal so teuer käme wie die aus herkömmlichen Quellen. Obwohl also der eigentliche Betriebsstoff Wasser kostenlos zur Verfügung steht, wäre bei solchen Investitionen der Zeitpunkt noch fern, an dem sie sich bezahlt machen. Bei der Planung bemüht man sich heute vor allem, Wege zur Verringerung der Anlagekosten zu finden.

Das größte technische Problem ist auch noch nicht gelöst: Die meisten bis jetzt erfundenen Anlagen schwimmen; das heißt, es müssen Kabel und Anker entwickelt werden, die sie auch beim stärksten Sturm halten. Wellenkraftumwandler müssen riesengroß sein, und deshalb kann man sie nicht einfach wie ein → Schiff verankern.

Der beste Standort für ein Wellenkraftwerk liegt in der Nähe von ungeschützten und stürmischen Küsten mit wenig Industrie. In Großbritannien wäre das beispielsweise ein Gebiet vor den Äußeren Hebriden. Mit dem Bau und dem späteren Betrieb des Kraftwerks entstünden an der ganzen Westküste Schottlands neue Arbeitsplätze.

Aber auch andere Auswirkungen sind denkbar. Eingriffe in die Küstenbrandung könnten ganze Landstriche verändern. Niemand weiß, was die Fischerei unter diesen Umständen erwartet. Denn junge Heringe treiben zum Beispiel mit den Strömungen, die sich durch eine Reihe von Wellenkraftwerken möglicherweise ändern. Auch die Schiffahrt könnte durch Wellenkraftwerke beeinträchtigt werden, die nur wenig unter der Wasseroberfläche liegen. All diese Probleme stehen einer sinnvollen Nutzung der Wellenkraft noch entgegen.

Beleuchtung selbst erzeugt. Sie besteht aus einem großen, im Meer schwimmenden Kasten mit einer Öffnung unterhalb des Wasserspiegels. Die Wassersäule im Kasten steigt und fällt, während die Wellen durchlaufen, und wirkt so wie ein Kolben, der die Luft periodisch zusammendrückt und durch eine Strom erzeugende Turbine preßt.

Masudas → Bojen waren so erfolgreich, daß das japanische Zentrum für Meerestechnologie 1979 das Projekt im großen Stil testete. Das sogenannte Druckschlauch-Kraftwerk *Kaimei* sieht aus wie ein Schiff, ist 20 m lang, 13 m breit und wiegt 500 t. Seine 22 Wassersäulen treiben zehn elektrische → Dynamos an.

Nach einer Probezeit in den schweren Stürmen des Winters 1979/80 wurde *Kaimei* in den Hafen zurückgebracht. Von den Ergebnissen der Tests, die im Augenblick durchgeführt werden, wird es abhängen, ob die Japaner das Experiment fortsetzen. Dabei kommt es vor allem auf die Größe eines solchen Kraftwerks an. Von einem Gewicht von 3500 t an würden sehr hohe Baukosten entstehen, und auch die Verankerung im Meer wäre äußerst schwierig.

Die Zukunft: Neue Ideen

In Großbritannien prüft die nationale Energiebehörde jedes Jahr, welche neuen Wellenkraftumwandler gefördert werden können. Vier Projekte werden derzeit unterstützt; zwei davon arbeiten nach dem Prinzip der oszillierenden Wassersäule oder des Druckschlauchs.

Die beiden anderen sind der *Lancaster Flexible Bag*, der 1977 von Michael French von der Lancaster University erfunden wurde, und der *Schwingende Zylinder*, an dem 1978 David Evans und Tom Shaw an der Universität von Bristol zu arbeiten begannen.

Der *Lancaster Flexible Bag* besteht aus einer engen, halb untergetauchten Hülse, von der ein Ende den hereinkommenden Wellen zugekehrt ist. Entlang dieser starren Hülse befinden sich zu beiden Seiten Luftsäcke aus Gummi. Bewegliche Membranen unterteilen die Säcke in Kammern, in denen die Luft abwechselnd bei den Wellenkämmen verdichtet und bei Wellentälern freigegeben wird. Durch diese Pumpbewegung wird eine Luftturbine angetrieben, die ihrerseits einen Generator antreibt.

Der *Schwingende Zylinder* ist eine untergetauchte Stahltrommel von 50 m Länge und 12 m Durchmesser, die parallel zu den Wellen liegt und mit teleskopartigen hohlen Stahlstativbeinen verankert ist. Die Bewegung der Wellen läßt den Zylinder schwingen. Seine Bewegung betätigt Pumpen am Verankerungsfundament, die Wasserturbinen antreiben. Die Elektrizität wird über ein → Unterwasserkabel weitergeleitet.

DER SCHWINGENDE ZYLINDER

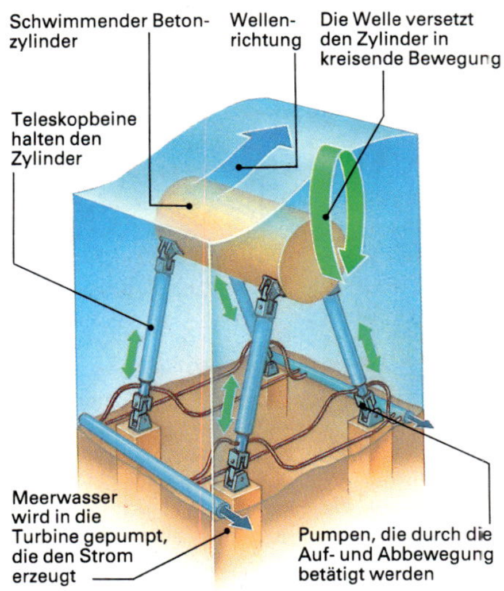

Die Zylinderbewegung wird auf die Pumpen am Fundament der teleskopartigen Ankerbeine übertragen. Diese Pumpen saugen Wasser an und pumpen es mit hohem Druck zu einer Wasserturbine. Die erzeugte Elektrizität wird über Kabel zum Festland geleitet.

DAS DRUCKSCHLAUCH-KRAFTWERK AUS JAPAN

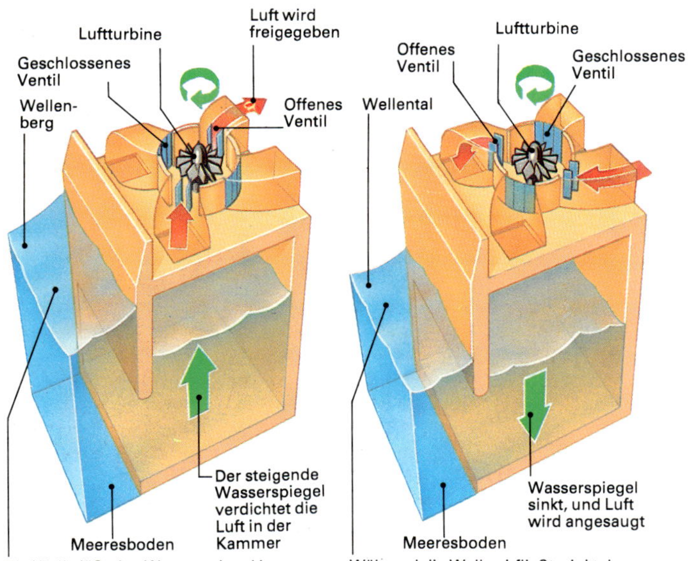

Die Welle läßt den Wasserspiegel in der Kammer steigen. Dabei wird die Luft darüber zusammengepreßt. Sie entweicht unter Druck durch ein Ventil in die Turbine, die einen Dynamo antreibt

Während die Welle abfließt, sinkt der Wasserspiegel; von oben wird Luft eingesaugt, die ihrerseits wiederum die Turbine antreibt. So wird bei jeder Wellenbewegung Elektrizität erzeugt

Das Prinzip des schwankenden Luftdrucks in einer Flutkammer mit wechselndem Wasserspiegel entdeckte man für Bojen. So „erarbeiteten" sie sich die Energie für ihre Beleuchtung selbst. 1979 wurde dasselbe Prinzip im japanischen Kaimei-Kraftwerk *angewendet, das einen Prototyp eines Wellenkraftwerks darstellt, eigentlich ein sogenanntes Druckschlauch-Kraftwerk.*

Werkzeugmaschinen

Die Gewindedrehbank wurde 1568 von dem Franzosen Besson erfunden

Werkzeugmaschinen bearbeiten Metall, indem sie es schneiden, schleifen, bohren, hämmern oder pressen. Viele von ihnen, wie die Bohrmaschine, die Hobelmaschine und die →Säge, formen das Metall auf die gleiche Weise wie die entsprechenden Zimmermannswerkzeuge das Holz. Werkzeugmaschinen sind jedoch mit einem Kraftantrieb versehen und arbeiten oft mit sehr hohen Geschwindigkeiten.

Die Entwicklung all der Geräte, die die moderne Zivilisation ausmachen (→Autos, Haushaltgeräte, Büroausstattungen und 1000 andere Dinge) wäre nicht möglich gewesen ohne die Präzisionswerkzeugmaschinen. Sie stellen Einzelteile schnell und mit gleichbleibender Genauigkeit her, so daß die Teile austauschbar sind. Das Zusammensetzen austauschbarer Teile – darauf beruht die →Massenproduktion in der modernen Industrie.

Bis zum Beginn des 17. Jh. war für Präzisionswerkzeugmaschinen kaum ein Bedarf vorhanden. Dann aber forderten Physiker, Astronomen und Seefahrer bessere Instrumente. Die Uhrmacher, die damals die exaktesten Geräte herstellten, gingen auf diesem Gebiet voran, indem sie die schon früher in Frankreich entwickelte Gewindeschneidedrehbank verbesserten.

Als im 18. Jh. in England die industrielle Revolution einsetzte, verwendete man in Textilfabriken, Gießereien und Bergwerken immer mehr Maschinen.

Die Maschinen, die den hohen Lebensstandard in der modernen Welt ermöglichten

Metalldrehbank *Diese Maudslaydrehbank zur Metallbearbeitung aus dem Jahr 1810 ist ein Beispiel für eine frühe Werkzeugmaschine dieses Typs. Das Werkstück wird an beiden Enden festgehalten und von einem Drehstahl geformt, der auf einem Kreuzsupport in der Mitte der Drehbank sitzt. Eine moderne Drehbank kann 16 Gänge haben, und sie vermag Metallteile mit einer Genauigkeit bis zu 1/400 mm zu formen.*

1568: Eine Gewindeschneidemaschine
Eine →Drehbank zum Schneiden recht genauer Schraubengewinde wurde 1568 in Frankreich von dem Ingenieur Jacques Besson entworfen. Sie war noch aus Holz. Außerdem konstruierte Besson Geräte, mit denen man das Schneidwerkzeug exakter führen konnte.

1775: Die Zylinderbohrmaschine
Der englische Ingenieur John Smeaton erfand nach 1760 eine mit Wasserkraft betriebene Maschine, die Zylinder für →Dampfmaschinen bohrte. Aber sie arbeitete nicht genau genug, so daß die Zylinder nicht dicht waren. 1775 baute John Wilkinson eine Maschine, die Zylinder mit noch nie erreichter Präzision bohrte. Jetzt konnte man die Kolben so arbeiten, daß sie dicht anlagen und kein Dampf mehr entwich. Das steigerte ihre Leistung erheblich.

1795: Die hydraulische Presse
Im Jahr 1795 erhielt der englische Ingenieur Joseph Bramah – Erfinder von Feuerlöschpumpen, →Wasserklosetts, Biergeräten und →Türschlössern – ein Patent für eine hydraulische Presse (→ hydraulische Maschinen). Bei ihr wurde der Druck durch eine Flüssigkeit übertragen, wodurch er sehr verstärkt werden konnte. Heute üben hydraulische Pressen, die Metall formen, eine Kraft bis zu 500 bar (5000 t/m^2) aus.

1797: Die Präzisionsdrehbank
Henry Maudslay, ein Schüler von Bramah, entwickelte 1794–1800 einen Vorläufer der heutigen Metalldrehbank. Sie hatte einen Kreuzsupport, der das Schneidwerkzeug trug, und eine Leitspindel, die den Kreuzsupport und das Schneidwerkzeug bei jeder Umdrehung des Werkstücks ein genau bemessenes Stück weitertransportierte. Auf diese Weise ließen sich Schraubengewinde mit exakt eingehaltener Ganghöhe schneiden.

1836–1839: Shapingmaschine und Dampfhammer
Der Schotte James Nasmyth gründete 1836 in Manchester eine Gießerei, um Werkzeugmaschinen herzustellen. Einer seiner ersten Erfolge war eine Shapingmaschine. Das Werkstück wurde auf einen Tisch gespannt und von einem Werkzeug geschnitten, das sich vor und zurück bewegte und bei der Vorwärtsbewegung schnitt.

Nasmyth erfand 1839 auch den Dampfhammer, um damit eine große Antriebswelle für den Dampfer *Great Britain* zu schmieden. Zwar wurde diese Maschine schließlich doch nicht für diesen Zweck verwendet, aber sie revolutionierte das Schmieden und war der direkte Vorfahr der modernen Gesenkschmiede. Der schwere →Hammer wurde von einer Dampfmaschine angehoben und fiel dann mit großer Wucht auf das zu formende Eisenstück nieder.

Nach 1840: Die Revolverdrehbank
Nach 1840 verbesserten die Gründer der Firma Pratt und Whitney in Amerika die Drehbank. An einem drehbaren Werkzeugträger, dem Revolverkopf, wurden verschiedene Werkzeuge angebracht. So konnte man sie rasch nacheinander in Arbeitsstellung bringen und brauchte sie nicht ständig auszuwechseln.

1862: Eine Universalfräse
Bereits 1818 baute der amerikanische Erfinder Eli Whitney für die Herstellung von Handfeuerwaffen eine einfache Fräsmaschine, die mit einem rotierenden Schneidwerkzeug Rillen schnitt. Im Jahr 1862 entwarf der amerikanische Ingenieur Joseph R. Brown dann die Universalfräsmaschine. Sie wurde zunächst dazu verwendet, Rillen in Spiralbohrer zu schneiden. Seit der Bohrer in den 20er Jahren des 19. Jh. eingeführt worden war, hatte man die Rillen zunächst von Hand gefeilt.

1900: Schnelldrehstahl
Der stark kohlenstoffhaltige Stahl, der für die Schneidwerkzeuge des 19. Jh. verwendet wurde, verlor bei der Erhitzung durch schnellaufende Werkzeugmaschinen seine Schärfe. Ungefähr um 1900 stellte der amerikanische Ingenieur Frederick W. Taylor einen Stahl her, der Wolfram, Chrom und Vanadium enthielt und selbst in rotglühendem Zustand seine Schärfe beibehielt.

Im Jahr 1914 stellten deutsche Wissenschaftler Wolframkarbid her, das fast so hart ist wie Diamant, an sich allerdings brüchig. Fachleute der Firma Krupp in Essen schufen dann 1926 eine Wolframkarbid-Kobalt-Legierung. Werkzeuge aus diesem Hochleistungsstahl

Nach 1770 begann der schottische Ingenieur James Watt mit dem Bau von →Dampfmaschinen, die sie antreiben konnten. Watt hätte damit wohl kaum einen so großen Erfolg gehabt, wenn er nicht die verbesserte Zylinderbohrmaschine zur Verfügung gehabt hätte, die der englische Eisenhüttenbesitzer John Wilkinson 1775 konstruierte. Mit genau gebohrten Zylindern entwickelten die Dampfmaschinen mehr Kraft und verbrauchten weniger Brennstoff.

Durch die große Kraft der Dampfmaschine wurden die Maschinenteile stärker belastet; sie mußten deshalb sorgfältiger hergestellt werden. Man brauchte also Werkzeugmaschinen von großer Präzision. Für ihre Entwicklung leisteten in England Ingenieure wie Joseph Bramah, Henry Maudslay und Joseph Whitworth bahnbrechende Arbeit. Whitworth entwarf 1856 ein Gerät, das bis zu 1/40000 mm genau messen konnte – für jene Zeit eine erstaunliche Leistung.

Bis zum Ende des 19. Jh. stand für jede erdenkliche Metallbearbeitung eine große Auswahl von Präzisionswerkzeugmaschinen zur Verfügung, die bohren, formen, hobeln, fräsen, drehen, schleifen, polieren sowie Nuten und Profile schneiden konnten. Sie wurden nun zur Massenherstellung von allen möglichen Produkten verwendet, von Handfeuerwaffen über →Nähmaschinen bis zu Autos.

In der Autoindustrie erschienen dann auch zum erstenmal in größerem Umfang automatische Werkzeugmaschinen, die in der modernen Industrie mittlerweile unentbehrlich geworden sind (→Automatisierung und →Massenproduktion).

SECHS ARBEITEN, DIE VON WERKZEUGMASCHINEN AUSGEFÜHRT WERDEN

Schleifen *Die Oberfläche eines Maschinenteils kann mit einer Schleifscheibe geschliffen werden, die mit einer Toleranz von 1/400 mm arbeitet.*

Drehen *Auf der Drehbank wird der Durchmesser eines rotierenden Werkstücks verringert, wenn man ein Schneidwerkzeug daranhält.*

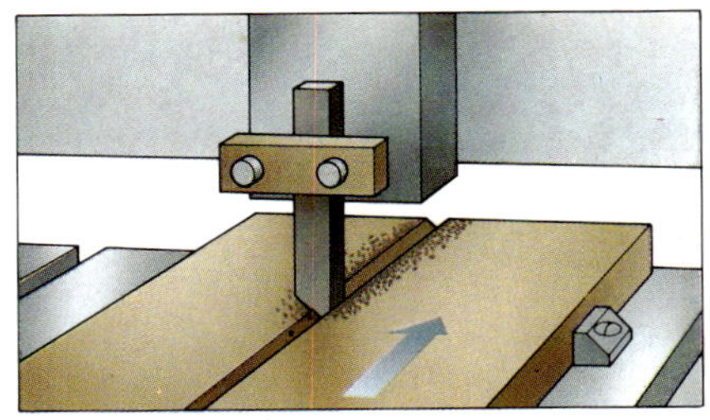

Kurzhobeln *Mit einem meißelähnlichen Schneidwerkzeug läßt sich Werkstoff abtragen.*

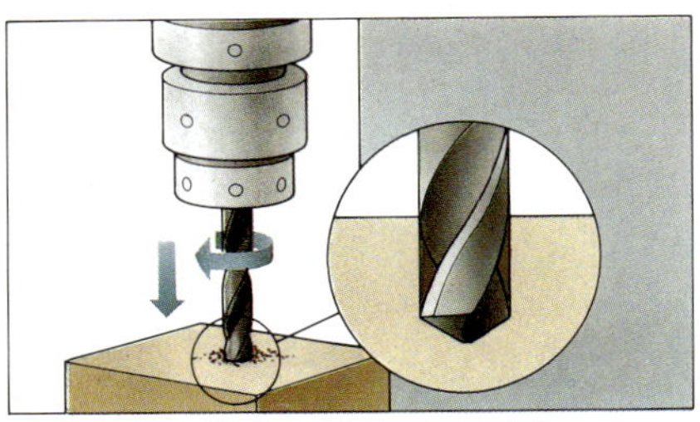

Bohren *Spiralbohrer, die sich mit hoher Geschwindigkeit drehen, schneiden Löcher in das metallene Werkstück.*

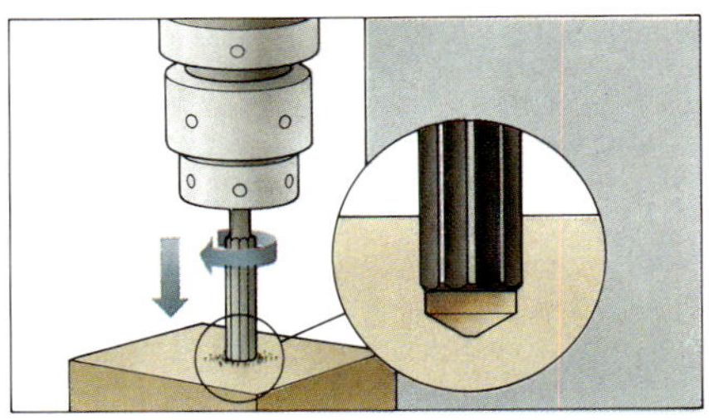

Reiben *Ein Loch in einem Werkstück kann durch eine Reibahle um etwa 0,3 mm erweitert werden.*

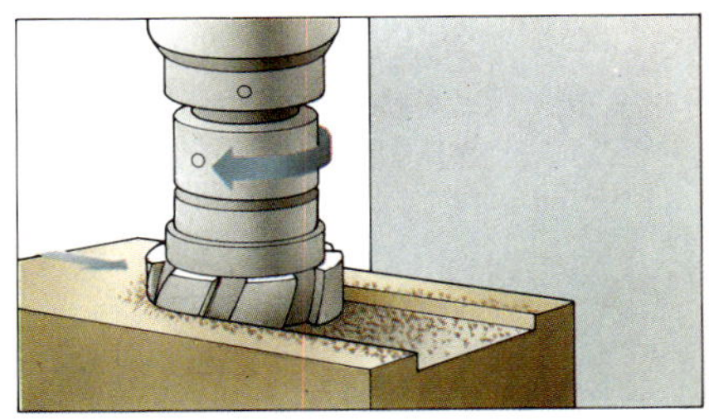

Fräsen *Ein rotierendes Schneidwerkzeug fräst Metall ab, während das Werkstück dagegengeschoben wird.*

können drei- bis viermal schneller schneiden als solche aus Schnelldrehstahl.

Nach 1950: Computergesteuerte Werkzeugmaschinen

Nach 1950 kamen in den USA automatische Werkzeugmaschinen auf. Sie bringen das Werkstück in die richtige Lage, setzen das Schneidwerkzeug an, führen es nach der Bearbeitung zurück und setzen ein weiteres Werkzeug an. Die Maschinen arbeiten nach Anweisungen, die sie über Lochstreifen oder Magnetband erhalten. Der Code besteht aus Zahlenkombinationen.

Solche Maschinen werden heute für viele automatisierte Herstellungsverfahren eingesetzt. Andere Maschinen befördern das Werkstück von einer Werkzeugmaschine zur anderen, und der gesamte Vorgang wird jeweils von einem →Computer gesteuert.

Flugzeugtragfläche *Ein Teil einer Flugzeugtragfläche wird von einer Fräse geformt. Sie verringert das Gewicht des Bleches, das aus einer Aluminiumlegierung besteht, von 1700 kg auf 450 kg. Dabei folgt die Maschine dem Muster der darüber angebrachten Vorlage. Die Schneidköpfe aus Wolframkarbid arbeiten mit Geschwindigkeiten bis zu 9000 U/min und benötigen 85 Stunden, um dieses Stück zu bearbeiten.*

Winde

Von Hippokrates zum Heilen benutzt

Winden sind einfache Maschinen zum Heben und Senken oder Heranziehen von Lasten. Bei der Seilwinde (Haspel) wird ein →Seil, an dessen Ende sich die Last befindet, über eine Trommel aufgewickelt. Dieses Gerät wurde schon im 5. Jh. v. Chr. bekannt, als es der griechische Arzt Hippokrates verwendete, um Glieder zu strecken oder Gelenke einzurenken. Später benutzte man es zum Seilspannen bei →Katapulten, zum Ankerlichten auf →Schiffen (Spill) und bei frühen Hebezügen.

Im Skizzenbuch des französischen Architekten Villard de Honnecourt aus der Zeit um 1250 befindet sich der erste Entwurf einer Schraubenwinde. Dabei wird eine Schraubenspindel in einer Mutter gedreht, die sich je nach Drehung mit der Last hebt oder senkt.

Solche Hebevorrichtungen funktionieren auch mit Hilfe eines →Hebels, einer Zahnstange, Ratsche oder als →hydraulische Maschinen. Sie wurden zum Anheben schwerer Tore, zum Abstützen von Gebäuden bei Reparaturen, zum Aufrichten von →Kanonen und Aufbocken von Pferdewagen verwendet; heute helfen sie als Wagenheber beim Radwechsel.

Windmühle

siehe Seite 320

Wolkenkratzer

Der erste Wolkenkratzer wurde 1883 in Chicago erbaut

Häuser, die bis zu 35 m hoch waren, bauten schon die alten Römer. Doch die Menschen wollten – wie auch die Legende vom Turmbau zu Babel beweist – immer noch höher bauen. Doch die Höhe der Bauwerke mit lasttragenden Wänden war begrenzt, da zu dicke Grundmauern unrentabel gewesen wären. Daher wurde der Skelettbau erfunden, der die Last des Gebäudes trug und mit leichten Wänden geschlossen war.

Ein Schritt in diese Richtung waren das mittelalterliche Fachwerkhaus oder die Rippenstruktur und die →Strebepfeiler der gotischen Dome. Eine einfachere und billigere Lösung wurde im 19. Jh.

Stahlskelettbau *Das Empire State Building in New York war 1931 nach einer Bauzeit von nur 15 Monaten beziehbar. Mit seinen 102 Stockwerken und einer Höhe von insgesamt 381 m wurde es in den USA zum Symbol des Vertrauens in die Technik des 20. Jahrhunderts.*

gefunden, als Eisen und Stahl in ausreichender Menge zur Verfügung standen.

Der erste Bau, der als Wolkenkratzer bezeichnet werden kann, war das 17 Stockwerke hohe Monadnock Building in Chicago, das der Architekt J. W. Root 1883 errichtete.

Den ersten Wolkenkratzer mit tragendem Eisen- und Stahlskelett baute 1884 und 1885 der Architekt William Le Baron Jenny ebenfalls in Chicago. Bis zum sechsten Stock verwendete er gußeiserne Pfeiler und schmiedeeiserne Träger, die übrigen vier Stockwerke trug ein Stahlskelett.

Die Wände eines Wolkenkratzers können unabhängig voneinander und gleichzeitig in verschiedenen Stockwerken eingebaut werden, sobald das Skelett steht. Dadurch wird die Bauzeit sehr verkürzt. So wurde das Woolworth Building in New York mit seinen 55 Stockwerken in nur drei Jahren errichtet. Mit einer Höhe von 232 m war es 1913 bei seiner Fertigstellung das höchste Bauwerk der Welt.

Das höchste Gebäude der Welt ist mit einer Höhe von 553 m der CNR Tower in Toronto, gefolgt vom Sears Tower in Chicago, der 110 Stockwerke hat und 443 m hoch ist. In diesem 1973 fertiggestellten Bau arbeiten heute 12000 Menschen. Seine Nutzfläche beträgt 445000 m^2, das ist das Hundertfache seiner Grundfläche.

Wörterbuch

Schon im 3. Jh. v. Chr. schrieb Aristophanes von Byzanz ein alphabetisch geordnetes Wörterbuch

Wörterbücher sind fast so alt wie Schriftkulturen, die sich auf ein Alphabet stützen. Es handelt sich dabei um Sammlungen des Wortschatzes einer oder mehrerer Sprachen in alphabetischer Reihenfolge.

Eine erste Hochblüte erreichte die Lexikographie bei den alten Griechen, etwa in der wissenschaftlichen Arbeit der Sophisten oder der Schule von Alexandria. So schrieb beispielsweise Aristophanes von Byzanz bereits im 3. Jh. v. Chr. ein Wörterbuch.

Im lateinisch geprägten Mittelalter nannte man solche Lexika *Vocabularia*. Mit dem wachsenden Stand des Wissens wurde es üblich, sie als Listen mit parallelen Übersetzungen mehrerer Sprachen anzulegen, zum Beispiel links auf einer Seite lateinische Wörter in alphabetischer Reihenfolge und rechts daneben die griechische, hebräische, arabische und deutsche Übersetzung.

Das bedeutendste Wörterbuch der deutschen Sprache ist der *Duden*. Der Gymnasialdirektor Konrad Duden aus Hersfeld veröffentlichte 1880 die erste Ausgabe, das „Vollständige Orthographische Wörterbuch der deutschen Sprache". Es war ein schmaler Band von 187 Seiten. Inzwischen ist daraus ein zehnbändiges Werk geworden. Über eine Million Stichwörter, Redewendungen, Anweisungen und Erklärungen machen den *Duden* heute zum meistgebrauchten Wörterbuch der deutschen Gegenwartssprache.

Windmühle

Vermutlich schon im 9. Jh. in Persien verwendet

Bevor die →Dampfmaschine erfunden wurde, war die Menschheit auf Wind, Wasser und die Zugkraft von Tieren als Kraftquellen angewiesen. →Wasserräder waren leistungsfähiger als Windmühlen, aber in Gegenden, in denen es keine geeigneten Flüsse gab, nutzte man den Wind. Um 1840 gab es etwa in England an die 10 000 Windmühlen, in den Niederlanden 8000. Mit ihnen wurde nicht nur Getreide gemahlen, sondern auch Erz aus Gruben gefördert, Wasser gepumpt, gesägt und →Papier erzeugt. In den Niederlanden und den englischen Marschen entwässerten Tausende von Windmühlen das Land, das unter dem Meeresspiegel lag.

Die Windmühlen wurden nicht überall günstig aufgenommen. So behaupteten die Handwerksgilden 1581 in den Niederlanden, sie würden zur Arbeitslosigkeit führen. Und 1768 zerstörte eine aufgebrachte Menschenmenge im Osten Londons eine windgetriebene Sägemühle.

In der 2. Hälfte des 19. Jh. nahm die Bedeutung der Windmühlen im allgemeinen ab, aber für manche Zwecke wurden sie bis heute weiterverwendet. Im Süden Europas, besonders in Spanien, pumpen sie Grundwasser für die Landwirtschaft hoch. Von großer Bedeutung sind Windmühlen auch in den Trockensteppen Südafrikas.

Im 20. Jh. verwendete man den Wind auch, um elektrischen Strom zu erzeugen. So gab es in den 30er Jahren in den USA viele kleine Windgeneratoren.

Versuche, die Kraft des Windes neu und besser zu nutzen, um damit andere Energiequellen – besonders das Erdöl – zu ersetzen oder zumindest zu ergänzen, werden laufend gemacht. An der Nordseeküste gibt es bereits einige landwirtschaftliche Betriebe, die ihren Strombedarf mit selbstgefertigten Windkraftwerken decken.

Eine vor 1000 Jahren erstmals genutzte Kraftquelle gewinnt neue Bedeutung als Antrieb moderner elektrischer Generatoren

10. Jh.: Entstehung der Windmühle
Bei den alten Kulturvölkern waren Windmühlen offenbar nicht bekannt. Man findet sie mit Sicherheit erst um 900 n. Chr. in Persien. Möglicherweise handelt es sich dabei um eine Weiterentwicklung der windgetriebenen Gebetsmühlen, wie chinesische Reisende sie in Zentralasien sahen. Die ersten Windmühlen bestanden aus einer senkrechten Achse, an deren Spitze zwölf Segel befestigt waren. Die Achse trieb den oberen von zwei Mühlsteinen an. Die Segel konnten so verstellt werden, daß sie schwachen Wind gut nützten und starkem Wind weniger Flächen entgegenhielten.

1180: Die waagrechte Flügelachse
Als die Windmühle, vermutlich im Verlauf der Kreuzzüge, Europa erreichte – 1180 wurde die erste in Frankreich gebaut –, drehten sich die schräggestellten Flügel um eine waagrechte Achse. Dadurch erzielte man eine größere Leistung; aber es galt nun, eine Antwort auf die Frage zu finden, wie man die Mühle stets so ausrichtete, daß der Wind am wirkungsvollsten genutzt wurde.

Eine Lösung brachte die Deutsche Mühle oder Bockwindmühle, die im 13. Jh. entstand. Ihr Name rührte daher, daß das ganze Mühlhaus auf einem Bock montiert war. Mit einem langen Hebebaum, dem Stert, konnte man sie gegen den Wind stellen. Das geschah bei den ersten, kleinen Mühlen von Hand; später erleichterten zusätzliche Vorrichtungen dem Müller diese Arbeit.

Die frühen europäischen Mühlen hatten eine völlig horizontale Achse, aber bald stellte man fest, daß sich das Lager unmittelbar hinter den Flügeln zu rasch abnutzte. Dies ließ sich vermeiden, wenn man die Achse am Hinterende leicht senkte und so das Gewicht mehr dorthin verlagerte. Gleichzeitig wurden damit die Flügel in eine günstigere Stellung zum Wind gebracht.

Turmwindmühlen *Die spanischen Windmühlen haben etwas nach hinten geneigte Flügel, damit das Gewicht von dem kräftigen Lager am anderen Ende der Welle besser mitgetragen wird. Mit der schräg bis zum Boden gehenden Stange kann man die Haube drehen, bis die Flügel gegen den Wind stehen.*

Holländische Turmwindmühlen *Um 1840 gab es in den Niederlanden rund 8000 Windmühlen. Viele von ihnen entwässerten Niederungen durch Pumpen. Eine solche Windmühle leistete mit ihren Flügeln von 30 m Durchmesser ungefähr 30 kW; doch ging davon mehr als die Hälfte durch die Kraftübertragung verloren.*

Windräder zur Salzerzeugung *Im Libanon, wie auch in anderen Ländern, wird die Windenergie für gewerbliche Zwecke genutzt. Diese modernen Windräder treiben Pumpen, die Salzpfannen mit Meerwasser füllen. In der Sonne verdunstet das Wasser, und das Salz bleibt zurück.*

1420: Die Turmwindmühle mit drehbarer Haube
Zu Beginn des 15. Jh. wurde die Holländische Turmwindmühle entwickelt. Sie hat in der Regel einen massiven, steinernen Unterbau; nur die Haube mit den Flügeln ist drehbar. Weil die Mühle diese feste Unterlage besaß und sich nicht auf einem

Bockgerüst bewegte, konnte man sie höher bauen und somit den Wind besser ausnutzen. Noch immer wurden hier die Flügel von Hand in den Wind gedreht, doch brauchte man dazu nun viel weniger Kraft.

Um 1745 erfand der Engländer Edmund Lee eine Vorrichtung, die diese Funktion übernahm. Er brachte ein kleines Hilfsrad an der Rückseite der Haube so an, daß es vor Wind geschützt war, wenn die großen Flügel gegen den Wind standen. Änderte der Wind aber seine Richtung, und die großen Flügel standen still, dann fing das Hilfsrad an, sich zu drehen. Über ein Getriebe schwenkte es die Haube herum, bis die Hauptflügel wieder richtig im Wind standen. Derartige Hilfsantriebe gab es bald in Norddeutschland, Dänemark und in den Niederlanden.

1772: Verstellbare Flügel

Es gab zwei Arten von Windmühlenflügeln. Bei der einen waren Holzstangen mit Segeltuch bespannt, das wie bei einem Schiff gerefft werden konnte, wenn der Wind zu stark blies. Andere hatten verstellbare Jalousien aus Holz.

Verschiedene Mechanismen wurden ersonnen, um die Handhabung zu erleichtern. 1772 entwickelte der schottische Mühlenbauer Andrew Meikle Flügel mit Jalousien, die durch Federdruck geschlossen gehalten wurden. Wehte der Wind zu stark, so überwand er die Kraft der Federn; die Jalousien öffneten sich und ließen einen Teil der Luft wirkungslos durchströmen.

19. Jh.: Eine neue Aufgabe

Mit der Erfindung der Dampfmaschine im 18. Jh. verlor die Windmühle ganz allmählich an Bedeutung. Aber in der 2. Hälfte des 19. Jh. fand sie eine neue Verwendung – als Wasserpumpe.

Die windgetriebene Wasserpumpe sah den hölzernen Windmühlen nicht ähnlich. Sie bestand aus einem Stahlgerüst, an dessen Spitze sich ein Windrad oder Propeller befand. Eine Windfahne sorgte für die richtige Stellung zum Wind. Das Rad war durch ein Getriebe und eine Art Pleuelstange mit der Pumpe verbunden, die auf dem Boden stand. In der ganzen Welt gab es Millionen von diesen Windrädern.

In den 30er Jahren des 20. Jh. wurden windgetriebene Pumpen im Zuge der Elektrifizierung ländlicher Gegenden nach und nach durch elektrische ersetzt. Doch es gibt sie immer noch, wenn auch nicht mehr in so großer Zahl.

Ab 1930: Windräder liefern Strom

Neue Möglichkeiten ergaben sich für Windräder auf dem Gebiet der Stromerzeugung. In den 20er Jahren begann Marcellus Jacobs, der Sohn eines Viehzüchters in Montana, USA, mit der Entwicklung eines Windgenerators. Er verwendete dabei einen dreiflügeligen

Windgenerator *Wie die frühesten Windräder hat diese moderne Anlage zur Stromerzeugung eine senkrechte Achse – ein Rückgriff des 20. Jh. auf eine uralte Konstruktion. Die Anlage bedarf zum Start eines Anstoßes, ist aber unabhängig von der Windrichtung.*

Propeller, ähnlich dem eines → Flugzeugs. Dieser drehte sich jedoch viel schneller als die Flügel der üblichen Windmühlen und Windpumpen, denn für den Antrieb eines Generators war das nötig. Zwischen 1931 und 1955 verkauften Jacobs und andere Firmen in den USA Tausende solcher windgetriebener Generatoren, die gerade genügend Strom für einen einzigen Haushalt lieferten.

Zu Beginn der 40er Jahre ließ Palmer C. Putnam, ein junger amerikanischer Ingenieur, den ersten großen Windgenerator auf der Spitze des 610 m hohen Berges Grandpa's Knob in Vermont errichten. Er arbeitete dabei mit der S. Morgan Smith Company zusammen, und die Smith-Putnam-Windturbine sollte 1250 kW in das allgemeine Versorgungsnetz einspeisen. Sie bestand aus einem 36 m hohen Mast und hatte einen riesigen, zweiflügeligen Propeller an der Spitze. Der Betrieb wurde im Oktober 1941 versuchsweise aufgenommen, jedoch traten zahlreiche Störungen auf. Als im März 1945 ein Propellerflügel brach, gab man die Sache auf.

Nach 1970: Erneutes Interesse

Die Smith-Putnam-Turbine war ein Einzelfall in einer Zeit, in der man für Windenergie wenig Sinn hatte. Inzwischen hat man weithin eingesehen, daß man mit Energie sorgsam umgehen muß. Und da die Windenergie kaum zu erschöpfen ist, wandte man sich in den 70er Jahren wieder den Windkraftwerken zu. Der größte Windgenerator wurde in North Carolina aufgestellt. Er besitzt einen zweiflügeligen Propeller mit einem Durchmesser von 60 m, ist für wechselnde Windgeschwindigkeiten zwischen 18 und 55 km/h eingerichtet und erzeugt bis zu 2000 kW.

Auch kleinere Windgeneratoren wurden entwickelt. Zwei Typen beruhen auf Prinzipien, die der französische Wissenschaftler G. J. M. Darrieus erarbeitet hatte. Wie die alten Perser verwendet Darrieus eine senkrechte Achse mit einer Querstange an der Spitze, die an jedem Ende einen senkrechten Flügel trägt. Der Vorteil dieser Anordnung besteht darin, daß die Windrichtung keine Rolle mehr spielt und

Windturbine *Diese Versuchsanlage in Kalifornien ist über 58 m hoch, und jeder ihrer Propellerflügel ist 50,3 m lang. Sie liefert jährlich 6 Mio. kW.*

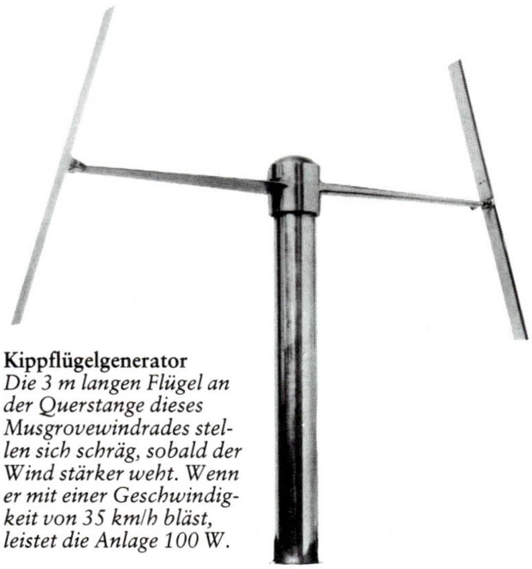

Kippflügelgenerator *Die 3 m langen Flügel an der Querstange dieses Musgrovewindrades stellen sich schräg, sobald der Wind stärker weht. Wenn er mit einer Geschwindigkeit von 35 km/h bläst, leistet die Anlage 100 W.*

man daher keine Windfahne für die Einstellung braucht. Dem steht allerdings der Nachteil gegenüber, daß die meisten Darrieuswindräder nicht von selbst anlaufen, sondern angestoßen werden müssen. Dies geschieht durch einen Startmotor.

Die Kanadier haben einen derartigen Windgenerator auf einer der Magdaleneninseln im St.-Lorenz-Golf aufgestellt. Seine Flügel bestehen aus biegsamen Streifen, die oben und unten mit Drehzapfen an einer senkrechten Achse befestigt sind. Wenn diese Streifen sich im Wind drehen, nehmen sie die Form von geschwungenen Springseilen an.

Eine andere Abart des Darrieusschen Prinzips erfand der Engländer Peter Musgrove. Hierbei trägt die senkrechte Achse am oberen Ende eine Querstange mit je einem senkrechten Flügel an den beiden Enden, die sich nach außen neigen, wenn die Drehzahl zunimmt. Diese Anordnung bietet den Vorteil der Selbstregulierung; denn je mehr sich die Flügel neigen, um so weniger Kraft übt der Wind auf sie aus, und die Drehzahl geht zurück. Deshalb kann sich das Musgrovewindrad auch bei starken Windstößen nie zu schnell drehen.

Z

Zahlen

Zahlen wurden von den Sumerern um 3000 v. Chr. benutzt

Menschen aller Kulturstufen können zählen; manche sind jedoch so anspruchslos, daß sie selbst für verhältnismäßig kleine Zahlen keine eigenen Bezeichnungen brauchen und schon gar nicht mit ihnen rechnen müssen. Einige brasilianische Indianer kennen nur Bezeichnungen für die Zahlen eins, zwei und drei. Das ist darauf zurückzuführen, daß sie an den Gliedern eines Fingers – und nicht an den ganzen Fingern – abzählen. Trotz dieser wenigen Zahlenbezeichnungen können jene Indianer ohne Einschränkung beispielsweise die Anzahl der Leute bestimmen, die an einer Versammlung teilnehmen. Man zählt sie jeweils zu dritt ab und markiert in irgendeiner Weise, wie oft sich diese Zahlenfolge wiederholt.

Die Finger sind zum Zählen so praktisch, daß europäische Kaufleute bis ins 19. Jh. hinein ausgeklügelte Fingerzeichen für Zahlenangaben benutzten. Die Händler im Orient feilschen oft im geheimen, indem sie unter einem Tuch nach einem Code die Finger des Partners berühren und sich dadurch ebenso klar verständlich machen wie durch Worte.

Wird ein Gesellschaftsgefüge komplizierter, braucht man größere Zahlen, um beispielsweise einen Viehbestand oder Landbesitz einem Steuerbeamten zu melden. Ebenso sind bei Bauwerken und Bewässerungsanlagen Berechnungen notwendig. Dazu benötigt man ein System zur Bezeichnung und Niederschrift von Zahlen. Als Zahlzeichen oder Ziffern haben schon Knotenschnüre, aufgefädelte Muscheln oder in Stäbe eingeritzte Kerben gedient.

Der Mensch hat für geschriebene Ziffern zahlreiche Systeme entwickelt. Eines der ältesten stammt von den Sumerern in Mesopotamien um das Jahr 3000 v. Chr. Es kennt bereits den Stellenwert und bestimmte Zahlensymbole. Mit dem Ende eines Stabs, der einen länglichen, dreieckigen Querschnitt hatte, preßten die Sumerer keilförmige Symbole in Tafeln aus feuchtem Ton. Ein senkrechter Keil bezeichnete die Einer, ein waagrechter die Zehner. Eine Stelle weiter nach links gerückt, hatte das Zeichen aber den 60fachen Wert. Stand die Ziffer zwei Stellen weiter links, war ihr Wert das 60 × 60 = 3600fache usw. Die Zahl 200 stellten die Sumerer also durch zwei waagrechte Keile an der rechten Stelle (2 × 10 = 20) und drei senkrechte Keile an der nächsten Stelle links davon (3 × 60 = 180) dar.

Ägyptische Hieroglyphen
Ein elementares System benutzten etwa zur gleichen Zeit die Ägypter im Rahmen ihrer in Stein gemeißelten Hieroglyphen. Sie symbolisierten die Einer durch einen senkrechten Strich, die Zehner durch einen Bogen, die Hunderter durch einen Kringel und die Tausender durch eine Lotosblume. Da es keine Stellenwerte gab, meißelte man für die Zahl 600 sechs Kringel in den Stein.

Die Chinesen verwendeten ein anderes System: Sie hatten bestimmte Symbole für die einzelnen Zahlen von eins bis zehn, ferner für 100, 1000 usw., kannten aber ebenfalls keinen Stellenwert. Die Zahl 600 etwa drückten sie durch das Symbol für 6 zusammen mit dem Symbol für 100 aus.

Ein ebenso kurzes System hatten die Griechen, Hebräer und Goten. Sie bezeichneten die Zahlen von eins bis neun mit den ersten neun Buchstaben des Alphabets. Die nächsten neun Buchstaben standen für 10, 20, 30 usw. bis 90. Die restlichen Buchstaben drückten dann die Reihe 100, 200, 300 und höher aus.

Mehr als 1500 Jahre lang benutzte man in Europa vorwiegend die römischen Zahlenzeichen. Sie entsprachen im Prinzip den ägyptischen; die Hieroglyphen wurden aber durch Buchstaben ersetzt. Man verwendete die Symbole I = 1, V = 5, X = 10, L = 50, C = 100, D = 500, M = 1000 und einige größere Werte. Auch hier gab es keine Stellenwerte; statt dessen wurden die Symbole wiederum so oft wie nötig nebeneinandergesetzt; XXX beispielsweise bedeutete 30.

Das moderne Zahlensystem wurde in Europa aus arabischen Büchern übernommen; die Araber selbst hatten es nie verwendet, wohl aber die Inder bis zum Jahr 800 n. Chr. Vor dem 12. Jh. war es in Europa gelegentlich anzutreffen; es dauerte aber einige Jahrhunderte, bis es sich durchsetzte. Ebenso wie beim sumerischen System hängt hier der Wert einer Ziffer von ihrer Stellung in der Zahlenfolge ab: Jede Verschiebung nach links verzehnfacht ihren Wert.

Nach diesem System konnte man eine beliebig große Zahl ausdrücken, ohne neue Symbole einführen zu müssen. Bei der Multiplikation, Division und bei der Darstellung von Brüchen in Dezimalform war es zu einer Zeit, da Handel und Wissenschaft sich ausbreiteten, von unschätzbarem Wert.

Zahnradgetriebe

Als Erfinder gilt Ktesibios von Alexandria (280 v. Chr.)

Zahnradgetriebe sind wichtige Bestandteile vieler Maschinen. In ihrer einfachsten Form bestehen sie aus zwei Rädern, die am Rand mit Zähnen versehen sind. Diese greifen ineinander, so daß ein Rad das andere dreht. Aufgabe eines Zahnradgetriebes ist die Übertragung einer Bewegung von einer Welle auf eine andere; diese Wellen können parallel oder im rechten Winkel zueinander stehen. Haben die beiden Räder eine unterschiedliche Anzahl von Zähnen, ändern sich Laufgeschwindigkeit und Kraftübertragung.

In einer Abhandlung, die dem griechischen Philosophen Aristoteles aus dem 4. Jh. v. Chr. zugeschrieben wird, ist offensichtlich von einem Zahnradgetriebe die Rede. Um 280 v. Chr. verwendete Ktesibios von Alexandria, der erste geniale Mechaniker der Welt, das Zahnrad in seinen Erfindungen, beispielsweise einer Wasseruhr. Diese Vorrichtung arbeitete mit einem Zahnstangengetriebe – einer Stange, die an einer Seite mit Zähnen versehen ist und in die ein kleines Zahnrad, ein sogenanntes Ritzel, eingreift. Wenn dieses gedreht wird, bewegt sich die Zahnstange.

Im 3. Jh. v. Chr. erwähnt der griechische Erfinder Archimedes in seinen Arbeiten das Schneckengetriebe. Es überträgt die Bewegung zwischen zwei Wellen, die im rechten Winkel zueinander stehen, und besteht aus einem einfachen Stirnrad mit geraden oder schrägen Zähnen und einer Schnecke, die ein schraubenförmiges Gewinde hat.

Etwa zur gleichen Zeit tauchte eine Form des Zahnrads auf, die man häufig bei Schöpfrädern verwendete, um Wasser auf ein höheres Niveau zu befördern. Die Schöpfräder waren über eine Welle mit einer Zahntrommel verbunden, an deren Rand Zähne im rechten Winkel herausragten. Heute nennen die Techniker solche Räder Kronenräder (→ Uhr). Die Zähne des Kronenrads griffen in die Zahnung eines anderen Rades ein, das dazu im rechten Winkel stand und von Ochsen ständig im Kreis gedreht wurde (Göpel).

Einen ähnlichen Übertragungsmechanismus verwendete um 25 v. Chr. der römische Ingenieur Vitruv, um die Wasserkraft zum Mahlen von Getreide auszunutzen. Er setzte an sein senkrechtes → Wasserrad ein Kronenrad an, das die Mühlsteine antrieb.

Im 1. Jh. kannte der griechische Erfinder Heron von Alexandria bereits alle wichtigen Arten von Zahnradgetrieben, also nicht nur das einfache Stirnradgetriebe mit geraden Zähnen, sondern auch das gewinkelte Kegelradgetriebe, dessen Zähne im rechten Winkel ineinandergreifen. In seinem Buch *Mechanica* beschreibt er Zahnräder und deren Übersetzungsverhältnisse.

Um 200 v. Chr. wurden in China die ersten Zahnräder aus Metall hergestellt, vor allem aus → Bronze, die sich leicht gießen ließ und widerstandsfähig war. Diese Räder wurden aber in Europa meist nur für mechanische Spielzeuge und astronomische Instrumente verwendet. Als im 14. Jh. die mechanische → Uhr erfunden wurde, brauchte man immer bessere Zahnräder. Schon 1658 wurde in den Niederlanden eine spezielle → Drehbank für Uhrmacher entwickelt, um die präzisen Zahnräder für die Pendeluhren herzustellen, die Christiaan Huygens baute.

Im Jahr 1781 erfand der schottische Ingenieur James Watt ein Zahnradgetriebe, das die hin- und hergehende Bewegung des Dampfkolbens in eine Drehbewegung umwandelt. Sein Umlaufgetriebe war der Vorläufer des Planetengetriebes. Dabei umkreist ein Zahnrad das andere wie ein Planet die Sonne. Dieses Planetenrad setzt das Zahnrad mit der Antriebswelle (Sonnenrad) in Bewegung.

Die moderne Form eines Planetengetriebes geht auf das Jahr 1896 zurück, als sich der englische Erfinder William Reilly eine Gangschaltung in der Hinterradnabe des → Fahrrads patentieren ließ. Ein Jahr später führte der englische Ingenieur Frederick Lanchester das Planetengetriebe beim → Auto ein. Es ist auch der wichtigste Teil der automatischen Gangschaltung moderner Kraftfahrzeuge.

Das Differential- oder Ausgleichsgetriebe wird in die Antriebsachse von Autos eingebaut, damit sich die Räder beim Kurvenfahren mit unterschiedlicher Geschwindigkeit drehen können. In seiner heutigen Form führte es 1828 der Franzose Onésiphore Pecqueur ein, der es erstmals bei dampfbetriebenen Fahrzeugen benutzte.

VIER HÄUFIGE ZAHNRADGETRIEBE

Stirnradgetriebe *Die geraden Zähne sind parallel zur Drehachse eingeschnitten. Im Autogetriebe verwendet man sie meist für den Rückwärtsgang. Sie werden häufig auch in anderen Maschinen zur Veränderung von Drehzahlen benutzt. Das größere Rad besitzt mehr Zähne und dreht sich deshalb langsamer.*

Kegelradgetriebe *Die ineinandergreifenden kegelförmigen Zahnräder übertragen die Bewegung zwischen zwei sich kreuzenden Wellen. Die gerade oder bogenförmig eingeschnittenen Zähne sind länger als beim Stirnrad. Man verwendet Kegelräder zur Veränderung der Antriebsrichtung im rechten Winkel.*

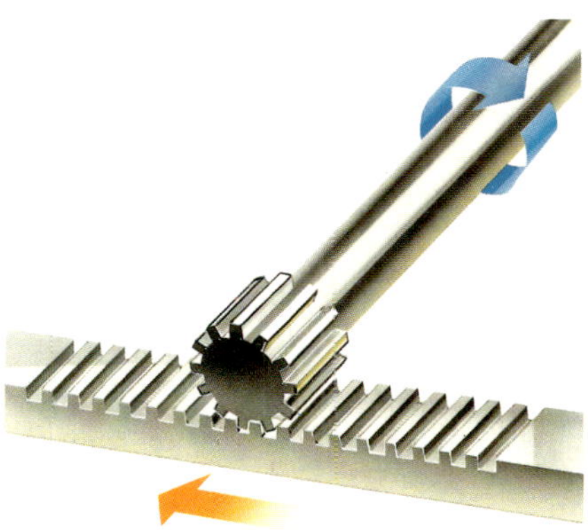

Zahnstangengetriebe *Nach diesem Prinzip arbeiten die meisten modernen Lenkgetriebe. Die Zahnstange wird von einem kleinen Ritzel bewegt. Beim Einschlagen des Lenkrads wird die Zahnstange seitlich verschoben und schwenkt die Vorderradachse nach rechts oder links.*

Schneckengetriebe *Auch mit diesem Getriebe wird die Bewegungsrichtung verändert. Die Vertiefungen der Schneckenwelle sind ähnlich dem Gewinde einer Schraube angeordnet. Sie drehen das schräg verzahnte Schneckenrad, das im rechten Winkel auf seiner Welle sitzt.*

Zaumzeug und Geschirr

Die ältesten Trensengebisse sind aus der Bronzezeit erhalten

Seit seiner Domestizierung zwischen 3000 und 2000 v. Chr. auf den Steppen Asiens wurde das Pferd mit Zügel und Gebißstange gelenkt. Bei Pferden, Maultieren und Eseln wird die Trense, eine Gebißstange aus Metall, quer durch das Maul gezogen und an einem Kopfgestell oder Halfter aus Leder befestigt. An beiden Enden der Trense ist ein Zügel befestigt; wenn man daran zieht, kann man die gewünschte Richtung angeben oder bremsen. Die mit Gelenken versehene Gebißstange aus Metall datiert aus der Zeit um 1400 v. Chr. und hat sich seither kaum geändert. Die älteste bekannte Gebißstange war ein Stück von einem Geweih mit einem Loch an jedem Ende. Im 14. Jh. wurde in Europa noch die Kandare, eine gelenklose stählerne Gebißstange für besonders wilde Pferde, eingeführt.

Um 3000 v. Chr. wurden in Mesopotamien zum erstenmal Ochsen für die Feldarbeit eingespannt. Das Zuggeschirr dafür waren gebogene Joche aus Holz, die über Nacken und Schultern paßten. Man band sie mit Stricken an den Hör-

WIE LAST- UND ARBEITSTIERE ANGESCHIRRT WURDEN

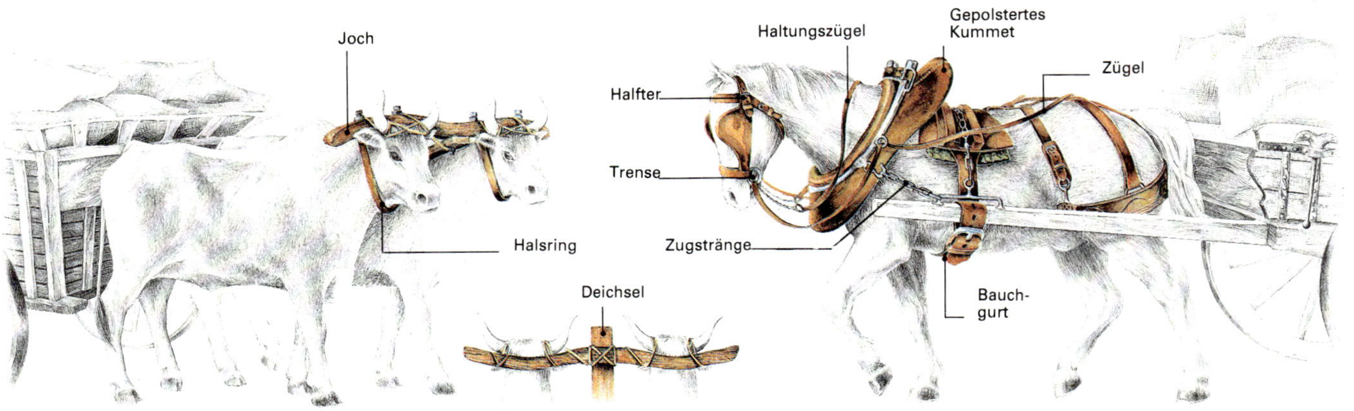

Joch *Seit 5000 Jahren werden Rinder mit einem hölzernen Joch angeschirrt, das an der Zuglast befestigt ist. Im Mittelalter kam ein hölzerner Halsring dazu. Bildmitte unten: Primitive Joche wurden an Hörnern und Deichsel festgebunden.*

Kummet *Im Gegensatz zum Rind zieht das Pferd mit dem Halsansatz. Ein Joch würde es erdrosseln. Das starre und gepolsterte Kummet verteilt das Gewicht auf die Schultern des Tieres. Zugstränge verbinden das Kummet mit der Deichsel.*

nern fest. Lange Zugseile wurden an den Jochenden befestigt und über die Flanken der Tiere nach hinten geführt, um einen Pflug oder einen Wagen anzuhängen. Das Brustblatt- oder Sielengeschirr für Pferde bestand aus Leder und war nur für geringere Lasten stabil genug.

Um 500 v. Chr. erfanden die Römer das erste Kummet. Es wurde Maultieren um die Brust gelegt, bestand aus Holz und war mit →Leder bezogen. Im Mittelalter erhielten diese Kummets eine stärkere Polsterung, um den Hals der Tiere zu schützen.

Im Lauf der Zeit lernte man, die Wagendeichsel mit beweglichen Abzweigungen zu versehen, so daß auch Gespanne von zwei oder mehr Pferden schwere Lasten ziehen konnten. Das waren sogenannte Wagenschwengel, hölzerne Querstangen, die hinter dem Pferd an den Zugsträngen festgemacht wurden. Damit sich die Zugstränge, die jetzt aus →Ketten bestanden, nicht verhedderten, hielt man sie in sicherem Abstand von Deichsel und Wagenschwengeln. Diese waren so angelegt, daß die Zugkraft von mehreren Pferden in einem Punkt vereinigt werden konnte.

Zeitung

Die erste Wochenzeitung erschien 1609 in Deutschland

Die frühesten Vorläufer der heutigen Zeitungen waren die Flugblätter der Reformationszeit. Erst seit der Erfindung des Buchdrucks durch den Deutschen Johannes Gutenberg (→Druckverfahren) war es möglich, Neuigkeiten in dieser Form billig zu vervielfältigen. So berichteten schon 1493 mehrere Flugblätter von der Entdeckung Amerikas durch Kolumbus. Aber solche Nachrichtenblätter erschienen nur von Fall zu Fall.

Vor der Einführung der Zeitung hatten selbst gebildete Leute kaum die Gelegenheit, sich aktuell über Tagesereignisse zu informieren. Am besten waren die Kaufleute unterrichtet, die mit fernen Städten Handelsbeziehungen und Korrespondenzen unterhielten. Sie waren auch die wichtigsten Informationsquellen für die ersten Zeitungsverleger.

Regelmäßige Informationsdrucke mit gleichem Titel und veränderlichem Inhalt waren erst die sogenannten Meßrelationen oder Meßkataloge des 16. Jh. Den ersten brachte der Augsburger Buchhändler Georg Willer im Jahr 1564 heraus. Diese Kataloge erschienen bald in allen Städten Europas, wo regelmäßig große Handelsmessen stattfanden. Sie enthielten neben allgemeinen Neuigkeiten schon Branchennachrichten und Anzeigen. Dennoch waren auch diese Kataloge nur eine Vorstufe der Zeitung.

Das erste Wochenblatt dürfte die *Avisa Relation oder Zeitung* gewesen sein, die 1609 von Adolph von Söhne in Wolfenbüttel herausgebracht wurde. Die Idee verbreitete sich schnell in ganz Europa. Noch im selben Jahr erschien zum Beispiel die *Straßburger Relation.* Die ersten Tageszeitungen waren ab 1650 die *Einkommenden Zeitungen* des Leipziger Verlegers Thomas Ritzsch.

Die Niederländer waren als Zeitungsverleger besonders aktiv. In der Mitte des 17. Jh. erschienen in den Niederlanden mehr als 100 Zeitungen, und in den meisten waren auch Geschäftsanzeigen zu finden. Niederländische Zeitungen wurden in andere Sprachen übersetzt und in ganz Europa neu aufgelegt.

Besonders stark war der Einfluß der ersten Massenblätter auf die öffentliche Meinung. Eine solche Zeitung war die New Yorker *Sun,* die 1833 entstand. Sie war in einfachem Stil abgefaßt und wurde billig auf den Straßen verkauft.

Nach 1850 ermöglichte es der elektrische →Telegraf auch den kleinsten Zeitungen, neueste Nachrichten aus aller Welt zu bringen, die von Presseagenturen geliefert wurden. Das →Telefon ist ebenfalls aus keiner modernen Redaktion wegzudenken.

Bis 1880 gab es aber noch keine geeignete Methode, um →Fotografien wiederzugeben. Danach machte die Drucktechnik immer raschere Fortschritte. Große Rotationsmaschinen, neue →Druckverfahren und →Telekopierer ermöglichten ständige Verbesserungen und höhere Auflagen.

Heute werden Zeitungen meistens schon am Bildschirm geschrieben (→Schreibmaschine) und umbrochen (das heißt gestaltet). Fototechnische Lichtsatzmaschinen haben den Schriftsetzer abgelöst, und was der Bürger beim Morgenkaffee liest, ist das Ergebnis einer weitgehenden →Automatisierung.

Rundfunk und →Fernsehen haben sich als Massenmedien immer mehr durchgesetzt, und die Zahl der selbständigen Zeitungen ist stark zurückgegangen. Neue, kostensparende Herstellungsverfahren könnten dazu beitragen, daß die Presseerzeugnisse sich behaupten. „Denn“, wie schon Goethe sagte, „was man schwarz auf weiß besitzt, kann man getrost nach Hause tragen.“

Zellophan

Erstmals 1908 in der Schweiz hergestellt

Im Jahr 1908 gelang es dem Schweizer Chemiker Jacques Edwin Brandenberger, aus Zellulose eine durchsichtige, geschmeidige Folie herzustellen. Zu diesem Zweck wird aus Holzschnitzeln der Zellstoff herausgelöst. Dabei gewinnt man eine Viskoselösung, die dann durch lange, schmale Schlitzdüsen (Spinnverfahren) in ein Säurebad gedrückt wird. In diesem Säurebad findet die Umwandlung in Zellglas statt, das unter der Handelsbezeichnung Zellophan bekannt ist.

Zentralheizung

Erstmals von den Römern um 100 v. Chr. installiert

Die ersten Zentralheizungen waren sogenannte Hypokausten, bei denen Warmluft von einem Ofen in Hohlräume unter dem Fußboden geleitet wurde und dann durch Schächte in den Wänden ausströmte. C. Sergius Orata ließ um 100 v. Chr. für seine Fisch- und Austernzucht von unten heizbare Wannen bauen. Sehr bald wurden Hypokausten auch für die Beheizung von Bädern verwendet, etwa in Pompeji oder Olympia. Für Wohnräume brauchte man sie nur in den nördlichen Provinzen des Römischen Reiches.

In Frankreich und den Niederlanden wurden um 1713 von einer zentralen Feuerstelle im Vorraum mehrere Zimmeröfen beheizt. Man leitete dazu die Warmluft durch Rohrschlangen in den Ofen und dann in einen Schornstein.

Die erste Warmwasserheizung wurde 1716 in England eingeführt. Die frühen Zentralheizungen in Wohnhäusern funktionierten meist nach dem Prinzip des Zwangsumlaufs. Dabei steigt heißes Wasser in einen Vorratsbehälter auf dem Dachboden und sinkt durch die Heizungsrohre in den Räumen wieder nach unten. Bis zur Einführung der gußeisernen Rippenheizkörper im Jahr 1830 wurden die Heizrohre mit kunstvollen Ziergittern verdeckt.

Moderne Zentralheizungen können elektrisch, mit Öl, Gas oder Kohle befeuert werden. Eine Umwälzpumpe versorgt dabei die Heizkörper in den einzelnen Räumen mit heißem Wasser oder Dampf, und die Temperatur wird durch → Thermostaten geregelt.

Ziegelsteine

6000 v. Chr. im Orient hergestellt

Die ältesten bekannten Backsteine aus luftgetrocknetem Lehm sind über 8000 Jahre alt; sie wurden in Palästina in den Mauern von Jericho gefunden. Um 3000 v. Chr. kneteten die Ägypter den Lehm mit gehäckseltem Stroh, damit die Backsteine nicht so leicht bröckelten. Die Mischung wurde in Formen gedrückt, gestürzt und an der Sonne getrocknet. Zusätzliche Hitze machte diese Backsteine noch fester. Die ersten gebrannten Ziegel stammen aus Uruk in Mesopotamien. Die Mesopotamier brannten sie bei Temperaturen von 600°. Griechen und Römer verbesserten diese Technik weiter, ihre Ziegelsteine hatten – je nach Bedarf – verschiedene Formen, die genormt waren.

Während der industriellen Revolution wurde die Ziegelherstellung mechanisiert, um die Nachfrage aus den rasch wachsenden Städten befriedigen zu können. Es gab zweierlei Herstellungsmaschinen: Die eine drückte weichen, feuchten Lehm in Formen, die andere preßte ihn aus einer Öffnung als fortlaufenden rechteckigen Strang, der mit Drähten in Backsteinform geschnitten wurde. Eine frühe Maschine des ersten Typs war die Lyle-and-Stainford-Mischmühle von 1825. Die erste, kommerziell erfolgreiche Strangpresse wurde 1879 von Richard Bennet erfunden.

Zuckergewinnung

Mit Sicherheit in Indien schon um 300 v. Chr. bekannt

Bevor die Menschen den Zucker entdeckten, süßten sie Speisen und Getränke üblicherweise mit Honig oder ungegorenem Traubensaft.

Zuckerrohr wurde in Indien schon vor 1000 v. Chr. angebaut. Auf dem Indienfeldzug Alexanders des Großen stellte einer seiner Offiziere 327 v. Chr. fest, daß dort ein Schilfrohr wuchs, das Honig ohne die Hilfe von Bienen hervorbrachte. Allmählich drang der Anbau von Zuckerrohr bis nach Zypern vor, und Zucker kam im Mittelmeerraum im 8. Jh. in Gebrauch, im übrigen Europa nach den Kreuzzügen. Die Raffinierung, das heißt die Reinigung und Verfeinerung des Zuckers, wurde erst viel später erfunden. Eine der ersten sogenannten Zuckersiedereien entstand im Jahr 1597 in Dresden.

1492 brachte Christoph Kolumbus das Zuckerrohr mit auf die Westindischen Inseln und nach Südamerika. In dem dortigen Klima gedieh es prächtig. Um die Plantagen zu bewirtschaften, brachte man Sklaven aus Afrika dorthin und verkaufte sie an die Farmer – im Tausch gegen ihre Erzeugnisse, die dann nach Europa exportiert wurden.

1747 fand der deutsche Chemiker Andreas Marggraf ein Verfahren zur Gewinnung von Zucker aus der Runkelrübe. Sie gedeiht auch in kälteren Zonen, und von da an war man in nördlichen Ländern nicht mehr ausschließlich auf den teuren Importzucker angewiesen.

Seit der Mitte des 18. Jh. bis heute hat sich der jährliche Zuckerverbrauch in Europa verzehnfacht. Mehr als die Hälfte davon verbraucht die Lebens- und Genußmittelindustrie zum Süßen von Fruchtsäften, Marmeladen und Konserven.

In modernen Zuckerraffinerien wird das Zuckerrohr zerfasert (da nur die Innenteile den Zucker enthalten), befeuchtet und dann ausgepreßt. Die Zuckerrüben werden kleingeschnitten und mit heißem Wasser ausgelaugt. In beiden Fällen gewinnt man einen Sirup, aus dem sich der Zucker beim Eindicken herauskristallisiert; dann trennt man ihn in einer hochtourigen Zentrifuge von der Restflüssigkeit.

Zündvorrichtung

Zündschnüre wurden um 1400 in Europa zum Zünden von Minen und Bomben verwendet

Die ersten Vorrichtungen zum Zünden von Bomben und Minen waren langsam brennende Zündschnüre, deren Länge von der gewünschten zeitlichen Verzögerung abhing. Etwa 300 Jahre später, um 1700, ersetzte man in Europa die Zündschnüre durch Rohre, die mit Schießpulver gefüllt waren.

Im Zweiten Weltkrieg baute man Zeitzünder mit einem Uhrwerk und Annäherungszünder, die ausgelöst wurden, sobald das Ziel die vom Geschoß ausgesendeten Signale reflektierte. Heute gibt es ferngezündete Geschosse sowie Zielsuchverfahren, bei denen der Flugkörper sein Ziel automatisch ansteuert; wenn das Ziel entsprechend nahe ist, wird der Zündmechanismus ausgelöst.

ERFINDER UND IHRE SCHICKSALE

Die Namen jener schöpferischen Menschen, die das erste Rad, die erste Axt, den ersten Flaschenzug, den ersten Keil angefertigt haben, sind in der Geschichte versunken. Auch einige der späteren Erfinder, Entdecker und Erneuerer wurden nicht so berühmt, wie sie es verdienten. Manche kamen zu Vermögen; andere aber starben, ohne für ihre oft aufopferungsvolle Arbeit belohnt worden zu sein, und viele wurden zu Lebzeiten verkannt. Stellvertretend für die vielen Pioniere des Fortschritts folgen hier die kurzgefaßten Lebensbeschreibungen einiger Erfinder, ohne deren schöpferische Ideen unsere Welt nicht so wäre, wie sie ist.

Der drahtlose Funk *Guglielmo Marconi kam 1896 mit seiner frühen Funkausrüstung nach England. Im selben Sommer führte der 22jährige Erfinder seine Methode der drahtlosen Telegrafie erfolgreich vor.*

Appert, Nicolas-François
(1752–1841)
Der französische Konditor gilt als Erfinder der Konservierung von Lebensmitteln. 14 Jahre lang arbeitete er an seiner Konservierungsmethode und der Vervollkommnung seiner Einmachgläser, in denen Obst, Gemüse, Suppen, Milchprodukte und Marmeladen aufbewahrt werden konnten. Im Jahr 1810 schloß er seine Versuche ab, und zwei Jahre später gründete er die erste Einmachfabrik der Welt. Sie bestand bis 1933. Um 1820 hatte sich die Appertmethode zur Lebensmittelkonservierung in Europa und den USA durchgesetzt.
→ *Lebensmittelkonserven*

Archimedes
(um 287–212 v. Chr.)
Archimedes ist eine der herausragenden Gestalten der griechischen Antike und war der bedeutendste Physiker und Mathematiker seiner Zeit. Ihm wird die Erfindung der archimedischen Schraube oder Schnecke zur Wasserförderung zugeschrieben. Während der Belagerung von Syrakus durch die Römer baute er mehrere Kriegsmaschinen; dazu gehören ein großes Brennspiegelsystem, das die Sonnenstrahlen bündeln und damit die Segel feindlicher Schiffe verbrennen sollte; ein großer Kran, um feindliche Schiffe zu zerstören, sowie katapultähnliche Steinschleudern.

Archimedes wurde bei der Eroberung von Syrakus durch die Römer getötet. Die Überlieferung berichtet, daß er in seinem Garten geometrische Figuren in den Sand zeichnete, als ein römischer Soldat eindrang. Diesem soll er sein „Noli turbare circulos meos" („Störe mir meine Kreise nicht") zugerufen haben; doch der Soldat stach ihn nieder.
→ *Archimedische Schraube*

Arkwright, Sir Richard
(1732–1792)
Hineingeboren in die Epoche der industriellen Revolution, wurde Richard Arkwright zum Erfinder der Spinnmaschine mit automatischer Garnzuführung und Begründer der englischen Textilindustrie. Im Jahr 1769 konstruierte Arkwright – der als Perückenmacher und Hersteller

Spinnen *Richard Arkwrights Spinnmaschine war so erfolgreich, daß der Erfinder ernstlich durch die Spinner bedroht wurde, die um ihre Existenz bangten.*

von Haarfärbemitteln ein Vermögen gemacht und wieder verloren hatte – eine mit Wasserkraft angetriebene Spinnmaschine für Baumwolle. Der Faden, der auf dieser Maschine hergestellt wurde, war stärker als derjenige der „Spinning Jenny", die James Hargraves einige Jahre früher erfunden hatte.

Arkwright führte seine Erfindung in den Spinnereien im Norden Englands ein und schuf damit die Grundlage zur Massenfertigung in der Baumwollindustrie.
→ *Spinnmaschine*

Baekeland, Leo Hendrick
(1863–1944)
Wie viele Wissenschaftler und Ingenieure wanderte auch der Belgier Leo Baekeland in die Vereinigten Staaten aus, weil er glaubte, seine Träume dort besser verwirklichen zu können. 1909 erfand er den nach ihm benannten Kunststoff, der eine neue Ära in der Herstellung von Rohstoffen einleitete. Sein Bakelit war das erste wärmebeständige Kunstharz und ein ausgezeichneter elektrischer Isolator.

Eine frühere Erfindung Baekelands, ein Fotopapier, das unter künstlichem Licht entwikkelt werden konnte, wurde von der Firma Kodak gekauft. Baekeland begegnete dem Gründer der Firma, George Eastman, im Jahr 1899 und wollte das Papier eigentlich für 25 000 Dollar verkaufen. Doch Eastman bot ihm in seiner Begeisterung 1 Million, und Baekeland stimmte gern zu.
→ *Kunststoffe*

Baird, John Logie
(1888–1946)
1925 gab der schottische Fernsehpionier John L. Baird in einer Mansarde, die ihm im Londoner Stadtteil Soho als Werkstatt diente, seine erste öffentliche Vorstellung von dem, was er als „drahtlos sehen" bezeichnete. Sein Publikum bestand aus Mitgliedern der Royal Institution, die in Begleitung ihrer Gattinnen erschienen waren. Baird wurde über Nacht zu einer gefeierten und gefragten Persönlichkeit.

Drei Jahre später gelangen ihm farbige Übertragungen, und von 1929 an sendete er über einen BBC-Sender ein tägliches Schwarzweißprogramm.

1936 interessierte sich die BBC für das vollelektronische Sendesystem der Firma Marconi-EMI. Drei Monate lang wurden Sendungen mit beiden Systemen ausgestrahlt. Weil das konkurrierende System ein schärferes Bild lieferte und seine Apparatur viel handlicher war, wurde Bairds Fernsehen fallengelassen.

Pionier des Fernsehens *John Logie Baird, schottischer Ingenieur und einer der Erfinder des Fernsehens, an einem frühen Fernsehgerät.*

Die Verdienste des Schotten um eine Popularisierung des Fernsehens sind aber unbestreitbar. Seine Tragik war es, daß er von Anfang an den falschen Weg ging, indem er glaubte, das mechanische Fernsehen – das auf der Nipkowschen Lochscheibe beruhte – weiterentwikkeln zu können. Er hielt an diesem Prinzip noch fest, als sich das elektronische Fernsehen längst als das bessere und zukunftsträchtigere erwiesen hatte.
→ Fernsehen

Banting, Sir Frederick Grant
(1891–1941)
Im Sommer 1921 trug der kanadische Arzt Frederick Banting dem Mediziner John Macleod, Professor für Physiologie an der Universität Toronto, seine Idee vor, ein Heilmittel gegen die Zuckerkrankheit zu entwickeln. Damals starben jedes Jahr mehrere Millionen Menschen auf der Welt wegen des zu hohen Zuckergehalts in ihrem Blut. Macleod erklärte sich bereit, das Projekt zu unterstützen, und Banting machte sich, zusammen mit Charles Herbert Best, einem Medizinstudenten, an die Arbeit.

Die beiden experimentierten mit zuckerkranken Hunden, und schon im Januar 1922 gab Banting bekannt, daß er und Best ein Heilmittel gefunden hatten. Sie nannten es Insulin. Der erste Mensch, der das lebensrettende Mittel erhielt, war der zehn Jahre alte Schüler Leonard Thompson. Leonard lag im Toronto General Hospital und war so schwach, daß die Ärzte ihn aufgegeben hatten. Aber schon 24 Stunden nach der ersten Insulininjektion saß der Junge aufrecht im Bett, und sein außerordentlich hoher Blutzukkerspiegel begann zu sinken.

1923 erhielten Banting und Macleod – dieser, weil er die Forschung ermöglicht hatte – zu gleichen Teilen den Nobelpreis für Medizin. Banting ärgerte sich, weil das Nobelpreiskomitee Bests Beitrag an dieser Arbeit nicht berücksichtigt hatte, und teilte seinen halben Preis mit seinem Assistenten. Später gründete die Universität von Toronto die Banting-Best-Fakultät für medizinische Forschung.
→ Insulin

Bauer, Wilhelm
(1822–1875)
Das Schicksal des bayerischen Armeekorporals Bauer beweist, daß es nicht genügt, eine Erfindung zu machen, sondern daß man auch Geldgeber und ein Quentchen Glück haben muß. Der Gedanke an ein Unterseeboot kam Bauer erstmals während des Deutsch-Dänischen Krieges von 1848–1850, als die Dänen sich über eine Brücke auf die Insel Alsen zurückzogen. Mit einem Tauchboot, überlegte Bauer, hätte man den streng bewachten Übergang sprengen können.

Nach vielen Überlegungen und Berechnungen baute Bauer 1850 sein erstes Boot, den *Brandtaucher*. Bei seinem ersten Einsatz schlug das Unterseeboot den Gegner durch seinen bloßen Anblick in die Flucht. Doch bei einem Tauchversuch im Februar 1851 wurde das Boot leck und konnte nicht mehr auftauchen. Bauer und seine beiden Assistenten konnten sich Stunden später befreien. Dies war das erste Mal, daß Insassen eines gesunkenen Unterseebootes mit dem Leben davonkamen.

Bauer hatte gegen allerlei Intrigen im eigenen Land, aber auch in Frankreich und Großbritannien zu kämpfen. Und da er keinen Geldgeber fand, ging er 1855 nach Rußland. Dort baute er sein zweites Boot, den *Seeteufel*, der 16 m lang, 3,4 m breit und mit einer Beobachtungskanzel versehen war; er konnte schon 45 m tief tauchen. Nach 133 gelungenen Tauchfahrten sank der *Seeteufel*. 1858 plante Bauer ein weiteres Unterseeboot, das er mit einem Preßluftmotor ausstatten wollte. Doch Querelen mit der russischen Admiralität verhinderten die Ausführung.

Als einer der ersten hat Bauer auf die friedliche Verwendung der U-Boote hingewiesen: „Das Unterseeboot wird der Perlenfischerei, der Goldgewinnung, der Telegrafie, dem Unterwasserbau und der wissenschaftlichen Erforschung der Tiefsee dienen", prophezeite der Konstrukteur. Richtschnur seines Lebens war der von ihm selbst verfaßte Spruch: „Die Natur schleudert den Vogel in die Lüfte,/Den Fisch in die Tiefen des Meeres,/Doch des Menschen göttlicher Geist/Erforscht und benützt deren Kräfte."
→ Unterseeboot

Benz, Carl Friedrich
(1844–1929)
Schon als Schüler hatte Benz von einem „Fahrzeug ohne Pferde" geträumt, und der Gedanke, eine solche „Lokomotive der Landstraße" zu bauen, ließ ihn nicht mehr los. 1879 steckte Benz, der sich vom Schlosserlehrling bis zum Ingenieur hinaufgearbeitet hatte, seine Ersparnisse in den Bau eines Gasmotors, der zum Teil auf dem zehn Jahre jüngeren Entwurf des belgischen Ingenieurs Jean-Joseph Étienne Lenoir aus dem Jahr 1863 beruhte. Benz' Modell war so vielversprechend, daß er einen Geldgeber fand und 1883 in Mannheim eine Fabrik eröffnen konnte, um seinen Motor zu bauen.

Zwei Jahre später ging sein erstes Auto – ein dreirädriger Wagen mit Vollgummireifen, einem Zweitaktmotor und einer Höchstgeschwindigkeit von 12 km/h – auf Probefahrt. Noch vor Ablauf des Jahres führte Benz der Öffentlichkeit die überragende Leistung seines Wagens vor – und er verursachte den ersten Autounfall der Welt, als er in Mannheim gegen eine Ziegelmauer fuhr.

1886 baute er erstmals einen Benzinviertakter in seinen Wagen ein, und 1888 begann er mit dem Verkauf seiner Autos. Seinen größten Triumph feierte der Konstrukteur 1925, als er, nun schon 81jährig, anläßlich

Carl Benz *grüßt die Menge während einer Automobilschau im Jahr 1929. Der Wagen wird von seinem Sohn Eugen gefahren.*

eines historischen Umzugs noch einmal am Steuer seines ersten Autos durch München fahren konnte.
→ *Auto*

Bell, Alexander Graham
(1847–1922)
Im Jahr 1873 wanderte der schottische Taubstummenlehrer Alexander Graham Bell in die Vereinigten Staaten aus. Er war Professor für Stimmphysiologie an der Universität Boston, als er

„Hallo Chicago" *Alexander Graham Bell spricht bei der Eröffnung der Telefonverbindung New York–Chicago im Jahr 1892.*

sich 1876 seine „elektrische Sprechmaschine" patentieren ließ. Die erste öffentliche Vorstellung gab er einige Monate später anläßlich der Jahrhundertausstellung in Philadelphia, die zu Ehren des 100. Jahrestages der amerikanischen Unabhängigkeitserklärung veranstaltet wurde.

Sender und Empfänger wurden ungefähr 170 m voneinander entfernt aufgestellt, und Bell sprach in den Handapparat: „Sein oder nicht sein, das ist hier die Frage ..." Kaiser Pedro II. von Brasilien, der den USA gerade einen Staatsbesuch abstattete, saß am Empfänger und hörte, wie das Hamletzitat über den Draht kam. Er sprang erregt auf und rief: „Ich kann es hören! Ich kann es hören!"

Bell zog sich später auf eine Insel in Neuschottland zurück. „Ich habe mich derart vom Telefon freigemacht", bemerkte er, „daß ich mich häufig frage, ob ich es wirklich erfunden habe – oder war es jemand anders, über den ich gelesen habe?"
→ *Telefon*

Berliner, Emil
(1851–1929)
Der Deutschamerikaner Emil Berliner aus Hannover erfand die Grammophonplatte. Nachdem er zur Entwicklung der Fernsprechtechnik beigetragen hatte, wandte sich Berliner der Grammophontechnik zu. Am 16. Mai 1887 führte er zum erstenmal öffentlich die flache Grammophonschallplatte mit einer Nadel vor, die sich in einer Rille über die Scheibe hin bewegte. Diese Schallplatte verringerte die Tonverzerrung und ersetzte Thomas Edisons Phonographen aus dem Jahr 1877, bei dem sich die Nadel entlang einem rotierenden Zylinder bewegte.
→ *Plattenspieler*

Biro, Ladislaus
(geb. 1900)
Als Zeitungsherausgeber in Budapest faszinierte den ungarischen Journalisten die rasch trocknende Druckfarbe. Er fragte sich, ob man damit wohl auch schreiben könne, und konstruierte 1938 ein nicht klecksendes Schreibgerät: den Kugelschreiber. Im selben Jahr bewarb er sich um ein Patent für seine Erfindung; doch dann brach der Zweite Weltkrieg aus, und Biro flüchtete vor den Nationalsozialisten nach Frankreich, dann nach Spanien und schließlich nach Argentinien.

Anfang der 40er Jahre konnte er den Kugelschreiber mit Hilfe seines Bruders Georg, eines ehemaligen Chemikers, vervollkommnen und in Buenos Aires

Schreibende Waffe *Ladislaus Biro freute sich, daß sein Kugelschreiber während des Zweiten Weltkriegs „seine Pflicht erfüllte". Das Gerät war bei den Flugzeugbesatzungen der Alliierten sehr beliebt, weil es auch in großer Höhe schrieb, ohne zu klecksen.*

die Fabrikation aufnehmen. 1944 verkaufte er seine Anteile an einen seiner Geldgeber, der den Kugelschreiber für die britischen und amerikanischen Streitkräfte herstellte.

Später wurde das Schreibgerät an die französische Firma BiC verkauft, die heute täglich über zehn Millionen Kugelschreiber produziert. Biro geriet in Südamerika in Vergessenheit; er hatte nur eine geringe Belohnung für seine Erfindung erhalten, die heute in der ganzen Welt benutzt wird.
→ *Schreibgerät*

Böttger, Johann Friedrich
(1682–1719)
Der Erfinder des europäischen Porzellans war eine ebenso typische wie hervorragende Persönlichkeit in jener Zeit, da man noch keinen großen Unterschied zwischen alchimistischer Köchelei und exakten naturwissenschaftlichen Experimenten machte. Johann Friedrich Böttger erhielt eine gute humanistische Schulbildung und kam dann bei einem Berliner Apotheker in die Lehre. Dort experimentierte der 16jährige neugierig und verstohlen mit den geheimnisvollen Töpfen und Tiegeln seines Lehrherrn. Dann gelang es ihm mit Hilfe einer roten Tinktur, die ihm ein griechischer Bettelmönch zusteckte, Spuren von Gold zu „produzieren" – die wahrscheinlich darin enthalten waren. Dennoch wurde Böttger damit schlagartig bekannt, und als Friedrich I. von Preußen seine Hand nach dem vermeintlichen Goldmacher ausstreckte, schrieb er sich vorsichtshalber in der kursächsischen Universität Wittenberg als Student ein. Aber der dortige Landesherr erfuhr durch ein Auslieferungsbegehren von dem interessanten Studiosus und befahl nun seinerseits, Böttger zu verhaften. Von 1701 bis 1709 forderte der ebenso wundergläubige wie geldgierige August der Starke von Böttger die Herstellung von Gold. Er richtete ihm in Dresden und auf der Albrechtsburg in Meißen alchimistische Küchen ein und unterstellte ihn der Aufsicht des Barons Ehrenfried Walther von Tschirnhaus. Unter dessen wertvoller wissenschaftlicher Anleitung untersuchte Böttger, in halber Gefangenschaft gehalten, heimische Erden auf ihre Brauchbarkeit und brachte beinahe sofort ein Material zustande, das der Delfter Fayence ähnelte. 1707 entdeckte er dann ein rotes Steinzeug, das in der Qualität dem chinesischen Porzellan um nichts nachstand. Tschirnhaus brauchte allerdings noch einige Zeit, um August den Starken davon zu überzeugen, daß ein Rezept für weißes Porzellan auf die Dauer mehr Geld versprach als zweifelhafte Versuche, im Labor Gold herzustellen.

Böttger ersetzte den unschmelzbaren roten Ton durch eine ebenfalls unschmelzbare weiße Erde und fügte als Flußmittel Kreide, Alabaster oder Marmorstaub hinzu. Und so gelang ihm 1708 das erste weiße Porzellan, allerdings noch ohne Glasur. Zwei Jahre später führten Böttgers Fleiß, Erfindungsgabe und Experimentierwut zum Erfolg auch in dieser Hinsicht, und der König gründete die berühmte Meißener Porzellanmanufaktur.

Als Böttger am 31. März 1719 starb, war er noch nicht einmal 40 Jahre alt. Er war erschöpft, verbittert über seine 13jährige Gefangenschaft, hoffnungslos verschuldet und fast blind. Er war vergiftet von den Abgasen seiner Brennöfen und vom jahrelangen, rücksichtslosen Umgang mit scharfen Chemikalien. Ein launenhafter Alkoholiker und ein fanatischer Arbeiter sei er gewesen, sagten seine Mitarbeiter. Aber auch ein genialer Erfinder, der im Käfig wohl kaum habe anders enden können.
→ *Töpferei*

Braille, Louis
(1809–1852)
Braille wurde im Alter von drei Jahren halb blind, als er sich in der Sattlerwerkstatt seines Vaters in Nordfrankreich mit einem Messer ins Auge stach. Durch eine Infektion erblindete er später auch auf dem anderen Auge. Sieben Jahre danach erhielt er ein Stipendium für das Nationale Institut für blinde Jugendliche in Paris, wo die Schüler mit gestanzten Buchstaben lesen lernten.

Im selben Jahr, 1819, erfand der französische Armeehauptmann Charles Barbier ein Nachtschriftsystem, mit dem nachts Nachrichten ausgetauscht werden konnten. Es beruhte auf der unterschiedlichen Anordnung von zwölf erhabenen Punkten auf einer Unterlage. Später führte Barbier diese Nachtschrift am Blindeninstitut vor, und der damals 15jährige Braille bearbeitete sie für die Blinden. Die Brailleschrift wurde 1829 veröffentlicht, drei Jahre nachdem ihr Erfinder Lehrer an der Blindenschule geworden war (jenem Nationalen Institut für blinde Jugendliche).

1837 brachte Braille eine verbesserte Version seiner Punktschrift heraus; aber sie wurde erst 1932, also fast ein Jahrhundert später, international als Blindenschrift anerkannt.
→ *Blindenschrift*

Braun, Karl Ferdinand
(1850–1918)
Schon mit 24 Jahren machte Braun seine erste bedeutende Entdeckung, als er den Gleichrichtereffekt der Sulfide entdeckte. Doch er hat sich vor allem als Pionier des Fernsehens und der drahtlosen Telegrafie einen Namen gemacht und wurde dafür auch 1909 (zusammen mit → Marconi) mit dem Nobelpreis für Physik ausgezeichnet.

Karl Ferdinand Braun, den seine akademische Laufbahn als Professor für Physik nach Marburg, Straßburg, Karlsruhe und Tübingen führte, wirkte bahnbrechend auf dem Gebiet der drahtlosen Telegrafie. Er hat den geschlossenen Schwingkreis eingeführt und als einer der ersten elektrische Wellen drahtlos in einer bestimmten Richtung ausgesendet. Das gelang ihm 1898, als er einen gekoppelten, aus zwei Schwingkreisen bestehenden Sender konstruierte. Seine zahlreichen Erfindungen verwirklichte Braun mit Hilfe einiger Gesellschaften, die sich 1903 zur Firma Telefunken zusammenschlossen.

Brauns wichtigste Erfindung war jedoch die Kathodenstrahlröhre, die nach ihm als Braunsche Röhre bezeichnet wird. Sie ist heute in jedem Fernsehgerät und jedem Computerterminal als Bildröhre anzutreffen und bildet das Kernstück aller Kathodenstrahloszillographen und Radargeräte.
→ *Elektronenröhre,* → *Radio*

Braun, Wernher von
(1912–1977)
Wernher von Braun, der Vater der Mondrakete, gilt als eine der letzten großen Erfinderpersönlichkeiten der Geschichte, obwohl auch er schon viele seiner Erfolge der modernen anonymen Teamarbeit verdankt.

„Wir haben Raketen nicht erdacht und gebaut, um unseren Planeten zu zerstören, sondern um andere Planeten mit ihnen zu erreichen" – in diesem Satz Wernher von Brauns klingt die ganze Tragik der mißbrauchten Wissenschaften an. Denn die Landung auf dem Mond wurde nur möglich, weil das Militär die Entwicklung der Raketen bezahlte – natürlich nicht, ohne sie zuerst auch militärisch zu nutzen.

Wernher von Braun wurde am 23. März 1912 in Wirsitz bei Bromberg geboren. Bereits früh interessierte er sich für Raketentechnik und Raumfahrt, und als Student war er bereits ein eifriges Mitglied des Vereins für Raumschiffahrt, der sich regelmäßig auf dem Raketenflugplatz in Berlin traf. 1934 erwarb er mit einer Arbeit über Flüssigkeitsraketen den Doktortitel, und 1936 wurde er zum technischen Direktor der Heeresversuchsanstalt Peenemünde berufen. Seine Hauptaufgabe war die Leitung der Wissenschaftlergruppe, die die Fernrakete *V 2* schuf.

Bei Kriegsende wurde Braun zusammen mit seinem Freund und Kollegen Hermann Oberth sowie rund 150 Mitarbeitern in die USA geholt. Dort arbeitete er anfangs für das Heer, später für die NASA. Er entwickelte die *Jupiter-C*-Rakete, die den Satelliten *Explorer* auf seine Erdumlaufbahn brachte, und wirkte auch maßgeblich am *Apollo*-Projekt mit, in dessen Verlauf die ersten Menschen auf dem Mond landeten. Er gilt als geistiger Vater der gewaltigen *Saturn V*, der eigentlichen Mondrakete. Wernher von Braun starb 1977 in einem Krankenhaus in Washington an Krebs.
→ *Raketen,* → *Raumfahrt*

Carlson, Chester
(1906–1968)
Der amerikanische Physiker Carlson arbeitete 1934 in der Patentabteilung einer New Yorker Elektronikfirma und ärgerte sich dort über die Schwierigkeiten beim Vervielfältigen von Patentgutachten und Zeichnungen. Daher erkannte er die Notwendigkeit, ein schnell und sauber arbeitendes Kopiergerät zu entwickeln. Mehrere Jahre verbrachte er mit der Lektüre von technischen Büchern, und 1938 war er am Ziel: Am 22. Oktober fertigte er in seinem Labor in New York die erste xerografische (elektrofotografische) Kopie von einem beschriebenen Blatt Papier an.

20 Firmen lehnten in den folgenden Jahren die Herstellung des Geräts ab. Schließlich fand Carlson 1947 eine kleine Firma, die seine Erfindung finanzierte. Aus dem Betrieb entstand der Mammutkonzern Xerox Corporation. Als Carlson starb, hatten ihm seine Lizenzen und Firmenanteile ein Vermögen von rund 50 Millionen Dollar eingebracht.
→ *Fotokopiergerät*

Carothers, Wallace Hume
(1896–1937)
Als Forschungsleiter des Chemiekonzerns du Pont erfand der amerikanische Chemiker Wallace H. Carothers 1935 ein Material, das ähnliche Eigenschaften aufwies wie natürliche Seide. Es war die erste reine Kunstfaser und erhielt die Bezeichnung Nylon. Reyon, eine Art Kunstseide, war 1884 von einem französischen Chemiker, dem Grafen Hilaire Bernigaud Chardonnet, aus pflanzlicher Zellulose entwickelt worden.

Carothers litt später unter schweren Depressionen und beging 1937 Selbstmord. Zwei Jahre zuvor war das Nylon patentiert worden, und bald darauf trat die Kunstfaser ihren Siegeszug in der Welt an. Wegen seiner Stärke und Leichtigkeit wurde Nylon für Strümpfe, Hemden, Fallschirme und zahlreiche Geräte verwendet.
→ *Kunstfasern*

Cartwright, Edmund
(1743–1823)
Als der englische Pfarrer Edmund Cartwright 1786 den mechanischen Webstuhl erfand und in Doncaster, Yorkshire, eine Spinn- und Webfabrik gründete, glaubte man, das Ende des Weberhandwerks sei gekommen. Die Fabrik wurde von den verzweifelten Handwerkern gestürmt, und die Maschinen wurden vernichtet. Trotzdem arbeitete der Geistliche weiter. 1789 erfand er eine Wollkämmaschine und drei Jahre später eine Seilwickelmaschine.

Nachdem er rund 40 000 Pfund aus eigener Tasche für die Vervollkommnung seiner Erfindungen bezahlt hatte, waren seine Mittel erschöpft. Cartwright resignierte, gab 1793 seine Fabrik auf und überschrieb seine Patentrechte seinen Brüdern Charles und John.

Im Jahr 1809 erhielt er jedoch eine Entschädigung. Das britische Parlament belohnte ihn mit 10 000 Pfund für die Dienste, die er seinem Land durch seine Erfindungen geleistet hatte.

In seinen Erinnerungen schrieb Cartwright über den Augenblick, als ihm der Gedanke an einen mechanischen Webstuhl kam: „Es war im Sommer 1784 in Mattlock, wo ich mich in Gesellschaft einiger Herren von Manchester über Arkwrights Spinnmaschine unterhielt. Kurze Zeit darauf fiel mir auf, daß beim Weben eigentlich nur drei Bewegungen aufeinanderfolgen. Ich überlegte, daß es doch wohl nicht so schwierig sein könnte, diese mechanisch auszuführen. Erfüllt von diesem Gedanken, beauftragte ich sofort einen Zimmermann und einen Schmied, ihn zu verwirklichen. Zu meinem großen Entzücken ließ sich auf der Maschine schnell und leicht ein Stück Stoff herstellen."
→ *Webstuhl*

Chappe, Claude
(1763–1805)
Im Jahr 1794, während des Krieges zwischen Frankreich und Österreich, schlug der französische Geistliche Claude Chappe die Einrichtung eines optischen Signalsystems vor, um zwischen Paris und Lille Kriegsnachrichten zu übermitteln.

Und wirklich: In knapp einer Stunde übertrug bald darauf sein Semaphor, ein optischer Telegraf, der mit beweglichen Armen arbeitete, die Nachricht von der Besetzung der Stadt Condé-sur-l'Escaut in Nordostfrankreich durch österreichische Truppen nach Paris. Als später andere Erfinder die Originalität dieser Erfindung anfochten,

nahm sich Chappe, der zur Schwermut neigte, das Leben.
→ *Telegraf*

Cayley, Sir George
(1773–1857)
Sein ganzes Leben hindurch beschäftigte sich der englische Amateurwissenschaftler George Cayley mit der Fliegerei. Als erster erkannte er die Bedeutung des Höhenruders für das Flugzeug. Bereits 1803 hatte er ein erstes Segelflugzeugmodell konstruiert, doch wurde Cayley ein alter Mann, bevor seinem Kutscher der erste bemannte Flug gelang. Im September 1853 wies Sir George ihn an, mit dem Segelflugzeug über ein kleines Tal in der Nähe von Brompton, Yorkshire, zu fliegen. Der Einmannsegler flog ungefähr 500 m und stürzte dann ab.

Der Kutscher John Appleby befreite sich aus den Trümmern und meldete sich bei seinem Herrn mit den Worten zurück: „Bitte, Sir George, ich möchte kündigen. Sie haben mich zum Fahren eingestellt, nicht zum Fliegen!“

Cayley gilt außerdem als Erfinder der Raupen- oder Gleiskette.
→ *Segelflugzeug*, → *Gleiskettenfahrzeug*

Cierva, Juan de la
(1895–1936)
Der spanische Ingenieur Juan de la Cierva ist der Erfinder des Tragschraubers. Das war ein Rotor, der ohne eigenen Antrieb die Sicherheit der frühen Flugzeuge erhöhte. Cierva brachte 1919 seinen Tragschrauber oder Autogiro oben auf dem Flugzeug an – zusätzlich zum üblichen Propeller. Wenn dieser ausfiel, sorgte der Rotor allein durch den Fahrtwind für so viel Auftrieb, daß man noch sicher landen konnte. Die Presse nannte Ciervas Flugzeug das „Windmühlenflugzeug“. Seinen ersten offiziellen Testflug absolvierte es 1924 in Farnborough im Royal Air Force Establishment in Hampshire. Drei Jahre später flog Cierva selbst mit dem Autogiro über den Ärmelkanal; anschließend wurde das Flugzeug von britischen und amerikanischen Firmen gebaut und für Forschungs- und Vermessungsaufgaben verwendet. Inzwischen ist es überholt, denn der Hubschrauber, der im Gegensatz zum Autogiro senkrecht starten und landen kann, ist wesentlich vielseitiger.

Cierva kam im Dezember 1936 bei einem Flugzeugunglück ums Leben, als beim Start auf dem Flughafen Croydon die Motoren seiner Passagiermaschine versagten.
→ *Hubschrauber*

Cockerell, Sir Christopher
(geb. 1910)
Der englische Schiffbauer Sir Christopher Cockerell ist der eigentliche Erfinder des Luftkissenfahrzeugs. Cockerell kaufte 1950 an der Küste von Norfolk, wo in flachen Gewässern ein Seglerparadies entstanden ist, eine Bootswerft und ging daran, die Leistung seiner Schiffe zu verbessern. Er war überzeugt: Wenn ein Schiff auf einem Luftkissen fahren könnte, würden sich die Reibung mit dem Wasser und der Wellenwiderstand verringern. So experimentierte er mit einem Boot, das er aus allen möglichen Einzelteilen zusammenbastelte.

Fünf Jahre später, nachdem zahlreiche technische Probleme überwunden waren, ließ sich Cockerell die *Hovercraft*, wie er sein Fahrzeug nannte, patentieren. Das erste Versuchsmodell in voller Größe lief 1959 in Cowes auf der Isle of Wight vom Stapel, und im selben Sommer überquerte ein Luftkissenfahrzeug den Ärmelkanal zwischen Dover und Calais. Ein regelmäßiger Fährdienst über den Kanal mit dem *Hovercraft* begann 1968. Außerdem versuchte sich Cockerell mit Entwürfen für ein Wellenkraftwerk.
Luftkissenfahrzeug, → *Wellenkraftwerk*.

Bootsbauer *Von 1935 bis 1950 arbeitete Christopher Cockerell als Entwicklungsingenieur bei der britischen Firma Marconi Ltd. Dann ließ er sich als Bootsbauer nieder und erfand das Luftkissenprinzip für das Hovercraft (Schwebefahrzeug).*

Vorläufiges Modell *Aus einer Kaffeebüchse, einer Küchenwaage, Bierdosen und einem Staubsaugerschlauch baute Cockerell Anfang der 50er Jahre ein Versuchsmodell für sein Luftkissenboot.*

Colt, Samuel
(1814–1862)
Der amerikanische Waffenfabrikant Samuel Colt erfand den sechsschüssigen Trommelrevolver. Als Halbwüchsiger lief Colt von zu Hause fort und ging zur See, wo er in langen einsamen Deckwachen ein Holzmodell seines repetierenden Revolvers anfertigte. 1835 erhielt er ein Patent für die neue Waffe – die ihn zu einem der reichsten Männer Amerikas machte.

1843 erfand Colt auch die erste Seemine, die aus der Ferne gezündet werden konnte. Zwölf Jahre später gründete er in seiner Heimatstadt Hartford in Connecticut die größte private Waffensammlung der Welt. Sie ist heute Bestandteil der Coltwerke.
→ *Revolver*, → *Bombe*

Autogiro
Juan de la Cierva, der Erfinder des Autogiro, überflog 1928 in einem seiner Tragschrauber zum erstenmal den Ärmelkanal. Der Erfinder steht rechts im Bild; neben ihm der Passagier, den er vom Südlondoner Flugplatz Croydon in einer Stunde nach Boulogne in Nordfrankreich flog. Die erfolgreiche Kanalüberquerung führte dazu, daß britische und amerikanische Firmen den Autogiro bauten.

Cousteau, Jacques Yves
(geb. 1910)
Der französische Ozeanograph und Unterwasserfilmer Jacques Yves Cousteau ist der Erfinder des Schwimmtauchgeräts. Während des Zweiten Weltkriegs war Cousteau Leutnant in der französischen Marine. Trotzdem fand er genügend Zeit, mit seinem neu erfundenen Tauchgerät Versuche durchzuführen.

In Paris, das von den Deutschen besetzt war, testete er 1942 zusammen mit seinem Mitarbeiter, einem französischen Ingenieur namens Émile Gagnan, das Gerät heimlich in einem Tank. Im Jahr darauf wurde es an einem abgelegenen Teil der französischen Riviera unter Wasser erprobt. Seitdem hat sich daran im wesentlichen nichts geändert. Das tragbare Unterwasseratemgerät versorgt den Taucher schlauchlos mit Atemluft, wobei der Druck automatisch dosiert wird. Der Taucher kann sich mit diesem

Gerät unter Wasser frei wie ein Fisch bewegen.
→ Schwimmtauchgerät

Daguerre, Louis Jacques Mandé

(1787–1851)
Bereits Leonardo da Vinci wußte, daß man mit einer *Camera obscura* – einer „dunklen Kammer", deren eine Seite mit einem Loch versehen war –

Porträt des Erfinders *Louis Jacques Daguerre wurde mit Hilfe seines eigenen fotografischen Verfahrens, der Daguerreotypie, aufgenommen. Der Franzose machte durch seine Erfindung im Jahr 1838 die Fotografie zu einem vielseitig anwendbaren Mittel.*

ein auf dem Kopf stehendes Bild eines Gegenstands auf eine Wand projizieren kann. Später wurde an der Stelle des Lochs eine Linse eingesetzt. Doch um das Bild festzuhalten, mußte man es nachzeichnen.

Der französische Maler Louis Jacques Mandé Daguerre war von dem Spiel mit der *Camera obscura* fasziniert. Er versuchte, das Bild zu fixieren, und begann an der Herstellung eines „heliographischen Bildes" zu arbeiten.

1829 tat er sich mit dem französischen Erfinder Joseph-Nicéphore Niepce zusammen, der drei Jahre vorher das erste fixierte Foto der Welt gemacht hatte. Aber Niepces Methode war zu langsam; er mußte seine Bilder stundenlang belichten. Acht Jahre später konnte Daguerre in 20 Minuten ein Bild herstellen, indem er Niepces schwerfällige Asphaltzinkplatte durch eine Silberplatte ersetzte. Damit war das „Lichtbild" erfunden, und man konnte darangehen, die enormen Möglichkeiten der Fotografie zu entwickeln.
→ Fotografie

Daimler, Gottlieb Wilhelm

(1834–1900)
Der württembergische Ingenieur Gottlieb Daimler war 38 Jahre alt, als er technischer Leiter der von Nikolaus August Otto in Köln-Deutz gegründeten Gasmotorenfabrik wurde. Daimlers Interesse galt hauptsächlich der Verwendung eines Motors als Antrieb für Straßenfahrzeuge. 1882 machte Daimler sich selbständig und zog nach Bad Cannstatt bei Stuttgart. Zusammen mit seinem Freund Wilhelm Maybach stellte er den Gasmotor auf ein Benzin-Luft-Gemisch um und baute ein elektrisches Zündsystem ein; Ende 1883 erhielt er ein Patent auf seinen Motor.

Im Jahr 1885 baute er diesen Motor in ein Zweirad ein und schuf damit den Vorläufer des modernen Motorrads. Daimlers Gefährt war noch reichlich primitiv, doch ihm ging es mehr um das Prinzip. „Es ist zwar ein häßliches Entlein", meinte er, „aber ich kann mit ihm bequem meine Versuche durchführen, und schließlich soll man ja nicht den zweiten Schritt vor dem ersten tun."

Bald darauf baute der Konstrukteur seinen Motor in eine Kutsche ein, der er die Deichsel abgenommen hatte, und erreichte damit eine Geschwindigkeit von 18 km/h.

Als nächstes startete Daimler ein Boot mit dem Motor, und etwas später folgte der erste Verbrennungsmotor für ein Luftschiff. 1887 wurde die Daimler-Motoren-Gesellschaft gegründet. 1901 beauftragte der österreichische Generalkonsul in Nizza, Emil Jellinek, die Firma mit dem Bau einer Serie von Wagen; diese wurden nach der Tochter von Daimlers Auftraggeber *Mercedes* genannt.

Das erste brauchbare Automobil mit einem Verbrennungsmotor hatte jedoch 1885 Carl Benz entworfen. Benz und Daimler trafen sich nie, aber 26 Jahre nach Daimlers Tod schlossen sich die Firmen von Daimler und Benz zur Daimler-Benz AG zusammen und produzierten den *Mercedes-Benz*.
→ Auto

Frühes Automobil *Daimler wird von seinem Sohn in einem seiner frühen Autos gefahren. Er nannte seine Wagen nach Mercedes Jellinek (rechts), der Tochter seines Auftraggebers Emil Jellinek, des österreichischen Generalkonsuls in Nizza.*

Davy, Sir Humphry

(1778–1829)
Der große englische Chemiker Humphry Davy hat sich von ganz unten hinaufgearbeitet. Mit 17 Jahren war er Lehrling bei einem Apotheker und las während dieser Zeit alles, was er an naturwissenschaftlichen und philosophischen Büchern in die Hände bekam. Schon mit 20 Jahren wurde er Leiter eines Laboratoriums für die Erforschung der Gase. Dabei entdeckte er die eigenartige Wirkung von Lachgas. Als 22jähriger wurde er Professor der Chemie und Leiter des chemischen Laboratoriums der Royal

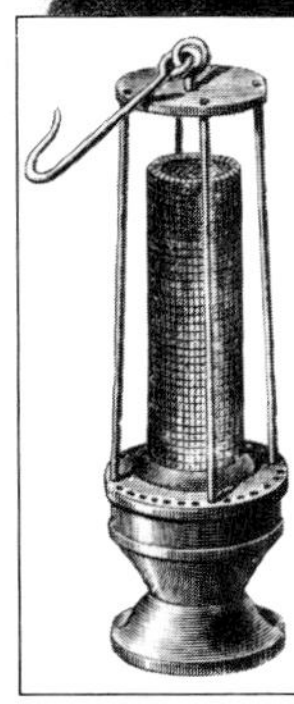

Grubenlampe *Humphry Davy erfand 1815 eine Sicherheitslampe für Bergleute. Auch der Eisenbahningenieur George Stephenson stellte ein Modell her, das sich allerdings nicht durchsetzte.*

Institution in London. Davy erkannte als erster, daß Natrium und Kalium Metalle sind; er erklärte die Eigenschaften von Chlor, Fluor, Strontium, Kalzium, Barium und Magnesium; die letzten fünf Bezeichnungen stammen von ihm.

Gleichsam nebenher erfand er die Sicherheitsgrubenlampe, eine benzingespeiste Handlampe, bei der die Flamme von einem Zylinder aus Drahtnetz umschlossen war. Das engmaschige Netz absorbierte die Hitze der Flamme, bevor diese mit dem Gas in der Grube in Berührung kam, und verringerte dadurch weitgehend die gefährlichen Schlagwetterexplosionen.

Damit die Lampe in möglichst vielen Bergwerken eingeführt werden konnte, verzichtete Davy auf ein Patent. Für seine humanitäre Gesinnung, seine außergewöhnlichen chemischen Arbeiten und seine Verdienste um den Bergbau wurde er 1818 geadelt und später zum Präsidenten der Royal Society gewählt.
→ Bogenlampe

Dewar, Sir James

(1842–1923)
Der schottische Chemiker und Physiker Dewar erfand 1892 eine doppelwandige Flasche mit einem Vakuum zwischen den Wänden, in der Gase bei sehr niedriger Temperatur aufbewahrt werden konnten. Erst später erkannte man, daß dieses Gefäß sich auch als Behälter für heiße und kalte Getränke eigne-

te. Unter dem Namen Thermosflasche hat es seither vielfältige Verwendungsmöglichkeiten gefunden.

Zusammen mit dem englischen Sprengstoffexperten Frederick Abel erfand Dewar 1889 den raucharmen Sprengstoff *Kordit*, der es den Befehlshabern ermöglichte, den Verlauf einer Schlacht genauer, weil unverdeckt von den schwarzen Rauchwolken des Schießpulvers, zu verfolgen.
→ *Thermosflasche*

Diesel, Rudolf
(1858–1913)
An der Technischen Hochschule in München lernte der Student Rudolf Diesel, daß von der Hitze, die das Benzin in einem Verbrennungsmotor erzeugt, nur zehn Prozent in nutzbare Energie umgewandelt werden. Daher versuchte er, einen Motor zu konstruieren, der weniger verschwenderisch funktionierte. Er erhielt 1892 ein Patent für seinen wirtschaftlichen Universaldieselmotor.

Doch der Erfolg blieb vorerst aus, und Diesel mußte mit seiner Erfindung hausieren gehen. 1883 schrieb er an die Augsburger Maschinenfabrik: „Ich wiederhole meine Bitte um Ihre Unterstützung bei der Durchführung der Versuche mit dem neuen Motor. Das Ziel ist ein hohes, sowohl im technischen als wissenschaftlichen Sinne, es ist lohnend und aller Bemühungen wert." Die Augsburger und die Firma Krupp halfen, und fünf Jahre später verkaufte Diesel die Rechte für seinen Motor in alle Welt. Ein amerikanischer Fabrikant zahlte ihm allein eine Million Dollar.

Auf der Höhe des Erfolgs *Dieses Foto zeigt den Erfinder des Dieselmotors in der Zeit um 1908.*

Diesel stammte aus ärmlichen Verhältnissen. Das Vermögen, das er mit seinem Motor machte, verlor er an den Börsen von Berlin, Paris, London und New York. Was übrigblieb, verlor er bei unglücklichen Grundstücksspekulationen.

Als Diesel 1913 mit dem Schiff nach England reiste, um Verhandlungen mit einer Maschinenbaufirma zu führen, verschwand er in der Nacht zum 30. September von Bord. Wenig später wurde seine Leiche bei Vlissingen in den Niederlanden an Land gespült; wahrscheinlich hat Diesel Selbstmord begangen. In seiner Jackentasche fand man ein Tagebuch und in seinem Koffer sein gesamtes restliches Vermögen, das ungefähr 1000 englische Pfund betrug.
→ *Verbrennungsmotor*

Drais, Karl Friedrich, Freiherr von Sauerbronn
(1785–1851)
Der junge Freiherr wirkte, nachdem er die Prüfung für das „höhere Forstfach" mit der Note „vorzüglich" bestanden hatte, eine Zeitlang als badischer Forstinspektor. Schon in Heidelberg hatte er allerdings Physik und Mechanik studiert, und auch in seinem Forstamt fesselten ihn mechanische Probleme weit mehr als forstwirtschaftliche. Schließlich ließ er sich auf unbestimmte Zeit beurlauben, um in Mannheim und Karlsruhe seiner Liebhaberei nachzugehen.

Die erste Frucht seiner Bemühungen war eine „Fahrmaschine", die er 1814 in Wien auf einem Kongreß vorführte. Der Großherzog von Baden entzog ihm daraufhin den Forstmeistertitel, ernannte ihn dafür aber zum Professor für Mechanik und bewilligte ihm für seine Maschine auf zehn Jahre ein Patent.

Danach erfand Drais, vor allem in den Jahren 1815 bis 1818, noch manche anderen Dinge: einen Dampfkochtopf, eine Schreibmaschine, einen periskopartigen Doppelspiegel und eine Diamantenschätzskala. Schließlich auch die Draisine, ein Fahrzeug, das auf Schienen fuhr und mit Hilfe von Handkurbeln in Bewegung gesetzt wurde. Es gefiel und wurde bei der Eisenbahn verwendet.

Die Fahrmaschine jedoch, die Drais besonders am Herzen lag, fand nicht überall den erhofften Anklang. Der Freiherr reiste nach Paris, London, sogar nach Amerika und propagierte dort seine Erfindung – nicht ganz ohne Erfolg. Der eigentliche Durchbruch blieb ihm aber versagt.

Diese Fahrmaschine, eine Urahne des Fahrrads, bestand aus einem Sitzbrett mit Sattel und Armstütze sowie zwei Rädern. Das vordere – und dies vor allem war neu gegenüber Vorgängern, die es bereits gab – ließ sich mit einer langen Stange lenken. Tretkurbeln fehlten noch; der Benutzer stieß sich vielmehr mit den Füßen ab. Es handelte sich also eher um ein Laufrad.

Mit diesem Gefährt fuhr der Freiherr von Sauerbronn in Karlsruhe, wohin er 1841 gezogen war, noch lange umher, belächelt und sogar verspottet von amüsierten Zuschauern.
→ *Fahrrad*

Dunlop, John Boyd
(1840–1921)
Nicht wenige Erfindungen sind, mehr oder weniger durch Zufall, von Laien gemacht worden. Eine nicht unwichtige war die Erfindung des mit Luft gefüllten Gummireifens, die dem schottischen Tierarzt John Dunlop gelang.

Dunlop praktizierte in Belfast in Nordirland. 1887 kaufte er seinem Sohn ein Dreirad mit Vollgummireifen. Der Junge beklagte sich darüber, daß er beim Fahren auf dem holprigen Kopfsteinpflaster durchgerüttelt werde. 1888 fertigte ihm sein Vater Reifen mit Gummiluftschläuchen an, die weicher und ruhiger über den unebenen Untergrund fuhren.

Im selben Jahr ließ sich Dunlop seine Erfindung patentieren. Ein Jahr später, 1889, entstand die Dunlop Rubber Company, eine heute noch erfolgreiche Herstellerin von Reifen aller Art. Dunlops Erfindung förderte die Beliebtheit des Radsports und trug außerdem zur Entwicklung der Autoindustrie bei.

Dunlop war nicht bekannt, daß ein schottischer Ingenieur, Robert William Thomson, bereits 1846 ein Patent für einen Luftreifen erwirkt hatte. Thomson hatte jedoch seine Erfindung nicht weiterentwickelt, und die Dunlop-Gesellschaft konnte ihre Rechte begründen, nachdem sie Verbesserungen wie Felgen und Ventile eingeführt hatte.
→ *Reifen*

Eastman, George
(1854–1932)
Im Jahr 1877 machte George Eastman während eines Urlaubs auf der Insel Mackinac im Michigansee ein paar Erinnerungsfotos und ärgerte sich über die umständlichen Vorbereitungen, die dazu nötig waren. Die fotografischen Glasplatten wurden damals noch mit einer chemischen Emulsion bestrichen; hielt die Emulsion nicht, mußte der Vorgang wiederholt werden. Eastman, der im Versicherungs- und Bankwesen gearbeitet hatte, beschloß, „die Fotografie für Amateure wie mich zu vereinfachen".

1884 erfand er einen elastischen Rollfilm, bei dem das Papier bereits mit einer dauerhaften Emulsion versehen war. Vier Jahre später brachte Eastman eine handliche Boxkamera unter der Bezeichnung Kodak heraus, die er sich als besonderes Markenzeichen ausgedacht hatte. Sein Werbespruch lautete: „Sie drücken auf den Knopf – wir besorgen das übrige."

Die Kamerabesitzer schickten ihre Apparate an Eastmans kleine, aber expandierende Fabrik in Rochester im Staat New York, wo ihre Schnappschüsse entwickelt wurden. Mit den Bildern erhielten die Kunden auch die neu geladene Kamera zurück; der Vorgang war allerdings etwas umständlich, weil die Leute während der Entwicklungszeit nicht fotografieren konnten.

Im Jahr 1889 ersetzte Eastman den Papierfilm durch Zelluloid; da die Beschichtung nun nicht mehr abgelöst werden mußte, brauchte man nur noch die Filmrollen zum Entwickeln einzuschicken. 1923 verbesserte Eastman den Film noch einmal, als er ihn aus der schwerer entflammbaren Acetylzellulose herstellte.

Die Kodak- sowie die Browniekamera für Kinder (die er 1890 für einen Dollar auf den Markt brachte) machten Eastman zum mehrfachen Millionär. Er führte als einer der ersten

Kameramänner *George Eastman, der 1884 den Rollfilm erfunden hatte, begegnete in seinem späteren Leben Thomas A. Edison. Während Edison hinter einer Filmkamera steht, betrachtet Eastman einen Film mit gelochten Rändern, den Edison erfunden hatte.*

Gewinnbeteiligung, Krankengeld, Lebensversicherung und Altersrenten für seine Belegschaft ein.

1924 spendete er rund 100 Millionen Dollar für verschiedene wohltätige Zwecke und medizinische sowie schulische Einrichtungen. Acht Jahre später, nachdem er alles erreicht hatte, was ihm möglich war, beging er Selbstmord.
→ *Fotografie*

Edison, Thomas Alva
siehe Seite 248.

Fleming, Sir Alexander
(1881–1955)
Als Alexander Fleming im Spätsommer 1928 in seinem Versuchslabor am St. Mary's Hospital in London arbeitete, entdeckte er, daß sich in einer offenen Glasschale mit Bakterienkulturen merkwürdige Schimmelflecken gebildet hatten. Und überall dort, wo der Schimmel wuchs, waren die Bakterien abgestorben. Fleming, der nicht zum erstenmal eine solch verdorbene Kultur vorfand, prüfte noch einmal gewissenhaft die Gründe für den Tod der Bakterien. Diese wenigen Augenblicke der Gewissenhaftigkeit sollten ihn unsterblich machen.

In den folgenden Tagen untersuchte der schottische Wissenschaftler den eigenartigen Schimmel und die Flüssigkeit, die er von sich gab. Bald stellte er fest, daß es diese Absonderung war, welche bestimmte krankheitserregende Mikroben tötete. Da der Schimmel zu der pinselförmigen Gattung Penicillium (aus dem lateinischen Wort *penicillus* = Malerpinsel) gehörte, nannte Fleming seine Entdeckung Penicillin.

Doch es dauerte noch zehn Jahre, bevor die Fachwelt Flemings Entdeckung zur Kenntnis nahm. Erst als es dem Pathologen Sir Howard Walter Florey und dem Biochemiker Ernst Boris Chain Ende 1939 gelang, das mögliche Wundermittel durch eine komplizierte Verdampfungsmethode, die als Gefriertrocknen bekannt ist, rein herzustellen und seine Wirkung praktisch zu beweisen, setzte sich das Penicillin durch. Mit amerikanischer Unterstützung wurde das Medikament dann in großem Umfang hergestellt und verkauft. Im Zweiten Weltkrieg rettete es Tausenden von Menschen das Leben.

Wunderheilmittel *Alexander Fleming entdeckte das Penicillin, als er 1928 in seinem Labor im St. Mary's Hospital in London feststellte, daß ein Schimmelpilz seine Bakterienkulturen getötet hatte.*

Für ihre Verdienste als Wohltäter der Menschheit wurden Fleming und Florey geadelt. Und 1945 erhielten sie zusammen mit dem gebürtigen Berliner Chain den Nobelpreis für Medizin.
→ *Antibiotika*

Ford, Henry
(1863–1947)
Im Jahr 1903 liehen sich die beiden Amerikaner Anderson und Rackham je 5000 Dollar, um sich an der neugegründeten Automobilfirma des Ingenieurs und Rennfahrers Henry Ford zu beteiligen. Der Bankier, der ihnen das Geld lieh, warnte sie, daß sie ihr Geld verlieren würden. 1914 erhielten die beiden Aktionäre für ihre Einlage 500 000 Dollar Dividende.

Im Oktober 1908 hatte Ford sein Automobil *Modell T*, genannt *Tin Lizzy*, gebaut, war aber mit der Produktivität seiner Fabrik in Detroit nicht zufrieden. Er wußte auch, daß das Auto für die ärmeren Bevölkerungsschichten viel zu teuer war – der Preis von 850 Dollar entsprach dem Jahreslohn vieler Arbeiter –, und er erkannte, daß eine verkürzte Herstellungszeit zu einem geringeren Preis und damit zu einem „Auto für Millionen" führen würde.

Modell *T Henry Ford sitzt auf seinem ersten Auto. Um bei der Fertigung Zeit zu sparen, lackierte man die ersten Autos schwarz.*

Ein Auto wurde damals von einer Gruppe von Männern zusammengebaut; die Arbeiter waren sich gegenseitig im Weg und mußten warten, bis andere Kollegen mit der Montage fertig waren. So dauerte es beispielsweise 20 Minuten, bis ein Magnetzünder montiert war.

Fords erster Schritt zur Beschleunigung der Produktion bestand darin, daß die Bauteile für das Auto auf dem Boden der Fabrikhalle nacheinander gestapelt wurden. Eine Gruppe von Männern zog den Wagenrahmen auf einem Schlitten zwischen den Stapeln hindurch. Eine andere Gruppe ging neben dem Schlitten her, nahm die entsprechenden Teile vom Stapel und montierte sie.

Doch das Verfahren war immer noch nicht zufriedenstellend. Die Männer, die den Schlitten zogen, waren unproduktiv. Daher ersetzte Ford die Schlitten durch ein Fließband, das den Wagenrahmen mit einer Geschwindigkeit von 1,20 m pro Minute an jedem Mechaniker vorbeitransportierte. Die Männer brauchten sich nicht mehr von ihrem Arbeitsplatz zu entfernen und hatten ihr ganzes Arbeitsmaterial griffbereit um sich versammelt.

Die Montagezeit für einen Magnetzünder wurde so zunächst auf 13, dann auf fünf Minuten verkürzt. Bald darauf rollten alle 1,5 Minuten fertige Autos vom Band; 1916 waren es bereits fast eine Million im Jahr. Bis 1922, als Ford die Produktion auf ein anderes Modell umstellte, produzierte er etwa 15 Millionen *Tin Lizzys*.
→ *Auto*

Franklin, Benjamin
(1706–1790)
Benjamin Franklin ist einer der großen Autodidakten der Geschichte. Er stammte aus ärmlichen Verhältnissen; sein Vater war Seifensieder in Boston. Franklin genoß nur wenig Schulbildung, doch sein unbändiger Wissensdurst trieb ihn dazu, in Abendkursen, Akademien und aus Büchern mehr

Bifokalbrille *Benjamin Franklin erfand in Frankreich die Bifokalbrille. Er meinte: „Wenn ich meine Brille trage, verstehe ich besser Französisch.“*

Wissen zu erwerben, als er in der Schule hätte lernen können. Er war Journalist, Schriftsteller, Philosoph, Politiker und Wissenschaftler und erübrigte auch noch die Zeit, einige Erfindungen zu machen.

Im Jahr 1752 verleitete sein Interesse an der Elektrizität Franklin zu einem Versuch, der ihn das Leben hätte kosten können. Um zu beweisen, daß der Blitz eine elektrische Entladung ist, ließ er während eines Gewitters einen Drachen mit einer Metallspitze aufsteigen. Der Drachen war durch eine Drahtleitung mit einem Schlüssel verbunden. Als es blitzte, hielt Franklin seine Faust in die Nähe des Schlüssels und beobachtete die Funken, die aus dem Schlüssel stoben. Die Elektrizität strömte dann durch seinen Körper in den Erdboden.

Als nächstes brachte Franklin in Philadelphia dünne Metallstangen auf seinem Hausdach an und erdete sie mit einem Draht. Bei Gewitter zogen die Metallstangen den Blitz an und leiteten ihn über den Draht sicher in den Erdboden. Der Blitzableiter war erfunden.

Im Jahr 1783, als die Franzosen de Rozier und d'Arlandes in Paris den ersten bezeugten freien Flug mit einer Montgolfière durchführten, befand sich auch Franklin unter den Zuschauern. Als ein Mann neben ihm fragte, wozu das denn gut sein sollte, antwortete Franklin: „Welchen Nutzen hat ein neugeborenes Kind?“

Benjamin Franklin war auch ein bedeutender Staatsmann. Er wirkte entscheidend an der Abfassung der Unabhängigkeitserklärung und der Verfassung der Vereinigten Staaten mit.

→ *Blitzableiter*

Galilei, Galileo

(1564–1642)

Drei Tage vor dem Tod Michelangelos, am 15. Februar 1564, wurde in Pisa Galileo Galilei geboren. Bereits als 17jähriger entdeckte er die Schwingungsgesetze des Pendels, und vier Jahre später erfand er die hydrostatische Waage. Er war Professor der Mathematik und Physik in Pisa und Padua; seine Zuhörer strömten ihm aus ganz Europa zu. Seine Untersuchungen zur Fall- und Wurfbewegung begründeten die moderne Kinematik. Mit einem selbstgebauten Fernrohr entdeckte er die Phasen der Venus und die Jupitermonde.

Galilei, der als Vater der mathematischen Naturwissenschaften gilt, war Anhänger des kopernikanischen Weltbilds. 1615/16 fand in Rom der erste Inquisitionsprozeß gegen Galilei statt, wobei der Wissenschaftler zum Schweigen verurteilt wurde. Als er 1632 in einer Schrift seine Lehre vom heliozentrischen Weltbild wiederholte, wurde er 1633 zum Widerruf gezwungen. In den letzten Jahren seines Lebens arbeitete er in kirchlicher Haft weiter, durfte aber nicht mehr veröffentlichen. Seine Werke wurden erst 1835 vom Index der katholischen Kirche gestrichen.

Galilei gilt auch als einer der Erfinder des Thermometers. Um die Lufttemperatur zu messen, baute er 1592 ein Thermoskop oder Gasthermometer; das Gas dehnte sich bei Wärme aus und zog sich bei Kälte zusammen. Das Instrument war allerdings nicht sehr zuverlässig und wurde zu Anfang des 18. Jh. von dem französischen Physiker Guillaume Amontons verbessert.

→ *Thermometer*

Gillette, King Camp

(1855–1932)

Gillette war Reisender in Eisenwaren, als ihm eines Tages beim Rasieren mit einem herkömmlichen Rasiermesser auffiel, daß eigentlich nur ein kleines Stück der Klinge zum Bartabnehmen benötigt wird. Außerdem war ein Rasiermesser gefährlich und das Abziehen der Klinge zeitraubend. Gillette erinnerte sich an den Rat seines früheren Angestellten William Painter, der den wegwerfbaren Kronkorken erfunden hatte: „Warum erfinden Sie nicht etwas, das man benutzen und dann wegwerfen kann? Dann kommen die Kunden immer wieder, um es nachzukaufen.“

Gillette erfand den Rasierapparat mit auswechselbarer Klinge und ließ ihn sich im Dezember 1901 patentieren. 1904 begann er mit der Produktion. Am Ende des Jahres hatte er zwar nur 51 Rasierapparate und 168 Klingen verkauft, aber die Erfindung fand bald großen Anklang, und bis Ende 1906 hatte Gillette 90 000 Rasierapparate und etwa zwölf Millionen Klingen abgesetzt. Er wurde reich und berühmt; sein Name ist heute noch ein Markenzeichen für Rasierapparate und -klingen.

→ *Rasierapparat*

Goddard, Robert Hutchings

(1882–1945)

Schon als Halbwüchsiger war Goddard vom Gedanken einer Weltraumrakete fasziniert; 1914 wurde er Physikprofessor an der Clark University in seiner Heimatstadt Worcester, Massachusetts. Im selben Jahr ließ er sich zwei Raketengeräte patentieren, und 1919 veröffentlichte er sein Buch *A Method of Reaching Extreme Altitudes.* 1926 begann Goddard, seine Ideen in die Tat umzusetzen, und führte erste erfolgreiche Versuche mit Flüssigkeitsraketen durch.

Diese ersten Raketen waren ungefähr 1,20 m hoch, aber schon 1929 schoß er eine größere Rakete ab, die auch wissenschaftliche Instrumente mit sich trug, unter anderem ein Thermometer, ein Barometer und eine kleine Kamera. Die neue Rakete machte einen solchen Lärm, daß sich die Nachbarn bei der Polizei beschwerten und Goddard aufgefordert wurde, in diesem Staat keine weiteren Raketen zu starten. Deshalb und weil man ihn allgemein für einen Spinner hielt, fand er keine finanzielle Unterstützung.

Als Charles A. Lindbergh, der 1927 als erster allein den Atlantik überflog, von Goddards mißlicher Lage erfuhr, wandte er sich an den amerikanischen Industriellen und Philanthropen Daniel Guggenheim, der dem Physiker 10 000 Dollar stiftete.

Mit diesem Geld gründete Goddard eine Versuchsstation in der Wüste von New Mexico, wo er Raketen baute und startete, die Geschwindigkeiten von 800 km/h und Höhen bis zu 2,4 km erreichten. 1935 zündete er eine Flüssigkeitsrakete, welche die Schallmauer von 331 m/s durchbrach. Er erwarb 200 Raketenpatente, und einige seiner Entwicklungen, wie die Mehrstufenrakete, bildeten die Grundlage der heutigen dreistufigen Startraketen.

Doch Goddards Leistungen wurden lange nicht anerkannt. Erst nach seinem Tod, mit Beginn des Raumzeitalters, wurde seine Bedeutung wirklich gewürdigt.

→ *Rakete*

Gutenberg, Johannes

(um 1397–1468)

Die Anfänge des Buchdrucks

Rakete *Robert Goddard (zweiter von rechts) und eine seiner Raketen, die 1932 gestartet wurde. Im Jahr 1960 – 15 Jahre nach seinem Tod – bezahlte die amerikanische Regierung eine Million Dollar, um seine Patente verwenden zu dürfen.*

mit beweglichen Lettern liegen genauso im dunkeln wie Leben und Werk seines Erfinders Johannes Gutenberg. Die spärlich vorhandenen Dokumente weisen den Sohn des Mainzer Patriziers Friele Gensfleisch zur Laden (nach seinem Haus „zum Gutenberg" genannt) als Goldschmied aus. Belegt ist sein Aufenthalt in Straßburg zwischen 1434 und 1444, wo er sich mit dem Buchdruck zu beschäftigen begann.

Von 1448 an ist Gutenberg wieder in Mainz nachweisbar, wo er sich von Johann Fust 1550 Gulden lieh, um eine Bibel mit der von ihm erfundenen neuen Technik zu drucken. Es handelte sich um die sogenannte *Gutenbergbibel*. Die 1282 Folioseiten umfassende Bibel wurde 42zeilig und zweispaltig gedruckt. Bis dahin wurden Bücher vervielfältigt, indem man sie abschrieb oder mit Hilfe von Holzschnitten gleichsam auf das Papier stempelte, was langwierig und schwierig war.

Noch bevor Gutenberg seine Bibel verkaufen konnte, klagte sein Gläubiger Fust die 1550 Gulden ein. Wahrscheinlich mußte der Erfinder sowohl sein Werk als auch seine Druckerei an Fust abtreten, denn dieser druckte 1457 den prachtvollen *Psalter* mit Gutenbergs Lettern. Von den 150–200 Exemplaren der *Gutenbergbibel* hat man bislang 48, zum Teil unvollständige, aufgefunden. Sie gehören heute zu den gefragtesten und wertvollsten Büchern der Welt. So kaufte die Universität von Texas 1978 eine dieser Bibeln für fast 2,5 Millionen Dollar; das ist die höchste Summe, die je für ein gedrucktes Buch ausgegeben wurde.

Schwarze Kunst *Johannes Gutenberg, der Erfinder des Buchdrucks mit beweglichen Lettern, nach einem zeitgenössischen Bildnis.*

Gutenberg selbst wurde nie ein wohlhabender Mann; er starb, ohne einen Pfennig zu besitzen, als seine Erfindung ganz Europa eroberte.
→ *Buchdruck*

Heron von Alexandria
(um die Zeitwende)
Heron, mit dem Beinamen „der Mechaniker", lebte in Alexandria; ob zur Zeit Cäsars, also vor Christi Geburt, oder nach der Zeitwende, zur Zeit Neros, ist ungewiß. Überliefert sind lediglich Teile seiner wissenschaftlichen, lehrbuchartig verfaßten Schriften. Darin beschreibt der wahrscheinlich bedeutendste Techniker der Antike „Hebewerkzeuge und Krankonstruktionen", „Schraubenpressen und Quetschwerke", „Zahnradgetriebe", „Geschütze", „Luftdruckmaschinen" sowie „Automaten". Die Maschinen, deren Funktionsweise Heron erläutert, dienten hauptsächlich zur Unterhaltung. Da die Arbeit von Sklaven verrichtet wurde, bestand für die Griechen keine Notwendigkeit, Arbeitsmaschinen zu bauen.

Dampfkraft *Herons dampfangetriebenes Gerät hatte keinen praktischen Wert. Aber die heutigen Rasensprenger beruhen auf seinem Prinzip.*

Heron gilt auch als Erfinder der ersten Dampfmaschine, die aber ebenfalls nur zu Spielereien genutzt wurde. Darüber hinaus war er auch als Mathematiker und Optiker bekannt.
→ *Dampfmaschine*

Jouffroy d'Abbans, Claude François Dorothée, Marquis de
(1751–1832)
Der französische Marquis de Jouffroy d'Abbans war Infanterieoffizier und Ingenieur aus Liebhaberei. Er gilt als Erfinder des ersten brauchbaren Dampfschiffs. 1783 fuhr er mit seinem Schaufelrad-Dampfboot trotz starker Strömung die Saône in Südostfrankreich hinauf. Seine adligen Freunde lachten ihn aus, weil er sich wie ein „gemeiner Mechaniker" benahm, und die Anerkennung für seine Pioniertat blieb ihm versagt.

Im Jahr 1816 baute er ein weiteres Dampfboot, aber weil ihm das nötige Geld fehlte, mußte er den Plan eines regelmäßigen Bootsverkehrs aufgeben. Er starb verarmt und vergessen. In der Zwischenzeit hatten zwei Amerikaner, John Fitch und Robert Fulton, eigene Dampfboote gebaut. Fultons Schiff, die *Clermont*, war besonders erfolgreich; sie dampfte 1807 von New York aus auf dem Hudson flußaufwärts bis Albany und legte die 216 km in 32 Stunden zurück.
→ *Schiff*

Ktesibios von Alexandria
(3. Jh. v. Chr.)
Der griechische Ingenieur, Physiker und Mechaniker Ktesibios von Alexandria war wohl eines der ersten technischen Universalgenies, von dem die Geschichtsschreibung weiß. Er lebte zur Regierungszeit von Ptolemäus II. und machte zahlreiche Erfindungen: die Wasseruhr für die jahreszeitlich verschiedene Stundenlänge, die Wasserorgel im Zusammenhang mit mechanischen Verbesserungen des Wasserrades, die Druckluftpumpe und eine auf diesem Prinzip beruhende Feuerspritze sowie erste Druckluftgeschütze. Die bedeutendste seiner Erfindungen dürfte aber das erste Zahnradgetriebe gewesen sein.

Seine praktischen Leistungen verdankte Ktesibios exakt durchdachten Problemlösungen, und in den Schriften späterer Zunftgenossen wird er häufig als großer Lehrer zitiert. Seine theoretische Leistung kann nicht genau eingeschätzt werden, da seine Schriften verlorengegangen sind.
→ *Zahnradgetriebe*

Land, Edwin Herbert
(geb. 1909)
Der vielseitige amerikanische Physiker und Techniker Land experimentierte in den 30er Jahren des 20. Jh. mit polarisiertem Licht, bei dem die Lichtwellen nur in einer Ebene schwingen. Diese Erscheinung verringert die Durchlässigkeit von Glas für reflektiertes Sonnenlicht. 1937 gründete Land die Polaroid Corporation, die Prismen, Brillen und Sicherheitsglas auf der Grundlage des Polarisationsprinzips herstellte.

Im Zweiten Weltkrieg wurde die Polarisation für Flugzeugabwehrgeschütze und Entfernungsmesser angewandt. Im Jahr 1947 erfand Land die Polaroidkamera, die innerhalb einer Minute einen fertigen Abzug liefert. 1970 führte er schließlich das negativlose, farbige Sofortbild ein. Nach George Eastman, der 1884 den Rollfilm erfand, leistete Land einen der bedeutendsten Beiträge zur allgemeinen Fotografie.
→ *Fotografie*

Leonardo da Vinci
siehe Seite 120

Lipperhey, Hans
(um 1570–1619)
Wie bei vielen anderen Erfindungen ist auch der eigentliche Erfinder des Fernrohrs nicht sicher zu bestimmen. Wahrscheinlich war es der niederländische Brillenmacher Jan Lipperhey, der im Jahr 1608 zufällig zwei Linsen, eine konkave und eine konvexe, einige Zentimeter voneinander entfernt vor sein Auge hielt und zu seinem Erstaunen sah, daß entfernte Gegenstände dadurch scheinbar näherrückten. Lipperhey brachte die Linsen an den beiden Enden einer Röhre an und schuf so ein Fernrohr, das er „Kieker" nannte. Er glaubte, das Instrument könne im Krieg dazu dienen, daß man die feindlichen Schiffe und Streitkräfte besser und früher sehen würde.

Die niederländische Regierung zahlte ihm 900 Gulden für die Erfindung; noch im selben Jahr wurde das Gerät jedoch unerlaubt nachgebaut und in London, Paris, Deutschland und Italien verkauft.
→ *Teleskop*

Marconi, Guglielmo
(1874–1937)
So wenig wie James Watt der Erfinder der Dampfmaschine

ist, kann der Italiener Guglielmo Marconi als Erfinder der Funktechnik gelten. Beide waren allerdings bedeutende Pioniere auf ihrem jeweiligen Schaffensgebiet. Marconi war nicht nur ein genialer und zäher Arbeiter, er hatte auch das nötige Glück, um der Funktechnik weltweit zum Durchbruch zu verhelfen. Dabei griff er, wie zum Beispiel auch Gutenberg, auf vorhandene Erfindungen zurück und faßte sie zusammen. In seinem Fall waren es die Funkenstrecke seines Lehrers Augusto Righi, der „Fritter" des Franzosen Edouard Branly und die Antenne des Russen Alexander Popow.

1895, nachdem Marconi ein Jahr lang im Speicher seines Elternhauses in der Nähe von Bologna Versuche gemacht hatte, schickte er von seinem Garten aus ein drahtloses Signal zu einem 3 km entfernten Feld.

1896 bot er seine Erfindung dem italienischen Postministerium an, das darin aber keinen besonderen Fortschritt gegenüber dem elektrischen Telegrafen erkannte. Enttäuscht ging Marconi mit seiner aus Irland stammenden Mutter, die ihn von Anfang an ermutigt hatte, nach London, wo er sich im Juni 1896 um ein Patent für die drahtlose Übertragung von elektrischen Signalen bewarb.

In der nächsten Zeit führte er sein System in England erfolgreich vor, und bald darauf gründete Marconi The Wireless Telegraph Trading Signal Company Ltd., die später in Marconi's Wireless Telegraph Company Ltd. umbenannt wurde.

Bis 1897 hatte die drahtlose Telegrafie eine Reichweite von 20–30 km, und 1899, nachdem Karl Ferdinand Braun den Sender verbessert hatte, übertrug Marconi Signale von einer Station in Kent über den Ärmelkanal zu einer Station bei Boulogne über eine Entfernung von mehr als 50 km. 1901 überbrückte das erste drahtlose Signal den Nordatlantik.

Marconi befaßte sich hauptsächlich mit der Anwendung der drahtlosen Telegrafie für Nachrichtenübermittlung. Drei Jahre später erhielt er den Nobelpreis für Physik zusammen mit dem deutschen Physiker Karl Ferdinand Braun.

→ *Radio*

Maschinengewehr *Hiram Maxim kniet an seinem Maschinengewehr, das 1891 von der britischen Armee gekauft wurde. Später wandte sich Maxim der Luftfahrt zu. Seine dampfangetriebene Flugmaschine war zu schwer, um Erfolg zu haben.*

Maxim, Sir Hiram Stevens

(1840–1916)

Im Jahr 1881 begann der amerikanische Ingenieur Hiram S. Maxim sich für Waffen zu interessieren und konstruierte ein vollautomatisches Maschinengewehr, das den Rückstoß zum Neuladen ausnutzte. Er bot es dem amerikanischen Kriegs- und Marineministerium an, doch es wurde als abwegig und unpraktisch abgelehnt. Maxim ging nach England, wo er im Kriegsministerium sofort einen Interessenten fand, und 1891 wurde das Maschinengewehr in die Standardausrüstung der britischen Armee aufgenommen.

Maxim blieb in England und gründete die Maxim Gun Company, die später mit der Waffenfirma Vickers fusionierte. Der Techniker erhielt 1900 die britische Staatsbürgerschaft, im Jahr darauf wurde er geadelt.

→ *Maschinengewehr*

Montgolfier, Brüder

Michel-Joseph de *(1740–1810)*
Étienne-Jacques de *(1745–1799)*

Die ersten Fluggäste der Welt, von denen wir sicher wissen, waren ein Hahn, eine Ente und ein Lamm. Ihre Flugreise am 12. September 1783 – die sie gut überstanden – verdankten sie den Brüdern Montgolfier, die den ersten freifliegenden Heißluftballon konstruierten.

Wenig später, am 21. November 1783, war die Premiere der Menschen als Luftfahrer angesagt. Auch König Ludwig XVI. war an der Erfindung lebhaft interessiert und hatte bestimmt, daß die ersten zwei Passagiere verurteilte Verbrecher sein sollten. Doch diese Verfügung wurde als unmenschlich angeprangert, und so nahmen zwei Freiwillige, der abenteuerlustige Physiker Jean-François Pilâtre de Rozier und der Infanteriemajor François Marquis d'Arlandes die Plätze der Verbrecher ein. Der Ballon schwebte fast eine halbe Stunde lang und legte in 1000 m Höhe 8 km zurück. Die adeligen Herren bezeichneten den Flug später als „das bedeutendste und aufregendste Ereignis des Jahrhunderts".

→ *Ballon*

Morse, Samuel Finley Breeze

(1791–1872)

Als Morse 1832 auf einem Segelschiff den Atlantik überquerte, hörte er einer Unterhaltung über das Wesen des Elektromagnetismus zu. Der Porträtmaler und Professor für Gebrauchsgrafik an der Universität von New York, kam dabei auf die Idee, ein elektrisches Signalsystem auszuarbeiten, das eines Tages die Sicherheit auf See erhöhen könnte. „Wenn Sie in der nächsten Zeit vom Telegrafen als einem Weltwunder hören sollten, so denken Sie daran, daß diese Erfindung an Bord Ihres Schiffes gemacht wurde", soll Morse zu dem Kapitän beim Abschied gesagt haben.

Morse konstruierte 1837 einen eigenen elektromagnetischen Schreibtelegrafen, ohne zu wissen, daß gleichzeitig in England Charles Wheatstone und William Fothergill Cooke ebenfalls einen brauchbaren elektrischen Fernschreiber entwickelten.

Danach konzentrierte sich Morse auf die Erfindung eines Systems von Zeichen, die mit Hilfe seines Telegrafen gesendet werden konnten. Das Ergebnis war das Morsealphabet. Als seine Erfindung in der ganzen Welt Verbreitung fand, wurde er mit Ehrungen und Geld überschüttet. Morses Erfindungen (darunter der internationale Funknotruf SOS: drei Punkte, drei Striche, drei Punkte) ermöglichten es später, daß viele Menschen aus Seenot gerettet wurden.

→ *Telegraf*

Nobel, Alfred

(1833–1896)

Der italienische Chemiker Ascanio Sobrero entdeckte 1847 den Sprengstoff Nitroglyzerin, der leicht verdampft, schlagempfindlich und unberechenbar ist – und viele Arbeitsunfälle verursachte. Alfred Nobel, der den Sprengstoff seit 1862 farbrikmäßig herstellte, beschloß, die hochexplosive Flüssigkeit zu zähmen; denn seine eigene Nitroglyzerinfabrik in der Nähe von Stockholm flog 1864 in die Luft, wobei sein jüngerer Bruder Emil und vier Arbeiter getötet wurden.

Trotz vieler Mißerfolge setzte Nobel seine Versuche fort, und 1867 fand er die Lösung: Er ließ das Nitroglyzerin von Kieselgur aufsaugen, so daß der Sprengstoff nur durch ein Zündhütchen zur Explosion gebracht werden konnte. Nobel sah in seinem „Sicherheitssprengstoff" ein Mittel, einen ewigen und weltweiten Frieden herbeizuführen.

Alfred Nobel war aber auch ein erfolgreicher Kaufmann und Fabrikant und hinterließ bei seinem Tod ein Vermögen von etwa 31 Millionen Schwedenkronen einer Stiftung. Die Zin-

Dynamit *Alfred Nobel war sein Leben lang Pazifist und hoffte vergeblich, der von ihm erfundene Sprengstoff möge ein wirksames Abschreckungsmittel gegen den Krieg werden.*

sen dieses Kapitals sollten jährlich den bedeutendsten Arbeiten auf den Gebieten der Chemie, Physik, der Medizin oder Physiologie, der Literatur und des Friedens zu gleichen Teilen zukommen. 1969 kam der Nobelpreis für Wirtschaftswissenschaften hinzu. Durch dieses Vermächtnis hat Alfred Nobel sich einen bedeutenderen Platz im Bewußtsein der Menschheit gesichert als durch seine Erfindung.
→ *Explosivstoffe*

Oberth, Hermann
(geb. 1894)
Der deutsche Raketenforscher Hermann Oberth aus Hermannstadt in Siebenbürgen gehört ohne Zweifel zu den Pionieren der Weltraumfahrt. Er wurde am 25. Juni 1894 geboren; schon als Kind zog ihn eine lebhafte Phantasie zu den Sternen. Mit zwölf Jahren verschlang Hermann den Roman *Von der Erde zum Mond* von Jules Verne, aber schon kurz darauf gelang ihm der mathematische Nachweis, daß es unmöglich sei, ein Raumfahrzeug mit einer Kanone auf den Mond zu schießen, wie Jules Verne das beschrieben hatte. Oberth stand also immer fest auf dem Boden der Wirklichkeit.

Andere Leute verwiesen jedoch seine Ideen ins Reich der Phantasie, auch wenn er sie mit wissenschaftlicher Genauigkeit verfolgte. Es dauerte anderthalb Jahrzehnte, bis seine abgelehnte Doktorarbeit mit dem Titel *Die Rakete zu den Planetenräumen* einen Verleger fand. Als das Buch 1923 erschien, erkannte die kleine Fachwelt schnell, daß es wichtige Theorien über Mehrstufenraketen und flüssige Treibstoffe enthielt. Dennoch mußte Oberth seinen Lebensunterhalt lange Zeit als Gymnasiallehrer in Rumänien verdienen, und Anfang der 30er Jahre arbeitete er sogar als Berater für den Film *Frau im Mond* von Fritz Lang bei der Berliner Ufa – nur, damit er endlich einmal eine Rakete bauen und praktische Versuche anstellen konnte.

Weil er als Auslandsdeutscher zunächst nicht an den Forschungsprojekten der deutschen Wehrmacht beteiligt werden durfte, die nach dem Ersten Weltkrieg bemerkt hatte, daß Raketen nicht zu den Waffen gehörten, die der Friedensvertrag von Versailles verbot, gelang es auch seinem Freund Wernher von Braun erst 1941, ihn in die Heeresversuchsanstalt Peenemünde zu holen. Dort arbeitete Oberth an so entscheidenden technischen Neuheiten wie der fliegenden Bombe *V 1* mit. Er schuf die theoretischen Grundlagen für die Entwicklung der ersten Langstreckenrakete *V 2*, ein Projekt seines Kollegen Wernher von Braun.

Bei Kriegsende ergab sich Oberth zusammen mit Braun und etwa 150 weiteren Technikern und Wissenschaftlern den Amerikanern. Diese Gruppe bildete das Rückgrat für das spätere Weltraumprogramm der NASA und trug wesentlich zur ersten erfolgreichen Mondlandung bei. Oberth lebt heute bei Fürth in Bayern.
→ *Raketen*, → *Raumfahrt*

Otto, Nikolaus August
(1832–1891)
Der Ingenieur und Erfinder machte zunächst eine Kaufmannslehre durch und arbeitete dann, von 1853 an, in einer Kolonialwarengroßhandlung. Sein eigentliches Interesse aber galt der Technik.

Schon 1861 ließ Otto sich ein Modell des Gasmotors bauen, den der französische Ingenieur Jean Joseph Étienne Lenoir ein Jahr zuvor erfunden hatte. Er studierte es eingehend und kam schließlich auf die Idee, es so umzugestalten, daß daraus ein Viertaktmotor wurde. „Ich saugte", so schrieb er später, „einen halben oder dreiviertel Hub Explosionsgemisch an, versuchte den Kolben durch umgekehrte Drehung am Schwungrad soweit wie möglich zurückzupressen, zündete alsdann und siehe: Das Schwungrad machte dann mit großer Kraft mehrere Umdrehungen."

Noch im selben Jahr war die Konstruktion eines Viertaktmotors fertig, und 1862 lief eine erste Versuchsausführung. Dieser Motor wollte dann aber doch nicht gut funktionieren. So baute Otto zunächst atmosphärische Gaskraftmaschinen, bei denen das explodierende Gas-Luft-Gemisch einen Unterdruck erzeugte und der Überdruck der Außenluft den eigentlichen Antrieb lieferte.

Auf der Pariser Weltausstellung von 1867 wurde ein solcher Motor gezeigt, und sofort erhielt Otto dafür eine große Zahl von Aufträgen. 1869 errichtete er bei Deutz eine neue Fabrik, in die 1872 auch Gottlieb Daimler eintrat.

1876 wandte Otto sich wiederum seinem ursprünglichen Viertaktmotor zu. Neue Versuche verliefen endlich erfolgreich, und noch im selben Jahr nahm man in Deutz die Produktion eines solchen stationären Motors auf.
→ *Auto*

Parsons, Sir Charles Algernon
(1854–1931)
Der englische Ingenieur Parsons trat 1884 in eine Firma in Gateshead ein, welche elektrische Generatoren baute, die von einer Dampfmaschine angetrieben wurden. Parsons glaubte, die Leistungsfähigkeit der Dynamos ließe sich wesentlich steigern, wenn die Antriebsmaschine keine hin und her gehenden Teile hätte. Im selben Jahr konstruierte er eine Überdruckdampfturbine, die sogenannte Parsonsturbine. Innerhalb von vier Jahren waren 200 solcher Maschinen gebaut, die vorwiegend für die Stromversorgung auf Schiffen verwendet wurden.

Im Jahr 1889 gründete Parsons eine eigene Firma bei Newcastle upon Tyne, und im Jahr darauf installierte er zwei seiner Maschinen im Kraftwerk der Stadt. Fünf Jahre später lieferte er eine Turbine für das Versuchsschiff *Turbinia*.

Die britische Admiralität spottete anfangs über einen solchen Antrieb. Um den offiziellen Stellen zu beweisen, daß seine Maschine wirklich funktionierte, schmuggelte Parsons 1897 sein Schiff in eine Flottenschau, die im Hafen von Spithead aus Anlaß des diamantenen Regierungsjubiläums von Königin Victoria abgehalten wurde.

Die 30 m lange *Turbinia* raste, mit Parsons am Ruder, mit einer Geschwindigkeit von 34,5 Knoten durch die Linien der Kriegsschiffe, war also über 7 Knoten schneller als der schnellste Zerstörer der britischen Flotte.

Nach diesem Erfolg erhielt Parsons den Auftrag, weitere Turbinenschiffe zu bauen, und im Jahr 1905 bestimmte die Admiralität, daß alle britischen Kriegsschiffe mit Turbinen ausgerüstet werden sollten.

Parsons, der 1911 geadelt wurde, erwirkte insgesamt über 300 Patente. Die Autofahrer verdanken ihm die Erfindung der Schneeketten.
→ *Turbine*

Pilkington, Sir Alastair
(geb. 1920)
Der englische Ingenieur Pilkington arbeitete in der Glasfirma seiner Familie. 1952 kam ihm die Idee, Spiegelglas von einheitlicher Stärke und ohne jegliche Blasen oder Fehler herzustellen. Zusammen mit einer Gruppe konnte er 1958 die ersten 30 cm² Floatglas herstellen – es wurde so bezeichnet, weil die Glasschmelze aus dem Ofen auf ein Bad aus geschmolzenem Zinn fließt (engl.: to float) und dort erstarrt. Die glatte Oberfläche der Zinnschmelze macht auch das Glas glatt und verleiht ihm den strahlenden Glanz.

Im Jahr darauf wurde das Verfahren offiziell vorgestellt, und das makellose, etwa 60 mm starke Glas war bald sehr begehrt. Pilkington, der 1970 geadelt wurde, berichtete, daß das Glas ursprünglich mit einer alten Ausrüstung hergestellt worden war. Doch als die alten Metallteile ersetzt wurden, ging die Qualität des Glases merklich zurück. Erst als wieder ähnliche

Glas *Pilkington gab 1967 ein Floatglasverfahren zur Herstellung von farbigem Glas bekannt. Die Entwicklungskosten betrugen fast eine Million Pfund.*

Bedingungen hergestellt wurden, wie sie durch das Altmetall zustande kamen, konnte Pilkington ein gleichmäßig gutes Glas herstellen.
→ *Glas*

Röntgen, Wilhelm Conrad
(1845–1923)
Daß Röntgen die später nach ihm benannten Strahlen entdeckte, war ein Zufall. Am 8. November 1895 experimentierte der Physiker, der damals Professor an der Universität von Würzburg war, mit einer Gasentladungsröhre in seinem verdunkelten Labor. Dabei entdeckte er, daß von einem Stück Karton, das mit Bariumplatinzyanür bestrichen war, ein grünes Licht ausging.

Die Substanz leuchtete, wenn Licht darauf fiel – aber im Labor war kein direktes Licht vorhanden. Röntgen schaltete die Stromzufuhr zur Röhre ab, und das grüne Licht verblaßte. Er schaltete den Strom wieder ein und hielt Hefte, dann Holz zwischen die Röhre und den Karton. Trotzdem leuchtete die Schicht weiter. Schließlich hielt Röntgen seine Hand in den Strahlengang. Zu seinem Erstaunen sah er nun auf dem Karton den Umriß seiner Handknochen und seines Rings. Offenbar vermochte die unbekannte Strahlung Gegenstände bis zu einem gewissen Grad zu durchdringen.

In den nächsten Tagen erkannte Röntgen, daß man mit den neuen Strahlen auch fotografieren konnte. Am 23. Januar 1896 hielt er vor der Würzburger Physikalisch-Medizinischen Gesellschaft einen Vortrag über seine Entdeckung und erregte damit Aufsehen. Die Röntgenstrahlen, wie man sie in der deutschsprachigen Welt nannte, wurden bald in der Medizin auf vielfältige Weise für Untersuchungen eingesetzt: Zum erstenmal konnten die Ärzte in den menschlichen Körper hineinsehen.

Röntgen, der am 27. März 1845 im rheinländischen Lennep geboren wurde, wuchs in den Niederlanden auf und besuchte die Technische Schule in Utrecht. Er mußte sie vorzeitig verlassen, weil man glaubte, er habe eine Karikatur von seinem Klassenlehrer angefertigt. In einer Prüfung, dem

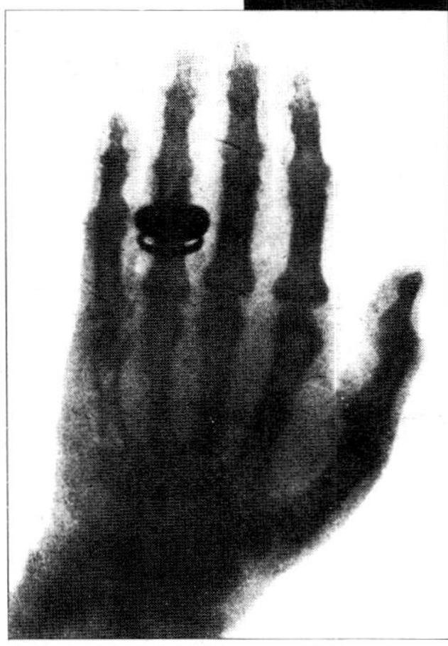

Röntgenstrahlen *Die ersten Fotografien, die Wilhelm Conrad Röntgen (rechts) mit Hilfe der von ihm entdeckten Strahlen herstellte, waren Aufnahmen der menschlichen Hand. Unten ein Röntgenbild von der Hand seiner Frau Bertha aus dem Jahr 1896.*

sogenannten Privatabsolutorium, scheiterte er. Zum Studium an der Eidgenössischen Technischen Hochschule in Zürich aber wurde er wegen seiner überragenden Kenntnisse in Mathematik sogar ohne Abitur und Aufnahmeprüfung zugelassen.

Nach zahlreichen Auszeichnungen erhielt er 1901 den Nobelpreis für Physik. Er lehnte es ab, sich die nach ihm benannten Strahlen und ihre Anwendung patentieren zu lassen. Bald dienten sie nicht nur der Medizin, sondern sie wurden auch zur Materialprüfung, für Strukturanalysen, zur Untersuchung von Gemälden und auf anderen Gebieten verwandt.

Nach dem Ersten Weltkrieg verlor Röntgen in der großen Inflation sein Vermögen. Am 10. Februar 1923 starb er mittellos in München – an Unterernährung.
→ *Röntgenstrahlen*

Salk, Jonas Edward
(geb. 1914)
Als Professor für Medizin an der Universität von Pittsburgh entwickelte der Bakteriologe Jonas Edward Salk nach 1950 einen Impfstoff gegen die Kinderlähmung. Gegen diese Krankheit, die oft zur Entzündung des Rückenmarks führt, hatte es bis dahin kein wirksames Mittel gegeben. Noch 1950 wurde Amerika von einer schweren Epidemie heimgesucht. Zwei Jahre später traten solche Epidemien auch in Europa auf.

Heute bekämpft man diese Krankheit wirksam durch einen Impfstoff, den man durch eine Spritze verabreicht oder durch eine Schluckimpfung, die von 1954 an von dem amerikanischen Arzt und Virologen Albert Bruce Sabin (geb. 1906) entwickelt wurde.
→ *Impfung*

Sholes, Christopher Latham
(1819–1890)
Der Redakteur und Drucker Christopher Latham Sholes beschloß 1864, den Rest seines Lebens der Vervollkommnung einer „Buchstaben-Druckmaschine" zu widmen. 1868 erhielt er – zusammen mit dem Mechaniker Carlos Glidden und S. N. Souté – ein Patent für eine Schreibmaschine, die nur Großbuchstaben schrieb. Sie hatte keine Rücktaste, und man konnte nicht sehen, was man schrieb. Trotz dieser Nachteile brachte Sholes die Maschine 1872 auf den Markt. Im Jahr darauf verkaufte er seine Rechte an die Firma Remington, die die Schreibmaschine dann zu einem Ladenpreis von 125 Dollar herstellte.

Der erste Schriftsteller, der eine Schreibmaschine benutzte, war Mark Twain. Das Manuskript für sein Werk *Leben auf dem Mississippi* (1883) schrieb er auf einer Remington, *Model 1*. Sholes hatte jedoch mehr an die weiblichen Schreibkräfte gedacht. „Ich glaube", sagte er, „ich habe etwas für die Frauen getan, die immer so schwer arbeiten mußten. Hiermit werden sie sich ihren Lebensunterhalt leichter verdienen können."
→ *Schreibmaschine*

Siemens, Werner von
(1816–1892)
Der 1888 vom deutschen Kaiser geadelte Werner von Siemens war der begabteste Vertreter der wohl bedeutendsten deutschen Erfinder- und Industriellenfamilie des 19. Jh. Ausgestattet mit den Eigenschaften des exakten Naturwissenschaftlers und der technischen Erfindungsgabe eines Ingenieurs, besaß er auch den Sinn für die praktische Anwendung seiner Erfindungen und ausgeprägte unternehmerische Fähigkeiten.

Als junger Artillerieoffizier erfand Siemens die galvanische Versilberung und Vergoldung und entwickelte überdies einen Zeigertelegrafen. 1847 gründete er mit Johann Georg Halske die erste europäische Telegrafenbauanstalt, die erstmals auch unterirdische Kabel verlegte. Siemens fand auch eine Methode, Fehler an unterirdischen oder unterseeischen Kabeln auf elektrischem Wege zu bestimmen. Seine bedeutendste Entdeckung war wahrscheinlich die des dynamoelektrischen Prinzips, dessen technische Anwendung – die Gleichstrom-Dynamomaschine – die Starkstromtechnik begründete.

Durch seine zahlreichen Erfindungen wurde die Siemens AG zu einer der größten elektrotechnischen Firmen der Welt.

Schon im vorigen Jahrhundert eröffneten die Brüder Siemens Niederlassungen im Ausland. Wilhelm (seit 1883 Sir William) Siemens (1823–1883), der unter anderem eine hydraulische Bremse und zahlreiche Meßgeräte erfand, leitete die Londoner Niederlassung. Friedrich Siemens (1826–1904) erfand den Regenerativ-Flammofen, der bei der Stahlerzeugung (Siemens-Martin-Verfahren) verwendet wurde. Carl von Siemens (1829–1906) leitete die Werke

im Kaukasus, in London und schließlich in Berlin. Der Siemens-Konzern ist heute der größte private Arbeitgeber der Bundesrepublik Deutschland.
→ *Dynamo*, → *Stahlerzeugung*

Sikorsky, Igor Iwanowitsch
(1889–1972)
Beeindruckt von den Flugpionierleistungen der Brüder Wright beschloß der russische Konstrukteur Igor Sikorsky, ein eigenes Flugzeug zu bauen. Er glaubte, daß die Zukunft des Flugzeugs im Senkrechtflug liege. Sikorsky entwickelte den Hubschrauber nicht sofort, sondern konzentrierte sich zunächst auf konventionelle Flugzeuge. Im Jahr 1913, als er Flugzeugkonstrukteur im damaligen St. Petersburg, heute Leningrad, war, baute er eine viermotorige Maschine, *Le Grand*, die zum Vorläufer der späteren Bomber und Verkehrsflugzeuge wurde.

Mitte der 30er Jahre nahm er die Idee des Hubschraubers wieder auf. Inzwischen war er nach Amerika gegangen und hatte dort die Sikorsky Aero Engineering Corporation gegründet. Hier entwickelte er einen Hubschrauber, der zum Prototyp aller heutigen Flugmaschinen dieser Art wurde. Gleichzeitig sicherte seine Konstruktion der amerikanischen Industrie für viele Jahre eine Vormachtstellung auf diesem Gebiet.

Das US-Heer und die britische Marine kauften 1942 den Sikorsky-Hubschrauber *VS-300*. Später konstruierte Sikorsky noch den Amphibienhubschrauber *S-61* und den Lasthubschrauber *S-64*. Er starb als einer der reichsten und angesehensten Männer in der Geschichte der Luftfahrt.
→ *Hubschrauber*

Rekordflug *Im Mai 1941 flog ein* VS-300-*Hubschrauber mit dem Konstrukteur Igor Sikorsky (links) eine Stunde, 32 Minuten und 26 Sekunden.*

Stephenson, George
(1781–1848)
„Die Lokomotive ist nicht die Erfindung eines einzelnen, sondern die einer Generation von Ingenieuren.“ George Stephenson hatte mit dieser bescheidenen Feststellung zwar nicht unrecht, doch kommt ihm die gleiche Bedeutung für die Entwicklung der Eisenbahn zu wie James Watt für die der Dampfmaschine.

Am 27. September 1825 dampfte Stephensons *Locomotion No 1* über eine 16 km lange Gleisstrecke zwischen Stockton und Darlington im Nordosten von England. Die erste öffentliche Dampfeisenbahn der Welt wurde dem Verkehr übergeben und erregte, laut zeitgenössischen Berichten, großes Aufsehen. Obwohl auf dieser Linie nur Güter befördert werden sollten, zog die Maschine bei der Eröffnungsfahrt etwa 450 Menschen und 28 offene Wagen mit einer Geschwindigkeit von etwa 25 km/h.

George Stephenson war der Sohn eines Grubenfeuerwehrmanns in Wylam-on-Tyne im englischen Northumberland. Im Alter von 18 Jahren ging er in eine Abendschule, um lesen und schreiben zu lernen, und er bestand später darauf, daß sein Sohn Robert – der ihm dann bei seiner Arbeit an den Lokomotiven half – die Art von Bildung erhielt, die ihm selbst fehlte. Seine ersten Lokomotiven wurden beim Kohlentransport von den Zechen bis zu den Kais eingesetzt.

Im Jahr 1829 wurden mehrere Lokomotiven auf ihre Geschwindigkeit und Zuverlässigkeit hin geprüft, um die geeignetste für die eben fertiggestellte Eisenbahnstrecke von Liverpool bis Manchester, die Stephenson gebaut hatte, auszuwählen. Es handelte sich – echt englisch – um ein Wettrennen. Robert Stephensons *Rocket* fuhr fast doppelt so schnell wie die Konkurrenten, und im Jahr darauf zogen seine Lokomotiven Personenzüge mit Geschwindigkeiten von ungefähr 50 km/h.

Stephenson wies fast alle öffentlichen Ehrungen zurück, er lehnte sowohl den Adelstitel wie auch einen Sitz im Parlament ab. 1845 zog er sich zurück, um sich seinem Garten zu widmen.
→ *Eisenbahn*

Die *Rocket* *Die Lokomotive* Rocket, *die von George Stephenson (oben) und seinem Sohn Robert gebaut wurde, zog bei einer Wettfahrt im Jahr 1829 einen Zug mit einer Geschwindigkeit von etwa 45 km/h.*

Swan, Sir Joseph Wilson
(1828–1914)
Im Jahr 1860 erfand der englische Physiker und Chemiker Joseph Swan eine erste primitive Glühbirne, aber sie war nur kurzlebig und leuchtete nicht hell genug. Fast 20 Jahre lang arbeitete Swan an der Vervollkommnung seiner Erfindung, und im Dezember 1878 konnte er endlich ein erfolgreiches Modell seiner Kohlefadenbirne vorstellen. Ein paar Monate später beleuchtete er den Salon seines Hauses in Newcastle upon Tyne mit elektrischen Lampen. Es war der erste Privatraum, der in England auf diese Weise beleuchtet wurde. Die Swanlampen erwiesen sich als großer Erfolg, und zwei Jahre später wurden sie im britischen Unterhaus installiert.

Ungefähr um die gleiche Zeit führte der amerikanische Erfinder Thomas Alva Edison sein Modell einer elektrischen Glühbirne vor. Außerdem ließ er sich einige Verfeinerungen und Verbesserungen seiner Erfindung patentieren. Statt mit ihren Ansprüchen vor Gericht zu gehen, gründeten die beiden 1883 in London eine Firma, um die Glühbirnen gemeinsam herzustellen.

Swan hat auch andere Erfindungen gemacht. Als er für eine Firma arbeitete, die fotografische Platten herstellte, vervollkommnete er 1871 die vorher feuchten Platten und erfand eine Trockenplatte, die den Vorgang des Fotografierens wesentlich vereinfachte. Sieben Jahre später erfand er das Bromsilberpapier, das noch heute vielfach für das Kopieren von Negativen verwendet wird.
→ *Elektrisches Licht*

Volta, Conte Alessandro
(1745–1827)
Voltas Freund und Kollege Luigi Galvani glaubte, als er 1780 seinen berühmten Froschschenkelversuch machte, er habe durch die Berührung eines Froschmuskels mit zwei verschiedenen Metallen einen elektrischen Strom erzeugt und die „tierische Elektrizität" entdeckt. Galvani schickte Volta eine Kopie seiner Versuchsbeschreibung, doch dieser kam zu dem Schluß, daß der Froschmuskel den Strom nur „wahrgenommen" habe, der Strom selbst jedoch von den Metallen erzeugt worden sei.

1800 demonstrierte Volta, der Professor für Naturphilosophie (Physik) an der Universität von Pavia war, erfolgreich seine „Voltasche Säule", eine elektrische Batterie. Sie bestand aus Silber- und Zinkblechen, zwischen denen sich Stoff- oder Papierstücke befanden, die in verdünnte Schwefelsäure getaucht waren. Daher erzeugten sie einen elektrischen Strom von hoher Spannung.

Im Jahr darauf wiederholte Volta die Vorführung in Paris vor Napoleon Bonaparte, der ihn daraufhin zum Grafen ernannte. Volta hat auch den ersten Plattenkondensator und das Elektrophor, ein Gerät zur Erzeugung von Reibungselektrizität, sowie zahlreiche andere elektrische Apparate geschaffen. Ihm zu Ehren wurde später die elektrische Spannungseinheit als Volt bezeichnet.

→ *Batterie*

Wallis, Sir Barnes Neville
(1887–1969)
Der englische Marineingenieur Wallis arbeitete als Konstrukteur in der Luftschiffabteilung der Firma Vickers. Von 1916 bis 1922 war er hier Chefkonstrukteur und entwarf später das erfolgreiche Luftschiff *R 100*.

Während des Zweiten Weltkriegs erfand er die *Grand-Slam*-Bombe, die sich in den Erdboden einbohrte, bevor sie explodierte, und die auf Ziele wie Städte geworfen wurde. Wallis ist auch der Erfinder einer „hüpfenden Bombe", die über die Wasseroberfläche hüpfte, bevor sie ihr Ziel erreichte. Mit dieser Bombe wurden 1943 die Dämme der Eder- und Möhnetalsperre zerstört.

Entscheidend war Wallis' beratende Mitarbeit an der Entwicklung der *Concorde*, dem ersten Überschallverkehrsflugzeug der Welt. Er wirkte außerdem bahnbrechend für die Entwicklung des Überschallflugzeugs mit Schwenkflügeln, das von den Amerikanern übernommen wurde. Als Wallis starb, arbeitete er an einem Flugzeug mit vielfacher Schallgeschwindigkeit, das den Weg zwischen den USA und Australien ohne zu tanken in vier Stunden zurücklegen sollte.

→ *Bombe*

Watt, James
(1736–1819)
Nicht zu Unrecht wird der Schotte James Watt landläufig als Erfinder der Dampfmaschine bezeichnet. Zwar hat er eigentlich nur bereits bestehende Modelle verbessert, doch diese Verbesserungen waren entscheidend für den wirtschaftlichen Einsatz der Dampfkraft und mithin für den Beginn der industriellen Revolution.

Watt, der das Handwerk eines Feinmechanikers gelernt hatte, war anfänglich als „mathematischer Instrumentenbauer" für die Universität Glasgow tätig. 1764 wurde er gebeten, eine der atmosphärischen Dampfmaschinen zu reparieren, die von dem englischen Erfinder Thomas Newcomen Anfang des 18. Jh. gebaut worden war. Die Maschine wurde zum Abpumpen des Wassers in Bergwerken verwendet.

Als Watt die Reparatur durchgeführt hatte, beschloß er, die Konstruktion der Maschine zu verbessern. „Ich sagte mir", erinnerte sich der Erfinder später, „daß ich nur einen luftverdünnten Raum in einem vom Dampfgefäß getrennten Behälter herzustellen brauchte und von diesem gesonderten Gefäß aus eine Verbindung zu dem Zylinder schaffen mußte. Dann würde der Dampf aus dem Zylinder in das luftleer gemachte Gefäß stürzen, und die Maschine könnte arbeiten."

1765 erfand er den vom Zylinder getrennten Kondensator; dadurch konnte der Zylinder der Maschine ständig heiß bleiben und mußte nicht – wie bis dahin üblich – erst abgekühlt und anschließend wieder erhitzt werden. Dies ermöglichte eine beträchtliche Brennstoffersparnis, und Watts Dampfmaschine wurde zur Hauptantriebskraft in den Fabriken und Bergwerken Englands und später auch anderer Länder.

Im Jahr 1789 erfand Watt den Fliehkraftregler, der die Drehzahl der Dampfmaschine automatisch steuerte. Eine weitere bemerkenswerte Erfindung Watts ist die Dampfheizung, die er in seinem Büro in Birmingham installierte. Außerdem führte er den Begriff der „Pferdestärke" ein. Dieser beruhte auf Versuchen, die der Ingenieur 1783 mit einem Durchschnittspferd gemacht hatte, wobei das Pferd ein Gewicht von etwa 67 kg in einer Sekunde 1,20 m hochziehen konnte.

Um den Erfinder zu ehren, nannte man die elektrische Leistungseinheit Watt.

→ *Dampfmaschine*

Westinghouse, George
(1846–1914)
Seine Arbeit führte George Westinghouse quer durch Amerika, und jedesmal, wenn er mit dem Zug reiste, fühlte er sich unbehaglich. Er wußte, daß der Zug in einem Notfall wegen des primitiven Bremssystems nicht schnell genug anhalten könnte, obwohl in jedem zweiten Wagen Bremser postiert waren, die zusätzlich Bremsen betätigen konnten. Als Westinghouse dann tatsächlich einen Eisenbahnunfall miterlebte, beschloß er, das Bremssystem der Züge zu verbessern. 1867 gelang ihm die Erfindung der Luftdruckbremse, und 1869 erhielt er ein Patent für einen Druckluftschlauch, der von einem Ende des Zuges zum anderen verlief und genug Kraft lieferte, um alle Bremsen gleichzeitig greifen zu lassen.

Bei der Prüfung des neuen Systems bestiegen offizielle Vertreter und Angestellte der Eisenbahn einen Wagen, der ein kurzes Stück auf einer Strecke in der Nähe von Pittsburgh fahren sollte. Geplant war, die Luftdruckbremse allmählich einzusetzen; aber als dann ein Pferdegespann auf die Schienen fuhr, zog der Lokomotivführer die Versuchsbremse. Der Zug hielt so abrupt, daß die hohen Herren der Eisenbahngesellschaft von ihren Sitzen geschleudert wurden. Die Bremse hatte ihre Probe bestanden. Bis 1887 vervollkommnete Westinghouse sein Bremssystem weiter, und nun konnten seine sogenannten Schnellbremsen einen Zug von normaler Länge rasch und sicher zum Stehen bringen.

Der Erfinder kümmerte sich auch um die Produktion und den Verkauf seiner Erfindung; 1869 gründete er die Westinghouse Air Brake Company, aus der 1886 die Westinghouse Electric Corporation hervorging. Westinghouse setzte sich überdies für die Normung der einzelnen Bestandteile seines Bremssystems ein und fertigte bereits 1890 verschiedene Gußstücke am laufenden Band.

→ *Eisenbahn*

Wheatstone, Sir Charles
(1802–1875)
Charles Wheatstone war zunächst Musikinstrumentenmacher – 1829 erfand er die Konzertina, eine Handdrehorgel – und dann Professor der Experimentalphysik in London. Er war sowohl als Theoretiker wie auch als Erfinder erfolgreich. 1838 erfand er das Spiegelstereoskop.

Führend wurde Wheatstone auf dem Gebiet der elektrischen Telegrafie. Zusammen mit dem Elektrotechniker Sir William Cooke konstruierte er 1837 einen Nachttelegrafen, das erste brauchbare Gerät zur Übermittlung elektrischer Signale. Unabhängig von Werner von Siemens kam er 1867 auf das Prinzip der dynamoelektrischen Maschine. Für seine Leistungen auf physikalischem Gebiet wurde Charles Wheatstone 1868 geadelt.

→ *Telegraf*

Whittle, Sir Frank
(geb. 1907)
Als der junge Ingenieur Frank Whittle Kampfflieger bei der britischen Luftwaffe war, herrschte gerade Frieden. So hatte er Zeit, sich mit den technischen Problemen der Kampfflieger auseinanderzusetzen. Whittle erkannte, daß der Propeller und der herkömmliche Kolbenmotor für die Fliegerei der Zukunft in großen Höhen und mit hohen Geschwindigkeiten zu schwer und zu unzuverlässig waren. Daher wendete er seine Aufmerksamkeit dem Strahltriebwerk zu; 1930 ließ er sich seinen ersten Düsenmotor

Düsenmotor *Frank Whittle, auf dessen Erfindung die heutigen Düsenmotoren fußen, wurde für seine Leistung geadelt.*

patentieren und gründete – noch während seiner Dienstzeit – in Rugby, Warwickshire, die Firma Power Jets Limited, um seine Erfindung zu entwickeln und herzustellen.

1937 wurde ein Whittle-*W1*-Strahltriebwerk in ein eigens dafür gebautes Flugzeug vom Typ *Gloster E28/29* eingebaut, und eine Reihe von Werktests begannen. Im Mai 1941 machte das Versuchsflugzeug seinen erfolgreichen Jungfernflug, den Whittle vom Boden aus verfolgte.

Allerdings war dies nicht der erste Start eines Düsenflugzeugs. Dieser gelang mit der Heinkel *He 178*, die von dem jungen deutschen Aeronautiker Hans von Ohain Ende der 30er Jahre konstruiert worden war.

Obwohl britische und amerikanische Luftfahrtexperten die Bedeutung von Whittles Erfindung erkannten, setzte man das Düsenkampfflugzeug *Gloster* erst gegen Ende des Zweiten Weltkriegs ein. Inzwischen hatte Ohain ein deutsches Düsenflugzeug konstruiert, die Messerschmitt *Me 262*, die 1944 in Dienst genommen wurde.

→ *Strahltriebwerk*

Wright, Brüder

Wilbur *(1867–1912)*
Orville *(1871–1948)*

Über eine kleine Fahrradwerkstatt führte der Weg der bastelfreudigen Brüder Wilbur und Orville Wright in den USA zur Fliegerei. Bis zum Ende des 19. Jh. war darüber noch nicht viel geschrieben worden, aber die beiden lasen alles und machten auf eigene Faust Versuche. Am Morgen des 17. Dezember 1903 gelang Orville der erste gesteuerte Motorflug, als er bei Kitty Hawk in North Carolina in einem 9 kW starken Doppeldecker startete, den er zusammen mit seinem älteren Bruder entworfen und gebaut hatte. Das Flugzeug, der *Flyer 1*, erreichte eine Höhe von etwa 3 m, blieb zwölf Sekunden in der Luft und legte bei heftigem Gegenwind eine Entfernung von 40 m zurück.

Drei weitere Flüge fanden an jenem Tag statt; der längste gelang Wilbur mit 255 m in 59 Sekunden. Augenzeugen des Ereignisses waren fünf Küstenwächter, doch die Zeitungen schrieben entweder gar nicht über die Flüge oder berichteten falsch darüber. Noch jahrelang hielt man die Brüder nur für tollkühne Spaßvögel.

Aber die Wrights machten weiter und bauten stärkere Maschinen. 1908 führte Wilbur den jüngsten *Flyer* in Frankreich vor. „Die Franzosen sind völlig weg", schrieb er. „Statt uns überhaupt nichts zuzutrauen, scheinen sie bereit zu glauben, wir könnten alles ... Die Menschen kamen in Scharen aus ganz Europa." Inzwischen unternahm Orville Schauflüge für das amerikanische Kriegsministerium, und 1909 erhielten die Brüder vom US-Heer einen festen Auftrag für das erste Militärflugzeug der Welt.

Drei Jahre später starb Wilbur an Typhus; damit stand Orville allein einer ganzen Reihe von Patentrechtsprozessen gegenüber, die in der Zeit des größten Erfolges von den Brüdern geführt wurden. Erst 1917 kam auf Vermittlung der Regierung ein Vergleich zustande. Orville Wright starb am 30. Januar 1948 als geachteter Mann.

→ *Flugzeug*

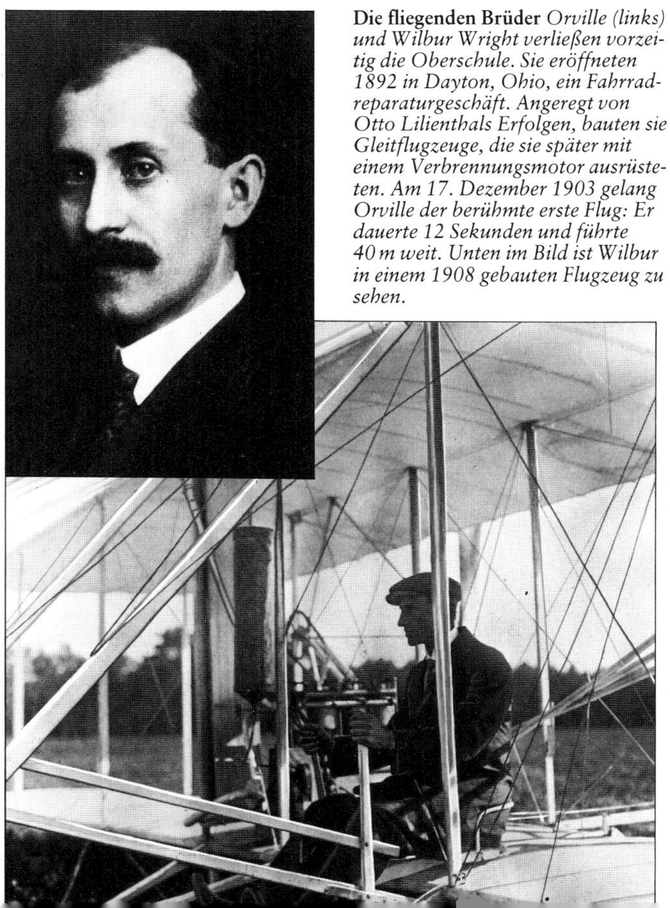

Die fliegenden Brüder *Orville (links) und Wilbur Wright verließen vorzeitig die Oberschule. Sie eröffneten 1892 in Dayton, Ohio, ein Fahrradreparaturgeschäft. Angeregt von Otto Lilienthals Erfolgen, bauten sie Gleitflugzeuge, die sie später mit einem Verbrennungsmotor ausrüsteten. Am 17. Dezember 1903 gelang Orville der berühmte erste Flug: Er dauerte 12 Sekunden und führte 40 m weit. Unten im Bild ist Wilbur in einem 1908 gebauten Flugzeug zu sehen.*

Zeppelin, Ferdinand Graf von

(1838–1917)

Die ersten starren Luftschiffe baute der deutsche Erfinder Ferdinand Graf von Zeppelin. Der württembergische Offizier nahm als militärischer Beobachter in der Unionsarmee am amerikanischen Bürgerkrieg teil und war fasziniert von den Ballons, die dort zur militärischen Aufklärung verwendet wurden. Im Jahr 1891 schied er als Generalleutnant aus dem Dienst aus und konzentrierte sich auf die Entwicklung lenkbarer Ballonfahrzeuge oder Luftschiffe. Auf dem Bodensee baute er einen schwimmenden Werkstatthangar, und im Juli 1900 stieg das erste Starrluftschiff *LZ 1* zu seinem Jungfernflug auf. Mit verbesserten Zeppelinluftschiffen fanden 1910 die ersten Passagierflüge statt.

Graf Zeppelin starb 1917 in Berlin, bevor seine Luftschiffe als Verkehrsmittel berühmt wurden. Der *Graf Zeppelin* flog von 1929 bis 1940 und überquerte 144mal zwischen Deutschland und Brasilien den Atlantik; dabei legte er fast 2 000 000 km zurück.

→ *Luftschiff*

Jungfernflug von *LZ 1* *Das erste Luftschiff, das Graf Zeppelin (oben) entwarf, machte im Jahr 1900 am Bodensee seinen Jungfernflug.*

Zworykin, Vladimir Kosma

(1889–1982)

Im Ersten Weltkrieg diente Zworykin als Funkoffizier im russischen Heer. 1919 wanderte er nach Amerika aus und arbeitete dort für die Westinghouse Electric Corporation. Vier Jahre später ließ er sich die Ikonoskopröhre – den elektronischen Bildabtaster – patentieren, die Fernsehbilder schneller und deutlicher übertrug als die frühere Kameraröhre. 1929 wurde er Forschungsleiter bei der Radio Corporation of America; die Firma gewährte ihm einen Forschungsetat von vier Millionen Dollar. Die Vervollkommnung des Ikonoskops ist die Grundlage des vollelektronischen Fernsehens und machte es als Massenmedium überhaupt erst möglich.

Zworykin entwickelte außerdem das Elektronenmikroskop und Infrarotapparate, mit denen man im Dunkeln sehen kann. Er leistete auch einen wichtigen Beitrag zum Farbfernsehen.

→ *Fernsehen*, → *Mikroskop*, → *Nachtsichtgeräte*

ZEITTAFEL

Seit die Menschen vor mehr als 100000 Jahren begannen, grobe Steinwerkzeuge zu verwenden, wurde der technische Fortschritt immer wieder durch herausragende Erfindungen und Entdeckungen gekennzeichnet. Diese Seiten dokumentieren den Einfallsreichtum der Menschen, ihr Wissen und ihr Können.

VOR CHRISTUS

100000 bis 50000	**Steinwerkzeuge** Erste primitive Hilfsmittel, Haushaltgeräte und Jagdwaffen.
45000	**Speer** Der Steinzeitmensch benutzt scharfkantige Feuersteine als Speerspitzen.
40000	**Beil** Die ersten Beile mit Stiel.
40000 bis 30000	**Schiff** Seetüchtige Schiffe sind eine der Schlüsselerfindungen des frühen Menschen.
20000	**Säge** Steinsägen sind schon in der jüngeren Altsteinzeit bekannt.
18000	**Nadel** Erste Nähnadeln aus Knochen.
12000	**Pfeil und Bogen** Pfeil und Bogen als Jagdwaffe bekannt.
10000	**Brücken** Erste primitive Balken- und Auslegerbrücken. **Fischnetz** Wahrscheinlich zuerst im Mittelmeerraum verwendet. **Korbflechten** Abdrücke von Flechtwerk im Orient gefunden.
8000	**Hammer** Hammerköpfe werden mit Stielen versehen, um die Schlagkraft zu steigern. **Kamm** Älteste bekannte Stücke in Skandinavien gefunden.
7000	**Tongefäße** In Anatolien entstehen die ersten gebrannten Töpferwaren.
6500	**Schrift** Sogenannte Ideen- oder Bilderschriften werden immer abstrakter.
6000	**Bier** In Mesopotamien erfunden.
5000	**Bewässerungsanlagen** Künstliche Bewässerung von Feldern in Ägypten bekannt. **Webstuhl** Funde in der Türkei und in Palästina.
4000	**Bogenkonstruktion** In Ägypten erstmals bei Bauwerken verwendet. **Kanalbau** In Mesopotamien wurden die ersten Schiffahrtsstraßen gebaut. **Metallguß** Erste gegossene Kupferäxte in Mesopotamien. **Schmieden** Im Orient bekannt. **Wein** Schon bei den Sumerern und alten Ägyptern bekannt.
3800	**Landkarte** Älteste erhaltene Landkarte aus dem babylonischen Raum gefunden.

Keilschrifttext
Der Siegelabdruck aus Ur, Mesopotamien, zeigt eine der ältesten bekannten Schriftformen. Mit einem keilförmig zugespitzten Schilfrohr oder Stock wurden die Schriftzeichen in den Lehm gedrückt.

3500	**Löten** In einer Grabstätte bei Al Ubaid (Mesopotamien) wurde eine gelötete Kupferplatte aus dieser Zeit gefunden. **Nagel** In Mesopotamien werden Kupfernägel benutzt. **Pflug** Erste von Ochsen gezogene Pflüge in Mesopotamien. **Töpferscheibe** Im Orient als Vorläufer des Rades bekannt. **Trommel** In China bekannt.
3500 bis 3000	**Bronze** In Mesopotamien wird die Bronze erfunden, aus der von nun an die meisten Waffen und Geräte bestehen.
3000	**Brettspiele** Erste bekannte Zeugnisse aus dem Orient und Ostasien. **Drehbank** Im Mittleren Orient verwendet. **Gebrannte Lehmziegel** In Uruk (Mesopotamien) werden die ersten Lehmziegel gebrannt. **Glas** In Ägypten und Mesopotamien verwendet. **Keil** In ägyptischen Steinbrüchen benutzt. **Schier** Felszeichnung aus Nordnorwegen. **Schirm** In China als Statussymbol benutzt. **Schreibgerät** Die Ägypter kennen bereits pinselartig ausgefranste Papyrusfedern, die zum Schreiben in farbige Pflanzensäfte getaucht werden. **Senkblei** Von ägyptischen Baumeistern verwendet. **Sichel** Im Vorderen Orient bekannt. **Staudamm** Zuerst in den Flußtälern des Vorderen Orients. **Zahlen** Schon die Sumerer kennen geschriebene Ziffern.
3000 bis 2000	**Rohrleitungen** In Mohendscho-Daro (Pakistan) und Knossos (Kreta) gefunden. **Seife** Das erste bekannte Rezept stammt von den Sumerern. **Zaumzeug und Geschirr** Die ältesten erhaltenen Trensen stammen aus der Bronzezeit.
2900 bis 2800	**Spiegel** In Ägypten aus poliertem Kupfer hergestellt.
2800	**Kette** Älteste Ketten in Ägypten gefunden. **Seil** Hanfseile in China hergestellt.
2600	**Geometrie** Genaue geometrische Kenntnisse ermöglichen in Ägypten dem Pharao Snofru den Bau der ersten Pyramide mit schrägen Mauern. **Tinte** In Ägypten und China aus Ölruß gewonnen. **Waage** In Ägypten bekannt.
2500	**Asphalt** Für Tempelanlagen in Mohendscho-Daro im heutigen Pakistan verwendet. **Bad** Erste Bäder zu rituellen Zwecken in Mohendscho-Daro am Indus (Pakistan) gebaut. **Kanalisation** Früheste bekannte Abwasseranlage in Mohendscho-Daro (Pakistan); wahrscheinlich gab es sie in Mesopotamien schon früher. **Wasserklosett** In Mesopotamien bekannt.
2300	**Blasebalg** Im Orient für Schmelzöfen verwendet.
2000	**Arithmetik** Die Sumerer in Babylonien (heute Irak) benutzen Zahlentabellen. **Ballspiel** Älteste Zeugnisse über Ballspiele in Ägypten und Persien. **Kalender** Die ersten babylonischen Kalender fußten auf den Phasen des Mondes. **Trockennahrung** Luftgetrocknetes Fleisch ist bereits in Jericho bekannt. **Türschloß** In Ägypten bekannt. **Uhr** Mit Sicherheit sind Sonnenuhren schon in Babylon und Ägypten in Gebrauch.

1700	**Algebra** Älteste bekannte Hinweise im Rhindpapyrus des Ahmes in Ägypten.
1500	**Eisenverhüttung** Von den Hethitern in Anatolien erfunden. **Schweißtechnik** Von Schmieden in Kleinasien entdeckt.
1490	**Löffel** Erste Erwähnung im Alten Testament (4. Buch Mose, 7), wo sich goldene Löffel unter den Opfergaben der Israeliten befinden.
1360	**Uhr** Die älteste Wasseruhr der Welt wurde im ägyptischen Amuntempel von Karnak gefunden.
1350	**Reifen** Lederreifen in Ägypten verwendet.
1300	**Alphabet** Tontafeln aus Syrien enthalten Texte, die aus einem Lautalphabet von 30 Zeichen bestehen. **Draht** In Ägypten bekannt.
1200	**Emaille** Von den Ägyptern zum Ausschmücken der Mumienkästen verwendet.
1000	**Drachen** Flugdrachen in China erstmals belegt. **Stahl** Zuerst im Mittleren Osten bekannt.
700	**Aquädukt** Erste bekannte Wasserleitungssysteme im Vorderen Orient (Armenien). **Geld** In Lydien (westliche Türkei) werden die ersten bekannten Münzen geprägt. **Künstliches Gebiß** Die Etrusker in Norditalien tragen geschnitzte Zähne aus Knochen oder Elfenbein, die mit einer goldenen Brücke zusammengehalten werden.
640	**Dachziegel** Älteste aufgefundene Dachziegel vom Heratempel in Olympia.
600	**Presse** Die Griechen benutzen die Saftpresse.
500	**Schere** In Griechenland bekannt.
500–400	**Teppich** Der älteste bekannte Knüpfteppich der Welt stammt aus Persien.
450	**Straßenbeleuchtung** Die Straßen von Antiochia werden nachts mit Fackeln beleuchtet.
400	**Winde** Schon Hippokrates verwendet in Griechenland Seilwinden.
300–250	**Pumpe** Ktesibios von Alexandria baut die erste Saugpumpe.
300–200	**Archimedische Schraube** Möglicherweise von Archimedes von Syrakus (287–212) zur Wasserhebung erfunden.
300	**Geometrie** Der Grieche Euklid stellt in Alexandria seine berühmten Lehrbücher zusammen.
280	**Leuchtturm** Der griechische Baumeister Sostrates baut den Leuchtturm von Pharos, eins der Sieben Weltwunder. **Zahnradgetriebe** Ktesibios von Alexandria verwendet es in einer Wasseruhr.
270	**Orgel** Ktesibios von Alexandria konstruiert die Wasserorgel.
260	**Wasserrad** Erstmals durch Philon von Byzanz beschrieben.
200	**Armbrust** In China bekannt. **Steigbügel** In Indien bekannt.
190	**Pergament** Tierhäute als Schreibfläche werden in Ägypten durch Papyrus ersetzt.
100	**Kurbel** In China bekannt. **Zentralheizung** Erstmals von den Römern installiert.
63	**Kurzschrift** Erstes datierbares Zeugnis einer stenographischen Aufzeichnung, eine Senatsrede Catos. Die Griechen hatten ihre Tachygraphie wahrscheinlich von 350 v. Chr. an entwickelt.
20	**Kran** Funktionsweise von Vitruv beschrieben.

NACH CHRISTUS

77	**Enzyklopädie** Der römische Gelehrte Plinius der Ältere erstellt das erste thematisch geordnete Nachschlagewerk.
100	**Papier** Der kaiserliche Hofbeamte Tsai Lun soll die Papierherstellung erfunden haben.
118	**Kuppelbau** Kaiser Hadrian läßt das Pantheon errichten, den größten Kuppelbau der Antike.
200	**Schlittschuhe** Erste Eisenkufen in Skandinavien belegt.
500	**Schablone** In China und Japan zum Druck von Bildern verwendet.
600–700	**Geld** In China kommen erstmals kleinere Mengen Papiergeld in Umlauf.
700	**Chinesisches Porzellan** Das erste Porzellan wird zur Zeit der Tangdynastie erzeugt. **Hochofen** Im Nordosten Spaniens wird der „katalanische Schmelzofen" für Gußeisen eingeführt.
900	**Camera obscura** Die Araber kennen die „dunkle Kammer" bereits. **Windmühle** Erstmals in Persien belegt. **Schießpulver** In China bekannt.
1040	**Druckverfahren** Bewegliche Lettern von dem Chinesen Pi Sheng erfunden.
1050	**Kompaß** Von Chinesen und Arabern benutzt.
1000 bis 1100	**Notenschrift** Der Benediktinermönch Guido von Arezzo (Italien) schafft die Grundlagen der heutigen Notenschrift.
1100	**Destillierter Alkohol** In Italien.
1270	**Brille** Geschliffene Bergkristalle und Glaslinsen für Lesebrillen in Italien verwendet.
1309	**Uhr** Die erste bekannte mechanische Schlaguhr wird in die Mailänder Basilika S. Eustorgio eingebaut.
1324	**Druckverfahren** Hölzerne Druckstempel in China benutzt.
1400 bis 1450	**Gewehr** In Europa werden die ersten Handfeuerwaffen entwickelt.
1436	**Buchdruck** Bewegliche Lettern und Metalltypengießgerät von Johannes Gutenberg in Deutschland erfunden.
1510	**Uhr** Der Nürnberger Schlosser Peter Henlein erfindet die Taschenuhr.
1556	**Schraube** Die erste Abbildung einer Holzschraube entstammt dem Buch *De re metallica* aus der Feder des deutschen Naturforschers Georgius Agricola.
1568	**Gewindedrehbank** Der Franzose Jacques Besson entwirft die erste Gewindeschneidmaschine.
1590	**Mikroskop** Die niederländischen Brillenmacher Hans und Zacharias Janssen bauen das erste Mikroskop.
1592	**Thermometer** Dem Italiener Galileo Galilei wird die Erfindung des Gas- oder Luftthermometers zugeschrieben.
1608	**Teleskop** Der Niederländer Hans Lipperhey bekommt das Patent für das erste Fernrohr.
1609	**Thermostat** Von dem Niederländer Cornelius Drebbel für einen Brutkasten erfunden.
1609	**Zeitung** Der Deutsche Adolph von Söhne bringt in Wolfenbüttel die erste Wochenzeitung heraus. 1650 erscheint in Leipzig die erste Tageszeitung.
1614	**Logarithmen** Der Schotte John Napier veröffentlicht die erste Logarithmentafel.

1623 **Rechenmaschine** Der Deutsche Wilhelm Schickard erfindet den ersten brauchbaren mechanischen Rechenautomaten.

1624 **Unterseeboot** Der Niederländer Cornelius Drebbel führt das erste tauchfähige Schiff vor.

1644 **Barometer** Das Prinzip des Quecksilberbarometers entdeckte der Italiener Evangelista Torricelli.

1650 **Luftpumpe** Vom Magdeburger Bürgermeister Otto von Guericke erfunden.

Spiegelteleskop *Newton verwendete für sein Fernrohr zum erstenmal einen Spiegel statt der bis dahin üblichen Linsen. Fallen Lichtstrahlen durch eine Linse, werden sie gebeugt, und das Bild eines Sternes hat farbige Ränder. Diesen Mangel konnte Newton mit dem Spiegel vermeiden. Mit seinem Spiegelteleskop bekam er farbreine Bilder.*

1679 **Schnellkochtopf** Der Franzose Denis Papin erfindet einen Überdruck-Dampfkochtopf.

1681 **Stadtgas** Von dem Deutschen Johann Joachim Becher erfunden.

1690 **Dampfmaschine** Der französische Physiker Denis Papin erfindet die atmosphärische Dampfmaschine.

1698 **Dampfmaschine** Der englische Ingenieur Thomas Savery erfindet die Dampfpumpe für Bergwerke.

1701 **Sämaschine** In England baut Jethro Tull die erste brauchbare Sämaschine der Neuzeit.

1708 **Europäisches Porzellan** Der Deutsche Friedrich Böttger brennt das erste europäische weiße Hartporzellan.

1709 **Ballon** Erster bemannter Ballonflug des Brasilianers Bartholomeu Laurenço de Gusmão in Lissabon.
Hochofen Der Engländer Abraham Darby erfindet den koksbeheizten Hochtemperaturofen.
Klavier Der Italiener Bartolomeo Cristofori baut das erste Hammerklavier.

1712 **Dampfmaschine** Der englische Schmied Thomas Newcomen erfindet die Kolbenmaschine mit gesondertem Dampfkessel.

1717 **Taucherglocke** Die erste brauchbare Taucherglocke baut der Engländer Edmond Halley.

Spinning Jenny
Hargraves Spinnmaschine wurde von Hand angetrieben, aber ein Arbeiter konnte darauf acht oder mehr Fäden gleichzeitig spinnen.

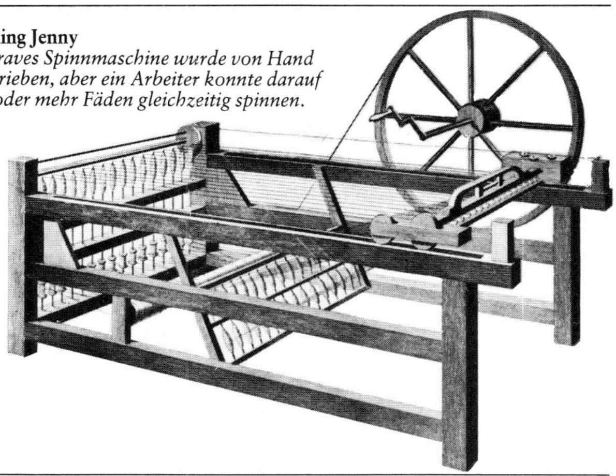

1730 **Schreibmaschine** Die Vorläuferin der Schreibmaschine wird nach einem Patent des Engländers H. Mill gebaut.

1731 **Sextant** Der englische Optiker John Headly konstruiert den Spiegelsextanten.

1750 **Turbine** Der Deutsche Johann Andreas Segner erfindet das Prinzip der Überdruckturbine.

1752 **Blitzableiter** Von Benjamin Franklin erstmals gebaut.

1760 **Rollschuhe** Eine Erfindung des Belgiers Joseph Merlin.

1764 **Spinnmaschine** Der englische Weber James Hargraves erfindet das Webschiffchen und baut die *Spinning Jenny.*

1765 **Dampfmaschine** Der Schotte James Watt erfindet die doppelt wirkende Niederdruckmaschine.

Versuchsmaschine *Watts Dampfmaschine hatte einen besonderen Kondensator und nutzte den Dampf wesentlich besser aus als frühere Maschinen. Dabei verbrauchte sie weniger als ein Drittel an Kohle. Watt-Dampfmaschinen wurden 1777 in den Bergwerken von Cornwall eingeführt und ersetzten sehr bald die Newcomen-Maschinen, in denen der Dampf innerhalb des Zylinders kondensierte. Dieses Modell einer früheren Maschine von Watt besteht aus dem Zylinder (links), dem Kondensator (Mitte) und einer Luftpumpe (rechts). Die Pumpe schuf im Kondensator ein Vakuum, das den Dampf aus dem Zylinder zog.*

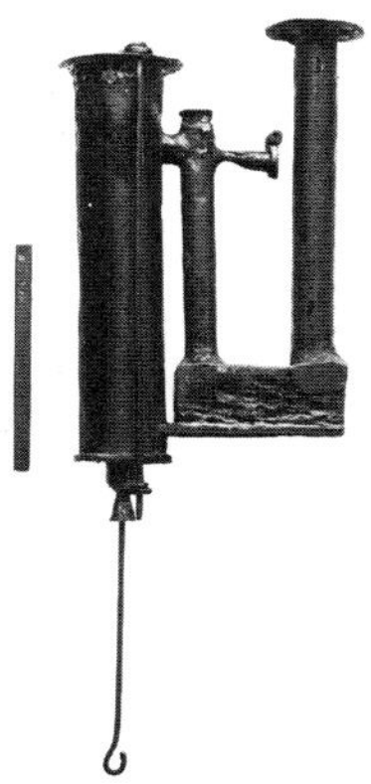

1795 **Hydraulische Presse** Der englische Mechaniker Joseph Bramah läßt sich die erste Maschine mit Kraftübertragung durch Flüssigkeitsdruck patentieren.

1795 **Metrische Maße** Die französische Nationalversammlung führt das metrische Maßsystem ein.

1796 **Impfung** Erste Schutzimpfung gegen Pocken durch den englischen Arzt Edward Jenner.

1798 **Lithographie** Der Münchener Alois Senefelder erfindet den Steindruck.

1799 **Gaslampe** Der französische Ingenieur Philippe Lebon erhält ein Patent für seine gasbetriebene „Thermolampe".

1800 **Batterie** Von dem italienischen Physiker Alessandro Volta erfunden.

1803 **Eisenbahn** Der Engländer Richard Trevithick konstruiert die erste Dampflokomotive.

1804 **Telegraf** Francisco Salva führt in Barcelona den ersten elektrischen Nachrichtenübermittler vor.

1806 **Kohlepapier** Der Engländer Ralph Wedgewood erhält ein Patent für sein „karbonisiertes Papier".

1808 **Bogenlampe** Das Prinzip erfand der Engländer Humphry Davy.

1810 **Konserven** Der Franzose François Nicolas Appert erfindet eine Konservierungsmethode durch Erhitzen.
Nähmaschine Der deutsche Strumpfwirker Balthasar Krems baut die erste funktionierende Nähmaschine.

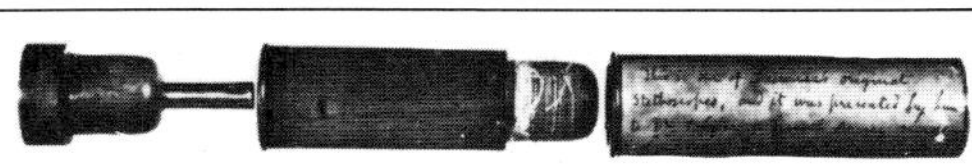

Laënnecs Stethoskop *Dieses frühe Holzstethoskop schenkte der Erfinder René Laënnec einem französischen Militärarzt.*

1817 **Fahrrad** Karl Friedrich Drais Freiherr von Sauerbronn konstruiert in Deutschland eine Laufmaschine mit zwei Rädern.

1819 **Stethoskop** Der Franzose René Laëunec erfindet das Stethoskop.
Taucheranzug Von dem Deutschen August Siebe erfunden.

1823 **Elektromagnet** Der englische Physiker William Sturgeon baut den ersten Elektromagneten.
Tunnelbaumaschine Von dem Briten Marc Isambard Brunel für den ersten Londoner Themsetunnel entwickelt.

1825 **Blindenschrift** In Frankreich von Louis Braille erfunden (Brailleschrift).

1826 **Fotografie** Erste erhaltene Fotografie des Franzosen Joseph Nicéphore Niepce.

1827 **Streichholz** Der englische Chemiker John Walker erfindet das Zündholz.
Turbine Der Franzose Benoit Fourneyron baut die erste praktisch verwendbare Wasserturbine.

1832 **Dynamo** Die ersten Versuche des Franzosen Hippolyte Pixii, das Faradaysche Prinzip für einen Stromgenerator in die Tat umzusetzen.
Stabilisierungskreisel Erstmals in Deutschland vorgestellt.

1834 **Computer** Der Engländer Charles Babbage konstruiert einen „analytischen Apparat", der eine wesentliche Weiterentwicklung der herkömmlichen Rechenmaschinen darstellt.
Elektromotor Der Deutsche Moritz Hermann von Jacobi konstruiert den Prototyp aller späteren Elektromotoren.

1837 **Telegraf** Der Amerikaner Samuel Finley Breese Morse meldet den ersten brauchbaren Fernschreiber und das Morsealphabet zum Patent an.

1839 **Dampfhammer** Der schottische Werkzeugmacher James Nasmyth erfindet den Dampfhammer.
Fotografie Bekanntgabe des fotografischen Verfahrens von Louis Jacques Mandé Daguerre, der Daguerrotypie, 1838 erfunden.

1845 **Schwimmerventil** Das erste zuverlässige Schwimmerventil entwickelt der Brite Edward Chrimes.

1849 **Sicherheitsnadel** Der Amerikaner Walter Hunt erfindet die moderne Sicherheitsnadel.

1850 **Kühlschrank** In den USA kommen die ersten Haushaltkühlschränke auf den Markt.

1851 **Augenspiegel** Von dem Berliner Physiker Hermann von Helmholtz erfunden.

1852 **Luftschiff** Dem Franzosen Henry Giffard gelingt der erste Flug mit einem propellergetriebenen, wasserstoffgefüllten Luftschiff.

1853 **Injektionsspritze** Von dem französischen Urologen Charles Gabriel Pravaz erfunden.

1855 **Bunsenbrenner** Von dem deutschen Chemiker Robert Wilhelm Bunsen erfunden.
Elektrische Straßenbeleuchtung In der französischen Stadt Lyons werden Bogenlampen installiert.

1857 **Aufzug** In einem New Yorker Geschäftshaus in Betrieb genommen.
Bohrturm Der Deutsche C. G. Hunaus baut den ersten Ölbohrturm in der Lüneburger Heide.

1860 **Verbrennungsmotor** Der Belgier Jean Joseph Étienne Lenoir konstruiert den ersten Gasmotor.

1861 **Mikrofon** Johann Philipp Reis erfindet das Mikrofon in Deutschland.
Telefon Der deutsche Physiker Johann Philipp Reis konstruiert den ersten funktionierenden Übertragungsapparat.
Tragflächenboot Von dem Engländer Thomas May erfunden.

1862 **Kunststoffe** Der englische Chemiker Alexander Parks stellt einen ersten Kunststoff, das Parkesin, her.
Verbrennungsmotor Der Franzose Alphonse-Eugène Beau de Rochas erfindet das Prinzip des Viertaktmotors.

1865 **Antisepsis** Die erste Operation unter keimfreien Bedingungen führte Joseph Lister in Glasgow durch.

1867 **Sprengstoff** Der Schwede Alfred Nobel erfindet das Dynamit.

1868 **Warmwasserbereiter** Erstmals von Benjamin Waddy Maugham in England gebaut.

1869 **Kunststoffe** Der Amerikaner John Wesley Hyatt erfindet das Zelluloid.
Margarine Der französische Chemiker Hippolyte Mège-Mouriès erhält ein Patent für einen billigen Butterersatz.

1876 **Telefon** Der Schotte Alexander Graham Bell entwickelt den Vorläufer des modernen Fernsprechers.
Verbrennungsmotor Der Deutsche Nikolaus August Otto baut mit Eugen Langen den ersten technisch brauchbaren Viertaktmotor.

1877 **Plattenspieler** Thomas Alva Edison erfindet den Silberpapier-Phonographen.

1878 **Glühbirne** Unabhängig voneinander erfinden der Engländer Joseph Wilson Swan und der Amerikaner Thomas Alva Edison die Glühlampe.

1881 **Elektrizitätswerk** Das erste Elektrizitätswerk der Welt entsteht in dem englischen Städtchen Godalming.
Endoskop Der polnische Chirurg Johannes von Mikulicz-Radecki entwickelt das erste brauchbare Magenspiegelungsgerät.

1883 **Turbine** Der Schwede Gustaf de Laval erfindet die Dampfturbine.
Verbrennungsmotor Gottlieb Daimler erfindet in Bad Cannstatt den Benzinmotor.

1884 **Fernsehen** Der deutsche Ingenieur Paul Nipkow erfindet den ersten Bildabtaster, die sogenannte Nipkowscheibe.
Kunstfaser Der Franzose Hilaire Berningaud, Comte de Chardonnet, erfindet das Reyon.

1885 **Auto** Das erste fahrtüchtige Automobil wurde von Gottlieb Daimler und Carl Benz gebaut.
Motorrad Gottlieb Daimler konstruiert in Bad Cannstatt das erste Zweirad mit Verbrennungsmotor.

1887 **Rollfilmkamera** Der Franzose Étienne Jules Marey baut die erste Rollfilmkamera.

1888 **Reifen** Erster luftgefüllter Gummireifen von John Boyd Dunlop.

1891 **Flugzeug** Der Deutsche Otto von Lilienthal beginnt die Serie seiner bahnbrechenden Segelflüge.

1892 **Thermosflasche** Gemeinsam von dem Schotten James Dewar und dem Deutschen Reinhold Burger entwickelt.
Verbrennungsmotor Der Deutsche Rudolf Diesel erfindet den Dieselmotor.

Dieselmotor
Dieser 1909 in München gebaute Motor war nicht als Automotor gedacht, sondern als Antrieb von Maschinen, wie etwa einer Drehbank. Das Brennstoffgemisch wurde nicht durch Funken gezündet, sondern durch heiße Luft.

1893	**Reißverschluß** Whitcomb L. Judson erfindet einen Verschluß für Schuhe in Chicago.
1894	**Radio** Der Italiener Guglielmo Marconi sendet die ersten Funksignale drahtlos.
1895	**Film** Louis und Auguste Lumière zeigen in Paris die ersten Kinofilme. **Röntgenstrahlen** Von dem deutschen Physiker Wilhelm Conrad Röntgen entdeckt. **Elektrische Bohrmaschine** Der Deutsche Wilhelm Fein erfindet in Stuttgart die erste elektrische Handbohrmaschine.
1897	**Aspirin** Von dem deutschen Chemiker Felix Hoffmann hergestellt. **Fernsehen** Der Deutsche Karl Ferdinand Braun erfindet die Kathodenstrahlröhre, die heute noch als Bildröhre im Fernsehgerät verwendet wird.
1898	**Lautsprecher** Der Engländer Oliver Lodge erfindet den elektrodynamischen Lautsprecher. **Tonbandgerät** Der Däne Valdemar Paulsen erhält ein Patent zur magnetischen Tonaufzeichnung.
1900	**Chromatographie** Der russische Botaniker Michael Tswett erfindet ein Farbanalyseverfahren zur Isolierung des Blattfarbstoffs Chlorophyll.
1901	**Hörgerät** Der New Yorker Miller Reese Hutchinson erhält ein Patent für sein „künstliches Ohr". **Rasierapparat** King Camp Gillette erfindet in Boston/USA den Rasierapparat. **Staubsauger** Von dem Briten Hubert Cecil Booth patentiert.
1902	**Flugzeug** Der Deutschamerikaner Gustav Weißkopf (Gustave Whitehead) unternimmt den ersten Motorflug. **Klimaanlage** Der amerikanische Erfinder Willis H. Carrier erhält das Patent für die erste echte Klimaanlage.
1903	**Flugzeug** Erster Motorflug der Brüder Orville und Wilbur Wright. **Farbfotografie** Die französischen Brüder Louis und Auguste Lumière entwickeln einen ersten brauchbaren Dreifarbenprozeß. **Schlaftabletten** Das Chemiewerk Bayer bringt in Deutschland das barbitursäurehaltige Schlafmittel Veronal auf den Markt.
1904	**Diode** Der Engländer John Ambrose Fleming baut die erste Zweielektrodenröhre. **Radar** Der deutsche Hochfrequenztechniker Christian Hülsmeyer erfindet das Prinzip des Radars. **Telekopiergerät** Arthur Korn überträgt mit dem von ihm erfundenen Telekopierer eine Fotografie über die Schleifenleitung München–Nürnberg–München.
1906	**Triode** Unabhängig voneinander erfinden der Amerikaner Lee de Forest und der Österreicher Robert von Liehen die Dreielektrodenröhre. **Waschmaschine** Alva Fisher entwirft in den USA die erste elektrische Waschmaschine mit horizontaler Trommel.
1907	**Chemotherapie** Von dem deutschen Chemiker Paul Ehrlich als medizinische Behandlungsmethode für Infektionskrankheiten eingeführt.
1908	**Zellophan** Der Schweizer Jacques Edwin Brandenberger stellt eine durchsichtige Kunststoffolie her.
1909	**Farbfilm** Der erste Cinemacolorfilm nach einem Verfahren des Engländers George Albert Smith wird in London gezeigt. **Toaster** In den USA hergestellt.
1910	**Neonröhre** Der Franzose George Claude erfindet die elektrische Leuchtstoffröhre ohne Glühdraht.
1912	**Echolot** Von dem deutschen Physiker Alexander Behm entwickelt. **Büstenhalter** Der deutsche Textilfabrikant Siegmund Lindauer erfindet den hautnahen BH.
1913	**Waschmittel** Der belgische Chemiker A. Reychler erfindet das erste moderne Waschmittel.
1914	**Verkehrsampel** In den USA aufgestellt.
1915	**Panzer** Der österreichische Offizier Günther Burstyn erfindet den modernen Panzerwagen mit Gleisketten.
1919	**Planetarium** Von dem deutschen Ingenieur Walther Bauersfeld erfunden.
1921	**Insulin** Von den Ärzten Frederick Grant Banting (Kanada) und Charles Herbert Best (USA) isoliert. **Traktor** Der erste brauchbare Rohölschlepper verläßt die Mannheimer Maschinenfabrik Heinrich Lanz.
1922	**Tonfilm** Die deutschen Ingenieure Hans Vogt, Joseph Engl und Joseph Massolle drehen in Berlin den ersten Film mit Lichttonspur.
1923	**Fernsehen** Der gebürtige Russe Vladimir Zworykin entwickelt in den USA die sogenannte Ikonoskopröhre, die Grundlage des elektronischen Fernsehens. **Planierraupe** Die amerikanische Firma La Plante-Chrate Company läßt ein Planierschild an Gleiskettenfahrzeuge montieren.
1925	**Fernsehen** Erste öffentliche Fernsehvorführungen in Deutschland, Großbritannien und den USA.
1928	**Geigerzähler** Die deutschen Kernphysiker Hans Geiger und Walter Müller erfinden ein Gerät zur Messung radioaktiver Strahlung. **Penicillin** Von Alexander Fleming im Londoner St. Mary's Hospital entdeckt.
1929	**Eiserne Lunge** Von dem Amerikaner Philip Drinker erfunden. **Herzkatheter** Der deutsche Arzt Werner Forßmann erfindet eine Sonde, mit der verschiedene Herzwerte gemessen werden können.
1930	**Strahltriebwerk** Der Engländer Frank Whittle erhält ein Patent für seinen Düsenmotor, den Prototyp des modernen Strahltriebwerks. **Klebstreifen** Streifen aus durchsichtiger Zellulose mit aufgetragenem Gummiklebstoff erfindet der amerikanische Ingenieur Richard Drew.
1934	**Katzenaugen** Der britische Straßenbauingenieur Percy Shaw erfindet reflektierende Straßenbeschlagnägel zur besseren Markierung der Fahrbahn bei schlechten Sichtverhältnissen.
1936	**Hubschrauber** Der Deutsche Heinrich Focke konstruiert das erste flugtüchtige Drehflügelflugzeug.
1937	**Computer** Erster automatischer elektromechanischer Ziffernrechner der Welt, von dem deutschen Ingenieur Konrad Zuse gebaut. **Radioteleskop** Von dem Amerikaner Grote Reber gebaut.
1938	**Funknavigation** Der Deutsche Hans Plendl entwickelt das Funkleitsystem *Knickebein* für den Nachteinsatz von Bombern.
1939	**Düsenflugzeug** Erster Start eines Düsenflugzeugs, der von Hans Ohain konstruierten *He 178*. **Fotosetzmaschine** Der Amerikaner William C. Huebner erfindet die erste Fotosetzmaschine. **Pflanzenschutzmittel** Der Schweizer Paul Hermann Müller stellt das DDT her.
1942	**Atomenergie** Der italienische Physiker Enrico Fermi löste die erste atomare Kettenreaktion in Chicago, USA, aus. **Rakete** Dem deutschen Erfinder Wernher von Braun gelingt der erste Start einer Fernrakete.
1943	**Dialyseapparat** Der niederländische Arzt Willem J. Kolff baut die erste künstliche Niere. **Schwimm-Tauchgerät (Aqualunge)** Der Meeresforscher Jacques Cousteau und der Ingenieur Emile Gagnan erfinden in Frankreich das Druckluft-Tauchgerät.
1945	**Atombombe** Die erste Versuchsexplosion fand in New Mexico, USA, statt.

1945	**Atombombe** Die erste Versuchsexplosion fand in New Mexico, USA, statt.
1946	**Fließband** Bei General Motors in den USA werden die ersten Fließbänder zur Automatisierung der Automobilproduktion eingesetzt.
1947	**Fotokopiergerät** In den USA wird das erste brauchbare Kopiergerät nach einem Patent des Amerikaners Chester Carlson gebaut. **Radiokarbondatierung** Der Amerikaner Willard F. Libby entwickelt eine auf Radioaktivitätsmessungen beruhende Methode der Altersbestimmung. **Transistor** Von den Amerikanern John Bardeen, Walter Brattain und William Shockley erfunden.
1948	**Atomuhr** Nach Plänen des amerikanischen Physikers Willard Frank Libby wird in Washington DC die erste Uhr gebaut, die die Zeit aufgrund von Zählungen der Eigenschwingungszahlen des Cäsiumatoms angibt.
1950	**Ultraschalldiagnostik** Von Dr. Jan Donald in Großbritannien und Dr. Born in der Bundesrepublik Deutschland erfunden.
1952	**Herzschrittmacher** Von dem amerikanischen Arzt Paul M. Zoll erstmals erfolgreich eingesetzt.
1953	**Fernsehen** Farbfernsehen in den USA. **Organverpflanzung** Der amerikanische Chirurg John P. Merrill verpflanzt die erste Niere. **Herz-Lungen-Maschine** Die erste Herzoperation, bei der die Funktionen des Organs von einer Maschine erfüllt werden, wird von dem amerikanischen Chirurgen John Heynsham Gibbon durchgeführt. **Fleischersatz** Der amerikanische Chemiker Robert Boyer bekommt für die Herstellung eines fleischähnlichen Substrats aus Sojabohnen. **Mikrowellenherd** in den USA entwickelt.
1954	**Solarzellen** In den USA entdeckt man die Möglichkeit, Sonnenlicht mit Siliziumplättchen direkt in Elektrizität umzuwandeln.
1955	**Luftkissenfahrzeug** Der britische Ingenieur Christopher Cockerell bekommt das Patent für sein Luftkissenboot. **Glasfaserkabel** In Großbritannien von Narinder S. Kapany erfunden, um Lichtimpulse weiterzuleiten.
1956	**Videoband** In Amerika entwickelt.
1957	**Raumfahrt** Start des sowjetischen Satelliten *Sputnik 1.* **Verbrennungsmotor** Der Deutsche Felix Wankel erfindet den Kreiskolbenmotor.
1959	**Synthesizer** In den USA entwickelt.
1960	**Laser** Der amerikanische Physiker Theodor Maiman konstruiert das erste Lasergerät.
1961	**Raumfahrt** Der Sowjetrusse Jurij Gagarin erster Mensch im All.
1962	**Werkzeugmaschinen** In den USA installiert General Motors die ersten primitiven Industrieroboter.
1963	**Holografie** Dem ungarisch-britischen Physiker Dennis Gabor gelingt die erste öffentliche Vorführung seines Verfahrens zur Herstellung dreidimensionaler Lichtbilder in den USA.
1964	**Schreibautomat** In den USA aus der Schreibmaschine entwikkelt.
1969	**Mikroprozessor** Der Amerikaner Edward Hoff baut den ersten Silizium-Mikroprozessor. **Raumfahrt** Die Amerikaner Neil Armstrong und Edwin Aldrin betreten als erste Menschen den Mond.
1970	**Bildplatte** In der Bundesrepublik Deutschland und Großbritannien vorgestellt. **Videotext/Bildschirmtext** In Großbritannien entwickelt.
1971	**Taschenrechner** Weltraumfahrt und Mikroelektronik haben den Computer so billig gemacht, daß winzige Taschenrechner in Massen auf den Markt kommen.
1973	**Scanner** Von dem britischen Wissenschaftler Godfrey Hounsfield erfunden, um durch die elektronische Verarbeitung von Strahlenmessungen genauere Röntgenbilder zu bekommen.
1978	**Retortenbaby** Im Juli wird Louise Brown, das erste in der Retorte gezeugte Kind, geboren.
1979	**Wellenkraftwerk** Erstmals als Großanlage vor der japanischen Küste erprobt.
1981	**Raumfahrt** Jungfernflug der Raumfähre *Columbia.*

Register

Die Umlaute ä, ö und ü werden wie a, o und u behandelt; Stichwörter mit diesen Anfangsbuchstaben findet man an entsprechender Stelle in der alphabetischen Reihenfolge. Halbfett gedruckte Seitenzahlen kennzeichnen einen thematischen Schwerpunkt. Auf solchen Seiten findet sich entweder ein ganzer Artikel zu dem betreffenden Stichwort, oder dem Stichwort ist innerhalb eines längeren Textes ein besonderer Abschnitt gewidmet. Auf weitere Zusammenhänge wird im Haupttext mit einem Pfeil (→) hingewiesen.

A

B

E

F

I

J

K

L

M

N

O

P

Q

R

S

T

Bildquellennachweis

10 Ann Ronan
12 u. li.: Ann Ronan, u. re.: John Watney, o. re.: Biophoto Associates
15 A. Wesselow/Zefa
16 Michael Holford
17 Charing Cross Hospital Medical School
18 o. re.: Imperial War Museum, u. li.: Dr. Harold E. Edgerton/Science Photo Library
19 (sw.) US Dept. of Environment/Science Photo Library (fbg.) Aspect
20 UK Atomic Energy Authority
21 UK Atomic Energy Authority
24 o. re.: National Motor Museum, Mi., u. li. + re.: Peter Roberts
25 o. re.: Volkswagen V.A.G. (U.K.) Ltd., Mi., u. li. + re.: Peter Roberts
26 o. li.: Musée des Techniques – C.N.A.M. Paris, o. re. + u.: Peter Roberts
27 o., Mi., u.: Peter Roberts
28 o., Mi., u.: Peter Roberts
29 o. re., Mi.: Peter Roberts, u. li.: Culver Pictures, u. re.: Ford Motor Company
30 dpa
31 li.: Lucinda Lambton, o. li.: Bildarchiv Preußischer Kulturbesitz, o. re.: Hackenberg/Mauritius
32 o.: mit frdl. Genehmigung des British Museum
34 Mary Evans Picture Library
36 o.: Cement and Concrete Association, u.: Ronald Sheridan
38 li.: The Metropolitan Museum of Art, New York, re.: Picturepoint, London
39 o., u.: Paul Brierley
41 Esso
44 u. li.: Imperial War Museum
45 Mi.: dpa, u. re.: Bildarchiv Preußischer Kulturbesitz
47 o. li., o. re.: aus Ronalds „Description of an Electrical Telegraph", u. li.: Michael Holford/Science Museum, London
48 E. Lessing/laenderpress
50 Martin Chillmaid
51 li.: Mary Evans Picture Library, re.: Horst Munzig/Susan Griggs Agency
52 o.: Alan Hutchison, u.: Herbert Schmid/Barnaby's Picture Library
53 Donald Innes
54 o.: Pru Grice/Sonia Halliday
55 o.: P. Evans, u.: Hamlyn Group Picture Library
56 Martin Burke/Titanic Photography
57 o. re.: Southern Newspapers Limited, Southampton, u.: Kobal Collection
58 © Archives Snark/Arts et Métiers, Paris
60 Harvard Laboratory for Computer Graphics & Spatial Analysis
61 o., Mi.: EarthSat, Washington DC/Science Photo Library, u. re.: Intel Corporation
63 Colorsport
66 mit frdl. Genehmigung der British Library
67 o.: mit frdl. Genehmigung der British Library (Ms. C9d3 f. 1), u.: mit frdl. Genehmigung von Penguin Books Limited
68 o.: St. Brides Printing Library, u. re.: Bildarchiv Preußischer Kulturbesitz
69 o., u.: St. Brides Printing Library
71 St. Brides Printing Library
72 Archiv für Kunst und Geschichte
73 © Glasshouse Crops Research Institute (3)
74 li.: UK Atomic Energy Authority, re.: GEC Marconi
75 o. re., o. Mi.: Mansell Collection, Mi. li.: Verkehrsmuseum Nürnberg, u.: Richard Cooke
76 o.: BBC Hulton Picture Library, Mi. li.: P. B. Whitehouse/Colourviews Picture Library, Mi. re.: Colin Garratt, u.: The Bettmann Archive, Inc.
77 o. re.: Peter Newark's Western Americana, Mi. li.: Colin Garratt, Mi. re.: P. B. Whitehouse/Colourviews Picture Library, u. li.: Tony Morrison, u. re.: T. Spencer/Colorific!
78 o.: Orion Press/Zefa, Mi.: Spectrum Colour Library, u. li.: Kurt Henseler, u. re.: G. Herman/Zefa
79 mit frdl. Genehmigung des British Museum
80 British Steel Corporation
81 Science Museum, London
82 li., Mi.: Michael Holford, re.: Science Museum
83 o. re.: Zefa
84 The Bettmann Archive Inc.
86 Paul Brierley
87 u.: Paul Brierley, o.: Charing Cross Hospital Medical School
90 Mansell Collection
91 Drake Well Museum
92 o.: A Shell Photograph, u.: Peter Carmichael/Aspect
95 o.: Historia-Photo, u.: Martyn Goddard/Daily Telegraph
96 Ann Ronan
98 UPI
99 li.: Photri, re.: Michael Holford
100 Deutsches Museum, München
101 o.: Paul Brierley, re.: Deutsches Museum, München
102 Mi. li., u.: BBC Hulton Picture Library, o. re.: Zefa
103 re.: C. Moore-Shostal Assoc.
104 Mi. li.: Bildarchiv Preußischer Kulturbesitz, u. li.: Kobal Collection, o. re.: National Film Archive, London (31), u. re.: Kobal Collection
105 alle Bilder: Kobal Collection
106 alle Bilder: Kobal Collection
107 li., o. re., Mi. re.: Michael Holford, Mi.: Science Museum, London, u.: Gernsheim Collection, Humanities Research Center, The University of Texas at Austin
108 o.: Science Museum, u. li.: Michael Holford,
109 li., re.: Kobal Collection
110 Oronoz
111 u. li.: Stanley Gibbons Limited o. re.: © Mark Meyer 1979 Colorific!
112 o.: Historia-Photo, u.: James Gilbert
113 o.: BBC Hulton Picture Library, u.: Ann Ronan
114 o. li.: Science Museum, o. re.: Air Portraits, u. re.: Imperial War Museum
115 li.: James Gilbert/Leisuresport, re.: Bildarchiv Preußischer Kulturbesitz
116 o.: British Aerospace, u. li.: James Gilbert, u. re.: Bell Texatron
117 James Gilbert
119 Photri
120 o. li., u. li.: mit frdl. Genehmigung Ihrer Majestät der Königin von Großbritannien und Nordirland, Mi. re., u. re.: © Phaidon Press „Inventions of Leonardo" von C. Gibbs Smith
121 o. Mi.: Bulloz, o. re.: Biblioteca Ambrosiana, Mailand, u. re.: Bulloz
123 o.: Michael Holford, u.: International Museum of Photography at George Eastman House
124 o. re.: Kodak Museum, Mi.: Musée Nicéphore Niepce, Ville de Chalon-sur-Saône, u.: Kodak Museum
125 o. Mi.: Crown Copyright/Science Museum, Victoria and Albert Museum, o. re.: Hulton Picture Library, Mi.: International Museum of Photography at George Eastman House, u.: Life Library of Photography, „The Camera", fotografiert von Ben Rose, Time-Life Books Inc.
126 o. li.: Dr. Paul Genard, u. Mi.: E. Leitz Instruments Ltd., u. re.: Henri Cartier Bresson/John Hillelson Agency Ltd.
127 o. li.: Harold E. Edgerton/Science Photo Library
128 o. li.: Andre Haluska, Mi. li.: Wide World Photos, u. li.: NASA, o. re.: NASA/Itek Corporation/Science Photo Library, Mi. re.: Cecil Beaton, mit frdl. Genehmigung von Sotheby's, Belgravia, u. re.: Stephen Dalton/Oxford Scientific Films
129 Science Museum
131 li.: Ray Gardner/British Museum, o. re.: mit frdl. Genehmigung des British Museum, u. re.: Bank of England
132 o.: „Travels Through the Interior Parts of America", von T. Anburey, 1789, u.: The Fotomas Index
134 © Scala/Vision International
135 John Perkins/Daily Telegraph
136 o. li.: T. Schneiders, o. re.: Sonia Halliday, Mi. li.: Thonig/Mauritius, Mi. re.: Angelo Hornak, u.: Angelo Hornak, mit frdl. Genehmigung der Westminster Abbey
137 li.: L. Salou/Explorer/Vision International, re.: W. Gontscharoff – Shostal Assoc.
139 dpa
140 o.: mit frdl. Genehmigung der British Library (Ms. Add. 24189 f. 16), Mi., u.: Sonia Halliday
141 o.: Pilkington, u.: Patrick Thurston/Pilkington
142 li.: Peter Happel/Stadtbildstelle Essen
143 o.: Thor Heyerdahl, u.: John Watney
144 o. re.: Paul Brierley
146 o. re.: Richard Cooke, Mi. li., u. li.: Bilderdienst Süddeutscher Verlag, u. re.: J. Edwardes/Robert Harding
147 o.: Richard Cooke, u.: James Gilbert
150 mit frdl. Genehmigung der Wellcome Treuhänder
151 Bildarchiv Preußischer Kulturbesitz
152 Clyde Surveys
157 Michael Holford
158 li.: Bildarchiv Preußischer Kulturbesitz, o. re., u. re.: mit frdl. Genehmigung der Wellcome Treuhänder
160 o.: James Gilbert/Leisuresport Ltd., Mi.: James Gilbert, u.: Richard Cooke
161 Richard Cooke
163 li.: Chris Bonington/Daily Telegraph, re.: Sonia Halliday

165 u. re.: Patrick Thurston/Clarendon Laboratory, Oxford
169 o.: Elisabeth Photo Library
170 li.: Courtaulds Limited
171 u. re.: Courtaulds Limited
172 o.: Titanic Photography,
u.: A Shell Photograph
173 ICI
175 © F. Coro/Life Magazine 1965/Colorific!
179 li.: Henry Young/© John Watney,
re.: John Watney
180 Paul Kamper/Zefa
181 Mansell Collection
187 o.: Ford Motor Company
188 li.: Ford Motor Company,
re.: British Leyland
189 Daimler Benz/Peter Roberts
190 mit frdl. Genehmigung der Wellcome Treuhänder
191 o.: Patrick Thurston/High Resolution Electron Microscope, Cambridge
192 o. li.: Biophotos Associates,
o. re.: Observer Magazine,
Mi.: Science Photo Library,
u. li.:, u. re.: Jack Novak/Elisabeth Photo Library
193 Science Photo Library/mit frdl. Genehmigung der Hawker Siddeley Dynamics Ltd.
194 Science Museum, London
195 mit frdl. Genehmigung der British Library (Ms. I.B. 15154 f. 1)
199 Mi.: Richard Cooke,
u.: Imperial War Museum
200 Design and Development Dept., RSAF
201 Mi., u. re.: A Shell Photograph
202 o. re.: The Bridgeman Art Library,
u. li.: Sonia Halliday,
u. re.: The Bridgeman Art Library
203 li.: University of Reading, Institute of Agricultural History and Museum of English Rural Life,
re.: Picturepoint, London
204 Dr. H.-U. Keller/Stadt Stuttgart, Planetarium
205 o.: Michael Holford,
u.: Mary Evans Picture Library
206 o. li.: Michael Holford,
u. li.: The Bettmann Archive, Inc.,
u. re.: Paul Brierley
207 o. re.: The Bettmann Archive, Inc.,
Mi. li., Mi. re.: Paul Brierley
208 li.: Martyn Goddard/Daily Telegraph,
re.: Philips
209 S. J. Allen/Daily Telegraph
210 li., re.: Michael Holford
211 o.: Imperial War Museum,
u.: Sperry Corporation
212 Richard Cooke
213 The Marconi Company
214 u. li.: Michael Holford
216 o.: Patrick Moore,
Mi.: Gräfingholt/Mauritius,
u.: E. Elsmore/Cavendish Laboratory
217 Mary Evans Picture Library
218 o.: Colorific!
219 li.: Photri,
re.: Colorific!
222 o., u.: NASA/Colorific!
223 li., re.: Photri
224 re.: Fort Dunlop/Central Photographic Unit
225 British Leyland
226 li.: Sonia Halliday,
re.: Peter Keen/Daily Telegraph
227 u.: IAL
228 Ohio Nuclear Corporation/Science Photo Library
229 Photri
230 o.: Bell Laboratories,
u.: Photri
232 The Bridgeman Art Library
233 o. re.: Skyfotos Limited/Zefa,
u. li.: Ronald Sheridan,
u. re.: National Maritime Museum/Michael Holford
234 Mi. li.: John Watney,
u. li.: Gilbert Le Cossec,
u. re.: Jonathan Eastland
235 o. re.: The Bettmann Archive, Inc.
Mi. li.: Brian Moser/Alan Hutchison Library,
Mi.: Michael Holford,
u. li.: Ronald Sheridan
236 o. li.: Michael Holford,
u. li.: Lesley Nelson/Alan Hutchison Library,
Mi. re.: Büro Bremen-Werbung,
u. re.: Michael Holford/National Maritime Museum
237 o. li.: Michael Holford-National Maritime Museum,
Mi.: Mansell Collection,
Mi. re.: Michael Holford/National Maritime Museum,
u. re.: Jonathan Eastland
238 o.: J. Allan Cash,
u.: Michio Ide/Orion Press/Bruce Coleman Ltd.
240 Lexington International
241 Titanic Photography
242 alle Bilder: Michael Holford,
243 o. li., o. re., u. li.: Michael Holford,
u. re.: mit frdl. Genehmigung der British Library (Ms. Add. 4810 1V 203393)
244 o. li.: Michael Holford,
u. li.: Wentgate Engineers (1976) Ltd.,
u. re.: Paul Brierley
246 li.: Warren Williams/Seaphot
248 o. Mi.: US Dept. of the Interior/Edison National Historic Site,
alle anderen: Edison National Historic Site
249 o. li., u. li., u. re.: Edison National Historic Site,
o. re.: Michael Holford
251 li.: ENIAC Sperry,
re.: Intel Corporation
257 Mi. li.: F. Corbineau/Daily Telegraph
260 (c) F. Corbineau/Daily Telegraph
262 li.: Iain Stuart,
Mi.: Keidel/Mauritius,
re.: Michael Holford/Science Museum
263 Mi. li.: Mary Evans Picture Library,
u. li., u. re.: Courtaulds Limited
265 Mary Evans Picture Library
266 Mi., u. li.: British Steel Corporation
267 David Moore/Colorific!
271 Michael Holford
272 Ronald Sheridan
274 li.: Mary Evans Picture Library,
re.: Sub Sea International
276 u. li.: Bildarchiv Preußischer Kulturbesitz,
o. re.: Bell Telephone Laboratories
277 o. re.: Archiv für Kunst und Geschichte,
u. li.: A.T. & T. Co. Photo Center,
u. re.: Michael Holford/Science Museum
278 o.: The Bettmann Archive, Inc.,
u. von links nach rechts: Patrick Thurston/mit frdl. Genehmigung des British Telecom Museum (2), Archiv für Kunst und Geschichte, Deutsches Museum, München
279 o. li., o. re., Mi.: British Telecom/Titanic Photography,
unten alle Bilder: Patrick Thurston/mit frdl. Genehmigung des British Telecom Museum
280 Mary Evans Picture Library
281 o. li.: Michael Holford,
u. li.: Michael Holford/Science Museum,
u. re.: Spectronics Limited/Titanic Photography
282 Museo della Scienza, Florenz/Scala
285 o.: The Bridgeman Art Library,
u.: Michael Holford
286 o. re.: NASA,
u. li.: Robert Harding,
u. re.: The Bridgeman Art Library
287 J. Alex Langley/Aspect
289 li.: British Telecom,
re.: BBC Hulton Picture Library
290 Bildarchiv Preußischer Kulturbesitz
294 Mi.: Bernard Alfieri,
u.: Science Museum
295 o.: Germanisches Nationalmuseum, Nürnberg,
Mi. li.: Patrick Thurston/Salisbury Cathedral,
u.: Science Museum
296 o.: Patrick Thurston/North Western Museum of Science and Industry, Manchester,
re.: National Maritime Museum, London
297 o.: Racecourse Technical Services Ltd.
299 o.: Scholz/dpa,
u.: Howard Sochurek/John Hillelson Agency
300 u. li.: mit frdl. Genehmigung der British Library (Ms. Roy. 19D1 37V),
u. re.: Deutsches Museum, München
301 o. li.: Alan Clark/mit frdl. Genehmigung von Sub Sea International Limited,
o. re.: British Oceanics,
u. re.: Richard Cooke
306 R. Holt © Standard Telephones & Cables
307 Science Museum, London
309 Werner/Mauritius
310 Mi.: Roland & Sabrina Michaud/John Hillelson Agency,
u. li.: Bruno Barbey/Magnum/John Hillelson Agency,
u. re.: Spectrum Colour Library
311 o. li.: Heather Angel,
u. re.: Hanbury-Tenison/Robert Harding Picture Library
312 Paolo Koch/Vision International
313 Bildarchiv Preußischer Kulturbesitz
317 Michael Holford
318 u.: British Aerospace
319 Kurt Scholz/Zefa
320 Mi.: Paolo Koch/Vision International,
Mi. re.: John Topham Picture Library,
u. re.: Paolo Koch/Vision International
321 o. li.: Heini Schneebeli/Vision International,
o. re.: Michael Legge/Freelance Photographers Guild, Inc.,
Mi. re.: Sir Robert McAlpine & Sons Ltd./Department of Energy, 1981
326 BBC Hulton Picture Library
327 Mansell Collection
328 li.: The Bettmann Archive, Inc.,
re.: Ullstein Bilderdienst
329 o.: Culver Pictures,
u.: Popperfoto
331 o.: Camera Press; (Experiment) Sunday Times,
u.: BBC Hulton Picture Library
332 li.: Mansell Collection
re.: Mary Evans Picture Library (2),
u.: Bildarchiv Preußischer Kulturbesitz; (Portrait) Daimler-Benz
333 Bildarchiv Preußischer Kulturbesitz
334 o.: The Bettmann Archive, Inc.,
Mi.: BBC Hulton Picture Library,
u.: The Bettmann Archive, Inc.
335 o.: BBC Hulton Picture Library,
u.: Culver Pictures
336 u. li.: Archiv für Kunst und Geschichte,
o.: Mary Evans Picture Library
337 o.: The Bettmann Archive, Inc.,
u.: Mary Evans Picture Library
338 Camera Press
339 o., Mi.: BBC Hulton Picture Library
340 o. re., Mi. re.: Mary Evans Picture Library,
u.: The Bettmann Archive, Inc.; (Portrait) Ullstein Bilderdienst
342 o. li.: BBC Hulton Picture Library,
o. re., Mi. re.: Mary Evans Picture Library,
u.: BBC Hulton Picture Library; (Portrait) Mansell Collection
343 mit frdl. Genehmigung der Treuhänder des British Museum
345 o. li.: Science Museum, London (Crown copyright),
u. li.: BBC Hulton Picture Library,
o. re.: Science Museum,
u. re.: mit frdl. Genehmigung der Wellcome Treuhänder
346 Mansell Collection

ILLUSTRATOREN:

Fred. A. Burnley (Geoffrey Bougourd & Partners)
John Crump
Brian Delf
Dave Etchell und John Ridyard
Studio Farr
Grose Thurston Industrial and Commercial Artists
Hayward und Martin
Jackson Day Designs
Pavel Kostal
Tony Lodge
Malcolm McGregor
The Paul Press
David Pope
David Salariya
Barry Salter and Associates
Saxon Artists
Walter Schöllhammer
Vidak Communications
Shirley Willis